全国专利代理人资格考试备考用书

（第4版）

专利代理实务应试指南
及
真题精解

欧阳石文　吴观乐　编著

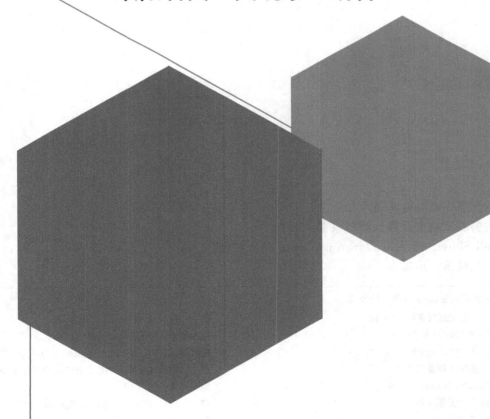

知识产权出版社
全国百佳图书出版单位

图书在版编目（CIP）数据

专利代理实务应试指南及真题精解/欧阳石文，吴观乐编著. —4 版. —北京：

知识产权出版社，2018.4（2018.7 重印）（2019.4 重印）（2019.7 重印）（2019.9 重印）（2020.8 重印）

　ISBN 978 - 7 - 5130 - 5509 - 3

　Ⅰ.①专… Ⅱ.①欧…②吴… Ⅲ.①专利—代理（法律）—中国—资格考试—自学参考资料

Ⅳ.①D923.42

中国版本图书馆 CIP 数据核字（2018）第 064763 号

内容提要

本书简要介绍了专利代理实务基础知识，详细分析了历年专利代理实务试题考点，并归纳总结了专利代理实务科目各类试题的答题思路和应试技巧。本书结合历年真题进行深入剖析和讲解，方便广大考生快速掌握应试技巧，顺利通过全国专利代理人资格考试。

读者对象：全国专利代理人资格考试应试考生以及相关实务工作者。

责任编辑：胡文彬　　　　　　　　　　　　　责任校对：潘凤越

封面设计：麒麟轩设计　　　　　　　　　　　责任印制：孙婷婷

‖ 全国专利代理人资格考试备考用书 ‖

专利代理实务应试指南及真题精解（第 4 版）

Zhuanli Daili Shiwu Yingshi Zhinan ji Zhenti Jingjie（Di 4 Ban）

欧阳石文　吴观乐　编著

出版发行：**知识产权出版社** 有限责任公司		网　　址：http://www.ipph.cn	
社　　址：北京市海淀区气象路 50 号院		邮　　编：100081	
责编电话：010 - 82000860 转 8116		责编邮箱：wangruipu@cnipr.com	
发行电话：010 - 82000860 转 8101/8102		发行传真：010 - 82000893/82005070/82000270	
印　　刷：北京建宏印刷有限公司		经　　销：各大网上书店、新华书店及相关专业书店	
开　　本：889mm×1194mm　1/16		印　　张：34	
版　　次：2018 年 4 月第 4 版		印　　次：2020 年 8 月第 12 次印刷	
字　　数：1030 千字		定　　价：108.00 元	
ISBN 978-7-5130-5509-3			

作 者 简 介

欧阳石文

湖南省永州市宁远县人，研究员。2002 年毕业于中国农业科学院研究生院分子生物学专业，获得博士学位。

自 2002 年起在国家知识产权局专利局专利审查协作北京中心工作。2004 年 3 月至 2005 年 3 月借调到专利复审委员会工作，2014 年 1 月至 4 月在北京市第一中级人民法院交流。2010～2011 年任国家知识产权局专利局专利审查协作北京中心审查业务部研究室主任，2012～2014 年任国家知识产权局专利局专利审查协作北京中心医药生物部生物工程一室主任、生物工程四室主任，2014 年 5 月至今在国家知识产权局专利局专利审查协作河南中心工作，任化学发明审查部副主任。多次参加全国专利代理人资格考试专利代理实务科目的阅卷工作，对专利代理实务考试有较深入的研究。曾参与《专利审查指南 2010》的修订工作、国家知识产权局内部规程《审查操作规程·实审分册》的编写工作，参与《专利法实施细则》修改课题研究、国家知识产权局专项课题研究等十余项，在《知识产权》《专利法研究》等知识产权专业书刊上发表论文 20 余篇；主编出版《医药及生物领域专利申请文件撰写及答复技巧》，并参与《实用新型专利权评价报告实务手册》《发明专利保护客体典型案例评析》等多部专著的撰写。与吴观乐老师联合编著《专利代理实务应试指南及真题精解》。

吴观乐

江苏省南京市人，研究员。1963 年毕业于清华大学，1967 年毕业于中国科学院（四年制研究生），1985 年在德国专利局进修一年，1993 年在德国马普所进修半年。先后在中国科学院力学所和中国专利局（现为国家知识产权局）工作，退休后曾在柳沈律师事务所做高级顾问。曾任中国专利局物理审查部副部长、中国专利局专利复审委员会副局级复审委员、中国专利局机械发明审查部部长、国家知识产权局专利局审查业务指导委员会副主任等职。曾担任中国知识产权研究会专利委员会副主任、国际知识产权教学与研究促进会（ATRIP）会员，现为中华全国专利代理人协会机械专利专业委员会主任、中国知识产权培训中心兼职教授。1993 年起享受国务院颁发的政府特殊津贴。

参与《专利审查指南 2010》修订工作，承担《审查指南 2001》修订的统稿以及《审查指南修改说明》的统稿工作。出版专利著作 8 本，在国内外刊物上发表文章 50 余篇。主要著作有《专利申请文件撰写案例剖析》（合著及第一撰稿人）、《中国专利教程：专利代理》（合著及第一撰稿人）、《发明和实用新型专利申请文件撰写案例剖析》（主编及主要撰稿人）、《专利代理人执业培训教材：专利代理业务基础知识》《专利代理实务应试指南及真题精解》（合著）等。此外，担任《新编中国专利教程：专利代理概论》的副主编和主要撰稿人，《中国知识产权教程：专利代理实务》的主编和主要撰稿人，《全国专利代理人资格考试考前培训教材：专利代理实务分册》的副主编、总审、修改和统稿，《专利代理人执业培训系列教程：专利申请代理实务——机械分册》的主编、总审和统稿。

第4版前言

　　《专利代理实务应试指南及真题精解》于 2010 年 8 月首次面世以来，于 2012 年 6 月更新为第 2 版，2015 年 6 月更新为第 3 版，受到了广大考生的欢迎和好评。许多读者认为，学习本书有利于掌握考试技巧，在考试中更好发挥水平，提高了考试成绩。考虑到第 3 版尚未收录 2014 年以来的"专利代理实务"科目试卷的试题以及近几年"专利代理实务"科目三类实务试题内容和形式有了较大的变化，我们认为有必要对本书再次修订，补充对这几年试题的真题详解，并结合近六年来试题内容和形式的变化修订三类实务试题（专利申请文件撰写试题，答复审查意见通知书试题和无效实务试题）的应试思路。希望第 4 版的出版，能够更好地满足广大考生的要求。

　　第 4 版主要作了以下几方面修订。第一，增加了 2014 年、2015 年和 2016 年全国专利代理人资格考试"专利代理实务"科目试题的详解，尤其对答题思路进行了详细分析，并就参考答案进行了评析，具体参见本书第四部分第二十九章、第三十章和第三十一章；❶ 根据二述增加内容对本书第九章、第十章作了适应性修订；这两项工作在讨论的基础上由欧阳石文执笔，并经吴观乐修改和审核。第二，考虑到自 2001 年以来专利代理实务试卷中答复审查意见通知书试题和无效实务试题的内容和形式的变化（增加了向客户给出咨询意见的内容）以及出现多种不同类型申请文件撰写的试题，对第六章至第七章和第十一章至第十四章进行适应性修订，尤其是对第十二章至第十四章作了较大的补充和修订。其中第六章至第七章的修改由欧阳石文执笔，第十一章至第十四章的修改由吴观乐执笔，并相互进行了审校。第三，国家知识产权局于 2017 年 3 月 2 日发布了国家知识产权局第 74 号令《关于修改〈专利审查指南〉的决定》，且从 2017 年 4 月 1 日起执行，其中有关无效程序中专利文件修改的部分与专利代理实务考试密切相关，为此对第十四章中的相关内容作了修改，告知今后对于无效实务的试题中应当如何修改专利文件，并在第二十二章、第二十四章和第二十七章有关 2007 年、2009 年和 2012 年试题解析中对于答复无效宣告请求书时修改专利文件部分的参考答案给出了脚注，说明按修改后的《专利审查指南》答题时答案是否有变化。第四，出二减少篇幅的考虑，删除了模拟练习题。第五，对全书再次进行了全面统校，消除一些笔误和文字错误等。

　　通过再版，本书更集中于对历年真题的精解，而且对三类实务试题提供了更全面的应试思路，相信能够为广大考生提供更适合当前专利代理实务考试的应试指导。但由于我们的精力和水平所限，本书难免仍然存在错误和不当之处，敬请读者批评指正。

欧阳石文　吴观乐

2018 年 2 月

---

　　❶　本次修订尚未收录 2017 年"专利代理实务"试题，据了解，其考试方式与前几年试题的区别在于：前两题中要求针对客户自行撰写的权利要求书和说明书指出其不符合《专利法》《专利法实施细则》《专利审查指南 2010》规定之处，这相当于 1994 年至 1996 年撰写专利申请文件试卷前一部分的试题题目，本书第十七章收录 1996 年机械领域试题并给出解析，读者可参阅该章来了解 2017 年"专利代理实务"试题中前两题的答题思路。

第 3 版前言

《专利代理实务应试指南及真题精解》于 2010 年 8 月首次面世以来，于 2012 年 6 月出版了第 2 版。第 1 版和第 2 版都受到了广大考生的欢迎，许多读者认为通过阅读第 1 版和第 2 版，提高了考试成绩。但时间又过去了三年，本书编者认为有必要结合考试形式的变化更好地指导考生应试，决定出版第 3 版，期望能够满足广大考生的要求。

第 3 版主要作了下述修订。首先，增加了 2011 年至 2013 年全国专利代理人资格考试专利代理实务试题的详解，尤其对答题思路进行了详细分析，并就参考答案进行了评析，具体参见本书第四部分第十一章至第十三章；此外，根据上述增加内容对本书第二部分第二章、第三章和第三部分各章作了适应性修订；该项工作在讨论的基础上由欧阳石文执笔，并经吴观乐修改和审核。其次，对本书第五部分进行了较大修订，为了帮助考生进行有针对性的模拟练习，本书第五部分针对目前专利代理实务考试中权利要求的撰写、答复审查意见通知书、无效宣告请求书的撰写和答复无效宣告请求书等四种主体类型，编写了四套模拟练习题，并提供了简要解析和参考答案；考生可以在考前进行模拟答题和自我测评，提高专利代理实务的实际水平和在考试中的应试技巧；该项工作主要由欧阳石文完成，吴观乐进行了修改和审核。除此以外，还对全书进行了全面统校。

相信本书第 3 版能够为广大考生提供更适合当前专利代理实务考试的应试指导。但由于编者的精力和水平所限，本书难免存在错误和不当之处，敬请读者批评指正。

编者
2015 年 2 月

第 2 版前言

《专利代理实务应试指南及真题精解》一书出版以来，受到广大考生的欢迎。多数读者认为，本书为广大考生提供了应试的思路和技巧，有利于提高考生考试的成绩。有一部分读者反映阅读本书后，颇受启发，顺利通过了专利代理实务科目的考试。在最近两年的全国专利代理人资格考试中，专利代理实务科目的考试从考试形式到考试内容出现了一些新的变化，因而不少考生希望本书能增补这方面的内容。本书第 2 版的出版，就是为了满足广大考生的这些要求。

第 2 版主要作了下述几个方面的修订。第一方面，增加了 2010 年全国专利代理人资格考试专利代理实务试题的详解，对答题思路进行了详细分析，并对参考答案进行了评析，具体参见本书第四部分第十章。该项工作在讨论的基础上由欧阳石文完成，并经吴观乐审核。第二方面，根据《全国专利代理人资格考试考前培训教材：专利代理实务分册》的内容要求，对专利代理实务试题答题要求的某些方面作了适应性修订。该项工作由吴观乐完成。第三方面，对全书进行了一次全面的统校，并根据读者的反馈意见，对书中的明显错误或不当之处进行了改正和完善。遗憾的是，为使本书第 2 版在 2012 年 6 月出版，以方便 2012 年考生复习备考，本书来不及增加 2011 年全国专利代理资格考试专利代理实务试题的详解。为弥补这一不足，第 2 版将 2011 年试题的一些考点或考试方式在相应的地方进行说明。通过上述修订，本书将更好地为考生提供应试指导，把握考试思路，提高考试技巧，使考生了解最新的考试动向，更好地备考。

当然，本书难免存在诸多错误和不当之处，敬请读者批评指正。

编者
2012 年 2 月

第1版前言

国家知识产权局于2005年对全国专利代理人资格考试制度进行了一次重大改革，将考试由每两年举行一次改为每年举行一次，并根据专利代理工作的实际需要调整了考试科目，包括专利法律知识、相关法律知识、专利代理实务。为深入贯彻科学发展观，加强我国专利代理人才队伍建设，使全国专利代理人资格考试能够以更科学的方式选拔人才、储备力量，2009年国家知识产权局继续深化考试制度改革，如果应试人员的法律知识部分（包括专利法律知识和相关法律知识两门科目）或者代理实务部分的考试成绩通过该部分当年的合格分数线，则其成绩合格的记录自当年起3年内有效。应试人员只需要在接下来的两年内参加并通过另一部分考试成绩不合格的科目的考试，即可获得专利代理人资格证书。

历年报考全国专利代理人资格考试的通过率（最终通过人数/报名总人数）是比较低的，2006年为8.4％、2007年为7.3％、2008年为7.9％、2009年为7.8％，而按照实际参加考试人数计算，其通过率也分别仅有：12.7％、12.0％、12.6％和13.36％。2009年作为改革分数线后的第一年，专利代理实务科目考试通过率也仅为13.0％（按实际参加考试人数计算通过率为22.18％），而法律知识部分考试通过率则为20.1％（按实际参加考试人数计算通过率为32.0％）。因此，从考试的总体情况来看，历年来许多考生在法律知识部分的考试成绩较好，甚至分数相当高，但其中很多人往往由于专利代理实务科目考试成绩不过关，不能获得专利代理人资格证书。

编者曾多次参与专利代理实务科目试题的出题、审核及阅卷工作，了解考生在专利代理实务科目中经常出现的错误，通过总结考生应当注意的地方，能够有效为考生提供备考方案，帮助考生在考试中避免不必要的失分。从某一个角度来说，专利代理实务科目考试的成功一方面要求考生理解《专利法》《专利法实施细则》及《专利审查指南2010》的规定，并能够在实践中加以应用，另一方面还要求掌握一定的考试技巧和注意事项，这往往也是获得理想成绩的重要因素。编者经过深思熟虑，并鉴于目前还没有专门针对专利代理实务科目的应试辅导书籍，决定编写本书，作为考生应试专利代理实务科目的参考用书，帮助考生获得较好的考试成绩。此外，本书也可以作为考前培训的参考用书。

专利代理实务考试具有自身的特殊性。法律知识部分的两门科目只有选择题，考生复习时除理解掌握考试大纲规定范围内的相关法律的理论知识点外，主要可以通过真题练习来提高考试成绩。而专利代理实务科目的考试内容既涉及专利法律基本理论，又涉及实务操作，因此这门科目的应试有其自身的特点，需要避免一些误区，特别应注意以下几点。第一，千万不要只注重专利法相关理论知识而忽视实际运用能力。熟练掌握和理解相关理论知识当然是进行专利代理实务工作的基础，但是还应当同时注重掌握专利代理实务训练，以提高在专利代理实务中运用理论知识的能力，这可以通过专利代理实务试题进行模拟训练来达到。第二，不应当忽视考试的特点而以实际代理实务工作代替备考。许多考生由于已在专利代理机构工作或实习，自认为平时工作已接触或处理了众多专利代理实务问题，而不再下功夫准备专利代理实务科目的考试，这往往导致考试成绩不理想。考试作为有其自身的特点，需要考生正确认识和处理，因此掌握一定的考试技巧，了解一些注意事项往往是考试能否成功的关键。第三，备考时，不要仅简单地了解往年真题及其参考答案而不认真地通过对试题的模拟练习并作深入分析来了解考试的一些规律和特点。考生应当对真题进行深入分析，并由此领会考试规律和技巧，才能真正起到提升应试水平的效果。

本书首先针对专利代理实务科目考试有关内容（申请文件的撰写、审查意见通知书的答复、无效实务）所涉及的专利基本知识和专利代理实务工作作简要介绍；其次，在对历年专利代理实务考试试题的结构作出概要介绍的基础上，对涉及当前专利代理实务科目试题类型部分的考试要点进行了分析归纳；最后，阐述各种不同类型的专利代理实务试题的答题思路和技巧，包括如何寻找关键技术特征、如何进行新颖性和创造性的意见陈述、意见陈述中应包括的各个部分等，并对其中易被忽视或出错之处予以说明。考生如果能够按照这种思路进行答题，并且答案包含所有必要的部分，则应当能够取得较好的成绩。此外，本书针对专利代理实务考试的特点，提供了多道往年全国专利代理人资格考试专利代理实务科目真题，供考生模拟使用；为帮助考生更深入地理解和掌握这些试题所涉及的内容，同时对这些考题进行了重点和有针对性的点评。❶ 总之，希望考生在阅读本书和对历年试题的模拟训练及自我测评后，能够提高专利代理实务工作的实际水平和专利代理实务科目考试的应试技巧。

最后，本书还精选了 5 份欧洲专利代理人资格考试真题作为第五部分，根据中国《专利法》规定进行了改编，供考生作为模拟练习的素材，并给出参考答案或点评，供考生本人检验自己撰写申请文件或答题的思路是否正确。

本书第二部分第一章及第二章（不包括 2009 年试题）、第三部分第一章至第四章的内容以吴观乐 2009 年有关"专利代理实务历年考题考试要点分析及应试技巧"讲课内容为基础，主要由吴观乐编写，欧阳石文协助完成。本书第一部分、第二部分第三章、第三部分第五章、第四部分和第五部分由欧阳石文编写，吴观乐进行了审核。

希望本书能够对读者有所裨益，但鉴于编者水平有限，时间仓促，书中难免存在诸多错误，敬请读者批评指正。

编者

2010 年 4 月

---

❶ 需要说明的是，按照国家知识产权局 2009 年 9 月 29 日发布的《施行修改后的专利法的过渡办法》第二条的规定："修改前的专利法的规定适用于申请日在 2009 年 10 月 1 日前（不含该日）的专利申请以及根据该专利申请授予的专利权；修改后的专利法的规定适用于 2009 年 10 月 1 日以后（含该日）的专利申请以及根据该专利申请授予的专利权。"按照国家知识产权局 2010 年 1 月 21 日发布的《施行修改后的专利法实施细则的过渡办法》第二条的规定："修改前的专利法实施细则的规定适用于 2010 年 2 月 1 日前（不含该日）的专利申请以及根据该专利申请授予的专利权；修改后的专利法实施细则适用于 2010 年 2 月 1 日以后（含该日）的专利申请以及根据该专利申请授予的专利权。"因此在今后几年甚至十几年的时间内，发明专利申请实质审查程序以及发明、实用新型和外观设计专利的无效宣告程序还可能存在适用修改前的《专利法》《专利法实施细则》的情况，因此作为专利代理人不仅需要掌握修改后的《专利法》和《专利法实施细则》的内容，还需要掌握一部分本次修改前的《专利法》和《专利法实施细则》的内容，因此《2010 年全国专利代理人资格考试大纲》已提出这方面的要求。鉴于此，本书编写时也考虑了这一点，例如在专利基本知识概要部分，还介绍了本次修改前的《专利法》和《专利法实施细则》中的有关内容；在阐述审查意见通知书的答复和无效宣告程序专利代理实务的答题思路和技巧时，也写明需要明确适用于本次修改前的《专利法》和《专利法实施细则》还是修改后的《专利法》和《专利法实施细则》；在对历年专利代理实务科目试题的分析和点评中，先按本次修改前或修改后的《专利法》和《专利法实施细则》的规定给出参考答案，同时通过备注说明按照本次修改后或修改前的《专利法》和《专利法实施细则》的规定如何答题。

目　录

第四部分　专利代理实务真题解析

参考文献

第一部分
专利代理实务考试相关的专利
基本知识和专利代理实务工作简介

按照近几年《全国专利代理人资格考试大纲》的规定，专利代理实务科目考试主要涉及三个方面的内容：专利申请文件（权利要求书和说明书及其摘要）的撰写；实质审查意见通知书的答复（意见陈述书及专利申请文件的修改）；无效宣告程序中的无效宣告请求书和意见陈述书（包括对专利文件的修改）。为了做好上述三个方面的专利代理实务工作，必须很好地掌握这些专利代理实务工作所涉及的专利基本知识。因为这些知识是从事专利代理工作的基础，更是做好专利代理实务的基础，考生必须牢固掌握。

在本部分，首先按照形成专利申请文件的准备和审批顺序，从专利保护客体、专利申请文件的撰写要求、授权的实质性条件、专利申请文件修改的相关规定以及无效宣告程序中的相关规定等对专利法相关知识作一介绍。在介绍这些专利基本知识时，编者采用了与《专利审查指南 2010》不同的方式，即试图从申请人和专利代理人的角度而不是从专利审查的角度进行梳理，以便读者记忆和复习。然后，对专利申请文件的撰写、答复审查意见通知书以及无效请求书和意见陈述书的撰写等专利代理实务工作进行了简要介绍。

此外，由于专利代理实务科目考试涉及外观设计专利申请的内容很少，因此这一部分介绍的专利基本知识和专利代理实务工作主要涉及与发明和实用新型专利申请有关的内容。

第一章 判断主题是否属于专利保护客体

在撰写专利申请文件前，需要根据客户提供的技术资料，理解有关发明创造的技术内容。通常，首先要考虑专利申请涉及的主题是否属于专利保护客体，包括判断是否属于《专利法》第五条、第二十五条规定的不授予专利权的客体以及是否属于专利法意义上的产品或者方法。只有在主题属于专利保护客体的情况下，才有必要进行下一步工作。[❶]

一、判断主题是否属于《专利法》第五条规定的不授予专利权的客体

根据《专利法》第五条第一款的规定，发明创造的公开、使用、制造违反了法律、社会公德或者妨害了公共利益的，不能被授予专利权。凡是属于上述不授予专利权的主题，既不能写入说明书中，当然也不能作为权利要求请求保护的对象。

1. 违反法律的发明创造
法律仅指全国人大或全国人大常务委员会制定和颁布的法律，不包括行政法规和规章。

发明创造本身与法律相违背的，不能授予专利权，但并不包括那些由于被滥用才导致违反法律

---

❶ 从历年考试试题来看，这方面不是考试的重点，但仍然存在一些主题属于不授予专利权客体的情况，不应撰写成权利要求作为要求专利保护的对象。

的发明创造。

《专利法》第五条第一款所称违反法律的发明创造，不包括仅其实施为法律所禁止的发明创造。也就是说，如果仅仅是发明创造的产品的生产、销售或使用受到法律的限制或约束，则该产品及其制造方法并不属于违反法律的发明创造。

2. 违反社会公德的发明创造

《专利法》中所称的社会公德仅限于我国国内。发明创造与社会公德相违背的，不能被授予专利权。在这方面，需要理解《专利审查指南2010》中列举的例子。

3. 妨害公共利益的发明创造

妨害公共利益，是指发明创造的实施或使用会给公众或社会造成危害，或者会导致国家和社会正常秩序受到影响。妨害公共利益的发明创造主要包括两种类型：

（1）发明创造以致人伤残或损害财物为手段的或者发明创造的实施或使用会严重污染环境、严重浪费能源或资源、破坏生态平衡、危害公共健康的，不能被授予专利权。

（2）专利申请的文字或者图案涉及国家重大政治事件或宗教信仰、伤害人民感情或民族感情或宣传封建迷信，不能授予专利权。

需要注意的是，如果仅仅是发明创造在被滥用而可能妨害公共利益的（如麻醉剂、放射性设备），或者发明创造在产生积极效果的同时存在某种缺点，则不属于妨害公共利益的发明创造。但是，如果发明创造本身是为了达到有益的目的，而其使用和实施必然会导致妨害公共利益，则仍然不能被授予专利权。

4. 违法获取或利用遗传资源所完成的发明创造

根据《专利法》第五条第二款的规定，对违反法律、行政法规的规定获取或者利用遗传资源，并依赖该遗传资源完成的发明创造，不授予专利权。

（1）《专利法》所称遗传资源，是指取自人体、动物、植物或者微生物的含有遗传功能单位并具有实际或者潜在价值的材料（指遗传功能单位的载体）。而遗传功能单位是指生物体的基因或者具有遗传功能的 DNA 或者 RNA 片段。

（2）《专利法》所称依赖遗传资源完成的发明创造，是指利用了遗传资源的遗传功能完成的发明创造，即对遗传功能单位进行分离、分析、处理等，以完成发明创造，实现其遗传资源的价值。

（3）违反法律、行政法规的规定获取或者利用遗传资源，是指遗传资源的获取或者利用未按照我国有关法律、行政法规的规定事先获得有关行政管理部门的批准或者相关权利人的许可。

二、判断主题是否属于《专利法》第二十五条规定的不授予专利权的客体

《专利法》第二十五条第一款规定：科学发现，智力活动规则和方法，疾病诊断和治疗方法，动物和植物品种，用原子核变换方法获得的物质，以及对平面的图案、色彩或者二者的结合作出的主要起标识作用的设计，不授予专利权。鉴于第六种仅与外观设计专利申请有关，因此下面只对前五种作进一步展开说明。

1. 科学发现

通常，比较容易理解发明与发现之间的区别，前者是人们根据所认识的自然规律来解决客观世界所存在的技术问题的技术方案，而后者属于人们对客观世界自然规律的认识范畴，包括科学发现和科学理论。根据《专利法》第二十五条第一款第（一）项的规定，科学发现不能授予专利权，但是，将科学发现提示的自然规律应用于解决客观世界存在的技术问题，就成为可以授予专利权的发明创造。

2. 智力活动规则和方法

智力活动规则和方法是指导人们进行思维、表述、判断与记忆的规则和方法，其没有采用技术手段和利用自然规律，也未解决技术问题、产生技术效果，因而没有构成技术方案，不能授予专利权。《专利审查指南2010》第二部分第一章第4.2节给出了不少具体的例子。由于专利代理实务考试受到专业上的限制，需要重点注意那些与某些产品相关的类型，例如发明涉及设备，注意设备的操作说明属于智力活动规则和方法，不能授予专利权；又如发明创造与交通设施相关的设备，则需要注意涉及交通行车规则属于智力活动规则和方法，不能被授予专利权等。

3. 疾病的诊断和治疗方法

疾病的诊断和治疗方法，是指以有生命的人体或者动物体为直接实施对象，进行识别、确定或消除病因或病灶的过程。由此可知，以有生命的人体或动物体为对象，并以获得疾病诊断结果或健康状况为直接目的，则该方法属于疾病的诊断方法。

需要注意的是，如果一项发明从表述形式上看是以离体样品为对象的，但该发明是以获得同一主体疾病诊断结果或健康状况为直接目的，则该发明仍然不能被授予专利权。同样，如果请求专利保护的方法中包括了诊断步骤或者虽未包括诊断步骤但包括检测步骤，而根据现有技术中的医学知识和该专利申请公开的内容，只要知晓所说的诊断或检测信息，就能够直接获得疾病的诊断结果或健康状况，因而包括这种针对有生命的人体或动物体作出的诊断步骤或检测步骤的方法，也属于疾病诊断方法。

此外，疾病的诊断和治疗方法不能授予专利权，但疾病诊断的仪器、治疗疾病的药物以及治疗疾病时使用的手术器械等均属于可授予专利权的保护客体。

在《专利审查指南2010》第二部分第一章第4.3.1.1节和第4.3.2.1节列举了很多属于疾病的诊断和治疗方法的例子，在第4.3.1.2节和第4.3.2.2节列举了不少不属于疾病的诊断和治疗方法的例子，可以从这些例子中理解判断标准。总体来看，如果主题名称比较明显地体现出其属于疾病的诊断和治疗方法，则相对容易判断，因此需要特别注意那些从主题名称来看并没有直接体现出来，但从实际内容来看仍可能属于疾病的诊断和治疗方法。

4. 动物和植物品种

不授予专利权的动物和植物品种不仅包括完整的动物和植物个体，还包括可以生长为个体的动物和植物的组成部分，例如动物的胚胎干细胞、动物个体的各个形成和发育阶段如生殖细胞、受精卵、胚胎等；植物的可繁殖材料，如植物种子等。相反，动物的体细胞以及动物组织和器官（除胚胎外）并不具有生长为个体的能力，不属于动物品种。

《专利审查指南2010》第二部分第一章第4.4节对《专利法》第二十五条第二款的规定作了进一步说明，对动物和植物的非生物学的生产方法，属于可授权的范畴，在该生产方法中，人的技术处理或介入对所达到的目的或效果起了主要的控制作用或决定性作用。

5. 用原子核变换方法获得的物质

虽然《专利法》第二十五条第一款第（五）项规定，用原子核变换方法获得的物质不能授予专利权，《专利审查指南2010》第二部分第一章第4.5.1节中进一步明确规定，原子核变换方法也不能被授予专利权。但是，为实现原子核变换而采用的增加粒子能量的粒子加速方法不属于原子核变换方法，属于可授予专利权的范畴。

需要说明的是，原子核变换方法不属于可授予专利权的客体，但是为实现核变换方法的各种设备、仪器及其零部件等，均属于可被授予专利权的客体。同样，用原子核变换方法所获得的各种放射性同位素不能被授予发明专利权，但是这些同位素的用途以及使用的仪器、设备属于可被授予专利权的客体。

三、判断主题是否符合发明或实用新型的定义

根据《专利法》第二条第二款的规定，发明是指对产品、方法或者其改进所提出的新的技术方案。由此可知，发明专利的保护客体既可以是产品，也可以是方法。根据《专利法》第二条第三款

的规定，实用新型是指对产品的形状、构造或者其结合所提出的适于实用的新的技术方案。也就是说，实用新型专利的保护客体只能是产品，而且是有形状、构造变化的产品，而对方法，或者无形状、构造变化的产品不给予保护。

1. 确定是产品还是方法

请求保护的主题必须是专利法意义上的产品或者方法。在确定权利要求的主题时必须首先弄清是产品还是方法，这对于保护范围而言是至关重要的。通常而言，产品权利要求的效力优于方法权利要求，因此尽可能写成产品权利要求，除非发明的关键并不在于对物本身的创新或改进，而在于方法步骤或工艺参数等。例如，生产已知产品的新方法就只能撰写成方法权利要求。

2. 发明或者实用新型是一项技术方案

技术方案是对要解决的技术问题所采取的利用了自然规律的技术手段的集合，其中技术手段通常由技术特征来体现。

产品的形状以及表面的图案、色彩或者其结合的新方案，没有解决技术问题的，不属于发明和实用新型专利保护的客体。反之，解决了技术问题的，则属于专利保护的客体。

气味或者诸如声、光、电、磁、波等信号或者能量不属于专利法意义上的产品或者方法，因此也不属于《专利法》第二条第二款规定的客体。此外，应当注意实用新型专利保护对象的限制，将在下面作进一步说明。

3. 实用新型专利保护对象的限制

（1）实用新型专利仅保护产品，意味着一切方法都不属于实用新型专利的保护客体。

（2）实用新型专利仅保护形状和/或构造上作出改进的产品，这包括三个方面的含义：

① 如果既包含形状、构造特征，又包含对方法本身提出的技术方案，则不属于实用新型专利的保护客体。其中，权利要求中可以使用已知方法的名称（如焊接）限定产品的形状、构造，但不得包含方法的步骤、工艺条件等。

② 产品的形状是指产品所具有的，可以从外部观察到的确定的空间形状。而无确定形状的产品（如气态、液态、粉末颗粒等物质或材料）不属于实用新型专利的保护客体，如化合物、墨水、洗衣粉等，但允许产品中的某个技术特征为无确定形状的物质，只要其在该产品中受该产品结构特征的限制即可，例如，对温度计的形状构造提出的技术方案中允许写入无确定形状的酒精。

不能以生物的或者自然形成的形状作为产品的形状特征。不能以摆放、堆积等方法获得的非确定的形状作为产品的形状特征。产品的形状可以是在某种特定情况下所具有的确定的空间形状，例如，具有新颖形状的冰杯、降落伞等。

③ 产品的构造是指产品的各个组成部分的安排、组织和相互关系。注意，复合层可以认为是产品的构造，但物质的分子结构、组分、金相结构等不属于实用新型专利保护的产品构造。如果既包含形状、构造特征，又包含对材料本身提出的技术方案，则不属于实用新型专利保护的客体。但是，权利要求中可以包含已知材料的名称。

此外，产品表面的文字、符号、图表或者其结合的新方案，不属于实用新型专利保护的客体。例如：仅改变按键表面文字、符号的计算机或手机键盘；以十二生肖形状为装饰的开罐刀；仅以表面图案设计为区别特征的棋类、牌类，如古诗扑克等。

第二章　发明和实用新型专利申请文件的撰写规定

发明和实用新型专利申请的申请文件包括请求书、权利要求书、说明书（及其附图）和说明书摘要。专利代理实务考试中不涉及请求书表格的填写，因此本章仅对权利要求书和说明书的撰写要求和撰写规定进行介绍。

第一节　权利要求书

《专利法》第二十六条第四款以及《专利法实施细则》第十九条至第二十二条对权利要求书的要求作出明确规定。

一、权利要求书简介

权利要求书由记载发明或者实用新型的技术特征的权利要求组成，一份权利要求至少包括一项独立权利要求，还可以包括从属权利要求。

（一）产品权利要求和方法权利要求

权利要求按性质可分成两种基本类型：产品权利要求和方法权利要求。产品权利要求包括通过人类技术生产得到的任何具体的实体，此处的产品是广义的产品（产品、设备），与常规概念的产品不完全相同。方法权利要求包括有时间过程要求的活动，也是广义概念上的方法，包括任何方法和用途。方法权利要求中的方法步骤的执行必然涉及材料、设备、工具等物，但其核心并不在于对物本身的创新或改进，而是通过方法步骤的组合和执行顺序来实现方法发明所要解决的技术问题。

发明专利给予保护的客体可以是产品，也可以是方法，因此发明专利申请的权利要求书中既可以包括产品权利要求，也可以有方法权利要求。而实用新型专利给予保护的客体只能是产品，而不包括任何方法，因此实用新型专利申请的权利要求书仅包括产品权利要求，不得有方法权利要求。

（二）独立权利要求和从属权利要求

权利要求书从撰写形式来看，首先包括独立权利要求，其次还可以有从属权利要求。从整体上反映发明或者实用新型的技术方案、记载解决其技术问题所需的必要技术特征的权利要求为独立权利要求，因此撰写独立权利要求就需要确定发明或者实用新型的必要技术特征。用附加技术特征对独立权利要求作进一步限定（当然，还可以对从属权利要求作进一步限定）则构成从属权利要求，因此要通过确定附加技术特征来撰写从属权利要求。

1. 必要技术特征

《专利法实施细则》第二十条第二款规定："独立权利要求应当从整体上反映发明或者实用新型的技术方案，记载解决技术问题的必要技术特征。"

根据该条款的规定，一方面独立权利要求中应当写入所有必要的技术特征，另一方面从撰写的角度来看，独立权利要求中不要写入非必要技术特征，以免保护范围过窄，使发明创造得不到充分保护。从撰写的角度来看，确定了发明的必要技术特征，自然也就明确了不属于必要技术特征的技术特征为非必要技术特征（主要包括两类，即附加技术特征和与解决技术问题无关的技术特征）。

所谓必要技术特征是指，发明或者实用新型为解决其技术问题所不可缺少的技术特征，其总和足以构成发明或者实用新型的技术方案，使之区别于所掌握的现有技术中的技术方案（注意，在审查时，审查员判断权利要求的技术方案是否区别于申请文件的背景技术以及审查过程检索到的现有技术）。在实际撰写时，主要根据发明或实用新型所要解决的技术问题来确定哪些技术特征是必要技术特征，即具体分析在独立权利要求中不写入某技术特征后，是否导致技术方案不能解决发明或实用新型所要解决的技术问题。

对于分成前序部分和特征部分撰写的独立权利要求而言，必要技术特征既包括独立权利要求前序部分中写入的发明或者实用新型主题与最接近的现有技术共有的必要技术特征，又包括其特征部分写入的发明或者实用新型主题与最接近的现有技术不同的区别技术特征。

2. 附加技术特征

未写入独立权利要求中，但需要写入从属权利要求中的特征称为附加技术特征。附加技术特征可以是对所引用的权利要求的技术特征作进一步限定的技术特征，也可以是增加的技术特征；既可以进一步限定独立权利要求特征部分的特征，也可以进一步限定其前序部分中的特征。

用附加技术特征对其引用的权利要求作进一步限定而构成的从属权利要求，包括两种情况。

① 附加技术特征本身有助于使技术方案具备新颖性和创造性。在这种情况下，应当将这些附加技术特征作为限定部分的附加技术特征撰写一项从属权利要求。这种从属权利要求，在发明专利申请审批过程中，尤其是在无效宣告程序中起着重要作用，此时若其引用的权利要求不具备新颖性或创造性时或者不能得到说明书支持时，能够为其取得专利保护或维持专利权提供足够的退路。

② 附加技术特征虽然本身并不能为技术方案带来新颖性和创造性，但其能够为技术方案带来较好的技术效果（如获得了附带的技术效果，解决了附带的技术问题），或者能够适用于特定情况。这种从属权利要求主要的作用在于提供合理保护梯度，同时在解释前面的权利要求的保护范围时，可能会起到有利的作用，这将有助于专利侵权诉讼中对是否构成侵权作出正确的判断。

对于上述第②种情况，可以从附加技术特征在技术方案中的作用和重要性来考虑，需要注意的是，过于细微的技术细节、极其公知的技术特征、不会产生任何特别效果的技术特征或者与解决的技术问题无关的技术特征等不宜作为附加技术特征。当然，从专利代理实务考试的角度，在不超过合理数量的从属权利要求的情况下，如果多写一些不是特别必要的从属权利要求，通常不会因此而扣分，❶ 但容易导致撰写的其他问题，如引用关系不清楚、描述不清楚等，并浪费考试的时间。

二、权利要求应当满足的要求

《专利法》第二十六条第四款规定：权利要求书应当以说明书为依据，清楚、简要地限定要求专利保护的范围。由此可知，权利要求书应当满足两个方面的要求：以说明书为依据；清楚、简要地限定要求专利保护的范围。现针对这两个方面的要求作具体说明。

（一）以说明书为依据

为满足权利要求书应当以说明书为依据的要求，在撰写权利要求书时，尤其是在撰写独立权利要求时，除了要让独立权利要求的全部技术特征在说明书中至少一个具体实施方式中得到体现外，还应当对权利要求进行合理的概括，而不要仅仅局限于发明的具体实施方式或实施例。也就是说，在能够得到说明书或技术资料支持的情况下，对权利要求中的技术特征采用合理的概括方式，从而使其保护范围尽可能宽。当然，对于从属权利要求同样需要以说明书为依据，附加技术特征也应当尽可能进行概括上升或者采用中位概念，以获得合理的保护梯度，这样当独立权利要求不符合《专利法》及其实施细则有关规定而不能成立时，还能够为专利申请人或专利权人尽可能争取较宽的保护范围，而不至于直接缩小到具体实施方式而使保护范围过窄。

权利要求的概括主要包括两种方式：上位概括和并列概括。概括是否适当的判断标准基本上可按下述方式来确定：如果本领域技术人员可以合理预测说明书或技术资料中给出的实施方式的所有等同替代方式或明显变型方式都具备相同的性能或用途，则可以概括至覆盖其所有的等同替代或明显变型方式。反之，如果权利要求的概括包含了推测的、其效果难以预先确定和评价的内容，则概括范围过宽。

需要特别说明的是，产品权利要求通常应当避免使用功能或效果特征来限定发明或实用新型，尤其是应当避免纯功能性限定。只有在某一技术特征用结构特征限定不如用功能或效果特征来限定更为恰当，该功能限定的技术特征对本领域技术人员能够明了该功能还可以用其他已知方式来完成，而且除说明书中记载的实施方式外其他能实现该功能的替代方式也能解决技术问题，达到相同的技术效果，才可以采用功能限定的技术特征以争取尽量宽的保护范围。

---

❶ 需要注意的是，对于以极其公知的技术特征作为附加技术特征写成从属权利要求仍然有可能被扣分。

（二）清楚和简要

对于权利要求书应当清楚、简要地限定要求专利保护的范围的规定而言，既要清楚地限定要求专利保护的范围，又应当简要地限定要求专利保护的范围。

1. 清楚

（1）就权利要求书清楚而言包括两个方面：其一是每一项权利要求应当清楚；其二是所有权利要求作为一个整体也应当清楚。首先，每项权利要求的类型必须清楚。权利要求的主题名称必须清楚表明是产品权利要求，还是方法权利要求。既不能采用不能清楚界定是产品还是方法的主题名称，也不能同时包含产品和方法的主题名称。下述名称被认为未清楚反映权利要求的类型，不应当作为权利要求的主题名称：技术、产品及其制造方法，产品及其使用方法，产品及其用途、改进、改良、配方、设计、逻辑等。此外，权利要求的主题名称应当与权利要求的技术内容相适应。通常产品权利要求应当用产品的结构特征来描述，而方法权利要求应当采用工艺过程、操作条件、步骤或流程等技术特征来描述。

其次，每项权利要求所确定的保护范围应当清楚。要求通过权利要求的文字正确地描述发明或者实用新型的技术方案。至少包括三个层次：术语清楚、用词严谨；每个技术特征表述清楚；各技术特征之间的关系清楚。

从专利代理实务考试的角度，特别注意的是：

① 权利要求中不要写入《专利审查指南 2010》第二部分第二章第 3.2.2 节中述及的模糊术语："厚""薄""强""弱""高温""高压""很宽范围"；"例如""最好是""尤其是""必要时"；"约""接近""等"（表示列举时）、"或类似物"。

② 除附图标记或者化学式和数学式可以采用括号之外，权利要求中通常不会存在使用括号的情形。

③ 权利要求中不得有插图或引用附图，通常也不应使用表格。

④ 不得包含不产生技术效果的特征。

（2）权利要求书作为整体应当清楚。构成权利要求书的所有权利要求作为整体也应当清楚，是指权利要求之间的引用关系应当清楚，这实际是由从属权利要求的引用关系来体现的。

2. 简要

对权利要求书简要的要求也包括两个方面：每一项权利要求应当简要；所有权利要求作为一个整体也应当简要。

（1）每一项权利要求应当简要是指权利要求的表述应当简要，除记载技术特征外，不得对原因或理由作不必要的描述，也不得使用商业宣传性用语。

（2）权利要求作为整体应当简要，即不得撰写两项或两项以上保护范围实质上相同的权利要求，权利要求的数目合理，尽量采取引用在前权利要求的方式撰写来避免相同内容的不必要重复。

三、权利要求的撰写要求和撰写规定

（1）独立权利要求应当按照《专利法实施细则》第二十一条第一款的规定撰写，即尽可能采用两部分格式，包括前序部分和特征部分。但是，那些不适合采用两部分格式撰写的情况除外，例如，开拓性发明、化学物质发明和某些用途发明、已知方法的改进发明等。

（2）不同类型的并列独立权利要求，通常采用引用在前的独立权利要求的形式来撰写。

（3）发明或者实用新型的从属权利要求应当按照《专利法实施细则》第二十二条第一款规定来撰写，即包括引用部分和限定部分，前者要求写明引用的权利要求编号及其主题名称，后者写明附加技术特征。

（4）权利要求应当用阿拉伯数字编号，包括几项权利要求的，应按顺序编号。

（5）从属权利要求只能引用在前的权利要求，不能引用在后的权利要求及其本身。直接或间接

从属于某一项独立权利要求的所有从属权利要求应当写在该独立权利要求之后，另一项独立权利要求之前。一项从属权利要求不能同时直接或间接引用在前的两项或两项以上不同发明或者实用新型的独立权利要求。

（6）引用两项以上权利要求的多项从属权利要求只能以择一的方式引用在前的权利要求，并不得作为另一项多项从属权利要求的引用基础。

（7）引用某独立权利要求的从属权利要求有多项的，其引用应当有先后层次，有顺序地引用。

（8）每一项权利要求只允许在其结尾处使用句号；但在一项权利要求中可根据情况采用分号或者通过分段、分行等手段来区分不同技术特征。

（9）权利要求中不得有插图。

（10）权利要求中通常也不得使用"如说明书……部分所述"或"如图……所示"。

（11）权利要求中通常不允许使用表格。

（12）权利要求中的技术特征可以引用附图中的附图标记，并置于相应部件后的括号内。

（13）除附图标记或其他必要情形外，权利要求中尽量避免使用括号。

（14）权利要求中，一般情形下不得使用人名、地名、商标名称、商品名。

（15）权利要求中采用并列选择时，被并列选择概括的具体内容应当是等效的，不得将上位概念概括的内容，用"或者"并列在下位概念之后；并列选择的含义应当清楚。

四、合案申请与分案申请

按照《专利法》第三十一条的规定，一件发明或实用新型专利申请应当限于一项发明或实用新型，属于一个总的发明构思的两项以上的发明或者实用新型，可以作为一件专利申请提出。按照《专利法实施细则》第三十四条规定，可以作为一件专利申请提出的属于一个总的发明构思的两项以上的发明或者实用新型，应当在技术上相互关联，包含一个或者多个相同或者相应的特定技术特征，其中特定技术特征是体现发明对现有技术作出贡献的技术特征，也就是使发明相对于现有技术具备新颖性和创造性的技术特征。

为符合上述规定，在撰写权利要求书时，对于有多项发明或实用新型的情况，需要确定是合案申请还是分案申请。即有多个独立权利要求的情况下，需要考虑它们之间是否具有单一性以确定写入一份申请或写入多份申请。属于一个总的发明构思的两项以上发明或者实用新型，具有单一性，可以作为一件申请提出；不属于一个总的发明构思的两项以上发明或者实用新型，不具有单一性，应当分案申请。实际操作时应当从两个层面加以考虑：其一，从撰写角度来看，具备单一性的多项发明或者实用新型应当写入一份申请。其二，与一份申请独立权利要求1不具备单一性的其他发明或者实用新型应当以另一份申请提出。❶

第二节　说　明　书❷

《专利法》第二十六条第四款和《专利法实施细则》第十七条、第十八条和第二十三条对说明书

---

❶　在实际专利代理工作中，由于单一性并非无效理由，在不能确定多项独立权利要求是否具备单一性的情况下，通常可以先合案申请，待审查员指出专利申请不符合单一性规定的审查意见时再删除那些不具有单一性的发明或实用新型，并决定是否将删除的那几项发明或者实用新型提出分案申请。但在专利代理实务科目考试试题中，则需要准确把握单一性，对于另外几项不符合单一性的发明或实用新型，应当建议申请人另行提出一件专利申请，必要时还应当要求申请人补充有关资料。

❷　由于专利代理实务考试科目试题中涉及说明书撰写部分的比重较小，2000年至2004年考试试题中涉及一些说明书相关部分的撰写，2017年专利代理实务试题也涉及找出说明书不符合规定的考点。并且考虑到权利要求书的撰写本身与说明书公开的内容密切相关，本节对说明书总体要求作重点说明，而对说明书各个组成部分作扼要说明。

的要求作了明确规定，但对于专利代理人和专利申请人来说，《专利法》第二十六条第四款规定所反映出来的说明书应当支持权利要求书这一要求也很重要。

一、对说明书的总体要求

根据《专利法》和《专利法实施细则》上述条款以及《专利审查指南 2010》相应章节的规定，对发明和实用新型专利申请说明书总体上提出了三个方面的要求：充分公开发明或实用新型；支持权利要求书的保护范围；说明书用词规范、语句清楚。下面对这三个方面要求给予具体说明。

其中需要说明的是，对于属于《专利法》第五条规定不授予专利权的范围既不能作为权利要求请求保护的主题，相关的内容当然也不应当写入说明书和说明书摘要中。而对于《专利法》第二十五条中列举的不授权主题，虽然不能作为权利要求请求保护的对象，但许多情况下，其相关内容还应当在说明书中予以描述以满足充分公开的要求。

（一）说明书应当充分公开请求保护的主题

《专利法》第二十六条第三款规定：说明书应当对发明或者实用新型作出清楚、完整的说明，以所属技术领域的技术人员能够实现为准。从该款的文字来看，是针对说明书作出的规定，但实际上也相应于权利要求而言的，即应当基于该款的判断标准来确定是否可以将相关技术主题作为权利要求请求保护的对象，即假设撰写了相关的技术主题，那么需要判断至少写入哪些内容才能让本领域技术人员能够实现。

1. 说明书应当清楚

说明书的内容应当清楚，是指说明书的内容应当满足主题明确、表述准确两方面的要求。

（1）主题明确：说明书应当从现有技术出发，清楚写明发明或者实用新型要求保护的主题，即说明书应当写明发明或实用新型所要解决的技术问题以及解决其技术问题采用的技术方案，并对照现有技术写明发明或者实用新型的有益效果；上述技术问题、技术方案和有益效果，应当相互适应，不得出现相互矛盾或不相关联的情形。

（2）表述准确：说明书应当使用发明或者实用新型所属技术领域的技术术语，准确地表达发明或者实用新型的技术内容，使技术领域的技术人员能够清楚、正确地理解发明或者实用新型。

2. 说明书应当完整

说明书的完整，是指说明书应当包括有关理解、实现发明或者实用新型所需的全部技术内容：帮助理解发明或者实用新型不可缺少的内容；确定发明或者实用新型具备新颖性、创造性和实用性所需的内容；以及实现发明或者实用新型所需的内容。

需要指出的是，凡是本领域的技术人员不能从现有技术中直接、唯一地得出的有关内容，均应当在说明书中进行描述。

此外，对于克服技术偏见的发明或者实用新型，说明书中还应当解释为什么说该发明或者实用新型克服了技术偏见，新的技术方案与技术偏见之间的差别以及为克服技术偏见所采用的技术手段。

3. 说明书应当达到能够实现发明或者实用新型的程度

说明书应当清楚地记载发明或者实用新型的技术方案，详细地描述实现发明或者实用新型的具体实施方式，完整地公开对于理解和实现发明或者实用新型必不可少的技术内容，达到使所属技术领域的技术人员按照说明书记载的内容，就能够实现该发明或者实用新型的技术方案，解决其技术问题，并且产生预期的技术效果。

以下各种情形由于缺乏解决技术问题的技术手段而被认为无法实现，从撰写的角度看，需要申请人提供相关补充说明：

（1）说明书中只给出任务和/或设想，或者只表明一种愿望和/或结果，而未给出任何能够实施的技术手段。

（2）说明书中给出了技术手段，但是含混不清，根据说明书记载的内容无法具体实施。

（3）说明书中给出了技术手段，但采用该手段并不能解决发明或者实用新型所要解决的技术问题。

（4）由多个技术手段构成的技术方案，对于其中一个或某些技术手段，按照说明书记载的内容并不能实现。

（5）说明书中给出了具体的技术方案，但未给出实验证据，而该方案又必须依赖实验结果加以证实才能成立。

（二）说明书应当足以支持权利要求

根据《专利法》第二十六条第四款的规定，权利要求书应当以说明书为依据。但是，从撰写申请文件的角度来看，确定了权利要求书要求专利保护的范围后，就应当要求所撰写的说明书支持权利要求书。为了满足这一要求，在撰写说明书时应当注意下述五点：

（1）针对权利要求的保护范围，提供足够多的实施例。当独立权利要求进行了概括，而不能从一个实施例中找到依据时，则应当根据情况提供两个或更多个实施例。例如，对于权利要求相对背景技术的改进涉及数值范围时，通常应当给出两端值附近（最好是两端值）的实施例，而数值范围较宽时，则还应提供至少一个中间值的实施例。

（2）在说明书中对权利要求书中的每个技术特征作出说明，对于进行了上位概括的技术特征，除给出足够数量的实施例外，必要时说明本发明或者实用新型的技术方案利用了上位概括所涉及的所有下位概念的共性，作为支持上位概括的理由。

（3）对权利要求书中的每个权利要求来说，至少在说明书中的一个具体实施方式或一个实施例中得到体现。

（4）至少在说明书中的一个具体实施方式中包含了独立权利要求中的全部必要技术特征。

（5）说明书中记载的内容与权利要求相适应，术语一致，没有矛盾。

（三）说明书应当用词规范、语句清楚

撰写的说明书，其内容应当明确，无含混不清或者前后矛盾之处，使所属技术领域的技术人员容易理解。例如，应当使用发明或者实用新型所属技术领域的技术术语等。

说明书应当使用发明或者实用新型所属技术领域的技术术语。对于自然科学名词，国家有规定的，应当采用统一的术语，国家没有规定的，可以采用约定俗成的术语。如果采用自定义词，应当给出明确的定义或者说明。并且不应当使用在本技术领域中具有基本含义的词汇来表示其本义之外的其他含义。

二、说明书的撰写要求和各组成部分的撰写

《专利法实施细则》第十七条第一款规定了说明书各部分的撰写方式和顺序，包括发明或实用新型的名称、技术领域、发明内容、附图说明、具体实施方式。

1. 发明或者实用新型的名称

发明或者实用新型的名称应当清楚简要、全面地反映要求保护的主题和类型，即应当与请求保护的主题相适应。例如，发明主题涉及产品及其制备方法，则名称中不应只涉及产品或者只涉及方法，应当包括产品和制备方法。

此外，名称应当采用所属技术领域通用的技术术语，不得使用人名、地名、商标、型号或商品名称，也不得使用商业性宣传用语。名称一般不得超过25个字，特殊情况下，可以允许最多到40个字。

2. 技术领域

技术领域应当是发明或者实用新型直接所属或者直接应用的具体技术领域，既不是其上位或者相邻的技术领域，也不是发明或者实用新型本身。其撰写原则基本类似于发明名称的概括，即应当

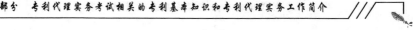

体现发明或者实用新型要求保护的技术方案的主题名称和发明的类型，但是不应当写入发明或者实用新型相对于最接近的现有技术作出改进的区别技术特征。

3. 背景技术

发明或者实用新型说明书的背景技术部分应当写明对发明或者实用新型的理解、检索、审查有用的背景技术，并且尽可能引证反映这些背景技术的文件。尤其要引证与发明或者实用新型专利申请最接近的现有技术文件。此外，还要客观地指出背景技术中存在的问题和缺点，但是，仅限于涉及由发明或者实用新型的技术方案所解决的问题和缺点。

在撰写背景技术时，注意避免出现贬低他人或现有技术水平的语言、描述与本申请关系不大或者无关的背景技术。

4. 发明或者实用新型内容

发明或者实用新型内容包括以下三个方面：

（1）要解决的技术问题：发明或者实用新型所要解决的技术问题，是指发明或者实用新型要解决的现有技术中存在的技术问题，其不是笼统的技术问题而是具体的技术问题。发明或者实用新型专利申请记载的技术方案应当能够解决这些技术问题，即所撰写的技术问题应当与请求保护的主题相适应。不能将技术方案本身，或其中的某些特征本身写成所要解决的技术问题。对于具有多个要解决的技术问题时，如果不是必须同时解决的，那么应当分别描述。

（2）技术方案：一件发明或者实用新型专利申请的核心是其在说明书中记载的技术方案，需要清楚、完整地描述发明或者实用新型解决其技术问题所采取的技术方案的技术特征。在技术方案这一部分，至少应反映包含全部必要技术特征的独立权利要求的技术方案，还可以给出包含其他附加技术特征的进一步改进的技术方案。

对于有多个独立权利要求的技术方案，可以首先描述这些独立权利要求的共同发明构思。然后，用不同的自然段分别描述各独立权利要求的技术方案。

（3）有益效果：清楚、客观地写明发明或者实用新型与现有技术相比所具有的有益效果。其中，有益效果是指由构成发明或者实用新型的技术特征直接带来的，或者是由所述的技术特征必然产生的技术效果。它是确定发明是否具有"显著的进步"，实用新型是否具有"进步"的重要依据。撰写时不能只给出断言，而应具体分析得出有益效果，且不能随意扩大，或采用广告宣传式用语。

5. 附图说明

有附图的，说明书中应当有附图说明，即写明各幅附图的图名，并且对图示的内容作简要说明。

6. 具体实施方式

实现发明或者实用新型的优选的具体实施方式对于充分公开、理解和实现发明或者实用新型，支持和解释权利要求都是极为重要的。其中，需要将每一实施方式或实施例进行清楚描述；为支持权利要求，应当提供合适数量的实施例。通常在专利代理实务科目考试试题中不涉及具体实施方式的撰写，❶ 但在实际专利代理过程中，这部分内容是极其重要的，从某种角度来讲，它是请求保护主题的基础。

7. 说明书附图

对于说明书附图，应当按规定的格式绘制，其具体要求可参见《专利审查指南2010》相关部分。附图中除了必需的词语外，不应当含有其他的注释；但对于流程图、框图，应当在其框内给出必要的文字或符号。其中，实用新型专利申请必须有说明书附图，而且应当有表示要求保护的产品的形状、构造或者其结合的附图，不得仅有表示现有技术的附图，也不得仅有表示产品效果、性能的附图。

---

❶ 虽然历年专利代理实务科目考试试题中不涉及具体实施方式的撰写，但在2002年、2004年的考题中出现过客户提供的素材存在缺少充分公开的部分材料或者缺少足够支持权利要求保护范围的实施方式或实施例的情况，让考生要求申请人补充有关材料，以考查考生对有关这方面知识掌握的程度。

8. 说明书摘要和摘要附图

说明书摘要应当写明发明或者实用新型的名称和所属技术领域，并清楚地反映所要解决的技术问题、解决该问题的技术方案的要点以及主要用途；摘要可以包含最能说明发明的化学式；但不得使用商业性宣传用语。摘要文字部分（包括标点符号）不得超过300字，不分段，并且摘要文字部分中的部件应采用对应的附图标记，并加括号。摘要附图通常应当仅有一幅。

第三节　专利申请文件的修改规定

提交专利申请后，申请人可以对申请文件进行修改以克服相关缺陷或者获得更有利的保护范围。对专利申请文件的修改包括主动修改和被动修改，前者是由申请人自行决定提出修改，而后者是应审查员的审查意见通知书、会晤和电话讨论等所提出的要求而进行的修改。修改申请文件不仅要符合申请文件的撰写规定，还要符合有关修改的限制和修改的方式。

一、修改的内容和范围

《专利法》第三十三条对修改的内容与范围作了规定：对发明和实用新型专利申请文件的修改不得超出原说明书和权利要求书的记载范围。这是对发明和实用新型专利申请文件进行修改的最基本要求。不论申请人对申请文件的修改属于自行作出的主动修改还是针对审查意见通知书指出的缺陷进行的被动修改，都不得超出原说明书和权利要求书记载的范围。原说明书和权利要求书记载的范围包括原说明书和权利要求书文字记载的内容和根据原说明书和权利要求书文字记载的内容以及说明书附图（不包括摘要和摘要附图）能直接地、毫无疑义地确定的内容。注意，申请人向国家知识产权局提交的申请文件的外文文本和优先权文件的内容，不能作为判断申请文件的修改是否符合《专利法》第三十三条规定的依据。但是对于进入国家阶段的国际申请来说，原始提交的国际申请的权利要求书、说明书及其附图（不论是外文还是中文）都具有法律效力，可以作为专利申请文件修改的依据。为了理解修改是否超范围的标准，《专利审查指南2010》第二部分第八章第5.2.3.1节至第5.2.3.3节分别列出了不允许的增加、不允许的改变和不允许的删除。

二、主动修改的时机和要求

对于发明专利申请而言，申请人有两次对其发明专利申请文件进行主动修改的时机：

（1）在提出实质审查请求时。

（2）在收到国家知识产权局发出的发明专利申请进入实质审查阶段通知书之日起的三个月内。

对于实用新型专利申请和外观设计专利申请而言，在自申请日起两个月内可以提出主动修改，其修改应当符合《专利法》第三十三条的规定。

申请人在上述允许进行主动修改的时机提出的修改，该修改文本就会被国家知识产权局接受，所作修改只要符合《专利法》第三十三条的规定，即修改未超出原说明书和权利要求书的记载范围，就会被允许。

三、被动修改的要求和方式

根据《专利法实施细则》第五十一条第三款的规定，在答复审查意见通知书时，对申请文件进行的修改，应当针对通知书指出的缺陷进行。如果修改的方式不符合《专利法实施细则》第五十一条第三款的规定，则这样的修改文本一般不予接受。

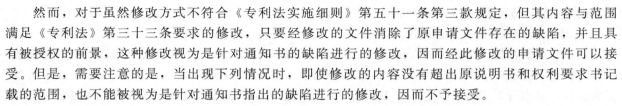

然而，对于虽然修改方式不符合《专利法实施细则》第五十一条第三款规定，但其内容与范围满足《专利法》第三十三条要求的修改，只要经修改的文件消除了原申请文件存在的缺陷，并且具有被授权的前景，这种修改视为是针对通知书的缺陷进行的修改，因而经此修改的申请文件可以接受。但是，需要注意的是，当出现下列情况时，即使修改的内容没有超出原说明书和权利要求书记载的范围，也不能被视为是针对通知书指出的缺陷进行的修改，因而不予接受。

（1）主动删除独立权利要求中的技术特征，扩大了该权利要求请求保护的范围。

（2）主动改变独立权利要求中的技术特征，导致扩大了该权利要求请求保护的范围。

（3）主动将仅在说明书中记载的与原来要求保护的主题缺乏单一性的技术内容作为修改后权利要求的主题。

（4）主动增加新的独立权利要求，该独立权利要求限定的技术方案在原权利要求书中未出现过。

（5）主动增加新的从属权利要求，该从属权利要求限定的技术方案在原权利要求书中未出现过。

第三章 授权实质条件

按照《专利法》第二十二条的规定，新颖性、创造性和实用性是一项发明或者实用新型专利授权的实质条件，在专利申请审批期间，尤其是在发明专利申请实质审查期间，专利申请不符合《专利法》第二十二条有关新颖性、创造性和实用性的规定，该专利申请将被驳回而不能授予专利权。即便被不当授权，在无效宣告程序中又会因其不具备新颖性、创造性和实用性而被宣告专利权无效。对于申请人和专利代理人来说，应当牢固掌握有关新颖性、创造性和实用性这三个实质授权条件的基本知识。

通常，专利代理人在对客户提供的技术资料进行分析和判断确定哪些属于专利保护的客体的基础上，准备撰写申请文件时，首先需要考虑所述主题是否具备《专利法》第二十二条第四款规定的实用性。在初步判断具备实用性的基础上，才需要进一步具体拟定符合《专利法》第二十二条第二款规定的新颖性和第三款规定的创造性的独立权利要求（及其从属权利要求）。下面按这种思路简述实用性、新颖性和创造性的相关规定。

一、实用性

《专利法》第二十二条第四款规定："实用性，是指该发明或者实用新型能够制造或者使用，并且能够产生积极效果。"其中所说的"能够制造或使用"是指发明或者实用新型的技术方案具有在产业上被制造或者使用的可能性。因不能制造或者使用而不具备实用性是由技术方案本身固有的缺陷引起的，与说明书公开的程度无关。

《专利审查指南 2010》第二部分第五章第 3.2 节"审查基准"中给出不具备实用性的六种主要情形。

1. 无再现性

无再现性的发明或实用新型不具备实用性。需要注意产品的成品合格率低与不具备再现性的区别，不能因为实施过程中未确定某些技术条件而导致成品率低而认为不具有再现性，只有在确保发明和实用新型所需全部技术条件时仍不能重复实现该技术方案所要求达到的效果才认定为无再现性。此外，对于手工艺品，只有在不能重复再现时，才不具备实用性。

2. 违背自然规律

违背自然规律的发明或实用新型专利申请是不能实施的，不具备实用性。例如，永动机违背自然规律而不具备实用性；用优良传热材料将太阳和地球连接起来以实现热量的非光线传导，由于该设想的方法根本不可能实施，因而不具备实用性。

3. 利用独一无二的自然条件的产品

利用特定的自然条件建造的、自始至终都是不可移动的唯一产品，不具备实用性。但需要注意：①针对特定自然条件设计的产品，只要不是针对独一无二的自然条件，那么该产品具备实用性；②即使该产品本身是应用于特定条件下的唯一产品，也不能以此为理由来否定该产品的部件或构件也不具备实用性，除非它们是该产品的特定专用部件或构件，且无任何其他实用前景的情况。

4. 人体或者动物体的非治疗目的的外科手术方法

非治疗目的的外科手术方法，由于是以有生命的人或动物为实施对象，无法在产业上使用，因而不具备实用性。

5. 测量人体或者动物体在极限情况下生理参数的方法

测量人体或动物体在极限情况下的生理参数需要将被测对象置于极限环境中，这会对人或动物的生命构成威胁，需要有经验的测试人员根据被测对象的情况来确定其耐受的极限条件，因此这类方法无法在产业上使用，不具备实用性。

6. 无积极效果

明显无益、脱离社会需要的发明或者实用新型专利申请的技术方案不具备实用性，但这种情况比较罕见。

二、新颖性

（一）新颖性的定义

《专利法》第二十二条第二款规定：新颖性，是指该发明或者实用新型不属于现有技术；也没有任何单位或者个人就同样的发明或者实用新型在申请日以前向国务院专利行政部门提出过申请，并记载在申请日以后公布的专利申请文件或者公告的专利文件中。❶

就新颖性的定义而言，修改后的《专利法》相对于修改前的《专利法》主要作了两方面的修改：其一，将现有技术中公开使用和其他方式公开的地域范围由"国内"变为"全世界"，即由"相对新颖性"变为"绝对新颖性"；其二，改变了构成抵触申请的条件，《专利法》修改前仅限于他人的申请在先、公布或公告在后的中国专利申请或专利文件，修改后的《专利法》，"他人"改为"任何单位或个人"，即本人申请在先、公布或公告在后的中国专利申请或专利文件也可以构成抵触申请。

上述定义涉及三个基本概念：优先权，现有技术和申请在先、公布或公告在后的中国专利申请文件或专利文件记载的同样的发明或者实用新型。其中，第三个概念习惯上又称作"抵触申请"。下面针对这三个基本概念作一介绍。

（二）优先权

国际上，从方便和有利于申请人考虑，为了给申请人提供足够向国外提出申请的准备时间，设立了优先权制度。优先权的效力对于专利申请的新颖性和创造性至关重要，而且可否享有优先权的

---

❶ 这是第三次修改后《专利法》的规定。鉴于国家知识产权局公布的《施行修改后的专利法的过渡办法》第二条规定："修改前的《专利法》的规定适用于申请日在 2009 年 10 月 1 日前（不含该日）的专利申请以及该专利申请授予的专利权"，因而对于 2009 年 10 月 1 日前提出的发明和实用新型专利申请的审批程序中以及在其授予专利权后的无效宣告程序中，有关新颖性和创造性的判断仍然按修改前的《专利法》进行。由此可知，作为专利代理人将在今后很长一段时间（甚至可达近二十年），在发明专利申请实审阶段对审查意见通知书以及发明和实用新型专利的无效宣告程序中仍然需要掌握修改前的《专利法》关于新颖性和创造性的规定。修改前《专利法》第二十二条第二款规定："新颖性，是指在申请日以前没有同样的发明或者实用新型在国内外出版物上公开发表过、在国内公开使用过或者以其他方式为公众所知，也没有同样的发明或者实用新型由他人向国务院专利行政部门提出过申请并且记载在申请日以后公布的专利申请文件中。"

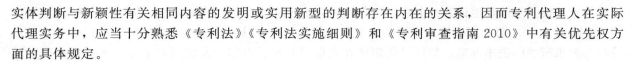

实体判断与新颖性有关相同内容的发明或实用新型的判断存在内在的关系，因而专利代理人在实际代理实务中，应当十分熟悉《专利法》《专利法实施细则》和《专利审查指南 2010》中有关优先权方面的具体规定。

1. 优先权的概念

根据《专利法》第二十九条的规定，申请人自发明或者实用新型在外国第一次提出专利申请之日起十二个月内，又在中国就相同主题提出专利申请的，依照该外国同中国签订的协议或者共同参加的国际条约，或者依照相互承认优先权的原则，可以享有优先权，称为"外国优先权"。申请人自发明或者实用新型在中国第一次提出专利申请之日起十二个月内，又向国务院专利行政部门就相同主题提出专利申请的，可以享有优先权，称为"本国优先权"。

2. 享有优先权的条件

享有优先权的专利申请应当满足以下条件：

（1）申请人就相同主题的发明创造在外国或中国第一次提出专利申请（以下简称"在先申请"或"首次申请"）后又在中国提出专利申请（以下简称"在后申请"）。换言之，在后专利申请中要求优先权的主题已在作为优先权基础的在先申请的申请文件中作了记载。

（2）就发明和实用新型而言，在后申请之日不得迟于首次申请之日起十二个月；就外观设计而言，为六个月。❶

（3）对于外国优先权，申请人提出首次申请的国家或政府间组织应当是同中国签有协议或者共同参加国际条约，或者相互承认优先权原则的国家或政府间组织。

（4）作为优先权基础的在先申请是申请人第一次提出的专利申请，即申请人早于该在先申请的所有专利申请中均未记载过该在后申请要求享受优先权的技术方案。

（5）在后申请的申请人应当与在先申请的申请人一致。对于本国优先权，如果申请人不一致，应当有在先申请的申请人将优先权转让给在后申请的申请人的优先权转让证明（在提出在后申请之日起三个月内提交）。但是对于外国优先权，在后申请的申请人还可以是在先申请的申请人之一，仅仅在申请人完全不一致时，才需要提交优先权转让证明。

（6）对于外国优先权，提出在后申请的同时在请求书中声明，写明作为优先权基础的在先申请的申请日、申请号和原受理机构名称，并在三个月内提交在先申请文件的副本；对于本国优先权，只要在请求书中写明了在先申请的申请日和申请号，视为提交了在先申请文件副本（不需要提交副本）。

（7）在缴纳在后申请的申请费的同时缴纳优先权要求费，即自提出在后申请之日起两个月内缴纳优先权要求费。

其中，对于本国优先权，被要求优先权的中国在先申请的主题有下列情形之一的，不得作为要求本国优先权的基础：

（1）已经要求外国优先权或者本国优先权的，但要求过外国优先权或者本国优先权而因其主题与在先申请不一致未享有优先权的除外。

（2）已经被授予专利权的。

（3）分案申请。

此外，按照《专利法实施细则》第三十二条第三款的规定：申请人要求本国优先权的，其在先申请自后一申请提出之日起即视为撤回。

3. 相同主题的发明创造的判断

《专利法》第二十九条所述的相同主题的发明或者实用新型，是指技术领域、所解决的技术问题、技术方案和预期的效果相同的发明或者实用新型。也就是说，判断在后申请中各项权利要求所

---

❶　按照《专利法》第二十九条的规定，外观设计专利申请权可以享有外国优先权，不能享有本国优先权。

述的技术方案是否清楚地记载在上述在先申请的文件（说明书和权利要求书，不包括摘要）中。《专利审查指南 2010》第二部分第八章第 4.6.2 节进一步指出，只要在先申请文件清楚地记载了在后申请权利要求所述的技术方案，就可以认定该在先申请与在后申请涉及相同的主题，不得以在先申请的权利要求书中没有包含该技术方案为理由而拒绝给予优先权。所谓清楚地记载，并不要求在叙述方式上完全一致，只要阐明了申请的权利要求所述的技术方案即可。但是，如果在先申请对上述技术方案中某一或者某些技术特征只作了笼统或者含糊的阐述，甚至仅仅只有暗示，而在后申请增加了对这一或者这些技术特征的详细叙述，以至于所属技术领域的技术人员认为该技术方案不能从在先申请中直接和毫无疑义地得出，则该在先申请不能作为在后申请要求优先权的基础。

具体判断是否为相同主题的发明创造适用于新颖性审查基准中的"相同内容的发明或者实用新型"的情形，可参见下文"（四）新颖性的判断"。需要注意的是，仅适用下文新颖性判断基准中的第（1）种情形，后几种情形即第（2）～（5）种情形不适用。

4. 优先权的效力

如果一件专利申请能够享有优先权，不会因为在优先权期间内（优先权日与申请日之间）任何单位或个人提出了相同主题的申请或者公开、利用这种发明创造而失去效力，即这些申请、公开或使用不会影响本专利申请的新颖性或创造性。此外，对于在优先权期间内，任何单位或个人提出的相同主题的发明创造，不能被授予专利权。

（三）影响新颖性和创造性的技术

按照《专利法》第二十二条的规定，影响专利申请新颖性和创造性的文件包括两大类。一类是既可以影响专利申请新颖性，也可以影响其创造性的现有技术（国家知识产权局检索报告中标明为 X 类或 Y 类文件），另一类仅仅可以用作评价该专利申请是否具备新颖性而不能用作评价专利申请是否具备创造性的文件，即申请在先、公布或公告在后的中国专利申请文件或专利文件。如果这类文件披露了与专利申请同样的发明或实用新型，就构成了专利申请的抵触申请（国家知识产权局检索报告中为 E 类文件），该专利申请就不具备新颖性。而由于优先权制度，还存在中间文件（国家知识产权局检索报告中为 P 类文件），如果要求的优先权不成立，PX 类或 PY 类文件成为现有技术，PE 类文件则构成抵触申请文件。

此外，还可能存在导致重复授权的专利或专利申请文件（检索报告中为 R 类文件）。

1. 现有技术

按照《专利法》第二十二条第五款的规定，现有技术是指申请日以前在国内外为公众所知的技术。[●]《专利审查指南 2010》第二部分第三章第 2.1.2 节又明确指出，现有技术包括在申请日（有优先权日的，指优先权日）以前在国内外出版物上公开发表，在国内外公开使用或者以其他方式为公众所知的技术。这三种公开方式为：

（1）出版物公开：专利法意义上的出版物是指记载有技术或设计内容的独立存在的传播载体。

（2）使用公开：由于使用而导致技术方案的公开，或者导致技术方案处于公众可以得知的状态。

（3）其他方式公开：为公众所知的其他方式，主要是指口头公开等。

2. 抵触申请

由任何单位或者个人就同样的发明或者实用新型在申请日前（不含申请日）向专利局提出并且在申请日以后（含申请日）公布的专利申请文件或者公告的专利文件损害该申请日提出的专利申请的新颖性，即构成抵触申请。判断是否构成使专利申请丧失新颖性的抵触申请时，以该申请在先、

[●] 第三次修改的《专利法》对现有技术的范围进行了拓宽，相对于修改前《专利法》和《专利法实施细则》的规定，将发明在外国的公开使用或者以其他方式为公众所知的技术内容也纳入现有技术的范围。但是，在发明实质审查和无效宣告程序中，对于 2009 年 10 月 1 日前的专利申请，仍适用第三次修改前的《专利法》，因而专利代理实务中遇到 2009 年 10 月 1 日前提出申请的专利申请或专利，在新颖性或创造性判断中的现有技术应当不包括国外的公开使用和以其他方式公开的技术内容。

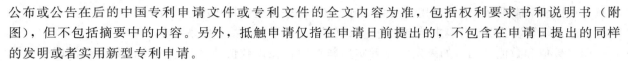

公布或公告在后的中国专利申请文件或专利文件的全文内容为准，包括权利要求书和说明书（附图），但不包括摘要中的内容。另外，抵触申请仅指在申请日前提出的，不包含在申请日提出的同样的发明或者实用新型专利申请。

归纳起来，构成一件专利申请的抵触申请，应当满足如下几个条件❶：

（1）向中国提出的专利申请；

（2）申请在本专利申请的申请日（本专利申请享有优先权的，为优先权日）前提出；

（3）该申请在本专利申请的申请日（本专利申请享有优先权的，为优先权日）或其后公布或授权公告；

（4）披露了与本专利申请同样的发明或者实用新型。

抵触申请还包括满足以下条件的进入中国国家阶段的国际专利申请：申请日前由任何单位或个人提出且尚未作出国际公布、并在申请日之后（含申请日）由国家知识产权局作出公布或公告的且为同样的发明或者实用新型的国际专利申请。

（四）新颖性的判断

1. 判断原则

（1）同样的发明或者实用新型。按照《专利审查指南 2010》第二部分第三章第 3.1 节的规定，同样的发明或者实用新型是指，发明或者实用新型的技术方案与现有技术或者申请日（有优先权的，指优先权日）前由向专利局提出专利申请并在申请日（有优先权的，指优先权日）或其后公布或授权公告的发明或者实用新型的相关内容相比，如果其技术领域、所解决的技术问题、技术方案和预期效果实质上相同，则认为两者为同样的发明或者实用新型。其中，首先应当判断发明或者实用新型的技术方案与对比文件的技术方案是否实质上相同，如果专利申请与对比文件公开的内容相比，所述技术方案与对比文件公开的技术方案实质上相同，所属技术领域的技术人员根据两者的技术方案可以确定两者能够适用于相同的技术领域，解决相同的技术问题，并具有相同的预期效果，则认为两者为同样的发明或者实用新型。

（2）单独对比。判断发明或者实用新型专利申请的新颖性适用单独对比原则。也就是说，在判断新颖性时，应当将客户提供的技术方案分别与现有技术或申请在先公布或公告在后的中国发明或实用新型的相关技术内容的每一项技术方案单独地进行比较，不要将其与现有技术或者申请在先公布或公告在后的中国发明或者实用新型内容的几项技术方案的组合，或者与一份对比文件中的多项技术方案的组合进行对比。

2. 判断基准

判断发明或者实用新型有无新颖性，《专利审查指南 2010》第二部分第三章第 3.2 节作出了规定。

（1）相同内容的发明或者实用新型：如果要求保护的发明或者实用新型与对比文件所公开的技术内容完全相同，或者仅仅是简单的文字变换，则该发明或者实用新型不具备新颖性。其中，上述相同的内容应该理解为包括可以从对比文件中直接地、毫无疑义地确定的技术内容。

（2）具体（下位）概念与一般（上位）概念：如果要求保护的发明或者实用新型与对比文件相比，其区别仅在于前者采用一般（上位）概念，而后者采用具体（下位）概念限定同类性质的技术特征，则具体（下位）概念的公开使采用一般（上位）概念限定的发明或者实用新型丧失新颖性。反之，一般（上位）概念的公开并不影响采用具体（下位）概念限定的发明或者实用新型的新颖性。

（3）惯用手段的直接置换：如果要求保护的发明或者实用新型与对比文件的区别仅仅是所属技术领域的惯用手段的直接置换，则该发明或者实用新型不具备新颖性。根据实践，只有在极特殊情况，几

---

❶ 对于 2009 年 10 月 1 日前提出的适用于第三次修改前《专利法》的发明或者实用新型，构成抵触申请的还要求一个条件，即由他人提出的专利申请。

乎只有在抵触申请评价发明或实用新型的新颖性时，才采用这一判断基准，对于对比文件是现有技术的情况，通常以等效手段的替换来否定创造性，而不以惯用手段直接置换来否定新颖性。

（4）数值和数值范围：如果发明或者实用新型中存在以数值或者连续变化的数值范围限定的技术特征，而对比文件公开的数值或者数值范围落在上述限定的技术特征的数值范围内，或者与上述限定的技术特征的数值范围部分重叠或有一个共同的端点，将破坏要求保护的发明或者实用新型的新颖性；此外，对比文件公开的数值范围的两个端点将破坏上述限定的技术特征为离散数值并且具有该两端点中任一个的发明或者实用新型的新颖性，但不破坏上述限定的技术特征为该两端点之间任一数值的发明或者实用新型的新颖性。

（5）对于包含性能、参数、用途或制备方法等特征的产品权利要求，需要考虑，产品权利要求中包含的性能、参数、用途或制备方法等特征是否隐含了所述产品具有某种特定结构和/或组成，或者导致产品具有某种特定结构和/或组成，从而使其区别于现有技术的产品，如果能与现有技术或对比文件中的产品区别开来，则具备新颖性，否则不具备新颖性。

（五）同样的发明创造只能授予一项专利权

《专利法》第九条第一款规定："同样的发明创造只能授予一项专利权。……"该条款规定了不能重复授权的原则。对于发明或者实用新型，《专利法》第九条和《专利法实施细则》第四十一条所述的"同样的发明创造"是指两件或两件以上申请（或专利）中存在保护范围相同的权利要求。

按照修改后的《专利法》，如果两件或两件以上涉及同样的发明创造的申请日有先后，那么在先申请构成在后申请的抵触申请或者成为在后申请的现有技术，将根据《专利法》第二十二条第二款、第三款进行审查，而不是根据《专利法》第九条对在后专利申请（或专利）进行审查。也就是说，仅仅在两件或两件以上涉及同样的发明创造的专利申请的申请日相同时，才根据《专利法》第九条的规定判断是否会导致重复授权。

根据《专利法》第九条规定，在两件申请或专利属于同日（指申请日，有优先权的指优先权日）申请的情况下，如果一件专利申请或专利的一项权利要求与另一件专利申请或专利的某一项权利要求保护范围相同，则构成同样的发明创造。对于同一申请人同日就同样的发明创造提出两件专利申请，并且这两件专利申请符合授予专利权的其他条件的，申请人应当进行选择或者修改，如果不能克服，两件申请均被驳回。对于不同的申请人同日就同样的发明创造分别提出专利申请，并且这两件申请符合授予专利权的其他条件的，申请人应自行协商确定申请人，如果不能克服（协商不成或修改仍未克服等），两件申请均被驳回。

对于同一申请人同日就同样的发明创造提出的另一件专利申请已经被授予专利权，并且尚未授权的专利申请符合授予专利权的其他条件的，申请人应当通过修改，使两者权利要求保护范围不同来克服重复授权问题。此外，同一申请人同日（仅指申请日）对同样的发明创造既申请实用新型又申请发明专利的，在先获得的实用新型专利权尚未终止，并且申请人在申请时分别作出声明的，除通过修改发明专利申请外，还可以通过放弃实用新型专利权克服所述发明专利申请存在的重复授权问题，在这种情况下，实用新型专利权自发明专利申请授权公告日起终止。❶

（六）不丧失新颖性的公开

《专利法》第二十四条规定："一项申请专利的发明创造在其申请日以前六个月内，有下列三种情形之一的，不丧失新颖性：（一）在中国政府主办或者承认的国际展览会上首次展出的；（二）在规定的学术会议或者技术会议上首次发表的；（三）他人未经申请人同意而泄露其内容的。"

《专利法实施细则》第三十条和《专利审查指南2010》第一部分第一章第6.3节又进一步明确规

---

❶ 以上仅针对实质审查阶段对同样发明创造的处理作出具体说明，而对于无效宣告程序期间的处理，需要分成专利权人相同和专利权人不同两种情况，专利权人相同时又分成授权公告日不同和授权公告日相同两种情况，而专利权人不同时又分成请求人同时对两件专利提出无效宣告请求和请求人仅针对其中一件专利提出无效宣告请求两种情况。鉴于篇幅，在此不再作进一步说明，读者可参见《专利审查指南2010》第四部分第七章的有关内容。

定中国政府主办的国际展览会，包括国务院、各部委主办或者国务院批准由其他机关或者地方政府举办的国际展览会；中国政府承认的国际展览会，是指《国际展览会公约》规定的由国际展览局注册或者其认可的国际展览会。所谓国际展览会，即展出的展品除了举办国内的产品外，还应当有来自外国的产品；规定的学术会议或者技术会议，是指国务院有关主管部门或者全国性学术团体组织召开的学术会议或者技术会议，不包括省以下或者受国务院部委或者全国性学术团体委托或者以其名义组织召开的学术会议或技术会议。在后者所述会议上的公开将导致丧失新颖性，除非这些会议本身有保密约定。

申请专利发明创造在申请日（有优先权日的，指优先权日）前六个月内，发生上述三种情形之一的，该申请不丧失新颖性，更确切地说，这三种情况的公开对于申请人本人的专利申请来说不构成现有技术，但对于他人在此公开之后提出的专利申请仍然构成现有技术。这六个月的期限称为宽限期。

需要提请注意的是，宽限期的效力与优先权不同。它仅仅是把申请人（包括发明人）的某些公开，或者第三人从申请人或发明人那里以合法手段或不合法手段得来的发明创造的某些公开，认为是不损害该专利申请的新颖性和创造性的公开。实际上，发明创造公开以后已经成为现有技术，只是这种公开在一定期限内对申请人的专利申请来说不视为影响其新颖性和创造性的现有技术，并不是把发明创造的公开日看作专利申请的申请日。所以，从公开之日至提出申请的期间，如果第三人独立地作出同样的发明创造，并作出公开，则第三人的公开构成了本专利申请的现有技术，第三人将独立作出的同样的发明创造提出专利申请就构成本专利申请的抵触申请。由此可知，宽限期的效力远不如优先权的效力。

申请人要求享有不丧失新颖性的宽限，对于《专利法》第二十四条规定的前两种情况，应当在提出申请时在请求书中声明，并在自申请日起两个月内提交证明材料。对于他人未经申请人同意而泄露其内容的，若申请人在申请日前已获知，应当在提出专利申请时在请求书中声明，并在自申请日起两个月内提交证明材料。若申请人在申请日以后得知的，应当在得知情况后两个月内提交证明材料。如果未按照规定作出声明或者未在规定期限内提交证明材料的，则该专利申请不能享有《专利法》第二十四条规定的不丧失新颖性公开的宽限期。

三、创造性

（一）创造性的定义

《专利法》第二十二条第三款规定：创造性，是指与现有技术相比，该发明具有突出的实质性特点和显著的进步，该实用新型具有实质性特点和进步。其中，这里所述的现有技术与新颖性评价的现有技术相同，是指申请日（有优先权的，指优先权日）以前（不含申请日）在国内外为公众所知的技术，即申请日（有优先权日的，指优先权日）前在国内外出版物上公开发表、在国内外公开使用或者以其他方式为公众所知的技术。❶

由上述规定可知，任何单位或者个人申请在先、公布或授权公告在后的中国专利申请文件或专利文件不属于现有技术，不能作为评价本专利申请创造性的对比文件。

此外，需要强调的是，不丧失新颖性公开宽限期的三种情况不仅不视为该专利申请的新颖性的现有技术，也不视为影响该专利申请创造性的现有技术。

下面先对发明的创造性作比较详细的介绍，在此基础上进一步说明实用新型创造性判断与发明创造性判断之间的区别。

---

❶　对于 2009 年 10 月 1 日前提出的发明或者实用新型适用修改前的《专利法》，而按照第三次修改前的《专利法》，现有技术是指申请日（有优先权日的，指优先权日）前在国内外出版物上公开发表、在国内公开使用或者以其他方式为公众所知的技术。

（二）关于本领域技术人员

《专利审查指南2010》第二部分第四章第2.4节规定：发明是否具备创造性，应当基于所属技术领域的技术人员的知识和能力进行评价。所属技术领域的技术人员，也可称为本领域的技术人员，是指一种假设的"人"，假定他知晓申请日或者优先权日之前发明所属技术领域所有的普通技术知识，能够获知该领域中所有的现有技术，并且具有应用该日期之前常规实验手段的能力，但他不具有创造能力。如果所要解决的技术问题能够促使本领域的技术人员在其他技术领域寻找技术手段，那么他也应具有从该其他技术领域中获知该申请日或优先权日之前的相关现有技术、普通技术知识和常规实验手段的能力。

注意：在专利代理实务考试试题中，对本领域技术人员的水平有所限制，即通常仅需根据试题给出的信息，以及必要的基本常识来判断，不应当引入考生自身所掌握的专门知识，或者对试题的技术内容作扩展的理解等。

（三）判断原则

（1）既要考虑发明是否具有突出的实质性特点，又要考虑是否具有显著的进步。

（2）不仅要考虑发明的技术方案本身，还要考虑发明所属技术领域、所解决的技术问题和所产生的技术效果，将发明作为一个整体看待。

（3）结合对比，与新颖性单独对比不同，将一份或多份现有技术中的不同技术内容组合在一起对要求保护的发明进行评价。

（四）判断基准

1. 突出的实质性特点

判断发明是否具有突出的实质性特点，就是判断要求保护的发明相对于现有技术是否显而易见。如果要求保护的发明相对于现有技术是显而易见的，则不具备突出的实质性特点，反之，相对于现有技术非显而易见，则具有突出的实质性特点。判断要求保护的发明相对于现有技术是否显而易见，通常可按以下三个步骤进行。❶

（1）确定最接近的现有技术。

最接近的现有技术，是指现有技术中与要求保护的发明最密切相关的一个技术方案，它是判断发明是否具有突出的实质性特点的基础。最接近的现有技术，例如，可以是与要求保护的发明技术领域相同，所要解决的技术问题、技术效果或者用途最接近和/或公开了发明的技术特征最多的现有技术，或者虽然与要求保护的发明技术领域不同，但能够实现发明的功能，并且公开发明的技术特征最多的现有技术。

需要指出的是，在确定最接近的现有技术时，应当首先考虑技术领域相同的现有技术，如果没有技术领域相同的现有技术，则从相近技术领域的现有技术文件中选择。只有不存在相同或相近技术领域的现有技术时，才考虑选择不同技术领域而能实现发明功能且公开发明技术特征最多的现有技术作为最接近的现有技术。

（2）确定发明的区别特征和发明实际解决的技术问题。

在确定最接近的现有技术之后，应当客观分析并确定发明实际解决的技术问题。为此，首先应当分析要求保护的发明与最接近的现有技术相比有哪些区别特征，然后根据该区别特征所能达到的技术效果确定发明实际解决的技术问题。

由于在发明专利申请实质审查或者在发明专利无效宣告程序中，所认定的最接近的现有技术可能不同于说明书中所描述的现有技术，因此，基于最接近的现有技术重新确定的该发明实际解决的技术问题，可能不同于说明书中所描述的技术问题；在这种情况下，应当根据认定的最接近的现有

---

❶ 从历年考题来看，新颖性和创造性的论述是每次考试的考点，尤其是按"三步法"论述创造性占有较大的分值，考生应当透彻理解，熟练掌握"三步法"论述权利要求是否具备创造性的方法。

技术重新确定发明实际解决的技术问题。

重新确定的技术问题可能要依据每项发明的具体情况而定。作为一个原则，发明的任何技术效果都可以作为重新确定技术问题的基础，只要本领域的技术人员从该申请说明书中所记载的内容能够得知该技术效果即可。

（3）判断要求保护的发明对本领域的技术人员来说是否显而易见。

在该步骤中，要从最接近的现有技术和发明实际解决的技术问题出发，判断要求保护的发明对本领域的技术人员来说是否显而易见。判断过程中，要确定的是现有技术整体上是否存在某种技术启示，即现有技术中是否给出将上述区别特征应用到该最接近的现有技术以解决其存在的技术问题（即发明实际解决的技术问题）的启示，这种启示会使本领域的技术人员在面对所述技术问题时，有动机改进该最接近的现有技术并获得要求保护的发明。如果现有技术存在这种技术启示，则发明是显而易见的，不具有突出的实质性特点。

下述情况，通常认为现有技术中存在上述技术启示：

① 所述区别特征为公知常识，例如，本领域中解决该重新确定的技术问题的惯用手段，或者教科书或工具书等书中披露的解决该重新确定的技术问题的技术手段。

② 所述区别特征为与最接近的现有技术相关的技术手段，例如，同一份对比文件其他部分披露的技术手段，该技术手段在该其他部分所起的作用与该区别特征在要求保护的发明中为解决该重新确定的技术问题所起的作用相同。

③ 所述区别特征为另一份对比文件中披露的相关技术手段，该技术手段在该对比文件中所起的作用与该区别特征在要求保护的发明中为解决该重新确定的技术问题所起的作用相同。

2. 显著的进步

评价发明是否具有显著的进步，主要应当考虑发明是否具有有益的技术效果。下述情形通常可以认为发明具有有益技术效果因而具有显著的进步：

（1）发明与现有技术相比具有更好的技术效果。

（2）发明提供了一种技术构思不同的技术方案，其技术效果能够基本上达到现有技术的水平。

（3）发明代表某种新技术发展趋势。

（4）尽管发明在某些方面有负面效果，但在其他方面具有明显积极的技术效果。

（五）几种不同类型发明的创造性判断

1. 开拓性发明

开拓性发明，指一种全新的技术方案，在技术史上未曾有先例，它为人类科学技术在某个时期的发展开创了新纪元。开拓性发明同现有技术相比，具有突出的实质性特点和显著的进步，具备创造性。

2. 组合发明

如果发明仅仅是将某些已知产品或方法组合或连接在一起，各自以其常规的方式工作，而且总的技术效果是各组合部分效果之总和，组合后的各技术特征之间在功能上无相互作用关系，仅仅是一种简单的叠加，则这种组合发明不具备创造性；如果组合的各技术特征在功能上彼此支持，并取得了新的技术效果，或者说组合后的技术效果比每个技术特征效果的总和更优越，则这种组合具有突出的实质性特点和显著的进步，发明具备创造性。

3. 选择发明

如果发明仅是从一些已知的可能性中进行选择，或者发明仅仅是从一些具有相同可能性的技术方案中选出一种，而选出的方案未能取得预料不到的技术效果，或者是在可能的、有限的范围内选择具体的尺寸、温度范围或者其他参数，而这些选择可以由本领域的技术人员通过常规手段得到并且没有产生预料不到的技术效果，或者是可以从现有技术中直接推导出来的选择，则该发明不具备创造性。但如果选择使发明取得了预料不到的技术效果，则该发明具有突出的实质性特点和显著的进步，具备创造性。

4. 转用发明

如果转用是在类似的或者相近的技术领域之间进行的，并且未产生预料不到的技术效果，则这种转用发明不具备创造性。如果这种转用能够产生预料不到的技术效果，或者克服了原技术领域中未曾遇到的困难，则这种转用发明具有突出的实质性特点和显著的进步，具备创造性。

5. 已知产品的新用途发明

如果新的用途仅仅是使用了已知材料的已知性质，则该用途发明不具备创造性。如果新的用途是利用了已知产品新发现的性质，并且产生了预料不到的技术效果，则这种用途发明具有突出的实质性特点和显著的进步，具备创造性。

6. 要素变更的发明

要素变更的发明包括要素关系改变的发明、要素替代的发明和要素省略的发明。

（1）要素关系改变的发明：如果没有导致发明效果、功能及用途的变化，或者发明效果、功能及用途的变化是可预料到的，则发明不具备创造性；相反，如果导致发明产生了预料不到的技术效果，则发明具有突出的实质性特点和显著的进步，具备创造性。

（2）要素替代的发明：如果发明是相同功能的已知手段的等效替代，或者是为解决同一技术问题，用已知最新研制出的具有相同功能的材料替代公知产品中的相应材料，或者是用某一公知材料替代公知产品中的某材料，而这种公知材料的类似应用是已知的，且没有产生预料不到的技术效果，则该发明不具备创造性；相反，如果要素的替代能使发明产生预料不到的技术效果，则该发明具有突出的实质性特点和显著的进步，具备创造性。

（3）要素省略的发明：如果发明省去一项或多项要素后其功能也相应地消失，则该发明不具备创造性；如果发明与现有技术相比，发明省去一项或多项要素后，依然保持原有的全部功能，或者带来预料不到的技术效果，则具有突出的实质性特点和显著的进步，该发明具备创造性。

（六）创造性判断中需要考虑的几种因素

（1）发明解决了人们一直渴望解决但始终未能获得成功的技术难题，则这种发明具有突出的实质性特点和显著的进步，具备创造性。

（2）发明克服了技术偏见。发明采用了人们由于技术偏见而舍弃的技术手段，从而解决了技术问题，则这种发明具有突出的实质性特点和显著的进步，具备创造性。

（3）发明取得了预料不到的技术效果。即发明同现技术相比，其技术效果产生"质"的变化，具有新的性能，或者产生"量"的变化，超出人们预期的想象，且这种变化对所属技术领域的技术人员来说，事先无法预测或者推理出来，一方面说明发明具有显著的进步，另一方面也反映出发明技术方案是非显而易见的，具有突出的实质性特点，因此该发明具备创造性。

（4）发明的技术特征直接导致了商业上获得成功，既反映了发明具有有益效果，也说明发明是非显而易见的，因而这类发明具有突出的实质性特点和显著的进步。

需要提请注意的是，由于发明是否具备创造性是针对权利要求的技术方案来说的，因此在上述四种情况下，应当将解决长期未能获得成功的技术难题所采取的技术手段，或者将为克服偏见所采用的技术手段，或者将那些使发明取得预料不到的技术效果的技术特征，或者将直接导致商业成功的技术特征写入独立权利要求的技术方案中。

（七）实用新型创造性的判断

根据《专利法》第二十二条第三款的规定，实用新型的创造性是指与现有技术相比，该实用新型具有实质性特点和进步。因此，实用新型的创造性标准应当低于发明的创造性标准。但是其判断的思路与发明的创造性基本相同，两者在创造性判断标准上的不同主要体现在现有技术中是否存在"技术启示"。在判断现有技术中是否存在技术启示时，发明专利与实用新型专利存在区别，这种区别体现在下述两个方面。

（1）现有技术的领域：对于实用新型专利而言，一般着重于考虑该实用新型专利所属的技术领域。但是现有技术中给出明确的启示，例如，现有技术中有明确的记载，促使本领域的技术人员到相近或者相关的技术领域寻找有关技术手段的，可以考虑其相近或者相关的技术领域。

（2）现有技术的数量：对于实用新型专利而言，一般情况下可以引用一项或者两项现有技术评价其创造性，对于由现有技术通过"简单的叠加"而成的实用新型专利，可以根据情况引用多项现有技术评价其创造性。

第四章　无效宣告程序

与无效宣告程序相关的专利基本知识涉及很多方面，受篇幅所限，本章仅对与专利代理实务考试密切相关的内容作一简单介绍。

一、无效宣告程序的启动条件

1. 无效宣告请求的客体

根据《专利法》第四十五条的规定，专利权无效宣告请求只能在专利权授权公告之后提出。鉴于专利权无效的效力是该专利权自始无效，因此对于专利权终止后或者放弃（自始放弃的除外）仍然可以对其提出无效宣告请求。但是对于已被生效的无效宣告请求审查决定宣告专利权全部无效，或者专利权人自始放弃专利权的，则不必再对其提出无效宣告请求。

2. 无效宣告请求人的资格

根据《专利法》第四十五条和《专利审查指南 2010》第四部分第三章第 3.2 节的规定，任何具备民事诉讼主体资格的单位或个人都可以对一项已授权的专利提出无效宣告请求。

但是，对于专利权人提出无效宣告请求的，必须由全体专利权人以公开出版物为证据，提出宣告专利权部分无效的请求。此外，以授予专利权的外观设计与他人在先取得合法权利相冲突为理由请求宣告外观设计专利权无效的，该无效宣告请求只能由在先权利人或者利害关系人提出。

需要提请注意的是，除全体专利权人针对其共有的专利权提出宣告专利权部分无效请求外，一件无效宣告请求不允许由多个请求人共同提出。

3. 无效宣告的理由和证据

无效宣告的理由仅限于《专利法实施细则》第六十五条第二款规定的理由，并且应当以《专利法》及其实施细则中有关的条、款、项作为独立的理由提出。无效宣告的理由不属于《专利法实施细则》第六十五条第二款规定的理由的，不予受理。

无效宣告请求理由需要证据支持的（如以不具备新颖性、创造性为理由，以外观设计与他人在先权利冲突为理由），应当提交必要的证据，并结合证据具体说明无效宣告理由。

4. 向专利复审委员会提出无效宣告请求

无效宣告请求应当以无效宣告请求书的方式向专利复审委员会提出，无效宣告请求书中应当明确无效宣告请求的范围、无效宣告请求的理由，必要时结合证据具体说明无效宣告请求的理由。

5. 无效宣告请求费

无效宣告请求人应当自提出无效宣告请求之日起一个月内缴纳无效宣告请求费。

6. 委托手续

根据《专利法》第十九条第一款的规定，应当委托专利代理机构的请求人，不能自行向专利复审委员会提出无效宣告请求，应当委托专利代理机构向专利复审委员会提出无效宣告请求。对于其他请求人，可以自行提出无效宣告请求，也可以委托专利代理机构办理相关事务。委托专利代理机构的，应当按照规定办理委托手续（具体手续将在后面作具体说明）。

二、无效宣告请求的理由

根据《专利法实施细则》第六十五条第二款的规定，对发明和实用新型专利而言，无效宣告请求的无效理由包括：

（1）不符合《专利法》第二条关于发明创造的定义。

（2）属于《专利法》第五条第一款规定的违反法律、社会公德或者妨害公共利益的发明创造。

（3）属于《专利法》第五条第二款规定的违反法律法规的规定获取或利用遗传资源并依赖于它完成的发明创造。

（4）依照《专利法》第九条不能取得专利权。

（5）违反《专利法》第二十条第一款关于保密审查的规定向外国申请专利后再向中国提出专利申请。

（6）不符合《专利法》第二十二条第二款、第三款和第四款关于新颖性、创造性和实用性的规定。

（7）属于《专利法》第二十五条规定的不授予专利权的范围。

（8）不符合《专利法》第二十六条第三款的规定，即没有对发明或者实用新型进行充分公开。

（9）不符合《专利法》第二十六条第四款的规定，即权利要求保护范围不清楚，或者没有以说明书为依据。

（10）不符合《专利法》第三十三条，即修改超出原申请记载的范围；或者不符合《专利法实施细则》第四十三条第一款的规定，即分案申请超出原申请记载的范围。

（11）不符合《专利法实施细则》第二十条第二款的规定，即独立权利要求缺少必要技术特征。

需要注意的是，《专利法》第三十一条第一款关于单一性的规定、《专利法》第二十六条第五款关于遗传资源来源说明的规定属于驳回理由，不属于无效理由。此外，不能享有优先权（《专利法》第二十九条）和答复审查意见通知书时未针对其指出的缺陷所进行的修改（《专利法实施细则》第五十一条第三款）也不是无效理由。但是，无效宣告请求人若要用申请日与优先权日之间公开的现有技术作为本专利不具备新颖性或创造性的证据，则允许以本专利不能享有优先权作为支持该专利不具备新颖性、创造性这一无效理由的依据。

三、无效宣告程序中的证据

1. 举证责任的分配

"谁主张，谁举证"原则：当事人对自己提出的无效宣告请求所依据的事实或者反驳对方无效宣告请求所依据的事实有责任提供证据加以说明。若按照上述举证原则无法确定责任承担时，专利复审委员会可以依据公平原则和诚实信用原则，综合当事人的举证能力以及待证事实的盖然性等因素确定举证责任的承担。

2. 证据的提交

关于证据提交的期限将在下文"四、无效宣告理由的增加和证据的补充"中作具体说明。现对证据提交中应当注意的几个问题作一简要说明。

（1）外文证据的提交

当事人提交外文证据的，应当提交书面的中文译文，未在举证期限内提交中文译文的，该外文证据视为未提交。

当事人可以仅提交外文证据的部分中文译文。该外文证据中没有提交中文译文的部分，不作为证据使用。但当事人应专利复审委员会的要求补充提交该外文证据其他部分的中文译文的除外。

（2）域外证据及中国香港、澳门、台湾地区形成的证据的证明手续

域外证据是指在中华人民共和国领域外形成的证据，该证据应当经所在国公证机关予以证明，并经中华人民共和国驻该国使领馆予以认证，或者履行中华人民共和国与该所在国订立的有关条约

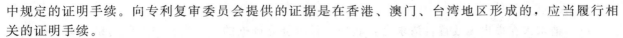

中规定的证明手续。向专利复审委员会提供的证据是在香港、澳门、台湾地区形成的，应当履行相关的证明手续。

但是在以下三种情况，对上述两类证据，当事人可以在无效宣告程序中不办理相关的证明手续：

① 该证据是能够从除香港、澳门、台湾地区外的国内公共渠道获得的，如从国家知识产权局获得的国外专利文件，或者从公共图书馆获得的国外文献资料。

② 有其他证据足以证明该证据真实性的。

③ 对方当事人认可该证据的真实性的。

（3）有关证据的其他相关规定

在以使用公开或者其他方式公开专利的权利要求主题时，应当提供真实有效的证据，并构成完整的证据链。提供的证据应当符合法定形式；证据的取得应当符合法律、法规的规定。

① 对于证人证言，证人应当陈述其亲历的具体事实，证人根据其经历所作的判断、推测或评论，不能作为认定案件事实的依据。专利复审委员会认定证人证言，可以通过对证人与案件的利害关系以及证人的智力状况、品德、知识、经验、法律意识和专业技能等的综合分析进行处理。证人应当出席口头审理作证，接受质询。未能出席口头审理作证的证人所出具的书面证言不能单独作为认定案件事实的依据，但证人确有困难不能出席口头审理作证的，专利复审委员会可以根据上述原则进行认定。

② 认可和承认。在无效宣告程序中，一方当事人明确认可的另外一方当事人提交的证据，或者一方当事人明确承认另一方陈述的案件事实，专利复审委员会应当予以确认。但其与事实明显不符，或者有损国家利益、社会公共利益，或者当事人反悔并有相反证据足以推翻的除外。当事人委托代理人参加无效宣告程序的，代理人的承认视为当事人的承认。但是，未经特别授权的代理人对事实的承认直接导致承认对方无效宣告请求的除外；当事人在场但对其代理人的承认不作否认表示的，视为当事人的承认。此外，在无效宣告程序中，当事人为达成调解协议或者和解的目的作出妥协所涉及的对案件事实的认可，不得在其后的无效宣告程序中作为对其不利的证据。

③ 主张某技术手段是本领域公知常识的当事人，对其主张承担举证责任。当事人可以通过教科书或者技术词典、技术手册等工具书记载的技术内容来证明某项技术手段是本领域的公知常识。该当事人未能举证证明或者未能充分说明该技术手段是本领域公知常识，并且对方当事人不予认可的，合议组对该技术手段是本领域公知常识的主张不予支持。

④ 一方当事人将公证文书作为证据提交时，有效公证文书所证明的事实，应当作为认定事实的依据，但有相反证据足以推翻公证证明的除外。如果公证文书在形式上存在严重缺陷，例如缺少公证人员签章，则该公证文书不能作为认定案件事实的依据。

四、无效宣告理由的增加和证据的补充

《专利法实施细则》第六十七条规定：在专利复审委员会受理无效宣告请求后，请求人可以在提出无效宣告请求之日起一个月内增加理由或者补充证据。逾期增加理由或者补充证据的，专利复审委员会可以不予考虑。《专利审查指南 2010》第四部分第三章第 4.2 节和第 4.3 节又作出了如下进一步具体说明。

1. 无效宣告理由的增加

（1）请求人在提出无效宣告请求之日起一个月内增加无效宣告理由的，应当在该期限内对所增加的无效宣告理由具体说明；否则，专利复审委员会不予考虑。

（2）请求人在提出无效宣告请求之日起一个月后增加无效宣告理由的，专利复审委员会一般不予考虑，但下列情形除外：

① 针对专利权人以删除以外的方式修改的权利要求，在专利复审委员会指定期限内针对修改内容增加无效宣告理由，并在该期限内对所增加的无效宣告理由具体说明的。

② 对明显与提交的证据不相对应的无效宣告理由进行变更的。

2. 请求人举证

（1）请求人在提出无效宣告请求之日起一个月内补充证据的，应当在该期限内结合该证据具体说明相关的无效宣告理由，否则，专利复审委员会不予考虑。

（2）请求人在提出无效宣告请求之日起一个月后补充证据的，专利复审委员会一般不予考虑，但下列情形除外：

——针对专利权人提交的反证，请求人在专利复审委员会指定的期限内补充证据，并在该期限内结合该证据具体说明相关无效宣告理由的；

——在口头审理辩论终结前提交技术词典、技术手册和教科书等所属技术领域中的公知常识性证据或者用于完善证据法定形式的公证书、原件等证据，并在该期限内结合该证据具体说明相关无效宣告理由的。

3. 专利权人举证

专利权人应当在专利复审委员会指定的答复期限内提交证据，但对于技术词典、技术手册和教科书等所属技术领域中的公知常识性证据或者用于完善证据法定形式的公证文书、原件等证据，可以在口头审理辩论终结前补充。

专利权人提交或者补充证据不符合上述期限规定或者未在上述期限内对所提交或者补充的证据具体说明的，专利复审委员会不予考虑。

五、无效宣告程序中专利文件的修改

根据《专利法实施细则》第六十九条规定，在无效宣告请求的审查过程中，发明或者实用新型专利的专利权人可以修改其权利要求书，但是不得扩大原专利的保护范围。发明和实用新型专利权人不得修改专利说明书和附图；外观设计专利的专利权人不得修改图片、照片和简要说明。《专利审查指南2010》第四部分第三章第4.6节又作出如下进一步说明。

1. 修改原则

发明或者实用新型专利文件的修改仅限于权利要求书，其原则是：

（1）不得改变原权利要求的主题名称。

（2）与授权的权利要求相比，不得扩大原专利的保护范围。

（3）不得超出原说明书和权利要求书记载的范围。

（4）一般不得增加未包含在授权的权利要求书中的技术特征。

外观设计专利的专利权人不得修改其专利文件（图片、照片和简要说明）。

2. 修改方式

在满足上述修改原则的前提下，修改权利要求书的具体方式一般限于权利要求的删除、技术方案的删除、权利要求的进一步限定、明显错误的修正。

权利要求的删除是指从权利要求书中去掉某项或者某些项权利要求，例如独立权利要求或者从属权利要求。

技术方案的删除是指从同一权利要求中并列的两种以上技术方案中删除一种或者一种以上技术方案。

权利要求的进一步限定是指在权利要求中补入其他权利要求中记载的一个或者多个技术特征，以缩小保护范围。

3. 修改方式的限制

在专利复审委员会作出审查决定之前，专利权人可以删除权利要求或者权利要求中包括的技术方案。

仅在下列三种情形的答复期限内，专利权人可以以删除以外的方式修改权利要求书：

（1）针对无效宣告请求书。

（2）针对请求人增加的无效宣告理由或者补充的证据。

（3）针对专利复审委员会引入的请求人未提及的无效宣告理由或者证据。

六、关于无效宣告程序中的代理手续

（1）请求人或者专利权人在无效宣告程序中委托专利代理机构的，应当提交无效宣告程序授权委托书并写明委托权限仅限于办理无效宣告程序有关事务。在无效宣告程序中，即使专利权人此前已就其专利委托了在专利权有效期内的全程代理并继续委托该全程代理机构的，也应当提交无效宣告程序授权委托书。

（2）在无效宣告程序中，请求人委托专利代理机构的，或者专利权人委托专利代理机构且委托书中写明其委托权限仅限于办理无效宣告程序有关事务的，其委托手续或者解除、辞去委托的手续应当在专利复审委员会办理，无须办理著录项目变更手续。

（3）请求人和专利权人委托了相同的专利代理机构的，专利复审委员会应当通知双方当事人在指定期限内变更委托；未在指定期限内变更委托的，后委托的视为未委托，同一日委托的，视为双方均未委托。

（4）根据《专利法》第十九条第一款规定，在中国没有经常居所或者营业所的外国人、外国企业或者外国其他组织作为无效宣告程序的当事人，应当委托专利代理机构办理无效宣告程序有关事务。

（5）同一当事人与多个专利代理机构同时存在委托关系的，当事人应当以书面方式指定其中一个专利代理机构作为收件人。

（6）当事人委托公民代理的，参照有关委托专利代理机构的规定办理。公民代理的权限仅限于在口头审理中陈述意见和接收当庭转送的文件。

（7）对于下列事项，专利代理人需要具有特别授权的委托书：

——专利权人的代理人代为承认请求人的无效宣告请求；

——专利权人的代理人代为修改权利要求书；

——代理人代为和解；

——请求人的代理人代为撤回无效宣告请求。

（8）《专利代理条例》第十条规定：专利代理机构接受委托后，不得就同一内容的专利事务接受有利害关系的其他委托人的委托。因此，一项专利权在其申请阶段委托的专利代理机构，在无效宣告程序中不能接受对该项专利提出无效宣告请求的请求人的委托。

七、关于专利复审委员会的依职权审查情形

在无效宣告程序中，专利复审委员会通常仅针对当事人提出的无效宣告请求的范围、理由和提交的证据进行审查，不承担全面审查专利有效性的义务。但是，专利复审委员会在下列情形时可以依职权进行审查：

（1）请求人提出的无效宣告理由明显与其提交的证据不相对应的，专利复审委员会可以告知其有关法律规定的含义，允许其变更或依职权变更为相对应的无效宣告理由。

（2）专利权存在请求人未提及的明显不属于专利保护客体的缺陷，专利复审委员会可以引入相关的无效宣告理由并进行审查。

（3）专利权存在请求人未提及的缺陷而导致无法针对请求人提出的无效宣告理由进行审查的，专利复审委员会可以依职权针对专利权的上述缺陷引入相关无效宣告理由并进行审查。

（4）请求人请求宣告权利要求之间存在引用关系的某些权利要求无效，而未以同样的理由请求宣告其他权利要求无效，不引入该无效理由将会得出不合理的审查结论的，专利复审委员会可以依职权引入该无效理由对其他权利要求进行审查。

（5）请求人以权利要求之间存在引用关系的某些权利要求存在缺陷为由请求宣告其无效，而未指出其他权利要求也存在相同性质的缺陷，专利复审委员会可以引入与该缺陷相对应的无效宣告理

由对其他权利要求进行审查。

（6）请求人以不符合《专利法》第三十三条或者《专利法实施细则》第四十三条第一款的规定为由请求宣告专利权无效，且对修改超出原申请记载的范围的事实进行了具体的分析和说明，但未提交专利原始申请文件的，专利复审委员会可以引入该专利原始申请文件作为证据。

（7）专利复审委员会可以依职权认定技术手段是否为公知常识，并可以引入技术词典、技术手册、教科书等所属技术领域中的公知常识性证据。

为节约篇幅，有关上述七种情况的举例，请参见《专利审查指南 2010》第四部分第三章第4.1节。

需要提请注意的是，按照修改后的《专利法实施细则》第七十二条第二款的规定，专利复审委员会还存在一种主动处理的方式，与依职权审查具有一定相似性，即请求人在专利复审委员会对无效宣告请求作出审查决定之前，撤回其无效宣告请求的，如果专利复审委员会认为根据已进行的审查工作能够作出宣告专利权无效或者部分无效的决定的，将作为一种例外，不终止审查，仍然作出无效宣告请求审查决定。但是，按照国家知识产权局颁布的《施行修改后的专利法实施细则的过渡办法》第四条规定，2010 年 2 月 1 日之前提出的无效宣告请求，仍适用修改前的《专利法实施细则》第七十一条第二款的规定，只要请求人撤回无效宣告请求，专利复审委员会不再继续审查，无效宣告程序终止。

第五章　专利申请文件的撰写

前面四章对专利代理实务科目考试中的专利代理实务工作所涉及的专利基本知识作了介绍。从本章起对专利代理实务工作进行介绍。本章主要介绍专利申请文件的撰写实务知识，介绍专利申请文件的撰写步骤，以及撰写过程中各环节需要考虑的问题。

作为专利代理人，在为申请人起草权利要求书和说明书的过程中，通常包括下述三个环节：理解发明创造的内容，对客户提供的发明创造内容与现有技术进行分析对比，具体撰写申请文件。下面对这三个环节作出进一步说明。

一、理解发明创造的内容

首先，认真阅读和研究客户提供的技术资料（实践中，客户通常以技术交底书的形式提供），结合客户所提供的现有技术状况，理解发明创造的实质内容，通过整理分析，把握其主要构思。在这个过程中，确定客户的发明创造有可能涉及哪几个主题。

然后，分析这些主题是否属于《专利法》给予专利保护的客体，即判断这些主题是否符合发明创造的定义，是否属于《专利法》第五条、第二十五条规定所排除的不授予专利权的客体。对于《专利法》不给予保护的主题，应当建议客户放弃申请专利。对于《专利法》给予保护的客体，针对其中的技术主题❶，判断其是否具有实用性。对于不具备实用性的主题，由于其不能获得授权，因而应当建议客户放弃这些主题。

在此基础上，对这些具备实用性，且属于《专利法》给予保护的技术主题作进一步分析。确定其实质内容是产品发明还是方法发明，从而与客户沟通哪些主题可以申请发明专利，哪些主题可以申请实用新型专利，哪些主题既可以申请发明专利又可以申请实用新型专利（此时，两件申请应同一天向专利局提出）。

---

❶　由于专利代理实务试题中有关专利申请文件撰写部分的内容只涉及发明和实用新型专利，因此仅针对其中的技术主题作进一步说明。

在上述初步分析的基础上，对于确定申请发明和/或实用新型专利的技术主题，需要作进一步研究分析，例如所提供的资料是否充分公开了发明创造，客户针对该技术主题所要求专利保护的范围是否得到其提供材料的支持，因此在实践中，往往需要与申请人进行必要的沟通。通常与申请人的沟通包括下述三方面内容：❶

（1）请申请人或发明人就发明创造作出进一步具体说明，如扩展发明构思；一项技术主题作出多处改进时，这几处改进之间的关系；对技术交底书中存在的不清楚之处进行解释或说明，如某些技术术语的清楚性问题、某些技术内容交代不详细或不清楚之处、某些存在疑问之处等。

（2）补充发明创造充分公开所必需的技术内容。

（3）对某些技术主题拟要求的保护范围补充必要的实施方式和实施例。

通过阅读研究客户提供的资料，并与客户进行必要沟通后，对客户的发明创造有了比较充分的了解后，就应当着手下一环节的工作，即将发明创造与现有技术进行对比分析。为了有效确定现有技术，有必要考虑申请是否要求优先权，是否存在不丧失新颖性的公开。

二、了解现有技术，与提供的有关发明创造技术资料进行对比

为了撰写出高质量的权利要求书和说明书，应当对发明创造的现有技术作充分了解。为此，除仔细分析客户提供的背景技术外，必要时还应当对现有技术进行检索和调研，以得到相关的现有技术，尤其是最接近的现有技术。这一环节是确定技术内容中是否存在满足新颖性和创造性的技术主题的重要环节。通过这一环节可以了解现有技术中存在的问题，确定发明创造所解决的技术问题，获得的技术效果，为该申请确定一个合适的保护范围。

在将客户的发明创造与现有技术进行对比分析时，首先应当将各个技术主题分别与其相应的现有技术主题进行技术特征对比分析。对于那些明显不具备新颖性或创造性的技术主题，应当与客户作进一步沟通，建议客户放弃这些技术主题。

如果提供技术资料中存在多个技术主题，且这几个技术主题均可以申请专利的，应当确定（必要时通过与申请人进一步沟通来确定）哪一个技术主题作为专利申请的最主要的技术主题，并以此主题作为该专利申请发明创造的核心，为申请人获取最有利的保护范围。然后，通过与现有技术的进一步分析对比，判断其他几项技术主题与所确定的最重要技术主题之间是否属于一个总的发明构思而具备单一性。对于那些与最主要技术主题具备单一性的技术主题，可以与最主要的技术主题一起合案提出申请。而那些与最主要技术主题不具备单一性的技术主题，可以建议客户另行提出一件专利申请，必要时补充有关资料和实验数据后另行提出一件专利申请。

三、撰写权利要求书和说明书

在做好上述撰写准备之后，就可以开始着手撰写权利要求书和说明书。这两部分专利申请文件的撰写先后并没有严格的顺序，并且相互之间在撰写过程中还需要调整。通常对于技术内容比较简单的情况，多半先撰写权利要求书。

首先，撰写独立权利要求。在撰写独立权利要求时，应当使其相对于所了解的现有技术具备新颖性、创造性（符合《专利法》第二十二条第二款、第三款的规定），清楚、简要地限定要求专利保护的范围，并且所提供的资料足以支持该保护范围（符合《专利法》第二十六条第四款的规定），包括解决技术问题的必要技术特征（符合《专利法实施细则》第二十条第一款的规定），但不应当写入

---

❶　在专利代理实务考试试题中，不可能与客户（发明人或申请人）进行沟通，因此在考试时，应当按照试题的要求进行。从历年试题来看，仅限于要求考生根据试题提供的内容撰写权利要求书，而不允许考生随意扩展发明构思；而对于提供材料缺少充分公开所需内容，提供材料不足以支持要求专利保护范围，或提供材料存在不清楚之处，是通过向客户给出建议的简答题的方式进行的。

非必要技术特征，为客户争取尽可能宽的保护范围。

其次，选择优选的附加技术特征来撰写合适数量的从属权利要求。这些从属权利要求同样需要符合清楚、简要，且得到说明书支持的要求，同时还应当注意其引用部分的撰写，确保引用关系清楚。

权利要求书撰写的主要步骤如下：

（1）在理解发明或者实用新型的基础上，找出其主要技术特征，弄清各技术特征之间的关系。

（2）根据已知的现有技术，确定发明或实用新型最接近的现有技术。

（3）根据最接近的现有技术，进一步确定发明或者实用新型所解决的技术问题以及为解决此技术问题所必须包括的全部必要技术特征，并尽可能采用概括表述方式（上位概括或并列概括），以获得尽可能宽的保护范围。

（4）对于独立权利要求可分成两部分格式撰写的情形，应将与最接近的现有技术共有的必要技术特征写入前序部分，区别于最接近的现有技术的必要技术特征写入特征部分，从而完成独立权利要求的撰写。

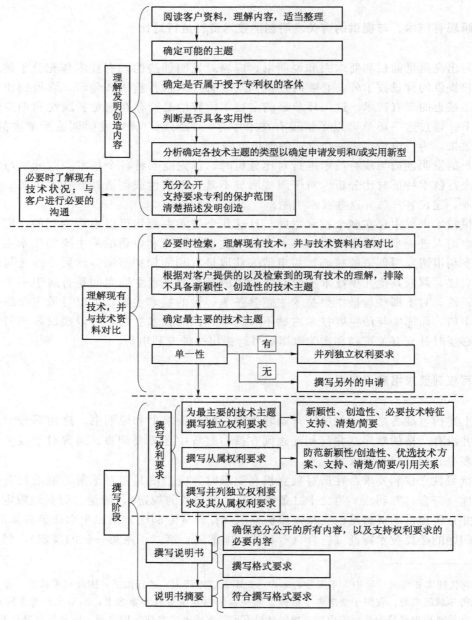

图 1-5-1　申请文件撰写过程的各个环节及其考虑的问题

（5）找出其他可能的附加技术特征并进行分析，将那些有可能对申请的创造性起作用的技术特征、优选的技术特征、带来附加技术效果的技术特征或者解决附带的技术问题的技术特征作为对独立权利要求的进一步限定，完成从属权利要求的撰写。为了形成保护梯度，应当考虑在上位概念之下的某些中位概念作为附加技术特征，写成从属权利要求。

（6）对于有多个技术主题准备合案申请的情况，在针对最主要技术主题完成独立权利要求和从属权利要求后，针对其他与上述技术主题具备单一性的技术主题，可类似于上述步骤撰写并列独立权利要求以及相应的从属权利要求。

对于说明书的撰写来说，名称、技术领域、背景技术以及发明或者实用新型内容这几个组成部分可以根据所撰写的权利要求书以及撰写权利要求书过程中所考虑的问题作出相应的撰写。至于具体实施方式，既要充分公开发明创造，又要包括支持权利要求书的所有必要内容，以使专利申请文件符合《专利法》第二十六条第三款和第四款的规定。此外，整个说明书撰写应当符合《专利法实施细则》第十七条以及《专利审查指南 2010》第二部分第二章第 2.2 节和第 2.3 节有关说明书及其附图的格式要求。

最后，按照《专利法实施细则》第二十三条以及《专利审查指南 2010》第二部分第二章第 2.4 节的规定撰写说明书摘要。

为了更直观地了解专利申请文件撰写过程的各个环节，给出图 1-5-1 供读者参考。

第六章　答复审查意见通知书

对专利代理人而言，发明实质审查期间对审查意见通知书的答复是一项很重要的专利代理工作。该项工作完成得好坏将直接关系到一件专利申请能否被授权以及授权后能否得到充分保护。由此可知，答复审查意见通知书是专利代理人的一项基本功。因而，专利代理实务考试试题将答复审查意见通知书的能力作为重要的考核内容之一。

本章重点说明发明专利申请实质审查阶段的审查意见通知书答复的两项重要工作：修改专利申请文件和撰写意见陈述书（或者向客户提供咨询意见）。在此之前先对审查意见通知书以及答复审查意见通知书的总体步骤作一简单介绍。

一、审查意见通知书简介

实质审查意见通知书分为第一次审查意见通知书和再次审查意见通知书两种，都包括标准表格和审查意见通知书正文两部分，必要时还包括附件。除极个别案件可直接授权的发明专利申请等特殊情形外，国家知识产权局都应当发出第一次审查意见通知书。再次审查意见通知书是针对申请人的意见陈述和/或新修改的专利申请文件继续进行审查后发出的。虽然第一次审查意见通知书和再次审查意见通知书的作用有所区别，但对于申请人答复来说具有共同之处，因此，后面提及的审查意见通知书均以第一次审查意见通知书为例进行说明。

从审查意见通知书对专利申请文件的倾向性意见来看，可分为三大类。第一类是专利申请文件仅存在形式缺陷，只要按照审查意见通知书正文提出的要求对申请文件进行修改即可授予专利权。目前，审查实践中这类通知书比较少见。第二类是专利申请整体没有授权前景，审查员认为申请存在不可克服的实质性缺陷。如果申请人在意见陈述书中没有足够的理由来改变审查员的观点，将被驳回。第三类是审查意见通知书一方面指出专利申请存在实质性缺陷，另一方面同时指出存在的其他次要缺陷，申请人需要克服这些缺陷才能被授权。当然上述分类主要根据审查意见来确定，现实中往往会出现由于各种原因对专利申请的授权前景发生转变的现象。

作为专利代理实务考试试题，如果涉及答复审查意见通知书的内容，通常是上述第三类审查意见通知书，但作为考试试题往往在审查意见通知书中仅仅指出实质性缺陷，而不指出形式缺陷。

二、审查意见通知书答复的总体步骤

申请人答复的可以仅仅是审查意见陈述书，也可以进一步包括经修改的申请文件（替换页和/或补正页）。申请人在其答复中对审查意见通知书中的审查意见提出反对意见或者对申请文件进行修改时，应当在其意见陈述书中详细陈述其具体意见，或者对修改内容是否符合相关规定以及如何克服原申请文件存在的缺陷予以说明。例如，当申请人在修改后的权利要求中引入新的技术特征以克服审查意见通知书中指出的该权利要求不具备创造性的缺陷时，应当在其意见陈述书中具体指出该技术特征可以从说明书的哪些部分得到，并说明修改后的权利要求具备创造性的理由。

专利代理人在答复审查意见通知书时通常按照下述步骤进行。

1. 阅读审查意见

明确审查员的总倾向性意见、逐条阅读每一条审查意见，重点放在审查意见通知书所指出的实质性缺陷上、对审查意见通知书中提出的所有问题进行归纳整理，便于进行答复，避免遗漏。

2. 分析审查意见及引用的证据

研究分析审查意见通知书中的每条审查意见，结合审查意见通知书中引用的证据分析审查意见是否正确，例如，审查员所引用证据是否支持审查意见通知书中所指出的实质性缺陷或者证据根本不可用等。如果审查意见正确，需要考虑如何修改专利申请文件来克服审查意见通知书中指出的缺陷，❶ 如果审查意见不正确，则应当考虑如何反驳审查意见。通常还应当主动将审查意见虽然没有提及的明显缺陷进行改正（如明显的错别字）。

3. 修改申请文件和撰写意见陈述书

专利代理人在实际代理过程中，经过与申请人沟通后，除认定审查意见完全不正确以外，就应当根据申请人的意见修改专利申请文件，最重要的是修改权利要求书，然后针对修改后的专利申请文件拟定意见陈述书。但在专利代理实务试题中，则仅需根据试题给出事实直接分析确定如何修改专利申请文件（通常只涉及权利要求书），并在此基础上起草意见陈述书。

最后需要说明的是，对国家知识产权局发出的审查意见通知书，应当在审查意见通知书指定的期限内作出答复。答复第一次审查意见通知书的期限通常为四个月。答复再次审查意见通知书的期限通常为两个月。申请人可以请求国家知识产权局专利局延长指定的答复期限。但是，延长期限的请求应当在期限届满前提出。

此外，有时也需要基于审查意见通知书向客户提供咨询意见，即在向客户转送审查意见通知书的同时给出分析意见。咨询意见的主要工作是分析审查意见通知书的审查意见是否正确，因而是针对原权利要求书中各项权利要求说明符合或者不符合专利法律法规有关条款规定，在此基础上给出专利申请文件（主要是权利要求书）的修改建议。特别需要注意的是，这与撰写意见陈述书是不同的，后者主要论述修改后专利申请文件（主要是权利要求书）不存在或者已消除审查意见通知书中所指出的缺陷，是针对修改后的权利要求书论述其符合专利法律法规有关条款规定的理由。

三、修改专利申请文件

在对审查意见认真分析的基础上，确定是否修改专利申请文件。在修改专利申请文件时，既要消除专利申请文件中确实存在的缺陷，又要为申请人争取尽可能充分的保护。具体来说，要考虑以

---

❶ 作为专利代理实务考试试题中的审查意见通知书往往不指出形式缺陷，但是在考试中，对于原专利申请文件中存在的形式缺陷（包括错别字这样的明显错误），即使审查意见通知书中没有指出，也应当将这些缺陷加以克服。

下因素。

1. 通过修改克服申请文件中确实存在的缺陷

对此应当根据不同情况采用不同方式处理：有关申请文件存在某一或某些缺陷的审查意见结论正确，则需要考虑通过合适的修改来克服这些缺陷；有关申请文件存在某一缺陷的审查意见的结论错误而不能认同，则不需要针对该缺陷修改申请文件；申请文件中存在某些形式缺陷或明显错误，审查意见通知书中虽然没有指出，也应通过修改予以克服。

2. 消除实质性缺陷的同时，争取最有利的保护

在消除申请文件存在的实质性缺陷的同时，应当考虑为申请人争取最有利的保护。不应当以尽快取得专利权为理由而将保护范围限得过窄，以致影响申请人的权益，尤其要注意不要为后续专利权诉讼程序因禁止反悔原则而带来不利影响。

3. 修改要符合要求

符合《专利法》《专利法实施细则》以及《专利审查指南2010》中对修改申请文件的规定：确保修改的内容符合《专利法》第三十三条的规定，即不得超出原申请记载的范围；修改的方式符合《专利法实施细则》第五十一条第三款的规定，即针对审查意见通知书指出的缺陷进行修改。

4. 修改时不要出现新的缺陷

修改专利申请文件时不要出现新的不符合《专利法》《专利法实施细则》以及《专利审查指南2010》规定的缺陷。例如，为消除不具备创造性的缺陷而权利要求中增加技术特征导致未清楚限定要求专利保护的范围而不符合《专利法》第二十六条第四款的规定。

四、撰写意见陈述书

1. 意见陈述书的撰写要求

（1）在进行意见陈述时，措辞等应慎重，不要对保护范围作出不必要的限制性解释（以免在专利侵权诉讼中被适用禁止反悔原则）。

（2）意见陈述时应以修改后的专利申请文件尤其是权利要求书为基础。

（3）意见陈述书中所论述的理由应当主次分明，层次清楚，有条有理，全面考虑，避免前后矛盾。

（4）意见陈述应从《专利法》和《专利法实施细则》的法律条款出发进行有力的争辩，对每一条理由的陈述应当按照规范的格式进行，确保有理有节。

（5）意见陈述书中应当对通知书中指出的所有问题都需要作出答复。对于主动克服申请文件的明显错误的修改，也应当进行简要说明。

2. 意见陈述书正文撰写格式

意见陈述书正文通常包括下述几个部分。

（1）起始语段，可以套用通常的格式，例如，表明针对哪次审查意见通知书所作的答复，是否修改了申请文件等。

（2）修改说明，具体指出对申请文件作了哪些修改及其修改依据，并指出符合《专利法》第三十三条及《专利法实施细则》第五十一条第三款的规定。

（3）修改后的申请文件已克服审查意见所指出的缺陷和/或原专利申请文件不存在审查意见通知书中所指出的缺陷的具体说明，这是意见陈述书正文的主要部分。在这部分应针对审查意见逐条分析，具体说明修改后的申请文件已克服相关实质性缺陷的理由和/或原专利申请文件不存在所指出的实质性缺陷的理由。尤其需要注意对有关新颖性和创造性、权利要求未以说明书为依据、独立权利要求缺少必要技术特征、权利要求未清楚限定要求专利保护的范围等审查意见进行争辩的规范和格式。

（4）结束语段，对意见陈述进行总结，并视情况提出会晤请求，并可以写明联系电话或电子邮件地址，方便审查员联系。

五、撰写咨询意见

咨询意见除了相当简单的起始语段和结束语段外，正文部分主要包括对引用的对比文件适用范围的说明、对审查意见通知书中各个审查意见的分析以及专利申请文件修改建议三个部分。

对咨询意见的起始语段和结束语段没有严格要求，可简要撰写即可。在正文部分中，可首先对审查意见通知书中引用的各份对比文件能否适用及适用范围作出说明。然后重点是对审查意见通知书中指出的各项权利要求存在的不符合规定的缺陷逐一说明其审查意见是否成立，分析时依据相关规定结合具体案情作出说明。与意见陈述不同的是，咨询意见既可能正面论述也可能反面论述，例如既可能论述权利要求具备创造性，也可能需要论述权利要求不具备创造性。而在论述不具备新颖性和创造性的审查意见能够成立时与不能成立时的规范格式有所不同。具体参见第二部分相关内容。最后，基于前面分析的基础上对专利申请文件（主要是权利要求书）的修改给出具体建议，并说明具体理由。

第七章　无效宣告请求书和意见陈述书

无效宣告请求程序中的专利代理实务工作主要包括三项内容：受请求人委托撰写无效宣告请求书（包括确定无效理由和提供必要证据），受专利权人委托针对无效宣告请求书及所附证据撰写意见陈述书，受当事人委托参加口头审理或者向客户（请求人或专利权人）提咨询意见。

按照历年《全国专利代理人资格考试大纲》的规定，专利代理实务科目考试主要涉及前两项，因此本章主要针对前两项实务工作作具体说明，此外考虑到2009年试题中也涉及一些口头审理的内容，因而对第三项实务工作给予简要说明。

一、受请求方委托提出无效宣告请求

专利代理机构在为请求人办理无效宣告请求有关专利事务时，通常需要做好下述五方面的工作。

1. 接受委托，了解请求人提出无效宣告请求的目的

根据《专利代理条例》第十条的规定，专利代理机构接受委托后，不得就同一内容的专利事务接受有利害关系的其他委托人的委托。因此，请求宣告专利权无效所针对的专利是由本专利代理机构代为办理专利申请事务的，则不能接受无效宣告请求方的委托。

在接受请求方委托时，应当了解请求人提出无效宣告请求的目的，以便确定相应的对策。目前来看，请求方主要出于四种原因提出无效请求：①侵权反诉；②确定开发或准备投产的产品落入了专利权的保护范围；③由于技术转让引起的；④请求人针对在后的与本人在先专利相似或相近的专利提出无效请求。目前绝大多数无效宣告请求是伴随侵权诉讼提出的反诉，此时应当分析请求方的产品或使用的方法与该专利是否存在区别，落入哪些权利要求的保护范围之内，从而确定提出全部无效还是部分无效。❶

---

❶ 在专利代理实务考试试题中，如写明为侵权反诉，且所提证据难以宣告专利权无效，在涉及向委托人提供咨询意见时，应当建议委托人在提出无效宣告请求之日起进一步补充检索，若未检索到更有利的证据、且被诉侵权产品或方法仍可能落入专利权保护范围内时，应谋求与专利权人和解（参见本书第九章第一节的"三、专利复审与无效试卷涉及无效宣告请求书的试题内容和考点简介"的相关内容）。

2. 无效宣告请求证据的准备

对于发明和实用新型专利，在无效宣告程序中，无效宣告请求取得成功的理由多半是该专利不符合《专利法》第二十二条第二款、第三款有关新颖性和创造性的规定。因此，通常应当首选以此为无效宣告请求理由。但对于这类无效宣告请求的理由（包括不符合《专利法》第九条不允许重复授权的规定），是需要用证据来加以证明的，因此在接受请求方的委托后，就应当着手准备有关证据。

为此，研究请求人提供的证据（必要时包括受请求人委托而代为收集到的证据），通过与准备提出无效宣告请求的专利文件进行对比分析，判断专利文件各项权利要求是否具备新颖性和创造性，或者是否构成重复授权。从中选出支持这些无效理由的证据，舍弃那些不支持该无效理由的证据，尤其是那些根本不适用的证据。❶ 对于选用的证据，如果有多个单独对比或结合对比的方式否定该专利的新颖性和/或创造性的，通常应当全部选用，不要因为其中一部分证据有可能宣告专利权全部无效而舍弃其他证据，除非其中一件证据明显可使该专利所有权利要求不具备新颖性而确有把握可使该专利全部无效。

对于这些选用的证据，应当符合无效宣告程序中对证据的要求，《专利审查指南 2010》第四部分第八章对此作出明确规定。对于使用公开的证据，应当分析其是否构成完整的证据链，否则应要求请求人在提出无效宣告请求之日起一个月内予以补充。对于域外证据及港、澳、台地区形成的证据，需要请求人补充公证、认证的证明文件。对于外文证据，应当在举证期限内提交相关部分的中文译文。如果否定权利要求的创造性需要用到公知常识，则应当让请求人提供技术词典、技术手册、教科书等公知常识性证据。

对于侵权反诉案件，往往需要在侵权诉讼期内提出无效宣告请求，若准备的证据尚不足以使该专利权全部无效的，必要时应当告知请求人进行补充检索和调研，以便在提出无效宣告请求之日起一个月内增加理由和补充证据。

3. 无效宣告理由的确定

在选择适用的无效宣告请求证据的同时，还应当对专利文件（包括从其专利申请档案中查阅到的材料）进行具体分析，判断该专利是否还存在《专利法实施细则》第六十五条第二款规定的可作为无效宣告理由的缺陷：权利要求的主题是否具备实用性（《专利法》第二十二条第四款）；权利要求是否以说明书为依据，清楚、简要地限定专利要求保护的范围（《专利法》第二十六条第四款）；独立权利要求是否缺少必要技术特征（《专利法实施细则》第二十条第二款）；申请文件的修改是否超出原说明书和权利要求书记载的范围（《专利法》第三十三条）；要求专利保护的客体是否属于《专利法》规定的专利权的保护客体（《专利法》第二条、第五条和第二十五条）；权利要求限定的技术方案在说明书中是否充分公开（《专利法》第二十六条第三款）等。若存在这些缺陷就可以认为该专利不符合上述相应条款作为无效宣告请求的理由。

在确定无效宣告请求的理由时应当注意下述几点：

（1）所确定的无效宣告理由应当是《专利法实施细则》第六十五条第二款规定的可作为无效宣告理由的各款中的实质性缺陷，若请求人在委托书中给出的无效宣告理由不在其户之列，应当舍弃该无效宣告理由，且应当在咨询意见中向请求人具体说明不采用这一理由的原因。

（2）无效宣告程序中，专利复审委员会遵循请求原则，除依职权审查的情形外，不会主动审查请求人未提及的无效理由。因此，在确定无效理由时，应当采取相应的策略，例如当判断某权利要求相对于现有技术不具备新颖性的情况下，应尽量同时以权利要求不具备创造性作为无效理由，以防止专利复审委员会审理认为其具备新颖性后，不审查其创造性而维持专利权有效。

（3）经过分析后，若存在多个无效宣告的理由，应当从中选择最有把握取得成功的作为最主要

---

❶ 如果舍弃的证据是请求人提供的，应当在咨询意见中向请求人具体说明不采用这些证据的理由。

的无效理由。一般来说，只要确定的无效宣告理由中包含有该专利不具备新颖性和创造性的理由，往往选择不符合《专利法》第二十二条第二款、第三款有关新颖性和创造性的规定作为最主要的无效宣告请求的理由。此外，一定不要将明显不存在的实质性缺陷作为无效宣告请求的理由。❶

4. 无效宣告请求书正文的撰写

确定无效宣告请求的证据和无效宣告请求的理由之后，就可以着手撰写无效宣告请求书（这里仅介绍无效宣告请求书的正文的撰写）。

（1）无效宣告请求书正文的撰写要求。

① 论述无效理由要充分。首先，应当以事实为依据，即应当具体分析请求无效的事实基础，例如，以不具备创造性为由请求无效时，既正确分析权利要求的各个技术特征，同时也要准确交代对比文件公开的技术内容。这是无效宣告理由的基础。其次，要以法律为准绳，即提出的无效理由应属于法定的无效理由，具体阐述无效理由是应以《专利法》及其实施细则和《专利审查指南 2010》的规定来进行论述和说理，例如，以不具备创造性为理由提出无效宣告请求时，应当按照《专利审查指南 2010》第二部分第四章第 3.2.1.1 节规定的"三步法"进行论述和分析。

② 无效宣告请求的理由应当得到证据的支持。无效宣告理由的选择与证据相适应，例如以现有技术为基础，可以评价专利的新颖性和创造性，而申请在先、公布或授权公告在后的中国专利申请或专利文件只能评价专利的新颖性而不能评价创造性。无效宣告请求的证据要能支持无效宣告请求的理由。例如评价新颖性的证据必须是已披露了权利要求所有技术特征，且属于相同技术领域、解决相同技术问题、获得相同的预期效果。又如通过使用公开来提出无效时，提供的证据应当构成完整的证据链。

③ 无效宣告理由应突出重点，条理清晰，符合逻辑。对每一条无效理由均应单独论述，不要写入无关的内容，避免前后矛盾的论述和/或证据。

（2）无效宣告请求书正文撰写格式。

无效宣告请求书正文通常包括下述几个部分：

① 起始语段，明确无效宣告请求的对象。

② 明确无效宣告请求的理由和法律依据，以及无效宣告请求的范围（其中提出部分无效的，需要具体指出哪些权利要求应当无效）。

③ 列出所采用的证据并编号，对每一份证据应当给出相关的著录项目，包括公开日期（如是抵触申请还应包括其申请日）等。

④ 根据所提出的事实和证据具体阐述无效宣告请求的理由，这是无效宣告请求的核心部分。即应当针对所提出的事实和证据作出具体分析，条理清晰地阐述无效宣告请求的理由。例如，对于新颖性无效理由，应当根据单独对比的原则进行分析；对于创造性无效理由，应当根据"三步法"来具体阐述。如果对无效理由没有具体说明和分析，专利复审委员会将不会考虑。

⑤ 结尾语段，总结无效理由及范围，并请求专利复审委员会宣告专利权全部无效或部分无效。

5. 对无效前景分析和对请求人提出建议

正如前面所提出的，在撰写无效宣告请求期间，有必要与请求人进行必要的沟通或给出具体咨询意见或建议。其中包括：请求人所提供的哪些理由和证据未采用，并说明原因；对无效宣告请求前景的分析，并给出必要的建议，如在证据不足以宣告专利权全部无效时，应当建议请求人对现有技术作补充检索和调研，以便在自提出无效宣告请求之日起一个月内补充证据和增加理由，若找不到更有力的证据时，是否与对方当事人和解；对于由侵权引起的反诉根据部分维持有效的结果判断对侵权诉讼的影响等。

---

❶ 在实践中，若以明显不存在的实质性缺陷为理由，会给合议组造成强词夺理的不良印象，而在考试中就有可能被扣分。

此外，还可能向客户给出专门的咨询意见，虽然要求撰写无效宣请求书正文，但是需要注意存在的异同。咨询意见的撰写要根据试题要求进行，通常来说除起始语段和结束语段外，正文部分主要涉及如下三方面的内容：①对客户所提供的证据说明其能否适用或者适用范围。如果客户所提供的证据在提出无效宣告请求时未被采用的，则应当向客户说明未采用的理由。②针对涉案专利（主要是权利要求书）说明其存在可以作为无效宣告理由提出的实质性缺陷。若客户所主张的无效宣告理由未被采用的，应当向客户说明为何未作为无效宣告理由提出。③对后续工作的建议。若对无效宣告请求前景的分析得知难以宣告全部无效时，应当向客户给出建议，如向客户提出补充有关证据或进行补充检索的建议。此外，如果请求人在委托函中还对程序问题或其他实体问题提出咨询，则在咨询意见中一并作出解答。

二、对无效宣告请求书的答复

作为专利代理机构，在接受专利权人委托办理有关无效宣告程序的专利事务时，首先需要确定是否有资格接受委托。如果已接受了对该专利提出无效宣告请求方的委托，则不能承担专利权人方的专利代理工作。

专利代理人一旦接受了专利权人的委托，需要在指定的一个月答复期限内，完成答复无效宣告请求的意见陈述书，必要时连同修改的权利要求书一起提交给专利复审委员会。由于无效宣告程序中的指定期限不得延长，因此必须在自收到无效宣告请求受理通知书及转送的无效宣告请求书和有关文件副本之日起一个月内提交意见陈述书。为此，专利代理人应当抓紧时间做好下述四个方面的工作。

1. 研究无效宣告请求书及所附证据

作为专利权人一方的专利代理人，首先应当阅读无效宣告请求书，结合所附的证据，分析其无效宣告理由是否成立。在确认对方具有请求人资格以及聘请的代理人有资格代理后，应当针对无效宣告请求书及所附证据重点考虑四个问题。

（1）无效宣告请求书中提出的无效宣告请求的理由是否属于《专利法实施细则》第六十五条第二款所规定的理由；对于不属于该条款规定的理由，只需要在意见陈述书中指出这些理由不属于《专利法实施细则》第六十五条第二款所规定的无效宣告请求的理由，应当不予考虑；对于属于上述条款规定的无效宣告理由，进一步分析对方在无效宣告请求书中的分析是否有道理，对于那些在请求书中没有进行具体说明和分析的无效宣告请求的理由，可以考虑在意见陈述书中请求专利复审委员会不予考虑。

（2）分析请求人提供的证据是否符合要求。包括对证据的真实性、合法性、关联性的分析，以及使用公开的证据是否构成完整的证据链等，对于那些不符合规定而不应采信的证据，应当作为支持反对对方主张的依据。

（3）分析无效请求书中提出事实是否准确、符合实际。包括对专利本身的事实认定是否正确（如对权利要求的解释不正确），以及可采信的证据所披露技术内容的认定是否正确（如认定现有技术证据披露了权利要求中的技术特征，但实际上并没有被披露）。

（4）必要时，考虑合议组可能依职权审查的内容，以便采取相应的策略。

2. 分析专利被无效的前景，确定应对策略

在上述分析的基础上，接着应针对该专利被无效的前景作出分析判断。在实际代理过程，专利被无效的前景包括三种情形：维持专利权有效、部分维持专利权有效（部分权利要求被无效或者在合并式修改权利要求的基础上维持有效）和宣告专利权全部无效。

如果认为请求人的无效理由不充分，不足以宣告专利权无效的话，可以不对专利文件进行修改，此时重点仅仅是撰写有说服力的意见陈述。

如果认为该专利中的所有权利要求均有可能被无效，则还需要结合说明书作进一步考虑，判断是否通过对权利要求采用合并式修改的方式，消除专利文件存在的实质性缺陷，从而使无效宣告请求书中的所有理由都不再能成立。若有这种可能，就应当对权利要求书进行合并式修改，若不存在这种可能，例如所有权利要求明显丧失新颖性，则应当与客户进行沟通确定是否放弃答辩。❶

如果认为专利被全部无效的可能性较大，此时可与专利权人沟通，确定是否与请求人谋求和解。当然这种情况下，通常仍然需要作出认真答辩，以争取有利结果。

如果请求人的无效理由部分成立，导致专利权被部分无效，那么此时需要考虑如何修改专利文件。在实际代理过程中对权利要求进行修改的总体考虑是：对于请求人提出无效宣告理由明显成立的那些权利要求，应当予以删除，或者删除该权利要求中一部分技术方案；某些权利要求很有可能存在不具备授权条件的缺陷，但无效宣告请求人没有针对这些权利要求提出这方面的无效理由，通常不应主动将这些权利要求删除；如果存在多种修改专利文件的可能性，应当将那些有可能争取的最宽保护范围的权利要求修改成新的独立权利要求，必要时，再以权利要求合并方式补充几项比较有把握符合授权条件和符合无效宣告程序中专利文件修改要求的从属权利要求。当然不管如何修改，都要保证符合无效宣告程序中对专利文件的修改规定（参见《专利审查指南 2010》第四部分第三章第 4.6 节）。

3. 答复无效宣告请求的意见陈述书的撰写

在与专利权人就应对策略进行沟通后，就应当按专利权人最后的决定，着手撰写答复无效宣告请求书的意见陈述书，并在指定的一个月答复期限内提交给专利复审委员会。

（1）意见陈述书撰写时应当注意的几个问题。

这种意见陈述书的总体思路和原则总体上与实质审查过程中的答复审查意见通知书的意见陈述书有相似之处，但也有其特殊性，总体上看应当注意下述几个方面。

① 通常，只需针对请求人提出的无效理由所涉及的实质性缺陷进行答辩，重点说明专利文件为什么不存在无效宣告请求书中提出的无效理由所涉及的实质性缺陷，若对权利要求采用合并式修改，应当论述修改后的权利要求为什么已克服无效宣告请求书中所提出的无效理由。若请求人提出的理由涉及专利文件的缺陷或者其他不属于无效理由的缺陷，应当明确指出这些理由不属于《专利法实施细则》第六十五条第二款规定的理由，专利复审委员会应当不予考虑。

② 无效宣告请求人提出多个无效理由的，意见陈述书应当针对所有无效理由逐条进行反驳。

③ 如果请求人所提供证据中存在不予采信的证据，应当在意见陈述书中明确请求专利复审委员会不予采信。但是如果不予采信的理由不够充分，或者存在对方当事人补充有关证明材料而被采信的情况，这时，还应当在意见陈述书中说明这些证据若被采信，为什么无效理由仍然不能成立。

④ 对于有多份证据支持一个无效理由时，应针对所有证据进行分析答辩，不要遗漏。例如，请求人以多份对比文件来认定权利要求不具备新颖性和创造性，那么不仅需要论述权利要求相对于每项证据具备新颖性，还应当论述相对于这些证据或其结合具备创造性。

⑤ 可以提出反证来支持意见陈述书中的观点或者反驳请求人的无效理由，此时应当在指定的答复期限内将这些反证材料提交给专利复审委员会。

⑥ 根据情况提出口头审理的请求，在无效宣告程序中只要提出口头审理请求，合议组通常会接受。

（2）意见陈述书正文撰写格式。

答复无效宣告请求书的意见陈述书通常包括下述几个部分：

① 起始语段，明确该意见陈述书的答复对象。

---

❶ 专利代理实务有关答复无效宣告请求书的考试试题中，遇到这种情况时，多半可以对权利要求书进行合并式修改，而不是放弃答辩。

② 专利文件进行修改的，对专利文件的修改情况作出说明，包括对修改文件符合《专利法》第三十三条、《专利法实施细则》第六十九条以及《专利审查指南 2010》的规定的说明。

③ 若请求人提出的理由不属于《专利法实施细则》第六十五条第二款规定的和/或在请求书中及自提出请求之日起一个月内未作具体说明的，以及/或者所提供的证据属于明显不予采信的，应当明确请求专利复审委员会不予考虑和/或不予采信。

④ 若有反证材料的，列出反证材料并编号。

⑤ 具体针对无效宣告请求的理由进行争辩。这一部分是意见陈述书的重点。

⑥ 结束语段。明确请求专利复审委员会维持专利权全部有效、维持哪几项权利要求的专利权有效，或者在修改的权利要求书和原说明书的基础上维持专利权有效。

4. 向客户撰写咨询意见

此外，实际专利代理实务中还可能需要针对无效宣告请求书撰写给客户的咨询意见。那么，在上述对无效宣告请求书进行分析并确定应对策略后，就是撰写给客户的咨询意见。在咨询意见中，将对无效宣告请求书各个无效宣告理由的分析结果告知客户；若应对策略中需要修改权利要求书的，还应当在咨询意见中给出如何修改权利要求书的建议。

给专利权人的咨询意见，通常而言除简单的起始语段和结束语段外通常包括下述几部分内容：① 对无效宣告请求书的证据进行分类，说明其适用范围；若无效宣告请求书中所附证据应当不予采信或者适用范围不合适，应明确指出。② 具体分析无效宣告请求书中的各个无效宣告理由是否成立。③ 根据分析结果给出对权利要求书的修改建议，需要修改权利要求书的则给出如何修改及其理由。

三、无效宣告程序中的口头审理

无效宣告程序的双方当事人可以依据下列理由请求进行口头审理：

(1) 当事人一方要求同对方当面质证和辩论。

(2) 需要当面向合议组说明事实。

(3) 需要实物演示。

(4) 需要请出具过证言的证人出庭作证。

需要注意：

(1) 当事人应当在收到口头审理通知之日起七日内向专利复审委员会提交口头审理通知书回执。无效宣告请求人期满未提交回执，并且不参加口头审理的，其无效宣告请求视为撤回，通常无效宣告请求审查程序将终止。

(2) 参加口头审理的各方当事人及其代理人的数量不得超过四人。

(3) 口头审理可以聘请公民代理，但公民代理的权限仅限于在口头审理中陈述意见和接收当庭转送的文件。

(4) 中国没有经常居所或者营业所的外国人、外国企业或者外国其他组织作为当事人，由其委托的专利代理机构派专利代理人参加口头审理。

第一部分

第二部分
历年专利代理实务考试试题总览和考点分析

第八章　全国专利代理人资格考试沿革

我国在 1986 年成立了专利代理人考核委员会，并在 1988 年举行的专利代理行业培训班结业时进行了专利代理行业考试，颁发专利代理人资格证书。但是，这次考试是探索性的，很不正规。正规的全国专利代理人资格考试从 1990 年开始，每两年举行一次，每次考试四门科目；而从 2006 年开始，全国专利代理人资格考试进行了一次较大的变革，由两年一考改为每年进行一次全国专利代理人资格考试，考试科目也由四门改为三门。因此，对于全国专利代理人资格考试而言，可以以 2006 年为界将其分为两个阶段；但在每个阶段内，每次的考试科目和考试内容也在不断进行调整。

1990～1996 年，全国专利代理人资格考试的四门科目分别为："与专利有关的法律、法规""专利申请文件的撰写""专利申请手续、审批程序及文献检索的基本知识"（但 1996 年改为"专利申请手续、审批程序、实用新型、外观设计及文献检索的基本知识"）、"专利复审与无效"。其中，对于与专利代理实务有关的"专利申请文件的撰写"考试科目，除了涉及少量的发明专利申请实质审查的基本知识外，主要内容是对专利申请文件进行改错，并按照机械、电学、化学三个专业分别出题，但从 1994 年起该考试科目又开始增加了答复有关发明专利申请文件实质审查阶段审查意见通知书和专利申请文件修改方面的内容；而在"专利复审与无效"考试科目中，1990 年的考题，仅涉及专利复审和无效宣告程序中的专利基本知识，1992 年的考题中增加了一部分专利复审和无效的专利代理实务内容，但在 1994 年和 1996 年的考题中无效宣告程序期间专利代理实务的内容占有较大比例。这四门考试科目满分均为 100 分，全国专利代理人资格考试通过的标准是除了四门考试科目的总分达到合格分数线外，"专利申请文件的撰写"考试科目也必须达到合格分数线。

1998 年的全国专利代理人资格考试对各科目的考试内容进行调整，减少了专利复审与无效的比重，不仅不再包括无效期间专利代理实务的考试内容，而且将"专利申请文件的撰写"科目中有关发明实质审查的基本知识、"专利申请手续、审批程序、实用新型、外观设计及文献检索的基本知识"科目中有关实用新型和外观设计初步审查的基本知识与"专利复审与无效"科目中有关专利复审和无效宣告程序基本知识合成一份试卷，从而考试的四门科目变成"与专利有关的法律、法规"（卷一）、"专利申请文件的撰写"（卷二）、"专利申请手续、审批程序及文献检索的基本知识"（卷三）和"三种专利的审批要求及复审与无效"（卷四）。其中卷一、卷三和卷四这三门科目全部采用多项选择题的考试方式（客观题），仅仅卷二考试科目仍采用文字答题方式。这四门考试科目满分仍然分别为 100 分，且全国专利代理人资格考试通过的标准不变，仍然是四门科目的总分达到合格分数线以及"专利申请文件的撰写"科目的考试成绩达到该科目的合格分数线。

从 2000 年起，全国专利代理人资格考试又进行了一次调整，即将"专利申请文件的撰写"科目的考试内容由专利申请文件的改错变为专利申请文件的撰写，但仍包含与答复审查意见通知书能力有关的考试内容，从而使考题内容更接近专利代理人的实际工作，以体现考核考生的专利代理实务能力。其他方面与 1998 年的全国专利代理人资格考试相同。

2006 年，全国专利代理人资格考试进行了一次较大变革，除了将两年举行一次考试改为每年进行一次考试外，将考试科目由四门改为三门："专利法律知识""相关法律知识"和"专利代理实务"。这次考试科目的调整在内容方面主要有三大变化：其一，增加了相关法律的考试内容，即将原来卷一中除专利法律法规以外的考试内容分出来,单独成为一门考试科目"相关法律知识"(卷二);其二,将卷一中有关专利法律法规的考试内容与卷三和卷四的考试内容合并成一门考试科目"专利法律知识"(卷一);其三,"专利代理实务"科目的考试不再分专业,即机械、电学和化学专业采用同样的考题,考试内容不仅包括发明和实用新型专利申请文件的撰写能力以及发明实质审查期间答复审查意见通知书的能力,还包括了无效宣告程序中无效宣告请求书和答复请求书的专利代理实务能力。从考试科目来看,相关法律知识的考试内容单独成为一门科目,但考虑到专利代理资格考试的重点应当放在专利法律知识的掌握和专利代理实务能力上,因此增加了该两门考试科目的分值,即卷一"专利法律知识"和卷三"专利代理实务"两门考试科目满分均为 150 分,而卷二"相关法律知识"满分为 100 分。全国专利代理人资格考试通过的标准不变,仍然是"专利代理实务"考试科目必须达到合格分数线以及三门科目的总分达到合格分数线。

2009 年的全国专利代理人资格考试在考试科目和考试内容上并未进行调整,但从方便考生出发,对通过分数线的确定进行了调整:不再设置总分合格分数线,而是针对法律知识两门考试科目总成绩和专利代理实务科目考试成绩分别确定其合格分数线。如果考生的考试成绩同时达到这两个合格分数线,则通过资格考试,可获得专利代理人资格证书;如果考生的法律知识部分(包括专利法律知识和相关法律知识两门科目)和专利代理实务部分的考试成绩中只有其中之一达到当年的合格分数线,而另一部分的考试成绩未通过,则考试成绩通过部分的成绩记录自当年起三年内有效,考生只需在接下来的两年内补考另一部分的考试科目,若补考合格,即可获得专利代理人资格证书。

以上对历年全国专利代理人资格考试的沿革情况作了简单介绍,以便考生了解我国专利代理人资格考试,尤其是专利代理实务考试科目的发展趋势,使考生在复习过程中从历年考题中选择与当前专利代理实务考试方式更相近的试题作为练习重点。

第九章 历年专利代理实务试题内容及考点分析

由于全国专利代理人资格考试的内容和方式进行过多次调整,1990 年、1992 年专利代理人资格考试涉及专利代理实务的考题内容和考试方式为"专利申请文件的改错",与目前专利代理实务考试科目的考试方式"撰写专利申请文件"相距较远,因此本章不再对这两年专利代理实务的考题内容加以介绍。1994 年至 1998 年涉及专利代理实务专利申请文件的撰写考试中的内容,包括专利申请文件的改错和审查意见通知书的答复,同样考虑到专利申请文件的改错与目前专利代理实务考试科目的考试方式相距较远,对这方面的考题内容也不再进行考点分析,而仅仅对审查意见通知书的答复给出考题内容简介和考点分析。但是,考虑到专利申请文件改错中也有不少考点,例如,权利要求书应当以说明书为依据、权利要求应当清楚地限定要求专利保护的范围、独立权利要求应当包括解决技术问题的必要技术特征、独立权利要求不应写入附加技术特征、从属权利要求引用关系正确等对于考生在应试时正确撰写权利要求书和说明书有借鉴作用,因而在本章中虽然不再介绍,但在本书第四部分"专利代理实务真题解析"中给出了 1996 年机械专业的"专利申请文件的撰写"(申请文件的改错和审查意见通知书的答复)试题的解析。此外,尽管从 2006 年起专利代理实务考题不再区分专业,但由于当年电学和化学专业专利代理实务的试题结构和考点还在近几年的专利代理实务考题中有可能被采用和借鉴,因此对 2004 年以前的电学专业和化学专业专利代理实务考题的结构和考点仍然作一介绍。

下面按基本年代顺序以及考试内容和方式的变化,分成 1994 年至 1998 年、2000 年至 2004 年以及 2006 年及以后的试题三节加以介绍。

对于本书第四部分"专利代理实务真题解析"已收录的试题,在这一部分仅作简要介绍。对于这些试题,建议准备参加考试的考生可先针对第四部分相关试题进行模拟练习后再来看这一部分的相关内容,收获可能会更大一些。

第一节　1994年、1996年和1998年涉及的专利代理实务试题

一、试题总体结构

这三次全国专利代理人资格考试涉及专利代理实务的有1994年、1996年和1998年"专利申请文件的撰写"科目的试卷以及1994年和1996年"专利复审与无效"科目的试卷。

1994年和1996年"专利申请文件的撰写"的试题内容包括三个部分：基本概念题（填空题与选择题）、专利申请文件的改错、审查意见通知书的答复和申请文件的修改；其中，基本概念题部分对于机械、电学和化学专业来说统一命题，而另外两个部分各专业采用与本专业相关的试题。在试卷中，专利申请文件的改错部分满分为60分、审查意见通知书和申请文件的修改部分满分为20分。1998年"专利申请文件的撰写"的试题内容包括两个部分：专利申请文件的改错、审查意见通知书的答复和申请文件的修改。机械、电学和化学三个专业采用与各自专业相关的考题。在试卷中，专利申请文件的改错部分满分为60分，审查意见通知书和申请文件的修改部分满分为40分。

1994年和1996年"专利复审与无效"的考试试题内容包括三个部分：基本概念题（是非题）、无效宣告请求书，以及结合案件的简答题或者给客户的咨询意见。后两部分有关无效宣告程序专利代理实务的试题内容满分为70分。

二、专利申请文件撰写试卷涉及审查意见通知书答复和专利申请文件修改部分的试题内容和考点简介

正如前面所指出的，按照目前《全国专利代理人资格考试大纲》的要求，有关专利申请文件的专利代理实务部分的内容主要考核考生撰写权利要求书和说明书的能力，与1994年、1996年、1998年的考题所采用的专利申请文件改错试题有着本质不同，因此下面仅仅介绍与审查意见通知书的答复和专利申请文件的修改有关的试题内容和主要考点。

（一）1994年机械专业的试卷❶

1. 试题内容简介

试题中发明专利申请的发明名称为浇注金属液的阀门，该阀门为由转子和定子两部分组成的旋转式阀门。原专利申请的权利要求书包括10项权利要求，其中权利要求1和权利要求10为独立权利要求，而权利要求2至权利要求9为独立权利要求1的从属权利要求。其中权利要求2将独立权利要求1中位于转子上的连接通道限定为沿转子外圆周表面伸展的凹口，权利要求3和4进一步将沿转子外圆周表面伸展凹口的断面分别限定为说明书附图2中相应示出的镰刀形以及附图3中相应示出的弓形。在该发明专利申请的说明书最后一段还给出连接通道的其他三种结构：沿转子径向的贯穿透孔、通过转子轴线的折弯通孔、偏离转子轴线的透孔，并指出后者不通过转子轴线的透孔，与前两者相比提高了转子的抗扭强度。

试题中说明，审查意见通知书中引用了一份申请日前公开的对比文件，它也披露了一种由转子和定子组成的、用于浇注金属液的旋转式阀门，由该对比文件的附图可知，其中转子上的连接通道为通过转子轴线的贯穿透孔或通过转子轴线的折弯通孔。

试题要求考生针对上述内容完成下面三方面的工作：

---

❶　1994年机械专业试卷中有关与审查意见通知书的答复和专利申请文件的修改部分的试题内容已在《专利代理实务（第3版）》（知识产权出版社2015年出版）一书中改写成一件完整的、且与专利申请文件改错无关的"审查意见通知书答复"案例，提供给读者参考，在对案情作了更为详细的介绍后，给出修改后的权利要求书和推荐的意见陈述书。读者若有兴趣，可进一步参考《专利代理实务（第3版）》一书的第481～485页。

① 根据审查意见通知书中引用的申请日前公开的对比文件确定要否修改权利要求书，简述理由；

② 若要修改，给出建议修改的独立权利要求，并就新修改的独立权利要求说明其相对于该申请日前公开的对比文件具备新颖性和创造性的理由；

③ 说明书中哪些部分需要作出什么样的适应性修改。

2. 试题考点

本部分试题的主要考点包括如下五个方面。

① 独立权利要求 1 的技术方案相对于该申请日前的现有技术不具备新颖性，因此应当修改权利要求书。

② 修改时，不是简单地将从属权利要求 2 改写为独立权利要求，而是考虑说明书中记载的内容将连接通道限定为偏离转子轴线的通道，从而为申请人争取更充分的保护范围，即不仅将原权利要求 2 的保护范围包括在内，还将说明书中最后一段所提到的"偏离转子轴线的透孔"也包括在其保护范围之内。

③ 由于这部分试题为在改错题基础上进行的专利申请文件的修改，因此当年最后修改的独立权利要求 1 还要求克服原申请文件权利要求书中所存在的缺陷：增加独立权利要求中所缺少的必要技术特征；删去原独立权利要求所写入的附加技术特征；❶ 独立权利要求 10 与独立权利要求 1 之间无单一性，应当将其删去或改写成独立权利要求 1 的从属权利要求；权利要求书中的附图标记应当带括号；一项权利要求只能在结尾处使用句号等。

④ 对修改后的独立权利要求相对于该申请日前公开的对比文件具备新颖性、创造性的论述应当符合要求，在论述创造性时除了按照"三步法"说明具有突出的实质性特点和显著的进步外，最好还进一步说明偏离转子轴线的通道相对于对比文件中通过转子轴线的通道能带来提高抗扭强度的技术效果，因而不是通道形状的简单变换，即不是要素的等效替代手段。

⑤ 说明书的适应性修改：发明名称、技术领域、背景技术、发明目的（相当于目前发明内容部分中"要解决的技术问题"）、技术方案、有益效果、说明书最后一段文字，以及说明书摘要这几个部分需要进行适应性修改。

（二）1994 年电学专业的试卷

1. 试题内容简介

电学专业这部分的试题内容比较简单，其给出的发明专利申请的权利要求书总共只有两项权利要求：一项独立权利要求和一项从属权利要求。审查员在审查意见通知书中指出权利要求 1 不具备新颖性，通知书中所给出的对比文件即专利申请文件改错部分给出的权利要求书和说明书，试题中明确写明该对比文件公开在所审查的发明专利申请的申请日前。

试题要求考生以专利代理人的身份对审查意见通知书作出回复。

2. 试题考点

本部分试题的主要考点包括如下两个方面。

① 对比文件公开了权利要求 1 的全部技术特征，因此审查意见通知书中有关独立权利要求 1 的技术方案不具备新颖性的意见是正确的，因此应当修改独立权利要求，将原权利要求 1 作为新修改的权利要求 1 的前序部分，将原权利要求 2 限定部分并入新修改的权利要求 1 中，作为特征部分，撰写成一个新的独立权利要求。

② 在答复审查意见通知书的意见陈述书中对新修改的权利要求 1 具备新颖性和创造性的论述符

---

❶ 当时施行的《专利法》及《专利法实施细则》中还允许在答复第一次审查意见通知书时进行主动修改，因而修改权利要求书时允许删去多余的附加技术特征或改变权利要求的技术特征，而按照 2000 年和 2008 年修改的《专利法》及其实施细则的规定，在答复审查意见通知书时应当针对通知书中指出的缺陷修改专利申请文件，即在答复审查意见通知书时不得主动删去独立权利要求中的技术特征，也不得主动改变独立权利要求中的技术特征来扩大要求专利保护的范围。

合《审查指南》的具体要求。

（三）1994年化学专业的试卷

1. 试题内容简介

化学专业有关这一部分的试题内容中所提供的发明与专利申请文件改错部分试题中的发明内容完全无关，因此这部分试题是完全独立的一部分。

该项发明共有三项权利要求：一项独立权利要求和两项从属权利要求，其中独立权利要求对要求保护的用于工程爆破的粉状硝酸铵炸药的组分进行了限定，权利要求2对权利要求1的组合物进一步从组分含量加以限定，权利要求3引用权利要求1或2，进一步对其中一个主要组分轻质膨松硝酸铵限定为用普通硝酸铵经处理而得。在说明书中对该发明的要点作了进一步说明：本发明粉状硝酸铵炸药的主要成分轻质膨松硝酸铵是用普通硝酸铵经表面活性剂预处理，用真空结晶法或降温结晶法结晶而得；本发明通过用这种轻质膨松硝酸铵代替传统硝酸铵，再辅以高热值油相材料，使制得的炸药具有足够的空隙和较大反应界面，达到在不含TNT或仅含少量TNT时具有优异的爆炸性能，并消除或减轻环境污染。此外，说明书中给出的粉状硝酸铵各组分的含量中轻质膨松硝酸铵的上限比权利要求2中给出的上限低，权利要求中的上限为97%，说明书中的上限为93%。

试题中给出的申请日前公开的现有技术中也公开了一种新型粉状硝酸铵炸药，其组分同该发明相同，就组分含量而言，其中两种落在权利要求2给出的范围内，而另两种组分含量略有不同，其中该发明的TNT含量为0～6%，而现有技术中TNT含量为7%。

试题要求考生根据提供的发明要点和现有技术修改权利要求书。

2. 试题考点

本部分试题的主要考点包括如下四个方面。

① 独立权利要求1的技术方案相对于该申请日前的现有技术不具备新颖性。

② 根据说明书中对发明要点的说明，应当将体现该发明与现有技术具备创造性的技术特征（权利要求2中进一步限定的组分含量和权利要求3中进一步限定其中的轻质膨松硝酸铵由普通硝酸铵经处理而得）写入独立权利要求1中。

③ 原权利要求2对组分百分含量的限定中，轻质粉状硝酸铵炸药的上限97%不符合"某一组分的上限值＋其他组分的下限值 ≤ 100"（参见《审查指南》第二部分第十章）的规定，因此在将权利要求2中对各组含量的限定并入独立权利要求1中时还应当按照说明书中记载的内容将粉状硝酸铵炸药的上限改为93%。

④ 原权利要求3限定部分的技术特征存在未清楚限定专利要求保护范围的缺陷，因此应当在修改后的独立权利要求1中对这部分技术特征写成"其中轻质膨松硝酸铵是用普通硝酸铵经表面活性预处理，用真空结晶法或降温结晶法制得"。

（四）1996年机械专业的试卷❶

1. 试题内容简介

试题中发明专利申请的发明名称为磁化防垢除垢器。原专利申请的权利要求书包括8项权利要求，其中权利要求1为独立权利要求，而权利要求2至权利要求8为独立权利要求1的从属权利要求。

试题中说明，审查员在审查意见通知书中引用了两份对比文件，其中对比文件1是一份由他人在该发明专利申请日前提出申请、申请日后公开的中国发明专利申请说明书，对比文件2是一份申请日前授权公告的中国实用新型专利说明书。审查意见通知书中指出：①权利要求1和权利要求2相对于对比文件1无新颖性；②权利要求3与对比文件1相比，其区别仅是管道横截面形状和磁块的形状不同，属于惯用手段的直接转换，无新颖性，且这一区别也已在对比文件2中披露，因此权

---

❶ 建议考生先针对本书第十七章的试题进行模拟练习后再来看这一节的内容，收获可能会更大一些。

利要求 3 相对于对比文件 1 和对比文件 2 来说至少无创造性；③权利要求 4 和 5 相对于对比文件 1 无新颖性；④权利要求 6 相对于对比文件 1 和对比文件 2 无创造性；⑤权利要求 7 和权利要求 8 限定部分无实质性内容，因而在其引用的权利要求不具备新颖性或创造性时，这两项权利要求也无创造性。

试题要求考生针对上述内容完成下面三方面的工作：

① 判断这份专利申请有无被授权的可能，说明理由；

② 若有可能，说明是否需要修改权利要求书，并简述理由；

③ 若需修改，给出修改后的独立权利要求，并说明在答复审查意见通知书时如何论述新修改的独立权利要求相对于审查意见通知书中引用的两份对比文件具备新颖性和创造性。

2. 试题考点

本部分试题的主要考点包括如下四个方面。

① 新颖性、创造性的判断：

——审查意见中有关权利要求 1 和 2 不具备新颖性的意见正确；

——技术特征的替换能带来不同的技术效果不能认为属于惯用手段的直接置换，因此审查意见中有关权利要求 3 不具备新颖性的意见不正确；

——他人❶申请在先公布在后的中国专利申请文件只能用作评价新颖性的对比文件，不能与其他对比文件结合起来否定专利申请的创造性，因此审查意见中有关权利要求 3 和权利要求 6 不具备创造性的意见也不正确。

② 修改后的独立权利要求 1 应当为申请人争取较宽的保护范围，即仅将权利要求 3 中限定部分的技术特征限定部分的技术特征加入到独立权利要求 1 中，而不要将权利要求 3 和权利要求 6 这两项从属权利要求限定部分的技术特征都加入独立权利要求 1 中。

③ 由于这部分试题为在改错题基础上进行的专利申请文件的修改，因此当年最后修改的独立权利要求 1 还要求克服原申请文件权利要求书中所存在的缺陷：增加独立权利要求中所缺少的必要技术特征；改变独立权利要求 1 中的技术特征以扩大其要求专利保护的范围；❷消除原独立权利要求 1 存在的不清楚不简要的缺陷；删除独立权利要求 1 的主题名称中出现的商品型号和商业性宣传用语；权利要求书中的附图标记应当带括号；一项权利要求只能在结尾处使用句号等。

④ 对修改后的独立权利要求具备新颖性、创造性的论述应当符合要求；在论述具备创造性的理由时，按照"三步法"说明具有突出的实质性特点和显著的进步，并应当明确写明他人申请在先公布在后的中国专利申请文件不属于现有技术，不能与其他对比文件结合起来否定专利申请的创造性；对于修改后的独立权利要求 1 是将权利要求 3 限定部分的技术特征补充到权利要求 1 中，在论述具备新颖性的理由时还应当明确写明，管道横截面和磁块形状的变化能带来使磁场更均匀的技术效果，因而不能认为属于惯用手段的直接置换。

（五）1996 年电学专业的试卷

1. 试题内容简介

试题中发明专利申请的发明名称为家用电器遥控系统。该系统包括遥控发射装置和控制器。原

---

❶ 注意，按照第三次修改前的《专利法》的规定，只有他人申请在先公布在后的中国专利申请文件或专利文件中披露了同样的发明创造才构成了破坏新颖性的抵触申请，但按照第三次修改的《专利法》，对于 2009 年 10 月 1 日以后提出的专利申请，任何单位或个人的申请在先公布在后的中国专利申请文件或专利文件中披露了同样的发明创造都构成破坏新颖性的抵触申请。此类情况读者在备考中要特别注意，后面不再一一注解。

❷ 当时施行的第一次修改前的《专利法》及其实施细则中还允许在答复第一次审查意见通知书时进行主动修改，因而修改权利要求书时允许删去多余的附加技术特征或改变权利要求的技术特征，而按照第二次、第三次修改的《专利法》及其实施细则的规定，在答复审查意见通知书时应当针对通知书中指出的缺陷修改专利申请文件，即在答复审查意见通知书时不得主动删去独立权利要求中的技术特征，也不得改变独立权利要求中的技术特征来扩大要求专利保护的范围。

专利申请的权利要求书包括 5 项权利要求，其中权利要求 1 为独立权利要求，而权利要求 2 至权利要求 5 为独立权利要求 1 的从属权利要求。

试题中说明，审查员在审查意见通知书中引用了三份对比文件：对比文件 1 是一份在该发明专利申请日前提出申请、申请日后公开的美国专利说明书，且无同族专利，其公开了与权利要求 1 和权利要求 2 实质内容完全相同的技术内容；对比文件 2 是一份由他人在该发明专利申请日前提出申请、申请日后授权公告的中国实用新型专利说明书，其公开了与权利要求 1 和权利要求 2 的全部技术内容；对比文件 3 是一件在该发明专利申请日前授权公告的中国实用新型专利说明书，其公开了权利要求 3 限定部分的技术内容。审查意见通知书中指出：① 权利要求 1 和权利要求 2 相对于对比文件 1 或者相对于对比文件 2 无新颖性；② 权利要求 3 相对于对比文件 1 和对比文件 3 的结合无创造性，或者相对于对比文件 2 和对比文件 3 的结合无创造性。

试题要求考生针对上述内容完成下面两方面的工作：

① 针对审查意见通知书中的观点陈述意见并说明理由；

② 如果认为有必要对权利要求书作出修改，给出修改后的权利要求书。

2. 试题考点

本部分试题的主要考点包括如下五个方面。

① 申请日前提出申请、申请日后公开的外国专利文件既不属于现有技术，也不能构成抵触申请，因此既不能用作否定该专利申请新颖性的对比文件，也不能与其他对比文件结合起来否定该专利申请的创造性，由此可知审查意见中权利要求 1 和 2 相对于对比文件 1 无新颖性的意见不正确，权利要求 3 相对于对比文件 1 和对比文件 3 无创造性的意见也不正确。

② 他人申请在先授权公告在后的中国实用新型专利文件可以用作评价新颖性的对比文件，但不能与其他对比文件结合起来否定专利申请的创造性，因此审查意见中有关权利要求 1 和权利要求 2 相对于对比文件 2 无新颖性的意见正确，但是有关权利要求 3 相对于对比文件 2 和对比文件 3 无创造性的意见不正确。

③ 修改后的独立权利要求 1 应当将权利要求 3 和权利要求 2 限定部分的技术特征并入独立权利要求 1 中。❶

④ 由于这部分试题为在改错题基础上进行的专利申请文件的修改，因此当年最后修改的独立权利要求 1 还要求克服原申请文件权利要求书中所存在的缺陷：增加独立权利要求中所缺少的必要技术特征；一项权利要求只能在结尾处使用句号等。

⑤ 对修改后的独立权利要求具备新颖性、创造性的论述应当符合要求；在论述具备新颖性、创造性的理由时，还应当明确写明申请日前提出申请、申请日后公开的外国专利文件既不属于现有技术，也不能构成抵触申请，因而既不能用作否定该专利申请新颖性的对比文件，也不能与其他对比文件结合起来否定该专利申请的创造性，并应当明确写明他人在该发明专利申请的申请日前提出申请、申请日后授权公告的中国实用新型专利文件不属于现有技术，不能与其他对比文件结合起来否定该专利申请的创造性；此外，在论述具备创造性时，应当按照"三步法"说明其具备突出的实质性特点和显著的进步。

（六）1996 年化学专业的试卷

1. 试题内容简介

试题中发明专利申请的权利要求书包括 13 项权利要求，其中权利要求 1、权利要求 5 和权利要

---

❶ 原考题的答案中修改后的独立权利要求将原权利要求 1 和 2 的全部技术特征写入前序部分，将权利要求 3 限定部分的技术特征写入特征部分，这是以对比文件 2 对独立权利要求进行划界，但是对比文件 2 是一件申请在先授权公告在后的中国实用新型专利文件，并不是现有技术，因而不能以对比文件 2 进行划界，而应当以对比文件 3 进行划界。但是，鉴于原试题中只写明对比文件 3 公开了权利要求 3 限定部分的技术特征，而未写明还公开了权利要求 1 和权利要求 2 中的哪些特征，因此无法给出正确划界的独立权利要求。

求 9 为独立权利要求，分别要求保护一种烷基锡化合物、该化合物的制备方法以及包含有该化合物的组合物，其中权利要求 2 至 4 为独立权利要求 1 的从属权利要求，权利要求 6 至 8 为独立权利要求 5 的从属权利要求，权利要求 10 至 13 为独立权利要求 9 的从属权利要求。

试题中说明，审查员在审查意见通知书中引用了一份申请日前已公开的美国专利文件，其公开的化合物落入了权利要求 1 以通式定义的化合物以及权利要求 2 至 4 定义的化合物的范围之内，该申请权利要求 5 与该对比文件公开的化合物制备方法的区别仅仅在于所采用的催化剂不同，该申请权利要求 9 与该对比文件公开的料剂组合物的区别在于使用了低级脂肪醇和增溶剂作为辅剂。审查意见通知书中指出：① 权利要求 1 至 4 相对于该对比文件无新颖性；② 权利要求 5 至 8 以及权利要求 9 至 13 相对于该对比文件无创造性。

试题要求考生针对上述内容完成下面两方面的工作：

① 针对审查员对权利要求 1 至 13 的审查意见作出答复，并明确阐述理由；

② 给出所建议修改的权利要求书，并说明理由。

2. 试题考点

本部分试题的主要考点包括如下四个方面。

① 审查意见通知书中有关权利要求 1 至 4 无新颖性的意见正确，应当对权利要求 1 至 4 进行修改，但是考虑到用"放弃"方式修改权利要求只能确保其有新颖性，不能保证其有创造性，因此应当删除以化合物作为要求专利保护客体的产品权利要求。

② 化合物制备方法权利要求中采用与对比文件中不同的催化剂能明显缩短反应时间可以作为方法权利要求有创造性的争辩点；同样，由这种化合物构成的料剂组合物中使用了低级脂肪酸和增溶剂（乙酸乙酯和己烷的混合物）作为辅剂后能极大提高稳定性和改善表面电阻率和对红外线反射率的性能，这可以作为包含该化合物的组合物权利要求有创造性的争辩点。

③ 化合物产品权利要求没有新颖性或创造性不能授权时，则该化合物制备方法以及包含该化合物的组合物两项发明因为没有相同或相应的特定技术特征而缺乏单一性，因此修改后的权利要求书中仅能保留一项独立权利要求，而另一项发明若要求保护的话应当作为分案申请提出。

④ 由于这部分试题为在改错题基础上进行的专利申请文件的修改，因此当年最后修改的独立权利要求 1 还要求克服原申请文件权利要求书中所存在的缺陷：权利要求书未清楚地限定要求专利保护的范围；权利要求书未以说明书为依据；组合物的百分比未说明是重量百分比还是体积百分比；组合物百分含量的上下限不符合《审查指南》的有关规定；从属权利要求引用部分不符合规定等。

（七）1998 年机械专业的试卷

1. 试题内容简介

试题中的发明专利申请主要涉及一种安装在内燃发动机气缸内活塞上的密封气环。原专利申请的权利要求书包括 10 项权利要求，其中权利要求 1 和权利要求 10 为独立权利要求，而权利要求 2 至 9 为独立权利要求 1 的从属权利要求。该发明专利申请的申请日为 1994 年 11 月 1 日，并要求享有其在中国专利局（现为国家知识产权局）的另一件申请日为 1994 年 3 月 1 日的相同主题的申请的优先权。

试题中说明，审查意见通知书中引用了三份对比文件。对比文件 1 是一件授权公告日为 1993 年 5 月 8 日的美国专利说明书，其公开了与该专利申请权利要求 1 至 4 完全相同的技术内容，并公开了权利要求 7 和权利要求 9 限定部分的技术特征；对比文件 2 是一件在该专利申请的申请日和优先权日之间公开的欧洲专利公开说明书，其公开了与该专利申请权利要求 1 至 3 以及权利要求 10 完全相同的技术内容，并公开了权利要求 5、6 和 9 限定部分的技术特征；对比文件 3 是一件在该专利申请优先权日前公开的中国发明专利申请公开说明书，其公开了与该专利申请权利要求 1 完全相同的技术内容，并公开了权利要求 8 和 9 限定部分的技术特征。审查意见通知书中指出：① 权利要求 1 至 4 以及权利要求 7 和权利要求 9 相对于对比文件 1 无新颖性；② 权利要求 5 和权利要求 6 限定部分进一步限定的技术特征仅记载在该专利申请优先权文本的说明书中，未记载在其权利要求书中，因此当权利要求1至3无新颖性的情况下，若将权利要求5或权利要求6修改成独立权利要求，则修改后的独立权利要求不能享有优先权，因而对比文件2成为该专利申请的现有技术。由于对比文件2披露了权利要求1全部技术特征以及权利要求2、3、5、6限定部分的技术特征，因此权利要求5和6相对于对比文件2无新颖性；③权利要求8限定部分的技术特征在对比文件3中公开，因而权利要求8相对于对比文件1和对比文件3或者相对于对比文件2和对比文件3无创造性；④独立权利要求10中对应技术特征在该申请的优先权文本的说明书和权利要求书中均未记载，因而不能享有优先权。由于其全部技术特征已在对比文件2中公开，因而权利要求10相对于对比文件2无新颖性。

试题要求考生针对上述内容完成下面三方面的工作：

① 根据审查意见通知书，写出一份意见陈述书；

② 若修改权利要求书，请附上新修改的独立权利要求1；

③ 在意见陈述书中指出说明书哪些部分需要作适应性修改，并简要说明修改要点。

2. 试题考点

本部分试题的主要考点包括如下七个方面。

① 审查意见通知书中有关权利要求1至4、权利要求7和权利要求9相对于对比文件1无新颖性的意见正确，应当修改独立权利要求1。

② 审查意见通知书中有关权利要求5和权利要求6不能享有优先权的意见不正确，因为根据《审查指南》第二部分第三章的有关规定（参见《专利审查指南2010》第二部分第三章第4.1.2节和第4.2.2节），对于在后申请权利要求中限定的技术方案，只要已记载在首次申请中就可享有该首次申请的优先权，而不必要求其包含在该首次申请的权利要求书中；鉴于权利要求5和权利要求6能享有优先权，对比文件2对于权利要求5和权利要求6而言不属于现有技术，且对比文件2是一件欧洲专利申请公开说明书，因而也不能构成该专利申请的抵触申请，由此可知审查意见通知书中有关权利要求5和权利要求6相对于对比文件2无新颖性的意见不正确。

③ 审查意见通知书中有关权利要求8相对于对比文件1和3无创造性的意见正确，但相对于对比文件2和3无创造性的意见不正确。

④ 审查意见通知书中有关权利要求10相对于对比文件2无新颖性的意见正确，更何况原独立权利要求10与独立权利要求1之间不具有单一性。❶ 因此在修改权利要求书时应当将独立权利要求10删去。

⑤ 修改后的独立权利要求1既要得到说明书具体实施方式的支持，又要争取较宽的保护范围。此外，由于这部分试题为在改错题基础上进行的专利申请文件的修改，因此当年最后修改的独立权利要求还要求克服原申请文件权利要求书中所存在的缺陷：写入了非必要技术特征致使独立权利要求的保护范围过窄，独立权利要求相对于最接近的现有技术未划清界限，两项独立权利要求之间不具有单一性等。

⑥ 意见陈述书的撰写格式符合要求；修改后的独立权利要求具备新颖性和创造性的论述应当符合要求，且应当在意见陈述书中明确写明，按照《审查指南》第二部分第三章的有关规定，对于在后申请权利要求中限定的技术方案，只要已记载在首次申请中就可享有该首次申请的优先权，而不必要求其包含在该首次申请的权利要求书中，因此修改后的独立权利要求1（相当于原权利要求5和权利要求6）能享有优先权，从而对比文件2相对于修改后独立权利要求1既不属于现有技术，也不能构成抵触申请，不能作为判断该专利申请新颖性和创造性的对比文件。

⑦ 说明书相对于修改后的权利要求书作适应性修改。

---

❶ 这部分试题为在改错题基础上进行的审查意见通知书的答复和专利申请文件的修改，为了不提醒考生原权利要求书中这两项独立权利要求存在单一性的问题，因而审查意见通知书中未明确指明独立权利要求10与独立权利要求1之间不具有单一性。

第二部分

（八）1998 年电学专业的试卷

1. 试题内容简介

试题中发明专利申请的发明名称为电池充电器。原专利申请的权利要求书包括 9 项权利要求，其中权利要求 1 和权利要求 9 为独立权利要求，而权利要求 2 至权利要求 8 为独立权利要求 1 的从属权利要求，独立权利要求 9 与独立权利要求 1 的区别仅仅在于增加了从属权利要求 2 和权利要求 3 的技术特征。该发明专利申请的申请日为 1996 年 1 月 30 日，并要求日本优先权，其优先权日为 1995 年 1 月 30 日。

试题中说明，审查员在审查意见通知书中引用了两份对比文件：对比文件 1 是一份由他人在该发明专利申请的优先权日前提出申请、申请日后公开的发明专利申请公开说明书，其公开了与权利要求 1 和权利要求 2 完全相同的技术内容；对比文件 2 是一份在该发明专利申请优先权日前公开的美国专利说明书，其公开了与权利要求 1 完全相同的技术内容，还公开了权利要求 3、4、5 限定部分的技术特征，但未公开权利要求 2 限定部分的技术特征。审查意见通知书中指出：①权利要求 1 和权利要求 2 相对于对比文件 1 无新颖性；②权利要求 3 至 5 和权利要求 9 相对于对比文件 1 和对比文件 2 无创造性；③权利要求 6 至 8 限定部分的技术特征为本领域技术人员公知常识，因此权利要求 6 至 8 相对于对比文件 1 和本领域的公知常识不具备创造性。

试题要求考生针对上述内容完成下面三方面的工作：

① 根据审查意见通知书，写出一份意见陈述书；

② 若修改权利要求书，请附上新修改的独立权利要求 1；

③ 在意见陈述书中指出说明书哪些部分需要作适应性修改，并简要说明修改要点。

2. 试题考点

本部分试题的主要考点包括如下四个方面。

① 他人在优先权日前提出申请、申请日后公开的发明专利申请公开说明书可以用作评价新颖性的对比文件，但不能与其他对比文件结合起来否定专利申请的创造性，因此审查意见中有关权利要求 1 和权利要求 2 相对于对比文件 1 无新颖性的意见正确，但是有关权利要求 3 至 5 和权利要求 9 相对于对比文件 1 和对比文件 2 无创造性的意见不正确，有关权利要求 6 至 8 相对于对比文件 1 和本领域的公知常识不具备创造性的意见不正确。

② 修改后的独立权利要求 1 应当将权利要求 2 和权利要求 3 限定部分的技术特征并入独立权利要求 1 中，并相对于对比文件 2 划分前序部分和特征部分。

③ 意见陈述书的撰写格式符合要求；修改后的独立权利要求具备新颖性和创造性的论述应当符合要求，且在论述具备创造性的理由时，还应当明确写明他人在该发明专利申请优先权日前提出申请、申请日后公开的中国发明专利申请说明书不属于现有技术，不能与其他对比文件结合起来否定该专利申请的创造性。

④ 说明书相对于修改后的权利要求书作适应性修改。

（九）1998 年化学专业的试卷

1. 试题内容简介

试题中发明专利申请的发明名称为防静电涂料组合物及其制备方法，原专利申请的权利要求书包括 9 项权利要求，其中权利要求 1 和权利要求 9 为独立权利要求，分别要求保护一种透明导电涂料组合物和该涂料组合物的制备方法，其中权利要求 2 至 8 为独立权利要求 1 的从属权利要求。

试题中说明，审查意见通知书中引用了一份申请日前已公开的日本专利申请公开说明书，其中公开了一种组合物，其组分中除了一种组分为乙二酸（权利要求 1 中为二元羧酸）外，其余组分均相同，其组分含量有三种落入权利要求 2 中所限定组分的范围内，而另外四种组分含量虽然未落入权利要求 2 中所限定组分的范围内，但数值相差不大。审查意见通知书中指出：①权利要求 1 相对于该对比文件无新颖性；②对比文件中公开的涂料组合物的组分完全相同，含量虽然不同，但是非常接近，而且权利要求 2 的涂料组合物形成的涂层的使用效果并不明显优于对比文件的涂料组合物所形成的涂层，因此权利要求 2 不具备创造性。

试题要求考生针对上述内容完成下面三方面的工作：

① 根据审查意见通知书，写出一份意见陈述书；

② 若修改权利要求书，请附上新修改的独立权利要求 1；

③ 在意见陈述书中指出说明书哪些部分需要作适应性修改，并简要说明修改要点。

2. 试题考点

本部分试题的主要考点包括如下五个方面。

① 新颖性的判断。由于乙二酸为二元羧酸的下位概念，因此应当认为两者在专利法意义上是相同的技术特征，由此可知对比文件 1 公开了权利要求 1 的全部技术特征，因此审查意见通知书中有关权利要求 1 相对于对比文件 1 无新颖性的意见正确。

② 创造性判断。组合物中组分相同，其含量差别虽然不大，但从说明书中表 1 所列出的各实施例和对比例涂层的导电性、透光率和耐磨性的测试数据与对比文件 1 中涂料组合物的这三方面性能测试数据相比较可知，对比文件中涂料组合物的这三方面性能与对比例差不多，而明显比该发明的实施例差，由此可知，就该发明所解决的技术问题来说，该发明权利要求 2 的技术方案相对于对比文件中的涂料组合物三方面性能均有较大提高，因此不能否定权利要求 2 技术方案的创造性。

③ 修改后的独立权利要求组分百分含量上下限应符合要求。将从属权利要求 2 限定部分的技术特征并入原权利要求 1，成为修改后的独立权利要求；需要提请注意的是，修改后的独立权利要求的组分百分含量上下限符合要求，但进一步限定的从属权利要求的组分百分含量上下限不符合要求，应当作出修改。

④ 意见陈述书的撰写格式符合要求。修改后的独立权利要求具备新颖性和创造性的论述应当符合要求，且在论述具备创造性的理由时，应当明确说明，修改后独立权利要求 1 涂料组合物的组分虽然与对比文件中涂料组合物的组分相同，含量差别不大，但就该发明所解决的技术问题来说，修改后的独立权利要求相对于对比文件中的涂料组合物在涂层的导电性、透光率和耐磨性上性能有较大提高，产生预料不到的技术效果，因而具备突出的实质性特点和显著的进步，具备《专利法》第二十二条第三款规定的创造性。

⑤ 说明书的适应性修改。说明书相对于修改后的权利要求书作适应性修改。

三、专利复审与无效试卷涉及无效宣告请求书的试题内容和考点简介

（一）1994 年无效实务的试卷❶

1. 试题内容简介

试题为无效宣告请求人写给专利代理人的委托信函及其三个附件。信函中要求专利代理人针对一件发明名称为"改进的胶囊形状"的发明专利向专利复审委员会提交一份无效宣告请求。附件 1 为该件发明专利说明书，该件发明专利要求了瑞士优先权，其权利要求书包括 14 项权利要求，其中权利要求 1 为独立权利要求，而权利要求 2 至 14 为独立权利要求 1 的从属权利要求。附件 2 和附件 3 是委托人通过检索找到的两份准备用作无效宣告请求证据的对比文件 1 和对比文件 2，其中对比文件 1 为一件已在该发明专利说明书的背景技术部分引用的美国专利说明书，授权公告日在该发明专利的优先权日之前，其公开了该发明专利权利要求 1 至 3 中的全部技术内容，而对于权利要求 4 至 7 以及权利要求 10 至 14 与该对比文件 1 相比的区别或者明显属于本领域技术人员会作出的常规选择，或者属于本领域技术人员惯用的技术手段；对比文件 2 是一件在该发明专利优先权日前提出申请、

---

❶ 建议考生先针对本书第十六章的试题进行模拟练习后再来看这一节的内容，收获可能会更大一些。

申请日后公开的法国发明专利申请说明书，其不仅公开了该发明专利权利要求 1 至 7 以及权利要求 10 至 14 的全部技术内容，而且通过对其结构尺寸的说明也能推出权利要求 8 和 9 限定部分的技术特征。

试题对考生明确了下述答题要求：

① 根据委托函中提供的信息和所附的资料，为请求人拟出一份提交给专利复审委员会的专利权无效宣告请求书：提出所有可能宣告该专利权无效的理由，并且具体说明这些理由的依据；说明无效宣告请求的范围；根据委托函中所提供的两份现有技术，对无效宣告请求范围内的所有权利要求进行比较、评述和判断。

② 如果对某个或某些权利要求不准备提出无效宣告请求，则应当逐项向委托人说明其理由。

2. 试题考点

本部分试题的主要考点包括如下五个方面。

① 对比文件 2 虽然记载了全部权利要求的技术方案，但由于它是一件在该发明专利优先权日前提出申请、申请日后公开的法国专利申请说明书，既不属于该发明专利的现有技术，也不满足构成抵触申请的条件，因此不能作为宣告专利权无效的证据，由此可知，不必仔细分析该对比文件 2 公开的具体内容，就应当将该对比文件舍去，不将其作为无效宣告请求的证据。

② 将对比文件 1 披露的技术内容与该发明专利保护客体进行比较分析的能力：正确地得出该对比文件 1 披露了权利要求 1 至 3 的所有技术内容，从而得出权利要求 1 至 3 相对于对比文件 1 无新颖性的结论，并分析出权利要求 4 至 7 与该对比文件 1 的区别属于本领域技术人员的常规选择，权利要求 10 至 14 与对比文件 1 的区别属于本领域的惯用手段，从而得出权利要求 4 至 7 以及权利要求 10 至 14 相对于对比文件 1 无创造性的结论；通过上述分析，可以确定该无效宣告请求的范围为宣告该专利权部分无效，即宣告权利要求 1 至 7 及权利要求 10 至 14 无效。

③ 无效宣告请求书的撰写格式应当符合要求，包括无效宣告请求的对象、提出无效宣告请求的法律依据和请求范围、无效宣告请求的理由、无效宣告请求的证据、权利要求不具备新颖性和创造性的分析、结论。

④ 对独立权利要求 1、权利要求 2 和 3 不具备新颖性、权利要求 4 至 7 及权利要求 10 至 14 不具备创造性的论述应当符合要求，说理应当充分。

⑤ 应当向委托人说明无效宣告请求书中为何未采用对比文件 2 作为证据，以及为何未对权利要求 8 和 9 提出无效宣告请求。

（二）1996 年无效实务的试卷

1. 试题内容简介

试题为无效宣告请求人写给专利代理机构的委托信函，并附上四份附件。信函中告知，名称为"保温消音承压玻璃棉风管"的实用新型专利的专利权人已向该厂提出侵权行为的警告，请根据四份附件的内容提供必要的咨询意见，并根据《专利法》的规定和提供的文件撰写无效宣告请求书中有关无效宣告请求的事实和理由部分。附件 1 为无效宣告请求所针对客体的实用新型专利说明书，该件实用新型专利的权利要求书包括 6 项权利要求，其中权利要求 1 为独立权利要求，而权利要求 2 为独立权利要求 1 的从属权利要求，权利要求 3 至 6 均为权利要求 2 的从属权利要求。附件 2、附件 3 和附件 4 是委托人通过检索找到的三份准备用作无效宣告请求证据的对比文件 1、对比文件 2 和对比文件 3。对比文件 1 为一件在该实用新型专利的申请日前公告的实用新型专利说明书，其公开的通风管与该实用新型专利相距较大，该实用新型专利的任何一项权利要求均未被该对比文件 1 公开；对比文件 2 是一件在该实用新型专利的申请日前提出申请、申请日后公告的中国实用新型专利申请说明书，其公开的通风管与该实用新型专利也有较大不同，该实用新型专利的任何一项权利要求均未被该对比文件 2 公开；对比文件 3 也是一件在该实用新型专利的申请日前提出申请、申请日后公告的中国实用新型专利申请说明书，其公开了与该实用新型专权利要求 1 的大部分技术特征，其区别是该实用新型专利权利要求 1 为在该风管的四壁上设有加强杆，而在该对比文件 3 说明书的文字部分写明对于高压送风系统所用通风管道可用支撑拉杆加强，而在附图中仅仅在风管的两个壁上设有支撑拉杆，此外该对比文件 3 中附图所反映支撑拉杆的结构就是该实用新型权利要求 2 限定部分对加强杆所限定的结构，但是该对比文件 3 并未公开权利要求 2 限定部分的另一技术特征"风管对接处设有连接压板"。

试题对考生明确了下述答题要求：

① 涉及以下几方面的书面咨询意见：与所提供的证据相比，该专利存在哪些不符合《专利法》规定之处，提出无效宣告请求的范围和理由，若启动无效宣告程序，前景如何，应当给委托人提出哪些必要的忠告；

② 撰写出无效宣告请求中与论述事实和理由相关的部分，其中应当写明以下各点：提出无效宣告请求依据的法律条款和请求范围，选出可以使用的对比文件以及最接近的现有技术，进行技术特征分析，论述该项实用新型专利不符合《专利法》条款规定的事实和理由、结论。

2. 试题考点

本部分试题的主要考点包括如下四个方面。

① 对比文件 1 可以作为判断该专利新颖性和创造性的现有技术；对比文件 2 和对比文件 3 为他人申请在先授权公告在后的中国实用新型专利文件，只能用作评价新颖性的对比文件，不能与其他对比文件结合否定本实用新型专利的创造性。

② 将对比文件披露的技术内容与该实用新型专利保护客体进行比较分析的能力：对比文件 1 公开的风管与该实用新型专利要求保护的客体相差较大，不能否定该实用新型专利各项权利要求的新颖性，也不能与本领域公知常识结合起来否定该实用新型专利各项权利要求的创造性；对比文件 2 公开的内容也与该实用新型专利要求保护的客体相差较大，因而也不能否定该实用新型专利各项权利要求的新颖性；对比文件 3 与该实用新型专利权利要求 1 的区别仅在于该专利权利要求 1 中为风管四壁设有加强杆，而对比文件 3 公开了风管壁上设有加强杆或者风管两个壁上设有加强杆，其存在认为该专利权利要求 1 相对于对比文件 3 无新颖性的可能，但理由并不十分充足；此外，由于该对比文件 3 未披露权利要求 2 限定部分有关连接压板这一技术特征，因此无法否定权利要求 2 及从属于该权利要求 2 的权利要求 3 至 6 的新颖性。

③ 由于以这几件证据难以取得无效宣告请求胜诉，应当告知委托人，以这几件证据提出无效宣告请求的前景对委托人不利，并在咨询意见中具体说明理由；并应当在咨询意见中向委托人提出建议和忠告：尽快补充检索和搜集证据以便在提出无效宣告请求之日起一个月内增加理由和补充证据，如果不能找到有力的证据，应当考虑与专利权人达成和解。

④ 无效宣告请求书的撰写格式应当符合要求，包括无效宣告请求的对象、提出无效宣告请求的法律依据和请求范围、无效宣告请求的理由、无效宣告请求的证据、权利要求不具备新颖性和创造性的分析、结论。

第二节　2000 年、2002 年和 2004 年涉及的专利代理实务试题

一、试题总体结构

这三年全国专利代理人资格考试中只有专利申请文件的撰写科目的试卷涉及专利代理实务。

2000 年、2002 年和 2004 年专利申请文件的撰写科目的考试分机械、电学、化学三个专业进行，分别采用与各自专业相关的试题。每份试题包括两个部分：撰写专利代理实务题（50 分）和简答题（50 分）。

对于撰写专利代理实务题来说，要求考生根据客户提供的发明创造内容介绍、客户对现有技术的介绍以及检索到的对比文件撰写权利要求书。

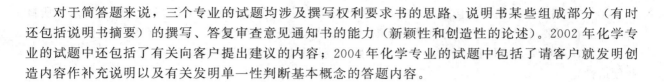

对于简答题来说，三个专业的试题均涉及撰写权利要求书的思路、说明书某些组成部分（有时还包括说明书摘要）的撰写、答复审查意见通知书的能力（新颖性和创造性的论述）。2002年化学专业的试题中还包括了有关向客户提出建议的内容；2004年化学专业的试题中包括了请客户就发明创造内容作补充说明以及有关发明单一性判断基本概念的答题内容。

二、2000年、2002年和2004年专利申请文件撰写试卷的试题内容和考点简介

（一）2000年机械专业的试卷❶

1. 试题内容简介

在试题中，客户提供了他们厂发明的两种饮料容器（易拉罐）的简要说明以及他们所了解的现有技术，委托考生提出发明专利申请，在试题中还给出考生通过对现有技术检索后所找到的另一份相关对比文件。

客户发明的两种饮料容器主要对其所了解的现有技术饮料容器的封闭开启装置作出了三方面改进：封闭片的刻痕线由全封闭改成非封闭的，从而封闭开启装置打开后与罐体连在一起而不会被随便抛弃，有利于保护环境；拉片与封闭片的连接位置由封闭片中部附近移至前端，从而在开启封闭片时封闭片上的灰尘不会落入饮料容器中；拉片的前端设置有向下延伸到靠近封闭片前端刻痕线的锋利凸起物，加上拉片与封闭片的连接位置前移，这样施加较小的拉力就能打开封闭片，而不致将拉片拉掉而仍未打开封闭片。两种饮料容器之间的区别仅在于封闭片的刻痕线具有不同的形状。而在检索到的另一份对比文件中的饮料容器中，其封闭片的刻痕线也是非封闭的，封闭开启装置打开后仍与罐体连在一起。

试题要求考生完成两方面的工作：

① 根据上述材料为客户撰写一份发明专利申请的权利要求书（包括一项独立权利要求和若干项从属权利要求）：其中独立权利要求既要有尽可能宽的保护范围，又要有最好的授权前景；从属权利要求的数量应当合理适当，且为授权后的无效宣告程序留有足够的修改余地；此外撰写的各项权利要求应当符合《专利法》《专利法实施细则》以及《审查指南》的有关规定。

② 六道简答题：确定该发明最接近的现有技术，确定该发明要解决的技术问题，该发明相对于现有技术带来的有益效果，论述撰写的独立权利要求相对于两项现有技术具备新颖性和创造性的理由，给出发明名称和技术领域，撰写说明书摘要。

2. 试题考点

试题中有关权利要求书的主要考点包括如下六个方面。

① 弄清客户的发明相对于其提供的现有技术所作出的三方面改进之间的关系，对于每一方面的改进分别涉及哪些措施，在此基础上确定本发明以哪一方面改进为主，又要弄清每一方面改进的各个措施之间的主次关系。

② 正确确定该发明最接近的现有技术：两项现有技术与该发明属于相同技术领域，但由于检索到的现有技术中，开启装置中封闭片的刻痕线是非封闭的，在开启后封闭片仍连在罐体上，不会乱扔弃而影响环境卫生，由此可知检索到的现有技术与客户提供的现有技术相比，所要解决的技术问题、技术效果和用途更为接近，披露的技术特征更多，因而应当以检索到的现有技术作为最接近的现有技术。

③ 正确确定该发明要解决的技术问题：由于第一方面改进所解决的技术问题在最接近的现有技术中也已解决，因此应当从另外两方面作出的改进来考虑，鉴于以第二方面改进作为该发明解决的技术问题能得到更宽的保护范围，因此该发明要解决的技术问题确定为"开启时封闭片上的灰尘不会掉入罐内的饮料中"。

---

❶ 建议考生先针对本书第十八章的试题进行模拟练习后再来看这一节的内容，收获可能会更大一些。

④ 在正确确定该发明最接近的现有技术和要解决的技术问题的基础上撰写独立权利要求，所撰写的独立权利要求应当具有较宽的保护范围（正确确定必要技术特征：独立权利要求中仅写入必要技术特征，不应写入附加技术特征），又有最好的授权前景（应当相对于这两项现有技术具备新颖性和创造性）。

⑤ 撰写数量适当、合理的从属权利要求。

⑥ 独立权利要求和从属权利要求的撰写符合《专利法》《专利法实施细则》和《审查指南》的规定。

试题中有关简答题的主要考点包括如下三个方面。

① 权利要求书的撰写思路是否正确：选择最接近的现有技术并说明理由，根据最接近现有技术确定要解决的技术问题并说明理由。

② 说明书的撰写：发明名称、技术领域、有益效果、说明书摘要。

③ 答复审查意见通知书的能力：论述独立权利要求相对于这两项现有技术具备新颖性和创造性的说理充分，符合《审查指南》第二部分第三章和第四章有关规定。新颖性的论述应当体现：单独对比原则，特征对比分析到位，明确相应法律条款；创造性的论述：既要论述具有突出的实质性特点又要论述具有显著的进步，结合对比，按照"三步法"进行特征对比分析到位，明确相应法律条款。

（二）2000 年电学专业的试卷

1. 试题内容简介

在试题中，客户提供了他们厂发明的三种可燃气体自动报警装置的简要说明以及他们所了解的现有技术，委托考生提出发明专利申请，在试题中还给出考生通过对现有技术检索后所找到的另一份相关对比文件。

客户提供的现有技术是一种需要由操作人员根据需要开启的可燃气体检测器，能检测出环境中是否含有可燃气体，并可报警，但不能自动排走环境中的可燃气体，也不能长期自动监控。

客户发明的三种可燃气体自动报警装置是针对此现有技术存在的问题作出的改进。这三种可燃气体自动报警装置由可燃气体探测部分、电压放大比较电路部分、继电器执行电路部分和声音报警电路部分组成，其中可燃气体探测部分中的传感器采用气敏传感器，其内阻与三个电阻构成电桥，当其内阻随周围环境中有害气体浓度变化而改变，造成电桥不平衡而输出信号，该信号通过比较、放大后，由继电器执行电路控制报警电路自动报警，并排走环境中的可燃气体，实现长期自动监控。作为对该发明的进一步改进，在电源和气敏传感器的电阻丝之间接入了可使该传感器间歇工作的控制电路，从而延长了该传感器的寿命。客户发明的三种可燃气体自动报警装置的区别在于采用了三种不同结构的控制气敏传感器间歇工作的电路。

通过检索找到的现有技术也是一种可长期对环境监控的家用煤气自动监控报警器，它由气敏传感器、电压放大比较电路、继电器执行电路和声音报警电路组成，其与该发明相比，气敏传感器的电阻丝直接与电源相连接，其间未设置可使气敏传感器间歇工作的控制电路。

试题要求考生完成两方面的工作：

① 根据上述材料为客户撰写一份权利要求书（包括一项独立权利要求和若干项从属权利要求）：其中独立权利要求既要有尽可能宽的保护范围，又要有最好的授权前景；从属权利要求的数量应当合理适当，且为授权后的无效宣告程序留有足够的修改余地；此外，撰写的各项权利要求应当符合《专利法》《专利法实施细则》以及《审查指南》的有关规定。

② 六道简答题：确定该发明最接近的现有技术，确定该发明要解决的技术问题，该发明相对于现有技术带来的有益效果，论述撰写的独立权利要求相对于两项现有技术具备新颖性和创造性的理由，给出发明名称和技术领域，撰写说明书摘要。

2. 试题考点

试题中有关权利要求书的主要考点包括如下六个方面。

① 弄清客户发明的三种可燃气体自动报警装置之间的关系，明确这三种装置中用于使气敏传感器间歇工作的控制电路是三种彼此之间为并列关系的控制电路，因而撰写独立权利要求时对其采用功能性限定的方式进行概括。❶

② 正确确定该发明最接近的现有技术：两项现有技术与该发明属于相同技术领域，但由于检索到的现有技术家用煤气自动监控报警器已能够对环境进行自动监测，并及时排走有害气体，该自动监控报警器也同样由气敏传感器、电压放大比较电路、继电器执行电路和声音报警电路组成，由此可知检索到的现有技术与客户提供的现有技术相比所要解决的技术问题、技术效果和用途更为接近，披露的技术特征更多，因而应当以检索到的现有技术作为最接近的现有技术。

③ 正确确定该发明要解决的技术问题：由于客户在提供的发明材料中所想要解决的技术问题"自动监测报警"在最接近的现有技术中已经解决，因此应当另行确定要解决的技术问题，通过将该发明与最接近的现有技术的比较，其还进行了两方面改进：延长寿命的改进和对灵敏度进行调节的改进，但为调节灵敏度所采取的措施在客户提供的现有技术中已经被披露过，因此该发明要解决的技术问题确定为"延长气敏传感器的使用寿命"。

④ 在正确确定该发明最接近的现有技术和要解决的技术问题的基础上撰写独立权利要求，所撰写的独立权利要求应当具有较宽的保护范围（正确确定必要技术特征：独立权利要求中仅写入必要技术特征，不应写入附加技术特征）；还应当清楚限定专利要求保护的范围（对于电路独立权利要求来说，应当列入其所有组成部分，即在独立权利要求中写明可燃气体探测部分、电压放大比较电路部分、继电器执行电路部分和声音报警电路部分）；而且应当具有最好的授权前景（应当相对于这两项现有技术具备新颖性和创造性）。

⑤ 撰写数量适当、合理的从属权利要求，其中应当针对使气敏传感器间歇工作的三种控制电路分别撰写一项重要的从属权利要求。

⑥ 独立权利要求和从属权利要求的撰写符合《专利法》《专利法实施细则》和《审查指南》的规定。

试题中有关简答题的三个主要考点与2000年机械专业试卷相同，为简洁起见，在此不再重复。

（三）2000年化学专业的试卷❷

1. 试题内容简介

在试题中，客户提供了他们厂发明的可充电电池的有关技术资料以及他们所了解的现有技术，委托考生提出发明专利申请，在试题中还给出考生通过对现有技术检索后所找到的另一份相关对比文件。

根据客户提供的有关技术资料可知，其找到了一种可用于充电电池的非水性电解液的添加剂，这种添加剂是现有技术中已知的，给出了其结构式。该技术资料还指明，在由非水性溶剂和溶质盐组成的非水性电解液中加入约≥0.1％（重量百分数）的这种特定添加剂时，可以使可充电电池具有优异的电池循环性能和优异电池特性，并指出其含量过多会显著降低电池性能。因此不应超过非水性电解液重量的20％，优选1％至15％。对于非水性溶剂来说，写明由高介电溶剂和低黏度溶剂组成，并给出这两种溶剂的优选成分和优选配比。对于溶质盐写明可以采用现有技术中常用的那些溶质盐，并给出其优选浓度。此外，提供资料中还对使用了含所述添加剂的非水性电解液的可充电锂电池作了具体说明，并给出了10个该发明非水性电解液和可充电锂电池的实施例及试验结果，同时

---

❶ 当年考试答案中确定采用功能性限定技术特征来为独立权利要求争取更宽的保护范围，但由于试题中使气敏传感器间歇工作的三种控制电路均由自激多谐振荡器和开关三极管构成，因此按照《审查指南》有关章节规定，能用结构特征进行概括的应当采用结构特征进行概括，而不要采用功能性限定方式，因此本试题中对这三种控制电路也可采用结构限定的概括方式。

❷ 虽然现行全国专利代理人资格考试中专利代理实务试卷不再区分专业，但其中化学试题的考点仍可能被采用或借鉴，因此仍对2000年、2002年和2004年化学试题作一介绍。

第二部分

给出了两个未加入添加剂的现有技术非水性电解液和可充电锂电池的对比试验结果：该发明的 10 个实施例中，50 次放电循环电容保持率均在 80％以上；而两个对比例中的一个不到 70％，另一个不可能继续充放电。

客户提供的现有技术是在可充电锂电池中的非水性电解液中加入小分子量的苯类化合物作为添加剂，以防止电池充电过量，提高电池的安全性。

在检索到的现有技术中，记载了适用于高性能可充电锂电池的电解液，其中的非水性电解液中添加二卤代二羧基化合物后，能使电池具有较好的充放电循环性能，因而符合实用充放电循环性能的要求（75％）。

试题要求考生完成两方面的工作：

① 根据上述材料为客户撰写一份权利要求书（包括一项或多项独立权利要求和若干项从属权利要求）：其中独立权利要求既要有尽可能宽的保护范围，又要有最好的授权前景；从属权利要求的数量应当合理适当，且为授权后的无效宣告程序留有足够的修改余地；此外撰写的各项权利要求应当符合《专利法》《专利法实施细则》以及《审查指南》的有关规定。

② 六道简答题：确定该发明最接近的现有技术，确定该发明要解决的技术问题，该发明相对于现有技术带来的有益效果，论述撰写的独立权利要求相对于两项现有技术具备新颖性和创造性的理由，给出发明名称和技术领域，撰写说明书摘要。

2. 试题考点

试题中有关权利要求书的主要考点包括如下六个方面。

① 由客户提供的技术资料可知，其发现一种可用于充电电池的非水性电解液的添加剂，通过对整个技术资料的分析，这一发明涉及三方面的技术主题：添加剂、包含有此添加剂的非水性电解液和可充电锂电池。

② 鉴于作为添加剂的这种化合物在现有技术中是已知的，因此以化合物为特征的添加剂不具备新颖性，不得作为要求专利保护的主题。

③ 对于非水性电解液来说，独立权利要求的主题名称不能仅写成电解液，应当给予性质限定，写成"非水性电解液"，或者给予用途限定，写成"用于可充电电池的电解液"，当然还可以两者一起限定；对于该独立权利要求，应当采用封闭式表述方式；电解液作为组合物，需要包括必要的组分（两种溶剂、溶质和添加剂），正确限定组分的含量（含量数值范围端值的选定，并写明什么类型的百分含量）；对其中的添加剂，由于是一种化合物，应当清楚地限定符合"化合物"类型权利要求的规定，即应当写明结构式，并限定取代基。

④ 对于可充电电池来说，因为客户提供的技术资料没有具体将非水性电解液用于除可充电锂电池之外的其他可充电电池，为得到说明书的支持，独立权利要求的主题名称应当限定为可充电锂电池；❶ 该独立权利要求应当采用开放式表述方式，并写入必要的技术特征：阳极、阴极、非水性电解液。

⑤ 针对两项独立权利要求，分别撰写数量适当、合理的从属权利要求，客户所提供材料中的优选表述方式，如对于优选、最好、较好涉及的内容，可以将其作为附加技术特征，写成一项从属权利要求。

⑥ 独立权利要求和从属权利要求的撰写符合《专利法》《专利法实施细则》和《审查指南》的规定，尤其是《审查指南》第二部分第十章的规定。

试题中有关简答题的三个主要考点与 2000 年机械专业试卷相同，为简洁起见，在此不再重复（但论述新颖性和创造性，既要符合总体的规定，又要注意化学领域的特殊之处）。

---

❶ 如果试题的简答题如同 2002 年、2004 年化学试题那样，要求向客户提出咨询意见或建议，则关于电池的独立权利要求的主题名称也可以确定为可充电电池，但应当要求客户补充这种非水性电解液用于其他可充电电池的实施例。

（四）2002 年机械专业的试卷❶

1. 试题内容简介

在试题中，客户提供了他们发明的两种使用压盖填料的轴密封装置的简要说明以及他们所了解的现有技术，委托考生提出发明专利申请，在试题中还给出考生通过对现有技术检索后所找到的另一份相关对比文件。

在客户所了解的现有技术中，直接在机器壳体上生成填料箱，即机器壳体与转轴之间形成圆筒密封空间，在该密封空间中沿轴向并列配置了多个填料，由一个设置在该密封空间大气压区域的压盖沿轴向夹压这些填料，从而实现对机器壳体的内部区域（即封液区域）和外部区域（即大气压区域）之间的轴密封。在这样的轴密封装置中，轴密封力（即填料对转轴及填料箱的接触压力）的分布会导致轴密封不良，不能实现良好而可靠的密封。此外，当转轴产生轴向振动或偏心的情况下，填料箱与转轴的相对位置可能在轴向和/或径向发生变化，周期性地挤压填料，使填料达到疲劳而降低密封性能，因而这样的轴密封装置不能保证良好且稳定的密封。

客户发明的两种使用压盖填料的轴密封装置，针对现有技术所存在的缺陷作出了改进，这两种使用压盖填料的轴密封装置均包括位于封液区一侧的第一压盖、填料箱、填料和位于大气压区一侧的第二压盖，第一压盖固定在机器壳体上，第一压盖具有沿轴向延伸的轴向突出部，这两种使用压盖填料的轴密封装置还包括可使填料箱内表面沿着第一压盖轴向突出部外表面作轴向相对移动的填料夹紧机构。这两种使用压盖填料的轴密封装置的区别在于第一种轴密封装置中的第二压盖与填料箱之间采用固定连接，而在第二种轴密封装置中，还包括一个可使第二压盖沿着填料箱内表面作轴向移动的填料夹紧机构。在上述两种轴密封装置中，轴密封力的分布均得到了改进，从而可更有效地防止机器内部的润滑液等流体由封液侧流向大气压侧，实现良好而可靠的密封。当填料夹紧装置采用螺纹连接件的结构时，使供螺纹杆穿过的通孔内径与螺纹杆外径之差与导致转轴偏心的制造工艺误差相当，则就能在机器运行期间减小填料箱与转轴之间的径向相对移动，从而对填料沿径向的周期性挤压情况得到改善，有助于实现良好且稳定的密封；如果在填料夹紧装置中设置一个轴向弹簧，则在机器运行期间可减小填料箱与转轴之间的径向相对移动，从而对填料沿轴向的周期性挤压情况得到改善，也有助于实现良好且稳定的密封。

在检索到的现有技术中，使用压盖填料的轴密封装置与客户提供的现有技术结构上的区别在于：其由与封液区侧的压盖成整体结构的填料箱、填料以及大气压侧压盖构成，该填料箱通过螺栓安装在机器壳体上，通过大气压侧压盖夹压填料，来实现机器壳体封液区和大气压区之间的轴密封。

试题要求考生完成两方面的工作：

① 根据上述材料为客户撰写一份权利要求书（包括独立权利要求和从属权利要求）：其中独立权利要求既要有尽可能宽的保护范围，又要清楚简明限定其保护范围，记载解决技术问题的全部必要技术特征，相对于客户提供的现有技术和检索到的对比文件具备新颖性和创造性；从属权利要求的数量应当适当、合理，且为授权后的无效宣告程序留有足够的修改余地；撰写的各项权利要求应当符合《专利法》《专利法实施细则》以及《审查指南》的有关规定；此外，权利要求书中涉及零部件时，要求在其后面标注题中附图给出的该零部件的编号。

② 五道简答题：确定该发明最接近的现有技术；确定该发明要解决的技术问题；该发明相对于现有技术带来的有益效果；若撰写一项独立权利要求，说明只撰写一项的理由。若撰写两项独立权利要求，说明可合案申请的理由；论述撰写的独立权利要求相对于两项现有技术具备新颖性和创造性的理由。

2. 试题考点

试题中有关权利要求书的主要考点包括如下六个方面。

---

❶ 建议考生先针对本书第十九章的试题进行模拟练习后再来看这一节的内容，收获可能会更大一些。

① 客户所提供的两个实施方式之间为并列关系，应针对这两个实施方式撰写一项能将两者均纳入其保护范围的独立权利要求，以争取得到更充分的保护。在这两个实施方式中，填料箱、第一压盖、第二压盖、填料以及第一压盖通过填料夹紧机构与填料箱的一端相连接等是两个实施方式共有的技术特征；两者的不同之处在于第二压盖与填料箱另一端的连接方式，在第一个实施方式中通过螺钉固定连接，而在第二个实施方式中通过填料夹紧机构相连接，在撰写独立权利要求时可将这两个不同的结构概括为"第二压盖与填料箱的另一端相连接"。

② 正确确定该发明最接近的现有技术：两项现有技术与该发明属于相同技术领域，但由于检索到的现有技术与客户提供的现有技术相比，两者所要解决的技术问题、技术效果和用途差不多，但是检索到的现有技术披露该发明的技术特征更多，因而应当以检索到的现有技术作为最接近的现有技术。

③ 正确确定该发明要解决的技术问题：通过对客户提供的该发明材料的分析，得知其主要做了两方面的改进：其一，通过将填料箱与封液区侧压盖做成分体件，并借助填料夹紧机构可使填料箱相对于封液区侧压盖做轴向移动，这样改善了组装时填料所承受轴密封力的分布，因而可实现良好而可靠的密封；其二，通过填料夹紧机构组件的螺纹杆与封液区侧压盖上通孔尺寸的配合以及配备弹簧件，使运行过程中填料箱和封液区侧压盖能随着转轴作偏心振动和沿轴向振动基本同步运动，减少了填料的疲劳效应，因而可实现良好且稳定的密封。鉴于第二方面的改进是在第一方面改进基础上作出的进一步改进，因而应当针对第一方面的改进来确定该发明解决的技术问题，即提供良好而可靠的密封效果。❶

④ 在正确确定该发明最接近的现有技术和要解决的技术问题的基础上撰写独立权利要求，所撰写的独立权利要求应当具有较宽的保护范围（采用功能性限定❷，且不要写入非必要技术特征），而且还应当相对于这两项现有技术具备新颖性和创造性。

⑤ 合理安排从属权利要求的布局，撰写数量适当、合理的从属权利要求：先针对两个实施方式共同改进（第一压盖与填料箱的一端通过填料夹紧机构连接）的优选措施撰写从属权利要求；然后，针对两个实施方式不同之处的结构分别撰写一个同一层级的从属权利要求；此后再针对第二个实施方式不同之处的结构（第二压盖与填料箱的另一端通过填料夹紧机构相连接）的优选措施再撰写更低层级的从属权利要求。

⑥ 独立权利要求和从属权利要求的撰写符合《专利法》《专利法实施细则》和《审查指南》的规定（包括权利要求书中出现的附图标记应当加括号）。

试题中有关简答题的主要考点包括如下三个方面。

① 权利要求书的撰写思路是否正确：选择最接近的现有技术并说明理由，根据最接近现有技术确定要解决的技术问题并说明理由。

② 说明书的撰写：有益效果。

③ 答复审查意见通知书的能力：

——论述独立权利要求相对于这两项现有技术具备新颖性和创造性的说理充分，符合《审查指南》的有关规定。新颖性的论述应当体现：单独对比原则，特征对比分析到位，明确相应法律条款；创造性的论述：既要论述具有突出的实质性特点又要论述具有显著的进步，结合对比，按照"三步法"进行特征对比分析到位，明确相应法律条款。

---

❶ 当年试题确定的答案是提供良好且稳定的密封，虽然采用功能性限定后表面上看来两者保护范围相差不大，实际上将提供良好且稳定的密封作为该发明要解决的技术问题后，写成的独立权利要求的保护范围要比以提供良好而可靠密封作为要解决的技术问题所写成的独立权利要求的保护范围窄，因此应当以提供良好而可靠密封作为该发明要解决的技术问题。

❷ 当年试题答案是采用功能性限定，但由于整个发明对于填料夹紧机构仅给出了一种实施方式，且从本领域技术人员来说，也不容易联想到能实现相同功能的其他结构，因此采用结构特征来撰写也是合适的撰写方式。

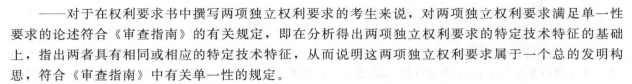

——对于在权利要求书中撰写两项独立权利要求的考生来说，对两项独立权利要求满足单一性要求的论述符合《审查指南》的有关规定，即在分析得出两项独立权利要求的特定技术特征的基础上，指出两者具有相同或相应的特定技术特征，从而说明这两项独立权利要求属于一个总的发明构思，符合《审查指南》中有关单一性的规定。

（五）2002年电学专业的试卷

1. 试题内容简介

在试题中，客户提供了他们厂发明的五种用于双频带移动电话中的双频带振荡装置的简要说明以及他们所掌握的现有技术，委托考生提出发明专利申请，在试题中还给出考生通过对现有技术检索后所找到的另一份相关对比文件。

客户提供的现有技术中的双频带振荡装置包括两个具有不同振荡频率的振荡器，这两个振荡器通过各自的耦合电容与各自相配用的放大器相连接，通过一个切换开关将电源电压择一地施加到这两个振荡器之一。在这种现有技术中，需要为每一个频带提供一个放大器，因此电路规模较大，导致装置体积较大。

在客户发明的五种双频带振荡装置，两个具有不同频率的振荡器共用一个放大器。通过切换开关，使其中一个振荡器工作，而另一个振荡器不工作。为了使不工作的振荡器不成为处于工作状态的振荡器的负载，位于该共用放大器与两个振荡器之间的耦合电路中设置两个阴极彼此对接后再连接到放大器输入端的开关二极管。在这五种双频带振荡装置中，以第一种双频带振荡装置为基础，其他四种是在第一种双频带振荡装置的基础上作出的进一步改进：第二种双频带振荡装置，以第一种双频带振荡装置为基础，在其耦合电路中设置一个与低频振荡器的耦合电容相串联的电感线圈，从而消除低频频带中的高频干扰；第三种至第五种双频振荡器是在第一种或第二种双频带振荡装置中两振荡信号电平出现不一致时，在耦合电路中设置一个与振荡电平信号较大的振荡电路的耦合电容相串联的电阻，从而使两振荡信号电平相一致。

检索到的现有技术中的双频带振荡装置也是两个振荡器共用一个放大器，但两个频带的振荡信号通过各自的耦合电容输入到放大器内，造成两个振荡器通过耦合电容相互连接，两振荡器分别与对方振荡器构成负载关系，因而这种双频带振荡装置耗电量比较大。

试题要求考生完成两方面的工作：

① 根据上述材料为客户撰写一份权利要求书（包括独立权利要求和从属权利要求）：其中独立权利要求既要有尽可能宽的保护范围，又要清楚简明限定其保护范围，记载解决技术问题的全部必要技术特征，相对于客户提供的现有技术和检索到的对比文件具备新颖性和创造性；从属权利要求的数量应当适当、合理，且为授权后的无效宣告程序留有足够的修改余地；撰写的各项权利要求应当符合《专利法》《专利法实施细则》以及《审查指南》的有关规定；此外，权利要求书中涉及零部件时，要求在其后面标注题中附图给出的该零部件的编号。

② 四道简答题：确定该发明最接近的现有技术，确定该发明要解决的技术问题，该发明相对于现有技术带来的有益效果，论述撰写的独立权利要求相对于两项现有技术具备新颖性和创造性的理由。

2. 试题考点

试题中有关权利要求书的主要考点包括如下六个方面。

① 弄清客户发明的五种用于双频带移动电话中的双频带振荡装置彼此之间的关系，明确这五种装置中第一种双频带振荡装置是基础，另外四种双频带振荡装置是对第一种双频带振荡装置作出的进一步改进，因而应当针对第一种双频带振荡装置来撰写独立权利要求，另外四种双频带振荡装置写成为第一种双频带振荡装置的从属权利要求。

② 正确确定该发明最接近的现有技术：两项现有技术与该发明属于相同技术领域，但由于检索到的现有技术双频带振荡装置中两个振荡器已共用一个放大器，电路规模和装置体积都较小，与客户提供的现有技术相比，所要解决的技术问题、技术效果和用途更为接近，且披露了更多的技术特

征，因而应当以检索到的现有技术作为最接近的现有技术。

③ 正确确定该发明要解决的技术问题：由于客户在提供的发明材料中所想要解决的技术问题"减小电路规模和装置体积"在最接近的现有技术中已经解决，因此应当另行确定要解决的技术问题，通过将该发明与最接近的现有技术的比较，该发明耗电量较小，可以更节约能源，因此该发明要解决的技术问题可以确定为"减小电耗、节约能源"。

④ 在正确确定该发明最接近的现有技术和要解决的技术问题的基础上撰写独立权利要求，所撰写的独立权利要求应当具有较宽的保护范围（采用功能性限定❶，针对第一种双频带振荡装置撰写独立权利要求时采用概括的表述方式），还应当清楚限定要求专利保护的范围（电路应当给出其所有组成部分，对该发明来说应当将"使电源对两振荡器择一供电的换向开关"也写入独立权利要求）；而且还应当相对于这两项现有技术具备新颖性和创造性。

⑤ 撰写数量适当、合理的从属权利要求：鉴于针对第一种双频带振荡装置撰写的独立权利要求1采用了概括的表述方式，应当在从属权利要求2中对第一种双频带振荡装置作出进一步具体限定，以便权利要求2作为另外四种双频带振荡装置作进一步限定时引用的基础；应当包含分别反映另四种双频带振荡装置具体结构的从属权利要求。

⑥ 独立权利要求和从属权利要求的撰写符合《专利法》《专利法实施细则》和《审查指南》的规定（包括权利要求书中出现的附图标记应当加括号）。

试题中有关简答题的主要考点包括如下三个方面。

① 权利要求书的撰写思路是否正确：选择最接近的现有技术并说明理由，根据最接近现有技术确定要解决的技术问题并说明理由。

② 说明书的撰写：有益效果。

③ 答复审查意见通知书的能力：论述独立权利要求相对于这两项现有技术具备新颖性和创造性的说理充分，符合《审查指南》的有关规定。新颖性的论述应当体现：单独对比原则、特征对比分析到位，明确相应法律条款；创造性的论述：既要论述具有突出的实质性特点又要论述具有显著的进步，结合对比，按照"三步法"进行特征对比分析到位，明确相应法律条款。

（六）2002 年化学专业的试卷

1. 试题内容简介

在试题中，客户介绍了他们作出的有关二氧化硅溶胶的发明以及他们所了解的现有技术，委托考生提出发明专利申请，在试题中还给出考生通过对现有技术检索后所找到的另一份相关对比文件。

根据客户对发明介绍的材料可知，二氧化硅溶胶根据其中颗粒大小和其他因素可应用于各种领域。过去主要用做造纸原料的添加剂，但由于颗粒平均尺寸小的二氧化硅溶胶容易发生聚集而出现胶凝现象，现有技术中始终不能制备出浓度大于 38％（重量）、颗粒大小在 10 纳米以内的二氧化硅溶胶。客户发明了一种高浓度的碱性二氧化硅溶胶，其中颗粒是单分散、非聚集的，除了能在造纸工业中应用外，还可用作絮凝剂。在客户提供的材料中，对这种二氧化硅溶胶制备方法的五个步骤进行了描述：将碱金属硅酸盐水溶液在室温下通过强阳离子交换柱，得到了低 pH 不稳定酸性溶胶；剧烈搅拌此酸性溶液并加入碱性硅酸盐，使其 pH 变成 9 至 11，得到了在室温下稳定化的酸性溶胶；将这种稳定化的溶胶进行加热浓缩，直到二氧化硅的重量浓度达到 5％ 至 15％，pH 为 9 至 10；对浓缩后的溶胶进行冷超滤，得到颗粒尺寸在 1 纳米至 10 纳米范围、高浓度（优选为 45％ 至 52％）的碱性二氧化硅溶胶；对超滤后的溶胶，调节其中的阳离子和阴离子的含量，使所获得的二氧化硅溶胶稳定化。客户提供的材料中，强调了调节这一步骤相当重要，若进行得不够充分，将导致二氧化硅溶

---

❶　在当年的考试答案中，对于开关二极管的连接方式采用了功能性限定技术特征，并作为一个考点。但是，后来发现此功能限定的技术特征若表述成结构特征，更为简洁清楚，而按照《专利审查指南 2010》有关章节规定，能用结构特征进行概括的应当采用结构特征进行概括，不要采用功能性限定方式，因此最好对开关二极管连接方式的技术特征采用结构限定的方式。

胶不稳定，发生凝胶现象，并指出最终产物中的硫酸根离子浓度和钠离子浓度的优选值。此外，在上述各步骤中还对所采用的材料和工艺条件给出了优选选择。在客户提供的材料中给出了两个有关制备碱性二氧化硅溶胶的实例，所得到的最终碱性二氧化硅溶胶的浓度分别为41％和48％，平均颗粒尺寸分别为4.4纳米和6.8纳米，并给出了有关其稳定性试验以及在造纸过程保留效果的实验数据。最后，客户介绍的材料中还强调通过研究意外发现，如果将钠离子浓度在该发明范围内的二氧化硅溶胶与硫酸和蒸馏水混合，在搅拌和不高于50℃温度下反应，即可获得一种用于铅酸电池的不流动凝胶电解质。采用该电解质的铅酸电池因钠离子含量低而不渗酸、不水化，其使用寿命是现有技术铅酸电池的二倍至三倍，具有明显经济价值。

客户提供的现有技术中公开了一种应用于造纸工业的碱性二氧化硅溶胶及制备方法，最后获得一种颗粒直径在7纳米至22纳米范围、二氧化硅浓度为43％至56％（重量）的二氧化硅溶胶。该发明的制备方法与该现有技术中的制备方法有明显区别，现有技术中这种二氧化硅溶胶用在造纸过程中的保留效果与该发明的试验结果相比，在相同用量下，该发明碱性二氧化硅的保留值要高10％以上。

在检索到的现有技术中，公开了一种高稳定性、颗粒分布均匀和钠离子含量低的碱性二氧化硅溶胶，其既可用作高纯度催化剂的载体，也可用于造纸工业。这种碱性二氧化硅溶胶中，二氧化硅的颗粒直径为40纳米至50纳米，浓度为45％至50％。该现有技术中碱性二氧化硅溶胶的制造方法与该发明也有明显区别。

试题要求考生完成两方面的工作：

① 根据上述材料为客户撰写一份权利要求书（包括独立权利要求和从属权利要求）：其中独立权利要求既要有尽可能宽的保护范围，又要清楚简明限定其保护范围，记载解决技术问题的全部必要技术特征，相对于客户提供的现有技术和检索到的对比文件具备新颖性和创造性；从属权利要求的数量应当适当、合理，且为授权后的无效宣告程序留有足够的修改余地；此外，撰写的各项权利要求应当符合《专利法》《专利法实施细则》以及《审查指南》的有关规定。

② 四道简答题：确定该发明最接近的现有技术，论述撰写的独立权利要求相对于两项现有技术具备新颖性和创造性的理由，撰写说明书摘要，向客户给出必要的建议并简单说明理由。

2. 试题考点

试题中有关权利要求书的主要考点包括如下六个方面。

① 由客户对该发明介绍的材料可知，该发明涉及碱性二氧化硅溶胶、其制备方法和三种应用（用作絮凝剂、造纸添加剂、制备铅酸电池的不流动凝胶电解质），但就制备铅酸电池的不流动凝胶电解质这一应用而言，还涉及不流动凝胶电解质的制备方法和其用途。对于絮凝剂和造纸添加剂这两项应用来说，尽管两者为现有技术中碱性二氧化硅溶胶的常规应用，但当年考试答案中仍将这两项应用作为要求保护的主题；但是，根据目前施行的《专利审查指南2010》第二部分第十章第6.2节的规定，对于新化学产品的用途，若能从结构或组成相似的已知产品预见到，则这种用途发明不具备创造性，因此在撰写的权利要求书中不再写入用作絮凝剂的应用和用作造纸添加剂的应用这两项独立权利要求。而对于就制备铅酸电池的不流动凝胶电解质这一应用，若还要写入不流动凝胶电解质的制备方法和其用途，则这一组发明就与碱性二氧化硅溶胶及其制备方法两项发明之间不符合《专利法》第三十一条第一款有关单一性的规定，加上这一组发明在客户提供的介绍材料中还存在公开不充分的问题，因此可建议客户就制备铅酸电池的不流动凝胶电解质这一组发明补充足够的实施例和其他材料后另行提出一件发明专利申请。

② 虽然在客户介绍的材料中，说明发明了一种制备平均颗粒尺寸小且浓度高的碱性二氧化硅溶胶的方法，但仍应当对这种平均颗粒尺寸小且浓度高的碱性二氧化硅溶胶产品要求专利保护，且从得到更有力保护考虑，以该产品独立权利要求作为独立权利要求1的技术主题。

③ 对于碱性二氧化硅溶胶来说，不应当采用制备方法技术特征来限定要求专利保护的范围。因

为按照《审查指南》第二部分第十章的有关规定（参见《专利审查指南2010》第二部分第十章第4.3节），允许用制备方法来表征化学产品权利要求的情况是，用制备方法之外的其他特征（结构和/或组成特征、物理—化学参数）不能充分表征的化学产品，而该发明的碱性二氧化硅溶胶可以用结构、组成和物理—化学参数加以清楚表征，因此应当用结构、组成和物理—化学参数表征该发明碱性二氧化硅溶胶这一产品独立权利要求。此外，该独立权利要求应当清楚限定其平均颗粒尺寸范围、二氧化硅浓度，在确定平均颗粒尺寸范围时应当注意不仅要相对现有技术具备新颖性，还应当具备创造性。❶

④ 对于碱性二氧化硅溶胶的制备方法来说，撰写的独立权利要求应当包括前面所列出的五个必要步骤，对于每个步骤应当写到清楚限定专利要求保护范围的程度，但也不要包括优选的技术手段。

⑤ 针对产品和方法两项独立权利要求，分别撰写出数量适当、合理的从属权利要求，客户所提供材料中的优选表述方式，如对于优选、最好、较好涉及的内容，可以将其作为附加技术特征，写成相应的从属权利要求。

⑥ 独立权利要求和从属权利要求的撰写符合《专利法》《专利法实施细则》和《审查指南》的规定，尤其是《审查指南》第二部分第十章的规定。

试题中有关简答题的主要考点包括如下四个方面。

① 鉴于客户提供的现有技术公开的碱性二氧化硅溶胶的二氧化硅颗粒尺寸范围和平均颗粒尺寸比检索到的现有技术更接近该发明，因而应当以客户提供的现有技术作为最接近的现有技术。

② 答复审查意见通知书的能力：论述两项独立权利要求相对于这两项现有技术具有新颖性和创造性的说理充分，符合《审查指南》的有关规定。这方面的论述既要符合《审查指南》第二部分第三章和第四章有关新颖性和创造性判断的一般原则，又要考虑化学领域判断的特殊性。

③ 说明书摘要的撰写符合《审查指南》第二部分第二章规定的要求。

④ 向客户给出必要的三点建议：请客户针对碱性二氧化硅溶胶用于铅酸电池的不流动凝胶电解质这一组发明补充具体实施例和其他充分公开发明所必需的内容，以便为另一组关于不流动凝胶电解质、其制备方法及用途的发明另行提出专利申请，当然如果客户对另一组发明只要求保护不流动凝胶电解质时，也可以请客户补充必要的实施例及其他充分公开所必需的内容后，在该发明专利申请中再撰写一项有关碱性二氧化硅溶胶用于铅酸电池的不流动凝胶电解质的独立权利要求；请客户提供碱性二氧化硅溶胶中二氧化硅浓度为52%（重量）的实施例，以使写成的保护范围较宽的独立权利要求中的二氧化硅浓度的上限得到说明书实施例的支持；请客户提供碱性二氧化硅溶胶中二氧化硅浓度为45%（重量）的实施例，使以二氧化硅优选浓度为附加技术特征的从属权利要求中的二氧化硅优选浓度下限也得到说明书实施例的支持。

---

❶ 在试题的原答案中，该独立权利要求表述成"一种碱性二氧化硅溶胶，其中二氧化硅的浓度大于38%（重量），二氧化硅颗粒的平均尺寸大于1纳米，小于7纳米。"但在此后与国家知识产权局专利局化学发明审查部门的其他老师就此答案进行讨论时，认为此答案中存在如下三个问题：其一，对于二氧化硅浓度，应当还给出上限，且目前给出的下限缺少足够的实施例支持，因此应当修改成"二氧化硅颗粒的浓度为41%至52%（重量）"，且最好还请客户补充二氧化硅颗粒浓度为52%（重量）的实施例；其二，颗粒平均尺寸的上限写成小于7纳米仅使其相对于现有技术具备新颖性，但不能确保其有创造性，因此上限应当根据说明书中的实施例确定为6.1纳米；其三，由客户介绍的材料可知，为使此碱性二氧化硅溶胶在室温条件下性质稳定，不发生凝胶现象，则应当通过调节使其最终产物中有合适范围的硫酸根离子浓度和钠离子浓度，而由于客户仅提供了优选值，因此应当请客户补充有关内容后，在独立权利要求中对硫酸根离子浓度和钠离子浓度的范围加以限定，否则独立权利要求缺乏必要技术特征。此外，编者还发现客户介绍的材料中，二氧化硅颗粒直径范围为1纳米至10纳米，并不是平均颗粒直径为1纳米至10纳米范围，因而应当根据客户的两个实施例确定平均颗粒尺寸的上下限，即"二氧化硅颗粒的平均尺寸为4.8纳米至6.1纳米"。

（七）2004 年机械专业的试卷❶

1. 试题内容简介

在试题中，客户提供了他们发明的两种摩擦轮打火机的简要说明以及他们所了解的现有技术，委托考生提出发明专利申请，在试题中还给出考生通过对现有技术检索后所找到的另一份相关现有技术。

在客户所了解的现有技术中，为防止儿童玩弄打火机而引发火灾，在打火机中的摩擦轮两侧设置了两个直径比摩擦轮直径大的圆盘，这两个圆盘与摩擦轮的转动轴同轴，但可自由转动地安装在该转动轴上。成人使用打火机时，需将其拇指放在两个圆盘上，利用拇指部分的肌肉产生变形并与摩擦轮接触，从而实现以拇指上的肌肉来驱动摩擦轮转动，摩擦轮与火石摩擦，产生点燃气体的火花。而儿童像成年人那样操作打火机，由于其手指肌肉少，而不能与摩擦轮保持接触，从而仅使圆盘转动而摩擦轮不转动，因而不会摩擦火石产生点燃气体的火花。但是，对于拇指肌肉不多的成年人来说，操作时由于拇指不能充分接触摩擦轮，因而也不能正常使用这种打火机。

客户发明的两种摩擦轮打火机中均在摩擦轮的侧面设置了拇指按压轮，该拇指按压轮与摩擦轮之间有一对彼此对置的摩擦面，在第一种摩擦轮打火机中，这一对彼此对置的摩擦表面为摩擦轮的外圆周表面和拇指按压轮朝着摩擦轮中部的轴向延伸部分的内表面，而在第二种摩擦轮打火机中，这一对彼此对置的摩擦面为摩擦轮的侧表面和拇指按压轮内径向部分的内端面。这两种摩擦轮都具有一个可使拇指按压轮与摩擦轮相对移动的配合结构，仅向拇指按压轮施加径向力就可使上述彼此对置的摩擦面紧密接触，从而通过转动拇指按压轮来带动摩擦轮。

在检索到的现有技术中，该摩擦轮打火机由摩擦轮、一对外侧轮和一对内侧轮组成，内侧轮与摩擦轮以紧配合方式相互连接，外侧轮与内侧轮在外侧轮未受侧向力时处于非接触状态，在外侧轮受到侧向外力时，外侧轮与内侧轮相啮合，此时转动外侧轮就能带动摩擦轮转动而与火石摩擦产生火花。

试题要求考生完成两方面的工作：

① 根据上述材料为客户撰写一份权利要求书（包括独立权利要求和从属权利要求）：其中独立权利要求既要有尽可能宽的保护范围，又要清楚简明限定其保护范围，记载解决技术问题的全部必要技术特征，相对于客户提供的现有技术和检索到的对比文件具备新颖性和创造性；从属权利要求的数量应当适当、合理，且为授权后的无效宣告程序留有足够的修改余地；撰写的各项权利要求应当符合《专利法》《专利法实施细则》以及《审查指南》的有关规定；此外，权利要求书中涉及零部件时，要求在其后面标注题中附图给出的该零部件的编号。

② 四道简答题：确定该发明最接近的现有技术，确定该发明要解决的技术问题，该发明相对于现有技术带来的有益效果，论述撰写的独立权利要求相对于两项现有技术具备新颖性和创造性的理由。

2. 试题考点

试题中有关权利要求书的主要考点包括如下六个方面。

① 客户所提供的两种摩擦轮打火机彼此之间为并列关系，因而应当针对这两种摩擦轮打火机撰写一项将这两种打火机均纳入保护范围的独立权利要求。

② 正确确定该发明最接近的现有技术：两项现有技术与该发明属于相同技术领域；客户的发明相对于提供的现有技术中的摩擦轮打火机来说解决了拇指肌肉不多的成年人使用不方便的问题，由检索到的现有技术的摩擦打火机的工作方式可知，其在一定程度上也已经解决了上述成年人使用不方便的问题，即所要解决的技术问题、技术效果比客户提供的现有技术更接近该发明；与此同时，检索到的现有技术与客户提供的现有技术相比，其披露的外侧轮与该发明中的拇指按压轮一样是一个在受到所施加的外力后会带动摩擦轮转动的驱动轮，即披露的该发明的技术特征更多；因此，应

---

❶ 建议考生先针对本书第二十章的试题进行模拟练习后再来看这一节的内容，收获可能会更大一些。

当以检索到的现有技术作为该发明最接近的现有技术。

③ 正确确定该发明要解决的技术问题：通过将该发明两种摩擦轮打火机与检索到的现有技术中的摩擦轮打火机进行比较，可知该发明的结构更加简单，仅施加径向作用力就可以实现既防止儿童用该打火机点火，又便于所有成年人使用的目的，因而其使用更加方便，而且克服了现有技术需要使用者施加斜向力所导致的容易损坏打火机的缺点。

④ 在正确确定该发明最接近的现有技术和要解决的技术问题的基础上撰写独立权利要求，所撰写的独立权利要求应当具有较宽的保护范围（采用功能性限定），还应当清楚简要地限定专利要求保护的范围（特征部分除了功能性限定的结构或部件外，还应当有与该功能性限定结构或部件相配合的结构特征；前序部分不必列出过多的部件，仅需要写明与该发明技术方案密切相关的、共有的必要技术特征），而且还应当相对于这两项现有技术具备新颖性和创造性。

⑤ 撰写数量适当、合理的从属权利要求，并应注意反映这两种摩擦轮打火机的从属权利要求需要包含多个方面的技术特征才能形成完整的技术方案。

⑥ 独立权利要求和从属权利要求的撰写符合《专利法》《专利法实施细则》和《审查指南》的规定（包括权利要求书中出现的附图标记应当加括号）。

试题中有关简答题的主要考点包括如下三个方面。

① 权利要求书的撰写思路是否正确：选择最接近的现有技术并说明理由，根据最接近的现有技术确定要解决的技术问题并说明理由。

② 说明书的撰写：有益效果。

③ 答复审查意见通知书的能力：论述独立权利要求相对于这两项现有技术具有新颖性和创造性的说理充分，符合《审查指南》的有关规定。新颖性的论述应当体现：单独对比原则，特征对比分析到位，明确相应法律条款；创造性的论述：既要论述具有突出的实质性特点又要论述具有显著的进步，结合对比，按照"三步法"进行特征对比分析到位，明确相应法律条款。

（八）2004年电学专业的试卷❶

1. 试题内容简介

在试题中，客户提供了他们研制的两种具有逆变电路的电源电路的简要说明以及他们所了解的现有技术，委托考生提出发明专利申请，在试题中还给出考生通过对现有技术检索后所找到的另一份相关现有技术。

客户在对这两种具有逆变电路的电源电路的简介中，首先对该电源电路的用途作了说明：通过该电源电路的耦合变压器可以对例如无绳电话、电动剃须刀、电动牙刷等电器的电池进行无触点的电磁感应式充电。在第一种电源电路中，与直流电源依次串接有LC并联谐振电路、并联电路和作为开关元件的场效应晶体管；与直流电源连接的还有对上述开关元件提供偏置电压的开关元件偏压电路，且在该电路中还设置了偏置电压的控制电路。为了降低开关元件在导通状态的切换损耗，设置了一个与场效应晶体管栅极相连接的延迟电阻，使流经场效应晶体管的电流延迟。但仅设置延迟电路会导致开关元件在截止状态的切换损耗增大，为了降低这种截止状态的切换损耗，在这种电源电路中还设置了一个与延迟电阻并联连接的并联二极管，因此这种电源电路无论在开关元件截止或导通时，均可以抑制其切换损失，使逆变电路高效率、高稳定地振荡。第二种电源电路与第一种的区别是采用了另一种不同的偏压控制电路（利用单独放电环路中的晶体管来控制偏压）和在延迟电路中未设置与延迟电阻相并联的二极管。第二种电源电路可限制开关元件在导通状态下流过的电流，同样能够抑制开关元件的切换损失，使逆变电路高效率、高稳定地振荡。

客户提供的现有技术中也公开了一种与该发明具有同样用途的具有逆变电路的电源电路。由其

❶ 2004年专利申请文件撰写的电学专业试题基本上未在外面流传，虽然编者见到了这份试题，但从未见到过对这份试题的分析。编者当年曾与这份试题的出题者有过接触，但也仅知道这道题的一部分主要考点，因此对本试题仅作一个简要说明，并对所了解的主要考点作简单介绍。

电路图可知，与该发明第一种电源电路的区别仅仅在于没有与延迟电路相并联的并联二极管，因此现有技术中的这种电源电路虽然在开关元件处于导通状态时可以抑制其切换损失，但在截止状态时的切换损耗增大。

检索到的现有技术中也公开了一种与该发明具有同样用途的具有逆变电路的电源电路。由其电路图可知，与该发明第二种电源电路的区别仅仅在于电路中没有延迟电阻，这种电路的结构会导致开关元件产生切换损失，因此这种电路的效率不高，可靠性较差。

试题要求考生完成两方面的工作：

① 根据上述材料为客户撰写一份权利要求书（包括独立权利要求和从属权利要求）：其中独立权利要求既要有尽可能宽的保护范围，又要清楚简明限定其保护范围，记载解决技术问题的全部必要技术特征，相对于客户提供的现有技术和检索到的对比文件具备新颖性和创造性；从属权利要求的数量应当适当、合理，且为授权后的无效宣告程序留有足够的修改余地；撰写的各项权利要求应当符合《专利法》《专利法实施细则》以及《审查指南》的有关规定；此外，权利要求书中涉及零部件时，要求在其后面标注题中附图给出的该零部件的编号。

② 三道简答题：确定该发明最接近的现有技术和该发明要解决的技术问题，论述撰写的独立权利要求相对于两项现有技术具备新颖性和创造性的理由，如果撰写了两项独立权利要求，说明两项独立权利要求的技术方案具有单一性的理由。

2. 试题考点

试题中有关权利要求书的主要考点包括如下六个方面。

① 正确理解客户发明的两种电源电路，这两种电源电路采用了不同的偏压控制电路。由客户提供的材料可知，第一种电源电路从性能上看明显优于第二种电源电路，除了能在开关元件处于导通状态时能降低切换损耗，在开关元件处于截止状态时也能降低切换损耗。

② 第二种电源电路相对于检索到的现有技术和客户提供的现有技术明显不具备创造性，因此不应当将第二种电源电路作为要求专利保护的客体，即仅针对第一种电源电路撰写独立权利要求。

③ 正确确定该发明最接近的现有技术：两项现有技术与该发明属于相同技术领域；针对第一种电源电路来说，客户提供的现有技术所要解决的技术问题、技术效果与检索到现有技术相比更接近该发明；且披露该发明的技术特征更多；因此，应当以客户提供的现有技术作为该发明最接近的现有技术。

④ 正确确定该发明要解决的技术问题：通过将该发明第一种电源电路与客户提供的现有技术进行比较，可知该发明的电源电路不仅在开关元件处于导通状态时能降低切换损耗，还能在截止状态也降低切换损耗，因此该发明要解决的技术问题是提供一种具有逆变电路的电源电路，无论在开关元件截止或导通时均可以抑制其切换损失，使逆变电路高效率、高稳定地振荡。

⑤ 针对该发明第一种电源电路撰写独立权利要求。

⑥ 独立权利要求和从属权利要求的撰写符合《专利法》《专利法实施细则》和《审查指南》的规定（包括权利要求书中出现的附图标记应当加括号）。

试题中有关简答题的主要考点包括如下两个方面。

① 权利要求书的撰写思路是否正确：选择最接近的现有技术并说明理由，根据最接近的现有技术确定要解决的技术问题并说明理由。

② 答复审查意见通知书的能力：论述独立权利要求相对于这两项现有技术具备新颖性和创造性的说理充分，符合《审查指南》的有关规定。新颖性的论述应当体现：单独对比原则，特征对比分析到位，明确相应法律条款；创造性的论述：既要论述具有突出的实质性特点又要论述具有显著的进步，结合对比，按照"三步法"进行特征对比分析到位，明确相应法律条款。

（九）2004 年化学专业的试卷

1. 试题内容简介

在试题中，客户介绍了他们发明的一种新的即溶性粉末饮料的生产方法以及他们所了解的现有技术，委托考生提出发明专利申请，在试题中还给出考生通过对现有技术检索后所找到的另一份相关对比文件。

根据客户对发明介绍的材料可知，他们想要求保护一种新的即溶性粉末饮料的生产方法，由这种方法生产的粉末饮料具有良好的溶解性，且说明这种即溶性粉末饮料也是现有技术中未曾有过的。在提供的材料中，以绿茶为例对该发明的生产方法给出了详细描述：从茶叶得到提取液；对提取液进行浓缩，优选用反渗透膜法，使提取液中固形物含量达到5％以上，例如重量的10％至20％，并说明固形物低于5％，最后真空冻结干燥的粉末会成为绵状而难于溶解；在浓缩液中混入气泡，在混入气泡的同时对浓缩液进行含气冻结，须使冻结后气泡的体积为提取液体积的10％以上，否则得不到易溶于热水或凉水的粉末，其中优选冻结温度为-30℃。此外，还说明可以在上述方法制成的浓缩液中加入茶叶粉末，并给出茶叶末的优选添加量为0.1％至10％，并还可以在加入茶叶末的同时加入二甲硫以增强茶的口感和香味，并给出优选的二甲硫添加量与最后制品之比。在此基础上给出了三个以绿茶为原料的实施例和一个比较例，在三个实施例中仅对其中之一说明在加入凉水时粉末无须搅拌就很快溶解，另一个实施例中说明加入室温水时粉末无须搅拌很快溶解，而第三个实施例未说明其溶解效果。

客户提供的现有技术公开了一种制备速溶茶的方法，将固形物含量为5％（重量）的茶提取液进行真空冻结干燥后，将该干燥物压扁，然后破碎使其成粉末，再进行筛制得速溶茶。由此方法所得到的速溶茶在热水中稍加搅拌即可溶解，在室温水中不能溶解。

检索到的现有技术为一份相关技术文献，描述了采用真空冻结干燥技术在食品加工中的各种用途，特别是制备粉末饮料如粉末咖啡或速溶茶，详细说明如何进行真空冻结干燥及所采用设备。还指出在真空冻结干燥前最好先对要干燥的提取液进行浓缩，如可采用反渗透膜等方法。在其最新进展部分给出一种粉末咖啡的制造新技术，在对咖啡提取液进行真空冻结干燥前向提取液中加入气泡，例如5％至10％的气泡，可使制得的粉末咖啡的溶解性提高，获得的粉末咖啡在热水中稍加搅拌即可溶解。

试题要求考生完成三方面的工作：

① 关于与客户沟通的有关内容：请指出在撰写专利申请文件时还需要向客户进一步了解该发明的哪些内容；并依据所具有的专业知识和专利知识，说明在说明书中需要补充哪些内容，并解释不补充这些内容会对申请产生何种影响。

② 根据上述材料为客户撰写一份权利要求书（包括独立权利要求和从属权利要求）：其中独立权利要求既要有尽可能宽的保护范围，又要清楚简明限定其保护范围，记载解决技术问题的全部必要技术特征，相对于客户提供的现有技术和检索到的对比文件具备新颖性和创造性；从属权利要求的数量应当适当、合理，且为授权后的无效宣告程序留有足够的修改余地；此外，撰写的各项权利要求应当符合《专利法》《专利法实施细则》以及《审查指南》的有关规定。

③ 两道简答题：论述撰写的独立权利要求相对于两项现有技术具备新颖性和创造性的理由，有关申请单一性的基本概念判断题。

2. 试题考点

鉴于实践中不少专利代理人仅仅根据申请人提供的材料撰写申请文件，致使不少申请人有价值的发明专利申请得不到充分保护，甚至导致专利申请被驳回，因此2004年的化学试题将专利代理人与客户的沟通能力作为一个重要考核内容，并单独成为试题的一个组成部分。有关与客户沟通能力的主要考点包括如下四个方面。

① 需要客户补充支持权利要求保护范围的技术内容：客户要求保护即溶性粉末饮料的生产方法，因而仅以茶叶为实施例是不够的，需要补充有关咖啡和其他如大豆等高蛋白质粉末的实施例；目前客户提供的材料中仅写明低于固形物含量下限和气泡含量下限存在技术问题是不够的，还需要客户补充下限附近的实施例。

②　需要客户对提供材料不清楚之处进行说明：请客户说明对固形物含量和气泡含量是否存在上限，若存在上限，应当予以说明，若给出的上限未在所提供材料的实施例中得到反映，还需要补充上限值附近的实施例；提供材料中对于优选添加茶叶末来说，需要说明添加茶叶末的百分含量是按重量计还是按体积计；提供材料中的三个实施例之一，未具体说明在室温水条件下的速溶效果。

③　需要客户对充分公开发明所需要的内容进行补充说明：缺少效果实验数据，尤其是缺少本发明生产方法制得的粉末饮料的速溶性能方面的实验数据。

④　上述三方面要求补充说明的内容均应当补入说明书。若缺少补充支持权利要求保护范围的技术内容，就必须缩小权利要求的保护范围，使其与说明书中公开的内容相适应，否则专利申请就有可能被驳回；若材料不清楚，这就需要客户在审查过程中加以说明，但有时仅靠说明并不能解决问题，还需要补入说明书中，但往往会由于补入后造成修改超范围，这是不允许的，从而影响专利的保护范围，甚至影响授权；若专利申请文件缺少充分公开发明所需要的内容，会导致专利申请被驳回。

试题中有关权利要求书的主要考点包括如下四个方面。

①　该发明专利申请应当以制备方法为主，该方法权利要求应当具有较宽的保护范围：前面已明确要求补充除茶叶以外其他原料的实施例，在补充了这些实施例后，该独立权利要求的主题名称应当为"一种即溶性粉末饮料的制备方法"，在该独立权利要求中不应写入"向浓缩液中添加如茶叶末这样的原料末""添加二甲硫"等优选步骤，也不要将每个必要步骤的优选措施写入，如"提取液用反渗透膜法获得"等。该独立权利要求还应当包括必要的技术特征，即应当写明每个必要步骤中对解决技术问题来说不可缺少的技术条件，如"固形物含量高于5％（重量）""冻结后气泡的体积占提取液体积的10％以上"等。该独立权利要求也应当清楚地限定要求专利保护的范围，例如固形物的百分含量和气泡的百分含量均应当写明其按重量计还是按体积计。

②　除了写明方法独立权利要求外，还应当将即溶性粉末饮料写成产品独立权利要求。❶

③　针对产品和方法两项独立权利要求，分别撰写出数量适当、合理的从属权利要求，客户所提供材料中的优选表述方式，如对于优选、最好、较好涉及的内容，可以将其作为附加技术特征，写成相应的从属权利要求。

④　独立权利要求和从属权利要求的撰写符合《专利法》《专利法实施细则》和《审查指南》的规定，尤其是《审查指南》第二部分第十章的规定。

试题中有关简答题的主要考点包括如下两个方面。

①　答复审查意见通知书的能力：论述两项独立权利要求相对于这两项现有技术具备新颖性和创造性的说理充分，符合《审查指南》的有关规定。这方面的论述既要符合《审查指南》第二部分第三章和第四章有关新颖性和创造性判断的一般原则，又要考虑化学领域判断的特殊性，例如，在论述产品独立权利要求具备新颖性时不能只强调加工方法不同、加工条件不同，必须从产品的溶解性能不同说明是不同的产品（参见《专利审查指南2010》第二部分第十章第5.3节（2）：对于用制备方法表征的化学产品权利要求，其新颖性审查应针对该产品本身进行，而不是仅仅比较其中的制备方法是否与对比文件公开的方法相同。制备方法不同并不一定导致产品本身不同）。

②　有关单一性基本概念的简答题考点为《审查指南》第二部分第六章有关单一性的审查原则中写明的内容（参见《专利审查指南2010》第二部分第六章第2.2.1节有关单一性的审查原则中的

---

❶　此为当年试题答案中确定的考点，因为客户提供的材料中写明这种即溶性粉末饮料也是现有技术中未曾有过的。但是，从其最后答案给出的产品权利要求"如权利要求1至9任一项所述的方法制得的即溶性粉末饮料"来看，虽然有一部分专利工作者认为，即使给出这样的产品独立权利要求，则也不应当禁止他人用其他方法生产出具有相同速溶性能的粉末饮料，若是这样的话，则该产品独立权利要求似乎必要性不大，因为按照《专利法》第十一条的规定，制备方法独立权利要求的保护范围延伸至用该方法直接获得的产品，即不写这一项产品独立权利要求，同样能保护由这种方法制得的即溶性粉末饮料。但毕竟存在不同观点，作为考试对于这种试题涉及化学领域的情况，通常还是应当将该权利要求写入答案中。

（4）和（5）两点规定），根据上述审查原则，该简答题的答案为："一件申请的权利要求书仅包含一项独立权利要求，该申请不存在单一性问题，即使该申请还有一些从属权利要求，也不会产生单一性问题"的观点不正确。因为一项独立权利要求若包含有并列选择的技术方案也会有单一性问题，如马库什权利要求；通常从属权利要求与其所从属的独立权利要求之间不存在单一性问题，但是，在遇有形式上为从属权利要求而实质上是独立权利要求的情况时，两者之间就有可能存在单一性问题；此外，如果该项独立权利要求由于缺乏新颖性或创造性等理由而不能被授予专利权时，则其并列的从属权利要求之间就会存在不具有单一性的可能。

第三节　2006年至2016年专利代理实务试题

一、试题总体结构

从2006年开始，专利代理人资格考试每年举行一次，专利代理实务试题不再区分专业，统一使用一套试题。按照《全国专利代理人资格考试大纲》的要求，考试内容涉及权利要求书和说明书的撰写、审查意见通知书的答复，以及无效宣告程序中的无效宣告请求书的撰写或意见陈述书的撰写三类专利代理实务工作。鉴于考试时间的限制，每年考试试题只涉及这三项专利代理实务工作中的一项或两项。

（1）2006年和2008年专利代理实务试题为答复审查意见通知书，包括修改权利要求书和撰写意见陈述书，必要时给出分案申请的独立权利要求和说明分案的理由。

（2）2007年、2009年、2011年、2012年、2015年和2016年专利代理实务试题包括无效实务和专利申请文件撰写实务两部分内容。

① 无效实务题：针对拟提出无效宣告请求的专利撰写无效宣告请求书（2011年）；或者根据客户提供的涉案专利和对比文件为请求人撰写咨询意见，要求说明可提出无效宣告请求的范围、理由和证据，以及在提出本次无效宣告请求之后进一步的工作建议（2015年）；或者针对无效宣告请求撰写意见陈述书（2007年和2009年），并修改专利权利要求书；或者分析说明无效宣告请求书中各个无效宣告理由是否成立，并给出所建议的修改后的权利要求书并进行说明，即针对无效宣告请求书向专利权人给出咨询意见（2012年）。此外，还包括与无效宣告程序有关的简答题。

② 专利申请文件撰写实务题（以下简称"申请实务题"），包括撰写发明专利申请的权利要求书，必要时给出另行提出申请的权利要求书或独立权利要求，并说明另行提出专利申请（即不具有单一性）的理由。2012年和2016年申请实务题还要求说明所撰写的独立权利要求相对于现有技术解决的技术问题及取得的技术效果；2015年试题还要求说明所撰写的独立权利要求相对于现有技术具备新颖性和创造性的理由。

（3）2010年申请实务题主要涉及：撰写发明专利申请的权利要求书；涉及多项发明创造应当说明合案申请的理由；如果有必要另行提出一份或多份申请，则作出说明并撰写其独立权利要求；同时，还涉及关于创造性判断中最接近的现有技术的确定、新颖性和创造性的论述以及优先权方面的简答题。

（4）2013年专利代理实务试题包括两个部分：针对客户撰写的权利要求书草稿指出其所存在的不符合《专利法》和《专利法实施细则》相关规定的缺陷；针对客户提供的技术交底材料和对比文件重新撰写一份符合《专利法》《专利法实施细则》和《专利审查指南2010》有关规定的权利要求书，并对涉及新颖性、创造性以及有关合案申请、另行提出申请的简答题给出解答。❶

---

❶ 2017年专利代理实务试题除考查权利要求书草稿存在的缺陷，还考查客户自行撰写的说明书存在的不符合规定的缺陷。

（5）2014 年专利代理实务试题包括两个部分：针对第一次审查意见通知书撰写咨询意见，具体是要向客户逐一解释该发明专利申请的权利要求书和说明书是否符合《专利法》及其实施细则的相关规定并说明理由，并撰写答复第一次审查意见通知书时提交的修改后的权利要求书；针对客户提供的有关发明进一步改进的技术交底材料，撰写发明专利申请的权利要求书，必要时给出另行提出申请的权利要求书或独立权利要求，并说明另行提出专利申请（即不具有单一性）的理由，以及说明所撰写的独立权利要求相对于现有技术解决的技术问题及取得的技术效果。

2006 年以来各年试题总体结构总览如表 2-2-1 所示。

表 2-2-1　2006 年以来各年试题总体结构总览

年份	试题类型	试题总体结构和应试需要完成的内容
2006	答复审查意见通知书	（1）修改权利要求书； （2）撰写意见陈述书； （3）必要时给出分案申请的独立权利要求并说明分案的理由（当年无须提出分案申请）
2007	无效实务题＋申请实务题	无效实务题： （1）针对无效宣告请求书和所附证据撰写意见陈述书； （2）修改专利权利要求书； （3）简述无效宣告程序中专利文件修改的有关规定。 申请实务题： （1）根据技术交底材料和对比文件撰写发明专利申请的权利要求书； （2）必要时给出合案申请的理由，和/或给出另行提出申请的独立权利要求并说明另行提出申请的理由（当年无须另行提出申请）
2008	答复审查意见通知书	（1）针对第一次审查意见通知书修改权利要求书； （2）撰写意见陈述书； （3）必要时给出分案申请的权利要求书并说明分案的理由（当年需要提出分案申请）
2009	无效实务题＋申请实务题	无效实务题： （1）针对无效宣告请求撰写书和所附证据意见陈述书； （2）修改专利权利要求书； （3）针对请求方对已方的意见陈述书和修改后的权利要求书补充的无效宣告理由和证据再次陈述意见； （4）针对请求方出席口头审理人员的身份和资格发表意见。 申请实务题： （1）根据技术交底材料和对比文件撰写发明专利申请的双利要求书； （2）必要时给出合案申请的理由和/或给出另行提出申请的独立权诺要求并说明需要另行提出申请的理由（当年是否需要另行提出申请存在争议）
2010	申请实务题	（1）根据技术交底材料和对比文件撰写发明专利申请的权利要求书； （2）必要时说明合案申请的理由和/或给出另行提出申请的独立权利要求并说明另行提出申请的理由； （3）简述关于确定最接近的现有技术需要考虑的因素，并从两份对比文件中确定本申请最接近的现有技术； （4）说明所撰写的权利要求书相对于现有技术具备新颖性和创造性的理由； （5）针对另一项发明创造撰写权利要求书并说明能否享有优先权和能否获得保护的理由

年份	试题类型	试题总体结构和应试需要完成的内容
2011	无效实务题＋申请实务题	无效实务题： 根据所提供的对比文件针对拟提出无效宣告请求的专利撰写无效宣告请求书。 申请实务题： (1) 根据技术交底材料和对比文件撰写发明专利申请的权利要求书； (2) 必要时说明合案申请的理由和/或给出另行提出申请的权利要求书并说明另行提出申请的理由； (3) 解答客户有关商业秘密和充分公开之间关系的咨询问题
2012	无效实务题＋申请实务题	无效实务题： (1) 分析说明无效宣告请求书中各无效宣告理由能否成立，向客户给出修改权利要求书的建议并说明理由（注意，不是撰写意见陈述书正文）； (2) 修改专利权利要求书。 申请实务题： (1) 根据技术交底材料和对比文件撰写发明专利申请的权利要求书； (2) 必要时说明合案申请的理由，和/或另行提出申请的独立权利要求并说明另行提出申请的理由； (3) 简述撰写的独立权利要求相对于现有技术所解决的技术问题及取得的技术效果
2013	申请实务题	(1) 针对客户提供的技术交底材料和自行撰写的权利要求书草稿指出其权利要求书所存在的不符合《专利法》和《专利法实施细则》规定的缺陷； (2) 重新撰写一份权利要求书； (3) 论述所撰写的独立权利要求具备新颖性和创造性的理由； (4) 必要时说明合案申请的理由和/或给出另行提出申请的独立权利要求并说明另行提出申请的理由
2014	答复咨询＋申请实务	审查意见通知书答复题： (1) 针对第一次审查意见通知书向申请人撰写咨询意见； (2) 撰写答复第一次审查意见通知书时提交的修改的权利要求书。 申请实务题： (1) 针对技术交底书和对比文件撰写发明专利申请的权利要求书； (2) 论述所撰写的独立权利要求具备新颖性和创造性的理由； (3) 必要时说明合案申请的理由，和/或给出另行提出申请的独立权利要求并说明另行提出申请的理由
2015	无效咨询＋申请实务	无效实务题： 根据客户提供的涉案专利和对比文件向客户给出有关提出无效宣告请求的咨询意见。 申请实务题： (1) 针对技术交底书和对比文件撰写发明专利申请的权利要求书； (2) 论述所撰写的独立权利要求具备新颖性和创造性的理由； (3) 必要时说明合案申请的理由，和/或给出另行提出申请的独立权利要求并说明另行提出申请的理由
2016	无效实务＋申请实务	无效实务题： (1) 根据客户自行撰写的无效宣告请求书，分析其中各项无效宣告理由是否成立并以信函方式告知客户； (2) 根据客户提供的涉案专利和对比文件为客户撰写无效宣告请求书。 申请实务题： (3) 针对技术交底材料和对比文件撰写实用新型专利申请的权利要求书； (4) 说明所撰写的独立权利要求相对于现有技术解决的技术问题及取得的技术效果

第二部分

二、试题内容和考点简介

（一）2006 年专利代理实务试题❶

1. 试题内容简介

试题中的发明专利申请涉及用于挂在横杆上的挂钩。原专利申请的权利要求书包括 4 项权利要求，其中权利要求 1 为独立权利要求，权利要求 2 至 4 是权利要求 1 的从属权利要求。

试题中提供了审查员的第一次审查意见通知书，其中引用了两份现有技术文件。审查意见通知书中指出：①权利要求 1 至 3 相对于对比文件 1 不具备新颖性；②权利要求 4 相对于对比文件 1 和对比文件 2 的结合不具备创造性。

试题要求考生完成下述五个方面的工作：

① 针对第一次审查意见通知书，结合考虑两份对比文件的内容，撰写一份意见陈述书；

② 如果认为有必要，可以对专利申请的权利要求书进行修改；

③ 如果认为有必要，可考虑增加权利要求的项数；❷

④ 在撰写或修改权利要求的过程中，除注意克服审查意见通知书中指出的实质性缺陷外，还应当修改权利要求书中存在的形式缺陷；

⑤ 如果认为该申请的一部分内容应当通过一份或多份分案申请提出，则应当在意见陈述书中明确说明，并撰写出分案申请的独立权利要求。

2. 试题考点

2006 年专利代理实务试题的主要考点包括下述五个方面。

① 审查意见通知书中有关权利要求书实质性缺陷的审查意见是正确的，即权利要求 1 至 3 不具备新颖性和权利要求 4 不具备创造性，因此需要修改权利要求书。其中，在分析对比文件是否披露了权利要求中的技术特征时，不仅要考虑文字部分记载的内容，还应考虑可从附图中直接确定的内容。

② 修改权利要求书时应当从说明书中寻找可以授权的技术方案，即从说明书中找出关键技术特征"突起物具有在横杆轴向方向上比挂钩本体宽的宽度"作为独立权利要求 1 的区别技术特征。

③ 在修改的权利要求书中，除了上述修改的独立权利要求以及将原有的 3 项从属权利要求改写成修改后的独立权利要求和从属权利要求外，还应当根据说明书中的记载内容适当增加从属权利要求，并增加一项以衣架作主题的独立权利要求。❸

④ 独立权利要求和从属权利要求的撰写应当符合规定，包括克服原权利要求书中从属权利要求 4 引用部分的主题名称改变这一形式缺陷。

⑤ 意见陈述书撰写应符合规范的格式：对于修改专利申请文件的情况，应当首先指出针对专利申请文件进行了哪些修改，并具体说明所作修改符合《专利法》第三十三条的规定；对新颖性、创造性的论述应当符合要求，除了重点针对修改后的独立权利要求具体说明其相对于审查意见通知书中引用的对比文件具备新颖性和创造性的理由，还应针对从属权利要求简要说明其具备新颖性、创

---

❶　建议考生先针对本书第二十一章的试题进行模拟练习后再来看这一节的内容，收获可能会更大一些。

❷　据估计，当年试题将专利申请文件撰写能力的考核融入审查意见通知书的答复试题中，因此在试题说明中明确了可增加权利要求的项数，这种做法在当时答复审查意见通知书的实践中也是不提倡的。

❸　当年试题适用《审查指南 2001》的规定，其中并未明确写明不允许增加原权利要求书中没有出现过的独立权利要求和从属权利要求，因此 2006 年试题将权利要求书的撰写融入审查意见通知书答复的考试中，但根据《专利审查指南 2010》的规定：针对审查意见通知书修改权利要求书时，不得主动增加原权利要求书中没有出现过的独立权利要求和从属权利要求，因此，在今后涉及审查意见通知书答复的考试中，修改时不应当主动增加原权利要求书中没有出现过的独立权利要求和从属权利要求，除非试题中明确要求从专利申请文件撰写角度给出权利要求书。

造性的理由。

（二）2007年专利代理实务试题 ❶

1. 试题内容简介

本试题包括无效实务题和申请实务题两道大题。

（1）无效实务题的内容。

试题中的实用新型专利的发明名称为"包装体"，共有3项权利要求，其中权利要求1为独立权利要求，权利要求2和3均从属于权利要求1。请求人提交了无效宣告请求书，引用了对比文件1和2。其中，对比文件1是由他人提出的发明专利申请，其优先权日早于该专利的申请日，公开日晚于该专利的申请日；对比文件2公开日早于该专利的申请日。无效宣告请求书中指出：①权利要求1至3相对于对比文件1不具备新颖性；②权利要求1至3相对于对比文件2不具备新颖性；③权利要求1至3相对于对比文件1不具备创造性；④权利要求1至3相对于对比文件2不具备创造性；⑤权利要求2和3保护范围不清楚。

请求人在提出无效宣告请求之日起一个月后又补充提交了在该专利申请日前公开的对比文件3及补充的意见陈述，其中认为权利要求1相对于对比文件3不具备新颖性。

无效实务题要求考生完成下述三方面的工作：

① 针对请求人提出的无效宣告请求书、所附证据以及补充的意见和证据撰写一份正式提交专利复审委员会的意见陈述书；

② 修改权利要求书；

③ 简述《专利法》《专利法实施细则》以及《审查指南2006》中关于无效期间专利文件修改的有关规定。

（2）申请实务题的内容。

申请实务题要求考生完成下述两方面的工作：

① 以上述无效实务试题中实用新型专利申请的说明书内容作为技术说明，以请求人提交的对比文件1至3作为对比文件，撰写一件发明专利申请的权利要求书。

② 如果所撰写的发明专利申请权利要求书中包含两项或者两项以上独立权利要求，简述这些独立权利要求能够合案申请的理由。如果认为该申请的一部分内容应当另行提出一份或多份申请，则应当进行相应说明，并撰写出另行提出申请的独立权利要求。

2. 试题考点

（1）无效实务题的主要考点包括下述五个方面

① 无效宣告请求书中提出的两个无效宣告理由属于原《专利法实施细则》第六十四条第二款（对于2010年2月1日以后提出的专利申请授予的专利权，则为《专利法实施细则》第六十五条第二款，以下同）规定的范围，应当予以考虑。

② 具体分析请求人提出的属于原《专利法实施细则》第六十四条第二款规定的无效宣告理由是否成立，证据是否会被专利复审委员会考虑，证据和理由是否相匹配，以及是否有必要修改权利要求书。

对比文件1是他人向中国提出的发明专利申请，其优先权日早于本专利的申请日、公开日晚于本专利的申请日，只能用作否定本专利新颖性的对比文件，不能用作否定本专利创造性的对比文件。

——请求人以对比文件1或对比文件2否定该专利权利要求1新颖性的意见正确，请求人以对比文件1或对比文件2否定权利要求2和3的新颖性的意见不正确，以对比文件1和公知常识否定权利要求2和3创造性的意见不正确，以对比文件2和公知常识否定权利要求2和3创造性的意见不正确。

——请求人认定权利要求2、3保护范围不清楚的意见正确。

---

❶ 建议考生先针对本书第二十二章的试题进行模拟练习后再来看这一节的内容，收获可能会更大一些。

综合上述分析，请求书中提出的权利要求 1 不具备《专利法》规定的新颖性的无效宣告理由成立，权利要求 2 和 3 不符合《专利法》第二十六条第四款（原《专利法实施细则》第二十条第一款）的无效宣告理由成立，因此应当修改权利要求书，即在删除独立权利要求 1 的基础上对权利要求 2 和 3 采用合并式修改方式。

③ 请求人补充的意见和补充的证据是在提出无效宣告请求之日起一个月后提出的，且所补充的证据不属于公知常识性证据，因此专利复审委员会应当不予考虑。

④ 无效宣告程序中专利权人一方意见陈述书的撰写：

——意见陈述书的格式；

——对所有无效宣告理由进行反驳；

——明确写明补交证据逾期，且不是公知常识性证据，专利复审委员会应当不予考虑；

——对所有证据进行分析，且明确写明对比文件 1 只能作为判断新颖性的对比文件，不能用来评价创造性；

——有关修改后的独立权利要求符合《专利法》第二十六条第四款（原《专利法实施细则》第二十条第一款❶）的论述到位；

——有关修改后的独立权利要求符合《专利法》第二十二条第二款、第三款的论述充分。

⑤ 全面、正确地给出无效宣告程序中专利文件修改的规定，包括《专利法》《专利法实施细则》和《审查指南 2006》三个层次的规定。

（2）申请实务题的主要考点包括下述六个方面

① 由客户所提供的技术资料可知其涉及包装体、包装体长带、包装体供给方法和包装体供给系统四个可以请求专利保护的主题。

② 撰写包装体产品独立权利要求时，应当对给出的多种实施方式采用概括性表述方式：结构概括、功能性限定。

③ 另外三个与包装体具有单一性主题（包装体、包装体供给方法、包装体供给系统）的技术方案应当作为并列独立权利要求写入权利要求书中。

④ 针对具体实施方式，尤其是包装体这一技术主题撰写数量适当的从属权利要求。

⑤ 独立权利要求和从属权利要求的撰写符合《专利法》《专利法实施细则》和《审查指南 2006》的规定。

⑥ 简述撰写的权利要求书中所包含的四项独立权利要求可合案申请的理由到位，即论述这四项独立权利要求具有相同或相应的特定技术特征。

（三）2008 年专利代理实务试题❷

1. 试题内容简介

试题中的发明专利申请涉及制作油炸食品的方法和设备以及根据所述方法制作的油炸食品。原权利要求书包括 4 项权利要求，其中权利要求 1 是制作油炸食品方法的独立权利要求，权利要求 2 是制作油炸食品设备的独立权利要求，权利要求 4 是油炸马铃薯薄片产品独立权利要求，权利要求 3 是方法独立权利要求 1 的从属权利要求。试题提供第一次审查意见通知书，其中引用了两份对比文件。第一次审查意见通知书指出：① 权利要求 1 要求保护的制作油炸食品的方法相对于对比文件 1 不具备新颖性；② 权利要求 2 要求保护的用于制作油炸食品的设备相对于对比文件 1 不具备新颖性；③ 权利要求 3 相对于对比文件 1 和 2 的结合不具备创造性；④ 权利要求 4 要求保护的油炸马铃薯薄片相对于对比文件 2 不具备新颖性；⑤ 权利要求 1 和权利要求 3 得不到说明书的支持。

试题要求考生完成下述四方面工作：

---

❶ 根据第三次修改的《专利法》，该条款变为《专利法》第二十六条第四款。

❷ 建议考生先针对本书第二十三章的试题进行模拟练习后再来看这一节的内容，收获可能会更大一些。

① 针对第一次审查意见通知书，结合两份对比文件的内容，撰写一份意见陈述书；

② 如果认为有必要，可以对专利申请的权利要求书进行修改，鉴于考试时间有限，不要求修改专利申请的说明书；

③ 除克服权利要求书中存在的实质性缺陷外，还应当克服其存在的形式缺陷；

④ 如果认为该申请的一部分内容应当通过分案申请的方式提出，则应当在意见陈述书中明确说明其理由，并撰写出分案申请的权利要求书。❶

2. 试题考点

（1）权利要求书修改部分的主要考点包括下述八个方面

① 独立权利要求1（制作油炸食品方法）、独立权利要求2（制作油炸食品设备）和独立权利要求4（油炸马铃薯薄片）不具备新颖性的审查意见正确，从属权利要求3（制作油炸食品方法）不具备创造性的审查意见正确，因此应当修改权利要求书。

② 说明书中明确指出本发明所述方法和设备适用于油炸马铃薯薄片、油炸玉米饼薄片、油炸丸子、油炸春卷、油炸排叉、油炸蔬菜、油炸水果等油炸食品，因此第一次审查意见通知书中认为权利要求1和3要求保护一种制作油炸食品方法得不到说明书支持的审查意见是可以商榷的。

③ 说明书中有关制作方法中还包含不少未被对比文件1和对比文件2披露的内容，从这些未被披露的内容中选出最重要的内容"真空离心处理"作为补入独立权利要求1的区别技术特征。

④ 说明书中有关制作设备还包含未被对比文件1和对比文件2披露的内容，从中选出与方法独立权利要求1特定技术特征相应的、反映该设备在真空状态下进行离心处理的技术特征作为补入制作设备独立权利要求的区别技术特征。

⑤ 说明书中有关"油炸马铃薯片"这一主题进一步公开的内容也被对比文件2公开，由此可知该项主题的所有技术方案不具备新颖性，从而不能得到保护，故应当将该项独立权利要求删除。

⑥ 对于制作油炸食品方法和制作油炸食品设备在说明书中还给出不少优选技术特征，考虑到原考题的权利要求书中给出的从属权利要求数量极少以及试题中未包括有关权利要求书撰写的单独考试内容，推测有可能将答复审查意见通知书中对权利要求书的修改作为权利要求书撰写的内容来考，因此可以将这些优选技术方案写成该制作方法的从属权利要求。❷

⑦ 在该说明书中还写明"本发明还提供一种用于添加到油脂中的、由防粘剂、消泡剂和风味保持剂组成的组合物"，显然这可以作为制作方法的附加技术特征写成从属权利要求，但是由于该组合物本身也是一种有可能授权的发明创造，因此可以针对该组合物单独要求保护。考虑到该组合物本身与制作方法和制作设备这两项独立权利要求之间没有相同或相应的特定技术特征，因此应当以分案申请（就本题来说，分案申请有可能存在说明书未充分公开的问题）的方式提出。

⑧ 该专利申请文件中的权利要求书还存在下述缺陷，在修改权利要求书时应当一并予以克服：

——权利要求1和权利要求3中出现"例如"、权利要求2中出现"特别是"等文字，致使这三项权利要求既要求保护一个较宽的范围，又要求保护一个较窄的范围，导致这三项权利要求未清楚地限定要求专利保护的范围；

——权利要求2要求保护制作油炸食品的设备，但仅列出该设备所包括部件的名称，未写明这些部件之间的相互关系，因而该权利要求未清楚地限定要求专利保护的范围；

——方法从属权利要求写在设备独立权利要求2之后，未直接写在其引用的方法独立权利要求1之后；

---

❶ 在实际专利代理工作中，通常不需要在意见陈述书中说明分案的理由。但在考试试题明确要求的情况下，考生应当根据要求在意见陈述书中说明分案的理由，并撰写分案申请的权利要求书。

❷ 注意：《专利审查指南2010》已明确规定，在实际专利代理工作中对审查意见通知书答复时，不应主动增加原权利要求书中未出现过的从属权利要求，因此，在今后涉及审查意见通知书答复试题的应试时，建议不要主动增加原权利要求书中未出现的从属权利要求，除非试题中明确要求从专利申请文件撰写角度给出权利要求书。

——同一技术名词前后不一致，其中之一为错别字，应当将"马龄薯薄片"改为"马铃薯薄片"。

（2）意见陈述书部分的主要考点包括如下六个方面

① 意见陈述书的撰写应符合格式要求。

② 修改说明应当全面，既要指出针对审查意见所作出的修改，同时还应陈述为克服其他存在的形式缺陷所作的修改；且应当具体说明权利要求书新增加的技术内容在原说明书中的位置，以说明所作修改未超出原说明书和权利要求书的记载范围，在此基础上指出所作修改符合《专利法》第三十三条和《专利法实施细则》第五十一条第三款的规定。

③ 依据《审查指南2006》中的有关规定对权利要求不能得到说明书支持的审查意见进行有依据的反驳。

④ 新颖性和创造性的论述符合要求。

⑤ 对权利要求书中的方法独立权利要求与设备独立权利要求之间具备单一性的论述符合要求。❶

⑥ 对用于添加到油脂中的组合物另行提出分案申请的理由作出说明，并给出分案申请的权利要求书。❷

（四）2009年专利代理实务试题❸

1. 试题内容简介

本试题包括无效实务题和申请实务题两道大题。

（1）无效实务题的内容

试题中实用新型专利的名称为"头颈矫治器"，涉及两项技术主题：头颈矫治器和药枕。其中，头颈矫治器共有4项权利要求：独立权利要求1和三项引用权利要求1的从属权利要求2至4；药枕共有两项权利要求，独立权利要求5和从属权利要求6，其中独立权利要求5包括三个并列技术方案。

请求人针对该专利提出无效宣告请求并引用了两份现有技术文件（即对比文件1和2）。无效宣告请求书中指出：①权利要求1和2相对于对比文件1不具备新颖性和创造性，权利要求4相对于对比文件1和2不具备创造性；②权利要求3未清楚限定要求专利保护的范围；③权利要求5不符合《专利法》第三十一条第一款的规定；④权利要求5相对于对比文件1不具备新颖性；⑤权利要求6相对于对比文件1不具备创造性；⑥ 权利要求1至6得不到说明书的支持，但请求书中未作具体分析。

试题中明确告知考生专利权人在一个月内提交了意见陈述书和修改后的权利要求书。

无效宣告请求人在收到意见陈述书及修改的权利要求书后的一个月期限内（但自请求日起已过一个月），补充提交了意见陈述书和证据。其中证据（即对比文件3）是在本专利申请日前申请、申请日后授权的中国外观设计专利。补交的意见陈述书认为：修改后的权利要求1相对于对比文件3不符合《专利法》第九条的规定；修改后的有关药枕的权利要求6限定了药垫所包含的药物组成和含量，不属于实用新型保护的客体。

此后进行了口头审理，请求人委托了王某作为公民代理以及乙代理公司（由试题内容可知，乙代理公司是该实用新型专利提出申请的专利代理机构）的代理人李某参加口头审理。

无效实务题要求考生完成下述四方面的工作：

① 针对无效宣告请求书提交修改后的权利要求书；

❶ 《2008年全国专利代理人资格考试试题解析》中的答案包含这一考点，但在实际专利代理实务中由于审查意见通知书中未指出两者之间不具有单一性，因而无须在意见陈述书中论述两者之间具有单一性。

❷ 在实践中，准备另行提出分案申请无须在意见陈述书中说明提出分案申请的理由，只需在咨询意见中告知客户即可。原试题欲考核考生对单一性概念的掌握程度和这方面的争辩能力，因而在试题中明示考生将这方面的内容写入意见陈述书中。今后的试题，还可以要求考生以单独部分进行说明来考核。

❸ 建议考生先针对本书第二十四章的试题进行模拟练习后再来看这一节的内容，收获可能会更大一些。

· 75 ·

② 针对无效宣告请求书撰写意见陈述书；

③ 针对请求人补充提交的意见陈述书和证据，再次为专利权人撰写意见陈述书；

④ 出席口头审理时，发表对对方出席口头审理人员的身份和资格的意见。

（2）申请实务题的内容

口头审理结束后，专利权人对现有技术的止鼾枕头作出了后续改进，解决了两个方面的问题：将环境噪声误当成鼾声而启动振动器；现有止鼾枕头振动过大容易惊醒睡眠者。

为了解决第一个技术问题，在止鼾枕头中加入了比较器，仅在检测到的声音信号属于预设的打鼾声音频段才输出信号，启动止鼾装置。为了解决第二个技术问题，采取了晃动更为柔和的两种止鼾装置代替现有技术中的振动器。专利权人想就后续改进申请发明专利，委托考生所在代理机构办理。

申请实务题要求考生完成下述两方面的工作：

① 根据专利权人所提供的后续改进并以无效实务题中的实用新型专利和三份对比文件作为现有技术，撰写权利要求书。

② 若所撰写的权利要求书中包含两项或两项以上独立权利要求，简述合案申请的理由；若认为该申请的一部分内容应当另提一件专利申请，说明理由，并写出其权利要求书。

2. 试题考点

（1）无效实务题的主要考点包括如下七个方面

① 无效宣告请求书中的四项无效宣告理由中，包含有不属于原《专利法实施细则》第六十四条第二款❶规定的范围的理由（即不符合原《专利法》第三十一条有关单一性规定的无效宣告理由），应指明不予考虑。

② 无效宣告请求书中对于权利要求得不到说明书的支持的无效理由未作出具体说明，且也未在自提出无效宣告请求之日起一个月内作补充说明，应当请求专利复审委员会不予考虑。

③ 请求人提交的证据中存在与专利相反技术教导的考虑，即对比文件1指出枕头既采用气囊、又采用振动器，则可能导致气囊漏气，或抵消振动器的振动作用，故带气囊的枕头不宜与振动器结合使用。但从技术内容来看却确实披露了两者的结合使用。

④ 权利要求1和2不具备新颖性的无效宣告理由、权利要求4不具备创造性的无效宣告理由以及权利要求3未清楚限定要求专利保护的范围的无效宣告理由成立，因此针对权利要求1至4应当在删去原独立权利要求1的同时，对权利要求1的从属权利要求2至4采用合并方式修改；权利要求5不具备新颖性的无效宣告理由成立，但可以采用删去权利要求5中不具备新颖性的并列技术方案的方式进行修改；权利要求6不具备创造性的无效宣告理由不能成立，仍保留其为从属权利要求。

⑤ 尽管请求人针对专利权人的意见陈述书中补充的无效理由和补充证据是在提出无效宣告请求之日起一个月之后提出的，但由于是在针对专利权人修改后的权利要求书的一个月答复期限内提交的，因而需要结合案情具体分析判断。其中，请求人补充的不符合《专利法》第九条的无效宣告理由和补充的证据是针对合并式修改的权利要求提出的，应当予以考虑，但是该对比文件3是在该专利的申请日前提出并在申请日后公告的中国外观设计专利文件，与该实用新型专利相比不属于《专利法》第九条规定的同样的发明创造，因此该无效宣告理由不能成立；而另一个不属于实用新型专利保护客体的无效宣告理由是针对通过删去技术方案方式修改而成的从属权利要求提出的，并不是针对合并式修改的权利要求提出的，因此应当不予考虑。

⑥ 无效宣告请求人委托参加口头审理的专利代理机构是本专利申请阶段的专利代理机构（由专利文件中的著录项目内容获知），违反了《专利代理条例》的规定，应当在口头审理时请求专利复审委员会不允许该专利代理机构的代理人参加。对于无效宣告请求人在口头审理时所委托的公民代理，

---

❶ 对于 2010 年 2 月 1 日以后提出的专利申请授予的专利权，则为《专利法实施细则》第六十五条第二款。

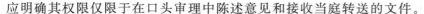

应明确其权限仅限于在口头审理中陈述意见和接收当庭转送的文件。

⑦ 无效宣告程序中专利权人一方意见陈述书的撰写：

——意见陈述书的格式；

——在针对无效宣告请求书的意见陈述书中应当对所有无效宣告理由进行反驳（对于请求人提出的不属于无效宣告理由的意见陈述，明确指出不予考虑；没有具体说明和分析的无效宣告理由也明确指出不予考虑）；

——对所有证据进行分析，按照规范论述修改后的各项权利要求具备新颖性和创造性；

——有关修改后的权利要求清楚地限定要求专利保护范围的论述充分到位；

——针对补充意见和补交证据的意见陈述书中，对于不符合《专利法》第九条的无效宣告理由不能成立的论述到位；

——在针对补充意见和补交证据的意见陈述书中，应当明确指出针对原权利要求 6 的无效宣告理由不应考虑，因为其不是针对合并式修改的权利要求提出的。

（2）申请实务题的主要考点包括如下五个方面

① 对后续改进止鼾枕头所解决的两方面的技术问题作出正确的选择，在该专利申请的权利要求书中针对第一个技术问题撰写独立权利要求，其中有关音频比较器及其相关技术特征不得有遗漏。

② 撰写止鼾枕头时，独立权利要求中应对止鼾装置进行概括，而不要直接写入止鼾装置的具体结构以争取较宽的保护范围。

③ 针对具体实施方式撰写数量适当的从属权利要求，尤其应当将两种晃动更为柔和的止鼾装置的具体结构作为附加技术特征撰写两项从属权利要求。

④ 独立权利要求和从属权利要求的撰写符合《专利法》《专利法实施细则》和《审查指南》的规定。

⑤ 鉴于设置了两种具体的止鼾装置的止鼾枕头已相对于现有技术具备新颖性和创造性，也应当给予保护。但这两项发明与本专利申请的以音频比较器及相关技术特征作为区别特征的独立权利要求之间不具备单一性，应当作为另一件专利申请提出；而且这一部分内容撰写或的两项独立权利要求之间也不具备单一性，因此，应当作为两件申请提出。❶

（五）2010 年专利代理实务试题❷

1. 试题内容简介

2010 年专利代理实务试题包括三道题，主要涉及申请实务题，但其中的简答题涉及答复审查意见通知书时在意见陈述书中论述权利要求具备新颖性和创造性的能力以及关于最接近的现有技术和优先权的基本概念。

（1）第一题和第二题

在试题中，客户提供了有关他们所发明的食品料理机的交底材料及所了解的现有技术，委托考生提出发明专利申请，在试题中还给出考生通过对现有技术检索后所找到的另一份相关对比文件。

在技术交底材料中，客户强调所发明的食品料理机在结构上主要采用侧壁上设有引流孔的上下开口中空筒状引流罩来代替传统的过滤网罩，从而制浆物料被位于引流罩内的旋转刀片打碎，在那里形成不规则的涡流和负压，将制浆物料和水提升到引流罩内充分混合并在离心力的作用下从引流孔甩出，制浆物料如此反复循环并不断被刀片打碎，颗粒细度逐渐提高，这样完成的制浆过程粉碎制浆效果更好。

---

❶ 《2009 年全国专利代理人资格考试试题解析》中给出的解析及答案范文中没有这方面的内容，其依据是给出的后续改进中对两种止鼾装置的说明中都包含音频比较器，因而未给出仅有晃动柔和的止鼾装置而不带音频比较器的止鼾枕头。但编者认为根据客户给出的有关后续改进的技术内容说明来看，应该建议客户对两种仅包含晃动柔和的止鼾装置的止鼾枕头另行提出申请。

❷ 建议考生先针对本书第二十五章的试题进行模拟练习后再来看这一节的内容，收获可能会更大一些。

客户还提供了一种不同于传统豆浆机中刀片单向旋转打浆的控制方式，所述控制方式由电路控制器件来实现，该电路控制器件包括：电源模块，用于提供微处理机控制单元和电机的工作电压；时间检测模块，用于检测电机驱动时间；微处理机控制单元，用于控制电机驱动模块的工作状态；以及电机驱动模块，用于驱动电机的正反转。按照此控制方式，电机周期性地正转、停止、反转、停止和正转，从而在刀片改变旋转方向的瞬间，部分浆料来不及改变运动方向，与刀片产生碰撞和摩擦，从而得到更好的粉碎制浆效果。

第一题和第二题要求考生完成下述五方面工作：

① 根据客户提供的发明创造的技术交底材料和所提供的现有技术以及检索到的现有技术，代为撰写一份发明专利申请的权利要求书。

② 如果所撰写专利申请的权利要求书中包含两项或者两项以上独立权利要求，请简述这些独立权利要求能够合案申请的理由；如果认为该申请的一部分内容应当另行通过一份或者多份申请提出，则应当进行相应说明，并撰写出独立权利要求。

③ 简述《审查指南》中关于确定最接近的现有技术需要考虑的因素。

④ 从客户随技术交底材料提供的现有技术和检索到的现有技术中确定何者是该申请最接近的现有技术。

⑤ 说明所撰写的权利要求书（如果另行提出申请，还包括相应的独立权利要求）相对于现有技术具备新颖性和创造性的理由。

（2）第三题

随后，该客户又向你所在的代理机构致函，希望对"电热器的合金材料"单独提出专利申请。来函中给出了该合金材料的组分和含量，并给出了其优选范围；此外，还告知该公司已提出申请、但尚未公开的实用新型专利申请中明确记载了该合金材料的优选范围；随此来函还附上了该公司检索到的一份对比文件（由其他公司申请并已授权的中国实用新型专利文件），该对比文件中已披露了组分相同的合金材料，并给出其具体含量值。

第三题要求考生完成下述两方面工作：

① 根据客户的来函和所附的对比文件，撰写专利申请的权利要求书；

② 说明该申请能否要求享有优先权以及能否获得专利保护的理由。

2. 试题考点

（1）第一题和第二题的主要考点包括如下八个方面

① 正确理解技术交底材料的技术内容，找出申请中具有的四个技术主题：食品料理机、制浆方法、食品料理机的电路控制器件、食品料理机的电路控制方法。

② 正确确定食品料理机主题的最接近的现有技术（即客户随技术交底材料所提供的现有技术），以此确定其关键技术特征（即引流罩的具体结构和刀片位于引流罩内）及解决的技术问题；在此基础上确定食品料理机这一主题为解决此技术问题的必要技术特征，完成食品料理机的独立权利要求的撰写。

③ 撰写必要的从属权利要求，尤其是涉及引流罩的优选结构及其位置关系的从属权利要求。

④ 针对制浆方法撰写独立权利要求。❶

⑤ 针对食品料理机的电路控制器件、食品料理机的电路控制方法撰写独立权利要求。

⑥ 掌握最接近的现有技术的确定原则（优选考虑相同或相近技术领域的现有技术）。

⑦ 权利要求具备新颖性和创造性的论述到位。

⑧ 正确理解和运用特定技术特征的概念论述合案申请的两项独立权利要求具有单一性以及另行提出申请的独立权利要求与本申请中两项独立权利要求之间不具有单一性的理由。

---

❶ 是否针对该主题撰写独立权利要求有一定争议。即使认为需要撰写，也应当明确为食品料理机的制浆方法为妥。

（2）第三题的主要考点包括如下四个方面。

① 优先权的概念，涉及可享有本国优先权的条件：优先权的期限、在先申请为首次申请、在先申请尚未授权以及相同主题的判断。

② 客户来函中所提到的大范围数值限定的合金材料未记载于在先实用新型专利申请的权利要求书和说明书中，不能享有在先申请的优先权，因而客户随信函提供的对比文件构成其现有技术，影响其新颖性，致使大范围数值限定的合金材料不可能得到专利保护。

③ 客户来函中所提到的小范围数值限定的合金材料已记载于在先实用新型专利申请的说明书中，可以享有在先申请的优先权。鉴于客户随信函提供的对比文件（附件5）为优先权日前提出申请、优先权日之后公告的中国实用新型专利说明书，仅能用于评价本申请的新颖性而不能用于评价创造性，因此，小范围数值限定的合金材料在可以享有在先申请的优先权的情况下，相对于该对比文件能够获得专利保护。

④ 组合物（合金材料）及由其制备的电热器权利要求的撰写。

（六）2011 年专利代理实务试题❶

1. 试题内容简介

本试题包括无效实务题和申请实务题两道大题。

（1）无效实务题的内容

拟提出无效宣告请求的实用新型专利的名称为"即配式饮料瓶盖"，共有四项权利要求：一项独立权利要求和三项从属权利要求，作为从属权利要求的权利要求2至4分别均引用了位于其前的所有权利要求。试题中还提供了该实用新型专利的优先权文件译文。此外，客户还提供了两份专利文件（即对比文件1和2）。试题要求考生根据客户提供的材料撰写一份无效宣告请求书。

（2）申请实务题的内容

在客户提供的技术交底材料中，给出了对该欲提出无效宣告请求的实用新型专利作出改进的内置调味材料的瓶盖组件的三种实施方式，其不仅解决了该专利即配式饮料瓶盖的易变形顶壁在搬运和码放过程中受压后会使调味材料提前进入水中而导致饮料容易变质的问题，也解决了另两份专利文件存在的瓶盖需用手除去封膜所造成的不卫生和使用不方便的问题。在前两种实施方式中，瓶盖组件包括瓶盖本体和穿过瓶盖本体顶壁的盖栓，该盖栓下端（用于刺破容置腔室的封膜）伸入至该瓶盖本体的容置腔室中；并各包括了一种不同的阻止该盖栓下端在搬运和码放过程中刺破封膜的结构。在第三种实施方式中，该瓶盖组件利用瓶装纯净水或矿泉水的瓶口来刺破瓶盖中容置腔室封膜，并在瓶盖下方设置一个可移除环状部件来阻止瓶口在搬运和码放过程中刺破封膜。

申请实务题要求考生完成下述三方面工作：

① 根据专利权人所提供的技术交底材料并以无效实务题中的实用新型专利和两份专利文件作为现有技术，撰写权利要求书。

② 若所撰写的权利要求书中包含两项或两项以上独立权利要求，简述合案申请的理由；若认为该申请的一部分内容应当另提一件专利申请，说明理由，并写出其权利要求书。

③ 回答客户提出的对其研制的更好效果的隔挡片材料能否以商业秘密加以保护的问题。

2. 试题考点

（1）无效实务题的主要考点包括如下四个方面

① 拟请求宣告无效的实用新型专利要求了优先权，所提供的对比文件1是一件在该实用新型专利的申请日和优先权日之间公告的中国实用新型专利说明书，则应当核实该实用新型专利各项权利要求能否享有优先权，核实结果为仅能享有部分优先权，即权利要求1能够享有优先权，权利要求2至4不能享有优先权。

---

❶ 建议考生先针对本书第二十六章的试题进行模拟练习后再来看这一节的内容，收获可能会更大一些。

② 确定两份对比文件作为无效宣告请求证据的适用范围：对比文件2不论该实用新型专利能否享有优先权均构成现有技术；而对比文件1为该实用新型专利的优先权日前申请、申请日和优先权日之间公告的中国实用新型专利说明书，权利要求1能够享有优先权，只能用于评价其新颖性，不能用于评价其创造性，权利要求2至4不能享有优先权，构成这些权利要求的现有技术，可以用来评价其新颖性和创造性。

③ 确定对该实用新型专利各项权利要求提出无效宣告请求的理由：权利要求1相对于对比文件1不具备新颖性；❶ 权利要求2相对于对比文件1和对比文件2不具备创造性；权利要求3中限定了尖刺部的安装位置，但未进一步限定顶壁具有弹性易于变形，所要求保护的技术方案涵盖了顶壁不能变形这种无法实现发明目的的情形，故权利要求3得不到说明书的支持，不符合《专利法》第二十六条第四款的规定；从属权利要求4引用权利要求1至3，但在从属权利要求4中进一步作出限定的"尖刺部"在权利要求1和2中并无记载，缺乏引用的基础导致其未清楚地限定要求专利保护的范围，不符合《专利法》第二十六条第四款的规定。

④ 无效宣告请求书正文的撰写：
——无效宣告请求书的格式；
——对拟提出无效宣告请求的范围进行明确说明（对引用权利要求3时的权利要求4不能提出无效宣告请求，即只能对本专利提出部分无效）；
——列出四件证据（由于需要核实该专利的优先权，因此该专利和其优先权文件也应列入证据中）；
——依据该专利和其优先权文件这两件证据分析说明该专利哪几项权利要求不能享有优先权；
——针对所确定的各项无效宣告理由（权利要求1不具备新颖性、权利要求2不具备创造性，权利要求3得不到说明书的支持，权利要求4引用权利要求1和2的两个技术方案未清楚地限定要求专利保护的范围）进行具体论述，注意论述符合规范要求。

（2）申请实务题的主要考点包括如下五个方面
① 通过对三种实施方式和三份现有技术文件的分析，确定本发明专利申请要求专利保护的主题为"瓶盖组件"；最接近的现有技术是无效实务题部分中无效宣告请求所针对的实用新型专利；本发明要解决的技术问题是提供一种瓶盖组件，其既可方便去除瓶盖上的封膜，又不会在搬运和码放过程中受压变形而刺破封膜导致饮料变质。

② 三种实施方式是并列技术方案，前两种结构有相似之处，可采用概括方式撰写独立权利要求；而后一种技术方案难以与前两种一起进行概括，只能单独撰写一项独立权利要求。这两项独立权利要求之间不存在相同或相应的特定技术特征，不属于一个总的发明构思，应当分别提交一件专利申请。❷

③ 针对前两种实施方式撰写独立权利要求时进行合理的概括，且应当包括必要的技术特征并清楚地限定要求专利保护的范围；对这两种实施方式撰写从属权利要求时作出合理布局，即先针对两种实施方式各撰写一项从属权利要求，并针对各自的优选结构撰写下一层级的从属权利要求，最后针对这两种实施方式的共同改进之处撰写从属权利要求，从而撰写出数量合理的从属权利要求。

④ 针对第三种实施方式撰写独立权利要求时，由于该实施方式对容置腔室有特定要求，需要对该容置腔室作出清楚限定；并针对该第三种实施方式撰写数量合理的从属权利要求。

⑤ 正确判断充分公开和保留技术秘密之间的关系：由于现有隔挡片也能适用本发明，因此具有更好效果的隔挡片材料可以作为商业秘密加以保护。

---

❶ 在《2011年全国专利代理人资格考试试题解析》一书给出的答案范文中，对权利要求1仅提出这一无效宣告理由，但该无效宣告理由并不太充分，因此还可以对权利要求1提出其相对于对比文件2和本领域公知常识不具备创造性和权利要求1未清楚地限定要求专利保护范围的无效宣告理由。

❷ 这两项独立要求可否合案申请有商讨余地。

（七）2012年专利代理实务试题❶

1. 试题内容简介

本试题包括无效实务题和申请实务题两道大题。

（1）无效实务题的内容

甲公司拥有一项名称为"一种冷藏箱"、申请日为2010年2月23日的中国实用新型专利。某请求人针对该专利于2012年10月16日向专利复审委员会提出无效宣告请求，请求宣告该专利权全部无效，提交的证据为对比文件1至3，其中对比文件1是一件专利权人本人在本专利的申请日前提出申请、申请日后公告（以下简称"申请在先、公告在后"）的中国实用新型专利文件。无效宣告请求书中的无效宣告理由包括：

① 权利要求1和2相对于对比文件1不具备新颖性；

② 权利要求3相对于对比文件2和3的结合不具备创造性；

③ 权利要求4相对于对比文件1和2的结合，或者相对于对比文件2和3的结合不具备创造性；

④ 权利要求3未清楚地限定要求专利保护的范围；

⑤ 权利要求4的技术方案不属于实用新型专利保护的客体。

无效实务题要求考生完成下述三方面的工作：

① 具体分析和说明无效宣告请求书中的各项无效宣告理由是否成立。认为无效宣告理由成立的，可以简要回答；认为无效宣告理由不成立的，详细说明事实和依据。

② 若可以通过修改权利要求使得相应理由不成立的，提出修改建议并简要说明理由。

③ 撰写提交给专利复审委员会的修改后的权利要求书。

（2）申请实务题的内容

甲公司同时向该专利代理机构提供了技术交底材料，给出了该公司新发明的由硬质保温材料制成冷藏桶的三种实施方式。该发明解决了两方面的技术问题：其一是在使用过程中存在必须打开整个盖体取、放物品；其二是蓄冷剂包固定放置或者冰块包不固定放置等带来的不便。现委托应试者所在代理机构提出发明专利申请。

申请实务题要求考生完成下述三方面的工作：

① 以甲公司的实用新型专利以及对比文件1至3作为现有技术，撰写发明专利申请的权利要求书。

② 如果认为应当提出一份专利申请，则应撰写独立权利要求和适当数量的从属权利要求；如果认为应当提出多份专利申请，则应说明不能合案申请的理由，并针对其中的一份专利申请撰写独立权利要求和适当数量的从属权利要求，对于其他专利申请，仅需撰写独立权利要求；如果在一份专利申请中包含两项或两项以上的独立权利要求，则应说明这些独立权利要求能够合案申请的理由。

③ 简述所撰写的所有独立权利要求相对于甲公司的实用新型专利所解决的技术问题及取得的技术效果。

2. 试题考点

（1）无效实务题的主要考点包括如下七个方面

① 请求书中提出的三个无效宣告理由均属于《专利法实施细则》第六十五条第二款规定的理由，且在请求书中结合证据或者针对事实作出具体分析，因此这三个无效宣告理由均应当予以考虑。

② 对比文件1与该实用新型专利相比属于申请在先、公告在后的中国专利文件，不属于现有技术文件。同时，该实用新型专利的申请日在2010年2月1日之后，无效宣告程序适用修改后的《专利法》和《专利法实施细则》，因而专利权人本人的申请在先、公告在后的中国专利文件可以用来评述该实用新型专利的新颖性，但不能用于评述其创造性。鉴于此，由于对比文件1公开了该实用新

---

❶ 建议考生先针对本书第二十七章的试题进行模拟练习后再来看这一节的内容，收获可能会更大一些。

型专利权利要求 1 技术方案的全部技术特征，构成该权利要求 1 的抵触申请，因此无效宣告请求书中有关权利要求 1 不具备新颖性的无效宣告理由能够成立；而在无效宣告请求书中有关权利要求相对于对比文件 1 和对比文件 2 的结合不具备创造性的无效宣告理由不能成立。

③ 对比文件 1 和该实用新型专利权利要求 2 的技术方案的区别仅仅在于，权利要求 2 进一步限定的技术特征中箱本体与盖体连接处设置的拉链为对比文件 1 中设置的连接件的下位概念，由《专利审查指南 2010》有关规定可知，上位概念的公开并不影响采用下位概念的发明或实用新型的新颖性；此外，请求书中将对比文件 1 公开的内容与公知常识结合来评述权利要求 2 的新颖性，违反了新颖性评述中的单独对比原则。由此可知，请求书中对权利要求 2 不具备新颖性的无效宣告理由的具体分析不正确。

④ 对比文件 2、3 的授权公告日均早于该实用新型专利的申请日，因此构成该实用新型专利的现有技术，能够用于评述其新颖性和创造性。权利要求 3 中未被对比文件 2 公开的技术特征"设有盖住拉链的挡片"所起的作用是阻止拉链处的空气对流以延长冷藏时间；对比文件 3 对冷藏箱结构的说明中虽然也采用了"挡片"这一词语，但其设置"挡片"是为了便于用手握持而将盖体提起以打开盖体，因而其在对比文件 3 中的结构和作用与权利要求 3 中的"挡片"完全不同。由此可知，无效宣告请求人认定事实存在错误，因而其主张的权利要求 3 不具备创造性的无效宣告理由也不能成立。

⑤ 权利要求 3 对拉链作出进一步限定，但未限定拉链的设置位置，也未写明其与所引用的权利要求 1 中出现的其他部件之间的连接关系，导致权利要求 3 未清楚地限定要求专利保护的范围，因此请求书中有关权利要求 3 未清楚限定要求专利保护范围的无效宣告理由能够成立。

⑥ 权利要求 4 进一步限定所述保温中间层为泡沫材料，而泡沫材料是公知的材料，也就是说，权利要求 4 是将已知材料应用于具有形状、构造的产品上，不属于对材料本身提出的改进，因此请求书中有关权利要求 4 不符合《专利法》第二条第三款规定的无效宣告理由不能成立；但是，权利要求 4 相对于对比文件 2 的区别特征"保温中间层为泡沫材料"已在对比文件 3 中公开，且所起作用相同，因此权利要求 4 相对于对比文件 2 和 3 的结合不具备创造性的无效宣告理由能够成立。

⑦ 尽管请求书中部分无效宣告理由不能成立，但所有四项权利要求均有可能被宣告无效（其中对于权利要求 2，专利复审委员会可能会将对比文件 1 附图中示出的卡合件与权利要求 2 中的拉链认定为惯用手段直接置换而得出不具备新颖性的结论）❶，因此采用了删除独立权利要求并对从属权利要求 2 和 3 合并的方式修改权利要求书。

（2）申请实务题的主要考点包括如下五个方面

① 由硬质保温材料制成冷藏桶对现有技术作出了两方面的改进：通过在盖体上设置窗口以及设置一个用于开合该窗口的上盖来实现在使用过程中不必打开整个盖体就可取、放物品以延长冷藏物品的保存时间；将蓄冷剂包或冰块包可拆卸地连接在桶本体上来解决其固定放置或不固定放置带来的不便。鉴于这两方面的改进是并列关系，应当针对这两方面的改进分别撰写独立权利要求和从属权利要求。

② 在上述两方面改进中，第一方面的改进是本发明的主要改进点，针对这一方面改进撰写独立权利要求时，对技术交底材料中给出的三种实施方式进行概括，以获得更大的合理的保护范围。

③ 针对上述第一方面改进，撰写数量合理的从属权利要求：由于原独立权利要求概括得过宽，先撰写一项对该三种实施方式概括合理的从属权利要求；然后，针对三种实施方式分别撰写相应的从属权利要求及各自进一步改进的从属权利要求，但考虑到后两种实施方式还可作进一步概括，因而在针对后两种实施方式分别撰写相应的从属权利要求之前先撰写一项对后两种实施方

---

❶ 在《2011 年全国专利代理人资格考试试题解析》一书中给出的答案范文认为专利复审委员会可能会认定权利要求 2 相对于对比文件 2 和 3 的结合不具备创造性。

式进行概括的从属权利要求；最后将第二方面的改进作为附加技术特征撰写从属权利要求。

④ 针对第二方面的改进撰写独立权利要求和从属权利要求，所撰写的独立权利要求与针对第一方面改进撰写的独立权利要求之间没有相同或相应的特定技术特征，不属于一个总的发明构思，因此针对第二方面改进所撰写的独立权利要求和从属权利要求应当作为另一件发明专利申请单独提出。

⑤ 依据《专利审查指南 2010》的规定正确地说明两项独立权利要求分别相对于现有技术解决的技术问题和获得的技术效果。

（八）2013 年专利代理实务试题 ❶

1. 试题内容简介

在试题中，客户就自行作出改进的发明"垃圾桶"提供了技术交底材料和自行撰写的权利要求书草稿，并提供了三份对比文件。该垃圾桶相对于对比文件 1 上桶体底板上没有滤水孔的垃圾桶来说主要作了三方面改进：其一是在滤水板下方的下箱体侧壁开有通风孔，以加强通风而减少垃圾存放所产生的异味；其二是在滤水板上方的上箱体侧壁的内侧竖直设置了多条空心槽状隔条或在其侧壁上设置通风孔进一步加强通风；其三是该垃圾箱上下箱体可分离，其带孔滤水板相对于其上箱体的侧壁可向下转动以便在提起垃圾箱上箱体时便于将上箱体中的垃圾装到垃圾运输车中。所撰写的权利要求书草稿中包括六项权利要求：独立权利要求 1 和 6、从属权利要求 2 至 5。对比文件 1 中公开了一种防臭垃圾桶，包括上、下桶体的底部设有多个滤水孔，从而可以将垃圾中的汤水及时渗漏到其下层；对比文件 2 公开了一种家用垃圾桶，其底部开有通气孔，以便在将垃圾袋套装到垃圾桶上时排出垃圾袋与桶壁、桶底之间的空气，使垃圾袋在桶内服帖地展开，取走装满垃圾袋时能方便地取出；对比文件 3 中的垃圾箱底板可抽拉，以便从底部清出垃圾，但当垃圾箱内的垃圾较多时会难以拉出底板。

试题要求考生完成下述四方面的工作：

① 针对客户自行撰写的权利要求书，指出不符合《专利法》和《专利法实施细则》有关专利申请文件相关规定的缺陷，并说明理由。

② 以客户提供的技术交底材料为基础，以客户提供的三份对比文件为现有技术，为客户撰写一份发明专利申请的权利要求书。

③ 针对该专利申请的独立权利要求论述其具备新颖性和创造性的理由。

④ 如果在一份专利申请中包含两项或两项以上的独立权利要求，则应当说明这些独立权利要求能够合案申请的理由；如果认为应当提出多份专利申请，则应当说明不能合案申请的理由，并撰写其他专利申请的独立权利要求。

2. 试题考点

2013 年"专利代理实务"科目试题的主要考点包括下述七个方面。

① 本试题要求考生完成的第一方面的工作中不仅考核了考生在无效实务中为请求人针对欲宣告无效的专利确定无效宣告理由的能力，也考核了考生发现专利申请文件所存在形式缺陷的能力（相当于目前答复审查意见通知书的试题中要求考生主动改正专利申请权利要求书所存在形式缺陷的考核内容）。对于前者来说，应当指出：独立权利要求 1 相对于对比文件 1 不具备《专利法》第二十二条第二款规定的新颖性，以及缺少必要技术特征，不符合《专利法实施细则》第二十条第二款的规定；权利要求 3 中对空心槽状隔条未写明其沿着侧壁内侧竖直设置，因此得不到技术交底材料的支持，未清楚地限定要求专利保护的范围，不符合《专利法》第二十六条第四款的规定；权利要求 4 中进一步限定的空心槽状隔条在其引用的权利要求 2 中未出现过，且未写明其与权利要求 2 中的其他部件之间的关系，致使其缺乏引用基础，即未清楚地限定要求专利保护的范围，不符合《专利法》第二十六条第四款的规定；权利要求 5 相对于对比文件 1 和 3 的结合不具备《专利法》第二十二条

第三款规定的创造性，而且得不到技术交底材料的支持，未清楚限定权利要求的保护范围，不符合《专利法》第二十六条第四款的规定；权利要求6涉及在垃圾箱体外侧设置广告，属于智力活动的规则和方法，属于《专利法》第二十五条第一款第（二）项不授予专利权的情形，或者不属于发明专利的保护客体，不符合《专利法》第二条第二款的规定。对于后者来说，应当指出权利要求2要求保护的主题名称与其引用的权利要求1要求保护的主题名称不一致，不符合《专利法实施细则》第二十二条第一款的规定。❶

② 在本发明涉及的三方面改进中，第二方面的改进是对第一方面改进的进一步改进措施，而第三方面的改进与第一方面改进是并列的改进，因此可以针对第一方面的改进撰写独立权利要求，第二方面的改进措施将作为附加技术特征撰写成其从属权利要求，而对于第三方面的改进，既可作为前两方面改进的进一步改进措施撰写从属权利要求，又可针对这一改进撰写另一项独立权利要求。

③ 由于这两项独立权利要求没有相同或相应的特定技术特征，不属于一个总的发明构思，因此应当将针对第三方面改进撰写的独立权利要求另行提出一件发明专利申请。

④ 在针对第一方面改进撰写独立权利要求时，不要将第二方面的改进措施写入独立权利要求，以争取更宽的保护范围。在将第二方面改进措施写成从属权利要求时，应当先将"竖直设置在上箱体侧壁内侧的空心槽状隔条"和"上箱体的侧壁通孔"概括成"上箱体的通风结构"写成一项从属权利要求，再针对这两种结构分别撰写下一层级的从属权利要求，且由于在技术交底材料中还明确这两种结构可组合在一起使用，因而还当包括一项同时具有这两种结构的下一层级从属权利要求。需要注意的是，在撰写有关空心槽状隔条的从属权利要求时应当清楚地限定空心槽状隔条竖直设置，并位于侧壁内侧。此外，还应当针对其他优选措施撰写数量合理的从属权利要求，包括以第三方面改进措施作为附加技术特征来撰写从属权利要求。

⑤ 由于试题中明确了第三方面改进还适用于其他垃圾桶，因此在针对第三方面改进撰写独立权利要求时，不要写入非必要技术特征，即不应写入上箱体、下箱体、带孔滤水板、下箱体侧壁有通气口、箱盖上设有垃圾投入口等技术特征。

⑥ 依照《专利审查指南2010》的规定论述独立权利要求具备新颖性、创造性到位，尤其是论述创造性时明确指出对比文件2中的通风孔与本发明的通风孔的位置和作用不同，因而不存在结合启示。

⑦ 对两项独立权利要求应当作为两件申请提出的理由论述到位，尤其清楚论述两者之间没有相同或相应的特定技术特征，不属于一个总的发明构思，不具有单一性。

（九）2014年专利代理实务试卷❷

1. 试题内容简介

本试题包括答复审查意见通知书咨询题和申请实务题。

（1）答复审查意见通知书咨询题

客户自行向国家知识产权局递交的"一种光催化空气净化器"发明专利申请文件。原权利要求书包括五项权利要求，其中权利要求1是光催化空气净化器的独立权利要求（权利要求2和3是其从属权利要求），权利要求4是空气净化方法的独立权利要求，权利要求5是治疗呼吸道类疾病的方法独立权利要求。试题提供了针对该申请的第一次审查意见通知书，其中引用了三份对比文件。审查意见通知书指出：①独立权利要求1缺少解决其技术问题的必要技术特征，不符合《专利法实施细则》第二十条第二款的规定；②权利要求1相对于对比文件1不具备《专利法》第二十二条第二款规定的新颖性；③权利要求2相对于对比文件1、2的结合，或者相对于对比文件2、3的结合均不具备创造性；④权利要求3不符合《专利法实施细则》第二十二条第一款的规定；⑤权利要求4

未以说明书为依据，不符合《专利法》第二十六条第四款的规定；⑥权利要求 5 不符合《专利法》第二十五条第一款的规定。

试题要求考生完成下述工作：

① 针对第一次审查意见通知书的内容撰写提交给客户的咨询意见（第一题）。

② 撰写答复第一次审查意见通知书时提交的修改后的权利要求书（第二题）。

（2）申请实务题

该公司提供了进一步改进的发明的技术交底材料。其针对现有技术所存在的两方面技术问题作出了改进：与图 1 和图 2 相应的结构改进解决噪声大的技术问题，其关键之处是设置消声结构，以降低风机和气流流动所产生的噪声，并提供两种具体消声结构，一种由中央分流板和一对侧导风板组成，另一种是通过支架安装在第二过滤网上部的消声器，内设置有竖直布置的一组消声片；与图 3 和图 4 相应的增大气流与光催化剂有效接触面积的结构改进解决空气净化不彻底的技术问题，为此采用的光催化剂板是负载有纳米二氧化钛的三维蜂窝陶瓷网，或者光催化剂板由壳体内设置的螺旋导风片所代替，并在风道内壁和螺旋导风片上喷涂纳米二氧化钛涂层，将紫外灯设置在风道的中央。

试题要求考生完成下述工作：

① 根据技术交底材料记载的内容，综合考虑附件 1、对比文件 1 至 3 所反映的现有技术，撰写一份新的发明专利申请的权利要求书；

② 如果在一份专利申请中包含两项或两项以上的独立权利要求，则应当说明这些独立权利要求能够合案申请的理由；如果认为应当提出多份专利申请，则应当说明不能合案申请的理由，并撰写其他专利申请的独立权利要求。

③ 简述所撰写的独立权利要求相对于附件 1 所解决的技术问题及取得的技术效果。

2. 试题考点

2014 年专利代理实务试题的主要考点包括下述方面。

（1）答复审查意见咨询题

① 本题为答复审查意见通知书写给申请人的咨询意见，并不要求写一份意见陈述书正文，其撰写的内容和要求论述的内容与意见陈述书正文不一样。

② 对比文件 1 是中国实用新型专利文件，只能用于判断该发明专利申请各项权利要求是否具备新颖性，但不能用于判断是否具备创造性。

③ 关于权利要求 1 缺少解决技术问题的必要技术特征的审查意见正确，且即使在权利要求 1 中补入必要技术特征"紫外灯"后相对于对比文件 1 也不具备新颖性。

④ 关于权利要求 2 相对于对比文件 1 和 2 的结合不具备创造性的审查意见不正确。

⑤ 关于权利要求 2 相对于对比文件 2 和 3 不具备创造性的审查意见可以提出争辩。

⑥ 关于权利要求 3 的主题名称与其引用的权利要求 1 的主题名称不一致的审查意见正确。

⑦ 关于权利要求 4 未以说明书为依据的审查意见值得争辩，但权利要求 4 相对于对比文件 1 不具备新颖性。

⑧ 关于权利要求 5 不符合《专利法》第二十五条第一款的规定的审查意见正确。

⑨ 对于权利要求书的修改，需要在独立权利要求 1 中补入必要技术特征"紫外灯"和权利要求 3 限定部分的技术特征，并删除权利要求 4 和 5。❶

（2）申请实务题

① 解决噪声大这一技术问题的改进作为该申请中最重要的一项发明创造。

② 对解决噪声大这一技术问题的两种结构进行概括表述，即在壳体内通往所述出风口的净化后

---

❶ 在《2014 年全国专利代理人资格考试试题解析》一书中，专利代理实务试题第一题给出的答案范文中将权利要求 4 修改为引用修改后权利要求 1 的方法权利要求，但这一修改方式有待商榷。

空气流道中设置由吸音材料制成的消声结构。❶

③ 确定写入独立权利要求 1 的必要技术特征，不要将过滤网、光催化剂板的排列顺序写入独立权利要求的前序部分。

④ 撰写合适数量的从属权利要求。

⑤ 针对两种增大气流与光催化剂有效接触面积的结构，分别撰写独立权利要求，注意不要将过滤网的数量写入独立权利要求。

⑥ 确定三项独立权利要求合案申请还是分案申请：针对第二方面改进撰写的两项独立权利要求与针对第一方面改进撰写的独立权利要求之间无单一性，且针对第二方面改进撰写的两项独立权利要求之间也无单一性，因此针对第二方面改进撰写的两项独立权利要求应当分别另行提出申请。

⑦ 合理表述三项独立权利要求解决的技术问题和取得的技术效果，不要遗漏。

（十）2015 年专利代理实务试卷❷

1. 试题内容简介

本试题包括无效宣告请求咨询题和申请实务题。

（1）无效宣告请求咨询题

客户 A 公司拟对 B 公司的实用新型专利（以下简称"涉案专利"）提出无效宣告请求，并提供了三份对比文件。拟提出无效宣告请求的实用新型专利的名称为"新型卡箍"，共有 4 项权利要求：独立权利要求 1 和 3 项从属权利要求，作为从属权利要求的权利要求 2 和 3 是递进引用了位于其前的一个权利要求，从属权利要求 4 引用了权利要求 1 至 3。

试题要求考生完成下述工作：

针对客户提供的涉案专利和对比文件为客户撰写提出无效宣告请求的咨询意见，具体如下：

① 说明可提出无效宣告请求的范围、理由和证据，其中无效宣告请求理由要根据《专利法》以及实施细则的有关条、款、项逐一阐述。

② 基于所撰写的咨询意见提出无效宣告请求，分析在无效宣告请求之后进一步的工作建议。

（2）申请实务题

该公司提交了自行研发的技术的交底材料，所研发的卡箍针对传统结构卡箍存在的两个技术问题作出了改进。第一个解决的技术问题是传统卡箍拆装不方便，技术交底材料中提供了三个实施例，均涉及紧固装置结构的改进：第一个实施例中的紧固装置包括连杆，所述连杆上设有杆孔，所述卡箍的另一个连接端上设有销孔包括卡块，其可插入所述杆孔和销孔中而构成卡扣连接；第二个实施例中的紧固装置包括锁扣、锁钩和锁盖，所述锁盖与卡箍本体的一个连接端铰接，所述锁钩固定在卡箍本体的另一个连接端，所述锁扣的一端铰接所述锁盖的内侧下方，另一端可卡入锁钩；第三个实施例中的紧固装置包括螺杆螺母组件，所述螺杆与卡箍本体的一个连接端铰接，卡箍本体的另一个连接端上设有 U 形开口，所述 U 形开口的宽度大于螺杆的直径且小于设置在螺杆另一端上的螺母的最小外周宽度。

另一个解决的技术问题是为了解决卡箍在管道上容易转动或串动的技术问题，这在前述三个实施例中第一实施例和第二实施例中提到了解决措施，在套在或嵌入卡箍上的橡胶垫圈的内环壁上设置了三角形防滑凸起或者点状凸起。

试题要求考生完成下述工作：

① 综合考虑客户提供的涉案专利和三份对比文件所反映的现有技术，为客户撰写一份发明专利申请的权利要求书。

---

❶ 在《2014 年全国专利代理人资格考试试题解析》一书中，专利代理实务试题第二题给出的答案范文中为"在从第二过滤网到所述出风口的空气流道中设置由吸音材料制成的消声结构"，该答案中限定了过滤网的数量和第二过滤网的位置，使其保护范围过窄，因此有待商榷。

❷ 建议考生先针对本书第三十章的试题进行模拟练习后再看这一节的内容，收获可能会更大一些。

② 如果在一份专利申请中包含两项或两项以上的独立权利要求，则应当说明这些独立权利要求能够合案申请的理由；如果认为应当提出多份专利申请，则应当说明不能合案申请的理由，并撰写其他专利申请的独立权利要求。

③ 简述撰写的独立权利要求相对于现有技术具备新颖性和创造性的理由。

2. 试题考点

2015 年专利代理实务试题的主要考点包括下述两个方面。

（1）无效宣告请求咨询题

① 本题为向拟提出无效宣告请求的客户提出关于无效宣告请求的咨询意见，并不是要求撰写一份无效宣告请求书正文，咨询意见的撰写内容和要求与无效宣告请求书有较大不同。

② 对比文件 3 是一件专利权人本人在先提出申请并在申请日当天公开的中国实用新型专利文件，可以用于评价涉案专利各项权利要求是否具备新颖性，由于其未披露各项权利要求的技术方案，未构成涉案专利的抵触申请，不能否定涉案专利的新颖性，应当放弃作为证据使用。

③ 权利要求 1 相对于对比文件 1 不具备新颖性。

④ 权利要求 2 相对于对比文件 1 和对比文件 2 的结合不具备创造性。

⑤ 权利要求 3 不符合《专利法》第二十六条第四款的规定。

⑥ 权利要求 4 引用权利要求 1、2 的技术方案不清楚。

⑦ 权利要求 4 限定部分出现用"最好是"限定出两个不同的保护范围。

⑧ 该无效宣告请求的前景是：仅用目前获得的证据，权利要求 4 引用权利要求 3 的技术方案并不能被宣告无效。

⑨ 建议客户在提出无效宣告请求之后作进一步重点检索权利要求 4 引用权利要求 3 的技术方案，以期在提出无效宣告请求之后的一个月内补充证据。

（2）申请实务题

① 解决第一个拆装不方便的技术问题给出了三个实施例所分别描述的三种结构为并列关系，将三个实施例概括的方案无法与现有技术相区别，因此针对第一个和第二个实施例对紧固装置进行合理概括以撰写独立权利要求。

② 解决第一个技术问题的第三个实施例另外撰写独立权利要求。

③ 针对前两个实施例撰写的独立权利要求，撰写合适数量的从属权利要求，尤其是针对这两个实施例的具体形式撰写从属权利要求。

④ 针对解决卡箍在管道上容易转动或串动的技术问题，将套在或嵌入卡箍上的橡胶垫圈的内环壁上设置了凸起的技术方案撰写独立权利要求。

⑤ 确定三项独立权利要求是合案申请还是分案申请及其理由：三者之间无单一性，因此针对第三个实施例撰写的独立权利要求和针对第二方面改进撰写的独立权利要求应当另行提出申请，因而根据试题要求针对后两项独立权利要求无须再撰写从属权利要求。

⑥ 合理表述三项独立权利要求具备新颖性和创造性的理由，不要遗漏。

（十一）2016 年专利代理实务试卷❶

1. 试题内容简介

本试题包括无效宣告请求咨询题和申请实务题。

（1）无效宣告请求咨询题

客户提供了涉案专利和对比文件 1～3，以及 A 公司技术人员撰写的无效宣告请求书。

试题要求考生完成下述工作：

---

❶ 建议考生先针对本书第三十一章的试题进行模拟练习后再看这一节的内容，收获可能会更大一些。

① 具体分析客户所撰写的无效宣告请求书中的各项无效宣告理由是否成立，并将结论和具体理由以信函的形式提交给客户。

② 根据客户提供的材料为客户撰写一份无效宣告请求书。

（2）申请实务题

客户向你所在的代理机构提供了技术交底材料，希望就该技术申请实用新型专利。

试题要求考生完成下述工作：

① 请你综合考虑涉案专利和对比文件1～3所反映的现有技术，为客户撰写实用新型专利申请的权利要求书。

② 简述你撰写的独立权利要求相对于涉案专利解决的技术问题和取得的技术效果。

2. 试题考点

2016年专利代理实务试题的主要考点包括下述方面。

（1）无效宣告请求题

① 其中第一题分析客户所撰写的无效宣告请求书中的各项无效宣告理由是否成立，并将结论和具体理由以信函的形式提交给客户；第二题才要求撰写一份无效宣告请求书。

② 对比文件1是一件申请在先公开在后的中国实用新型专利文件，仅可以用于评价涉案专利各项权利要求的新颖性，但从技术内容上并不能构成涉案专利的抵触申请，不能与其他现有技术结合起来否定涉案专利各项权利要求的创造性。因此在为客户撰写无效宣告请求书时应当不使用对比文件1作为提出无效宣告请求的证据。

③ 对比文件2和对比文件3是涉案专利的现有技术，可以用于评价涉案专利各项权利要求的新颖性和创造性。

④ 客户自行撰写的无效宣告请求书中有关权利要求1相对于对比文件1不具备新颖性的无效宣告理由不能成立，请求书的分析中实际上是将对比文件1中的两个实施例相结合来进行新颖性评价，违反了新颖性判断中的单独对比原则。

⑤ 对比文件2虽然与权利要求1涉及相同的技术领域，但是其技术方案存在区别。客户自行撰写的无效宣告请求书中有关权利要求1相对于对比文件2不具备新颖性的理由不能成立。

⑥ 客户自行撰写的无效宣告请求书中有关权利要求2相对于对比文件2和对比文件3的结合不具备创造性的理由能够成立，但客户自行撰写的无效宣告请求书中未结合证据作出具体分析说明，不符合《专利法》第六十五条第一款的有关规定。

⑦ 权利要求1～3相对于对比文件2和3的结合不具备创造性，为客户撰写无效宣告请求书时采用这两份对比文件作为证据，并在请求书中结合证据作出具体分析说明这三项权利要求相对于对比文件2和对比文件3的结合不具备创造性的无效宣告理由。❶

⑧ 独立权利要求1记载了解决技术技术问题的必要技术特征，符合《专利法实施细则》第二十条第二款的规定，客户自行撰写的无效宣告请求书中有关权利要求1缺少必要技术特征的无效宣告理由不能成立。

⑨ 权利要求3引用权利要求1的技术方案缺乏引用基础，导致该技术方案不清楚，权利要求3引用权利要求2的技术方案是清楚的，客户自行撰写的无效宣告请求书中有关权利要求3不清楚的无效宣告理由部分成立。在为客户撰写的无效宣告请求书中应当将此作为无效宣告理由提出。

⑩ 不具有单一性不属于《专利法实施细则》第六十五条第二款规定的允许提出无效宣告请求的理由，因此客户自行撰写的无效宣告请求书中提出权利要求4与权利要求1之间不具有单一性的无效宣告理由是不合适的，并且在为客户撰写无效宣告请求书中不应当提出此无效宣告理由。

---

❶ 中华全国专利代理人协会编写的《2016年全国专利代理人资格考试试题解析》中专利代理实务科目的试题解析给出的答案中仅分析说明权利要求1和2相对于对比文件2和3不具备创造性。

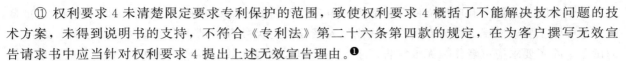

⑪ 权利要求4未清楚限定要求专利保护的范围，致使权利要求4概括了不能解决技术问题的技术方案，未得到说明书的支持，不符合《专利法》第二十六条第四款的规定，在为客户撰写无效宣告请求书中应当针对权利要求4提出上述无效宣告理由。❶

⑫ 为客户撰写的无效宣告请求书应当符合格式要求，并结合证据具体说明所提出的各项无效宣告理由。在无效宣告请求书中，以对比文件2和对比文件3作为证据。无效宣告理由包括权利要求1~2相对于对比文件2和3的结合不具备《专利法》第二十二条第三款规定的创造性；权利要求3引用权利要求1的技术方案未清楚限定要求专利保护的范围，不符合《专利法》第二十六条和四款的规定，权利要求4未以说明书为依据、未清楚地限定专利保护的范围，不符合《专利法》第二十六条第四款的规定。在此基础上，提出宣告该涉案专利全部无效的请求。❷

（2）申请实务题

① 要求撰写实用新型专利权利要求书而非发明专利申请的权利要求书。

② 本发明创造相对于最接近的现有技术主要只作出一方面改进，针对这方面的改进给出三种搅拌工具的具体结构，这三种搅拌工具具有并列的结构，且可针对这三种结构撰写一项将这三种结构概括在内的独立权利要求，因而仅需要撰写一项独立权利要求。

③ 撰写的独立权利要求进行了合理的概括，获得最大的保护范围。

④ 撰写合适数量的从属权利要求，除了针对搅拌工具的具体结构撰写各项从属权利要求外，还针对搅拌工具中的杆部与把手和搅拌器的连接方式撰写相应的从属权利要求。

⑤ 各项从属权利要求的引用关系合理并清楚。

⑥ 能够合理表述独立权利要求相对于现有技术所解决的技术问题和达到的技术效果。

第十章 专利代理实务试题结构趋势分析

通过对历年专利代理实务试题结构和考试要点的分析，可以总结出专利代理实务试题具有以下三个方面的特点。

一、试题结构体现了多方面考试内容的组合

按照《全国专利代理人资格考试大纲》要求，专利代理实务考试内容主要涉及三个方面：撰写权利要求书、答复审查意见通知书时撰写意见陈述书（包括修改权利要求书）、无效宣告程序中的专利事务（撰写无效宣告请求书或者针对无效宣告请求书撰写意见陈述书和修改权利要求书）。但为了更全面地考核考生在这三方面所掌握的能力，近年有关审查意见通知书的答复内容还扩大到向申请人撰写咨询意见；有关无效实务扩大到针对涉案专利和提供的对比文件向请求人撰写咨询意见和针对无效宣告请求书及所附证据向专利权人撰写咨询意见。

由于这三方面专利代理实务工作能力对于专利代理人来说都是十分重要的，因而历年试题都不局限于其中一方面的内容。例如，1994年到1998年的试题中除了考核专利申请文件撰写能力的改错题外，还增加了与审查意见通知书答复能力有关的专利申请文件修改和意见陈述书的内容；2000年至2004年的试题除撰写权利要求书的考试内容外，还包括论述独立权利要求具备新颖性和创造性这一考核答复审查意见通知书能力的内容；2006年和2008年的试题表面上看仅涉及审查意见通知书的

---

❶ 对于权利要求4还可以将不符合《专利法实施细则》第二十条第二款有关独立权利要求记载解决技术问题的必要技术特征的规定作为无效宣告理由提出。

❷ 本书分析认为针对权利要求3也可提出不具备创造性的无效理由，因而请求宣告该涉案专利全部无效。

答复，但实际上是将专利申请文件撰写能力的内容融入到了权利要求书的修改中；2007 年和 2009 年的试题中除了要求应试者作为专利权人的代理人撰写针对无效宣告请求书的意见陈述书外，2011 年的试题中除了要求应试者作为无效宣告请求人的代理人撰写无效宣告请求书外，2012 年的试题中除了要求考生针对无效宣告请求书向专利权人给出咨询意见（分析无效宣告请求书中无效宣告理由是否成立）外，2014 年的试题中除了要求考生针对第一次审查意见通知书向申请人给出咨询意见外，2015 年的试题中除了要求考生针对请求人提供的涉案专利和拟作为证据的对比文件向请求人给出咨询意见外，均还包括撰写一份新专利申请的权利要求书的内容，以考核考生撰写专利申请文件的能力；2013 年的试题除了要求考生针对客户提供的技术交底材料撰写权利要求书外，还要求考生指出客户自行起草的权利要求书所存在的不符合《专利法》和《专利法实施细则》有关规定的缺陷（既包括考核应试者在无效实务中为请求人针对欲宣告无效的专利确定无效宣告理由能力的内容，也包括考核应试者在答复审查意见通知书的试题中主动改正专利申请权利要求书所存在形式缺陷的内容）。由此可知，"专利代理实务"科目试题的结构体现出多方面考试内容的组合。

通过对上述历年试题的分析可知，专利代理实务考试的试题通常以一个方面为主（往往是权利要求书的撰写），兼顾其他方面（即答复审查意见通知书或给出咨询意见，撰写无效宣告请求书或给出咨询意见，或者针对无效宣告请求书的意见陈述书或给咨询意见）。但是试题显然不会局限在已有的组合方式，还可能有其他的组合和变化，但基本不会缺少"撰写权利要求书"、"与新颖性、创造性有关的论述"以及"单一性的判断和论述"这几方面的考试内容。因此，撰写申请文件和判断权利要求是否具备新颖性、创造性是专利代理人从事专利代理实务工作的基本功，必须掌握，也是考试能够获得理想成绩的基础。

二、考题涉及的技术内容力求简单易于理解

从 2006 年开始，"专利代理实务"科目考试不再区分专业，统一采用一份试卷。为了让机械、电学、化学领域的应试者不受其专业知识的局限，试题技术内容力求简单并易于理解，重点放在对专利业务能力的考核上。2006 年涉及日常生活领域的衣架挂钩、2007 年涉及与日常生活有关的包装袋、2008 年涉及食品加工领域的油炸食品的方法和装置、2009 年涉及生活领域的枕头、2010 年涉及与日常生活有关的豆浆机、2011 年涉及生活领域的饮料瓶盖、2012 年涉及与日常生活有关的冷藏桶、2013 年涉及与日常生活有关的垃圾桶、2014 年为光催化空气净化器、2015 年为连接管道中使用的卡箍、2016 年为日常用品的茶壶。这些技术内容对于机械、电学和化学三个领域的应试者都是不难理解的。最后需要强调一点，技术内容简单易于理解并不代表考点难度的降低，而且这几年来试题考点相当多，考生不可掉以轻心。此外，对于相对较为难于理解的技术内容，则不必过于追求专业化理解，而应基于试题内容作出合理的理解即可，例如 2010 年的撰写题中涉及的电学方面的内容，对于非电学领域的应试者，则需要基于提供的信息通过基本常识来理解即可，不必考虑技术上如何实现正转和反转的深层次技术内容。

三、试题考点较多

2006 年试题的技术内容比较简单，涉及的考点不多。对于这样的试题，由于主要考点单一，主要考点答对了基本上就能合格，一旦因为对试题理解出现偏差，几乎不能通过考试，这种考点单一带来的弊病，不能比较全面地考核应试者所掌握的专利代理实务业务的水平。为此，从 2007 年起，专利代理实务试题考点增多。就答复审查意见通知书的试题而言，2008 年的试题与 2006 年的试题相比，考点除了涉及新颖性和创造性的论述外，还增加了有关权利要求书以说明书为依据的内容，另外修改权利要求书需克服的形式缺陷与 2006 年的试题相比也增加了，而且还涉及撰写分案申请的权

利要求书和说明分案的理由等考点。

2007 年的试题涉及三方面的内容：针对无效宣告请求书及所附证据修改权利要求书（合并式修改）和撰写意见陈述书，而且还涉及重新撰写一份专利申请的权利要求书的考试内容。其中，就针对无效宣告请求书的意见陈述书而言，不仅涉及新颖性、创造性的论述，还涉及权利要求书清楚地限定要求专利保护的范围和补交的证据是否应当考虑等考点。而就新申请的权利要求书撰写而言，涉及四个技术主题，而且要求撰写的从属权利要求数量也明显增加。

2009 年的试题与 2007 年的试题总体结构相同，但涉及的考点更多。无效实务题中就增加了不少考点，例如不属于《专利法实施细则》第六十五条第二款规定的无效宣告理由（不具备单一性）；请求书中没有进行具体说明的无效宣告理由；试题中还设计了请求人针对专利权人答复时修改的权利要求书补充提交意见陈述和证据的内容，以考查考生对无效宣告程序中有关补充证据和理由的了解；增加了无效宣告程序中对于代理人身份和资格的考查内容；而在申请实务题中同样还包括为另行提出的两份专利申请撰写权利要求书并说明另行提出申请的理由。

2010 年的试题虽然仅涉及申请实务题，但其考点不仅限于申请文件的撰写，还增加了相关的考试内容。在其第一题中主要涉及申请文件的撰写内容，还涉及单一性判断的内容；在第二题中主要涉及审查意见通知书答复能力中有关权利要求具备新颖性和创造性的论述；第三题是关于另一个专利申请撰写方面的考试内容，虽然所占分值不高，但其中包含了不少考点，尤其是包括有关优先权概念及其运用的考点。

2011 年至 2016 年的试题，虽然要求考生书面撰写的内容有所减少，但所涉及的考点并未减少，而且还出现一些新的考点。例如，2011 年的试题无效实务部分的考点中涉及对各项权利要求能否享有优先权的核实，申请撰写部分的试题考点中涉及如何正确处理充分公开和保留技术秘密之间的关系；2012 年的试题无效实务部分的考点中涉及专利权人本人的申请在先、公告在后的中国实用新型专利对适用修改后的《专利法》的无效案件来说构成了抵触申请，涉及权利要求中的材料特征为已知材料时仍属于实用新型专利的保护客体，2014 年的答复审查意见通知书试题中涉及医疗诊断方法不属于发明和实用新型专利的保护客体，2015 年的无效试题中涉及提出无效宣告请求时应当舍弃一份请求人提供的证据，并向请求人说明舍弃的原因和给出有关后续工作的建议，2016 年的无效试题中涉及新颖性判断时应当遵循单独对比原则，不得将同一篇对比文件中的两个实施例的内容结合起来认定构成了相关权利要求的抵触申请等。

通过对上述各年专利代理实务试题考点的对比分析可知，专利代理实务试题的考点较多，且所涉及的内容也越来越广，因此应试者的应试准备应当更为全面和充分。不过，从 2009 年起，不少应试者已经反映试题内容过多，难以在考试时间内完成，因此从 2011 年开始，试题考点数量基本达到平衡，不再增加，但需要注意的是，仍然会出现新的考点。

第二部分

第三部分
专利代理实务考试应试指南

　　根据《全国专利代理人资格考试大纲》（以下简称考试大纲），结合本书第二部分的分析可知，目前专利代理实务考试试题主要包括三种类型：第一类，撰写专利申请文件，作为考试试题，主要撰写一份权利要求书（多数是发明专利申请），或者对客户撰写的权利要求书给出咨询意见，后者相当于撰写无效宣告请求书并指出其所存在的形式缺陷的试题，❶ 此外还可能以简答题的方式包括说明书的部分撰写内容；第二类，答复审查意见通知书，这类试题的答题内容通常包括针对审查意见通知书修改权利要求书以及撰写意见陈述书或向客户给出咨询意见两个部分；第三类，无效宣告程序的实务试题，作为请求人的专利代理人针对客户拟提出无效宣告请求的专利文件和提供的相关证据撰写提交给专利复审委员会的无效宣告请求书和/或向客户提出咨询意见，或者作为专利权人的专利代理人针对无效宣告请求和所附证据为客户撰写提交给专利复审委员会的意见陈述书或向客户提出咨询意见。❷

　　专利代理实务科目试卷常常对上述三种类型❸试题内容进行组合，但不管如何组合，上述三类专利代理实务试题是考试中最基本的内容，它们既具有共同的特点，也具有不同之处。本部分先就考生考前准备及考试过程中应当注意的事项作一简单介绍，然后针对三类试题分别说明在考试过程中的应试思路。

第十一章　应试概述

　　作为专利代理实务科目，需要考核考生理论联系实际的应用能力。因此，本章首先结合这一考试特点对考生考前准备工作给出建议；在此基础上，参考历年考试试题情况并结合专利代理实务科目的考试特点提醒考生在考试过程中应当予以注意的地方。

一、考前准备

　　专利代理实务科目的考试要求考生具备扎实的专利法律法规基本知识，并且能够理论联系实际，解决专利代理实务问题。为适应这一考试要求，考生在备考时需要做好下述准备工作。

1. 准确理解和牢固掌握专利法律法规基本知识

　　从应试角度看，就专利代理人资格考试专利代理实务科目涉及的权利要求书和说明书的撰写、审查意见通知书的答复，以及无效宣告程序中的无效宣告请求书和意见陈述书的撰写这三方面具体

---

　　❶　在 2013 年试题中的这种咨询意见要求逐一解释客户自行撰写的权利要求书是否符合《专利法》及其实施细则的规定并说明理由。但今后考试可能还会出现对咨询意见内容的新要求，例如还包括对后续工作的建议等。

　　❷　在以往作为专利权人一方的专利代理人的试题中，撰写意见陈述书和咨询意见两者之中仅要求完成指定的一项，但不排除今后试题中既要求撰写咨询意见，又要求撰写意见陈述书。

　　❸　更确切地说为四种类型，因为涉及无效宣告程序的这类试题还包括作为请求人一方的专利代理人和作为专利权人一方的专利代理人两种类型。

专利实务工作来说，主要涉及专利法实体方面的知识，而涉及专利程序方面的知识较少，因此首先要准确理解和牢固掌握专利法律法规有关实体方面的基本知识。例如，为了撰写出一份高质量的权利要求书和说明书，除了清楚了解发明创造的技术内容外，必须很好地掌握专利法律法规中有关权利要求书和说明书撰写要求的规定，此外，还需要掌握有关专利权保护客体、专利授权条件（尤其是新颖性和创造性）和单一性的规定。对于审查意见通知书的答复以及无效宣告程序中无效宣告请求书和意见陈述书的撰写来说，首先必须牢固掌握有关新颖性和创造性的判断原则和判断基准，其中还可能涉及优先权的判断和重复授权等概念；此外，还必须十分清楚专利申请文件的几个重要实体要求，如权利要求书以说明书为依据，权利要求书清楚、简要地限定要求专利保护的范围，独立权利要求记载全部必要技术特征，说明书充分公开发明创造等。对于实质审查程序还需要熟练掌握专利法律法规中有关专利申请文件修改的规定，而对于无效宣告程序还需要熟练掌握专利法律法规中有关专利文件修改的规定。

但在上述三方面的专利代理实务中也还会遇到一些程序问题，例如无效宣告程序中有关增加理由和补充证据的有关规定等。更何况从考试来看，还会存在通过简答题的方式或者通过向客户提供咨询意见的方式来考核考生对专利法律法规中有关程序方面的规定，例如，2009 年的考题中涉及无效宣告程序中口头审理的代理人身份和资格的简答题。❶ 当然，在简答题或咨询意见中同样也会包括专利法律法规实体内容的基本知识，如 2007 年专利代理实务科目试卷的无效实务试题中的简答题涉及无效宣告程序中专利文件修改的有关规定，2004 年化学专业试题中涉及单一性审查原则的规定，2010 年专利代理实务试题第三题中涉及享受本国优先权的条件，2011 年专利代理实务科目试卷的申请实务试题中的简答题涉及充分公开与保留技术秘密之间的关系。

为此，考生在应试准备时，一定要牢固掌握专利法律法规的基本知识，尤其重点掌握实体方面的基本知识，但也还需要对专利法律法规中有关程序方面的基本知识给予一定的重视。

2. 通过多做模拟练习提高理论联系实际的应用能力

正如前面所指出的，专利代理实务科目考核考生理论联系实际的应用能力，即在专利代理实务工作中应用专利法律法规基本知识的能力。因此考生在备考时光靠死记硬背专利法律法规是不行的，应当亲自动手，多做这方面的模拟练习，以提高实战能力。现在网上和一些图书中已经流传着近十来年的专利代理实务的考题，包括本书第四部分将给出一部分历年的专利代理实务考试试题，考生们一定不要先看其答案，而是先自己动手做练习，做完后再与参考答案进行对比分析，看看自己所做的答案在哪几方面存在不足，以便在下一个模拟练习中加以改进。通过一定数量的模拟练习后，应用专利法律法规的能力一定会有较大的提高。

进行模拟练习时，还需要注意两点。其一，不要在考虑答题思路后就看答案。不少考生平时工作较忙，为提高复习效率，在阅读模拟试题后，并不具体动手去做，而只是考虑一个思路，然后就看答案，觉得答案与自己的思路一致，就认为已经掌握了，其实并不如此。因为这种做法只是粗线条地进行对比，不能发现在细节上有哪些不足，降低了模拟练习的效果。其二，在临考前，至少有一部分模拟练习按照考试的方式来完成。不少考生习惯于对着纸件试题在计算机上答题，但目前实际考试时试题也是在计算机上给出，这样一来在答题时需要再查阅试题内容时就要将屏幕快速地向前滚动，如果平时没有练习过，就会在查找不到内容时十分着急，影响答题，为此需要考生在平时做模拟练习时学会在阅读试题时将重要的内容作出标记，这样在答题过程中需要查阅试题有关内容时就能很快地找到。为此，希望考生尽可能认认真真地多做模拟练习，从阅读试题一直到最后完成答题，这种模拟练习做得越多，对考试就越有帮助；而且至少有一部分模拟练习从阅读试题到完成答题完全在计算机上完成，严格按考试的方式进行。通过这样的练习，到临场考试就能适应，容易

---

❶ 欧洲专利局专利律师资格考试中的异议（相当于我国的无效）试题中，通过客户的咨询意见考核了考生对无效程序中程序问题的掌握程度，例如欧洲专利局的 1993 年试题中涉及合议组的回避和不参加口头审理的后果、2007 年的试题中涉及合议组的依职权审查等。

取得较好的成绩。

3. 熟练掌握反映专利代理人水平和能力的论述和答辩技巧

从专利代理实务科目试题所涉及的内容来看，答复审查意见通知书的意见陈述书以及无效宣告程序中的无效宣告请求书和意见陈述书明显包含有考核专利代理人论述和答辩能力的内容，而答复审查意见通知书或者无效宣告程序中向客户提出咨询意见，同样可通过考生在咨询意见中所论述内容考核其所具有的专利代理人的水平和能力，即使是单一的专利申请文件撰写试题，也往往通过简答题的方式来考核专利代理人的论述和争辩能力。为此，在备考时需要注意这方面应试能力的提高。

从历年考题来看，对专利代理人论述和答辩能力的考核主要集中在如下几个方面：新颖性和创造性、单一性、权利要求以说明书为依据、权利要求清楚地限定要求专利保护的范围。在备考时，应当在这几个方面进行认真的准备，以《专利审查指南 2010》中的规定为依据，有意识地结合不同案件的具体情况，参照各种辅助备考用书中的写法，拟出各种论述和答辩的格式。例如：对于新颖性的论述，应当体现单独对比、结合具体案件进行具体分析、依据法律规定给出是否具备新颖性的结论，而且在论述不具备新颖性比论述具备新颖性要涉及更多的对比内容，除对比技术方案外，还要对比两者的技术领域、要解决的技术问题和有益的技术效果（即论述所谓的"四个相同"）；而对于发明创造性的论述，在论述具备创造性时应当包括两个方面：先按照"三步法"（确定最接近的现有技术、确定区别特征及实际解决的技术问题、具体说明相对于现有技术是否显而易见）论述具有突出的实质性特点，接着具体说明具有显著进步的理由，从而依据法律规定得出是否具备创造性的结论，但论述不具备创造性时只需要具体说明不具有突出的实质性特点（即非显而易见）的理由，而不必具体说明不具有显著进步的理由。此外，从应试角度来看，每年试题的内容会有所不同，因而除了上面所指出的四个方面外，对其他几个比较重要的方面也应当有所准备，例如独立权利要求是否缺少必要技术特征、修改是否超出原说明书和权利要求书记载的范围、实用性等。准备得越充分，在遇到这方面内容的试题时就会胸有成竹，从而得心应手地完成答题。

针对上述各个重点方面进行准备时，需要注意采用规范的专利术语，避免采用错误的表述。例如，在创造性论述时对于发明和实用新型需要采用不同的术语，对于实质审查阶段答复审查意见通知书的意见陈述书中，应当使用"突出的实质性特点和显著的进步"；而对于无效宣告程序，就要看提出无效宣告请求所针对的专利是发明专利还是实用新型专利，若是发明专利，则应当使用"突出的实质性特点和显著的进步"，若是实用新型专利，则应当使用"实质性特点和进步"。又如，针对独立权利要求，可以出现"特征部分"和"区别技术特征"这样的专利术语；但是对于从属权利要求，与之相应的是"限定部分"和"附加技术特征"。在考试中出现错误的专利术语，也会导致扣分。

4. 通过模拟练习熟练掌握权利要求书撰写的思路

就权利要求书撰写的模拟练习而言，备考的考生应当通过模拟练习熟练掌握权利要求书撰写的思路。在本书第十二章将从应试角度说明撰写权利要求书的思路，提供给考生参考。但希望考生不要硬背撰写权利要求书的思路，而是通过亲自模拟练习的实践来理解这方面的内容，目前本书第十二章就是根据每年的试题内容逐渐补充完善后写成的，因此建议考生每做完一个模拟练习就认真总结一下，逐渐加深对权利要求书撰写思路的理解和应用能力。

除了通过模拟练习熟练掌握权利要求书撰写的思路外，还应当重点掌握独立权利要求撰写的步骤和技巧，尤其要体会如何通过概括方式撰写独立权利要求以取得更充分的保护而又相对于现有技术具备新颖性和创造性。在这方面需要注意应试与平时专利代理工作的实践有所区别，平时专利代理实践中为取得更宽保护范围，可以允许撰写的独立权利要求存在一些缺陷，然后在审批阶段按照审查意见通知书的意见修改权利要求书。但是在应试时，出现任何不符合《专利法》《专利法实施细则》和《专利审查指南 2010》规定的情况都要扣分，因此所撰写的独立权利要求（包括从属权利要求）都必须符合《专利法》《专利法实施细则》和《专利审查指南 2010》的规定。从历年试题评分标准来看，独立权利要求占有较高的分数份额，在备考时应当将独立权利要求的撰写练习作为一个重点。对于从属权利要求，通过模拟练习主要掌握如何对从属权利要求进行合理布局，此外还需要掌握什么样的优选特征必须作为附加技术特征写成一项从属权利要求，以及从属权利要求的撰写格式和引用关系。

5. 通过模拟练习熟练掌握实质审查程序的意见陈述书或咨询意见、无效宣告程序的请求书和意见陈述书或者咨询意见的内容和撰写格式

在专利代理实务科目考试中，对于实质审查阶段答复审查意见通知书的意见陈述书、无效宣告程序的无效宣告请求书和意见陈述书应当包括哪些内容和格式规范有一定要求，答题时应当包括应有的各个部分，以及合适的撰写顺序。咨询意见通常会在试题中明确需要写明哪几部分内容，但在平时练习时，应当将有可能在咨询意见中出现的内容都熟练掌握。本书第十三章和第十四章分别对实质审查阶段答复审查意见通知书的意见陈述书和咨询意见以及无效宣告程序的无效宣告请求书、意见陈述书以及咨询意见应当包括哪些部分和格式规范作了介绍，掌握这方面的内容并不难，但从考试情况来看，不少考生往往对此不够重视而丢分。希望考生通过平时的模拟练习达到熟练掌握这方面的内容，从而在考试时应用自如而不致有遗漏。尤其要注意应试与实际专利代理实务的不同，例如实际代理中答复审查意见通知书时，修改权利要求书后，只要所作修改符合《专利法》第三十三条和《专利法实施细则》第五十一条第三款的规定，可以在意见陈述书中仅仅针对修改后的权利要求书说明已消除审查意见通知书指出的实质性缺陷即可，即使在意见陈述书中未具体指明所作修改符合《专利法》及其实施细则上述条款的规定，也是允许的；但在考试时，意见陈述书中缺少这部分内容就会导致扣分。也就是说，为取得更好的成绩，考生在答题时所完成的上述意见陈述书和无效宣告请求书必须符合要求的规范格式。

二、考试时的应试技巧

除了应试前做好充分的准备，还需要注意考试特点，有条不紊地进行答题，现根据历年试题情况，对考生在应试时需要给予重视的几个问题加以说明。

1. 答题前认真仔细通读试题说明

尽管试题说明部分篇幅不长，多半不涉及试题具体内容，但是这一部分反映了考试的主要内容和答题要求，因此考生在应试时不要急于去阅读试题的具体内容，而应当首先认真、仔细地通读试题说明。

在阅读试题说明时应当注意如下几点。

（1）对试题涉及内容有一个总体了解，以便合理地分配时间。不少考生拿到试题后就按照试题顺序开始做题，在前面的试题中由于不太熟练而花费了较多的时间而导致最后来不及完成所有考试内容。例如，在 2007 年考题中，其考试内容包括无效实务和撰写实务两个部分，当年相当多的考生由于对第一题（无效实务试题）花费过多时间，而留给第二题（撰写实务试题）的时间过少，因而撰写实务试题部分未完成，从而影响总体得分；又如，在 2004 年的电学撰写实务考题中，包括权利要求书撰写和简答题两个部分，当年试题还标出这两部分各占 50 分，但也有一部分考生在撰写权利要求书时由于遇到了一些难点花费较多时间进行分析判断，最后在完成权利要求书后只留下半个小时来回答占有一半分值的简答题，影响了考试成绩；再如，2010 年的试题，由于试题的第二题要求论述所有独立权利要求具备新颖性和创造性的理由，当年的答案涉及四项独立权利要求，有一些考生在论述这四项独立权利要求具备新颖性和创造性均十分详细全面，致使最后一道 20 分的试题没有时间去完成。

（2）在试题说明中，通常会写明应试者需要完成的工作，阅读试题说明时应当记住答题包括哪些内容，从而在具体答题时及时给予注意，不要有遗漏。为方便最后检查是否完成了答题的所有内容，必要时对试题说明中以分散方式写明的需要考生完成的工作作出标记。以 2007 年专利代理实务科目试卷为例，两部分试题共涉及六个方面的答题内容，前一部分无效实务试题中明确写明三项答题内容，对于这种集中写明的答题内容在阅读试题说明中记住即可，而后一部分撰写实务试题中三项答题内容分散在多个段落中，因此在阅读试题说明时应当对这些答题内容给予足够注意，不要将其遗漏，且在阅读时作出标记，从而在阅读了试题说明后就能明确后一部分涉及哪些答题内容，所作出的标记也便于在答题结束时检查是否完成了所有答题内容。

（3）试题说明中如果包含简答题，需要注意这些简答题是与具体实务试题相关，还是与具体实务试题无直接关系。对于与具体实务试题无直接关系的内容（例如 2007 年有关无效期间专利文件修改的规定），则只需要依据专利法律法规的规定作答即可；而对于与具体实务试题有关的内容（例如 2000 年至 2004 年撰写专利申请文件中的简答题，2010 年专利代理实务科目试卷第三题中的简答题，2007 年至 2016 年专利代理实务科目试卷中有关多项发明是合案申请还是分案申请的简答题以及 2011 年专利代理实务科目试卷中，申请文件试题部分有关说明书充分公开方面的简答题），则应当结合具体案件情况加以分析再给出具体答案。

（4）在阅读试题说明时，应当对影响具体答题的条件作出标记。在试题说明中往往会涉及具体试题内容的答题条件，在阅读到这些内容时应当将其标注出来，以便在正式答题时能找到这些条件，从而能正确地答题。仍以 2007 年的试题为例，试题说明中在第一题中给出了提出无效宣告请求的日期，并给出了补充意见和补充证据的时间，有一些考生就未注意到这一条件，从而在答题时需要确定补充意见和证据是否超过期限时，在后面的具体试题中反复寻找仍未发现，既花费了不少答题时间，最后又因未在试题说明中查找到而影响了考试成绩。

（5）在阅读试题说明时，应当注意和领会答题须知。从历年试题来看，答题须知可能涉及两个方面。其一，提醒应试者局限在该试题提供的内容中答题，例如，在撰写实务试题中告知考生，仅依据客户提供的发明内容进行撰写，不要补充其他有关该发明主题的任何专业知识；在撰写或无效实务试题中要求考生接受并限于该试卷所提供的事实；在无效实务试题中告知考生不必考虑所提供对比文件的真实性，即这些对比文件均视为真实、公开的；这一方面的要求和提醒出于专利代理实务考试并不是考查考生的技术知识水平，而考查对《专利法》《专利法实施细则》和《专利审查指南 2010》的理解和应用，因此，考生在考试过程中应当接受试题所提供的信息，不必过多深究试题中涉及的技术原理或其他与考题考点无关的其他内容，以免考虑过多陷入思考误区从而影响考试，这样的规定可使答案相对集中，而不致出现五花八门的答案。其二，对考生答题提出的一些具体要求，例如，要求撰写的权利要求书中给出必要的附图标记，将答案写在正式答题纸的答题区域内，如不按照此要求去做就会影响最后的得分。此外，在 2000 年到 2004 年的试题说明中还对独立权利要求和从属权利要求的撰写提出了具体要求，但从 2006 年起已将这部分内容作为专利代理人应当掌握的内容写入考试大纲中，因而试题中不再在试题说明中提醒考生了。

2. 阅读试题具体内容应当认真仔细，并作出必要的归纳整理

由于专利代理实务科目试题涉及的具体内容较多，少者七八页，多者十几页，因此在考试时通常不可能对试题具体内容再阅读第二遍，因此在阅读试题具体内容时应当十分仔细，力求阅读一遍就抓住考题的关键，但是要求一次阅读没有遗漏也是不实际的，因此在阅读试题内容时应当作出必要的归纳整理，以便在具体答题时给予查阅和核对。

下面对于如何阅读试题具体内容给出几点参考建议。

（1）阅读试题具体内容时，根据不同的试题类型，重点关注不同的内容，并进行必要的归纳整理。例如，对于撰写专利申请文件的试题，重点关注其涉及哪些技术主题，并且这些技术主题相对于现有技术解决了什么样的技术问题以及通过什么技术手段解决了这些技术问题；对于答复审查意见通知书的试题，应当关注其权利要求书的技术方案，对比文件与该发明专利申请的相关性（对比文件的公开日或申请日与该发明专利申请的申请日或优先权日之间的关系，这些对比文件披露了权利要求中的哪些技术特征），从应试角度来看，更要注意说明书中还包含哪些元被对比文件披露的技术内容；对于无效实务试题，重点关注无效宣告请求涉及哪些无效理由，各个证据与该专利的相关性，各个无效宣告理由分别涉及哪些权利要求，增加无效理由和补充证据是否超出期限等。关于这方面内容将分别在本书第十二章、第十三章和第十四章进一步具体说明，在此不作详细说明。

（2）阅读试题具体内容时，将直接影响正式答题的内容加以标识。例如，对于撰写专利申请文件的试题，对客户提供的发明创造内容介绍可以标识涉及的技术主题、关键技术特征、附加技术特征，以及材料中的其他重要信息；对于答复审查意见通知书的试题，可以对各对比文件所披露的与权利要求书中各技术特征相关的内容作出标记，还可以将说明书中那些未记载在权利要求书中的技术特征，尤其是能产生进一步技术效果的技术特征作出标记；对于无效实务试题，可以将无效宣告请求书中无效宣告理由、各无效宣告理由所涉及的权利要求，以及各对比文件涉及的权利要求中的技术特征作出标记。作出标记后，将有利于在答题时翻阅查找，从而节约时间。

（3）阅读试题内容时，若涉及两种类型的试题，应当注意各类型试题内容之间的联系。由于考试时间的限制，若涉及不同类型的试题时，往往试题内容会有一定的关联，在阅读试题具体内容时应当根据两者相关联的情况，在阅读第一部分试题内容时，为另一类型试题内容做好准备，以节约时间。例如，在2007年的试题中，将无效实务试题中的说明书作为申请实务试题中客户提供的发明内容介绍，而将无效实务试题中的无效证据作为撰写权利要求书时所了解的现有技术，这样在阅读无效实务试题内容的同时关注一下说明书中涉及哪些技术主题等内容，为后一部分申请实务试题做一定准备。需要注意的是，同样是包括无效实务试题和申请实务试题两部分的2009年、2011年、2012年、2015年和2016年专利代理实务科目试卷，两部分试题关联程度不同，前一部分无效实务试题的专利文件成为后一部分申请实务试题中的现有技术，则在完成第一部分无效实务试题后对专利文件说明书中的关注就可以相对减少一些，主要关注与技术交底材料中改进发明相关的内容。其实，在2006年和2008年的专利代理实务试题中虽然仅涉及审查意见通知书的答复，但当时的试题揉入了考核权利要求书撰写的内容，因此在阅读该专利申请说明书时，还必须同时为撰写权利要求书做好准备。考虑到修改后的《专利审查指南2010》已明确在答复审查意见通知书时不得主动增加独立权利要求和从属权利要求，则像2006年和2008年这种未明示的揉入考核权利要求书撰写的方式不会再被采用。在这种情况，就有可能像2014年的专利代理实务科目试卷那样将前一部分审查意见通知书答复试题中的专利申请文件作为后一部分申请实务试题中的现有技术，当然也还可能出现利用该专利申请的说明书要求考生重新撰写权利要求书的可能性（目前还未出现过这样的试题），若属于这种情况，在为答复审查意见通知书的试题而阅读试题具体内容时，还应当为撰写新的权利要求书做好准备。

3. 具体答题时应当条理清晰地完成所有答题内容

前面所述内容为具体答题做好了准备工作，而阅卷则是依据具体答题内容给予判分，因此，具体答题工作的好坏直接对考试能否取得好成绩起着最重要的作用。为了做好具体答题工作，首先需要针对具体试题内容按照正确的应试思路去考虑，这是极为关键的一步，为此本书第十二章、第十三章和第十四章重点说明各种类型专利代理实务试题的答题思路。但是，有了正确的答题分析思路，还需要将其反映到考生所完成的具体答题内容上，现对三类试题在具体答题中应当予以注意的共同之处作一说明，以帮助考生条理清晰地完成所有答题内容。

（1）答题时应当抓住整个试题的重点和各类型试题的重点。对于试题内容涉及两类考题内容的，除了需要针对两种类型合理分配时间外，还需要根据这两种类型试题所涉及考点的多少更合理地分配时间。以2007年和2009年专利代理实务科目试卷为例，均涉及无效实务试题和申请实务试题两个部分，2007年无效实务试题的考点相对较少，❶而申请实务试题的考点较多，因此答题的重点在申

---

❶ 无效实务部分的分值占总分150分的70分。

请实务部分，应当为后一部分申请实务试题留出足够长的答题时间。2009 年与 2007 年是同样的试题结构，但无效实务试题的考点较多，而申请实务试题的考点相对少一些（无效实务试题占 80 分，申请实务试题占 70 分），因此相对于 2007 年而言，无效实务试题部分的答题应当花费稍多一些时间，申请实务试题部分可以稍少一些时间，但也不能留得过少，仍应留出足够的时间来完成申请实务试题的答题。

此外，对于任何一种类型的实务试题，也应当抓住重点。例如，对于权利要求书的撰写，重点在独立权利要求，其中又以抓住为技术方案带来新颖性和创造性的关键技术特征最为重要，不仅因为其所占分值较高，而且独立权利要求撰写得正确与否也将会影响从属权利要求的得分；同样，另行提出一件专利申请（较早的几年考题中称为"分案申请"）的独立权利要求相对于该申请的独立权利要求来说也是次要的。对于未揉入权利要求书撰写在内的答复审查意见通知书，虽然在答复审查意见通知书之前，应当先行修改权利要求书，但重点应当放在意见陈述书的撰写上。当然如果今后的试题中明确了要为申请人重新撰写一份在申请时提交的新的权利要求书，则两者均是重点，分值应该不会相差太大，甚至在个别情况还可能出现撰写权利要求书的分值高于修改权利要求书和意见陈述书的分值，这需要根据试题具体内容加以确定。

对于无效实务试题中有关无效宣告请求书的试题，首先要区分是仅撰写无效宣告请求书（如 2011 年），仅撰写咨询意见（如 2015 年），还是既有无效宣告请求书又有咨询意见（如 1994 年、1996 年和 2016 年），若包含无效宣告请求书的撰写和向客户提供咨询意见两方面内容，通常重点在无效宣告请求书或者两方面都比较重要（如 2016 年），但不排除在特定情况下像 1996 年无效实务试题那样重点在咨询意见上。此外，就试题中涉及不同实体问题的考点来说，也应当抓住重点，通常有关新颖性和创造性的论述相对于其他方面应当作为重点，这一方面的论述往往占有较大的份额，几乎每一年的试题重点都在新颖性和创造性，所占分值较大。总之，抓住重要得分点，对于合理分配考试时间非常重要。在重要问题上花费充分必要的时间，仔细推敲，而对于次要问题不应花费过多的时间，在时间不够用的情况，不要因小失大。

（2）答题时针对试题的每一个考点，应当条理清晰地作出说明，既要结合具体案情作出说明，又要以《专利法》《专利法实施细则》和《专利审查指南 2010》中的规定为依据。例如，对于创造性的论述，应当体现出其论述步骤，在论述具备创造性时，既要论述具有突出的实质性特点（或实质性特点），又要论述具有显著的进步（或进步）。❶ 在论述具有突出的实质性特点时，一方面应针对试题内容具体说明对比文件中披露以及在何处披露了权利要求中的技术特征，另一方面又应当按照《专利审查指南 2010》中给出的"三步法"清晰地论述为何具有突出的实质性特点。总之，既要清楚地按照《专利审查指南 2010》的规定说明理由，又应当注意表述简洁，写入重要的关键话语，而不要写入过多的套话或无关紧要的话语。例如，在 2008 年答复审查意见通知书的意见陈述书中，对于权利要求书得到说明书支持的论述，仅需要依据《专利审查指南 2010》中的规定，指出"在判断权利要求是否得到说明书支持时，应当考虑说明书的全部内容，而不是仅限于具体实施方式部分的内容"，然后具体指出说明书中哪几段写明了相关内容，在此基础上进一步说明本领域的技术人员根据说明书中记载的内容能够得知其适用权利要求所涉及的保护范围，以证明修改后的权利要求书能够得到说明书的支持，文字不多，但写明了这一考点所要求的所有内容。

（3）完成每一部分试题后，应当检查一下所作的答案中是否有遗漏，及时将遗漏部分补上。这种检查包括两个方面。其一，检查是否针对这一部分考题的所有内容给出答案，例如 2007 年无效实务试题中包括三个答题内容，前两个内容为涉及权利要求书修改和撰写意见陈述书的具体实务试题，最后一个是简答题，有一部分考生在做完前两个具体实务试题后就直接做撰写实务试题，而遗漏了

---

❶ 在论述不具备创造性时只要按照《专利审查指南 2010》中给出的"三步法"论述为何不具有突出的实质性特点，而不必再具体说明其是否具有显著的进步。

仅需按照《专利审查指南 2010》规定给出答案的简答题，造成了失分，如在完成这一部分试题后及时进行检查，就能避免这种扣分的失误，这一点对于 2007 年申请实务试题部分未集中写明考生应当完成的答题内容来说，答题后的检查更为重要。其二，针对其中一项答题内容检查是否有内容遗漏。例如，2008 年审查意见通知书中既涉及新颖性和创造性，又涉及权利要求书以说明书为依据，则在意见陈述书中既要说明修改后的权利要求书具备新颖性、创造性，又要说明修改后的权利要求书得到说明书的支持；又如，2007 年试题的无效宣告请求书中既涉及新颖性和创造性，又涉及权利要求书未清楚地限定要求专利保护的范围，则应当在意见陈述书中既要论述采用合并式修改的独立权利要求相对于所有可采信的证据具备新颖性和创造性，又要论述其清楚地限定权利要求保护的范围；再如，2014 年的答复试题中对权利要求 1 来说既涉及新颖性又涉及独立权利要求缺少必要技术特征，则在咨询意见中既要针对权利要求 1 是否缺少必要技术特征作出分析，又要对其是否具备新颖性作出分析，而对于权利要求 2 既涉及其相对于对比文件 1 和 2 的结合不具备创造性又涉及相对于对比文件 2 和 3 的结合不具备创造性，就要针对两种结合方式分别说明审查意见是否正确。如涉及多个方面，缺少相应的部分就会造成失分。尽管总体来看论述应当以新颖性和创造性为重点，但即使遗漏不是重点的部分，也会被扣去较多的分值，例如 2008 年未针对权利要求书以说明书为依据进行论述，至少会被扣去 10 分，这种失分同样会对考试成绩产生相当大的影响。

（4）对于采用纸质试卷的考生，答题时应当注意卷面整洁。对于纸质试卷，由于考试时用笔书写，进行修改就比较困难，容易造成卷面上答题内容的交叉，致使判分时出现得分点遗漏，因此采用纸质试卷的考生在答题时应当保持卷面整洁。鉴于在应试时修改答案是经常会发生的，为了便于修改，建议考生书写的字尽可能稍小一些，使两行之间留有足够的行距，这样修改就比较方便，可以在两行之间的空白处进行，对卷面整洁的影响较小。

以上根据专利代理实务考试的特点、历年专利代理实务试题的内容以及历年考生的答题情况，对考生在考前的准备工作以及考试过程中应当予以注意的问题作了介绍，希望对考生参加专利代理实务科目的考试有所帮助。

第十二章　专利申请文件撰写试题的应试

为了帮助考生掌握专利申请文件撰写试题的应试思路，本章先简要说明一下专利申请文件撰写试题中要求考生完成的主要工作内容，以及对作为专利代理人的考生在其完成这些主要工作内容中提出的要求，然后重点说明考生在完成专利申请文件撰写试题主要工作内容时的应试思路。

第一节　专利申请文件撰写试题的主要工作内容

下面根据考试大纲和对历年专利代理实务科目涉及专利申请文件撰写的试题的了解，简单介绍一下考生在应试这类考题时所要完成的主要工作内容以及对考生在完成这些工作内容时所提出的要求。

一、主要工作内容

按照考试大纲的规定，对于专利申请文件的撰写需要专利代理人能够准确掌握并综合运用《专利法》《专利法实施细则》《专利审查指南 2010》以及其他有关规定，撰写能有效而又合理地保护发明创造的说明书和权利要求书。具体说来，专利代理人应当具有为客户撰写权利要求书和说明书（包括其摘要）这两个专利申请文件的能力，即根据客户所提供的介绍发明创造内容的资料以及所提供的现有技术（必要时包括受客户委托进一步检索找到的现有技术）为客户撰写权利要求书和说明书。但是，由于受到考试时间的局限，加上试题中客户对发明创造内容的介绍基本上应当视为说明书具体实施方式的内容，因此专利申请文件撰写试题主要涉及权利要求书的撰写，至多涉及说明书中的部分内容，例如2000年至2004年的专利申请文件撰写试题中以简答题的方式涉及说明书中发明名称、发明内容中要解决的技术问题和有益效果、说明书摘要这几部分内容的撰写，或者让考生以请客户补充资料的方式考核与说明书具体实施方式部分有关的内容，但从2006年以来因试题中还涉及与实质审查和无效宣告程序有关的试题内容，有关说明书部分的内容有所减少，例如在2012年、2014年和2016年的专利申请文件撰写试题中以简答题的方式仅涉及发明内容中要解决的技术问题和有益效果，2011年的专利申请文件撰写试题中涉及说明书具体实施方式部分有关充分公开与保留技术秘密之间的关系。

因此，根据近十来年专利代理实务考试中有关专利申请文件撰写的试题，考生在应试时完成的主要工作可能包括三个方面：

（1）为客户撰写能有效而合理保护发明创造的权利要求书。

（2）必要时在向客户建议另行提出专利申请的基础上为另行提出的专利申请撰写权利要求书或仅撰写独立权利要求。

（3）以简答题的方式考核考生有关专利代理实务的水平和能力。根据历年试题来看，简答题可能涉及与权利要求书撰写思路有关的简答题，与客户进行必要沟通的简答题，与撰写说明书部分内容有关的简答题，反映考生答复审查意见通知书能力的简答题，以及专利实质审查基本知识有关的简答题。根据近几年的试题来看，有关多项发明合案申请还是分案申请（单一性判断）几乎是每年必考的简答题，其次是论述所撰写的各项独立权利要求具备新颖性和创造性，再有就是说明独立权利要求相对于现有技术所解决的技术问题和有益效果。

二、就撰写专利申请文件而言对以专利代理人身份参加应试的考生提出的要求

作为专利代理人，在完成撰写专利申请文件时应当正确处理依法申请和充分维护客户利益的关系。也就是说，所撰写的专利申请文件应当符合《专利法》《专利法实施细则》《专利审查指南2010》的规定；但是，在合法的前提下应当尽可能为委托人谋求最大的保护范围。

具体来说，作为以专利代理人身份参加应试的考生，在撰写专利申请文件时应当注意满足如下要求。❶

（1）正确理解发明创造的内容。即通过对客户提供的有关发明创造的技术资料（包括客户提供的现有技术）能够正确、全面地理解客户所提供的发明创造及其各个具体实施方式。

（2）正确确定能够获得专利权的申请主题。即排除那些不属于专利保护客体的主题，并能够依据客户提供的有关发明创造的技术资料和相关现有技术以及为客户检索到的现有技术，准确把握其发明构思，以确定能够获得专利权的申请主题。

（3）撰写的每项权利要求所要求保护的主题，均应当属于能够获得专利保护的主题，并且相对于客户提供的现有技术和为客户进一步检索所找到的现有技术具备新颖性、创造性和实用性等实质性授权条件。

（4）权利要求书以说明书为依据。即撰写的每项权利要求应当得到说明书的支持，也就是说，每项权利要求所要求保护的技术方案均应当是所属技术领域的技术人员能够从说明书记载的内容中直接得到或概括得出的技术方案，权利要求限定的要求专利保护的范围不得超出说明书公开的范围。

（5）权利要求书应当清楚、简要地限定要求专利保护的范围。即每项权利要求的类型应当清楚，

---

❶ 此要求是根据考试大纲和历年试题中提出的要求归纳而成。

每项权利要求所确定的保护范围应当清楚，而且权利要求之间的引用关系也应当清楚；每项权利要求应当简要，且构成权利要求书的所有权利要求作为一个整体也应当简要。

（6）满足单一性要求。当权利要求书所要求保护的主题包含两项以上发明或者实用新型时，它们应当属于一个总的发明构思，即在技术上相互关联，包含一个或者多个相同或者相应的特定技术特征。但是，在符合单一性的要求下，应当包括尽可能多的技术主题（即在符合单一性的要求下包括更多的独立权利要求）。此外，如果要求保护的多项主题不属于一个总的发明构思，应当再另行提出一件或多件专利申请。

（7）独立权利要求应当具有尽可能大的保护范围。在撰写独立权利要求时，除了应当记载解决技术问题的必要技术特征外，还应当为客户谋求尽可能充分的保护，即不要写入非必要技术特征，尽可能采用概括方式表述技术特征等。

（8）独立权利要求通常应当采用两部分格式撰写，即划分成前序部分和特征部分，除非发明创造性质不适合采用这种表达方式。

（9）为使专利申请在授予专利权后更有利于维持专利权，应当为其建立多道防线，即在权利要求书中写入必要的、数量合适的从属权利要求。这些从属权利要求应当包括引用部分和限定部分。

（10）独立权利要求和从属权利要求的撰写应当符合《专利法》《专利法实施细则》和《专利审查指南2010》的规定。

（11）说明书的内容应当清楚，用词应当准确，内容应当完整，使所属技术领域的技术人员按照说明书记载的内容不需要再付出创造性的劳动，就能够实现发明或者实用新型的技术方案，解决其技术问题，产生预期的技术效果，即说明书应当满足充分公开发明或者实用新型的要求。

（12）正确撰写说明书的各个部分及其摘要。说明书各个部分的撰写应当符合《专利法实施细则》和《专利审查指南2010》的有关规定（具体的相关规定可以参见本书第一部分相关内容以及《专利审查指南2010》第二部分第二章的相关规定），此外，说明书各部分的撰写应当与所撰写的权利要求书相适应。

第二节　撰写权利要求书的应试思路

下面针对近几年专利代理实务科目涉及专利申请文件撰写的试题，向考生介绍撰写权利要求书时的应试思路。为帮助考生更好地掌握应试工作，在向考生介绍应试总体思路的基础上结合应试过程中的具体工作说明如何体现应试思路。

一、应试总体思路

考生在解答撰写专利申请文件的试题时，通常先针对试题材料进行认真的阅读和分析，然后根据具体分析完成权利要求书的撰写。按照近几年的申请实务试题考核的重点采看，在这两个阶段按照下述总体思路进行，有助于取得较好的成绩。

（1）阅读客户提供的有关发明创造的技术资料（包括客户提供的现有技术），正确且全面地理解客户所提供的发明创造涉及哪些可授予专利权的主题、每个主题作出了哪几方面改进，以及每个主题所包含的各个具体实施方式。理解到位是撰写权利要求书的基础，而在考试中许多考生经常没有全面理解或者没有注意到技术资料的相关重要信息，而导致不能撰写出合适的独立权利要求以及必要而又数量合适的从属权利要求。

（2）正确理解已获知的现有技术（包括客户提供的有关发明创造的现有技术以及为客户补充检索到的现有技术）的内容，明确其公开了客户的发明创造的哪些技术特征（包括隐含公开的内容），从而确定能够获得专利权的申请主题。

（3）如果确定有多项能够获得专利权的申请主题，从中确定一项最主要的申请主题，针对该申请主题弄清其相对于现有技术（尤其是最接近的现有技术）作出了哪几方面的改进以及这几方面改进的关系，以确定该申请主题相对于最接近的现有技术作出了几项发明创造，并从中确定最重要的一项发明创造。

（4）针对最重要的一项发明创造，确定其要解决的技术问题，如果其涉及多个实施方式，在分析这些实施方式关系的基础上，确定独立权利要求和从属权利要求的撰写布局，在此基础上撰写独立权利要求，并针对该最重要的发明创造撰写合理数量的从属权利要求。

（5）针对最主要申请主题的其他发明创造和/或针对其他能够获得专利权的申请主题进行分析，判断其与上述最主要申请主题中最重要的发明创造之间是否满足单一性的规定。针对那些与上述最重要的发明创造具有单一性的其他发明创造和/或其他主题，撰写并列独立权利要求和合理数量的从属权利要求。

（6）针对那些与上述最重要的发明创造不具有单一性的其他发明创造和/或其他主题，可以建议客户（必要时请客户补充有关资料后）另行提出专利申请，并根据试题要求撰写相应的独立权利要求或者权利要求书。

二、应试过程中为体现应试思路在各阶段需要做的具体工作

下面针对应试过程中阅读分析试题和撰写权利要求书两个阶段以及试题中包含简答题的情况，具体说明为体现应试思路所需要做的具体工作。

（一）阅读分析试题，确定能够获得专利权的申请主题

在阅读试题时，考生应当通过理解客户提供的对发明创造内容的介绍以及与现有技术（客户提供的现有技术以及受客户委托检索到的现有技术）进行分析对比，确定能够获得专利权的申请主题，并且通过对每个申请主题多方面改进和各个实施方式的具体分析，掌握其发明构思和进一步的改进措施，为撰写权利要求书做好准备。

1. 阅读分析试题，确定申请主题

在阅读分析试题过程中，应当根据客户提供的有关发明创造的技术资料确定涉及哪些属于专利法意义上的保护客体的申请主题。

在确定这些申请主题时，一方面应当注意是否还存在客户未明确要求保护但可以属于专利保护客体的主题。例如，2002年的化学专业试题中尽管客户提供材料的文字部分仅明确其发明了一种制备颗粒平均直径小而浓度高的碱性二氧化硅溶胶的方法，但应当将这种颗粒平均直径小而浓度高的碱性二氧化硅溶胶作为一个能够获得专利权的申请主题；又如，2008年的专利代理实务试题中还应当将用作油炸食品制备方法中的添加剂组合物作为一个能够获得专利权的申请主题。另一方面，一定要将不属于专利法意义上的发明和实用新型保护客体排除在专利申请之外。例如，2012年专利代理实务科目试卷中有关专利申请文件撰写试题部分应当将客户在技术交底材料中要求保护的广告方法排除在申请主题之外；又如，2009年专利代理实务科目试卷中有关权利要求书撰写的试题部分就不能将"一种止鼾的方法"作为申请主题。

考生在阅读分析试题时，可以对所确定的能够获得专利权的申请主题作出标记，以便在完成权利要求书撰写之后检查是否遗漏了一些应当写入权利要求书中的申请主题。

为帮助考生理解这一步工作的重要性，现将历年专利代理实务试题中涉及多项申请主题的情况简单归纳如下。

2000年化学专业试题，由客户提供的资料的第一段文字可知该发明创造涉及非水性电解液的添加剂、非水性电解液和可充电锂电池三项申请主题。

2002年化学专业试题，虽然客户提供的资料中写明的是发明了一种制备颗粒平均直径小而浓度

高的碱性二氧化硅溶胶的方法，但更应当将这种颗粒平均直径小而浓度高的碱性二氧化硅溶胶产品作为一项更重要的技术主题，该项发明创造共涉及碱性二氧化硅溶胶、其制备方法和三种应用（用作絮凝剂、造纸添加剂、制备铅酸电池的不流动凝胶电解质）以及不流动凝胶电解质的制备方法和其用途七个申请主题。

2004 年化学专业试题，虽然客户提供的资料中写明的是发明了一种即溶性粉末饮料的制备方法，但还应当将即溶性粉末饮料产品作为一项申请主题。❶

2006 年专利代理实务试题，说明书最后一段文字还体现可以将衣架作为一项申请主题。❷

2007 年专利代理实务科目试卷中有关权利要求书撰写部分试题，由具体实施方式文字部分记载的内容可知，该发明创造涉及包装体、包装体长带、包装体供给方法和包装本供给系统四项申请主题。

2008 年专利代理实务试题，由说明书具体实施方式部分可知，该发明创造涉及油炸食品制作方法、油炸食品制作设备、油炸食品以及添加到油脂中的组合物四项申请主题。

2009 年专利代理实务科目试卷中有关权利要求书撰写部分的试题涉及止鼾枕头和止鼾方法两项主题，但止鼾方法不属于专利保护客体。

2010 年的专利代理实务试题中的第一题，由客户提供的交底材料可知，该发明创造涉及食品料理机、其制浆方法❸、食品料理机的电路控制器件和电路控制方法四项申请主题。

2013 年的专利代理实务试题的技术交底材料中涉及垃圾箱和利用垃圾箱做广告的方法，但广告方法不属于专利保护客体。

2011 年、2012 年、2014 年、2015 年和 2016 年均只涉及一项要求保护的客体，分别为内置调味材料的瓶盖组件、冷藏桶、光催化空气净化器和卡箍。

2. 正确、全面理解每一个申请主题

正确、全面地理解客户所提供的技术交底材料中所涉及的每一个申请主题，为针对每一个申请主题撰写独立权利要求和从属权利要求做好准备。

（1）首先，应当确定每一个申请主题相对于现有技术所存在的技术问题作出了那几方面的改进。根据历年试题来看，有三种出题方式，现分别加以说明。

最多的一种出题方式如 2009 年、2011 年、2012 年、2014 年至 2016 年的申请实务试题：在技术交底材料的第一段中写明现有技术所存在的技术问题（均为两个），然后，明确写明为解决这几个技术问题分别采取了什么措施，再结合附图描述的具体结构对所采取的措施加以展开说明（如 2009 年、2012 年），或者结合附图描述具体结构时写明为解决这几个技术问题所采取的措施（2011 年和 2016 年的试题中通过一种改进措施同时解决了技术交底材料第一段中所写明的两种现有技术分别存在的不同的技术问题，2014 年先结合附图针对第一个技术问题作出的改进作出具体说明再结合另一些附图针对第二个技术问题作出的改进作出具体说明，2015 年在结合附图描述的三个实施例中具体说明针对第一个技术问题作出的改进措施，且在前两个实施例中针对第二个技术问题作出的改进措

---

❶ 当年确定的阅卷答案中认为应当将即溶性粉末饮料产品也作为一项申请主题，但根据《专利法》第十一条的规定，制备方法延伸到由该方法直接获得的产品，因此是否还要再写一项产品权利要求是需要商榷的。

❷ 《2006 年全国专利代理人资格考试试题解析》专利代理实务试卷中将衣架还作为一项申请主题，但是在机械领域和电学领域多半在针对部件写了一项独立权利要求后，不再撰写一项在特征部分为包含该部件的产品独立权利要求，因此在近几年的试题解析中在针对部件撰写了独立权利要求后，不再要求撰写一项包含该部件的产品独立权利要求。例如，2011 年的专利申请文件撰写试题部分的答案中仅针对内置调味材料的瓶盖组件撰写一项独立权利要求，而不再针对瓶装饮料再撰写一项独立权利要求了。

❸ 《2009 年全国专利代理人资格考试试题解析》专利代理实务试卷第一题的答案中将制浆方法也作为一项申请主题，但当年大部分观点认为该方法实际上是食品料理机的常规运行方法，无须再写一项独立权利要求。鉴于此，2015 年的试题中尽管还写明了卡箍的安装，由于其是由卡箍结构所决定的使用方法或操作方法，因此仅要求将卡箍作为要求保护的申请主题，而不再将卡箍安装方法作为一项要求保护的申请主题。

施作了简要说明）。

另一种出题方式是在技术交底材料中结合附图描述发明内容时写明其为解决技术问题作出的改进：2010年专利代理实务科目试卷的第一题（申请实务试题）的技术交底材料中先结合附图说明食品料理机的结构后说明其带来的技术效果（相当于要解决的技术问题），此后又给出了解决同一技术问题、但与前一改进措施不相关的另一方面改进；2013年的申请实务试题部分先在技术交底材料的第一段中写明最接近的现有技术所存在的技术问题，然后具体说明针对该技术问题所采取的改进措施，此后又指出其所存在的两方面技术问题及所采取的改进措施。

还有一种出题方式如2002年和2004年的机械领域专利申请文件撰写试题那样，在客户给出的现有技术的最后说明其存在几个技术问题，技术交底材料中结合附图描述其所作出的改进措施，并说明如何解决这几个技术问题。

（2）其次，应当弄清各个申请主题分别包含哪几种具体实施方式。现以历年与专利申请文件撰写有关的试题为例加以说明。

例如，2000年、2002年和2004年的机械专业试题中只涉及一个申请主题，该申请主题都只包括两种实施方式；2000年、2002年和2004年的电学专业试题也只涉及一个申请主题，分别包括三种、五种和两种实施方式；2007年专利代理实务试题中有关专利申请文件撰写部分涉及四个申请主题，其中包装体和包装体长带两个申请主题分别包括三种实施方式，而包装体供给方法和包装体供给系统则均只涉及一种实施方式；2008年答复审查意见通知书试题所揉入的权利要求书撰写的内容涉及四个申请主题，其中油炸食品制作方法和油炸食品以及用作油炸方法添加剂的组合物这三个申请主题均只涉及一种实施方式，而油炸食品制作设备给出两种实施方式；2009年专利代理实务科目试卷中有关专利申请文件撰写试题涉及的止鼾枕头申请主题的第二方面改进给出两种实施方式；2011年专利代理实务科目试卷中有关专利申请文件撰写试题涉及的瓶盖组件申请主题，2012年专利代理实务科目试卷中有关专利申请文件撰写试题涉及的冷藏箱申请主题的第一方面改进，2013年专利代理实务科目试卷中专利申请文件撰写试题涉及的有关大型公用垃圾箱申请主题和2014年专利代理实务科目试卷中专利申请文件撰写试题涉及的光催化空气净化器所作两方面改进各给出两种实施方式；2015年专利代理实务科目试卷中专利申请文件撰写试题涉及的卡箍申请主题的第一方面改进给出三种实施方式。

（3）应当针对每一个申请主题分析其发明构思，其中，对于涉及多处改进的申请主题应当关注其相对于现有技术作出的几方面改进之间是并列关系还是主从关系。对于为并列关系的多方面改进，多半可分别撰写独立权利要求，而对于为主从关系的多方面改进，则针对主要改进撰写独立权利要求，并将次要改进撰写成反映主要改进的独立权利要求的从属权利要求。对于涉及多个实施方式的申请主题或其某一方面改进，需要分析这几种实施方式之间是并列关系还是主从关系。对于为并列关系的实施方式，需进一步分析哪些技术特征是这几种实施方式的共同技术特征，彼此不同的那些技术特征可否采用概括性技术特征来描述，从而为撰写该申请主题或其某一方面改进的独立权利要求做好准备。至于如何通过对每一申请的具体分析撰写独立权利要求将在后面撰写权利要求书过程中作具体说明。

（4）在针对每一个申请主题分析其发明构思时，应当同时关注各个实施方式中的优选方案，例如，以"优选""最好"等词引导的技术特征，或者通过"可以"等词引导的话，若在其后描述了达到更佳的效果的技术特征就意味着这些技术特征可能是优选的技术特征，从而为该申请主题撰写从属权利要求做好准备。必要时还需区分其是某一种实施方式中的优选技术特征，还是哪几种实施方式共有的优选技术特征，以便在以该优选技术特征作为附加技术特征撰写从属权利要求时确定其引用部分的引用关系。

考生在阅读分析试题时可以在试卷卷面上对上述重要内容，例如，对体现申请主题发明构思的技术特征、优选技术特征作出标记，以便于在撰写权利要求书时查找有关内容。

（5）对于试题说明中以明示或暗示方式表明需要与客户沟通以补充有关资料或者向客户给出建议的情况，在正确、全面地理解客户所提供的技术资料中所涉及的每一个申请主题时，还应当关注客户所提供的有关发明创造的技术交底材料中是否缺少其作为申请主题提出时应当补充的材料、存在需要客户给予补充说明或给予解释的内容或者需要向客户给出建议的内容。

例如，2002年和2004年化学专业试题对于其中部分主题就涉及四个方面内容：为使说明书充分公开而需要客户补充有关实验数据；为满足客户所要求的保护范围而需要客户补充足够的实施例或实施方式来支持相应的权利要求；对于提供材料不清楚之处需要客户予以说明和解释；发明创造内容还包含有与最主要申请主题之间不具有单一性的申请主题，建议客户另行提出一件专利申请。为帮助考生在试题出现类似要求时有足够的思想准备，现针对这四个方面简要说明哪些内容在应试时应当给予关注，以供考生答题时参考。关注是否缺少说明书充分公开发明的内容，例如，技术方案的成立需要实验数据支持而未给出相应实验数据，新的化学物质未给出一种制备方法，就某一申请主题仅给出设想而无具体技术方案等；为支持客户所要求的保护范围而需要补充足够实施例或实施方式，例如缺少数值范围上下限附近的实施例，缺少支持从属权利要求优选方案的实施例，缺少应用独立权利要求的实施例等；关注所提供技术资料中是否存在不清楚之处而需要客户给予解释的内容，例如实施例或实施方式中未明确说明其应当具有的技术效果，百分含量未说明按体积还是按重量计算等；如果发明创造存在多个可给予专利保护的主题，其中有一部分申请主题与最主要的申请主题之间不属于一个总的发明构思，则应当建议客户另行提出一件专利申请，必要时需要客户补充有关材料后再另行提出专利申请，并建议客户尽快补充有关材料，争取在同日另行提出一件专利申请，除非该专利申请的申请文件中不涉及另行提出专利申请的申请主题的内容。同样，对于试题中包含有请客户补充有关材料和/或向客户给出建议等内容的简答题的情况，在阅读分析试题时发现存在上述需要客户给予补充材料、予以解释和说明的内容和/或需要向客户提出建议的内容，可以在卷面上作出标记，以便在回答有关简答题时针对作出标记之处给出答案，而不必再阅读一遍试题。

3. 通过与现有技术的对比分析，将不具备新颖性或创造性的主题，或者该申请主题中不具备新颖性或创造性的某一方面改进或某一具体实施方式排除在申请主题之外

将上述初步确定的申请主题及其各个具体实施方式与客户提供的现有技术以及检索到的现有技术进行对比，将那些与现有技术相比明显不具备新颖性或创造性的主题（包括其中没有新颖性或创造性的某一方面改进或某一具体实施方式）排除在该专利申请要求保护的申请主题之外。其实，在阅读分析客户所提供的发明创造技术材料确定其所涉及的申请主题时就应当将明显不具备新颖性的主题排除。例如，在2000年化学专业试题中，虽然由客户提供的材料的第一段文字可知该发明创造涉及非水性电解液的添加剂、非水性电解液和可充电锂电池三项申请主题，但在客户提供的材料的第二段中还明确写明该发明所使用的添加剂是现有技术中已知的，由此可知非水性电解液的添加剂这一技术主题相对于现有技术不具备新颖性，因此不应当再将此技术主题确定为申请主题，即应当仅仅将非水性电解液和可充电锂电池确定为申请主题；又如，2002年的化学专业试题中的碱性二氧化硅溶胶作为絮凝剂的应用以及作为造纸添加剂的应用是碱性二氧化硅溶胶的常规应用，即这两种应用相对于现有技术不具备创造性，因此应当将这两项碱性二氧化硅应用的技术主题排除在申请主题之外。除此之外，在正确、全面地理解客户所提供的技术材料中所涉及的每一个申请主题之后，还应当将每一申请主题的各方面的改进以及其各个具体实施方式与现有技术，尤其是受客户委托而检索到的现有技术进行对比分析，再将那些与现有技术相比明显不具备新颖性和创造性的技术主题、其某一方面改进或者其某一具体实施方式或实施例排除在申请主题之外。例如，在2000年机械专业试题中，饮料容器开启装置第一方面改进（防止饮料容器开启后拉片与容器分离）相对于检索到的现有技术不具备新颖性，因此不再针对这一方面改进撰写独立权利要求；又如，在2004年电学专业试题中，电源电路的第二种实施方式相对于客户提供的现有技术和检索到的现有技术不具备创造性，因而应当将此第二种实施方式排除在专利申请主题之外；再如，2008年专利代理实务试题原题中三个申请主题中的油炸食品这一主题相对于对比文件2不具备新颖性，在原题答案部分所修改的权利要求书（揉入了对专利申请文件撰写的考核内容）中删除了油炸食品这一申请主题。此外，油炸食品制作设备中的第一种实施方式也已被对比文件1公开，也不具备新颖性，因此在修改的权利要求书中也应当将这种实施方式排除在要求专利保护的申请主题之外。

4. 确定最主要的申请主题

在正确、全面地理解客户所提供的技术资料中所涉及的每一个申请主题和剔除明显不具备新颖性和创造性的技术主题之后，从余下的申请主题中确定该发明创造中最主要的申请主题。这可以从技术主题的重要性，尤其对现有技术作出贡献的大小来确定，选择可为申请人提供最大可能保护范围的技术主题。通常应当将作为该发明创造基础的申请主题作为最主要的申请主题，例如，在2000年化学专业试题中，由于非水性电解液是对可充电锂电池作出改进的基础，因此应当将非水性电解液作为该申请最主要的申请主题，2007年专利代理实务试题专利申请文件撰写部分中包装体是包装体长带的主体部分，即包装体长带由多个包装体连接而成，而包装体长带是供给方法和供给系统这两项申请主题的基础，因此应当将包装体作为最主要的申请主题。但是，在某些情况下，还必须考虑以哪一项申请主题作为最主要的申请主题能得到更充分的保护，例如，对于产品和制备该产品的方法均为可以获得专利权的主题时，将该产品作为最主要的申请主题能得到更充分的保护，不仅能保护用这种方法生产的产品，而用其他方法生产的产品也落在该发明专利的保护范围，而写成方法和按照此方法生产的产品这两项申请主题的话，则只能保护用这种方法获得的产品。例如，在2002年化学专业试题中，对于碱性二氧化硅溶胶和制备碱性二氧化硅溶胶的方法两项申请主题，应当以碱性二氧化硅溶胶作为最主要的申请主题。但是，需要注意的是，如果产品本身相对于现有技术不具备新颖性或创造性，则应当仅要求保护制备该产品的方法。例如，2008年答复审查意见通知书的试题中所揉入的权利要求书的撰写内容，由于油炸食品相对于对比文件2不具备新颖性，则应当从油炸食品制作方法和制作设备两项申请主题中确定最主要的申请主题，考虑到油炸食品制作设备是由油炸食品制作方法这一申请主题衍生出来的，处于附属地位，因此应当将油炸食品制作方法作为最主要的申请主题。

对于同一申请主题有多方面并列改进的情况，通常可从技术交底材料针对多方面改进描述内容的先后和多少，来确定以针对那一方面改进作为最主要的申请主题。例如，在2012年和2015年专利代理实务科目试卷有关专利申请文件撰写的试题中，首先针对第一方面改进作出描述，且该描述比较详细，给出较多的内容，随后对第二方面改进的内容描述得比较简单，因此应当将反映第一方面改进的发明创造作为最主要的申请主题；而在2009年专利代理实务科目试卷有关专利申请文件撰写的试题中，对第二方面改进描述的实施方式中都包含了第一方面改进的结构，显然此时应当将反映第一方面改进的发明创造作为最主要的申请主题；2014年专利代理实务科目试卷有关专利申请文件撰写的试题中针对两方面改进均结合两种实施方式作出比较详细的说明，此时可根据技术交底材料描述的先后来确定以第一方面改进作为该申请的最主要的申请主题。

对于同一申请主题或者其某一方面改进有多个并列实施方式的情况，通常应当尽可能撰写一项将这多个并列实施方式都概括在一项发明创造中，但有时试题给出的内容无法将三种实施方式都概括在一项独立权利要求当中，如2011年和2015年试题均给出三个实施方式，但无法将这三个实施方式都概括在一项独立权利要求的保护范围内，此时就应当考虑可否针对其中两个实施方式概括成一项独立权利要求，若能概括，就将这一项能概括两个实施方式的发明创造作为最主要的申请主题。

5. 判断其他申请主题与最主要的申请主题之间是否属于一个总的发明构思

在确定了最主要的申请主题之后，对其他可以获得专利权的申请主题作进一步分析，判断这些申请主题与最主要的申请主题是否属于一个总的发明构思，对于其中与最主要的申请主题之间具有单一性的，也作为该专利申请的申请主题，而不具有单一性的，可建议客户另行提出专利申请。例如，在2002年的化学专业试题中，碱性二氧化硅溶胶的制备方法以及碱性二氧化硅溶胶作为不流动

第三部分

凝胶电解质的应用与最主要的申请主题碱性二氧化硅溶胶之间具有单一性，可合案申请，而不流动凝胶电解质的制备方法和其用途与最主要的申请主题碱性二氧化硅溶胶之间不具有单一性，应当建议客户另行提出一件专利申请；但是考虑到客户提供的发明创造资料中缺少有关碱性二氧化硅溶胶作为不流动凝胶电解质的应用的实验数据，因此最后确定该专利申请中仅包括碱性二氧化硅溶胶和碱性二氧化硅溶胶的制备方法两项申请主题，而对于不流动凝胶电解质、其制备方法和其用途这三项申请主题应当建议客户补充有关实验数据另行提出一件专利申请。❶ 同样，在历年考题的试题说明中，给出了要求考生作出这方面判断的明示或暗示，如 2007 年、2008 年、2010 年的有关试题中也涉及了有关单一性考核内容的暗示：2007 年试题中涉及的四项申请主题，由于后三项申请主题包装体长带、包装体供给方法、包装体供给系统与该专利申请最主要的申请主题包装体之间属于一个总的发明构思，因此这四项申请主题可合案申请；2008 年答复审查意见通知书中柔入了考核权利要求书撰写的内容，当所确定的最主要申请主题油炸食品制作方法以真空离心脱油作为其最主要的发明构思时，则油炸食品制作设备与最主要申请主题油炸食品制作方法之间具有单一性，可合案申请，而另一申请主题用作油炸食品制作方法中的添加剂（一种由防粘剂、消泡剂和风味保持剂组成的组合物）与油炸食品制作方法之间不具有单一性，需另行提出一件专利申请；❷ 2010 年专利代理实务科目试卷第一题中涉及的四项主题，由于食品料理机的制浆方法这一项主题与该专利申请最主要的申请主题具有相应的特定技术特征，因此这两项主题之间具备单一性，可合案申请，而另两项主题（食品料理机的电路控制器件和电路控制方法）与前两项主题之间既没有相同的特定技术特征，又没有相应的特定技术特征，因而与前两项主题不具备单一性，需另行提出一件专利申请。

对于同一申请主题涉及多方面并列改进撰写的多项发明创造，也需要确定其是否属于一个总的发明构思，在此基础上确定是合案申请还是分案申请。通常此多项发明创造不属于一个总的发明构思，不具有单一性，需要分案申请。例如，2012 年、2013 年、2014 年和 2015 年专利代理实务科目试卷有关专利申请文件撰写试题均针对两方面并列改进撰写了两项发明创造，而这两项发明创造不属于一个总的发明构思，不具有单一性，需要分案提出申请。

对于同一申请主题，或者其某一方面改进具有多个并列实施方式且无法概括成一项发明创造的情况，也需要分析这几项发明创造之间是否属于一个总的发明构思，即是否具有单一性，以确定是合案申请还是分案申请。对于这种情况，最好先撰写出各自的独立权利要求，然后分析这些独立权利要求之间是否具有相同或相应的特定技术特征，从而确定它们之间在技术上是否相互关联，是否属于一个总的发明构思，根据是否具有单一性来确定是合案申请还是对其他发明创造另行提出申请。例如，2011 年专利代理实务科目试卷有关专利申请文件撰写试题中内置调味材料申请主题，2014 年

---

❶ 考虑到现行《专利法》第二十二条第二款中已明确规定，申请人本人的同样发明创造的在先申请也构成其在后申请的抵触申请，因此若客户决定另行提出一件专利申请时，则该件专利申请的整个专利申请文件中都不应当写入有关碱性二氧化硅溶胶作为制备不流动凝胶电解质的应用的内容。当然，如果客户及时补充了有关实验数据的资料，两件专利申请同日提出，则允许该件专利申请说明书中写入有关碱性二氧化硅溶胶作为制备不流动凝胶电解质的应用的内容，但不应当将其作为该专利申请权利要求书中要求保护的一项申请主题，以避免这两件申请就这一申请主题造成重复授权。

❷ 与 2002 年化学专业试题一样，鉴于现行《专利法》第二十二条第二款的规定，若确定就组合物另行提出一件专利申请时，两件专利申请应当同日提出，若另一件专利申请在后提出，该件专利申请中所提到的有关组合物的内容就会构成后一专利申请中组合物申请主题的抵触申请，使后一专利申请中的组合物不具备新颖性而不能授权。此外，还需要说明的是，确定其他申请主题与最主要的申请主题之间是否具有单一性，往往与最主要的申请主题的独立权利要求撰写方式有关。例如，该专利申请中，对油炸食品制作方法还可将其相对于现有技术的主要改进确定为在油炸前或油炸过程中向油脂中添加这种组合物，则组合物这一申请主题与油炸食品制作方法之间具有单一性，可合案申请，而油炸食品制作设备与该油炸食品方法之间不具有单一性，须另行提出专利申请。由此可知，这一项确定其他申请主题采用合案申请还是另行提出一件专利申请的工作，需要在撰写权利要求书的过程中根据针对最主要申请主题所撰写的独立权利要求再作最后确定。

专利代理实务科目试卷有关专利申请文件撰写试题中光催化空气净化器的第二方面改进和2015年专利代理实务科目试卷有关专利申请文件撰写试题中卡箍申请主题的第一方面改进均涉及无法概括成一项发明创造的多个实施方式情形，则需要针对其撰写成多项独立权利要求之后分析两者之间是否属于一个总的发明构思，以确定是合案申请还是分案申请。

由此可知，对于多个申请主题，或者同一申请主题多处改进或多个实施方式需要作为两项以上发明创造撰写的独立权利要求的情况，这一项确定采用合案申请还是提出多件专利申请的分析工作，需要在撰写出各项独立权利要求后再作最后确定，在阅读分析试题、确定申请主题阶段仅仅给出初步判断。

（二）根据阅读试题时的分析，撰写权利要求书

在认真阅读分析试题后，就应当着手撰写权利要求书。由于考试评分是针对撰写的权利要求书作出的，因此应当十分重视权利要求书的撰写，既要反映出阅读试题的分析结果，又应当使撰写的权利要求书满足《专利法》《专利法实施细则》和《专利审查指南2010》的规定，还应当为客户争取尽可能充分的保护，即应当达到本章第一节中归纳的、针对以专利代理人身份参加应试的考生提出的要求。

1. 针对最主要的申请主题撰写独立权利要求

为了针对最主要的申请主题撰写出满足所述要求的独立权利要求，在撰写时应当做好下述几方面的工作。

（1）对于一项申请主题通过多个技术措施实现不同技术改进的情况，需要分析这些改进之间的关系，并通过与现有技术的比较，尤其是通过与最接近的现有技术的比较，确定其要解决的技术问题，为撰写独立权利要求做好准备。

具体来说，如果所作的几项改进措施中，前一项改进措施是基础，而其他几项改进措施是在前一项改进的基础上作出的进一步改进，即前一项改进措施与其他改进措施是主从关系，则应当先针对前一项改进措施确定要解决的技术问题，并撰写独立权利要求，再将另几项改进措施作为附加技术特征撰写从属权利要求。例如，在2002年专利申请文件撰写科目的机械专业试题中，对于涉及的轴密封装置这一申请主题，就第一压盖与填料箱之间的关系来说，主要采取了两个改进措施：其一是第一压盖与填料箱是分体件，且通过填料夹紧机构相连接；其二是该填料夹紧机构的螺栓轴的外径与填料箱一端凸缘上供该螺栓穿过的通孔内径之差根据转轴的加工精度来确定。显然其第二方面的改进是在第一方面的改进的基础上作出的进一步改进，则应当针对第一方面的改进确定该申请主题要解决的技术问题，并针对第一方面的改进措施（第一压盖与填料箱是分体件，且通过填料夹紧机构相连接）来撰写独立权利要求，而以第二方面的改进措施作为优选方案的附加技术特征来撰写从属权利要求。

如果所作的几项改进措施是并列的关系，则应当作为几项发明创造来提出申请，各自撰写一项独立权利要求，通常这几项发明创造之间不属于一个总的发明构思，应当从中确定一项最主要的发明创造，作为该申请要求保护的发明创造，而其他发明创造另行提出申请。例如，对2009年和2012年专利代理实务科目试卷中有关撰写专利申请文件的试题分别涉及的止鼾枕头申请主题和冷藏桶申请主题来说，都涉及两方面的改进，这两方面的改进是并列关系，因此均应当仅针对第一方面的改进（2009年的试题中针对增设比较器方面的改进，2012年的试题中在盖体上开设窗口并设有一个可开合窗口的上盖）撰写一项独立权利要求和相应的从属权利要求，而对于第二方面的改进，如果与第一方面的改进不相抵触，则除了将其作为第一方面改进的进一步改进，撰写相应的从属权利要求外，还可仅针对第二方面的改进（2009年的试题中采用晃动更柔和的止鼾装置代替振动器，2012年的试题中冷源可拆卸地连接在桶本体上）再撰写一项独立权利要求，由于这两项独立权利要求之间没有相同或相应的特定技术特征，不属于一个总的发明构思，不能合案申请。在当年的试题中，应当在该申请中要求保护作出前一种改进的止鼾枕头或冷藏桶，而将仅作出后一种改进的止鼾枕头或冷藏桶作为另一件申请提出。

但是，在实践和考试中，还会经常遇到这几种改进措施既有并列的关系，又有进一步改进的关系（主从关系），在这种情况下，应当针对并列关系的几项改进各撰写一项独立权利要求，而对于进一步改进的措施将其作为附加技术特征撰写一项从属权利要求，即作为其进一步改进基础的独立权利要求的从属权利要求。例如，在2013年专利代理实务科目试卷有关专利申请文件撰写的试题中，对垃圾箱主要作了三个方面的改进：其一，下箱体的侧壁上开有通风孔；其二，上箱体的侧壁上竖直设置在其内侧的空心槽状隔条或设置有通风孔这样的通风结构；其三，其上下箱体可分离，且位于上箱体下部的带孔滤水板可相对于侧壁向下转动。显然，第二方面的改进与第一方面的改进是主从关系，即第二方面改进是在第一方面改进的基础上作出的进一步改进，而第三方面的改进与前两方面的改进是并列的改进关系。因此，应当仅针对第一方面的改进撰写该申请的独立权利要求和相应的从属权利要求；将第二方面改进所采取的措施作为附加技术特征撰写成该独立权利要求的从属权利要求；对于第三方面的改进，考虑到其与第一方面的改进并不矛盾，因而可将其作为前两方面改进的进一步改进，写成该独立权利要求的从属权利要求；但还可仅针对第三方面改进再撰写一项独立权利要求，但由于其与针对第一方面改进所撰写的独立权利要求之间不属于一个总的发明构思，应当作为另一件单独提出申请的主题。

（2）在针对最主要的申请主题或者针对其中一项最重要的发明创造撰写独立权利要求时，如果在技术交底材料中包括多个实施方式，则需要分析这些具体实施方式之间的关系，即确定它们之间是并列关系还是主从关系。

如果是主从关系，即其中一个实施方式为主，其他几个实施方式中是在这个为主的实施方式基础上作出的进一步改进。例如，2002年专利申请文件撰写科目的电学专业试题就属于这种情形，其涉及五个实施方式，其中后四个实施方式是对第一个实施方式作出的进一步改进，则针对第一个实施方式撰写独立权利要求，然后再将后四个实施方式相对于第一个实施方式作出的改进作为附加技术特征撰写相应的从属权利要求。

如果是并列关系，则首先考虑可否撰写一项能将这些实施方式都纳入其保护范围的独立权利要求，如果可以，就先撰写一项能将这些实施方式都概括在内的独立权利要求，然后再针对这些具体实施方式撰写相应的从属权利要求。例如，2004年专利申请文件撰写科目的机械专业试题以及2009年、2012年、2014年和2016年专利代理实务科目试卷中有关专利申请文件撰写试题都属于这种情形。2004年和2009年试题中有关申请主题以及2014年试题中光催化空气净化器的第一方面改进均涉及两个实施方式，2012年试题中有关冷藏箱第一方面改进和2016年试题中茶壶的申请主题均涉及三个实施方式，就应当针对这两个或三个实施方式撰写一项可将这些实施方式都纳入专利保护范围的独立权利要求，然后再针对各个实施方式分别撰写相应的从属权利要求。如果不能撰写一项能将这些实施方式都纳入在其保护范围的独立权利要求，则就再考虑可否针对其中一部分实施方式撰写一项能将这部分实施方式均纳入保护范围的独立权利要求，如果可能，先撰写一项能将这部分实施方式概括在内的独立权利要求，而对另一些不能概括进来的独立权利要求另行撰写一项独立权利要求，否则就应当针对各个实施方式分别撰写一项独立权利要求，对于这种情形，应当根据所撰写的独立权利要求之间是否具有相同或相应的特定技术特征来确定是合案申请还是作为几件申请提出。2011年和2015年专利代理实务科目试卷中有关专利申请文件撰写试题就属于无法撰写一项能将三个实施方式均概括在内的独立权利要求的情形，因此对于2011年试题中的内置调味材料的瓶盖组件申请主题和2015年试题中申请主题卡箍的第一方面改进，均针对前两个实施方式的瓶盖组件或者卡箍撰写一项独立权利要求，而针对第三个实施方式的瓶盖组件或者卡箍再撰写一项独立权利要求，然后根据两项独立权利要求是否具有相同或相应的特定技术特征来确定是合案申请还是提出两件专利申请。

有时还会遇到同一申请主题的各个实施方式中既有并列关系又有主从关系的情形。例如，技术交底材料中给出了三个实施方式，前两个实施方式是同一构思下的两个并列方案，而第三个实施方式是前两个实施方式之一（例如第二个实施方式）的进一步改进，此时可以先针对前两个实施方式撰写一项能将两个实施方式都纳入保护范围（第三个实施方式也必然落在其保护范围）之内的独立权利要求，然后针对前两个实施方式分别撰写各自的从属权利要求，并将第三个实施方式相对第二个实施方式作出的改进作为附加技术特征再撰写下一层次的从属权利要求。但是，需要说明的是，对于既有并列关系、又有主从关系的多个实施方式的情况多种多样，应当根据不同的案情采用不同的撰写思路。例如，在2013年的专利申请文件撰写试题中，由于技术交底材料对大型公用垃圾箱三方面改进的描述是结合三个垃圾箱的结构图进行的，因而也可以看作三个实施方式，其中第二个实施方式是在第一个实施方式基础上作出的进一步改进（相当于主从关系），第三个实施方式与前两个实施方式是并列关系，相互独立且又不相互抵触。对于这种情况，可以针对第一个实施方式撰写独立权利要求和相应的从属权利要求；在此基础上针对第二个实施方式的进一步改进撰写下一层次的从属权利要求；而对于第三个实施方式既可以将其作为前两个实施方式的进一步改进，撰写更下一层次的从属权利要求，又可针对该实施方式撰写另一项独立权利要求。

（3）在针对多个并列关系的实施方式撰写独立权利要求时，应当尽可能采用概括的方式加以限定，通常有两种主要概括方式。其一，采用上位概念概括，这种概括方式比较简单。其二，采用功能性限定特征进行概括，这种概括难度较大，就应试而言，应当尽量采用试题中已经给出的功能性限定语言进行概括。现以2012年专利代理实务科目试卷有关专利申请文件撰写试题为例，为了写明上盖与开有窗口的盖体之间的关系，由于无法对三个实施方式采用结构限定的概括方式，而在试题技术交底材料中的第［003］段中（参见本书第二十七章内容）给出了功能性限定的表述方式"上盖3能打开和盖合窗口4"，因此在独立权利要求中可以采用这一功能限定的方式，即使当年试题中这一概括方式相对于给出的三个实施方式概括得过宽，但也可以在独立权利要求中这样限定，然后再根据三个实施方式中都提到上盖可相对于盖体转动再撰写一项仍将上述三个实施方式概括在内但范围相对来说较窄一些的从属权利要求。再以2007年专利代理实务科目试卷有关专利申请文件撰写试题加以说明，对于包装体给出的三种实施方式，涉及两个需要进行概括的技术特征，其一是对包装体的不透气性外包装层与透气性内包装层之间的相对关系进行概括，其二是对带状或绳状撕开部件与内外包装层的位置关系和粘接关系进行概括，对这两个技术特征均可采用功能性限定方式进行概括。在采用功能性限定的技术特征时，应当注意避免成为纯功能性限定的权利要求。例如，在2004年专利申请文件撰写科目的机械专业试题中有关打火机点火装置中，对于使拇指按压轮和摩擦轮相对移动的配合结构所采用的功能性限定和2007年专利代理实务科目试卷的专利申请文件撰写试题中对于撕开部件的功能性限定，2011年专利代理实务科目试卷的专利申请文件撰写试题中对于限制刺破部刺破隔挡片的机构所采用的功能性限定，2014年专利代理实务科目试卷的专利申请文件撰写试题中对于降低噪声结构的功能性限定，应当尽量避免写成纯功能性限定的权利要求。

（4）在弄清上述各种需要明确的关系之后，就可以开始着手撰写独立权利要求。根据最接近的现有技术确定该专利申请所要解决的技术问题，在此基础上确定为解决此技术问题所必须包括的全部必要技术特征，其中包括了可为独立权利要求的技术方案作出新颖性和创造性贡献的技术特征。对于可以按照两部分格式撰写的改进型发明创造来说，将上述必要技术特征中与最接近的现有技术共有的技术特征写入独立权利要求的前序部分，而其余的必要技术特征作为区别特征（即为独立权利要求的技术方案相对于最接近的现有技术作出新颖性和创造性贡献的技术特征）写入独立权利要求的特征部分，从而完成最主要申请主题的独立权利要求的撰写。

在完成上述独立权利要求的撰写时应当注意以下几个方面。

① 不要把优选的附加技术特征写入独立权利要求中，这样会导致独立权利要求保护范围过窄，有损客户的利益，考试中对此扣分较重。如何判断是否作为必要技术特征写入独立权利要求，通常可以通过分析独立权利要求的主题是否缺它不可（即缺少该特征后，技术方案仍然能够解决发明所

要解决的技术问题就不是必要技术特征），或者如果不写入该技术特征（尤其是与最接近的现有技术共有的技术特征）是否会导致权利要求不清楚、不完整或者不明确其应用对象来加以确定。

② 对于确定不了是必要技术特征还是优选的附加技术特征时，在考试时建议先不要写入独立权利要求中，而是作为一项从属权利要求来写，因为按照历年考试评分标准，将优选的附加技术特征写入独立权利要求中扣分多，而少写一个必要技术特征，尤其是少写一个与现有技术共有的必要技术特征扣分少，❶ 而且原本应当作为附加技术特征写入的从属权利要求的得分也受到了影响，这样的评分标准是考虑到在独立权利要求中写入非必要技术特征导致专利申请保护范围过窄将直接损害客户的权益，而将应当写入独立权利要求的必要技术特征写入从属权利要求虽然不符合《专利法》《专利法实施细则》和《专利审查指南 2010》的规定，但在后续程序中能消除这一缺陷，对客户利益的损害较小。当然，如果能够确定为必要技术特征的，则应当写入独立权利要求中。

③ 对于可为发明创造带来创造性的技术特征具有多个时，首先根据前面的分析，确定哪一个或者哪些是解决关键技术问题最基本的技术特征，这些技术特征应写入独立权利要求中，而其他能为发明创造进一步带来创造性的技术特征，一定不要写入独立权利要求，而可以作为附加技术特征来撰写从属权利要求。当然，对于其他能为发明创造进一步带来创造性的技术特征，还可以根据其解决技术问题的重要性确定是否有必要撰写另一项独立权利要求，通常此另一项独立权利要求与该独立权利要求之间不具有单一性，应当建议客户另行提出一件专利申请，并应根据题意确定是否给出另一件专利申请的权利要求书还是独立权利要求。例如，在 2012 年专利代理实务科目试卷的专利申请文件撰写试题中，对于冷藏桶这一申请主题，以"盖体上开有窗口、并设置一个能打开和盖合窗口的上盖"作为其区别特征来撰写独立权利要求，就可以在取、放物品时减少冷藏桶内空气的对流，延长冷藏物品的保存时间，而冷源固定方式的改进能带来进一步效果，可将其作为进一步改进撰写从属权利要求；但对于仅涉及冷源固定方式作出改进的冷藏桶，由于其与以"盖体上开有窗口且设置能打开和盖合窗口的上盖"为主要改进的冷藏桶之间没有相同和相应的特定技术特征，则应当建议客户另行提出一件专利申请。

④ 通常，对于机械、电学领域的独立权利要求应当根据确定的最接近的现有技术进行划界。例如，对于与最接近的现有技术共有的技术特征，凡与发明改进点有关的，应当写入前序部分（注意，与解决技术问题无关的，不要写入到前序部分）；但是，涉及电路方面的独立权利要求在划界时应当将与最接近的现有技术共有的所有主要电路部分以及这些电路部分之间的关系均写入前序部分。

⑤ 权利要求的表述应当清楚。《专利审查指南 2010》第二部分第二章第 3.2.2 节中明确规定，权利要求中不得使用的术语或表述形式一定不要出现在权利要求中；从考试的角度来看，对于该节规定的通常不得采用的表述形式，最好也不要写入权利要求中。此外，权利要求中也不得有插图或引用附图、表格，在实际专利代理工作中，仅在极特殊性情形下才允许写入，在考试中基于专业限制几乎不会存在这种情形。❷

⑥ 权利要求中相关部件后标注附图标记的，应当使用括号；若试题说明中对此有明确要求的，则应当在权利要求中相关部件后面标注带括号的附图标记。❸

2. 针对最主要的申请主题或其中最重要的发明创造确定优选技术方案，撰写相应的从属权利要求

针对确定的最主要的申请主题或其中最重要的发明创造撰写从属权利要求时，需要考虑以下几个方面。

① 独立权利要求采用概括性描述时应当针对所概括的不同实施方式撰写从属权利要求。

---

❶ 需要提请注意的是，此处所指的缺少一个技术特征，并不是指缺少会导致该权利要求不具备新颖性或创造性的关键技术特征。如果缺少该技术特征，将导致所撰写的独立权利要求不具备新颖性或创造性，甚至可能要扣掉该项独立权利要求总分值的一半。

❷❸ 对于这一应当注意的事项同样适用于从属权利要求的撰写。

② 客户提供的有关发明创造的技术资料中以"优选""最好"或者类似方式表示、可获得辅助技术效果或解决了相关技术问题的技术特征，可以作为附加技术特征撰写成从属权利要求。通常，对于专利申请文件或提供的技术交底材料中明确说明能获得更好效果的技术特征，应当将其作为附加技术特征撰写从属权利要求；但是不必针对那些改进意义不大的属于公知常识的优选方式来撰写从属权利要求。在考试中，如果不能确定是否写成从属权利要求，则尽可能将其写成从属权利要求。

③ 注意从属权利要求的撰写层次性，从属权利要求保护范围逐层推进，层层缩小，即引用有先后顺序。此外，附加技术特征本身相互之间没有递进关系时，则需要根据附加技术特征的重要性来考虑排列顺序。

④ 注意从属权利要求应当清楚地限定发明。作为从属权利要求应当在独立权利要求因不具备新颖性或创造性而不能成立时，也仍然是一个完整的技术方案；进一步限定的技术特征的表述方式要考虑是前述权利要求中已有技术特征的进一步限定还是增加的技术特征，应当相应地表述清楚；引用关系合适。例如，对于各个实施方式的共同优选方式，则可以考虑引用前述的多个实施方式的权利要求，对于仅针对某一个实施方式的优选方式，则不应当引用反映其他实施方式的权利要求，以免引用不合适而导致该权利要求未清楚地限定要求专利保护的范围。

⑤ 注意从属权利要求的撰写格式以及对其引用部分的撰写格式要求。

——从属权利要求只能引用在前的权利要求，不能引用在其后的权利要求；

——引用两项以上权利要求的多项从属权利要求只能以择一方式引用在前的权利要求，即只能用"或"及其等同语，不得用"和"及其等同语；

——多项从属权利要求不得作为另一项多项从属权利要求的基础，即多项从属权利要求不得直接或间接引用另一项多项从属权利要求；

——直接或间接从属于某一项独立权利要求的所有从属权利要求都应当写在该独立权利要求之后，另一项独立权利要求之前。

3. 针对与最主要申请主题独立权利要求具有单一性的申请主题撰写独立权利要求和相应的从属权利要求

与最主要的技术主题具有单一性的申请主题，可以采用合案申请的方式写入该申请中，即以并列独立权利要求及其相应的从属权利要求方式写入该申请中。其独立权利要求及相应从属权利要求的写法基本上可参见前面对最主要申请主题的撰写思路，但是需要注意的是，所撰写的并列独立权利要求应当与最主要的申请主题的独立权利要求之间至少具有一个相同或者相应的特定技术特征，而且这些并列独立权利要求之间也应当具有一个相同或者相应的特定技术特征。从应试角度考虑，并列独立权利要求的从属权利要求通常比最主要申请主题独立权利要求的从属权利要求要少一些。当然，也还可能出现同一个主题中存在不同改进的多项具有单一性的发明，此时需要确定其中哪一项为最重要的发明撰写相应独立权利要求和从属权利要求，针对另外的发明撰写并列独立权利要求及其从属权利要求。

4. 针对与最主要申请主题不具有单一性的申请主题，为另行提出的专利申请撰写独立权利要求，并根据试题要求确定要否再撰写从属权利要求

如果存在与最主要的申请主题不具有单一性的其他申请主题或者存在与最重要发明创造不具有单一性的其他发明创造，应当向客户建议另行提出专利申请或者请客户补充有关更具体的发明内容后另行提出专利申请。其独立权利要求及相应从属权利要求的写法参见前面的撰写思路。就应试而言，另行提出专利申请的重点是独立权利要求，甚至试题说明中也只要求撰写独立权利要求。即使试题说明中写明为另一件专利申请撰写权利要求书，其重点仍是独立权利要求，从属权利要求通常比最主要申请主题或者最重要发明创造的独立权利要求的从属权利要求要少一些。

5. 在完成上述权利要求书的撰写时，应当注意避免出现不符合《专利法》《专利法实施细则》以及《专利审查指南 2010》中规定的错误

在本章第一节之二中已经就专利申请文件撰写试题对考生提出的要求作出了说明，其中第（10）点写明"独立权利要求和从属权利要求的撰写应当符合《专利法》《专利法实施细则》和《专利审查指南 2010》的规定"。因此考生在进行权利要求书的撰写时应当注意避免出现不符合《专利法》《专利法实施细则》以及《专利审查指南 2010》的规定的错误。为帮助考生提高这方面的能力，现根据历年试题判分时所了解到的考生在撰写权利要求书时经常出现的错误归纳如下，以便考生在撰写时进行检查，以避免应试时出现类似的错误。❶ 鉴于篇幅所限，不再举例作进一步说明。

① 权利要求的主题选择不当。例如，能写成产品权利要求，而写成方法权利要求；能够用产品的可单独生产、销售或使用的部件作为主题的，选择了产品整体作为主题；主题名称没有进行合理的上位概括等。

② 没有找到或者未准确找到为技术方案带来新颖性和创造性的区别技术特征，使撰写的独立权利要求相对于现有技术不具备新颖性或创造性。为此，在阅读分析试题时需要认真，确保找到关键技术特征，这往往是考试的重点，如果这一点发生错误，显然会导致失去较多分数。

③ 独立权利要求中缺少必要技术特征，或者写入了非必要技术特征。在考试中，此处的把握原则是：如果怀疑某技术特征可能是非必要技术特征，但也不排除其是必要技术特征的情况下，在确定了为技术方案带来创造性的技术特征后，建议不要将该技术特征写入独立权利要求中，而将其作为附加技术特征写成从属权利要求。

④ 技术特征描述不当，所采用的技术特征与所限定的技术主题不相符。应当根据权利要求属于产品权利要求还是方法权利要求来选择技术特征。

⑤ 权利要求中技术特征之间的关系未描述清楚，例如仅罗列各部件名称，而缺少各部件间的连接配合关系。

⑥ 权利要求中写入了含义不清楚或模糊的词语。

⑦ 权利要求中写入了商业性宣传用语。

⑧ 权利要求中写入不会产生技术效果的说明，或对原因和理由进行了不必要的说明。

⑨ 权利要求中进行了重复限定，对已限定的技术特征进行重复描述。

⑩ 权利要求中使用了多个句号，或者附图标记没有用括号括起来，或者使用不恰当的括号。

⑪ 不恰当地使用了功能性限定，或上位概括不当。

⑫ 对于并列独立权利要求，采用不恰当的撰写方式，如以包含有替代技术特征的假从属权利要求方式进行撰写。

⑬ 从属权利要求的主题名称与被引用的权利要求的主题名称不一致。

⑭ 对从属权利要求限定部分作进一步限定的某些技术特征在被引用的权利要求中未出现过，即缺乏引用基础。

⑮ 从属权利要求引用关系不当或错误，例如，没有采用择一引用的方式，或者多项从属权利要求引用了另一项多项从属权利要求。

⑯ 对应当请求保护的主题没有请求保护（包括未针对与最主要申请主题具有单一性的主题撰写并列独立权利要求，以及未针对与最主要申请主题不具有单一性的主题建议另行提出一件专利申请并未给出另一件专利申请的权利要求书或独立权利要求）。

⑰ 没有写入合适数量的从属权利要求，通常是少写了重要的或必要的从属权利要求。

（三）对试题中出现简答题时的应试思路

在本章第一节之一中已经说明，历年全国专利代理人资格考试就专利申请文件撰写试题（2000

---

❶ 列出的错误中，有不少在答复审查意见通知书对权利要求书进行修改时同样应当予以避免。

年至 2004 年）中的简答题和专利代理实务科目试卷（2006 年至 2015 年）的专利申请文件撰写部分有关的简答题涉及五个方面的内容：与权利要求书撰写思路有关的简答题，与客户进行必要沟通的简答题，与撰写说明书部分内容有关的简答题，反映考生答复审查意见通知书能力的简答题，以及与专利实质审查基本知识有关的简答题。至于反映考生答复审查意见通知书能力的简答题的答题思路将在本书第十三章中进行具体说明，与专利实质审查基本知识有关的简答题将在本书第十五章中进行具体说明，而与客户进行必要沟通的简答题已在本节之二下的（一）之"2. 正确、全面理解每一个申请主题"的第（5）点中作了具体说明，因而此处仅对与权利要求书撰写思路有关的简答题和与撰写说明书部分内容有关的简答题的答题思路作一简要说明。

1. 与权利要求书撰写思路有关的简答题

历年试题涉及这方面内容的简答题主要为四种：从已经获知的现有技术中选择最接近的现有技术，针对所选择的最接近的现有技术确定该发明要解决的技术问题，简述合案申请的理由或另行提出一件专利申请的理由，判断该发明中哪些技术内容可以享受优先权。

最接近的现有技术的选择可以参照《专利审查指南 2010》第二部分第四章第 3.2.1.1 节的规定来确定。答题时，首先从相关现有技术中选出与该发明创造技术领域相同的现有技术，然后对这些相同技术领域的现有技术进行分析，结合每一项现有技术披露的技术内容具体说明其中哪一项现有技术要解决的技术问题、技术效果和用途与该发明创造最接近和/或公开了该发明创造的技术特征最多，在此基础上得出将这项现有技术作为该发明创造最接近的现有技术的结论。

针对最接近的现有技术确定该发明要解决的技术问题按这样的思路来进行：分析该发明创造相对于最接近的现有技术作出了哪些改进，通过哪些技术手段来实现这些改进；接着从其中排除已被其他现有技术披露的技术手段（包括属于公知常识性技术手段）；然后分析余下的技术手段在该发明创造中分别起到什么作用，以及这些技术手段彼此之间的关系；在此基础上针对这些技术手段来确定要解决的技术问题，其原则是以此作为要解决的技术问题能使独立权利要求得到尽可能宽的保护范围。

论述几项发明创造可合案申请还是另行提出一件专利申请的理由通常可以这样来说明：首先通过最主要的申请主题（或其中最重要发明创造）的独立权利要求与现有技术的对比分析，确定该独立权利要求的特定技术特征，即那些使此独立权利要求相对于现有技术具备新颖性和创造性的技术特征，然后分析其他几个申请主题（或其他几个发明创造）的特定技术特征，如果其与最主要的申请主题具有一个相同或者相应的特定技术特征，且这几个申请主题彼此之间也具有一个相同或者相应的特定技术特征，就可以得出这些申请主题在技术上相互关联，属于一个总的发明构思，具有《专利法》第三十一条规定的单一性，从而可以合案申请。如果其中有一个或者有几个申请主题（或几个发明创造）与最主要的申请主题（或最重要的发明创造）没有相同或相应的特定技术特征，则这个或这些申请主题（或发明创造）与最主要的申请主题（或最重要的发明创造）之间在技术上并不相互关联，不属于一个总的发明构思，不具有《专利法》第三十一条规定的单一性，因此这个或这些申请主题（或发明创造）应当另行提出一件专利申请。

至于与确定可否享受优先权有关的简答题，应当判断技术交底书中涉及的技术方案中哪些已记载在其本人在先申请的专利申请文件（权利要求书和说明书）中。对于哪些未记载在其本人在先申请的专利申请文件中的技术方案，肯定不能享受优先权，若申请时现有技术中已公开了该技术方案，则该技术方案不能享受优先权，针对该技术方案要求保护也不会被授权。对于已记载在其本人在先申请的专利申请文件中的技术方案，只要该在先申请是本人的首次外国申请或者是尚未授权的首次中国申请，该技术方案可以享受该在先申请的优先权，此时，即使在先申请的申请日后公开的现有技术公开了这一技术方案，不会影响该技术方案的新颖性和创造性，早于该在先申请的申请日提出并在其后公开的中国专利申请文件或专利文件中公开的内容，也不会影响该技术方案的创造性，因此仍可针对该技术方案要求专利保护。有关此简答题的具体解答方式可参见本书第二十五章中第三

第三部分

题的答案。

2. 与撰写说明书部分内容相关的简答题

历年试题中涉及发明或实用新型名称、技术领域、发明或者实用新型内容部分中要解决的技术问题和有益效果（参见《专利法实施细则》第十七条），以及说明书摘要（参见《专利法实施细则》第二十三条）的撰写。

发明或实用新型名称通常根据权利要求的主题名称来确定。若权利要求书中包括多项具有不同主题名称的独立权利要求，则在发明或实用新型名称中应当给予体现，对于发明名称来说，还应当体现这些独立权利要求的类型。此外，所撰写的名称应当采用通用的技术术语，不要带有商业宣传性语言，不得使用人名、地名、商标、型号或者商品名称，不超过 25 个字。

对于技术领域来说，应当注意与日常生活中的技术领域含义不一样，专利用语中将日常生活中的技术领域称作上位技术领域或者广义技术领域，因此答案中所写明的技术领域应当是要求保护的发明或者实用新型技术方案所属技术领域或者直接应用的具体技术领域，而不应当是其上位技术领域或广义技术领域。具体来说，至少应当反映相应独立权利要求的主题名称，并对其作进一步说明，通常可写入独立权利要求前序部分的主要技术特征，但一定不要写入独立权利要求的区别技术特征，以免成为发明或者实用新型本身。此外，如果权利要求书涉及多项主题名称不同的独立权利要求，则技术领域部分也应当给予体现。

对于要解决的技术问题，应当指出其解决现有技术中所存在的技术问题，不能过于笼统，应当体现解决具体的技术问题，但又不应当反映其技术方案，即不应包含有反映独立权利要求特征部分内容；而对于有益效果，千万不要只给出断言，应当通过对独立权利要求区别技术特征的分析具体说明该技术方案能为该发明创造带来什么有益效果，或者通过实验数据对比分析说明该发明创造相对于现有技术所具有的技术效果。必要时还应当针对重要的从属权利要求的附加技术特征分析这些附加技术特征进一步带来的有益效果。

对于说明书摘要，首先要确保撰写的摘要包括所应有的部分，包括发明或实用新型的名称、所属技术领域、所要解决的技术问题、所采用技术方案的要点和主要用途，其中以技术方案要点为主。此外，有附图标记的应当在摘要文字中写出，需加括号，并注意不要分段。摘要文字部分（包括标点符号）不得超过 300 个字，并且不得使用商业性宣传用语。通常可按下述方式撰写：首先以"本发明涉及……"的方式给出发明或实用新型名称（请注意不是单独作为标题给出），然后重点说明技术方案的要点，最后以结论方式而不是具体分析方式简要说明此技术方案所解决的技术问题和带来的有益效果。

需要说明的是，历年考试试题虽然未涉及背景技术的撰写，但不等于以后就一定不会涉及这方面的试题。在撰写背景技术时，需要概括归纳与该申请相关的技术内容，并客观地指出其存在与该申请相关联的技术问题。通过对背景技术的描述，可以反映考生对技术内容的理解和把握情况，进而反映出考生撰写权利要求书的思路。

至于说明书具体实施方式部分，原则上不会让考生撰写完整的具体实施方式部分，但从历年考试试题来看，往往通过与客户沟通并请客户补充有关资料来实现对这方面的考核，有关这方面可能涉及的内容已在前面作出过叙述，在此不再重复。

第十三章　答复审查意见通知书试题的应试

为了帮助考生掌握答复审查意见通知书试题的应试思路，本章先简要说明一下答复审查意见通知书试题中要求考生完成的主要工作内容，以及对作为专利代理人的考生在完成这些主要工作内容时提出的要求，然后重点说明考生完成答复审查意见通知书试题时应当掌握的主要应试思路，最后

第三部分

针对审查意见通知书中最经常出现的几种实质性缺陷推荐比较规范的意见陈述，供考生在应试中借鉴。

第一节　主要工作内容及对专利代理人的要求

本节根据考试大纲以及对 2006 年、2008 年和 2014 年专利代理实务科目试卷有关试题的了解，简单介绍一下考生在应试这类试题时所要完成的主要工作内容以及对考生在完成这些工作内容时提出的要求。

一、主要工作内容

按照考试大纲的规定，对于实质审查意见通知书的答复，需要专利代理人能够依照《专利法》《专利法实施细则》以及《专利审查指南 2010》的有关规定，通过陈述意见和修改专利申请文件，为客户谋求尽可能有利的审查结果，充分维护客户的利益。具体来说，专利代理人应当具有为客户修改专利申请文件和撰写意见陈述书的能力，即通过对审查意见通知书和所引用的对比文件的分析研究，作出正确的前景判断，在此基础上向客户给出咨询意见，向客户给出专利申请文件的修改建议和针对客户认可的专利申请文件修改意见撰写意见陈述书。由此可知，答复审查意见通知书的试题主要涉及三个方面的工作内容：向客户给出咨询意见，修改专利申请文件和撰写意见陈述书。

但是，由于专利代理实务科目的考试内容涉及专利申请文件撰写、审查意见通知书的答复以及无效宣告程序中无效宣告请求书和意见陈述书的撰写三个部分，考虑到专利申请文件的撰写是专利代理人最基本而又最重要的能力，而审查意见通知书的答复与无效宣告程序中无效宣告请求书和意见陈述书的撰写都是反映专利代理人的争辩能力，两者具有一定的相似性，因此 2006 年和 2008 年答复审查意见通知书的试题在对专利申请文件修改这一工作内容中都揉入了新申请权利要求书撰写的内容，在 2006 年答复审查意见通知书试题有关权利要求书修改部分给出的推荐范文中，既主动增加了新的、原权利要求书中未出现过的从属权利要求，又主动增加了新的、原权利要求书中未出现过的独立权利要求。在 2008 年答复审查意见通知书试题有关权利要求书修改部分给出的推荐范文中，主动增加了不少新的且在原权利要求书中未出现过的从属权利要求。与此同时，鉴于受到考试时间的限制，明确告知考生不要求对说明书作出适应性修改。也就是说，按照这几年答复审查意见通知书的试题，考试内容包括两个部分，其一是针对审查意见和所附的对比文件修改权利要求书，但是其中揉入了新申请权利要求书撰写的内容；其二是针对修改的权利要求书撰写意见陈述书。

需要说明的是，《专利审查指南 2010》已明确规定，答复审查意见通知书时权利要求书的修改不得主动增加新的、原权利要求书中未出现过的独立权利要求，也不得主动增加新的、原权利要求书中未出现过的从属权利要求，因此今后不能出现在答复审查意见通知书的试题中揉入新申请的权利要求书撰写的考核内容。当然，试题中仍有可能像 2007 年专利代理实务科目试卷（包括无效实务试题和专利申请文件撰写试题两部分）那样在答复审查意见通知书的试题之后再增加一部分新申请权利要求书的撰写内容，告知考生，原题中的权利要求书是客户自行撰写的，现假定客户以本试题中的说明书作为其提供的发明创造内容的技术资料，委托你为其撰写一份新的专利申请，请你以此技术资料为基础以及审查意见通知书中所引用的对比文件作为现有技术为客户撰写一份权利要求书；或者类似 2009 年专利代理实务科目试卷（包括无效实务试题和专利申请文件撰写试题两部分）那样在答复审查意见通知书试题的基础上要求针对客户进一步改进的发明内容撰写一份专利申请的权利要求书。2014 年的专利代理实务科目试卷中涉及审查意见通知书和专利申请文件撰写两部分内容试题的组合方式，先针对客户自行撰写的专利申请文件和收到的审查意见通知书向客户给出咨询意见，在此基础上又针对客户进一步的发明内容撰写专利申请的权利要求书。

由此可知，今后专利代理实务科目涉及审查意见通知书答复试题的试卷中还会包括另一部分专利申请文件的撰写试题，鉴于专利申请文件撰写如何进行应试，已在前一章中作出说明，本章仅仅说明答复审查意见通知书的应试思路。

综上所述，在答复审查意见通知书的试题中，考生在应试时需要完成的主要工作可能会涉及三个方面的内容。

① 在全面、准确理解审查意见通知书的内容及其引用的对比文件技术内容的基础上，向客户给出咨询意见，分析审查意见是否成立。

② 为客户修改专利申请文件，主要是修改权利要求书。

③ 针对修改的权利要求书为客户撰写一份意见陈述书。

由于受到考试时间的限制，对于审查意见通知书答复的试题中除了要求考生给出修改后的权利要求书外，很可能从上述第①方面和第③方面的内容中选定一项要求考生给出答案。

二、就审查意见通知书答复而言，对以专利代理人身份参加应试的考生提出的要求

作为专利代理人，在完成审查意见通知书的答复时，既要使修改的专利申请文件符合《专利法》《专利法实施细则》和《专利审查指南 2010》的规定，又应当尽可能维护客户的权益。前面已经说明，考生在做答复审查意见通知书考试试题时应当完成三个方面的工作：向客户给出咨询意见、修改专利申请文件和撰写意见陈述书，但是考生在具体完成上述三项工作以前还必须全面、准确地理解和分析审查意见通知书。因此，根据考试大纲和历年有关答复审查意见通知书的试题，对考生在应试时进行上述四方面工作时需要满足的要求作概要说明。

1. 全面、准确地理解和分析审查意见通知书时需要满足的要求

就这一方面工作而言，考生应当认真阅读审查意见通知书，全面、准确地理解审查意见通知书的内容及其所引用对比文件的技术内容，仔细分析所引用的对比文件是否足以支持专利申请文件存在审查意见通知书中所认定的实质性缺陷，从而对专利申请的前景作出正确判断，在此基础上确定答复审查意见通知书的策略，为应试时需要书面完成的三项工作（撰写给客户的咨询意见、修改专利申请文件和撰写意见陈述书）做好准备。

2. 修改专利申请文件时应当满足的要求

具体说来，专利申请文件的修改应当满足如下要求。

（1）对于审查意见通知书中所指出的实质性缺陷，通过分析认为确实存在的，修改后的专利申请文件应当消除这些实质性缺陷。

（2）在消除专利申请文件尤其是消除权利要求书中确实存在的实质性缺陷时，应当使修改后的权利要求书尽量为客户争取得到更充分的保护。

（3）作为考试而言，与平时专利代理实务不同，审查意见通知书中通常不会指出专利申请文件本身存在的形式缺陷，因此应试时修改专利申请文件，尤其是在修改权利要求书时应当同时将专利申请文件本身存在的形式缺陷一并予以消除。

（4）在实际专利代理实务中，还应当根据修改的权利要求书对说明书进行修改，但在 2006 年和 2008 年答复审查意见通知书的试题中不要求考生对说明书作出适应性修改，但在 1998 年的试题考核了有关说明书适应性修改的内容。因此应试时应当根据试题要求确定要否对说明书作出适应性修改。

（5）对专利申请文件所进行的修改应当符合《专利法》《专利法实施细则》和《专利审查指南 2010》有关专利申请文件修改的规定，即应当符合《专利法》第三十三条的规定，修改不得超出原说明书和权利要求书记载的范围，也应当符合《专利法实施细则》第五十一条第三款的规定，针对审查意见通知书指出的缺陷进行修改。

（6）修改后的专利申请文件应当符合《专利法》《专利法实施细则》和《专利审查指南 2010》所

规定的对专利申请文件撰写的各项要求，即修改后的专利申请文件不应当出现新的不符合《专利法》《专利法实施细则》和《专利审查指南2010》规定的实质性缺陷和形式缺陷。

3. 撰写的咨询意见应当满足的要求

（1）咨询意见通常除了起始语段和结尾语段外，应当包括两个部分：具体分析审查意见通知书中的各个审查意见是否正确；给出专利申请文件的修改建议并说明理由。应试时可以仅针对试题说明中明确要求写明的内容给出咨询意见。

（2）分析审查意见通知书中的各个审查意见是否正确应当针对原申请文件各项权利要求分析审查意见是否正确；其中，对于同一权利要求指出多个缺陷的，应当分别说明该审查意见是否正确，审查意见中针对同一权利要求分析的实质缺陷有多种对比文件结合方式的，应当针对每一种结合方式分别说明其审查意见是否正确。对于明显不正确的审查意见，应当明确指明该意见不正确，对此需要充分说明理由和依据；对于可商榷的审查意见，既要说明审查员得出此审查意见的理由是什么，并具体说明可争辩之处，但必须告知客户这种争辩不一定会取得成功。在进行具体分析时，应当依据《专利法》《专利法实施细则》和《专利审查指南2010》的有关规定作出说明。

（3）根据分析结果给出对专利申请文件（主要是权利要求书）的修改建议，对于审查意见通知书中未指出的形式缺陷，在修改时应予以一并克服。为消除某一缺陷可能有多种修改方案，应当将此多种方案告知客户，请客户确定采用哪一种修改方案。在应试时，对于存在多种修改方案的，应当根据试题内容（通常根据保护范围的宽窄或发明的主要改进方面）确定出最佳修改方案，并在咨询意见中说明作出此选择的理由。

4. 撰写意见陈述书时应当满足的要求

（1）意见陈述书要符合要求的格式，即应当包括所有必要的部分，包括起始语段、修改说明、克服审查意见通知书所指出缺陷的具体说明（核心部分）、结尾语段。有关这方面的具体要求在本书第六章"四、撰写意见陈述书"中已作出详细说明。

（2）意见陈述书中应当全面答复审查意见通知书表达的所有审查意见和提出的问题或要求，不得有遗漏。其中，对于存在的形式缺陷，通过修改专利申请文件加以克服，并在意见陈述书中加以说明。对于实质性缺陷，认为有必要修改专利申请文件的，应当在意见陈述书中阐述所作修改能够克服审查意见通知书所指出缺陷的理由，并对所作修改加以说明；若认为审查意见通知书存在不当之处，应当依据《专利法》《专利法实施细则》和《专利审查指南2010》的有关规定，合情合理地陈述反驳意见。审查意见通知书提出有关疑问要求予以回答、解释的，应当给予充分答复，必要时辅以有关证据和辅助资料。

（3）论述理由时应当注意分寸，尤其应当注意禁止反悔原则，即避免在意见陈述书中为取得专利权所作出的解释成为侵权判断时不利于专利保护的限制性条件。

（4）意见陈述书的表述应当词语规范（尤其是专利术语）、有理有据、层次清楚、表述准确、有逻辑性、有针对性、充分说清道理；并应当注意避免强词夺理，避免仅仅罗列不着边际的套话。

第二节　答复审查意见通知书的应试思路

对于专利代理实务涉及答复审查意见通知书部分的应试，考生为了理解审查意见通知书的内容，首先需要理解试题中所给出专利申请文件的内容；在此基础上全面、准确地理解审查意见通知书（包括其引用的对比文件）的内容；接着，认真分析审查意见通知书的具体意见并对专利申请前景作出判断，以确定答复策略；然后，根据答复策略确定如何修改专利申请文件（主要是如何修改权利要求书）；此后，根据对审查意见通知书的分析结果向客户给出咨询意见，或者以修改的专利申请文件为依据撰写意见陈述书。为了有助于考生总体了解和把握答复审查意见通知书这类试题的应试思路，下面基本按照上述答题时的五个环节具体说明为体现应试思路所需要做的具体工作。

一、理解专利申请文件的内容及其要求保护的主题

按照考试大纲的要求，有关专利代理实务的考题既可能涉及新修改的《专利法》，又可能涉及修改前的《专利法》，其依据是《施行修改后的专利法的过渡办法》第二条的规定：2009 年 10 月 1 日以后提出的专利申请适用修改后的《专利法》，而 2009 年 10 月 1 日前提出的专利申请适用第三次修改前的《专利法》，因此考生在阅读试题时，首先应当关注一下该专利申请的申请日（有优先权要求的，为优先权日），以确定是按照修改前的《专利法》还是按照现行《专利法》来完成审查意见通知书的答复。

在阅读试题时，考生应当认真阅读试题中所给出的专利申请文件，正确理解该专利申请所涉及的发明创造的内容及其要求保护的主题，为全面、准确理解审查意见通知书的审查意见做好准备。具体说来，考生在阅读理解专利申请文件时应当对下述几个方面的内容给予特别关注。

（1）阅读理解专利申请文件，确定该发明相对于其背景技术中的现有技术（主要是最接近的现有技术）解决了什么技术问题，采取了哪些技术措施，产生了哪些技术效果，以对该发明有一个总体了解。

（2）在理解专利申请文件时，认真理解权利要求书中各项权利要求由其技术特征所限定的技术方案的含义，必要时结合说明书记载的内容加以理解。其中以独立权利要求为重点，对独立权利要求而言，既要从整体上来理解独立权利要求的技术方案，又要注意限定该技术方案的各个技术特征，尤其是区别技术特征在该发明中所起的作用。而对于从属权利要求而言，应当关注各个权利要求之间的区别以及各个附加技术特征在该发明中所起的作用，为判断这些权利要求相对于审查意见通知书中引用的对比文件是否具备新颖性和创造性做好准备。

（3）在理解专利申请文件时，还应当对说明书具体实施方式所涉及的发明创造内容有清楚的了解，尤其要关注那些在原权利要求书中未明确写明的技术特征以及这些技术特征在该发明中所起的作用，以便在确定答复审查意见通知书的应对策略时作出更全面的考虑，而不局限于原权利要求书。例如，2006 年专利代理实务考试试题中关于挂钩上突起物加宽这一技术特征在原权利要求书并没有记载而在说明书中有记载，而只有写入该技术特征才能使该发明的技术方案相对于审查意见通知书引用的对比文件具备创造性；又如，对于 1994 年机械专业的答复审查意见通知书时修改权利要求书的试题，在修改独立权利要求时应当根据说明书中记载的内容加入"连接通道偏离转子轴线"这一仅仅记载在说明书具体实施方式中的技术特征，从而为该专利申请争取更宽的保护范围。

（4）在阅读专利申请文件时，还应当关注专利申请文件存在的形式缺陷和一部分明显实质性缺陷。在考试试题中，为了更全面地考核考生各方面的能力，答复审查意见通知书的试题与平时专利代理实务有所不同，其审查意见通知书中多半仅指出实质性缺陷（例如以所引用的对比文件为证据指出该专利申请权利要求书中的全部或部分权利要求不具备新颖性或创造性，以说明书具体实施方式部分缺少足够实施方式的支持而认定权利要求书未以说明书为依据），而不指出形式缺陷或者仅仅笼统地指出形式缺陷，甚至未指出专利申请文件所存在的一部分明显实质性缺陷，因而在理解专利申请文件时还应当注意专利申请文件尤其是权利要求书存在哪些形式缺陷，包括一部分明显的实质性缺陷（例如 1994 年机械专业试题中未指出多项独立权利要求之间不具有单一性，2008 年试题中未指出设备独立权利要求未清楚地限定要求专利保护的范围），以便在修改专利申请文件时将这些缺陷一并克服。

为了便于在后面的分析环节中，将专利申请与现有技术的技术方案进行对比，以确定该发明的关键性区别特征，可以在阅读专利申请文件时以列表的方式或者在试题题面中进行标注的方式给出各项权利要求的技术特征，以便在分析环节与对比文件进行比较。对于上述阅读专利申请文件应当予以关注的其他内容，例如，说明书中针对各权利要求中各个技术特征在该发明中所起作用作出的

说明，那些未记载在权利要求书中而仅记载在说明书中的重要技术特征，专利申请文件本身所存在的形式缺陷和一部分明显实质性缺陷，可以在试题题面作出标注，以便在后面具体答题步骤中进行查找，而不致再重新阅读一遍专利申请文件。

二、全面、准确地理解审查意见及所引用的对比文件的内容

在理解专利申请文件的技术内容后，需要全面、准确地理解审查意见通知书的具体审查意见。审查意见通知书所指出的专利申请文件实质性缺陷可分为两类，一类需要引用对比文件，另一类不需要引用对比文件，现针对这两类不同的审查意见分别给予说明。

1. 对于不需要对比文件作为证据的审查意见

对这一类审查意见的分析比较简单，只需要结合专利申请文件本身的事实判断该审查意见是否成立。这些审查意见通常涉及独立权利要求缺少必要技术特征，权利要求书未以说明书为依据，权利要求书未清楚地限定要求专利保护的范围以及是否属于专利保护客体等缺陷。例如，2008 年专利代理实务科目试题中的审查意见通知书中包含了权利要求得不到说明书支持的审查意见，2014 年专利代理实务科目试卷中有关答复审查意见通知书试题中的审查意见包含了独立权利要求缺少必要技术特征、权利要求未以说明书为依据和属于《专利法》第二十五条第一款规定的不予专利保护的客体的审查意见。对于这一类审查意见，通常将理解审查意见通知书中的具体审查意见和判断这些审查意见是否正确结合起来进行，因此应当依据《专利审查指南 2010》的有关规定对专利申请文件本身的事实进行分析，以确定专利申请文件是否存在审查意见通知书指出的上述缺陷。现以 2008 年的试题为例加以说明，审查意见通知书中认为说明书的具体实施方式部分仅记载了制作油炸马铃薯薄片的方法，而权利要求书中要求保护制作油炸食品的方法，由此得出权利要求书未得到说明书支持的结论；但是，依据《专利审查指南 2010》第二部分第二章的规定，❶ 判断权利要求是否得到说明书支持时，应当考虑说明书的全部内容，而不是仅限于具体实施方式部分的内容，而该专利申请说明书的发明内容部分已明确记载该发明所述方法和设备适用于除马铃薯薄片以外的多种油炸食品，因此审查意见通知书中有关权利要求书得不到说明书支持的审查意见是可以商榷的。

在阅读理解审查意见通知书中这一类审查意见时，还应当对其进行归纳整理，即明确审查意见通知书中的这一类审查意见涉及该专利申请哪些实质性缺陷，对于每一个实质性缺陷涉及的是权利要求书还是说明书，而对于涉及权利要求书的那些实质性缺陷，又分别涉及哪几项权利要求，从而为确定答复策略和修改专利申请文件做好准备。

需要说明的是，对于 2009 年 10 月 1 日以前的专利申请，《专利法》《专利法实施细则》和《专利审查指南 2010》的修改内容未涉及实质性变化的，均以修改后的《专利法》为准，仅仅《专利法》《专利法实施细则》的修改内容涉及实质内容变化的，才采用修改前的《专利法》。因此对于不需要引用对比文件的审查意见，按照修改后的《专利法》与按照修改前的《专利法》相比，还可能涉及与《专利法》第五条第二款、《专利法》第二十六条第五款和《专利法》第二十条第一款有关的审查意见，但从考试来看，对这方面内容直接以审查意见通知书中审查意见的方式考核考生的可能性不大，但不排除试题中用简答题考核考生对相关内容的掌握。

2. 对于需要对比文件支持的审查意见

这类审查意见是平时专利代理实务中最经常遇到的，从历年有关答复审查意见通知书的试题来看，这一类审查意见占绝大多数。在这类审查意见中，又以涉及专利申请的新颖性、创造性的审查意见为主，而涉及重复授权的审查意见相对来说就少得多，在历年考试试题中尚未见到过。由此可

---

❶ 当年应试时，依据《审查指南 2006》第二部分第二章的规定。就这部分内容来看，《专利审查指南 2010》与《审查指南 2006》的规定没有变化。

知，有关新颖性和创造性的审查意见是考试中的重点，属于答复审查意见通知书必考的内容。

从对比文件公开的时间和内容两个方面分析其与该专利申请的相关程度，在此基础上进一步理解审查意见通知书中的具体审查意见。

（1）将审查意见通知书中引用的对比文件按照其公开的日期（若对比文件为中国专利申请文件或专利文件，则为申请日或其优先权日）与该专利申请的申请日（该申请有优先权的，为优先权日）的关系加以分类，以便确定各对比文件与该专利申请的相关程度。为帮助理解，举例加以说明：❶

① 在该申请的申请日前（该申请有优先权的，为优先权日前）公开的对比文件，这类对比文件为该专利申请的现有技术，既可用来判断该专利申请是否具备新颖性，又能与其他该申请日前公开的对比文件或者公知常识结合起来判断该专利申请是否具备创造性。

② 在该申请的申请日和优先权日之间公开的对比文件（不包括下面提到的在该申请的优先权日前提出申请、申请日和优先权日之间公布或公告的中国专利申请文件或专利文件），该专利申请不能享受优先权时，这类对比文件就可用来作为判断该专利申请是否具备新颖性和/或创造性的现有技术，但该专利申请能享受优先权时，这类对比文件就不是该专利申请的现有技术，因而不能用来判断该专利申请是否具备新颖性，更不能与现有技术或公知常识结合起来判断该专利申请是否具备创造性。

③ 在该申请的申请日前（该申请有优先权的，为优先权日前）申请、在申请日或申请日后公布或公告的中国专利申请文件或专利文件，❷ 这类对比文件只可用来作为判断该专利申请是否具备新颖性的对比文件，不可与该专利申请的现有技术或者公知常识结合起来判断该专利申请是否具备创造性。

④ 在该申请的优先权日前提出申请、在申请日或优先权日之间公布或公告的中国专利申请文件或专利文件，这类对比文件在该专利申请可以享受优先权时只可用来作为判断该专利申请是否具备新颖性的对比文件，不可与该专利申请的现有技术或者公知常识结合起来判断该专利申请是否具备创造性，但该专利申请不能享受优先权时，该对比文件成为该专利申请日前的现有技术。

⑤ 在该申请的申请日和优先权日之间提出申请、在申请日或申请日后公布或公告的中国专利申请文件或专利文件，该专利申请不能享受优先权时，这类对比文件就可用来作为判断该专利申请是否具备新颖性的对比文件，而不可与该专利申请的现有技术或者公知常识结合起来判断该专利申请是否具备创造性，但该专利申请能享受优先权时，这类对比文件就不能用来判断该专利申请是否具备新颖性，更不能与其他现有技术或公知常识结合起来判断该专利申请是否具备创造性。

⑥ 在申请日或申请日后公开的非专利文件或者公布或公告的外国专利申请文件或专利文件（包括在该申请的申请日或优先权日前申请、在申请日或申请日后公开的外国专利申请文件或专利文件），这类对比文件既不能用来作为判断该专利申请是否具备新颖性的对比文件，也不能用来作为判断该专利申请是否具备创造性的对比文件。

通过上述对审查意见通知书中所引用对比文件从时间上加以分类，确定其中哪一些对比文件与该发明新颖性和/或创造性的判断有关联，与此同时，将那些明显与该发明新颖性和创造性判断无关的对比文件排除。

（2）在上述工作基础上，对于那些与该发明新颖性和/或创造性的判断相关联的对比文件，结合审查意见通知书中审查意见的具体内容分析各份对比文件是否披露了各项权利要求中相应的技术特征。具体说来，应当通过对每份对比文件披露的内容进行分析，弄清楚如下几个方面的内容。

① 每份对比文件分别披露了该发明独立权利要求中的哪些技术特征。

---

❶ 请注意，此处仅仅是例举，即除了以下举例外，还可能有其他情况，例如，引用对比文件为有优先权要求的中国专利申请文件和专利文件，限于篇幅，举例未能穷尽。

❷ 按照《施行修改后的专利法的过渡办法》第二条的规定，对于 2009 年 10 月 1 日前提出的专利申请，此处应限于由他人提出申请的中国专利申请文件或专利文件，此类情况读者在备考中应注意加以区别。

② 每份对比文件针对各从属权利要求分别披露了哪些技术特征。

③ 每份对比文件所披露的技术特征（尤其是独立权利要求中的区别特征和从属权利要求中的附加技术特征）在各份对比文件中所起的作用是什么。

④ 在审查意见通知书引用的对比文件中，对于每一项独立权利要求，应当分别以哪一份对比文件作为最接近的对比文件。

通过上述对所引用的各份对比文件披露的内容进行分析之后，为理解审查意见通知书中相关的审查意见做好了准备。

（3）在上述工作的基础上，正确理解审查意见通知书中需要引用对比文件的审查意见。具体说来，应当明确如下几个方面的问题。

① 审查意见通知书中的上述需要引用对比文件的审查意见除了涉及新颖性和/或创造性这一实质性缺陷外，是否还涉及防止重复授权，分别与哪些权利要求相关。

② 对于不具备新颖性的审查意见，审查意见通知书中认定哪一份或哪几份对比文件影响该专利申请的新颖性，这几份对比文件分别涉及哪几项权利要求。

③ 对于不具备创造性的审查意见，审查意见通知书中有几种结合对比的分析方式，这几种结合对比方式分别涉及哪几项权利要求，且在这几种结合中分别以哪一份对比文件作为最接近的对比文件。

④ 核实审查意见通知书为得出上述审查意见进行分析时对相关对比文件披露内容的事实认定是否正确。

通过上述对审查意见通知书的具体内容进行理解，为分析各个审查意见、判断专利申请前景、确定答复策略和修改专利申请文件做好准备。

三、分析审查意见，作出正确的前景判断，以确定答复策略

在全面、正确理解审查意见通知书中的具体审查意见及所引用对比文件的内容后，就需要将该专利申请文件与审查意见通知书的具体审查意见和所引用的对比文件进行对比分析，判断审查意见通知书中的哪些审查意见正确，哪些审查意见不正确，哪些审查意见可以商榷，在此基础上确定答复策略。

在答复审查意见通知书的应试中，需要考生分析判断各个审查意见是否正确。从平时专利代理实务来看，多半审查意见通知书中的审查意见是正确的，但也存在部分审查意见不正确或可以商榷的情况，而审查意见完全不正确的情况也偶尔存在。但从考试来看，通常不会出现所有审查意见都不成立而不需要修改权利要求书的情况，因为此时缺少修改专利申请文件的考核内容，除非审查意见通知书答复试题仅占专利代理实务科目考试中较少的分值。按照历年答复审查意见通知书的试题来看，既有部分审查意见不正确的情况（例如1994年机械专业试题、2008年专利代理实务试题和2014年专利代理实务科目试卷中有关答复审查意见的试题），也有审查意见全部正确的情况（例如1994年电学专业试题及2006年专利代理实务试题），这就需要考生判断审查意见正确与否。对于审查意见正确的情况下，需要修改专利申请文件来加以克服，并在给客户的咨询意见中具体说明上述审查意见成立的理由，即原申请文件不符合相关条款规定的理由，而在提交给国家知识产权局的意见陈述书中说明修改后的专利申请文件克服通知书中所指出缺陷的理由，即修改后的专利申请文件符合相关条款规定的理由；而对于审查意见不正确的情况，就不需要修改专利申请文件，在给客户的咨询意见中以《专利法》《专利法实施细则》和《专利审查指南2010》的规定为依据具体说明上述审查意见不能成立的理由，在意见陈述书中陈述原申请文件不存在通知书中所指出缺陷的理由，即说明原申请文件符合相关条款规定的理由；而对于审查意见可以商榷的情况，在给客户咨询意见中既说明审查员为何得出上述审查意见，并指出可商榷之处，而在意见陈述书中针对审查意见通知书

中指出的缺陷的可商榷之处说明原申请文件不存在通知书中所指出缺陷的理由，即说明原申请文件符合相关条款规定的理由。

事实上，无论在平时专利代理实务工作中或者在应试过程中，分析审查意见是否正确通常与理解审查意见通知书中的具体审查意见结合在一起进行，前面已针对理解不需要引用对比文件的审查意见作过一些具体说明，至于分析需要引用对比文件的审查意见是否正确，同样也与理解审查意见通知书中的具体审查意见结合在一起进行。尽管如此，由于这部分内容在应试时比较重要，为了便于考生更好地掌握这方面内容，对此再单独加以说明。

1. 由审查意见通知书中引用的对比文件与该发明的关联性确定审查意见中对该对比文件的引用是否合适

正如前面所指出的，对比文件与该发明的关联性可以从其公开的日期（对比文件为中国专利申请文件或专利文件的还包括其申请日）与该发明申请日（有优先权要求的，为优先权日）之间的关系以及对比文件披露的内容两方面加以判断，如果从这两方面能说明该引用的对比文件与该发明缺少关联性，则可以作为认定该审查意见不正确或可以商榷的争辩点。下面依据历年试题中出现过的、因对比文件与该发明缺少关联性而认定审查意见不正确或可以商榷的情况以及根据编者日常工作的经验举例加以说明。

（1）用申请日或申请日后公开的文件（例如外国专利文件或期刊）来评价该专利申请的新颖性或创造性。

（2）用申请日前申请、申请日或申请日后公开的外国专利申请文件或专利文件来评价该专利申请的新颖性（如1996年电学专业的试题）。

（3）用申请日前提出申请、申请日或申请日后公布或公告的中国专利申请文件或专利文件来评价该专利申请的创造性（如1996年机械专业和电学专业的试题，1998年电学专业的试题，2014年有关答复审查意见通知书的试题）。

（4）对于有优先权要求的专利申请，未指出该权利要求不能享受优先权，用申请日和优先权日之间公开的对比文件来评价该专利申请的新颖性或创造性。

（5）对于有优先权要求的专利申请，未指出该权利要求不能享受优先权，用申请日和优先权日之间申请、申请日或申请日后公布或公告的中国专利申请文件或专利文件来评价该专利申请的新颖性。

（6）审查意见通知书中认定某权利要求相对于引用的某一份对比文件不具备新颖性时，而该对比文件所披露的内容中并未包含该权利要求的全部技术特征。

（7）审查意见通知书认定所披露的技术特征在引用的对比文件中并未披露。

（8）审查意见通知书认定所披露的技术特征在引用的对比文件中所起的作用与其在该发明中所起的作用不相同或并不完全相同（如2014年有关审查意见通知书答复试题中权利要求2未被对比文件2披露的技术特征在对比文件3中所起作用与其在该发明中所起作用并不完全相同）。

（9）审查意见通知书所引用对比文件披露的技术方案的工作原理与该发明工作原理有着本质不同（平时专利代理实务工作中可能会出现这种情况，但在考试中，除非试题有明示，通常不会涉及这一种情况，因为考试试题不应涉及太深的技术内容）。

2. 分析审查意见通知书论述具体审查意见的理由是否充分

在分析了所引用对比文件的关联性后，应当进一步分析审查意见通知书中论述具体审查意见的理由是否充分，甚至是否存在明显不妥之处。如果通过分析认为其论述的理由不充分，尤其是存在明显不妥之处，就可以认定审查意见不正确或者可以商榷。下面依据历年试题中出现过的、因审查意见明显不妥或理由不充分而认定审查意见不正确或可以商榷的情况以及根据编者日常工作的经验举例加以说明。

（1）在论述专利申请不具备新颖性时，对"惯用手段直接置换"的事实认定不正确（如1996年机械专业的试题）。

（2）在论述专利申请不具备创造性时，认定为"等效手段的替换（或简单变换手段）"或者"发明仅仅是一种简单的叠加"的理由可以商榷（如1994年机械专业的试题）。

（3）认定不能享受优先权的理由不正确后，利用申请日和优先权日之间公开的对比文件否定本专利申请的新颖性或创造性（如1998年机械专业的试题）。

（4）认定权利要求书未以说明书为依据的理由可以商榷（如2008年专利代理实务试题）。

（5）简单地认定两者组分或结构相近，而未注意该发明在某些方面的性能有明显提高（如1998年化学专业试题）。

最后，需要说明一点，上面分析审查意见通知书中引用的对比文件不合适或者审查意见不妥时举例较多，这是为了帮助考生掌握这方面的内容，并不意味着试题中大多数审查意见不正确。根据历年试题情况来看，通常试题中的主要审查意见或者多数审查意见是正确的，而只有少数审查意见不正确，例如1996年和1998年机械、电学、化学三个专业试题，1994年机械专业试题，2008年专利代理实务试题以及2014年有关答复审查意见通知书的试题中的审查意见通知书均存在部分不正确或者可以商榷的审查意见，需要考生正确辨别发现。但是，1994年电学专业试题及2006年专利代理实务试题中的审查意见均是正确的。因此，考生在应试时需要具体分析、正确判断。总体来说，这种试题主要以涉及新颖性、创造性的审查意见为主（通常其中多数审查意见是正确的，但也可能会存在少数审查意见不正确的情况），其他审查意见为辅（正确、不正确或者可以商榷的审查意见都可能存在）。

四、针对分析结果修改权利要求书和说明书

无论在平时专利代理实务工作中还是考试过程中，上述工作均只是为了做好修改专利申请文件、向客户撰写咨询意见、向国家知识产权局撰写意见陈述书的准备。就考试而言，除非另有简答题，否则考试将根据所修改的专利申请文件以及所撰写的咨询意见或/和意见陈述书来评分，因此应当认真地做好这三件工作，将上述分析结果体现在修改的专利申请文件、撰写的咨询意见或意见陈述书中。

在上述分析的基础上首先确定是否要修改专利申请文件，尤其是否要修改权利要求书。就考试而言，多半需要修改专利申请文件，在着手修改专利申请文件时，通常应当按照下述思路进行。

1. 对审查意见通知书中所指出的且通过分析又认为确实存在的实质性缺陷进行修改

对于通过分析认为专利申请文件确实存在实质性缺陷，修改专利申请文件时应当消除审查意见通知书中指出的缺陷，使修改后的专利申请文件符合有关《专利法》和《专利法实施细则》的规定，但是又要为客户取得尽可能宽的保护范围，即不应当为消除实质性缺陷而增加许多技术特征而使保护范围过窄，从而客户即使取得专利权也不能得到真正的保护。

由于涉及专利申请新颖性和创造性的审查意见是重点，下面以此为例说明在修改时需要考虑的因素。

（1）对于涉及专利申请新颖性或创造性的审查意见，修改的重点是独立权利要求，只要修改后的独立权利要求具备新颖性和创造性，将原有的从属权利要求直接改写成该独立权利要求的从属权利要求也必定满足新颖性和创造性的要求。按照《专利审查指南2010》第二部分第八章有关答复审查意见通知书修改的规定，不应当再增加其他未在原权利要求书中出现过的新的从属权利要求和其他未在原权利要求书中出现过的新的独立权利要求，除非试题明确请考生根据原说明书记载的内容为客户撰写一份新的专利申请的权利要求书。

（2）在修改专利申请文件时，需要注意全面克服所存在的缺陷，例如，对于独立权利要求不具备新颖性的审查意见，在修改专利申请文件时不仅要使修改后的独立权利要求具备新颖性，还应当

具备创造性，甚至还应当消除通知书中未指出的其他明显实质性缺陷和形式缺陷。例如，在 2008 年试题的审查意见通知书中，对于制作油炸食品的设备，仅指出其相对于对比文件 1 不具备新颖性，但修改后的制作油炸食品设备的独立权利要求，不仅应当分别相对于对比文件 1 或对比文件 2 具备新颖性，还应当相对于对比文件 1 和对比文件 2 的结合具备创造性，同时还应当消除原独立权利要求所存在的未写明各部件关系而导致该权利要求未清楚限定要求保护范围的缺陷。

（3）为了克服原专利申请不具备创造性的实质性缺陷，修改后的独立权利要求在增加为技术方案作出创造性贡献的技术特征时，应当在不超出原申请文件记载的范围的情况，尽可能争取最大的保护范围，例如，拟加入从属权利要求的附加技术特征而使独立权利要求具备创造性时，应当从这些可加入的附加技术特征中选择有可能使其保护范围最宽的技术特征，甚至可以考虑加入说明书中记载的技术特征，以争取更宽的保护范围。例如，1994 年机械专业试题中仅仅将从属权利要求的技术特征加入到独立权利要求时只能得到一半的分值，而考虑了说明书中记载的内容而将原说明书中曾提到过的技术特征加入独立权利要求中就得到了这一考点的全部分值。

（4）修改后的权利要求的依据可以来自原权利要求书中的从属权利要求，也可以来自说明书文字部分，甚至可以来自说明书附图中可直接地、毫无疑义地确定的内容；但是，需要注意的是，不应直接缩小至具体实施方式中记载的具体结构。

2. 在修改专利申请文件时，对于专利申请文件本身存在的形式缺陷，应当一并予以克服

考试时为增加对考生考核的考点，在有关答复审查意见通知书试题的审查意见通知书中往往不指出专利申请文件存在的形式缺陷，或者仅仅笼统地指出其存在形式缺陷，因此考生在修改专利申请文件时，尤其是在修改权利要求书时应当将这些形式缺陷一并克服，如未克服将会导致扣分。例如，对 2006 年专利代理实务科目的试题，应同时克服从属权利要求引用部分的主题与其所引用的权利要求的主题不一致的缺陷；对 2008 年专利代理实务科目的试题，应同时消除方法从属权利要求未直接写在方法独立权利要求之后、设备独立权利要求之前，而写在设备独立权利要求之后，权利要求书中出现的同一技术名词"马铃薯薄片"前后不一致（其中写成"马龄薯薄片"为明显的文字错误），权利要求中出现"特别是"的用语导致权利要求未清楚地限定要求专利保护的范围等缺陷；又如对于 1994 年至 1998 年机械、电学、化学三个专业试卷涉及答复审查意见通知书的试题，权利要求中间部分出现句号、多项从属权利要求采用了非择一引用方式以及多项从属权利要求作为另一项多项从属权利要求的引用基础等形式缺陷也应加以克服。

3. 根据试题要求，确定是否针对所修改的权利要求书对说明书作出适应性修改

说明书的修改包括两个方面：其一是针对审查意见通知书中指出的实质性缺陷或形式缺陷进行修改，这一方面的修改已包含在前面所说内容中；其二是针对修改的权利要求书对说明书作出适应性修改。

对于是否针对修改后的权利要求书对说明书作出适应性修改，可根据试题要求确定，例如，在 2006 年和 2008 年的试题中都明确不需要对说明书进行适应性修改，则可以不进行这项工作。如果试题中明确涉及说明书的适应性修改，例如，1998 年要求在意见陈述书中说明对说明书中哪些部分作出了适应性修改并简要说明修改要点，则应当根据试题要求给出答案。如果试题中仅要求给出修改后的权利要求书以及撰写意见陈述书，而未明确告知不需要对说明书进行适应性修改，为防止扣分，应当考虑需对说明书进行哪些适应性修改，并在意见陈述书中对其作出简要说明。

说明书适应性修改主要有两类情况：其一，独立权利要求的主题名称不变，而根据审查意见通知书中引用的最接近的对比文件缩小了保护范围，在这种情况下，背景技术部分需要补入有关最接近的现有技术的说明，发明内容部分的技术方案需要根据修改后的权利要求书，尤其是修改后的独立权利要求进行修改，说明书摘要中通常也要相应于修改后的独立权利要求进行修改，而技术领域、发明内容中要解决的技术问题和有益效果根据具体案情确定要否修改，而具体实施方式多半不需要修改，除非这一部分中出现某一个或某些具体实施方式或实施例相对于引用的对比文件来说成为现有技术；其二，发明包含有几项主题名称不同的申请主题，修改时删除了其中一些申请主题，在这种情况下，发明名称、技术领域、发明内容中要解决的技术问题和技术方案、说明书摘要均需要进行修改，至于背景技术则根据审查意见通知书中是否引入了更接近的现有技术确定是否要补入有关内容，具体实施方式修改的原则与前一种相同。但是，需要说明的是，这仅仅是一般原则，需要根据具体案情确定应当对说明书中哪些部分进行适应性修改。

4. 修改后的专利申请文件应当符合《专利法》《专利法实施细则》和《专利审查指南 2010》的规定

在答复审查意见通知书时，修改后的专利申请文件应当符合《专利法》《专利法实施细则》和《专利审查指南 2010》的规定，包括两方面内容：其一，所进行的修改应当满足《专利法》《专利法实施细则》和《专利审查指南 2010》对修改工作本身提出的要求，即修改的内容符合《专利法》第三十三条的规定，修改不得超出原说明书和权利要求书的记载范围，修改的方式应当符合《专利法实施细则》第五十一条第三款的规定，针对通知书指出的缺陷进行修改；其二，修改后的专利申请文件应当符合《专利法》《专利法实施细则》和《专利审查指南 2010》有关专利申请文件撰写的规定，即不得出现新的不符合有关专利申请文件撰写规定的内容。

（1）为了避免修改不符合《专利法》第三十三条的规定，在专利代理实务考试过程中应当从严把握，修改权利要求时应当尽量采用原说明书和原权利要求书中出现过的技术特征或技术用语，即权利要求书中新增加的技术特征应当尽量与原说明书中的描述相一致，不能自行变更名称或采用原说明书和权利要求书中未出现过的技术名词，不要出现新的原说明书和权利要求书中未出现过的上位概括或中位概括等。通过这种方式基本上可以杜绝修改不符合《专利法》第三十三条的规定的缺陷。

（2）对于《专利法实施细则》第五十一条第三款的规定，考试时也应当遵守。在修改权利要求书时，一定不要主动删去独立权利要求中的技术特征；不要主动增加新的、原权利要求书中未出现过的独立权利要求；不要主动增加新的、原权利要求书中未出现过的从属权利要求。对于后两种情况，考生一定不要受 2006 年和 2008 年试题答案中推荐范文的影响，因为《专利审查指南 2010》已经明确规定这两种修改方式是不允许的，除非试题明确要求考生，为申请人重新提交一份新申请的权利要求书。

（3）在修改专利申请文件时，应当注意使新修改的专利申请文件，尤其是新修改的权利要求书不要出现新的不符合专利申请文件撰写规定的内容。例如，在修改独立权利要求以及将原从属权利要求改写成新的独立权利要求的从属权利要求时，应当关注这些从属权利要求是否得到说明书的支持或者是否清楚地限定权利要求的保护范围，如果该从属权利要求不能得到说明书的支持或者未清楚地限定权利要求的保护范围，则应当将该项从属权利要求删去。

以上对应试时如何修改专利申请文件以及修改时应当注意的问题作了具体说明。但是，最后还需要强调一点，无论是平时的专利代理实务工作还是考试，对于审查意见通知书的答复，通常需要针对审查意见修改专利申请文件，尤其是需要修改权利要求书。在平时专利代理实务中，修改后的权利要求书（包括说明书的修改替换页）应当作为意见陈述书的附件提交；而从考试来看，也要求考生在答卷中以单独的部分给出修改后的权利要求书，而不应当将权利要求书的内容作为意见陈述书的一部分，尽管历年阅卷时对于仅在意见陈述书中给出修改后的权利要求书还未给予扣分，但这仅是一种宽容，并不表示以后的阅卷中不会扣分，因此考生在应试时一定要将修改后的权利要求书作为单独一部分写入答卷中。

五、撰写给客户的咨询意见

给客户的咨询意见是在分析各个审查意见是否成立以及根据分析结果对专利申请文件作出修改

的初步考虑基础上完成的。

咨询意见是在向客户转送审查意见通知书时给出的分析意见，主要分析审查意见通知书的审查意见是否正确，因而是针对原权利要求书中各项权利要求说明是否符合专利法律法规有关条款规定，在此基础上给出专利申请文件（主要是权利要求书）的修改建议。这一点与提交给国家知识产权局的意见陈述书完全不同，意见陈述书主要论述修改后专利申请文件（主要是权利要求书）已消除审查意见通知书中所指出的缺陷，是针对修改后的权利要求书说明其符合专利法律法规有关条款规定的理由。

为了帮助考生根据考试思路撰写咨询意见，下面对咨询意见的撰写格式要求和主要内容作一说明。

鉴于审查意见通知书答复的考试中必定涉及权利要求是否具备新颖性和/或创造性的内容，因而试题中的审查意见通知书均引用了对比文件。此外，审查意见通知书答复的考试中要考核考生修改专利申请文件的能力，因而必定涉及专利申请文件（主要是权利要求书）的修改。由此可知，咨询意见除了相当简单的起始语段和结束语段外，主要包括对引用的对比文件适用范围的说明、对审查意见通知书中各个审查意见的分析以及专利申请文件修改建议三个部分。

1. 对通知书中引用的各份对比文件适用范围的说明

这部分内容不多，但往往涉及答复审查意见通知书试题的考点，在咨询意见中先对通知书中引用的各份对比文件适用范围作出说明，以确保得到这部分考点涉及的分值。

在涉及答复审查意见书时的咨询意见的试题（如 2014 年）中，对比文件主要包括两类，一类是构成现有技术，另一类涉及申请在先公布或公告在后的中国专利申请文件或专利文件。然后，将各份对比文件主要分成两类❶：公开日早于该专利申请的申请日（有优先权要求的，为优先权日）的构成该专利申请的现有技术，指出其既可用于评价该专利申请各项权利要求的新颖性，也可以用于评价该专利申请各项权利要求的创造性；申请日早于该专利申请的申请日、公布日或公告日晚于该专利申请的申请日的中国专利申请文件或专利文件，可以用于评价该专利申请各项权利要求的新颖性，但由于其未构成该专利申请的现有技术，不可用于评价该专利申请各项权利要求的创造性。❷

2. 分析审查意见通知书中各个审查意见是否成立

这部分是咨询意见中分值最多的，一定要认真分析，才能取得较高的分值。这部分的分析应当尽量以《专利法》《专利法实施细则》和《专利审查指南 2010》的规定为依据加以具体说明。

在具体分析各个审查意见是否成立时应当注意下述五点。

（1）对审查意见通知书中指出的各项权利要求存在的不符合规定的缺陷逐一说明其审查意见是否成立，不要有遗漏，分析时依据《专利法》《专利法实施细则》和《专利审查指南 2010》的规定结合具体案情作出说明。

（2）若审查意见通知书中对同一权利要求给出多个不符合规定的审查意见，应分别作出说明。例如，2014 年专利代理实务科目试卷有关答复审查意见通知书的试题中审查意见通知书对权利要求 1 既指出其缺乏必要技术特征，又指出其不具备新颖性，则咨询意见中应当分别针对这两方面的审查意见说明其是否成立。

（3）若审查意见通知书中对同一权利要求涉及不具备新颖性或创造性理由给出多种单独对比方式或结合对比方式的，应当针对多种对比方式分别作出说明。例如，2014 年专利代理实务科目试卷有关答复审查意见通知书的试题中审查意见通知书对权利要求 4 既指出其相对于对比文件 1 和 2 的

---

❶ 在实际代理实务中还有一类作为支持重复授权审查意见的对比文件，但数量较少，在以往试题中还未出现过这类证据。

❷ 对于后一类情况，可能还会出现该专利申请要求优先权的情况和/或对比文件也要求优先权的情况，此时可以参照本节之二中"2. 对于需要对比文件支持的审查意见"之（1）中所说的对比文件分类并根据该试题中给出的具体情况说明其适用范围。

第三部分

结合不具备创造性，又指出其相对于对比文件 2 和 3 的结合不具备创造性，在咨询意见中应当分别针对这两种结合方式分析其所主张的权利要求 4 不具备创造性的审查意见是否成立。

（4）对于涉及新颖性和创造性的审查意见，应当注意到在论述不具备新颖性和创造性的审查意见能够成立时与不能成立时的规范格式有所不同。例如，在论述不具备新颖性的审查意见不能成立时，只需要指出该权利要求的技术方案未被该对比文件公开就可得出结论，而论述不具备新颖性的审查意见能够成立时仅指出该权利要求的技术方案已被该对比文件公开还不够，还要说明该权利要求的技术方案在技术领域、要解决的技术问题和有益效果与对比文件中公开的内容实质相同。

又如，在论述不具备创造性的审查意见不能成立时，不仅应当以"三步法"为基础说明该权利要求的技术方案相对于审查意见通知书中写明的对比文件结合方式具有突出的实质性特点，还要说明该权利要求的技术方案相对于现有技术具有显著的进步，才能得出其具备创造性的结论，而在论述不具备创造性的审查意见能成立时，只需要指出其不具有突出的实质性特点就可得出其不具备创造性的结论。

（5）对于审查意见可以商榷的情况，在咨询意见中既要分析说明审查员为何得出上述审查意见，与此同时依据《专利法》《专利法实施细则》和《专利审查指南 2010》的规定指出上述审查意见中的可商榷之处，并告知在意见陈述书中可以针对可商榷之处进行争辩，但不一定能被审查员接受。

3．对专利申请文件的修改建议

在上述分析的基础上对专利申请文件（主要是权利要求书）的修改给出具体建议，并说明给出上述建议的理由。

在这部分首先概要地说明一下如何从原专利申请文件（主要是权利要求书）修改成准备提交的修改文本❶。所作修改应当消除审查意见通知书中所指出且确实存在的缺陷，其中为消除某一缺陷可能有多种修改方案，应当根据试题内容（通常根据保护范围的宽窄或发明的主要改进方面）确定出最佳修改方案；❷ 此外，还应当消除在阅读专利申请文件时发现的专利申请文件本身存在的形式缺陷或由权利要求引用关系不当而造成的实质性缺陷。

然后说明作出这样修改的理由，主要有这样几个方面的考虑：消除审查意见通知书中所指出的且确实存在的那些缺陷，为申请争取尽可能宽的保护范围，有多种修改方案时作出选择的理由，消除专利申请文件本身所存在的形式缺陷或由引用关系不当而造成的实质性缺陷等。

除上述三部分内容外，对咨询意见的起始语段和结束语段没有严格要求，这两部分内容即使计分，分值也会不太高，因此在答题时只要包括这两段内容即可。

此外，撰写的咨询意见应当条理清楚、用词严谨，尤其注意不要出现专利用语的概念错误，这会对得分有一定的影响，应当予以重视。

六、依据修改的专利申请文件撰写意见陈述书

值得注意的是，对于答复审查意见通知书的考试试题，撰写意见陈述书的基础是权利要求书的正确修改。如果权利要求修改不到位或没有抓住关键（尤其是独立权利要求），则必然会影响到意见陈述书部分的得分，因此为使意见陈述书的撰写也能得到较好的成绩，考生在修改权利要求书这一环节中一定要仔细认真地修改，力争修改后的权利要求书接近考题所确定的答案。

为了帮助考生在意见陈述书的撰写部分也取得较好的成绩，下面针对意见陈述书撰写格式要求以及撰写内容进行详细说明。

意见陈述书正文的内容应当完整并符合格式要求。意见陈述书除了包括标题（意见陈述书或意

---

❶ 该修改文本在历年试题中均是要单独给出的答题内容，因此在此不必出要求修改后的权利要求书文本，仅需要说明如何修改即可。

❷ 在实际专利代理实务中可以向客户具体说明多种修改方案，由客户进行选择。

见陈述书正文）和落款外。意见陈述书正文通常包括起始语段、对专利申请文件的修改说明、对审查意见通知书中指出的缺陷具体陈述意见以及结束语段四个部分，其中以对专利申请文件的修改说明，尤其以对审查意见通知书中指出的缺陷具体陈述意见为重点。下面简单介绍一下这四部分的内容及其要求。

1. 起始语段 ❶

通常，意见陈述书正文的第一段应当写明该意见陈述书是针对哪一份审查意见通知书作出的，是否随意见陈述书提交了专利申请文件的修改页。

2. 修改说明

在这一部分需要说明专利申请文件，尤其是权利要求书中的哪些权利要求是针对审查意见通知书中指出的哪些实质性缺陷进行了修改，且对修改的内容作简要说明，并指出修改部分增加了技术特征和/或包含修改后技术特征的权利要求技术方案在原专利申请文件中的依据或出处，从而表明所作修改符合《专利法》第三十三条和《专利法实施细则》第五十一条第三款的规定。在这一部分应当对不同的修改点逐一进行说明，通常，首先对第一独立权利要求的修改作出说明，然后是其从属权利要求，如涉及其他独立权利要求，再对其他独立权利要求以及其从属权利要求的修改也进行说明等。

值得注意的是，如果修改的权利要求也克服了审查意见通知书中没有指出的原权利要求中存在的缺陷，也应当在此进行具体说明，并指出所作修改是针对专利申请文件本身存在的形式缺陷和/或由引用关系不当而造成的实质性缺陷进行的，按照《专利审查指南2010》第二部分第八章的有关规定，这样的修改可以视作针对通知书指出的缺陷进行的修改，也符合《专利法实施细则》第五十一条第三款的规定。

3. 针对审查意见通知书指出的缺陷具体陈述意见

这一部分主要针对审查意见通知书指出的不符合《专利法》规定的缺陷进行答复，至于审查意见通知书没有涉及的缺陷不必进行说明。这一部分是意见陈述书的重点，大部分分数都分布在这一部分，为取得较好的成绩，考生在陈述意见时应当尽量以《专利法》《专利法实施细则》和《专利审查指南2010》的规定为依据进行论述。

（1）对审查意见通知书中正确的意见予以认可的，应当论述修改后的专利申请文件，尤其是修改后的权利要求已消除审查意见通知书中所指出缺陷的理由，即修改后的权利要求符合相关规定的理由。具体阐述方式见后面的重要常见条款的意见陈述规范。

（2）对于审查意见通知书中存在不妥之处，论述原专利申请文件，尤其是原权利要求不存在审查意见通知书中所指出的缺陷的理由，即论述原权利要求符合相关规定的理由。如果审查意见通知书中明显存在引用对比文件与该发明不相关联或者审查意见通知书中中论述的理由不正确而不能认可的，应当在答题中明确指出，并具体说明理由。

（3）对于部分同意审查意见通知书中的情况，也需要修改专利申请文件，并论述修改后的专利申请文件，尤其是修改后的权利要求符合相关规定的理由，但是对于其中审查意见通知书中不妥之处（如审查意见中明显存在引用对比文件与发明不相关联或者审查意见中论述的理由不正确），也应当在答题中明确指出，并具体说明理由。例如，审查意见通知书以申请在先、授权公告在后的中国专利文件指出权利要求1不具备新颖性，且该审查意见正确，但又用这份对比文件和另一份为该申请现有技术的对比文件结合起来否定权利要求2的创造性，显然对权利要求2的审查意见是不正确的，对于这种审查意见部分正确部分不正确的情况，应当删去原权利要求1，将权利要求2改写成新的独立权利要求1，此时在论述新修改的独立权利要求1符合《专利法》第二十二条第二款和第三款

---

❶ 根据全国专利代理人资格考试考前培训系列教材之《专利代理实务分册（第3版）》（知识产权出版社2016年出版）第322页中对答复审查意见通知书的意见陈述书的起始段应当写明的内容作出说明，并明确告知"起始段可以不写抬头，但是如果写抬头的话，应写明国家知识产权局，而不要写成某位审查员"。因此，今后应试时，请不要将抬头写成"尊敬的审查员"。

有关新颖性和创造性的规定时，应当明确指出申请在先、公告在后的中国专利文件只能用作评价该专利申请新颖性的对比文件，不能与其他对比文件或公知常识结合起来否定该专利申请的创造性。

（4）审查意见通知书涉及多个与实质性缺陷相关的审查意见的，需要逐个分别进行阐述，不要遗漏。对各个审查意见的意见陈述，应分段撰写，最好编号。此外，应当注意论述的顺序，如果涉及的各个实质性缺陷不相关联，则可以先针对主要的审查意见（如有关新颖性和创造性的审查意见）进行阐述，再针对其他审查意见进行阐述，但是如果其中一些实质性缺陷相关联，则应当注意论述顺序。例如，在 2008 年专利代理实务考试试题中，审查意见通知书中涉及不具备新颖性、创造性和权利要求书得不到说明书支持两个实质性缺陷，显然论述权利要求具备新颖性和创造性应当针对得到说明书支持的权利要求进行，因此在意见陈述书中先针对权利要求书是否得到说明书支持进行论述，然后再论述修改后的权利要求相对于通知书中引用的对比文件具备新颖性和创造性。

4. 结束语段

在针对审查意见通知书指出的所有缺陷作出意见陈述之后，撰写意见陈述书的结束语段，相当于总结陈词。这一段虽然没有太多的实质性内容，但作为一份完整的意见陈述书而言，这是必不可少的。如果缺少这一段，会影响意见陈述的总体得分或逻辑要求方面的得分。通常可以写成如下形式："申请人相信，修改后的权利要求书已经完全克服了第一次审查意见通知书中指出的新颖性和创造性问题，并克服了其他一些形式缺陷，符合《专利法》《专利法实施细则》《专利审查指南 2010》的有关规定。如果审查员在继续审查过程中认为本申请还存在其他缺陷，敬请联系本代理人。"

最后，需要强调一点，在考试中对于落款没有特别的要求，可以简单写代理人某某或仅仅写成代理人，但需要注意在实际考试中有个别考生直接将自己的名字或者将一个假造的名字写在这里，并留下电话号码，这种试卷通常会被认定为无效的试卷。

此外，撰写意见陈述书应当条理清楚、用词严谨，尤其注意不要出现专利用语的概念错误；同时，尽量保持答题卷面整洁。这两个方面都会对得分有一定的影响，也应当予以重视。

第三节　重要常见条款的意见陈述规范

作为答复审查意见通知书的考试，一个重要考点是考查考生是否掌握新颖性、创造性的判断分析方法和争辩能力。因此，专利代理实务考试中通常都涉及这两个条款的咨询意见和/或意见陈述。即使审查意见通知书中仅指出不具备新颖性，未指出不具备创造性，在意见陈述书中除了要先说明权利要求分别相对于各个对比文件具备新颖性的理由，还应当阐述权利要求相对于引用的这些对比文件具备创造性的理由。❶ 因此，本节重点介绍如何针对新颖性和创造性条款给出咨询意见或在意见陈述书中作出答复。除此之外，还对考试有可能涉及的其他实质性条款，简单介绍对这些条款的常见陈述规范。

一、关于新颖性条款

有关权利要求是否具备《专利法》第二十二条第二款的新颖性的论述多半是答复审查意见通知书试题的一个重要得分点，因此一定要熟练掌握有关新颖性的规范论述。

对于意见陈述书来说，主要论述修改后的权利要求具备新颖性，下面给出论述修改后的权利要求具备新颖性的陈述规范。

---

❶ 通常，即使审查意见通知书针对某项权利要求只提出涉及新颖性问题的审查意见，专利代理人或申请人不仅要论述所述权利要求具备新颖性的理由，还应当论述所述权利要求具备创造性的理由。而当审查意见通知书针对某项权利要求只涉及创造性问题时，即默认该权利要求具备新颖性的情况下，此时专利代理人或申请人可以只论述权利要求具备创造性的理由。

首先，需要简单归纳一下审查意见通知书中的审查意见，并明确审查意见通知书中使用的评述新颖性的对比文件，这在后面的详细分析中需要逐份分析，不能遗漏对任何一份涉及的对比文件的分析。

其次，简单述及独立权利要求进行了何种修改，如增加了技术特征（考试中很少出现新颖性审查意见错误而不修改权利要求的情形）。

再次，具体阐述修改后的权利要求具备新颖性的理由。先对独立权利要求进行分析，分析时应当按照《专利审查指南2010》关于单独对比的原则进行，并且相对于审查员引用的每一份对比文件分别予以说明。通常的步骤是，指出某份对比文件披露的相关内容（注意不要忽视对比文件隐含公开的内容），然后指出这份对比文件没有披露独立权利要求的哪个或哪些技术特征，因而独立权利要求的技术方案与对比文件披露的技术内容相比存在区别技术特征，能带来某方面的技术效果，在此基础上得出"独立权利要求相对于这份对比文件具备新颖性、符合《专利法》第二十二条第二款的规定"的结论。如果对比文件是一份申请在前、公开在后的中国专利申请文件或专利文件，则在指出"独立权利要求的技术方案与对比文件披露的技术内容相比存在区别技术特征，能带来某方面的技术效果"后，还要进一步说明"该对比文件未构成该权利要求的抵触申请"，再得出"独立权利要求相对于这份对比文件具备新颖性、符合《专利法》第二十二条第二款的规定"的结论。

对于单独对比原则，考生经常犯的错误是将多份对比文件混在一起进行说明，如写成："权利要求1相对于对比文件1和2具备新颖性"，而不分别通过对比文件公开的事实来予以说明。另外，在没有分别说明的情况下，"权利要求1相对于对比文件1和2均具备新颖性""权利要求1相对于对比文件1和2分别具备新颖性"等都不是特别好的表达方式，应当力求避免。通常应分别对审查员引用的每份对比文件进行具体分析，然后得出"权利要求1相对于该对比文件具备新颖性"的结论。

最后，对于从属权利要求也要明确写明其具备新颖性。通常应先写明这些权利要求是独立权利要求的从属权利要求，是对独立权利要求从结构（或者组成、工艺条件）上作进一步限定，再指出在独立权利要求具备新颖性的基础上，这些从属权利要求也具备新颖性。注意，不需要对每个从属权利要求单独撰写，可以对从属于同一独立权利要求的所有从属权利要求合并撰写，这样也节约考试时间。例如，写成"权利要求2至4是对独立权利要求1作进一步限定的从属权利要求，在权利要求1具备新颖性的基础上，权利要求2至4也具备新颖性，符合《专利法》第二十二条第二款的规定"。❶

而对于咨询意见，则要分成两种情况，一种是认为审查意见不能成立，另一种是认为审查意见能成立。对于审查意见不能成立的情况，其论述的内容和要求基本上与意见陈述书中的论述相同；而对于审查意见能成立的情况下，为说明其不具备新颖性，在作出分析对比后不仅要指出对比文件披露了该权利要求的技术方案，还要指出该权利要求的技术方案与对比文件披露的方案在技术领域、要解决的技术问题和有益技术效果上实质相同，然后才能得出该权利要求不具备新颖性的结论。

对于从属权利要求，在咨询意见中通常应当针对审查意见通知书所涉及不具备新颖性的各个权利要求分别说明审查意见是否成立；但是，审查意见通知书中对多项从属权利要求不具备新颖性的审查意见集中在一段给予说明的，如果分析结论相同，则咨询意见中也可对这几项从属权利要求不具备新颖性的审查意见是否成立放在一起作出说明。

二、关于创造性条款

关于论述是否具备《专利法》第二十二条第三款规定的创造性的论述，其所占分数比关于新颖性的论述要多。因此，这部分的意见陈述的优劣，也直接关系到最终的得分。

在意见陈述书中论述某项权利要求具备创造性时，不仅要论述该权利要求相对于审查意见通知书中所涉及的对比文件具有突出的实质性特点，还应当论述其具有显著的进步。其中，在论述具有突出的实质性特点时，则应当根据《专利审查指南 2010》第二部分第四章第 3.2.1.1 节的要求，严格按照"三步法"来陈述意见。在意见陈述书中论述权利要求具备创造性的具体步骤如下。

1. 确定最接近的现有技术

根据最接近的现有技术的确定原则，从审查意见通知书涉及的对比文件中选择出最接近的现有技术，并在意见陈述书中明确指出某对比文件是最接近的现有技术，并简单分析一下其是最接近的现有技术的理由。最接近的现有技术是判断发明是否具有突出的实质性特点的基础，因此，如果没有正确确定最接近的现有技术，则可能会影响创造性意见陈述的得分。

根据《专利审查指南 2010》第二部分第四章第 3.2.1.1 节的规定，最接近的现有技术是指现有技术中与要求保护的发明最密切相关的一个技术方案。例如，可以是与要求保护的发明技术领域相同，所要解决的技术问题、技术效果或者用途最接近和/或公开了发明的技术特征最多的现有技术，或者虽然与要求保护的发明技术领域不同，但能够实现发明的功能，并且公开发明的技术特征最多的现有技术。应当注意的是，在确定最接近的现有技术时，应首先考虑技术领域相同或相近的现有技术。

2. 指出独立权利要求与确定的最接近的现有技术的区别所在

如果前面对新颖性的意见陈述中已写明该对比文件公开了哪些技术内容，并明确指出了导致独立权利要求具备新颖性的技术特征，则此处可以开门见山地指出独立权利要求与该最接近的现有技术的区别所在，否则需要具体说明该作为最接近的现有技术的对比文件公开了权利要求的哪些技术特征，在此基础上指出该权利要求的哪些技术特征未被该最接近的现有技术披露。在实际考试中，有些考生在新颖性的意见陈述中，没有详细交代对比文件公开了哪些技术内容，而仅指出导致独立权利要求具备新颖性的技术特征，那么在此处必须详细表明该对比文件公开了什么内容，然后明确指出其区别特征，这是一种退而求其次的做法。

3. 确定发明实际解决的技术问题

首先，发明实际解决的技术问题的确定应当基于上述认定的区别技术特征所能达到的技术效果或功能，而这种技术效果应当是本领域的技术人员能够从专利申请文件中所记载的内容得知的。为此，可以分析说明书中是否直接表明该区别技术特征的作用或产生的效果，或者虽然没有明确表明，但说明书中提到的效果对本领域技术人员来说隐含是由区别技术特征导致的作用或产生的效果。作为考试，后一种情形可更侧重通过一般常识，甚至生活常识即能确定。

其次，在确定上述区别技术特征达到的技术效果或功能后，要明确指出发明实际解决的技术问题。对于所确定的技术问题，如果说明书中已有记载，则采用说明书中的方式来说明；如果没有明确记载，则应当针对由技术效果能够明确推导出来的技术问题进行合理的说明。注意不要将实际解决的技术问题表述为区别特征本身。

4. 指出现有技术未给出结合的技术启示

确定发明实际解决的技术问题后，接下来指出现有技术未给出结合启示。这要从三个方面来分析不存在技术启示：首先，如果最接近的对比文件中除了给出最接近的现有技术方案外，还包含有其他现有技术的技术方案，则还需要明确判断该对比文件中的其他现有技术的技术方案未给出结合启示。❶ 其次，明确判断其他所涉及的对比文件未给出结合的技术启示，最后还要指明公知常识中也不存在技术启示。通常有三种未给出结合启示的论述方法，其一，指出上述区别特征在所引用的现

---

❶ 如果最接近的对比文件中仅给出一个现有技术的技术方案，即最接近的现有技术，则无须再说明该对比文件不存在结合启示了。

有技术中均未披露，也不属于本领域解决上述技术问题的惯用手段；其二，审查意见通知书中强调给出结合启示的对比文件中虽然公开了上述区别特征，但该对比文件中公开的特征在其中所起作用或达到的技术效果与在该权利要求的技术方案中所起的作用或达到的技术效果是不同的，此时最好在指出该对比文件未说明要解决所述技术问题的基础上指出两者作用或效果不一样；其三，对比文件给出与两者不能结合的教导，如在对比文件中指明该区别特征在最接近的现有技术中不能采用或者在记载最接近的现有技术的文件中说明不能采用此区别特征。

此外，还可以从以下几个因素来说明现有技术不存在技术启示：

（1）解决了人们一直渴望解决但始终未能获得成功的技术难题。

（2）克服了技术偏见、现有技术给出了相反的教导等。

（3）获得了预料不到的技术效果，即获得的技术效果是申请日前本领域技术人员不可能预期得到的。

（4）发明创造取得了在商业上获得成功。

一般来说，存在上述第（2）方面和第（3）方面的因素相对常见，作为考点的可能性相对较大，而第（4）方面由于需要相关的证据而不太可能作为考点。若采用这四个因素作为争辩理由时，那么针对长期未能解决技术难题所采用的技术措施、为克服技术偏见所采用的技术措施、为带来预料不到技术效果所采用的技术措施或者为取得商业成功所采取的技术措施（即体现该技术措施的技术特征）就应当已存在于或者补入独立权利要求中。

5. 得出权利要求是否显而易见的结论

在指出没有给出结合的技术启示的情况下，可以认定独立权利要求的技术方案相对于现有技术是非显而易见的，在此基础上得出具有突出的实质性特点的结论。注意此处对于发明而言，关键词"突出的实质性特点"必须写出来，而且不能漏掉"突出的"字样。但对于无效宣告程序的实用新型专利而言，只能写"实质性特点"，不要误写为"突出的实质性特点"。

6. 指出权利要求具有显著进步

在得出权利要求相对于现有技术具有突出的实质性特点/实质性特点后，需要根据《专利审查指南2010》对创造性的第二方面要求（即该权利要求相对于现有技术具有"显著的进步"）予以说明。虽然目前在专利代理实践中意见陈述书是否写明该权利要求相对于现有技术具有显著的进步的论述相对来说并不那么重要，但作为考试还应当根据发明产生的有益效果来表明其具有显著的进步。其中，对于发明而言，关键词"显著的进步"必须写出来，而且不能漏掉"显著的"字样。但对于无效宣告程序中实用新型专利而言，只能写"进步"，不要误写为"显著的进步"。

7. 得出具备创造性的结论并明确法律依据

根据分析指明该独立权利要求相对于现有技术（如对比文件1和对比文件2的结合，对比文件1和公知常识的结合）具备创造性的结论，并同时指出法律依据，如可写成"该独立权利要求相对于对比文件1和对比文件2的结合具备《专利法》第二十二条第三条规定的创造性"。

8. 针对从属权利要求说明具备创造性

对独立权利要求具备创造性的意见陈述完毕后，需要进一步说明从属权利要求具备创造性，这里考生要通过意见陈述表明对从属权利要求的概念是清楚的，并掌握如何陈述从属权利要求的创造性。例如，写成"权利要求2至4是对独立权利要求1作进一步限定的从属权利要求，在权利要求1具备创造性的基础上，权利要求2至4也具备创造性，符合《专利法》第二十二条第三款的规定"。

但是，在给客户的咨询意见中，有关创造性的分析应当分为不具备创造性的审查意见不能成立和能够成立两种情况。论述权利要求不具备创造性的审查意见不能成立时，与前面意见陈述书中的论述基本相同，不仅要具体说明该权利要求相对于现有技术具有突出的实质性特点，还要具体说明该权利要求相对于现有技术具有显著的进步，在这之后再得出其具备创造性的结论。而论述权利要求不具备创造性的审查意见能够成立时，有两点不同：其一，只需要具体说明该权利要求相对于现有技术不具有突出的实质性特点就可以直接得出该权利要求不具备创造性的结论；其二，上述第 4 步应当是指出现有技术给出结合的技术启示，通常可按照《专利审查指南 2010》中所写明的三种情况之一作为给出结合启示的依据：①区别技术特征为本领域的公知常识；②区别特征在另一份对比文件中公开，且所起作用相同；③区别特征为与最接近的现有技术相关的技术手段（同一份对比文件其他部分披露的技术手段），且所起作用相同。

通常关于新颖性和创造性的意见陈述，每年专利代理实务科目的考试试题必然涉及，因此，希望考生牢固掌握有关新颖性尤其是创造性的意见陈述规范。

三、关于单一性

关于《专利法》第三十一条的单一性条款，考试中既可能涉及陈述具有单一性可合案申请的理由，也可能涉及陈述不具有单一性而建议分案申请的理由。但是，这两种情况论述的思路是相同的，即通过分析这些独立权利要求之间是否具有相同或相应的特定技术特征来确定它们之间是否属于一个总的发明构思，以确定是否具有单一性，从而得出合案申请还是分案申请的结论。

通常可以按照下述规范格式结合案情进行陈述。

首先，针对独立权利要求 1 的技术方案，确定其特定技术特征。也就是说，将该独立权利要求与申请日前的现有技术进行对比分析，在此基础上指出该独立权利要求中哪些技术特征是对该独立权利要求作出新颖性和创造性贡献的技术特征，即该独立权利要求的特定技术特征。当然，如果在论述了独立权利要求具备新颖性和创造性之后再分析是否具有单一性，就可以简化陈述，直接指出该独立权利要求的特定技术特征即可。

在此基础上，再分析其他独立权利要求的特定技术特征，即这些独立权利要求中哪些技术特征是对现有技术作出新颖性和创造性贡献的技术特征。

然后，将其他申请主题的独立权利要求的特定技术特征与独立权利要求 1 的特定技术特征进行比较，如果它们之间至少具有一个相同的特定技术特征，则单一性判断就十分简单，可以直接以它们之间具有相同特定技术特征为由而认定它们在技术上相互关联，属于一个总的发明构思，从而得出其他独立权利要求与独立权利要求 1 之间具有《专利法》第三十一条规定的单一性，可以合案申请。如果它们之间没有相同的特定技术特征，则需要进一步判断它们之间是否具有相应的特定技术特征，相对来说就比较困难一些了。通常可以按照这样的思路来考虑：判断其他独立权利要求中是否存在这样一个与独立权利要求 1 特定技术特征相关联的特定技术特征，具体来说，如果其他独立权利要求中某一特定技术特征与独立权利要求 1 中的某一特定技术特征有依赖关系，即在其他独立权利要求中的这一特定技术特征是随着独立权利要求 1 中某一特定技术特征而作出的相应改变。例如，方法独立权利要求中的某一工艺步骤的改进是为了得到产品权利要求中某一特定技术特征限定的结构而采取的措施，就可以认为这两个特定技术特征之间是相应的特定技术特征，一旦在独立权利要求之间找到一个相应的特定技术特征，就可以认定这两项独立权利要求在技术上相互关联，属于一个总的发明构思，因此它们之间具有《专利法》第三十一条规定的单一性，可以合案申请。如果通过对比分析，其他独立权利要求与独立权利要求 1 之间既没有一个相同的特定技术特征，也没有一个相应的特定技术特征，则可以认定它们之间在技术上不相关联，不属于一个总的发明构思，也就是说，它们之间不具有《专利法》第三十一条规定的单一性，对于这些与独立权利要求 1 不具有单一性的申请主题，应当另行分案申请。

四、关于权利要求以说明书为依据的意见陈述规范

对于审查意见通知书中有关权利要求不符合《专利法》第二十六条第四款有关权利要求以说明

书为依据规定的审查意见，首先分析审查意见中关于权利要求未以说明书为依据或者未得到说明书支持的结论是否正确。分析后可能会出现审查意见能够成立和不能成立两种情况。

分析后如果认可审查意见，在咨询意见中只需要写明具体分析过程和分析结果，也就是具体写明权利要求为何未得到说明书支持的理由。而在意见陈述书中，需要先简单说明对权利要求进行了何种修改（如对权利要求作了进一步限定），在此基础上具体说明修改后的这一项权利要求能够得到说明书支持的理由，从而克服了审查意见通知书中所指出的"权利要求书未以说明书为依据"这一实质性缺陷。

如果通过分析不能认同该审查意见，则在咨询意见或者意见陈述书中均应当根据下述思路说明或者争辩该权利要求已得到说明书的支持，即不存在审查意见通知书中所指出的权利要求未说明书为依据的缺陷：明确权利要求的主题及请求保护的范围，尤其重点分析根据审查意见通知书中提出的权利要求不能得到支持的理由所涉及的技术特征所代表的范围；然后，根据说明书中记载的内容，尤其是具体实施方式中记载的各个实施方式和实施例具体说明由这些内容得出该权利要求的保护范围是合理的。例如，对于某技术特征采用了上位概念，而说明书给出少数几个下位概念的实施例，此时需要具体说明发明如何利用这些下位概念的共性来解决技术问题的，推出没有理由怀疑该上位概念概括所包含的所有方式都能解决发明所要解决的技术问题，并能得到相同的技术效果，最后得出权利要求能够得到说明书支持的结论。又如，权利要求中采用了由多种选择的并列概括方式，则可以将多种选择中性质相近的分成一个组，例如分成三个组，如果每一组中在说明书中有一个实施例，就可作为由这一个实施例推导这一个组中的每一种选择是合理的，从而由这三个实施例而推导这三个组中的每一种选择是合理的，因此得出权利要求中所采用的由多种选择的并列概括方式得到了说明书支持。再如，权利要求中对某一技术特征采用了功能性限定，则应当强调说明书中已给出多种实施方式，对于这些实施方式无法用结构特征对其进行概括或者用结构特征概括不如用功能概括更为恰当，而且该发明的关键并不是通过采用某种结构来实现这一功能，而是由能实现这一功能的技术特征与其他技术特征相组合来解决技术问题，因而该权利要求并不是纯功能性权利要求，而且也没有理由怀疑这功能性技术特征所包含的某一具体结构不能解决该发明要解决的技术问题，由此可知，该权利要求采用功能性限定技术特征的表述方式是合理的，因此该权利要求能够得到说明书的支持。

需要注意的是，不能仅仅以权利要求的技术方案在说明书有一致性描述为由而认为权利要求得到了说明书的支持（通常被认为是仅仅是"表述一致"），而应当按照上述思路从实质内容上来陈述得到说明书支持的理由。

五、关于必要技术特征的意见陈述规范

关于审查意见通知书中认为独立权利要求未记载解决技术问题的必要技术特征而不符合《专利法实施细则》第二十条第二款规定的审查意见，首先应当分析审查意见是否正确，分析之后可分为审查意见能够成立和不能成立两种情况。

分析之后如果认可审查意见，则在咨询意见中只需要指出该独立权利要求缺少哪一个或哪些必要技术特征，并以说明书中记载的要解决的技术问题为依据具体说明缺少这一个或这些技术特征而不能解决这一技术问题的理由；而对于意见陈述书来说，应当对权利要求作出修改，写入审查意见通知书中所认为缺乏的必要技术特征或者通过分析而认为缺少的必要技术特征，此时，可以先简单说明权利要求作了何种修改，然后根据发明解决的技术问题，指出将上述技术特征写入独立权利要求后不再缺少必要技术特征，因此修改后的独立权利要求已克服了通知书中所指出的这一实质性缺陷。

分析之后，如果不认可审查意见的结论，在咨询意见或者意见陈述书中先简单提及审查意见中

第三部分

认为所缺乏的技术特征；此后，根据说明书的记载，阐明该发明创造所要解决的技术问题；在此基础上，分析技术方案中解决该技术问题的关键技术特征，并进而结合被认为缺乏的技术特征的作用和目的，分析不写入该技术特征仍然能够解决所述技术问题；最后，得出权利要求不缺乏必要技术特征的结论，并明确法律条款。

第十四章　无效宣告程序专利代理实务试题的应试

为了帮助考生掌握无效宣告程序专利代理实务试题（以下简称"无效实务试题"）的应试思路，本章先简要说明无效实务试题中要求考生完成的主要工作内容，以及对作为专利代理人的考生在完成这些主要工作内容时提出的要求，然后根据历年试题以及考试大纲的要求重点说明考生在完成无效实务试题主要工作内容时的应试思路。

第一节　无效实务试题涉及的主要工作内容

下面根据考试大纲和对历年专利代理实务科目试卷涉及无效实务试题的了解，简单介绍在这类试题应试时所要完成的主要工作内容以及对考生在完成这些工作内容时提出的要求。

一、主要工作内容

按照考试大纲要求，涉及无效宣告程序的专利代理实务包括两个方面：其一，针对请求人准备提出无效宣告请求的发明或实用新型专利撰写无效宣告请求书；其二，针对请求人提出的无效宣告请求为专利权人撰写意见陈述书，必要时对专利文件进行修改。作为考试而言，这两个部分通常不会要求在同一份试卷中同时完成。1994年和1996年的复审与无效科目试卷中的无效实务试题以及2011年专利代理实务科目试卷中的无效实务试题都是为无效宣告请求人撰写无效宣告请求书。但是，考虑到为请求人选择正确的无效宣告请求理由（以下简称"无效宣告理由"）和选用合适的证据能反映专利代理人的水平和能力，为了更好地了解考生舍弃掉部分无效宣告理由或证据的出发点是否正确，因而1994年和1996年复审和无效科目中的无效实务试题以及2016年专利代理实务科目试卷中的无效实务试题除了要求考生撰写无效宣告请求书外，还要求考生向客户给出咨询意见：对请求书中舍弃的证据说明未采用的理由，对无效宣告请求的前景作出分析和/或向客户提出必要的建议；2016年的无效实务试题还要求针对客户自行撰写的无效宣告请求书分析其中的各项无效宣告理由是否成立。2015年的专利代理实务科目试卷中无效实务试题为对拟提出的无效宣告请求向客户给出咨询意见，即根据客户所提供的多件拟作为证据使用的对比文件和拟提出无效宣告请求的专利文件说明可提出无效宣告请求的范围、理由和证据，并给出在提出本次无效宣告请求之后进一步工作的建议。2007年、2009年和2012年专利代理实务科目试卷中的无效实务试题都涉及专利权人一方的专利代理实务，其中2007年和2009年的无效实务试题中要求考生针对无效宣告请求书为专利权人撰写意见陈述书，并对专利文件（即权利要求书）进行修改，而在2012年的无效实务试题中仅要求考生向客户给出咨询意见，即分析无效宣告请求书中提出的各个无效宣告理由是否成立，并根据分析结果对权利要求书的修改给出具体建议。此外，2007年和2009年的无效实务试题中还包括与无效宣告程序有关的简答题（2007年涉及无效宣告程序中专利文件修改的相关规定，2009年涉及对出席口头审理的对方代理人资格的异议等）。但是，正如前一章所指出的，由于从2006年起，专利代理实务科目的试题涉及专利申请文件撰写、审查意见通知书的答复以及无效宣告程序中无效宣告请求书和意见陈述书的撰写三个部分，考虑到专利申请文件的撰写是专利代理人最基本而又最重要的能力，而无效宣告程序中无效宣告请求书和意见陈述书的撰写与审查意见通知书的答复都是反映专利代理人的争辩能力，具有一定的相似性，因此在 2007 年、2009 年、2011 年、2012 年、2015 年和 2016 年的专利代理实务科目试卷中除了涉及无效实务试题外，还包含了撰写专利申请权利要求书的试题（对于后者，属于专利申请文件撰写的试题，考生应试时的主要工作内容及应试思路已在本部分第二章中作出说明）。

由上述分析可知，无论根据考试大纲，还是历年专利代理实务科目试卷中涉及的无效实务试题，考生在应试时主要完成的工作为下述两方面工作之一：

（1）为请求人撰写无效宣告请求书和/或向请求人给出咨询意见。

（2）向专利权人给出咨询意见（即分析无效宣告请求书中的无效宣告理由能否成立）和/或针对无效宣告请求撰写意见陈述书，并对专利文件进行修改。

此外，可能还会出现少量与无效宣告程序基本知识相关的简答题。

二、无效实务试题答题时应满足的要求

作为合格的专利代理人，在为请求人撰写无效宣告请求书时应当尽可能提出有理有据的无效宣告理由，根据《专利法》《专利法实施细则》和《专利审查指南 2010》进行论述。在为专利权人针对无效宣告请求进行意见陈述时，应当据理力争，在合法的前提下尽可能为专利权人争取有利的结果。

具体来说，根据考试大纲以及历年考试试题的情况，作为以专利代理人身份参加应试的考生，在向请求人给出咨询意见和/或撰写无效宣告请求书，以及向专利权人给出咨询意见和/或针对无效宣告请求陈述意见并对专利文件进行修改时，应当分别注意满足以下要求。

（一）向请求人给出咨询意见和撰写无效宣告请求书的总体要求

向请求人给出咨询意见和撰写无效宣告请求书需要满足以下总体要求。

1. 正确选择无效宣告请求的理由

提出无效宣告请求时所选用的无效宣告理由应当属于《专利法实施细则》第六十五条第二款❶规定的范围，需要注意的是，即使专利权存在其他不符合《专利法》及《专利法实施细则》规定的缺陷，只要不属于上述条款规定的范围，均不应当作为无效宣告理由。而且，对于所选用的无效宣告理由，应当将《专利法》及《专利法实施细则》中有关条、款、项作为单独的理由提出。

如果准备选用多个属于上述条款规定范围的无效理由，应当认真权衡分析，选择其中最有说服力、请求无效成功可能性最大的理由予以重点阐述，以突出重点，避免平均使用笔墨。

2. 正确选用支持无效宣告理由的证据

认真分析拟用于支持无效宣告理由的证据，对这些证据进行合理的选取。首先，从证据公开的时间（包括中国专利文件的申请日）和公开的内容舍弃那些不能支持无效宣告理由的证据。其次，应当注意所选用证据的适用范围，使其与所支持的无效宣告理由相适应。例如，申请在先、公布或公告在后的中国专利申请文件或专利文件只能作为支持涉案专利各项权利要求不具备新颖性的证据，不能将该证据与其他现有技术或公知常识结合来否定涉案专利各项权利要求的创造性；同日申请且公告在后的中国专利文件可以作为"同样的发明创造只能授予一项专利权"的证据，不能作为不具备新颖性或创造性的证据。

3. 有针对性地进行论述

按照《专利法实施细则》第六十五条第一款的规定，无效宣告请求书应当结合提交的所有证据具体说明无效宣告理由，并指明每项理由所依据的证据。由上述规定可知，在给客户的咨询意见或

---

❶ 对于 2010 年 2 月 1 日前提出专利申请授予的专利权，则为原《专利法实施细则》第六十四条第二款，以下同样情况不再重复说明。

撰写的无效宣告请求书中应当结合所提交的证据，具体指明案件事实，以《专利法》及《专利法实施细则》为依据具体、详细地说明无效宣告理由。也就是说，应当针对专利文件进行准确、具体的分析，具体指明其不符合《专利法》及《专利法实施细则》有关规定的实质性缺陷，详细论述为什么认为不符合有关规定的理由。

以不具备新颖性、创造性为理由请求宣告无效的，必须举证有关证据，即有关现有技术或者申请在先、公布或公告在后的中国专利申请文件或专利文件，并充分合理地运用这些证据。在具体论述时，通过将专利文件与现有技术或者申请在先、公布或公告在后的中国专利申请文件或专利文件进行对比，论述专利权要求保护的发明创造不具备新颖性的理由；或者通过将专利文件与现有技术进行对比，论述专利权要求保护的发明创造不具备创造性的理由，尤其是以两份以上现有技术作为证据论述不具备创造性时，除了说明现有技术的结合能够覆盖专利权利要求记载的技术特征之外，还应当着重分析为什么其结合对于本领域技术人员来说是显而易见的。

4. 咨询意见和无效宣告请求书的撰写要求

咨询意见和无效宣告请求书应当词语规范、有理有据、条理清楚、逻辑清晰。论述时应当避免强词夺理，避免仅仅提出请求宣告无效的主张而没有针对性，或者罗列有关证据而没有具体分析说理。

咨询意见和无效宣告请求书应当具体说明无效宣告请求的范围、理由和证据的选用。如果针对同一权利要求可以提出多个无效宣告理由，应当对每个无效宣告理由都作出说明，但可以有主次。如果针对一项权利要求所提出的不具备新颖性或创造性的理由，使用证据有多种单独对比方式或多种结合对比方式，应当分别作出说明，但可以有主次。对于咨询意见，若存在不能宣告专利全部无效的，也应给予说明，并对提出无效宣告请求之后有可能需要进行的后续工作给出建议。

（二）针对无效宣告请求书向专利权人给出咨询意见和撰写意见陈述书的总体要求

针对无效宣告请求书给出咨询意见和撰写意见陈述书以及修改专利文件需要满足以下总体要求。

1. 正确分析无效宣告请求书和所附证据

在认真阅读理解无效宣告请求书的基础上，判断所提出的无效宣告理由是否属于《专利法实施细则》第六十五条第二款规定的范围。

核实请求人提供的支持其无效主张的所有证据，对其是否属实或者成立以及其与无效宣告理由之间是否存在因果关系作出准确判断。

2. 确定适当的应对策略

在正确分析无效宣告请求书和所附证据的基础上，确定应对无效宣告请求的策略：

（1）无效宣告请求人提供的证据存在问题的，可以将此作为重要争辩之处，若需要提供反证，应当对有关反证作出说明。

（2）认为请求人的无效宣告理由不成立的，可以将此作为主要争辩突破口，依照《专利法》《专利法实施细则》和《专利审查指南2010》的有关规定，据理进行充分反驳。

（3）认为无效宣告理由成立或者部分成立的，应当考虑是否通过对权利要求书进行适当的修改来达到部分维持专利权的目的。

3. 对专利文件的修改

正如前面所指出的，认为无效宣告请求书中提出的无效理由成立或部分成立，应当考虑是否对专利文件中的权利要求书进行适当修改，以达到维持专利权部分有效的目的。在修改专利文件时，应当符合《专利法》《专利法实施细则》和《专利审查指南2010》有关无效宣告程序中修改专利文件的规定，即应当符合《专利法》第三十三条和《专利法实施细则》第六十九条的规定，以及符合《专利审查指南2010》第四部分第三章第4.6节的规定。

将上述规定归纳起来主要是：专利文件的修改不得超出原说明书和权利要求书记载的范围；修改应当仅限于权利要求书，不得改变原权利要求的主题名称，与授权的权利要求相比不得扩大原专利的保护范围，一般不得增加未包含在授权权利要求书中的技术特征。此外，修改的方式（修改权利要求书的具体方式一般限于权利要求的删除、技术方案的删除、权利要求的进一步限定、明显错误的修正）和修改的时机也应当符合《专利审查指南2010》的有关规定。

4. 咨询意见和意见陈述书的撰写要求

咨询意见和意见陈述书应当词语规范、有理有据、条理清楚、逻辑清晰。论述时应当避免强词夺理，避免仅仅陈述缺乏针对性的套话。

咨询意见应当对宣告请求书中所有的无效宣告请求理由和所依据的证据作出分析，具体说明所作无效宣告理由是否成立，在此基础上给出是否需要修改权利要求书以及如何进行修改的建议。

意见陈述书应当根据分析结果确定的应对策略陈述意见，意欲维持专利权有效的，应当对无效宣告请求书中所有的无效宣告理由作出答复，论述授权的权利要求书不存在与无效宣告请求书中各无效宣告理由相应的实质性缺陷；意欲维持专利权部分有效的，应当对无效宣告请求书中相关无效宣告理由作出答复，若未修改专利文件，则针对授权时的权利要求书中那部分意欲维持有效的权利要求说明不存在与无效宣告请求书中相关无效宣告理由相应的实质性缺陷；若修改专利文件的，应当针对修改的权利要求书文本说明修改后的各项权利要求不再存在与无效宣告请求书中相关无效宣告理由相应的实质性缺陷。

第二节　提出无效宣告请求专利代理实务的应试思路

下面根据考试大纲的要求以及对历年专利代理实务涉及无效实务试题（1994年、1996年、2011年、2015年和2016年试题）的了解，并参照欧洲专利局的部分试题，向考生介绍提出无效宣告请求专利代理实务的应试思路。为帮助考生更好地掌握这部分考试内容的应试思路，在介绍应试总体思路的基础上，结合应试过程中的具体工作来说明如何体现应试思路。❶

一、应试总体思路

提出无效宣告请求专利代理实务试题的应试可以按照由以下五个环节组成的总体思路进行。

1. 理解专利文件中各权利要求所要求保护的主题

在阅读理解专利文件时，要正确理解权利要求书中各项权利要求所要求保护的主题。只有正确理解权利要求的主题，才能针对这些权利要求提出合适的无效宣告理由。

2. 对客户所提供的材料进行分析研究

在理解专利文件中各项权利要求保护主题之后，就应当对客户在委托函中所主张的无效宣告理由和所提供的支持其主张的证据进行分析研究。对于客户所主张的无效宣告理由，确定其中哪些属于《专利法实施细则》第六十五条第二款规定的范围；对客户提供的证据的合法性、真实性及其与该专利的关联性作出初步判断，以确定哪些证据有可能被采信。

3. 无效宣告理由的确定和证据的选择

正确选择无效宣告理由和正确选用支持该理由的证据能体现出专利代理人的能力和水平，这对于无效宣告请求能否达预期目标十分重要。从应试角度来看，通常将能否正确确定无效宣告理由和合理利用应该采用的证据作为重要的考核内容，对考试成绩的好坏起着重要影响。

4. 对该专利无效宣告请求前景作出判断，向客户给出咨询意见

在作出上述分析后，对该专利无效宣告请求前景作出判断，并根据此判断向客户给出必要的咨询意见，该咨询意见通常包括：对无效宣告请求时可采用的理由、证据和无效宣告请求的范围作出

---

❶　就一次考试而言，不会涉及此处提及的所有考点，此外还有可能涉及其他新的考点，因此考生在应试时需要根据试题内容进行适当调整。

分析说明，说明未采用客户所主张的某些无效宣告理由和提供的某些证据的原因，对该专利无效宣告请求前景的分析，根据前景分析向客户提出必要的建议。

5. 撰写无效宣告请求书

根据上述分析结果，为无效宣告请求人撰写无效宣告请求书，所撰写的无效宣告请求书应当符合格式要求，必要的内容不得有遗漏，尤其是对无效宣告理由的具体论述应当符合规范，以《专利法》《专利法实施细则》和《专利审查指南2010》为依据。

二、应试过程中为体现应试思路在各环节需要做的具体工作

从《全国专利代理人资格考试指南（2010）》开始，每年的"考试指南"在"考试大纲""专利法律知识"部分已明确第三次《专利法》修改的过渡办法也在其考试范围内，并在附于其后的"全国专利代理人资格考试法律法规汇编"中收录了《施行修改后的专利法的过渡办法》和《施行修改后专利法实施细则的过渡办法》，按照《施行修改后的专利法的过渡办法》第二条的规定，2009年10月1日以后提出的专利申请适用修改后的《专利法》，而2009年10月1日前提出的专利申请适用修改前的《专利法》，按照《施行修改后的专利法实施细则的过渡办法》第二条的规定，2010年2月1日以后提出的专利申请适用修改后的《专利法实施细则》，2010年2月1日前提出的专利申请适用修改前的《专利法实施细则》。因而专利代理实务有关无效宣告请求的试题除了涉及现行的《专利法》《专利法实施细则》外，也有可能会涉及修改前的《专利法》《专利法实施细则》，为此考生在阅读试题时，首先应当关注一下该涉案专利的申请日（有优先权要求的，为优先权日），以确定按照修改前的《专利法》《专利法实施细则》还是按照现行的《专利法》《专利法实施细则》来完成咨询意见和/或无效宣告请求书的撰写。

下面针对应试过程中的五个环节具体说明应试思路。

（一）理解专利文件中各权利要求所要求保护的主题

在阅读试题时，考生首先需要认真阅读试题中所给出的专利文件，理解其权利要求书中各个权利要求所要求保护的主题，以便针对这些主题选择合适的无效宣告理由以及支持相应理由的证据。具体来说，应当弄清下述四个问题。

（1）阅读理解专利文件，认真确定权利要求书中各权利要求由其技术特征所限定的技术方案的含义、每个技术特征在该发明创造中的作用以及各权利要求之间的区别，其中对于权利要求中个别表述欠清楚的技术特征通过说明书来理解其确切的含义。

（2）对于独立权利要求，根据说明书进一步明确其相对于背景技术中的现有技术（尤其是最接近的现有技术）解决了什么技术问题，采取了哪些技术措施（确定相对于最接近的现有技术的区别技术特征），产生哪些技术效果。

（3）对于从属权利要求，理解其附加技术特征为该发明创造带来了什么技术效果。

（4）如专利有优先权要求，且试题中还给出了在先优先权文本的情况，需要确定哪些权利要求可以享有优先权，哪些不能享有优先权，以便针对每项权利要求确定其现有技术的时间界限。例如，2011年专利代理实务科目试卷有关无效宣告请求实务的试题中，拟提出无效宣告请求的专利的权利要求1可以享有优先权，权利要求2至4不能享有优先权（享有部分优先权）。同样，如果对比文件为有优先权要求的中国专利申请文件或专利文件，且试题中也给出其在先优先权文本的话，则用该对比文件作为抵触申请来否定新颖性时，需要核实该对比文件中用作对比的技术方案可否享有优先权。当然，对于上述有优先权要求，但没有给出优先权文本，则应根据试题说明及相关信息来确定优先权是否成立。例如，试题说明明确不需要质疑优先权不成立，则应认可优先权的成立。

（5）专利文件是否存在可以作为无效宣告理由的明显实质性缺陷，例如，2011年和2015年专利代理实务科目试卷有关无效宣告请求实务试题的考点中，就包含了需要考生发现部分从属权利要求

存在未以说明书为依据或者存在未清楚限定专利要求保护范围的缺陷。

（二）对请求人所提供的材料进行研究

主要针对客户的委托意见（试题中多半以委托函的方式给出，也有可能在题面说明中给出）以及所针对的事实和所提供的证据进行分析研究。

1. 研究客户的委托意见

如果客户在委托函中提出了无效宣告理由，则首先应当分析这些理由是否属于《专利法实施细则》第六十五条第二款规定的范围。若其中包含有明显不属于《专利法实施细则》第六十五条第二款规定范围的理由，则应当将这些理由排除。

2. 针对无效宣告理由涉及的事实和提供的证据进行分析研究

对于属于《专利法实施细则》第六十五条第二款规定范围的无效宣告理由，分成不需要证据支持和需要证据支持两种情况来考虑。

对于不需要证据支持的法定无效宣告理由，通常针对专利文件中写明的事实进行分析，判断从该事实能否得出该专利确实存在相应无效宣告理由所涉及的不符合《专利法》《专利法实施细则》规定的缺陷。

对于需要证据支持的法定无效宣告理由（如不具备新颖性、创造性），应当分析客户所提出的所有证据的合法性、真实性以及与上述待证事实的关联性。

（1）首先考虑客户提供的证据可否被采信，即核对客户提出的所有证据的合法性和真实性，通常需要从下述几个方面加以考虑。

——需要公证或认证的证据应当符合公证程序；

——域外（包括港、澳、台地区）形成的证据需要公证和认证；

——复印件的证据必要时应当进行公证；

——对证人证言的公证并不能证明证言所述具体内容的真实性；

——对客户所提供证据的真伪应当作出初步分析判断；

——对外文证据所使用的部分应当提交中文译文，未在合法期限内提交中文译文的部分不能作为证据采用。

（2）对于公开使用和其他方式公开，需要确定是否构成了完整的证明体系（证据链），通常可以从下述几个方面加以考虑。

——一个完整的证明体系应当能证明所发生的与该专利内容相关的事实处于公众中任何人想获知就能获知的状态，即

该事实确实发生在该专利申请日（有优先权要求的，为优先权日）前（何时），

该事实与该专利所要求保护的技术方案的内容相关（何物或何方法），

该事实的发生可使公众获知上述与该专利相关的技术内容（何人、何地、以何方式）；

——注意一种可认为是在专利申请日前使用公开或口头公开的方式：申请日后记载的使用公开或口头公开，即申请日以后（含申请日）形成的记载有申请日前（不含申请日）使用公开或者口头公开内容的书证或者其他形式的证据可以用来证明专利在申请日前使用公开或者口头公开。

（3）将客户提供的对比文件或者使用公开等证据按照其公开的日期（若对比文件为中国专利申请文件或专利文件，则包括其申请日）与该专利的申请日（有优先权要求的，包括优先权日）的关系加以分类，以便确定各对比文件和使用公开等证据与所针对的专利的相关程度，进而确定在无效宣告请求中采用哪些对比文件或使用公开等证据，以及应当如何采用这些证据。为帮助理解，举例加以说明。❶

---

❶ 请注意，此处仅仅是例举，即除了这些例外，还可能有其他情况，例如，对比文件也是有优先权要求的中国专利申请文件和专利文件，限于篇幅，举例未能穷尽。

——在该专利的申请日前（该专利有优先权的，为优先权日前）公开的对比文件或者使用公开等证据，这类对比文件或者使用公开等证据既可用来判断该专利是否具备新颖性，又能与该专利申请日前的其他现有技术或者公知常识结合起来判断该专利是否具备创造性；

——在该专利的申请日和优先权日之间公开的对比文件（不包括下面提到的在该专利优先权日前提出申请、申请日和优先权日之间公布或公告的中国专利申请文件或专利文件）或者使用公开等证据，该专利不能享有优先权时，这类对比文件或者使用公开等证据就可用来作为判断该专利是否具备新颖性和/或创造性的现有技术，但该专利能享有优先权时，这类对比文件或者使用公开等证据就未构成该专利的现有技术，因而不能用来判断该专利是否具备新颖性，更不能与该专利的现有技术或公知常识结合起来判断该专利是否具备创造性；

——在该专利的申请日前（该专利有优先权的，为优先权日前）申请、在申请日或申请日后公布或公告的中国专利申请文件或专利文件，这类对比文件只可用来作为判断该专利是否具备新颖性的对比文件，不可与该专利的现有技术或者公知常识结合起来判断该专利是否具备创造性；

——在该专利的优先权日前提出申请、在申请日或优先权日之间公布或公告的中国专利申请文件或专利文件，这类对比文件在该专利可以享受优先权时只可用来作为判断该专利是否具备新颖性的对比文件，不可与该专利的现有技术或者公知常识结合起来判断该专利是否具备创造性，但该专利不能享有优先权时，该对比文件成为该专利申请日前的现有技术；

——在该专利申请日和优先权日之间提出申请、在申请日或申请日后公布或公告的中国专利申请文件或专利文件，该专利不能享有优先权时，这类对比文件就可用来作为判断该专利是否具备新颖性的对比文件，而不可与该专利的现有技术或者公知常识结合起来判断该专利是否具备创造性，但该专利能享有优先权时，这类对比文件就不能用来判断该专利是否具备新颖性，更不能与该专利的现有技术或公知常识结合起来判断该专利是否具备创造性；

——在申请日或申请日后公开的非专利文件、公布或公告的外国专利申请文件或专利文件（包括在该专利的申请日或优先权日前申请、在申请日或申请日后公布或公告的外国专利申请文件或专利文件）或者使用公开等证据，这类对比文件或者使用公开等证据既不能用来作为判断该专利是否具备新颖性的对比文件，也不能用来作为判断该专利是否具备创造性的对比文件。

通过将对比文件或者使用公开等证据从时间上加以分类，确定其中哪一些对比文件或者使用公开等证据与该专利新颖性和/或创造性的判断有关联，与此同时将那些明显与该专利新颖性和创造性判断无关的对比文件或者使用公开等证据排除。

（4）在上述工作的基础上，对于那些与该专利新颖性和创造性的判断相关的现有技术和与该专利新颖性判断相关的申请在先、公布或公告在后的中国专利申请文件或专利文件，具体分析这些证据所披露的内容，确定其是否披露了该专利各项权利要求中相应的技术特征。具体来说，应当考虑下述几个方面。

——每项现有技术或者申请在先、公布或公告在后的中国专利申请文件或专利文件分别披露了该专利独立权利要求中的哪些技术特征？

——每项现有技术或者申请在先、公布或公告在后的中国专利申请文件或专利文件对各从属权利要求分别披露了哪些技术特征？

——每项现有技术所披露的技术特征（尤其是独立权利要求中的区别特征和从属权利要求中的附加技术特征）在各项现有技术中所起的作用是什么？

——在这些现有技术中，对于该专利的每一项独立权利要求，分别确定以哪一项现有技术作为最接近的现有技术。

经过上述分析，为无效宣告理由和证据的选择以及无效宣告请求书的撰写做好准备。

（三）无效宣告理由的确定和证据的选择

在上述工作的基础上，分析确定无效宣告理由，并选择相应的证据。事实上，无论在实际专利代理实务中还是在应试过程中，分析确定无效宣告理由和选择相应证据通常与研究客户提供的材料一起进行。但由于这部分内容在应试时比较重要，为了便于考生更好地掌握这方面内容，对此再单独加以说明。具体来说，这一环节通常包括以下几个方面工作内容。

1. 排除明显不属于法定理由的无效宣告理由

对于委托函中客户提出的无效宣告理由，首先应当从其中排除那些不属于《专利法实施细则》第六十五条第二款所规定的无效宣告理由。例如，多项独立权利要求之间不符合《专利法》第三十一条第一款有关单一性的规定（参见 2016 年试题中客户自己撰写的无效宣告请求书），独立权利要求未相对于最接近的现有技术划清前序部分和特征部分的界限而不符合《专利法实施细则》第二十一条第一款的规定，从属权利要求引用部分不符合《专利法实施细则》第二十二条第二款的规定，依赖遗传资源完成的发明创造但没有提供遗传资源来源披露登记表而不符合《专利法》第二十六条第五款的规定等。

2. 对需要证据支持的法定无效宣告理由进行分析

对于需要证据支持的法定无效理由，应当根据前面的分析选择可用作支持该法定无效宣告理由的证据，在此基础上分析这些证据是否足以使该专利宣告全部无效或部分无效。

（1）根据前面的分析，选择可用作支持该法定无效宣告理由的证据。首先，应当舍弃那些从公开日来看与该专利不相关联的证据，例如，舍弃那些既不属于该专利的现有技术，又不是该专利申请在先公布或公告在后的中国专利申请文件或专利文件，也不是与该专利同日申请且公告在后的中国专利文件的证据，1994 年无效实务试题中的申请日前申请、申请日后公开的法国专利申请文件就属于这类应当舍弃的证据。然后，对于那些从内容上看既不能否定该专利新颖性，又不能与其他现有技术结合起来否定该专利创造性，也不会导致该专利重复授权的对比文件，也应当舍弃，1996 年无效实务试题中两份技术内容明显与该专利相差较远的对比文件、2015 年专利代理实务科目试卷的无效实务试题中的一份在涉案专利的申请日前提出申请且在该涉案专利的申请日当天公告、但未记载涉案专利任一项权利要求技术方案的中国专利文件以及 2016 年专利代理实务科目试卷的无效实务试题中的一件在涉案专利申请日前提出申请且在后公开，但未记载涉案专利任一项权利要求技术方案的中国专利文件就是属于这类应当舍弃的证据。仅仅将那些能够否定该专利新颖性的对比文件，或者能与其他现有技术或公知常识结合起来否定该专利创造性的对比文件，或者能证明该专利重复授权的对比文件，作为支持无效宣告理由的证据。例如：1994 年无效实务试题仅选用一份申请日前公开的美国专利说明书作为否定该涉案专利部分权利要求新颖性的证据；1996 年无效实务试题仅选用一份申请日前申请、申请日后授权公告的实用新型专利说明书作为否定该涉案专利部分权利要求新颖性的证据；2015 年和 2016 年专利代理实务科目试卷的无效实务试题仅选用另两份构成现有技术的对比文件作为否定该涉案专利部分权利要求不具备新颖性和/或创造性的证据；但是，在 2011 年的无效实务试题中不仅应当将支持该专利的权利要求 1 和权利要求 2 不具备新颖性和创造性的两份对比文件（附件 2 和附件 3）作为证据，由于还需要证明权利要求 2 不能享有优先权，还应当将该专利（附件 1）和其优先权文件（附件 4）也作为证据。

（2）在确定了所选用的证据后，就应当着手分析这些证据是否足以使该专利宣告全部无效或部分无效。

无论是从实际专利代理实务角度还是从应试角度来说，多半以该专利不具备《专利法》第二十二条第二款规定的新颖性和《专利法》第二十二条第三款规定的创造性为无效宣告理由，现以此为例加以说明。

——将权利要求所要求保护的技术方案与所提供的证据中的技术方案进行对比分析；

——确定每一份对比文件以及由间接证据组合而认定的现有技术披露了各项权利要求技术方案中的哪些技术特征，以及这些技术特征在对比文件中所起的作用与其在该专利中的作用是否相同；

——在上述分析基础上确定哪一份对比文件或者哪一项现有技术披露了该专利独立权利要求以

及其部分或全部从属权利要求技术方案的全部技术特征，从而破坏了这些权利要求的新颖性；

——对于那些构成该专利现有技术的证据，按照《专利审查指南2010》第二部分第四章规定的"三步法"判断方法分析这些证据的结合或者其与公知常识的结合能否破坏该专利各项权利要求的创造性：首先从可以用来判断创造性的现有技术中确定该专利最接近的现有技术，确定其实际解决的技术问题，分析其他现有技术是否给出了将其公开的内容应用到最接近的现有技术中去以得到该权利要求技术方案的启示。

需要提请注意的是，对于同一权利要求若有多种单独对比或组合方式否定新颖性或创造性时，均应当考虑，但是应当从其中选择最容易说明其确实存在相应无效宣告理由的证据或者组合方式作为论述的重点。此外，证据与理由的选择应当相适应，即证据能够充分支持所选择的无效宣告理由。

3. 对其他不需要证据的法定无效宣告理由进行分析

对于不需要证据的法定无效宣告理由，根据前面对专利文件是否确实存在相应无效宣告理由所涉及的不符合《专利法》《专利法实施细则》的缺陷的分析，确定以此作为提出无效宣告理由有无成功的可能。

有时同一事实可以选用不同条款的理由，例如，既可以用独立权利要求缺少必要技术特征作为无效宣告理由，又可以用该权利要求未清楚限定要求专利保护范围作为无效宣告理由，还可以用权利要求未以说明书为依据作为无效宣告理由，这时，应当从其中选择最容易理解且确实存在实质缺陷的理由或者论述最容易的理由作为首选理由。

4. 确定无效宣告请求的无效宣告理由及所需要的证据

通过前面所作分析，排除掉那些不属于《专利法实施细则》第六十五条第二款规定范围的理由以及那些根本不可能取得成功的理由，将其他有可能取得无效宣告请求成功的理由确定为无效宣告理由。对于存在多个有可能取得成功的无效宣告理由时，应当从其中选择最有说服力、请求无效成功可能性最大的理由，作为无效宣告理由的重点。需要注意的是，对于无效宣告请求中提出多个无效宣告理由的，应当避免这些理由之间本身出现逻辑上的矛盾。这些无效宣告理由中包含有需要证据支持的理由时，则应当如前面所作分析那样，舍弃那些根本不能用的证据，并从其余的证据中选择出有可能使该无效宣告请求取得成功的证据作为支持该无效宣告理由的证据。

（四）对无效宣告请求的前景作出正确判断，向客户给出咨询意见

在确定无效宣告理由和选用了支持相应无效宣告理由的证据之后，需要对无效宣告请求的前景作出判断，并根据判断结果给出咨询意见。

咨询意见除起始语段和结束语段外，主要涉及如下三个方面的内容。

1. 对客户所提供的证据说明其适用范围

提出无效宣告请求时可以用于支持无效宣告理由的证据主要有三类：构成涉案专利的现有技术，申请在先、公布或公告在后的中国专利申请文件或专利文件，相同申请日且公告在后的中国专利文件。

在咨询意见中对客户提供的证据进行分类，并分别说明这些证据的适用范围。

若客户所提供的证据在提出无效宣告请求时未被采用的，应当告知客户，并具体说明未采用的理由。例如，1994年的无效实务试题中未采用法国专利申请文件，应当在咨询意见中明确告知客户：该法国专利申请文件的公开日在该专利的申请日之后，不是该专利的现有技术，也不满足构成抵触申请的必要条件之一（向中国提出的专利申请），由此可知，该文件既不能作为判断该专利申请不具备新颖性的证据，也不能作为判断该专利申请不具备创造性的证据，因此无效宣告请求书中未采用这一证据；2015年专利代理实务科目试卷无效实务试题中未采用申请在先、公告在后的中国专利文件以及2016年专利代理实务科目试卷无效实务试题中未采用申请在先公告在后的中国专利文件，均应当在咨询意见中告知客户该对比文件只能用于判断涉案专利是否具备新颖性，但其未披露涉案专利中任何一项权利要求的技术方案，因此无效宣告请求书中未采用这一证据。

2. 针对涉案专利（主要是权利要求书）说明其存在可以作为无效宣告理由提出的实质性缺陷

这部分应当以《专利法》《专利法实施细则》和《专利审查指南 2010》的规定为依据具体分析说明涉案专利（主要是各项权利要求）所存在的与各个无效宣告理由相应的实质性缺陷。

若同一权利要求可以提出多个无效宣告理由，均应在咨询意见中写明，但以最有可能被无效的理由为主；对于同一权利要求以其不具备新颖性或创造性为无效宣告理由时，若有多种单独对比方式或多种结合对比方式，均应作出具体说明，但应注意突出最容易被无效的单独对比方式或结合对比方式。❶

如果试题中未要求撰写无效宣告请求书，则这部分是应试得分重点；如果试题中要求撰写无效宣告请求书，则这部分内容已体现在无效宣告请求书中，则在咨询意见中可以省去这部分内容。

此外，若客户所主张的无效宣告理由未被采用的，应当告知客户，并具体说明为何未作为无效宣告理由提出。❷

3. 对后续工作的建议

若对无效宣告请求前景的分析得知难以宣告全部无效时，应当向客户作出说明，并应当给出建议。即在咨询意见中还应当向客户提出补充有关证据或进行补充检索的建议。例如，对于公开使用的证据尚未构成完整的证明体系或者缺少需要的证明文件或其他材料的，应当要求请求人尽快补充，以便在提出无效宣告请求之日起一个月内向专利复审委员会补交。对于证据明显不足的，建议客户对现有技术进行补充检索或调研，以在允许的法定期限内补交。例如，1996 年无效实务试题以及 2015 年和 2016 年专利代理实务科目试卷中无效实务试题的考点之一为所提证据难以宣告该专利全部无效（2015 年和 2016 年试题），甚至有可能会维持专利权全部有效（1996 年试题），应当建议客户及时进行补充检索，若检索到更有力的证据，在提出无效宣告请求之日起一个月提交，若检索不到更有力的证据，应当考虑与专利权人谋求和解。当然，对于侵权反诉案件，还应当结合侵权案的实际情况给出建议等。

咨询意见除了包括上述三个方面外，如果请求人在委托函中还对程序问题或其他实体问题提出咨询，则在咨询意见中逐一作出解答。我国历年的试题中尚未见到这方面内容，但欧洲专利局有关异议（相当于我国的无效宣告程序）的试题可作为考生备考的参考，欧洲专利局 1993 年和 2007 年异议试题中的咨询意见中就涉及程序问题或其他实体问题。例如，涉及专利局的审批程序错误或者审批期间增加新的从属权利要求是否属于无效宣告理由，在允许增加无效宣告理由和补充证据的期限之后可否扩大无效宣告请求的范围，合议组可否依职权扩大审查的范围，合议组个别成员与案件有利害关系可否请求回避，不参加口头审理的后果，商业成功可否作为创造性判断依据等。由此可知，考生在备考时还应当十分熟悉有关无效宣告程序在程序方面和实体方面的基本知识。

（五）无效宣告请求书的撰写

无效宣告请求书包括专用表格、无效宣告请求书正文及附件（有关证据的原件或复印件，必要时附上相应的公证证明材料，对于外文证据还需要附交该证据中有用部分的中文译文）。考试中主要涉及无效宣告请求书正文（无效请求书专用表格所附的无效宣告请求书正文）的撰写内容。

1. 无效宣告请求书正文的内容

（1）起始语段。作为首段，其包括无效宣告请求的对象、提出无效宣告请求的法律依据、无效

---

❶ 对于类似 2016 年试题那样，客户自行撰写的无效宣告请求书中提出的无效宣告理由属于《专利法实施细则》第六十五条第二款规定的理由，且该理由能够成立，但未在无效宣告请求书中作出具体说明或者未结合证据作出具体说明的情况，应当在咨询意见中告知该无效宣告请求虽然能够成立，但应当按照《专利法实施细则》第六十五条第一款的规定作出具体分析说明。

❷ 历年试题中尚未出现过客户在委托函中主张无效宣告理由的情况，若有此内容，多半会包含有不属于《专利法实施细则》第六十五条第二款所规定的无效宣告理由的主张，因此对于该得分点，最好在这部分先明确告知客户其不属于法定的无效宣告理由。

宣告理由和无效宣告请求的范围。

（2）根据所提事实和证据具体阐述无效宣告理由。这部分是无效宣告请求书正文的核心部分。

首先，若有证据，可以先编号列出所有证据，提供必要信息，如专利文献应给出国别代码、文献类别、文献号、公开日期等。

其次，对拟提出无效宣告请求的专利文件的内容作出简要说明，若针对权利要求提出无效宣告理由的，可以列出独立权利要求的内容（在考试中为节约时间，可以仅简单指出其要求保护的主题）。

最后，以这些证据为依据，具体论述这些证据所证明的事实，在此基础上针对授权的权利要求书和/或说明书的内容进行分析，阐明所主张的无效宣告理由。

若有多个理由，最好编号分节来分别阐述。每一个理由都需要明确针对的对象（权利要求），所采用的证据，并进行具体分析。例如，对于不符合新颖性、创造性的分析，最好将独立权利要求与从属权利要求分开加以说明；对于创造性，应严格按照《专利审查指南 2010》规定的"三步法"来进行，其具体论述思路类似于答复审查意见通知书时对创造性的说理分析，只不过在无效宣告请求书中的分析是为了得出不符合《专利法》第二十二条第三款有关创造性的规定，而在答复审查意见通知书的意见陈述书中的分析是为了得出符合《专利法》第二十二条第三款有关创造性的规定。常见无效宣告理由的论述规范，将在下面作进一步说明。

（3）结尾语段。在该段中总结陈述被请求宣告无效的专利存在哪些不符合《专利法》及《专利法实施细则》相应条款（无效宣告理由所涉及条款）的规定，并根据请求宣告无效的范围，明确是请求宣告专利权全部无效，还是部分无效。

2. 无效宣告请求书正文撰写时应予以注意之处

无效宣告请求书正文撰写时，应当注意满足下述要求。

（1）认定事实清楚、有理有据、逻辑清晰；应当避免强词夺理，避免仅仅提出请求无效宣告的主张而没有针对性，或者罗列有关证据而没有具体分析说理。

（2）条理清楚、主次分明、词语规范（注意不要出现专利用语的概念错误）；对于比较有把握的无效宣告理由作为主要无效宣告理由，应当首先进行说明，对于次要的不作为主要无效宣告理由则在其后说明。

（3）应当将《专利法》及《专利法实施细则》中有关的条项、款、项作为独立的无效宣告理由提出。

（4）具体论述无效宣告理由时应当依据《专利法》《专利法实施细则》和《专利审查指南 2010》的规定进行分析。

（5）应当针对专利文件进行准确、具体的分析，具体论述无效宣告理由。

（6）对于同一权利要求若存在多个无效宣告理由的，都应当在无效宣告请求书中作出说明。

（7）在结合证据论述不具备新颖性、创造性的理由时，应当指明其最接近的对比文件，并且应当指明其对比方式（单独对比还是结合对比），如果是结合对比，还应当指明具体结合方式；在具体分析时指出对比文件所披露的具体内容时，应当具体指明在对比文件中何处披露（具体说明对比文件的使用部分）。

（8）对于同一权利要求若存在多种单独对比方式或结合对比方式否定新颖性或创造性时，都应当在请求书中作出说明。

（9）在论述权利要求不具备新颖性时，在指出对比文件披露了权利要求的技术方案后，还必须指出该权利要求技术方案与对比文件公开方案在技术领域、要解决的技术问题、技术效果三者实质相同，才能得出该权利要求不具备新颖性的结论；在论述权利要求不具备创造性时，在指出权利要求相对于对比文件的结合不具有突出的实质性特点（对发明专利）或实质性特点（对实用新型专利）就可直接得出其不具备创造性的结论。

第三部分

（10）对于一项权利要求，若选用现有技术证据来否定其新颖性后，最好还指出该权利要求相对于该现有技术证据至少不具备创造性。

（11）在针对某项权利要求具体论述无效宣告理由时，如果权利要求包括多个并列的技术方案，必要时应当针对各个技术方案分别加以说明。

（12）针对某权利要求论述无效宣告理由时应当针对由该权利要求各个技术特征所限定的技术方案进行分析。例如，使发明产生预料不到的技术效果的技术特征或者体现克服技术偏见的技术特征仅记载在说明书中，而没有记载在权利要求中，则在以不具备创造性为理由提出无效宣告请求时就不应当考虑这些技术特征。

3. 常见无效宣告理由的论述规范

下面重点介绍在无效宣告请求中如何论述专利权利要求不符合专利授权条件的常见条款，包括不具备新颖性、不具备创造性、权利要求书未以说明书为依据、独立权利要求缺少必要技术特征、说明书未充分公开发明或实用新型等。

（1）关于不具备新颖性的论述规范

首先，需要指出权利要求的主题（先针对独立权利要求），必要时明确其技术领域、解决的技术问题、预期的技术效果。

其次，陈述对比文件披露的技术内容（应当指出在对比文件中的具体位置，即出处），重点论述对比文件中的技术特征与权利要求中的技术特征的对应关系（通常称为"特征对比"），尤其对于对比文件中所采用的术语与权利要求中不同，但实际上是相同的技术特征，应当采用类似于"对比文件中披露的×××相当于权利要求1中的×××"来体现。

再次，在特征对比的基础上，得出权利要求的技术方案与对比文件披露的技术方案实质上相同。根据两者属于相同（或实质相同）的技术领域，技术方案实质相同，解决相同（或实质相同）的技术问题，可获得相同（或实质相同）的技术效果，得出"权利要求相对于该对比文件不具备新颖性、不符合《专利法》第二十二条第二款的规定"的结论。

需要说明的是，如果证据为构成抵触申请的对比文件，还应当在指出对比文件披露了该权利要求的技术方案之前，具体说明此对比文件为该专利申请日（有优先权的，指优先权日）前提出申请、申请日以后公布或公告的中国专利申请文件或专利文件；在进行特征对比及说明两者技术领域、技术方案、解决的技术问题和技术效果相同或实质相同之后，指出其构成了该权利要求的抵触申请，再得出其不符合《专利法》第二十二条第二款规定的结论。

在对独立权利要求进行分析时，应根据《专利审查指南2010》关于单独对比原则进行，如果确定影响新颖性的对比文件有多份，则应当逐份分别予以说明，即在论述权利要求相对于某份对比文件不具备新颖性时，一方面不要提及任何其他对比文件，另一方面注意引用对比文件中的技术内容应属于一个技术方案，以避免将不同对比文件组合或将不同技术方案的组合来评述权利要求不具备新颖性的错误。

最后，如果认为从属权利要求也不具备新颖性，则通常先表明这些权利要求是从属权利要求，是对独立权利要求的进一步限定，应指出在该同一份对比文件的同一个技术方案中也公开了从属权利要求的附加技术特征（并注明在对比文件中的具体位置）。最后得出该从属权利要求不具备新颖性的结论，可采用如下类似描述"权利要求2至4是对独立权利要求1作进一步限定的从属权利要求，由于其附加技术特征也在该同一份对比文件中披露，且能带来同样的技术效果，因此在权利要求1相对于该对比文件不具备新颖性的基础上，权利要求2至4相对于该对比文件也不具备新颖性，不符合《专利法》第二十二条第二款的规定"。

（2）关于不具备创造性的论述规范

在撰写无效宣告请求书正文的考试中，关于权利要求不具备创造性的无效宣告理由通常是考试重点。在论述其不具有突出的实质性特点（对于发明专利）或实质性特点（对于实用新型专利）时应当严格按照"三步法"来进行，具体要求如下。

① 指明被评价权利要求要求保护的主题。

② 根据最接近的现有技术的确定原则选择出最接近的现有技术，并明确指出某对比文件是最接近的现有技术，并简单分析一下其是最接近的现有技术的理由。

③ 指出最接近的现有技术披露的技术方案（针对其中一个技术方案而言，而不是不同技术方案的组合），如果对技术方案的描述还不能清楚表明其技术领域、解决的技术问题、达到的技术效果时，还应对这些方面进行说明。

④ 将对比文件披露的技术方案与权利要求的技术方案进行比较，得出权利要求与最接近的现有技术的区别所在（区别特征）。

⑤ 通过分析上述区别特征的功能、作用和达到的效果，以确定发明相对于最接近的现有技术实际解决的技术问题。

需要说明的是，应当基于上述认定的区别技术特征所能达到的技术效果、作用或功能来确定发明实际解决的技术问题，而这种技术效果应当是本领域技术人员能够从专利申请文件中所记载的内容能够得知。在确定上述区别技术特征达到的技术效果、作用或功能后，要明确指出发明实际解决的技术问题。对于所确定的技术问题，如果说明书中已有记载，则采用说明书中的方式来说明，如果没有明确记载则通过所基于的技术效果、作用或功能所能够明确推导出来的技术问题，进行合理的说明（作为考试，后者更侧重通过一般常识，甚至生活常识即能确定）。

⑥ 确定发明实际解决的技术问题后，接下来分析现有技术中是否存在技术启示。通常可以通过三种方式之一来分析是否存在技术启示：其一，如果在另一份对比文件中披露了该区别技术特征，并且所起作用相同，则得出存在技术启示的结论；其二，如果在最接近的现有技术对比文件的其他部分中披露了该区别技术特征，并且所起作用相同，则得出存在技术启示的结论；其三，如果所述区别技术特征是本领域的公知常识，即本领域解决该实际解决的技术问题的惯用手段，则得出存在技术启示的结论。无论采用上述哪一种方式说明存在技术启示，都应当具体说明理由，不能仅给出断言，也就是说，在论述区别技术特征被对比文件中披露时，必须要提到其所起的作用与在该发明中所起作用相同，才能得出存在技术启示的结论，对于公知常识，只有在区别技术特征属于基本常识如极简单的生活常识的情况，才可以认定属于公知常识，否则应尽可能在对比文件找到披露的证据，如果确实认定为公知常识，则应当进行充分的说理和分析。

⑦ 在确定存在技术启示的情况下，指出权利要求是显而易见的，不具有突出的实质性特点（对发明专利）或实质性特点（对实用新型专利）的结论。在化学领域，必要时还需要在确定存在技术启示的同时指出其未产生预料不到的技术效果后，再说明该权利求是显而易见的，不具有突出的实质性特点。需要提请注意的是，此处对于发明而言，关键词"突出的实质性特点"必须要写出来，而且不能漏掉"突出的"这几个字。相反，对于实用新型而言，只能写"实质性特点"，不要误写为"突出的实质性特点"。

⑧ 在指出该权利要求不具有"突出的实质性特点"（发明）或"实质性特点"（实用新型）后，通常就可以直接得出"该权利要求不具备《专利法》第二十二条第三款有关创造性规定"的结论，而不必再分析该权利要求是否具有"显著的进步"（发明）或"进步"（实用新型）。

当然，也可以通过论述该权利要求不具有"显著的进步"（发明）或"进步"（实用新型）来得出该权利要求不具备创造性的结论，但是由于《专利审查指南2010》第二部分第四章第3.2.2节中列出了四种情况，只要符合其中四种情况之一就可以认定为具有显著的进步（发明）或进步（实用新型），因而要得出不具有显著的进步（发明）或进步（实用新型）的结论时，就要说明不属于这四种情况，这样的论述是相当繁杂的。因此在事实上，不存在仅仅以不具有"显著的进步"（发明）或"进步"（实用新型）来否定权利要求的创造性的情形。尤其需要提请注意的是，不能仅仅以发明或实用新型没有获得预料不到的技术效果，来否定权利要求的创造性。

⑨ 关于独立权利要求不具备创造性论述完后，如果从属权利要求也不具备创造性，则可以在论述独立权利要求不具备创造性的基础上作进一步论述。例如，其附加技术特征在对比文件中被披露（需要指明在对比文件中的具体位置），并且其作用相同，或者属于本领域解决相同技术问题的惯用手段（公知常识），因而在其引用的权利要求不具备创造性的基础上，该从属权利要求也不具备创造性，不符合《专利法》第二十二条第三款的规定。

此外，如果前面的权利要求不具备新颖性，而从属权利要求不具备创造性，则论述从属权利要求不具备创造性时也应基本按上述第①点至第⑧点的思路进行论述，但对于前面论述已写明的内容则可以不再重复。具体写法可以参见本书第十六章中的参考答案。

⑩ 如果存在不同组合来否定权利要求的创造性，则应当分别加以论述。当然，从考试的角度来看，通常不会出现太多的不同组合来否定权利要求的创造性。

（3）关于权利要求未以说明书为依据的意见陈述规范

在论述权利要求未以说明书为依据时，按下述方式和格式撰写：

① 明确权利要求的主题及请求保护的范围，指明发明要解决的技术问题。

② 重点分析权利要求未以说明书为依据的理由所涉及的技术特征所涵盖的范围。例如，指出概括不当的技术特征或者不恰当地使用了功能性限定的技术特征的范围。

③ 结合案件具体情况，由说明书中所公开的内容具体地说明属于《专利审查指南2010》中所写明的哪一种权利要求得不到说明书支持的情况。根据说明书写明的要解决的技术问题及其对权利要求中涉及未以说明书为依据的技术特征的要求，分析权利要求中该技术特征所涵盖的范围存在不能解决技术问题的内容；或者根据说明书中的具体实施方式说明发明的关键是利用了某一具体技术特征的某种技术效果，而采用上位概括或者并列选择方式的权利要求包括了申请人推测而其技术效果难以事先评价的内容等。例如，对于权利要求中对某技术特征采用了上位概念，而说明书给出少数几个下位概念的实施方式或实施例，此时需要具体说明发明利用了这些下位概念的哪些特性来解决技术问题的，而该上位概念概括所包含的所有方式并不都具有该特性，因而权利要求中所采用的上位概括包含了不能解决发明所要解决的技术问题或者不能得到相同技术效果的范围。又如，对于不恰当的功能性限定的技术特征，则具体分析权利要求中所限定的功能是以说明书实施方式或实施例记载的特定方式完成的，本领域技术人员不能明了此功能还可以采用说明书中未提到的其他替代方式来完成，或者有理由怀疑该功能性限定所包含的一种或几种特定方式不能解决发明要解决的技术问题并达到相同的技术效果等。

④ 在上述分析基础上说明权利要求得不到说明书的支持，从而得出不符合《专利法》第二十六条第四款有关权利要求以说明书为依据规定的结论。

需要提请注意的是，作为无效宣告程序，必须针对权利要求书实质上未得到说明书支持而说明其未以说明书为依据，不能仅仅以权利要求的技术方案没有在说明书中有相应的文字记载这种表述上的不一致为由而得出权利要求书未以说明书为依据的结论；此外，在分析和说明时不能仅仅以具体实施方式部分的内容来评价权利要求未以说明书为依据，而应当表明全面考虑了说明书的所有内容。

（4）关于独立权利要求缺乏必要技术特征的论述规范

论述独立权利要求缺乏必要技术特征，关键是判断独立权利要求是否记载了为解决所述技术问题的全部必要技术特征。为此，首先，应当依据说明书记载的内容具体指明发明或实用新型所要解决的技术问题；其次，结合说明书的背景技术，尤其是说明书具体实施方式部分记载的相关内容具体分析该发明或实用新型为解决所述技术问题所必需的所有技术特征；再次，在此基础上进一步指出独立权利要求缺乏哪些必要技术特征，并说明缺乏这些技术特征而无法解决所述技术问题的理由；最后，得出独立权利要求缺乏必要技术特征，不符合《专利法实施细则》第二十条第二款规定的结论（明确结论，给出法律依据）。

其中需要注意的是，所解决的技术问题是指说明书发明内容部分明确记载或者虽未明确记载但能直接、毫无疑义得出的所要解决的技术问题，并非根据现有技术而重新确定的技术问题（不是创造性判断"三步法"中所确定的发明或者实用新型实际解决的技术问题），也不是本领域技术人员重新认定的技术问题（不是考生根据专利申请文件的内容来认定的技术问题），也不是技术方案客观解决而说明书发明内容部分未明确写明的技术问题。

（5）关于权利要求未清楚限定要求专利保护范围的论述规范

论述权利要求未清楚限定要求专利保护的范围时，一般应包括如下三个方面内容。

① 明确指出权利要求中存在的不清楚的内容。

② 具体分析上述内容为何导致权利要求未清楚限定专利要求保护的范围，即根据权利要求不清楚的具体情形，以《专利审查指南2010》第二部分第二章第3.2.2节中的相应规定为依据，具体说明该权利要求未清楚地限定要求专利保护的范围。

其中，权利要求未清楚地限定要求专利保护的范围可能由于各种不同原因造成，例如，从属权利要求中进一步限定的技术特征未直接或间接出现在其引用的权利要求中，权利要求中的文字表述相互矛盾，权利要求中所采用的术语含义不明确，权利要求中出现"尤其是""最好是""必要时"等会使权利要求限定出不同保护范围的词语，从属权利要求引用关系错误等。但权利要求不清楚的具体情形难以举全，在论述时需要根据不同情形分别采取对应的说明方式。

③ 明确得出所述权利要求不符合《专利法》第二十六条第四款关于权利要求未清楚限定专利要求保护的范围规定的结论。

此外，对于以权利要求不符合《专利法》第二十六条第四款有关"清楚、简要地限定要求专利保护范围"的规定作为无效理由时，需要特别注意以下三点。

① 权利要求未简要地限定要求专利保护的范围通常不影响权利要保护范围的确定，属于权利要求所存在的非实质性缺陷，因此，通常不以"权利要求未简要地限定要求专利保护的范围"作为无效宣告理由。

② 权利要求未清楚限定要求专利保护的范围分为实质不清楚和形式不清楚。其中，对于文字表述不清、文字表达错误等，只要其不影响权利要求保护范围的确定，则不应当据此以权利要求不清楚作为无效宣告理由。在考试时，需要确定所述不清楚是否导致权利要求保护范围的不清楚，以确定是否作为无效宣告理由。

③ 如果独立权利要求或者从属权利要求中已记载相关特征，但对其中的部分技术特征未限定清楚，则属于权利要求未清楚限定要求专利保护范围的情形。如果权利要求中由于缺乏某些技术特征而导致技术方案不完整，则对于独立权利要求来说，既可认为其缺乏必要技术特征，以其不符合《专利法实施细则》第二十条第二款有关"独立权利要求应当记载解决技术问题的必要技术特征"的规定作为无效宣告理由，也可以其不符合《专利法》第二十六条第四款有关"清楚限定要求专利保护范围"的规定作为无效宣告理由。由于缺乏必要技术特征仅针对独立权利要求而言的，因而不能认定从属权利要求为缺乏必要技术特征，在这种情形下只能以其不符合《专利法》第二十六条第四款有关"清楚限定要求专利保护范围"的规定作为无效宣告理由。

（6）关于说明书公开不充分的论述规范

在无效宣告程序中，为了论述说明书公开不充分，往往需要联系对应的权利要求加以说明。其原因在于：如果说明书中未充分公开的技术内容与权利要求书中要求保护的主题无关，则以此为理由提出的无效宣告请求不能得到专利复审委员会的支持，由此可知无效宣告请求书中不结合权利要求来论述发明创造公开不充分不可能取得成功。基于此，对于无效宣告程序中的说明书未充分公开的无效宣告理由，通常可以按下述方式论述。

① 明确所针对的权利要求，简单提及所要求保护的主题，即概述权利要求的技术方案及所解决的技术问题。

② 针对该技术方案所要解决的技术问题，指出说明书缺少哪些内容，或哪些内容没有清楚描述。

③ 分析缺少该部分内容将导致本领域的技术人员无法实现所要求保护的技术方案，在此处应当结合案情具体说明原因。

④ 根据法律依据给出明确的结论，例如，"由上述分析可知，权利要求×的技术方案在说明书中没有充分公开，而不符合《专利法》第二十六条第三款的规定。因此，权利要求×应当被无效"。

第三节　无效实务试题有关答复无效宣告请求书专利代理实务的应试思路

下面根据考试大纲的要求以及对历年专利代理实务科目试卷有关无效实务试题（2007 年、2009 年及 2012 年试题）的了解，向考生介绍针对无效宣告请求书撰写咨询意见和/或意见陈述书的应试思路。为帮助考生更好地掌握这部分考试内容的应试思路，在介绍应试总体思路的基础上，结合应试过程中的具体工作来说明如何体现应试思路。❶

一、应试总体思路

这类试题主要考核应试者针对无效宣告请求书撰写咨询意见和/或意见陈述书的能力，以及对无效宣告程序专利文件修改的相关规定和相关法律知识的掌握情况。对于这类试题的应试，在掌握无效宣告程序中对权利要求的修改原则的基础上，重点是分析无效宣告请求书中各个无效宣告理由能否成立以及在意见陈述书中对无效宣告请求书提出的无效宣告理由进行反驳，尤其是论述修改后的权利要求具备新颖性和创造性的理由。但是，根据历年试题，还可能包括一部分简答题，以考核考生有关无效宣告程序在程序方面和实体方面的基本知识。

针对无效宣告请求书撰写咨询意见和/或意见陈述书的应试，可以按照以下由六个环节组成的总体思路进行，这将有利于撰写出符合考试要求的咨询意见和/或意见陈述书，取得较好的成绩。

1. 理解专利文件中各权利要求所要求保护的主题

考生在针对无效宣告请求书撰写咨询意见和/或意见陈述书的应试中，首先需要正确理解试题中所给出的专利文件，尤其是其权利要求书所要求保护的主题。只有正确理解权利要求的主题，才能正确判断无效宣告请求书所附的证据是否支持其无效宣告理由，才能正确判断无效宣告请求书中所主张的无效宣告理由是否成立，从而才能向客户给出无效宣告请求书所主张的无效宣告理由能否成立的咨询意见，才能在意见陈述书中对无效宣告请求书所主张的无效宣告理由作出有力的反驳。

2. 对无效宣告请求书和所附证据进行初步分析研究

在正确理解专利文件中各权利要求所要求保护的主题后，考生就需要全面、准确地理解无效宣告请求书的内容，并对其中所主张的无效宣告理由和所附支持相应无效宣告理由的证据进行初步分析研究：对于无效宣告请求书中提出的无效宣告理由，确定哪些属于《专利法实施细则》第六十五条第二款规定的范围；对于不需要证据的法定无效宣告理由，明确这些无效宣告理由是针对什么事实提出的，为分析这些无效宣告理由能否成立做好准备；对于需要证据支持的法定无效宣告理由，分析所附证据的合法性、真实性及其与该专利的关联性，为判断这些证据是否支持相应的无效宣告理由做好准备。

3. 根据分析结果确定应对策略，必要时修改专利文件

在对无效宣告请求书中的无效宣告理由及所附证据进行初步分析研究的基础上，针对各个无效宣告理由进行具体分析，以确定这些无效宣告理由能否成立，然后根据分析结果对专利能否被无效

---

❶　本节内容是根据 2007 年、2009 年和 2012 年专利代理实务科目试卷有关答复无效宣告请求书的无效实务试题的考点以及编者总结归纳而成的，因此涉及内容比较多，但就一次考试而言，不会涉及所有考点，此外还有可能涉及其他新的考点，因此考生在应试时需要根据试题内容进行适当调整。

的前景作出正确判断，以确定应对策略，包括是否修改专利文件，尤其是在该专利有可能被全部无效或者部分无效时，需要进一步考虑如何修改专利的权利要求书来为专利权人争取最有利的结果。

4. 向客户撰写咨询意见

对于试题（如2012年的无效实务试题）中要求考生针对无效宣告请求书撰写给客户的咨询意见的情况，在对无效宣告请求书进行分析并确定应对策略后，就着手撰写给客户的咨询意见。在咨询意见中，将对无效宣告请求书各个无效宣告理由的分析结果告知客户；若应对策略中需要修改权利要求书的，还应当在咨询意见中给出如何修改权利要求书的建议。如果试题（如2007年和2009年的无效实务试题）未提出这方面的要求，则可直接进行下一步撰写意见陈述书的工作。

5. 撰写意见陈述书

对于试题（如2007年和2009年的无效实务试题）中要求考生针对无效宣告请求书撰写意见陈述书时，在对无效宣告请求书进行分析并确定应对策略后，就着手撰写意见陈述书。若对权利要求书进行了修改，就应当根据修改后的权利要求书来撰写意见陈述书正文。意见陈述书中应当针对所有无效宣告理由和所附证据论述修改后的权利要求书为何不存在这些无效宣告理由所涉及的实质性缺陷，具体反驳意见应当符合规范，以《专利法》《专利法实施细则》和《专利审查指南2010》为依据。如果试题（在如2012年的无效实务试题中）中仅要求撰写给客户的咨询意见，并未要求考生撰写意见陈述书，就无须再进行这一方面的工作。

6. 对简答题作出解答

对于试题中还给出简答题的情况，则应当根据案情和试题的具体要求给出答案。此时，应当区分是需要结合案情作出说明还是一般的基本概念题，例如2007年专利代理实务科目试卷有关无效实务试题中的简答题为基本概念题，而2009年专利代理实务科目试卷有关无效实务试题中的简答题为与案情内容相关的程序方面或实体方面的基本知识。

二、应试过程中为体现应试思路在各环节需要做的具体工作

下面基本按照答题时的各个环节具体说明为体现应试思路所要做的具体工作。

（一）理解专利文件中各权利要求所要求保护的主题

在阅读试题时，考生首先需要认真阅读试题中所给出的专利文件，理解其权利要求书中各个权利要求所要求保护的主题。具体来说，应当弄清下述五个问题。

（1）阅读理解专利文件，认真确定权利要求书中各项权利要求由其技术特征所限定的技术方案的含义、每个技术特征在该发明创造中的作用以及各权利要求之间的区别，其中对于权利要求中个别表述不清楚的技术特征通过说明书来理解其确切的含义。

（2）对于独立权利要求，根据说明书进一步明确其相对于背景技术中的现有技术（尤其是最接近的现有技术）解决了什么技术问题，采取了哪些技术措施（确定相对于最接近的现有技术的区别技术特征），产生哪些技术效果。

（3）对于从属权利要求，理解其附加技术特征为该发明创造带来了什么技术效果。

（4）如专利有优先权要求，且试题中还给出了在先优先权文本的情况，需要确定哪些权利要求可以享有优先权，哪些不能享有优先权，以便针对每项权利要求确定其现有技术的时间界限。同样，如果对比文件为有优先权要求的中国专利申请文件或专利文件，且试题中也给出其在先优先权文本的话，则需要核实该对比文件中用作对比的技术方案可否享有优先权，以判断无效宣告请求书中以该对比文件作为抵触申请来否定专利新颖性的无效宣告理由是否成立。当然，对于上述有优先权要求，但没有给出优先权文本，则应根据试题说明及相关信息来确定优先权是否成立，例如，试题说明明确不需要质疑优先权不成立，则应认可优先权的成立。

（5）结合说明书的具体实施方式分析是否有权利要求书未反映的技术方案，即说明书有无包含

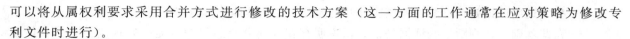

可以将从属权利要求采用合并方式进行修改的技术方案（这一方面的工作通常在应对策略为修改专利文件时进行）。

（二）对无效宣告请求书和所附证据进行初步分析研究

在理解专利文件中各个权利要求所要求保护的主题之后，就应当针对无效宣告请求书、必要时结合所附证据分析无效宣告请求书中所主张的无效宣告理由是否成立。具体来说，应当按照下述几个步骤进行分析。

1. 对无效宣告请求书的阅读、理解

首先，应当通过对无效宣告请求书的阅读弄清楚以下几个问题。

（1）无效宣告请求书中提出哪几个无效宣告理由，判断这些理由是否属于《专利法实施细则》第六十五条第二款规定的范围。对于不属于《专利法实施细则》第六十五条第二款规定范围的理由，例如，两项以上独立权利要求之间不具有单一性，独立权利要求未相对于最接近的现有技术划清前序部分和特征部分的界限，从属权利要求引用部分不符合《专利法实施细则》第二十二条第三款规定的形式要求，依赖遗传资源完成的发明创造但没有提供遗传资源来源披露登记表而不符合《专利法》第二十六条第五款的规定等，可以要求专利复审委员会不予考虑。

（2）对于属于《专利法实施细则》第六十五条第二款规定范围的无效宣告理由，进一步考虑这些无效宣告理由涉及权利要求书还是涉及说明书，对于涉及权利要求书的无效宣告理由，又分别涉及该专利权利要求书中哪几项权利要求。

（3）对于不需要证据的法定无效宣告理由，其所依据的事实是什么？对于这些无效宣告理由，无效宣告请求书中是否针对所依据的事实进行了具体分析。

（4）对于需要证据支持的法定无效宣告理由，其所依据的证据是什么？对于这些无效宣告理由，无效宣告请求书中是否结合证据具体说明了相应的无效宣告理由。

（5）对于请求人在提出无效宣告请求书之后补交的材料，关注是否包含提出无效请求之日起一个月后补充的理由和/或证据。

2. 对所附证据进行分析研究

首先，从程序上看，请求人所提交的证据是否超过举证期限，对于超过举证期限证据可以要求专利复审委员会对该证据不予考虑（但对于公知常识性证据或者用于完善证据法定形式的公证文书、原件等证据，仍应当予以考虑）。而对于未超过举证期限的证据从下述几个方面去分析。

（1）对每件证据的合法性和真实性进行分析。例如：

——前面提到的确定证据的提交是否超过举证期限，实际上就是核实证据的合法性；

——公证书是否符合公证程序，公证书是否符合法定形式；

——域外证据是否进行了公证和认证；

——复印件是否给出了原件的保存场所并进行了公证或表示在口头审理时出示原件；

——出具证言的证人是否与请求人有特定关系；

——经公证的证人证言只能证明其形式上的真实，但不能证明其内容上的真实；

——证据是否存在表明其为伪证的疑点；

——外文证据的译文是否正确等。

以上列举的是有关核实证据合法性、真实性的内容，至于证据与该专利的关联性将在下面作进一步分析。

（2）对涉及使用公开和其他方式公开的证据分析是否构成了完整的证明体系，此类证据属于间接证据，需要几份证据结合起来证明所发生的事实。对于这类证据需要从下述几个方面加以考虑：

——检查这些证据之间是否存在矛盾；

——核实这些证据是否已能证明该次公开确实发生在该专利申请日（有优先权要求的，指优先权日）前；

——核实这些证据是否已能说明该次公开已公开了什么具体技术内容；

——在此基础上，判断这些证据是否足以说明存在任何公众想得知就能得知这次公开的具体技术内容的状态；

——必要时，还需要核实由这些间接证据所认定的事实是否唯一确定。

经过核实上述内容，对于未构成完整证明体系的证据，可以明确向专利复审委员会指出不应采信并说明理由，而对于已构成完整证明体系的证据，则应当与其他所有可采信的证据一起分析是否足以支持无效宣告请求书中的相应理由。

（3）将无效宣告请求书中引用的对比文件或者使用公开等证据按照其公开的日期（若对比文件为中国专利申请文件或专利文件，则包括其申请日）与该专利的申请日（有优先权要求的，包括优先权日）的关系加以分类，以便确定各对比文件或者使用公开等证据与所针对的专利的相关程度，进而确定无效宣告请求书中相应的无效宣告理由是否成立。为帮助理解，举例加以说明：❶

——在该专利的申请日前（有优先权的，为优先权日前）公开的对比文件或者使用公开等证据，这类对比文件或者使用公开等证据既可用来判断该专利是否具备新颖性，又能与该专利申请日前的其他现有技术或者公知常识结合起来判断该专利是否具备创造性；

——在该专利的申请日和优先权日之间公开的对比文件（不包括下面提到的在该专利优先权日前提出申请、申请日和优先权日之间公布或公告的中国专利申请文件或专利文件）或者使用公开等证据，该专利不能享受优先权时，这类对比文件或者使用公开等证据可用来作为判断该专利是否具备新颖性和/或创造性的现有技术，但该专利能享有优先权时，这类对比文件或使用公开等证据就未构成该专利的现有技术，因而既不能用来判断该专利是否具备新颖性，更不能与该专利的现有技术或公知常识结合起来判断该专利是否具备创造性；

——在该专利的申请日前（有优先权的，为优先权日前）申请、在申请日或申请日后公布或公告的中国专利申请文件或专利文件，这类对比文件只可用来作为判断该专利是否具备新颖性的对比文件，不可与该专利的现有技术或者公知常识结合起来判断该专利是否具备创造性；

——在该专利的优先权日前提出申请、在申请日或优先权日之间公布或公告的中国专利申请文件或专利文件，这类对比文件在该专利可以享有优先权时只可用来作为判断该专利是否具备新颖性的对比文件，不可与该专利的现有技术或者公知常识结合起来判断该专利是否具备创造性，但该专利不能享有优先权时，该对比文件成为该专利申请日前的现有技术；

——在该专利申请日和优先权日之间提出申请、在申请日或申请日后公布或公告的中国专利申请文件或专利文件，该专利不能享受优先权时，这类对比文件就可用来作为判断该专利是否具备新颖性的对比文件，而不可与该专利的现有技术或者公知常识结合起来判断该专利是否具备创造性，但该专利能享受优先权时，这类对比文件就不能用来判断该专利是否具备新颖性，更不能与该专利的现有技术或公知常识结合起来判断该专利是否具备创造性。

——在申请日或申请日后公开的非专利文件、公布或公告的外国专利申请文件或专利文件（包括在该专利的申请日或优先权日前申请、在申请日或申请日后公布或公告的外国专利申请文件或专利文件）或者使用公开等证据，这类对比文件或者使用公开等证据既不能用来作为判断该专利是否具备新颖性的对比文件，也不能用来作为判断该专利是否具备创造性的对比文件。

（4）对每项可用证据（包括现有技术和申请在先、公布或公告在后的中国专利申请文件或专利文件）所披露的内容进行分析，包括：

——每项现有技术或者申请在先、公布或公告在后的中国专利申请文件或专利文件分别披露了该发明独立权利要求中的哪些技术特征？

---

❶ 请注意，以下举例仅仅是例举，即除了以下举例外，还可能有其他情况，例如对比文件也是有优先权要求的中国专利申请文件和专利文件，限于篇幅，举例未能穷尽。

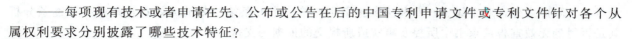

——每项现有技术或者申请在先、公布或公告在后的中国专利申请文件或专利文件针对各个从属权利要求分别披露了哪些技术特征？

——每项现有技术所披露的技术特征（尤其是独立权利要求中的区别技术特征和从属权利要求中的附加技术特征）在各项现有技术中所起的作用是什么？

3. 对于提出无效宣告请求后增加的无效宣告理由和补充的证据进行判断

当试题中出现请求人在提出无效宣告请求书之后补交的材料，还应当判断补交材料中所增加的无效宣告理由和补充的证据是否需要考虑。

（1）首先核实一下该补交材料是否在提出无效宣告请求之日起一个月内提交的，例如 2007 年专利代理实务科目试卷有关无效实务的试题中补交的材料就不是在提出无效宣告请求之日起一个月内提交的。

（2）对于在提出无效宣告请求之日起一个月内补交的材料，其中所增加的无效宣告理由只要属于《专利法实施细则》第六十五条第二款规定范围的，并作了具体说明的，就应当予以考虑；至于补充的证据，只要在该期限内已结合该证据具体说明相关的无效宣告理由，则应当予以考虑；否则，应当请求专利复审委员会不予考虑。

（3）对于在提出无效宣告请求之日起一个月后增加的无效宣告理由，应当请求专利复审委员会不予考虑，除非该增加的无效宣告理由是针对那些与无效宣告请求书中提出的无效宣告理由明显不相对应的证据进行变更的理由，或者是在专利复审委员会指定的答复期限内针对专利权人以合并方式修改的权利要求提出并进行了具体说明的无效宣告理由。例如，在 2009 年专利代理实务科目试卷有关无效实务的试题中，请求人在提出无效宣告请求之日起一个月之后增加了两个无效宣告理由，其中有关同样发明创造的无效宣告理由是针对专利权人以合并方式修改的权利要求增加的，应当予以考虑；而另一个关于不属于实用新型专利保护客体的无效宣告理由是针对专利权人以删除技术方案方式修改的权利要求增加的，应当请求专利复审委员会不予考虑。

（4）对于在提出无效宣告请求之日起一个月后补充的证据（包括在一个月后提交的外文证据的中文译文），通常可以请求专利复审委员会不予考虑。除非所提交的证据是技术词典、技术手册和教科书等所属技术领域中的公知常识性证据或者是用于完善证据法定形式的公证书、原件等证据，并在该期限内结合该证据具体说明了相关无效宣告理由；或者是在专利复审委员会指定期限内针对专利权人以合并方式修改的权利要求书或提交的反证补充的证据，并在该期限内结合该证据具体说明无效宣告理由。例如，在 2007 年专利代理实务科目试卷有关无效实务的试题中，请求人在提出无效宣告请求书之日起一个月后补充的证据为专利申请文件，既不是公知常识性证据，也不是完善证据法定形式的证据，因此应当请求专利复审委员会不予考虑；在 2009 年专利代理实务科目试卷有关无效实务的试题中，在提出无效宣告请求之日起一个月后补充的证据是作为支持请求人针对专利权人以合并方式修改的权利要求增加的无效宣告理由的证据，因此应当予以考虑。

（三）根据分析结果确定应对策略

在对无效宣告请求书和补充材料中的无效宣告理由和证据进行初步分析后，就应当针对其中应当考虑的无效宣告理由及证据进一步分析这些无效宣告理由是否成立，❶ 在此基础上确定应对策略，必要时对专利文件即对权利要求书进行修改。

1. 分析各个无效宣告理由是否成立

在分析无效宣告理由是否成立时，对于明显不属于《专利法实施细则》第六十五条第二款规定范围的无效宣告理由可直接指明其不得作为无效宣告理由；对于在无效宣告请求书中未作具体分析且在自提出无效宣告请求之日起一个月内未作补充说明的无效宣告理由可以请求专利复审委员会不

---

❶ 无论在实际专利代理实务的实践中，还是在应试中，分析无效宣告理由是否成立可以与对无效宣告请求书及其所附证据的初步分析一起进行，仅仅由于在应试时这方面内容比较重要，为便于考生掌握，将其单独作为一个环节加以说明。

予考虑。除此之外，对于属于《专利法实施细则》第六十五条第二款的无效宣告理由必须逐条分析其是否得到无效宣告请求书中所提及事实或所提交的证据的支持。

下面针对不需要证据支持的无效宣告理由和需要证据支持的无效宣告理由分别加以说明。

对于不需要证据的法定无效宣告理由，分析该无效宣告理由是否得到其所提及事实的支持，即针对无效宣告请求书中依据的事实，结合专利文件所记载的具体内容，研究无效宣告请求书中的具体分析是否有道理，是否存在不正确之处，尤其是可否借助《专利审查指南2010》规定的内容对其进行反驳。

对于这类无效宣告理由，如果需要提供反证的，例如，对于无效宣告请求书中认为未充分公开的内容属于本领域的公知常识，不仅要提交反证证明材料，还应当对有关反证作出具体说明。

对于需要证据支持的法定无效宣告理由，可以按照如下考虑来分析该无效宣告理由是否得到所提供证据的支持。

（1）根据前面对证据进行的初步分析，对于存在不可采信的证据的情况，首先可以考虑主张这些证据不应予以采信。例如：

——证据的提交超过了举证期限；

——公证证据不符合公证程序；

——域外证据未进行公证认证；

——证据中明显存在该证据是伪证的疑点；

——使用公开或以其他方式公开的证据之间明显出现矛盾等。

需要注意的是，对于这类证据不能仅认为不能采信就不予考虑，必要时还应当考虑对方提供了补充证据以证明其可采信时如何争辩。

（2）分析所提证据是否适用，若存在不适用证据可以对此据理力争。例如：

——用在该专利申请日或申请日后公开的非专利文件、外国专利申请文件或专利文件，或者用在该专利申请日或申请日后申请的或优先权日在该专利申请日或申请日后的中国专利申请文件或专利文件来评价该专利的新颖性或创造性；

——用该专利申请日前申请、申请日或申请日后公开的外国专利申请文件或专利文件来评价该专利的新颖性；

——用在该专利申请日前提出申请（有优先权要求的，优先权日在该专利申请日前）、申请日或申请日后公开的中国专利申请文件或专利文件来评价该专利的创造性，例如，2007年和2012年专利代理实务科目试卷有关无效实务的试题就包含这种情况；

——对于有优先权要求的专利，未指出某权利要求不能享有优先权，用该专利申请日和优先权日之间公开的对比文件或除出版物以外的其他公知公用来评价该项权利要求的新颖性或创造性；

——对于有优先权要求的专利，未指出某权利要求不能享有优先权，用该专利申请日和优先权日之间申请、该专利申请日或申请日后公布或公告的中国专利申请文件或专利文件来评价该项权利要求的新颖性。

（3）对于适用的证据，针对其在无效宣告请求书所主张的单独对比或结合对比的方式，将有关对比文件或者使用公开的证据等所披露的内容与专利文件权利要求所要求保护的主题进行分析对比，以确定对方当事人所作分析是否有道理，对于对方当事人所作分析存在的不正确或不妥之处，可考虑如何依据《专利法》《专利法实施细则》和《专利审查指南2010》的规定作出说明或进行有力的反驳。

2. 根据对无效宣告理由的分析，确定应对策略

根据上述对无效宣告理由是否成立的分析，确定针对无效宣告请求书的应对策略。若认为无效宣告理由全部成立或部分成立的，应当考虑是否修改权利要求书，尤其是要否采用合并方式修改；若认为无效宣告理由不能成立的，应当依照《专利法》《专利法实施细则》和《专利审查指南2010》

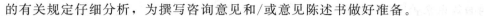

的有关规定仔细分析，为撰写咨询意见和/或意见陈述书做好准备。

（1）对权利要求书的修改

从历年试题来看，对权利要求书进行修改是无效宣告程序针对无效宣告请求书撰写咨询意见和/或意见陈述书实务试题的一个重要考点。如果认为无效宣告理由全部成立或部分成立，则应当对专利的权利要求书进行修改，以消除相应缺陷。如果一部分权利要求（例如独立权利要求）相对于请求人提交的证据明显不符合新颖性要求时，建议可采用权利要求删除方式的修改，以免在争辩原独立权利要求具备新颖性时无法正确地作出论述。尤其是无效宣告理由成立后将导致原权利要求书中某一项主题的所有权利要求被宣告无效的情况，就还需要考虑是否要对其中部分从属权利要求采用合并式修改，但此时必须删除该项主题的原独立权利要求，而且合并方式修改而成的权利要求应当包含被合并的从属权利要求的全部技术特征，并应当不超出原说明书的记载范围，例如，2007 年、2009 年和 2012 年专利代理实务科目试卷有关无效实务的试题就属于这种情况。当然，即使其中部分从属权利要求可以维持有效，但存在采用合并式修改的权利要求能为客户争取更充分的保护时，也可采取合并修改的方式，但这种情况不多，尤其是在应试中出现的可能性更小。

在应试答题时，需要特别注意的是：对权利要求书的修改既要符合《专利法》第三十三条的规定，又要符合《专利法实施细则》第六十九条的规定（包括《专利审查指南 2010》第四部分第三章中对修改内容和修改方式作出的规定），前者规定了修改专利申请文件或专利文件的基本原则，即修改的内容不得超出原说明书和权利要求书记载的范围，后者是无效宣告程序中对修改专利文件的特殊要求，有关这方面内容可参见《专利审查指南 2010》第四部分第三章第 4.6 节，在此不再详述。

（2）无效宣告理由不能成立的几种情况

为帮助考生做好这方面的应试准备，下面根据历年考试试题和编者的经验给出几种无效宣告理由不能成立的情况。

——明显不属于《专利法实施细则》第六十五条第二款规定范围的无效理由，可直接指明其不得作为无效宣告理由，例如，在 2009 年专利代理实务科目试卷有关无效实务的试题中，针对无效宣告请求书中有关专利不符合单一性规定的无效宣告理由，可以明确指出该无效宣告理由不属于《专利法实施细则》第六十五条第二款规定的范围，专利复审委员会应当不予考虑；对于未具体说明的无效宣告理由，例如，在 2009 年专利代理实务科目试卷有关无效实务的试题中，关于权利要求不能得到说明书支持的无效宣告理由在无效宣告请求书中未进行任何分析且在提出无效宣告请求之日起一个月内未作补充说明的，可以请求专利复审委员会不予考虑；对于在提出无效宣告请求之日起一个月后增加的理由，且不属于可以增加无效宣告理由的情况，同样可以明确要求专利复审委员会不予考虑，例如，2009 年专利代理实务科目试卷有关无效实务的试题中，请求人在自请求日起一个月后补充的不属于实用新型保护客体的无效宣告理由就属于这种情况。

——无效宣告请求书中认定某权利要求不具备新颖性，但其所引用的证据披露的内容中并未包含该权利要求的全部技术特征。

——无效宣告请求书中认定在某一引用证据中披露了某技术特征，但经分析后认定该引用的证据中并未披露这一技术特征。

——无效宣告请求书中认定在某一引用证据中披露了某技术特征，但经分析该技术特征在该引用证据中所起的作用与其在该发明中所起的作用不相同，因而不存在结合的技术启示。

——无效宣告请求书中以申请日前申请、申请日或申请日后公开的中国专利（申请）文件与现有技术或公知常识相结合来否定某项权利要求的创造性，例如 2007 年和 2012 年专利代理实务科目试卷中的无效实务试题。

——无效宣告请求书中否定某权利要求的创造性时，认定为等效手段（或简单变换的手段）以及简单叠加的发明创造的理由不正确。

——无效宣告请求书中，对于具有突出的实质性特点的发明或者具有实质性特点的实用新型，仅以其未产生预料不到的效果来否定创造性。

——无效宣告请求书中认定为权利要求书未以说明书为依据或者修改超出原申请记载范围的理由不正确。

——无效宣告请求书中认定独立权利要求缺少必要技术特征，但该技术特征是该发明创造的优选手段，即该发明创造不采用此技术特征仍能解决其技术问题。

（四）咨询意见的撰写

如果试题中要求向专利权人给出咨询意见，在针对无效宣告请求书作出分析并确定应对策略（包括必要时对权利要求书进行修改）后，就进入了应试的另一项重要工作，撰写咨询意见。给专利权人的咨询意见除了简单的起始语段和结束语段外，通常包括下述几部分内容。

1. 对无效宣告请求书的证据进行分类，说明其适用范围

通常可以将无效宣告请求书引用的证据分成三类：构成涉案专利的现有技术，申请在先、公布或公告在后的中国专利申请文件或专利文件，相同申请日且公告在后的中国专利文件。构成现有技术的证据，可以用于判断涉案专利各项权利要求的新颖性和创造性；对于申请在先、公布或公告在后的中国专利申请文件或专利文件，只可用作判断涉案专利各项权利要求是否具备新颖性的对比文件，不可用作判断涉案专利各项权利要求是否具备创造性的对比文件；对于相同申请日且公告在后的中国专利文件，只可用其权利要求书中各项权利要求的技术方案判断是否与涉案专利各项权利要求构成同样的发明或实用新型，不可用其作为判断涉案专利各项权利要求是否具备新颖性和/或创造性的对比文件。例如，2012 年专利代理实务科目试卷无效实务试题中的三份证据中两份构成现有技术，另一份是申请在先、公告在后的中国实用新型专利文件。

当然，如果涉案专利要求优先权或者证据是要求优先权的中国专利申请文件或专利文件，则分类情况就会更复杂一些。例如，2007 年专利代理实务科目试卷的无效实务试题中有一份对比文件是要求优先权的中国实用新型专利文件，其优先权日早于涉案专利的申请日，申请日晚于涉案专利的申请日，则该份专利文件中能享有优先权的内容可以用来判断该专利是否具备新颖性，而不能享有优先权的内容就不能用来判断该专利是否具备新颖性。

若无效宣告请求书中所附证据应当不予采信或者适用范围不合适，最好在这部分明确指出，以便确保取得此考点的分值。

2. 具体分析无效宣告请求书中的各个无效宣告理由是否成立

这一部分是试题的重点，应当逐一分析无效宣告请求书中的各个无效宣告理由能否成立。

分析说明时，应当以《专利法》《专利法实施细则》和《专利审查指南 2010》的规定为依据具体分析说明涉案专利（主要是各项权利要求）是否存在与各个无效宣告理由相应的实质性缺陷。

若无效宣告请求书中对同一权利要求提出多个无效宣告理由，则应当针对每一个无效宣告理由作出分析，不要因为其中一个无效宣告理由成立就不再分析另一个无效宣告理由。

若无效宣告请求书中对同一权利要求以其不具备新颖性或创造性为无效宣告理由且给出多种单独对比方式或多种结合对比方式，则应当对每一种对比方式均作出无效宣告理由是否成立的分析，不要因为其中一种对比方式的无效宣告理由能够成立，就不再对另一种对比方式作出分析。

需提请注意的是，对于不具备新颖性和创造性的无效宣告理由，应当注意到在论述不具备新颖性和创造性的无效宣告理由能够成立时与不能成立时的规范格式有所不同。例如，在论述不具备新颖性的无效宣告理由不能成立时，只需要指出该权利要求的技术方案未被该对比文件公开就可得出结论，而论述不具备新颖性的无效宣告理由能够成立时仅指出该权利要求的技术方案已被该对比文件公开还不够，还要说明该权利要求的技术方案在技术领域、要解决的技术问题和有益效果与对比文件中公开的内容实质相同。又如，在论述不具备创造性的无效宣告理由不能成立时，不仅应当以"三步法"为基础说明该权利要求的技术方案相对于无效宣告请求书中写明的对比文件结合方式具有突出的实质性特点（对发明专利）或实质性特点（对实用新型专利），还要说明该权利要求的技术方案相对于现有技术具有显著的进步（对发明专利）或进步（对实用新型专利），才能得出其具备创造性的结论，而在论述不具备创造性的无效宣告理由能成立时，只需要指出其不具有突出的实质性特点（对发明专利）或实质性特点（对实用新型专利）就可得出其不具备创造性的结论。

3. 根据分析结果给出对权利要求书的修改建议

对于无效实务试题中另要求给出修改后的权利要求书的情形，这部分只需要说明对权利要求书如何进行修改即可，无须给出具体的修改后的权利要求书。接着具体说明所作修改符合《专利法》《专利法实施细则》和《专利审查指南2010》的有关规定。

此外，应当在咨询意见中说明采取这一修改方式的理由，例如对权利要求书不采用合并式修改就有可导致该专利或者该专利中的某一要求保护的主题被宣告全部无效，而进行合并式修改后可以争取维持专利权部分有效（前者参见2007年专利代理实务科目试卷无效实务试题中的情形，后者参见2009年专利代理实务科目试卷无效实务试题中的情形），或者是为了消除权利要求书中所存在的与无效宣告请求书中无效宣告理由相应的实质性缺陷（参见2012年专利代理实务科目试卷无效实务试题中的情形）等。

以上对咨询意见中应当包括的三方面主要内容作了简要说明。需要说明的是，应试时咨询意见所包括的内容可以根据试题的要求确定。

（五）意见陈述书的撰写

如果试题中要求为专利权人针对无效宣告请求书撰写意见陈述书，在针对无效宣告请求书作出分析并确定应对策略（包括必要时对权利要求书进行修改）后，就进入了应试的最主要部分，撰写意见陈述书。考生必须十分重视意见陈述书的撰写，应当将前面分析时所涉及的各方面的考点内容体现在所撰写的意见陈述书中，以确保取得较好的成绩。

意见陈述书包括标准表格、意见陈述书正文及附件。实际专利代理实务工作中，应当在标准表格中写明专利复审委员会在受理通知书中所给出的案件编号（当有多个无效宣告请求时，该案件编号用来区分是针对哪一个请求人提出的）。由于在考试中，通常不填写标准表格，仅仅涉及意见陈述书正文的撰写，因此若试题中未给出案件编号，考生答题时无须写明案件编号，但是若试题中给出案件编号，则在意见陈述书正文适当位置处写明案件编号。

1. 意见陈述书正文的撰写格式

意见陈述书正文的完整格式，通常应当包括下述几个部分。

（1）起始语段。在起始段中说明本意见陈述书针对哪一无效宣告请求作出的意见陈述以及专利权人的请求。如果题面给出了无效宣告请求的案件编号，答题时应当明确指出。

（2）修改说明。如果对权利要求书进行了修改，应当首先对修改情况作出说明，即写明进行了哪些修改，并说明所作修改符合《专利法》《专利法实施细则》和《专利审查指南2010》有关规定，其中对于采用合并方式修改而成的权利要求，应当明确指明记载在原说明书中什么地方。❶

（3）针对无效宣告理由陈述意见。这部分是意见陈述书的关键内容，即反驳请求人主张的理由，这一部分的分值占整个试题的绝大部分，因此考生在应试答题时应当将这一部分作为最重要的部分。下面以列举的方式向考生说明这一部分应当写明什么内容。

——若无效宣告理由中存在不属于《专利法实施细则》第六十五条第二款规定范围的理由，通常应当指出这些理由不属于《专利法实施细则》第六十五条第二款规定的范围，请求专利复审委员会对此理由不予考虑（关于主张不能享受优先权的无效理由需视情况分别对待）。

——若无效宣告请求书中对所提出的某个无效宣告理由未作具体说明，且在自提出无效宣告请求之日起一个月内也未作补充说明的，应当请求专利复审委员会对该无效宣告理由不予考虑。

——若无效宣告请求书未针对其所提交的某一证据作出具体说明，且在自提出无效宣告请求之

---

❶ 需要提醒考生的是，通常试题中还要求将修改后的权利要求书在答卷中以单独的部分给出。

日起一个月内也未作补充说明的，应当请求专利复审委员会对该证据不予考虑。

——若补充证据逾期且不属于公知常识性证据和用于完善证据法定形式的公证书、原件等证据，应当请求专利复审委员会不予考虑。

——对反驳所针对的请求人的法定无效宣告理由涉及的对象（如某权利要求）及依据的证据和事实作出说明。

——反驳中需要反证的，编号列出所有反证材料，且在意见陈述书中结合所有反证材料作出具体说明。

——以《专利法》《专利法实施细则》和《专利审查指南2010》的规定为依据分析说明请求人的上述主张为何不能成立，若修改权利要求的，尤其采用合并方式修改权利要求的，应当针对无效宣告理由具体说明修改后的权利要求为何已消除无效宣告理由所涉及的该专利文件的缺陷。

——若请求人提出的无效宣告理由涉及多个证据的，在说明该无效宣告理由不能成立时应当对所有证据作出分析。

——若请求人提出多个无效宣告理由，应当分节逐条说明请求人主张的无效宣告理由为何不能成立。

值得注意的是，应试与实际专利代理实务有所不同，对于无效宣告请求书及所附证据存在的问题都应当在意见陈述中明确指出，不要像实际专利代理实务那样，将部分意见（例如，请求人所提交的在国外形成的证据需要公证和认证等）留到口头审理时才提出。

（4）结尾语段。在结尾语段中明确指出请求人的哪些无效宣告理由不能成立，请求专利复审委员会维持该专利有效，或在修改的权利要求书的基础上维持该专利有效。

2. 意见陈述书正文撰写时应当予以注意的几点

针对无效宣告请求书撰写意见陈述书正文时，应当注意下述六点要求。

（1）意见陈述书正文应当词语规范（注意不要出现专利术语的概念错误），有理有据，条理清楚，逻辑清晰；应当避免强词夺理，避免仅仅陈述缺乏针对性的套话。

（2）意欲维持专利权全部有效的，应当对所有无效宣告理由和证据作针对性的反驳，不得有遗漏。为了条理清楚，应当将各个无效宣告理由分节作出具体说明。

（3）意欲维持专利权部分有效的，应当对相关的无效宣告理由和证据作针对性的反驳；修改权利要求书的，应当针对无效宣告理由具体说明修改后的权利要求为何已消除无效宣告理由所涉及的该专利文件的缺陷。

（4）如果存在不可采信的证据，通常应当指出哪些证据不予采信，并说明理由。为防止意见陈述书中所主张的不予采信的证据万一被专利复审委员会采信而造成被动，必要时还应当具体说明，即使该证据被采信也不能支持请求人所主张的无效理由。例如，请求人所提交的证据是在国外形成的证据，但未进行公证认证，虽然可以在意见陈述书中请求专利复审委员会对此证据不予采信，但考虑到这些公证认证材料可以在口头审理终结前补交，因此有必要在意见陈述书中还针对该证据万一被采信时说明为什么仍不能支持相应无效理由。又如，请求人在提出无效宣告请求之日起一个月后提交的证据是一本书籍，例如科普读物，在意见陈述书中可以认为其不属于教科书、技术词典、技术手册等公知常识性证据，请求专利复审委员会不予采信，但是专利复审委员会仍有可能将其视为公知常识性证据而采信，因此意见陈述书中还应当进一步说明，即使将该证据视作公知常识性证据，为什么由其他证据和这一公知常识性证据结合起来仍然不支持相应的无效宣告理由。

（5）对于无效宣告请求书中不属于《专利法实施细则》第六十五条第二款规定范围的理由，例如，缺乏单一性，权利要求书的修改不符合《专利法实施细则》第五十一条规定，权利要求存在的形式缺陷等，应当在意见陈述书的起始段后或者在修改说明后单独用一节明确指出这一问题。

（6）对于属于《专利法实施细则》第六十五条第二款规定范围的无效宣告理由，可按下述方式具体反驳该项无效理由。

——针对无效请求人的具体意见所涉及的法律问题，提出对相关法律条款的正确理解；

——对相关事实加以认定（包括对证据涉及事实的认定，也包括对专利相关技术内容的认定），如果请求人对相关事实的认定错误，应明确指出，并提出专利权人认为正确的事实认定；

——对该案件中所涉及的相关问题结合相关的法律适用进行分析，从而得出该专利符合相关法律规定的结论。

在意见陈述书中针对几种常见的无效宣告理由进行反驳与审查意见通知书的答复基本相同，都是具体论述不存在相应的缺陷或者修改后的权利要求书已消除相应的缺陷，因此有关这几种常见的无效宣告理由进行反驳的论述规范，考生可参见本书第十三章第三节之一、二、四、五，在此不再作重复说明。

（六）根据试题要求对简答题作出解答

通常在阅读试题时应当先关注一下工作内容中是否包含有要求考生对简答题解答的内容。对于有这部分工作内容的试题，要区分是考核与具体案情无关的基本知识（如 2007 年专利代理实务科目试卷有关无效实务试题中的简答题）还是考核与具体案情相关的程序方面或实体方面知识的掌握（如 2009 年专利代理实务科目试卷有关无效实务试题中的简答题），对于后者，应当在阅读理解试题时就关注与答题有关的内容，必要时在题面作出相应的标记。

下面将针对历年考题中出现过的与具体案情相关程序方面或实体方面知识的内容向考生作一介绍，而对于与具体案情无关的基本知识题将在本书第十五章中给出，但在本节中将其改编成与具体案情相关的实体方面的试题以说明如何作答。此外，还对试题中若出现客户提出的具体咨询问题时可以从哪几方面作出解答进行说明。

1. 关于专利申请文件的修改原则

2007 年专利代理实务科目试卷有关无效实务试题中简答题的原题为"简述专利法及其实施细则以及审查指南中关于无效期间专利文件修改的有关规定"。这是一道与具体案情无关的实体方面的基本知识题。现将其改编成一道与具体案情相结合的简答题："请结合您对权利要求书所进行的具体修改，说明所作修改符合《专利法》《专利法实施细则》以及《专利审查指南 2010》中有关无效期间专利文件修改的规定。"

按照 2007 年无效实务试题中对权利要求书的修改，基于现行规定可以这样作出解答："删除原独立权利要求 1，对权利要求 2 作进一步限定，增加原权利要求 3 限定部分的技术特征，将其作为新修改的权利要求 1。新修改的权利要求 1 的技术方案已记载在原说明书中结合图 1a 和图 1b 所描述的本实用新型包装体的第一实施例中，因而修改后的独立权利要求 1 未超出原说明书和权利要求书记载的范围，符合《专利法》第三十三条的规定；由于该修改后的权利要求 1 相对于原授权公告时的权利要求 1 来说增加了权利要求 2 和权利要求 3 限定部分的技术特征，缩小了保护范围，可知所作修改仅仅针对权利要求书进行，且未扩大原专利的保护范围，符合《专利法实施细则》第六十九条的规定；上述修改也未改变原权利要求的主题名称，也未增加未包含在授权的权利要求书中的技术特征，因而该修改后的权利要求 1 也符合《专利审查指南 2010》第四部分第三章第 4.6.1 节有关无效期间权利要求书修改原则的规定；上述修改是对权利要求 2 作进一步限定，符合《专利审查指南 2010》第四部分第三章第 4.6.2 节有关权利要求修改方式的规定，且是在针对无效宣告请求书的答复期间内完成的，也符合《专利审查指南 2010》第四部分第三章第 4.6.3 节有关修改方式限制的规定。综上所述，对本专利权利要求书所作的修改符合《专利法》《专利法实施细则》和《专利审查指南 2010》有关无效期间专利文件修改的规定。"

2. 关于对请求人针对我方的意见陈述及修改的权利要求书补充提交的陈述意见和证据进行的答复

以 2009 年试题的相关考点为例进行说明。

请求人补充提交的意见陈述和所附证据是在提出无效宣告请求之日起一个月之后提交的，通常应当不予考虑。但是，请求人的意见陈述是在我方针对无效宣告请求书向专利复审委员会陈述意见时对权利要求书进行修改后的一个月答复期限内提交的，该意见陈述中新增加的重复授权的无效宣告理由和补充的证据附件 3 是针对我方采用合并式修改的权利要求 1 提出的，符合《审查指南 2010》第四部分第三章关于请求人补充理由和证据的规定。可是，该对比文件 3 是一件他人在本专利申请日前提出申请、申请日后公告的中国外观设计专利公报，但实用新型专利保护的是对产品的形状、构造或者其结合所提出的适于实用的新的技术方案，而外观设计专利保护的是对产品的形状、图案或者其结合以及色彩与形状、图案的结合所作出的富有美感并适于工业应用的新设计，并不是保护该产品的技术方案，可知两者保护的客体不同，因此，该实用新型专利与对比文件 3 的外观设计专利不可能是《专利法》第九条所述的"同样的发明创造"，不会导致重复授权，因此意见陈述中新增加的权利要求 1 不符合《专利法》第九条规定的无效宣告理由不能成立。❶

至于请求人意见陈述中新增加的不属于实用新型保护客体的无效宣告理由，是针对我方采用删除技术方案修改方式的权利要求提出的，不属于《审查指南 2010》第四部分第三章所述的请求人在提出无效宣告请求之日起一个月后可以补充理由和证据的情况，因此对于请求人针对权利要求 3 所提出的不符合《专利法》第二条第三款规定的无效宣告理由应当不予考虑。

3. 关于口头审理时核实对方代理人的资格

同样以 2009 年试题的相关考点为例进行说明。

对于无效宣告程序口头审理中专利代理机构乙的代理人李某的资格，请专利复审委员会核实对方专利代理人身份证、代理人执业证、委托书。如果有委托书，专利代理机构乙是该专利在专利申请阶段的专利代理机构，根据《专利代理条例》第十条的规定，"专利代理机构接受委托后，不得就同一内容的专利事务接受有利害关系的其他委托人的委托"，因此该专利代理机构就没有资格再接受请求人一方的委托参加该专利无效宣告程序的口头审理。为此，要求专利复审委员会不允许该专利代理机构乙的代理人李某参加该专利无效程序的口头审理。如果没有委托书，则李某不具备出庭资格，且李某是自行接受委托，违反《专利代理条例》第十七条的规定。

按照《审查指南 2006》第四部分第三章第 3.6 节的规定，请求人委托公民甲参加本专利宣告无效程序的口头审理是允许的，请专利复审委员会核实公民甲作为对方的公民代理的身份证、委托书和委托权限。如果有委托书，则公民代理权限仅限于在口头审理中陈述意见和接收当庭转送的文件；如果没有委托书，则其不具备出庭资格。

第十五章　专利代理实务考试中可能涉及的简答题

在专利代理实务试题中，常常包括简答题以增加相关考点，例如，2007 年无效实务试题中要求考生回答无效宣告程序中修改专利文件的相关规定。但是，也有可能通过其他方式来考核考生对相关规定的掌握能力，而不仅仅是直接回答相关规定。例如，在 2007 年欧洲专利局的异议（相当于我国无效宣告程序）试题中，客户在信函中提出的咨询问题是：权利要求 6 是在审批程序中加入而不包括在原权利要求书中，可否以此事实为依据提出异议（相当于在我国提出无效宣告请求）？该咨询问题实际上是考核应试者对无效宣告理由的掌握程度，按照我国《专利法》和《专利法实施细则》

---

❶ 上述答案是按照当时的规定给出的。而按照现行《专利审查指南 2010》的规定，上述答案中的这一段内容应当改为："请求人的意见陈述是在我方针对无效宣告请求书向专利复审委员会陈述意见时对权利要求书进行修改后的一个月答复期限内提交的，该意见陈述中新增加的重复授权的无效宣告理由是针对我方采用以删除以外的方式修改的权利要求 1 提出的，符合《专利审查指南 2010》第四部分第三章关于请求人补充理由的规定。但是，请求人为支持这一无效宣告理由还补充了新的证据对比文件 3，这不符合《专利审查指南 2010》第四部分第三章关于请求人补充证据的规定，请求专利复审委员会对该证据不予考虑。鉴于此，请求人的上述无效宣告理由缺少证据的支持，该无效宣告理由不能成立。"

的规定，这不属于《专利法实施细则》第六十五条第二款规定的无效宣告理由的范围，因此不能以此事实为依据提出无效宣告请求。又如，2011年专利代理实务试题，有关申请实务试题中客户提出的咨询问题是否将该发明中的优选材料不写入到该申请中，这一咨询问题是考核应试者对充分公开发明和保留技术秘密之间关系的掌握程度。

为帮助考生准备这类简答题的应试，在本章第一节中针对我国历年全国专利代理人资格考试试卷中出现的简答题向考生说明解答思路，但其中已在前三章中作过详细说明的简答题不再重复，有关考核考生权利要求书撰写思路和说明书组成部分撰写的简答题可参阅本书第十二章相关内容，有关考核考生答复审查意见通知书能力的简答题可以参阅本书第十三章相关内容，有关考核考生与无效实务试题具体内容紧密相关的简答题可以参阅本书第十四章相关内容。此外，本章第一节还将1993年和2007年欧洲专利局异议试题客户信函中以咨询方式提出的部分简答题按照我国《专利法》《专利法实施细则》和《专利审查指南2010》规定改写成五个简答题，以供考生参考。此后，在本章第二节中根据前几年的专利代理实务试题以及编者的经验编写了一些在专利代理实务考试中有可能出现的简答题。需要说明的是，专利代理实务考试的简答题考点会有各种变化，在此不可能穷举，因此考生准备考试时不应局限于本章所涉及的具体内容，应当尽可能熟悉与专利申请文件撰写、审查意见通知书答复以及无效宣告程序有关的所有程序方面和实体方面的基本知识。

第一节　试题中已出现过的简答题

本节先对历年全国专利代理人资格考试专利代理实务科目试卷中已出现过的部分简答题进行说明，鉴于与具体案情相结合的简答题已在前面几章中作出了说明，因此本节仅向考生介绍其中三个与具体案情无关的实体方面的基本知识题。然后给出五个根据欧洲专利局1993年和2007年异议试题中有关程序和实体方面的咨询意见改编而成的简答题。

一、我国历年专利代理实务试题中的部分简答题

在这里介绍的两个历年专利代理实务试卷中的简答题涉及《专利法》《专利法实施细则》及《专利审查指南2010》中有关实体方面的相关规定。

1. 有关单一性审查原则的简答题

该简答题取自2004年专利申请文件撰写科目化学专业的试题。原题为："一种观点认为，如果一件申请的权利要求书仅包含一项独立权利要求，则不存在单一性问题，即使该申请还有一些从属权利要求，也不会存在单一性问题。请分析上述观点是否正确。"

该简答题考核考生是否掌握单一性的审查原则，《专利审查指南2010》第二部分第六章第2.2.1节有关单一性审查原则之（4）、（5）中对于一项独立权利要求是否存在单一性问题以及从属权利要求之间是否存在单一性作出了明确说明。

根据上述规定，该简答题的答案为：

"上述观点不正确，具体理由如下。

通常，如果一件申请的权利要求书仅包含一项独立权利要求，且该独立权利要求只包括一个技术方案，则该专利申请不存在单一性问题；但是，当一项独立权利要求包含有并列选择的技术方案，如果这些并列的技术方案没有相同和相应的特定技术特征，它们之间就不属于一个总的发明构思，从而缺少单一性。例如，马库什权利要求，一项独立权利要求中可能包括结构和功能完全不同的物质，从而导致独立权利要求本身包含的多个技术方案之间没有单一性。由此可知，上述观点中有关'如果一件申请的权利要求书仅包含一项独立权利要求，则不存在单一性问题'的论断是不正确的。

当一项独立权利要求包含一些从属权利要求，且该独立权利要求仅包括一个技术方案，那么当

该独立权利要求相对于现有技术具备新颖性和创造性时，这些从属权利要求与其所从属的独立权利要求之间不存在单一性问题，这些从属权利要求之间也不存在单一性问题。但是，如果通过检索，认定该独立权利要求相对于现有技术不具备新颖性和创造性，则就需要分析这些从属权利要求之间是否具有相同或者相应的特定技术特征，如果没有相同或相应的特定技术特征，则这些从属权利要求之间就缺乏单一性。此外，在遇有形式上为从属权利要求而实质上是独立权利要求的情况，这种形式上的从属权利要求与独立权利要求之间也有可能存在单一性问题。由此可知，上述观点中有关'如果一件申请的权利要求书仅包含一项独立权利要求和一些从属权利要求，也不会存在单一性问题'的论断也是不正确的。"

2. 有关无效宣告期间专利文件修改规定的简答题

该简答题取自 2007 年专利代理实务科目试卷中的无效实务试题。原题为："简述专利法及其实施细则以及审查指南中关于无效期间专利文件修改的有关规定。"

该简答题考核考生是否掌握无效宣告期间专利文件修改的规定，有关这方面内容在《专利审查指南 2010》第四部分第三章第 4.6 节作出了明确规定。

该简答题的答案为：

"首先，专利文件的修改应当符合《专利法》第三十三条的规定：对发明和实用新型专利申请文件的修改不得超出原说明书和权利要求书记载的范围，对外观设计专利申请文件的修改不得超出原图片或者照片表示的范围。

其次，按照《专利法实施细则》第六十九条的规定：在无效宣告期间，对于发明或者实用新型专利，仅可以修改其权利要求书，不得修改专利说明书和附图，且在修改权利要求书时不得扩大原专利的保护范围；对外观设计专利，不得修改图片、照片和简要说明。

此外，专利申请文件的修改还应当符合《专利审查指南 2010》第四部分第三章第 4.6 节有关专利文件修改的规定。

（1）发明或实用新型专利文件的修改仅限于权利要求书，其原则是：

——不得改变原权利要求的主题名称；

——与授权的权利要求相比，不得扩大原专利的保护范围；

——不得超出原说明书和权利要求书记载的范围；

——一般不得增加未包含在授权的权利要求书中的技术特征。

（2）修改权利要求书的具体方式一般限于权利要求的删除、合并和技术方案的删除。

权利要求的合并是指两项或者两项以上相互无从属关系但在授权公告文本中从属于同一独立权利要求的权利要求的合并。该新的权利要求应当包含被合并的从属权利要求中的全部技术特征。在独立权利要求未做修改的情况下，不允许对其从属权利要求进行合并式修改。❶

（3）在专利复审委员会作出审查决定之前，可以采用删除权利要求或者删除技术方案的方式修改权利要求书；而对于以合并方式修改权利要求书，❷ 仅允许在答复无效宣告请求书时或者针对请求人增加的无效宣告理由或者补充的证据进行意见陈述时或者在答复专利复审委员会引入请求人未提及的理由或证据的无效宣告请求审查通知书时采用，在这些答复期限届满后只允许以删除方式修改权利要求。"

---

❶ 根据 2017 年 2 月 28 日公布的《国家知识产权局关于修改〈专利审查指南〉的决定》（第 74 号局令），此外已改为：

"（2）在满足上述修改原则的前提下，修改权利要求书的具体方式一般限于权利要求的删除、技术方案的删除、权利要求的进一步限定、明显错误的修正。

权利要求的进一步限定是指在权利要求中补入其他权利要求中记载的一个或者多个技术特征，以缩小保护范围。"

❷ 根据 2017 年 2 月 28 日公布的《国家知识产权局关于修改〈专利审查指南〉的规定》（第 74 号局令），该句已改为："对于专利权人以删除以外的方式修改权利要求书。"

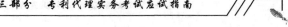

3. 关于确定最接近的现有技术需要考虑的因素

该简答题来自 2010 年专利代理实务试题，其考核考生是否掌握创造性判断中确定最接近的现有技术的方法，有关内容在《专利审查指南 2010》第二部分第四章第 3.2.1.1 节有明确规定。

该简答题的答案为："最接近的现有技术，是指现有技术中与要求保护的发明最密切相关的一个技术方案，它是判断发明是否具有突出的实质性特点的基础。最接近的现有技术，例如，可以是与要求保护的发明技术领域相同，所要解决的技术问题、技术效果或者用途最接近和/或公开了发明的技术特征最多的现有技术，或者虽然与要求保护的发明技术领域不同，但能够实现发明的功能，并且公开发明的技术特征最多的现有技术。应当注意的是，在确定最接近的现有技术时，应首先考虑技术领域相同或相近的现有技术。"

二、欧洲专利局在异议试题中以咨询方式给出的部分简答题

现根据欧洲专利局在 1993 年和 2007 年异议（相当于我国的无效宣告程序）试题中以咨询方式给出的简答题改编成与《专利法》《专利法实施细则》和《专利审查指南 2010》相适应的简答题，提供给考生参考。

1. 关于无效宣告理由的简答题

国家知识产权局在专利申请审批期间出现程序错误可否作为无效宣告理由？授权专利权利要求书中的从属权利要求 6 是在审批期间加入的，可否以此为事实作为无效宣告理由提出？

国家知识产权局在审批期间出现程序错误而驳回专利申请，专利申请人不服，可以以此为理由向专利复审委员会提出复审请求。但是，对于无效宣告程序而言，国家知识产权局在授予专利权的审批期间出现程序错误，该专利申请被授权后，不能以此为理由针对该授权专利向专利复审委员会提出无效宣告请求，因为该理由不属于《专利法实施细则》第六十五条第二款规定的范围。

授权专利权利要求书中的从属权利要求 6 是在审批期间加入的，即使其不符合《专利法实施细则》第五十一条第三款的规定，但是专利申请人在答复审查意见通知书时主动加入的，即不是针对通知书指出的缺陷进行的修改。但由于不符合《专利法实施细则》第五十一条第三款的规定，不属于《专利法实施细则》第六十五条第二款规定的无效宣告理由的范围，因此以该从属权利要求 6 是在审批期间加入为无效宣告理由提出无效宣告请求，专利复审委员会不会考虑这一无效宣告理由。

2. 关于合议组成员是否回避的简答题

合议组中有一成员是专利权人的前雇员，请求人可否请求该合议组成员回避？

按照《专利法实施细则》第三十七条规定，在初步审查、实质审查、复审和无效宣告程序中，实施审查和审理的人员有下列情形之一的，应当自行回避，当事人或者其他利害关系人可以要求其回避：①是当事人或者其代理人的近亲属的；②与专利申请或者专利权有利害关系的；③与当事人或者其代理人有其他关系，可能影响公正审查和审理的；④专利复审委员会成员曾参与原申请的审查的。显然，那位专利权人前雇员的合议组成员是《专利法实施细则》第三十七条中规定的与当事人有其他关系而可能影响公正审查和审理的情况，因此可以请求该合议组成员回避。

3. 关于是否可以不参加口头审理的简答题

请求人对口头审理不感兴趣，不参加口头审理会带来什么后果？

按照《专利法实施细则》第七十条第三款规定，无效宣告请求人对专利复审委员会发出的口头审理通知书在指定的期限内未作答复，并且不参加口头审理的，其无效宣告请求视为撤回。由上述规定可知，请求人对专利复审委员会发出的口头审理通知书在指定期限内既未答复、又不参加口头审理，该无效宣告请求视为撤回；如果请求人对专利复审委员会发出的口头审理通知书在指定期限内作出答复表示不参加口头审理，并不会导致无效宣告请求视为撤回。不过，需要提醒请求人注意的是，尽管在口头审理时出现不利于己方的新事实、理由和证据，专利复审委员会应当提供一次陈

述意见的机会，但是作为请求人来说，最好还是参加口头审理，因为不参加的话，丧失了一次当面向专利复审委员会陈述意见的机会。

4. 关于商业上成功与创造性关系的简答题

请求人通过与专利权人的接触，估计对方会以商业上的成功作为其争辩专利有创造性的依据，对方若以销售额近几年的增长作为证据能否取得成功？

按照《专利审查指南2010》第二部分第四章第5.4节的规定，商业上的成功可以作为创造性判断时需要考虑的一个因素，但是仅仅以销售额近几年的增长作为证据是不够的，这种商业上的成功必须是由发明的技术特征直接导致的，才能证明其具有突出的实质性特点和显著的进步（对实用新型而言，为实质性特点和进步），具备创造性。如果商业上的成功是由于销售技术的改进或者广告宣传等其他原因造成的，则不能作为其具备创造性的依据。

5. 关于可否扩大无效宣告请求范围的简答题

在提出无效宣告请求之日起一个月后，可否对一项在上述期间未曾提出过无效宣告请求的独立权利要求提出无效宣告请求？合议组是否会主动对该独立权利要求进行依职权审查？

按照《专利审查指南2010》第四部分第三章第4.1节和第4.2节的规定，并不允许请求人在提出无效宣告请求之日起一个月后对一项未曾提出过无效宣告请求的独立权利要求补充提出无效宣告请求，而且这也不属于允许专利复审委员会依职权审查的情况。因此，对于一项在提出无效宣告请求之日起一个月内未曾提出过无效宣告请求的独立权利要求，就不能再针对这项独立权利要求提出无效宣告请求，除非另行提出一件新的无效宣告请求案；当然，专利复审委员会也不应当针对这项独立权利要求进行依职权审查。

第二节　对专利代理实务比较重要的几类简答题

根据历年全国专利代理人资格考试中出现的简答题以及编者对欧洲专利局有关三类专利实务试题中简答题的了解，这类简答题所涉及的多半是三类专利代理实务工作中一部分比较重要的程序或实体方面的基本知识，但这部分基本知识难以通过具体实务试题进行考核，因此采用简答题的方式来考核考生。按照2006年以来的专利代理实务考试方式，这部分简答题所占分值虽然不高，但是这类简答题成绩好坏有时也会直接影响考生专利代理实务科目考试能否通过。为此，考生在应试准备时也必须十分熟悉与专利申请文件撰写、审查意见通知书答复以及无效宣告程序中无效宣告请求书和意见陈述书撰写这三类专利代理实务工作有关程序和实体方面的基本知识。为帮助考生做好这方面的准备，本节根据编者对这三类专利代理实务工作的了解就几类比较重要的程序和实体方面的知识给出几道模拟简答题，以供考生参考。

一、与不丧失新颖性公开的宽限有关的简答题

1. 客户将所作出的发明创造在展览会上展出后，又准备申请发明或实用新型专利，请给出必要的建议

根据《专利法》第二十四条规定，在中国政府主办或者承认的国际展览会上首次展出的发明创造，在6个月内向国家知识产权局提出专利申请的，该专利申请可以享受不丧失新颖性的宽限。因此，首先应当向客户了解参加展出的展览会的性质，如果该展览会由我国政府主办的（由我国国务院、各部委主办或者经国务院批准由其他机关或者地方政府举办的）国际展览会（展出的展品除了我国的产品以外，还应当有来自外国的展品）或者承认的（指《国际展览会公约》规定的由国际展览局注册或认可的）国际展览会（展出的展品除了举办国的产品以外，还应当有来自外国的展品），则可以在自该首次展出之日起六个月内向国家知识产权局提出专利申请并要求享有不丧失新颖性宽

限的请求；如果不属于上述性质的展览会，则向国家知识产权局提出专利申请就不能享有不丧失新颖性的宽限，在展览会上的展出就构成该专利申请的现有技术。

在能够享有不丧失新颖性宽限的情况，应当向国家知识产权局办理下述手续：应当在提出申请时在请求书中声明；并在自申请日起两个月内提交由国际展览会主办单位出具的证明材料，证明材料中应当注明展览会展出日期、地点、展览会的名称以及该发明创造展出的日期、形式和内容，并加盖公章。❶

2. 《专利法》第二十四条中规定了三种可以享受不丧失新颖性公开的情况，请简述有关不丧失新颖性公开的含义

根据《专利法》第二十四条的规定以及《专利审查指南 2010》第二部分第三章第 5 节的规定，申请专利的发明创造在申请日以前六个月内，发生《专利法》第二十四条规定的三种情形（在中国政府主办或承认的国际展览会上首次展出，在规定的学术会议或者技术会议上首次发表，他人未经申请人同意而泄露其内容）之一的，该申请不丧失新颖性。在此处，不丧失新颖性公开的含义是指，这三种情形的公开不构成影响该申请的现有技术，即这三种情形的公开是不损害该专利申请新颖性和创造性的公开；而对于他人在所述公开之后提出的申请，这三种情形的公开已构成现有技术，是可以影响他人在后申请新颖性和创造性的公开。

3. 请简述不丧失新颖性公开的宽限和优先权的效力之间的区别

不丧失新颖性公开的宽限和优先权的效力是不同的。

不丧失新颖性公开的宽限仅仅是将申请人（包括发明人）通过某些方式导致发明创造的公开，或者将第三人从申请人或发明人那里以合法手段或者不合法手段得来的发明创造所作出的公开，认为是不损害该专利申请新颖性和创造性的公开。实际上，发明创造公开以后已经成为现有技术，只是这种公开在一定期限内对申请人的专利申请来说不视为影响其新颖性和创造性的现有技术，并不是将发明创造的公开日看作专利申请的申请日。所以，从公开之日至提出申请的期间，如果第三人独立地作出了同样的发明创造，而且在申请人提出专利申请以前提出了专利申请，那么根据先申请原则，申请人就不能取得专利权；当然，由于申请人（包括发明人）的公开，使该发明创造成为现有技术，故第三人的申请没有新颖性，也不能取得专利权。同样，从公开之日至提出专利申请期间所出现的其他公开（包括出版物公开、使用公开或其他方式公开），只要其不属于所规定的三种不丧失新颖性公开的情况，就将成为可用于判断该专利申请是否具备新颖性、创造性的现有技术。

申请人在外国或中国首次申请后，就相同主题的发明创造在优先权期限内再向中国提出的专利申请，不会因为在优先权期间内，即首次申请的申请日（优先权日）与在后申请的申请日之间他人提出了相同主题的申请或者公布、利用这种发明创造而失去效力。此外，在优先权期间内，他人可能会就相同主题的发明创造提出专利申请，由于优先权的效力，他人提出的相同主题发明创造的专利申请不能被授予专利权，也就是说，由于有作为优先权基础的首次申请的存在，因此从首次申请的申请日起至中国在后申请的申请日期间由他人提出的相同主题的发明创造专利申请因失去新颖性而不能被授予专利权。此外，在优先权日和申请日之间出现的其他公开（出版物公开、使用公开或其他方式公开）未构成该在后申请的现有技术，不能用于判断专利申请是否具备创造性。

---

❶ 按照《专利法》第二十四条的规定，我国可以享受不丧失新颖性宽限的共有三种情形：在中国政府主办或承认的国际展览会上首次展出，在规定的学术会议或者技术会议上首次发表，以及他人未经申请人同意而泄露其内容。考生对这三种情形的有关内容都应当掌握，有关可享受不丧失新颖性公开的这三种情形以及应办理手续的内容在《专利审查指南 2010》第一部分第一章第 6.3.1 节、第 6.3.2 节和第 6.3.3 节中作出详细说明，请考生自行阅读有关内容，在此不再作详细说明。本题仅仅针对第一种情况，当然还有可能针对第二种或第三种情况。例如，客户在信函中提到：本公司的员工×××完成了一项职务发明，但该员工在没有得到单位同意的情况下，私自于前一个月将其内容发表在国内某期刊上。由于该员工是该发明的发明人，请问是否可以通过《专利法》第二十四条的规定要求不丧失新颖性的宽限？如果可以，需要办理哪些手续？如果不可以，请说明理由。

二、与优先权有关的简答题

1. 简述外国优先权与本国优先权的主要区别

外国优先权与本国优先权的主要区别在于：

（1）对于本国优先权，在后申请的中国专利申请要求享有本国优先权，其在先首次申请是中国专利申请；而对于外国优先权，在后申请的中国专利申请要求享有外国优先权的，其在先首次申请是外国专利申请。

（2）对于本国优先权，只有在后的中国发明和实用新型专利申请可以要求享有本国优先权，而在后的中国外观设计专利申请不可要求享有本国优先权；而对于外国优先权，不仅在后的中国发明和实用新型专利申请可以要求享有外国优先权，而在后的中国外观设计专利申请也可以要求享有外国优先权。

（3）对于本国优先权，在后申请的中国专利申请在提出申请时要求享有本国优先权，则其作为优先权基础的在先首次向中国提出的专利申请被视为撤回；对于外国优先权，在后申请的中国专利申请在提出申请时要求享有外国优先权，对作为优先权基础的外国首次申请不产生任何影响。

（4）对于本国优先权，被要求优先权的在先首次中国申请已被授予专利权，则不能作为在后中国专利申请享有优先权的基础；而对外国优先权，其在先首次外国申请的状态不影响其作为在后中国专利申请享有优先权的基础。

2. 简述一件中国专利申请可以享有优先权的条件

一件中国专利申请可以享有优先权的条件主要有八个方面。

（1）申请人：对于外国优先权，要求优先权的在后申请的申请人与在先首次申请文件副本中记载的申请人应当一致，或者是在先首次申请文件副本中记载的申请人之一；对于本国优先权，要求优先权的在后申请的申请人与在先首次申请中记载的申请人应当一致。否则，均应当提交优先权转让证明文件。

（2）优先权期限：对发明和实用新型专利申请而言，后一申请应当自在先首次申请的申请日起十二个月内提交；对外观设计专利申请而言，后一申请应当自在先首次外国申请的申请日起六个月内提交。

（3）作为优先权基础的在先申请应当是首次申请。

（4）对于外国优先权，作为优先权要求基础的在先首次申请应当是在《保护工业产权巴黎公约》（以下简称《巴黎公约》）成员国内提出的，或者是对该成员国有效的地区申请或者国际申请；对于来自非《巴黎公约》成员国的要求优先权的申请，应当是承认我国优先权的国家；对于申请人，应当是有权享受《巴黎公约》给予的权利，即申请人是否是《巴黎公约》成员国的国民或者居民，或者承认我国优先权的国家的国民或者居民。

（5）在后申请中要求享受优先权的主题应当在作为优先权基础的在先首次申请的专利申请文件中作了记载，即在后申请与在先首次申请主题相同。

（6）提出在后申请的同时应当声明要求优先权。对于外国优先权，还应在三个月内提交在先首次申请文件副本，依照国家知识产权局与在先首次申请的受理机构签订的协议，国家知识产权局通过电子交换等途径从该受理机构获得在先首次申请文件副本的，视为申请人提交了经该受理机构证明的在先首次申请文件副本；对于本国优先权，只要在请求书中写明了在先首次申请的申请日和申请号的，视为提交了在先首次申请文件副本。

（7）在缴纳在后申请的申请费的同时缴纳优先权要求费，即自提出在后申请之日起两个月内或者在收到受理通知书之日起十五日内缴纳优先权要求费。

（8）对于本国优先权，如果在先首次申请的主题已被授予专利权，则不能作为优先权的基础。

3．简述一件中国专利申请要求享受优先权时应当办理哪些手续

一件中国专利申请要求享受优先权时应当办理下述手续。

（1）提出在后申请的同时应当在请求书中声明要求优先权，写明作为优先权基础的在先首次申请的申请日、申请号和原受理机构名称（对本国优先权而言，即为中国）。

（2）对于外国优先权，应当在提出在后申请之日起三个月内提交由原受理机构出具的符合要求的在先首次申请文件副本，依照国家知识产权局与在先首次申请的受理机构签订的协议，国家知识产权局通过电子交换等途径从该受理机构获得在先首次申请文件副本的，视为申请人提交了经该受理机构证明的在先首次申请文件副本；对于本国优先权，只要在请求书中写明了在先首次申请的申请日和申请号的，视为提交了在先首次申请文件副本。

（3）在缴纳在后申请的申请费的同时缴纳优先权要求费，即自提出在后申请之日起两个月内或者在收到受理通知书之日起十五日内缴纳优先权要求费。

（4）要求外国优先权，但是在后申请的申请人与在先首次申请文件副本中记载的申请人完全不一致的，或者要求本国优先权，但是在后申请的申请人与在先首次申请文件副本中记载的申请人不一致的，应当在提出在后申请之日起三个月内提交符合要求的优先权转让证明文件。

其中前三个手续是每一件要求优先权的专利申请均需要办理的手续，第四个手续是仅仅在申请人与在先首次申请文件副本中记载的申请人完全不一致或不一致时需要办理的手续。

三、与分案申请有关的简答题

1．向我国提出的专利申请是一件在先中国申请的分案申请时，其申请文件应当满足哪些要求

对于分案申请的申请文件，应当满足如下三个要求。

（1）分案申请的文本：分案申请应当在其说明书的起始部分，即发明所属技术领域之前，说明本申请是哪一件申请的分案申请，并写明原申请的申请日、申请号和发明创造名称。

（2）分案申请的内容：分案申请的内容不得超出原申请记载的范围，否则该分案申请将会被驳回。

（3）分案申请的说明书和权利要求：分案以后的原申请与分案申请的权利要求书应当分别要求保护不同的发明；而对于说明书，可以有不同的处理方式，例如，对于原申请权利要求书既要求保护主题 A 又要求保护主题 B、而说明书中同时包括主题 A 和主题 B 的情况，如果分案后的原申请权利要求书中只要求保护主题 A，而分案申请的权利要求只要求保护主题 B，那么分案后的原申请说明书可以只保留 A，但也可以仍然包括 A 和 B，而分案申请的说明书同样也可以只保留 B，但也可以仍然包括 A 和 B。

2．对一件专利申请提出分案申请时，应当办理哪些手续

对一件专利申请提出分案申请时，应当办理如下手续。

（1）应当在原申请未结案之前向国家知识产权局提出分案申请。即对于原申请授权的情形，应当在收到原申请授予专利权通知书之日起两个月期限（办理登记手续的期限）届满前提出，而原申请已撤回或被视为撤回（尚未恢复）或被驳回且生效，则不能提出分案申请。其中驳回且生效是指收到驳回决定之日起三个月内未提出复审请求，或者作出维持驳回决定的复审决定作出后在允许向法院提出行政诉讼的三个月期限内未向法院起诉，或者由法院针对维持驳回决定的复审决定作出维持原复审决定的判决生效的情况，因此在收到驳回决定之日起三个月内，即允许提出复审请求的期限内（不管是否提出复审请求），或者在提出复审请求以后以及对复审决定不服提起行政诉讼期限内（包括法院针对维持驳回决定的复审决定作出维持原复审决定的判决未生效时），均可以提出分案申请。

针对分案申请再次提出分案申请的，其提交期限仍应按照原申请的状况来确定，但如果是根据

第三部分

审查员作出的分案申请不符合单一性要求的审查意见而提出的分案申请除外。

（2）分案申请的类别应当与原申请类别一致，不得改变。

（3）提出分案申请时，请求书中应当正确填写原申请的申请日和申请号。原申请是国际申请的，还应当在所填写的原申请的申请号后的括号内注明国际申请号。

（4）分案申请除应当提交申请文件外，还应当提交原申请的申请文件副本以及原申请中与本分案申请有关的其他文件副本（如优先权文件副本），原申请中已提交的各种证明材料，可以使用复印件。原申请的国际公布使用外文的，除提交原申请的中文副本外，还应当同时提交原申请国际公布文本的副本。

（5）对于分案申请的各种法定期限，例如，提出实质审查请求的期限应当从原申请日起算。对于已经届满或者自分案申请递交日起至期限届满日不足两个月的各种期限，申请人可以自分案申请递交日起两个月内或者收到受理通知书之日起十五日内补办各种手续。

（6）对于分案申请的费用，应当视为一件新申请收取各种费用。对已经届满或者自分案申请递交日起至期限届满日不足两个月的各种费用，申请人可以在自分案申请递交日起两个月内或者收到受理通知书之日起十五日内补缴。

四、与充分公开有关的简答题

1. 如果申请人就发明创造内容可否保留技术秘密提出咨询，请正确给出咨询意见❶

保留技术秘密应当以充分公开发明或者实用新型为前提。如果将某些技术要点不作公开，导致本领域技术人员无法实现所述发明或者实用新型，则不能作为技术秘密予以保留，而应当写入专利申请文件的说明书或权利要求当中，否则会导致专利申请因未充分公开发明而被驳回。换一个角度来说，如果某技术要点是发明或者实用新型解决技术问题的必要技术特征，则不能作为技术秘密保留，而应当在专利申请文件中进行充分公开；相反，对于发明创造中所采取的进一步优选措施，即相当于该发明创造的附加技术特征，则有可能作为技术秘密保留。

对于想保留技术秘密的发明创造，在申请专利前应当对现有技术进行充分的检索和调研，确信该发明创造将作为技术秘密的技术要点保留之后相对于进行充分检索的现有技术仍然具备新颖性和创造性，则可以将这些技术要点作为技术秘密给予保留；相反，如果只有将该技术要点写入独立权利要求中才能使该发明创造具备新颖性和创造性，则这些技术要点不能作为技术秘密保留。

此外，还必须考虑这些技术要点作为技术秘密保留是否有实际意义，尤其是竞争对手有无可能通过独立研究开发或者通过上市的产品获知这些技术要点。如果竞争对手通过上市的产品能获知这些技术要点，则这些技术要点作为技术秘密保留没有任何实际意义；即使通过上市的产品无法获知这些技术要点，但是这些技术要点有可能被竞争对手通过独立开发研究而获知，一定不要作为技术秘密保留，否则竞争对手以此申请专利将会限制己方产品的上市。

2. 对于一件涉及化学产品的发明，为使其满足充分公开的要求，说明书中至少应当记载哪些内容❷

对于要求保护的发明为化合物、组合物以及用结构和/或组成不能够清楚描述的化学产品本身的，说明书中应当记载化学产品的确认、化学产品的制备以及化学产品的用途。

（1）化学产品的确认：对于化合物发明，说明书中应当说明该化合物的化学名称及结构式或者

---

❶ 2011年专利代理实务科目试卷中的申请实务试题部分给出一道需要结合具体案情说明充分公开与保留技术秘密之间关系的简答题，请参见本书第二十六章中对这一简答题给出的参考答案。

❷ 《专利审查指南2010》第二部分第十章第3.1节、第3.2节、第3.3节和第3.4节分别对化学发明中的化学产品发明、化学方法发明、化学产品用途发明和需要经过实验证明的化学发明的充分公开作出了具体说明，本题仅针对化学产品发明要求说明为达到充分公开说明书中应当记载哪些内容，所给出的答案也仅是第3.1节中的重点，考生为更好地掌握这方面内容，请认真阅读上述四节的内容。

分子式，对化学结构的说明应当明确到使本领域的技术人员能确认该化合物的程度；并应当记载与发明要解决的技术问题相关的化学、物理性能参数，使要求保护的化合物能被清楚地确认（对于高分子化合物的要求在此省略，请参见《专利审查指南 2010》第二部分第十章第 3.1 节）；对组合物发明，说明书中除了应当记载组合物的组分外，还应当记载各组分的化学和/或物理状态、各组分可选择的范围、各组分的含量范围及其对组合物性能的影响等；对于仅有结构和/或组成不能够清楚描述的化学产品，说明书中应当进一步使用适当的化学、物理参数和/或制备方法对其进行说明，使要求保护的化学产品能被清楚地确认。

（2）化学产品的制备：对于化学产品发明，说明书中应当记载至少一种制备方法，说明实施所述方法所用的原料物质、工艺步骤和条件、专用设备等，使本领域的技术人员能够实施。对于化合物发明，通常需要有制备实施例。

（3）化学产品的用途和/或使用效果：对于化学产品发明，应当完整地公开该产品的用途和/或使用效果，即使是结构首创的化合物，也应当至少记载一种用途。

3. 对于涉及公众不能得到的生物材料的专利申请，为使其满足充分公开发明的要求，应当办理哪些手续以及专利申请文件应当满足哪些要求❶

在生物技术这一特定领域中，有时由于文字记载很难描述生物材料的具体特征，即使有了这些描述也得不到生物材料本身，本领域技术人员仍然不能实施发明。因此，对于涉及公众不能得到的生物材料的专利申请，为满足《专利法》第二十六条第三款有关充分公开的要求，应当在申请日（有优先权要求的，为优先权日）以前（含当日）按规定将所涉及的生物材料到国家知识产权局认可的保藏单位进行保藏，并在申请日或者最迟自申请日起四个月内提交保藏单位出具的保藏证明和存活证明。此外，还应当在请求书和说明书中均写明生物材料的分类命名，拉丁文学名，保藏该生物材料样品的单位名称、地址、保藏日期和保藏编号。在说明书中第一次提及该生物材料时，除描述该生物材料的分类命名、拉丁文学名以外，还应当写明其保藏日期、保藏该生物材料样品的保藏单位全称及简称和保藏编号；此外，还应当将该生物材料的保藏日期、保藏单位全称及简称和保藏编号作为说明书的一个部分集中写在相当于附图说明的位置。

五、与依赖遗传资源完成的发明创造相关的简答题

有关依赖遗传资源完成的发明创造是第三次修改《专利法》和《专利法实施细则》新增加的内容，为帮助考生掌握这方面的内容，为考生设计了三道简答题供考生参考。

1. 为使依赖遗传资源完成的发明创造成为可授予专利权的保护客体，简述专利申请人在完成发明创造时应当满足的要求

根据《专利法》第五条第二款的规定，对违反法律、行政法规的规定获取或者利用遗传资源，并依赖该遗传资源完成的发明创造，不授予专利权。因此专利申请人在完成发明创造时应当按照我国有关法律、行政法规的规定事先获得有关行政管理部门的批准或者相关权利人的许可。例如，按照《畜牧法》和《畜禽遗传资源进出境和对外合作研究利用审批办法》的规定，向境外输出列入中国畜禽遗传资源保护名录的畜禽遗传资源应当办理相关审批手续，因此，某发明创造的完成依赖于中国向境外出口列入中国畜禽遗传资源保护名录的某畜禽遗传资源，则必须事先办理相关审批手续，否则该发明创造申请专利将会因为属于《专利法》第五条第二款规定的情况而不能授予专利权。

关于这方面的详细规定，可以参阅《专利审查指南 2010》第二部分第一章第 3.2 节的有关内容。

2. 依赖遗传资源完成的发明创造在向国家知识产权局提出专利申请时应当办理哪些手续

就依赖遗传资源完成的发明创造申请专利，应当在请求书中予以说明（即选择请求书中的选项

---

❶ 本题涉及内容较多，答案仅给出其中的要点，考生若想了解更详细的内容，请参阅《专利审查指南 2010》第二部分第十章第 9.2.1 节的内容。

"本专利申请涉及的发明创造是依赖于遗传资源完成的"），并且在国家知识产权局制定的遗传资源来源披露登记表中填写有关遗传直接来源和原始来源。

申请人对直接来源和原始来源的披露应当符合遗传资源来源披露登记表的填写要求，清楚、完整地披露相关信息。

如果在申请时未按要求说明该遗传资源的直接来源和原始来源，并在审批期间经陈述意见或者进行修改后仍不符合规定的，则该专利申请将会以不符合《专利法》第二十六条第五款的规定为理由被驳回。❶

有关这方面的详细内容，请参阅《专利审查指南2010》第二部分第十章第9.5节的有关内容和遗传资源来源披露登记表的填写注意事项。

3. 简述遗传资源来源披露登记表有关填写要求

就依赖遗传资源完成的发明创造申请专利，应当在请求书中予以说明，并且在国家知识产权局制定的遗传资源来源披露登记表中填写有关遗传资源的直接来源和原始来源。填写表格的主要内容包括：

（1）说明遗传资源的获取途径，包括取自动物、植物、微生物，还是人；获取的方式，如购买、赠送或交换、保藏机构、种子库（种质库）、基因文库还是自行采集或委托采集等。

（2）对于直接来源的披露，应填写获取时间，对于非采集方式要填写提供者名称（姓名）、提供者所处国家或地区以及联系方式（通信地址、互联网地址等），对于采集方式要填写采集地〔国家、省（市）〕、采集者名称（姓名）、采集者联系方式。

（3）对于原始来源的披露，填写采集者名称（姓名）、采集者联系方式、获取时间以及获取地点〔国家、省（市）〕。其中一般应将获取地点披露至省（市），如果申请人无法披露至省（市），也可以只披露至国家。但是，如果遗传资源的直接获取方式为自行采集或委托采集，则必须说明该遗传资源的原始来源，并将原始来源披露至省（市）一级。确实不知道原始来源的，必须说明理由，例如，该遗传资源的直接来源为从某个机构获得，但该机构未记载其原始来源的，则应当陈述理由，必要时提供有关证据。

（4）此外，涉及人类遗传资源的，披露其来源信息时，不得公开被采集遗传资源的个人的姓名、身份证号和详细住址。

六、有关在国内完成的发明向国外申请专利进行保密审查的简答题

有关国内完成的发明创造向国外申请专利需要进行保密审查是第三次修改《专利法》和《专利法实施细则》新增加的内容，为帮助考生掌握这方面的内容，为考生设计了两道简答题供考生参考。

1. 在中国完成的发明或者实用新型向外国申请专利或者向有关国外机构提交专利国际申请的，需要办理什么手续❷

根据《专利法》第二十条第一款和第二款的规定，任何单位或者个人将在中国完成的发明或者实用新型向外国申请专利的或者根据中国参加的有关国际条约提出专利国际申请的，应当事先报经国家知识产权局进行保密审查。

根据《专利法实施细则》第八条的规定，将在中国完成的发明或者实用新型向外国申请专利或者向有关国外机构提交国际专利申请的，应当采用下列方式之一请求进行保密审查。

（1）直接向外国申请专利或者向有关国外机构提交国际专利申请的，应当事先向国家知识产权

---

❶ 请考生注意：不符合《专利法》第二十六条第五款属于专利申请被驳回的理由，但不属于对授权专利提出无效宣告请求的理由。

❷ 本题及答案中所涉及的向外国申请专利是指向外国国家或外国政府间专利合作组织设立的专利主管机构提交专利申请，向有关国外机构提交专利国际申请是指向作为PCT受理局的外国国家或外国政府间专利合作组织设立的专利主管机构或世界知识产权组织国际局提交专利国际申请。

局提出请求，并详细说明其技术方案。具体来说，应当向国家知识产权局提交向外国申请专利保密审查请求书和技术方案说明书，其中技术方案说明书应当与向外国申请专利的内容或者向有关国外机构提交国际专利申请的内容一致，可参照《专利法实施细则》第十七条的规定撰写。

（2）向国家知识产权局申请专利后拟向外国申请专利或者向有关国外机构提交国际专利申请的，应当在向外国申请专利前或者向有关国外机构提交国际专利申请前，向国家知识产权局提出请求，即在向国家知识产权局提交专利申请的同时或之后提交向外国申请专利保密审查请求书。

向国家知识产权局提交国际专利申请的，视为同时提出了保密审查请求。

有关这方面的详细规定可参阅《专利审查指南 2010》第五部分第五章第 6 节及其所属的各小节内容。

2. 申请人准备将在中国完成的发明创造直接向外国申请专利或者向有关国外机构提交国际专利申请，在向国家知识产权局提交了符合要求的向外国申请专利保密审查请求书和技术方案说明书后，什么时候可以向外国提出专利申请或者向有关国外机构提交国际专利申请

申请人收到国家知识产权局发出的向外国申请专利保密审查决定，认为"技术方案不需要保密，可以就该技术方案向外国申请专利"的，就可以向外国申请专利或者向有关国外机构提交国际专利申请。

鉴于国家知识产权局在进行初步保密审查时，认为需要进一步作保密审查的，就会发出暂缓向外国申请专利的审查意见通知书，如果请求人在其请求提交日起四个月内未收到暂缓向外国申请专利的审查意见通知书的，就可以就该技术方案向外国申请专利或者向有关国外机构提交国际专利申请。

对于国家知识产权局发出暂缓向外国申请专利的审查意见通知书的情况，请求人在其请求提交日起六个月内未收到向外国申请专利保密审查决定的，可以就该技术方案向外国申请专利或者向有关国外机构提交国际专利申请。❶

七、客户关于申请哪一种类型专利的咨询

1. 客户就其所作出的发明创造准备申请专利，请就提出发明专利申请、实用新型专利申请还是外观设计专利申请给出建议

首先，应当根据发明创造涉及的主题确定申请哪一种专利：如果该发明创造仅仅涉及一件产品的外部形状、图案和色彩，而与技术方案无关，则应当仅仅申请外观设计专利；如果该发明创造仅仅涉及技术方案，则应当考虑采用申请发明或者实用新型专利给予保护。

其次，对于涉及技术方案的发明创造，应当从其是否属于实用新型专利保护客体来确定：如果发明创造的技术方案涉及方法，或者涉及无形状、构造变化的产品，则其不属于实用新型专利保护客体，因此只能申请发明专利；如果该技术方案涉及具有形状和/或构造变化的产品，既可以申请发明专利，也可以申请实用新型专利。当然，如果发明创造的主题既涉及具有形状和/或构造变化的产品、又涉及无形状、构造变化的产品和/或方法，若准备合案申请的话，则只能申请发明专利，如果可以考虑分成多件专利申请的话，可以就具有形状和/或构造变化的产品申请实用新型专利，而涉及无形状、构造变化的产品和/或方法申请发明专利。

对于具有形状和/或构造变化的产品，从专利保护期限、授权周期、市场效益长短来确定申请何种专利：鉴于发明专利保护周期长（二十年）、授权所需时间长（需要经过实质审查，通常需要二三年以上），而实用新型专利保护周期短（十年）、授权所需时间短（只需经过初审，通常为一年左右），因此对于短期就可上市且易被仿制而市场寿命又短的产品可以申请实用新型专利，对于短期不

---

❶　本题仅针对在中国完成的发明创造准备直接向外国申请专利需要进行保密审查的情况提出，有关这方面的详细内容，考生可以参阅《专利审查指南 2010》第五部分第五章第 6.1 节的内容。对于在中国完成的发明创造向外国申请专利的另外两种情况：向我国申请专利后拟向外国申请专利的保密审查，向国家知识产权局提交国际申请的保密审查，考生可以阅读《专利审查指南 2010》第五部分第五章第 6.2 节和第 6.3 节中的有关内容。

会上市或者上市后不易被仿制而市场寿命长的产品应当申请发明专利，而对于短期就可上市且易被仿制而市场寿命又长的产品，适宜于在同日既申请发明专利又申请实用新型专利的方式来给予更好的保护，即在发明专利申请授权前用实用新型专利加以保护，在发明专利申请授权后用发明专利加以保护。此外，在选择申请发明专利还是实用新型专利还有其他一些可以参考的因素：发明创造的创造性较低时，建议申请实用新型专利；市场价值较大的技术创新，通常应当申请发明专利等。

2. 客户拟就一件涉及形状和/或构造变化的产品既提出发明专利申请，又提出实用新型专利申请，请根据第三次修订的《专利法》说明应当办理哪些手续，以及在发明专利申请的审批阶段应当如何处理

按照《专利法》第九条第一款和《专利法实施细则》第四十一条第二款的规定，如果就一件同样的发明创造，既想在近期通过实用新型专利得到保护，又想通过发明专利取得较长时间的保护，则应当在同日提出发明专利申请和实用新型专利申请，且在两件专利申请的请求书中分别说明对同样的发明创造已申请了另一件专利。

如果两件专利申请不是同一日提出，则在先提出的发明专利申请或者实用新型专利申请就可能构成在后申请的抵触申请而不能授予专利权或者在授权之后被宣告无效；如果同一日提出申请但未在申请时分别予以说明的，则只要实用新型专利已授权，发明专利申请就不可能再授权，即使在授权后也将会以该发明专利不符合《专利法》第九条第一款的规定而被宣告无效。

在发明专利申请的实质审查阶段，实用新型专利通常已经授权，对于同日提出申请以及分别在请求书中说明已申请另一件专利的，当发明专利申请有可能授权时，国家知识产权局将会针对重复授权问题发出审查意见通知书，要求申请人进行选择或者修改。申请人可以通过选择放弃已经授予的实用新型专利权来取得发明专利权，此时应当在答复审查意见通知书时附交放弃实用新型专利权的书面声明，国家知识产权局公告发明专利申请被授权的同时将在公告上注明该实用新型专利权自公告授予发明专利权之日起终止。当然，申请人还可以通过修改发明专利申请文件的权利要求书，而使其与已授权的实用新型专利的权利要求书不构成重复授权，以取得发明专利权。

八、与无效宣告程序有关的简答题

由于在本章第一节已经针对无效宣告程序给出了多道与无效宣告程序有关的简答题，此处再补充两道简答题。

1. 专利权人在无效宣告程序中答复无效宣告请求书时，如果需要提供反证的，对于举证期限有哪些规定❶

专利权人在答复无效宣告请求书时需要提供反证的，应当在专利复审委员会指定的一个月答复期限内提交证据。但是，对于技术词典、技术手册和教科书等所属技术领域中的公知常识性证据或者用于完善证据法定形式的公证书、原件等证据，可以在口头审理辩论终结前补充。如果提交的证据是外文的，也应当在相应的期限内提交中文译文。

专利权人提交或者补充证据的，还应当在上述期限内对提交或者补充的证据作出具体说明。

专利权人提交或者补充证据不符合上述期限规定或者未在上述期限内对所提交或者补充的证据具体说明的，专利复审委员会不予考虑。

---

❶ 由于本书第十四章中已经给出过与请求人增加无效理由和补充证据有关的简答题，因此本题仅针对专利权人在无效宣告程序中的举证期限作为简答题提出。《专利审查指南 2010》第四部分第三章第 4.3.1 节、第 4.3.2 节和第 4.3.3 节分别针对请求人的举证期限、专利权人的举证期限以及延期举证的内容给出比较详细的规定，考生若要全面掌握有关举证期限的内容，请参阅这三节的内容。此外，在第三次修改《专利法》时，《专利审查指南 2010》第四部分第三章第 4.2 节还增加了不少合议组依职权审查的规定，而第 4.3 节无效宣告理由的增加也是专利代理人应当牢固掌握的内容，希望考生能同时关注这两大节的内容。

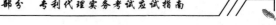

2. 无效宣告程序中涉及哪几种审案人员回避的情形

复审和无效宣告程序中有三种涉及审案人员回避的情形。

其中最主要的一种是《专利法实施细则》第三十七条明确规定的。按照《专利法实施细则》第三十七条的规定，在复审和无效宣告程序中，实施审理的人员有下列情形之一的，应当自行回避，当事人或者其他利害关系人可以要求其回避：

（1）是当事人或者其代理人的近亲属的。

（2）与专利申请或者专利权有利害关系的。

（3）与当事人或者其代理人有其他关系，可能影响公正审查和审理的。

（4）专利复审委员会成员曾参与原申请的审查的。

当事人请求合议组成员回避的，应当以书面方式提出，并且说明理由，必要时附具有关证据。

此外，《专利审查指南2010》第四部分第一章第3.1节还规定了两种审案人员应当回避的情形：专利复审委员会作出维持专利权有效或宣告专利权部分无效的审查决定以后，同一请求人针对该审查决定涉及的专利权以不同理由或者证据提出新的无效宣告请求的，作出原审查决定的主审员不再参加该无效宣告案件的审查工作；对于审查决定被人民法院的判决撤销后重新审查的案件，一般应当重新成立合议组。

九、简答题可能涉及的有关专利代理纪律的内容

2009年试题将与专利代理纪律有关的内容设计成考点，由于针对不同的具体案情会涉及不同的与专利代理纪律相关的条款，为帮助考生做好应试准备，现将《专利代理条例》《专利代理管理办法》《专利代理惩戒规则》以及《专利审查指南2010》中涉及这方面的内容主要归纳如下。

（1）专利代理机构接受委托后，不得就同一内容的专利事务接受有利害关系的其他委托人的委托。例如，在2009年的专利代理实务试题中，请求人在口头审理时聘请的专利代理机构系被请求无效的专利在申请时的专利代理机构而违反相关规定，考生应当对其专利代理资格提出异议。

（2）专利复审委员会主任委员或副主任委员任职期间，其近亲属不得代理复审或者无效宣告案件；处室负责人任职期间，其近亲属不得代理该处室负责审理的复审或者无效宣告案件。其中近亲属包括配偶、父母、子女、兄弟姐妹、祖父母、外祖父母、孙子女、外孙子女和其他具有扶养、赡养关系的亲属。

（3）专利复审委员会主任委员或副主任委员离职后三年内，其他人员离职后两年内，不得代理专利复审或者无效宣告案件。

（4）专利代理人必须承办专利代理机构委派的专利代理工作，不得自行接受委托。

（5）专利代理人不得同时在两个以上专利代理机构从事专利代理业务。

（6）国家机关工作人员，不得到专利代理机构兼职，从事专利代理工作。

（7）国家知识产权局专利局退休人员不得作为在职期间审批过的专利的无效请求人或专利权人的代理人。

（8）当事人委托公民代理的，应当提交授权委托书，且公民代理的权限仅限于在口头审理中陈述意见和接收当庭转送的文件。

（9）专利代理人对其在专利代理业务活动中了解的发明创造的内容，除专利申请已经公布或者公告的以外，负有保守秘密的责任。

（10）专利代理人在从事专利代理业务期间和脱离专利代理业务后一年内，不得申请专利。

（11）专利代理人调离专利代理机构前，必须妥善处理尚未办结的专利代理案件。

第三部分

第四部分
专利代理实务真题解析

　　本部分选择收集了历年全国专利代理人资格考试中大部分代理实务试题（主要涉及机械领域的相关试题），对答题思路进行详细解析，并有重点地进行点评，给出参考答案（对于意见陈述书范例，有些还通过脚注给出意见陈述的各个环节，以加强注意撰写意见陈述书时的各个应当交代的环节）。其中，重点解决考试中的关键问题，包括如何寻找关键技术特征，答题的必备环节，以及容易出错之处等。对于部分试题适当进行了改编，以适应第三次修改的《专利法》而更具有应试的借鉴意义。其中，需要注意的是，除非特别说明，文中所涉及的法律条款均以第三次修改的《专利法》、并作了第二次修订的《专利法实施细则》以及 2010 年 2 月 1 日起施行的《专利审查指南 2010》为准，对原来真题中相应的条款也进行了更新。❶

　　第十六章是根据 1994 年全国专利代理人资格考试专利复审与无效试卷中有关无效宣告请求书撰写试题改编而成，其包括无效宣告请求书的撰写，以及对客户提出的建议。学习本章有利于掌握和把握无效宣告请求书的撰写思路。

　　第十七章是 1996 年全国专利代理人资格考试申请文件撰写试卷机械专业试题中的申请文件改错题和答复审查意见题。虽然近年来已不再采用申请文件改错的形式来作为代理实务试题，但是，2017 年专利代理实务试题中的前两题为针对客户自行撰写的权利要求书和说明书指出其不符合《专利法》《专利法实施细则》和《专利审查指南 2010》规定之处，这就相当于 1996 年撰写申请文件试题中前一部分的申请文件改错，因此学习本章的内容是十分必要的。

　　第十八章至第二十章是 2000 年、2002 年和 2004 年全国专利代理人资格考试申请文件撰写试卷的机械专业试题，主要涉及权利要求书的撰写及答题思路的简答题。这些题反映当年的一种典型试题类型，而且今后的考试中也仍然可能出现这种试题，这也是撰写权利要求书的基本功，如果能够正确把握，对于其他类型中的撰写试题也就容易了。

　　第二十一章和第二十三章分别是 2006 年和 2008 年全国专利代理人资格考试专利代理实务科目试题，涉及答复审查意见通知书时修改权利要求书和撰写意见陈述书正文。

　　第二十二章和第二十四章分别是 2007 年和 2009 年全国专利代理人资格考试专利代理实务科目试题，也是近些年中比较典型的试题类型，包括两道题：第一道题是无效实务题，答复无效宣告请求书时修改权利要求书和撰写意见陈述书正文（同时包括回答相关问题的简答题）；第二道题是申请实务题，在假设相关资料的情况下，重新撰写权利要求书。

　　第二十五章是 2010 年全国专利代理人资格考试专利代理实务科目试题，主要涉及权利要求书的撰写，考核答复审查意见通知书时论述权利要求具备新颖性和创造性的简答题和撰写权利要求思路有关（还涉及可享有本国优先权的条件）的简答题。

　　第二十六章是 2011 年全国专利代理人资格考试专利代理实务科目试题，包括两道题：第一道题是无效实务题，撰写无效宣告请求书，其中还涉及各项权利要求能否享有优先权的判断；第二道题是申请实务题，主要涉及权利要求书的撰写，以及考核考生对充分公开与保留技术秘密两者之关系

---

❶　2009 年专利代理实务试题中，涉及的条款未进行更新。另外，据了解，专利复审委员会要求在无效宣告程序中，对 2009 年 10 月 1 日前申请而获得的专利提出无效宣告请求的，应采用第三次修改前的《专利法》条款，请读者予以注意。

的掌握程度的简答题。

第二十七章是 2012 年全国专利代理人资格考试专利代理实务科目试题，包括两道题：第一道题为无效实务题，分析说明无效宣告请求书中的各个无效宣告理由是否成立，并在对如何修改权利要求书进行说明的基础上撰写提交给专利复审委员会的修改后的权利要求书；第二道题是申请实务题，涉及撰写权利要求书，以及考核有关单一性论述能力和说明书中有关"发明要解决技术问题和有益效果"部分撰写能力的简答题。

第二十八章是 2013 年全国专利代理人资格考试专利代理实务科目试题，包括四道题：第一题是向客户解释其自行撰写的权利要求书是否符合《专利法》及其实施细则的规定的咨询意见题；第二题涉及申请实务题，重新为客户撰写发明专利申请的权利要求书；第三题是论述独立权利要求相对于现有技术具备新颖性和创造性的理由的简答题；第四题是有关单一性的判断（判断多项发明是合案还是分案申请）和论述能力的简答题。

第二十九章是 2014 年全国专利代理人资格考试专利代理实务科目试题，包括四道题：第一题为答复审查意见通知书试题，为申请人提供答复的咨询意见；第二题是撰写答复第一次审查意见通知书时提交的修改后的权利要求书；第三题申请实务题是撰写一份发明专利申请的权利要求书，以及有关单一性的判断（判断多项发明是合案还是分案申请）和论述能力的简答题；第四题是论述独立权利要求相对于现有技术所解决的技术问题及取得的技术效果的简答题。

第三十章是 2015 年全国专利代理人资格考试专利代理实务科目试题，包括三道题：第一题为无效实务题，涉及为请求提供无效宣告请求的咨询意见；第二题为申请实务题，撰写一份发明专利申请的权利要求书，以及有关单一性的判断（判断多项发明是合案还是分案申请）和论述能力的简答题；第三题是论述权利要求相对于现有技术具备新颖性和创造性的理由的简答题。

第三十一章是 2016 年全国专利代理实务科目试题，包括四道题：第一题为无效实务题，涉及为分析客户所撰写的无效宣告请求书中的各项无效宣告理由是否成立的咨询意见；第二题涉及为客户撰写一份无效宣告请求书；第三题为申请实务题，撰写一份实用新型专利申请的权利要求书；第三题是论述独立权利要求相对于现有技术解决的技术问题和取得的技术效果。

第十六章　1994 年有关无效宣告请求书撰写试题（改编）❶ 解析

试　题

试题说明

附件 1 是客户的委托函，附件 2 是该实用新型专利授权公告的专利文件，客户还提供了两件证据（见附件 3 和附件 4）。

假设你是 Y 专利代理公司的代理人，受指派为客户具体办理该业务，完成下述两方面内容：

第一题：请针对客户提供的材料为委托人撰写一份无效宣告请求书正文的草稿。

第二题：请对委托人在委托函中提出的四个问题作出具体答复。

注意事项：

1. 考生应认为所有的日期是正确的；

2. 考生应接受试题中给出的事实，并且依据这些事实来答题，不应引入任何专门知识。

---

❶　本试题根据 1994 年全国专利代理人资格考试专利复审与无效试卷中的无效宣告程序实务试题（撰写无效宣告请求书）改编而成。

附件1

客户的委托函

Y专利代理公司：

我公司特聘请贵公司对目前有效的、名称为"改进的胶囊形状"的ZL20102……号实用新型专利，向专利复审委员会提出无效宣告请求。

我们认为证据1和证据2已破坏该实用新型专利的新颖性和创造性，因此提出无效宣告请求的第一个理由是不具备新颖性和创造性。

我们还认为权利要求1未清楚限定该实用新型专利的保护范围，其未具体说明该技术方案中采取什么措施使囊帽和囊体处于准确同轴位置，因此希望作为第二个无效宣告理由。❶

此外，独立权利要求1未按照《专利法实施细则》第二十一条第一款的规定进行划界，对从属权利要求也未按照《专利法实施细则》第二十二条第一款清楚地表示出其引用部分和限定部分，因此希望以此作为第三个无效宣告理由。

除上述无效宣告理由外，如果贵公司发现还存在其他的无效宣告理由，也可一并提出。

希望贵公司能提供无效宣告请求书正文的草稿，并以书面方式对下述几个问题作简要说明：

1. 无效宣告请求书正文草稿中提出无效宣告请求的理由是什么，说明作出上述选择的原因。

2. 无效宣告请求书正文草稿中采用了哪些证据，说明作出上述选择的原因。

3. 对本专利提出无效宣告请求的前景作出初步分析，并简要说明得出上述分析结果的理由。

4. 请就此无效宣告请求案向我公司提出必要的建议。

此致！

××公司
××××年××月××日

附件2

[19] 中华人民共和国国家知识产权局

[12] 实用新型专利说明书

[22] 申请日　2010.6.23

[21] 申请号　20102×××××××.×

[51] Int. Cl　B65D 83/06

[45] 授权公告日　2011年3月15日

[11] 授权公告号　CN××××××Y

[30] 优先权

[32] 2010.2.25　　[33] CH　[31] 05 101/10—2

[73] 专利权人　Z医药公司

权利要求书

1. 一种硬壳胶囊，该胶囊由圆柱形的可套接的同轴囊帽和囊体部分组成，囊帽和囊体部分均有一个侧壁、一个开口端和一个闭合端，囊帽和囊体互相匹配连接，在囊帽的内表面壁上设有起环形

---

❶ 本试题改编时，对于不需要证据支持的无效理由是通过客户的委托函给出，请考生考虑此无效理由是否成立，以确定在无效宣告请求书中是否以此作为无效理由提出，这是一种试题出题方式。但也可能客户不给出这方面的无效理由，而由考生自行发现专利文件本身所存在的无须证据支持而属于无效理由的实质性缺陷，以此作为无效理由提出，2011年专利代理实务科目有关撰写无效宣告请求书的试题就采用了后一种出题方式。

隆起物作用的结构，而在从该隆起结构至囊帽部的开口端之间设置 3 至 10 个足以使囊帽和囊体准确固定在同轴位置的突起物。

2. 按照权利要求 1 所述的硬壳胶囊，其中，所述囊帽内表面壁上的隆起结构是多个沿圆周排列、高度相等的隆起物。

3. 按照权利要求 1 所述的硬壳胶囊，其中，所述囊帽内表面壁上的隆起结构是一种囊帽的直径的收缩。

4. 按照权利要求 1 所述的硬壳胶囊，其中，所述囊帽内表面壁上的隆起结构是由两个斜面和连接两个斜面之间的平面构成的环形隆起物。

5. 按照权利要求 1 至 4 中任一项所述的硬壳胶囊，其中，所述囊帽的表面壁上的突起物对称排列，且高度相等。

6. 按照权利要求 1 至 4 中任一项所述的硬壳胶囊，其中，所述囊帽的表面壁上的突起物对称排列，形状相同，相邻突起物之间距离相等。

7. 按照权利要求 6 所述的硬壳胶囊，其中，所述囊帽的表面壁上的突起物的基底为椭圆形、圆形或矩形，顶部为平面，其横截面为梯形。

8. 按照权利要求 1 至 4 任一项所述的硬壳胶囊，其中，所述囊帽内表面壁上的隆起结构位于囊帽的上半部，从闭合端起算位于囊帽总长度的 33％ 至 45％ 范围内。

9. 按照权利要求 8 所述的硬壳胶囊，其中，所述囊帽的表面壁上的突起物在囊帽中的位置从囊帽的闭合顶端算起位于囊帽总长度的 75％ 至 85％ 范围内。

10. 按照权利要求 1 至 4 中任一项所述的硬壳胶囊，其中，在所述囊体外表面上设有与所述囊帽内表面的隆起结构相匹配的环形凹槽。

说 明 书

改进的胶囊形状

[001]❶ 本实用新型是有关改进胶囊的形状，特别是改进硬壳胶囊的形状，这种硬壳胶囊有圆柱形的可套接的同轴囊帽和囊体部分以构成盛物（如药品）用的容器。

[002] 美国专利××××××××中介绍的一种硬壳明胶胶囊是通过一个环绕囊体的凹槽与囊帽内壁向内隆起的装置匹配接触而锁合的。该胶囊还有两个分开的起预锁合作用的啮合装置。

[003] 这些胶囊的质量虽然很好，但是由于高速装料操作和速度增加，会使胶囊操作粗糙，即使完全闭合的胶囊也会发生脱开现象。

[004] 增加摩擦力以使囊帽和囊体固定在一起，如增加胶囊内存在的两个突起物的高度会获得所需结果，似乎是合理的，但是，现已发现这种方法会降低胶囊的质量。

[005] 本实用新型的目的在于在提高操作速度的同时，减少胶囊的损失，改进装料的安全可靠性，并使胶囊质量更好。

[006] 出乎意料地发现，若胶囊的囊帽有一个环形隆起物或有一种起环形隆起物作用的最好为多个隆起物的结构，并且从该隆起物起至囊帽部的开口端之间、与该隆起物相隔一定间距设有多个、例如 3 至 10 个足以使囊帽和囊体准确固定在同轴位置的突起物，这样的胶囊能满足上述要求。这意味着囊帽和囊体重叠部分任何高度处的水平横截面中出现的两个圆环均有相同的共同中心点。因此偏离圆形或椭圆形的情况会减至最少。令人惊奇的是，公知的胶囊不能满足这些条件，即使囊帽和囊体部分同轴连接时，也会留下使囊帽和囊体自由移动的空隙，因而不能处于准确同轴的位置（如图 1 所示）。

[007] 具体来说，为解决上述技术问题，本实用新型的硬壳胶囊包括圆柱形可套接的同轴囊帽和囊体组成，囊帽和囊体均有一个侧壁、一个开口端和一个闭合端，囊帽和囊体互相匹配连接，在囊

---

❶ 为后文分析方便起见，段落编号系编者所加，下同。

帽的内表面壁上设有起环形隆起物作用的隆起结构，而在从该隆起结构至囊帽的开口端之间设置了 3 至 10 个足以使囊帽和囊体准确固定在同轴位置的突起物。

[008] 囊帽内表面的隆起结构可以是环形隆起物，但最好为间断式的，这样当囊帽与囊体连接时，隆起段之间的空隙可作为排气口，使胶囊内的空气排出。该隆起结构可以是一些沿圆周排列的、高度相等的隆起段。这种环形隆起物或多个隆起段的结构是已知的。若囊帽足够长，则在囊帽还可以再有一个环形隆起物或沿圆周排列的、高度相等的隆起段。

[009] 囊帽的环形隆起物可以是一种相当于囊帽的缩颈，其横截面可为半圆形、三角形或梯形，例如可以是由两个斜面和连接两个斜面之间的平面构成的环形隆起物。然而，对隆起物横截面的形状，例如这种斜面的角度和缩颈大小均没有严格规定，仅由制造方法所限定。

[010] 使囊帽和囊体正好固定在同轴位置的这种固定装置不应紧挨着上述环形隆起物，而应间隔足够长的距离以使该固定装置真正显示其作用。这种固定装置为多个突起物的结构，以使囊帽和囊体正好固定在同轴位置。

[011] 为使囊帽和囊体准确处于同轴位置，多个突起物应当具有相等的高度。

[012] 尽管此多个突起物也可以用一个环形突起物来代替，但已证明最佳的结构是多个突起物的结构，这些突起物以圆环形式排列，最好以对称形式排列，相邻的突起物彼此间距离最好均相等。选定突起物的高度以便于囊帽部的开口端和囊体部的开口端容易地连接在一起；这些突起物与囊体部的外侧壁相接触，在接触点产生一个很小的压力。该结构最少为二个突起物，在囊帽部最好排列 3 至 10 个突起物，以使囊帽和囊体部偏离同轴位置的移动减至最小。

[013] 这些突起物就横截面、直径、高度等而论可以有不同的形状，这些形状是公知的，例如，其基底为椭圆形、圆形或矩形，顶部为平面，其横截面为梯形。最好这些突起物的形状均相同，尤其是高度应当相等。也可使用一个环形突起物，该环形突起物可以间断隔开。

[014] 上述的环形隆起物与突起物之间的距离对于囊帽和囊体处于准确同轴位置来说是十分重要的。隆起结构最好位于囊帽的上半部，自囊帽的闭合端起算位于囊帽总长的 33% 至 45% 的范围内。突起物不应紧挨隆起结构，从囊帽的闭合端顶部起算，最好位于囊帽总长度的 75% 至 85% 范围内。当然，该距离的选择还取决于胶囊的囊帽尺寸。

[015] 囊体外表面可以是光滑的，也就是说，没有隆起物或凹槽。但囊体的外表面上最好有与所述囊帽内表面上的隆起结构相匹配的环形凹槽，以使囊帽和囊体之间实质上无变形地完全锁合在一起。若要使胶囊预锁合，还应当使囊帽内表面上的突起物也与囊体的环形凹槽相匹配，本专业的技术人员可容易地选定其尺寸。

[016] 图 1 是公知的胶囊的剖面图。

[017] 图 2、图 3 和图 4 是本实用新型胶囊的正视图。

[018] 图 5 是胶囊完全锁合时，锁合部分的侧向剖面图（沿图 3 的 5-5 轴剖视）。

[019] 图 6 是与图 5 胶囊相对应的预锁合形式。

[020] 具体实施方式：

[021] 图 2、图 3 和图 4 中所示的胶囊 10 有一个囊帽 11 和一个囊体 12，囊帽和囊体相应的两端 13 和 14 是闭合的。囊帽 11 有一个环形隆起物 15，该隆起物可被空气排气孔所间断。囊帽有一个开口端，在开口端和隆起物 15 之间，有 4 个（图 3）、6 个（图 2）或 8 个（图 4）突起物 24。突起物 24 的形状不必都相同，但最好相同。带有外壁 17 和内壁 16 的囊帽 11 的详图如图 5 和图 6 所示。囊帽内壁 16 上的隆起物 19 与外壁上的隆起物 15 相对应。隆起物 19 有一个环形横截面，在内壁上有于顶点 22 处相交的斜面 20 和 21。

[022] 闭合端 13 最好是圆形的或半球形的，但是，这种形状没有严格规定。若需要，囊帽的顶端可为其他形状，囊帽的内壁 16，从开口端 18 直至肩线 23，除隆起物 19 和突起物 24 外，其直径依每厘米缩减 0.01 厘米的规则逐渐缩减。

[023] 图 5 表示囊帽和囊体处于完全锁合状态，而图 6 表示囊帽和囊体处于部分闭合或预锁合状态。囊体的开口端在隆起物 19 的前斜面 20 的前方。囊体部的凹槽 19a 与隆起物 19 匹配。凹槽 19a 有前斜面 20a 和后斜面 21a，两者在顶点 22a 相交。图 5 中，正如已指出的那样，囊帽和囊体已被压在一起，可从部分闭合的预锁合或半锁合状态变成完全闭合、锁合的状态。这时，囊体开口端处的缩颈与囊帽匹配以获得紧密机械密封。在锁合状态时隆起物 19 和囊体部凹槽 19a 是匹配配合或机械配合，这与摩擦配合不同，但在闭合时它们相应的斜面和顶点是一致的。在锁合时，囊体的开口端已进入囊帽中肩线 23 附近，或最好刚刚超出肩线 23。囊体和囊帽一样，从开口端起至闭合端方向，直径逐渐缩减，锥度相同。在预锁合状态时（如图 6 所示），囊体的锥度和囊体的大小相对于囊帽的锥度和囊帽的大小来说，能使两者达到无变形配合。囊帽和囊体相邻壁表面之间的配合便于空气通过。由于在突起物 24 处的预锁合配合不同于摩擦配合的机械配合，因此实质是不变形的。

[024] 这种结构提供了附加的通气道或排气孔 25，因此可排除包含在胶囊内的压缩空气，例如，使囊体和囊帽突然接合成锁合状态时引入的空气，因此，排除空气有利于避免在装料后由于空气未释放而使囊帽和囊体再脱开的倾向。

[025] 本实用新型的胶囊可用作封装如下精确配料的容器，如食品、药品、化学品、染料、香料、肥料、种子、化妆品和农产品，和以有用形式如粉状或液状构成各种形状和大小的食品、药品、化学品、染料、香料、肥料、种子、化妆器和农产品的基料；特定形式的物品如细分散在基料中并通过分解、分离、生物腐蚀和扩散或其中一种或几种过程从基料中析出的微扩散体（由此或获得对于封装物及内科为外科药品的可控释放体系），由所述组合物或其泡沫形成的这种特定形式的物品也能装入本实用新型的胶囊中。

附件 2——附图

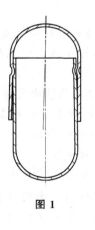

图 1

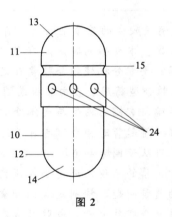

图 2

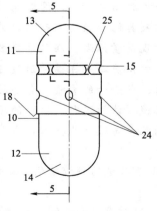

图 3

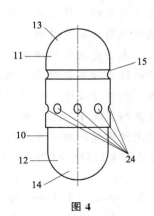

图 4

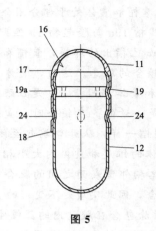

图5

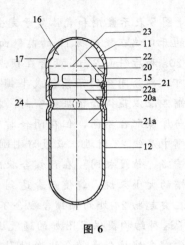

图6

附件3（证据1）

美国专利说明书

US—×××××××的中文译文

发明名称：锁合型胶囊

申请日：2006年12月10日

公告日：2008年4月29日

说 明 书

[001] 本发明是有关硬壳的锁合型胶囊，有圆柱形的可套接的囊帽和囊体部分以构成盛物（如口服用的药物）用的容器。本发明的特别所在是使用现代化的机器可制造、印刷罐装此胶囊、可套接锁合该胶囊，可根据需要部分机械锁合胶囊或完全机械锁合胶囊。

[002] 现已有的锁合型药用胶囊由管状或圆柱状的囊帽和囊体对应紧密套接，囊帽和囊体均有一个闭合端，一个开口端。囊帽的内壁与囊体外壁接触起锁合作用，防止囊体和囊帽分开，一般来说，已知锁合型胶囊，都只是起暂时锁合（有时进行半锁或预锁），如完全套合，也只是锁合紧一点，这种类型的胶囊之一，可从英国专利No. ×××××××和意大利专利×××××××文中了解，先前提到过的锁合型胶囊，总的来说，还是令人满意的，但有些类型的胶囊，在成品运输等使用时，经常出现这样或那样的质量问题，特别是囊帽和囊体在胶囊生产线进行套合时及在罐装药物前，预锁好的空心胶囊，有时也会突然分开；或胶囊成品运给客户时，而囊帽与囊体套接又不充分，胶囊就会松脱；即使胶囊完全锁合，由于强烈振动，有时也会松脱而分开；以摩擦而锁合胶囊，当胶囊壁变形时，锁合胶囊是不可能的，特别是当装盛吸湿粉剂或其他干燥粉剂而引起的胶囊壁变形。当使用需要控制胶囊长度的预锁合胶囊进行印刷时会经常出现质量问题。在胶囊罐装时，也会出现胶囊松脱分开的质量问题，主要是胶囊从标准的胶囊填充机的供应漏斗振荡输送过程中，胶囊由于受振荡而松脱分开，分开的胶囊可使胶囊填充机的机管堵塞、或分开的囊帽，会套接在已套合的胶囊的囊体的另一端，形成"双囊帽胶囊"妨碍了已校正的机械灌装的进行。松脱的胶囊会积聚于胶囊灌装室内使到囊体不能正确定位于灌装环内。必须意识到无论是胶囊生产时，或制成成品时，还是运输时等因素而出现的质量问题，都会导致经济损失。

[003] 本发明的目的是提供一种新型的锁合胶囊，具有改进的预锁结构，在制成品、运输等情况时，具有最佳性能。

[004] 本发明的另一个目的是提供一种改进的胶囊，可对囊体和囊帽进行部分锁合和完全锁合。

[005] 本发明的再一个目的是提供一种改进的胶囊，胶囊通过预锁合，能使预锁合的胶囊的总长

度保持恒定。

[006] 本发明的再一个目的是通过对胶囊的预锁合，可防止或最大地减少胶囊套合时会出现突然的分开情况。

[007] 本发明的其他目的、特征和优点可从以下说明及附图了解清楚。

[008] 图1是本发明胶囊套合后的正视图。

[009] 图2是本发明胶囊完全锁合时，锁合的胶囊的上部分的侧向剖面图（沿图1的2-2轴剖视图）。

[010] 图3是本发明胶囊预锁合或部分锁合时，上部分的侧向剖面图。

[011] 图4是本发明胶囊的横截面剖面图（沿图1的4-4轴剖视）。

[012] 图5是本发明有凹槽的预锁合囊帽的针模具的断面平面图的一部分，针模具上覆盖一层明胶膜。

[013] 图5a是本发明胶囊预锁合时，囊帽突起物与囊体凹槽匹配的平面图一部分。

[014] 图6是图5囊帽针模具断面的立面图。

[015] 图7a、图7b、图7c是本发明胶囊针模具逐渐加深浸渍深度明胶附着于针模具上的分段剖面示意图。

[016] 根据图1，本发明的胶囊10，包括囊帽11和囊体12，囊帽和囊体相应的两端13和14是闭合的。经成形，脱囊帽等的囊体和囊帽，在标准的胶囊制造机上套合，可进行完全锁合或半锁合，囊帽11有一个环形隆起物15是使囊体和囊帽起同轴作用的结构，囊帽部有一个合适的开口端18和突起物24。

[017] 带有外壁17和内壁16的囊帽11的详图为图2和图3，囊帽外壁17上的凹槽15与内壁16上的隆起物19相对应，相当于在囊帽上形成一个直径收缩的环形隆起物19，该环形隆起物19有一个似三角的横截面，在内壁上有于顶点22相关的斜面20和21，当然，也可以采用其他公知的形状，如近似半圆形的形状。闭合端13最好是圆形的或半球形的，但是这种形状没有严格规定，若需要，囊帽的闭合端可为其他形状，囊帽的内壁16，从开口端18直至线23（此线是肩线23），除隆起物19和突起物24外，胶囊直径依每英寸缩减0.01英寸的规则逐渐缩减。图2表示囊帽和囊体处于完全锁合状态，而图3表示囊帽和囊体处于部分锁合或预锁合状态，囊体的开口端在隆起物19的前斜面20的前方囊体的凹槽19a与隆起物19相匹配，凹槽19a有前斜面20和后斜面21a，两者在顶点22a相交，在图2中，正如已指出的那样，囊帽和囊体部已被压在一起，可以部分锁合的预锁合或半锁合状态变成完全锁合状态，在锁合状态时，隆起物19和囊体凹槽19a是匹配配合或机械配合，这与摩擦配合不同，但在闭合时它们相应的斜面和顶点是一致的，在锁合时，囊体的开口端已入囊帽中肩线23附近，或最好刚刚过肩线23，囊体部和囊帽部一样，从开口端起至闭合端方向，直径逐渐缩减，锥度相同，囊体的锥度和囊体的尺寸这样匹配，是为了使囊体更容易进入囊帽，在预锁合状态时（如图3所示），囊体部锥度和囊体部的大小相对于囊帽部的锥度和囊帽部的大小来说，能使两者达到无变形配合，囊帽和囊体相邻壁表面之间的配合便于空气通过。囊体斜面20a和21a和顶点22a的位置与突起物平面24a（图5a和图6）和相对应的突起物斜面24b紧密匹配，通过突起物24的预锁配合是机械配合而不是摩擦配合，实质上是不变形的，胶囊突起物24与囊体凹槽19a的主要接触点是突起物平面24a，与突起物斜面24b之间的边缘处24d，这种结构不同于压缩配合，这种结构提供了通气道或排气孔24c，因此可去除包含在胶囊内的压缩空气，例如，使囊体和囊帽突然接合成锁合状态时引入空气，因此，排除空气有利于避免囊帽和囊体突然脱开的任何倾向，及囊体凹槽斜面的特殊结构与胶囊突起物24的平面和斜面的应用，对胶囊起到有效的同心作用，使到囊体和囊帽的轴向间距（如胶囊的套合长度）任何时候都是恒定的。以上结构出人意料具有这些优良特性（在套合、分选、印刷、灌装药物等），是已有技术生产的胶囊所无法比拟的，这样，依据本发明制造的胶囊，即预锁合胶囊不会出现突然分开或囊体套合囊帽更入一些的现象。囊体的凹槽与胶囊的

突起物的配合是无变形的配合，除非接触点产生足够大的压力，以防止囊帽和囊体作相向的转动。

[018] 本发明发现，胶囊突起物的大小和外形是主要特征。为实现本发明的目标，特别需要突起物的斜面24b的角度要相对的低。采用浸渍成型方法制造胶囊，必须避免气泡积聚于刚成型胶囊壁上。斜面24b与平面24a的角度（看图5的A角和B角）必须大约是8°至12°，最好的角度是10°，然而如果角度超过12°，过量的气泡就会积累于突起物的斜面和靠近突起物的平面24a的部位上。图7a、7b、7c说明胶囊针模具25浸入明胶时，明胶成型与胶囊针模具凹槽的角度的关系。图7a胶囊明胶26沿胶囊针模具上升至模具的凹处，图7b明胶已浸入超出针模具下凹槽的斜面与平面之间的下部角，明胶没有湿润这个角而形成气泡27，图7c明胶26已经浸入超出针模具上凹槽斜面与平面之间的上部角，同样在这个角也形成气泡27，实质上，胶囊的成形过程中，针棒的输送、旋转，再到干燥周期等过程时，气泡27与明胶膜26压合，气泡进入明胶膜内直到固化，这样气泡27成型于胶囊壁上，特别在胶囊突起物24的壁上，这样，气泡将使胶囊变软，特殊情况下，还会使胶囊产生气孔。

[019] 本发明的胶囊的突起物24必须是两斜面24b之间有相对长的平面24a，总之，较长的平面将减少气泡，突起物的平面长度应比斜面24b的长度长约0.010英寸，最好长约0.020英寸，宽度可以是一样，没有特别的严格规定胶囊突起物的深度应是约0.004英寸至0.005英寸，胶囊突起物太低，不能起到什么作用，对预锁合作用减少，这是由于突起物有时不能正确位于囊体的凹槽，而不能产生预锁合的作用。另一方面，如果突起物高一点又会使预锁合过紧。胶囊突起物24的数目不是主要的，最好是两个或更多突起物，直至最大为环形突起物。需要说明的是，如果具有多个突起物，则为了保证囊帽与囊体准确地同轴，这些突起物的高度至少应当相等，甚至可采用多个形状相同的突起物，其中最常用的是多个轴对称分布、具有相同形状和相同间隔的突起物。总之，囊体囊帽的突起物和凹槽的尺寸是按1号胶囊的尺寸特别相对应的，同以上提到的英国和意大利专利标准规定的是一样的。

[020] 本发明制造的胶囊最好使用的原辅料是药用级明胶、可以使用其他原辅料替代全部或部分明胶，通常制造胶囊的针棒模具为高等级不锈钢、制造本发明的胶囊针棒模具外形可通过常用方法正确制造成型，如铣制、磨光或其他方法，在胶囊的浸渍成型阶段，针棒模具的精确度直接影响胶囊成型的内壁，本发明的胶囊囊帽，包括隆起物19和胶囊突起物24，可以从针棒模具轻易地脱囊帽（拔出）而不会脱囊帽困难或损坏胶囊，胶囊隆起物19是不间断环形隆起物，在图例中，所见的是最佳图形，也可应用其他等同的隆起物形状，例如：囊帽的隆起物19可以是间断的环形隆起物，可以由间断的隆起段组成，当然，也可以是多个沿圆周方向排列的等高隆起物段。如果需要，可以是断面为圆形或锥形的隆起段。

权利要求书（略）

附件3——说明书附图

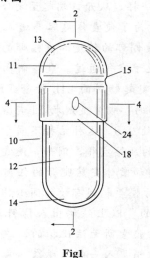

Fig1

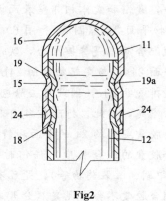

Fig2

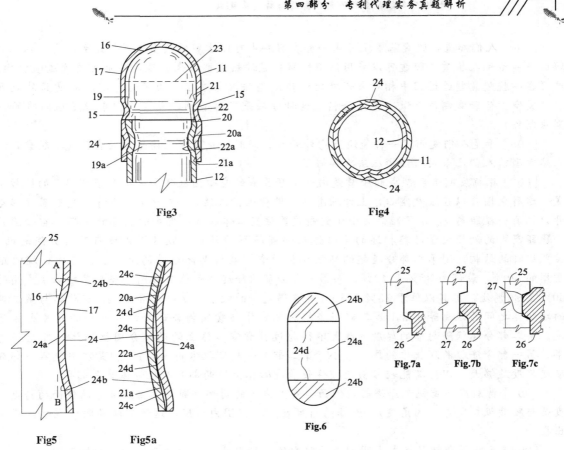

Fig3

Fig4

Fig5　　　　Fig5a

Fig.6

Fig.7a　　Fig.7b　　Fig.7c

附件4（证据2）

　　法国发明专利申请书

　　FR—××××××的中文译文

　　申请号：×××××××，审定号：×××××××

　　发明名称：自体支撑胶囊

　　申请日：2009年12月23日

　　公告日：2010年4月4日

<h1 align="center">说　明　书</h1>

　　[001] 本发明专利的目的是介绍一种新的自体支撑胶囊（胶囊剂），其特别适合于服用药物。该胶囊带有一个预锁装置，可借助于一个胶囊填充机械将其打开，这种胶囊还带有一个最终闭锁装置，以防止胶囊意外脱开，其特别适用于采用一些热塑型材料进行喷注模压生产。

　　[002] 众所周知，在一些闭锁的明胶胶囊中装有药物，在胶囊状态下服用，其名为"胶囊剂"，人和动物可以服用，通常使用的胶囊是一个带有圆形底的空心圆柱体和一个带有圆形闭锁装置的圆柱形囊帽构成，圆柱形囊帽可以在空心圆柱体上伸缩滑动（像望远镜式的）。目前，人们在商贸活动中仅能看到一些基本形式的明胶胶囊，这些胶囊是通过明胶溶液浸渍法生产的。

　　[003] 这些明胶胶囊是由一些自动生产机械填装的，由于在商贸活动中人们看到的机械仅能用来处理一些空的胶囊和将这些胶囊打开填满以及最终闭锁胶囊。人们对明胶胶囊进行了改进，使其除带有一个最终的牢固的闭锁装置外，还带有一个预锁装置，这样开启胶囊时就比较容易了（相对来说），这种预锁装置可以用机械打开，但是它也要比较牢固以避免胶囊在运输、储存或在填充机械供料过程中意外开启。

[004] 人们知道，胶囊基本上是由一些在胃肠中可以溶解的热塑性材料组成，它可以在肠胃中分解成一些多细孔物质。胶囊可以采用热塑性材料通过热成型法来制造，特别可能通过喷注模压制造，这样在明胶胶囊制造过程中相对来说就比浸渍成型法容易多了。为了避免明胶胶囊意外脱开，人们在胶囊空心体和囊帽体上做一些保险槽，这种方法是不可能的，或者至少来说是很困难的（用热定型法制作）。

[005] 于是人们发明了一种能避免意外开脱，同时又克服了上述缺陷的自体支撑胶囊，这种胶囊在热定型前人们已采用喷注模压法准备好了。

[006] 根据发明专利制成的胶囊是由一个带圆底的空心圆柱体和一个有顶部闭合的圆柱形囊帽构成，这种囊帽可以在胶囊空心体上伸缩滑动（像望远镜式的）。这种胶囊的特点是在圆柱形空心体的开口端有一段距离 a，这段距离 a 小于囊帽覆盖住空心体的那一部分的长度的一半，空心圆柱体在这一段距离内的外径大于与其相连的空心体底部圆柱形的外径。胶囊帽内壁有两部分隆起的环状体，按照这样的结构，则第二部分隆起的环状体位于囊帽靠近其闭合端的上部，其与闭合端的距离小于囊帽的50％，最好为35％至40％，而第一部分环状隆起体位于自囊帽闭合端算起位于囊帽的总长的60％至90％处，尤其以位于75％至80％可取得更好的效果。第一部分隆起的环状体与第二部分隆起的环状体之间的距离等于 a，第二部分隆起的环状体与囊帽闭合部分的圆面底的距离也等于 a 的长度。第二部分环状隆起体的厚度 c 最大不得超过胶囊空心体上的两部分圆柱形体外部直径之差的一半，第一部分隆起的环状体的厚度 b 小于第二部分隆起环状体的厚度 c，但是亦应使第一部分环状体隆起厚度足够大，以使其能较容易地锁住胶囊空心体上的两部分圆柱形体结合部分。

[007] 特别应当重视选择隆起物侧面与空心体上的两部分圆柱体结合部分的侧面的角度（这一角度是与胶囊纵轴所形成的角度）。选择的角度在135°范围内为好，这种形状的胶囊在喷注模压后容易出模。

[008] 示意图介绍了按本发明制造的胶囊的多种形状的纵向剖面图和横向切面图。

[009] 图1和图2展示了制作胶囊的最简单的形状。图1展示的是胶囊处于预锁位置时的状态。图2展示的是胶囊最终闭锁位置。当胶囊处于预锁状态时，胶囊帽内壁隆起的环状体双锁住了胶囊空心体上的圆柱形体12，当胶囊最终闭锁时隆起的环状体22即锁住了胶囊空心体上的圆柱体13，囊帽内壁隆起环状物23锁住了空心体上的圆形体联结部分。图1a用最大比例的横向剖面图表明了囊帽内壁上的环状隆起体22、23，它们的厚度分别用 b、c 表示。

[010] 为了增加胶囊的机械强度，人们可以根据意愿在胶囊空心体1和（或）囊帽体2的内部增加一个或多个环形加固式横肋。图3表明了根据该发明制作的带有3个环形加固横肋3的胶囊的形状，其中2个在胶囊空心体上，一个在囊帽2上，囊帽2上的加固肋3只能预先安置在胶囊空心体和囊帽体之间的重选部分之外备用。在胶囊帽体2上增加一个加固肋3可以阻止胶囊空心体太深地进入囊帽体2中，其也可以锁住圆柱形体12的开口端。

[011] 图4表示了制作的这样一种形状。

[012] 图5表示了根据本发明制作的胶囊形状的部分目视图，在这种图中，可以看出胶囊有一个较大的机械强度，图中的11和21圆形体壁就比圆柱体的壁厚，这种形状没有表示出的壁厚在图1、2、3、4中已指明。在圆形体11和21的位置上，有一个的壁较厚（两个中只有一个）。

[013] 人们同样可以使圆柱体12的壁比圆柱体13的壁厚，空心圆柱体上的两段圆柱形体的内直径是一样的，图6即示出了这种图形。

[014] 如果胶囊的1和2两部分要套在一起（一个套在另一个之中），它们之间就应有个相应的间隙，可以避免胶囊体在闭锁时内部存有空气和妨碍胶囊闭锁（活塞作用）。按照本发明所制作的胶囊的形状就避免了这种缺陷。预先为环状隆起物22、23中的一个，或者2个都做成了一些断开式隆起物。例如：一个环状隆起体或两个环状隆起体为一种带有一个或者多个断开装置的环状隆起体。另一可能性是在一个环状隆起体上或者两个环状隆起体上至少做成3个断开的隆起物（像凸轮），这些隆起体是在同一个同心圆上（在囊帽内部的同心圆上）。这些隆起体可以有各种不同的形状，例如：金字塔锥形、双锥形、圆柱形或球形图7a至图10b即表示了这样几种隆起体的几个形状。在图7a和图7b中，环状隆起体22是由4个金字塔或隆起体组成，在图8a和图8b中由3个锥形隆起物

组成，在图 9a 和图 9b 中由 6 个双锥体隆起物组成，在图 10a 和图 10b 中由 6 个圆柱体隆起物组成，其横向方位是通过胶囊纵轴来确定的。图 9a 和图 9b、图 10a 和图 10b 所展示的图形是喷注模压所经常采用的图形，因为这种图形铣削容易，其可用角铣刀在铸好的模子中铣削，角铣刀的转轴平行于胶囊纵轴。人们也可以采用圆柱形角铣刀进行铣削，其轴与胶囊纵轴横切。环状隆起体 23 也可以做成这些形状（图中展示的）。

[015] 根据本发明所制胶囊的体积大小，可依据充填物的多少来选择，可采用不同的大小容积。人们在商贸活动中已经知道一些明胶胶囊基本的尺寸大小，其出发点是考虑到目前使用的充填机械的处理能力。此外，人们比较愿意使用环形隆起体 22 的厚度在 0.01mm 至 0.1mm 的胶囊，这种厚度不包括囊帽 2 的圆柱形体壁的厚度。

[016] 根据该发明，人们基本采用薄膜性材料制作胶囊。通常人们比较喜欢采用热塑性材料通过热成型法来制作，特别是通过喷注模压法制作。制作胶囊时应根据所使用材料的化学性质预测出材料剩余部分。制作中特别应重视胶囊制作材料性质，材料的生理允许量、溶解度以及胶囊所装的物品，这一些都是其机械性质以外的因素。选择何种材料作胶囊，人们可依据比利时 No.7××××××号专利中所列举的热塑性材料来确定。

权利要求书（略）

附件 4——说明书附图（图 3 至图 6 省略）

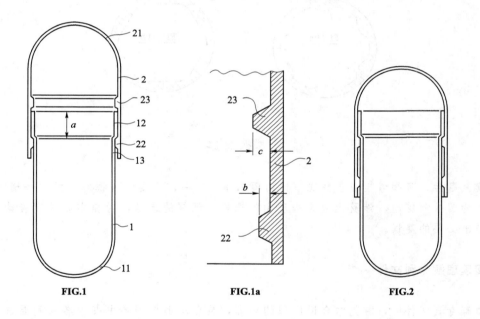

FIG.1　　　　　　　FIG.1a　　　　　　　FIG.2

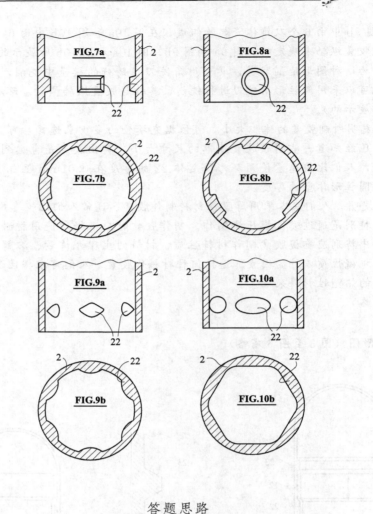

答题思路

在阅读试题后，可知考生应当完成下列两项工作：其一，为委托人撰写无效宣告请求书；其二，回答委托人的四道简答题，涉及无效宣告理由的选择，证据的选择，对提出无效宣告请求的前景分析，以及给出必要的建议。

一、阅读理解专利文件

阅读理解专利文件时，首先结合说明书的内容，重点理解权利要求书中各权利要求所要求保护的技术方案。独立权利要求1要求保护一种由囊帽和囊体构成的胶囊。为防止胶囊在运输过程中囊帽和囊体相脱开和减少胶囊的损失和提高装料的安全性，在囊帽的内表面壁上设有起环形隆起物作用的结构，而在从该隆起结构至囊帽部的开口端之间设置3至10个足以使囊帽和囊体准确固定在同轴位置的突起物。

权利要求2至权利要求4分别对独立权利要求1作进一步限定，即进一步限定隆起结构的形状。

权利要求5至权利要求7又对权利要求1至4中任一项权利要求作进一步限定，限定其中突起物的分布、排列和形状。

权利要求8和9分别进一步限定权利要求1至4中的隆起结构或突起物的位置。

权利要求10又进一步限定囊体外表面上设有与囊帽内表面的隆起结构相匹配的环形凹槽。

此外，关注一下该实用新型专利的申请日和优先权日，由于其优先权日晚于2010年2月1日，因此对该实用新型专利提出无效宣告请求适用修改后的《专利法》和修改后的《专利法实施细则》。

二、对客户委托函的初步分析

客户在委托函中，表示以下述三个方面的理由提出无效宣告请求：

（1）该专利不具备新颖性和创造性；

（2）权利要求1未清楚地限定实用新型专利的保护范围；

（3）权利要求1未划界，且从属权利要求没有按引用部分和限定部分撰写而不符合规定。

对于上述客户拟提出的三个方面的无效宣告理由，前两方面分别涉及《专利法》第二十二条第二款、第三款和《专利法》第二十六条第四款，属于《专利法实施细则》第六十五条第二款规定的无效宣告理由，而第三方面则涉及《专利法实施细则》第二十一条第一款和第二十二条第一款，不属于《专利法实施细则》第六十五条第二款规定的无效宣告理由。因此，在后续分析过程中应当考虑第前两方面的理由，以及其他可能使权利要求无效的理由，对于第三方面不属于法定的无效宣告理由，在给客户的咨询意见中予以说明。

三、对客户提供的证据进行初步分析

该专利的申请日为2010年6月23日，优先权日为2010年2月25日，公开日为2011年3月15日。

证据1为美国专利说明书，公开日为2008年4月29日，早于该专利的优先权日，构成了该专利的现有技术，且为专利文献，合法性、真实性不存在问题，无须提供原件，也无须公证认证，因此证据1可以作为无效宣告请求书中采用的证据。由于其是外文证据，应当提交相关内容的中文译文。

证据2为法国专利申请书，其公告日为2010年4月4日，在该专利的申请日和优先权日之间，不能构成该专利的现有技术；❶ 同时其是一篇法国专利文献，因此也不可能构成该专利的抵触申请，因此证据2不能作为无效宣告请求的证据予以采用。❷

由上述分析可知，客户所提供的两件证据，证据1可以采用，而证据2不能采用。

四、对无效理由、证据和事实的具体分析

根据上述分析，初步得出只有证据1目前可以作为无效宣告请求的证据，因此只需分析证据1这一现有技术是否支持该专利不具备新颖性和创造性的无效宣告理由。此外，还应分析权利要求1是否清楚地限定要求专利保护的范围，并寻找其他可能的无效宣告理由。

1. 关于新颖性、创造性问题

由于证据1（见中文译文第［016］和［017］段）公开了权利要求1的全部技术特征（具体说明见参考答案的无效宣请求书的正文），因此权利要求1相对于此证据1不符合《专利法》第二十二条第二款规定的新颖性。且证据1（见中文译文第［020］段、第［017］段和第［C19］段）公开了权利要求2至6、10限定部分的技术特征，因此上述从属权利要求相对于证据1也不具备新颖性。即使认为证据1只披露了突起物为两个以上，并未具体给出3至10个突起物，而这种选择应当是本领域技术人员的常规选择，则至少这些权利要求不具备创造性。

---

❶ 鉴于试题中未给出本专利的优先权文本，且试题说明中明确要求"考生应接受试题中给出的事实"，因此在本题中无须核实该专利的优先权能否成立，也不应当怀疑该专利的优先权能否成立。

❷ 请考生注意，在分析具体证据内容之前就应当将证据2放弃，无须阅读证据2的具体内容，这可为考生节省不少阅读试题的时间。若不舍弃，就会发现证据2几乎披露了所有权利要求的技术方案，不仅浪费时间，甚至有可能导致错误地选用证据2作为主要的证据，以致大大影响考试成绩。

权利要求 7 进一步限定突起物的具体形状，但正如该专利说明书第 [013] 段中所描述的，这种形状属于公知的形状，因此权利要求 7 不具备创造性。

权利要求 8 和 9 进一步限定隆起结构和突起物在囊帽内壁的位置，证据 1 并未披露上述特征，因此证据 1 不能否定权利要求 8 和 9 的新颖性。但该专利说明书第 [014] 段中指出该隆起物与突起物之间的距离的实际长度取决于囊帽的尺寸，而且说明书中并没有具体写明作出以上选择带来何种效果，因而可以认为上述位置的选择属于本领域技术人员为了使囊帽和囊体保持同轴而作出的常规选择，且没有获得任何预料不到的技术效果，进而得出权利要求 8 和 9 不具备创造性的结论。但同时应当对客户说明的是，认定上述位置选择为常规选择的理由并不充分，有可能的话可进一步作补充检索，以获得更有力的证据，使无效宣告请求取得成功的可能性增大。

2. 关于权利要求未清楚地限定要求专利保护的范围

从该专利说明书来看，该实用新型所要解决的现有技术存在的技术问题是由于囊帽与囊体不能处于准确同轴位置造成的，但权利要求 1（包括权利要求 2 至 4）中并未具体限定采取什么措施使囊帽和囊体处于准确同轴位置，可以认为权利要求 1 至 4 未清楚地限定要求专利保护的范围。但从解决技术问题的必要技术特征出发，对于上述缺陷更适合认定为权利要求 1 未记载解决其技术问题的必要技术特征，但由于该条款仅能针对独立权利要求 1，因此在无效宣告请求中以权利要求 1 至 4 未清楚地限定要求专利保护的范围为无效理由也是合适的。

五、无效宣告理由的确定

尽管委托人在委托函中提出了三方面的无效宣告理由，正如前面所指出的，第三方面的理由不属于法定的无效宣告理由，因此这一理由应当放弃。

第一方面和第二方面的理由都可以作为无效宣告理由提出。但是，由于证据 1 明显可以使权利要求 1 至 7 和 10 无效，而且也可能使权利要求 8 和 9 无效。而第二方面的理由，只能针对权利要求 1 至 4 提出，专利权人只要将权利要求 5 或 6 限定部分的技术特征并入权利要求 1 中就不再存在此缺陷了。此外，也没有发现其他的无效理由。因此，应当将请求无效成功可能性最大的理由，即第一方面的理由"该专利不具备新颖性和创造性"作为请求宣告专利权无效的重点理由。

此外，对于以创造性为理由来宣告权利要求 8 和 9 无效并不是特别有把握，因为并未举证来说明这两个权利要求限定部分的技术特征属于本领域技术人员为了使囊帽和囊体保持同轴而作出的常规选择。为此，应当建议委托人进行补充检索和调研，最好能在提出无效宣告请求之日起一个月内补充更有力的证据。

参考答案

第一题：无效宣告请求书正文

专利复审委员会：

本请求人×公司根据《专利法》第四十五条及《专利法实施细则》第六十五条规定对专利号为 ZL20102××××××.×号，专利权人为 Z 医药公司，名称为"改进的胶囊形状"的实用新型专利提出无效宣告请求，该专利的申请日为 2010 年 6 月 23 日，优先权日为 2010 年 12 月 25 日，授权公告号为 CN×××××××Y，授权公告日为 2011 年 3 月 15 日。

（一）

本请求人以上述实用新型专利的权利要求 1 至 6、10 不符合《专利法》第二十二条第二款关于新颖性的规定、权利要求 7 至 9 不符合《专利法》第二十二条第三款关于创造性的规定，以及权利要求 1 至 4 不符合《专利法》第二十六条第四款关于清楚地限定要求专利保护范围的规定为理由，请求宣告该实用新型专利权全部无效。

（二）

本请求人以下述对比文件作为上述实用新型专利不具备《专利法》第二十二条第二款规定的新颖性和第三款规定的创造性的证据：

证据 1：美国专利说明书 US×××××× （公告日 2008 年 4 月 29 日）以及相关部分的中文译文。

由于证据 1 的公开日早于该专利的优先权日，构成该专利的现有技术。

（三）

1. 该实用新型专利权利要求 1 相对于证据 1 不具备《专利法》第二十二条第二款规定的新颖性

该专利的权利要求 1 要求保护一种硬壳胶囊。根据说明书的记载，该实用新型所要解决的技术问题是对胶囊的形状作出改进，从而在增加操作速度的同时，减少胶囊的损失，改进装料的安全可靠性，并使胶囊质量更好。

证据 1 公开了一种锁合型胶囊，由其说明书第×栏第×行至第×栏第×行（相当于中文译文第×页第 ［016］ 段和第 ［017］ 段及图 1、图 2 和图 3）可知，所述胶囊由可套合的、同轴的圆柱形囊帽 11 和囊体 12 组成，囊帽和囊体相应的两端 13 和 14 是闭合的，锁合时囊体的开口端伸入到囊帽的开口端 18 内，囊帽 11 内壁上有一个环形隆起物 19，在环形隆起物至其开口端之间设置有使囊帽与囊体准确地同轴的突起物 24。可见，证据 1 中公开的锁合型胶囊披露了该专利权利要求 1 的全部技术特征，且由证据的说明书中记载的发明目的可知，其与该实用新型所解决的技术问题实质相同，并能达到相同的技术效果。综上所述，该专利权利要求 1 与证据 1 中披露的技术方案属于相同的技术领域，技术方案实质上相同，所解决的技术问题和预期技术效果实质相同，因此两者属于相同的发明创造，即该专利权利要求 1 相对于证据 1 而言，不具备《专利法》第二十二条第二款规定的新颖性。

其中需要说明的是，该专利权利要求 1 中将囊帽开口端附近内壁上的突起物限定为 3 至 10 个，而在证据 1 中写明为两个或更多个，请求人认为上述描述至少可以理解为证据 1 实际公开了突起物为 3 个的情况，因此可以得出权利要求 1 不具备新颖性的结论。即使认为证据 1 仅提出两个或更多个，并没有明确披露突起物为 3 至 10 个的技术方案，则请求人还认为在证据 1 披露的两个或更多个的范围内选择 3 至 10 个的范围或者其中的具体数值的突起物个数，对本领域技术人员而言，是为了使囊帽和囊体保持同轴位置的常规选择，其获得的技术效果可以预料得到，也就是说该专利权利要求 1 不具备实质性特点和进步，即使在认可权利要求 1 具备新颖性时，该权利要求 1 至少也不具备《专利法》第二十二条第三款规定的创造性。

2. 该专利权利要求 2 至 6 和 10 相对于证据 1 不具备《专利法》第二十二条第二款规定的新颖性

权利要求 2 至 4 对囊帽内表面起环形隆起物作用的隆起结构作了进一步限定。证据 1（第×栏第×行至第×栏第×行，相当于中文译文第 ［020］ 段）明确指出："囊帽的隆起物可以是间断的环形隆起物，可以由间断环形隆起段组成，当然也可以是多个沿圆周方向排列的等高隆起段"（相应于权利要求 2 的附加技术特征），还在证据 1（第×栏第×行至第×栏第×行，相当于中文译文第 ［017］ 段）公开了"囊帽外壁上的凹槽与内壁的隆起物相对应，相当于在囊帽上形成一个直径收缩的环形隆起物"（相应于权利要求 3 的附加技术特征）和"该隆起物有一个近似三角形的横截面，……当然也可以采用其他公知的形状，如近似圆形或梯形的横截面"（即公开了权利要求4的附加技术特征）。由此可见，证据1公开了权利要求2至4的附加技术特征，在权利要求1不具备新颖性的前提下，权利要求2至4也不具备新颖性。退一步来说，在认为权利要求1不具备创造性的基础上，权利要求2至4也至少不具备创造性。

权利要求5和6引用了权利要求1至4，对胶囊中囊帽内表面的突起物作了进一步限定。证据1第×栏第×行至第×栏第×行，相当于中文译文第［019］段明确指出："为了保证囊帽与囊体准确地同轴，这些突起物的高度至少应当相等，甚至可采用多个形状相同的突起物，其中最常用的是多个同轴对称分布、具有相同形状和相同间隔的突起物。"由此可知，权利要求5和6的附加技术特征也已被证据1披露，因此当其引用权利要求1至4不具备新颖性时，权利要求5和6也不具备《专利法》第二十二条第二款规定的新颖性。同理，当其引用权利要求1至4不具备创造性时，权利要求5和6也不具备《专利法》第二十二条第三款规定的创造性。

权利要求10进一步对权利要求1至4所要求保护的硬壳胶囊作了进一步限定，其中囊体外表面上设有与囊帽内表面隆起结构相匹配的环形凹槽。证据1中（第×栏第×行至第×栏第×行，相当于中文译文第［017］段最后几行）及附图3和5中明确记载了囊体的凹槽与胶囊的突起物是无变形的配合，可见证据1也公开了权利要求10的附加技术特征，在权利要求1至4不具备新颖性或创造性的基础上，权利要求10也不具备新颖性或创造性。

3. 权利要求7至9相对于证据1结合本领域公知常识不具备《专利法》第二十二条第三款规定的创造性

权利要求7对权利要求6中的突起物进一步限定为"基底为椭圆形、圆形或矩形、顶部为平面，其横截面为梯形"。但正如该专利说明书第［013］段最后一段所指出的，这些形状是公知的，属于本领域技术人员的公知常识，因此当其引用的权利要求6不具备新颖性或创造性时，权利要求7相对于证据1结合本领域的公知常识不具备《专利法》第二十二条第三款规定的创造性。

权利要求8对权利要求1至4中所要求保护的硬壳胶囊中囊帽内表面的环形隆起物距囊帽闭合端的位置限定在位于囊帽总长度的33％至45％范围内。证据1中没有明确公开该技术特征。因此，在认为权利要求1至4不具备新颖性的基础上，权利要求8相对于证据1公开的技术方案来说，该附加技术特征构成其区别，其实际解决的技术问题是为了使囊帽和囊体更好地保持同轴。但这样的位置设置对本领域技术人员而言是容易想到的，因为本领域技术人员知晓，环形隆起物与突起物之间的距离越大，其保持同轴的效果将会更好，因而为加大两者之间的距离到一定范围就必定会将环形隆起物设置得更靠近闭合端，即很容易将环形隆起物距囊帽闭合端的位置限定在位于囊帽总长度的33％至45％范围内。因此，权利要求8相对于证据1所公开的胶囊及本领域的公知常识没有实质性特点，因此不具备《专利法》第二十二条第三款规定的创造性。另外，即使认为权利要求1至4不具备创造性的前提下，同样也可以得出权利要求8不具备创造性的结论。

权利要求9进一步将权利要求8中所要求保护的胶囊中囊帽内表面的突起物距囊帽闭合端的位置限定在位于囊帽总长度的75％至85％范围之内，显然设置在75％至85％之内不仅加大环形隆起物与突起物之间的距离，而且也防止突起物位置距开口端太近而导致囊帽和囊体脱开，这属于本领域的公知常识，因此当其引用的权利要求8不具备创造性时，权利要求9相对于证据1公开的胶囊，并结合本领域的公知常识不具备《专利法》第二十二条第三款规定的创造性。

（四）

该专利的权利要求1至4不符合《专利法》第二十六条第四款中关于权利要求应当清

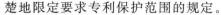

楚地限定要求专利保护范围的规定。

权利要求 1 要求保护一种硬壳胶囊。从该专利说明书第［005］段和第［006］段记载的内容来看，该实用新型所要解决的现有技术存在的技术问题是由于囊帽与囊体不能处于准确同轴位置造成的。而权利要求 1 中应当清楚记载通过什么样的手段来使囊帽与囊体处于准确同轴位置的技术特征，而目前权利要求 1 中其仅仅记载了关于该隆起结构至囊帽的开口端之间设置了 3 至 10 个足以使囊帽和囊体准确固定在同轴位置的突起物，但仅采用突起物而不对突起物的形状结构作进一步说明，并不能确保囊帽与囊体准确固定在同轴位置，因此权利要求 1 未清楚地限定该实用新型专利要求保护的范围，不符合《专利法》第二十六条第四款的规定。

同样，权利要求 2 至 4 也未对突起物的形状结构作出进一步限定，与权利要求 1 一样也不符合《专利法》第二十六条第四款的规定。

（五）

综上所述，专利号为 ZL20102××××××.×实用新型专利的权利要求1至6和10相对于证据1不具备新颖性，权利要求7至9相对于证据1和本领域公知常识不具备创造性，或者权利要求1至10均相对于证据1不具备创造性。权利要求1至4不符合《专利法》第二十六条第四款中关于权利要求应当清楚限定要求专利保护范围的规定，因此请求专利复审委员会宣告上述实用新型专利权全部无效。

第二题：给客户的答复

1. 无效宣告请求书正文草稿中选择的无效宣告请求的理由是什么，说明作出上述选择的原因

客户在委托书中提出三方面的理由：（1）该专利不具备新颖性和创造性；（2）权利要求 1 未清楚地限定实用新型专利要求保护的范围；（3）权利要求 1 未划界，且从属权利要求没有按引用部分和限定部分撰写而不符合规定。其中，前两方面分别涉及《专利法》第二十二条第二款、第三款和《专利法》第二十六条第四款，属于《专利法实施细则》第六十五条第二款规定的无效宣告理由，而第三方面则涉及《专利法实施细则》第二十一条第一款和第二十二条第一款，不属于《专利法实施细则》第六十五条第二款规定的无效宣告理由。

前两方面的理由都可以作为无效宣告请求的理由提出。但是，由于证据 1 明显可以使权利要求 1 至 7 和 10 无效，而且也有可能使权利要求 8 和 9 无效。而第二方面的理由，只能针对权利要求 1 至 4 提出，专利权人只要将权利要求 5 或 6 限定部分的技术特征并入权利要求 1 中就不再存在此缺陷了。因此，以该实用新型专利不具备新颖性和创造性作为请求宣告专利权无效的重点理由。

2. 无效宣告请求书正文草稿中采用了哪些证据，说明作出上述选择的原因

无效宣告请求书中仅采用了证据 1，因为其构成该专利的现有技术，可以用于评价该专利的新颖性和创造性。证据 2 是在该专利优先权日后公开的法国专利文献，既不构成该专利的现有技术，也不能构成抵触申请，因此在无效宣告请求书中未予采用。

3. 对该专利提出无效宣告请求的前景作出初步分析，并简要说明得出上述分析结果的理由

基于证据 1，由于其披露了该专利的权利要求 1 至 6 和 10 的全部技术特征，因此权利要求1至6和10不具备新颖性；即使认为证据1没有公开权利要求1的突起物3至10个这一特征，但由于属于明显的常规选择范围而至少可以认为权利要求 1 至 6、10 不具备创造性。此外，权利要求 7 的附加技术特征可以认定为明显的公知形状，这在该专利说明书中已作出说明，因而也不具备创造性。因此，宣告权利要求 1 至 7 和 10 无效的可能性较大。但对于权利要求 8 和 9 由于缺乏公知常识性证据，目前在无效宣告请求书中只能推论其属于公知常识，因而对权利要求 8 和 9 请求宣告无效有一定难度，对此把握性不是特别大。

另外，对于以权利要求 1 至 4 不符合《专利法》第二十六条第四款中关于权利要求清楚的规定作为无效宣告理由，由于将权利要求 5 或 6 限定部分的技术特征并入权利要求 1 中就可消除此缺陷，因此只可能使该专利部分无效。

因此，基于目前的证据，对权利要求1至7和10宣告无效的可能性较大，但对于权利要求8和9，请求无效成功的把握性不大。

4. 就此无效宣告请求案提出必要的建议

如果该无效宣告请求是针对专利权人的侵权诉讼提出的反诉，为了能够在侵权诉讼中提出诉讼中止的请求，就应当在诉讼答辩期满前提出无效宣告请求，可以先就目前的证据提出无效宣告请求，然后尽快进行补充检索和寻找更有利的证据，并在提出无效宣告请求之日起一个月内向专利复审委员会补交。

寻找证据可从下述三方面着手：（1）证据2的法国专利文献，其中的技术内容相对于证据1而言，与该专利更为接近。由于其申请日早于该专利的优先权日，可以查阅是否有以其优先权日为基础的中国专利同族文献，一旦能够找到向中国提出申请的同族专利，该同族专利就有可能构成该专利的抵触申请。（2）建议到国家知识产权局查阅该专利的文档，以核实该专利的优先权，主要确定权利要求8和9是否能够享有优先权。如果不能享有，则可以能采用证据2作为现有技术来评价权利要求8和9不具备新颖性和创造性。（3）寻找公开了包含权利要求8和9限定部分技术特征的其他现有技术证据，或者证明上述技术特征为本领域公知常识的证据，从而可与证据1结合起来以证明权利要求8和9不具备创造性。

第十七章　1996年专利申请文件的撰写试题（机械专业申请文件改错和答复审查意见）解析

试　题

（一）请将下面的权利要求书、说明书及其附图和说明书摘要中所有不符合《专利法》《专利法实施细则》及《审查指南》的错误之处用阿拉伯数字顺序编号标出，分别给予改正。对于需要修改的文字和段落用横线"＿＿＿＿＿＿"标在其下面，并在其下方给出正确写法；对于需要增补内容之处，请用符号"⅄"将增补的内容夹在相应的文字和段落中间；对于需要删除的内容，请用符号"◯"圈去需删除的部分。对于同一权利要求或者说明书中同一段落中有多处不符合规定的情况，应分别用上述符号表示出来，并分别对它们作出修改。若所需修改之内容在题中所留空白之处不够书写时，可写在本题各相应部分之后留出的空白之处，并在其之前注明您在考题中对相应错误所标出的阿拉伯数字编号。并在权利要求书之后留出空白之处给出您认为最合适的独立权利要求。

权利要求书

1. 一种 GCQ 型高效磁化防垢除垢器，包括非导磁材料制成的管道1和分别置于其外表面相对两侧的至少两对永磁磁块3、4，其特征在于：它还包括一个由导磁材料制成的外壳2，为使结构简单紧凑，所述管道1穿过所述外壳2，并与外壳2两端连成一体。将不超过5对的永磁磁块用铁皮5包覆（铁皮两端搭接在一起，最好用铁丝将其捆住）固定在管道1外表面相对的两侧，为防止生锈，在所述外壳的外表面上涂有防护漆。

2. 按照权利要求1所述的磁化防垢除垢器的管道和磁块，其特征在于：管道1位于外壳2内的中间管道段9的横截面为方形，所述磁块的形状为条形，用铁皮包覆固定在外壳2内上述方形中间

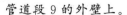

管道段 9 的外壁上。

3. 按照权利要求 2 所述的磁化防垢除垢器的管道和磁块，其特征在于：管道 1 的横截面为圆形，所述磁块的形状为瓦形，用铁皮包覆固定在外壳 2 内的圆形管道 1 的外壁上。

4. 按照权利要求 2 和 3 所述的磁化防垢除垢器的磁块，其特征在于：上述不超过 5 对的永磁磁块中任何两对均不在管道 1 的同一截面上，相邻两对磁块之间形成的磁场基本相互垂直。

5. 按照权利要求 2 和 3 所述的磁化防垢除垢器，其特征在于：包覆磁块 34 的铁皮 5 的外表面与外壳 2 内壁之间留有间隙。

6. 按照权利要求 2 和 3 所述的磁化防垢除垢器，其特征在于：管道 1 上每对磁块之间装有铁制垫圈 8。

7. 按照权利要求 2 和 3 所述的磁化防垢除垢器，其特征在于：在所述防护漆外表面绘制有红、绿相间的宽条彩色花纹。

8. 按照权利要求 1 至 7 所述的磁化防垢除垢器，其特征在于：所述管道 1 的材料是铝合金。

说 明 书

GCQ 型高效磁化除垢器

本发明涉及一种锅炉、茶炉中换热设备的附件。

水垢是锅炉、茶炉等换热设备的大敌，为清除水垢，已采用过许多方法，如化学法，离子交换法，电子除垢法等。最近又出现了利用磁场来处理水垢的方法，例如，1991 年 9 月 20 日公告的 CN2089467Y 的中国实用新型专利说明书就公开了这样一种利用磁场来处理水垢的"锅炉防垢装置"。这种防垢装置将两对彼此对置的条形磁块或扇形磁块布置在方形管道或圆形管道的同一截面上，这两对磁块相互垂直。这种布置方式说明设计人在磁路设计上的无知，其磁路设计极不合理，技术落后，使部分磁力相互抵消，磁通密度减弱，中心磁通密度更低，此外，对这两对磁块所形成的磁场也未采取任何屏蔽措施，漏磁严重，磁能损耗大。为了达到防垢和除垢效果，管道中心磁通密度至少应达到 0.2 至 0.7 特斯拉❶，这就需要采用高强度大块磁块，大大增加了成本，且在此管道附近产生的强磁场会影响工作人员的健康。不仅如此，该防垢装置仅在管道的同一截面上布置了两对磁块，这样管道中流过的水仅受到一次磁化作用，作用时间短，磁化效果差，达不到满意的防垢除垢的目的。

本发明要解决的技术问题❷在于克服上述已知方法的缺点，提供一种技术先进、效果显著而无副作用的磁化防垢除垢器。这种磁化防垢除垢器不仅能在管道中产生足够的磁通密度，使水很好地磁化，而且结构简单可靠、成本低、无漏磁、不会影响工作人员的身体健康。

本发明的磁化防垢除垢器，包括由非导磁材料制成的管道和分别置于其外表面相对两侧的至少两对永磁磁块。它还包括一个由导磁材料制成的外壳，由非导磁材料制成的所述管道穿过所述外壳并与外壳两端连成一体。所述永磁磁块用铁皮包覆（铁皮两端搭接在一起，最好用铁丝将其捆住）固定在管道上，所述外壳外表面上涂有防护漆。

作为本发明的进一步改进，还可以采用权利要求 2 限定部分的结构，这样磁块与管壁接触紧密，便于固定，磁力线均匀，中间磁通密度与两边磁通密度一致。

作为本发明另一种改进，还可以采用权利要求 3 限定部分的结构，由于瓦形磁块中间有聚磁作

---

❶ 此乃标准的国际通用磁通密度单位（出题者注）。

❷ 原题为"发明目的"，但目前的《专利法实施细则》和《专利审查指南 2010》已将"发明目的"改为"要解决的技术问题"，为与当前的《专利法实施细则》和《专利审查指南 2010》相适应，故此处改为"要解决的技术问题"。

用使磁化更为均匀，对水的磁化更有利。尤其是在相邻两对瓦形磁块之间安放铁制垫圈时可避免各对磁块之间相互干扰。

当对本发明再作进一步改进时，采用4至5对永磁磁块时，可以使水流过防垢除垢器时多次切割磁力线，从而可使水全部磁化，避免出现死角或部分水未被磁化的现象。

本发明的磁化防垢除垢器只有几个零件组成，结构简单，价格低廉；因其磁路设计独特合理、技术先进，所以，水磁化效果好，不易结垢，防垢除垢能力强。

下面结合附图对本发明磁化防垢除垢器作进一步详细描述。

图Ⅰ是公知磁化防垢除垢器中条形磁块和扇形磁块的排列布置图；

图Ⅱ是本发明磁化防垢除垢器的主视图及沿其A—A线的剖视放大图；

图Ⅲ是本发明磁化防垢除垢器另一种实施方式的主视图和沿其B—B线的剖视放大图。

图Ⅰ所示为前面背景技术部分所提到的中国实用新型专利说明书CN2089467Y中所披露的磁化防垢除垢器中磁块排列布置图。在其左图中方形管道的同一管道截面上布置有两对彼此垂直的条形磁块；在其右图中为圆形管道的同一管道截面上布置有两对彼此垂直的扇形磁块。按照这样的布置方式，相邻的异性磁极会使磁力线短路，从而使管道中央部分的磁通密度大大减弱。

在本发明中，为了保证由不锈钢、塑料或钢等非导磁材料制成的管道的中央部分有足够的磁通密度，使两对磁极之间不发生磁力线短路，如图Ⅱ所示，让此两对磁块（3、4）不是布置在同一管道截面上，其中一对磁块（4）安放在另一对磁块（3）的下游。图Ⅱ中，管道（1）的用于安装成对磁块（3、4）的中间管道段（9）为方形管道。第一对磁块（3）以异性磁极相对的方式布置在该方形中间管道段（9）的某一截面的上、下两侧；第二对磁块（4）以同样方式布置在该方形中间管道段（9）中上述截面下游部分的另一截面的左、右两侧，并与第一对磁块（3）紧邻，即第二对磁块（4）的磁场方向与第一对磁块（3）的磁场方向相垂直，且形成的磁场紧接在第一对磁块形成的磁场的下游。为了固定这两对磁块（3、4），分别用铁皮（5）将每对磁块包覆起来固定在管道（1）的方形中间管道段（9）上，可将铁皮两端搭扣在一起，或者用铁丝将其捆住。该铁皮（5）除起固定作用外，还同时起到使磁场均匀、增强中间磁场和一次屏蔽的作用。当采用这样的磁块布置方式和结构时，仍会向管道（1）的四周漏磁，若要保证使用较小的磁块就能产生足够的磁场强度，满足防垢除垢的要求，且不会使漏磁对周围人体造成危害，还必须对此磁化防垢除垢器设置一铁制外壳（2），管道（1）从外壳（2）的两端穿过，并用焊接或其他方法使外壳（2）的两端与管道（1）连成一体。包覆磁块（3、4）的铁皮（5）的外表面与外壳（2）的内壁之间必须留有适当间隙，以保证外壳（2）在保护磁块不受损伤的同时起到二次屏蔽作用，减少磁能损耗，从而保证采用较小的磁块（例如，每对磁块形成的磁通密度在0.1特斯拉左右）就能在管道（1）的方形中间管道段（9）的中央部分产生足够的磁通密度，满足防垢除垢的需要。经过二次屏蔽后，在外壳的外面测出的磁场强度接近于零，保证工作人员的健康不受影响。管道（1）露出外壳（2）的两端部分上制有螺纹，用于分别与供水管和锅炉等换热器的进水管相连接。为防止铁制外壳（2）生锈，还可以在铁制外壳（2）的外表面上涂一层防护漆。为了美观，便于辨认和防止假冒，在防护漆的外面绘制有红绿相间的宽条彩色花纹。

图Ⅱ中只示意性地画出两对磁块，实际上可根据水的硬度按上述方法串接多对磁块，即每相邻两对磁块以相互垂直的方式安放，并使每对磁块形成的磁通密度保持在0.1特斯拉左右。如水的硬度在7毫克当量/升以下，使用5对磁块即可达到满意的防垢除垢的目的；若水的硬度更大，可适当增加磁块的对数，如水的硬度为9毫克当量/升，可用9至10对磁块即可获得满意的效果。如果换热器的容量很小，使用时水的流速又较低，使用两对磁块就可。

图Ⅱ所示的磁化防垢除垢器，由于将条形磁块布置在管道的方形外壁上，因而磁块与管壁接触紧密，便于固定，且磁力线排布均匀，中间磁通密度与两边磁通密度一致，因而当水流过管道时磁化均匀。又因有多对磁块相互垂直地串接在一起，避免了多对磁块之间相互干扰，削弱磁通密度，而且因水流过管道时多次切割磁力线，使水全部磁化，避免出现死角或部分水未被磁化。

图Ⅲ是本发明磁化防垢除垢器的另一实施方式，这种防垢除垢器与图Ⅱ所示的防垢除垢器的结构基本相同。图中同样只示意性地表示出两对磁块，实际上可根据需要安放多对磁块，每对磁块的排列方式与图Ⅱ所示的条形磁块的排列方式相同，所不同的是当这种磁块装在直径较大的粗管道上时，因磁块的尺寸较大，为了防止相邻磁块相互吸引而移动位置，可在每对磁块之间加装铁制垫圈（8）。加装垫圈（8）之后又能避免各对磁块之间相互干扰。瓦形磁块具有聚磁作用，可使磁场更均匀，使水的磁化更为理想。但瓦形磁块加工比条形磁块复杂，生产成本高，多半与截面较大的圆形管道配合使用。

本发明的磁化防垢除垢器，因不需要过大的磁通密度，可采用较小的磁块、因而产品制造费用低。使用时，只需要将本发明的防垢除垢器连接在供水管和锅炉、茶炉中换热器的进水管之间即可。为了使水流过磁化防垢除垢器时磁化得更好，水的流速不应过大。

说明书附图

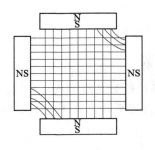
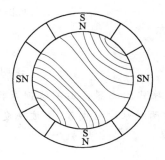

图Ⅰ

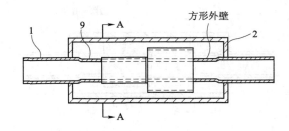

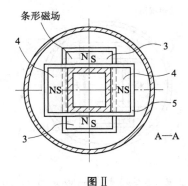

图Ⅱ

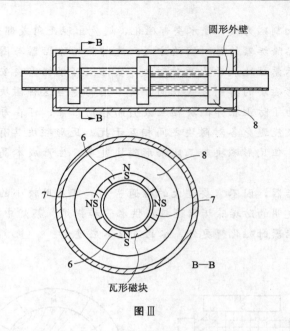

图Ⅲ

说明书摘要

一种GCQ型高效磁化除垢器，由不锈钢等非导磁材料制成的管道1穿过外壳2两端，并与外壳2两端连成一体，至少两对永磁磁块3、4被铁皮5包覆固定在所述外壳内的管道外壁上，所述外壳的外表面上涂有防护漆。

摘要附图

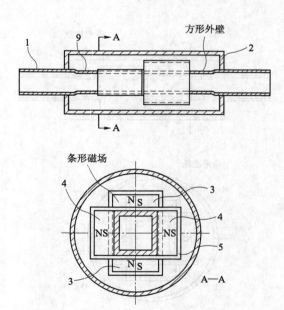

（二）上述第（一）题中所给出的发明专利申请的申请日为1994年8月31日。在该专利申请的实质审查过程中，审查员引用了两篇对比文件：

（1）对比文件1是他人向中国专利局提出的发明专利申请，申请日为1993年6月2日，公开日为1994年12月3日，其披露的内容如该发明专利申请案中图Ⅱ所示的磁化防垢除垢器，在外壳中由非导磁材料制成的管道部分的横截面为方形，该方形截面管道部分安装了两对磁块，该两对磁块未设置在同一截面上，但形成两个彼此基本垂直的磁场，该两对磁块分别被铁皮包覆住，在外壳内壁和铁皮外表面之间留有间隙，外壳表面上涂有防锈漆。

（2）对比文件2是另一件中国实用新型专利说明书，申请日为1992年12月7日，授权公告日为1993年8月7日，其披露的内容与图Ⅲ所示的磁化防垢除垢器相近，两者的区别是对比文件2中的防垢除垢器没有外壳，两对瓦形磁块分别以异性磁极相对的布置方式固定在管道的对侧，这两对瓦形磁块未设置在同一截面上，且形成两个彼此基本垂直的磁场，该两对磁块分别被铁皮包覆住，在此两对瓦形磁块之间安放有铁制垫圈。

在审查意见通知书中指出：

（1）权利要求1和2中的全部技术特征已在对比文件1中全部披露，故权利要求1和2无新颖性。

（2）权利要求3与对比文件1相比，其差别仅是安装磁块的管道部分的横截面形状和磁块的形状不同，而此差别相对于该发明要解决的技术问题来说可以看作是普通技术人员所熟知的惯用手段的直接置换，因而也无新颖性。更何况该区别已在对比文件2中披露，因此权利要求3至少相对于对比文件1和2来说不具备创造性。

（3）权利要求4和5限定部分的特征也在对比文件1中披露了，因而也不具备新颖性。

（4）权利要求6中限定部分的特征已在对比文件2中披露了，而且该铁制垫圈与对比文件2中铁制垫圈对实现该发明要解决的技术问题来说所起作用相同，因而权利要求6相对于对比文件1和2来说不具备创造性。

（5）权利要求7和8由于其限定部分也无实质性内容，因而在其所引用的权利要求无新颖性或创造性时，该两权利要求也无创造性。

您作为专利代理人，请针对上述审查意见通知书撰写意见陈述书草稿，若认为有必要，应当修改权利要求书。❶（说明：鉴于本题是在申请文件改错基础上对审查意见通知书作出，在修改权利要求书时还应当同时消除原申请文件所存在的缺陷，就消除原权利要求书存在的缺陷而言，允许出现不符合《专利法实施细则》第五十一条第三款关于修改方式的情况，例如删去独立权利要求中的非必要技术特征或者导致权利要求不清楚的特征等，更何况当时的《专利法实施细则》和《审查指南》中并没有这方面的规定。）

试题分析及参考答案

一、申请文件改错部分

在这一部分，首先对专利申请文件中权利要求和说明书及其摘要所存在的撰写问题分别作出分析说明；然后针对此分析给出申请文件改错的参考答案；最后为帮助考生适应当前考试方式，说明在为申请人撰写申请文件时如何确定要解决的技术问题以便为客户争取尽可能充分的保护。

（一）对申请文件撰写所存在问题的分析

现对申请文件中权利要求书和说明书及其摘要所存在的撰写问题进行分析说明，这些问题的具体位置可以参看下面（二）申请文件改错参考答案中所标明的位置及相应脚注。

1. 权利要求书中存在的缺陷

（1）权利要求1存在下述八个方面的问题

① 原权利要求1缺少解决该发明技术问题的必要技术特征，不符合《专利法实施细则》第二十

---

❶ 原试题的问题是："您作为专利代理人，在收到这份审查意见通知书时应如何处理？
① 这份专利申请相对于这两篇对比文件来说有无被批准的可能？并简述理由。
② 若有可能，是否需要根据审查意见通知书中引用的对比文件修改原权利要求书？简述理由。
③ 若需修改，请给出修改后的独立权利要求，并说明您在答复审查意见通知书时如何论述新修改的独立权利要求相对于审查意见通知书中引用的两篇对比文件具备新颖性和创造性。"
为了适应近几年专利代理实务试题的考试方式，特改为上述问题。

条第二款的规定。

说明书明确写明该发明要解决的技术问题为："不仅能在管道中产生足够的磁通密度，使水很好地磁化，而且结构简单可靠、成本低、无漏磁，不会影响工作人员的身体健康。"根据说明书具体实施方式所记载的内容，该发明为解决上述技术问题，采取的技术措施是"永磁磁块中任何两对位于管道的不同截面上，相邻两对磁块之间形成的磁场基本相互垂直，包覆上述磁块的铁皮的外表面与外壳内壁之间留有间隙"。因此，上述技术特征构成该发明磁化防垢除垢器的必不可少的技术特征，否则就解决不了说明书中所提出的本发明的技术问题。也就是说，原权利要求1未构成解决该发明技术问题的完整的技术方案，应将上述这些解决该发明技术问题的必要技术特征补充到独立权利要求1中去。

② 按照《专利法实施细则》第二十条第二款的规定，只要求独立权利要求中记载解决发明或者实用新型技术问题的必要技术特征，从申请人的角度显然不应写入非必要技术特征。而原权利要求1中写入了两个非必要技术特征：第一个是"为防止生锈，在所述外壳的外表面上涂有防护漆"，该特征是与该发明技术问题无关的技术特征，因为在外壳上涂防护漆仅仅能起到防锈作用，对于所提出的要在管道中产生足够的磁通密度、使水很好地磁化、无漏磁等技术问题毫无关联；第二个是"不超过5对的永磁磁块"，因为永磁磁块为两对或两对以上就能解决本发明的技术问题，正如说明书中所指出的，当水的硬度为9毫克当量/升时，采用9至10对永磁磁块可获得满意的结果，因此不应将永磁磁块限定为不超过5对。

因此，包含有这两个非必要技术特征的独立权利要求大大缩小了其保护范围，不利于为申请人提供尽可能宽的保护范围，有损申请人的利益。

当然，对于永磁磁块的数量选择来说，由说明书记载可知，在大多数情况下，选用4至5对时能取得比较满意的磁化效果，因此可将其作为该发明的附加技术特征写成一个从属权利要求。

③ 原权利要求1中出现的"为使结构简单紧凑"的描述属于不必要的描述，应当删除。其依据在于：为使权利要求书符合《专利法》第二十六条第四款的规定中，权利要求书应当清楚、简要地限定要求专利保护的范围，《专利审查指南2010》第二部分第二章第3.2.3节规定："权利要求的用词应简要，除记载技术特征外，不得对原因或理由作不必要的描述。"

④ 按照《专利审查指南2010》第二部分第二章第3.3节"权利要求的撰写规定"中所指出的"除附图标记或者其他必要情形之外，权利要求中应当尽量避免使用括号"，而原独立权利要求1中在"永磁磁块用铁皮包覆"的后面记载了"铁皮两端搭接在一起，最好用铁丝将其捆住"，并用括号括起来，这种撰写方法不符合《专利法》第二十六条第四款中关于权利要求应当清楚、简要地限定要求专利保护范围的规定。因为采用这种撰写方式至少会使公众不清楚该括号中的内容是对权利要求1进行限定的技术特征还是一种澄清性说明，致使该独立权利要求的保护范围模糊不清。

根据说明书的记载可知，将每对永磁磁块用铁皮包覆固定在管道的外表面上，可具体采用将铁皮两端搭扣在一起的方法，也可用铁丝直接将磁块固定在管道的外表面上，当然也可以采用公知的任何其他方法，例如，采用将铁皮两端用胶粘接在一起的方法等。显然申请人为了获得较宽的保护范围可以采用上位概念描述的方法记入这一技术特征，即"将上述永磁磁块用铁皮包覆固定在外壳中的管道上"，而目前括号中的内容可以理解为是对上位概念描述的技术特征作进一步的限定，也可以理解为是可供选择的具体技术特征。因此，这样撰写的权利要求使人无法理解申请人究竟要求保护的范围是什么。因此，最好将此括号连同括号中的文字说明一起删去。

⑤ 原权利要求1未相对于最接近的现有技术进行正确划界，不符合《专利法实施细则》第二十一条第一款的规定。

根据说明书背景技术部分的记载，特别是其中的图I中两幅图可知：在公知的磁化防垢除垢器中，每对永磁磁块是"以异性磁极相对的方式"置于由非导磁材料制成的管道外表面相对两侧。因此，"以异性磁极相对布置的方式"属于该发明主题与最接近的现有技术共有的必要技术特征，应当将其放入独立权利要求1的前序部分，以便使公众能清楚地看出独立权利要求的全部技术特征中哪些是与最接近的现有技术共有技术特征，哪些是由发明人作出的区别于最接近的现有技术的特征。

⑥ 按照《专利审查指南2010》第二部分第二章第2.2.1节关于发明或者实用新型名称的规定，在发明名称中不得使用人名、地名、商标、型号或者商品名称等，也不得使用商业性宣传用语。而原权利要求1中的发明主题名称中出现了产品型号"GCQ型"和商业性宣传用语"高效"，应将其删去。

⑦ 按照《专利法实施细则》第十九条第四款的规定，权利要求中的技术特征可以引用说明书附图中相应的标记，该标记应当放在相应的技术特征后并置于括号内。而原权利要求1中的附图标记未加括号，显然不符合上述规定。此外，在其他权利要求中的附图标记存在同样的问题，下面评析其他权利要求时不再重复说明。

⑧ 按照《专利审查指南2010》第二部分第二章第3.3节有关"权利要求的撰写规定"，每一项权利要求只允许在其结尾处使用句号。而原权利要求1的技术特征"并与外壳两端连成一体"的后面使用了句号，不符合上述规定，也造成权利要求1记载的技术方案不清楚，是不允许的。

（2）权利要求2存在的问题

权利要求1请求保护的是一种磁化防垢除垢器，而权利要求2请求保护的是该磁化防垢除垢器中的管道和磁块，两者主题名称不一致，这是不允许的。因此，应当将权利要求2的主题名称中的"管道和磁块"删去，使其与权利要求1的主题名称一致。其依据是：按照《专利审查指南2010》第二部分第二章第3.3.2节有关"从属权利要求的撰写规定"，从属权利要求的引用部分应当写明引用的权利要求的编号，其后应当重述引用权利要求的主题名称。

此外，权利要求2限定部分的"用铁皮包覆固定在外壳内上述方形中间管道的外壁上"这一附加技术特征的内容实质上包含在权利要求1之中，为使权利要求2清楚、简要地限定要求专利保护的范围，应当将该附加技术特征删去，使其符合《专利法》第二十六条第四款的规定。

（3）权利要求3存在的问题

权利要求3除存在和权利要求2相同的两个问题之外，还存在引用关系不当，逻辑关系混乱的问题。

按照《专利法实施细则》第二十条第三款的规定，从属权利要求应当用附加技术特征对引用的权利要求作进一步的限定。而权利要求2和3是两个不同的并列技术方案。对于前者，管道位于外壳内的中间管道段的横截面形状为方形，与其配合的磁块形状为条形；对于后者，中间管道段的横截面形状为圆形，与其配合的磁块形状为瓦形。权利要求3引用权利要求2，就意味着同时要求位于外壳内的中间管道段的横截面形状既呈圆形又呈方形；磁块的形状既呈条形又呈瓦形，显然是矛盾的。因此，权利要求3不是对权利要求2技术方案的进一步限定，不能引用权利要求2，应改成引用权利要求1即可。

（4）权利要求4至6存在的问题

权利要求4至6共同存在的主要问题就是采用了非择一的引用方式，造成其表述的保护范围不清，逻辑关系混乱。

《专利法实施细则》第二十二条第二款规定："引用两项以上权利要求的多项从属权利要求只能以择一方式引用。"也就是说，对于多项从属权利要求来说，其引用的权利要求的编号应当用"或"或者其他与"或"同义的方式表达。择一引用方式表达其限定部分与其所引用的多项权利要求逐项组合，构成多个进一步限定的技术方案。而原权利要求4至6在引用方式上均采用了"和"字，造成逻辑关系混乱，技术方案不清，故应将其中的"和"字改写成"或"字。

此外，权利要求6只能引用权利要求3，不能引用权利要求2，因为按照说明书中的记载，第一个实施方式（即方形管道截面和条形磁块对）中在每相邻两对磁块之间并未装有铁制垫圈，也就是说引用权利要求2的技术方案未得到说明书的支持，未以说明书为依据，因此不符合《专利法》第二十六条第四款的规定。

前文已经阐述过，权利要求 4 和 5 限定部分的技术特征是构成该发明磁化防垢除垢器的必要技术特征，均应放入权利要求 1 之中，故应将权利要求 4 和 5 限定部分的内容补入到权利要求 1 中，并删去权利要求 4 和 5。

（5）权利要求 7 存在的问题

权利要求 7 引用部分存在与权利要求 4 至 6 相同的非择一引用方式，不符合《专利法实施细则》第二十二条第二款的规定，前文对此已作过详细分析，此处不再重复。此外，权利要求 7 中的"在所述防护漆外表面绘制有红、绿相间的宽条彩色花纹"属于一种外观色彩的设计，不属于产生技术效果的技术特征，因此权利要求 7 应当予以删除。

（6）权利要求 8 存在的问题

权利要求 8 引用部分存在另一种表述方式的非择一引用方式"按照权利要求 1 至 7 所述的……"不符合《专利法实施细则》第二十二条第二款的规定，前文对此已作过详细分析，此处不再重复。此外，权利要求 8 本身是一项多项从属权利要求，而其所引用的权利要求 1 至 7 中，权利要求 4 至 7 也为多项从属权利要求，因此权利要求 8 的引用部分不符合《专利实施细则》第二十二条第二款的规定。针对上述两个问题，应当将权利要求 8 引用部分改为"按照权利要求 1 至 3 中任一项所述的……"。

权利要求 8 的主要问题是该权利要求未以说明书为依据。

《专利法》第二十六条第四款规定："权利要求书应当以说明书为依据。"而原说明书所公开的技术方案中只提到管道是用不锈钢、塑料或钢等制成。权利要求 8 进一步限定该管道由铝合金制成，与说明书中记载不一致，因此没有以说明书为依据。

对此问题的修改可采用两种方式，一种是删除权利要求 8，另一种是按照《专利法》第三十三条的规定，申请人可以对其专利申请文件进行修改，但是，对发明和实用新型专利申请文件的修改不得超出原说明书和权利要求书记载的范围，将其限定部分的技术特征补入说明书。究竟采用哪一种修改方式，应视该技术特征对发明创造性是否有贡献或者是否有技术意义及其大小而定，在该发明中采用铝合金应该不会产生任何优选的技术效果，因此可以将权利要求 8 删除。

2. 说明书及其摘要中存在的问题

首先，说明书各个部分之前未写明标题，不符合《专利法实施细则》第十七条第二款的规定。此外，该说明书各部分还存在下述十一个方面的问题。

（1）名称

说明书中的发明名称"GCQ 型高效磁化除垢器"包含了产品型号"GCQ 型"和商业性宣传用语"高效"，不符合《专利审查指南 2010》第二部分第二章第 2.2.1 节的规定，应将其删除。同时原说明书中的发明名称"磁化除垢器"又与权利要求书和说明书发明内容部分要解决的技术问题中所记载的"磁化防垢除垢器"不一致，从说明书公开的技术内容可知，该除垢器同时具有防垢功能，故应在发明名称中增添"防垢"二字。

（2）技术领域

《专利审查指南 2010》第二部分第二章第 2.2.2 节对说明书中的"所属技术领域"部分作了规定，即"发明或者实用新型的技术领域应当是要求保护的发明或者实用新型技术方案所属或者直接应用的具体技术领域，而不是上位的或者相邻的技术领域，也不是发明或者实用新型本身"。

从说明书所公开的技术方案可知，该磁化防垢除垢器是一种利用磁场处理水的装置，它应当是一个单独的部件，而不附属于锅炉或者茶炉。安装在锅炉或者茶炉进水管道上仅仅是其一个应用方面，故将该发明所属技术领域写成是"涉及一种锅炉、茶炉中换热设备的附件"是不合适的。正确的写法应当是"本发明涉及一种用磁场处理水的磁化防垢除垢器"或者为"本发明涉及一种磁化防垢除垢器，尤其是用于锅炉、茶炉中的磁化防垢除垢器"。

（3）背景技术

说明书背景技术部分对已知技术的评价中有这样一段话："这种布置方式说明设计人在磁路设计上的无知，其磁路设计极不合理，技术落后"。这种描述方法在用语上体现有故意贬低他人的内容，应当予以删除。《专利审查指南 2010》第二部分第二章第 2.2.3 节中规定对背景技术的描述应当是客观地指出背景技术中存在的问题和缺点，但是仅限于涉及由发明或者实用新型的技术方案所解决的问题和缺点。在可能的情况下，说明存在这种问题和缺点的原因以及解决这些问题时曾经遇到的困难。所以，申请人在撰写背景技术部分时，除应正确引证与该发明最接近的现有技术文件，并注明其详细出处之外，还应当针对该发明要解决的技术问题客观地说明其缺点。

（4）发明内容部分中要解决的技术问题

说明书中发明要解决的技术问题基本是清楚的，但其中写入了广告式宣传用语"提供一种技术先进、效果显著而无副作用的……"，这种用语与该发明所要解决的技术问题无关，应该删去。❶

《专利审查指南 2010》第二部分第二章第 2.2.4 节中规定："发明要解决的技术问题应当是针对现有技术存在的缺陷与不足，用正面的、尽可能简洁的语言客观而有根据地反映发明要解决的技术问题，对发明所要解决的技术问题的描述不得采用广告式宣传用语。"之所以作出这样的规定，是因为说明书发明内容部分是相互关联的，发明要解决的技术问题、技术方案和有益效果之间应当是一个统一体，它们的内容应当相互依存，相互支持。而一些广告式用语，如上文提到的"技术先进、效果显著"等是无法用尺度来衡量的，也很难说明哪一种技术方案是先进的，什么样的技术效果是显著而无副作用的。故申请人应当将这种广告式宣传语从发明要解决的技术问题中去掉，将发明要解决的技术问题直接写成："本发明要解决的技术问题在于提供一种磁化防垢除垢器，这种……"

（5）发明内容中的技术方案

说明书这一部分存在两方面问题：

① 技术方案中缺少解决该发明技术问题的必要技术特征，并列入了与该发明所解决技术问题无关的技术特征，其具体分析和改正办法可参见前文对权利要求书的评述。

② 出现了引用权利要求的语句："作为本发明的进一步改进，还可以采用权利要求 2 限定部分的结构"等，这种撰写方式不符合《专利法实施细则》第十七条第三款的规定。

《专利法实施细则》第十七条第三款规定："发明说明书中不得使用'如权利要求……所述的……'一类的引用语。"作出这样的规定是因为说明书及其附图主要用于清楚、完整地公开发明，使所属技术领域的技术人员能够理解和实施该发明。就原说明书技术方案部分来说，其中有两处采用上述写法，申请人在修改说明书时，应将所引用的权利要求的具体内容补入相应的段落。

（6）发明内容中的有益效果

《专利审查指南 2010》第二部分第二章第 2.2.4 节中规定："有益效果可以通过对发明结构特点的分析和理论说明相结合，或者通过列出实验数据的方式予以说明，不得只断言发明或者实用新型具有有益的效果。"

而说明书在这一部分中存在的问题在于其对获得的有益效果缺乏具体的分析，只是断言其对水的磁化效果好、不易结垢和防垢除垢能力强，并写入了不恰当的广告式宣传用语"磁路设计独特合理、技术先进"等。改写时可在水的磁化效果好的前面加入具体分析，例如"每对磁块均以异性磁极相对的方式布置在管道的两侧，相邻两对磁块之间基本相互垂直布置，磁场之间不会相互干扰削弱磁场强度，因而水流过管道时磁化均匀"，这样就为该发明磁化防垢除垢器的优点磁化效果好、不易结垢、防垢除垢能力强提供了理论根据。

（7）附图说明

申请文件在附图说明部分存在两个问题：一个问题是几幅附图共用一个图号；另一个问题是未

---

❶　当年考题是对申请文件改错，而不是针对客户对发明的介绍撰写权利要求书和说明书，为了使答案相对统一，类似于审查工作那样以说明书中写明的要解决的技术问题为基础，即按照说明书中所写明的要解决的技术问题来判断独立权利要求是否记载了必要技术特征和是否多写了非必要技术特征，因而认为说明书中所写明的技术问题基本上正确的。但是，如果按目前的考试方式，从申请文件撰写的角度来考虑，说明书发明内容部分要解决的技术问题确定得并不合适，使本发明不能得到充分的保护。为帮助考生做好目前考试方式的应试准备，在下面"（三）作为专利申请文件撰写的试题如何争取更宽的保护范围"中向考生介绍如何根据客户对发明内容的介绍来确定本发明要解决的技术问题，以便为客户争取尽可能充分的保护。

使用阿拉伯数字顺序编号，而采用了罗马数字编号。这些问题虽然只是形式问题，但在《专利审查指南2010》第一部分第一章第2.4节中作了明确规定：附图总数在两幅以上的，应当使用阿拉伯数字顺序编号。因此，该专利申请在改写附图说明时，应将原图Ⅰ分成两幅附图图1、图2，将原图Ⅱ顺序编成图3、图4，将图Ⅲ改成图5和图6。

（8）具体实施方式

说明书对具体实施方式的描述存在三个问题：其一，对原图Ⅲ所示的实施方式的描述不具体，不详细；其二，附图中出现的附图标记6和7在说明书文字部分未出现；其三，对照附图描述本发明的实施方式时，在附图标记的后面加了括号。

说明书中只说"图Ⅲ是本发明磁化防垢除垢器的另一实施方式，这种防垢除垢器与图Ⅱ（应改为图3、图4）所示的防垢除垢器的结构基本相同"，而未对图3和图4所示圆形管道及与其配合的磁块作具体清楚的描述。在对说明书进行修改时可在此后加入："不同之处在于位于外壳2内的中间管道段9的横截面为圆形，为了使磁块6、7与中间管道段9圆形表面配合得更紧密而将磁块6、7制成瓦形"。这样修改后，前两个问题都得到了克服，而对最后一个问题，则只要删去这一部分所有附图标记的括号即可。

（9）说明书附图

说明书附图存在三个方面问题：其一，几幅附图共用一个图号，图Ⅰ、图Ⅱ和图Ⅲ均各自包含两幅附图；其二，附图未使用阿拉伯数据编号，而是采用罗马数字进行编号；其三，附图中有不必的文字注释，如"方形外壁""条形磁块"等。

《专利审查指南2010》第一部分第一章第4.3节中明确规定："附图总数在两幅以上的，应当用阿拉伯数字顺序编号排列，……例如图1、图2。"修改后的说明书附图对每一幅图各采用了一个图号，分别用图1至图6表示。此外，该节还明确规定，"附图中除必需的词语外，不得含有其他注释"，因此在修改后的说明书附图中已将其中的文字说明"方形外壁""条形磁块"等删去。

（10）说明书摘要

《专利法实施细则》第二十三条规定："说明书摘要应当写明发明或者实用新型专利申请所公开内容的概要，即写明发明或者实用新型的名称和所属的技术领域，并清楚地反映所要解决的技术问题、解决该问题的技术方案的要点以及主要用途。"

目前的说明书摘要存在四方面问题：其一，发明名称中含有产品型号和商业性宣传用语；其二，技术方案中缺少构成该发明技术方案的要点及有益效果；其三，记入了与解决该发明技术问题无关的技术特征"所述外壳的外表面上涂有防护漆"；其四，摘要中的附图标记未加括号。

前面三个问题的修改可参照前文有关权利要求书中对权利要求1存在的相同问题的修改方法进行修改，最后一个问题只要将附图标记加上括号即可。

（11）摘要附图

摘要附图选用了图Ⅱ作为摘要附图，正如前文所述图Ⅱ实际上包含了两幅图，不符合《专利审查指南2010》第一部分第一章第4.5.2节的规定："说明书有附图的，申请人应当提供一幅最能说明该发明技术方案主要技术特征的附图作为摘要附图。"对此，修改后的摘要附图删去了原摘要附图中沿A-A线截取的剖面图，仅保留该实施方式的主视图。此外，摘要附图中的文字说明"方形外壁"及图号"图Ⅱ"也应删去。

（二）申请文件改错的参考答案

申请文件错误的具体位置及修改内容（说明书、摘要以及附图部分省略，以节约篇幅）

下面在原试题中用下画线表示撰写的申请文件存在错误的具体位置，并在有下画线文字内容的右上角以脚注方式给出应当如何进行修改。

权利要求书

1. 一种GCQ型❶高效❷磁化防垢除垢器，包括由非导磁材料制成的管道1❸和分别置于❹其外表面相对两侧的至少两对永磁磁块3、4，其特征在于：它还包括一个由导磁材料制成的外壳2，为使结构简单紧凑❺，由非导磁材料制成的所述管道1穿过所述外壳2，并与外壳2两端连成一体。❻将不超过5对的永磁磁块❼用铁皮5包覆（铁皮两端搭接在一起，最好用铁丝将其捆住）❽固定在管道1外表面相对的两侧❾，为防止生锈，在所述外壳的外表面上涂有防护漆❿。⓫

2. 按照权利要求1所述的磁化防垢除垢器的管道和磁块⓬，其特征在于：管道1位于外壳2内的中间管道段9的横截面为方形，所述磁块的形状为条形，用铁皮包覆固定在外壳2内上述方形中间管道段9的外壁上⓭。

3. 按照权利要求2⓮所述的磁化防垢除垢器的管道和磁块⓯，其特征在于：管道1的横截面为圆形，所述磁块的形状为瓦形，用铁皮包覆固定在外壳2内的圆形管道1的外壁上⓰。

4. 按照权利要求2和3⓱所述的磁化防垢除垢器的磁块⓲，其特征在于：上述不超过5对的永磁磁块中任何两对均不在管道1的同一截面上，相邻两对磁块之间形成的磁场基本相互垂直⓳。

5. 按照权利要求2和3⓴所述的磁化防垢除垢器，其特征在于：包覆磁块34的铁皮5的外表面与外壳2内壁之间留有间隙㉑。

---

❶ "GCQ型"属于设备型号，不得出现在权利要求中，应当予以删除。

❷ "高效"一词为商业性宣传用语，且无准确含义，应当予以删除。

❸ 权利要求中引用的附图标记应当置于括号中，因此"管道1"中的附图标记"1"应用括号括起来（以下权利要求书中的附图标记也存在同样的问题，不再重复标出）。

❹ 根据说明书的记载，成对永磁磁块应当以异性磁极相对的方式置于管道外表面相对两侧，此处没有作出清楚描述，因此应当增加"以异性磁极相对的方式"加以清楚限定。

❺ "为使结构简单紧凑"属于该技术方案的目的及效果，在权利要求中不应写入，应当予以删除。

❻ 一项权利要求只能使用一个句号，中间不得使用句号，应将"连成一体"后的句号改为逗号"，"。

❼ "不超过5对的永磁磁块"，导致保护范围过窄，属于非必要技术特征，应当修改成"所述成对永磁磁块"。

❽ 权利要求中"（铁皮两端搭接在一起，最好用铁丝将其捆住）"由于使用了括号，导致不清楚。而且括号内的特征属于非必要技术特征，因此应当予以删除。

❾ "固定在管道1外表面相对的两侧"与前面的特征描述重复，应当删去。

❿ "为防止生锈，在所述外壳的外表面上涂有防护漆"属非必要技术特征，且其中的"为防止生锈"属于对原因的说明，因此应将此句从独立权利要求中删除。

⓫ 根据说明书所公开的技术方案，每对永磁磁块应以异性磁极相对的方式放置，而且永磁磁块中的任何两对都应当位于管道的不同截面上，且相邻两对磁块之间形成的磁场基本相互垂直。为了减少磁能损耗，并起到二次屏蔽作用，铁皮的外表面与外壳之间应留有间隙。以上两个技术待征均是解决该发明的技术问题所不缺少的必要技术特征，均应写入独立权利要求1中。

⓬ 权利要求2引用部分的主题名称与引用的权利要求1主题名称不一致，不符合《专利法实施细则》第二十二条第一款的规定，应当将其中"的管道和磁块"删去，即将主题名称改为"磁化防垢除垢器"。

⓭ "用铁皮包覆固定在外壳2内上述方形中间管道段9的外壁上"的实质内容在权利要求1中已进行限定，从而导致重复，应当予以删除。

⓮ 权利要求3中的管道为圆形，权利要求2中的管道为方形，故权利要求3不能引用权利要求2，否则在技术上产生矛盾，应当改为引用权利要求1。

⓯ 存在与权利要求2主题名称的相同问题，应改为"磁化防垢除垢器"。

⓰ 最后一句话的实质内容已在权利要求1中限定，应当予以删除。

⓱ 权利要求4为多项从属权利要求，其引用部分未采取择一引用的方式，应将"和"字改为"或"。

⓲ 权利要求4引用部分的主题名称应当与被引用的权利要求相一致，因此应当改为"磁化防垢除垢器"。

⓳ 该技术特征是该发明解决技术问题的必要技术特征，应当写入权利要求1中，该权利要求应删除。

⓴ 多项从属权利要求5引用部分和权利要求4一样未采用择一引用方式，应当将"和"改为"或"。

㉑ 该技术特征是该发明解决技术问题的必要技术特征，应当写入独立权利要求1，并删除该权利要求。

6. 按照权利要求2和3❶所述的磁化防垢除垢器，其特征在于：管道1上每对磁块之间装有铁制垫圈8。

7. 按照权利要求2和3❷所述的磁化防垢除垢器，其特征在于：<u>在所述防护漆外表面绘制有红、绿相间的宽条彩色花纹</u>❸。

8. 按照权利要求1至7❹所述的磁化防垢除垢器，其特征在于：所述管道1的材料是铝合金❺。

<h1 style="text-align:center">修改后的权利要求书❻</h1>

1. 一种磁化防垢除垢器，包括由非导磁材料制成的管道（1）和分别以异性磁极相对的方式置于其外表面相对两侧的至少两对永磁磁块（3、4），其特征在于：它还包括一个由导磁材料制成的外壳（2），所述管道（1）穿过所述外壳（2）并与该外壳（2）两端连成一体，所述成对永磁磁块用铁皮（5）包覆固定在该外壳（2）中的管道（1）上，所述永磁磁块中任何两对位于该管道（1）的不同截面上，相邻两对磁块（3、4）之间形成的磁场基本相互垂直，包覆上述磁块（3、4）的铁皮（5）的外表面与该外壳（2）内壁之间留有间隙。

2. 按照权利要求1所述的磁化防垢除垢器，其特征在于：所述管道（1）位于所述外壳（2）内的中间管道段（9）的横截面为正方形，所述磁块的形状为条形。

3. 按照权利要求1所述的磁化防垢除垢器，其特征在于：所述管道（1）位于所述外壳（2）内的中间管道段（9）的横截面为圆形，所述磁块的形状为瓦形。

4. 按照权利要求3所述的磁化防垢除垢器，其特征在于：所述管道（1）上每相邻两对磁块之间装有铁制垫圈（8）。

5. 按照权利要求1至4中任一项所述的磁化防垢除垢器，其特征在于：所述成对永磁磁块的数量为4至5对。

（三）作为专利申请文件撰写的试题如何争取更宽的保护范围

以上针对当年考试的试题进行了分析并给出参考答案，因而是依据说明书中写明的该发明要解决的技术问题为基础给出的答案。为适应当前的考试方式，下面以原题中的说明书作为客户向专利代理机构提供的发明创造内容的介绍为客户撰写权利要求书中的独立权利要求。也就是说，作为专利代理人根据说明书中具体实施方式对发明内容的介绍以及背景技术部分对现有技术的介绍确定该发明要解决的技术问题，从而完成独立权利要求的撰写。

由说明书背景技术部分的内容可知，现有技术中的磁化防垢除垢器，将两对彼此对置的条形磁块或瓦形磁块放置在方形管道或圆形管道的同一截面上，这两对磁块相互垂直。这种布置方式使部分磁力相互抵消，导致磁通密度的减弱，影响磁化效果。此外，由于对磁场未采取任何屏蔽措施，使漏磁严重，不仅增大磁能的损耗，而且会影响工作人员健康。

---

❶ 多项从属权利要求6引用部分和权利要求4和5一样未采用择一引用方式，应当将"和"改为"或"，并且该权利要求的附加技术特征为"装有铁制垫圈"，从说明书中公开的技术内容看，该垫圈仅适用于圆形管道，故不能引用权利要求2（方形管道），否则导致权利要求未清楚限定权利要求的保护范围。

❷ 多项从属权利要求7引用部分也应当采用择一引用方式，应当将"和"改为"或"。

❸ 该特征属于一种外观色彩的设计，仅起到美观、便于辨认和防止假冒，不属于产生技术效果的技术特征，且与该发明解决的技术问题无关，应当予以删除。

❹ 对权利要求"1至7"同时引用不符合择一引用原则，同时还引用了在前的多项从属权利要求。应修改为"1至3中任何一项"。

❺ "铝合金"这一技术特征在说明书中未公开，该权利要求得不到说明书的支持，应当将该权利要求删除或者将该技术特征补入说明书中。

❻ 原试题中只要求给出修改后的独立权利要求，为帮助考生更好地了解从属权利要求的撰写要求，在此给出相应的从属权利要求。

由说明书具体实施方式对发明内容的介绍可知，该发明针对现有技术中所存在的上述两个问题，主要采取了如下两个技术措施：

(1) 将至少两对磁块以异性磁极相对的方式分别放置在管道的不同截面上，且相邻两对磁块之间形成的磁场基本相互垂直，从而避免两对磁极的部分磁力的相互抵消，这样就在管道中产生足够的磁通密度，提高水的磁化效果；

(2) 将永磁磁块用铁皮包覆起来，并在其外面设置了由非导磁材料制成的外壳中，且使铁皮的表面与外壳内壁之间留有间隙，采取这样的结构，就能对磁块进行有效的磁屏蔽，防止磁泄漏，减少磁能损耗，避免影响工作人员身体健康。

如果像说明书发明内容部分那样强调要同时解决这两个技术问题，必然会导致要将这两方面的措施同时写入独立权利要求，即如前面参考答案中所给出的独立权利要求，则取得的保护范围就比较窄，如果竞争对手所生产的磁化防垢除垢器仅采用了这两方面措施之一，就不构成侵权。而从目前说明书中提供信息来看，上述两方面的技术特征均足以导致发明具备新颖性和创造性，因此可以将上述两方面改进之一作为要解决的技术问题，以争取更宽的保护范围。

当以"提供一种可以在管道中产生足够磁场强度以提高磁化效果的磁化防垢除垢器"作为该发明要解决的技术问题，则独立权利要求可撰写成：

"1. 一种磁化防垢除垢器，它包括由非导磁材料制成的管道（1）和分别以异性磁极相对的方式置于其外表面相对两侧的至少两对永磁磁块（3，4），其特征在于：所述成对永磁磁块中任何两对位于该管道（1）的不同截面上，相邻两对磁块（3，4）之间形成的磁场基本相互垂直。"

当以"提供一种漏磁较少、对工作人员健康影响小的磁化防垢除垢器"作为该发明要解决的技术问题，则独立权利要求可撰写成：

"1. 一种磁化防垢除垢器，它包括由非导磁材料制成的管道（1）和分别以异性磁极相对的方式置于其外表面相对两侧的至少两对永磁磁块（3，4），其特征在于：它还包括一个由导磁材料制成的外壳（2），由所述管道（1）穿过所述外壳（2）并与外壳（2）的两端连成一体，用铁皮（5）将永磁磁块（3，4）包覆，并固定在管道（1）上，其中包覆磁块（3，4）的铁皮（5）的外表面与外壳（2）内壁之间留有间隙。"

在实际专利代理实务中，出现这种情况时就应当及时与客户进行沟通，以便确定该发明中以哪一项改进为主，而对另一个方面的改进可作为从属权利要求的改进措施。如果客户认为其中任何一个方面都可以作为主要改进来考虑，则可以作为两项申请提出，或者以两项发明合案申请的方式提出，对后一种情况待审查员发出缺乏单一性的通知再确定要否提出分案申请。但在应试时，由于这两项独立权利要求明显不具有单一性，就应当针对其中一个要解决的技术问题撰写独立权利要求及相应的从属权利要求，而对于另一项发明以分案申请提出。但就本题而言，即使不与客户沟通，也能够意识到该发明应当以前一项改进为主，即将"在管道中产生足够磁场强度以提高磁化效果"作为要解决的技术问题来撰写独立权利要求，并将"它还包括一个由导磁材料制成的外壳（2），由所述管道（1）穿过所述外壳（2）并与外壳（2）的两端连成一体，用铁皮（5）将永磁磁块（3，4）包覆，并固定在管道（1）上，其中包覆磁块（3，4）的铁皮（5）的外表面与外壳（2）内壁之间留有间隙"作为附加技术特征撰写一项从属权利要求。当然，在此时还应当针对这方面的改进建议客户另行提出一件申请。

二、对审查意见通知书的答复

这一部分，首先对答复审查意见通知书的思路作出说明；然后针对此分析给出答复审查意见通知书的参考答案（包括答复审查意见通知书时所修改的权利要求书❶和意见陈述书）。

（一）答复审查意见的分析思路

在回答第二部分试题之前，首先应当对该专利申请与审查员所引用的两份对比文件之间的异同点作简要分析（见下表）。

发明专利申请	对比文件 1（中国发明专利申请文件）	对比文件 2（中国实用新型专利文件）
申请日：1994 年 8 月 31 日	申请日：1993 年 6 月 2 日 公开日：1994 年 12 月 3 日	申请日：1992 年 12 月 7 日 公开日：1993 年 8 月 7 日
a. 管道横截面为圆形或方形	管道横截面为方形	管道横截面为圆形
b. 至少两对磁块	两对磁块	两对磁块
c. 分别位于不同截面	分别位于不同截面	分别位于不同截面
d. 铁皮包覆永磁磁块	铁皮包覆永磁磁块	铁皮包覆永磁磁块
e. 铁皮的外表面与外壳的内壁之间留有间隙	铁皮的外表面与外壳的内壁之间留有间隙	
f. 带有外壳	带有外壳	
g. 磁场相互垂直	磁场相互垂直	磁场相互垂直
h. 相邻两对瓦形磁块之间的圆形管道上安装有铁制垫圈		两对瓦形磁块之间安放有铁制垫圈

由于该专利申请的申请日在 2009 年 10 月 1 日之前，因此该专利申请适用修改前的《专利法》和《专利法实施细则》。

由于对比文件 1 的申请日在该申请的申请日之前，公开日却在该申请日之后，因而对比文件 1 是一件由他人在先向中国专利局提出申请在后公布的发明专利申请公开文件，可用来作为判断该专利申请是否具备新颖性的对比文件，但不能用作判断该专利申请是否具备创造性的对比文件。❷

对比文件 2 的公开日在该申请的申请日之前，是该申请的一份现有技术，不仅可用来作为判断该申请新颖性的对比文件，也可用来作为判断该申请创造性的对比文件。

由上述技术特征披露对比表可知，对比文件 1 公开了该申请权利要求 1 和权利要求 2 的全部技术特征，由知可知，审查意见通知书中关于权利要求 1 和 2 相对于对比文件 1 不具备新颖性的意见正确，因此应当对权利要求书进行修改，尤其需要对独立权利要求进行修改，否则专利申请将会被驳回。

审查意见通知书认为，权利要求 3 进一步限定的技术特征"管道为圆形、磁块为瓦形"与对比文件 1 中披露的"方形管道和条形磁块"属于惯用手段的直接置换，从而得出权利要求 3 相对于对比文件 1 无新颖性。但是，由说明书倒数第二段中明确记载着"瓦形磁块具有聚磁作用，可使磁场更均匀，使水的磁化更为理想"，也就是说圆形管道和瓦形磁块相组合比方形管道和条形磁块的组合能带来更好的效果，因此不能称作等效手段的替换，更不能看作惯用手段的直接置换，因此有关权利要求 3 相对于对比文件 1 不具备新颖性的意见可以商榷。此外，审查意见通知书中还以对比文件 2 已经披露了"管道为圆形、磁块为瓦形"的技术特征而认定权利要求 3 相对于对比文件 1 和对比文件 2 不具备创造性，鉴于对比文件 1 是一件他人申请在先、公开在后的中国专利申请文件，只能用

---

❶ 鉴于本题是在申请文件改错基础上答复审查意见通知书，因此在修改权利要求书时还应当同时消除原申请文件存在的缺陷，例如独立权利要求应补入所缺少的必要技术特征，删去独立权利要求中的非必要技术特征或者导致权利要求不清楚的特征等。需要说明的是，目前答复审查意见通知书的试题答案中不允许出现删除独立权利要求中的技术特征的修改方式，因为这不符合《专利法实施细则》第五十一条第三款的规定。

❷ 如果对比文件 1 的申请日（有优先权的，指优先权日）在 2009 年 10 月 1 日之后，那么按照修改后的《专利法》第二十二条第二款和第三款的规定，即使该对比文件是申请人本人提出的，这种由申请人本人提出的申请在先、公布在后的中国专利申请文件也可用于判断该专利申请是否具备新颖性的对比文件，但也不能用作判断该专利申请是否具备创造性的对比文件。

作判断该专利申请新颖性的对比文件，不能用作判断该专利申请创造性的对比文件，因此有关权利要求3相对于对比文件1和对比文件2不具备创造性的审查意见是明显错误的。综上所述，可以考虑在修改权利要求书时将权利要求3修改为新的独立权利要求。

此外，审查意见通知书中对"权利要求4和5限定部分的技术特征已在对比文件1中披露"这一事实的认定也是正确的，因此这两项多项从属权利要求引用权利要求2的部分相对于对比文件1不具备新颖性的结论也正确。鉴于前面已经分析过权利要求3相对于这两份对比文件符合《专利法》第二十二条第二款和第三款有关新颖性和创造性的规定，因此这两项多项从属权利要求引用权利要求3的部分相对于对比文件1和对比文件2也应当符合《专利法》第二十二条第二款和第三款有关新颖性和创造性的规定。但是，考虑到这两项从属权利要求限定部分的技术特征是解决该发明技术问题的必要技术特征，因此在修改权利要求书时，应当将两项从属权利要求限定部分的附加技术特征写入修改后的独立权利要求中。

同样，审查意见通知书中以权利要求6限定部分的技术特征已在对比文件1口披露为依据，认定权利要求6相对于对比文件1和2不具备创造性，类似于前面对权利要求3的分析，这一审查意见是明显错误的，但是需要说明的是，根据说明书中具体实施方式中的记载，权利要求6的技术方案仅仅适用于圆形管道和瓦形磁块，即原权利要求6引用原权利要求2的技术方案得不到说明书的支持，鉴于此，可考虑在修改权利要求书时将其修改为由权利要求3改写成的独立权利要求的从属权利要求。

此外，审查意见通知书中有关权利要求7和权利要求8的审查意见基本上也是正确的，尤其是权利要求7限定部分的特征不属于产生技术效果的技术特征，权利要求8的技术方案未得到说明书的支持，因此可以将这两项从属权利要求删去。

此外，分析说明书中的具体内容，也不存在比将权利要求3改写成的独立权利要求保护范围更宽的技术方案。

根据上述分析，将原权利要求3改写成新独立权利要求1（并同时消除原申请权利要求1所存在的缺陷），将原权利要求6改写成新的从属权利要求2。

（二）答复审查意见通知书的参考答案

答复审查意见通知书时修改的权利要求书

1. 一种磁化防垢除垢器，它包括由非导磁材料制成的、横截面为圆形的管道（1）和至少两对各以异性磁极相对的方式置于其外表面相对两侧的瓦形永磁磁块（6、7），上述成对瓦形永磁磁块（6、7）用铁皮（5）包覆并固定在管道（1）上，所述永磁磁块（6、7）中的任何两对均位于管道（1）的不同截面上，相邻两对磁块（6、7）之间形成的磁场基本相互垂直，其特征在于：它还包括一个由导磁材料制成的、将所述铁皮（5）包覆的瓦形永磁磁块（6、7）包容在内的外壳（2），所述外壳（2）两端与所述管道（1）连成一体，所述铁皮（5）的外表面与所述外壳（2）的内壁之间留有间隙。

2. 按照权利要求1所述的磁化防垢除垢器，其特征在于：所述管道（1）上每相邻两对瓦形永磁磁块（6、7）之间装有铁制垫圈（8）。

依据修改的权利要求书所撰写的意见陈述书

国家知识产权局❶：

申请人仔细研究了贵局于××××年××月××日所发出的审查意见通知书，针对其中所提出的问题，对申请文件进行了修改，并陈述意见如下：

一、修改说明

1. 为克服原独立权利要求不具备新颖性的缺陷，在修改后的独立权利要求1中将管道

---

❶ 起始段可以不写抬头，如果写抬头的话，应写明国家知识产权局，而不要写成某位审查员。

和永磁磁块分别限定为"由非导磁材料制成的管道横截面为圆形"和"永磁磁块的形状为瓦形"，其依据来自原权利要求3及说明书第×页第×段。同时，为消除原独立权利要求缺少解决技术问题的必要技术特征这一缺陷，还进一步增加了"所述永磁磁块（6、7）中的任何两对均位于管道（1）的不同截面上，相邻两对磁块之间形成的磁场基本相互垂直""铁皮（5）的外表面与外壳（2）的内壁之间留有间隙"这两个技术特征，其依据来自原权利要求4和5以及说明书第×页第×段。此外，将原权利要求1中括号中的内容连同括号一起删去，同时删去了"为使结构简单紧凑"，以符合权利要求清楚、简要地限定要求专利保护范围的要求。因此上述修改未超出原说明书和权利要求书记载的范围，且是针对审查意见通知书中指出的缺陷或者消除原申请文件存在的缺陷进行的修改。❶

2. 从属权利要求2来自原权利要求6和说明书第×页第×段，因此这一修改未超出原说明书和权利要求书记载的范围。

3. 删去了原从属权利要求2、7和8。

由此可知，上述修改没有超出原申请记载的范围，符合《专利法》第三十三条的规定。❷

二、关于新颖性和创造性

对比文件1是在本申请的申请日之前提出申请、在本申请日之后公开的中国发明专利申请文件，只可用于评价本申请的新颖性不能用于评价本申请的创造性。对比文件2的公开日在本申请的申请日之前，构成本申请的现有技术，既可用来评价本申请的新颖性，也可用来评价本专利申请的创造性。

1. 修改后的权利要求1具备新颖性

权利要求1的磁化防垢除垢器，包括了由非导磁材料制成的横截面为圆形的管道和瓦形永磁磁块。对比文件1披露的磁化防垢除垢器，在外壳中由非导磁材料制成的管道部分的横截面为方形，而不是圆形；永磁磁块为条形，而不是瓦形。正如本申请说明书中倒数第二段第6行至第7行明确写明，与圆形管道相配的瓦形永磁磁块具有聚磁作用，可使磁场更均匀，使水的磁化更为理想，由此可知圆形管道和瓦形永磁磁块组配与方形管道和条形永磁磁块组配相比能带来更好的磁化效果，由此可知，对解决本发明的技术问题来说两者之间并不是简单的形状变化，圆形管道和瓦形永磁磁块组配能带来更好的技术效果，因而不是惯用手段的直接置换。因此权利要求1相对于对比文件1具备新颖性，符合《专利法》第二十二条第二款的规定。

对比文件2披露的磁化防垢除垢器并没有外壳，因此并没有披露权利要求1中的特征部分，因此权利要求1相对于对比文件2也具备新颖性，符合《专利法》第二十二条第二款的规定。

2. 修改后的权利要求1具备创造性

由于只有对比文件2能够用于评价本申请的创造性，因此对比文件2为本申请的最接近的现有技术。

如前分析，权利要求1与对比文件2公开的技术方案相比，其区别在于：权利要求1的磁化防垢除垢器还包括一个由导磁材料制成的、将所述铁皮包覆的瓦形永磁磁块包容在内的外壳，所述外壳两端与所述管道连成一体，所述铁皮的外表面与外壳的内壁之间留有间隙。权利要求1的技术方案通过上述区别特征，能够有效达到防止磁泄漏，因此权利要求1相对于对比文件2实际解决的技术问题是提供一种防止磁泄漏、以减少磁能损耗、并更为安全的磁化防垢除垢器。对比文件2根本没有公开外壳，也没有给出防止磁泄漏的技

---

❶ 在此处实际上还删除了原独立权利要求中的非必要技术特征"不超过五对的永磁磁块"，这种删除的修改方式按照目前的专利法实施细则和专利审查指南的规定是不能接受的。

❷ 由于试题明确要求不需严格按照《专利法实施细则》第五十一条第三款的规定，因此在此不必提及。

术启示。而且，上述区别特征并不是本领域解决所述技术问题的惯用技术手段，是本领域技术人员不容易想到的。因此，权利要求1相对于对比文件2和本领域的公知常识具备突出的实质性特点。

同时，由于权利要求1的技术方案能够防止磁泄漏，减少磁能损耗，有利于保护工作人员的身体健康，获得了有益的技术效果，具有显著的进步。

因此，权利要求1相对于对比文件2及本领域的公知常识而言具备突出的实质性特点和显著的进步，符合《专利法》第二十二条第三款关于创造性的规定。

3. 修改后的权利要求2也具备新颖性和创造性❶

权利要求2是权利要求1的从属权利要求，从结构上对权利要求1作了进一步限定，在权利要求1具备新颖性和创造性的基础上，该从属权利要求2也具备新颖性和创造性。

申请人相信，修改后的权利要求书已经完全克服了审查意见通知书中指出的新颖性和创造性问题，并克服了其他一些形式缺陷，符合《专利法》《专利法实施细则》《专利审查指南2010》的有关规定。如果继续审查过程中认为本申请还存在其他缺陷，敬请联络本代理人，我们将尽力配合工作。

第十八章　2000年专利代理实务机械试题解析

试　　题

试题说明

客户向你所在的代理机构提供了他们的两种饮料容器（易拉罐）的结构简要说明（附件1）以及他们所了解的现有技术（附件2），并委托你们就这两种饮料容器提出发明专利申请。在撰写专利申请文件之前，你对现有技术进行了检索，找到一篇相关的对比文件（附件3）。

第一题：请你根据客户提供的发明简要说明（附件1）和现有技术（附件2），以及你检索到的对比文件（附件3）为客户撰写一份权利要求书。具体要求如下❷：

1. 该权利要求书应当包括一项独立权利要求和若干项从属权利要求。

2. 独立权利要求应当满足下列五方面要求：

（1）具有一个较宽的保护范围。

（2）清楚、简明地限定了其保护范围。

（3）记载了解决技术问题的全部必要技术特征。

（4）相对于客户提供的现有技术和你检索到的对比文件具备新颖性和创造性。

（5）符合《专利法》及其实施细则关于独立权利要求的其他规定。

总之，该独立权利要求既要有尽可能宽的保护范围，又要有最好的授权前景。

3. 从属权利要求应当使得本申请在授权后一旦面临不得不缩小独立权利要求保护范围的情况时具有充分的修改余地，但其数量应当合理、适当，并且符合《专利法》及其实施细则对从属权利要求的所有规定。

第二题：请按照《专利法》《专利法实施细则》和《审查指南》的有关规定，对下述问题作出回

---

❶ 根据全国专利代理人资格考试考前培训系列教材之《专利代理实务分册（第3版）》（知识产权出版社2016年出版）中写明的内容以及2010年全国专利代理人资格考试专利代理实务科目新的评分标准，对于从属权利要求的新颖性和创造性的评述，可以更加简化，即在论述了独立权利要求具有新颖性和创造性后，再论述其从属权利要求具有新颖性和创造性。

❷ 在近几年的专利代理实务科目的考试中，对于申请文件撰写的试题，有一部分未在试题说明中明确写出权利要求的撰写规定。因为这些规定也是专利代理实务考试所要考查的内容之一。

答，回答内容应当与你先前所撰写的权利要求书相适应：

1. 你认为这两项现有技术（附件2和附件3）中哪一项是本发明的最接近的现有技术？请说明理由。

2. 相对于客户提供的现有技术（附件2）和你检索到的对比文件（附件3），确定本发明要解决的技术问题❶，并简述理由。

3. 本发明与两项现有技术（附件2和附件3）相比，带来哪些有益效果？

4. 请说明你所撰写的独立权利要求相对于客户提供的现有技术（附件2）和你检索到的对比文件（附件3）具备新颖性、创造性的理由。

5. 请给出本发明专利申请的发明名称和本发明所涉及的技术领域。

6. 为本发明专利申请撰写一份说明书摘要。

特别提示❷：

（1）权利要求书中涉及零部件时，应当在其后面标注附件附图中给出的该零部件的标号。

（2）作为考试，仅要求依据客户提供的发明内容进行撰写，不要补充你可能具有的有关该发明主题的任何专门知识。

附件1 客户作出的发明简介

客户提供的两种饮料容器的结构简介

[001] 客户发明的第一种饮料容器如图1至图4所示，主要对饮料容器顶盖1上的开启装置❸10作了改进。该开启装置10主要由封闭片2和与该封闭片2相互连接的拉片3组成。

[002] 图1给出该饮料容器的俯视图，图2是该饮料容器顶盖部分 沿图1中Ⅱ-Ⅱ线的侧剖视图，其中开启装置10处于关闭状态；图3与图2类似，但其中开启装置10处于刚开始打开封闭片2的位置；图4是图1中封闭片2的局部放大图，该封闭片2由U形刻痕线11围成。

[003] 由图1至图3可知，顶盖1上有一个凹入区5，所述开启装置10位于此凹入区5内。所述封闭片2的圆弧形端部21的位置位于饮料容器顶盖1的边缘附近，所述封闭片2的根部22位于饮料容器顶盖1的中部附近。从图4中可以看到，所述封闭片2的U形刻痕线11是非封闭的。封闭片2端部21的刻痕线11呈圆弧形，封闭片2的圆弧形端部21和根部22之间的刻痕线11为两根相互平行的直线，此两根平行的直线终止于封闭片2的根部22，构成该刻痕线11的两端13，它们彼此相隔开。采用上述结构后，在拉起封闭片2打开封闭开口后，封闭片2借助其根部22，依然连接在顶盖1上，因此不会被任意丢弃而污染环境。在所述刻痕线11的两端13还可以设有凸出物12，在打开封闭片2时，可以有效地使撕裂的刻痕线11终止于刻痕线两端13的凸出物12处。

[004] 由图1至图4可知，在封闭片2的圆弧形端21附近设有孔33，拉片3与封闭片2借助该孔33和铆钉35连接在一起，显然还可以采用其他方式，如通过焊接将拉片3与封闭片2连接在一起。由于拉片3与封闭片2的连接点设置在紧靠封闭片2的圆弧端部21附近，当使用者拉起拉片3，首先撕裂封闭片2圆弧形端部21的刻痕线11，再撕裂封闭片2中部的刻痕线11，直到封闭片2的根部22，这样打开封闭开口时就可使封闭片2基本上全部向外弯曲，不会使封闭片上的灰尘或其他脏

---

❶ 原题为"发明目的"，但目前的《专利法实施细则》和《专利审查指南2010》已将"发明目的"改为"要解决的技术问题"，为使试题与当前的《专利法实施细则》和《专利审查指南2010》相适应，故此处改为"要解决的技术问题"。

❷ 2000年申请文件撰写试题的试题说明中并没有特别提示，而在当年阅卷后认为有必要在这两方面提醒考生，因此2002年和2004年申请文件撰写试题的试题说明中均增加了这两点特别提示。为帮助考生应试，在2000年申请文件撰写试题的试题说明中也增加了这方面的内容。

❸ 原题中此处为"封闭开启装置"，在研究了整个申请文件后，认为采用"封闭开启装置"容易引起误解，正确的表述应当为"开启装置"，因此将原考题中的"封闭开启装置"全部修改为"开启装置"。

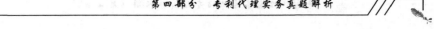

物落入饮料容器内。

[005] 由图1至图3可知，该拉片3有一个可供手指握持的拉环4。在该拉片3上，与拉环4相对、邻近封闭片2圆弧形端部21的另一端31的下方，设有向下延伸的锋利凸起物32，所述凸起物32的自由端靠近饮料容器顶盖1的上表面。这样，如图3所示，当使用者拉起拉环4向上翻转时，拉片3以铆钉35为杠杆支点，使端部31向下延伸的凸起物32向下对端部21施加压力，由于凸起物32具有锋利的顶尖部分，而且，拉片3与封闭片2的铆接点位于封闭片2的圆弧形端部21附近，因此，只需要施加很小的作用力，大约5至8牛顿，就可撕裂端部21处的刻痕线11，即在凸起物32压力作用下，向下破坏封闭片2的端部21的刻痕线11，随后，在使用者手指向上拉力的作用下，撕裂全部刻痕线11，很容易打开封闭的开口，同时可以避免由于施加过大的力而导致顶盖1变形，或拉片3被拉断而封闭片2仍处于封闭状态以至无法开启。

[006] 在客户发明的第二种饮料容器中，除封闭片的形状外，其开启装置的拉片和封闭片的结构与第一种饮料容器的开启装置结构基本相同。图5是第二种饮料容器封闭片2的局部放大图，其与第一种饮料容器的区别仅在于：该封闭片2的刻痕线11大致呈两头小中间大、且被截去一端头的橄榄形。从图5中可以看到，封闭片2具有圆弧形的端部21，从封闭片2的圆弧形端部21到根部22，封闭片2的宽度先逐渐增大，然后再逐渐减小，而在其根部22，封闭片2的刻痕线11形成间隔不大的两端13。其与第一种饮料容器一样，该两端还可以设有凸出物12。与第一种饮料容器相比，这种结构的开启装置可增大其开口，便于倒出饮料容器内的被盛装物。

附件1的附图

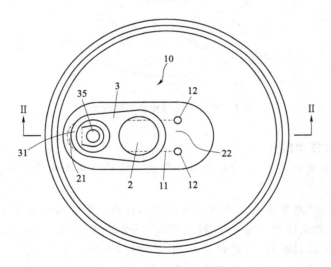

图1 饮料容器的俯视图

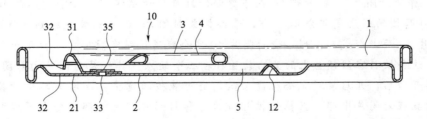

图2 饮料容器顶盖部分沿图1中Ⅱ-Ⅱ线的侧剖视图（开启装置处于关闭状态）

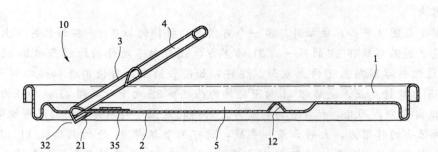

图3 饮料容器顶盖部分沿图1中Ⅱ-Ⅱ线的侧剖视图（开启装置处于刚打开封闭片的位置）

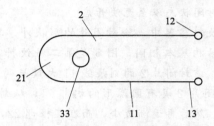

图4 第一种封闭片的局部放大图

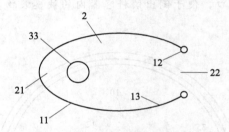

图5 第二种封闭片的局部放大图

附件2 客户提供的现有技术简介

客户提供的现有技术是如图2-1所示的另一种饮料容器顶盖上开启装置。图2-1给出其开启装置的透视图。

该饮料容器顶盖上的开启装置也位于顶盖上的凹入区内，它包括拉片75、铆钉62和由封闭刻痕线部分42、43、44、45构成的封闭片40。拉片75的一端是拉环74。铆钉62位于拉片75的中间位置。当使用者用手指向上拉起拉片75时，拉片75以铆钉62为支点翻转。拉片75的拉环74向上移动，拉片75的另一端68下压封闭片40邻近刻痕线部分42的端部90，首先撕裂封闭片40一端处的刻痕线部分42，并使封闭片40的端部90向下弯曲，继续拉动拉环75，牵引封闭片40向上翻转，逐渐撕裂封闭片40两侧的刻痕线部分44、45，最终撕裂封闭片40另一端处的刻痕线部分43，此时，拉片74和封闭片40两者形成人字形，使封闭片40完全脱离饮料容器顶盖，打开开口。

客户指出，这种饮料容器顶盖上的开启装置存在三个缺点：其一是封闭片由封闭的刻痕线围成，在打开饮料容器开口后，开启装置完全脱离顶盖，有可能被随意丢弃而污染环境；其二是拉片与封闭片的连接点设置在封闭片中部，当拉起拉片时拉片和封闭片仍有一部分会向下弯曲，会使封闭片上的灰尘或其他脏物落入饮料容器内；其三是施力过大时会拉断拉片而封闭片仍处于封闭状态，以致无法开启饮料容器。

附件 2 的附图

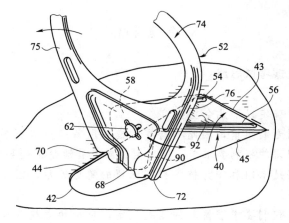

图 2-1

附件 3　检索到的对比文件

作为代理人，你为客户的这项发明进行了检索，找到一篇已公开的对比文件。该对比文件所披露的饮料容器顶盖上的开启装置如图 3-1 所示。由该饮料容器的俯视图可知，位于顶盖 86 上凹入区 88 内的开启装置 80 包括拉片 84、铆钉 81 和由刻痕线 82 围成的封闭片 85。该刻痕线 82 的形状接近两头小中间大、且被截去一端头的橄榄形，该刻痕线 82 的两端彼此相隔开，也为不封闭的刻痕线。铆钉 81 位于封闭片 85 的根部附近。当使用者用手指向上（离开纸面向外的方向）拉起拉片 84 的拉环 89，拉片 84 以铆钉 81 为支点向上翻转，随着拉环 89 向上拉动，拉片 84 的另一端 83 向下压封闭片 85，撕裂刻痕线 82，封闭片 85 向下（进入纸面内的方向）弯曲，伸入饮料容器的内部，从而打开饮料容器顶盖上的封闭片 85 所封闭的开口。虽然此时该封闭片 85 仍连接在顶盖 86 上，但可从此开口将容器中的饮料倒出。

附件 3 的附图

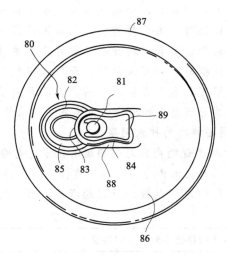

图 3-1

答题思路

一、重视试题说明，把握考试思路

从试题说明来看，可以确定以下几个重要信息：

（1）试题要求撰写发明专利申请，因此不需要考虑实用新型对权利要求书的特殊要求（考试虽然大多数是撰写发明专利申请的权利要求书，但考生仍应当看清楚试题要求）。客户没有提出其他法律问题，也没有提出将某些技术内容作为技术秘密保留的意思表示，因此可以根据其提供的内容来撰写合适的权利要求书。

（2）试题说明中给出了权利要求书撰写的相关规定，包括独立权利要求和从属权利要求的相关要求，以及加注附图标记的规定。这些规定和要求在撰写权利要求书是需要认真考虑的，并且在撰写完成后，且在时间允许的情况下，可以用于检验撰写是否合适。

（3）第二题的答题内容，应当与所撰写的权利要求书相适应：即前两道小题反映你撰写权利要求书的总体思路，第3道、第5道和第6道小题应当依据所撰写的权利要求书完成说明书的相应部分，第4道小题具体论述所撰写的独立权利要求相对于两份现有技术具备新颖性和创造性。

（4）作为考试，仅要求依据客户提供的发明内容进行撰写，不要补充你可能具有的有关该发明主题的任何专门知识。也就是说，撰写权利要求书时，仅能以客户提交的技术说明即附件1为基础来确定技术主题及其关键技术特征。

二、权利要求书的撰写

（一）分析试题，确定技术主题

由客户提供的作为技术说明的附件1来看，其仅涉及一种技术主题，即涉及饮料容器或者其开启装置。通常在确定机械装置的主题名称时，如果发明改进在部件而非产品的整体，那么在该部件能够单独存在或制造，通常应当以该部件为主题名称。但如果该部件需要以产品的整体形式才能制造，则还可以产品为主题名称。由于饮料容器的开启装置并不能单独制造或使用，其仅以与饮料容器的本体形成整体才能存在，因此撰写权利要求书时，既可以将权利要求的主题名称确定为饮料容器，并以其开启装置为特征进行限定，也可直接以饮料容器的开启装置为主题名称。这两种主题名称都符合要求。下面以饮料容器的开启装置作为技术方案的主题名称进行说明。

（二）分析对比，确定该发明要解决的技术问题

1. 客户提供的有关该发明的技术说明内容与两项现有技术进行分析对比

通过将附件1中给出的该发明的技术内容与两项现有技术（附件2和附件3）进行分析比较，以确定该申请相对于两项现有技术所作出的改进。为帮助考生理解，可以通过技术特征对比列表来清楚显示。

该申请的技术特征	附件2的特征	附件3的特征	备 注
饮料容器	√	√	
开启装置10	√	√	
位于顶盖上凹入区5	√	√	
刻痕线围成的封闭片2	√	√	

续表

该申请的技术特征	附件2的特征	附件3的特征	备注
非封闭刻痕线11	×（封闭刻痕线）	√	为将该特征表述清楚，需要指明其终止于封闭片的根部，构成隔开的两端
刻痕线两端设有凸出物12	×	×	技术细节改进，不宜作为给技术方案带来创造性的关键点
刻痕线11成U形，其在封闭片的端部为圆弧形，在封闭片的端部和根部之间为两根相互平行的直线（第一种饮料容器）	×	×	在附件3已公开非封闭的刻痕线为橄榄形的基础上，刻痕线的具体形状通常是很容易预期其所带来的效果，因此根据基本常识判断，其不足以构成为技术方案带来创造性的特征
刻痕线大致呈两头小中间大且被截去一端头的橄榄形，从封闭片的圆弧形端部到根部，封闭片的宽度先逐渐增大，然后再逐渐减小（第二种饮料容器）	×	刻痕线的形状接近两头小中间大且被截去一端头的橄榄形，两端彼此隔开	
与封闭片连接的拉片3	√	√	
封闭片与拉片通过铆接连接在一起	√	√	
封闭片与拉片通过焊接而连接成一体	×	×	该特征虽然没有被附件2和3明确公开，但附件1中已明确指出，焊接也是显然可采用的方式，因此不能作为带来创造性的特征
拉环4	√	√	
封闭片的圆弧形端部21	√	√	为区分端部和根部，根据打开封闭片的过程，可以用"可先被撕开的端部"来描述
封闭片的根部22	√	√	
拉片与封闭片的连接点设置紧靠封闭片的圆弧形端部附近	×（位于封闭片中间位置）	×（位于封闭片的根部附近）	该特征带来了防止封闭片上的灰尘或脏物落入饮料容器的效果，能为技术方案带来创造性
拉片对应于封闭片端部的一端下方设有向下延伸的锋利凸起物32，其尖端靠近饮料容器顶盖的上表面	×	×	附件2和3没有披露该特征，而且也不是本领域基本常识，其带来更易于打开饮料容器的效果，但依据客户的介绍材料，该特征需要与"拉片与封闭片的连接点设置紧靠封闭片的圆弧形端部附近"这一特征相配合才能发挥有效作用

值得注意的是，在附件2最后一段，客户指出对附件2的饮料容器的开启装置进行了三方面的改进，但并不意味着发明必须要同时解决这三个方面的问题而将涉及三个方面的技术特征都认定为必要技术特征，而应当根据现有技术来确定所解决的技术问题，进而确定独立权利要求的技术方案。

第四部分

2. 确定该发明的最接近的现有技术

客户提供的现有技术（附件2）和检索到的对比文件（附件3）都涉及饮料容器的开启装置，因此这两项现有技术与该发明都属于相同的技术领域。但是，由客户对该发明技术内容的介绍和提供的现有技术（附件2）最后一段内容可知，该发明相对于客户提供的现有技术解决了三方面的改进，而其中第一方面改进"使封闭片在打开后仍与饮料容器连接在一起而不会任意丢弃污染环境"在检索到的对比文件（附件3）中也已被解决，由此可知检索到的对比文件（附件3）与客户提供的现有技术（附件2）相比，所解决的技术问题、技术效果与该发明更接近；此外，检索到的对比文件（附件3）与客户提供的现有技术（附件2）相比，公开了该发明更多的技术特征，即比附件3还多公开了该发明中"封闭片的刻痕线是非封闭的"这一技术特征。由此可知，检索到的对比文件（附件3）与该发明具有相同的技术领域，与客户提供的现有技术（附件2）相比，解决的技术问题和技术效果与该发明更接近，且披露了该发明更多的技术特征，因此，应当将检索到的对比文件（附件3）确定为该发明的最接近的现有技术。

3. 找出该发明的关键技术特征，确定该发明相对于最接近的现有技术要解决的技术问题

为确定该发明相对于最接近的现有技术（附件3）所解决的技术问题，先分析该发明中哪些技术特征未被附件3公开，如表中备注栏所说明，对于刻痕线两端设有凸出物、封闭片与拉片通过焊接而连接成一体以及刻痕线成U形这三个技术特征都不能为该发明的技术方案带来创造性。具体而言，"刻痕线两端设有凸出物"这一个特征仅仅属于技术细节上的改进，不宜作为给技术方案带来创造性的关键点，"封闭片与拉片通过焊接而连接成一体"这一个特征相对于铆接而言是极其简单的替代手段，刻痕线成U形这一特征仅是刻痕线的形状简单变换，因此根据日常生活常识即可判断，后两个特征不能为技术方案带来创造性。

那么，该申请中未被附件3公开的下述两个技术特征相对而言更为关键：第一个特征是"拉片与封闭片的连接点设置在紧靠封闭片的端部"；第二个特征是"拉片对应于封闭片端部的一端下方设有向下延伸的锋利凸起物，其尖端靠近饮料容器顶盖的上表面"。根据表中备注的说明可知，第二个特征仅仅在与第一特征相配合时才能更有效地发挥作用，如果拉片与封闭片的连接点未设置在封闭片的可先被撕开的端部，例如，按附件2和3中的位置，那么设置"锋利凸起物"所起的作用就不大。同时，第一个特征所带来的效果在技术说明的附件1中有明确交代，而且根据基本常识来判断，可以认为以该特征为基础撰写权利要求可以为客户争取到最大的保护范围，因此应当针对该第一个特征所能带来的技术效果来确定所要解决的技术问题，即该发明相对于最接近的现有技术要解决的技术问题是提供一种饮料容器的开启装置，用这种开启装置来打开饮料容器时不会使拉片上的灰尘和其他脏物落到饮料容器中。

（三）确定必要技术特征，拟定独立权利要求

在确定了该发明相对于最接近的现有技术所要解决的技术问题后，就应当具体分析该发明中哪些技术特征是解决该技术问题的必要技术特征，进而完成独立权利要求1的撰写。

除上述第一个关键技术特征之外，还需要根据最接近的现有技术的附件3来确定其他的必要技术特征。经分析可知，为保证技术方案完整，并解决上述技术问题需要包括以下技术特征：由刻痕线围成的封闭片；与封闭片连接在一起的拉片；封闭片包括一个可先被撕开的端部和一个根部；以及作为关键技术特征的"拉片与封闭片的连接点设置在紧靠封闭片的端部"。上述关键技术特征没有被最接近的现有技术附件3公开，显然应当写在独立权利要求1的特征部分，而前三个特征属于与最接近的现有技术共有的技术特征，应当写在前序部分。由此确定的独立权利要求1如下：

1. 一种饮料容器的开启装置，包括由刻痕线围成的封闭片以及与所述封闭片连接在一起的拉片，所述封闭片包括一个可先被撕开的端部和一个根部，其特征在于：所述拉片与所述封闭片的连接点设置在紧靠所述封闭片的端部。

需要提醒考生注意的是，不少当年的考生，将"刻痕线非封闭"这一技术特征写入独立权利要求的前序部分，这是不正确的，导致较多的扣分。因为刻痕线非封闭这一技术特征与解决上述技术问题无关，不是解决这一技术问题的必要技术特征，不要因其在最接近的现有技术中已披露就将其作为与最接近的现有技术共有的技术特征写入到前序部分，写入独立权利要求会导致保护范围过窄，不能充分维护申请人的权益。

（四）确定优选技术方案，拟定从属权利要求

在撰写独立权利要求的基础上，需要进一步分析该申请的其他技术特征，对于比较重要的特征，尤其是可能对申请的创造性起作用的技术特征，以及带来更优效果的技术特征或者解决了附带技术问题而带来附带技术效果的技术特征等，可以作为对该发明进一步限定的附加技术特征，写成相应的从属权利要求。这些附加技术特征往往在说明书或技术资料中会以"本发明优选地""本发明还可以采用""采用……会得到更好的效果"等引出，考生可以对此进行标注，以便在撰写从属权利要求时查找。下面对此作进一步分析。

（1）在该申请中，首先可以发现"拉片对应于封闭片端部的一端下方设有向下延伸的锋利凸起物，其尖端靠近饮料容器顶盖的上表面"在技术说明中已体现出是比较重要的技术特征，其与拉片与所述封闭片的连接点设置在紧靠可撕开的端部相配合，起到更易于开启饮料容器的作用，因而应当将其作为附加技术特征写成从属权利要求。

（2）从技术说明可知，为了克服附件2中封闭刻痕线所导致的打开饮料容器后开启装置完全脱离顶盖而可能被随意丢弃污染环境的缺陷，该申请的刻痕线为非封闭式的。虽然刻痕线非封闭在附件3中被公开，但仍可以该特征作为附加技术特征来撰写，以在刻痕线封闭还是非封闭中选择较优的方案。此外，相对于附件3而言，该申请还采取了在非封闭刻痕线的两端设有凸出物，从而在开启饮料容器时使封闭片撕开到该凸出物时就停止，可有效地防止封闭片从饮料容器顶盖上撕开脱离。因此，该特征可以对非封闭刻痕线作进一步限定。（当然，在权利要求数目较多的情况下，由于非封闭刻痕线已被附件3所公开，则可以选择将上述两特征即非封闭刻痕线与刻痕线两端设有凸出物结合起来撰写成一项从属权利要求，从考试的角度来看这两种写法均可以被接受。）

（3）该申请中的两种封闭片刻痕线的具体形状，虽然属于技术细节上优选特征，但也具有一定的技术意义，能够获得一定程度的更优技术效果，因此可以撰写成对非封闭刻痕线的进一步限定。

（4）至于封闭片与拉片之间的连接关系显然可以通过常见的方式来连接，虽然本身不会对该申请的创造性起到作用，但作为饮料容器的生产必然会选择的连接关系，故在撰写的权利要求书中的权利要求数量不是太多时，仍然可以作为附加技术特征写成从属权利要求。

（五）拟定与独立权利要求1具备单一性的另外的独立权利要求及其从属权利要求❶

根据上述分析，可以得出该申请不需要撰写其他独立权利要求。因而也不存在单一性的问题。

参考答案

第一题　撰写权利要求书的参考答案

1. 一种饮料容器的开启装置，包括由刻痕线（11）围成的封闭片（2）以及与所述封闭片（2）连接在一起的拉片（3），所述封闭片（2）包括一个可先被撕开的端部（21）和一个根部（22），其

---

❶ 当年考试是专利申请文件撰写科目考试方式改革后的第一次考试，因而未将单一性作为考点。为此，机械专业试题为使考试答案唯一，在试题中从技术内容上明确写明需要同时采用"向下延伸的凸尖"和"拉片与封闭片连接点的位置前移"两个手段才能方便地打开封闭片开口。而实际上，仅有"向下延伸的凸尖"就可方便地打开封闭片开口，进一步再采取使"拉片与封闭片连接点前移"后，施加更小的力就能打开封闭片开口。如考试时试题明确写明是后一情况，则除了撰写上述一组独立权利要求和从属权利要求外，还应当以"向下延伸的凸尖"作为主要改进撰写另一组独立权利要求和从属权利要求，但由于这两项独立权利要求之间无单一性，应当建议申请人对后一组独立权利要求和从属权利要求在同日另行提出一件专利申请。

特征在于：所述拉片（3）与所述封闭片（2）的连接点设置在紧靠所述封闭片（2）的端部（21）。

2. 根据权利要求1所述的饮料容器的开启装置，其特征在于：所述拉片（3）对应于所述封闭片（2）端部（21）的一端下方设有向下延伸的锋利凸起物（32），其尖端靠近饮料容器顶盖（1）的上表面。

3. 根据权利要求1或2所述的饮料容器的开启装置，其特征在于：所述围绕成封闭片（2）的刻痕线（11）是非封闭的，其彼此分隔开的两端（13）终止在所述封闭片（2）的根部（22）。

4. 根据权利要求3所述的饮料容器的开启装置，其特征在于：在所述封闭片（2）根部（22）的刻痕线两端终止位置分别设置有凸出物（12）。

5. 根据权利要求3所述的饮料容器的开启装置，其特征在于：所述围绕成封闭片（2）的非封闭刻痕线（11）呈 U 形。

6. 根据权利要求3所述的饮料容器的开启装置，其特征在于：所述围绕成封闭片（2）的非封闭刻痕线（11）呈大致为两头小中间大、且被截去一端头的橄榄形。

7. 根据权利要求1或2所述的饮料容器的开启装置，其特征在于：所述封闭片（2）与所述拉片（3）通过铆接或焊接相连接。

正如前面所指出的，权利要求的主题名称采用饮料容器，也是可以接受的。此时的独立权利要求1应当写为：

1. 一种饮料容器，包括位于饮料容器体顶盖（1）上的开启装置，该开启装置包括由刻痕线（11）围成的封闭片（2）以及与所述封闭片（2）连接在一起的拉片（3），所述封闭片（2）包括一个可先被撕开的端部（21）和一个根部（22），其特征在于：所述拉片（3）与所述封闭片（2）的连接点设置在紧靠所述封闭片（2）的端部（21）。

第二题 简述题参考答案

对第二题简述题来说，先说明一下每道题的答题思路或者答题要求，然后对每道题给出一个参考答案。

（1）你认为这两项现有技术（附件2和附件3）中哪一项是本发明的最接近的现有技术？请说明理由。

本题的答题思路：

通常作为专利代理人应当按照下述步骤撰写权利要求书，在阅读、理解客户对发明内容的介绍和所掌握的现有技术后，应当从掌握的现有技术中确定该发明的最接近的现有技术，然后确定该发明相对于最接近的现有技术所要解决的技术问题，在此基础上撰写独立权利要求和从属权利要求。因此，当年简述题第1题和第2题的出题本意是考查考生撰写权利要求书的思路是否正确。

根据《专利审查指南2010》第二部分第四章第3.2.1.1节的规定，最接近的现有技术，是指现有技术中与要求保护的发明最密切相关的一个技术方案，例如可以是，与要求保护的发明技术领域相同，所要解决的技术问题、技术效果或者用途最接近和/或公开了发明的技术特征最多的现有技术，或者虽然与要求保护的发明技术领域不同，但能够实现发明的功能，并且公开发明的技术特征最多的现有技术。应当注意的是，在确定最接近的现有技术时，应首先考虑技术领域相同或相近的现有技术。但是，需要说明的是，上述最接近的现有技术是针对判断发明或实用新型专利是否具备创造性而作出的规定，而对于撰写权利要求书来说，确定最接近的现有技术是因为撰写独立权利要求时需要相对于最接近的现有技术划分前序部分和特征部分，因而通常只考虑相同的技术领域，并不考虑相近的技术领域。由此可知，在撰写权利要求书时确定最接近的现有技术时，应当首先考虑与该发明技术领域相同的现有技术，然后从他们中间选择解决的技术问题、技术效果或用途更接近和/或公开发明的技术特征更多的现有技术作为最接近的现有技术。

本题的参考答案：

"附件3（即检索到的对比文件）是该发明最接近的现有技术。

该发明涉及饮料容器的开启装置，附件2（客户提供的现有技术）和附件3（检索到的对比文件）也涉及饮料容器的开启装置，三者属于相同的技术领域。附件3与附件2相比，还多披露了'封闭片的刻痕线非封闭'这一技术特征，因此附件3披露了该发明更多的技术特征；正由于附件3多披露了这一技术特征，因而附件3中的饮料容器开启装置在拉起拉片打开封闭片后，拉片和封闭片仍连接在饮料容器的顶盖上，不会被任意丢弃而污染环境，由此可知，附件3所解决的技术问题和技术效果更接近该发明。通过上述分析可知，附件3与该发明属于相同的技术领域，与附件2相比，其要解决的技术问题和技术效果与该发明更接近，披露了该发明更多的技术特征，因此应当以检索到的现有技术附件3作为该发明最接近的现有技术。"

（2）相对于客户提供的现有技术（附件2）和你检索到的对比文件（附件3），确定本发明要解决的技术问题，并简述理由。

出题原意和答题思路：

本题的出题原意并不是针对创造性判断"三步法"中第二步（根据独立权利要求技术方案与最接近的现有技术的区别技术特征来确定实际要解决的技术问题）设计的简答题，有关这方面的考查内容已经包含在简答题第4题中了。正如前面所指出的，本题出题原意仍然是为撰写权利要求书做准备，因此，应当从客户所提供的材料以及所了解的现有技术出发，考虑如何确定该发明要解决的技术问题。具体来说，先分析客户所做的发明相对于客户所了解的现有技术作出了哪几方面的改进；在此基础上，根据对现有技术（包括检索到的现有技术、尤其是所确定的最接近的现有技术）的分析，考虑如何确定要解决的技术问题，以便为客户争取尽可能宽的保护范围。

本题的参考答案：

该发明要解决的技术问题是提供一种开启饮料容器时不会使拉片和封闭片上的灰尘和其他脏物落入饮料容器中的饮料容器开启装置。

根据客户对发明内容的介绍和提供的现有技术（尤其是最后一段对现有技术存在问题的说明）可知，该发明相对于该现有技术主要作了三方面的改进：

① 将封闭片的刻痕线设计成非封闭的，从而使拉片和封闭片在开启后仍与饮料容器保持连接，避免与饮料容器顶盖完全分离而污染环境；

② 由于将拉片与封闭片的连接位置前移到靠近封闭片可先被撕开的端部，从而在打开饮料容器的开启装置时不会使拉片或封闭片的灰尘或其他脏物落入饮料容器中；

③ 由于在拉片对应封闭片端部的下方设置有向下延伸的锋利凸起物，加上拉片与封闭片的连接位置前移，就可以确保在打开饮料容器的开启装置时不会因施力过大导致拉断拉片而封闭片仍处于封闭状态无法开启。

当检索到对比文件后，得知该对比文件中也已采用不封闭的刻痕线，开启装置打开后，其拉片和封闭片与饮料容器保持连接，从而不会污染环境，因而不能再将此改进作为本发明要解决的技术问题。为了使该发明取得较宽的保护范围，应当从另外两方面的改进中选择一个。从客户介绍的发明内容看，为了在打开开启装置时不会使拉片或封闭片上的灰尘或其他脏物落入饮料容器中，只要将拉片和封闭片上的连接位置设置在紧靠封闭片的端部即可；而为了不会拉断拉片而封闭片仍处于封闭状态以致无法开启，不仅要在邻近封闭片的一端的下方设有向下延伸的凸起物，还应当将拉片与封闭片的连接位置设置在紧靠封闭片的端部。由此可知，应当将针对该发明作出的第二方面改进作为该发明要解决的技术问题，即将"开启时不会使拉片或封闭片上的灰尘或其他脏物落入饮料容器中"作为该发明要解决的技术问题，以取得较宽的保护范围。

（3）本发明与两项现有技术（附件2和附件3）相比，具有哪些有益的效果？

出题原意和答题要求：

本题原意是请考生撰写说明书发明内容部分的有益效果，因而本题的答案不能仅仅给出断言，需要从该发明的技术特征出发具体说明本发明的有益效果。

本题的参考答案：

与上述两项现有技术（附件2和附件3）相比，该发明的有益效果是：

① 通过将拉片与封闭片的连接点设置在紧靠封闭片可先被撕开的端部，从而在拉起拉片时，封闭片基本不会向下弯曲，而基本上向外弯曲，不会使封闭片上的灰尘和其他脏物落入饮料容器。

② 通过在拉片对应于所述封闭片端部的一端下方设置了向下延伸的锋利凸尖，其尖端靠近该封闭片上表面的刻痕线，因而使用该开启装置时很容易打开封闭片，不会由于施力过大导致拉断拉片而封闭片仍处于封闭状态以致无法开启。❶

（4）请说明你所撰写的独立权利要求相对于客户提供的现有技术（附件2）和你检索到的对比文件（附件3）具备新颖性、创造性的理由。

出题原意及答题要求：

本题原意是考核考生在答复审查意见通知书的争辩能力，即能否按照《审查指南》第二部分第三章和第四章的规定来论述所撰写的独立权利要求具备新颖性和创造性。

对于新颖性的论述应当满足三方面的要求：单独对比原则；结合案件作出具体技术特征对比分析；明确结论，并指出依据的法条。

对于创造性的论述应当满足四方面的要求：既要说明具有突出的实质性特点，又要说明具有显著的进步；在论述具有突出的实质性特点时应当按照《审查指南》相应章节规定的"三步法"进行；结合案件进行具体对比分析；明确结论，并指出依据的法条。

有关这部分的具体论述规范请参见本书第三部分第三章第三节之一和之二。

本题的参考答案为：

① 新颖性。

客户提供的现有技术（附件2）的饮料容器的开启装置中，拉片与封闭片之间的连接点位于拉片中间位置，而且在打开时封闭片的端部向下弯曲，由此可知，权利要求1特征部分的技术特征（拉片与封闭片连接的位置邻近该封闭片的端部）在附件2中没有被披露，也就是说，独立权利要求1记载的技术方案未被附件2披露。因此该发明独立权利要求的技术方案与附件2相比符合《专利法》第二十二条第二款有关新颖性的规定。

检索到的对比文件（附件3）的饮料容器的开启装置中，拉片与封闭片之间的连接点位于封闭片的根部附近，由此可知，权利要求1特征部分的技术特征（拉片与封闭片连接的位置邻近该封闭片的端部）在附件3中也没有被披露，也就是说，独立权利要求1记载的技术方案也未被附件3披露。因此该发明独立权利要求的技术方案与附件3相比同样也符合《专利法》第二十二条第二款有关新颖性的规定。

综上所述，该发明独立权利要求的技术方案相对于附件2或者附件3而言，均符合《专利法》第二十二条第二款中关于新颖性的规定。

② 创造性。

正如第1题中所指出的，附件3是该发明最接近的现有技术。

该发明独立权利要求1与最接近的现有技术附件3相比，其区别特征是：拉片与封闭片的连接点设置在紧靠所述封闭片的端部，因而其实际要解决的技术问题是提供一种开启时不会使拉片和封闭片上的灰尘和其他脏物落入饮料容器中的饮料容器开启装置。

附件2中也没有公开该区别特征；上述特征也不属于本领域的公知常识。因此，这两项现有技

---

❶ 当年阅卷时，发现部分考生相对于两项现有技术分别说明该发明的有益效果，只要答案正确，也未扣分。其中相对于检索到的对比文件，其有益效果与前面给出参考答案相同；而相对于客户所提供的对比文件来说，该发明的有益效果除了这两个外，还包括一个技术效果："③由于围绕成封闭片的刻痕线是非封闭的，其彼此分隔开的两端终止在该封闭片的根部，尤其在刻痕线的终止位置上设置了凸起，从而确保打开封闭开启装置后，拉片和封闭片仍与饮料容器保持连接，因而可以防止拉片和封闭片与饮料容器顶盖完全分离而污染环境。"

术与本领域的公知常识中并不存在能够使得本领域的技术人员将"拉片与封闭片连接的位置邻近该封闭片的端部"这一区别技术特征应用到最接近的现有技术（检索到的对比文件）中以解决"防止脏物落入饮料容器内"这一技术问题的技术启示。由此可见，该发明独立权利要求的技术方案相对于检索到的对比文件、客户提供的现有技术和本领域的公知常识是非显而易见的，具有突出的实质性特点。

由于饮料容器的开启装置采用了"拉片与封闭片连接的位置邻近该封闭片的端部"的结构，就能够获得在打开饮料容器时有效防止拉片和封闭片上的灰尘和其他脏物落入饮料容器中的技术效果，即该发明独立权利要求的技术方案相对于上述两项现有技术获得了有益的技术效果，因此具有显著的进步。

综上所述，该发明独立权利要求1的技术方案相对于附件3、附件2及本领域的公知常识，具有突出的实质性特点和显著的进步，符合《专利法》第二十二条第三款中关于创造性的规定。

（5）请给出本发明专利申请的发明名称和本发明所涉及的技术领域。

出题原意及答题思路：

本题原意是请考生撰写说明书的发明名称和技术领域部分。由于该申请只涉及一项发明，因此说明书的发明名称可按照独立权利要求的主题名称来确定；而对于技术领域，通常可以按照独立权利要求的前序部分来撰写，但可以比前序部分更简洁一些，请注意一定不要将区别特征写入技术领域中。

本题的参考答案为：

发明名称：饮料容器的开启装置。

技术领域：本发明涉及一种饮料容器，更具体地说，涉及饮料容器的开启装置，其包括由刻痕线围成的封闭片以及与封闭片连接在一起的拉片。

（6）为本发明专利申请撰写一份说明书摘要。

出题原意及答题思路：

本题原意已清楚地表示在题面中，请考生为该发明专利申请撰写说明书摘要。对于说明书摘要的撰写，根据《专利审查指南2010》有关章节的规定，应当写明发明名称和所属的技术领域，并清楚地反映所要解决的技术问题、解决该技术问题的技术方案的要点以及主要用途，其中以技术方案为主。此外，说明书摘要不应分段，不要超过300字。

本题的参考答案为：

本发明涉及一种饮料容器的开启装置，包括由刻痕线（11）围成的封闭片（2）、与封闭片连接在一起的拉片（3），该封闭片包括可先被撕开的端部（21）和根部（22），拉片与封闭片的连接点设置在紧靠封闭片的端部。采用这样的开启装置，打开封闭片时不会使封闭片和拉片上的灰尘和其他脏物落入饮料容器内。在本发明的饮料容器的开启装置中，优选在拉片对着封闭片端部的一端下方设有向下延伸的锋利凸起物，以更方便地打开开启装置，避免因施力过大而拉断拉片而导致无法打开封闭片；还可优选采用非封闭的刻痕线，尤其在非封闭刻痕线的终止位置设置凸出物，可以使打开的封闭片仍连接在饮料容器顶盖上，不致任意丢弃而污染环境。

第十九章　2002年专利代理实务机械试题解析

试　题

客户向你介绍了其发明的使用压盖填料的轴密封装置（附件1），并提供了其掌握的现有技术（附件2），委托你所在的专利代理机构为之提交一项发明专利申请。在撰写专利申请文件之前，你对现有技术进行了检索，找到一份相关对比文件（附件3）。

第一题：请根据客户作出的发明（附件1），参考客户提供的现有技术（附件2）和你检索到的对比文件（附件3），为客户撰写一份权利要求书。具体要求如下❶：

1. 权利要求书应当包括独立权利要求和从属权利要求。

2. 独立权利要求应当满足下列要求：

（1）在合理的前提下具有较宽的保护范围，能够最大限度地体现申请人的利益；

（2）清楚、简要地限定其保护范围；

（3）记载了解决技术问题的全部必要技术特征；

（4）相对于客户提供的现有技术和你检索到的对比文件具备新颖性和创造性；

（5）符合《专利法》及其实施细则关于独立权利要求的其他规定。

3. 从属权利要求应当满足下列要求：

（1）从属权利要求的数量适当、合理；

（2）与被引用的权利要求之间有清楚的逻辑关系；

（3）当授权后面临不得不缩小权利要求保护范围的情况时，能提供充分的修改余地；

（4）符合《专利法》及其实施细则关于从属权利要求的其他规定。

4. 权利要求书中涉及零部件时，应当在其后面标注附件1附图中给出的该零部件的标号。

第二题：请根据《专利法》《专利法实施细则》《审查指南》的有关规定，对下述问题作出回答，回答的内容应当与你撰写的权利要求书相适应。

1. 在客户提供的现有技术（附件2）和你检索到的对比文件（附件3）中，哪一件适于作为与本发明最接近的现有技术？请简述理由。

2. 针对你认定的最接近的现有技术，说明本发明所要解决的技术问题？

3. 与你认定的最接近的现有技术相比，客户提供的发明具有哪些有益的效果？

4. 如果你只撰写了一项独立权利要求，请简述只撰写一项独立权利要求的理由；如果你撰写了两项或者两项以上独立权利要求，请简述这些独立权利要求能够合案申请的理由。

5. 说明你撰写的独立权利要求相对于附件2和附件3所记载的现有技术具备新颖性、创造性的理由。

特别提示：作为考试，仅要求依据客户提供的发明内容进行撰写，不要补充你可能具有的有关该发明主题的任何专门知识。

附件1　客户作出的发明简介

客户发明的第一种使用压盖填料的轴密封装置

[001] 该轴密封装置如附件1的图1-1、图1-2所示。

[002] 图1-1是该轴密封装置的局部纵向剖视图，其中仅示出转轴9的上部结构，省略了与之对称的下部。

[003] 图1-2是表示该轴密封装置的填料所承受的轴密封力的分布示意图。

[004] 为叙述方便，下文中所称的"左""右"与附图本身的左、右方向一致。该使用压盖填料的轴密封装置简称为"轴密封装置S1"，封液区域7侧（此侧为左侧）的压盖简称为"第一压盖"；大气压区域8侧（此侧为右侧）的压盖简称为"第二压盖"。

[005] 如图1-1所示，填料箱1呈圆筒形，套装于转轴9以及其上的部件上，转轴9贯穿机器壳体6，由封液区域7延伸到大气压区域8，在填料箱1的左右端部分别形成第一凸缘1a和第二凸缘

---

❶ 从近几年的专利代理实务科目的考试看，对于专利申请文件的撰写试题，有一部分未在试题说明中明确写出权利要求的撰写规定，因为这些规定也是专利代理实务考试所要考查的内容之一。

1b。为了在填料箱1的内周面与转轴9的外周面之间形成必要且充分的环形密封空间10，以便填入填料2，应当根据转轴9的外径适宜地设定填料箱1的内径。

[006] 填料2填充在密封空间10内，沿着转轴9的轴线方向左右并列配置，填料2的左右两侧分别被封液区域7侧的第一压盖3和大气压区域8侧的第二压盖4夹压。

[007] 第一压盖3位于填料箱1的左侧，即靠近封液区域7的一侧，它具有向密封空间10突出的轴向突出部3b，成为一圆筒形构件。通过螺栓等固定件11，将第一压盖3左端部的一体形成的环状凸缘3a安装在机器壳体6上，使第一压盖3固定在机器壳体6上。另外，在第一压盖3的轴向突出部3b与填料箱1的相向周面之间以及在凸缘3a与机器壳体6的接触端面之间，分别装入O形环12、13。

[008] 第二压盖4位于填料箱1的右侧，即靠近大气压区域8的一侧，它是向密封空间10突出的圆筒形构件。通过螺栓等固定件14，将第二压盖4右端部的一体形成的环状凸缘4a安装在填料箱1的第二凸缘1b上。

[009] 填料夹紧机构5这样构成：将向右延伸的螺纹轴15以螺纹连接方式固定在第一压盖3的凸缘3a上，在填料箱1的第一凸缘1a上设有孔径大于螺纹轴15的直径的通孔16，在凸缘1a、3a的圆周方向上按规定间隔设有多对螺纹轴15和供该螺纹轴穿过的通孔16，将螺母17拧在穿过通孔16的螺纹轴部分上，在第一凸缘1a与螺母17之间的螺纹轴部分上装有螺旋压缩弹簧18，这样填料箱1和第一压盖3就连接了起来，由于螺纹轴15与通孔16的直径之差以及弹簧18的配置，填料箱1可以在旋转轴9的轴向和径向两个方向上相对于第一压盖3移动。利用填料夹紧机构5，可以调节填料箱1相对于第一压盖3的位置，将螺母17拧紧（使螺母向左移动）时，填料箱1与第二压盖4一起在弹簧18的作用下向左移动，相对而言，第一压盖3的轴向突出部3b向密封空间10内伸进，将填料2向第二压盖4的方向推压，从而调节填料2承受的夹紧压力。当转轴9发生轴向振动和/或偏心时，填料箱1可以随着转轴9一起轴向移动，其轴向移动的范围取决于弹簧18的伸缩范围；而且还可以随着转轴9一起径向移动，其径向移动的范围取决于螺纹轴15与通孔16的直径之差。但是，弹簧18的伸缩范围以及通孔16与螺纹轴15的直径之差应当根据预计的转轴9的轴向振动和/或偏心的程度适当设定，以保证填料箱1与转轴9之间的相对位置不因转轴9的轴向振动和/或偏心而改变。

[010] 在具有上述结构的轴密封装置S1中，填料箱1以可沿轴向和径向移动的方式间接地支承在机器壳体6上，因此当转轴9产生轴向振动和/或偏心时，填料箱1随之移动，但它与转轴9之间的相对位置不发生变化而保持一定。也就是说，填料箱1和转轴9之间的密封空间10内的填料2对转轴9及填料箱1的接触压力不发生变化，实现了良好且稳定的轴密封。

[011] 另外，当拧紧螺母17时，第一压盖3相对于填料箱1向右移动，从封液区域7侧将填料2向大气压区域8侧的第二压盖4推压。因此，与现有装置相反，填料2承受的夹紧压力即轴密封力P在最靠近封液区域7侧的填料2处最大（如图1-2所示），能够实现良好而可靠的轴密封。

客户发明的第二种使用压盖填料的轴密封装置

[012] 该轴密封装置如附件1的图1-3、图1-4所示。

[013] 图1-3是该轴密封装置的局部纵向剖视图。

[014] 图1-4是该轴密封装置的填料承受的轴密封力分布示意图。

[015] 该使用压盖填料的轴密封装置简称为"轴密封装置S2"，除了在填料箱1与第二压盖4之间设置第二填料夹紧机构20以外，其他与轴密封装置S1的结构相同。

[016] 第二填料夹紧机构20的结构和原理类似于第一填料夹紧机构5，具体为：将向右延伸的螺纹轴21固定（螺纹结合）在填料箱1的第二凸缘1b上；在第二压盖4的凸缘4a上设有通孔22，该通孔的直径大于螺纹轴21直径一预定量，将螺母23拧在穿过通孔22的螺纹轴21上，在凸缘4a与螺母23之间的螺纹轴部分装有螺旋压缩弹簧24。这样，就将填料箱1和第二压盖4可相对移动地

连接起来。利用第二填料夹紧机构20，当拧紧螺母23向左移动时，两凸缘1b、4a相互接近，第二压盖4在密封空间10内向左移动，从大气压区域8侧将填料2向左推压。另外，在第二压盖4与填料箱1的相向周面之间装入O形环25。

[017] 在轴密封装置S2中，通过拧紧螺母17、23，分别从左右两侧夹紧填料2，如图1-4所示，填料2承受的夹紧压力以及轴密封力P，在最靠近封液区域7侧的填料2（最左侧的填料）和最靠近大气压区域8侧的填料2（最右侧的填料）两处最大，总的轴密封力P大于仅仅从左侧或右侧推压填料2的轴密封装置的轴密封力。

[018] 与第一轴密封装置S1相类似，即使转轴9产生轴向振动和/或偏心，通过第一和第二填料夹紧机构5、20，可调节填料箱1相对于第一压盖3或第二压盖4的相对位置。也就是说，填料箱1和第二压盖4随动于转轴9的移动，因此轴向振动和/或偏心产生的荷载不会作用于填料2上，能够实现良好而稳定的轴密封。

[019] 需要说明的是，图1-1、图1-3所示的夹紧机构5、20中采用的是螺旋压缩弹簧18、24，但并不仅限于此，可以用可压缩的其他弹性部件如橡胶弹性套筒部件等代替。

[020] 另外，上述的轴密封装置S1、S2和各构成部件，除了填料2及O形环12、13、25以外，其他均由根据轴密封条件选定金属材料构成。

附件1的附图

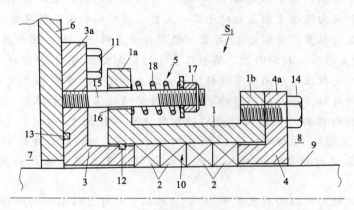

图 1-1

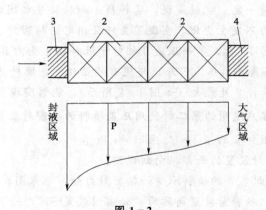

图 1-2

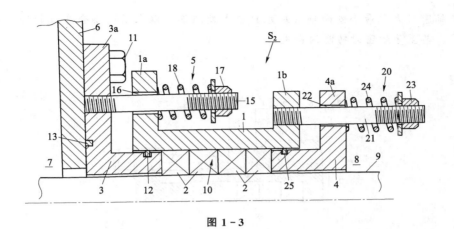

图 1-3

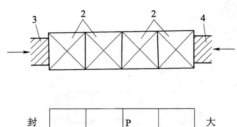

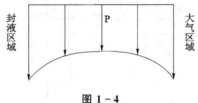

图 1-4

附件2 客户提供的现有技术简介

[001] 参见附件2的附图2-1。

[002] 图2-1表示一种使用压盖填料的轴密封装置。在机器壳体6的内部区域（即封液区域7），装有具有一定压力的流体（气体或液体）。转轴9可旋转地贯穿该机器壳体6，并且从内部区域7延伸到外部区域（即大气压区域8）。在流体压力的作用下，机器壳体6内的流体可能从封液区域7向大气压区域8泄漏。为保证机器正常运转，需要对转轴9与相邻部件之间进行密封。

[003] 在图2-1所示的使用压盖填料的轴密封装置中，机器壳体6与转轴9之间形成圆筒形密封空间10。在该密封空间10内，沿转轴9的轴向并列地配置了多个填料2。用配置在密封空间10的大气压区域8一侧的压盖4夹压这些填料2，使其产生沿转轴9径向的位移，实现对机器壳体6的内部区域（即封液区域7）和外部区域（即大气压区域8）之间的轴密封。

[004] 机器壳体6兼用做填料箱，即机器壳体6与填料箱1为一体结构。大气压区域8侧的压盖4支承在螺纹轴28上并可沿轴线方向移动，螺纹轴28固定在填料箱1上。旋拧螺母29，便可通过压盖4将填料2向封液区域7的方向推压。螺母29的拧紧程度对填料2所承受的压力起调节作用。

[005] 由于填料箱1与机器壳体6为整体结构，在转轴9产生轴向振动或偏心的情况下，填料箱1与转轴9的相对位置可能在轴向和/或径向上发生变化，转轴9将会产生径向跳动，从而造成转轴9与填料2间的接触压力在圆周方向上分布不均匀。在接触压力增大处，填料2与转轴9接触紧密，容易产生异常磨损；在接触压力减小处，填料2甚至会处于过分松弛状态。除此之外，拧紧螺母29时，只能从大气压区域8侧，通过压盖4向封液区域7的移动来推压填料2，该推压力F（见图2-2）直接作用在最靠近大气压区域8侧的填料2上，依次向靠近封液区域7的填料2传递，作用在填料2上的夹紧压力（轴线方向的压缩力）越接近封液区域7越小。填料2对转轴9（及填料箱1）的接触压力即轴密封力P，如图2-2所示，最靠近封液区域7侧的填料2处的轴密封力P最小。这

样，流体会从轴密封力 P 最小处向轴密封力 P 最大处泄漏。以上情况都会导致轴密封不良，总体轴密封效果下降，甚至导致密封功能的丧失。

附件2的附图

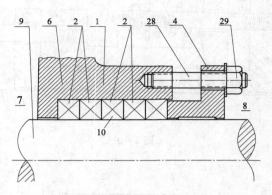

图 2-1

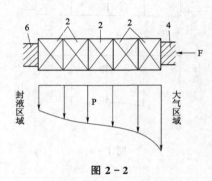

图 2-2

附件3　你检索到的对比文件简介

参见附件 3 中图 3-1 和图 3-2 所示的使用压盖填料的轴密封装置，它与客户提供的现有技术在结构上的不同点在于：围绕旋转轴 9 设置有圆筒填料箱 1，该填料箱 1 与压盖 3 为整体结构，通过螺栓等安装在机器壳体 6 上。在该填料箱 1 与转轴 9 之间形成圆筒形密封空间 10。

在该圆筒形密封空间 10 内，在转轴 9 的轴向上，左右并列地安装多个填料 2。通过用配置在密封空间 10 内的大气压区域 8 侧的压盖 4 夹压这些填料 2，在机器壳体 6 的内部区域即封液区域 7 和外部区域即大气压区域 8 之间实现轴密封。

附件3的附图

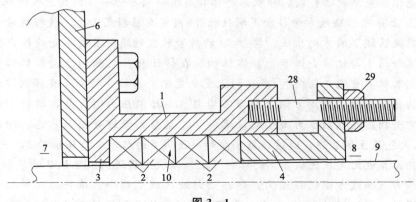

图 3-1

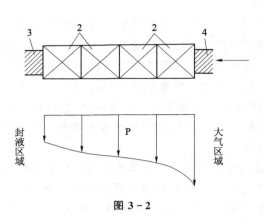

图 3-2

答题思路

一、重视试题说明，把握考试思路

从试题说明来看，可以确定以下几个重要信息：

（1）试题要求撰写发明专利申请，因此不需要考虑实用新型对权利要求书的特殊要求。客户没有提出其他法律问题，也没有提出将某些技术内容作为技术秘密保留的意思表示，因此可以根据其提供的内容来撰写合适的权利要求书。

（2）试题说明中给出了权利要求书撰写的相关规定，包括独立权利要求和从属权利要求的相关要求，以及加注附图标记的规定。这些规定和要求在撰写权利要求书是需要认真考虑的，并且在撰写完成后，且在时间允许的情况下，可以用于检验撰写是否合适。

（3）对第二题的回答内容，应当与所撰写的权利要求书相适应，而且应当对每一道题作出回答。

（4）根据试题说明的最后一句，考生需要记住：作为考试，仅要求依据客户提供的发明内容进行撰写，不要补充你可能具有的有关该发明主题的任何专门知识。也就是说，撰写权利要求书时仅能以客户提交的技术说明即附件 1 为基础来确定技术主题及其关键技术特征。

二、权利要求书的撰写

由客户提供的发明简介可知，其仅涉及一项可授予专利权的技术主题：轴密封装置。对于这样一项发明创造，可以按照下述主要步骤来撰写权利要求书。

（一）对该发明内容的理解

该发明共包括两种实施方式。其中图 1-1 示出的该发明的第一种实施方式，图 1-3 示出的该发明的第二种实施方式。

通过分析比较可知，这两种具体实施方式的主要区别在于填料箱与第二压盖的连接方式，在第一种实施方式中为用螺栓固定连接，而在第二种实施方式是采用填料夹紧机构来连接。而这两种具体实施方式相对现有技术却有着较多的共同改进之处：

① 填料箱 1 与第一压盖 3 为分体结构；填料箱 1 在靠近封液区的一端具有径向向外伸出的第一凸缘；第一压盖 3 具有伸向密封空间 10 中的轴向突出部 3b；并通过螺栓等固定件 11，将第一压盖 3 固定在机器壳体 6 上。

② 对于具有上述结构第一压盖的轴密封装置，在第一压盖 3 和填料箱 1 之间用填料夹紧机构 5 来连接，例如，该填料夹紧机构 5 可以由至少一端带有螺纹的螺纹轴 15 及可拧在该螺纹轴端部螺纹上的螺母 17 构成。采用这样的结构，在拧紧填料夹紧机构 5 的螺母 17 时，可使填料箱 1 沿着第一压

盖3朝着密封空间10伸出的轴向突出部3b向着封液区域7作轴向移动，即轴向突出部3b推压填料2，向填料2施加夹紧压力（即轴向压缩力），使最靠近封液区域7的填料2的轴密封力P最大，鉴于流体不易从轴密封力最大处向轴密封力P最小处泄漏，因此能够实现良好而可靠的轴密封。（对于本发明的第二种实施方式中，由于在左、右两侧均采用了填料夹紧机构的轴密封装置，可以从两侧夹压填料2，填料2所受的夹紧压力以及轴密封力，在最靠近封液区域7的填料和最靠近大气区域8的填料两处最大，且总的轴密封力P大于仅仅从一侧推压填料2的轴密封装置的轴密封力，因而也能够实现良好而可靠的轴密封。）

③ 对于具有上述结构的第一压盖3和填料夹紧机构5，当使填料箱1的第一凸缘1a上供螺纹轴15穿过的通孔16与螺纹轴15之间的间隙与转轴9的加工偏心度相适应，则填料箱1以可自动调节填料箱1相对于第一压盖3的径向位置的方式连接到第一压盖3上，这样就可保证填料箱1与转轴9之间的径向相对位置不因转轴9的偏心而改变，即转轴9与填料2之间的径向接触压力不会出现周期性的变化，填料2使用较长时间也不易老化，从而实现良好而稳定的轴密封。

④ 对于具有上述结构的第一压盖3和填料夹紧机构5，当在填料箱1的第一凸缘1a和填料夹紧机构5的螺母17之间设置了如螺旋压缩弹簧18或橡胶弹性套筒那样的弹性部件时，则填料箱1以可自动调节填料箱1相对于第一压盖3的轴向位置的方式连接到第一压盖3上，这样就可保证填料箱1与转轴9之间的轴向相对位置不因转轴9的轴向振动而改变，即转轴9与填料2间的轴向接触压力不会出现周期性的变化，填料2使用较长时间也不易老化，从而实现良好而稳定的轴密封。

由上述分析可知，不论是设置一个填料夹紧机构的技术方案，还是设置两个填料夹紧机构的技术方案，都可以确保从封液区域来推压填料，使填料所受的夹紧压力和轴密封力在最靠近封液区域的填料处达到最大，从而可有效地防止流体从封液区域向大气区域泄漏，以实现良好而可靠的密封。在此基础上，通过采取与前面第③点和/或第④点中的进一步改进技术措施，就能将填料箱以可自动调节填料箱相对于第一压盖的径向和/或轴向位置的方式连接到第一压盖上，保证填料箱与转轴之间的相对位置不因转轴的轴向振动和/或由偏心产生的径向振动而改变，转轴与填料之间的径向和/或轴向接触压力不会出现周期性的变化，从而实现良好而稳定的密封。

（二）分析对比，确定该发明要解决的技术问题

为确定该发明要解决的技术问题，首先要从这两项现有技术中确定该发明的最接近的现有技术。

图2-1、图3-1所示的两项现有技术都是使用压盖填料的轴密封装置，这两项现有技术与该发明的技术领域相同。

从所解决的技术问题和技术效果角度来分析，这两项现有技术都存在不能实现良好而可靠的轴密封和不能实现良好而稳定的轴密封问题，因此该发明相对于这两项现有技术都能实现良好而可靠的轴密封以及良好而稳定的轴密封，无法区分何者与本发明更接近。

而就公开了发明的技术特征数量而言，通过将图2-1、图3-1所示的两项现有技术分别与该发明相比，可知检索到的对比文件2与客户提供的现有技术对比文件1相比，还多披露了"填料箱1与机器壳体6为分体结构""轴密封装置还包括第一压盖3（尽管其与填料箱成一体结构）"这两个技术特征，因此对比文件2公开的该发明的技术特征更多。

通过上述分析可知：对比文件2与该发明的技术领域相同；与对比文件1相比，其要解决的技术问题和技术效果与该发明的接近程度差不多，但公开了该发明更多的技术特征，因此应当以对比文件2作为该发明最接近的现有技术。

在确定检索到的对比文件2为该发明最接近的现有技术后，就需要确定该发明相对于该最接近的现有技术所解决的技术问题。

正如前面所指出的，该发明相对于最接近的现有技术对比文件2来说，主要作了四方面的改进：其一，第一压盖与填料箱为分体结构，且第一压盖具有可伸入密封空间的轴向突出部；其二，在第一压盖和填料箱之间采用了填料夹紧机构；其三，对于由螺纹轴和螺母构成的填料夹紧机构，供螺

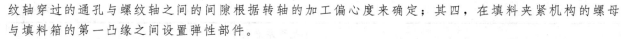

纹轴穿过的通孔与螺纹轴之间的间隙根据转轴的加工偏心度来确定；其四，在填料夹紧机构的螺母与填料箱的第一凸缘之间设置弹性部件。

通过前两方面的改进，可以使靠近封液区域的填料承受最大的轴密封力，从而解决了最接近的现有技术轴密封装置可能出现的从封液区域向着大气区域发生流体泄漏的问题，即通过改善轴密封力的分布以获得良好而可靠的轴密封效果。

在上述改进的基础上，对轴密封装置采取第三方面和/或第四方面的改进措施，就可将填料箱以可自动调节填料箱相对于第一压盖的径向和/或轴向位置的方式连接到第一压盖上，这样就保证填料箱与转轴之间的径向和/或轴向相对位置不因转轴的偏心或轴向振动而改变，从而实现良好而稳定的轴密封。

由上述分析可知，实现良好而稳定的轴密封是在实现良好而可靠轴密封的基础上进一步作出的改进；也就是说，实现良好而可靠的轴密封只需要作出前两方面的改进即可，而为了实现良好而稳定的轴密封，必须在作出前两方面改进的基础上再作出第三方面或者第四方面的改进。由此可知，以实现良好而可靠的轴密封作为该发明要解决的技术问题，比以实现良好而稳定的轴密封作为该发明要解决的技术问题，能取得更宽的保护范围。因而，为更充分地保护申请人的权益，应当以"能实现良好而可靠的轴密封"作为该发明要解决的技术问题，而将"能实现良好而稳定的轴密封"作为该发明从属权利要求进一步带来的有益效果或者从属权利要求进一步要解决的技术问题。

（三）确定必要技术特征，撰写独立权利要求

撰写独立权利要求时，首先确定其主题名称。从技术资料来看，其涉及轴密封装置，而且仅限于使用压盖填料的情形，因此不难确定权利要求的主题名称为"使用压盖填料的轴密封装置"。

在确定独立权利要求所要求保护的主题名称后，就应当根据客户对该发明的介绍来确定该发明涉及哪些技术特征。在此之前，需要分析一下第一种实施方式和第二种实施方式两者的共同技术特征和主要不同之点。两者的共同技术特征主要包括两个方面：其一是填料箱与第一压盖是分体件以及第一压盖的结构，其二是第一填料夹紧机构以及与此相关的一些技术特征；而两者的主要区别在于填料箱与第二压盖的连接方式，在第一种实施方式中为用螺栓固定连接，而在第二种实施方式是采用填料夹紧机构来连接。而由前面分析可知，两者的区别对于解决该发明的技术问题而言是一种优选方案，因此在撰写独立权利要求时无须考虑两者的区别，而应当考虑能否对两者的区别采用概括表述方式；如果能找到合适的概括方式，独立权利要求中就可以采用这种概括方式表述这一技术特征，从而写成一项独立权利要求；相反，如果不能采用概括方式表述，就可考虑写成两项独立权利要求，即针对每一种实施方式撰写一项独立权利要求。对该专利申请而言，对于这两种实施方式可以采用概括的表述方式，即仅仅说明填料箱与第二压盖两者相连接即可，从而写成一项独立权利要求。

下面用列表方式给出该发明"使用压盖填料的轴密封装置"的两种具体实施方式所包括的主要部件、这些部件的结构特征以及各部件之间的相互关系，具体说明其中哪些技术特征是该发明解决技术问题的必要技术特征，哪些是优选的附加技术特征，并简单说明这样确定的理由。但为了列表方便，对其中的技术特征采用简化的表述方式，在撰写权利要求书对这些技术特征再作出详细的描述。

主要部件	与此部件相关的技术特征	是否是必要技术特征	说　明
第一压盖		是	必备部件
	第一压盖与填料箱是分体部件	是	为解决技术问题，该部件所必须具有的结构
	具有轴向伸出的突出部	是	
	轴向突出部和填料箱相向表面之间设有 O 形密封环	否	相对于该发明要解决的技术问题，其是作出的进一步完善

续表

主要部件	与此部件相关的技术特征	是否是必要技术特征	说　明
填料箱		是	必备部件
	封液区一端具有径向伸出的第一凸缘	是	为解决技术问题，该部件所必须具有的结构或者与其他部件的连接关系
	第一凸缘通过第一填料夹紧机构与第一压盖相连接	是	
	第一填料夹紧机构包括螺纹轴和相配的螺母	否	优选附加特征
	第一凸缘上设有孔径比螺纹轴直径大的通孔，两者之差与转轴的偏心振动相当	否	优选附加特征
	第一凸缘和螺纹之间设有螺旋压缩弹簧或橡胶弹性套筒（可概括为弹性部件）	否	优选附加特征
	第一填料夹紧机构可使填料箱沿第一压盖的轴向突出部外表面作轴向移动	是	解决该发明要解决的技术问题的必要的改进措施
	另一端为填料箱与第二压盖的连接处	是	必备连接关系
	在该连接处具有径向伸出的第二凸缘	否	优选附加特征
	采用固定连接	否	第一种实施方式所采用连接方式（优选附加特征）
	采用第二填料夹紧机构	否	第二种实施方式所采用的优选连接方式及其优选附加特征
	第二夹紧机构具有类似于第一填料夹紧机构的结构	否	
第二压盖		是	必备部件
	具有轴向伸出的突出部	否	优选附加特征
填料		是	必备部件

　　通过上述列表分析，该发明"使用压盖填料的轴密封装置"相对于最接近的现有技术对比文件2解决"实现良好而可靠轴密封"这一技术问题的必要技术特征为：

　　① 位于封液区域侧、且固定在机器壳体上的第一压盖；

　　② 套装于转轴上的填料箱；

　　③ 位于大气区域侧、且与该填料箱靠近大气区域侧的一端相连接的第二压盖；

　　④ 置于填料箱内壁和转轴之间的密封空间内、且被第一压盖和第二压盖夹住的填料；

　　⑤ 填料箱和第一压盖是分体的；

　　⑥ 该填料箱靠近封液区域侧的一端具有一径向向外伸出的第一凸缘；

　　⑦ 第一压盖具有朝着密封空间方向伸出的轴向突出部；

　　⑧ 填料箱的第一凸缘通过第一填料夹紧机构与第一压盖相连接，在拧紧第一填料夹紧机构时可使填料箱沿第一压盖的轴向突出部的外表面作轴向移动。

　　显然，在上述该发明的全部必要技术特征中，最接近的现有技术对比文件2中的轴密封装置包含有前四个技术特征，即前四个技术特征是本发明与最接近的现有技术共有的技术特征，因此应当将这四个技术特征写入独立权利要求1的前序部分，而后四个技术特征在最接近的现有技术对比文

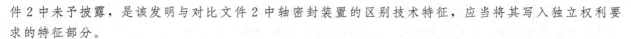

件2中未予披露，是该发明与对比文件2中轴密封装置的区别技术特征，应当将其写入独立权利要求的特征部分。

最后，完成的独立权利要求1为：

1. 一种使用压盖填料的轴密封装置，其包括：

——位于封液区域侧，并固定在机器壳体（6）上的第一压盖（3）；

——套装于转轴（9）上的填料箱（1）；

——位于大气区域（8）侧，并与所述填料箱（1）靠近大气区域侧的一端相连接的第二压盖（4）；

——置于所述填料箱（1）内壁和所述转轴（9）之间的密封空间（10）内、且被所述第一压盖（3）和所述第二压盖（4）夹住的填料（2）；

其特征在于：

所述第一压盖（3）和所述填料箱（1）是分体的；

所述填料箱（1）在靠近封液区域（7）侧的端部具有径向向外伸出的第一凸缘（1a）；

所述第一压盖（3）具有向着所述密封空间（10）伸出的轴向突出部（3b）；

所述填料箱（1）的第一凸缘（1a）通过第一填料夹紧机构（5）与所述第一压盖（3）相连接，在拧紧第一填料夹紧机构（5）时，可使所述填料箱（1）沿所述第一压盖（3）的轴向突出部（3b）的外表面作轴向移动。

（四）确定优选技术方案，拟定从属权利要求

在撰写从属权利要求时，首先可针对第一种实施方式的优选方案写一组从属权利要求，即针对第一填料夹紧机构的结构、第一填料夹紧机构与其他部件的结构关系以及其他部件为适应该填料夹紧机构而采取的优选措施撰写一组从属权利要求，其次可针对第二压盖与填料箱的不同连接方式，尤其是采用第二填料夹紧机构的方式撰写一组从属权利要求。

其中针对第一种实施方式的优选方案所写的从属权利要求至少可撰写出如下几方面的从属权利要求，例如：反映该填料夹紧机构包括可固定在第一压盖上的螺纹轴和与之相配的螺母的从属权利要求；对第一凸缘上的通孔与螺纹轴之间的间隙进行限定的从属权利要求；反映在第一凸缘和螺母之间设置螺旋压缩弹簧或橡胶弹性套筒的从属权利要求；反映在填料箱和轴向突出部的相向周面之间设置O形密封环的从属权利要求。

在前面所撰写的独立权利要求1中，考虑到填料箱与第二压盖之间的连接方式可以类似于两项现有技术那样，在填料箱大气区域侧的端部不带有径向向外伸出的凸缘，因此在独立权利要求1中未将"填料箱具有第二凸缘"这一技术特征写入，以争取更宽的保护范围，但是可以将此作为一项从属权利要求写入。

在撰写这些从属权利要求时，考虑到还要针对第二压盖与填料箱的不同连接方式，尤其是采用第二填料夹紧机构的方式撰写一组从属权利要求，而这后一组从属权利要求是在前一组从属权利要求基础上作出的改进，为防止后一组从属权利要求中出现多项从属权利要求引用多项从属权利要求的缺陷，这前一组从属权利要求应当尽可能采用引用一项在前权利要求的方式：对于其中比较重要的优选方案且需要引用两项在前权利要求的，可将其拆成两项或多项从属权利要求（参见后面参考答案中给出的权利要求4、5和权利要求6、7），而对于一些可以引用在前多项权利要求但该优选方案不太重要的，则仅选择其中之一而将其他的方案放弃（参见后面参考答案中的权利要求8和9）。最后，对于前一组从属权利要求可以撰写八项从属权利要求。

对于后一组反映第二压盖与填料箱不同连接方式的从属权利要求来说，相对于两种实施方式有两种连接方式：用螺栓固定连接和用第二填料夹紧机构连接，因此至少可针对这两种不同连接方式撰写两项从属权利要求。其中，对于采用螺栓固定连接的方式，第二压盖可以具有朝着密封空间伸出的轴向突出部，但也可以不具有向着密封空间伸出的轴向突出部，因此这一从属权利要求中无须

将这一技术特征写入；而对于采用第二填料夹紧机构的连接方式来，第二压盖必须具有向着密封空间伸出的轴向突出部，因此应当将这一技术特征写入从属权利要求。对于具有第二填料夹紧机构的第二种实施方式而言，其也可以类似于前一组从属权利要求2至6那样，为其优选方案再撰写几项从属权利要求。最后，对于后一组从属权利要求可以撰写七项从属权利要求。

参考答案

一、第一题权利要求书的参考答案

1. 一种使用压盖填料的轴密封装置，其包括：
——位于封液区域侧，并固定在机器壳体（6）上的第一压盖（3）；
——套装于转轴（9）上的填料箱（1）；
——位于大气区域（8）侧、并与所述填料箱（1）靠近大气区域侧的一端相连接的第二压盖（4）；
——置于所述填料箱（1）内壁和所述转轴（9）之间的密封空间（10）内、且被所述第一压盖（3）和所述第二压盖（4）夹住的填料（2）；
其特征在于：
所述第一压盖（3）和所述填料箱（1）是分体的；
所述填料箱（1）在靠近封液区域侧的端部具有径向向外伸出的第一凸缘（1a）；
所述第一压盖（3）具有向着所述密封空间（10）伸出的轴向突出部（3b）；
所述填料箱（1）的第一凸缘（1a）通过第一填料夹紧机构（5）与所述填料箱（1）相连接，拧紧第一填料夹紧机构（5）时，可使所述填料箱（1）沿所述第一压盖（3）的轴向突出部（3b）的外表面作轴向移动。

2. 如权利要求1所述的使用压盖填料的轴密封装置，其特征在于：所述第一填料夹紧机构（5）包括以螺纹连接方式固定在所述第一压盖（3）上并向着所述填料箱（1）延伸的螺纹轴（15）以及可拧在该螺纹轴（15）端部螺纹上的螺母（17），所述填料箱（1）的第一凸缘（1a）上设有供该螺纹轴（15）穿过的通孔（16）。

3. 如权利要求2所述的使用压盖填料的轴密封装置，其特征在于：所述第一凸缘（1a）上的通孔（16）的内径比第一填料夹紧机构（5）的螺纹轴（15）的直径大，两者之差根据所述转轴（9）的加工偏心度来确定。

4. 如权利要求3所述的使用压盖填料的轴密封装置，其特征在于：在所述填料箱（1）的第一凸缘（1a）和所述第一填料夹紧机构（5）的螺母（17）之间设置有弹性部件。

5. 如权利要求4所述的使用压盖填料的轴密封装置，其特征在于：所述弹性部件是螺旋弹簧（18）或者橡胶弹性套筒。

6. 如权利要求2所述的使用压盖填料的轴密封装置，其特征在于：在所述填料箱（1）的第一凸缘（1a）和所述第一填料夹紧机构（5）的螺母（17）之间设置有弹性部件。

7. 如权利要求6所述的使用压盖填料的轴密封装置，其特征在于：所述弹性部件是螺旋弹簧（18）或者橡胶弹性套筒。

8. 如权利要求1所述的使用压盖填料的轴密封装置，其特征在于：在所述第一压盖（3）的轴向突出部（3b）和所述填料箱（1）的相向周面之间设置O形密封环（12）。

9. 如权利要求1所述的使用压盖填料的轴密封装置，其特征在于：所述填料箱（1）在靠近大气区域侧的一端还具有径向向外伸出的第二凸缘（1b），所述第二压盖（4）与所述填料箱（1）靠近大气区域侧一端的连接位置位于该第二凸缘处。

10. 如权利要求 1 至 9 中任一项所述的使用压盖填料的轴密封装置,其特征在于:所述第二压盖(4)和所述填料箱(1)靠近大气区域侧一端的连接采用固定连接。

11. 如权利要求 1 至 9 中任一项所述的使用压盖填料的轴密封装置,其特征在于:所述第二压盖(4)具有朝着所述密封空间(10)方向伸出的轴向突出部(4b),所述第二压盖(4)和所述填料箱(1)靠近大气区域侧一端的连接采用了可使所述第二压盖(4)的轴向突出部(4b)沿着所述填料箱(1)的内壁作轴向移动的第二填料夹紧机构(20)。

12. 如权利要求 11 所述的使用压盖填料的轴密封装置,其特征在于:所述第二填料夹紧机构(20)包括以螺纹连接方式固定在所述填料箱(1)上并向着所述第二压盖(4)延伸的螺纹轴(21)以及可拧在该螺纹轴(21)端部螺纹上的螺母(23),所述第二压盖(4)上设有供该螺纹轴(21)穿过的通孔(22)。

13. 如权利要求 12 所述的使用压盖填料的轴密封装置,其特征在于:所述第二压盖(4)上的通孔(22)的孔径比第二填料夹紧机构(20)的螺纹轴(21)的直径大,两者之差根据所述转轴(9)的加工偏心度来确定。

14. 如权利要求 13 所述的使用压盖填料的轴密封装置,其特征在于:在所述第二压盖(4)和所述第二填料夹紧机构(20)的螺母(23)之间设置有弹性部件。

15. 如权利要求 14 所述的使用压盖填料的轴密封装置,其特征在于:所述第二填料夹紧机构(20)中的弹性部件是螺旋弹簧(24)或者橡胶弹性套筒。

16. 如权利要求 11 所述的压盖填料轴密封装置,其特征在于:在所述填料箱(1)内壁和所述第二压盖(4)的轴向突出部(4b)相向周面之间设置 O 形密封环(25)。

二、第二题简答题的参考答案

(1)在客户提供的现有技术(附件 2)和你检索到的对比文件(附件 3)中,哪一件适于作为与该发明最接近的现有技术?请简述理由。

答题思路:

同 2000 年机械专业试题简答题第 1 题。

本题的参考答案:

检索到的对比文件(附件 3)适于作为与该发明最接近的现有技术。

该发明和附件 2 以及附件 3 中所述的技术方案都是一种使用压盖填料的轴密封装置,因此三者都属于相同的技术领域。

从所要解决的技术问题、技术效果或用途来看,附件 2 和附件 3 这两项现有技术都存在不能实现良好而可靠的轴密封和不能实现良好而稳定的轴密封问题,因此该发明相对于这两项现有技术都能实现良好而可靠的轴密封以及良好而稳定的轴密封,也就是说,就这方面来说,两者与该发明有差不多的相近程度。

但是从披露的技术特征来看,附件 3(参见图 3-1)的技术方案与附件 2 相比,还多披露了"填料箱与机器壳体为分体结构""轴密封装置还包括位于封液区域侧的压盖(尽管其与填料箱成一体结构)",因此附件 3 披露了该发明更多的技术特征。

综上分析可知,附件 2、附件 3 与该发明所属的技术领域、解决的技术问题基本相同,但由于附件 3 公开了该发明的技术特征更多,与该发明独立权利要求的技术方案更为接近。因此,附件 3 适于作为该发明最接近的现有技术。

(2)针对你认定的最接近的现有技术,说明本发明要解决的技术问题。

答题思路:

通常应当分析该发明相对于最接近的现有技术作了哪几方面改进,分别解决了什么技术问题,然后通过对这几方面改进的分析，考虑以何者作为要解决的技术问题，能为客户争取尽可能宽的保护范围。

本题的参考答案：

该发明相对于最接近的现有技术附件3中轴密封装置，主要作了四方面的改进：其一，将填料箱与位于封液区的第一压盖设计成分体的，且填料箱在靠近封液区的一端具有径向向外伸出的第一凸缘，第一压盖具有可伸入密封空间的轴向突出部；其二，在第一压盖和填料箱之间采用了填料夹紧机构；其三，对于由螺纹轴和螺母构成的填料夹紧机构，供螺纹轴穿过的通孔与螺纹轴之间的间隙根据转轴的加工偏心度来确定；其四，在填料夹紧机构的螺母与填料箱的第一凸缘之间设置弹性部件。

通过前两方面的改进，在拧紧第一填料夹紧机构时，可使填料箱相对于第一压盖的轴向突出部作轴向移动，就可使填料承受的轴密封力在最靠近封液区域侧的填料处达到最大，从而解决了最接近的现有技术轴密封装置可能出现的由封液区域向大气区域发生流体泄漏的问题，即通过改善轴密封力的分布能够实现良好而可靠的轴密封。

在上述改进的基础上，对轴密封装置采取第三方面和/或第四方面的改进措施，就可将填料箱以可自动调节填料箱相对于第一压盖的径向和/或轴向位置的方式连接到第一压盖上，这样就保证填料箱与转轴之间的径向和/或轴向相对位置不因转轴的偏心或轴向振动而改变，从而实现良好而稳定的轴密封。

由上述分析可知，实现良好而稳定的轴密封是在实现良好而可靠轴密封的基础上进一步作出的改进；也就是说，实现良好而可靠的轴密封只需要作出前两方面的改进即可，而为了实现良好而稳定的轴密封，必须在作出前两方面改进的基础上再作出第三方面或者第四方面的改进。由此可知，以实现良好而可靠的轴密封作为该发明要解决的技术问题，比以实现良好而稳定的轴密封作为该发明要解决的技术问题，能取得更宽的保护范围。因而，为更充分地保护申请人的权益，应当以"能实现良好而可靠的轴密封"作为该发明要解决的技术问题，而将"能实现良好而稳定的轴密封"作为该发明从属权利要求进一步带来的有益效果或者从属权利要求进一步要解决的技术问题。

（3）与你认定的最接近的现有技术相比，客户提供的发明具有哪些有益的效果？

答题思路：

本题原意是请考生撰写说明书发明内容部分的有益效果，因而本题应当从该发明独立权利要求的区别技术特征和从属权利要求的附加技术特征出发具体分析本发明相对于最接近的现有技术带来的技术效果。

本题的参考答案：

客户提供的发明相对于最接近的现有技术主要具有两方面的有益效果：

① 通过将填料箱与位于封液区的第一压盖设计成分体的，且填料箱在靠近封液区的一端具有径向向外伸出的第一凸缘，第一压盖具有可伸入密封空间的轴向突出部，并在第一压盖和填料箱之间采用了填料夹紧机构，于是，在拧紧第一填料夹紧机构时，使填料箱沿着第一压盖的轴向突出部作轴向移动，则第一压盖的轴向突出部推压填料，使最靠近封液区侧的填料处的轴密封力达到最大，从而能够实现良好而可靠的密封。

② 如果第一填料夹紧机构包括以螺纹方式固定在第一压盖的环状凸缘上的螺纹轴和可拧在该螺纹轴端部螺纹上的螺母，在填料箱的第一凸缘上设有孔径大于螺纹轴直径的通孔和/或在填料箱的第一凸缘与螺母之间设置弹性部件，则当转轴偏心和/或产生轴向振动偏心时，填料箱可随之作径向和/或轴向移动，可使其与转轴之间的相对位置保持不变，从而填料箱和转轴之间的密封空间内的填料对转轴及填料箱的接触压力不发生变化，实现良好且稳定的轴密封。

（4）如果你只撰写了一项独立权利要求，请简述只撰写一项独立权利要求的理由；如果你撰写了两项或者两项以上独立权利要求，请简述这些独立权利要求能够合案申请的理由。

答题思路：

分析两种实施方式的区别之处能否用一个技术特征加以概括，而仍能解决该发明要解决的技术问题，如果能够加以概括，就应当撰写一项独立权利要求，以争取较宽的保护范围，如果不能采用概括表述方式，则可以针对这两种实施方式分别撰写两项独立权利要求，则此时就应当具体分析说明两者之间具有至少一个相同或相应的特定技术特征，以说明两者属于一个总的发明构思，符合单一性规定，从而可以合案申请。最后通过分析可知，本题属于可以用一个技术特征将两种实施方式的区别加以概括的情况，因此只撰写一项独立权利要求。

本题的参考答案：

首先，分析一下该发明两种实施方式的共同技术特征和主要不同之点。两者的共同技术特征主要包括两个方面：其一是填料箱与第一压盖是分体件以及第一压盖的结构，其二是第一填料夹紧机构以及与此相关的一些技术特征；而两者的主要区别在于填料箱与第二压盖的连接方式，在第一种实施方式中为用螺栓固定连接，而在第二种实施方式是采用填料夹紧机构来连接。鉴于两者的区别对于解决该发明的技术问题而言是一种优选方案，因此在撰写独立权利要求时无须考虑两者的区别，而应当考虑能否对两者的区别采用概括表述方式：如果能找到合适的概括方式，独立权利要求中就可以采用这种概括方式表述这一技术特征，从而写成一项独立权利要求；相反，如果不能采用概括方式表述，就可考虑写成两项独立权利要求，即针对每一种实施方式撰写一项独立权利要求。对该专利申请而言，对于这两种实施方式的区别可以采用概括的表述方式，即仅仅说明填料箱与第二压盖两者相连接即可，因而对该发明写成一项独立权利要求，而对于两者的区别分别写成相应的从属权利要求。

（5）说明你撰写的独立权利要求的技术方案与附件 2 和附件 3 所记载的现有技术相比具备新颖性、创造性的理由。

出题原意及答题要求：

同 2000 年机械专业试卷中简答题的第 4 题。

本题参考答案：

① 新颖性。

该发明独立权利要求技术方案的特征部分是：所述第一压盖和所述填料箱是分体的；所述填料箱在靠近封液区域侧的一端具有径向向外伸出的第一凸缘；所述第一压盖具有向着所述密封空间伸出的轴向突出部；所述填料箱的第一凸缘通过第一填料夹紧机构与所述填料箱相连接，拧紧第一填料夹紧机构时，可使所述填料箱沿所述第一压盖的轴向突出部的外表面作轴向移动。

附件 2 的轴密封装置中填料箱与机器壳体为一体结构，未披露权利要求中第一压盖以及特征部分的区别技术特征，因而权利要求 1 相对于附件 2 中的现有技术可以实现良好而可靠的密封，由此可知权利要求 1 的技术方案未被附件 2 披露，因此该发明独立权利要求 1 的技术方案与附件 2 所记载的现有技术相比符合《专利法》第二十二条第二款有关新颖性的规定。

检索到的对比文件附件 3 中的轴密封装置未披露权利要求 1 特征部分的区别技术特征，因而权利要求 1 相对于附件 3 中的现有技术可以实现良好而可靠的密封，由此可知权利要求 1 的技术方案未被附件 3 披露，因此该发明独立权利要求 1 的技术方案与附件 3 所记载的现有技术相比同样也符合《专利法》第二十二条第二款中有关新颖性的规定。

综上所述，该发明独立权利要求相对于附件 2 或者附件 3 所记载的现有技术具备《专利法》第二十二条第二款规定的新颖性。

② 创造性。

附件 3 中的技术方案是与独立权利要求所要求保护的发明最接近的现有技术，其区别技术特征如特征部分所述。由此，该发明实际解决的技术问题是：提供一种能实现良好而可靠轴密封的压盖填料轴密封装置。

由于该区别技术特征未被附件2披露，也不是本领域解决上述技术问题的惯用手段，因此现有技术中并不存在能够使得本领域的技术人员将上述区别技术特征应用到最接近的现有技术中以解决该发明要解决的技术问题的启示。由此可见，该发明独立权利要求的技术方案相对于现有技术是非显而易见的，具有突出的实质性特点。

采用上述结构的技术方案，在拧紧第一填料夹紧机构时，可使填料箱沿着第一压盖的轴向突出部作轴向移动，则第一压盖的轴向突出部推压填料，使最靠近封液区域侧的填料处的轴密封力最大，实现了良好且可靠的轴密封。由此可知，该发明独立权利要求的技术方案与现有技术相比具有有益的技术效果，因此具有显著的进步。

综上所述，该发明独立权利要求的技术方案相对于附件3、附件2以及本领域的公知常识，具有突出的实质性特点和显著的进步，具备《专利法》第二十二条第三款规定的创造性。

第二十章　2004年专利代理实务机械试题解析

试　题

客户向你提交了其发明的摩擦轮打火机的技术说明（附件1），并提供了其了解的一项相关现有技术（附件2），委托你所在的专利代理机构为之提交一项发明专利申请。在撰写专利申请文件之前，你对现有技术进行了检索，找到了一份相关现有技术（附件3）。

第一题：请根据客户作出的发明（附件1），参考客户提供的现有技术（附件2）和你检索到的现有技术（附件3），为客户撰写一份权利要求书。具体要求如下❶：

1. 权利要求书应当包括独立权利要求和从属权利要求。

2. 独立权利要求应当满足下列要求：

（1）在合理的前提下具有较宽的保护范围，能够最大限度地体现申请人的利益；

（2）清楚、简要地限定其保护范围；

（3）记载了解决技术问题的全部必要技术特征；

（4）相对于客户提供的现有技术和你检索到的现有技术具备新颖性和创造性；

（5）符合《专利法》及其实施细则关于独立权利要求的其他规定。

3. 从属权利要求应当满足下列要求：

（1）从属权利要求的数量适当、合理；

（2）与被引用的权利要求之间有清楚的逻辑关系；

（3）当授权后面临不得不缩小权利要求保护范围的情况时，能提供充分的修改余地；

（4）符合《专利法》及其实施细则关于从属权利要求的其他规定。

4. 权利要求书中涉及零部件时，应当在其后面标注附件1附图中给出的该零部件的标号。

第二题：请根据《专利法》《专利法实施细则》《审查指南》的有关规定，对下述问题作出回答，回答的内容应当与你撰写的权利要求书相适应。

1. 在客户提供的现有技术（附件2）和你检索到的现有技术（附件3）中，确定哪一项是与你撰写的独立权利要求所要求保护的发明最接近的现有技术？请简述理由。

2. 针对你认定的最接近的现有技术，你撰写的独立权利要求的技术方案要解决的技术问题是什么？

---

❶ 在近几年的专利代理实务科目的考试中，对于专利申请文件的撰写试题，有一部分未在试题说明中明确写出权利要求的撰写规定。因为这些规定也是专利代理实务考试所要考查的内容之一。

3. 与你认定的最接近的现有技术相比，你撰写的独立权利要求的技术方案具有哪些有益的效果？

4. 说明你撰写的独立权利要求的技术方案与附件2和附件3所记载的现有技术相比具备新颖性、创造性的理由。

特别提示：作为考试，仅要求依据客户提供的发明内容进行撰写，不要补充你可能具有的有关该发明主题的任何专门知识。

附件1　客户提供的发明简介

客户发明的第一种摩擦轮打火机

[001]　该摩擦轮打火机如附件1的图1-1至图1-3所示。

[002]　图1-1是打火机上部的立体图；

[003]　图1-2是沿图1-1中Ⅱ-Ⅱ线的打火机上部的横向剖面图；

[004]　图1-3是沿图1-2中Ⅲ-Ⅲ线的横向剖面图。

[005]　如图1-1至图1-3所示，打火机1包括一装有可燃液化气的容器机体2，容器机体2的上部带有阀3，平常保持关闭状态，可通过杆4将其打开。由于弹簧5对杆4的作用，使阀3经常处于关闭状态。打火机点火装置包括摩擦轮7和火石6，摩擦轮7可在拇指按压轮10的作用下转动，与火石6相摩擦，产生出火花。

[006]　两个拇指按压轮10分别设置在摩擦轮7的两端。拇指按压轮10有中心孔12，套装在转动轴8上。中心孔12与转动轴8之间留有间隙，使拇指按压轮10可以相对于转动轴8径向移动。两个拇指按压轮10朝向摩擦轮7的一侧设有凸起环13，凸起环13的内径稍大于摩擦轮7的直径，并向摩擦轮7的中部轴向延伸，环绕摩擦轮7的部分外圆周表面7b。凸起环13的内接面13a具有适当的摩擦系数，优选对凸起环13进行粗糙处理来提高其表面摩擦系数，例如采用表面粗糙的材料制作凸起环、在内接面13a上形成粗糙涂层或者对内接面13a进行蚀刻来实现。

[007]　转动轴8和拇指按压轮10中心孔12之间的间隙大于凸起环13内接面13a和摩擦轮7外圆周表面之间的间隙。

[008]　在使用该摩擦轮打火机时，如果对拇指按压轮10施加一转动力矩，而没有施加足够大的径向力，则凸起环13的内接面13a与摩擦轮7外圆周表面7b之间产生的摩擦力不足以克服火石6与摩擦轮7外圆周表面7b之间的摩擦力，导致拇指按压轮10在摩擦轮7上打滑转动，摩擦轮7不转动，不能产生火花；或者虽然可以使摩擦轮7产生一定转动，但转速不够快，不能产生所需要的火花。如果在对拇指按压轮10施加一转动力矩的同时，施加足够大的径向力，使凸起环13的内接面13a与摩擦轮7外圆周表面7b紧密接触，形成压紧配合，则凸起环13的内接面13a与摩擦轮7的外圆周表面7b之间的摩擦力可以克服火石6与摩擦轮7外圆周表面7b之间的摩擦力，使摩擦轮7以足够快的转速旋转，通过摩擦轮7与火石6的摩擦作用，产生点火所需的火花。

客户发明的第二种摩擦轮打火机

[009]　该摩擦轮打火机如图1-4所示。

[010]　图1-4是打火机上部的摩擦轮组件横向剖面图，该组件包括摩擦轮7、转动轴8和拇指按压轮10。

[011]　如图1-4所示，摩擦轮7内部有一空腔31，该空腔31套装在由两根阶梯轴构成的转动轴8上。

[012]　每根转动轴8由如下所述的同轴线的几个圆柱形部件构成，包括：

[013]　部件8a，其直径稍大于摩擦轮7的空腔31的内径，以便两者之间形成紧配合；

[014]　中间部件8b，其直径稍大于部件8a的直径；

[015]　部件8c为一凸缘，其直径大于部件8b的直径；

[016]　部件8d为一转轴，插入机体2上部的两平行耳部的相应孔中，以支撑摩擦轮7和拇指按

压轮 10。

［017］拇指按压轮 10 由内径向部分 10a、外径向部分 10b 和圆筒形部分 10d 构成。内径向部分 10a 有一中心孔，其直径大于所述部件 8b 的直径，但小于凸缘部件 8c 的直径。拇指按压轮 10 的内径向部分 10a 的厚度稍小于部件 8b 的轴向宽度，并通过一锥形过渡斜面 10c 与拇指按压轮 10 的外径向部分 10b 的端面相连。

［018］通过紧配合或者粘接等方式，将轴 8 的部件 8a 固定安装在摩擦轮 7 的空腔 31 内，使拇指按压轮 10 的内径向部分 10a 被限制在摩擦轮 7 的端部和转动轴 8 的凸缘部件 8c 之间。在部件 8b 的外圆周表面与内径向部分 10a 中心孔的内圆周表面之间形成了径向间隙 32。

［019］转动轴 8 的部件 8b、8c 和拇指按压轮 10 的内径向部分 10a 的直径，以及拇指按压轮 10 的锥形过渡斜面 10c 的位置是这样设计的：当在拇指按压轮 10 上施加一转动力矩的同时施加足够大的径向压力时，在拇指按压轮 10 的内径向部分 10a 中心孔的内圆周表面与部件 8b 的外圆周表面相接触之前，锥形过渡斜面 10c 先与部件 8c 相遇，导致转动轴 8 的部件 8c 对拇指按压轮 10 的内径向部分 10a 产生一轴向推力。使拇指按压轮 10 的内径向部分 10a 紧靠在摩擦轮 7 的端面 7a 上，因此在拇指按压轮 10 内径向部分 10a 的内侧向面 10f 与摩擦轮 7 的端面 7a 之间形成摩擦面。通过选择适合的材料、形成涂层、进行表面处理等方式，使拇指按压轮 10 的内径向部分 10a 的内侧向面 10f 与摩擦轮 7 的端面 7a 均具有适当的摩擦系数，因此产生的摩擦力足以克服摩擦轮 7 与火石 6（图 1-4 中未示出）之间的摩擦力，带动摩擦轮 7 以足够的转速旋转，与火石 6 相摩擦，产生出点火所需的火花。当在拇指按压轮 10 上未施加足够的径向力时，拇指按压轮 10 内径向部分 10a 的内侧向面 10f 与摩擦轮 7 的端面 7a 之间产生的摩擦力不够大，摩擦轮 7 不转动或者虽有转动但其转速不够快，因此不产生点火所需的火花。

［020］转动轴 8 最好采用塑料、铝、钢或黄铜等材料制成。这些材料应当具有一定的弹性，特别是凸缘部件 8c 应具有一定的弹性变形能力，在锥形过渡斜面 10c 的压迫下能够产生弹性变形。在去除施加在拇指按压轮 10 上的径向压力时，转动轴 8 的凸缘部件 8c 可借助于其自身材料的弹性力，回复到平常的位置。

［021］此外，拇指按压轮 10 的圆筒形部分 10d 沿轴向向中间延伸，提供了与使用者拇指相接触的较大表面，以便使用者施加转动力矩和径向力。

附件 1 的附图

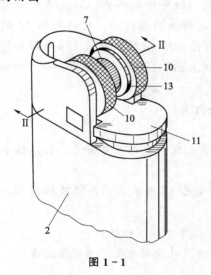

图 1-1

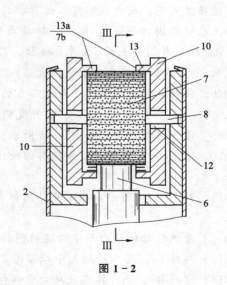

图 1-2

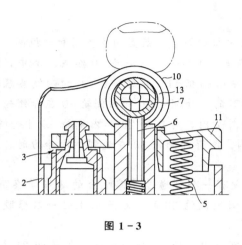

图 1－3

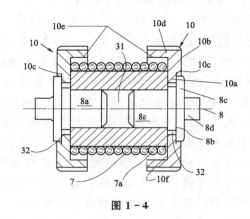

图 1－4

附件2 客户提供的现有技术简介

［001］参阅图2。

［002］图2表示的是摩擦轮打火机局部剖视图。该打火机包括机身1，它设有一储存液化气体的容器，和一装有弹簧和火石2的孔。容器1向上部延伸形成两个凸耳3和4，每个凸耳上都有一与转动轴5相配合的孔，所述轴5作为摩擦轮6的枢轴。摩擦轮6装在两个圆盘7和8之间，圆盘7和8装在同一转动轴5上。金属护板9装在两个凸耳3和4周边，并限制轴5的轴向移动。

［003］圆盘7和8自由转动地安装在转动轴5上，不能带动摩擦轮6转动。圆盘7和8的直径大于摩擦轮6的直径，圆盘7和8高出金属护板9的部分大于摩擦轮6高出金属护板9的部分。

［004］当成年人想点燃打火机时，需将其拇指10放在两个圆盘7和8上，拇指10的部分肌肉11产生变形并与摩擦轮6接触，按照一般操作方法，能够驱动摩擦轮6转动，点燃打火机。

［005］由于儿童手指上的肌肉不如成年人的多，如果儿童像成年人那样操作打火机，其手指肌肉将不能产生相同的变形，也就不能与摩擦轮6保持接触。因此，其结果只能使圆盘7和8转动，而不会使摩擦轮6转动，不会摩擦火石产生点燃气体的火花。

［006］圆盘7和8与摩擦轮6之间不存在任何固定连接，圆盘7、8和摩擦轮6均以可自由转动的方式安装在转动轴5上。

［007］采用这种打火机，使用者是通过拇指肌肉在两圆盘7和8之间产生变形后直接驱动摩擦轮6，由于拇指肌肉的状况因人而异，对于拇指肌肉不多的人来说，其拇指肌肉的变形难以与摩擦轮6充分接触，从而不能产生足够的驱动力使摩擦轮6旋转摩擦火石，产生足够的火花喷射量点燃气体。所以这种打火机对于一些成年人来说也难以正常使用。

附件2的附图

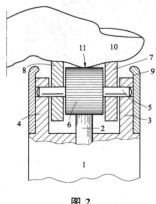

图2

第四部分

附件3 你检索到的现有技术简介

[001] 图3-1和图3-2是你检索到的一种摩擦轮打火机摩擦点火装置的立体图和剖视图。

[002] 该打火机点火装置由一个摩擦轮10、一对外侧轮20和一对内侧轮30组成。其中，摩擦轮10用于摩擦火石，其中心设有用于和内侧轮连接用的中心轴孔11。在摩擦轮10的两侧各装有一个内侧轮30和一个外侧轮20。为了达到防止小孩打火的目的，外侧轮20和内侧轮30在外侧轮未受侧向外力时处于非接触状态，只有在外侧轮20受到侧向外力时，外侧轮20和内侧轮30才会啮合。为此，在外侧轮20和内侧轮30的相向侧设置了啮合结构，使得外侧轮20在受到侧向外力时，才可使两者相互啮合转动，并带动摩擦轮10摩擦火石点火。

[003] 在外侧轮20和内侧轮30的相向侧轮面上各设有一个可通过摩擦啮合的环形摩擦面21、31，该环形摩擦面可以为粗糙表面，也可以在外侧轮20或内侧轮30的接触表面上粘一层橡胶或其他软性材质，形成不同软硬材质的摩擦面。

[004] 外侧轮20的内侧为凹形圆盘，其圆盘面上设有与内侧轮30啮合的环形摩擦面21，其中心开有供内侧轮轴32穿过的轴孔22。所述内侧轮30朝向外侧轮20的侧面上设有与外侧轮20的环形摩擦面21相啮合的环形摩擦面31。内侧轮30的一侧设有与打火机连接用的轮轴32，其另一侧设有与摩擦轮10连接用的短轴33。

[005] 在外侧轮20和内侧轮30之间装有弹簧40，使外侧轮20与内侧轮30在处于未使用状态时保持一定间隔。

[006] 将两个内侧轮30的短轴33以紧配合方式压入摩擦轮的中心轴孔11内，从而使内侧轮30与摩擦轮10固定连接，在内侧轮30的轮轴32上套装弹簧40，然后将外侧轮20装到内侧轮的轮轴32上。

[007] 如果在外侧轮20上施加既具有径向分力又具有轴向分力的外力F1时，外侧轮20受到轴向分力的作用向内移动，使其摩擦面21与内侧轮的摩擦面31相接触，通过两摩擦面21、31的啮合带动内侧轮及摩擦轮10同步转动，从而使摩擦轮10与火石摩擦产生火花而点火。

[008] 在非使用状态或像普通打火机一样对外侧轮20施加转动力矩时，外侧轮20与内侧轮30处于非啮合状态，外侧轮20转动时内侧轮30并不转动，因而不能带动摩擦轮10转动来摩擦火石，不能产生火花点火，这样，就可以防止儿童按普通打火方式点火，提高了打火机的安全性。

附件3的附图

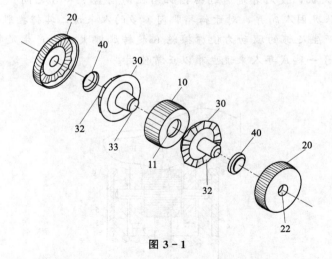

图3-1

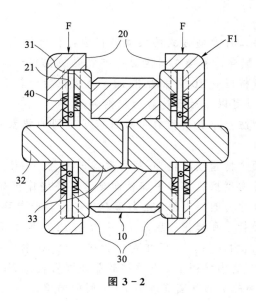

图 3 - 2

答题思路

一、重视试题说明，把握考试思路

从试题说明来看，可以确定以下几个重要信息：

（1）试题要求撰写发明专利申请，因此不需要考虑实用新型对权利要求书的特殊要求。客户没有提出其他法律问题，也没有提出将某些技术内容作为技术秘密保留的意思表示，因此可以根据其提供的内容来撰写合适的发明专利申请的权利要求书。

（2）试题说明中给出了权利要求书撰写的相关规定，包括独立权利要求和从属权利要求的相关要求，以及加注附图标记的规定。这些规定和要求在撰写权利要求书时需要认真考虑，并且在撰写完成后，且在时间允许的情况下，可以用于检验撰写是否合适。

（3）对第二题的回答内容，应当与撰写的权利要求书相适应，而且应当对每一道问题作出回答。

（4）根据试题说明的最后一句，考生需要记住：作为考试，仅要求依据客户提供的发明内容进行撰写，不要补充你可能具有的有关该发明主题的任何专门知识。也就是说，撰写权利要求书时仅能以客户提交的技术说明即附件1为基础来确定技术主题及其关键技术特征。

二、权利要求书的撰写

（一）理解该发明的内容，确定该发明的关键技术特征

1. 分析试题，确定该发明的技术主题

由客户提供的作为技术说明的附件1来看，其仅涉及一种技术主题，即摩擦轮打火机或者摩擦轮打火机的点火装置。通常在确定机械装置的主题名称时，如果发明改进在部件而非产品的整体，那么在该部件能够单独存在、独立制造或使用，通常应当以该部件为主题名称。但如果该部件需要以产品的整体形式才能制造和使用，则还可以产品为主题名称。由于打火机的点火装置并不能单独制造或使用，其仅以与打火机的相关部件形成整体才能存在，因此撰写权利要求书时既可以将权利要求的主题名称确定为摩擦轮打火机，并以其点火装置为特征进行限定，也可直接以摩擦轮打火机的点火装置为主题名称。这两种主题名称应当都是符合要求的。

2. 对客户在技术说明中提供的两种实施方式进行具体分析

客户在技术说明中提供了两种实施方式，具体分析这两种实施方式的共同特征以及各自解决技

术问题的技术手段。

（1）第一种实施方式和第二种实施方式的共同特征为：打火机点火装置包括可与火石6摩擦而产生火花的摩擦轮7，其以紧配合、粘接或其他固定方式安装在转动轴上；两个拇指按压轮10分别设置在摩擦轮7的两端，拇指按压轮10有中心孔12，套装在转动轴8上，中心孔12与转动轴8之间留有间隙，使拇指按压轮10可以相对于转动轴8转动。

（2）两种具体实施方式为防止小孩使用打火机采取了不同的技术手段，现对两者分别进行具体说明。

在第一种实施方式中，两个拇指按压轮10朝向摩擦轮7的一侧设有凸起环13，凸起环13的内径稍大于摩擦轮7的直径，并向摩擦轮7的中部轴向延伸，环绕摩擦轮7的部分外圆周表面7b，从而拇指按压轮10的凸起环13的内圆周表面13a与摩擦轮7上与凸起环13相对的外圆周表面7b形成一对彼此对置的摩擦面。转动轴8和拇指按压轮10中心孔12之间的间隙大于凸起环13内接面13a和摩擦轮7外圆周表面7b之间的间隙，从而在对拇指按压轮10施加一转动力矩的同时，施加足够大的径向力，就可使凸起环13的内接面13a与摩擦轮7外圆周表面7b紧密接触，形成压紧配合，则凸起环13的内接面13a与摩擦轮7的外圆周表面7b之间的摩擦力可以克服火石6与摩擦轮7外圆周表面7b之间的摩擦力，使摩擦轮7以足够快的转速旋转，通过摩擦轮7与火石6的摩擦作用，产生点火所需的火花。

第二种实施方式为防止小孩使用打火机所采取的技术手段相对来说比较复杂，为清楚起见，分段加以说明。

第二种实施方式中的两个拇指按压轮10至少由内径向部分10a和外径向部分10b构成，内径向部分10a的内径小于外径向部分10b的内径，并通过锥形过渡斜面10c与外径向部分10b的端面相连，即外径向部分10b的内表面为从内向外扩展的锥形过渡面10c；作为优选，还可以包括从内径向部分10a向着摩擦轮方向延伸，并环绕摩擦轮7的部分外圆周表面的圆筒形部分10d。

在这种实施方式中共有两根阶梯状转动轴8，每根转动轴8由如下四个同轴的圆柱形部分组成：与摩擦轮7内腔紧配合或者以粘接等固定方式安装在一起的部件8a（下称转动轴的嵌入部分8a），与拇指按压轮10的内径向部分相对置，且直径大于嵌入部分8a的中间部件8b（下称转动轴的中间部分8b），与拇指按压轮10的外径向部分10b相对置，且直径大于中间部分8b的部件8c（下称转动轴的凸缘部分8c）以及支撑在打火机机体2上部两平行耳部通孔中的部件8d（下称转动轴的支撑部分8d）。

拇指按压轮10内径向部分10a位于摩擦轮7的端部与转动轴凸缘部分8c之间，其厚度稍小于转动轴中间部分8b的轴向宽度，通过一锥形过渡斜面10c与外径向部分10b端面相连。

转动轴中间部分8b的外圆周表面与拇指按压轮10内径向部分10a中心孔的内圆周表面之间形成径向间隙32；该间隙32大于拇指按压轮10外径向部分10b的锥形过渡斜面10c与转动轴凸缘部分8c之间的最小间距。

在上述第二种实施方式的结构中，当在拇指按压轮10上施加一转动力矩的同时施加足够大的径向压力时，在拇指按压轮10的内径向部分10a中心孔的内圆周表面与转动轴中间部分8b的外圆周表面相接触之前，其外径向部分10b的锥形过渡斜面10c先与转动轴凸缘部分8c相遇，导致转动轴凸缘部分8c对拇指按压轮10的内径向部分10a产生一轴向推力。使拇指按压轮10的内径向部分10a紧靠在摩擦轮7的端面7a上，因此在拇指按压轮10内侧向面10f与摩擦轮7的端面7a形成摩擦面。

3. 对这两种实施方式为防止小孩使用打火机所采用的不同技术手段进行概括

在这两种实施方式中，为防止小孩使用打火机所采用的技术手段在结构上有较大的差别，因此，作为专利代理人应当考虑能否对两者的结构特征采用概括表述的方式。通过仔细对比分析，注意到这些不同的结构部分仍然具有两个可给予概括表述的技术特征：其一，两者的拇指按压轮和摩擦轮都有一对彼此对置的摩擦面，对于第一种实施方式位于摩擦轮的外圆周表面，对于第二种实施方式位于摩擦轮的端部表面；其二，具有一个使拇指按压轮相对于摩擦轮移动的配合结构，当对拇指按压轮施加足够大的径向力时，可使第一种实施方式中的拇指按压轮相对于摩擦轮作径向移动，或者使第二种实施方式中的拇指按压轮相对于摩擦轮作轴向移动，直到拇指按压轮的摩擦面紧贴在摩擦轮上的摩擦面上，形成摩擦接触，于是拇指按压轮的转动就带动了摩擦轮转动。

（二）分析对比，确定该发明要解决的技术问题

1. 确定该发明的最接近的现有技术

为确定该发明要解决的技术问题，首先要从这两项现有技术中确定该发明的最接近的现有技术。

附件2（客户提供的现有技术）和附件3（检索到的现有技术）两者都是可以用于防止小孩点火的打火机，因此都与该发明打火机的技术领域相同。因此，需要分析一下这两项现有技术中为防止小孩点火所采用的结构及各自如何来解决这一技术问题。

附件2的打火机点火装置为防止小孩打火的具体结构是：两个圆盘7和8自由转动地安装在转动轴5上，不能带动摩擦轮6转动。两圆盘的直径大于摩擦轮的直径，两圆盘高出金属护板9的部分大于摩擦轮高出金属护板的部分。当成年人想点燃打火机时，需将其拇指放在两个圆盘上，拇指的部分肌肉产生变形并与摩擦轮接触，按照一般操作方法，能够驱动摩擦轮转动，点燃打火机，而对于小孩而言，也将拇指放在两个圆盘上时，由于该拇指肌肉不能产生相同的变形，不能与摩擦轮保持接触，因此就不能驱动摩擦轮来点燃打火机。可见，附件2是通过拇指变形来完成点火过程，因此对于一些拇指肌肉不多的成年人来说，也难以正常使用该打火机。

附件3的打火机点火装置在防止小孩打火的具体结构是：除摩擦轮10外，还包括一对外侧轮20和一对内侧轮30（相当于该发明的拇指按压轮），内侧轮的轴以紧配合的方式压入摩擦轮的中心轴孔中，因而内侧轮与摩擦轮同步转动。外侧轮与内侧轮的相向侧轮面上，即外侧轮的内侧与内侧轮的外侧设有一对可通过摩擦啮合的环形摩擦面21、31。当成人使用打火机时，其在转动外侧轮时，同时施加既具有径向分力又具有轴向分力的外力F1时，外侧轮受到轴向分力的作用向内移动，使外侧轮的摩擦面21与内侧轮的摩擦面31相接触，通过两摩擦面21、31的啮合带动内侧轮及摩擦轮10同步转动，从而使摩擦轮与火石摩擦产生火花而点火。可见，附件3是通过拇指向拇指按压轮施加具有轴向分力的外力来带动摩擦轮转动而完成点火过程。而当儿童使用该打火机时，由于未施加带有轴向分力的外力，外侧轮的内侧与内侧轮的外侧处于非啮合状态，则转动外侧轮时，内侧轮并不转动，因而不会产生火花点火。这样的摩擦轮打火机不仅可以防止儿童按普通打火方式点火，而且对于所有成年人来说都能正常使用。

通过上述对两项现有技术工作方式的分析可知，附件3已能解决所有成年人都能正常使用的技术问题，即客户原定的本发明相对于附件2所要解决的技术问题在一定程度上已被附件3解决，由此可知，就其要解决的技术问题、技术效果或者用途而言，附件3比附件2更接近该发明。

此外，通过上述分析对比可知，附件3与附件2相比，其不仅披露了该发明与附件2所共有的技术特征，而且其中的外侧轮与该发明中的拇指按压轮一样是一个在受到所施加的外力后会带动摩擦轮转动的驱动轮，也就是说附件3与附件2相比所披露的该发明的技术特征更多。

由此可知，所检索到的现有技术附件3与该发明的技术领域相同，与客户所提供的现有技术附件2相比，其要解决的技术问题、技术效果或者用途更接近该发明，披露的技术特征更多，因而应当将附件3作为该发明最接近的现有技术。

2. 根据所确定的最接近的现有技术，确定该发明要解决的技术问题

当以附件3作为该发明最接近的现有技术，则客户原定要解决的技术问题，也就是不仅可防止儿童用该打火机点火以提高其安全性，而且对所有成年人都能正常使用，基本上已经被附件3披露的摩擦轮打火机解决，因此需要按照客户所提供的该发明实施方式来重新确定其相对于附件3所解决的技术问题。

采用附件3所披露的现有技术打火机，使用者在转动外侧轮时，必须同时向外侧轮施加一个既具有径向分力又具有轴向分力的侧向外力，使外侧轮内侧的环形摩擦面与内侧轮外侧的环形摩擦面

紧密接触，同时通过外侧轮的转动带动内侧轮及摩擦轮同步转动，从而使摩擦轮与火石摩擦产生火花而点火。这种方式带来了两方面的问题：第一，这种使用方式会让使用者感到不方便，操作比较困难；第二，对外侧轮施加侧向外力容易使打火机损坏。

通过将该客户提供的两种实施方式与附件3的摩擦轮打火机的点火装置进行比较，可知该发明实施方式的结构比附件3更加简单，仅施加径向作用力就可以实现既防止儿童用该打火机点火、又可方便成年人使用；此外，采用该发明的两种实施方式，使用者均不需要对拇指按压轮施加侧向外力，因此克服了附件3披露的现有技术需要使用者施加斜向力所导致的容易损坏打火机的缺点。

由此可知，该发明独立权利要求1相对于最接近的现有技术对比文件3所解决的技术问题是提供一种摩擦轮打火机，其不仅可防止儿童用其进行点火以确保安全，且方便成人使用，又不容易损坏打火机。

（三）确定必要技术特征，撰写独立权利要求

在确定该发明要解决的技术问题的基础上，就应当确定该发明解决上述技术问题的必要技术特征。

在确定该发明独立权利要求的必要技术特征时，除了前面针对两种不同实施方式所概括成的两个关键技术特征（拇指按压轮与摩擦轮具有一对彼此对置的摩擦面、使拇指按压轮与摩擦轮作相对移动的配合结构）必定属于必要技术特征外，还应当从这两种实施方式的共同特征中找出必要技术特征。

根据前面所作分析可知，为实现上述要解决的技术问题，打火机点火装置应当包括如下技术特征：

（1）可与火石磨擦而产生火花、且固紧或固定在转动轴上的摩擦轮；

（2）一对设置在摩擦轮两端并可相对于摩擦轮转动的拇指按压轮；

（3）拇指按压轮与摩擦轮具有一对彼此对置的摩擦面；

（4）可使拇指按压轮与摩擦轮作相对移动而使拇指按压轮的摩擦面紧贴在摩擦轮的摩擦面上的配合结构。

通过与最接近的现有技术附件3的对比可知，前两个技术特征是该发明与最接近的现有技术共有的技术特征，应当写入独立权利要求的前序部分，而后两个技术特征是该发明的区别技术特征，应当写入独立权利要求的特征部分。

最后，完成的独立权利要求1如下❶：

1. 一种摩擦轮打火机，包含有点火装置，该点火装置包括：

——可与火石（6）摩擦而产生火花的摩擦轮（7），其固紧或固定在转动轴（8）上；

——一对设置在所述摩擦轮（7）两端、套装在所述转动轴（8）上、并可相对于所述摩擦轮（7）转动的拇指按压轮（10）；

其特征在于：

所述拇指按压轮（10）与所述摩擦轮（7）具有一对彼此对置的摩擦面（13a，7b；10f，7a）；

该点火装置还具有可使所述拇指按压轮（10）与所述摩擦轮（7）作相对移动的配合结构，当向所述拇指按压轮（10）施加径向力时，该配合结构即可使所述拇指按压轮（10）的摩擦面（13a；10f）紧贴在所述摩擦轮（7）的摩擦面（7b；7a）上，形成摩擦接触，从而使所述拇指按压轮（10）的转动带动所述摩擦轮（7）转动。❷

---

❶ 在完成独立权利要求的撰写时，对上面列出的必要技术特征中的一部分又作出进一步说明，以清楚地限定专利要求保护的范围。

❷ 需要强调的是，如果在特征部分不写入具体结构特征，而仅写入"对拇指按压轮施加转动力矩的同时施加径向力"以实现点火，则必定导致权利要求未清楚地限定要求专利保护的范围，因此需要在特征部分还写明其他结构特征。

如果以点火装置为技术主题，则可写成：

1. 一种摩擦轮打火机的点火装置，包括：

——可与火石（6）摩擦而产生火花的摩擦轮（7），其固紧或固定在转动轴（8）上；

——一对设置在摩擦轮（7）两端、套装在所述转动轴（8）上、并可相对于所述摩擦轮（7）转动的拇指按压轮（10）；

其特征在于：

所述拇指按压轮（10）与所述摩擦轮（7）具有一对彼此对置的摩擦面（13a，7b；10f，7a）；

该点火装置还具有使所述拇指按压轮（10）与所述摩擦轮（7）作相对移动的配合结构，当向所述拇指按压轮（10）施加一定径向力，该配合结构即可使所述拇指按压轮（10）的摩擦面（13a；10f）紧贴在所述摩擦轮（7）的摩擦面（7b；7a）上，形成摩擦接触，从而使所述拇指按压轮（10）的转动带动所述摩擦轮（7）的转动。

值得说明的是：采用前一种独立权利要求的写法时，如果在前序部分写明摩擦轮打火机包含有打火机壳体、位于壳体内且装有可燃液化气的容器、位于该容器出口处的常闭阀和点火装置也是允许的，因为如前面所指出的那样，这不会影响该权利要求的保护范围，虽然这部分结构是所有摩擦轮打火机都具有的，但与该发明的改进之处无关，因此从权利要求书简要的角度考虑，建议不要写入这些技术特征。

（四）确定优选技术方案，拟定从属权利要求

在拟定从属权利要求时，首先应当针对附件1给出的两种实施方式分别撰写一项从属权利要求，这是该发明最重要的两个优选方案。然后，再分别针对这两种实施方式中的优选具体结构或优选技术措施作为该发明进一步的优选方案，撰写相应的从属权利要求；由客户提供的材料可知，对于第一种实施方式中增大拇指按压轮凸起环内表面摩擦系数的措施，第二种实施方式中拇指按压轮还具有圆筒形部分以及转动轴由弹性材料制成等，均可作为附加技术特征，各自撰写成一项从属权利要求。

在撰写从属权利要求时应当注意下述几点：

（1）从属权利要求技术方案的主题名称应当与其引用的权利要求的主题名称一致。参考答案中给出的独立权利要求的主题名称为摩擦轮打火机，其从属权利要求应当是对独立权利要求摩擦轮打火机的进一步限定，因此所有从属权利要求技术方案的主题名称均应当为摩擦轮打火机，不得变为摩擦轮打火机的点火装置。当然，如果采用前面所给出的第二种独立权利要求的写法，其主题名称为摩擦轮打火机的点火装置，则其从属权利要求技术方案的主题名称也应当为摩擦轮打火机的点火装置。

（2）引用关系恰当，以确保从属权利要求也清楚地限定其保护范围。例如，参考答案中的权利要求3是对权利要求2的进一步限定（第一种实施方式），不能直接引用权利要求1；权利要求5和6分别是对权利要求4的进一步限定（第二种实施方式），既不能直接引用权利要求1，也不能引用权利要求3和权利要求2。

（3）从属权利要求的技术方案应当完整，不要将应当写在一项从属权利要求中的技术方案分拆成几项从属权利要求。例如，对于参考答案中的权利要求2，为确保在此种结构中凸起环的内圆周表面与摩擦轮的外圆周表面能紧密接触而构成可带动摩擦轮转动的摩擦接触面，应当在该权利要求中写入"拇指按压轮的中心孔与转动轴之间所留有的间隙大于凸起环的内圆周表面与摩擦轮的外圆周表面之间的间隙"这一技术特征，不得将该技术特征写成对该权利要求2作进一步限定的从属权利要求的附加技术特征；同样，对于权利要求4，应当将"拇指按压轮内径向部分的厚度稍小于转动轴中间部件的轴向宽度"以及"内径向部分中心孔的内圆周表面与转动轴中间部分的外圆周表面之间的径向间隙大于转动轴凸缘部分（8c）的外圆周表面与锥形过渡斜面之间的最小间距"这两个技术特征写入权利要求4，如果在权利要求4中不写入这两个特征而将它们作为对该权利要求4作进一步

限定的从属权利要求的附加技术特征，就会导致权利要求4未清楚地限定专利要求保护的范围。

（五）拟定与独立权利要求1具备单一性的另外的独立权利要求及其从属权利要求

由于上述撰写成的独立权利要求已把附件1中提到的两种实施方式包括进来，不需要撰写其他独立权利要求，因而也不存在单一性的问题。

参考答案

第一题 撰写权利要求书的参考答案

根据上述分析，以摩擦轮打火机作为要求保护的技术主题完成以下权利要求书，需要说明的是，如果将主题改成相应的摩擦轮打火机的点火装置也是可以的，两者的保护范围没有实质性差异。鉴于此，对本案而言，不必同时写入两项分别以摩擦轮打火机和摩擦轮打火机的点火装置为主题名称的独立权利要求。

1. 一种摩擦轮打火机，包含点火装置，该点火装置包括：

——可与火石（6）摩擦而产生火花的摩擦轮（7），其固紧或固定在转动轴（8）上；

——一对设置在摩擦轮（7）两端、套装在所述转动轴（8）上、并可相对于所述摩擦轮（7）转动的拇指按压轮（10）；

其特征在于：

——所述拇指按压轮（10）与所述摩擦轮（7）具有一对彼此对置的摩擦面（13a，7b；10f，7a）；

——该点火装置还具有使所述拇指按压轮（10）与所述摩擦轮（7）作相对移动的配合结构，当向所述拇指按压轮（10）施加径向力时，该配合结构即可使所述拇指按压轮（10）的摩擦面（13a；10f）紧贴在所述摩擦轮（7）的摩擦面（7b；7a）上，形成摩擦接触，从而使所述拇指按压轮（10）的转动带动所述摩擦轮（7）转动。

2. 根据权利要求1所述的摩擦轮打火机，其特征在于：

——所述拇指按压轮（10）设有向着所述摩擦轮（7）中部轴向延伸的凸起环（13），其内径大于所述摩擦轮（7）的直径；

——所述拇指按压轮（10）的摩擦面为所述凸起环（13）的内圆周表面（13a），所述摩擦轮（7）的摩擦面为所述摩擦轮（7）上与所述凸起环（13）的内圆周表面（13a）相对的外圆周表面（7b）；

——所述使拇指按压轮（10）与摩擦轮（7）相对移动的配合结构这样实现，所述拇指按压轮（10）的中心孔（12）与转动轴（8）之间所留有的间隙大于所述凸起环（13）内圆周表面（13a）与该摩擦轮（7）外圆周表面（7b）之间的间隙。

3. 根据权利要求2所述的摩擦轮打火机，其特征在于：所述凸起环（13）的内圆周表面（13a）经粗糙处理以提高其表面摩擦系数。

4. 根据权利要求1所述的摩擦轮打火机，其特征在于：

所述摩擦轮（7）内部有空腔（31）；

所述拇指按压轮（10）包括内径向部分（10a）和外径向部分（10b）；

所述转动轴（8）为两根分别从所述摩擦轮（8）两端之一嵌入到所述摩擦轮（7）空腔（31）内的阶梯状转动轴，每根阶梯状转动轴（8）包括：

（i）与所述摩擦轮（7）紧密配合或者连接在一起的嵌入部分（8a）；

（ii）与所述拇指按压轮（10）的内径向部分（10a）相对应的中间部分（8b），其直径大于嵌入部分（8a）的直径；

（iii）其直径大于中间部分（8b）直径的凸缘部分（8c）；

——所述拇指按压轮（10）的摩擦面为其内径向部分（10a）的内向端面（10f），所述摩擦轮（7）的摩擦面为其端面（7a）；

——所述使拇指按压轮（10）与摩擦轮（7）相对移动的配合结构这样来实现；

（i）所述拇指按压轮（10）外径向部分（10b）的内圆周表面形成一个面向转动轴（8）凸缘部分（8c）、且向外扩张的锥形过渡斜面（10c）；

（ii）所述拇指按压轮（10）内径向部分（10a）的厚度稍小于转动轴（8）中间部分（8b）的轴向宽度；

（iii）所述拇指按压轮（10）内径向部分（10a）中心孔的内圆周表面与所述转动轴（8）中间部分（8b）的外圆周表面之间的径向间隙（32）大于所述转动轴（8）凸缘部分（8c）的外圆周表面与锥形过渡斜面（10c）之间的最小间距。

5. 根据权利要求4所述的摩擦轮打火机，其特征在于：所述拇指按压轮（10）具有沿其轴向向着中间延伸的圆筒形部分（10d）。

6. 根据权利要求4或5所述的摩擦轮打火机，其特征在于：所述转动轴（8）由弹性材料制成，其凸缘部分（8c）在所述拇指按压轮（10）外径向部分（10b）的锥形过渡斜面（10c）的挤压下能够产生弹性变形。

第二题　简答题的参考答案

（1）在客户提供的现有技术（附件2）和你检索到的现有技术（附件3）中，确定哪一项是与你撰写的独立权利要求所要求保护的发明最接近的现有技术？请简述理由。

本题答题思路：

同2000年机械专业试题的简答题第一题。

本题参考答案：

该发明独立权利要求的技术方案是一种摩擦轮打火机，尤其涉及其点火装置，附件2中的技术方案也是一种摩擦轮打火机，主要涉及其点火装置，附件3中的技术方案是一种用于摩擦轮打火机的点火装置，因此三者属于相同的技术领域。

按照《专利审查指南2010》第二部分第四章第3.2.1节中规定的确定最接近的现有技术的原则，则应当进一步考虑上述两项现有技术中哪一项所要解决的技术问题、技术效果或者用途与该发明最接近和/或公开了发明的技术特征最多的现有技术。

附件2中为防止小孩用打火机点火所采用的技术手段为：两个圆盘的直径大于摩擦轮的直径，两个圆盘高出金属护板的部分大于摩擦轮高出金属护板的部分，但是这样的结构对于拇指肌肉不够多的成年人来说，难以正常使用。

附件3中为防止小孩用打火机点火所采用的技术手段为：在外侧轮和内侧轮的相向侧设置了啮合结构，在外侧轮受到侧向外力时，可使两者相互啮合转动，并带动摩擦轮同步转动。由对附件3的摩擦轮打火机的工作方式分析可知，其在一定程度上已能解决该发明客户原定要解决的技术问题——不仅可以防止儿童按普通打火方式点火，而且对于所有成年人来说都能正常使用。即其要解决的技术问题、技术效果或者用途与附件2相比更接近该发明。

就两项现有技术披露的技术特征数量而言，附件3与附件2相比，其不仅披露了该发明与附件2所共有的技术特征，而且其中的外侧轮与该发明中的拇指按压轮一样是一个在受到所施加的外力后会带动摩擦轮转动的驱动轮，也就是说附件3与附件2相比所披露的该发明的技术特征更多。

综上可以看出：附件3与该发明的技术领域相同，与附件2相比，其与该发明独立权利要求所要解决的技术问题、技术效果和技术方案更为接近，公开的技术特征也最多，所以附件3是该发明独立权利要求所要求保护的发明最接近的现有技术。

（2）针对你认定的最接近的现有技术，你撰写的独立权利要求的技术方案要解决的技术问题是什么？

本题答题思路：

需要提醒考生注意的是，在 2000 年和 2002 年的试题中，该道简答题为"针对你认定的最接近的现有技术，说明本发明所要解决的技术问题"，而 2004 年的试题中，该道简答题是针对认定的最接近的现有技术，说明撰写的独立权利要求技术方案要解决的技术问题，因此答题时可以先确定该发明独立权利要求与最接近的现有技术之间的区别技术特征，在此基础上确定该发明要解决的技术问题。

本题参考答案：

该发明独立权利要求的技术方案与附件 3 披露的摩擦轮打火机的点火装置进行比较，其区别在于：拇指按压轮与摩擦轮具有一对彼此对置的摩擦面；该点火装置还具有使拇指按压轮与摩擦轮作相对移动的配合结构，当向拇指按压轮施加径向力时，该配合结构即可使所述拇指按压轮的摩擦面紧贴在所述摩擦轮的摩擦面上，形成摩擦接触，从而使拇指按压轮的转动带动所述摩擦轮转动。

采用附件 3 所披露的现有技术打火机，由于在外侧轮与内侧轮之间形成一对相间隔的摩擦面，因而使用者在转动外侧轮时，必须同时向外侧轮施加一个既具有径向分力又具有轴向分力的侧向外力，使外侧轮内侧的环形摩擦面与内侧轮外侧的环形摩擦面紧密接触，同时通过外侧轮的转动带动内侧轮及摩擦轮同步转动，从而使摩擦轮与火石摩擦产生火花而点火。这种方式带来了两方面的问题：第一，这种使用方式会让使用者感到不方便，操作比较困难；第二，对外侧轮施加侧向外力容易使打火机损坏。

采用该发明独立权利要求的技术方案，使用者只需要在转动外侧轮的同时向拇指按压轮施加径向力，而不需要对拇指按压轮施加侧向外力，从而克服了附件 3 的上述缺陷。

由此可知，该发明独立权利要求 1 相对于最接近的现有技术对比文件 3 所解决的技术问题是提供一种摩擦轮打火机，其不仅可防止儿童用其进行点火以确保安全，且方便成人使用，又不容易损坏打火机。

（3）与你认定的最接近的现有技术相比，你撰写的独立权利要求的技术方案具有哪些有益的效果？

本题答题思路：

本题是请考生针对所撰写的独立权利要求的技术方案具体说明其相对于最接近的现有技术所具有的有益效果，因而本题应当从该发明独立权利要求的区别技术特征出发具体分析该发明相对于最接近的现有技术带来的技术效果。

本题参考答案：

对于该发明独立权利要求 1 所要求保护的摩擦轮打火机，由于其点火装置具有一个可使拇指按压轮与摩擦轮相对移动的配合结构，因而使用者在转动拇指按压轮时只需要同时对拇指按压轮施加一个径向压力，而不需要同时对拇指按压轮施加侧向力，就可实现拇指按压轮与摩擦轮之间彼此对置的摩擦面紧密接触，从而通过拇指按压轮的转动来带动摩擦轮转动，以实现点火。由此可知，该发明独立权利要求的技术方案与最接近的现有技术相比，其操作更加方便，结构简单，而且使用操作不易导致打火机的损坏。

（4）说明你撰写的独立权利要求的技术方案与附件 2 和附件 3 所记载的现有技术相比具备新颖性、创造性的理由。

出题原意及答题要求：

参见 2000 年机械专业试卷中简答题的第四题。

本题参考答案：

① 新颖性。

附件 2 中摩擦轮打火机的点火装置仅包括一个固定安装在转动轴上的摩擦轮和两个位于摩擦轮两端、可在转动轴上自由转动的圆盘，该两圆盘与摩擦轮之间既无可直接紧贴的摩擦接触面，也无通过其他部件而啮合的间接摩擦接触面，也就是说该圆盘仅起到阻止儿童拇指接触摩擦轮的作用，而不能起到带动摩擦轮转动的拇指按压轮的作用。因此，附件2没有披露独立权利要求中前序部分的"一对设置在摩擦轮两端、套装在所述转动轴上、并可相对于所述摩擦轮转动的拇指按压轮"这一技术特征和特征部分的两个技术特征。由此可知，该发明相对于附件2具备《专利法》第二十二条第二款规定的新颖性。

附件3中摩擦轮打火机的点火装置包括一个摩擦轮、一对外侧轮（相当于该发明的拇指按压轮）和一对内侧轮，内侧轮上的短轴以紧配合方式压入摩擦轮的中心轴孔中，外侧轮和内侧轮的相向侧轮面上具有一对可通过摩擦啮合的环形摩擦面，因而该点火装置需要使用者对外侧轮施加一个侧向外力，使外侧轮和内侧轮上这一对环形摩擦面形成摩擦接触，从而通过转动外侧轮来带动内侧轮和摩擦轮转动。而独立权利要求1所述的技术方案拇指按压轮与摩擦轮直接形成一对可通过摩擦啮合的摩擦面，仅需向拇指按压轮施加一个径向作用力，就可以实现拇指按压轮与摩擦轮的摩擦啮合，带动摩擦轮转动。由此可知，附件3中没有披露独立权利要求1特征部分的技术特征，因此该发明的独立权利要求1相对于附件3具备《专利法》第二十二条第二款规定的新颖性。

因此，该发明独立权利要求的技术方案相对于附件2或附件3而言，符合《专利法》第二十二条第二款关于新颖性的规定。

② 创造性。

正如第1题中所指出的，附件3是与该发明最接近的现有技术。

该发明独立权利要求的技术方案与最接近的现有技术相比，其区别特征是：所述拇指按压轮与所述摩擦轮具有一对彼此对置的摩擦面；该点火装置还具有使所述拇指按压轮与所述摩擦轮作相对移动的配合结构，当向所述拇指按压轮施加径向力时，该配合结构即可使所述拇指按压轮的摩擦面紧贴在所述摩擦轮的摩擦面上，形成摩擦接触，从而使所述拇指按压轮的转动带动所述摩擦轮转动。

由此可知，该发明的技术方案实际要解决的技术问题是：提供一种摩擦轮打火机，其不仅可防止儿童用其进行点火以确保安全，且方便成人使用，不容易损坏打火机。

在附件2中也未披露有关上述两个区别技术特征的任何技术教导，即附件2没有向所述领域中的技术人员提供将上述两个区别特征应用到附件3中来以构思出该发明独立权利要求1技术方案的技术启示。此外，这两个区别特征也不是本领域技术人员解决上述实际要解决的技术问题的惯用手段，即不属于本领域技术人员的公知常识。由此可知，在现有技术中，并不存在能够使得本领域的技术人员将上述区别技术特征应用到最接近的现有技术附件3中，以解决该发明独立权利要求的技术方案要解决的技术问题的启示，因此独立权利要求1的技术方案相对于附件3以及附件2和本领域的公知常识是非显而易见的，具有突出的实质性特点。

由于采用该发明独立权利要求的技术方案的打火机，在防止儿童用其进行点火以确保安全和方便成人使用方面达到同样效果的条件下结构更简单、操作更加方便，不会损坏打火机。因此该发明独立权利要求的技术方案与现有技术相比获得了有益的技术效果，具有显著的进步。

综上所述，该发明独立权利要求的技术方案相对于附件3、附件2和本领域的公知常识的结合而言，具有突出的实质性特点和显著的进步，符合《专利法》第二十二条第三款关于创造性的规定。

第二十一章　2006年专利代理实务试题解析

试　　题

试题说明

1. 假设应试者受申请人委托代理了一件专利申请，现已收到审查员针对该申请发出的第一次审查意见通知书及随附的两份对比文件。

2. 要求应试者针对第一次审查意见通知书，结合考虑两份对比文件的内容，撰写一份意见陈述书。如果应试者认为有必要，可以对专利申请的权利要求书进行修改。鉴于考试时间有限，不要求应试者对专利申请的说明书进行修改。

3. 作为考试，应试者在撰写意见陈述书和修改权利要求书时应当接受并仅限于本试卷所提供的事实。

4. 应试者在撰写或修改过程中，除注意克服实质性缺陷外，还应注意克服权利要求书中存在的形式缺陷。如果认为有必要，还可考虑增加权利要求的项数。如果应试者认为该申请的一部分内容应当通过一份或多份分案申请提出，则应当在意见陈述书中明确说明，并撰写出分案申请的独立权利要求。

5. 应试者应当将意见陈述书和修改后的权利要求书写在正式答题纸上。

专利申请的权利要求书

1. 一种用于挂在横杆（10）上的挂钩，具有挂钩本体（11）和突起物（15），所述挂钩本体（11）具有两个夹持部（17、18）以及连接所述夹持部（17、18）上部的弯曲部（20），其中一个夹持部具有自由端（19），另一个夹持部具有与衣架本体（12）相连接的连接端（13），在所述夹持部（17、18）的相向内侧设有突起物（15），该挂钩挂在横杆（10）上时，所述突起物（15）与横杆（10）的外圆周表面相接触。

2. 根据权利要求1所述的用于挂在横杆（10）上的挂钩，其特征在于：在所述夹持部（17、18）的相向内侧各设有两个突起物（15）。

3. 根据权利要求1所述的用于挂在横杆（10）上的挂钩，其特征在于：在与横杆轴线平行的方向上，所述突起物与横杆外圆周表面形成线接触。

4. 根据权利要求3所述的突起物，其特征在于：该突起物呈山脊形状。

专利申请的说明书

用于挂在横杆上的挂钩

技术领域

[001] 本发明涉及一种可稳固地吊挂在横杆上的挂钩。

背景技术

[002] 日常生活中，人们常常利用衣架来晾晒物品。具体地说，将需要晾晒的物品吊挂在衣架的衣架本体上，再将与衣架本体连接的挂钩挂在横杆上进行晾晒。但是，传统的挂钩挂在横杆上时，由于挂钩和横杆之间的接触为点接触，缺乏固定力或固定力较小，挂钩在横杆上容易产生滑动和扭动，风大时甚至有可能从横杆上脱落下来。

发明内容

[003] 为了解决上述问题，本发明提供了一种用于挂在横杆上的挂钩，具有挂钩本体和突起物，该挂钩本体具有两个夹持部以及连接所述夹持部的弯曲部，其中一个夹持部具有自由端，另一个夹持部具有与衣架本体相连接的连接端，在两个夹持部的相向内侧设有突起物，当挂钩挂在横杆上时突起物与横杆的外圆周表面相接触，起到夹持横杆的作用。

[004] 最好在与横杆轴线平行的方向上，突起物与横杆外圆周表面形成线接触。突起物可以采用半圆柱形状，也可以采用山脊形状，以便在夹持横杆时与横杆外圆周表面形成线接触。

[005] 挂钩本体可以采用问号（?）形状，也可以采用其他形状。在夹持部的相向内侧可以对称地各设置两个突起物。每个夹持部上的两个突起物之间的连接部分最好呈 V 形凹陷。弯曲部上还可以设置一个迂回部，该迂回部的曲率半径小于弯曲部其他部位的曲率半径，从而增大挂钩本体对横

杆的弹性夹持力。本发明的挂钩整体上可以是弯曲的板状结构，以适应吊挂较重物品的需要。

[006] 本发明的挂钩通过突起物夹持横杆，并与横杆外圆周表面形成线接触，增大了挂钩与横杆之间的固定力，使挂钩不容易在横杆上产生滑动和扭动，有效地克服了现有挂钩的前述缺点。

附图说明

[007] 图1（a）是本发明挂钩第一种实施例的透视图；

[008] 图1（b）是图1（a）所示挂钩上突起物的放大透视图；

[009] 图2（a）是图1（a）所示挂钩与横杆相配合的示意图；

[010] 图2（b）是图1（a）所示挂钩的局部正视图；

[011] 图3（a）是本发明挂钩第二种实施例的示意图；

[012] 图3（b）是图3（a）所示挂钩的局部正视图；

[013] 图4是本发明挂钩第三种实施例的透视图；

[014] 图5是图4所示挂钩与横杆相配合的示意图；

[015] 图6是从图4所示挂钩后方看的放大透视图。

具体实施方式

[016] 下面结合附图，详细介绍本发明各实施例。

[017] 图1和图2示出了本发明挂钩的第一种实施例。如图1（a）所示，整个衣架由挂钩本体11和衣架本体12组成，其中挂钩本体11采用弯曲的棒状弹性材料制成。挂钩本体11具有相对平行的两个夹持部17、18以及连接两个夹持部上部的弯曲部20。夹持部17具有自由端19；夹持部18具有连接端13，以可转动方式装配在衣架本体12上。夹持部17、18之间形成有横杆插入口14，从而能够将衣架悬挂在横杆上。夹持部17、18的相向内侧设有四个突起物15。如图1（b）所示，突起物15呈半圆柱状。如图2（a）所示，每个夹持部上的一对突起物15之间的间隔小于横杆10的外径。使用时，使横杆10进入横杆插入口14，对衣架施加向下的拉力，通过横杆10对夹持部17、18的挤压，使挂钩本体11产生弹性变形，从而将横杆10夹持在四个突起物15之间。挂钩本体11产生的弹性夹持力使突起物15与横杆10的外圆周表面相接触，形成了如图1（b）所示的与横杆10轴线相平行的支撑线16。这种线接触结构增强了挂钩本体11在横杆10上的固定性能，使之不容易在横杆上产生滑动和扭动。

[018] 图3示出了本发明挂钩的第二种实施例。如图3（b）所示，该实施例与第一种实施例在结构上的区别仅在于，突起物15沿横杆10轴向的宽度大于挂钩本体11沿横杆10轴向的宽度。加宽的突起物可以带来更好的夹持效果，这样挂钩本体11不需要采用较粗的材料就能获得更好的固定性能。

[019] 图4至图6示出了本发明挂钩的第三种实施例。如图4所示，整个衣架由挂钩本体21和衣架本体22组成。挂钩本体21采用弯曲的板状弹性材料制成，具有彼此相对的夹持部30、31以及连接两个夹持部上部的弯曲部27，夹持部30具有自由端28。夹持部30、31的相向内侧形成有山脊形状的突起物23、24、25、26，突起物23、24、25、26沿横杆10轴向的宽度大于弯曲部27沿横杆10轴向的宽度。如图5所示，夹持部30上的两个突起物23、24之间的连接部分以及夹持部31上的两个突起物25、26之间的连接部分均呈V形凹陷。当横杆10被夹持在突起物23、24、25、26之间时，V形凹陷部分不与横杆10的外圆周表面接触，因此突起物23、24、25、26均与横杆10的外圆周表面形成线接触。弯曲部27上设有远离横杆10的迂回部29，该迂回部29的曲率半径小于弯曲部其他部位的曲率半径。采用这种结构，当横杆10被夹持在夹持部30、31之间时，迂回部29会产生较大的变形，形成较大的弹性夹持力，从而进一步增强了挂钩本体21在横杆10上的固定性能。

[020] 上面结合附图对本发明的实施例作了详细说明，但是本发明并不限于上述实施例，在本领域普通技术人员所具备的知识范围内，还可以对其作出种种变化。例如，在上述实施例中，挂钩本体与衣架本体是相互独立的部件，通过组装形成完整的衣架。显然，本发明所述的挂钩本体也可

与衣架本体一体形成完整的衣架。另外，第三种实施例中所述的迂回部也适用于其他实施方式；第二种实施例中所采用的突起物在横杆轴向方向上比挂钩本体宽的方式同样适用于其他方案。

专利申请附图

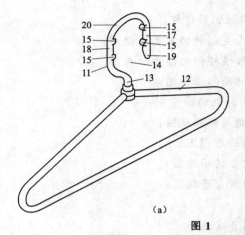

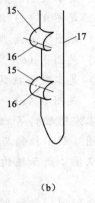

（a）

（b）

图 1

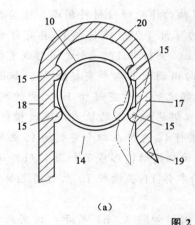

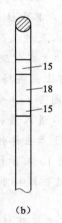

（a）

（b）

图 2

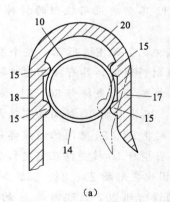

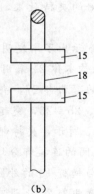

（a）

（b）

图 3

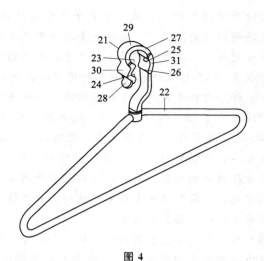

图 4

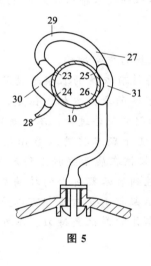

图 5

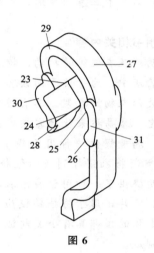

图 6

第一次审查意见通知书正文

CN××××××××.×号发明专利申请涉及用于挂在横杆上的挂钩，对该申请的审查意见如下：

一、权利要求1不符合《专利法》第二十二条第二款关于新颖性的规定

权利要求1要求保护一种用于挂在横杆上的挂钩。对比文件1公开了一种用于挂在展示架横杆上的挂钩，参见对比文件1文字部分的最后一段和图2，在其挂钩本体1的左右相对的两部分的内侧上分别设有凸部2和突片3，在挂钩挂在横杆上时，这些突起与横杆的外圆周表面接触，从而与横杆牢固定位，防止挂钩脱落。由此可见，对比文件1完全公开了权利要求1的技术方案，并且对比文件1所公开的挂钩与权利要求1所要求保护的挂钩属于相同的技术领域，所解决的技术问题和效果相同，因此，权利要求1不具备新颖性。

二、权利要求2和3不符合《专利法》第二十二条第二款关于新颖性的规定

1. 权利要求2的附加技术特征在对比文件1中已经公开，由对比文件1的图2可清楚地看到其挂钩内侧有左右两个凸部2与左右两个突片3，分别设置在两边相对位置。因此，在其引用的权利要求1相对于对比文件1不具备新颖性的情况下，权利要求2也不具备新颖性。

2. 权利要求3的附加技术特征在对比文件1中也已经公开，由对比文件1的图1可知其挂钩上设置的凸部沿着横杆轴向方向有一定宽度，由图2可知该凸部具有弧形外表面，在挂钩挂在横杆上

时，该凸部弧形外表面与横杆的外圆周表面形成线接触且平行于横杆轴线。因此，在其引用的权利要求1相对于对比文件1不具备新颖性的情况下，该权利要求也不具备新颖性。

三、权利要求4不符合《专利法》第二十二条第三款关于创造性的规定

权利要求4引用了权利要求3，其整体上要求保护一种用于挂在横杆上的具有山脊状突起物的挂钩，该挂钩上的突起物与对比文件1所公开的挂钩上的突起物在形状上有所区别。然而，对比文件2公开了这种区别特征，参见对比文件2文字部分的最后一段和图1所示的衣架，该衣架具有相当于本申请挂钩的夹紧部21，夹紧部21具有两个夹臂和位于夹臂圆弧形部分边沿的四个突棱，这些突棱的形状即为本申请所述的山脊形状，当挂钩挂在更大直径的横杆上时，除了夹臂圆弧形部分的四个突棱之外，夹臂的其余部分不会与横杆相接触，此时，横杆被四个具有山脊形状的突棱夹持。因此，对比文件2给出了将山脊形状突起物应用到对比文件1的挂钩上以夹持横杆的技术启示，权利要求4的挂钩相对于现有技术是显而易见的，不具备创造性。

综上所述，本申请的权利要求1至3不具备新颖性，权利要求4不具备创造性。

申请人应当对本通知书提出的意见予以答复。如果申请人提交修改文本，则申请文件的修改应当符合《专利法》第三十三条的规定，不得超出原说明书和权利要求书所记载的范围。

对比文件1的说明书相关内容

[001] 本发明涉及衣架等的挂钩，特别涉及用于展示衣物的衣架挂钩。

[002] 在服装店中，为了便于向顾客展示衣物，通常将挂有衣物的衣架通过其挂钩挂在展示架杆上。现有用于展示衣物的衣架，具有挂钩本体以及支承衣物的衣架本体。但是，这些衣架要么在展示架杆上不稳定，容易被来往顾客碰掉；要么挂钩与展示架杆配合过紧，不容易从架杆上取下。

[003] 因此，渴望提供一种用于展示衣物的衣架，它便于顾客将其从展示架杆上取下，也便于顾客在观看后重新将衣架挂到展示架杆上，同时保证衣架挂在展示架杆上稳定而不易被碰掉。

[004] 本发明提供了一种用于展示衣物的衣架，包括挂到展示架杆上的挂钩本体。该挂钩本体的内侧设有凸部和突片，用于将挂钩较为牢靠地固定在展示架杆上。该凸部可以是中空的，也可以是实体的。挂钩本体的顶部具有小突起弧，用于增大挂钩本体的弹性夹持力。本发明的挂钩可以由金属材料或塑料制成。

[005] 图1是本发明衣架挂钩的侧视图。

[006] 图2是本发明衣架挂钩的正视图。

[007] 如图1和图2所示，展示衣架具有挂钩本体1和支撑衣物的支架（图中未示），在挂钩本体1的内侧设有凸部2和突片3，用于夹持展示架杆5，挂钩本体的顶部有一小突起弧4。

对比文件1的附图

图1

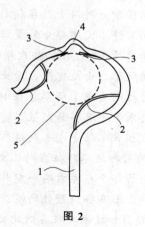

图2

对比文件2的说明书相关内容

[001] 本发明涉及用于悬挂服装以进行晾晒、展示和存放的衣架。

[002] 图1为本发明衣架的透视图。

[003] 图2为本发明衣架与晾衣杆相配合的示意图。

[004] 如图1所示，本发明的衣架包括衣架主体1和悬挂部件2。衣架主体1与一般衣架的衣架主体相似，悬挂部件2与衣架主体1相连接。将衣物挂在衣架主体1上，用悬挂部件2顶部设置的夹紧部夹住晾衣杆或类似物，便可将衣服悬挂起来。

[005] 悬挂部件2包括柱体22，柱体22底部设有连接衣架主体1的嵌合部23，柱体22顶部设有夹紧部21。夹紧部21采用弹性材料制成，用于夹住晾衣杆或类似物。夹紧部21包括两个夹臂，其开口向右下方或者左下方，处于下方的夹臂底部与柱体22的顶端固定连接。夹紧部21每个夹臂的中间部位设有一个圆弧形部分，在该圆弧形部分的内表面上形成有多个与晾衣杆轴向相平行的凹槽，以防止夹紧部在晾衣杆上转动。两个夹臂的一端通过弯曲部24相互连接。在弯曲部24的外表面上以可以拆卸的方式装有钢制U形板簧25，以增强夹紧部21的弹性夹持力。

[006] 如图2所示，由于夹紧部21的两个夹臂可以张开，因此适合于不同直径的晾衣杆3。当晾衣杆的直径比图示晾衣杆的直径更大时，虽然夹臂的圆弧部分不能与杆紧密配合，但也能通过在圆弧形部分边缘所形成的突棱夹持晾衣杆，因而同样能够将悬挂部件2固定在晾衣杆上。

对比文件2的附图

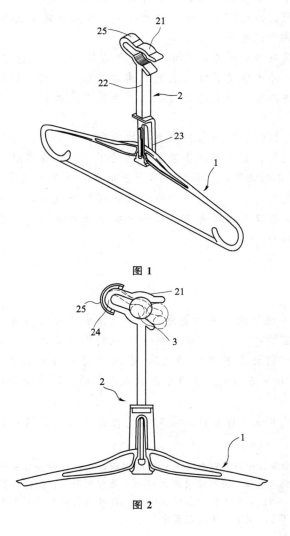

图1

图2

答题思路

一、重视试题说明，把握答题要求

从试题说明来看，考生应当得出如下几点看法。

（1）本主题要求考生完成下述两方面的工作：

① 针对第一次审查意见通知书，结合两份对比文件的内容，撰写意见陈述书；

② 必要时，修改专利申请的权利要求书，但不要求对专利申请的说明书进行修改。

（2）在试题说明中，还明确告知考生，若认为该申请的一部分内容应当通过一份或多份分案申请提出，则应当在意见陈述书中明确说明，并撰写出分案申请的独立权利要求。

这也就是说，本试题还有可能要求考生完成第三项工作：为分案申请撰写独立权利要求。

（3）试题说明中明确指出：作为考试，应试者在撰写意见陈述书和修改权利要求书时应当接受并仅限于本试卷所提供的事实。该说明表示，考生对申请文件和对比文件中所提出事实应当予以承认，而不要怀疑其所说明事实的真实性，也就是说，不要以考生自己对该事实的理解而将不能带来创造性的技术特征认定成可以为权利要求带来创造性而作为修改的依据。

（4）鉴于考试，审查意见通知书与实际实务不同，其通常并不指出申请文件存在的形式缺陷，因而试题说明中明确告知考生在撰写或修改过程中，除注意克服实质性缺陷外，还应当注意克服权利要求书中存在的形式缺陷。因此，考生在阅读申请文件时应当关注权利要求书所存在的形式缺陷，以便修改权利要求书时一并予以克服。

（5）试题说明中，还明确告知考生，"如果认为有必要，还可考虑增加权利要求的项数"。鉴于当年适用的《审查指南》中并未规定答复审查意见通知书时不得增加新的独立权利要求和新的从属权利要求，试题说明的上述内容实质上暗含着要求考生针对这两份对比文件为该发明重新撰写一份权利要求书的内容。❶

（6）作为考试，修改的权利要求书应当做到一次到位。尽管实际的专利代理实务过程，申请人或代理人可以有进一步修改权利要求书或者意见陈述的机会，但在考试中准确把握修改的权利要求书，使其符合《专利法》《专利法实施细则》和《审查指南》的相关规定。同样，对于意见陈述书必须格式规范，条理清晰，逻辑严密。不能像实际专利代理实务过程，只要把问题说清楚就行了，尽管在实际专利代理实务中，审查员通常能够容忍这些格式上的缺陷，但在考试过程中，存在格式缺陷或遗漏某些内容，则会扣分。

二、答题的总体考虑

2006 年专利代理实务考试试题一方面是为了考查应试者在答复审查意见通知书时修改申请文件的技能，即根据给定素材在尽可能充分维护委托人利益的前提下对申请文件进行修改（鉴于考试时间有限，只要求应试者对权利要求书进行修改），以使其符合《专利法》《专利法实施细则》以及《审查指南》的有关规定；另一方面是为了考察应试者在发明实质审查阶段答复审查意见通知书时撰写意见陈述书的能力。

考试的主要目的：检验考生是否能够找出对创造性作出贡献的技术特征，以修改出合适的权利

---

❶ 需要提醒考生的是，按照《专利审查指南 2010》的规定，在答复审查意见通知书时不得主动增加其技术方案在原权利要求书中未出现过的新的独立权利要求或者新的从属权利要求，因此在答复审查意见通知书时对权利要求书的修改应当符合这一规定。当然，并不排除在试题中还会有可能明确要求考生重新为申请人撰写一份新的权利要求书，但这将会通过在另一部分的试题作为问题提出。

要求书，而且其中不应包括不适当地限制。同时检验考生能否以符合逻辑并且令人信服的方式对通知书作出相应的答复，以表明修改的权利要求具备新颖性和创造性。

虽然在2006年专利代理实务试题所提供的第一次审查意见通知书中指出各项权利要求均不具备新颖性或创造性，但是通过将专利申请与两份对比文件进行比较分析可以发现，专利申请中存在有两份对比文件均未公开的技术特征，包含该未公开技术特征而形成的完整技术方案相对于对比文件而言并非显而易见的、且具有有益的技术效果。鉴于这种情况，作为一名合格的专利代理人，在全面、准确理解审查意见通知书的内容及其所引用对比文件技术内容的基础上，为了充分维护委托人的利益，谋求尽可能有利的审查结果，应当对专利申请文件进行修改，并充分阐述所作修改能够克服审查意见通知书中所指出的实质性缺陷的理由。

作为考试，需要全面考查考生的水平和能力，因此这类考题通常不会出现所有审查意见都不正确，考生仅需写一份意见陈述而不需要修改权利要求的情况，也不会出现审查意见全部正确且毫无修改余地的情况。也就是说，这类考题通常应当是部分审查意见正确，并需要对权利要求进行修改；或者即使全部正确，也需要修改权利要求，并据此撰写意见陈述书。这样，才能全面考查考生在答复审查意见通知书时各个方面的能力，包括修改权利要求书和撰写意见陈述书（其中包括修改说明、具备新颖性和创造性的理由等）。

三、对权利要求书修改的具体要求

建议先对权利要求书作出修改，再撰写意见陈述书。

为充分维护委托人的利益，作为专利代理人，在答复审查意见通知书修改双利要求书时，应当在保证专利申请文件符合《专利法》及《专利法实施细则》有关规定的前提下，为委托人争取获得尽可能宽的保护范围。在一件专利申请的权利要求书中，独立权利要求所限定的客体的保护范围是最宽的。因此，独立权利要求的修改对于维护委托人的利益具有至关重要的意义。在考试中，准确把握独立权利要求的修改，对于考试是否获得理想分数具有至关重要的作用。

鉴于此，在对修改权利要求书答题思路作出具体说明之前，有必要先对答复审查意见通知书时修改权利要求书的具体要求进行说明，以帮助考生掌握这方面的要求。具体说来，修改权利要求书应当注意下面四点。

（1）对独立权利要求进行修改时，应当使修改后的独立权利要求至少符合下述规定：

① 符合《专利法》第三十三条有关修改不得超出原说明书和权利要求书记载的范围的规定。

② 应当具备《专利法》第二十二条第二款和第三款所规定的新颖性和创造性。

③ 应当以说明书为依据，清楚、简要地限定要求专利保护的范围。

④ 应当记载解决技术问题的必要技术特征，并且在保证修改后的独立权利要求具备新颖性和创造性的同时，不应当将非必要技术特征写入独立权利要求导致保护范围过窄而损害委托人利益。

（2）从属权利要求的撰写应当符合《专利法》《专利法实施细则》和《专利审查指南2010》的相关规定，包括引用的主题名称和引用关系正确等。

（3）在修改权利要求书时，需要注意《专利审查指南2010》规定的五种不能视为是针对审查意见指出的缺陷进行修改的情况：

① 主动删除独立权利要求中的技术特征，扩大了该权利要求请求保护的范围。

② 主动改变独立权利要求中的技术特征，导致扩大了请求保护的范围。

③ 主动将仅在说明书中记载的与原来要求保护的主题缺乏单一性的技术内容作为修改后权利要求的主题。

④ 主动增加新的独立权利要求，该独立权利要求限定的技术方案在原权利要求书中未出现过。

⑤ 主动增加新的从属权利要求，该从属权利要求限定的技术方案在原权利要求书中未出现过。

通常考生在修改权利要求书时应当避免出现上述修改不予接受的情形。除非在试题说明中明确要求考生根据需要增加新的权利要求，在2006年试题说明中有要求增加新的权利要求的明确指示，此时考生应当按照试题要求作答。

（4）修改申请文件的最根本原则是修改应当符合《专利法》第三十三条的规定。但在考试中应当适当从严掌握，通常而言，修改的依据应当尽量明确，例如在原权利要求书和说明书中有明确文字记载，以及附图中十分明显反映出来的技术特征，大多数情况下都应当采用原申请中已有的名称和术语或表述，对修改若存在可能不符合《专利法》第三十三条规定的疑问时，则尽量在答案中不要出现。

四、修改权利要求书的答题思路

对2006年试题而言，由于审查意见通知书主要涉及新颖性和创造性的问题，因此重点放在对专利申请文件发明内容（尤其是权利要求书中所要求保护的技术方案）的理解以及与两份对比文件的分析对比上。具体来说，包括下述几个步骤：阅读理解申请文件；结合对比文件分析审查意见是否正确；确定如何修改独立权利要求；确定必要的从属权利要求。

1. 阅读理解申请文件

首先，在阅读理解申请文件时，应当很好地理解权利要求书中权利要求1至4四项权利要求的技术方案：

独立权利要求的技术方案要求保护一种用于挂在横杆上的挂钩，其主要技术特征是在夹持部的相向内侧设置有与横杆的外圆周表面相接触的突起物。

从属权利要求2进一步限定每个夹持部上的突起物为两个；权利要求3进一步限定突起物与横杆外圆周表面形成线接触；权利要求4对权利要求3作进一步限定，将突起物形状限定为山脊形状。

其次，阅读权利要求书时，还注意到独立权利要求1和权利要求4存在形式缺陷。独立权利要求1未按照《专利法实施细则》第二十一条第一款划分前序部分和特征部分；从属权利要求4引用部分的主题名称"突起物"与其所引用的权利要求的主题名称"用于挂在横杆上的挂钩"不一致。因此，在修改权利要求书时应当将这两方面的缺陷一并克服。

此外，在阅读理解申请文件时，同时关注仅记载在说明书中而未记载在权利要求书的技术特征，以及这些技术特征在本发明中的作用。❶

根据说明书中的记载的内容可知，主要还涉及如下四个技术特征：

（1）两个突起物之间的连接部分呈V形凹陷，记载在发明内容部分（第［005］段）和具体实施方式的第三种实施例中（第［019］段），并写明其所起作用是使突起物与横杆外圆周表面呈线接触，增强其固定性能（第［019］段和第［017］段）。

（2）弯曲部上有一个由曲率半径小于弯曲部其他部位的曲率半径的迂回部，记载在发明内容部分（第［005］段）和具体实施方式的第三种实施例中（第［019］段），并写明其所起作用是增大挂钩横杆的弹性夹持力（第［005］段和第［019］段）。

（3）挂钩整体上为板状结构或由板状弹性材料制成，记载在发明内容部分（第［005］段）和具体实施方式的第三种实施例中（第［019］段），并写明其所起作用是适应挂较重物品的需要（第［005］段）。

（4）突起物沿横杆轴向宽度大于挂钩本体沿横杆轴向的宽度，记载在具体实施方式的第二种实施例中（第［018］段），并写明其所起作用是带来更好夹持效果和节省材料（第［018］段）。

2. 结合对比文件分析审查意见是否正确

由于试题中未给出该发明专利申请的申请日，也未给出两份对比文件的公开日，根据试题说明

---

❶ 关注说明书中记载的内容也可以放在第三步"确定如何修改权利要求书"时进行。

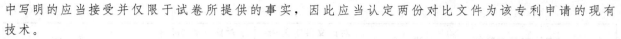

中写明的应当接受并仅限于试卷所提供的事实，因此应当认定两份对比文件为该专利申请的现有技术。

为更便于将该发明与对比文件公开的内容进行分析对比，现将该发明专利申请权利要求书各技术特征（包括说明书中记载的有可能被增补到权利要求书中的技术特征）列表，以与对比文件进行比较。

	申请的技术特征	来　源	对比文件1是否公开及出处	对比文件2是否公开及出处	备　注
原权利要求1	用于挂在横杆（10）的挂钩	原权利要求1	（用于挂在）展示架杆5的衣架的挂钩（第1段和第2段）	（用于挂在）晾衣杆3衣架的悬挂部件2（第3段）	被对比文件1和2公开
	挂钩本体（11）	原权利要求1	挂钩本体1	悬挂部件2	被对比文件1和2公开
	两个夹持部（17、18）	原权利要求1	图中可以看出	夹紧部的夹臂	被对比文件1和2公开
	一个夹持部具有自由端（19）	原权利要求1	图中可以看出	图中可以看出	被对比文件1和2公开
	另一个夹持部具有与衣架本体（12）相连接的连接端（13）	原权利要求1	图中可以看出	图中可以看出	被对比文件1和2公开
	所述夹持部（17、18）相向内侧设有突起物（15）	原权利要求1	本体的内侧设有凸部2和突片3	圆弧部边缘的突棱	被对比文件1和2公开
	突起物（15）与横杆（10）的外圆周表面相接触	原权利要求1	图2可以看出凸部2和突片3与展示架杆的外圆周表面相接触	当晾衣杆3的直径较大时，突棱夹持晾衣杆，必然导致突棱与晾衣杆外圆周表面相接触	根据常识也能判断出两者接触是必然的
	连接所述夹持部（17、18）上部的弯曲部（20）	原权利要求1	图中可以看出	弯曲部24	被对比文件1和2公开
原权利要求2	所述夹持部（17、18）相向内侧各设有两个突起物（15）	原权利要求2	一个凸部2和一个突片3相当于两个突起物	突棱显然有两个	被对比文件1和2公开
原权利要求3	突起物与横杆外圆周表面形成线接触	原权利要求3	由该对比文件图1和图2中可以得知展示架杆与凸部2和突片3之间的接触部分为线接触	当晾衣杆3的直径较大时，突棱与晾衣杆外圆周表面形成线接触	被对比文件1公开，且从常识来看突起物与横杆（通常为圆形）之间必将形成线接触
原权利要求4	突起物呈山脊形状	原权利要求4		突棱的形状从附图来看也属于山脊形	从常识来看山脊形是极其常见的形状，即使能够成为区别特征也不能为技术方案带来创造性

续表

申请的技术特征	来　源	对比文件1是否公开及出处	对比文件2是否公开及出处	备　注
两个突起物之间的连接部分呈V形凹陷	发明内容第3段（即第[005]段）第2行		圆弧部（接近近于V形凹陷）	根据常识就能选择V形凹陷
弯曲部设置一个迂回部（迂回部的曲率半径小于弯曲部其他部位的曲率半径）	发明内容第3段（即第[005]段）第3行	挂钩本体的顶部具有小突起弧，用于增大挂钩本体的弹性夹持力（第[004]段及图2）		被对比文件1公开（由其图2可知，小突起弧的曲率半径小于弯曲部其他部位的曲率半径）
挂钩整体上为板状结构，挂钩本体由板状弹性材料制成	发明内容第3段（即第[005]段）第4行 具体实施方式第4段（即[019]段）第2行		夹紧部21采用弹性材料制成（第[005]段），且由图1可看出其为板状结构	被对比文件2公开
突起物15沿横杆10轴向宽度大于挂钩本体11沿横杆10轴向的宽度	具体实施方式第3段（即第[018]段）第2行和第4段（即第[019]段）第4行			对比文件1和2没有明确公开，也不属于明显的常识

　　根据上述列表分析可知，审查意见通知书认定权利要求1相对于对比文件1不具备新颖性的审查意见正确的，权利要求2和3相对对比文件1不具备新颖性的审查意见是正确的，审查意见通知书中有关权利要求4相对于对比文件1和2不具备创造性的审查意见也是正确的。

3. 确定如何修改独立权利要求

　　鉴于审查意见通知书认定权利要求1至3无新颖性和权利要求4无创造性的审查意见正确，则应当考虑如何修改独立权利要求。很明显，无论将任何一项从属权利要求改写成独立权利要求还是将某些从属权利要求合并成新的独立权利要求相对于这两份对比文件仍然不具备新颖性或创造性，因此应当考虑可否采用将说明书中所涉及的，尚未写入权利要求书中的四个技术特征补入原独立权利要求中的修改方案。

　　由列表可知，第（1）个技术特征"突起物之间呈V形凹陷"已在对比文件2中披露，因此将这个技术特征补入独立权利要求中仍然不具备创造性，第（2）个特征"弯曲部设置一个迂回部，该迂回部的曲率半径小于弯曲部其他部位的曲率半径"已在对比文件1中披露，因此将这个特征补入独立权利要求中仍然不具备新颖性。❶ 第（3）个特征"挂钩整体上为板状结构，挂钩本体由板状弹性材料制成"也已被对比文件2公开，且所起作用相同，因此将该特征补入独立权利要求中也不具备创造性，而对于第（4）个特征"突起物沿横杆轴向宽度大于挂钩本体沿横杆轴向的宽度"在两份对比文件中均没

---

　　❶　有些考生认为对比文件1中对小突起弧所写的作用不正确，因而认定"小突起弧"和"迂回部"两者是不同的技术特征，于是将此特征补入独立权利要求，导致被扣分。其原因在于试题中明确要求考生应当接受并仅限于本试卷所提供的事实。因为该技术特征到底会起什么作用涉及技术内容的争论，不同考生从不同角度理解会得出不一样的结论，因此试题中明确要求考生接受试题所提供的事实。

有被披露，则可考虑将此补入原独立权利要求中作为新修改的独立权利要求。此外，在修改独立权利要求 1 时，应当相对于对比文件 1 划分前序部分和特征部分，使其符合《专利法实施细则》第二十一条第一款的规定。最后修改成的独立权利要求 1 如下：

"1. 一种用于挂在横杆上的挂钩，具有挂钩本体和突起物，所述挂钩本体具有两个夹持部以及连接所述夹持部上部的弯曲部，其中一个夹持部具有自由端，另一个夹持部具有与衣架本体相连接的连接端，在所述夹持部的相向内侧设有突起物，该挂钩挂在横杆上时，所述突起物与横杆的外圆周表面相接触，其特征在于，所述突起物具有在所述横杆轴向方向上比所述挂钩本体宽的宽度。"

由于"突起物沿横杆轴向宽度大于挂钩本体沿横杆轴向的宽度"在两份对比文件中均没有被披露，也不属于明显的公知常识，并且说明书也针对该技术特征写明其技术效果（即"加宽的突起物可以带来更好的夹持效果，这样挂钩本体不需要采用较粗的材料就能获得更好的固定性能"），因此修改后的独立权利要求中加入该技术特征后，就可以此作为支持该独立权利要求具备创造性的理由。

此外，考虑到其他技术特征，如"突起物之间呈 V 形凹陷""弯曲部设置一个迂回部""挂钩整体上为板状结构，挂钩本体由板状弹性材料制成"等特征均不可能为技术方案带来新颖性或创造性，因此不应当将这些特征补入独立权利要求改写成新的独立权利要求，因此可知，该申请不存在需要提出分案申请的内容。

4. 确定必要的从属权利要求

若按目前的《专利审查指南 2010》第二部分第八章的规定，只需要考虑可否将原有的三项从属权利要求 2 至 4 相应地改写成新修改的独立权利要求的从属权利要求。通常只要新修改的三项从属权利要求的技术方案已记载在原说明书中即可，即这三项从属权利要求的修改应当不超出原说明书和权利要求书的记载，并且得到原说明书的支持。对本试题来说，将原三项从属权利要求改写成三项新的从属权利要求是符合规定的，因此可以作为修改的权利要求书中的从属权利要求 2 至 4。但对于新修改的权利要求 4 应当同时将其引用部分的主题名称"突起物"修改为"挂钩"。

对于修改后的从属权利要求 2 至 4 请参见参考答案中的权利要求 2 至 4。

但在 2006 年时，《审查指南 2001》中并未规定不得主动增加在原权利要求书中未出现过的新的独立权利要求和新的从属权利要求，而且在试题中又明确告知考生允许增加权利要求的项数，因此考生可以考虑将前面提到的仅记载在原说明书中，而未记载在原权利要求书中的另三个技术特征（"突起物之间呈 V 形凹陷""弯曲部设置一个迂回部""挂钩整体上为板状结构，挂钩本体由板状弹性材料制成"）作为附加技术特征改写成三项从属权利要求 5 至 7。（参见后面的参考答案中的权利要求 5 至 7。）甚至还可以像参考答案中那样，以原说明书最后一段（即第［020］段）为依据，增加一项新的独立权利要求，以该发明挂钩本体为主要部件的衣架作为要求保护的主题。（参见后面的参考答案中的权利要求 8。）

五、意见陈述书的撰写格式

如第三部分第三章之五所述，作为考试，意见陈述书应当具备的组成部分不可或缺，否则将被扣分。由于试题仅涉及新颖性和创造性的审查意见，因此意见陈述书应包括：起始语段、修改说明、针对具体审查意见论述己方观点、结束语段等。除起始语段和结束语段外，为了便于阅读并体现逻辑关系，可以根据需要给出小标题。这有助于对阅卷人判卷时能够顺利地找到给分点，并且对撰写层次和逻辑性方面得分是有利的。就本试题而言，意见陈述书包括下述几个部分。

1. 起始语段

这里表明已研究分析了审查意见通知书，并针对其中指出的问题而对申请文件进行了修改。

2. 修改说明❶

该部分主要说明修改了独立权利要求1，修改的内容，修改在原申请文件中的依据或出处，以表明修改不违反《专利法》第三十三条的规定。此处可以对不同的修改点逐一进行说明，当然首先进行第一独立权利要求的修改说明，然后是从属权利要求，以及新增加的独立权利要求8。

同时，还要指出修改的权利要求也克服了审查意见通知书中没有指出的原权利要求1和权利要求4存在的形式缺陷。

3. 针对审查意见通知书指出的缺陷的具体答复部分

这里涉及针对审查意见通知书指出的不符合《专利法》规定的缺陷进行答复，至于审查意见通知书中没有涉及的缺陷不必进行说明。由于审查意见通知书仅涉及新颖性和创造性，引用了对比文件1和对比文件2，因此这部分针对修改后的权利要求论述其相对于对比文件1和对比文件2具备新颖性和创造性。具体陈述规范参见第三部分第三章第三节。

值得指出的是，由于增加了新的独立权利要求8，也应当对其新颖性和创造性进行说明，但由于包含了权利要求1的挂钩，故可以简单陈述，这同样适用于对某些并列独立权利要求进行新颖性和创造性经常采用的方式，在考试中合理采用有利于节约时间。

4. 结束语段

参考答案

根据上面修改权利要求书的答题思路和意见陈述书撰写格式，给出修改后的权利要求书和撰写的意见陈述书参考答案。

一、修改的权利要求书参考答案

需要说明的是，下述参考答案基本上来自国家知识产权局条法司编著的《2006年全国专利代理人资格考试试题解析》（知识产权出版社2007年出版）中提供的范文，可以认为是比较优秀的参考答案，但不排除其他同样得到高分的答案。

1. 一种用于挂在横杆（10）上的挂钩，具有挂钩本体（11；21）和突起物（15；23，24，25，26），所述挂钩本体（11；21）具有两个夹持部（17，18；30，31）以及连接所述夹持部（17，18；30，31）上部的弯曲部（20；27），其中一个夹持部（17；30）具有自由端（19；28），另一个夹持部（18；31）具有与衣架本体（12；22）相连接的连接端，在所述夹持部（17，18）的相向内侧设有突起物（15；23，24，25，26），该挂钩挂在横杆（10）上时，所述突起物（15；23，24，25，26）与横杆的外圆周表面相接触，其特征在于，所述突起物（15；23，24，25，26）具有在所述横杆轴向方向上比所述挂钩本体（11；21）宽的宽度。

2. 根据权利要求1所述的挂钩，其特征在于：在所述夹持部（17，18；30，31）的相向内侧各设有两个突起物（15；23，24，25，26）。

3. 根据权利要求1所述的挂钩，其特征在于：在与横杆轴线平行的方向上，所述突起物（15；23，24，25，26）与横杆外圆周表面形成线接触。

4. 根据权利要求3所述的挂钩，其特征在于：所述突起物（23，24，25，26）呈山脊形状。

5. 根据权利要求1所述的挂钩，其特征在于：所述弯曲部（27）上设有一个迂回部（29），该迂

---

❶ 对于当年试题来说，由于试题说明中明确告知可以增加权利要求项数，以考核应试者撰写申请文件的能力，致使所作修改明显不符合《专利法实施细则》第五十一条第三款的规定，因此在修改说明部分未再写明所作修改符合《专利实施细则》第五十一条第三款的规定。

第四部分

回部（29）的曲率半径小于弯曲部其他部位的曲率半径。❶

6. 根据权利要求 2 所述的挂钩，其特征在于：每个夹持部（30，31）上的两个突起物（23，24，25，26）之间的连接部分呈 V 形凹陷。

7. 根据权利要求 1 至 6 中任一项所述的挂钩，其特征在于：该挂钩整体上为弯曲的板状结构。

8. 一种衣架，由挂钩与衣架本体（12）组装形成，其特征在于：该挂钩为权利要求 1 至 7 中任一项所述的用于挂在横杆上的挂钩。❷

二、意见陈述书部分的参考答案

下面提供一份意见陈述书的参考答案（根据国家知识产权局条法司编著的《2006 年全国专利代理人资格考试试题解析》中提供的范文，对格式和文字进行了适当的调整）。

国家知识产权局❸：

申请人仔细地研究了贵局发出的审查意见通知书，针对该审查意见通知书中指出的问题对申请文件作出了修改，并陈述意见如下❹：

一、修改说明❺

1. 修改了独立权利要求 1，且按照《专利法实施细则》第二十一条第一款的规定相对于本发明最接近的现有技术对比文件 1 划分了前序部分和特征部分，❻ 将原权利要求 1 的全部技术特征写入前序部分，并在其特征部分中加入了以下技术特征：所述突起物具有在横杆轴向方向上比挂钩本体宽的宽度，以使该独立权利要求 1 符合《专利法》第二十二条关于新颖性和创造性的规定。该修改的依据来自说明书第二个实施例和第三个实施例、说明书最后一段以及图 3（b）、图 4 和图 6。❼

2. 修改了从属权利要求 4 的主题名称，使其与所引用权利要求的主题名称相一致。❽

3. 增加了新的从属权利要求 5，该修改的依据来自说明书第 1 页第 5 段、第三个实施例以及图 4 至图 6。❾

4. 增加了新的从属权利要求 6，该修改的依据来自说明书第 1 页第 5 段、第三个实施例以及图 5。

5. 增加了新的从属权利要求 7，该修改的依据来自说明书第 1 页第 5 段，第三个实施例及图 4、图 6。

第四部分

---

❶ 2006 年全国专利代理人资格考试适用的是《审查指南 2001》，因此增加了从属权利要求 5 至 7。但根据 2010 年版《专利审查指南 2010》，则不应主动增加其技术方案中原权利要求中没有出现过的从属权利要求。如果在考试中，试题明确要求可以增加权利要求的情况下，应遵从试题的要求。

❷ 2006 年全国专利代理人资格考试适用的是《审查指南 2001》，增加独立权利要求 8 并不违反《专利法实施细则》第五十一条第三款的规定。而按照《专利审查指南 2010》第二部分第八章的相关规定，主动增加新的在原权利要求书中未出现过的独立权利要求属于不能被接受的修改情形。除非试题明确要求，应试者不应当再增加新的在原权利要求书中未出现过的独立权利要求。

❸ 起始段可以不写抬头，如果要写抬头的话，应写明国家知识产权局，而不要写成某位审查员。

❹ 起始语段，可简单陈述。

❺ 修改说明应以单独部分描述。

❻ 审查意见虽然没有提及这一缺陷，但修改时也应当予以克服，故在此需作出说明。

❼ 独立权利要求的修改说明是重点，包括修改的内容、修改的依据。

❽ 审查意见虽然没有提及这一缺陷，但修改时也应当予以克服，在此需要作出说明。

❾ 下述逐条说明其他修改内容，可以适当简化，不需要太多的笔墨，但必须交代关键点。但对于权利要求 5～7，按照《专利审查指南 2010》，这种主动增加的从属权利要求的修改是不符合《专利法实施细则》第五十一条第三款。

6. 增加了新的独立权利要求 8，该修改的依据来自说明书最后一段、图 1（a）和图 4。^❶

以上修改均未超出原始说明书和权利要求书所记载的范围，符合《专利法》第三十三条的规定^❷。具体修改内容参见修改后的权利要求书。

二、关于新颖性和创造性^❸

审查意见通知书中指出：权利要求 1 至 3 相对于对比文件 1 不具备新颖性；权利要求 4 相对于对比文件 1 和 2 不具备创造性。^❹ 针对上述审查意见，申请人通过在独立权利要求 1 中增加对比文件 1 和 2 中均没有公开过的技术特征"所述突起物具有在横杆轴向方向上比挂钩本体宽的宽度"，使修改后的独立权利要求 1 及其从属权利要求都具备《专利法》第二十二条第二款所规定的新颖性和第三款规定的创造性。^❺

1. 新颖性

对比文件 1 公开了一种用于展示衣物的衣架挂钩，其针对已有的展示衣架在展示架杆上不稳固，容易被来往顾客碰掉的问题，通过在衣架的挂钩内侧上设置凸部和突片，使其在垂直于架杆轴向的方向上配合夹持住架杆。^❻ 尽管该挂钩的基本结构和所要解决的技术问题与本发明相似，但是，从附图 1 所示的侧面图可以看出，凸部和突片的宽度均没有超过挂钩本体的宽度，说明书文字部分也没有涉及凸部和突片的宽度大于挂钩本体宽度的技术内容。^❼ 因此，权利要求 1 相对于对比文件 1 具备《专利法》第二十二条第二款规定的新颖性。^❽

对比文件 2 公开了一种衣架，衣架包括有悬挂部件（相当于本发明中所称的挂钩），其通过 U 形板簧与夹紧部的配合作用，使悬挂部件能够稳固地沿垂直于杆轴向的方向夹紧衣杆，通常情况下，该悬挂部件是通过夹臂中部凹进的圆弧形部分与衣杆周面相接触，只有当晾衣杆直径较大时，其夹臂上自然形成的突棱才会对衣杆形成夹持、支承作用^❾，可见，其构思与本发明的构思并不相同。而且，从其附图中可以看出，该悬挂部件的突棱与悬挂部件本身是一体的，这些突棱仅仅是由于夹臂中部弯曲而凸显出的夹臂的一部分，因此，突棱宽度与悬挂部件宽度必然一致，不会比悬挂部件本体宽。^❿ 因此，权利要求 1 相对于对比文件 2 具备《专利法》第二十二条第二款规定的新颖性。^⓫

权利要求 2 至 4 及新增的权利要求 5 至 7 是对独立权利要求 1 进一步限定的从属权利要

---

❶ 按照《专利审查指南 2010》，这种主动增加独立权利要求的修改是不符合《专利法实施细则》第五十一条第三款。

❷ 指出修改符合相关规定，尤其需要指出符合《专利法》第三十三条的规定。对于 2006 年试题由于试题明确要求考生在必要时可增加权利要求项数，因此不必明确指出修改方式符合《专利法实施细则》第五十一条第三款的规定，但对于今后的考试，如果严格按照《专利审查指南 2010》第二部分第八章规定的修改方式进行，则应当还明确指出所作修改符合《专利法实施细则》第五十一条第三款的规定。

❸ 新颖性争辩以单独部分出现，不要与创造性混在一起陈述。同时，需要针对审查意见中涉及的所有可用对比文件均要进行陈述。

❹ 仅需简单归纳审查意见的观点。

❺ 为了论述的逻辑性，此处交代如何克服新颖性和创造性缺陷的。实际答题中，可以采取更简洁的方式。

❻ 针对对比文件 1 的论述，先简单概述对比文件 1 的技术内容。

❼ 指出对比文件 1 没有披露区别技术特征（为了加强说服力，对于有附图的，应提到文字部分和附图均没有披露）。

❽ 得出结论明确法律依据，表明是单独对比。

❾ 针对对比文件 2 的论述，也先简单概述其技术内容，实际答题中还可以精简一点。

❿ 分析对比文件 2 没有披露区别技术特征。

⓫ 针对对比文件 1，同样需要得出结论，明确法律依据，表明单独对比。

求，由于修改后的独立权利要求 1 具备新颖性，因而其从属权利要求 2 至 7 也具备新颖性。❶

新增加的独立权利要求 8 所请求保护的衣架由于包含了权利要求 1 所述的对比文件未公开过的挂钩，因此也具备新颖性。❷

2. 创造性❸

在审查意见通知书所引用的两份对比文件中，由于对比文件 1 与本申请的技术领域相同，所解决的技术问题相近，且公开本申请的技术特征更多，因此可以认为对比文件 1 是最接近的现有技术。❹

将本申请修改后的独立权利要求 1 与对比文件 1 相比可知，本发明所述挂钩与对比文件 1 所公开挂钩的区别在于其上突起物沿横杆轴向的宽度比挂钩本体宽。❺

根据本申请的记载，可以得出上述区别技术特征具有如下技术效果：一方面，在两种挂钩本体宽度相同的情况下，本发明所述挂钩的突起物沿横杆轴向的宽度比对比文件 1 所公开挂钩的突起物宽，因此本发明中所述突起物与横杆外周面的接触长度增加了，这样就可以更好地阻止挂钩在横杆各方向上的移动，而且较宽的突起物也会进一步阻止挂钩在水平方向上的扭动；另一方面，在两种挂钩突起物宽度相同的情况下，即两种挂钩在横杆上都具有同样的固定力的情况下，本发明所述挂钩本体的骨架尺寸将比对比文件 1 所公开挂钩本体的骨架尺寸小，从而可以节省挂钩所占空间，减轻重量，减少制造骨架耗材成本。❻

由上述各方面技术效果可以确定本发明实际解决的技术问题是，提高挂钩在横杆各方向上定位的稳固性，并在保证挂钩具有必要固定力的情况下减少挂钩重量、耗材及其所占空间。❼

对比文件 1 没有解决上述技术问题，也不存在应用比挂钩本体宽的突起物这一技术手段解决上述技术问题的任何启示，事实上，从对比文件 1 附图所示意的细窄挂钩可以看出，该技术方案解决的仅仅是提高挂钩在垂直于横杆轴向上的夹持力。❽

对比文件 2 教导应用 U 形板簧和在挂钩内侧表面形成多个凹槽来提高挂钩在横杆上的稳固定位，并没有披露上述区别技术特征，因此也不存在应用比挂钩本体宽的突起物这一技术手段解决上述技术问题的任何启示。❾

而且，上述区别技术特征也不是本领域中解决该重新确定的技术问题的惯用手段，不

---

❶ 指出从属权利要求也具备新颖性，相对简单，但不可缺少，包括两个方面：明确哪些是从属权利要求，然后得出也具备新颖性的结论。但需要说明的是，根据全国专利代理人资格考试考前培训系列教材之《专利代理实务分册（第 2 版）》（知识产权出版社 2013 年出版）中写明的内容以及 2010 年专利代理实务试题的参考答案，可以在论述完独立权利要求具有新颖性和创造性后，再针对其从属权利要求论述它们具有新颖性和创造性，从而使从属权利要求具有新颖性和创造性的论述更为简洁。具体可参见 2010 年试题的参考答案。

❷ 根据当年的试题和适用《审查指南 2001》的要求，而增加了独立权利要求，因此也需要论述其具备新颖性。

❸ 关于创造性的论述更为重要，应当以单独部分出现。

❹ 明确最接近的对比文件，鉴于前面论述新颖性时已作出过分析，此处可简单说明理由，最后一句话不可遗漏。

❺ 明确权利要求 1 与最接近的现有技术的区别技术特征，由于前面已论述新颖性，此处可直接指出。

❻ 这一段根据说明书记载的相关效果，明确区别技术特征的作用、目的和达到的效果，实际答题时可适当精简一些。

❼ 根据前一段论述的效果，确定发明实际解决的技术问题。

❽ 明确最接近的现有技术本身其他部分不存在技术启示。但是需要说明的是，根据全国专利代理人资格考试考前培训系列教材之《专利代理实务分册（第 2 版）》（知识产权出版社 2013 年出版）中写明的内容，对本案来说，由于对比文件 1 中只有一个实施例，在以该实施例作为该发明最接近的现有技术的情况下，就无须再说明"对比文件 1 不存在应用这一技术手段解决上述技术问题的任何启示"的有关内容，即这一段文字可以不写。

❾ 明确对比文件 2 也不存在技术启示。作为一种方式，可以适当指出对比文件 2 的目的与该申请不同。

属于本领域的公知常识。❶

因此，修改后的独立权利要求 1 所请求保护的技术方案相对于对比文件 1、对比文件 2 和本领域的公知常识是非显而易见的，具有突出的实质性特点。❷

本发明应用简单易行的技术手段，增强了挂钩在横杆各方向上定位的稳固性，而且可以减少挂钩重量、节省耗材，因而获得了有益的技术效果，具有显著的进步。❸

综上所述，修改后的独立权利要求 1 相对于对比文件 1、对比文件 2 以及本领域公知常识具有突出的实质性特点和显著的进步，具备《专利法》第二十二条第三款所规定的创造性。❹

就本申请而言，在独立权利要求 1 具备创造性的情况下，其从属权利要求 2 至 7 也必然具备创造性。❺

权利要求 8 所述关于衣架的技术方案由于包含了权利要求 1 所述挂钩，因此也具备创造性。❻

申请人相信，修改后的权利要求书已经完全克服了第一次审查意见通知书中指出的新颖性和创造性问题，并克服了其他一些形式缺陷，符合《专利法》《专利法实施细则》和《审查指南》❼ 的有关规定。如果在继续审查过程中认为本申请还存在其他缺陷，敬请联络本代理人，申请人及本人将尽力配合工作。

三、当年考生答案中的主要错误

2006 年试题考点相对比较单一，其主要在于找出使权利要求具备新颖性和创造性的技术特征，即"所述突起物具有在所述横杆轴向方向上比所述挂钩本体宽的宽度"。在此基础上，只需对答复审查意见的意见陈述书按照规范的格式，完整包括各个部分，则能够获得较高分数。相反，如果没有找准该关键技术特征，则很难获得较高分数。

根据当年实际考试，考生答题主要出现的错误包括如下八种值得提醒考生注意的情况：

（1）没有找准关键技术特征。例如将"突起物与横杆外圆周表面形成线接触""弯曲部上设有一个迂回部，该迂回部的曲率半径小于弯曲部其他部位的曲率半径""每个夹持部上的两个突起物之间的连接部分呈 V 形凹陷"或者"挂钩本体由板状主要性材料制成"作为关键技术特征，而这些特征没有导致本发明技术方案与现有技术相区别或者没有使该发明技术方案相对于现有技术作出创造性贡献，因此修改后的独立权利要求仍不具备新颖性或创造性。

（2）没有理解试题原题，因而未将一些仅记载在说明书中的技术特征作为附加技术特征来撰写相应的从属权利要求，即未包含参考答案中的权利要求 5 至 7；也没有增加参考答案中的权利要求 8。❽

（3）修改导致不符合《专利法》第三十三条的规定，这方面的错误虽然较少，仍然有部分考生

---

❶ 为了全面，还应指出区别技术特征也不是公知常识。这样对《专利审查指南 2010》关于"三步法"评述中，三种存在技术启示的情形均进行了反驳。

❷ 得出具备突出的实质性特点的结论，满足创造性的第一个方面。

❸ 根据权利要求技术方案所达到的效果，论述具有显著的进步，以表明符合创造性的第二个方面。

❹ 最后得出具备创造性的结论，并明确法律依据。

❺ 不要忘记对从属权利要求的创造性进行简单说明。

❻ 该权利要求的创造性也不要缺少，可通过关键点来简单论述。

❼ 在今后的考试答案中，应当为《专利审查指南 2010》。

❽ 此为 2006 年试题当年的特殊情况。需要说明的是，由于《专利审查指南 2010》已明确规定在答复审查意见通知书修改申请文件时不得主动增加其限定的技术方案在原权利要求书中未出现过的新的独立权利要求和新的从属权利要求，因此今后答复审查意见通知书的试题中未明示为重新撰写权利要求书时，不要再写入如权利要求 5 至 7 那样的新的从属权利要求和如权利要求 8 那样的新的独立权利要求。

存在这方面的问题。建议修改时，尽量采用原申请文件中已有的术语。

（4）不正当地提出分案申请，因为没有分案申请的必要。错误的分案包括：将挂钩与衣架进行分案，因为两者具有单一性（实际代理过程中，申请人可以提交分案申请，但考试中不应当提出分案申请，因为考试中仅涉及由于存在单一性问题而需要分案申请的情形），但在机械领域中不建议再撰写一项衣架的独立权利要求；也不建议另提出分案申请。

（5）撰写的意见陈述书缺乏相关部分的内容，例如，没有说明对权利要求作了那些修改，没有声明修改符合《专利法》第三十三条的规定。

（6）对新颖性的陈述，没有明确单独对比原则，对创造性的陈述没有按照"三步法"的要求进行，或者遗漏关于显著的进步的陈述。此外，遗漏关于从属权利要求的新颖性和创造性的陈述。

（7）意见陈述书的撰写格式不规范或不完整，专利用语表述不正确，或者陈述意见整体逻辑性不强，存在这些缺陷也会导致扣分。

（8）个别考生将自己真实姓名、电话写在意见陈述书最后，有可能导致作为无效试卷。

第二十二章　2007年专利代理实务试题解析

试　题

试题说明

本专利代理实务试题包括第一题和第二题。

第一题　无效实务题

专利权人张某拥有一项其自行撰写的实用新型专利，名称为"包装体"，专利号为ZL01234567.8。

某请求人针对该专利于2007年6月4日向专利复审委员会提出无效宣告请求，请求宣告该专利全部无效。请求人在提出无效请求的同时提交了对比文件1和2。

随后，请求人于2007年7月12日提交了补充意见和对比文件3。

假设应试者所在代理机构在接受专利权人张某委托后，指派应试者具体承办该无效案件。要求应试者：

1. 针对无效宣告请求撰写一份正式提交专利复审委员会的意见陈述书；

2. 修改权利要求书；

3. 简述《专利法》《专利法实施细则》以及《审查指南2006》中关于无效期间专利文件修改的有关规定。

应试者针对无效宣告请求撰写意见陈述书时可结合修改后的权利要求书进行，并应当依据《专利法》《专利法实施细则》和《审查指南2006》的相关规定及本试卷所提供的事实进行有理有据的答辩。

第二题　申请实务题❶

假设客户委托应试者所在代理机构代理一件发明专利申请，同时提供了其发明的包装体的技术说明（无效实务题中实用新型专利"包装体"的说明书文字和六幅附图），并提供了三份对比文件（无效实务题的对比文件1、2和3）。代理机构接受该委托后指定应试者具体办理该项专利申请事务。

请应试者根据客户所提供的技术说明，考虑对比文件1至3所反映的现有技术，为客户撰写一份发明专利申请的权利要求书。所撰写的发明专利申请权利要求书应当既符合《专利法》《专利法实施细则》

---

❶　原试题为"撰写实务题"，但采用"申请实务题"更准确。

及《审查指南2006》的相关规定，又具有尽可能宽的保护范围以最大限度地维护申请人利益。

如果所撰写的发明专利申请权利要求书中包含两项或者两项以上独立权利要求，请简述这些独立权利要求能够合案申请的理由。如果应试者认为该申请的一部分内容应当通过一份或多份分案申请提出，则应当进行相应说明，并撰写出分案申请的独立权利要求。

答题须知

1. 作为考试，应试者在完成无效实务题及申请实务题时应当接受并仅限于本试卷所提供的事实。同时，应试者在完成无效实务题的过程中不必考虑本试卷提供的三份专利文件的真实性问题，应将其均视为真实、公开的专利文件。

2. 应试者应当将无效实务题和申请实务题的答案写在正式答题卡的答题区域内。

实用新型专利授权公告的专利文件（ZL01234567.8 实用新型专利说明书）

[19] 中华人民共和国国家知识产权局

[12] 实用新型专利说明书

[21] ZL 专利号 01234567.8

[45] 授权公告日 2002 年 10 月 28 日　　　　　　[11] 授权公告号 CN 2521234Y

---

[22] 申请日 2001.10.11　　　　　　　　　　　　[21] 申请号 01234567.8

[73] 专利权人 张××

（其余著录项目略）

权利要求书

---

1. 一种用于封装可产生或吸收气体的物质的包装体，其特征在于：所述包装体包括由不透气性材料构成的不透气性外包装层和由透气性材料构成的透气性内包装层，可吸收或产生气体的物质封装在所述透气性内包装层内。

2. 根据权利要求1所述包装体，其特征在于：还包括一个带状部件。

3. 根据权利要求1所述包装体，其特征在于：所述透气性内包装层和不透气性外包装层粘接在一起，所述包装体通过密封口封住，所述带状部件粘接在所述不透气性外包装层的外表面上，所述带状部件与所述不透气性外包装层之间的粘接力大于所述不透气性外包装层与所述透气性内包装层之间的粘接力，当沿着与所述不透气性外包装层外表面成一定角度的方向牵拉所述带状部件时，可使所述不透气性外包装层撕开，使所述透气性内包装层的至少一部分暴露于外。

说明书

包装体

技术领域

[001] 本实用新型涉及一种包装体，用于封装可吸收或产生气体的物质。

背景技术

[002] 利用透气性材料制成包装体来封装活性炭、樟脑等可吸收或产生气体的物质，这项技术已经为人们所熟知。然而，这种用透气性材料制成的包装体存在易使其内封装物质的效力在非使用状态下逐渐减退的缺点。

发明内容

第四部分

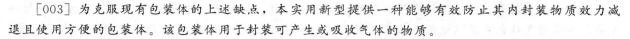

[003] 为克服现有包装体的上述缺点，本实用新型提供一种能够有效防止其内封装物质效力减退且使用方便的包装体。该包装体用于封装可产生或吸收气体的物质。

[004] 本实用新型提供一种包装体，包括由不透气性材料构成的不透气性外包装层和由透气性材料构成的透气性内包装层，可吸收或产生气体的物质封装在透气性内包装层内。

[005] 本实用新型另一方面提供一种包装体，包括由不透气性材料构成的不透气性外包装层和由透气性材料构成的透气性内包装层，透气性内包装层和不透气性外包装层粘接在一起，可吸收或产生气体的物质封装在透气性内包装层内。

[006] 上述包装体还包括一个带状部件。

[007] 上述包装体的透气性内包装层和不透气性外包装层粘接在一起，包装体通过密封口封住，带状部件粘接在不透气性外包装层的外表面上，带状部件与不透气性外包装层之间的粘接力大于不透气性外包装层与透气性内包装层之间的粘接力。

附图的简要说明

[008] 图1a是本实用新型包装体第一实施例的剖视图。

[009] 图1b是本实用新型包装体第一实施例的透视图。

[010] 图2是本实用新型包装体第二实施例的剖视图。

[011] 图3是本实用新型包装体第三实施例的剖视图。

[012] 图4是本实用新型包装体长带的俯视图。

[013] 图5是包装体自动供给装置的示意图。

具体实施方式

[014] 下面结合附图，详细介绍本实用新型的各实施例。

[015] 图1a和图1b示出了本实用新型包装体的第一实施例。如图1a和图1b所示，包装体1包括由不透气性材料构成的不透气性外包装层2和由透气性材料构成的透气性内包装层3。内包装层3和外包装层2粘接在一起，可吸收或产生气体的物质4封装在透气性内包装层3内，通过密封口5将包装体1封住。一个或多个带状部件6粘接在不透气性外包装层2的外表面上，带状部件6与不透气性外包装层2之间的粘接力大于不透气性外包装层2与透气性内包装层3之间的粘接力。当沿着与不透气性外包装层2外表面成一定角度的方向牵拉带状部件6时，通过施加在其上的拉力使外包装层2和内包装层3脱离粘接在一起的状态，并使外包装层2撕开从而使内包装层3的至少一部分暴露于外。此时，透气性内包装层3内封装的物质4便能发挥效力，通过吸收或释放气体而产生脱氧、干燥、除臭或者防蛀、杀菌的效果。作为该实施例的一种变形，也可以将带状部件6设置在不透气性外包装层2和透气性内包装层3之间，此时，带状部件6的两端需要从外包装层2的边缘处穿出。

[016] 图2示出了本实用新型包装体的第二实施例。如图2所示，不透气性外包装层2和透气性内包装层3仅在其周缘部分相粘接，而在其中间彼此分离形成空腔7。带状部仁6设于空腔7内并粘接在不透气性外包装层2的内表面上，其两端在外包装层2的边缘处穿出。作为该实施例的一种变形，也可以将带状部件6粘接在不透气性外包装层2的外表面上。

[017] 图3示出了本实用新型包装体的第三实施例。该实施例不同于上述两个实施例，其包装体并非整体上由透气性内包装层和不透气性外包装层构成，而是大部分由单层的不透气材料构成，仅在局部设置有透气性内包装层和不透气性外包装层。当不透气性外包装层被撕开后，将会在包装体上形成透气性窗口。如图3所示，封装物质4的包装层8包括由不透气性材料构成的不透气性部分9和由透气性材料构成的透气性部分10，在透气性部分10上粘有不透气性薄膜11，带状部件6粘接在不透气性薄膜11的外表面上，带状部件6与不透气性薄膜11之间的粘接力大于不透气性薄膜11与透气性部分10之间的粘接力。透气性部分10与不透气性部分9可以整体形成也可以分体形成。两者整体形成时，只需在不透气性材料上局部穿孔即可；两者分体形成时，可以通过将无纺布等透气性材料对接或搭接在不透气性部分9上而实现。

[018] 本实用新型包装体的透气性包装层可以采用纸、无纺布、有孔的塑料或铝箔薄膜等材料制成。如果透气性包装层以纸或无纺布为材料，则优选经过疏水性和/或疏油性处理的纸或无纺布。本实用新型包装体的不透气性包装层可以采用铝箔或铜箔等金属薄膜、或者各种塑料薄膜制成。本实用新型包装体的带状部件可以采用塑料或金属等材料制成。

[019] 本实用新型包装体不仅具有能够有效防止其内封装物质在非使用状态下效力减退的优点，而且使用方便，只需沿与不透气性包装层外表面成一定角度的方向牵拉上述带状部件便可使透气性包装层暴露在外部环境中，从而使包装体内封装的物质发挥效力。本实用新型包装体还特别适用于向生产流水线等应用场所实行连续供给。

[020] 为实现连续供给，就需要将本实用新型包装体加工成如图4所示的包装体长带12。该包装体长带12由各小袋包装体1连接而成，小袋包装体1可以为前面各实施例中所述的包装体之一，在各相邻小袋包装体1之间形成连接部13。包装体长带12上所有小袋包装体1的带状部件6彼此相连，形成一条连续的带状部件6。该连续的带状部件6延伸至包装体长带12至少一端之外，形成具有一定长度的空余端头14。该连续的带状部件6应当具有在连续牵拉过程中不会被拉断的抗拉强度。

[021] 本实用新型包装体的具体供给过程包括：将连续带状部件6的空余端头14缠绕在用于牵拉装置上的工序；沿与不透气性包装层外表面成一定角度的方向牵拉连续带状部件6从而使透气性包装层暴露出来的工序；沿连接部13将包装体长带12依次切断成各个小袋包装体1的工序；将各小袋包装体1逐个向规定场所供给的工序。

[022] 图5是一种包装体自动供给系统的示意图。如图5所示，该自动供给系统包括旋转辊组15、牵拉剪切机16和滑槽17。旋转辊组15设置在牵拉剪切机16的斜上方，其包括两个从动旋转辊18、19和一个与驱动装置直接相连的主动旋转辊20。旋转辊组15用于将连续的带状部件6从包装体上剥离下来，从而使透气性包装层暴露在外部环境中。被剥离下来的连续带状部件6被卷绕在主动旋转辊20上。牵拉剪切机16用于将包装体长带12拉入其内并沿各连接部13将包装体长带12切断成多个小袋包装体1。各小袋包装体1将通过滑槽17被依次投放到相应场所。在自动供给系统开始工作之前，需要将连续带状部件6的空余端头14预先缠绕在旋转辊组15上。

[023] 上面结合附图对本实用新型的实施例作了详细说明，但是本实用新型并不限于上述实施例，在本领域普通技术人员所具备的知识范围内，还可以在不脱离本实用新型宗旨的前提下作出各种变化。例如，本实用新型中的带状部件也可以采用绳状等其他可以实现其功能的任何形状。

说明书附图

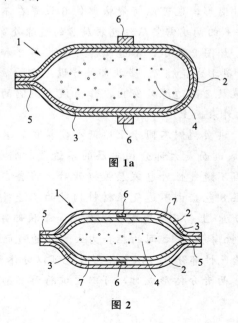

图 1a

图 2

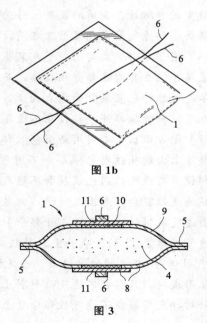

图 1b

图 3

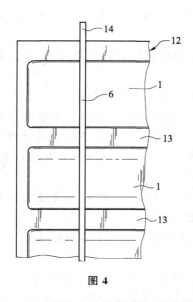

图 4

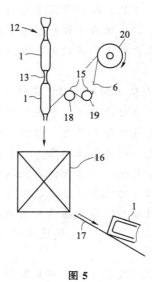

图 5

专利权无效宣告请求书所附的具体意见陈述

本请求人×××有限公司请求宣告专利号为 ZL01234567.8、名称为"包装体"的实用新型专利全部无效。

本请求人根据《专利法》第四十五条以及《专利法实施细则》第六十五条（即修改前的《专利法实施细则》第六十四条）❶ 的规定提出无效宣告请求，认为上述实用新型专利的权利要求 1 至 3 不符合《专利法》第二十二条第二款和第三款有关新颖性和创造性的规定，权利要求 2、3 不符合《专利法》第二十六条第四款（即修改前的《专利法实施细则》第二十条第一款）❷ 的规定，请求专利复审委员会宣告该实用新型专利全部无效。本请求人请求宣告该专利权无效的具体理由如下：

（一）

该专利权利要求 1 至 3 不具备新颖性，不符合《专利法》第二十二条第二款的规定。

1. 请求人认为该专利的权利要求 1 至 3 相对于对比文件 1 不具备新颖性。

对比文件 1 公开了一种盛装防蛀干燥药物的药袋，由内外包装袋构成。其中在外包装塑料袋内装有一个透气性好的无纺布内包装袋，无纺布内包装袋中盛装颗粒状或粉状防蛀干燥药物，外包装塑料袋口用热封线密封。使用时将外包装塑料袋撕开，将盛有药物的无纺布内包装袋放置于箱子或衣柜内，即可发挥防蛀、防潮、防霉变的作用，且不会污染衣物和书籍。该药袋的优点是：其外包装塑料袋密封后可防止袋内药物挥发失效，延长药物保存期；同时无纺布内包装袋具有良好的透气性，可充分发挥药效，且不会污染衣物、书籍等物品。

该专利的权利要求 1 是：一种用于封装可产生或吸收气体物质的包装体，其特征在于：所述包装体包括由不透气性材料构成的不透气性外包装层和由透气性材料构成的透气性内包装层，可吸收或产生气体的物质封装在透气性内包装层内。

通过对比可以看出，权利要求 1 的技术内容已经完全被对比文件 1 公开了。具体地说，对比文件 1 中的外包装塑料袋即是权利要求 1 的不透气性外包装层，无纺布内袋即为透气性内包装层，防蛀药物即为可吸收或产生气体的物质。可见，权利要求 1 的技术方案与对比文件 1 公开的技术方案完全相同，并且二者实现了完全相同的目的，既能保证在使用时充分发挥药效，又能在不使用时防

---

❶ 原题为"《专利法实施细则》第六十四条"，根据修改后的《专利法实施细则》，该条款由第六十四条变为第六十五条，因此本题作了适应性修改。

❷ 原题为"《专利法实施细则》第二十条第一款"，根据第三次修改的《专利法》，该条款的内容已并入《专利法》第二十六条第四款中，因此本题作了适应性修改。以后同样的情况，不再用脚注加以说明。

止药物失效。因此，权利要求 1 相对于对比文件 1 而言不具备新颖性，不符合《专利法》第二十二条第二款的规定，不应当被授予专利权。

同理对比文件 1 公开的内容也完全破坏了权利要求 2、3 的新颖性，权利要求 2、3 也应当被宣告无效。

2. 请求人认为相对于对比文件 2，该专利的权利要求 1 至 3 都不具备新颖性。

对比文件 2 公开的也是包装挥发性物质的包装体，包括其上制有多个凸罩的不透气性塑料硬片和平面型不透气性塑料硬片，以及多个由透气性纸片制成的封装有挥发性物质的透气性内袋。在每个凸罩内放置一个透气性内袋，在不透气性塑料硬片的平面部分以及各个透气性内袋上涂敷粘接剂，使不透气性塑料硬片和透气性内袋粘接在平面型不透气性塑料硬片上。

对比看出，对比文件 2 也已公开了权利要求 1 的技术方案，同样取得了使用方便又能在使用之前确保挥发性物质不降低功效的效果，因此权利要求 1 不具备新颖性。

同理，权利要求 2、3 的技术方案也是现有技术中早已存在的了，也不具备新颖性。

（二）

该专利权利要求 1 至 3 不具备创造性，不符合《专利法》第二十二条第三款的规定。

1. 请求人认为权利要求 1 至 3 与对比文件 1 公开的技术相比不具备创造性。

如上所述，对比文件 1 已经公开了与权利要求 1 技术方案完全相同的方案，破坏其新颖性，则对比文件 1 也当然破坏权利要求 1 的创造性。

虽然该专利的权利要求 2 增加了带状部件，权利要求 3 增加了很多其他具体技术特征，但是，这些特征都是本领域的常规技术，并没有带来什么有益效果，因此权利要求 2、3 同样不具备创造性，不符合《专利法》第二十二条第三款的规定。

2. 请求人认为权利要求 1 至 3 与对比文件 2 公开的技术相比不具备创造性。

如上所述，对比文件 2 公开了外面为不透气性硬片，里面是透气性内袋的方案，使得权利要求 1 无新颖性，则权利要求 1 也当然不具备创造性。此外该专利的权利要求 2、3 虽然增加了带状部件、粘接力等限定，但这些都是很容易想到的，没有带来什么有益效果，根本不具备创造性。

（三）

该专利权利要求 2、3 保护范围不清楚，不符合《专利法》第二十六条第四款（即修改前的《专利法实施细则》第二十条第一款）的规定。

1. 该专利的权利要求 2 是权利要求 1 的从属权利要求，其中增加了附加技术特征"带状部件"。但是该带状部件是什么部件以及它与权利要求 1 中其他部件之间的连接关系如何，仅从其名称是不得而知的，由此导致该权利要求的保护范围不清楚，不符合《专利法》第二十六条第四款的规定。

2. 该专利的权利要求 3 是权利要求 1 的从属权利要求，其中指出"所述带状部件"如何如何，但权利要求 1 中根本没有所谓的带状部件，权利要求 3 中增加的诸多关于带状部件的限定毫无基础，因此权利要求 3 保护范围也是不清楚的，不符合《专利法》第二十六条第四款（即修改前的《专利法实施细则》第二十条第一款）的规定。

综上所述，该专利的权利要求 1 至 3 不具备《专利法》第二十二条第二款、第三款规定的新颖性和创造性，权利要求 2、3 不符合《专利法》第二十六条第四款（即修改前的《专利法实施细则》第二十条第一款）的规定，因此，请求专利复审委员会宣告该实用新型专利全部无效。

请求人：×××有限公司

2007 年 6 月 4 日

对比文件 1

[19] 中华人民共和国国家知识产权局

[12] 发明专利申请公开说明书

[21] 申请号 01165432.1

[43] 公开日 2002 年 4 月 17 日　　　　　　　　[11] 公开号 CN 1345678A

---

[22] 申请日 2001.11.7

[30] 优先权

[32] 2000.11.8 [33] JP [31] 276543/2000

[71] 申请人 XYZ 株式会社

（其余著录项目略）

对比文件 1 说明书相关内容

　　本发明提供一种防蛀干燥药袋。

　　附图是该防蛀干燥药袋的结构示意图。

　　如图所示，本发明所述防蛀干燥药袋由内外包装袋构成，其中在外包装塑料袋 1 内装有一个透气性好的无纺布内包装袋 2，在无纺布内包装袋 2 中盛装有颗粒状或粉状防蛀干燥药物 3，外包装塑料袋 1 的袋口有热封线 4，无纺布内包装袋 2 的袋口有热封线 5。

　　使用时，将外包装塑料袋 1 撕开，将盛有药物的无纺布内包装袋 2 取出，之后将盛有药物 3 的无纺布内包装袋 2 放置于衣柜或箱子内，便可对衣物或书籍起到良好的防虫蛀、防潮、防霉变作用，且不会污染衣物或书籍。本发明与已有技术相比具有如下优点：其外包装塑料袋 1 密封后可防止袋内药物挥发失效，延长药物保存期；其无纺布内包装袋 2 具有良好的透气性，可充分发挥药效，且不会污染存放物品。

对比文件 1 附图

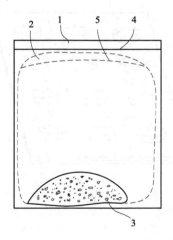

对比文件2

[19] 中华人民共和国国家知识产权局

[12] 发明专利申请公开说明书

[21] 申请号 97176543.1

[43] 公开日 1999 年 1 月 9 日　　　　　　　　　[11] 公开号 CN 1234567A

[22] 申请日 1997.6.25

（其余著录项目略）

对比文件2说明书相关内容

本发明涉及一种用于包装挥发性物质的复合包装体。

图1是本发明所述复合包装体的透视图。

图2是图1中A-A截面的剖视图。

如图1和图2所示，本发明所述复合包装体包括其上制有多个凸罩1的不透气性塑料硬片2和平面型不透气性塑料硬片3，以及多个由透气性纸片制成的封装有挥发性物质4的透气性内袋5。在每个凸罩1内放置一个透气性内袋5，在不透气性塑料硬片2的平面部分以及各个透气性内袋5上涂敷粘接剂，使不透气性塑料硬片2和透气性内袋5粘接在平面型不透气性塑料硬片3上。各个凸罩1之间的不透气性塑料硬片2和不透气性塑料硬片3上形成有分割线6。

在使用时，沿分割线6取下至少带有一个凸罩1的不透气性塑料硬片，再将平面型不透气性塑料硬片3从不透气性塑料硬片2上撕下，之后便可将带有至少一个透气性内袋5的不透气性塑料硬片2放在应用场所。由此可见，本发明所述复合包装体具有使用方便的优点，而且在使用之前，可以确保包装体内封装的挥发性物质不会降低功效。

对比文件2附图

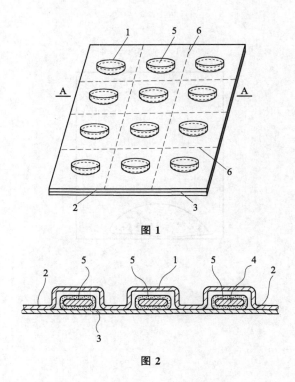

图1

图2

对比文件 3

[19] 中华人民共和国国家知识产权局

[12] 发明专利申请公开说明书

[21] 申请号 97165432.1

[43] 公开日 1998 年 8 月 19 日　　　　　　　　[11] 公开号 CN 1223567A

---

[22] 申请日 1997.1.29

（其余著录项目略）

对比文件 3 说明书相关内容

　　本发明涉及一种干燥剂包装体及其供给方法。

　　图 1 是由透气性材料构成的小袋包装体的剖视图。

　　图 2 是装有多个图 1 所示小袋包装体的不透气性外包装袋的透视图。

　　如图 1 所示，用透气性材料制成的小袋包装体 1 内封装有干燥剂 2。将多个如图 1 所示的小袋包装体装入如图 2 所示的不透气性外包装袋 3 中。在将不透气性外包装袋 3 运送到需要供给干燥剂小袋包装体的场所之后，再将封装有干燥剂 2 的小袋包装体 1 从不透气性外包装袋 3 中取出，分别填充到例如食品袋等相应容器中去。

对比文件 3 附图

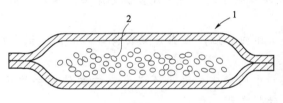

图 1

图 2

请求人补交对比文件 3 时所附的书面说明

　　本请求人于 2007 年 6 月 4 日针对该专利提出了无效宣告请求，并结合所提交的对比文件 1、2 详细说明了请求无效的理由，现补充提交对比文件 3 证明该专利权利要求 1 不具备新颖性。具体理由如下：

　　对比文件 3 描述的技术是，用透气性材料制成小袋包装体，其内封装干燥剂，再将多个小袋包装体装入不透气性外包装袋中。在将不透气性外包装袋运送到需要供给干燥剂小袋包装体的场所之后，再将小袋包装体从外包装袋中取出，分别填到例如食品袋等相应容器中去。对比可知，该专利的权利要求 1 已经完全被对比文件 3 所公开，所以不具备新颖性。

综上所述，本请求人认为该专利不具备《专利法》第二十二条第二款规定的新颖性，不应当被授予专利权。请求专利复审委员会宣告该专利全部无效。

试题解析和参考答案

一、重视试题说明，把握答题要求

通过阅读试题说明，考生可以得出如下几点。

（1）本试题共要求考生完成下述几项工作，其中无效实务题要求完成三项工作，撰写实务题也有可能要求完成三项工作。

对于无效实务题的三项工作为：

① 针对无效宣告请求书撰写意见陈述书；

② 修改权利要求书；

③ 简述无效期间专利文件修改的规定。

对于撰写实务题的三项工作为：

① 为客户撰写一份发明专利申请的权利要求书；

② 若撰写的权利要求书包括两项以上的独立权利要求，简述合案申请的理由；

③ 若认为申请的一部分内容应当通过一份或多份分案申请提出，应当进行说明，并撰写分案申请的独立权利要求。

在了解上述应当完成的工作内容后，应当合理安排答卷时间，至少应当留出一个半小时来完成撰写实务题。

（2）试题说明在答题须知中明确告知考生不必考虑本试卷提供的三份专利文件的真实性问题，应将其均视为真实、公开的专利文件。

（3）无效实务题中明确请求专利无效的专利为实用新型专利，因此在答题时应当按照实用新型专利的要求来考虑，例如，创造性的判断标准以及意见陈述书中论述创造性的专利用语的选用等。

（4）无效实务题中写明请求人于 2007 年 6 月 4 日提出无效宣告请求，在 2007 年 7 月 12 日提交补充意见及对比文件 3，显然补充提交时间超出了请求人提出无效宣告请求之日起一个月的举证期限，因此需要根据具体案情确定补充意见和证据可否被专利复审委员会考虑。

（5）无效实务题极有可能要对权利要求书进行修改。

（6）无效实务题中第三项工作是一道纯粹的无效基本知识题，与本试题中的案情无关。

（7）在撰写实务题中明确为客房户撰写发明专利申请的权利要求书，可知是另一道与无效实务题无关的撰写试题，因此不要受到无效实务题中的权利要求书的限制，即根据客户提供的技术说明（指无效实务题中实用新型专利说明书的内容）来撰写权利要求书。此外由于是撰写发明专利申请的权利要求书，其要求保护的技术主题不局限于产品，还可以是方法。

（8）在撰写实务题中已明确无效实务题中的三份对比文件均为现有技术，千万不要因为无效实务题中补充的证据对比文件 3 不应考虑而在撰写时将其舍去。

（9）对于撰写实务题，在完成权利要求书后需要根据案情具体情况，确定要否完成"说明合案申请的理由"和"为分案申请撰写独立权利要求"两项工作，千万不要有遗漏。

二、无效实务题的答题思路

无效实务题可以按下述步骤进行：阅读理解专利文件，尤其是其中的权利要求书；阅读并初步分析无效宣告请求书及补充意见；结合证据分析无效宣告理由能否成立；确定是否要修改权利要求书；撰写意见陈述书；对简答题给出答案。

（一）阅读理解专利文件

该专利文件的权利要求书中只有三项权利要求。

独立权利要求1要求保护一种用于封装可产生或吸收气体的物质的包装体，包括不透气外包装层和封装有可产生或吸收气体的物质的内包装层。

权利要求2和权利要求3分别引用独立权利要求1，在权利要求2中进一步限定该包装体包括一个带状部件，而权利要求3进一步限定外包装层、内包装层以及带状部件之间的连接关系。

（二）阅读并初步分析无效宣告请求书及补充意见

阅读并初步分析无效宣告请求书及补充意见时应当考虑两个问题：

（1）请求人在无效宣告请求书中提出的无效宣告理由是否属于修改前的《专利法实施细则》第六十四条第二款（相当于修改后的《专利法实施细则》第六十五条第二款）规定的范围。

请求人在无效宣告请求书中提出的无效宣告理由共有两个：权利要求1至3不具备新颖性和创造性；权利要求2、3未清楚限定专利要求保护的范围。这两个无效宣告理由都属于《专利法实施细则》第六十四条第二款（相当于修改后的《专利法实施细则》第六十五条第二款）规定的范围，不必请求专利复审委员会不予考虑。

（2）请求人补充意见和补充证据的时间是否在提出无效宣告请求之日起一个月提出的，所提的证据是什么类型的证据，专利复审委员会是否应当考虑。

由试题说明可知，请求人在2007年6月4日提出无效宣告请求，在2007年7月12日提交补充意见及补充的证据对比文件3，显然该补充意见和补充证据的提交时间超出了请求人提出无效宣告请求之日起一个月内增加理由和补充证据的期限。此外，通过阅读补充证据对比文件3，可知其是一份专利文献，不属于公知常识性证据，也不属于用于完善证据法定形式的公证书、原件的证据，因此应当要求专利复审委员会对该补充证据对比文件3不予考虑。

（三）结合证据分析无效宣告理由能否成立

在结合证据分析无效宣告理由时需要分析这些证据可否采信以及适用范围，在此基础上分析各个无效宣告理由能否成立。

1. 初步分析无效宣告请求时所提供的证据是否应当采信及适用范围

对比文件1是一件由他人向中国提出的发明专利申请公开文件，其优先权日早于该专利的申请日、公开日晚于该专利的申请日，因此只能用作否定该专利新颖性的对比文件，不能用做否定该专利创造性的对比文件。❶

对比文件2属于现有技术，可以用来评价该专利的新颖性和创造性。

正如前面所提出的，对比文件3属于逾期补充提交的证据，应当要求专利复审委员会不予考虑，进而相关补充意见（权利要求1相对于对比文件3不具备新颖性）也不应当考虑。

2. 分析请求人的无效宣告理由是否成立

由于无效宣告请求书的具体意见陈述可知，其具体无效宣告理由为：权利要求1至3分别相对于对比文件1不具备新颖性和创造性；权利要求1至3分别相对于对比文件2不具备新颖性和创造性；以及权利要求2和3未清楚限定专利要求保护的范围。现对上述无效宣告理由逐个进行分析，必要时结合证据作出分析。

（1）关于不具备新颖性的无效宣告理由。

对比文件1和对比文件2分别披露了原权利要求1的全部技术特征：包装体包括不透气外包装

---

❶ 如果本实用新型专利的申请日（有优先权的，指优先权日）在2009年10月1日以后（包括当天），则该无效宣告程序适用修改后的《专利法》，在这种情况下，即使该对比文件为申请人本人的申请在前、公布或公告在后的中国专利申请文件或专利文件，也只能用作否定该专利新颖性的对比文件，不能用作否定该专利创造性的对比文件。

层以及封装可产生或吸收气体的物质的内包装层，因此请求人以对比文件1或对比文件2否定该专利权利要求1新颖性的意见正确。

但是对比文件1和对比文件2均未披露权利要求2限定部分的关于带状部件的技术特征，因此对比文件1或对比文件2均不能否定权利要求2的新颖性；同时，对比文件1和对比文件2也均没有披露权利要求3限定部分的技术特征，因此对比文件1或对比文件2均不能影响权利要求3的新颖性。

（2）关于创造性的无效宣告理由。

正如前面所述，对比文件1只能用于评价该专利是否具备新颖性，而不能作为评价该专利是否具备创造性的对比文件，因此，请求人以对比文件1来否定权利要求2和权利要求3的创造性的无效宣告理由是不能成立的。

至于对比文件2，由于其公开的复合包装体，只披露了权利要求1的全部技术特征，并没有披露带状部件，这也不属于本领域的公知常识，因此请求人以对比文件2来否定权利要求2的创造性的无效宣告理由不能成立。同样，对比文件2了也未披露权利要求3的特征部分，带状部件与不透气外包装层的连接方式，这些技术特征也不是本领域的公知常识，因此请求人以对比文件2来否定权利要求3的创造性的无效宣告理由也不能成立。

（3）关于权利要求未清楚限定专利要求保护的范围的无效宣告理由。

请求人认定权利要求2和3未清楚限定专利要求保护范围。由于权利要求2和权利要求3分别仅引用了权利要求1，在权利要求2中新增加的带状部件未写明其与独立权利要求中的技术特征之间的位置或连接关系，而权利要求3进一步限定的技术特征中带状部件在权利要求1中未出现过，因此以权利要求2和权利要求3未清楚地限定专利要求的保护范围作为无效宣告理由来否定权利要求2和权利要求3是成立的。

（四）确定要否修改权利要求书

通过前面对无效宣告理由的分析可知，该专利权利要求1不具备新颖性，权利要求2和3存在未清楚限定要求专利保护范围的缺陷，若不修改权利要求书，则以上述理由即可使该专利全部无效，因此需要进一步考虑如何修改权利要求书来争取部分维持专利权。

根据修改前的《专利法实施细则》第六十八条（相当于修改后的《专利法实施细则》第六十九条）和《审查指南2006》第四部分（相当于《专利审查指南2010》第四部分）的有关规定，在无效宣告程序中修改权利要求书时不得将仅记载在说明书中的技术特征补入权利要求中，因此只能在原权利要求书的基础上进行修改。对于该专利来说，只有唯一的修改方式，在删除独立权利要求1的基础上，对两个彼此无从属关系的权利要求2和权利要求3采用合并式修改方式。而且根据前面分析可知，采用合并式修改，不仅克服了原权利要求不具备新颖性的缺陷，也克服了权利要求2和权利要求3未清楚限定专利要求保护范围的缺陷，而且也符合《专利法》第二十二条第三款有关创造性的规定。

采用合并式修改后，该专利只有一项独立权利要求，即将权利要求2和3限定部分的技术特征均加入到独立权利要求1的特征部分，成为修改后的独立权利要求，参见修改后的权利要求书的参考答案。❶

（五）根据修改后的权利要求书撰写意见陈述书

在修改权利要求书后，就应当针对修改后的权利要求书撰写意见陈述书。就本试题涉及的案情而言，该意见陈述书应当包括如下几个部分。

1. 起始语段

在起始语段可说明是针对无效宣告请求书和补充意见陈述作出的答复，其中可简要提及请求人

---

❶ 在修改独立权利要求时，无须根据对比文件2划分前序部分和特征部分，因为在无效宣告程序中无须克服这种不影响专利保护范围的形式缺陷。

在无效宣告请求中提出的主要观点和证据。

2. 明确指出请求人提出的无效宣告理由和/或证据中不符合规定的应当不予考虑❶

就本试题而言，应当指出补充意见和补交的证据超过允许期限，请求专利复审委员会不予考虑。

3. 对权利要求书的修改说明

就本试题而言，说明在删除独立权利要求1的基础上，对从属权利要求2和权利要求3采用合并修改方式，并指出所作修改符合《专利法》《专利法实施细则》和《专利审查指南2010》（当年为《审查指南2006》，下同）的规定。

4. 论述修改后的权利要求书符合无效理由所涉及的《专利法》《专利法实施细则》的相关规定

就本试题而言，首先具体论述修改后的权利要求1已清楚地限定要求专利保护的范围，符合《专利法》第二十六条第四款（即修改前的《专利法实施细则》第二十条第一款）的规定，然后具体论述修改后的权利要求1具备新颖性和创造性，符合《专利法》第二十二条第二款和第三款的规定。

5. 结束语段

在该段中，可明确提出修改后的权利要求书符合《专利法》和《专利法实施细则》相关规定，请求书中所提出无效宣告理由不能成立，请求专利复审委员会维持该专利有效。

（六）完成简答题

该简答题属于无效宣告程序的基本知识题，答题时无须结合本试题的具体内容作出回答。需要考生熟记相关规定，从答题清楚考虑需要按照《专利法》《专利法实施细则》以及《专利审查指南2010》三个层次给出答案，不能遗漏，尤其在说明《专利审查指南2010》的相关规定要包括修改原则、修改方式和修改时机三方面的内容。

三、无效实务题的参考答案

（一）修改后的权利要求书参考答案❷

1. 一种用于封装可产生或吸收气体的物质的包装体，其特征在于：所述包装体包括由不透气性材料构成的不透气性外包装层和由透气性材料构成的透气性内包装层，可吸收或产生气体的物质封装在所述透气性内包装层内，所述透气性内包装层和不透气性外包装层粘接在一起，所述包装体通过密封口封住，该包装体还包括一个带状部件，所述带状部件粘接在所述不透气性外包装层的外表面上，所述带状部件与所述不透气性外包装层之间的粘接力大于所述不透气性外包装层与所述透气性内包装层之间的粘接力，当沿着与所述不透气性外包装层外表面成一定角度的方向牵拉所述带状部件时，可使所述不透气性外包装层撕开，使所述透气性内包装层的至少一部分暴露于外。

（二）意见陈述书的参考答案

下述参考答案基于国家知识产权局条法司编著的《2007年全国专利代理人资格考试试题解析》

---

❶ 在《2007年全国专利代理人资格考试试题解析》（知识产权出版社2008年出版）中给出的答案范文中将此放在论述修改后的权利要求符合专利法相关规定的理由部分。编者认为，对于这种情况，应当放在起始语段后更为合适。

❷ 鉴于今后会根据国家知识产权局第74号局令的规定进行考试，此时应当采取对权利要求的进一步限定方式进行修改，可以改成如下形式：

1. 一种用于封装可产生或吸收气体的物质的包装体，其特征在于：所述包装体包括由不透气性材料构成的不透气性外包装层和由透气性材料构成的透气性内包装层，可吸收或产生气体的物质封装在所述透气性内包装层内，所述透气性内包装层和不透气性外包装层粘接在一起，该包装体还包括一个带状部件，所述带状部件粘接在所述不透气性外包装层的外表面上，所述带状部件与所述不透气性外包装层之间的粘接力大于所述不透气性外包装层与所述透气性内包装层之间的粘接力，当沿着与所述不透气性外包装层外表面成一定角度的方向牵拉所述带状部件时，可使所述不透气性外包装层撕开，使所述透气性内包装层的至少一部分暴露于外。

2. 根据权利要求1所述包装体，其特征在于：所述包装体通过密封口封住。

一书中提供的范文，文字作了适当调整，并为了突出重点和在考试时采用较优方式而对格式进行了优化或调整。

专利复审委员会❶：

专利权人接到专利复审委员会转来的请求人×××有限公司于 2007 年 6 月 4 日提交的《专利权无效宣告请求书》及所附对比文件 1 和 2，随后又收到请求人于 2007 年 7 月 12 日提交的补充意见及对比文件 3。现针对无效宣告请求人所提出的请求宣告本专利权无效的理由和证据进行答辩。具体答辩意见如下。❷

（一）

专利权人对权利要求书进行了修改，将独立权利要求 1 删除并将从属权利要求 2、3 合并形成新的独立权利要求 1。❸ 修改后的独立权利要求 1 没有超出原说明书和权利要求书记载的范围，也没有扩大原专利的保护范围，符合《专利法》《专利法实施细则》和《专利审查指南 2010》中关于无效期间对专利文件进行修改的各项规定。❹ 专利权人请求专利复审委员会在修改后的权利要求书的基础上进行审查。

（二）

专利权人相信，经过修改的独立权利要求 1 符合《专利法》第二十二条第二款和第三款有关新颖性、创造性的规定以及符合《专利法》第二十六条第四款（即修改前的《专利法实施细则》第二十条第一款）有关权利要求清楚限定要求专利保护范围的规定。具体理由如下：

1. 独立权利要求 1 符合《专利法》第二十六条第四款（即修改前的《专利法实施细则》第二十条第一款）有关权利要求清楚限定要求专利保护范围的规定的规定❺

独立权利要求 1 明确了包装体中还包括带状部件，并清楚地记载了技术方案中所包含的各个部件及其位置连接关系及功能，❻ 因此该权利要求清楚限定要求专利保护范围，符合《专利法》第二十六条第四款（即修改前的《专利法实施细则》第二十条第一款）的规定。❼

2. 对比文件 1 不能破坏独立权利要求 1 的新颖性和创造性❽

请求人提交的对比文件 1 是由他人向国家知识产权局提出的专利申请，其申请日为 2001 年 11 月 7 日，公开日为 2002 年 4 月 17 日，均晚于本专利的申请日，但其优先权日 2000 年 11 月 8 日早于本专利的申请日，因此对比文件 1 只能用于评价本专利的新颖性，而不能用于评价本专利的创造性。❾ 因此请求人认为本专利相对于对比文件 1 不具备创造性的理由不成立。❿

其次，需要提请专利复审委员会注意的是，请求人提供的对比文件 1 是由他人向国家知识产权局提出的申请，其中国优先权日早于本专利的申请日，申请日晚于本专利的申请日，因而该对比文件中所记载的能否定专利新颖性的内容只有在能享有优先权的条件下才能适用，鉴于请求人提供的证据中未包含该对比文件1的优先权副本，因此请求人提供的证据不足以证明对比文件1的有关内容能享有优先权。❶

最后，即使对比文件1的优先权成立，专利权人认为：独立权利要求1相对于对比文件1，具备《专利法》第二十二条第二款所规定的新颖性。❷ 具体理由如下：

对比文件1中记载了包括有外包装塑料袋和透气性内包装袋的防蛀干燥药袋。❸ 独立权利要求1所述包装体与对比文件1所公开的防蛀干燥药袋相比，存在以下区别：所述包装体还包括有带状部件，透气性内包装层和不透气性外包装层粘接在一起，带状部件与不透气性外包装层之间的粘接力大于不透气性外包装层与透气性内包装层之间的粘接力。❹ 上述内容并没有被对比文件1所披露，由此看出，权利要求1所述包装体不同于对比文件1中公开的防蛀干燥药袋。所以，独立权利要求1相对于对比文件1具备《专利法》第二十二条第二款所规定的新颖性。❺

3. 对比文件2不能破坏独立权利要求1的新颖性和创造性❻

（1）对比文件2记载了包括不透气性塑料硬片和透气性内袋的复合包装体。❼ 独立权利要求1所述包装体与对比文件2所公开的复合包装体相比，存在以下区别：权利要求1所述包装体还包括有带状部件，透气性内包装层和不透气性外包装层粘接在一起，带状部件与不透气性外包装层之间的粘接力大于不透气性外包装层与透气性内包装层之间的粘接力。❽ 由此看出，独立权利要求1所述包装体也不同于对比文件2中所公开的技术方案。所以，独立权利要求1相对于对比文件2而言具备《专利法》第二十二条第二款所规定的新颖性。❾

（2）至于创造性，专利权人认为，独立权利要求1所述包装体与对比文件2中所公开的技术方案相比，存在以下区别：权利要求1所述包装体还包括有带状部件，透气性内包装层和不透气性外包装层粘接在一起，带状部件与不透气性外包装层之间的粘接力大于不透气性外包装层与透气性内包装层之间的粘接力。❿ 这些区别特征的引入不仅可以有效地防止挥发性物质效力减退，通过带状部件还可以很方便地将不透气性外包装层撕开，使包装体内封装的物质发挥效力，解决了包装体使用不便的问题。⓫ 对比文件2中并没有给出任何

---

❶ 《2007年全国专利代理人资格考试试题解析》（知识产权出版社2008年出版）中给出的参考答案请求专利复审委员会核实优先权，但根据"谁主张，谁举证"原则，只可以指出请求人举证不足以证明该对比文件中的有关内容能够享有优先权。实际专利代理实务工作中，在出现试题中的情况时，即使该对比文件能享有优先权，也不影响无效理由不能成立的结果，因此可以不指出这一问题，但作为考试最好还是加上这段内容。需要注意的是，实际专利代理实务中，如果能享有优先权会导致某项权利要求被宣告无效，而不能享有优先权时该项权利要求可维持有效，则应当建议客户到国家知识产权局查阅该对比文件的文档，以核实其优先权能否成立，根据核实结果确定应对策略。此外，如果试题中给出了优先权副本，则考生应当对优先权是否成立进行核实。
❷ 针对请求人认为对比文件1否定该专利新颖性的具体无效宣告理由明确给出专利权人的反对意见。
❸ 简单提及对比文件1涉及的相关内容，包括相关技术主题及相关的技术特征。
❹ 指出权利要求1的技术方案与对比文件1公开的技术方案存在的具体区别。
❺ 得出权利要求1相对于对比文件1具备新颖性的结论，并明确法律依据。
❻ 由于对比文件2构成该专利的现有技术，因此需要具体论述权利要求1相对于对比文件2具备新颖性和创造性。
❼ 简单提及对比文件2涉及的相关内容。
❽ 指出权利要求1的技术方案与对比文件2公开的技术方案存在的具体区别。
❾ 得出权利要求1相对于对比文件2具备新颖性的结论，并明确法律依据。
❿ 论述创造性，严格按照"三步法"的步骤进行。但由于是无效宣告程序，因此需要针对对比文件2进行论述的，在此就不必指出哪份对比文件是最接近的现有技术，但还是要明确具体区别特征所在，虽然与论述新颖性时提到的区别有些重复，但最好在这里再次明确指出为妥。
⓫ 结合区别特征的作用和产生的效果，阐述权利要求的技术方案实际解决的技术问题。

相关教导或启示，而且区别技术特征也不是本领域解决上述问题的惯用手段，因此采用这些区别特征解决上述技术问题并非本领域技术人员容易想到的，故权利要求1具有实质性特点。❶ 独立权利要求1所述包装体在有效防止挥发性物质效力减退的前提下，还带来了使用方便的有益技术效果，即只需牵拉带状部件便可使包装体内封装的物质发挥效力，这并非本领域技术人员容易想到的，基于该效果，权利要求1具有进步。❷ 因此独立权利要求1相对于对比文件2而言具有实质性特点和进步，具备创造性，符合《专利法》第二十二条第三款的规定。❸

4. 对比文件3不能破坏独立权利要求1的新颖性❹

无效宣告请求人是于2007年6月4日提出无效宣告请求，又于2007年7月12日提交了补充意见及对比文件3，已经超出了其提出无效请求之日起一个月的期限。❺ 而对比文件3是一篇专利文献，并不属于技术词典、技术手册和教科书等本领域的公知常识性证据，也不是用于完善证据法定形式的公证书、原件等证据。❻ 因此，对比文件3的提交时间超出了请求人提出无效宣告请求之日起一个月的举证期限，专利复审委员会应当对其不予考虑。❼ 因此，请求人提出以对比文件3为基础的不具备新颖性的无效宣告理由也就不能成立。❽

综上所述，专利权人认为修改后的独立权利要求1符合《专利法》和《专利法实施细则》的有关规定，请求人所提出的无效宣告理由均不再能成立，因此请求专利复审委员会依法维持本专利权有效。❾

（三）简答题（《专利法》《专利法实施细则》以及《审查指南2006》❿ 中关于无效期间专利文件修改的有关规定）的参考答案

《专利法》第三十三条规定：申请人可以对其专利申请文件进行修改，但是，对发明和实用新型专利申请文件的修改不得超出原说明书和权利要求书记载的范围，对外观设计专利申请文件的修改不得超出原图片或者照片表示的范围。

《专利法实施细则》第六十九条规定：在无效宣告请求的审查过程中，发明或者实用新型专利的专利权人可以修改其权利要求书，但是不得扩大原专利的保护范围。发明或者实用新型专利的专利权人不得修改专利说明书和附图，外观设计专利的专利权人不得修改图片、照片和简要说明。

《专利审查指南2010》相关规定：

1. 发明或实用新型专利文件的修改仅限于权利要求书，其原则是：

（1）不得改变原权利要求的主题名称；

（2）与授权的权利要求相比，不得扩大原专利的保护范围；

---

❶ 由于不存在其他现有技术对比文件，因此需要针对对比文件2本身是否给出技术启示，区别特征是不是公知常识来论述现有技术不存在技术启示，以得出具有实质性特点的结论。需要提醒的是，由于该专利是实用新型专利，一定不要写为"突出的实质性特点"。

❷ 根据权利要求1的技术方案所达到的效果，明确其具有进步，同样针对的是实用新型专利，不要写成"具有显著的进步"。

❸ 得出具备创造性的结论，明确法律依据。

❹ 该段主要是指出对比文件3应当不予考虑而相关无效宣告理由不能成立，但是若将这一段内容移至修改说明部分之前，作为一个单独的部分更好。

❺ 指出对比文件3补交时间逾期的事实。

❻ 指出对比文件3作为证据的性质，为其后请求不予考虑提供依据。

❼ 得出对比文件3应不予考虑的结论。

❽ 得出相关无效宣告理由不能成立的结论。

❾ 结尾语段，点出无效宣告请求人提出的无效宣告请求理由不成立，请求专利复审委员会维持专利权有效即可。

❿ 本书按照《专利审查指南2010》给出参考答案，实际上《专利审查指南2010》这一部分内容与《审查指南2006》中的内容是相同的。

（3）不得超出原说明书和权利要求书记载的范围；

（4）一般不得增加未包含在授权的权利要求书中的技术特征。

2. 修改权利要求书的具体方式一般限于权利要求的删除、合并和技术方案的删除

权利要求的合并是指两项或者两项以上相互无从属关系但在授权公告文本中从属于同一独立权利要求的权利要求的合并。该新的权利要求应当包含被合并的从属权利要求中的全部技术特征。在独立权利要求未作修改的情况下，不允许对其从属权利要求进行合并式修改。

3. 在专利复审委员会作出审查决定之前，专利权人可以删除权利要求或者权利要求中包括的技术方案

仅在下列三种情形的答复期限内，专利权人可以以合并的方式修改权利要求书：

（1）针对无效宣告请求书；

（2）针对请求人增加的无效宣告理由或者补充的证据；

（3）针对专利复审委员会引入的请求人未提及的无效宣告理由或证据。

四、申请实务题的答题思路

应试者应当根据试题所给定的素材，撰写出既符合《专利法》《专利法实施细则》及《审查指南2006》相关规定，又具有尽可能宽的保护范围以最大限度地维护申请人利益的权利要求书。

在为客户撰写发明专利申请的权利要求书时，通常按照下述步骤进行：理解客户提供的发明素材；将该发明与现有技术进行分析对比；为最主要的技术主题撰写独立权利要求和从属权利要求；为其他技术主题撰写独立权利要求和从属权利要求；给出简答题的答案。

（一）理解客户所提供的发明素材

在理解客户所提供的发明素材时，需要弄清楚下述几方面内容。

1. 客户提供的发明素材涉及哪几项技术主题

根据分析，技术说明中涉及四个技术主题，即包装体、包装体长带、包装体供给方法、包装体供给系统。由于撰写的是发明专利申请的权利要求书，因此这四个技术主题都可以作为要求专利保护的客体。从技术说明整体来看，其重点在于包装体这一技术主题，因为其提供的技术内容最多，体现了发明的最基本构思，是其他三个技术主题的基础，因此以该技术主题作为该发明首选的技术主题，即将其作为第一项发明来撰写独立权利要求和从属权利要求。

2. 具体分析各个技术主题包含有多少实施方式

现对这四个技术主题分别作出说明。

（1）对于包装体这一技术主题，包括三种实施方式，分别相当于图1、图2和图3示出的实施方式，其中第一种和第二种实施方式均有变化形式，第三种实施方式虽未写明有变化形式，但实际上也存在相应的变化形式。此外，技术说明中还对三种实施方式给出多种选择或优选方式。

（2）对于包装体长带，其与包装体相应，也包括三种实施方式。

（3）对于包装体供给方法，技术说明中只给出一种实施方式。

（4）包装体供给系统，技术说明中也只有一种实施方式。

3. 弄清各个技术主题的主要技术特征

下面针对四个技术主题分别作出说明。

（1）包装体。

根据技术内容第［015］段至第［018］段的说明，该申请的包装体包括内包装层、外包装层和撕开部件组成，发明的关键在于内外包装层之间以及与撕开部件之间的连接关系。

① 内包装层，整体或部分由透气性材料制成，其中已封装有可产生或吸收气体的物质，因为包装体制备好时其内必然装有可产生或吸收气体的物质，因此，对于内包装层最好描述成"封装有可

产生或吸收气体的物质的透气性内包装层"。❶ 对于部分为透气性材料的内包装层，技术说明中又给出两种结构方式：整体为透气材料构成和部分由透气材料构成。此外，技术说明中还涉及透气性材料的选择。

② 外包装层，由不透气性材料构成，其与内包装层之间关系包括整体包封住透气性内包装层，或者仅覆盖住透气性内包装层的透气部分。对于整体包封的情况，可以采取内外包装层粘接在一起的方式，或者内外层仅在其周缘部分相粘接而在中间形成空腔的方式；对于仅覆盖住透气性内包装层透气部分的情况，既可以采取外层与内层的透气部分粘接在一起的方式，也可以仅在周边相粘接而在中间形成空腔的方式。此外技术说明中还涉及不透气外包装层的材料选择。

③ 撕开部件，是该发明的一个关键技术特征，在技术说明中给出的所有实施方式中，撕开部件都是与不透气外包装层相粘接、用于将不透气外包装层撕开以使其内包装层的透气部分暴露在外的带状部件，但在技术说明的最后一段还提到带状部件也可以采用绳状或其他能实现同样功能的形状。此外，技术说明中还涉及撕开部件的材料选择。

（2）包装体长带。

由技术说明第［020］段可知，包装体长带的技术主题是在上述包装体的基础上形成由多个连续的包装体构成的长带。其由多个包装体连接成条状，各个包装体之间形成连接部；各包装体的带状或绳状部件成一体，从而成为一个连续的撕开部件，其至少有一端延伸到包装体长带之外成为空余端头。

（3）包装体供给方法。❷

由技术说明第［021］段可知，该供给方法包括将包装体长带上的带状或绳状部件的空余端头缠绕在牵拉装置的工序、沿着与不透气外层表面成一定角度方向牵拉带状或绳状部件以撕开外包装层的工序、切断各包装体之间连接部分的工序以及将切开的各个包装体逐个供给到规定场所的工序。

（4）包装体供给系统。❸

由技术说明第［022］段可知，该包装体供给系统包括旋转辊组、牵拉剪切机和滑槽，其旋转辊组设置在牵拉剪切机的斜上方，该旋转辊组可以由两个从动旋转辊和一个主动旋转辊组成。

（二）将该发明与现有技术进行分析对比

鉴于三份对比文件中的现有技术中均未涉及包装体的供给方法和供给系统的内容，因此在这部分就不再针对这两个技术主题与现有技术进行分析对比。此外，包装体长带是建立在各单个包装体具体结构的基础上，且三份对比文件也未披露该发明以长带方式将各个包装体连接在一起的内容，因此从简化分析角度出发，此处仅仅针对第一个技术主题包装体与三项现有技术进行对比分析。

为便于将该发明第一个技术主题包装体的技术特征与对比文件公开的内容之间进行对比分析，列表给出该发明包装体技术主题的主要技术特征以及在三份对比文件中公开的情况。

该申请	对比文件1	对比文件2	对比文件3
用于封装可产生或吸收气体的物质的包装体	防蛀干燥药袋	用于包装挥发性物质的复合包装体	干燥剂包装袋
封装有可产生或吸收气体的物质的透气性内包装层	透气性好的无纺布包装袋	透气性内袋	透气性材料制成装有干燥剂小袋包装体

❶ 该描述相对于"用于封装可产生或吸收气体的物质的透气性内包装层"更妥，因为"用于封装"仅表明其用途，其可以理解为并没有装入可产生或吸收气体的物质。需要说明的是，在前面无效实务题中一定不要修改，因为只能在原权利要求书的范围内进行修改；但在申请实务题中，可以按正确的方式撰写，但这样撰写的文字应当在试题中有依据，即尽量采取试题中已有的表述方式。《2007年全国专利代理人资格考试试题解析》（知识产权出版社2008年出版）中给出的参考答案就仍采用了原有表述方式，对此未作修改。

❷❸ 如后面将提到的，此处明确为"透气性包装体供给方法"更妥。

续表

该申请	对比文件1	对比文件2	对比文件3
整体由透气性材料构成	无纺布包装袋显然是整体透气性	透气性内袋显然是整体透气性的	小袋包装体显然是整体透气性的
部分由透气性材料构成	未公开	未公开	未公开
部分为透气性材料的内包装层的两种结构方式	未公开	未公开	未公开
透气性材料的选择及其优选方案（纸、无纺布、有孔塑料、铝箔薄膜）	无纺布	透气性纸片	透气性材料
不透气外包装层	外包装塑料袋	不透气性塑料硬片和平面型不透气性塑料硬片构成	不透气性外包装袋
包封住透气性内包装层	已披露	已披露	已披露
内外层粘接在一起	未提及	未提及	未提及
内外层仅在其周缘部分相粘接，中间形成空腔	未提及	未提及	未提及
仅覆盖住透气性内包装层的透气性材料部分	未提及	未提及	未提及
外层与内层的透气性材料部分粘接在一起	未提及	未提及	未提及
仅在周边相粘接，中间形成空腔	未提及	未提及	未提及
不透气外包装层材料的选择（金属薄膜、塑料薄膜）	塑料	不透气性塑料	未提及
用于将不透气外包装层撕开的部件	撕开但未提及撕开部件	将不透气性塑料硬片从不透气性塑料硬片撕下	取出但未提及撕开部件
撕开部件为带状部件或绳状部件	未提及	未提及	未提及
带状或绳状部件粘接在外包装层的外表面，至少一端未与外包装层相粘接而形成空余端头，其与外包装层之间粘接力大于不透气性外包装层与透气性内包装层之间的粘接力	未提及	未提及	未提及
带状或绳状部件粘接在外包装层的内表面，且至少一端伸出到包装体外	未提及	未提及	未提及
撕开部件材料的选择（塑料、金属）	未提及	未提及	未提及

（三）为该发明第一个技术主题撰写独立权利要求和从属权利要求

下面重点说明如何撰写第一个技术主题的独立权利要求，此后简要说明可以从哪几方面撰写从属权利要求。

1. 独立权利要求的撰写

（1）确定包装体这一技术主题的关键技术特征。

从上表可知，该申请与对比文件1至3均属于相同的技术领域，而且对比文件1至3均包括外面的不透气性包装层或部件，以及在其内的透气性包装层。该申请与对比文件的区别在于如何打开或撕开外包装袋的方式，应当以此为基础来撰写独立权利要求，但问题的关键在于如何概括才能使独立权利要求既具备新颖性和创造性，又能取得尽可能大的保护范围。

对于如何使内包装袋暴露于空气而让其内的药物发挥作用的方法来看，对比文件1至3均需要将外包装袋打开才能使透气性包装层暴露于环境中，其中对比文件1采用的是直接撕开，对比文件2采用的是将平面型不透气性塑料硬片从不透气性塑料硬片上撕下，对比文件3采用的是将捆扎带解开的方式。但显然均未明确提到在包装袋之外的用于撕开不透气性包装袋的部件。但从基本常识来判断，尤其是对比文件1中的药袋，为了撕开（而不是剪开）外包装袋，在生活常识领域中就有多种多样的形式，例如，在外包装袋边缘形成缺口或者锯齿状。那么这种形式其实也可以称为一种撕开部件。

根据《2007年全国专利代理人资格考试试题解析》中给出的参考答案来看，对带状或绳状撕开部件与内外包装层的位置关系和粘接关系采用功能性限定进行了概括，写成"用于撕开不透气性外包装层的撕开部件"。但是，这种概括不仅存在一定风险，可能被认为不具备新颖性，至少有可能被认为不具备创造性；而且还有可能被认为未清楚限定要求保护范围，因为该发明要解决的技术问题是为了方便地撕开外包装层，而在该独立权利要求中并未给出采用什么样的手段来方便地撕开外包装层，因此这种功能性限定的写法值得商榷。但从考试的角度，考生作出这种概括，基本反应在一定程度上考生掌握了撰写的基本知识和要求，因此当年将其作为一种参考答案。

但从更客观合理的角度考虑，应根据该申请的说明书中提供的方式为依据进行合适的概括。该申请实际上提供了两种撕开方式：①带状或绳状部件粘接在外包装层的外表面，至少一端未与外包装层相粘接而形成空余端头，其与外包装层之间粘接力大于不透气性外包装层与透气性内包装层之间的粘接力；②带状或绳状部件粘接在外包装层的内表面，且至少一端伸出到包装体外。根据这两种方式，可以概括成："该包装体还包括与不透气外包装层相粘结、并用于将此不透气外包装层撕开以使其内包装层的透气材料部分暴露在外的带状或绳状部件。"这种概括显然没有被对比文件1至3所公开，而且根据基本常识来判断，其也不属于公知常识。

（2）不透气性外包装层和透气性内包装层之间的连接或配合关系的概括。

对于不透气性外包装层和透气性内包装层之间的连接或配合关系，虽然在对比文件1至3中并没有公开技术说明中的某些连接或配合关系，但根据基本常识来判断也不宜以其作为区别特征来撰写独立权利要求，但显然不透气性外包装层和透气性内包装层是包装体独立权利要求的必要技术特征，需要写在前序部分。并且由于其直接涉及包装体的范围大小的重要特征，因此对其合理的概括才能使权利要求保护范围最大化。例如，写成"包装体包括透气性包装层、置于透气性包装层外部的不透气性包装层，该包装体整体不透气"，以涵盖各种不透气性外包装袋和透气性内包装袋之间的连接或配合关系。当然从撰写的角度，也可以概括成："包装体包括封装有可产生或吸收气体的物质的透气性内包装层，以及至少部分与内包装层相粘接且用于使内包装层的透气材料部分与周围环境相隔离的不透气外包装层。"

因此，基于上述分析，撰写包装体产品独立权利要求时，应当对给出的多种实施方式采用概括性表述方式：结构概括、功能性限定。可以写成：

"一种包装体，包括封装有可产生或吸收气体的物质的透气内包装层，以及至少部分与该内包装层相粘接且用于使内包装层透气部分与周围环境相隔离的不透气外包装层，其特征在于：该包装体还包括与所述不透气外包装层相粘接、用于将所述不透气外包装层撕开以使其内包装层的透气部分暴露在外的带状或绳状部件。"

或者按照《2007年全国专利代理人资格考试试题解析》给出的范文写成：

"一种用于封装可产生或吸收气体的物质的包装体，包括透气性包装层，置于所述透气性包装层外部的不透气性包装层，该包装体整体不透气，其特征在于，该包装体还包括用于撕开不透气性包装层的撕开部件。"

2. 从属权利要求的撰写

撰写独立权利要求之后，可以从以下几个方面来撰写从属权利要求。

（1）对带状部件或绳状部件与外包装层的位置关系作进一步限定，以下述附加技术特征分别撰写一项从属权利要求：

带状部件或绳状部件粘接在不透气外包装层的外表面，其与不透气外包装层之间的粘接力大于不透气外包装层与透气内包装层之间的粘接力；

带状部件或绳状部件粘接在不透气外包装层的内表面，其至少有一端在不透气外包装层的边缘处穿出。

（2）针对不透气外包装层包封住整个内包装层的结构以及它们之间的连接关系作进一步限定，以下述附加技术特征分别撰写一项从属权利要求：

不透气外包装层包封住整个内包装层；

不透气外包装层整体粘接在内包装层上；

不透气外包装层和透气内包装层仅在其周缘部分相粘接，而在其中间彼此分离形成空腔。

（3）针对透气内包装层的具体结构作进一步限定，至少以下述附加技术特征分别撰写一项从属权利要求：

透气内包装层整体由透气材料构成；

透气内包装层由透气和不透气两部分构成；

透气内包装层上的透气部分是通过在不透气材料上局部穿孔形成。

（4）针对内包装层包括透气和不透气两部分的情况，对外包装层仅仅覆盖在内包装层透气部分以及内外包装层之间的粘接关系作进一步限定，以下述附加技术特征分别撰写一项从属权利要求：

不透气外包装层仅仅覆盖住所述内包装层的透气部分，两者之间整体粘接在一起；

不透气外包装层仅仅覆盖住所述内包装层的透气部分，其四周与内包装层上紧邻透气部分的不透气部分相粘接。

最后写成的从属权利要求请参见后面给出的本书认为较佳的权利要求书的参考答案中的从属权利要求 2 至 11。

（四）为该发明其他技术主题撰写独立权利要求和从属权利要求

下面针对包装体长带、包装体供给方法和包装体供给系统分别撰写独立权利要求和从属权利要求。

1. 包装体长带

正如前面理解发明素材时所指出的，包装体长带是在包装体的基础上形成由多个连续的包装体构成的长带，因此对于涉及各个包装体具体结构特征的内容，可以通过引用包装体权利要求方式来撰写，从而该独立权利要求的撰写可以大大简化。至于如何引用有两种写法，一种在涉及各个包装体具体结构特征时仅引用权利要求 1，但与此需要撰写相应的各项从属权利要求，如果不再撰写相应的各项从属权利要求时，则在答复审查意见通知书修改独立权利要求 1 时、尤其是在无效宣告程序时修改专利文件涉及对独立权利要求 1 的修改时会给包装体长带这项独立权利要求的修改造成困难；另一种是在涉及各个包装体具体结构特征时，引用包装体权利要求的所有权利要求，这样只需要撰写一项独立权利要求即可，在本书认为较佳的权利要求书的参考答案中就采用了后一种引用方式，《2007 年全国专利代理人资格考试试题解析》给出的权利要求书范文中也采用了类似后一种的引用方式。

根据前面理解发明素材时对包装体长带技术特征的分析，在包装体长带独立权利要求中应当写明由多个包装体连接成条状，各个包装体之间形成连接部（写入这一技术特征是为后面撰写包装体

---

❶ 鉴于《2007 年全国专利代理人资格考试试题解析》对专利代理实务科目申请实务题给出的发明专利申请权利要求书范文中从属权利要求的撰写存在一些可以商榷之处，现按照本书认为较佳的权利要求书参考答案中的独立权利要求撰写从属权利要求。

供给方法做准备）；各包装体的带状或绳状部件形成一条连续的带状或绳状部件，其至少有一端延伸到包装体长带之外成为空余端头。所完成的包装体长带的独立权利要求可参见后面给出的本书认为较佳的权利要求书的参考答案中的独立权利要求12，或者参见《2007年全国专利代理人资格考试试题解析》给出的权利要求书范文中独立权利要求13。

2. 包装体供给方法

鉴于对比文件中未涉及包装体供给方法的内容，而发明素材中仅给出一种实施方式，且所写明的工序步骤都是必要技术特征，因此可以根据发明素材中提供的内容完成独立权利要求的撰写。严格地说，原试题中的文字表述存在不准确之处，例如，最终供给到规定场所的不应当是各个包装体，而应当是各个封装有可产生或吸收气体的物质的透气内包装体。但就考试而言，仍可以撰写成如《2007年全国专利代理人资格考试试题解析》给出的权利要求书范文中独立权利要求14；而在平时代理实务中应当采用准确的文字表述，即撰写成如本书认为较佳的权利要求书的参考答案中的独立权利要求13。此外，鉴于发明素材中未含有其他可以写成从属权利要求附加技术特征的内容，因此对包装体供给方法未再撰写从属权利要求。

3. 包装体供给系统

鉴于对比文件中未涉及包装体供给系统的内容，而发明素材中也仅给出一种实施方式，因此按照发明素材中的内容撰写独立权利要求即可，即写明各个主要部件：旋转辊组、牵拉剪切机、滑槽，并按照发明素材中给出的这些部件的功能写明相互之间的关系。需要特别说明的是，为保证能将包装体长带的外包装层撕开，旋转辊组设置在牵拉剪切机的斜上方是必要技术特征，应当写入独立权利要求中。此外，对于旋转辊组的具体结构可以作为附加技术特征撰写一项从属权利要求。

所完成的包装体供给系统的独立权利要求和从属权利要求可参见后面给出的本书认为较佳的权利要求书的参考答案中的独立权利要求14（其中也针对原试题中文字表述不准确之处采用了更准确的文字来描述）和从属权利要求15，或者参见《2007年全国专利代理人资格考试试题解析》给出的权利要求书范文中独立权利要求15和从属权利要求16。

（五）分析简答题的答案

对撰写实务试题的简答题来说，主要是分析这发明素材中涉及的四项技术主题是否具有单一性，符合单一性的技术主题可合案申请，而不符合单一性的技术主题需要另行提出分案申请。通过分析可知，这四项技术主题都包含有用于撕开外包装层的带状部件或绳状部件这一特定技术特征，因此应当认为这四项技术主题在技术上相互关联，属于一个总的发明构思，可以合案申请。为此，考生在应试时还需要完成撰写实务试题中的第二项工作，但无须再在答题时完成撰写实务试题中的第三项工作。

五、撰写实务题的参考答案

（一）本书认为较佳的权利要求书参考答案

1. 一种包装体，包括封装有可产生或吸收气体的物质的透气性内包装层，以及至少部分与该内包装层相粘接且用于使内包装层透气部分与周围环境相隔离的不透气外包装层，其特征在于：该包装体还包括与所述不透气外包装层相粘接、用于将所述不透气外包装层撕开以使其内包装层的透气部分暴露在外的带状或绳状部件。

2. 根据权利要求1所述的包装体，其特征在于：所述带状或绳状部件粘接在所述不透气外包装层外表面，其与所述不透气外包装层之间的粘接力大于不透气外包装层与所述透气内包装层之间的粘接力。

3. 根据权利要求1所述的包装体，其特征在于：所述带状或绳状部件粘接在所述不透气外包装层的内表面，其至少一端从外包装层与内包装层的边缘粘接处穿出到该包装体之外形成空余端头。

4. 根据权利要求1至3中任一项所述的包装体，其特征在于：所述不透气外包装层包封住所述包装体的整个内包装层。

5. 根据权利要求 4 所述的包装体，其特征在于：所述不透气外包装层整体粘接在所述透气性内包装层上。

6. 根据权利要求 4 所述的包装体，其特征在于：不透气外包装层和透气内包装层仅在其周缘部分相粘接，而在其中间彼此分离形成空腔。

7. 根据权利要求 1 至 3 中任一项所述的包装体，其特征在于：所述内包装层整体由透气性材料构成。

8. 根据权利要求 1 至 3 中任一项所述的包装体，其特征在于：所述内包装层由透气和不透气两部分构成。

9. 根据权利要求 8 所述的包装体，其特征在于：所述不透气性外包装层仅仅覆盖住所述内包装层的透气部分，两者之间整体粘接在一起。

10. 根据权利要求 8 所述的包装体，其特征在于：所述不透气性外包装层仅仅覆盖住所述内包装层的透气部分，其四周与内包装层上紧邻透气部分的不透气部分相粘接。

11. 根据权利要求 8 所述的包装体，其特征在于：所述内包装层上的透气部分通过在不透气材料上局部穿孔形成。

12. 一种包装体长带，由多个权利要求 1 至 11 中任一项所述的包装体通过各连接部连接而成，其特征在于：各个包装体上的带状或绳状部件形成一条连续的带状或绳状部件，该连续的带状或绳状部件至少有一端延伸到包装体长带之外而成为空余端头。

13. 一种供给封装有可产生或吸收气体的物质的透气性包装体的供给方法，包括下述工序：

（1）将权利要求 12 所述包装体长带上的带状或绳状部件的空余端头缠绕在牵拉装置上；

（2）沿与所述不透气外包装层的表面成一定角度的方向牵拉所述带状或绳状部件，将包装体长带中各包装体的不透气外包装层逐个顺次撕去，使各包装体内的透气内包装层的透气部分逐个顺次暴露出来；

（3）沿该包装体长带的连接部依次切断成各个已被撕去不透气外包装层的透气性包装体；

（4）将上述各个透气性包装体逐个供给到规定场所。

14. 一种封装有可产生或吸收气体的物质的透气性包装体的供给系统，包括：用于将权利要求 12 所述包装体长带中的连续带状或绳状部件连同与其相粘接的不透气性外包装层从包装体长带上剥离下来的旋转辊组；用于将已撕去不透气外包装层的包装体长带拉入其内并沿其各连接部将其切断成各个封装有可产生或吸收气体的物质的透气性包装体的牵拉剪切机；用于将切断后的各包装体依次投放到相应场所的滑槽，其中，所述旋转辊组设置在牵拉剪切机的斜上方。

15. 根据权利要求 14 所述的供给系统，其特征在于：所述旋转辊组具有两个从动旋转辊和一个与驱动装置直接相连的主动旋转辊。

可以将独立权利要求 1、12 至 14 合案申请的理由简述如下：

独立权利要求 1、12、13、14 中均包含有"与不透气外包装层相粘接、用于将不透气外包装层撕开以使其内包装层的透气材料部分暴露在外的带状或绳状部件"技术特征，而已有的现有技术中既没有公开也没有暗示在本领域中采用上述技术手段，即该特征是体现发明对现有技术作出贡献的特定技术特征。因此，这四项独立权利要求在技术上相互关联，它们属于一个总的发明构思，符合《专利法》第三十一条第一款的规定，可以将它们合案申请。

（二）当年试题的权利要求书范文

下面为《2007 年全国专利代理人资格考试试题解析》中给出的权利要求书范文。从考试的角度，下面的权利要求的范文基本能够反映出考生的撰写水平。但如上面所分析的，从更为完美的角度，本书认为当年试题中的独立权利要求 1 和部分从属权利要求写法存在可以商榷之处。

1. 一种用于封装可产生或吸收气体的物质的包装体，包括透气性包装层，置于所述透气性包装层外部的不透气性包装层，该包装体整体不透气，其特征在于，该包装体还包括用于撕开不透气性包装层的撕开部件。

2．根据权利要求1所述的包装体，其特征在于：所述撕开部件由带状或绳状部件构成。

3．根据权利要求1所述的包装体，其特征在于：所述透气性包装层与不透气性包装层粘接在一起。

4．根据权利要求1所述的包装体，其特征在于：所述撕开部件设置在所述不透气性包装层的内表面或外表面。❶

5．根据权利要求1至4中任一项所述的包装体，其特征在于：所述撕开部件与所述不透气性包装层之间的粘接力大于不透气性包装层与所述透气性包装层之间的粘接力。❷

6．根据权利要求1至4中任一项所述的包装体，其特征在于：所述撕开部件设置在所述不透气性包装层的内表面，其两端在所述不透气性包装层的边缘处穿出。❸

7．根据权利要求5所述的包装体，其特征在于：所述撕开部件设置在所述不透气性包装层的内表面，其两端在所述不透气性包装层的边缘处穿出。❹

8．根据权利要求1至4中任一项所述的包装体，其特征在于：不透气性包装层和透气性包装层仅在其周缘部分相粘接，而在其中间彼此分离形成空腔。

9．根据权利要求1至4中任一项所述的包装体，其特征在于：所述透气性包装层包括由透气性材料构成的透气性部分和由不透气性材料构成不透气性部分。

10．根据权利要求9所述的包装体，其特征在于：所述不透气性包装层粘接在所述透气性包装层的透气性部分上。

11．根据权利要求9所述的包装体，其特征在于：所述透气性部分和所述不透气性部分整体或分体形成。

12．根据权利要求11所述的包装体，其特征在于：所述透气性部分通过在不透气性材料上局部穿孔形成。❺

13．一种包装体长带❻，由多个权利要求1至4❼中任一项所述的包装体通过各连接部连接而成，各包装体上的撕开部件形成一连续的撕开部件，所述连续的撕开部件具有一空余端头。

14．一种供给用于封装可产生或吸收气体的物质的包装体的方法，包括下述步骤：

（1）将权利要求13所述包装体长带中的所述空余端头缠绕在牵拉装置上；

（2）沿与所述不透气性包装层外表面成一定角度的方向牵拉所述连续撕开部件，使透气性包装层暴露出来；

（3）沿所述连接部将包装体长带依次切断成各包装体；

---

❶ 权利要求4的两个并列技术方案均存在未清楚限定要求专利保护范围的问题，因为设置在外表面时，还应当写入权利要求5的限定部分的附加技术特征，设置在内表面时，还应当写入权利要求6限定部分的后一个附加技术特征。

❷ 权利要求5包含引用权利要求4的写法也值得商榷，因为权利要求4有两个并列技术方案，权利要求5只能对其中一个并列技术方案作进一步限定，而对另一个并列技术方案不能作进一步限定。最好将权利要求4分成两个权利要求，则权利要求5只针对对应的权利要求作进一步限定。

❸ 权利要求6存在与权利要求5同样的问题。

❹ 权利要求7引用权利要求5似乎不妥，因为权利要求5限定部分的技术特征是针对撕开部件粘接在不透气性包装层的外表面的情形作出的限定。因此，该权利要求不必写。

❺ 权利要求11限定部分采用的结构使其包括两个技术方案：透气性包装层的透气性部分和不透气部分整体形成；分体形成。而权利要求12进一步限定的技术特征只适用于整体形成情形，因此权利要求12引用权利要求11也导致其未清楚限定专利保护的范围。

❻ 权利要求13至15是三个与权利要求1具有单一性的并列独立权利要求，按试题要求应写入权利要求书中。但包装体长带独立权利要求由于采用了引用前述权利要求的形式，因此没有必要再写成从属权利要求，而对于供给方法和供给系统，根据说明书的描述，并没有提供太多的优选方案，因此也没有或者有很少的从属权利要求。

❼ 当年范文中仅引用权利要求1至4中任一项，可能出于认为引用多项从属权利要求5至12造成不清楚的缺陷，但近几年实际上基本明确，对于独立权利要求引用在前另一项独立权利要求及其从属权利要求时，可同时引用前一项独立权利要求的多项从属权利要求，以更为简洁。

（4）将各包装体逐个供给到规定场所。

15. 一种供给用于封装可产生或吸收气体的物质的包装体的系统，包括：用于将权利要求 13 所述包装体长带中的连续撕开部件从包装体上剥离下来的旋转辊组；用于将所述包装体长带拉入其内并沿各连接部将包装体长带切断成多个包装体的牵拉剪切机；用于将切断后的各包装体依次投放到相应场所的滑槽，其中，所述旋转辊组设置在牵拉剪切机的斜上方。

16. 根据权利要求 15 所述的系统，其特征在于：所述旋转辊组具有两个从动旋转辊和一个与驱动装置直接相连的主动旋转辊。

可以将独立权利要求 1、13 至 15 合案申请的理由简述如下：

独立权利要求 1、13、14、15 中均包含有"用于撕开不透气性包装层的撕开部件"技术特征，而已有的现有技术中既没有公开也没有暗示在本领域中采用"用于撕开不透气性包装层的撕开部件"这一技术手段，即该特征是体现发明对现有技术作出贡献的特定技术特征。因此，这四项独立权利要求在技术上相互关联，它们属于一个总的发明构思，符合《专利法》第三十一条第一款的规定，可以将它们合案申请。

六、当年考生答题的主要错误

1. 无效实务试题点评

（1）未注意到对比文件 1 只能用于评述该专利的新颖性，不能用于评价创造性。

（2）未注意到对比文件 1 的优先权日早于该专利的申请日、申请日晚于该专利的申请日，从而未关注需要核实优先权事项。

（3）未注意到补充意见和补充证据超过一个月期限，未指出对该证据应当不予考虑。

（4）意见陈述书中缺少针对第二个无效宣告理由所作出的有关修改后的权利要求已清楚限定要求专利保护的范围的陈述。

（5）意见陈述中有关修改后的权利要求具备新颖性、创造性的论述不到位。

（6）意见陈述书格式不规范或者意见陈述缺乏条理性、逻辑性。

（7）无效宣告程序专利文件修改规定的简答题回答不全面，例如，遗漏修改应当符合《专利法》第三十三条的规定、合并式修改权利要求的时机、有关外观设计专利文件的修改规定等。

2. 撰写实务试题点评

（1）独立权利要求 1 的特征部分没有进行合理概括。

（2）申请涉及多个技术主题，但答案中遗漏某个或某些技术主题，尤其是遗漏了包装体长带和供给包装体方法这两个技术主题。

（3）没有撰写出合理数量的从属权利要求，撰写的从属权利要求层次混乱。

（4）撰写的权利要求存在不清楚之处。

（5）权利要求的撰写存在形式缺陷，如多项从属权利要求引用了多项从属权利要求，多项从属权利要求未择一引用等。

（6）没有论述可以合案申请的理由。

第二十三章　2008 年专利代理实务试题解析

试　题

试题说明

1. 假设应试者是某专利代理机构的专利代理人，受该机构委派代理一件专利申请，现已收到国家知识产权局针对该专利申请发出的第一次审查意见通知书及随附的两份对比文件。

2. 要求应试者针对第一次审查意见通知书，结合考虑两份对比文件的内容，撰写一份意见陈述书。如果应试者认为有必要，可以对专利申请案的权利要求书进行修改。鉴于考试时间有限，不要求应试者对专利申请的说明书进行修改。

3. 应试者在答题过程中，除注意克服权利要求书中存在的实质性缺陷外，还应注意克服其存在的形式缺陷。

4. 如果应试者认为该申请的一部分内容应当通过分案申请的方式提出，则应当在意见陈述书中明确说明其理由，并撰写出分案申请的权利要求书。

5. 作为考试，应试者在答题过程中应当接受并仅限于本试卷所提供的事实。

6. 应试者应当将试题答案写在正式答题卡的答题区域内。

发明专利申请文件

权利要求书

1. 一种制作油炸食品的方法，该方法包括将所述食品原料例如马铃薯薄片进行油炸，然后将油炸食品例如油炸马铃薯薄片排出，其特征在于：所述油炸过程是在真空条件下进行的。

2. 一种用于制作油炸食品、特别是油炸马龄薯薄片的设备，包括原料供应装置、油炸装置、产品排出装置，其特征在于：所述设备还包括抽真空装置。

3. 根据权利要求1所述方法，其特征在于：在油炸之前，先将所述食品原料例如马铃薯薄片进行焙烤。

4. 一种油炸马龄薯薄片，其特征在于：该油炸马龄薯薄片含油量低，并且其表面具有鼓泡。

说明书

油炸食品制作方法和设备

技术领域

[001]❶ 本发明涉及一种制作油炸食品、特别是油炸马铃薯薄片的方法及设备，本发明还涉及使用所述方法制作的油炸马龄薯薄片。

背景技术

[002] 油炸食品、特别是油炸马铃薯薄片因其具有松脆口感而成为人们喜爱的小吃食品。然而，高温油炸易产生对人体有害的物质，使油炸食品对人体健康不利；同时，油脂较多的油炸食品不便于长时间存放。

发明内容

[003] 为克服上述缺陷，本发明提供一种油炸食品的制作方法，包括将食品原料例如马铃薯薄片在油中煎炸，然后将油炸食品例如油炸马铃薯薄片排出，其中，油炸过程在真空条件下进行。另外，本发明所述方法还优选包括在油炸之前，将食品原料例如马铃薯薄片进行焙烤的步骤。

[004] 根据本发明所述方法，可以避免油炸温度过高而产生对人体有害的物质。这是由于真空条件下气压较低，从而导致油脂沸腾温度降低。油炸温度降低还使得油脂可以被反复利用。真空条件下的油脂含氧量低会导致油炸产品含氧量降低，这样有利于延长油炸产品的保存期限。此外，采用本发明所述方法不会影响油炸食品的松脆口感。

[005] 本发明还提供一种用于制作油炸食品、特别是油炸马龄薯薄片的设备，包括原料供应装

---

❶ 段落编号系原试题本身具有，下同。

置、油炸装置、产品排出装置，其中还包括抽真空装置。

[006] 本发明所述方法和设备适用于制作油炸马铃薯薄片、油炸玉米饼薄片、油炸丸子、油炸春卷、油炸排叉、油炸蔬菜、油炸水果等油炸食品。

附图说明

[007] 图1是本发明设备第一实施例的示意图。

[008] 图2是本发明设备第二实施例的示意图。

发明的优选实施方式

[009] 下面以油炸马铃薯薄片为例，对本发明的优选实施方式进行描述。

[010] 本发明方法优选包括在油炸之前对马铃薯薄片进行焙烤的步骤。在焙烤过程中，由于马铃薯薄片局部脱水，会在其表面结成一个个小鼓泡。之后再进行油炸，可使小鼓泡继续膨胀，形成较大鼓泡，从而改善马铃薯薄片的口感。可以采用常规烤箱对马铃薯薄片进行焙烤。

[011] 本发明方法的油炸过程保持真空条件是必要的。虽然真空度可以在较宽的数值范围内选取，但实验表明将真空度保持在0.02至0.08MPa较为适宜，可以使油脂沸腾温度降低至80℃至110℃❶，既可有效防止产生对人体有害的物质，又可达到所需的油炸效果。

[012] 本发明方法还优选包括对油炸后的马铃薯薄片进行离心处理的步骤。通过离心处理，可以将油炸后留在马铃薯薄片表面上的油脂脱去，降低其含油量。真空油炸后的马铃薯薄片通常含有约25％至32％（重量百分比）的油脂；经离心处理后，马铃薯薄片的含油量可以降低至约15％至20％（重量百分比）。由此可知，采用本发明优选方法可以制得含油量低且表面具有鼓泡的油炸马铃薯薄片。

[013] 本发明方法包括的离心处理步骤优选在真空条件下进行。对经过油炸的马铃薯薄片立即在常压条件下进行离心处理，容易导致马铃薯薄片破碎，致使无法获得完整的油炸食品。离心过程在真空条件下进行，可以有效防止马铃薯薄片破碎，使其保持完整外形。另外，在真空条件下，油炸马铃薯薄片表面上的油脂不易渗入薄片内部，这样有利于进一步改善离心脱油效果并提高脱油效率。通过真空离心处理，马铃薯薄片含油量可进一步降低至约14％至18％（重量百分比）。

[014] 另外，在油炸过程中容易出现马铃薯薄片之间相粘连的现象，也容易出现油脂起泡现象。粘连会在一定程度上影响油炸效果，油脂起泡则容易造成油脂飞溅，应当尽量避免油炸过程中出现前述两种现象。为此，本发明还提供一种用于添加到油脂中的组合物，由防粘剂、消泡剂和风味保持剂组成。其中，所述防粘剂可以选自卵磷脂、硬脂酸中的一种或者它们的混合物；消泡剂可以选自有机硅聚合物、二氧化硅中的一种或者它们的混合物；风味保持剂可以选自鸟苷酸二钠、肌苷酸二钠中的一种或者它们的混合物。通常，组合物应含有30％至40％（重量百分比）防粘剂、40％至50％（重量百分比）消泡剂和10％至20％（重量百分比）风味保持剂。所述组合物可以事先加入到油脂中，也可以在油炸过程中添加到油脂中。

[015] 图1、图2分别为本发明设备两个实施例的示意图。为突出本发明特点，附图中仅表示出了与本发明内容密切相关的必要组件，而略去了例如注油装置、加热装置等其他组件。

[016] 图1示出了本发明设备的第一实施例。如图1所示，制作油炸食品的设备包括原料供应装置101、进料阀102、油炸装置103、抽真空装置104、油槽105、传送带106、传送带驱动装置107、出料阀108、离心装置109、产品排出装置110。其中，油炸装置103的一侧设有输入口，通过进料阀102与原料供应装置101的出料口密封固定连接；油炸装置103的另一侧设有输出口，通过出料阀108与离心装置109的输入口密封固定连接。油炸装置103内部设有具有一定宽度的传送带106，由正对油炸装置103输入口下方的位置延伸到邻近油炸装置103输出口上方的位置，其中间部

---

❶ 根据技术常识，不同类型的油脂，其沸腾温度不同。同时，也很难准确测得油脂的沸腾温度。从后面的实施例（参见第［017］段第一句）来看，此处的温度应当理解为油炸时的温度更妥。但从考试来看，不必过于追究技术细节，而应根据实施例的记载来理解该温度。

位沉降到用于容纳油脂的下凹油槽 105 中。抽真空装置 104 和传送带驱动装置 107 设置在油炸装置 103 外部。产品排出装置 110 设置在离心装置 109 的下方，其输入口与离心装置 109 输出口相连接。离心装置 109 的旋转轴线（图中未示出）优选以相对于垂直方向倾斜一定角度的方式设置，以提高对马龄薯薄片进行离心脱油的效率，并确保马龄薯薄片从离心装置中全部排出。经试验发现，离心装置 109 的旋转轴线相对于垂直方向倾斜 30°的角度为最佳。

[017] 第一实施例所述设备的工作过程为：将油槽 105 中的油脂预加热并保持在约 80℃ 至 110℃。打开进料阀 102，使原料供应装置 101 中经过焙烤的马龄薯薄片落到传送带 106 上。然后关闭进料阀 102 和出料阀 108，使油炸装置 103 呈密闭状态。启动抽真空装置 104，使油炸装置 103 内达到并保持稳定的真空度。之后，启动传送带驱动装置 107，传送带 106 将其上的马龄薯薄片送入油槽 105 内的油脂中进行油炸。油炸完毕后，打开出料阀 108，使油炸装置内恢复大气压，经过油炸的产品通过出料阀 108 进入离心装置 109，在其中通过离心处理将油炸马龄薯薄片表面上的油脂除去。离心处理后的马铃薯薄片经产品排出装置 110 排出。

[018] 图 2 示出了本发明设备的第二实施例。第二实施例与第一实施例基本相同，其不同之处仅在于：油炸装置 103′输出口直接与离心装置 109′输入口密封固定连接，出料阀 108′密封设置在离心装置 109′输出口处。在油炸和离心过程中，进料阀 102′和出料阀 108′均处于关闭状态，即油炸和离心过程均在真空条件下进行。油炸和离心处理结束后，打开出料阀 108′使马龄薯薄片经产品排出装置 110′排出。

[019] 上面结合附图对本发明优选实施方式作了详细说明，但是本发明并不限于上述实施方式，在本领域普通技术人员所具备的知识范围内，还可以在不脱离本发明宗旨的前提下作出各种变化。

说明书附图

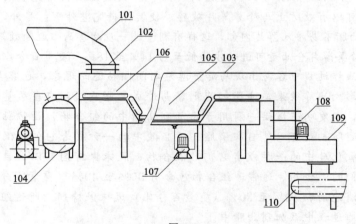

图 1

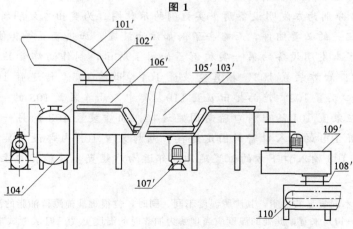

图 2

第一次审查意见通知书

本发明专利申请涉及一种制作油炸马铃薯薄片等油炸食品的方法和设备以及根据所述方法制作的油炸马铃薯薄片。针对该申请的具体审查意见如下：

权利要求1要求保护一种制作油炸食品的方法。对比文件1公开了一种油炸薯片的制备方法，包括将准备好的马铃薯片在保持真空状态的油炸装置中进行油炸，然后排出。由此可知，对比文件1已经公开了权利要求1的全部技术特征，且对比文件1所公开的技术方案与权利要求1要求保护的技术方案属于同一技术领域，并能产生相同的技术效果，因此权利要求1所要求保护的技术方案不符合《专利法》第二十二条第二款关于新颖性的规定。

权利要求2要求保护一种用于制作油炸食品的设备。对比文件1中公开了一种制备油炸薯片的设备，包括进料装置、油炸装置、出料室和抽真空装置等。其中进料装置相当于该权利要求2中所述原料供应装置，出料室相当于产品排出装置。由此可知，对比文件1已经公开了权利要求2的全部技术特征，且对比文件1所公开的技术方案与权利要求2要求保护的技术方案属于同一技术领域，并能产生相同的技术效果，因此权利要求2所要求保护的技术方案不符合《专利法》第二十二条第二款关于新颖性的规定。

权利要求3对权利要求1作了进一步限定，其附加特征是：在油炸之前，先将所述食品原料、特别是马铃薯薄片进行焙烤。通过焙烤可以在食品表面形成鼓泡，从而改善食品口感。该附加技术特征构成了该权利要求3与对比文件1之间的区别特征。对比文件2公开了一种制备油炸马铃薯薄片的方法，为使马铃薯薄片表面产生鼓泡，该方法包括先将马铃薯薄片焙烤，然后进行油炸的步骤。对比文件2给出了将上述区别特征应用到对比文件1所述方法中以使油炸食品表面形成鼓泡的技术启示。因此，权利要求3相对于现有技术而言是显而易见的，不具备《专利法》第二十二条第三款所规定的创造性。

权利要求4要求保护一种油炸马龄薯薄片。对比文件2中公开了根据所述方法可以生产出含油量低且表面具有鼓泡的油炸马铃薯薄片。由此可知，对比文件2已经公开了该权利要求的全部技术特征，因此权利要求4不符合《专利法》第二十二条第二款关于新颖性的规定。

此外，权利要求1和权利要求3要求保护一种制作油炸食品的方法，但在说明书的优选实施方式部分仅记载了制作油炸马铃薯薄片的方法。因此，这两个权利要求得不到说明书支持，不符合《专利法》第二十六条第四款的规定。

综上所述，该申请的权利要求1、2、4不具备新颖性，权利要求3不具备创造性，权利要求1、3得不到说明书支持。申请人应当对本通知书提出的意见予以答复。如果申请人提交修改文本，则申请文件的修改应当符合《专利法》第三十三条的规定，不得超出原说明书和权利要求书所记载的范围。

对比文件1说明书相关内容

[001] 本发明涉及一种油炸薯片制备方法及其设备。

[002] 图1为本发明设备的示意性结构图。

[003] 本发明提供一种油炸薯片的制备方法，包括将准备好的马铃薯片送入油炸装置内，油炸装置内保持约0.08至0.10MPa的真空度，油炸温度约为105℃至130℃；将经过油炸的马铃薯片送入离心脱油机中进行脱油；经脱油处理的薯片最后被排出。

[004] 本发明还提供一种实现上述油炸薯片制备方法的设备。如图1所示，本发明设备包括进料装置、油炸装置、输送网带、离心脱油装置、出料室和抽真空装置等。油炸装置包括一个外壳，在该外壳上设有输入口和输出口。油炸装置外壳输入口通过一进料阀与进料装置的出料口密封固定连接，油炸装置外壳输出口通过一出料阀与离心脱油装置的输入口密封固定连接。可采用任何常规的抽真空装置使油炸装置外壳内保持真空状态。在油炸装置中设置有输送网带，输送网带的输入端

正对于外壳输入口，其输出端正对于外壳输出口（即离心脱油装置输入口）。离心脱油装置的输出口与出料室的输入口连接。最终通过出料室输出口将经过离心处理的油炸薯片排出。

　　本发明设备的工作过程如下：打开进料阀，使经切片和预成型的物料落到油炸装置中的输送网带上。然后关闭进料阀和出料阀，使油炸装置呈密闭状态。启动抽真空装置，使油炸装置外壳内达到并保持稳定的真空度。启动输送网带使其连续运转，其上的物料被带入油锅中进行油炸。油炸完毕后，打开出料阀，使油炸装置内恢复大气压。经过油炸的产品通过出料阀被送入离心脱油装置进行离心处理。离心处理后的产品经出料室被排出。

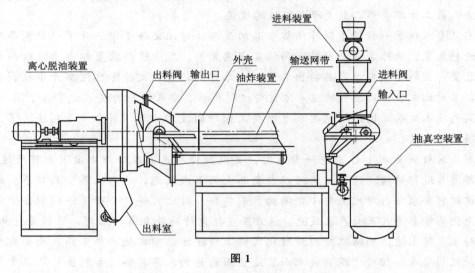

图 1

对比文件 2 说明书相关内容

　　[001] 本发明涉及一种制备油炸马铃薯薄片的方法。该方法包括以下步骤：1）将马铃薯加工成薄片状；2）将马铃薯薄片进行焙烤；3）将经焙烤的马铃薯薄片引入油炸器中进行油炸；4）使经油炸的马铃薯薄片与过热蒸汽接触，以达到去除部分油脂的目的；5）对与过热蒸汽接触过的马铃薯薄片进行脱水处理。

　　[002] 可采用任何常规方法对马铃薯薄片进行焙烤。在焙烤过程中，会在马铃薯薄片表面结成一个个小鼓泡。之后对马铃薯薄片进行油炸，适宜的油炸温度为约 165℃ 至 195℃，优选油温为约 175℃ 至 180℃。在油炸过程中，马铃薯薄片表面的小鼓泡会继续膨胀，形成较大鼓泡，从而改善马铃薯薄片口感。

　　[003] 将经过油炸的马铃薯薄片送入脱油箱使其与过热蒸汽接触，以便从薄片表面去除油脂。过热蒸汽温度优选保持在约 150℃ 至 175℃。

　　[004] 通过使油炸马铃薯薄片与过热蒸汽相接触，可以明显降低马铃薯薄片的含油量。一般说来，采用常规方法生产的油炸马铃薯薄片含有约 20％ 至 26％（重量百分比）的油脂。根据本发明所述方法，可以生产出含油量约为 13％ 至 18％（重量百分比）的油炸马铃薯薄片，而且所生产的油炸马铃薯薄片表面具有鼓泡。

试题解析

一、总体考虑

　　2008 年专利代理实务试题主要考查应试者两方面的能力：其一是答复审查意见通知书时对申请文件进行修改的技能，即根据给定素材在尽可能充分维护委托人利益的前提下对申请文件进行修改（鉴于考试时间有限，只要求应试者对权利要求书进行修改），以使其符合《专利法》和《专利法实

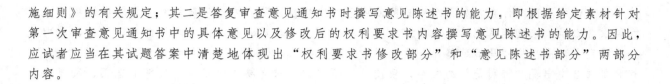

施细则》的有关规定；其二是答复审查意见通知书时撰写意见陈述书的能力，即根据给定素材针对第一次审查意见通知书中的具体意见以及修改后的权利要求书内容撰写意见陈述书的能力。因此，应试者应当在其试题答案中清楚地体现出"权利要求书修改部分"和"意见陈述书部分"两部分内容。

二、重视试题说明，把握答题要求

从试题说明来看，考生应当得出如下四点看法。

（1）本试题要求考生完成两方面工作：

——针对第一次审查意见通知书，结合考虑两份对比文件的内容，撰写意见陈述书。

——必要时，修改权利要求书，但不要求对说明书进行修改。

（2）在试题说明中还明确告知考生，如果认为该申请的一部分内容应当通过分案申请的方式提出，则应当在意见陈述书中明确说明其理由，并撰写出分案申请的权利要求书。也就是说，本试题还有可能要求考生完成第三项工作：为分案申请撰写权利要求书。

（3）试题说明中明确指出：作为考试，应试者在答题过程中应当接受并仅限于本试卷所提供的事实。该说明表示，考生对申请文件和对比文件中所提到的事实应当予以承认，不要怀疑其说明事实的真实性。例如，在本试题中未给出该发明专利申请的申请日和对比文件的公开日而将其称作该申请的现有技术，就不必怀疑这些对比文件的公开日是否在该专利申请的申请日之前。

（4）考试时审查意见通知书与平时实务不同，并不指出申请文件存在的形式缺陷，为此，在试题说明中明确告知考生在答题过程中，除注意克服权利要求书中存在的实质性缺陷外，还应当克服其存在的形式缺陷。因此，考生在阅读申请文件时，应当关注权利要求书所存在的形式缺陷，甚至包括一些明显的实质性缺陷，以便在修改权利要求书时一并克服。

三、答题思路

对于答复审查意见通知书的试题，通常可以按照下述五个步骤进行：阅读理解申请文件；分析审查意见是否正确；确定如何修改独立权利要求；确定必要的从属权利要求；撰写意见陈述书。但就2008年试题而言，鉴于试题说明中写明，若认为该申请的一部分内容应当通过分案申请的方式提出，则应当在意见陈述书中明确说明其理由，并撰出分案申请的权利要求书，因此除了在上述五个步骤中要关注这方面的内容外，还应当在该申请存在这方面的内容时撰写分案申请的权利要求书。

（一）阅读理解申请文件

在阅读理解申请文件时，首先，应当结合说明书的内容理解权利要求书中各权利要求的技术方案。由该申请权利要求书可知，该申请要求保护三项技术主题：制作油炸食品的方法（独立权利要求1和其从属权利要求3）、制作油炸食品的设备（独立权利要求2）和油炸马铃薯片（独立权利要求4）。

独立权利要求1制作油炸食品的方法，通过在真空条件下进行油炸来降低泊炸食品的含油量；其从属权利要求3对该方法作了进一步限定，在油炸之前对食品原料进行焙烤，以在油炸食品表面形成较大鼓泡而改善口感。

独立权利要求2要求保护一种制作油炸食品的设备，该设备还包括一个抽真空装置，以使油炸过程在真空条件下进行，从而降低在此设备中所生产的油炸食品的含油量。

独立权利要求4要求保护一种油炸马铃薯片，其含油量低，且表面具备鼓泡。

其次，在阅读专利申请文件时，应当关注申请文件中尤其是权利要求书中所存在的形式缺陷，必要时还需要关注权利要求书中还存在哪些明显的实质性缺陷。显然，在阅读申请文件时，注意到该专利申请的申请文件存在如下形式缺陷或明显的实质性缺陷：方法从属权利要求写在设备独立权利要求 2 之后，未直接写在其引用的方法独立权利要求 1 之后；同一技术名词前后不一致，其中之一为错别字，应当将"马龄薯薄片"改为"马铃薯薄片"；权利要求 1 和权利要求 3 中出现"例如"、权利要求 2 中出现"特别是"的文字，致使这三项权利要求既要求保护一个较宽的范围、又要求保护一个较窄的范围，导致权利要求未清楚地限定要求专利保护的范围；权利要求 2 要求保护制作油炸食品的设备，但仅列出该设备所包括部件的名称，未写明这些部件之间的相互关系，因而该权利要求未清楚地限定要求专利保护的范围。因此，在修改权利要求书时应当将上述四个缺陷一并克服。

此外，在阅读申请文件时，同时关注仅记载在说明书中而未记载在权利要求书中的技术特征以及这些技术特征在本发明中的作用。❶

根据说明书中记载的技术内容可知，对于制作油炸食品的方法而言，还涉及如下技术特征：

① 油炸真空度保持在 0.02 至 0.08MPa，使油脂沸腾温度降低至 80℃至 110℃，既可有效防止产生对人体有害的物质，又可达到所需的油炸效果，见第 [011] 段。

② 对油炸后的食品进行离心脱油，以除去油炸后留在油炸食品表面上的油脂，使其含油量降至 15％至 20％（重量百分比），见第 [012] 段。

③ 在真空条件下进行离心脱油，不仅可以有效防止油炸食品破碎，还可进一步改善离心脱油效果，使油炸食品含油量进一步降低到约 14％至 18％（重量百分比），见第 [013] 段。

④ 在油炸之前或者在油炸过程中，向油脂中添加由防粘剂、消泡剂和风味保持剂组成的组合物，组合物中各组分的含量范围，以及防粘剂、消泡剂和风味保持剂的优选材料，可防止油炸食品粘连和防止油脂飞溅，见第 [014] 段。

对于制作油炸食品的设备而言，还涉及如下技术特征：

① 油炸装置输出口直接与离心装置输入口密封固定连接，出料阀密封设置在离心装置输出口处，从而可在真空条件下离心脱油，见第 [018] 段。

② 离心装置的旋转轴线以相对于垂直方向倾斜一个角度方式设置，可提高离心脱油效率，尤其以倾斜 30°的角度最佳，见第 [016] 段。

对于制作油炸马铃薯薄片而言，还涉及如下技术特征：含油量降低到 15％至 20％（重量百分比），见第 [012] 段；进一步可降低到 14％至 18％（重量百分比），见第 [013] 段。

此外，通过阅读说明书，可发现该申请还有一项技术主题可以要求专利保护，即由防粘剂、消泡剂和风味保持剂组成的组合物，见第 [014] 段。

（二）分析审查意见是否正确

通过对第一次审查意见通知书的阅读理解，通知书中指出该发明专利申请存在两方面实质性缺陷：权利要求 1、2 相对于对比文件 1 不具备新颖性，权利要求 3 相对于对比文件 1 和对比文件 2 不具备创造性，权利要求 4 相对于对比文件 2 不具备新颖性；权利要求 1 和权利要求 3 要求保护的制作油炸食品的方法未得到说明书支持，不符合《专利法》第二十六条第四款的规定。

现针对审查意见通知书指出的两种实质性缺陷分析审查意见是否正确。鉴于权利要求若得不到说明书的支持的话，就难以考虑权利要求的新颖性和创造性了，因此先分析权利要求 1 和权利要求 3 是否符合《专利法》第二十六条第四款的规定，在此基础上再分析这四项权利要求是否具备新颖性和创造性。

1. 权利要求 1 和权利要求 3 是否符合《专利法》第二十六条第四款的规定

审查意见通知书中指出：权利要求 1 和权利要求 3 要求保护一种制作油炸食品的方法，但在说明书的优选实施方式部分仅记载了制作油炸马铃薯薄片的方法，因此，这两个权利要求得不到说明书支持，不符合《专利法》第二十六条第四款的规定。但是，经过阅读该专利申请的说明书可知，

---

❶ 关注说明书中记载的内容也可放在第三步"确定如何修改独立权利要求"时进行。

在该申请说明书发明内容部分（见第［006］段）中已明确写明：该发明所述方法和设备适用于除马铃薯薄片以外的油炸玉米饼薄片、油炸丸子、油炸春卷、油炸排叉、油炸蔬菜、油炸水果等油炸食品。而按照《专利审查指南 2010》第二部分第八章的规定❶：在判断权利要求是否得到说明书的支持时，应当考虑说明书的全部内容，而不是仅限于具体实施方式部分的内容，由此可知说明书发明内容部分所记载的内容也可作为支持权利要求书的依据。此外，根据说明书的记载，对于该发明的制作油炸食品的方法，其关键在于方法步骤本身，对油炸对象并没有特别要求，由此可知，该发明的方法不仅仅适合于马铃薯薄片的油炸，同样能够适用其他油炸食品，因此可以在说明书具体实施方式中仅仅以马铃薯薄片作为具体实例加以说明。综上所述，审查意见通知书中有关权利要求 1 和 3 得不到说明书支持的审查意见是可以商榷的。对这一审查意见可以在意见陈述书中以《专利审查指南 2010》的规定为依据说明观点，以便为申请人争取更宽的保护范围。

2．关于权利要求 1 至 4 是否符合《专利法》第二十二条第二款和/或第三款的规定

由于试题中未给出该发明专利申请的申请日，也未给出两份对比文件公开日，根据试题中所写明的应当接受并仅限于本试卷所提供的事实，因此应当认定这两份对比文件为该专利申请的现有技术。

现对该发明专利申请要求保护的三项技术主题（制作油炸食品的方法、制作油炸食品的设备、油炸马铃薯薄片）分别作出分析。

（1）第一个技术主题"制作油炸食品的方法"。

为了便于将该发明制作油炸食品的方法与对比文件公开的内容进行分析对比，现以列表方式示出该发明专利申请中制作油炸食品的方法所涉及的技术特征（包括说明书中记载的有可能增补到权利要求书中的技术特征）以及这些技术特征在对比文件中予以披露的情况。

该申请的 技术特征	来　源	对比文件 1 是否公开及出处	对比文件 2 是否公开及出处	备　　注
制作油炸食品的方法，该方法包括将所述食品原料进行油炸	原权利要求 1	油炸薯片的制作方法，包括将薯片送入油炸装置，见第［003］段	制作油炸马铃薯薄片的方法，第 3 步将经焙烤的马铃薯薄片引入油炸器中进行油炸（第 1 段）	被对比文件 1 和 2 公开
所述油炸过程是在真空条件下进行的	原权利要求 1	油炸装置内保持约 0.08 至 0.10 MPa 的真空度，见第［003］段	未提及	对比文件 1 公开了真空条件下油炸
然后将油炸食品排出	原权利要求 1	将经过油炸的马铃薯片送入离心脱油机进行脱油；经脱油处理的薯片最后被排出，见第［003］段	虽未明确提及，但在第 5 步脱水处理后（第［001］段），必将排出马铃薯薄片	被对比文件 1 和 2 公开
油炸之前对原料进行焙烤	原权利要求 3	未提及	第 2 步将马铃薯薄片进行焙烤，见第［003］段	被对比文件 2 公开，所起作用与该发明相同

---

❶ 当年适用的《审查指南 2006》第二部第八章有关部分的规定仍保留在《专利审查指南 2010》第二部分第八章中。

续表

该申请的 技术特征	来　源	对比文件1 是否公开及出处	对比文件2 是否公开及出处	备　注
真空度以0.02至0.08 MPa为宜，油脂沸腾温度为80℃至110℃❶	第［011］段	油炸装置内保持约0.08至0.10 MPa的真空度，油炸温度105℃至130℃，见第［003］段		对比文件1公开的真空度与该申请有共同端点，而且通过所谓的具体放弃（《专利审查指南2010》第二部分第八章第5.2.3.3节）修改后，明显不能为技术方案带来创造性。因为对比文件1公开0.08 MPa真空度的情况下，基于常识能够选择稍低的真空度来进行油炸，并因此可以选择合适的油炸温度
油炸后的马铃薯薄片进行离心处理的步骤	第［012］段	将经过油炸的马铃薯薄片送入离心脱油机进行脱油，见第［003］段	通过与过热蒸汽接触脱油，未公开离心脱油步骤	被对比文件1公开
离心处理步骤优选在真空条件下进行	第［013］段	没有提到在真空条件下离心脱油，从整个描述来看，离心脱油是在常压条件下进行	未公开	在真空条件下离心脱油，未被对比文件所公开，而且也不是基本常识
用于添加到油脂中的组合物，可以事先加入到油脂中，也可以在油炸过程中添加到油脂中	第［014］段最后一句	未提及，未添加任何组合物	未提及，未添加任何组合物	

　　由上述列表可知，对比文件1中的油炸薯片的制作方法已公开了独立权利要求1中的全部技术特征（其中油炸薯片是油炸食品的一种，更何况权利要求1的技术方案中还明确地将油炸薯片作为油炸食品的一个例子加以说明），且两者属于同一技术领域，并能产生相同的技术效果，因此审查意见通知书中有关独立权利要求1不符合《专利法》第二十二条第二款有关新颖性规定的审查意见是正确的，必须对该独立权利要求进行修改。

　　对于权利要求3而言，是对权利要求1作进一步限定的从属权利要求，由于其限定部分的技术特征"对油炸食品原料进行油炸前先进行焙烤"这一技术特征已在对比文件2中披露，这一特征在对比文件2中所起的作用与该发明中的作用相同，都是为了在油炸食品表面形成大鼓泡以改善口感，由此可知审查意见通知书中有关权利要求3相对于对比文件1和2不符合《专利法》第二十二条第三款有关创造性规定的审查意见也是正确的，因此在修改权利要求书时将从属权利要求3直接改写成新独立权利要求1仍然不可能取得专利权。

　　（2）第二个技术主题"制作油炸食品的设备"。

　　为了便于将该发明制作油炸食品的设备与对比文件公开的内容进行分析对比，现以列表方式示出该发明专利申请中制作油炸食品的设备所涉及的技术特征（包括说明书中记载的有可能增补到权利要求书中的技术特征）以及这些技术特征在对比文件中予以披露的情况。

---

❶　见试题中给出的编者注。

该申请的技术特征	来　源	对比文件1是否公开及出处	对比文件2是否公开及出处	备　注
油炸食品的设备	原权利要求2及第［005］段	油炸薯片制作方法的设备（见第［004］段）	没有披露任何油炸食品装置	
原料供应装置	原权利要求2及第［005］段	进料装置（见第［004］段）		
油炸装置	原权利要求2及第［005］段	油炸装置（见第［004］段）		
产品排出装置	原权利要求2及第［005］段	出料室输出口（见第［004］段）		
抽真空装置	原权利要求2及第［005］段	抽真空装置（见第［004］段）		
进料阀102	第［016］段及图1	进料阀（见第［004］段）		
出料阀108	第［016］段及图1	出料阀（见第［004］段）		
油炸装置103的输出口通过出料阀108与离心装置109的输入口密封固定连接	第［016］段及图1	油炸装置外壳输入口通过一进料阀与进料装置的出料口密封固定连接，油炸装置外壳输出口通过一出料阀与离心脱油装置的输入口密封固定连接（见第［004］段）		
产品排出装置110设置在离心装置109的下方，其输入口与离心装置109输出口相连接	第［016］段及图1	离心脱油装置的输出口与出料室的输入口连接（见第［004］段）		
离心装置109的旋转轴线（图中未示出）优选以相对于垂直方向倾斜一定角度的方式设置	第［016］段及图1	未提及		属于优选特征
离心装置109的旋转轴线相对于垂直方向倾斜30°的角度为最佳	第［016］段及图1	未提及		属于优选特征
油炸装置103′输出口直接与离心装置109′输入口密封固定连接	第［017］段及图2	未提及这方面内容		既是该申请设备独立权利要求与对比文件1的区别技术特征，又是体现与制作油炸食品方法独立权利要求具有单一性的特定技术特征
出料阀108′密封设置在离心装置109′输出口处	第［017］段及图2	未提及这方面内容		

第四部分

　　由上述列表可知，对比文件1中的油炸薯片的制作设备已公开了独立权利要求2中的全部技术特征（其中油炸薯片是油炸食品的一种，更何况独立权利要求2前序部分的主题名称中还明确指出特别是油炸马铃薯片的设备），且两者属于同一技术领域，并能产生相同的技术效果，因此审查意见通知书中有关独立权利要求2不符合《专利法》第二十二条第二款有关新颖性规定的审查意见是正确的，必须对该独立权利要求进行修改。

　　（3）第三个技术主题"油炸马铃薯薄片"。

　　为了便于将该发明油炸马铃薯薄片与对比文件公开的内容进行分析对比，现以列表方式示出该发明专利申请中油炸马铃薯薄片所涉及的技术特征（包括说明书中记载的有可能增补到权利要求书中的技术特征）以及这些技术特征在对比文件中予以披露的情况。

该申请的技术特征	出　处	对比文件1是否公开	对比文件2是否公开及出处	备　注
油炸马铃薯薄片	原权利要求4	主题涉及油炸薯片	主题涉及油炸马铃薯薄片	
含油量低	原权利要求4	未提及	含油量约为13％至18％（重量百分比），见第[004]段	对比文件2的油炸马铃薯薄片含油量落在该申请给出的含量范围内，且明显优于该申请
其表面具有鼓泡	原权利要求4	未提及	马铃薯薄片表面的小鼓泡会继续膨胀，形成较大鼓泡，见第[002]段	
含油量可以降低至约15％至20％（重量百分比）	第[0012]段	未提及	含油量约为13％至18％（重量百分比），见第[004]段	对比文件2的油炸马铃薯薄片含油量落在该申请给出的含量范围内，且明显优于该申请
含油量约14％至18％（重量百分比）	第[0012]段	未提及	含油量约为13％至18％（重量百分比），见第[004]段	对比文件2的油炸马铃薯薄片含油量有一端点与该申请给出的含量范围重合，且明显优于该申请

　　由上述列表可知，对比文件2中的油炸马铃薯薄片已公开了独立权利要求4中的全部技术特征，且两者属于同一技术领域，并能产生相同的技术效果，因此审查意见通知书中有关独立权利要求4不符合《专利法》第二十二条第二款有关新颖性规定的审查意见是正确的。

　　通过上述分析可知，审查意见通知书中认定权利要求1和2相对于对比文件1不具备新颖性、权利要求4相对于对比文件2不具备新颖性以及权利要求3相对于对比文件1和2不具备创造性的审查意见是正确的。

　　（三）确定如何修改三项技术主题的独立权利要求

　　鉴于审查意见通知书所认定的三项技术主题的所有权利要求不具备新颖性或创造性的审查意见正确，因此，在答复审查意见通知书时必须对权利要求书进行修改，否则该专利申请将被驳回。

　　而就权利要求书的修改而言，最重要的就是对独立权利要求的修改，因此在阅卷中，独立权利要求修改的得分占有较大的比重，因此考生应当特别重视对独立权利要求的修改，应当使修改后的独立权利要求满足如下四个方面的要求：①符合《专利法》第三十三条（修改不得超出原说明书和权利要求书记载范围）的规定以及《专利法实施细则》第五十一条第三款（针对通知书指出的缺陷进行修改）的规定；②具备《专利法》第二十二条第二款和第三款所规定的新颖性和创造性；③清楚、简要地限定要求专利保护的范围；④记载解决技术问题的必要技术特征，并在保证修改后的独立权利要求具备新颖性和创造性的同时，避免将非必要技术特征写入独立权利要求导致保护范围过窄而损害委托人的利益。

　　在阅读该申请的发明内容时，不难发现该申请所要求保护的三项技术主题中，制作油炸食品的方法是最重要的技术主题，制作油炸食品的设备是为了实现所述方法，油炸食品也仅仅是由所述方法获得的产品。由此可知，制作油炸食品的方法是该申请的核心技术方案，修改权利要求书时应当将其作为首要的一项发明来处理，其他项发明如果可能，在具有单一性的情况下作为并列的独立权利要求撰写，在没有单一性的情况下以分案申请的形式予以撰写。

　　为清楚起见，现对三项技术主题如何修改独立权利要求分别作出说明。

　　1. 第一个技术主题"制作油炸食品的方法"

　　由于审查意见通知书中有关独立权利要求1和从属权利要求3不具备新颖性或创造性的审查意见正确，因此只能考虑可否采用将说明书中所涉及的尚未写入权利要求书中的技术特征补充到独立权利要求的方式来修改独立权利要求。根据前面阅读专利申请文件时所作的分析以及针对制作油炸食品方法的列表可知，这部分的技术特征包括三方面的内容：其一，对食品原料进行油炸时所处的真空度条件为 0.02 至 0.08MPa 和处于该真空条件下的油脂沸腾温度为 80℃至 110℃；其二，对炸成的油炸食品进行离心脱油，优选在真空条件下离心脱油；其三，在油炸前或者在油炸过程中向油脂内添加由防粘剂、消泡剂和风味保持剂组成的组合物。因此，在修改独立权利要求时，可以从这三方面的内容中选择相应的技术特征补充到修改后的独立权利要求中，以使其符合《专利法》第二十二条第二款和第三款有关新颖性和创造性的规定。

对于"油炸时的真空度条件及相应的油脂沸腾温度"这一技术特征，正如前面列表中所指出的，对比文件 1 中已披露在真空度条件 0.08 至 0.10MPa 下进行油炸（见对比文件 1 相关内容第［003］段），该真空度范围的下限与该发明真空度范围的上限相同，因此按照《专利审查指南 2010》第二部分第三章的规定，应当认定两者是相同的技术特征，即使采用放弃该端点值的修改方式，也不能证明以此真空度条件下限定的技术方案相对于对比文件 1 具备创造性，因为"油炸时真空度越高，则油脂沸腾温度越低，从而导致油炸食品含油量越低"属于本领域技术人员的公知常识。由此可知，修改后的独立权利要求仅对油炸过程时的真空条件进行限定，并不能使修改后的独立权利要求具备创造性。

至于"对油炸后的食品进行离心脱油处理及优选在真空条件下离心脱油"来说，正如前面列表中所指出的，对比文件 1 中已经披露对油炸后的食品进行离心脱油步骤（见对比文件 1 相关内容第［004］段），因此仅将这一技术特征补入到独立权利要求，该独立权利要求相对于对比文件 1 仍不具备新颖性。但是，如果将其进一步优选的技术特征"在真空条件下离心脱油"补入独立权利要求的话，由于这一技术特征在对比文件 1 和对比文件 2 中均未披露，而且采用真空条件下离心脱油能防止油炸食品破碎不属于本领域技术人员解决这一技术问题的惯用技术手段，不属于本领域的公知常识，因而这样修改的独立权利要求相对于对比文件 1、对比文件 2 和本领域的公知常识具备创造性。由此可知，这种对独立权利要求进行修改的方式可以作为最后修改制作油炸食品方法的独立权利要求的一种候选方案。

至于在油炸前或者在油炸过程中向油脂内添加由防粘剂、消泡剂和风味保持剂组成的组合物这一技术特征，由于这一方面的技术特征在对比文件 1 和对比文件 2 中均未披露，且由说明书写明的内容来看，其能起到防止油炸食品粘连和防止油脂飞溅的作用，这也不属于本领域技术人员的公知常识，因此通过将这方面的技术特征加入独立权利要求中去也可使该修改后的独立权利要求具备新颖性和创造性。由此可知，这种修改独立权利要求的方式也可作为一种候选方案。

至于这两种方案选择哪一种，由于该申请案涉及多个技术主题，例如，还可能涉及制作油炸食品的设备和油炸马铃薯薄片，因此最后撰写的方法独立权利要求至少还应当与设备独立权利要求之间满足单一性的规定。通过后面对设备独立权利要求的分析可知，若以真空条件下离心脱油作为该发明相对于最接近的现有技术对比文件 1 的改进手段的话，其与修改后设备独立权利要求之间具有相应的特定技术特征，因此两者之间符合《专利法》第三十一条有关单一性的规定；相反，若以向油脂内添加由防粘剂、消泡剂和风味保持剂组成的组合物作为该发明相对于最接近的现有技术对比文件的改进手段的话，则方法独立权利要求与设备独立权利要求之间就没有相同或相应的特定技术特征，不符合《专利法》第三十一条有关单一性的规定，需要分案申请。根据上述分析，确定在修改后的有关制作油炸食品方法的独立权利要求中写入"在真空条件下离心脱油"这一技术特征。

此外，在修改独立权利要求 1 时还应当将发现的其他形式缺陷或明显的实质性缺陷克服，如将独立权利要求中对"油炸食品"以举例方式表示的优选限定"例如马铃薯薄片"删去，以使独立权利要求 1 清楚地限定要求专利保护的范围。

最后，修改后的制作油炸食品方法的独立权利要求为：

"一种制作油炸食品的方法，该方法包括

——将所述食品原料进行油炸的步骤，所述油炸步骤在真空条件下进行；

——对所述经过油炸的食品进行离心处理的步骤；

——将所述油炸食品排出的步骤；

其特征在于：所述离心处理步骤也是在真空条件下进行的。"

2. 第二个技术主题"制作油炸食品的设备"

由于审查意见通知书中有关独立权利要求2不具备新颖性的审查意见正确，因此只能考虑可否采用将说明书中所涉及的尚未写入权利要求书中的技术特征补充到独立权利要求中的方式来修改独立权利要求。根据前面阅读专利申请文件时所作的分析以及针对制作油炸食品设备的列表可知，这部分的技术特征包括两方面的内容：其一，在真空条件下离心脱油的结构，即油炸装置输出口直接与离心装置输入口密封固定连接，出料阀密封设置在离心装置输出口处；其二，离心装置的旋转轴线以相对于垂直方向倾斜一个角度方式设置，以提高离心脱油效率，优选倾斜30°的角度。

对于"在真空条件下离心脱油的结构"这方面的技术特征，在对比文件1和对比文件2中均未披露，且不属于本领域技术人员的公知常识，因此，将这一技术特征写入原独立权利要求2中去，可使该独立权利要求相对于对比文件1、对比文件2和本领域的公知常识具有《专利法》第二十二条第二款和第三款有关新颖性和创造性的规定，即可以将这种修改方式作为设备独立权利要求修改的候选方案。

对于"离心装置的旋转轴线以相对于垂直方向倾斜一个角度方式设置"这一方面的技术特征，在对比文件1和对比文件2中也未披露，且也不属于本领域技术人员的公知常识，因此，将这一技术特征写入原独立权利要求2中去，可使该独立权利要求相对于对比文件1、对比文件2和本领域的公知常识具备新颖性和创造性的规定，当然也可以将这种修改方式作为设备独立权利要求修改的候选方案。

同样，为了考虑到使设备独立权利要求与方法独立权利要求之间满足单一性的要求，选择了前一种方式来修改设备独立权利要求。

此外，在修改设备独立权利要求时，还应当将发现的其他形式缺陷或明显的实质性缺陷克服。如：将该独立权利要求前序部分中的主题名称中所给出的进一步优选限定"特别是油炸马铃薯薄片"删去，并清楚地写明各部件之间的关系，从而使独立权利要求1清楚地限定要求专利保护的范围。

最后，修改完成的制作油炸食品设备的独立权利要求如下：

"一种用于实现权利要求1所述制作油炸食品方法的设备，包括原料供应装置、进料阀、油炸装置、用于使所述油炸装置保持于真空条件下的❶抽真空装置、出料阀、离心装置、产品排出装置，所述油炸装置的输入口通过所述进料阀与所述原料供应装置的出料口密封固定连接，其特征在于：所述油炸装置的输出口直接与所述离心装置的输入口密封固定连接，所述出料阀密封设置在所述离心装置的输出口处。"

3. 第三个技术主题"油炸马铃薯薄片"

由于审查意见通知书中关于独立权利要求4不具备新颖性的审查意见正确，因此只能考虑可否采用将说明书中所涉及的尚未写入权利要求书中的技术特征补充到独立权利要求方式来修改独立权利要求。但是，根据前面阅读专利申请文件时所作的分析以及针对制作油炸食品设备的列表可知，对比文件2中披露的油炸马铃薯薄片含油量为13%至18%（重量百分比），或者有一个端点落在该申请中"含油量为15%至20%（重量百分比）"的范围内，或者其与该申请"含油量为14%至18%（重量百分比）"有一个端点重合，而且对比文件2中的油炸马铃薯薄片就含油量而言，明显优于该申请给出的范围，因此，在该申请中，若将"含油量为15%至20%（重量百分比）"或者"含油量

---

❶ 需要明确抽真空装置与油炸装置的关系以及离心装置在此设备中的作用，以更清楚地限定要求专利保护的范围，但对其保护范围没有任何影响。

为14％至18％（重量百分比）"这样的技术特征加入到修改后的油炸马铃薯薄片独立权利要求中去，该独立权利要求仍然不具备新颖性。另外，对于油炸马铃薯薄片这一技术主题来说，不仅不适于用制作方法步骤来加以表述，而且即使用制作方法步骤来表述，也无法与对比文件2中的油炸马铃薯片产品相区别，仍然相对于对比文件2不具备新颖性。因此在修改后的权利要求书中，不应当再要求保护油炸马铃薯薄片。即将这一技术主题的独立权利要求4删去。

至于在阅读申请文件时所发现的另一技术主题由防粘剂、消泡剂和风味保持剂组成的组合物，由于《审查指南2006》和《专利审查指南2010》都已明确规定不得增加新的独立权利要求，因此即使该项技术主题能够授权，也不能将其以独立权利要求的方式写入新修改的权利要求书中，只能作为分案申请提出。原试题的试题说明中有这方面的考试要求，有关这方面的分析将后面（五）中单独作出说明。

（四）确定必要的从属权利要求

由前面分析可知，在修改后的权利要求书中仅保留了两项技术主题：制作油炸食品的方法和制作油炸食品的设备，并为这两项技术主题撰写了独立权利要求，现进一步说明如何为这两项独立权利要求撰写相应的从属权利要求。

按照《专利审查指南2010》第二部分第八章的规定，在答复审查意见通知书时不允许主动增加技术方案在原权利要求书中未出现过的新的从属权利要求，因此，对于制作油炸食品的方法而言只能撰写两项从属权利要求：其一，由于修改后的独立权利要求中删去了以举例方式对"油炸食品原料"作进一步说明的"油炸马铃薯薄片"，因此可将这一优选方式写成一项从属权利要求，并注意在撰写这项从属权利要求时应当将原权利要求中出现的错别字加以改正；其二，将原权利要求3改写成一项从属权利要求，但修改时应当将其直接置于该项独立权利要求之后、另一项设备独立权利要求之前，以克服原权利要求书所存在的形式缺陷。修改后的这两项从属权利要求见后面给出的参考答案中的权利要求2和权利要求5。而对于制作油炸食品的设备，由于原权利要求书中没有一项从属权利要求，因此不能再增加新的从属权利要求；至于新修改的设备独立权利要求中所删去的对原独立权利要求引用部分主题名称中的进一步优选限定"特别是油炸马铃薯片的设备"，对制作设备未带来任何结构变化，因此没有必要再撰写一项从属权利要求。

由以上分析可知，按照《专利审查指南2010》第二部分第八章的规定，对本试题来说，修改后的权利要求书中只有两项针对制作油炸食品方法独立权利要求作出进一步限定的从属权利要求。

在此需要说明的是，在《审查指南2006》中并未明确规定在答复审查意见通知书修改权利要求书时不得主动增加技术方案在原权利要求书中未出现过的新的从属权利要求，因此当年的试题暗含着为新申请撰写权利要求书的考点，因此当年给出的答案还包括不少在原权利要求书中未曾出现过的从属权利要求。

就制作油炸食品的方法而言，根据前面阅读专利申请文件时所作的分析以及针对制作油炸食品方法的列表可知，除了前面所写的两项从属权利要求所涉及的内容外，还可以从两个方面撰写从属权利要求：其一，以油炸和离心脱油处理的真空度条件和相应的油炸温度作为附加技术特征写成两项从属权利要求，参见后面给出的参考答案中的权利要求3和权利要求4；其二，以向油脂内添加由防粘剂、消泡剂和风味保持剂组成的组合物这方面的内容为附加技术特征来撰写从属权利要求，可以分别针对其组分、其组分含量❶、组分材料的选择以及添加时机，共可写成六七项从属权利要求，参见后面给出的参考答案中的权利要求6至权利要求12。

就制作油炸食品的设备而言，根据前面阅读专利申请文件时所作的分析以及针对制作油炸食品方法的列表可知，可以就离心装置的旋转轴线相对于垂直方向倾斜设置以及其优选倾斜30°作为附加

---

❶ 对于组分含量，就本试题来说，应当在写明其组分的同时对组分含量加以限定，即应当将两者写在同一项从属权利要求中。但是，在当年试题阅卷时，认为将其分成两项从属权利要求还是合成一项从属权利要求都是正确的，均未扣分，在国家知识产权局条法司给出的参考答案中是分成两项从属权利要求撰写的。

技术特征，写成制作油炸食品设备的两项从属权利要求，参见后面给出的参考答案中的权利要求 14 和权利要求 15。需要说明的是，以倾斜 30°作为附加技术特征的从属权利要求不应当引用设备独立权利要求，而应当引用另一项从属权利要求 14。

（五）关于分案申请的权利要求书

在试题说明中指出，若认为该申请的一部分内容应当通过分案申请的方式提出，则应当在意见陈述书中明确说明其理由，并撰写出分案申请的权利要求书。而在阅读申请文件时，已发现该申请文件中所写明的内容中还包含另一项技术主题"由防粘剂、消泡剂和风味保持剂组成的组合物"，因此可以考虑针对该项技术主题提出分案申请，❶ 并针对这一技术主题撰写权利要求书。

为便于更清楚地撰写分案申请的权利要求书，现将该申请中涉及该组合物的技术特征列表示出。

申请的技术特征	来　源	对比文件 1 是否公开及出处	对比文件 2 是否公开及出处	备　注
用于添加到油脂中的组合物，由防粘剂、消泡剂和风味保持剂组成	第［014］段第二句	未提及任何用于添加到油脂中的组合物	未提及任何用于添加到油脂中的组合物	对比文件 1 和 2 均没有公开，而且也不是本领域的公知常识。基于题面给出的信息，对比文件 1 和 2 不能影响该技术方案的新颖性和创造性。但能否直接作为分案申请作出，还得看该申请相关信息是否完整清楚。不难发现申请没有提供相关的任何实施例，相关的描述也不够充分，因此作为分案申请的主题稍有不妥。但从考试的角度，应作为分案申请的主题反应在答案中，以体现出考生已掌握相关知识并能运用
防粘剂选自卵磷脂、硬脂酸中的一种或者它们的混合物	第［014］段第三句			
消泡剂选自有机硅聚合物、二氧化硅中的一种或者它们的混合物	第［014］段第三句			
风味保持剂选自鸟苷酸二钠、肌苷酸二钠中的一种或它们的混合物	第［014］段第三句			
组合物含有 30% 至 40% 防粘剂、40% 至 50% 消泡剂和 10% 至 20%（重量百分比）风味保持剂	第［014］段第三句			

显然这一技术主题中应当给出这种组合物的组分：防粘剂、消泡剂和风味保持剂，考虑到本领域中已经有过防粘剂、消泡剂和风味保持剂，因此无须在独立权利要求中写明对这三种组分的材料选择，即三种组分的材料选择应当作为从属权利要求的附加技术特征。正由于这三种组分在本领域中是已知的，如果按照常规的含量来加入，即在独立权利要求中不再写明这些组分的含量，则该独立权利要求极有可能被认为不具备创造性，因此在这种情况下应当在独立权利要求中写明这三种组分的含量，以说明这样的组分含量能带来预料不到的技术效果。最后，写成的独立权利要求为：

"1. 一种用于添加到油炸食品的油脂中的组合物，其特征在于：该组合物由防粘剂、消泡剂和风味保持剂组成，其中防粘剂为 30% 至 40%（重量百分比），消泡剂为 40% 至 50%（重量百分比），风

---

❶ 严格来说，原申请文件中针对该组合物所记载的内容并未达到完全充分公开的程度，因此若在答复审查意见通知书时针对这一技术主题提出分案申请，很有可能不能授权。但在撰写申请文件时出现这一情况，可以建议客户在补充有关资料后为客户另行提出一件专利申请。若考生在这方面感兴趣，可参考《发明和实用新型专利申请文件撰写案例剖析（第 3 版）》（知识产权出版社 2011 年出版）一书第一部分新增加的根据 2008 年考题改写的专利申请文件撰写的推荐案例。

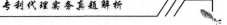

味保持剂10％至20％（重量百分比）。"❶

至于这一技术主题的从属权利要求，可以针对三种组分的材料选择分别撰写一项从属权利要求。请参见后面参考答案中有关分案申请权利要求书中的权利要求3至5。

（六）撰写意见陈述书

在完成上述分析后，根据所修改的权利要求书以及试题说明中的要求，撰写意见陈述书。本意见陈述书应当包括如下几个部分：

（1）起始语段。

（2）修改说明：具体说明对权利要求书作出了哪些修改，重点对增加了技术特征的独立权利要求的修改作出说明，并简要说明增加的技术特征在原始申请文件中的出处，以表明所作修改符合《专利法》第三十三条的规定。❷

（3）针对权利要求书未得到说明书支持陈述意见；根据《专利法》第二一六条第四款的规定，阐述修改后的权利要求书能够得到说明书支持的理由。

（4）论述修改后的权利要求具备新颖性和创造性的理由和依据：对于新颖性问题应当遵循"单独对比原则"进行意见陈述，而且应当能够正确地分析出专利申请中所包含的未被对比文件公开的技术特征；创造性评述过程中，应当运用包含"三步法"（确定最接近的现有技术、确定发明的区别特征和发明实际解决的技术问题、指出现有技术中不存在相应的技术启示）在内的判断基准陈述意见。

（5）就提出分案申请的理由作出说明。❸ 由于该申请内容中还包含有可以通过分案申请提出的内容，需要指出这一技术主题的独立权利要求与修改后的权利要求书中的独立权利要求之间不具备单一性，并说明理由。

（6）结尾语段。

参考答案

一、修改后的权利要求书的参考答案

需要说明的是，下述参考答案基本上来自国家知识产权局条法司编著的《2008年全国专利代理人资格考试试题解析》中提出的范文，可以认为是比较优秀的参考答案，但不排除其他同样能得高分的答案。

1. 一种制作油炸食品❹的方法，该方法包括：

将所述食品原料进行油炸的步骤，所述油炸步骤在真空条件下进行；

---

❶ 在《2008年全国专利代理人资格考试试题解析》（知识产权出版社2009年出版）给出的参考答案中分案申请的独立权利要求并未对组分含量加以限定，因为考虑到可以在分案申请的实审阶段根据审查意见再进行修改。据了解，当时独立权利要求中不论写入组分含量还是未写入组分含量，均未扣分。此外，国家知识产权局条法司给出的参考答案中分案申请仅有一项独立权利要求，但是考虑到以添加组合物为主要改进的油炸食品制作方法相对于现有技术也具有新颖性和创造性，而且该油炸食品制作方法与该组合物两者之间具有相同的特定技术特征，可合案申请，因此该分案申请中还可以针对以添加组合物为主要改进的油炸食品制作方法撰写一项并列独立权利要求。

❷ 根据全国专利代理人资格考试考前培训系列教材之《专利代理实务分册（第2版）》（知识产权出版社2013年出版）中写明的内容，对于涉及审查意见通知书答复的试题，在意见陈述书中的修改说明部分，除了说明修改符合《专利法》第三十三条的规定外，还需要指出所作修改是针对审查意见通知书指出的缺陷或者针对专利申请文件本身存在的缺陷进行的，以表明所作修改符合《专利法实施细则》第五十一条第三款的规定。

❸ 在实际专利代理实务中，无须在意见陈述书中对分案申请作出说明，只需要向客户提出分案申请建议并说明理由即可，但是由于试题说明中明确要求考生在意见陈述书中写明这方面的内容，考生应当遵照试题要求完成。

❹ 应删除"例如"的描述，否则导致权利要求存在不清楚的缺陷。

对所述经过油炸的食品进行离心处理的步骤；

将所述油炸食品排出的步骤；

其特征在于：所述离心处理步骤也是在真空条件下进行的。❶

2. 根据权利要求1所述的方法，其特征在于：所述的油炸食品为油炸马铃薯薄片。❷

3. 根据权利要求 1 或 2 所述的方法，其特征在于：所述真空条件的真空度保持在0.02至0.08MPa。❸

4. 根据权利要求1或2所述的方法，其特征在于：在所述真空条件下进行油炸的油脂沸腾温度为80℃至110℃。❹

5. 根据权利要求1或2所述的方法，其特征在于：在油炸之前，先将所述食品原料进行焙烤。❺

6. 根据权利要求1或2所述的方法，其特征在于：在用于油炸的油脂中添加组合物，该组合物由防粘剂、消泡剂和风味保持剂组成。❻

7. 根据权利要求6所述的方法，其特征在于：所述组合物是在进行油炸之前添加到油脂中的。

8. 根据权利要求6所述的方法，其特征在于：所述组合物是在油炸过程中添加到油脂中的。

9. 根据权利要求6所述的方法，其特征在于：所述组合物中含有30％至40％（重量百分比）防粘剂、40％至50％（重量百分比）消泡剂和10％至20％（重量百分比）风味保持剂。

10. 根据权利要求6所述的方法，其特征在于：所述防粘剂选自卵磷脂、硬脂酸中的一种或者它们的混合物。

11. 根据权利要求6所述的方法，其特征在于：所述消泡剂选自有机硅聚合物、二氧化硅中的一种或者它们的混合物。

12. 根据权利要求6所述方法，其特征在于：所述风味保持剂选自鸟苷酸二钠、肌苷酸二钠中的一种或者它们的混合物。

13. 一种用于制作油炸食品的设备❼，包括原料供应装置、进料阀、油炸装置、抽真空装置❽、出料阀、离心装置、❾产品排出装置，油炸装置的输入口通过进料阀与原料供应装置的出料口密封固定连接，其特征在于：油炸装置的输出口直接与离心装置的输入口密封固定连接，出料阀密封设置在离心装置的输出口处。❿

---

❶ 为使方法独立权利要求1和设备独立权利要求12之间具有单一性，应当以此特征作为特征部分的区别特征，该特征的确定非常关键，如果找得不准会严重影响得分。

❷ 说明书中，以马铃薯薄片是作为油炸食品的实例，因此写成一项从属权利要求。

❸ 真空条件的优选工艺参数可获得更好的效果，应写成从属权利要求。

❹ 说明书中也提到油脂沸腾温度的重要性，其优选范围应写成从属权利要求。此处主要依据说明书第［017］段第一句来撰写。需要注意的是，原试题中该术语表述欠准确，但从应试来看，仍应当采用原试题中的术语。

❺ 由原权利要求3改写而成，因为说明书明确说明了该特征带来的技术效果，应当仍然写成一项从属权利要求。

❻ 用于油炸的添加到油脂中的组合物本身可以构成具备新颖性和创造性的技术方案，应作为优选方案写成从属权利要求，但需要写全其特征，即至少要写出"由防粘剂、消泡剂和风味保持剂组成"。权利要求7至12是权利要求6的进一步从属权利要求，下面不再重复。

❼ 撰写设备独立权利要求时应当使其与方法独立权利要求之间满足单一性的要求，此外考虑到设备独立权利要求可进一步为申请人取得较好的保护，因此必须写好该独立权利要求。

❽ 如前面分析中所述，从更清楚限定权利要求保护范围的角度考虑，有必要说明抽真空装置与油炸装置的关系，以更清楚地限定要求专利保护的范围，但对其保护范围没有任何影响，即限定为"用于使所述油炸装置保持于真空条件下的抽真空装置"。

❾ 不仅要列出必要的部件，还应当限定各部件之间关系，否则导致权利要求未清楚限定要求专利保护的范围的缺陷；需要说明的是，此处为国家知识产权局条法司给出的参考答案，为使该独立权利要求清楚地限定要求专利保护的范围，最好对离心装置作进一步限定，写明"对径油炸的食品进行离心脱油的离心装置"，这样的限定对保护范围没有任何影响。

❿ 特征部分是最关键的技术特征，一方面体现出新颖性和创造性，另一方面体现出与权利要求1具备单一性。

14. 根据权利要求 13 所述的设备，其特征在于：所述离心装置的旋转轴线以相对于垂直方向倾斜的方式设置。❶

15. 根据权利要求 14 所述的设备，其特征在于：所述离心倾斜的角度为 30°。

二、意见陈述书的参考答案

国家知识产权局❷：

申请人仔细地研究了贵局发出的审查意见通知书，针对该审查意见通知书中所指出的问题对申请文件作出了修改，并陈述意见如下❸：

一、修改说明❹

修改后的权利要求书共有 15 项权利要求，其中独立权利要求 2 项。

1. 修改了独立权利要求 1，删除了技术特征"例如马铃薯薄片""例如油炸马铃薯薄片"，从而克服了在一项权利要求中出现两个不同保护范围的缺陷。❺ 增加了技术特征"对所述经过油炸的食品进行离心处理的步骤"以及"所述离心处理步骤也是在真空条件下进行的"❻，以使该独立权利要求 1 具备新颖性和创造性。该修改的依据来自说明书第［012］段和第［013］段。❼

2. 增加了新的从属权利要求 2 至 12，同时克服了原权利要求 2 中的"特别是"和原权利要求中"例如"所导致权利要求未清楚限定要求专利保护范围的缺陷❽，修改依据来自说明书第［010］段至第［014］段。

3. 将原独立权利要求 2 修改成新的独立权利要求 13，以保护与独立权利要求 1 相对应的设备权利要求，即"一种用于制作油炸食品的设备"。该修改的依据来自说明书第［016］段和第［018］段。❾

4. 增加了新的从属权利要求 14 至 15，该修改的依据来自说明书第［016］段。

5. 删除了原权利要求 4。对比文件 2 公开了通过所述方法获得的马铃薯薄片，该薄片不仅表面具有较大鼓泡，而且含油量较低，约为 13% 至 18%。由此可见，对比文件 2 已经公开了与本申请原权利要求 4 相同的技术方案，使得其不具备新颖性，因此删除该权利要求。❿

---

❶ 这是说明书中提到的设备的优选方式，应写成从属权利要求。权利要求 15 是进一步的优选。

❷ 起始段可以不写抬头，如果要写抬头的话，应写明国家知识产权局，而不要写成某位审查员。

❸ 起始语段，简洁明了提及即可。

❹ 意见陈述书中的不同部分，采用"一""二""三"……加以区分，一方面便于阅卷时容易查阅，另一方面又满足意见陈述书层次性和条理性。

❺ 该缺陷必须克服，如果修改后的权利要求书中还存在该缺陷，则表明考生对权利要求应当清楚限定要求专利保护范围的规定没有掌握，会导致扣分。

❻ 指出修改时增加了哪些技术特征。

❼ 指出修改的依据，即原申请文件的具体位置。

❽ 审查意见通知书虽然没有指出这一缺陷，但应当对此缺陷予以克服（试题说明也有此要求），并在修改说明部分进行说明。

❾ 国家知识产权局条法司给出的参考答案仅写明来自第［016］段，但该发明的第一种实施方式相对于对比文件 1 不具备新颖性，而修改后的独立权利要求 13 中的区别特征记载在说明书第［018］段，因此应写明来自第［016］段和第［018］段。

❿ 删除原权利要求 4 是非常重要的，意见陈述书中可以简单说明相对于对比文件 2 不具备新颖性而予以删除。如果不删除该权利要求显然表明考生对新颖性判断存在错误，应当会被扣分。当然，在实际专利代理实务中，同意审查意见而删除权利要求通常不需说明理由，但作为考试，说明一下是可取的，但可以比目前的参考答案更简要一些。

第四部分

6. 原权利要求书中出现的"马龄薯"为错别字，修改为"马铃薯"。❶

以上修改均未超出原始说明书和权利要求书所记载的范围，符合《专利法》第三十三条的规定。❷❸ 具体修改内容参见修改后的权利要求书。

二、修改后的权利要求书能够得到说明书的支持❹

申请人不同意审查意见通知书中所指出的原权利要求1和3得不到说明书支持的审查意见。

在判断权利要求是否得到说明书的支持时，应当考虑说明书的全部内容，而不是仅限于具体实施方式部分的内容。❺ 本申请的说明书第［006］段中明确记载，本发明所述方法和设备适用于除马铃薯薄片以外的油炸玉米饼薄片、油炸丸子、油炸春卷、油炸排叉、油炸蔬菜、油炸水果等油炸食品。说明书第［013］段记载了真空离心具有防止破碎、进一步降低含油量的技术效果，对于本领域技术人员来说，可以推知该技术效果同样适用于除马铃薯之外的其他油炸食品。❻ 由此可见，本领域技术人员能够确定本申请的方法和设备适用于除马铃薯之外的其他油炸食品，因此修改后的权利要求书能够得到说明书的支持，符合《专利法》第二十六条第四款的规定。❼

三、关于新颖性

1. 修改后的权利要求1至12具备新颖性

修改后的权利要求1相对于对比文件1具备新颖性。❽ 对比文件1公开了一种油炸薯片制备方法，包括将马铃薯片送入真空油炸装置内进行油炸，油炸完毕后使油炸装置内恢复大气压，再将油炸后的薯片送入离心脱油机中进行脱油，然后排出。❾ 将修改后的权利要求1请求保护的技术方案与对比文件1相比，可以看出对比文件1并没有公开权利要求1中的"离心处理步骤也是在真空条件下进行的"这一技术特征❿，因此，权利要求1相对于对比文件2请求保护的技术方案不同于对比文件1公开的技术方案，相对于对比文件1具备新颖性，符合《专利法》第二十二条第二款的规定。⓫

修改后的权利要求1相对于对比文件2具备新颖性。⓬ 对比文件2公开了一种制造含油量较少的油炸马铃薯薄片的方法，该方法包括将马铃薯薄片焙烤后，放入油炸器中油炸，然后将薄片和过热蒸汽接触。通过此方法，不仅使马铃薯薄片含油量较少，而且表面形成较大鼓泡。修改后的权利要求1包括在真空条件下油炸食品原料，并在真空条件下进行离

---

❶ 修改权利要求书时应当将原权利要求书中存在的形式缺陷一并克服，试题说明中有此要求，在修改说明部分也应作出说明。

❷ 最后必须指出修改符合《专利法》第三十三条的规定的结论。

❸ 由于本试题中暗含着撰写权利要求书的内容，参考答案中主动增加了不少从属权利要求，按照《专利审查指南 2010》的规定，这属于不符合《专利法实施细则》第五十一条第三款的情形，因此在此修改说明中未写明"上述修改符合《专利法实施细则》第五十一条第三款的规定"。但是今后的答复审查意见通知书时修改权利要求书时将不允许主动增加新的独立权利要求和从属权利要求，在修改说明中最好还加上"上述修改是针对审查意见通知书指出的缺陷或者本申请存在的缺陷进行的，符合《专利法实施细则》第五十一条第三款的规定"。

❹ 由于对审查意见中关于不支持的意见不能认可，因此需要以单独的部分来予以反驳。

❺ 以《专利审查指南 2010》中具体规定作为审查意见不正确的依据。

❻ 根据该申请的具体事实来阐述权利要求能得到支持的理由。

❼ 最后要得出结论，并明确法律依据（法律条款）。

❽ 此句表明是单独对比。

❾ 简要概述对比文件1披露的内容。

❿ 必须指出权利要求1与对比文件1之间的区别，以表明存在区别特征。

⓫ 明确结论和法律依据。

⓬ 此句表明单独对比。

心处理的步骤。而对比文件2中并没有公开这两个技术特征。❶ 由此可见，修改后的权利要求1请求保护的技术方案与对比文件2公开的技术方案不同，因此，权利要求1相对于对比文件2具备新颖性，符合《专利法》第二十二条第二款的规定。❷

权利要求2至12是对独立权利要求1进一步限定的从属权利要求，❸ 由于修改后的独立权利要求1具备新颖性，因而从属权利要求2至12也具备新颖性，❹ 符合《专利法》第二十二条第二款的规定。❺

2. 修改后的权利要求13至15具备新颖性❻

修改后的独立权利要求13相对于对比文件1具备新颖性。对比文件1公开了一种油炸薯片设备，包括进料装置、油炸装置、离心脱油装置、出料室、抽真空装置。但是，对比文件1没有公开本申请权利要求13中的技术特征"油炸装置的输出口与离心装置的输入口密封连接，出料阀设置在离心装置输出口处"。两者的技术方案不同，所能实现的技术效果也不同，因此，权利要求13相对于对比文件1具备《专利法》第二十二条第二款规定的新颖性。

修改后的独立权利要求13相对于对比文件2具备新颖性。对比文件2中没有公开一套完整的油炸薯片设备，特别是没有公开独立权利要求13中的抽真空装置、离心装置❼，因此，权利要求13具备新颖性，符合《专利法》第二十二条第二款的规定。

权利要求14和15是对独立权利要求13进一步限定的从属权利要求，由于修改后的独立权利要求13具备新颖性，因而从属权利要求14和15也具备新颖性，符合《专利法》第二十二条第二款的规定。❽

四、关于创造性

1. 修改后的权利要求1至12具备创造性

在审查员所提供的对比文件中，由于对比文件1与对比文件2相比，还披露了离心脱油的技术特征，即其公开的权利要求1的技术特征更多❾，因此对比文件1是本发明最接近的现有技术。❿

将本申请修改后的权利要求1与对比文件1相比，其区别技术特征是在真空条件下进行离心处理。⓫ 通过真空离心处理，解决了现有技术中存在的油炸食品含油量高、容易破碎无法获得具有完整外形油炸食品的技术问题。⓬

对比文件1中也没有给出任何相应的技术启示，因此，权利要求1相对于对比文件1

❶ 简述对比文件2的内容，并指出没有公开权利要求1中哪些特征。这是认定具备新颖性的事实基础，应当提及而不得缺少。

❷ 明确结论和法律依据。

❸ 明确这些权利要求是从属权利要求。

❹ 基于权利要求1具备新颖性，得出这些权利要求也具备新颖性的结论。

❺ 需要说明的是，根据全国专利代理人资格考试考前培训系列教材之《专利代理实务分册（第2版）》（知识产权出版社2013年出版）中写明的内容和2010年专利代理实务试题的参考答案，可以在论述了独立权利要求具有新颖性、创造性后再论述其从属权利要求具有新颖性和创造性，具体可参见2010年试题参考答案。

❻ 由于审查意见也评述了相关设备的原权利要求2也不具备新颖性，因此对此也应当陈述具备新颖性的理由。具体思路与论述独立权利要求1及其从属权利要求具备新颖性的思路相同，不再重复标注。

❼ 这是评述的关键之处。

❽ 从属权利要求的新颖性评述相对简单，但不可或缺。

❾ 适当指出确定最接近的现有技术的理由。

❿ 明确哪一份对比文件是最接近的现有技术，该句不可遗漏。

⓫ 由于前面已评述过新颖性，因此此处可直接指出区别技术特征。

⓬ 根据区别技术特征，结合说明书的描述，指出发明实际解决的技术问题。

具有突出的实质性特点。❶

对比文件 2 的技术方案是通过使过热蒸汽与油炸食品接触的手段，来解决含油量高的问题，❷ 没有公开权利要求 1 中的上述区别技术特征：在真空条件下进行离心处理，因而也未给出将该技术手段应用到最接近的对比文件 1 中以解决上述技术问题的任何技术启示，解决上述"现有技术中存在的油炸食品含油量高、容易破碎无法获得具有完整外形油炸食品"的技术问题的任何技术启示。❸

此外，上述区别技术特征并不是本领域解决所述技术问题的公知常识。❹

因此，修改后的权利要求 1 是非显而易见的，具有突出的实质性特点。❺

本发明通过采用真空离心的技术手段，获得了进一步减少油炸食品含油量，防止油炸食品破碎、保持完整外形的技术效果，具有显著的进步。❻

综上所述，修改后的权利要求 1 相对于对比文件 1、对比文件 2 以及本领域的公知常识具有突出的实质性特点和显著的进步，具备《专利法》第二十二条第三款规定的创造性。❼

在独立权利要求 1 具备创造性的情况下，对其进行限定的从属权利要求 2 至 12 也必然具备创造性，符合《专利法》第二十二条第三款的规定。❽

2. 修改后的权利要求 13 至 15 具备创造性❾

基于审查意见通知书所引用的对比文件，可以认定对比文件 1 是最接近的现有技术。❿本申请修改后的权利要求 13 相对于对比文件 1 中的油炸薯片设备的区别技术特征为"油炸装置的输出口与离心装置的输入口密封连接，出料阀密封设置在离心装置输出口处"。⓫ 该区别技术特征可以确保油炸和离心过程均在真空条件下进行，以获得进一步减少油炸食品含油量和防止油炸食品破碎、保持其完整外形的技术效果⓬，从而解决了现有技术中油炸食品含油量高、容易破碎无法获得具有完整外形油炸食品的技术问题。⓭

对比文件 1 没有公开上述区别技术特征，也没有给出任何相应的技术启示，无法解决上述技术问题。⓮

对比文件 2 中没有公开任何关于有关离心装置在真空条件下运行的内容，因而也没有给出将上述区别技术特征应用到最接近的对比文件 1 中以解决上述"现有技术中存在的油炸食品

---

❶ 此段文字是《2008 年全国专利代理人资格考试试题解析》给出的参考答案所写明的内容，但是全国专利代理人资格考试考前培训系列教材之《专利代理实务分册（第 2 版）》（知识产权出版社 2013 年出版）明确告知，当最接近对比文件 1 仅包含一项现有技术时，就无须再指出对此文件 1 未给出结合启示，而可以直接指出其他对比文件和本领域的公知常识未给出结合的技术启示，因此编者认为意见陈述书中可以不包括这一段内容。

❷ 简洁说明对比文件 2 公开的相关内容。

❸ 指出对比文件 2 没有公开区别技术特征，并分析也不存在技术启示。

❹ 通常还应进一步指出区别技术特征也不是公知常识。

❺ 在上述分析的基础上，明确指出权利要求 1 具备突出的实质性特点。

❻ 分析发明取得了显著进步。根据《专利法》，具备显著进步是满足创造性的一个方面，这一点必须进行分析。

❼ 得出具备创造性的明确结论，并引用法律条款。

❽ 指出从属权利要求也具备创造性的结论，不要遗漏。

❾ 尽管审查意见只指出原权利要求 1 相对于对比文件 1 不具备新颖性，并未涉及创造性，但在意见陈述中不能仅论述具备新颖性，还必须论述创造性。

❿ 明确最接近的现有技术，这是评述的基础，不要省略。

⓫ 指出区别技术特征。

⓬ 根据说明书的描述指出区别技术特征的作用和达到的效果，为确定实际解决的技术问题提供依据。

⓭ 依据前述分析，指出实际解决的技术问题。

⓮ 指出最接近的现有技术本身不存在技术启示。但是，按照全国专利代理人资格考试考前培训系列教材之《专利代理实务分册（第 2 版）》（知识产权出版社 2013 年出版）中所写明的内容，对于本案来说，意见陈述书中可以不包含这段内容。

含油量高、容易破碎无法获得具有完整外形油炸食品"的技术问题的任何启示。❶

上述区别特征也不是本领域解决所述技术问题的惯用手段，不属于公知常识。❷

因此，修改后的权利要求 13 是非显而易见的，具有突出的实质性特点。❸

本发明通过采用使油炸装置输出口与离心装置的输入口密封连接、出料阀密封设置在离心装置输出口处的技术手段，获得了进一步减少油炸食品含油量、防止油炸食品破碎、保持完整外形的技术效果，因而具备显著的进步。❹

综上所述，修改后的权利要求 13 相对于对比文件 1、对比文件 2 和本领域的公知常识具有突出的实质性特点和显著的进步，具备《专利法》第二十二条第三款规定的创造性。❺

在独立权利要求 13 具备创造性的情况下，其从属权利要求 14 和 15 也必然具备创造性，符合《专利法》第二十二条第三款的规定。❻

五、分案理由以及分案申请权利要求具备新颖性和创造性的说明❼

1. 分案理由

修改后的权利要求书中请求保护的油炸食品制造方法与油炸食品制造设备属于同一发明构思，并具有相应的特定技术特征，具体为："制造油炸食品的方法是在真空条件下进行离心处理"；制造油炸食品的设备具有确保实现在真空条件下进行离心的结构特征（即，"油炸装置的输出口与离心装置的输入口密封连接，出料阀密封设置在离心装置输出口处"）。❽ 因此，制作油炸食品的方法和设备之间具有单一性，可以合案申请。对于组合物的相关技术方案，其关键在于组合物的组分，❾ 其与制作油炸食品的方法和设备的特定技术特征没有任何关联，因此组合物的技术方案与制作油炸食品的方法和设备之间不存在相同或相应的特定技术特征，不具备单一性，❿ 因此不能以独立权利要求的方式出现在本申请中。如果针对组合物的技术方案撰写独立权利要求，则需要以分案申请的方式提出。⓫

2. 分案申请中权利要求具备新颖性和创造性的说明⓬

由于对比文件 1、2 中均没有公开任何关于该组合物的内容，也没有给出任何启示，⓭

---

❶　由于审查意见中还引用了对比文件 2，因此还应当指出对比文件 2 没有给出技术启示，其可以简单提及对比文件 2 的技术内容，明确不存在技术启示即可。

❷　最好再明确一下，区别特征不是公知常识。

❸　明确写出"具有突出的实质性特点"的结论，以表明考生掌握创造性的第一个方面的要求。

❹　根据说明书的描述指出所具有的有益技术效果，写明"具有显著的进步"的结论，以表明符合创造性的第二个方面的要求。

❺　最终写明具备创造性的结论，作为评述的完整格式，这一句不可缺少。

❻　具体说明其从属权利要求具备创造性，虽然这是十分显然的，但陈述书中仍然应当指明。

❼　虽然在实际专利代理实务中，不必在意见陈述书中表明要进行分案和说明分案的理由。但是，由于试题中明确要求在意见陈述书中写明分案理由，因此从应试角度看，应当在意见陈述书中包括这一部分内容。

❽　虽然试题说明中并无明确要求对合案申请的两项独立权利要求写明可以合案的理由，但是在论述分案申请的理由时，顺便论述合案申请的理由则更为完善。由于前面已论述过新颖性和创造性，此处可相对简单提及可合案申请的理由，即首先指出写入权利要求书中的各独立权利要求之间存在的相同或相应的特定技术特征，从而得出它们之间具备单一性，可以合案申请。

❾　以合理的方式指出被分案的权利要求的特定技术特征。

❿　明确指出该分案的独立权利要求与合案申请的两项独立权利要求之间不存在相同或相应的特定技术特征，因而不具备单一性。

⓫　进而得出不能合案申请而需分案申请的结论。

⓬　至于分案申请的权利要求具备新颖性和创造性的理由，虽然试题说明中并无明确要求，不过为了阐述为什么可以以分案申请提出，最好先对此进行论述。由于是分案申请，因此论述可以相对简单一点。

⓭　对于分案申请的独立权利要求的新颖性和创造性陈述，可以适当简化，但必须指出关键所在。需要注意的是，在对原申请修改后的权利要求进行论述时，千万不要采用这种过于简化的评述方式。

因此，分案申请中的独立权利要求1相对于对比文件1、2具备新颖性和创造性。❶

分案申请中的从属权利要求2至5是对独立权利要求1的进一步限定，由于独立权利要求1具备新颖性和创造性，其从属权利要求2至5因而也具备新颖性和创造性。❷

申请人相信，修改后的权利要求书已经完全克服了第一次审查意见通知书中指出的新颖性和创造性问题，并克服了其他一些形式缺陷，符合《专利法》《专利法实施细则》和《专利审查指南2010》的有关规定。❸

三、分案申请权利要求书的参考答案❹

1. 一种用于添加到油炸食品的油脂中的组合物，其特征在于：该组合物由防粘剂、消泡剂和风味保持剂组成。❺

2. 根据权利要求1所述的组合物，其特征在于：所述组合物中含有30％至40％（重量百分比）防粘剂、40％至50％（重量百分比）消泡剂和10％至20％（重量百分比）风味保持剂。❻

3. 根据权利要求1或2所述的组合物，其特征在于：所述防粘剂选自卵磷脂、硬脂酸中的一种或者它们的混合物。❼

4. 根据权利要求1或2所述的组合物，其特征在于：所述消泡剂选自有机硅聚合物、二氧化硅中的一种或者它们的混合物。

5. 根据权利要求1或2所述的组合物，其特征在于：所述风味保持剂选自鸟苷酸二钠、肌苷酸二钠中的一种或者它们的混合物。

四、当年考生答案中主要错误简介

（1）没有找出制备方法的关键技术特征——真空离心。例如，将真空油炸的真空度、油炸温度通过具体放弃来作为区别技术特征（例如，"0.02MPa至小于0.08MPa"，而欲排除被对比文件1披露的"0.08MPa"这一端点）。很明显，这种具体放弃不能使修改的权利要求具备创造性，因此是不可取的。

（2）没有增加基于相关的优选特征来撰写从属权利要求。但是，按照《专利审查指南2010》第二部分第八章规定，在答复审查意见通知书时修改权利要求书不得主动增加其限定的技术方案在原权利要求书中未出现过的新的从属权利要求。因此今后在答复审查意见通知书时，只要试题未明示重新撰写一份权利要求书，则修改后的权利要求书中不要主动增加那些技术方案在原权利要求书中未出现过的新的从属权利要求。

---

❶ 给出明确结论。

❷ 指出从属权利要求具备的新颖性和创造性。

❸ 为使答题和卷面完整，应当包括结束语段，但可以简洁一些。若非特别要求，可以不落款。即使落款也应以"×"号代替，不要写入真实姓名和电话。

❹ 对于以组合物作为要求保护的主题以分案申请提出，有一种不同的看法，认为原说明书中对于油脂组合物并没有提供完整详细的说明，也未给出具体的实施例。如果作为分案申请提出，可能存在公开不充分的缺陷。但是当年试题暗含申请文件撰写的考试内容，而从申请文件的撰写，考虑到该组合物确有可能构成具备新颖性和创造性的一项发明，则可以建议申请人在提出本件申请的同时，补充与组合物有关的内容和足够的实施例后，就组合物这一主题另行提出一件专利申请。这样更好一些。

❺ 组合物的必要技术特征至少包括所述三种组分，对于该组合物的独立权利要求中要否写入各组分含量也存在不同意见。据了解，当年将组合物各组分的含量写入独立权利要求中的，也未扣分。

❻ 各组分的含量范围属于优选范围，写成从属权利要求；但是，考虑到认为该组分含量应作为必要技术特征写入独立权利要求中的另一种意见也有一定道理，因而当年将组分含量写入独立权利要求的，并未扣分。

❼ 各组分的具体物质，如说明书描述属于优选方式，应写成从属权利要求。

（3）修改后的权利要求书中存在单一性缺陷，例如，制备方法、装置与添加组合物合案申请。

（4）未能正确判断关于不支持缺陷审查意见是可以商榷的，而将权利要求限定为油炸马铃薯薄片。

（5）未能找到或者忽视申请文件中的形式缺陷，在修改的权利要求书中未克服这些形式缺陷。

（6）未给出分案申请的权利要求书；或者将不必分案的独立权利要求作为分案申请提出，例如，将制作油炸食品的设备作为分案申请的主题。

（7）意见陈述书中缺少修改说明，或者修改说明中未对所克服的形式缺陷作出说明。

（8）意见陈述书中未就修改后的独立权利要求以说明书为依据陈述意见。

（9）关于权利要求具备新颖性和创造性的陈述不符合要求，没有写明体现考点的环节，或者这些环节的论述不清楚。

（10）意见陈述中未对分案申请进行说明（尽管在实际专利代理实务中无须对分案申请作出说明，但试题中已明确要求，因此答案中应当包括这一部分）。

（11）撰写格式不规范，专利用语不准确或者陈述意见整体逻辑性不强，存在这些缺陷也将导致不必要的失分。

第二十四章　2009 年专利代理实务试题解析

试　题

试题说明

本专利代理实务试题包括无效实务题和申请实务题两部分，总分 150 分。

第一部分　无效实务题

专利权人郑某拥有一项实用新型专利，名称为"头颈矫治器"，专利号为 ZL00201234.5。

请求人张某针对该专利于 2009 年 2 月 26 日向专利复审委员会提出无效宣告请求，请求宣告该专利全部无效，同时提交了对比文件 1 和 2。

专利权人郑某委托甲代理公司于 2009 年 3 月 23 日向专利复审委员会提交了意见陈述书和修改后的权利要求书。

请求人张某于 2009 年 4 月 20 日提交了补充意见陈述书和对比文件 3。

口头审理定于 2009 年 6 月 15 日举行。郑某委托甲代理公司代理人参加口头审理，张某委托王某和乙代理公司李某分别作为公民代理和专利代理人参加口头审理。

假设应试者作为甲代理公司的代理人接受指派具体承办该无效案件，要求应试者：

1. 撰写 2009 年 3 月 23 日提交给专利复审委员会的修改后的权利要求书；

2. 撰写 2009 年 3 月 23 日提交给专利复审委员会的意见陈述书；

3. 结合修改后的权利要求书，对请求人于 2009 年 4 月 20 日提交补充意见陈述书和对比文件是否符合无效宣告程序中的相关规定，以及所增加的无效宣告理由是否成立，撰写意见陈述书；

4. 出席口头审理时，发表对对方出席口头审理人员的身份和资格的意见。

应试者撰写意见陈述书时应当结合修改后的权利要求书进行，并应当依据《专利法》《专利法实施细则》和《审查指南 2006》的相关规定及本试卷所提供的事实进行有理有据的答辩。

第二部分　申请实务题

假设口头审理结束后，郑某提供了一份记载其在上述专利基础上进行了后续改进的技术内容说明，委托甲代理公司代理申请发明专利，应试者接受指派具体办理。要求应试者：

根据郑某所提供的技术内容说明，考虑由该头颈矫治器实用新型专利和对比文件 1 至 3 所构成的现有技术，为郑某撰写发明专利申请的权利要求书。所撰写的发明专利申请的权利要求书应当既符合《专利法》《专利法实施细则》及《审查指南 2006》的相关规定，又具有尽可能宽的保护范围以最大限度地维护申请人利益。

如果所撰写发明专利申请权利要求书中包含两项或者两项以上独立权利要求，请简述这些独立权利要求能够合案申请的理由。如果应试者认为该申请的一部分内容应当通过一份或多份分案申请提出，则应当进行相应说明，并撰写出分案申请的权利要求书。

答题须知

1. 作为考试，应试者在完成题目时应当接受并仅限于本试卷所提供的事实。同时，应试者在完成无效实务题的过程中不必考虑本试卷提供的三份专利文件的真实性，应将其均视为真实、公开的专利文件。

2. 有关知识点的正确答案应当以 2001 年 7 月 1 日起施行的《专利法》《专利法实施细则》、2006 年 7 月 1 日起施行的《审查指南》以及相应的《审查指南修改公报》的内容为准。❶

3. 应试者应当将各题答案按顺序写在正式答题卡相对应的答题区域内。

4. 本试卷第 16 至 19 页为草稿纸，写在草稿纸上的内容不作为正式答案，不用于评卷。考试结束时，草稿纸应当随试卷、答题卡一同交由监考老师收回。

实用新型专利的授权公告文件

[19] 中华人民共和国国家知识产权局

[12] 实用新型专利说明书

[21] ZL 专利号 00201234.5

[45] 授权公告日　2001 年 8 月 8 日	[11] 授权公告号 CN 2411234Y

[22] 申请日　2000.10.8　　　　　　　　　　　[21] 申请号　00201234.5
[73] 专利权人 郑某　　　　　　　　　　　　　[专利代理机构] 乙代理公司
（其余著录项目略）

权利要求书

1. 一种由枕套（1）、枕芯（2）构成的头颈矫治器，其特征在于：中间部位设有近似于头形的凹陷槽（3），凹陷槽下方为头枕（4），凹陷槽沿头颈矫治器宽度方向的两侧为颈枕（5），其整体尺寸为长 50 至 80cm、宽 20 至 60cm、高 6 至 18cm，制成长方体、圆柱体或长椭圆体三种形状。

2. 根据权利要求 1 所述的头颈矫治器，其特征在于：还包括气囊（6）。

3. 根据权利要求 1 所述的头颈矫治器，其特征在于：气囊（6）和振动按摩器（7）之间设置有隔层（8）。

4. 根据权利要求 1 所述的头颈矫治器，其特征在于：颈枕（5）内装有振动按摩器（7）。

5. 一种由枕套（1）、枕芯（2）构成的药枕，其特征在于：包括头枕（4）和颈枕（5），在头枕（4）和/或在颈枕（5）上面缝缀药垫（9），其中装有预防和治疗颈椎病的药物。

6. 根据权利要求 5 所述的药枕，其特征在于：药垫（9）内装有重量配比为 3：2 的茶叶和荞麦皮的混合物。

---

❶　由于试题明确适用第三次修改前的《专利法》，因此在试题中相关法律条款以修改前的《专利法》为准，未将其按修改后的《专利法》进行适当调整。

说 明 书

头颈矫治器

本实用新型属于医疗保健用品领域。

市场上有荞麦皮枕、织物枕及药枕等多种枕头，形状一般是长方体或圆柱体。由于该形状与人体颈椎在自然放松状态下的生理曲线不一致，导致人们在仰卧或侧卧时都不能很好地放松颈椎，容易引发或加重颈椎病。

本实用新型的目的是解决上述问题。本实用新型提供了一种由枕套、枕芯构成的头颈矫治器，中间部位设有近似于头形的凹陷槽，凹陷槽下方为头枕，凹陷槽沿头颈矫治器宽度方向的两侧为颈枕，其整体尺寸为长50至80cm、宽20至60cm、高6至18cm，可制成长方体、圆柱体或长椭圆体等不同形状。头颈矫治器还包括气囊，颈枕内装有振动按摩器。

图1为本实用新型头颈矫治器的整体透视图；

图2为图1中沿A－A的剖面图。

下面结合附图进一步说明本实用新型最佳实施例的具体结构。

如图1、2所示，该头颈矫治器由枕套1、枕芯2组成，头颈矫治器的中间部位设有凹陷槽3，凹陷槽下方是头枕4，凹陷槽沿头颈矫治器宽度方向的两侧为颈枕5，头枕4与颈枕5的形状配合可使睡眠者的颈椎处于自然放松状态。此外，该头颈矫治器还可包括气囊6和/或振动按摩器7。中空气囊6位于枕芯2的底部，可通过充、放气调节矫治器高度。按摩器7位于颈枕5内，振动可起活血化瘀作用。头颈矫治器还可包括缝缀在头枕4和/或颈枕5上的药垫9，其中充填有预防和治疗颈椎病的药物，药物为重量配比为3∶2的茶叶和荞麦皮的混合物。

此外，为了避免振动按摩器7的振动作用可能被气囊6的缓冲作用所抵消，可在二者之间设置隔层8。隔层8由硬质聚合物例如橡胶材料制成，从而在同时使用气囊和振动按摩器时保证其发挥各自的作用。

本头颈矫治器具有使人感觉舒适和预防、治疗颈椎病的双重作用。

说明书附图

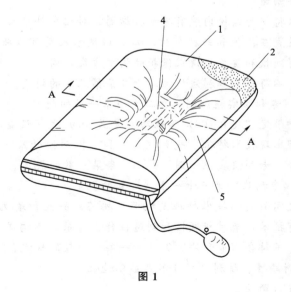

图1

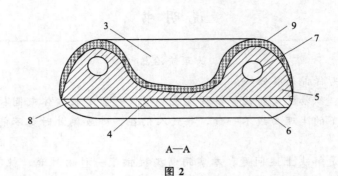

A—A

图 2

专利权无效宣告请求书的具体意见陈述正文

根据《专利法》第四十五条及《专利法实施细则》第六十四条的规定，本请求人现请求宣告专利号为00201234.5、名称为"头颈矫治器"的实用新型专利全部无效，具体理由如下：

1. 权利要求1、2不具备新颖性和创造性，权利要求4不具备创造性

（1）权利要求1不具备新颖性和创造性。

权利要求1要求保护一种头颈矫治器。对比文件1公开了一种颈椎乐枕头，包括中间部分有头形凹陷槽，凹陷槽下面的枕芯实体即头枕、颈垫，该颈椎乐枕头可制成长方体、圆柱体、长椭圆体等不同形状，其整体尺寸一般是长350至650mm、宽为250至550mm、高为60至160mm。由此可见，对比文件1公开了权利要求1的全部技术特征，权利要求1不具备新颖性，不符合《专利法》第二十二条第二款的规定。由于权利要求1不具备新颖性，其当然也不具备创造性，不符合《专利法》第二十二条第三款的规定。

（2）权利要求2不具备新颖性和创造性。

权利要求2的附加技术特征为头颈矫治器包括气囊。对比文件1中已经公开了通过充、放气来调整枕头高低的气囊，因此，权利要求2相对于对比文件1不具备新颖性和创造性，不符合《专利法》第二十二条第二款、第三款的规定。

（3）权利要求4不具备创造性。

权利要求4的附加技术特征为颈枕内装有振动按摩器，对比文件2公开了枕芯内设置振动机构，并指出该振动机构可单独设置在头枕和颈枕部位。本领域技术人员可以将该振动机构应用到对比文件1公开的枕头中，从而得到权利要求4请求保护的技术方案，因此，权利要求4相对于对比文件1与2的结合不具备创造性，不符合《专利法》第二十二条第三款的规定。

2. 权利要求3不符合《专利法实施细则》第二十条第一款的规定

从属权利要求3进一步限定"气囊（6）和振动按摩器（7）之间设置有隔层（8）"，但是，在其引用的权利要求1中并没有出现技术特征"气囊（6）"和"振动按摩器（7）"，从而导致权利要求3的技术方案不清楚，不符合《专利法实施细则》第二十条第一款的规定。

3. 权利要求5不符合《专利法》第三十一条第一款的规定

独立权利要求5和1之间共同的技术特征是枕套、枕芯、头枕和颈枕。但上述特征均已经在对比文件1中公开，属于现有技术，未对新颖性和创造性作出贡献，不构成"特定技术特征"。因此权利要求5和1缺乏单一性，不符合《专利法》第三十一条第一款的规定。

4. 权利要求5不具备新颖性、权利要求6不具备创造性

（1）权利要求5不具备新颖性。

权利要求5要求保护一种药枕。对比文件1公开了一种由枕套和枕芯构成的预防治疗颈椎病的颈椎乐枕头，还包括颈垫，颈垫上面缝有装有预防治疗颈椎病药物的药垫。因此权利要求5不符合《专利法》第二十二条第二款关于新颖性的规定。

第四部分

（2）权利要求 6 不具备创造性。

权利要求 6 的附加技术特征为药垫中药物的具体组成。对比文件 1 中虽然没有公开完全相同组成的药物，但已经给出了技术启示，本领域的技术人员可以很容易地想到采用同样的技术手段，并能够解决相应的技术问题，因此权利要求 6 不具备创造性，不符合《专利法》第二十二条第三款的规定。

5．权利要求 1 至 6 得不到说明书的支持，不符合《专利法》第二十六条第四款的规定

综上所述，该专利的权利要求 1、2 和 5 不符合《专利法》第二十二条第二款的规定、权利要求 1、2、4 和 6 不符合《专利法》第二十二条第三款的规定、权利要求 3 不符合《专利法实施细则》第二十条第一款的规定、权利要求 5 不符合《专利法》第三十一条第一款的规定、权利要求 1 至 6 不符合《专利法》第二十六条第四款的规定，因此，请求专利复审委员会宣告该实用新型专利全部无效。

请求人　张某

2009 年 2 月 26 日

对比文件 1

对比文件 1 说明书相关内容

一种用于预防、治疗颈椎病的高度可调的颈椎乐枕头。

图 1 为本发明的整体构造示意图；

图 2 为局部横断面剖视图。

该颈椎乐枕头包括：由丝、棉等织物制成的枕套 1，由海绵、荞麦皮等制成的枕芯 2；枕头的中间部位有头形凹陷槽；枕芯 2 下设有气囊 3，可通过操作与气囊相连接的气泵 7 充、放气来随时调整枕头的高低；还可以有衬垫 4，通过增减衬垫 4 可改变凹陷槽的深浅；颈垫 5，在其上面可通过缝纫或者粘钩等方式结合装有药物的药垫 6，药物由例如麝香、人参等能预防和治疗颈椎病的药物构成。本发明可制成长方体、圆柱体或长椭圆体等不同形态，整体尺寸一般是长 350 至 650mm，宽 250 至 550mm，高 60 至 160mm。

该枕头在实际应用中，可以与其他多种枕用附设装置，例如，负离子发生器、收音机等结合使用，互相配合产生更好的效果。由于本颈椎乐枕头采用了气囊，若又采用振动器，则可能导致气囊漏气，而且即使气囊不漏气也会抵消振动器的振动作用，故本颈椎乐枕头不宜与振动器结合使用。

对比文件 1 附图

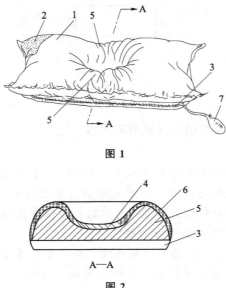

图 1

图 2

对比文件2

对比文件2说明书相关内容

本发明属于理疗器械，特别是颈椎病治疗枕。

图1是本发明所述颈椎病治疗枕的透视图。

图2是图1中的A-A剖面的振动产生部件的剖视图。

本发明的枕芯1内部安装有振动电机2、振动器3，二者共同构成振动产生部件。振动器3上设有突出部件4，并从枕芯表面上形成的孔中突出一定高度。可以将本发明的振动产生部件和突起部件均布在枕芯上或者单设在头枕部位或颈枕部位，而且突出部件4也可以选择不从枕芯表面突出来。启动电源后，振动电机2带动振动器3振动，突出部件4进一步产生局部按压作用，可以促进与之接触的人体头颈部的血液循环，解决了颈椎保健问题。

该安装有振动器的枕芯可以位于任何形状的枕头主体内。此外，本发明的振动器还可以用于防止使用者打鼾。具体的实施方案是在枕芯内部或外部设置一个音频检测器，用来检测环境中的声音信号，并根据检测到的信号激活枕芯内的振动电机，从而利用突起部件4振动刺激使用者，使其中止打鼾。

对比文件2附图

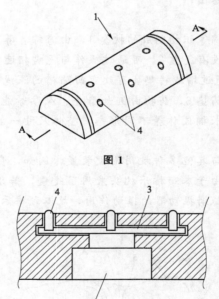

图1

图2

请求人张某于2009年4月20日提交的补充意见陈述书

专利复审委员会：

请求人收到专利复审委员会转来的专利权人于2009年3月23日提交的意见陈述书及修改后的权利要求书。现针对修改后的权利要求书，请求人增加《专利法》第九条和《专利法实施细则》第二条第二款的无效宣告理由，增加对比文件3作为证据。具体意见如下：

1. 权利要求1不符合《专利法》第九条的规定。

对比文件3是一项外观设计专利，名称为保健枕，与本专利属于相同的技术领域。从图中可知，对比文件3的枕头包括枕套、枕芯、凹陷槽、头枕和颈枕，且枕头为长方体。因此，该专利的权利要求1与对比文件3属于同样的发明创造，不符合《专利法》第九条的规定。

2. 修改后的权利要求书中，记载有材料特征"药垫（9）内装有重量配比为 3：2 的茶叶和荞麦皮的混合物"的权利要求不属于实用新型专利的保护客体，不符合《专利法实施细则》第二条第二款❶的规定。

综上，请求专利复审委员会宣告该实用新型专利全部无效。

请求人　张某
2009 年 4 月 20 日

对比文件 3

[19] 中华人民共和国国家知识产权局

外观设计专利公报

[11] 授权公告号 CN310234567D　　　　[43] 授权公告日 2000.10.17　专利号 00301234.5

[22] 申请日 2000.1.4（其余著录项目略）

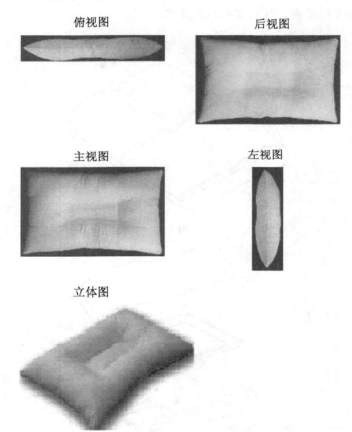

有关后续改进的技术内容说明

已知技术披露了能够产生振动从而防止使用者打鼾的枕头，但是存在两方面的不足：一是音频检测器在检测到环境噪音而非鼾声时也会使振动器产生振动；二是振动器产生的振动会使使用者惊

---

❶　按照目前修改后的《专利法》《专利法实施细则》《专利审查指南 2010》以及《施行修改后的专利法的过渡办法》《施行修改后的专利法实施细则的过渡办法》，今后的无效实务中，凡是涉及实用新型定义的，若按照该专利的申请日（有优先权的，为优先权日），该无效宣告程序适用修改后的《专利法》的，其法律条款应当为《专利法》第二条第三款，以下不再重复说明。

醒。两者都会干扰使用者的正常睡眠。

本人对上述技术进行了改进，发明了一种更好的、能够防止打鼾的枕头。

首先，为了克服上述第一方面的不足，在能够防止打鼾的枕头内增设比较器，将使用者打鼾时常见的声音频率段预先设定为标准值，当音频检测器检测到声音信号时，首先通过比较器与预设的标准值进行比较。经判断，属于预设频率段的声音，表明是使用者在打鼾，则启动止鼾装置。

其次，为了克服上述第二方面的不足，提出了两种比振动器更为柔和的止鼾装置。

第一种止鼾装置如图1所示，在枕芯下设与气泵相连的多个气囊。当音频检测器检测到的声音信号经比较器被确认为鼾声时，向气囊控制器输出信号，由气囊控制器控制气泵向其中某一气囊进行充气。通过设定充气、放气的时间和速度，使得多个气囊依次充气、放气，在整体上缓慢、轻柔地晃动枕头，改变使用者的睡姿，从而起到止鼾作用。

第二种止鼾装置如图2所示。在枕头下依次设有支撑板，与支撑板连接的摇动板，以及与摇动板嵌合的底板，底板内设置有与比较器相连的驱动器。当音频检测器检测到的声音信号经比较器被确认为鼾声时，向驱动器输出信号，使摇动板沿枕头的长度方向来回运动，从而使枕头缓慢、轻柔地产生晃动，改变使用者的睡姿，从而起到止鼾作用。

技术内容说明的附图

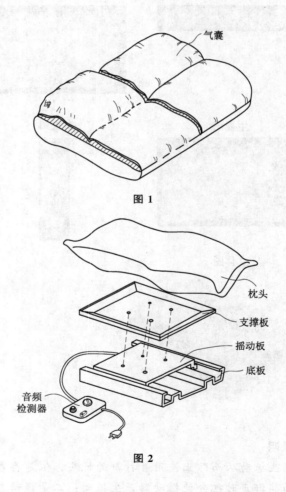

图1

图2

试题解析和参考答案

试题的总体考虑：2009年"专利代理实务"考试试题包括无效实务和申请实务（即撰写申请文件实务）两题，涉及的技术内容相对比较容易理解。其中，无效实务题考查应试者是否了解与无效宣告请求审查程序相关的各项实体和程序规定，是否具备在素材给定的特定情境下，通过审时度势地修改权利要求书和进行意见陈述，从而尽可能充分地维护委托人利益的能力。申请实务题主要考查应试者是否具备根据给定的技术内容说明撰写申请文件的能力，能否撰写出既能够为委托人谋求尽可能大的保护范围，权利又相对稳定的权利要求。

上述两题，从试题内容来看，无效实务题的考点相对较多，申请实务题就是要写出权利要求书，因此从应试总体时间为看，第一题时间可以稍多一点，因为第二题的一些技术内容的理解也在解答第一题时完成。但考虑到申请实务是考查专利实务的基本功，所占分值应该不会太低，需要足够的时间以考虑得周到些，因此第二题需要一个半小时的时间，至少不得少于一小时。（在实际考试中，有些应试者在第一题花的时间太多，留给第二题的时间仅有半个小时，导致撰写的权利要求书不是很完善）

下面分别针对无效实务题和申请实务题作出试题解析，并给出参考答案。

一、无效实务题的试题解析

（一）重视试题说明，把握答题要求

由试题说明及答题须知可知，对于无效实务题，应试者应当明确下述三方面内容。

（1）试题说明中简略介绍了整个无效案件的案情，包括无效宣告请求书的提出，专利权人作出意见陈述并修改权利要求书，请求人提出补充意见并补充证据，在此之后进行了口头审理（具体内容可见试题）。在此基础上，要求考生作为专利权人一方代理人完成如下四项工作：

① 针对无效宣告请求书为专利权人修改权利要求书；

② 针对无效宣告请求书，为专利权人撰写意见陈述书；

③ 结合修改后的权利要求书，针对请求人的补充意见及补充证据撰写意见陈述书；

④ 参加口头审理时，发表对对方出席口头审理人员的身份和资格的意见。

在上述四项工作中，前两项工作是紧密联系在一起的，而后两项工作可以单独进行，因此下面分析答题思路时先针对前两项工作介绍答题思路，然后再针对第三项工作和第四项工作分别说明答题思路。

（2）答题须知中强调有关知识点的正确答案应当以 2001 年 7 月 1 日起施行的《专利法》《专利法实施细则》、2006 年 7 月 1 日起施行的《审查指南》以及相应的《审查指南修改公报》的内容为准。因此，考生应当按照修改前的《专利法》《专利法实施细则》和《审查指南 2006》的规定答题。❶

（3）作为考试，答题时应当接受并仅限于本试卷所提供的事实，不必考虑本试卷提供的三份专利文件的真实性，应将其均视为真实、公开的专利文件。例如，在试题中未明确给出三份对比文件的公开日期时，不必针对它的公开日期是否在本专利的申请日前提出质疑。

（二）针对无效宣告请求书修改权利要求书和撰写意见陈述书的答题思路

在完成这方面的应试工作中通常按照下述步骤进行：阅读理解专利文件，尤其是其中的权利要求书；阅读并初步分析无效宣告请求书；结合证据分析无效宣告理由是否成立；确定如何修改权利要求书；撰写意见陈述书。

1. 阅读理解专利文件

对于无效实务题，考生在阅读理解专利文件时，应当将重点放在理解权利要求书中各项权利要

---

❶ 按照《施行修改后的专利法的过渡办法》《施行修改后的专利法实施细则的过渡办法》的规定，无效程序中适用修改前的《专利法》和《专利法实施细则》还是修改后的《专利法》和《专利法实施细则》，主要取决于该专利申请的申请日（有优先权的，指出优先权日）是否在 2009 年 10 月 1 日之前（或者在 2010 年 2 月 1 日之前）。因此，在今后涉及无效宣告程序的实务试题中，不会在试题说明中明确告知考生适用新的《专利法》和《专利法实施细则》还是旧的《专利法》和《专利法实施细则》，请考生根据该专利的申请日（有优先权的，指出优先权日）自行确定。

求所要求保护的主题上。由权利要求书的内容可知，本实用新型专利要求保护两个技术主题：头颈矫治器和药枕。

第一个技术主题为头颈矫治器，实际上就是一种枕头，共有四项权利要求：

独立权利要求1的头颈矫治器，在其中间部位设有近似于头形的凹陷槽，凹陷槽下方为头枕，凹陷槽沿头颈矫治器宽度方向的两侧为颈枕；此外，在该独立权利要求中还包括对其尺寸和形状作出了限定。

权利要求2至4均引用权利要求1。其中：权利要求2进一步限定头颈矫治器还包括气囊；权利要求3进一步限定该头颈矫治器在气囊和振动按摩器之间设置有隔层；权利要求4进一步限定头颈矫治器还包括设置在颈枕内的振动按摩器。

第二个技术主题权利要求为药枕，共有两项权利要求，即独立权利要求5和从属权利要求6：

独立权利要求5要求保护药枕，缝缀着装有预防和治疗颈椎病药物的药垫。实际上该独立权利要求包括三个并列的技术方案，即仅在头枕上面缝缀药垫、仅在颈枕上面缝缀药垫、头枕和颈枕上面都缝缀药垫。权利要求6进一步限定该药枕的药垫内装有重量配比为3∶2的茶叶和荞麦皮的混合物。

2. 阅读并初步分析无效宣告请求书

通过阅读无效宣告请求书可知，请求人共提出四项无效宣告理由：

① 权利要求1、2、4至6不具备《专利法》第二十二条第二款和/或第三款规定的新颖性和/或创造性；②权利要求3未清楚限定要求专利保护的范围，不符合《专利法实施细则》第二十条第一款的规定❶；③权利要求5不符合《专利法》第三十一条第一款的规定，其与权利要求1之间不具备单一性；④权利要求1至6得不到说明书的支持，不符合《专利法》第二十六条第四款的规定。

显然，在上述四个无效宣告理由中，第三个理由即不符合《专利法》第三十一条第一款的规定，不属于《专利法实施细则》第六十四条第二款规定的范围❷，因此可以在意见陈述书中请求专利复审委员会对该理由不予考虑。

其余三个无效宣告理由均属于《专利法实施细则》第六十四条第二款规定的范围，通常在撰写意见陈述书和修改权利要求书时应当予以考虑。但是需要特别指出的是，请求人在无效宣告请求书中，针对上述第四个理由，即权利要求1至6得不到说明书的支持，不符合《专利法》第二十六条第四款的规定，只给出结论，并未作出任何具体的分析和说明。根据《专利法实施细则》第六十四条第一款以及《审查指南2006》第四部分第三章的规定，属于请求人在提出无效宣告请求时没有具体说明的无效宣告理由，且在提出无效宣告请求之日起的一个月内也未补充具体说明的情形，可以在意见陈述书中请求专利复审委员会对该无效宣告理由不予考虑。

通过上述初步分析可知，在确定应对策略时只需要分析上述第一个和第二个无效宣告理由能否成立。

3. 结合证据分析无效宣告理由能否成立

下面具体分析"权利要求不具备新颖性和/或创造性"以及"权利要求未清楚限定要求专利保护的范围"这两个无效宣告理由能否成立，其中对于不具备新颖性和/或创造性的无效宣告理由，结合请求人提交的两份证据（对比文件1和对比文件2）进行对比分析。

（1）关于该专利第一个技术主题不具备新颖性和/或创造性的分析

无效宣告请求人认为权利要求1和2相对于对比文件1不具备新颖性。通过将这两项权利要求的技术方案与对比文件1公开的内容进行对比可知，该对比文件1公开了权利要求1和权利要求2的全部技术特征，因此请求人关于权利要求1和2不具备新颖性的无效宣告理由成立。

无效宣告请求人认为权利要求4相对于对比文件1和对比文件2不具备创造性。通过与这两份

---

❶ 即第三次修改后的《专利法》第二十六条第四款。
❷ 即第三次修改后的《专利法实施细则》第六十五条第二款，以下不再重复。

对比文件的对比分析可知，权利要求 4 与对比文件 1 的区别在于颈枕内装有振动按摩器，而对比文件 2 也披露了可以在颈枕部位设置振动器，且在该对比文件中所起作用与该发明中所起作用相同，因此无效宣告请求书中有关权利要求 4 不具备创造性的无效宣告理由成立。

（2）关于该专利第一个技术主题的权利要求 3 未清楚限定要求专利保护的范围的分析

对于无效宣告请求书中有关权利要求 3 未清楚限定要求专利保护的范围的无效宣告理由，由于从属权利要求 3 限定部分进一步限定的技术特征"气囊"和"振动按摩器"均在引用的权利要求 1 中未出现过，因此可以确定权利要求 3 存在未清楚限定要求专利保护的范围的无效宣告理由的缺陷，因此无效宣告请求书中这一无效宣告理由也能成立。

（3）关于该专利第二个技术主题不具备新颖性和/或创造性的分析

无效宣告请求人认为权利要求 5 要求保护的药枕相对于对比文件 1 不具备新颖性。通过将权利要求 5 与对比文件 1 公开的内容进行对比分析可知，鉴于权利要求 5 实际上包括三个并列技术方案（仅在颈枕上缝缀药垫、仅在头枕上面缝缀药垫、头枕和颈枕上面都缝缀药垫），而对比文件 1 仅仅公开了其中一个技术方案（仅在颈枕上缝缀药垫）的全部技术特征，就这一技术方案来说相对于对比文件 1 不具备新颖性的无效宣告理由能够成立；由于对比文件 1 并未披露头枕上缀缝药袋的技术特征，因此对比文件 1 不能否定权利要求 5 中的另两个并列技术方案（仅在头枕上面缝缀药垫、头枕和颈枕上面都缝缀药垫）的新颖性。

无效宣告请求书中认为权利要求 6 相对于对比文件 1 和本领域的公知常识不具备创造性。鉴于对比文件 1 中披露的药垫中的药物与权利要求 6 中药物的组成不同，而且两者的组分完全不相关，因而无效宣告请求书中提出的本技术领域人员根据对比文件中披露的药物成分是容易联想到权利要求 6 的药物组成是缺乏依据的，因此无效宣告请求中有关权利要求 6 不具备创造性的主张不能成立。

4．确定如何修改权利要求书

下面针对本专利的两个技术主题分别说明如何修改权利要求书。

（1）关于本专利第一个技术主题"头颈矫治器"

由上面分析可知，该专利第一个技术主题的四项权利要求有可能被无效，因此需要对第一个技术主题的权利要求进行修改。根据无效宣告程序中修改专利文件的规定，不能将仅仅记载在说明书中的技术特征补入权利要求书中来，因此只能在删除独立权利要求的基础上，通过从属权利要求合并的方式来完成。

对于本案而言，由于三项从属权利要求 2 至 4 均只引用权利要求 1，因而可以有四种合并修改方式：权利要求 2 与权利要求 3 合并，权利要求 2 与权利要求 4 合并，权利要求 3 与权利要求 4 合并，以及权利要求 2 至 4 合并。从维护专利权人权益角度出发，应当首先考虑前三种合并方式是否可行。对于权利要求 2 和权利要求 3 的合并修改以及权利要求 3 和权利要求 4 的合并修改方式，由于这两种合并修改方式不能克服"权利要求未清楚限定要求专利保护的范围"的缺陷，因此这两种合并修改方式不可取；至于权利要求 2 和权利要求 4 的合并修改方式，虽然由于对比文件 1 中明确写明具有气囊的颈椎乐枕头不适宜与振动器结合使用，可以认为本领域技术人员根据现有技术的教导不会想到将气囊和振动器两者直接结合起来得到由权利要求 2 和权利要求 4 合并修改而成的权利要求的技术方案，而本实用新型专利之所以能将两者同时使用，正是通过在气囊和振动器之间设置隔层来解决两者简单结合所造成的气囊漏气和/或抵消振动器作用的问题，也就是说，仅仅将权利要求 2 和 4 两项权利要求合并修改成新的独立权利要求仍然未清楚限定要求专利保护的范围。同时对比文件 1 实际上也已公开了将气囊和振动器两者直接结合起来的技术方案，虽然其认为这种方式不可取。由上述分析可知，仅将权利要求 2 和 4 两项权利要求合并修改成新的独立权利要求仍然不能克服无效宣告请求书中无效宣告理由所涉及的实质性缺陷。于是，该专利针对第一个技术主题修改权利要求书时仅剩下唯一的一种合并修改方式，即在删去独立权利要求 1 的同时将权利要求 2、3、4 三项彼此之间无从属关系的从属权利要求合并修改成新的独立权利要求。显然，这样修改的独立权利要求不仅分别相对于对比文件1或者相对比文件2具备新颖性，而且相对于这两份对比文件以及本领域的公知常识具备创造性；此外，该独立权利要求也清楚限定要求专利保护的范围。有关具体分析理由参见后面有关意见陈述书的论述，为避免重复，在此不作重复说明。

（2）关于该专利第二个技术主题"药枕"

鉴于无效宣告请求书中针对权利要求5提出的无效宣告理由是不具备新颖性，因此对权利要求5可以采用技术方案删除的修改方式，即删除仅在颈枕上缝缀药袋的药枕这一个不具备新颖性的技术方案，而保留另两个具有新颖性的并列技术方案。当然，在这种情况下专利复审委员会有可能会以公知常识为依据而认定权利要求5中的另两项技术方案不具备创造性，但由于对该专利后一个技术主题不可能采用合并修改方式，就无须主动将权利要求5全部删除，而由专利复审委员会去确定是否应当宣告该权利要求5全部无效，更何况专利复审委员会按照《审查指南2006》依职权审查创造性时，必须符合听证原则，即应当发出无效宣告请求审查意见通知书，或者在口头审理时让双方当事人陈述意见，因此可以到那时再确定是否删除。

也正如前面分析可知，无效宣告请求书中有关权利要求6无创造性的无效宣告理由是可以商榷的，更何况对权利要求5已作出修改。为此，可以将原权利要求6改成修改后的药枕独立权利要求的从属权利要求。

综合上面的考虑，在修改后的权利要求书中，对于该专利的第一个技术主题头颈矫治器，删去原独立权利要求1，而将原从属权利要求2、3和4合并修改成新的独立权利要求1。对于该专利第二技术主题药枕，删去原权利要求5中药垫仅缝缀在颈枕上的药枕这一技术方案，而保留另两个技术方案作为新的独立权利要求2，再将原权利要求6改写成新的独立权利要求2的从属权利要求3。修改后的权利要求书请参见后面给出的参考答案。

5. 撰写意见陈述书

在完成上述考虑后，根据上述分析和修改后的权利要求书撰写意见陈述书。就本试题而言，意见陈述书至少包括下述几个方面。

（1）修改说明：简单阐明对权利要求书进行了何种修改，并说明所作修改符合相关规定的要求。

（2）明确指出关于权利要求5不符合《专利法》第三十一条第一款的规定，不属于《专利法实施细则》第六十四条第二款规定的无效宣告理由范围，应当不予考虑；并明确指出，对于权利要求1至6不符合《专利法》第二十六条第四款规定的无效宣告理由，由于在无效宣告请求书中未给予具体说明，也应当不予考虑。

（3）针对该专利第一个技术主题头颈矫治器，阐述修改后的独立权利要求克服了原权利要求3未清楚限定要求专利保护的范围的缺陷，符合《专利法实施细则》第二十条第一款的规定。

（4）针对该专利第一个技术主题头颈矫治器，重点阐述修改后的权利要求1分别相对于对比文件1或对比文件2具备新颖性，相对于对比文件1、对比文件2和本领域的公知常识具备创造性；针对该专利第二技术主题药枕阐述修改后的权利要求2具备新颖性，修改后的权利要求3具备创造性。其中需要注意，对于修改后的权利要求2是否具备创造性不需要论述，因为无效宣告请求书中仅针对原权利要求5提出不具备新颖性的无效宣告理由，而没有提出不具备创造性的无效宣告理由。而对于修改后的权利要求3，由于无效宣告请求书中仅针对原权利要求6提出不具备创造性的无效宣告理由，因此可以不具体论述修改后的权利要求3具备新颖性，而直接论述其具备创造性。

（三）结合修改后的权利要求书针对补充意见陈述和补充证据撰写意见陈述书

对于这一部分试题内容，通常可以按照下述步骤考虑。

（1）依据试题说明，请求人张某提交的补充意见陈述书和补充的证据对比文件3的时间自无效请求日起算已超过一个月，但由该补充意见陈述书第一段的说明可知，该补充意见陈述书是针对专利权人答复无效宣告请求书时提交的意见陈述书和修改的权利要求书提出新的无效宣告理由和增加新的证据，因此需要认真考虑补充意见陈述书增加的无效宣告理由和证据是否应当予以考虑。

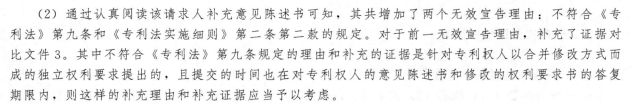

（2）通过认真阅读该请求人补充意见陈述书可知，其共增加了两个无效宣告理由：不符合《专利法》第九条和《专利法实施细则》第二条第二款的规定。对于前一无效宣告理由，补充了证据对比文件3。其中不符合《专利法》第九条规定的理由和补充的证据是针对专利权人以合并修改方式而成的独立权利要求提出的，且提交的时间也在对专利权人的意见陈述书和修改的权利要求书的答复期限内，则这样的补充理由和补充证据应当予以考虑。

而第二个无效宣告理由不符合《专利法实施细则》第二条第二款的规定是针对修改后的权利要求3提出，而修改后的权利要求3实际上是通过删除技术方案的方式得到的，因此请求人不能针对该修改后的权利要求3增加无效宣告理由，由此可知这一新增加的无效宣告理由专利复审委员会应当不予考虑。

（3）然后具体分析补充的证据对比文件3能否支持不符合《专利法》第九条的无效宣告理由成立。

由于补充的证据即对比文件3相对于该专利而言，是申请在前公告在后的中国外观设计专利文件，由于外观设计和实用新型的保护客体完全不一样，因此不可能构成《专利法》第九条所述的"同样的发明创造"，也就是补充意见中关于不符合《专利法》第九条的无效宣告理由不能成立。❶

（四）口头审理时针对对方出席人员的身份和资格发表意见

从试题说明可知，对方请求人共委托了王某和李某参加口头审理，其中王某为公民代理，李某为乙代理公司的代理人。根据试题，要求考生在口头审理时对王某和李某的身份和资格发表意见。因此，需要对王某和李某的身份和资格分别作出分析。

（1）王某：作为公民代理出席口头审理时的委托手续参照代理机构的委托。因此，应当核实其是否提交委托书和身份证，并且其委托权限应当仅限于在口头审理中陈述意见和接收当庭转送的文件。

（2）乙代理公司的专利代理人李某，需要考虑下述两个问题：

① 李某作为专利代理人，出席口头审理时应当由专利复审委员会核实专利代理人的身份证、代理人执业证、委托书。如果没有委托书，则可以提出其不具备出庭资格，并且可视为李某自行接受委托。

② 作为李某的工作单位乙代理公司，由试题中给出的实用新型专利的著录项目中可知，该实用新型专利在提出专利申请时专利权人委托乙代理公司办理。在该专利无效宣告程序中，作为专利权人申请阶段的代理人乙公司，又接受了无效宣告请求人张某的委托，委派李某出席口头审理。而根据《专利代理条例》第十条的规定，专利代理机构接受委托后，不得就同一内容的专利事务接受有利害关系的其他委托人的委托。由此可知，请求人委托的乙代理公司违反了上述规定，因此可以在口头审理中请求专利复审委员会不允许乙公司的专利代理人参加口头审理。实际考试中，有的考生没能认真审题而没有注意到实用新型专利的著录项目中专利代理机构一栏给出的信息。

基于上述分析，可以得出相关答案。

---

❶ 根据国家知识产权局令第74号《关于修改〈专利审查指南〉的决定》的规定，涉及无效宣告程序中允许请求人在提出无效宣告请求之日起一个月后补交证据的有关内容由"在专利复审委员会指定期限内针对专利权人以合并方式修改的权利要求书或提交的反证补充的证据"改为"在专利复审委员会指定期限内针对专利权人提交的反证补充的证据"，也就是说即使专利权人修改了权利要求书，请求人在专利复审委员会指定期限内也不得再补充证据。因此按照现行的规定，请求人的意见陈述是在我方针对无效宣告请求书向专利复审委员会陈述意见时对权利要求书进行修改后的一个月答复期限内提交的，该意见陈述中新增加的重复授权的无效宣告理由是针对我方采用以删除以外的方式修改的权利要求1提出的，符合《专利审查指南2010》第四部分第三章关于请求人补充理由的规定。但是，请求人为支持这一无效宣告理由还补充了新的证据对比文件3，却不符合《专利审查指南2010》第四部分第三章关于请求人补充证据的规定，请求专利复审委员会对该证据不予考虑。

二、无效实务题参考答案

（一）修改后权利要求书的参考答案❶

1. 一种由枕套（1）、枕芯（2）构成的头颈矫治器，其特征在于❷：中间部位设有近似于头形的凹陷槽（3），凹陷槽下方为头枕（4），凹陷槽沿头颈矫治器宽度方向的两侧为颈枕（5），其整体尺寸为长 50 至 80cm、宽 20 至 60cm、高 6 至 18cm，制成长方体、圆柱体或长椭圆体三种形状；还包括气囊（6），颈枕（5）内装有振动按摩器（7），气囊（6）和振动按摩器（7）之间设置有隔层（8）。

2. 一种由枕套（1）、枕芯（2）构成的药枕，其特征在于：包括头枕（4）和颈枕（5），在头枕（4）上面，或者在头枕（4）和颈枕（5）上面缝缀药垫（9），其中装有预防和治疗颈椎病的药物。

3. 根据权利要求 2 所述的药枕，其特征在于：药垫（9）内装有重量配比为 3：2 的茶叶和荞麦皮的混合物。

（二）针对无效宣告请求书的意见陈述书的参考答案

专利复审委员会：

专利权人收到请求人的《专利权无效宣告请求书》及所附的对比文件 1、2。现作出如下答辩意见。

一、修改说明

专利权人对权利要求书进行了修改，将授权公告的权利要求 1 删除，并将权利要求 2 至 4 合并作为新的独立权利要求 1，删除了授权公告的权利要求 5 中"颈枕上面缝缀药垫"的技术方案，此外还相应地修改了权利要求的编号和引用关系。❸

上述针对授权公告的权利要求 2 至 4 的合并式修改是在答复无效请求书的期限内作出的，符合《专利法》《专利法实施细则》和《审查指南 2006》中关于无效审查期间对专利文件进行修改的各项规定。❹

二、关于修改后的独立权利要求 1 的新颖性和创造性

1. 新颖性

修改后的权利要求 1 相对于对比文件 1 的区别在于限定头颈矫治器的颈枕内装有振动按摩器，且气囊和振动器之间设有隔层，因此权利要求 1 相对于对比文件 1 具备《专利法》第二十二条第二款规定的新颖性。

2. 创造性

对比文件 1 公开本专利的技术特征最多，可以作为最接近的现有技术。权利要求 1 与对比文件 1 的区别在于颈枕内装有振动按摩器，以及气囊和振动器之间设置有隔层。因此权利要求 1 相对于对比文件 1 所实际解决的问题是为有气囊的头颈矫治器提供振动按摩作

---

❶ 虽然今后会根据国家知识产权局第 74 号局令的规定进行考试，但对于该年试题的参考答案，即使按第 74 号局令的规定，也会得出相同的答案。

❷ 在无效宣告程序中修改权利要求书时，对于独立权利要求不需要相对于最接近的现有技术重新划界，因为未正确划界为形式缺陷，不属于《专利法实施细则》第六十五条第二款（即修改前的《专利法实施细则》第六十四条第二款）规定的实质性缺陷范围，因此修改的独立权利要求 1 未按《专利法实施细则》第二十一条第一款（即修改前的《专利法实施细则》第二十二条第一款）划分前序部分和特征部分。

❸ 本段为对原权利要求书所作修改的具体说明。

❹ 本段说明所作修改符合《专利法》《专利法实施细则》和《审查指南 2006》关于修改专利文件的规定。但如果在这段中再指出权利要求 1 在删除原独立权利要求 1 的基础上所采用的合并修改方式，以及权利要求 2 和权利要求 3 是采取删除修改方式的话则更好。

用，且防止气囊漏气和振动被气囊抵消。❶

虽然对比文件2公开了颈椎病治疗枕中可以含有振动器，起到颈椎保健作用，但是由于对比文件1明确指出了该颈椎乐枕头同时采用气囊和振动器时，可能导致气囊漏气或者抵消振动器的振动作用，而对比文件2并未披露可以通过在气囊和振动器之间设置隔层来防止气囊漏气或振动被气囊抵消的这一技术问题的技术教导，因此对所属技术领域的技术人员来说，不能通过对比文件中公开的内容得出通过在气囊和振动器之间设置隔层来解决上述问题的技术启示。❷

而且本专利在颈枕下设置振动按摩器，既产生振动按摩，又可以调节枕头高低，还避免了振动作用被气囊抵消，具有有益效果。❸ 因此修改后的权利要求1具有实质性特点和进步，具备《专利法》第二十二条第三款规定的创造性。❹

三、修改后的权利要求1清楚限定要求专利保护的范围

修改后的权利要求1在"气囊（6）和振动按摩器（7）之间设置有隔层（8）"的特征之前已经描述了头颈矫治器包括"气囊（6）"和"颈枕内装有振动按摩器（7）"的技术特征，因此权利要求1的技术方案是清楚的，符合《专利法实施细则》第二十条第一款❺的规定。❻

四、权利要求5不符合单一性规定的无效宣告理由应当不予考虑

《专利法》第三十一条第一款不属于《专利法实施细则》第六十四条第二款规定的无效宣告理由，因此请求专利复审委员会对该理由不予考虑。❼

五、关于修改后的独立权利要求2的新颖性

修改后的权利要求2与对比文件1相比的区别在于，权利要求2要求保护头枕和颈枕中都含有药垫的方案，或者仅头枕含药垫的方案，而对比文件1仅公开了颈枕含药垫的技术方案，因此权利要求2相对于对比文件1具备《专利法》第二十二条第二款规定的新颖性。❽

六、关于修改后的从属权利要求3的创造性

修改后的从属权利要求3与对比文件1存在两个方面的区别：第一个方面是对比文件1仅公开了颈枕含药垫，而权利要求3的枕头是头枕和颈枕中都含有药垫，或者仅头枕含药垫；第二方面的区别在于：对比文件1仅公开了采用麝香、人参等药物，而权利要求3的枕头中的药垫中的药物是重量配比为3：2的茶叶和荞麦皮的混合物。❾

就上述第二方面的区别来说，专利权人认为，对比文件1中公开的药物为麝香、人参，本专利修改后的权利要求3中的药物为茶叶和荞麦皮的混合物，而麝香、人参与茶叶、荞麦皮是两类药性完全不同的药材，因而，本领域技术人员根据对比文件1中所采用麝香、人参药物，不能得出采用权利要求3中的茶叶和荞麦皮的混合物作为治疗、预防颈椎病药

---

❶ 本段写明创造性判断中论述具有实质性特点的"三步法"中的前两步，即确定区别技术特征和实际要解决的技术问题。

❷ 本段为论述具有实质性特点的第三步内容，说明现有技术未给出技术启示。

❸ 此处说明有益效果。

❹ 在分析的基础上，得出权利要求具有实质性特点和进步的观点，给出具备创造性的结论，明确法律依据。

❺ 即现行《专利法》第二十六条第四款。

❻ 本段说明修改后的独立权利要求1克服了原权利要求3所存在的未清楚限定要求专利保护的范围的缺陷。但此段内容放在"关于修改后的独立权利要求1的新颖性和创造性"部分之前更好。

❼ 此段提出无效宣告请求书中提出的不具有单一性的无效宣告理由不予考虑，但如果放在修改说明部分之前更好。

❽ 此段指出修改后的权利要求2与对比文件1的区别，以说明修改后的权利要求2相对于对比文件1具备新颖性。

❾ 此段指出修改后的权利要求3与对比文件1的区别。

物的技术启示❶。因此，权利要求3具有实质性特点和进步，具备《专利法》第二十二条第三款规定的创造性，即请求人提出的无效宣告理由不能成立。❷

七、关于权利要求1至6得不到说明书支持的无效宣告理由

对于本专利权利要求1至6不符合《专利法》第二十六条第四款的规定的无效宣告理由，在无效宣告请求书中没有提供具体说明，且在提出无效宣告请求之日起的一个月内也未补充具体说明，对于这样的无效宣告理由，专利复审委员会应当不予考虑。❸

综上所述，对于修改后的权利要求书（权利要求1至3），请求书中的全部无效宣告理由不成立。请专利复审委员会在此修改后的权利要求1至3以及授权公告说明书的基础上维持本专利有效。❹

（三）针对请求人补充意见陈述书和对比文件的意见陈述书参考答案

专利复审委员会：

专利权人收到请求人的补充意见陈述书及所附的对比文件3，现答辩意见如下。

由于修改后的权利要求1是专利权人在授权公告的权利要求书基础上合并修改得到的，因此请求人可以针对修改后的权利要求1补充无效宣告理由和证据，符合《审查指南2006》第四部分第三章关于请求人补充理由和证据的规定。❺但是，由于实用新型保护的是对产品的形状、构造或者其结合所提出的适于实用的新的技术方案，而外观设计专利保护的是对产品的形状、图案或者其结合以及色彩与形状、图案的结合所作出的富有美感并适于工业应用的新设计，两者保护的客体不同，因此，本实用新型专利与对比文件3的外观设计专利不可能是《专利法》第九条所述的"同样的发明创造"。❻❼

由于修改后的权利要求2和权利要求3都是在授权公告的权利要求书基础上通过删除技术方案的修改方式得到的，不属于《审查指南2006》第四部分第三章所述的请求人可以补充理由和证据的情况，因此对于请求人针对权利要求3所提出的《专利法实施细则》第二条第二款的无效宣告理由应当不予考虑，该理由自然不成立。

综上所述，请求人的无效宣告理由不成立。请专利复审委员会在随前次意见陈述书提交的修改后的权利要求书和授权公告说明书的基础上维持本专利有效。

（四）发表对对方出席口头审理人员的身份和资格的意见参考答案

专利复审委员会：

---

❶ 此处最好先指出"麝香、人参与茶叶、荞麦皮两者的药性完全不同"，在此基础上再得出"根据对比文件1中所采用药物，不能得出采用权利要求3所述药物的技术启示"。

❷ 针对创造性，明确结论和法律依据。

❸ 此段指出，无效宣告请求书中有关权利要求得不到说明书的支持，虽然属于《专利法实施细则》第六十五条第二款规定的范围，但由于在无效宣告请求书中未予以具体说明，故请求专利复审委员会不予考虑，此段也可放在修改说明之前。

❹ 意见陈述结尾语段，并说明专利权人的请求。

❺ 在实际专利代理实务中，通常无须指出对方补充意见陈述和/或证据符合相关规定。

❻ 针对补充意见中第一个可以增加的无效理由论述为什么不能成立。

❼ 上述答案是按照当时的规定给出的。而按照现行《专利审查指南2010》的规定，上述答案中的这一段内容应当改为："请求人的意见陈述是在我方针对无效宣告请求书向专利复审委员会陈述意见时对权利要求书进行修改后的一个月答复期限内提交的，该意见陈述中新增加的重复授权的无效宣告理由是针对我方采用以删除以外的方式修改的权利要求1提出的，符合《专利审查指南2010》第四部分第三章关于请求人补充理由的规定。但是，请求人为支持这一无效宣告理由还补充了新的证据对比文件3，这不符合《专利审查指南2010》第四部分第三章关于请求人补充证据的规定，请求专利复审委员会对该证据不予考虑。鉴于此，请求人的上述无效宣告理由缺少证据的支持，该无效宣告理由不能成立。"

（1）我方要求核实对方公民代理王某的身份证、委托书和委托权限。如果有委托书，其公民代理权限应仅限于在口头审理中陈述意见和接收当庭转送的文件；如果没有委托书，则其不具备出庭资格。❶

（2）我方要求核实专利代理人李某的身份证、代理人执业证、委托书。如果有委托书，乙公司作为专利权人在申请阶段的代理人，又接受请求人张某的委托并指派李某出席同一专利无效宣告程序的口头审理，违反了《专利代理条例》第十条的规定；如果没有委托书，则李某不具备出庭资格，并且可视为李某自行接受委托，违反了《专利代理条例》第十七条的规定。❷

三、申请实务题的试题解析

（一）阅读试题说明，把握答题要求

由试题说明可知，申请实务题是在第一题理解相关技术内容的基础上来完成：即委托人提供了后续改进技术内容的说明，要求代理人以第一题无效实务题中的实用新型专利文件和请求人提供的三份对比文件作为现有技术重新提交一份新的发明专利申请。根据试题说明和答题须知，对于申请实务题，考生应当明确如下几点。

（1）对于这一部分试题，考生至少应当为委托人撰写一件发明专利申请的权利要求书。

（2）此外，还可能要求考生根据试题情况确定要否完成另外两项工作：

① 若撰写的权利要求书中包含有两项或两项以上独立权利要求，说明合案申请的理由；

② 若认为该申请的一部分内容应当通过一份或多份分案申请提出，说明理由，并撰写出分案申请的权利要求书。

（3）2009 年申请实务题是针对专利权人的后续改进技术内容撰写发明专利申请，无效实务题中的实用新型专利和三份对比文件是这件发明专利申请的现有技术。这一点在答题时必须牢牢掌握，一定要注意 2009 年试题与 2007 年试题中在撰写实务题部分出题方式上的变化。

（二）申请实务题的答题思路

申请实务题答题时通常可以按照下述步骤进行。

1. 理解专利权人提出的后续改进的技术内容说明

由技术内容说明可知，专利权人是针对现有技术（即对比文件 2）中的能够产生振动的止鼾枕头作出的改进。在技术说明中明确指出这种现有技术存在两方面不足：其一，音频检测器在检测到环境噪音而非鼾声时也会使振动器产生振动；其二，振动器产生的振动会惊醒使用者。

由技术内容说明可知，该发明针对现有技术所存在的上述两方面的不足作出了两方面的改进，即针对这两方面的不足分别采取了相应的技术措施：针对第一方面存在的不足，所采取的措施是在枕头内增设比较器，以区分声音是否属于鼾声，仅仅在确认为鼾声时才启动如振动器那样的止鼾装置；针对第二方面存在的不足，采用两种不同的比振动器更为柔和的止鼾装置，其中第一种是在枕芯下设有多个交替缓慢充放气的气囊，第二种是枕头中的止鼾装置包括依次设置在枕头下的支撑板、与支撑板连接的摇动板以及其内部设有驱动器且与摇动板嵌合的底板。

2. 对现有技术作出分析，确定该发明的最接近的现有技术

由试题说明及后续改进的技术内容说明可知，该申请共涉及四项现有技术：无效实务题中的实用新型专利文件和三份对比文件。在这四项现有技术中，对比文件 2 中提到的现有技术与该发明的技术领域相同，与其他现有技术相比，其解决的技术问题和用途更接近该发明（防止打鼾），披露该发明的技术特征更多（音频检测器及起止鼾作用的振动器），因此应当以对比文件 2 中的止鼾枕头作

---

❶ 对口头审理时对方参加人员王某的身份和资格发表意见。

❷ 对口头审理时对方参加人员李某及其所在代理机构乙公司的身份和资格发表意见。

为该发明的最接近的现有技术。

3. 确定该发明要解决的技术问题

由后续改进的技术说明可知，该发明相对于最接近的现有技术作出了两方面的改进，第一方面改进所解决的技术问题是防止将环境噪音误认为鼾声而启动振动器，第二方面改进所解决的技术问题是解决振动器振动过大而惊醒睡眠者。鉴于在实用新型专利、对比文件1、对比文件2和对比文件3这四项现有技术中均没有公开第一方面改进所采取的措施（在枕头内增设音频比较器以区分是否为鼾声）和第二方面改进（采用多个交替缓慢充放气的气囊或者设置在枕头下方缓慢摇动的止鼾装置来代替振动器），且这两方面的改进措施也不是本领域的公知常识，因此针对这两方面的改进措施之一撰写成该发明的独立权利要求足以使该发明具备新颖性和创造性。

作为一名代理人来说，在这种情况下，显然不应当将这两方面改进所解决的技术问题一起作为该发明独立权利要求所要解决的技术问题，因这样做会导致发明专利申请的保护范围过窄而损害委托人的权益。因此应当考虑从这两个技术问题中选择一个作为该发明要解决的技术问题，并针对这一个技术问题撰写独立权利要求。但由后续改进的技术说明可知，这两方面的改进是并列的，并无从属关系，因此可以将针对这两方面的不足分别作出的改进视作两项发明，各撰写一项独立权利要求，也就是说分别将这两个技术问题之一作为该发明要解决的技术问题各撰写出一项独立权利要求。但是，这样撰写的两项独立权利要求明显不符合合案申请关于单一性的要求，因此应当在该发明专利申请中要求保护其中一项发明，而对另一项发明可建议委托人另行提出专利申请。

鉴于委托人在后续改进的技术内容中将增设比较器以防止将环境噪声误作鼾声而启动振动器作为该发明所解决的第一方面的不足，针对第二方面不足作出改进的两个实施方式中均包含有比较器，由此可知委托人更关注第一方面的改进，因此可以将第一方面的改进方案作为该申请的主题，而将第二方面改进（仅采用多个交替缓慢充放气的气囊或者设置在枕头下方缓慢摇动的止鼾装置来代替振动器）的技术方案则作为另外的申请提出。需提请注意的是，按照修改后的《专利法》，这些申请应当同日提交，以避免申请人本人的在先申请成为在后申请的抵触申请。

4. 撰写该发明专利申请的独立权利要求和从属权利要求

作为第一方面改进的技术方案，其主题自然是一种止鼾枕头。为解决防止误认鼾声而启动振动器这一技术问题，其必要技术特征除了应当包括与最接近的现有技术共有的技术特征（音频检测器、由输入信号启动的使枕头晃动的止鼾装置❶）外，还应当包括比较器，该比较器将音频检测器检测到的声音信号与比较器中预先以使用者打鼾常见声音频率段设定的标准值进行比较，当检测到的声音信号属于预设的频率段范围，该比较器向止鼾装置输出用以启动止鼾装置的输入信号。在将上述必要技术特征写成独立权利要求时，应当将音频检测器和止鼾装置写入前序部分，而将比较器及其相关特征作为区别特征写入到特征部分。最后完成的独立权利要求为：

"一种止鼾枕头，包括音频检测器和由输入信号启动的使枕头晃动的止鼾装置，其特征在于，该枕头还包括比较器，该比较器中将使用者打鼾时常见声音频率段预先设定为标准值，比较器将音频检测器检测到的声音信号与预设的标准值进行比较，如果经判断该信号属于预设频率段的声音，则比较器向止鼾装置输出用以启动止鼾装置的输入信号。"❷

然后，着手撰写从属权利要求。首先应当以两种比振动器更柔和的止鼾装置的具体结构作为附加技术特征，撰写两项并列的从属权利要求，因为这两种结构的止鼾装置能进一步为该发明带来更好的技术效果；当然也可用已知的振动器作为附加技术特征撰写另一项并列从属权利要求。另外，在从属权利要求数目不多的情况下，还可将枕头的形状、整体尺寸等作为附加技术特征来撰写从属权利要求。所撰写成的从属权利要求可参见后面申请实务题参考答案中有关发明申请权利要求书的

---

❶ 此为对振动器、多个交替缓慢充放气的气囊以及设置在枕头下方缓慢摇动的摇动板概括成的技术特征，需要注意的是不能仅概括成止鼾装置，这样会导致权利要求未清楚限定要求专利保护的范围，为此应当对该止鼾装置进行功能性限定，可写成"由输入信号启动能使枕头晃动的止鼾装置"。

❷ 本书编者认为此为撰写较好的独立权利要求写法。

权利要求 2 至 5。

5. 撰写一份或多份分案申请的独立权利要求和从属权利要求

在为该发明所作出的第二方面改进撰写独立权利要求时，会发现这两种用来使枕头作柔和晃动的止鼾装置还无法用一个技术特征进行概括，因此只能针对这两种结构分别撰写一项独立权利要求，但这两项独立权利要求又明显没有相同或相应的特定技术特征，因此只能另行提出两份申请，或者先在另一份申请的权利要求书中写入两项独立权利要求，待审查员要求分案时再行分案，但在考试时还是以另行提出两份申请为好。

对于这两件申请来说，由于后续改进的技术说明中所写明的材料过少，除了独立权利要求外，难以写出较多的从属权利要求，因此可以建议委托人再补充更详细的材料以便撰写出更能维护委托人权益的专利申请文件。按照目前提供的材料，针对多个气囊的实施方式可以撰写一项独立权利要求和一项从属权利要求，而针对摇动式止鼾装置只能撰写一项独立权利要求。参见申请实务题参考答案中的分案申请权利要求书。

四、申请实务试题的参考答案

(一) 发明专利申请权利要求书❶

1. 一种止鼾枕头，包括音频检测器和用来使枕头晃动的止鼾装置❷，其特征在于，该枕头还包括比较器，该比较器中将使用者打鼾时常见声音频率段预先设定为标准值，比较器将音频检测器检测到的声音信号与预设的标准值进行比较，如果经判断该信号属于预设频率段的声音，则比较器向止鼾装置输出信号，启动止鼾装置。

2. 根据权利要求 1 所述的止鼾枕头，其特征在于，所述止鼾装置包括设置在枕芯下的多个气囊，与气泵相连，气囊控制器控制气泵向其中某一气囊充、放气，且各气囊的充气、放气的时间和速度可调节从而使枕头产生晃动。❸

3. 根据权利要求 1 所述的止鼾枕头，其特征在于所述止鼾装置包括在枕头下依次设置的支撑板、与支撑板连接的摇动板以及与摇动板嵌合的底板，底板内设有与比较器相连的驱动器。❹

4. 根据权利要求 1 所述的止鼾枕头，其特征在于所述止鼾装置为与振动电机相连的振动器。

5. 根据权利要求 1 所述的止鼾枕头，其整体尺寸为长 50 至 80cm、宽 20 至 60cm、高 6 至 18cm。❺

（除上述权利要求外，从技术内容说明中加入的其他合理从属权利要求均可。）❻

---

❶ 这是《2009 年全国专利代理人资格考试试题解析》一书中给出的发明专利申请权利要求书的参考答案。

❷ 按照本书的观点，此处最好明确为"由输入信号启动的使枕头晃动的止鼾装置"，相应最后一个技术特征也略作改写，以更加清楚地限定要求专利保护的范围（参见本题试题解析部分给出的独立权利要求）。

❸ 按照本书的观点，该权利要求可撰写成两项从属权利要求，即将"气囊控制器对各气囊依次充放气的时间和速度是可调节的"作为进一步限定的从属权利要求来撰写。对此，可参见下面推荐的第一份分案申请权利要求书中独立权利要求 1 和从属权利要求 2 的写法。

❹ 为了使该项从属权利要求清楚地限定要求专利保护的范围，该项从属权利要求相对于《2009 年全国专利代理人资格考试试题解析》中有关专利代理实务试题的参考答案，在"驱动器"前增加了"与比较器相连的"限定，此增加的内容在后续改进技术内容的说明中有明确的记载。

❺ 严格来说，在平时实务中，无须写入这一项从属权利要求，因为该项从属权利要求的附加技术特征不可能为该发明带来创造性的贡献，且这一附加技术特征与该发明的改进没有任何直接或间接的关系。在应试中，若撰写的权利要求书中像本案一样只有四五项，就可以再撰写一项从属权利要求；如果撰写的权利要求书中已有较多项权利要求，则就无须针对此撰写一项从属权利要求。

❻ 从当年给出的参考答案后的这一说明可知，多写一些从属权利要求，至少不会扣分。

（二）分案申请的权利要求书及分案理由的参考答案❶

第一份分案申请的权利要求书

1. 一种止鼾枕头，包括用来使枕头晃动的止鼾装置，其特征在于，所述止鼾装置包括多个设置在枕芯下的，且与气泵相连通的气囊，以及用于控制所述气泵向各个气囊依次充放气的气囊控制器。

2. 按照权利要求1所述的止鼾枕头，其特征在于：所述气囊控制器对各气囊依次充放气的时间和速度是可调节的。

第二份分案申请的权利要求书

1. 一种止鼾枕头，包括用来使枕头晃动的止鼾装置，其特征在于，所述止鼾装置包括依次设置在枕头下方的支撑板、与支撑板连接的摇动板以及其内部设有驱动器且与摇动板嵌合的底板。

需要分案申请的理由

发明专利申请中权利要求1的特定技术特征是枕头中增设有比较器以及与该比较器相关的技术特征，而第一份分案申请的独立权利要求特定技术特征是止鼾装置包括设置在枕芯下的多个与气泵相连通的气囊以及控制气泵向各气囊依次充放气的气囊控制器，第二份分案申请的特定技术特征在于止鼾装置包括在枕头下依次设置的支撑板、与支撑板连接的摇动板，以及与摇动板嵌合的底板。鉴于上述三项独立权利要求的特定技术特征，既不相同，也不相应，因此这三项独立权利要求不属于一个总的发明构思，不能合案申请，需要以分案申请的形式提出多份申请才能获得保护。

第二十五章　2010年专利代理实务试题解析

试　题

答题须知

1. 所有试题的正确答案均以现行、有效的法律和法规为准。

2. 作为考试，应试者在完成题目时应当接受并仅限于本试卷所提供的事实。

3. 应试者应当将各题答案按顺序清楚地誊写在正式答题卡相对应的答题区域内：

第一题的答案按顺序清楚地誊写在第一张答题卡（即答题卡第1至4页）上；

第二题、第三题的答案按顺序清楚地誊写在第二张答题卡（即答题卡第5至8页）上。

4. 应试者将答案写在试卷上、草稿纸上或者未按上述要求写在相应答题卡上的，不予计分。

5. 考试结束时，草稿纸需随试卷、答题卡一同由监考老师收回，请勿带出考场。

试题说明

本专利代理实务试题满分150分。

客户向你所在代理机构提供了他们发明的食品料理机的交底材料（附件1）和他们所了解的现有技术（附件2），委托你所在的代理机构为其提出专利申请。在撰写专利申请文件前，你对现有技术进行检索，并找到了一篇相关的对比文件（附件3）。

第一题（70分）：请根据上述交底材料、客户提供的现有技术以及你检索到的对比文件为客户撰写一份发明专利申请的权利要求书，具体要求如下：

---

❶ 《2009年全国专利代理人资格考试试题解析》一书对专利代理实务试题给出的参考答案中无此内容，其理由是：试题关于后续改进技术内容的说明中，对于带有这两种止鼾装置的止鼾枕头均包含有音频比较器，而没有针对这两种止鼾装置单独给出实施例，因而当年的参考答案未给出要求分案申请。但考虑到这是一道申请文件的撰写题，并不是答复审查意见通知书，因此从维护申请人的利益出发，应当建议申请人针对这两种止鼾装置的枕头在同日另行提出一件或两件专利申请。

1. 独立权利要求应当从整体上反映发明的技术方案、记载解决技术问题的必要技术特征，相对于现有技术具备新颖性和创造性，并且符合《专利法》及其实施细则对独立权利要求的其他规定。

2. 从属权利要求应当使得本申请面临不得不缩小独立权利要求保护范围的情况时具有充分的修改余地，但是其数量应当合理、适当，并且符合《专利法》及其实施细则对从属权利要求的所有规定。

3. 如果所撰写专利申请的权利要求书中包含两项或者两项以上独立权利要求，请简述这些独立权利要求能够合案申请的理由；如果认为该申请的一部分内容应当通过一份或者多份申请分别提出，则应当进行相应说明，并撰写出独立权利要求。

第二题（60分）：简述《审查指南》中关于确定最接近的现有技术需要考虑的因素；确定附件2、附件3中哪一份是本申请最接近的现有技术；说明所撰写的权利要求书（如果提出多份申请，还包括相应的权利要求书）相对于现有技术具备新颖性和创造性的理由。

第三题（20分）：随后，该客户又向你所在的代理机构致函（附件4）并附对比文件（附件5），希望对"电热器的合金材料"单独提出专利申请，请你根据客户提交的附件4、附件5，撰写专利申请的权利要求书，并说明该申请能否要求享有优先权以及能否获得保护的理由。

附件1（客户提供的交底材料）

[001] 客户发明了一种电机上置式食品料理机10（参见图1），包括机头101，其内设置有电机102和电路控制器件103；刀轴104从机头101的下盖伸出，其前端固定安装刀片105；U形管状的电热器106，从机头101下盖伸出；以及杯体107。此外，食品料理机10还包括一个上下开口中空筒状的引流罩108，其上部卡合固定在机头101的下盖上，下部不接触杯体107内侧底部。引流罩108上设置有多个供水和制浆物料通过的引流孔109，引流孔109的形状可以为圆形、椭圆形或者矩形，位置为交错分布。

[002] 该食品料理机可以处理大豆、花生、核桃、玉米等五谷杂粮原材料，用以自制豆浆、花生浆、核桃浆、玉米浆，甚至混合五谷浆等。使用时将水和制浆物料放入杯体107内，将引流罩108卡合固定到机头101的下盖上；机头101扣装在杯体107上，刀片105在引流罩108内伸入水中。接通电源，电热器106加热，电机102工作。制浆物料被旋转的刀片105打碎，在引流罩108内形成不规则的涡流和负压。制浆物料和水被从杯体107的底部吸入、提升到引流罩108内充分混合，在离心力的作用下被不断地甩出，从引流孔109射出后回流到杯体107内。回流到杯体107内的制浆物料和水再次被从底部吸入、提升到引流罩108内，从而在杯体107和引流罩108之间反复循环（参见图2），并不断被刀片105打碎，浆液中颗粒的细度逐渐提高，最终完成制浆过程。

[003] 由于食品料理机10中采用引流罩108代替传统的过滤网罩，克服了过滤网罩死角难以清洗的缺陷。此外，由于制浆物料是在杯体107和引流罩108内随水在大范围内循环粉碎制浆，不是在过滤网罩内被粉碎制浆，因而粉碎制浆效果更好，营养更好地溶解在浆液中。

[004] 作为引流孔109的变形，还可以在引流孔109的上方增设外凸的引流帽110（参见图2），当制浆物料经刀片105打碎后，继续高速旋转，沿引流孔109射出，由于受到外凸引流帽110的阻挡，降低出浆高度并有效回流，缩短了打浆循环时间。

[005] 客户通过实验发现，引流罩108的下边沿距杯体107内侧底部距离为15至25毫米时，制浆物料的粉碎和循环效果较佳。最上端的引流孔109的上边沿距引流罩108上边沿的距离为引流罩108总高度的1/5时，制浆物料的粉碎和循环效果较好。

[006] 客户还提供了一种不同于传统豆浆机中刀片单向旋转打浆的控制方式，所述控制方式由电路控制器件103（参见图3）来实现，该电路控制器件103包括：电源模块1031，用于提供微处理机控制单元1033和电机102的工作电压；时间检测模块1032，用于检测电机驱动时间；微处理机控制单元1033，用于控制电机驱动模块1034的工作状态；以及电机驱动模块1034，用于驱动电机102

的正反转。

[007] 电路控制器件 103 工作时，微处理机控制单元 1033 向电机驱动模块 1034 发出正转信号，电机 102 正向运转粉碎制浆物料；时间检测模块 1032 对电机 102 的正转时间进行检测，当正转时间为 A 秒时，向微处理机控制单元 1033 发出时间已到信号；微处理机控制单元 1033 向电机驱动模块 1034 发出停止信号；时间检测模块 1032 对电机 102 的停止时间进行检测，当停止时间为 B 秒时，向微处理机控制单元 1033 发出时间已到信号；微处理机控制单元 1033 向电机驱动模块 1034 发出反向运转信号，电机 102 反转进一步粉碎制浆物料；时间检测模块 1032 对电机 102 的反转时间进行检测，当反转时间为 C 秒时，向微处理机控制单元 1033 发出时间已到信号；微处理机控制单元 1033 向电机驱动模块 1034 发出停止信号；时间检测模块 1032 对电机 102 的停止时间进行检测，当停止时间为 D 秒时，微处理机控制单元 1033 再次向电机驱动模块 1034 发出正转信号；重复上述过程，循环粉碎 N 次后，完成制浆程序（具体步骤参见图4）。其中，正反转时间、停止时间以及循环的次数根据浆料不同可做不同设置，优选参数为：$5 \leqslant A \leqslant 10$，$2 \leqslant B \leqslant 5$，$5 \leqslant C \leqslant 10$，$2 \leqslant D \leqslant 5$，$5 \leqslant N \leqslant 10$。

[008] 以上过程中，在刀片 105 改变旋转方向的瞬间，部分浆料由于惯性作用，来不及改变运动方向，从而与改变方向的刀片 105 反向运动，使得浆料被撞击、摩擦得更充分。

附件 1（客户提供的交底材料）的附图

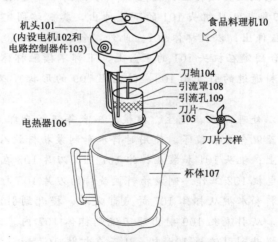

图 1　带有引流罩的食品料理机

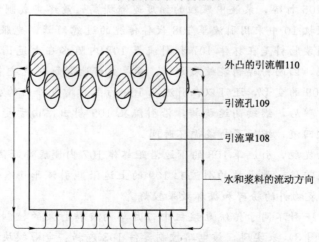

图 2　设有外凸引流帽的引流罩的示意图

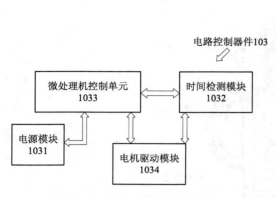

图3 电路控制器件示意图

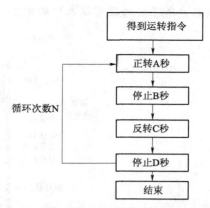

图4 电路控制器件循环正反转控制步骤图

附件2（客户所了解的现有技术）

[19] 中华人民共和国国家知识产权局

[12] 实用新型专利说明书

专利号 ZL 200720123456.7

[45] 授权公告日 2007 年 11 月 6 日   [11] 授权公告号 CN 200411234Y

[22] 申请日 2007.2.7

[21] 申请号 200720123456.7

（其余著录项目略）

说 明 书

具有特殊制浆装置的豆浆机

[001] 本实用新型涉及一种具有特殊制浆装置的豆浆机。

[002] 通常豆浆机是在常压下加热豆浆，加热过程中不断产生热蒸汽和气泡，豆浆体积迅速热膨胀，为避免煮沸时溢锅，需要暂停加热，待液面下降后再通电加热，如此反复加热、停止几次才能制熟豆浆。这样制备的豆浆加热温度限于100℃之内，品质和口味受到影响。

[003] 本实用新型公开了一种豆浆机，能在高于沸点时对豆浆持续加热，如图5所示，该豆浆机包括电机1、刀片2、滤罩3、电热盘4、制浆装置5及电路控制器件。该制浆装置5由外桶51、内桶52和桶盖53组成，内桶52上端卡装在桶盖53内面上，桶盖53扣装在外桶51上端，内桶52的侧壁上设置有连通孔54、内桶52的底部设置有循环孔55，外桶51置于电热盘4上。刀片2伸入内桶52，滤罩3上端卡装在桶盖53内面上。使用时，将豆子装入滤罩3内，水放入到制浆装置5中，电热盘4加热，电机1启动刀片2打豆制浆，经滤罩3过滤，豆渣残留在滤罩3内，而豆浆液流入制浆装置5的内桶52和外桶51内。豆浆液加热煮沸时，内桶52上部形成高于大气压10至20千帕的微压，内桶52内豆浆液面升高到内桶52侧壁上的连通孔54处，从连通孔54流入外桶51，再经内桶52底部设置的循环孔55回流到内桶52中。豆浆液在制浆装置内循环流动，持续加热4至10分钟，加热温度保持在100℃至105℃，豆浆煮沸制熟。

附件 2（客户所了解的现有技术）的附图

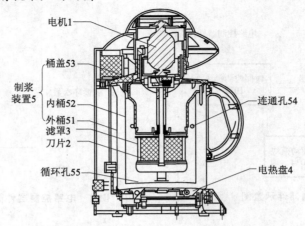

图 5　具有特殊制浆装置的豆浆机结构图

附件 3（你检索的对比文件）

[19] 中华人民共和国国家知识产权局

[12] 实用新型专利说明书

专利号 ZL 200820123456.7

[45] 授权公告日 2008 年 12 月 6 日　　　　　　[11] 授权公告号 CN 201121234Y

[22] 申请日 2008.2.5

[21] 申请号 200820123456.7

（其余著录项目略）

说 明 书

推进式搅拌机

[001] 本实用新型涉及工业用推进式搅拌机，具体涉及一种含有导流筒的推进式搅拌机。

[002] 本实用新型的目的是提供一种效率高、效果好的推进式搅拌机。

[003] 该搅拌机 1 包括叶片 2、传动杆 3，其特征在于还包括有导流筒 4，导流筒 4 侧壁的上、下部分别均匀开有上孔 51、下孔 52，导流筒 4 下端是开口的，上端与传动杆 3 活动连接，叶片 2 位于导流筒 4 下孔 52 的下方（参见图 6）。

[004] 将本实用新型安于反应器 10 中，导流筒 4 的上端与反应器 10 的传动杆 3 活动连接，当反应器 10 中充满液体时，启动搅拌机 1，导流筒 4 内的液体在叶片 2 的作用下向下运动，液体流出导流筒 4 后在反应器 10 的作用下向上运动，当到达下孔 52 时，一部分液体通过下孔 52 进入导流筒 4，其余的液体通过上孔 51 进入导流筒 4，然后向下运动，如此反复循环，达到搅拌、混合的目的。

[005] 用于搅拌含固体颗粒悬浮液时，在一部分液体通过下层孔 52 进入导流筒 4 后，上面液体的流速明显变慢，反应器 10 内液体流速不同，从而使其中的固体颗粒按颗粒大小分为两层。

[006] 本实用新型与现有技术相比具有结构简单、搅拌效率高、搅拌效果好、节约能源，以及当用于固体颗粒悬浮液体时，可实现分层效果的优点。

附件3（你检索的对比文件）的附图

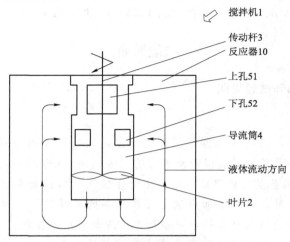

图6　推进式搅拌机结构示意图

附件4（客户来函）

专利代理机构：

　　我公司经实验发现，食品料理机中电热器的合金材料，其组分和含量（重量百分比）为0.1％至0.3％的C，0.5％至1％的Mn，P≤0.03％，S≤0.03％，余量为Fe时，加热效果较好。特别是组分和含量（重量百分比）为0.18％至0.27％的C，0.5％至1％的Mn，P≤0.03％，S≤0.03％，余量为Fe时，既能保证力学性能，又有利于加工工艺、同时限制有害元素P和S的含量，防止MnS夹杂物的析出，提高电热器的纯净度，可以获得更好的加热效果。

　　我公司于2010年5月6日向国家知识产权局提交过一份有关豆浆机的实用新型专利申请，该申请尚未公开，但在其说明书中，明确记载了豆浆机中电热器的合金材料的组分和含量（重量百分比）为：C含量为0.18％至0.27％，Mn含量为0.5％至1％的，P含量为≤0.03％，S含量为≤0.03％，余量为Fe的内容。

　　此外，我们还检索到一份由其他公司申请并已授权的对比文件（参见附件5）。

　　现在我们希望就"电热器的合金材料"单独提出专利申请，获得保护。请予以办理。

××公司
2010年11月6日

附件5（随客户来函提交的对比文件）

[19] 中华人民共和国国家知识产权局

[12] 实用新型专利说明书

专利号 ZL 200920123456.7

[45] 授权公告日 2010年6月8日　　　　　　　[11] 授权公告号 CN 201431234Y

[22] 申请日　2009.11.8

[21] 申请号　200920123456.7

（其余著录项目略）

说　明　书

一种防尘防烫伤热得快

本实用新型涉及一种放在热水瓶内使用的U形热得快。该热得快由导线及插头、瓶塞体、U形电热管和防尘防烫伤外壳组成，其中用来制造U形电热管的合金材料，其组分和含量（重量百分比）为：0.15%的C，0.7%的Mn，0.01%的P，0.01%的S，其余为Fe。

试题解析

一、认真阅读答题须知和试题说明

（一）答题须知

答题须知虽然文字较少，但是非常重要。首先，答题须知指出所有试题的正确答案均以现行、有效的法律和法规为准，因此答题时应以最新修订的《专利法》《专利法实施细则》和《专利审查指南2010》为准。其次，应试者在完成题目时应当接受并仅限于本试卷所提供的事实。也就是在考试时，尤其在撰写权利要求书时，不得增加应试者可能具备的与试题技术内容相关的专业知识，而应以试题提供的技术内容为基础（仅可能结合一些日常生活知识）来答题。

此外，试题须知还要求各题答案按顺序清楚地誊写在正式答题卡相对应的答题区域内，这需要看清楚答题卡，免得造成不必要的麻烦。

（二）试题说明

试题说明中明确应试者答题所要完成的工作，并给出了各部分的分值。动手答题前，认真阅读试题说明，标出考生应试时应当完成的工作，以便答题完毕时进行核查，从而避免漏答问题而丢分；此外，应当根据各题的分值合理分配每道题的答题时间。

（1）第一题要求根据交底材料（附件1）、客户提供的现有技术（附件2）以及你检索到的对比文件（附件3）为客户撰写一份发明专利申请的权利要求书。包括两方面内容：首先，撰写一份权利要求书，包括独立权利要求及其从属权利要求；其次，如果所撰写专利申请的权利要求书中包含两项或者两项以上独立权利要求，请简述这些独立权利要求能够合案申请的理由，如果认为该申请的一部分内容应当通过一份或者多份申请分别提出，则应当进行相应说明，并撰写出独立权利要求（未要求撰写从属权利要求）。

第一题的分值占70分，是三道题中分数最多的，同时也是下面第二题论述所撰写的权利要求书相对于现有技术具有新颖性和创造性的基础，因此是考试的重点，该题答案是否正确对于能否取得好的考试成绩十分关键。

（2）第二题共包括三个方面的答题内容：

第一方面的答题内容是简述《专利审查指南2010》中关于确定最接近的现有技术需要考虑的因素，考核考生对专利基本知识的掌握程度，只需要将《专利审查指南2010》相关章节的规定直接复述出来即可。

第二个方面的答题内容是确定附件2、附件3中哪一份是该申请最接近的现有技术，即按照第一方面的答题内容中给出的原则加以确定，且应当与第一题中所撰写的独立权利要求相适应。

第三方面的答题内容是针对该申请所撰写的权利要求书（如果提出多份申请，还包括相应的独立权利要求）相对于现有技术具备新颖性和创造性的理由。这实际上考查应试者在答复审查意见通知书时论述发明创造具备新颖性和创造性的能力，也是历年考试中不可或缺的内容。作为考试，应当按照《专利审查指南2010》的规定作出清楚的说明（具体论述格式、论述规范请参见本书第三部分第三章）。

（3）第三题要求应试者针对客户的来函（附件4）和所附对比文件（附件5）为客户就"电热器的合金材料"撰写专利申请的权利要求书，并说明该申请能否要求享有优先权以及能否获得保护的理由。

该题实际上包括了另一道专利申请撰写题，其中包含了能否享有优先权以及能否获得保护的判断。从其分值仅20分来看，撰写的权利要求书应该不会太复杂，权利要求的项数也不应太多。考试

时，分配的答题时间应适当短一些，不必对试题思考得过于复杂，但也不要在解答前两题时将时间用尽而来不及给出第三题的答案而影响得分。

下面针对这三道题分别给出答题思路。

二、第一题答题思路

根据试题要求，第一题需要根据客户提供的交底材料、客户提供的现有技术以及你检索到的对比文件为客户撰写一份发明专利申请的权利要求书，试题还对独立权利要求和从属权利要求的撰写规定进行了总体说明。

在解答第一题时，应当注意试题说明中还要求考生完成以下工作：如果所撰写专利申请的权利要求书中包含两项或者两项以上独立权利要求，请简述这些独立权利要求能够合案申请的理由；如果认为该申请的一部分内容应当通过一份或者多份申请分别提出，则应当进行相应说明，并撰写出独立权利要求。在答题时，对上述应当完成的工作不要有遗漏。

（一）认真阅读和分析试题内容，确定要求保护的技术主题

首先需要正确理解试题提供的技术内容。由客户提供的技术交底材料（附件1）来看，该发明创造涉及四项技术主题。

（1）技术交底材料中的第［001］段明确提到电机上置式食品料理机，并在该段和随后的第［002］段和第［003］段对该食品料理机的结构和制浆过程进行了说明：采用侧壁上设有引流孔的上下开口中空筒状引流罩来代替传统的过滤网罩，从而制浆物料被位于引流罩内的旋转刀片打碎，在那里形成不规则的涡流和负压，将制浆物料和水提升到引流罩内充分混合并在离心力的作用下从引流孔甩出，制浆物料如此反复循环并不断被刀片打碎，颗粒细度逐渐提高，这样完成的制浆过程粉碎制浆效果更好。随后在第［004］段和第［005］段又对食品料理机的优选结构作进一步说明。因此，首先可以确定食品料理机是客户想要保护的发明的技术主题，而且从技术交底材料总体来看，客户将该技术主题作为该发明最主要的技术主题。

此外，由第［002］段可以看出，由于该发明的食品料理机的工作原理不同于现有技术的原理，因此有可能根据其内容以制浆方法作为一个技术主题。

（2）由第［006］段至第［008］段可知，客户还提供一种不同于传统豆浆机中刀片单向旋转打浆的控制方式：借助于设置在食品料理机中的电路控制器件对其驱动电机进行正反转循环运行的控制方法，以进一步改善其制浆粉碎效果。因而，可以确定客户发明的另两个技术主题是用于控制食品料理机中电机正反转循环运行的电路控制方法和电路控制器件。

（二）针对"食品料理机"撰写独立权利要求和从属权利要求

1. 客户提供的技术说明内容与两项现有技术的分析对比

在答题时，首先需要清楚理解发明的技术内容，并将附件1中给出的该发明的技术内容与两项现有技术（附件2和附件3）进行分析比较，以确定该发明相对于两项现有技术所作出的改进。为有利于理解，可以通过技术特征对比列表来清楚显示。❶

该申请的技术特征	附件2的特征	附件3的特征	备　注
食品料理机	√（豆浆机）	×（工业搅拌机）	
电机上置	√		
机头101	√	√（隐含）	

---

❶ 考试时，可根据应试者自身的答题习惯来确定是否列出技术特征对比表，如果考生对技术特征的分析对比十分熟练，也可以不列出技术特征对比表，而直接将清楚理解的发明技术内容与现有技术进行比较即可。

第四部分

续表

该申请的技术特征	附件 2 的特征	附件 3 的特征	备 注
——电机 102	√（电机 1）	√（隐含）	
——电路控制器件 103	√		
——电路控制器件 103 包括用于控制电机正反转循环运行的四个电路部分	×	×	
刀轴 104	√	√（传动杆 3）	附件 2 必有的部件，从图中也可看出
固定安装在刀轴 104 前端的刀片 105	√（刀片 2）	叶片 2	
——伸入到引流罩内	×（刀片伸入到过滤网罩内）	√（叶片伸入到导流筒 4 内）	
电热器 106	√（电热盘 4）		
——U 形管状	×	×	
——从机头下盖伸出	×	×	
杯体 107	√（制浆装置 5 之外桶 51）	√（反应器 10）	附件 2 的制浆装置包括外桶、内桶和桶盖
引流罩 108	√（制浆装置 5 之内桶 52）	√（导流筒 4）	
——上下开口中空筒状	底部有循环孔 55	导流筒下端开口，上端与传动杆 3 活动连接	
——引流孔 109	√（连通孔 54）	上孔 51、下孔 52	
——引流孔为圆形、椭圆形，矩形	连通孔 54 在图中基本可看出为圆形		引流孔形状的优选
——引流孔交错分布	×	×	引流孔排列方式的优选
——引流孔上方增设外凸的引流帽 110	×	×	引流孔结构的优选
——最上端的引流孔 109 的上边沿距引流罩 108 上边沿的距离为引流罩 108 总高度的 1/5	没有公开具体数值	没有公开具体数值	引流孔位置的优选
——引流罩 108 下部不接触杯体 107 内侧底部	√（虽然文字部分未明确写明，但由其附图和工作原理可知，内桶下边沿与外桶内侧底部之间具有一定距离）	√（虽然文字部分未明确写明，但从图中可以确定引流筒底端与反应器底部是不接触的）	
——引流罩 108 的下边沿距杯体 107 内侧底部距离 15 至 25 毫米	没有公开具体数值	没有公开具体数值	引流罩下边沿位置的优选

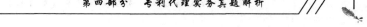

2. 确定该发明的最接近的现有技术

从技术领域来看，附件2客户提供的现有技术为豆浆机，与该发明一样，是一种食品加工机械，用于将食品原料打碎并与水均匀混合，因此与该发明为相同的技术领域；而检索到现有技术推进式搅拌机是一种工业用搅拌机，其仅仅用于使固体颗粒物料与水均匀混合，因而与该发明技术领域不同。

就撰写专利申请文件而言，在确定该发明最接近的现有技术时，应当选用相同技术领域的现有技术，因此应当以客户提供的现有技术附件2作为该发明食品料理机的最接近的现有技术。

3. 确定该发明相对于最接近的现有技术要解决的技术问题

为确定该发明相对于最接近的现有技术（附件2）所解决的技术问题，应当首先分析该发明的食品料理机相对于最接近的现有技术附件2公开的豆浆机主要作出了哪些改进，即两者的区别。根据客户的技术交底材料可知，该发明食品料理机相对于附件2中的豆浆机主要作出了两方面的改进。

（1）引流罩下部敞开、侧壁有引流孔，并让刀片伸入引流罩内，省去过滤网，这样不仅便于食品料理机的清洗，而且在引流罩内形成不规则涡流和负压将制浆物料和水从杯体吸入，再在离心力作用下从引流孔处甩出，实现大范围内循环制浆，使浆液中颗粒的细度提高，取得更好的粉碎制浆效果。其中，引流孔的形状、排列方式、位置和引流帽以及引流罩下边沿的高度均为优选措施。

（2）由电路控制器件控制电机周期性地正反转，带动伸入引流罩内的刀片周期性地正反转，从而浆料被撞击、摩擦得更充分，使浆液中的颗粒更细，这也取得更好的粉碎制浆效果。

由此可知，该发明食品料理机所作的两方面改进都能取得较好的粉碎制浆效果，因此将该发明要解决的技术问题确定为提供一种取得更好粉碎制浆效果的食品料理机。

4. 撰写独立权利要求

在确定了该发明相对于最接近的现有技术所要解决的技术问题后，就应当具体分析该发明中哪些技术特征是解决该技术问题的必要技术特征，进而完成独立权利要求1的撰写。

鉴于前面所提到的该发明食品料理机所作两方面的改进都能取得较好的粉碎制浆效果，且这两方面的改进是并列的改进，因而为解决这一技术问题，可针对这两方面改进分别撰写独立权利要求。但是，可以看出第一方面是发明最主要改进之处，并且考虑到客户在技术交底材料所介绍的内容更侧重于第一方面的改进，因此针对第一方面改进撰写独立权利要求，而第二方面改进可作为在第一方面改进的基础上所作出的进一步改进。此外，第二方面的改进还可考虑与食品料理机电路控制方式结合起来提出另一份申请。

现针对第一方面的改进来确定本发明食品料理机独立权利要求的必要技术特征。经分析可知，为保证技术方案完整，并解决上述技术问题，需要包括以下三方面的技术特征：

（1）应当包括体现出其相对于两项现有技术具有新颖性和创造性的技术特征：引流罩为上下开口的中空筒状；刀片伸入到引流罩内。❶

（2）为使技术方案完整所必需的部件：机头、刀轴、刀片、杯体、电机、电路控制器件。❷

---

❶ 为了在引流罩内形成不规则涡流和负压将制浆物料吸入提升到引流罩内并在离心力作用下从引流孔射出，则要求刀片在引流罩中的高度与引流孔的位置相当，因此还应当将这一技术特征作为必要技术特征写入到独立权利要求中。但由于原试题中未给出这一条件，要求考生能看出这一点难度较大，因此参考答案中也不将这一技术特征作为食品料理机独立权利要求的必要技术特征。当然如果将该发明要解决的技术问题确定为提供一种便于清洗的食品料理机则可以不必写入这一技术特征，但若这样确定该发明要解决的技术问题的话，则拟写入该申请的制浆方法独立权利要求就会与食品料理机独立权利要求之间不再具有相同和相应的特定技术特征。

❷ 需要注意的是，从机头下盖伸出的U形管状电热器不应当作为必要技术特征写入独立权利要求中。但是，另有一种观点认为，专利代理实务考试不分专业，不同专业考生难以从技术内容上区分食品料理机的部件中哪些是必要技术特征，哪些是非必要技术特征，因此对于试题中未采用优选等方式表示的部件和结构仍应当写入独立权利要求中。编者考虑到历年试题中均涉及必要技术特征的确定，以便为申请人争取更宽的保护范围，因而在此仍将电热器及其形状确定为该发明的非必要技术特征。并且建议在今后的专利代理实务考试中，采取这种思路进行答题。

（3）这些部件之间的必要连接关系：机头内设置有电机和电路控制器件；刀轴从机头的下盖伸出，刀轴的前端固定安装刀片；引流罩上部卡合固定在机头的下盖上，下部不接触杯体内侧底部，其侧壁上设置有引流孔。

最后，将上述技术特征中与附件2中的豆浆机所共有的技术特征写入到独立权利要求的前序部分中，完成独立权利要求1的撰写。具体如下：

"1. 一种食品料理机，包括机头（101）、杯体（107）、引流罩（108）、从所述机头（101）下盖伸出的刀轴（104）、固定安装在该刀轴（104）前端的刀片（105）、内置于所述机头（101）中的电机（102）、对该电机（102）进行控制的电路控制器件（103），所述引流罩（108）的上部卡合固定在所述机头（101）的下盖上、下部不接触所述杯体（107）内侧底部、侧壁上设置有引流孔（109），其特征在于：所述引流罩（108）为上下开口的中空筒状，所述刀片（105）伸入到所述引流罩（108）内。"❶

5. 撰写从属权利要求

在撰写独立权利要求的基础上，需要进一步分析该申请的其他技术特征，对于比较重要的特征，尤其是可能对申请的创造性起作用的技术特征，以及带来更优效果的技术特征或者解决了附带技术问题而带来附带技术效果的技术特征等，可以作为对该发明进一步限定的附加技术特征，写成相应的从属权利要求。这些附加技术特征往往在说明书或技术资料中会以"本发明优选地""本发明还可以采用""采用……会得到更好的效果"等引出，考生在阅读试题就可以对此进行标注，以便在撰写从属权利要求时查找。2010年试题的优选技术方案体现在交底材料的第［001］段、第［004］段至第［006］段。

（1）第［001］段的最后一句写明"引流孔109的形状可以为圆形、椭圆形或者是矩形，位置为交错分布"，因此可针对引流孔的形状以及引流孔的排列方式分别作为一种优选的附加技术特征各撰写一项从属权利要求；但是考虑到客户技术交底材料中未对这两个附加技术特征带来的有益效果作出具体说明，因此这两个附加技术特征不如第［004］段、第［005］段中的优选措施更为重要。

（2）第［004］段对引流孔的变形结构作出说明，在其"上方增设外凸的引流帽"，并具体写明采用这种结构能缩短打浆循环时间，因此应当将此作为一个重要的改进措施撰写一项从属权利要求。

（3）第［005］段写明："引流罩的下边沿距杯体内侧底部距离为15至25毫米时，制浆物料的粉碎和循环效果较佳"或者"最上端的引流孔的上边沿距引流罩上边沿的距离为引流罩总高度的1/5时，制浆物料的粉碎和循环效果较好"。鉴于采用这两个技术措施之一均能得到较佳的粉碎和循环效果，因此应当将这两个技术特征（引流罩的下边沿距杯体内侧底部的距离、最上端的引流孔的上边沿距引流罩上边沿的距离）分别作为一项重要的改进措施撰写一项从属权利要求。

（4）由第［006］段和第［007］段可知，该发明还提供了一种不同于传统豆浆机中刀片单向旋转打浆的控制方式，所述控制方式由电路控制器件来实现，也就是说可以将电路控制器件设计成控制电机正反转循环运行，从而在制浆时使浆料被撞击、摩擦得更充分，从而改进了粉碎制浆效果，因此应当将该电路控制器件的具体结构作为附加技术特征撰写一项从属权利要求。

（5）电热器对于完成制浆而言不是必需的，因此可以将U型电热器作为附加技术特征撰写一项从属权利要求。

通过上述分析，撰写成的七项从属权利要求为：

"2. 按照权利要求1所述的食品料理机，其特征在于：在所述引流罩（108）的引流孔（109）的

---

❶ 需要说明的是，技术交底材料中客户未正确理解附件2的结构而认为该发明"采用引流罩代替传统的过滤网罩"，但实际上附件2中豆浆机的内桶相当于该发明中的引流罩，内桶侧壁上的连通孔相当于该发明引流罩的引流孔，其区别仅在于该发明的引流罩为上下开口中空筒状，而附件2中内桶底部设置有循环孔，因此不宜将引流罩作为该发明的区别技术特征。鉴于此，编者给出的答案将引流罩的大部分技术特征写入独立权利要求的前序部分，而仅将引流罩为上下开口中空筒状写入特征部分。

上方设有外凸的引流帽（110）。

3. 按照权利要求1或2所述的食品料理机，其特征在于：所述引流罩（108）的下边沿距所述杯体（107）内侧底部的距离为15至25毫米。

4. 按照权利要求1或2所述的食品料理机，其特征在于：所述引流孔（109）的上边沿距所述引流罩（108）上边沿的距离为所述引流罩（108）总高度的1/5。

5. 按照权利要求1或2所述的食品料理机，其特征在于：所述引流孔（109）的形状为圆形、椭圆形或者矩形。

6. 按照权利要求1或2所述的食品料理机，其特征在于：所述引流孔（109）的位置交错分布。

7. 按照权利要求1或2所述的食品料理机，其特征在于：所述电路控制器件（103）包括电源模块（1031）、时间检测模块（1032）、微处理机控制单元（1033）和电机驱动模块（1034）；所述电源模块（1031）用于向所述微处理机控制单元（1033）和所述电机（102）提供工作电压，所述时间检测模块（1032）用于检测所述电机（102）的驱动时间，所述微处理机控制单元（1033）用于控制所述电机驱动模块（1034）的工作状态，所述电机驱动模块（1034）用于驱动所述电机（102）的正反转。❶

8. 按照权利要求1或2所述的食品料理机，其特征在于：还包括一个从机头（101）下盖伸出的U形管状电热器（106）。"

（三）针对"制浆方法"撰写独立权利要求和从属权利要求

由于该发明食品料理机的制浆方法的原理与现有技术，尤其是最接近的现有技术附件2中的制浆方法不同，因此可以针对这一技术主题撰写独立权利要求和从属权利要求。确定该技术主题具有一定难度，并且是否有必要将其作为要求保护的技术主题也尚有一定的争议。一方面，如果借助该发明食品料理机的结构来撰写制浆方法，则相当于该发明食品料理机的使用方法，从专利保护角度来看没有意义，在实际代理实务也不提倡撰写这种权利要求；另一方面，如果作为该发明食品料理机的工作原理来撰写制浆方法权利要求，不借助食品料理机的结构又难以将该制浆方法限定清楚。总体而言，编者倾向于制浆方法不作为一个技术主题来撰写权利要求。但从应式角度考虑，遇到这种难以确定是否需要撰写的情况时，只要其具有新颖性和创造性，最好还是将其作为一项要求保护的主题撰写独立权利要求和从属权利要求，因为即使答案中不要求撰写，也不会被扣过多的分数。基于这种考虑，下面给出应试答题中可以采取的应试思路。

由客户技术交底材料的内容可知，该发明的制浆方法相对于客户提供的现有技术也作了两方面改进：其一，由于刀片伸入到引流罩内，在借助刀片旋转将制浆物料打碎的同时形成不规则的涡流和负压，将制浆物料和水从杯体吸入，再在离心力作用下从引流孔处甩出，实现大范围内循环制浆，使浆液中颗粒的细度提高，取得更好的粉碎制浆效果；其二，通过对电机形成周期性正反转的控制

---

❶ 关于该从属权利要求的撰写需要作如下三点说明：其一，在该从属权利要求的限定部分中先列出电路控制器件所包括的四个部件，然后再说明这四个部件之间的关系，其目的是使该权利要求的表述更加清楚，否则，在对"电源模块"作限定时就已出现此前尚未出现过的技术特征"微处理机控制单元"，在对"微处理机控制单元"进行限定时又会出现前面尚未出现过的技术特征"电机驱动模块"；其二，上述答案中仅根据试题中对这几个部件之间的相互关系作出限定，实际上试题中内容并未完全反映这些部件之间所有的相互关系，若要真实地反映它们之间的相互关系，则应当限定成"所述电源模块用于向所述微处理机控制单元和所述电机提供工作电压；所述时间检测模块用于检测所述电机的正反转时间和停转时间，并在其达到设定时间值时，发出相应输出信号；所述微处理机控制单元通过所述电机驱动模块启动电机运行，且根据来自所述时间检测模块的输出信号来控制所述电机驱动模块的工作状态，并当电机正反转循环运行达到设定循环次数时向电源模块发出断电信号；所述电机驱动模块用于使所述电机正反转或停转"，但从应试角度来看无须从原理上加以完善，仅按试题中给出的内容撰写即可；其三，该从属权利要求的进一步限定，将会造成浆液依次出现正向流动和反向流动，这与其引用的权利要求的技术方案（仅以一个方向循环流动）在原理上可能形成矛盾，严格说来，对此撰写从属权利要求并不是特别适宜。但是从应试来看，通常无须对技术内容进行深究，仍可撰写该项从属权利要求。

方式使刀片周期性地正反转，从而浆料被撞击、摩擦得更充分，使浆液中的颗粒更细，从而也取得更好的粉碎制浆效果。

对于制浆方法来说，与前面所述食品料理机一样，可针对上述两方面改进分别撰写一项独立权利要求，但为使该制浆方法与前面所撰写的食品料理机满足单一性的要求，该专利申请中的制浆方法也应当针对前一方面改进撰写独立权利要求，而对于另一方面改进（对电机的电路控制方法），同样可以与食品料理机中的电路控制器件一起另行提出一件专利申请。

现具体分析以第一方面改进为基础的制浆方法与食品料理机可否合案申请。在食品料理机独立权利要求中，相对于最接近的现有技术附件2和现有技术附件3而言，其特定技术特征为"引流罩为上下开口中空筒状（即下底部是敞开的），且刀片伸入到引流罩内"，从而通过刀片旋转形成不规则涡流和负压，将制浆物料和水从杯底吸入到引流罩内，并随着刀片继续旋转而将制浆物料进一步打碎，所产生的离心力将制浆物料和水从引流罩侧壁上的引流孔甩出。而在制浆方法独立权利要求中，其制浆物料和水的循环路径虽然与最接近的现有技术附件2是相同的，但是两者形成的原理不同，且这一原理也未被现有技术附件3披露，因此其相对于这两项现有技术的特定技术特征为"制浆物料被旋转的刀片打碎，并在引流罩内形成不规则的涡流和负压，制浆物料和水从食品料理机杯体的底部被吸入、提升到引流罩内充分混合，在离心力的作用下甩出，从引流罩上的多个引流孔射出后回流到食品料理机杯体内"，由此可知食品料理机独立权利要求的特定技术特征与制浆方法独立权利要求的特定技术特征是相应的特定技术特征，因此这两项独立权利要求属于一个总的发明构思，可合案申请。

就制浆方法独立权利要求而言，根据技术交底材料第［002］段的文字来确定其必要技术特征。鉴于第［002］段开始部分在介绍其所加工的食品原料之后，所描述的是对食品料理机的部件安装方式以及常规的食品原料的放置步骤，与该发明制浆方法的改进并无直接关系，因此不必在独立权利要求中作出具体说明。相应于第［002］段后半部分的文字描述，该制浆方法主要包括如下步骤：电热器加热水和浆料；电机带动刀片在引流罩内旋转；制浆物料被旋转的刀片打碎，在引流罩内形成不规则的涡流和负压，制浆物料和水从杯体的底部被吸入、提升到引流罩内充分混合，在离心力的作用下被甩出，从引流罩上的引流孔射出后回流到食品料理机杯体内；回流到食品料理机杯体内的制浆物料和水再次被从底部吸入、提升到引流罩内，从而在食品料理机杯体和引流罩之间反复循环，并不断被刀片打碎，完成制浆过程。

在上面所述制浆过程中，电热器加热步骤不仅与该发明制浆方法第一方面的改进无直接关系，而且考虑到该制浆方法同样还适用于无须加热步骤的食品原料，因此不应当将其作为必要技术特征写入独立权利要求之中，以争取得到更宽的保护范围；而余下步骤（刀片旋转打碎制浆物料、在引流罩内形成不规则涡流和负压而抽吸制浆物料和水，以及通过离心作用将进一步被打碎的制浆物料和水从引流孔甩出而形成反复循环）是实现使颗粒逐渐细化的必要步骤，因而应当写入制浆方法独立权利要求中。

根据上述分析，为了使权利要求能够清楚限定要求专利保护的范围，采用了引用前述食品料理机权利要求的方式来撰写，撰写成的制浆方法独立权利要求如下。❶

"9. 一种利用如权利要求1至8中任一项所述食品料理机制浆的方法，包括以下步骤：

（1）由电机（102）带动刀片（105）在引流罩（108）内旋转；

（2）制浆物料被旋转的刀片（105）打碎，并在引流罩（108）内形成不规则的涡流和负压，制浆物料和水从食品料理机杯体（107）的底部被吸入、提升到引流罩（108）内充分混合，在离心力的作用下甩出，从引流罩（108）上的引流孔（109）射出后回流到食品料理机杯体（107）内；

---

❶ 请读者注意，正如前面所述，按这一方式撰写成的独立权利要求实际上相当于要求保护食品料理机的使用方法，没有实际意义，在此仅从应试的角度给出参考答案。

（3）回流到食品料理机杯体（107）内的制浆物料和水再次被从底部吸入、提升到引流罩（108）内，从而在食品料理机杯体（107）和引流罩（108）之间反复循环，并不断被刀片（105）打碎，完成制浆过程。"

在撰写了制浆方法独立权利要求之后，着手撰写其从属权利要求。考虑到前面所述制浆方法第二方面的改进与第一方面的改进存在技术内容上的不相容性（参见本节上述权利要求7的脚注第三点），不再以第二方面的改进作为附加技术特征撰写一项方法从属权利要求。因此，该发明仅以其制浆物料的选择作为附加技术特征撰写一项制浆方法从属权利要求：

"10. 按照权利要求9所述的制浆方法，其特征在于：所述制浆物料为大豆、花生、核桃和/或玉米。"

（四）针对"电路控制器件"和"电路控制方法"撰写独立权利要求

客户提供的交底材料第［006］段和第［007］段中所给出的电路控制器件和电路控制方法涉及对食品料理机电机正反转运行的控制，这些内容在试题中提供的两份现有技术中都没有提到，因此电路控制器件和电路控制方法这两个技术主题相对于现有技术具有新颖性和创造性，可以作为专利申请要求保护的技术主题。

这两项技术主题相对于最接近的现有技术作出的改进是借助电路控制器件中的电源模块、微处理机控制单元、时间检测模块和电机驱动模块来实现对食品料理机电机运行方式的控制以获得更好的制浆效果。前面所提到的食品料理机和制浆方法这两个技术主题是通过伸入引流罩内刀片旋转所形成的涡流和负压以及离心作用而使制浆物料在引流罩和杯体之间反复循环而多次打碎以得到更好的制浆效果，因此电路控制器件和电路控制方法这两个技术主题与食品料理机和制浆方法这两个技术主题之间既没有相同的特定技术特征，又没有相应的特定技术特征，不属于一个总的发明构思，不能合案申请。对于这种情况，应当建议申请人将控制食品料理机的电机正反转循环运行的电路控制器件和电路控制方法另行提出专利申请，以使申请人获得尽可能大的利益。但是，就电路控制器件和电路控制方法这两个技术主题来说，两者具有相应特定技术特征，因而可以合案申请，即只需要建议申请人另行提出一件专利申请即可。

从应试的角度，这两项独立权利要求可以根据客户提供的交底材料第［006］段和第［007］段的内容来撰写。且由试题说明可知，对另行提出的专利申请只需撰写独立权利要求，不必撰写从属权利要求。

需要说明的是，在撰写电路控制方法的独立权利要求时，由第［007］段的内容可知，对电机正转时间A秒、反转时间C秒、停转时间B秒和D秒以及循环粉碎N次给出了优选的具体数值范围，因此不应当将优选的具体数值范围写入独立权利要求。❶ 编者认为，可以采用平时专利代理实务中的做法，在独立权利要求中表述成电机正转时间的设定值、正转后停转时间的设定值、反转时间的设定值、反转后停转时间的设定值和循环次数的设定值（参见下面给出的电路控制方法的独立权利要求），从而为申请人争取较宽的保护范围。

另一点需要说明的是，《2010年全国专利代理人考试试题解析》（知识产权出版社2011年出版）给出的参考答案中对电路控制器件和电路控制方法采用了完全相应的写法，对于电学领域的一部分控制电路和控制方法来说，采用这种完全对应的写法是较好的方式，因此应试时按照这种方式给出答案未尝不可。但编者认为就本案来说，对电路控制器件和电路控制方法采用不完全对应写法更好，以更好地反映电路控制器件是产品权利要求和电路控制方法是方法权利要求。为使电路控制方法独立权利要求更清楚地限定要求专利保护的范围，先给出电路控制器件的独立权利要求，再给出电路

---

❶ 需要注意，独立权利要求中如果限定成电机正转时间A秒、反转时间C秒、停转时间B秒和D秒以及循环粉碎N次，则这种表述会导致权利要求未清楚地限定要求专利保护的范围；相反，若将具体数值写入独立权利要求中，显然将优选方案写成独立权利要求，从撰写角度看，也是不合适的。但是，考虑到试题中并未给出较好的表述方式，因而当年试题答案中并不认为按上述两种方式撰写独立权利要求是错误的。

控制方法的独立权利要求更为合适一些。当然，在撰写电路控制器件独立权利要求时，为使其清楚地限定要求专利保护的范围，还应当与前面撰写食品料理机的从属权利要求7一样，先列出电路控制器件所包括的各个部件，然后再写明这些部件之间的关系。但是，在撰写电路控制方法独立权利要求时，则不必先列出其各个步骤，然后再说明各个步骤如何操作，而是直接写明该电路控制方法的具体运行步骤。

根据上述考虑，编者所建议的电路控制器件和电路控制方法独立权利要求分别为：

"1. 一种设置在食品料理机中用于控制电机正反转循环运行的电路控制器件，其特征在于：包括电源模块（1031）、时间检测模块（1032）、微处理机控制单元（1033）和电机驱动模块（1034）；

所述电源模块（1031）用于向所述微处理机控制单元（1033）和所述电机（102）提供工作电压；

所述时间检测模块（1032）用于检测所述电机（102）的正反转时间和停转时间，并在其达到设定时间值时，发出相应输出信号；

所述微处理机控制单元（1033）根据来自所述时间检测模块（1032）的输出信号来控制所述电机驱动模块（1034）的工作状态，并当电机（102）正反转循环运行达到设定循环次数时向电源模块（1031）发出断电信号；

所述电机驱动模块（1034）用于驱动所述电机（102）正反转或停转。

2. 一种由权利要求1所述电路控制器件控制食品料理机中电机正反转循环运行的电路控制方法，其特征在于，包括如下步骤：

（1）由电源模块（1031）向微处理机控制单元（1033）和电机（102）提供工作电压；

（2）微处理机控制单元（1033）向电机驱动模块（1034）发出正转信号，使电机（102）正向运转；

（3）时间检测模块（1032）检测电机（102）正转时间，当测得的正转时间为其设定值时，向微处理机控制单元（1033）发出时间已到信号，微处理机控制单元（1033）向电机驱动模块（1034）发出停转信号，使电机（102）停止正向运转；

（4）时间检测模块（1032）检测电机（102）的停止时间，当测得的停止时间为其设定值时，向微处理机控制单元（1033）发出时间已到信号，微处理机控制单元（1033）向电机驱动模块（1034）发出反向运转信号，使电机（102）反转；

（5）时间检测模块（1032）检测电机（102）的反转时间，当测得的反转时间为其设定值时，向微处理机控制单元（1033）发出时间已到信号，微处理机控制单元（1033）向电机驱动模块（1034）发出停转信号，使电机（102）停止反向运转；

（6）时间检测模块（1032）检测电机（102）的停止时间，当测得的停止时间为其设定值时，向微处理机控制单元（1033）发出时间已到信号，微处理机控制单元（1033）向电机驱动模块（1034）再次发出正转信号，使电机（102）再次正转；

（7）重复上述循环过程，直到循环次数达到设定循环次数。"

三、第二题答题思路

第二题共包括三道小题：第一道小题是有关最接近的现有技术的基本概念题；第二道小题要求结合本案实际情况确定该申请最接近的现有技术；第三道小题实际上是考核答复审查意见通知书的能力，即论述所撰写的权利要求书（包括建议客户另行提出的专利申请中的独立权利要求）相对于现有技术具备新颖性和创造性的理由。现针对这三道小题分别说明答题思路。

（一）简述《审查指南》中关于确定最接近的现有技术需要考虑的因素

对于这道涉及最接近的现有技术的基本概念题，《专利审查指南2010》第二部分第四章第3.2.1.1节（1）作了明确规定：最接近的现有技术，是指现有技术中与要求保护的发明最密切相关

第四部分

的一个技术方案，它是判断发明是否具有突出的实质性特点的基础。最接近的现有技术，例如可以是，与要求保护的发明技术领域相同，所要解决的技术问题、技术效果或者用途最接近和/或公开了发明的技术特征最多的现有技术，或者虽然与要求保护的发明技术领域不同，但能够实现发明的功能，并且公开发明的技术特征最多的现有技术。应当注意的是，在确定最接近的现有技术时，应首先考虑技术领域相同或相近的现有技术。

应试时，应当重点写出其中的关键之处：通常应当从"技术领域相同""所要解决的技术问题、技术效果或者用途最接近"和/或"公开了发明的技术特征最多"这三方面加以考虑，此后指出技术领域不同时的特殊考虑，最后强调应当首先考虑技术领域相同或相近的现有技术。

（二）确定附件2、附件3中哪一份是该申请最接近的现有技术

由于该第二道小题是为回答第三道小题做准备，即为论述权利要求相对于现有技术是否具备创造性作准备，因此在结合本案确定附件2、附件3中何者为该申请最接近的现有技术时，应当从上述三个方面加以对比：分析这两份对比文件中的技术领域是否与该发明相同或者何者更为相近；何者要解决的技术问题、技术效果或者用途更为接近；以及何者公开该发明的技术特征更多。附件2的技术领域是日常生活的食品加工领域，与该申请的技术领域相同，而附件3属于工业用推进式搅拌机领域，其技术领域与该申请不同；从所解决的技术问题、技术效果和用途来看，附件2用于将食品原料打碎制浆，并取得较细颗粒的浆液，因而与附件3相比更接近该发明；从公开的技术特征来看，附件2比附件3公开了该发明更多的技术特征。由上述分析可知，就附件2和附件3来说，附件2是该申请最接近的现有技术的结论。

（三）说明所撰写的权利要求书相对于现有技术具备新颖性和创造性的理由

这道小题的答题工作量较大，既需要针对该专利申请的食品料理机和制浆方法两个技术主题的独立权利要求和从属权利要求论述具备新颖性和创造性的理由，还要针对电路控制器件和电路控制方法两个技术主题的独立权利要求论述具备新颖性和创造性的理由。如果对这四组权利要求的新颖性和创造性均详细作答，则需要很长的时间。就应试而言，通常不会要求考生作出很多重复性的劳动，因此应当从这四组权利要求中确定以食品料理机这组权利要求作为重点，详细说明其独立权利要求具有新颖性和创造性的理由，而对于其从属权利要求、制浆方法的独立权利要求和从属权利要求以及电路控制器件和电路控制方法的独立权利要求具备新颖性和创造性的论述可以仅作出简要说明，只要写明这些权利要求具备新颖性和创造性的关键之处即可。

解答这道小题时，先详细论述食品料理机独立权利要求1分别相对于附件2或附件3具有新颖性的理由；然后论述其相对于附件2和附件3以及本领域的公知常识具有创造性的理由；此后，对食品料理机的从属权利要求2至8具备新颖性和创造性作出简要说明。接着，简要论述制浆方法独立权利9分别相对于附件2或附件3具有新颖性的理由；论述制浆方法独立权利要求9相对于附件2、附件3和本领域公知常识具有创造性的理由；论述其从属权利要求10具有新颖性和创造性的理由。最后再分别针对电路控制器件独立权利要求和电路控制方法独立权利要求说明其具有新颖性和创造性的理由。

在作上述论述时，应当注意满足如下几方面要求。

（1）关于新颖性的论述，应当严格按照单独对比的原则进行。关键是分别指出权利要求1的技术方案与附件2和附件3的区别所在。例如，与附件3的技术方案相比，可以指出属于不同的技术领域，解决的问题不同，作用机理等不同。

（2）关于创造性的论述，既要论述具有突出的实质性特点，又要论述具有显著的进步，在此基础上给出明确的结论和法律依据。其中在论述具有突出的实质特点时，严格按照"三步法"加以说明：首先需要明确指出最接近的现有技术为附件2；进一步指出区别所在，根据所产生的效果得到实际解决的技术问题；最后论述现有技术未给出结合启示，在此基础上得出具备突出的实质性特点的结论。

第四部分

（3）不要遗漏对从属权利要求具备新颖性和创造性的论述。

（4）不要遗漏对另案提出申请中的独立权利要求的新颖性和创造性的论述。

（5）在撰写格式上应当采取合理的分段，以体现出论述的逻辑性，且更便于阅卷时注意到关键的考点内容。

四、第三题答题思路

在试题说明中，第三题明确要求撰写专利申请的权利要求书，并说明该申请能否要求享有优先权以及能否获得保护的理由。因此，首先需要分析客户的在先申请、附件 4 的内容及附件 5 在时间和内容上的关系，以确定附件 4 中涉及的技术方案可否要求享有优先权。

客户在来函中要求就"电热器的合金材料"提出专利申请，就此主题而言，不属于实用新型的保护主题，因此只能以发明专利申请的方式提出。

根据《专利法》第二十九条的规定，申请人自发明或者实用新型在中国第一次提出专利申请之日起十二个月内，又向国务院专利行政部门就相同主题提出专利申请的，可以享有优先权。根据考试的说明，其应当是假设在考试当天即 2010 年 11 月 7 日提出在后发明专利申请，由于在先申请的申请日是 2010 年 5 月 6 日，距 2010 年 11 月 7 日未到 12 个月，因此如果此时就合金材料的技术方案提出发明专利申请，符合要求发明和实用新型在先申请优先权有关时间期限的规定。此外，在客户来函中明确指出，在先实用新型专利申请尚未公开，也就是说，在先申请尚未授权，因此也符合《专利法实施细则》第三十二条有关国内优先权应当满足在先申请尚未授予专利权的规定。

客户来函中给出的食品料理机中电热器的合金材料的组分和含量（重量百分比）为"0.1% 至 0.3% 的 C，0.5% 至 1% 的 Mn，P≤0.03%，S≤0.03%，余量为 Fe"，其优选方案为"0.18% 至 0.27% 的 C，0.5% 至 1% 的 Mn，P≤0.03%，S≤0.03%，余量为 Fe"。而在其在先实用新型专利申请中，其记载的豆浆机中电热器的合金材料的组分和含量（重量百分比）为"0.18% 至 0.27% 的 C，0.5% 至 1% 的 Mn，P≤0.03%，S≤0.03%，余量为 Fe"。由此可知，食品料理机中电热器的合金材料的组分和含量的优选方案"0.18% 至 0.27% 的 C，0.5% 至 1% 的 Mn，P≤0.03%，S≤0.03%，余量为 Fe"已记载于在先实用新型专利申请中，因此可以享有在先实用新型专利申请的优先权。但是，组分和含量（重量百分比）为"0.1% 至 0.3% 的 C，0.5% 至 1% 的 Mn，P≤0.03%，S≤0.03%，余量为 Fe"的电热器合金材料未记载于在先实用新型专利申请中，因而不能享有在先实用新型专利申请的优先权。

附件 5 是一件申请日（2009 年 11 月 8 日）在该专利申请的优先权日（2010 年 5 月 6 日）之前、授权公告日（2010 年 6 月 8 日）在该专利申请的优先权日之后、申请日之前的中国实用新型专利文件，其中公开了 U 形电热管的合金材料，其组分和含量（重量百分比）为：0.15% 的 C，0.7% 的 Mn，0.01% 的 P，0.01% 的 S，其余为 Fe。其各组分的含量均落于客户要求保护的合金材料不能享有优先权的技术方案（即"组分和含量为 0.1% 至 0.3% 的 C，0.5% 至 1% 的 Mn，P≤0.03%，S≤0.03%，余量为 Fe 的合金材料"）的范围之内，对于这一不能享有优先权的技术方案，附件 5 为该技术方案的现有技术，致使该技术方案不具备新颖性，也就是说该技术方案不可能被授权，因而不可能得到保护。

但是对于客户要求保护的电热器的合金材料的优选技术方案来说，由于该优选技术方案能享有优先权，则附件 5 为申请在前、公告在后的中国实用新型专利文件，只能用作其判断该技术方案是否具备新颖性的对比文件，而不能用作判断该技术方案是否具备创造性的对比文件。在此优选技术方案中，合金材料的组分和含量（重量百分比）为"0.18% 至 0.27% 的 C，0.5% 至 1% 的 Mn，P≤0.03%，S≤0.03%，余量为 Fe"，附件 5 中的合金材料的 C 含量为 0.15%（重量百分比），未落在该优选技术方案中 C 含量的范围之内，因而不能否定该优选技术方案的新颖性。正如前面指出的该附件 5 不能作为判断该优选技术方案的创造性，因而该优选技术方案相对于现有技术也具备创造性。由此可知，该优选技术方案可以通过要求享有在先实用新型专利申请优先权的方式来获得保护。

通过上述分析可知，可享有优先权的合金材料优选技术方案本身具有新颖性和创造性，因此可针对其撰写一项独立权利要求。鉴于试题材料中写明该发明合金材料的优选技术方案是为了在得到较好加热效果的基础上进一步提高电热器的纯净度而作出的改进发明，因此应当对该合金材料以用途限定的组合物方式加以撰写，❶ 即该项独立权利要求的主题名称应当写成"用于制备电热器的合金材料"。但考虑到这种合金材料还可用于制成热得快这样的电热器，因此不应当将其限定成食品料理机中的电热器，即不要写成"用于制备食品料理机中电热器的合金材料"。

通过上述分析，在针对电热器合金材料单独提出的专利申请中，可针对试题中给出的合金材料的优选技术方案撰写独立权利要求：

"1. 一种用于制备电热器的合金材料，其组分和含量（重量百分比）为：0.18％至 0.27％的 C，0.5％至 1％的 Mn，P≤0.03％，S≤0.03％，余量为 Fe。"❷

鉴于该项独立权利要求的主题名称已写成用于制备电热器的合金材料，似乎就没有必要再针对电热器撰写另一项主题名称为电热器独立权利要求。但就应试而言，鉴于此题属于化学领域的试题，还可以针对电热器再撰写一项独立权利要求，即可写成：

"2. 一种电热器，由权利要求 1 所述的合金材料制成。"❸

参考答案

对于 2010 年专利代理实务试题的参考答案，本书先给出根据上述分析思路相应的参考答案，然后再给出《2011 年全国专利代理人资格考试试题解析》的参考答案。

一、与上述试题解析相应的参考答案

编者根据上述分析思路，给出的相应参考答案如下。

（一）第一题参考答案

1. 为客户撰写的发明专利申请的权利要求书

1. 一种食品料理机，包括机头（101）、杯体（107）、引流罩（108）、从所述机头（101）下盖伸

---

❶ 根据《专利审查指南 2010》第二部分第十章第 4.2.3 节的规定组合物权利要求一般有三种类型，即非限定型、性能限定型以及用途限定型，而仅仅当该组合物具有两种或多种使用性能和应用领域时，可以允许用非限定型权利要求，如果仅公开了组合物的一种性能或者用途，则应写成性能限定型或者用途限定。鉴于试题材料中仅给出一种用作电热器的材料，因此编者认为对该项独立权利要求还是表述成用途限定型更为恰当。

❷ 从应试角度看，由试题内容中"说明该申请能否要求享有优先权以及能否获得保护的理由"可知，其主要考核考生是否掌握享有优先权的条件，因此只需要考生判断试题中给出的两种含量范围的合金材料中哪一种能享有优先权、哪一种不能享有优先权，在此基础上进一步确定这两种含量范围的合金材料中哪一种有可能被授权，哪一种不能被授权。因此答题时只要针对能享有优先权的优选技术方案撰写独立权利要求。但在实践中有可能采用使专利申请得到更充分保护的写法，例如可以写成一项独立权利要求和一项从属权利要求："1. 一种用于制备电热器的合金材料，其组分和含量（重量百分比）为：0.18％至 0.3％的 C，0.5％至 1％的 Mn，P≤0.03％，S≤0.03％，余量为 Fe。2. 按照权利要求 1 所述的合金材料，其中 C 的含量（重量百分比）为：0.18％至 0.27％。"甚至还可以写成下述更为合理的两项独立权利要求："1. 一种用于制备电热器的合金材料，其组分和含量（重量百分比）为：0.18％至 0.27％的 C，0.5％至 1％的 Mn，P≤0.03％，S≤0.03％，余量为 Fe。2. 一种用于制备电热器的合金材料，其组分和含量（重量百分比）为：0.27％至 0.3％的 C，0.5％至 1％的 Mn，P≤0.03％，S≤0.03％，余量为 Fe。"

❸ 但是需要说明的是，对于机械领域，当另一项独立权利要求与现有技术的区别仅在于其中的部件为前一项独立权利要求技术方案的话，并不提倡再撰写另一项独立权利要求。

出的刀轴（104）、固定安装在该刀轴（104）前端的刀片（105）、内置于所述机头（101）中的电机（102）、对该电机（102）进行控制的电路控制器件（103），所述引流罩（108）的上部卡合固定在所述机头（101）的下盖上、下部不接触所述杯体（107）内侧底部、侧壁上设置有引流孔（109），其特征在于：所述引流罩（108）为上下开口的中空筒状，所述刀片（105）伸入到所述引流罩（108）内。❶

2. 按照权利要求1所述的食品料理机，其特征在于：在所述引流罩（108）的引流孔（109）的上方设有外凸的引流帽（110）。❷

3. 按照权利要求1或2所述的食品料理机（10），其特征在于：所述引流罩（108）的下边沿距所述杯体（107）内侧底部的距离为15至25毫米。❸

4. 按照权利要求1或2所述的食品料理机（10），其特征在于：所述引流孔（109）的上边沿距所述引流罩（108）上边沿的距离为所述引流罩（108）总高度的1/5。❹

5. 按照权利要求1或2所述的食品料理机，其特征在于：所述引流孔（109）的形状为圆形、椭圆形或者矩形。❺

6. 按照权利要求1或2所述的食品料理机，其特征在于：所述引流孔（109）的位置交错分布。❻

7. 按照权利要求1或2所述的食品料理机，其特征在于：所述电路控制器件（103）包括电源模块（1031）、时间检测模块（1032）、微处理机控制单元（1033）和电机驱动模块（1034）；所述电源模块（1031）用于向所述微处理机控制单元（1033）和所述电机（102）提供工作电压；所述时间检测模块（1032）用于检测所述电机（102）的驱动时间；所述微处理机控制单元（1033）用于控制所述电

---

❶ 考虑到引流罩及其引流孔在对比文件1的内桶中也具有类似的结构，关键区别在于引流罩是上下开口的筒状，刀片直接置于引流罩内，不需要滤罩，因此相对于对比文件1进行了正确划界，将引流罩及其侧壁上设有引流孔等技术特征作为共有技术特征写入独立权利要求的前序部分。此外，电路控制器件是食品料理机必然具有的，与权利要求1要解决的技术问题无直接关系，因而在理论上可以不写入独立权利要求1中，但由于其后的从属权利要求7对其中的电路控制器件作进一步限定，因此应当在独立权利要求1中写明此电路控制器件，这对要求专利保护的范围不产生实质的影响。最后需要说明的是，正如前面试题解析中所指出的，刀片在引流罩中的高度与引流孔的位置相当是必要技术特征，应当写入到独立权利要求中，但考虑到原试题客户的交底书中未给出这一条件，应试时对此就不作要求，因此在此参考答案中未写入这一技术特征。

❷ 需要说明的是，技术交底材料中的"进一步增设"可用"设有"来代替更简洁。另外，由于原试题内容存在文字表达不准确之处，如"上方"应当改为"上部"，因为根据交底书中所描述的外凸引流帽所起的作用以及附图来看，外凸的引流帽应当位于引流孔的上部，不应当位于引流孔的上方。在平时实务中应当通过与申请人的沟通确认后采用准确的文字表述方式；但就考试而言，只需要按照试题内容中给出的文字写明即可，因此在权利要求2中未将"上方"改为"上部"。

❸ 第［005］段的内容如下："客户通过实验发现，引流罩108的下边沿距杯体107内侧底部距离为15至25毫米时，制浆物料的粉碎和循环效果较佳。"其中采用了"效果较佳"的描述，因此应当以此结构特征作为附加技术特征撰写一项从属权利要求。

❹ 第［005］段的内容如下："客户通过实验发现，……最上端的引流孔109的上边沿距引流罩108上边沿的距离为引流罩108总高度的1/5时，制浆物料的粉碎和循环效果较好。"其中采用了"效果较好"的描述，因此应当以此结构特征作为附加技术特征撰写一项从属权利要求。

❺ 在第［001］段的段尾写到"引流孔109的形状可以为圆形、椭圆形或者是矩形，位置为交错分布"。其中出现了"可以为"的字眼，由此可考虑针对引流孔具体形状的选择和其排列分布方式撰写从属权利要求。

❻ 考虑到"引流孔的具体形状"和"引流孔的排列分布方式"这两个附加技术特征并不是密不可分的，因此在本参考答案中将其分别作为附加技术特征各撰写一项从属权利要求。此外，由于这两个技术特征的重要性不如"引流孔上方设置引流帽""引流罩下边沿距杯体内侧底部的距离"和"引流孔在引流罩高度上的位置"这三方面的技术特征，因而将这两项从属权利要求编排在后面。

第四部分

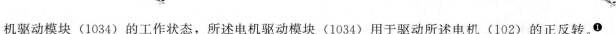

机驱动模块（1034）的工作状态，所述电机驱动模块（1034）用于驱动所述电机（102）的正反转。❶

8. 如权利要求 1 或 2 所述的食品料理机（10），其特征在于：还包括一个机头（101）下盖伸出的 U 形管状电热器（106）。❷

9. 一种利用如权利要求 1 至 8 中任一项所述食品料理机制浆的方法❸，包括以下步骤：

（1）由电机带动刀片在引流罩内旋转；

（2）制浆物料被旋转的刀片打碎，并在引流罩内形成不规则的涡流和负压，制浆物料和水从食品料理机杯体的底部被吸入、提升到引流罩内充分混合，在离心力的作用下被甩出，从引流罩上的引流孔射出后回流到食品料理机杯体内；

（3）回流到食品料理机杯体内的制浆物料和水再次被从底部吸入、提升到引流罩内，从而在食品料理机杯体和引流罩之间反复循环，并不断被刀片打碎，完成制浆过程。

10. 按照权利要求 9 所述的制浆方法，其特征在于：所述制浆物料为大豆、花生、核桃和/或玉米。

2. 该发明专利申请两项独立权利要求可合案申请的理由

在食品料理机独立权利要求 1 中，相对于最接近的现有技术附件 2 和检索到的现有技术附件 3 而言，其特定技术特征为"引流罩为上下开口中空筒状（即下底部是敞开的），且刀片伸入到引流罩内"，从而通过刀片旋转形成不规则涡流和负压，将制浆物料和水从杯底吸入到引流罩内，并随着刀片继续旋转而将制浆物料进一步打碎，所产生的离心力将制浆物料和水从引流罩侧壁上的引流孔甩出。而在制浆方法独立权利要求 9 中，其制浆物料和水的循环路径虽然与最接近的现有技术附件 2 是相同的，但两者形成的原理不同，且这一原理也未被检索到的现有技术附件 3 披露，因此其相对这两项现有技术的特定技术特征为"制浆物料被旋转的刀片打碎，并在引流罩内形成不规则的涡流和负压，制浆物料和水从食品料理机杯体的底部被吸入、提升到引流罩内充分混合，在离心力的作用下甩出，从引流罩上的多个引流孔射出后回流到食品料理机杯体内"，由此可知食品料理机独立权利要求 1 的特定技术特征与制浆方法独立权利要求 9 的特定技术特征是相应的特定技术特征，也就是说这两项独立权利要求之间具有相应的特定技术特征，因此这两项独立权利要求属于一个总的发明构思，可合案申请。

3. 需要另案提交申请的独立权利要求❹

1. 一种设置在食品料理机中用于控制电机正反转循环运行的电路控制器件，其特征在于，包括：电源模块（1031）、时间检测模块（1032）、微处理机控制单元（1033）和电机驱动模块（1034）；

所述电源模块（1031）用于向所述微处理机控制单元（1033）和电机（102）提供工作电压；

所述时间检测模块（1032）用于检测所述电机（102）的正反转时间和停转时间，并在其达到设定时间值时，发出相应输出信号；

所述微处理机控制单元（1033）根据来自所述时间检测模块（1032）的输出信号来控制所述电机驱动模块（1034）的工作状态，并当电机（102）正反转循环运行达到设定循环次数时向电源模块

---

❶　第［006］段提到："还提供了一种不同于传统豆浆机中刀片单向旋转打浆的控制方式，所述控制方式由电路控制器件 103（参见图 3）来实现。"因此，可以考虑以电路控制器件的具体结构特征作为附加技术特征撰写一项从属权利要求。正如前面分析答题思路时所指出的那样，在撰写该项从属权利要求的限定部分时，有必要先明确写明电路控制器件所包括的各个部分，然后再描述各部分之间的相互关系，这样的表述方式更清楚地限定了该从属权利要求的保护范围。

❷　本书认为电热器不是解决该发明技术问题的必要技术特征，因此可以将其作为优选方式撰写一项从属权利要求。

❸　该权利要求的主题名称最好限定到食品料理机的制浆方法，因为技术交底材料仅涉及食品料理机的制浆，不适用于工业领域的制浆，更何况该独立权利要求中技术特征的文字已涉及食品料理机。有关这方面的说明参见前面试题分析的相应部分。

❹　相对于《2010 年全国专利代理人资格考试试题解析》所给出的参考答案，具体写法有所不同，其理由请参见前面试题分析中作出的说明。

（1031）发出断电信号；

所述电机驱动模块（1034）用于驱动电机（102）正反转或停转。

2. 一种由权利要求1所述电路控制器件控制食品料理机中电机正反转循环运行的电路控制方法，其特征在于，包括以下步骤：

（1）由电源模块（1031）向微处理机控制单元（1033）和电机（102）提供工作电压；

（2）微处理机控制单元（1033）向电机驱动模块（1034）发出正转信号，使电机（102）正向运转；

（3）时间检测模块（1032）检测电机（102）正转时间，当测得的正转时间为其设定值时，向微处理机控制单元（1033）发出时间已到信号，微处理机控制单元（1033）向电机驱动模块（1034）发出停转信号，使电机（102）停止正向运转；

（4）时间检测模块（1032）检测电机（102）的停止时间，当测得的停止时间为其设定值时，向微处理机控制单元（1033）发出时间已到信号，微处理机控制单元（1033）向电机驱动模块（1034）发出反向运转信号，使电机（102）反转；

（5）时间检测模块（1032）检测电机（102）的反转时间，当测得的反转时间为其设定值时，向微处理机控制单元（1033）发出时间已到信号，微处理机控制单元（1033）向电机驱动模块（1034）发出停转信号，使电机（102）停止反向运转；

（6）时间检测模块（1032）检测电机（102）的停止时间，当测得的停止时间为其设定值时，向微处理机控制单元（1033）发出时间已到信号，微处理机控制单元（1033）向电机驱动模块（1034）再次发出正转信号，使电机（102）再次正转；

（7）重复上述循环过程，直到循环次数达到设定循环次数。

4. 需要另案提交申请的理由❶

虽然食品料理机及其制浆方法两项独立权利要求与食品料理机中用于控制电机正反转循环运行的电路控制器件和电路控制方法这两项独立权利要求都能取得更好的制浆效果，但前一组发明采用了上下开口的中空筒状引流罩以及将刀片伸入引流罩的结构以形成不规则涡流和负压并在离心力作用下甩出实现了制浆物料和水的反复循环流动，在此基础上借助刀片不断打碎制浆物料以得到更好的制浆效果；而后一组发明是借助电机周期性的正反转使刀片改变转动方向的瞬间与在惯性作用下的部分浆料产生碰撞、摩擦，从而取得更好的制浆效果。由此可知，这两组发明采用了原理完全不同的两个技术方案，它们之间既不存在相同的特定技术特征，也不存在相应的特定技术特征，不属于一个总的发明构思，因此这两组发明不能合案申请。鉴于此，食品料理机中用于控制电机正反转循环运行的电路控制器件和电路控制方法这两项发明应当另案提交申请。

（二）第二题参考答案

1. 简述《专利审查指南2010》中关于确定最接近的现有技术需要考虑的因素❷

最接近的现有技术，是指现有技术中与要求保护的发明最密切相关的一个技术方案，它是判断发明是否具有突出的实质性特点的基础。最接近的现有技术，例如可以是，与要求保护的发明技术领域相同，所要解决的技术问题、技术效果或者用途最接近和/或公开了发明的技术特征最多的现有技术，或者虽然与要求保护的发明技术领域不同，但能够实现发明的功能，并且公开发明的技术特征最多的现有技术。应当注意的是，在确定最接近的现有技术时，应首先考虑技术领域相同或相近的现有技术。

2. 确定附件2、附件3中哪一份是该申请最接近的现有技术

就技术领域而言，附件2客户提供的现有技术为豆浆机，与该发明食品料理机一样，是一种食

---

❶ 本参考答案比较完备，在实际考试中还可适当简化，但不能遗漏重点。

❷ 直接复述《专利审查指南2010》第二部分第四章中的有关规定即可，包括定义以及说明最接近的现有技术的考虑因素。如果不能完全复述出来，则必须写出关键点。

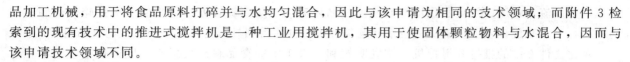

品加工机械，用于将食品原料打碎并与水均匀混合，因此与该申请为相同的技术领域；而附件3检索到的现有技术中的推进式搅拌机是一种工业用搅拌机，其用于使固体颗粒物料与水混合，因而与该申请技术领域不同。

从要解决的技术问题、技术效果和用途来看，附件2与该发明均用于将食品原料打碎制浆，且要取得更细颗粒的浆液，而附件3中的工业搅拌机主要用于将工业原料，尤其是固体颗粒物料与水进行混合以得到搅拌效果好且按颗粒大小分成两层的浆液，因而附件2与该发明更为接近。

从披露技术特征更多来看，附件2中的刀片与该发明一样，既有打碎物料颗粒的功能，又有使其形成循环而均匀混合的功能，而附件3中的叶片仅有搅拌混合功能而没有打碎物料的功能，此外附件2中制浆物料的循环路径与该申请相同，而附件3与该发明专利申请相反。由此可知，附件2相对于附件3披露了该发明更多的技术特征。

综上所述，附件2与附件3相比，其与该发明技术领域相同，要解决的技术问题、技术效果和用途更接近该发明，披露该发明的技术特征更多，因此应当以附件2作为该发明的最接近的现有技术。

3. 说明所撰写的权利要求书相对于现有技术具备新颖性和创造性的理由❶

（1）权利要求1的新颖性❷

附件2（以下简称"对比文件1"）中的豆浆机为达到制浆颗粒细，采用了滤罩，因而用于打碎食品原料的刀片设置在滤罩内，且通过加热使浆液循环流动仅在于使豆浆煮沸制熟，其内桶（相当于该发明的引流罩）底部设有循环孔，而该发明通过刀片旋转形成不规则涡流和负压从杯体底部吸入浆液，然后通过离心力将浆液甩出而形成循环，并在此循环中刀片进一步打碎浆液中的颗粒从而得到更细颗粒的浆液，为此该发明中的刀片伸入到引流罩内、引流罩的底部是敞开的。由此可知，对比文件1并未披露该发明权利要求1特征部分的技术特征：引流罩为上下开口的中空筒状，刀片伸入到所述引流罩内。因此，权利要求1相对于对比文件1具备《专利法》第二十二条第二款规定的新颖性。

附件3（以下简称"对比文件2"）中的推进式搅拌机是工业中用于将固体物料与水混合的搅拌机械，权利要求1要求保护的食品料理机是食品加工机械，因此两者属于不同的技术领域。其次，推进式搅拌机是为了得到搅拌效果好、且按颗粒大小分成两层的浆液，与此相应安装在电机转轴上的是叶片；而权利要求1的食品料理机是为了达到颗粒更细的制浆效果，则安装在转轴上的是刀片，即对比文件2中的叶片与权利要求1的刀片在结构上不一样；因而对比文件2与该发明食品料理机的技术效果也不同，也就是说对比文件2并未披露权利要求1技术方案中的刀片。由此可知，对比文件2中的推进式搅拌机与权利要求1中的食品料理机相比，技术领域不同、技术效果不同、技术方案也不同，即对比文件2未披露权利要求1的技术方案。因此权利要求1的技术方案相对于对比文件2具备《专利法》第二十二条第二款规定的新颖性。

（2）权利要求1的创造性

如前所述，权利要求1食品料理机的最接近的现有技术是对比文件1，其与对比文件1的区别技术特征是：引流罩为上下开口的中空筒状，刀片伸入所述引流罩内。该发明的食品料理机能通过形

---

❶　有关新颖性和创造性的论述最好加以适当分段，例如，将权利要求1的新颖性、权利要求1的创造性、从属权利要求的新颖性和创造性分别给予标号，其中权利要求1的创造性论述应适当作进一步分段，使针对考点的答案明显化，便于阅卷者查看。在本答案中，新颖性和创造性的论述是按照规范的格式要求撰写的，因此内容比较全面。但是本道试题的内容过多，若按照此要求回答，肯定难以在考试的时间内完成，因而从应试角度来看，只要对权利要求1的新颖性和创造性的论述比较全面，而对独立权利要求9以及另行提出申请的两项独立权利要求新颖性和创造性的论述可以采用简化的方式给出答案。

❷　新颖性的论述应严格遵守单独对比原则，分别论述权利要求与两份对比文件的区别所在，至少要写出关键的、重要的区别之处。

成不规则涡流和负压以及离心作用使浆液反复循环流动，从而旋转刀片将浆液多次打碎而得到更细的颗粒，也就是说该发明要解决的技术问题是提供一种能得到具有更细颗粒的浆液的食品料理机。

对比文件 2 中的推进式搅拌机与该发明权利要求 1 中的食品料理机属于不同的技术领域，且解决的技术问题和技术效果与该发明食品料理机也完全不同，因此本领域技术人员通常不会到推进式搅拌机中寻找技术问题的解决方案。更何况，对比文件 2 中虽然公开了"将叶片伸入所述导流筒内以及导流筒下端开口"这两个技术特征，但其是为了得到搅拌效果更好且按颗粒大小将浆液分成两层，因而叶片不带刀刃，不会对浆液颗粒起到进一步打碎的作用，由此可知本领域技术人员即使看到了对比文件 2，也不易想到将这一技术特征应用到对比文件 1 中来解决使浆液具有更细颗粒这一技术问题。即没有动机将对比文件 2 中公开的上述区别特征应用到对比文件 1 中来解决上述技术问题的技术启示，即本领域技术人员根据对比文件 1 和对比文件 2 所记载的内容得到权利要求 1 的技术方案是非显而易见的。此外，这两个区别技术特征也不是本领域技术人员解决上述技术问题的惯用手段，即不属于本领域的公知常识。由此可知，权利要求 1 相对于对比文件 1、对比文件 2 和本领域的公知常识，具有突出的实质性特点。

权利要求 1 的技术方案由于产生不规则涡流和负压，并在离心力作用下在食品料理机的引流罩和杯体之间形成反复循环流动，从而刀片将浆液中的颗粒进一步打碎，得到更细颗粒的制浆效果。此外，相对于对比文件 1 还省去了滤罩，且引流罩下端是开口的，不仅可便于清洗，还简化了结构。由此可知，权利要求 1 的食品料理机具有更好的技术效果，即具有显著的进步。

综上所述，权利要求 1 相对于对比文件 1、对比文件 2 和本领域的公知常识具有突出的实质性特点和显著的进步，具备《专利法》第二十二条第三款规定的创造性。

（3）权利要求 2 至 8 的新颖性和创造性❶

权利要求 2 至 8 对权利要求 1 从结构上作进一步限定，当权利要求 1 具备新颖性和创造性时，从属权利要求 2 至 8 也具备《专利法》第二十二条第二款和第三款规定的新颖性和创造性。

（4）权利要求 9 的新颖性❷

对比文件 1 中的制浆方法是刀片在滤罩内将制浆物料打碎，经滤罩过滤得到较细的浆液，然后通过加热在内桶上部形成高压而形成反复循环，在循环流动过程中不再打碎浆液，仅对浆液持续加热而使豆浆煮沸制熟。因此对比文件 1 并未披露权利要求 9 中的"旋转的刀片在引流罩内形成不规则的涡流和负压，制浆物料和水从食品料理机杯体的底部被吸入、提升到引流罩内充分混合，在离心力的作用下甩出，从引流罩上的多个引流孔射出后回流到食品料理机杯体内"技术特征，因此权利要求 9 相对于对比文件 1 具备《专利法》第二十二条第二款规定的新颖性。

对比文件 2 涉及工业用搅拌机的制浆方法，其解决的技术问题和技术效果是为了得到搅拌效果好、且按颗粒大小分成两层的浆液，因此与该发明制浆方法要解决的技术问题和技术效果完全不同。鉴于此，对比文件 2 中形成浆液反复循环是为了达到搅拌、混合的目的，且循环流动的方向与该发明制浆方法的循环方向相反。因此对比文件 2 并未披露权利要求 9 中的"旋转的刀片在引流罩内形成不规则的涡流和负压，制浆物料和水从食品料理机杯体的底部被吸入、提升到引流罩内充分混合，在离心力的作用下甩出，从引流罩上的多个引流孔射出后回流到食品料理机杯体内"以及"在食品

---

❶ 在论述独立权利要求具备新颖性和创造性之后，对从属权利要求的新颖性和创造性论述一并简要评述即可。不必如 2006 年试题参考答案一样分别对从属权利要求新颖性和创造性进行评述。

❷ 此处所给出的权利要求 9 具有新颖性的论述以及此后对其具有创造性的论述，按照通常规范的方式给出。但是，在实际考试时，若出现需要论述多项独立权利要求具有新颖性和创造性的论述，即如同本试题的情况，则第一项独立权利要求的新颖性和创造性应按规范要求详细论述；而对其他独立权利要求的新颖性和创造性的论述可以适当简化：论述新颖性时可直接指出对比文件未披露该权利要求的哪一或哪些技术特征，从而得出具有新颖性的结论，论述创造性按照"三步法"分析时指出对比文件公开的内容在对比文件中所起的作用与在该发明中的作用不同，未给出结合的启示，因而具有突出实质性特点，然后说明具有显著的进步，以得出具有创造性的结论。

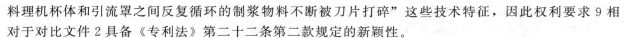

料理机杯体和引流罩之间反复循环的制浆物料不断被刀片打碎"这些技术特征，因此权利要求9相对于对比文件2具备《专利法》第二十二条第二款规定的新颖性。

（5）权利要求9的创造性

同样，对比文件1是该发明制浆方法的最接近的现有技术。权利要求9与对比文件1的区别技术特征是"刀片在引流罩内旋转，旋转的刀片在引流罩内形成不规则的涡流和负压，制浆物料和水从食品料理机杯体的底部被吸入、提升到引流罩内充分混合，在离心力的作用下甩出，从引流罩上的多个引流孔射出后回流到食品料理机杯体内"，因此该发明权利要求9实际要解决的问题是提供一种浆液颗粒更细的制浆方法。

对比文件2与该发明制浆方法属于不同的技术领域、解决的技术问题和技术效果也完全不同，而且上述区别特征中的后两个技术特征也未被对比文件2披露，这两个技术特征也不是本领域技术人员解决上述技术问题的公知常识，因此权利要求9相对于对比文件1、对比文件2和本领域的公知常识具有突出的实质性特点。

此外，权利要求9的技术方案相对于上述两项现有技术能得到颗粒更细的浆液，具有有益的技术效果，因而具有显著的进步。

综上所述，权利要求9相对于对比文件1、对比文件2和本领域的公知常识具有突出的实质性特点和显著的进步，因此具备《专利法》第二十二条第三款规定的创造性。

（6）权利要求10的新颖性和创造性

权利要求10对权利要求9从制浆物料的选用上作了进一步限定，在权利要求9具有新颖性和创造性，从属权利要求10也具备《专利法》第二十二条第二款和第三款规定的新颖性和创造性。

（7）另案提出申请的两项独立权利要求的新颖性和创造性❶

① 权利要求1的新颖性和创造性

在对比文件1中，虽然公开了食品料理机中的电路控制器件，但其未公开电路控制器件的具体组成以及其对电机的控制方式，也未公开电机正反转的有关内容，因此该对比文件1未公开权利要求1中由电源模块、时间检测模块、微处理机控制单元和电机驱动模块来实现对电机形成正反转周期循环控制的技术方案。由此可知，权利要求1相对于对比文件1具备《专利法》第二十二条第二款规定的新颖性。

对比文件2中未公开控制电机正反转的电路控制器件，也未公开控制电机正反转的有关内容，由此可知，该对比文件2中未公开权利要求1中的电路控制器件，更何况对比文件2与该发明属于不同的技术领域，因此权利要求1相对于对比文件2也具备《专利法》第二十二条第二款规定的新颖性。

由于权利要求1的食品料理机中控制电机正反转的电路控制器件与最接近的现有技术对比文件1的区别技术特征为：该电路控制器件由电源模块、时间检测模块、微处理机控制单元和电机驱动模块来实现对电机形成正反转周期循环控制，上述区别技术特征在对比文件2中已未披露，也不属于所属技术领域的惯用手段，因此权利要求1相对于对比文件1、对比文件2和本领域的公知常识具有突出的实质性特点。由于通过控制电机正反转能使刀片与制浆物料形成撞击和摩擦，从而能得到更细颗粒的浆料，具有有益的技术效果，因此权利要求1也具有显著的进步。综上所述，权利要求1相对于对比文件1、对比文件2和本领域的公知常识具备《专利法》第二十二条第三款的创造性。

② 权利要求2的新颖性和创造性

对比文件1中虽然公开食品料理机中的电路控制器件，但其并未公开具体控制方式，也未公开控制电机正反转的有关内容，因而未公开权利要求2中第（2）至（7）个技术特征。由此可知，权

---

❶　本参考答案比较完备，在实际考试中还可适当简化，但不能遗漏重点，请参见论述权利要求9具有新颖性时所作出的脚注说明。

利要求 2 相对于对比文件 1 具备《专利法》第二十二条第二款规定的新颖性。

同样，对比文件 2 中也未公开控制电机正反转的电路控制方法，即其未公开权利要求 2 中第（2）至（7）个技术特征，因此权利要求 2 相对于对比文件 2 也具备《专利法》第二十二条第二款规定的新颖性。

由于权利要求 2 的食品料理机中控制电机正反转的电路控制方法与最接近的现有技术对比文件 1 的区别特征，即第（2）至（7）个步骤，在对比文件 2 中也未披露，也不属于所属技术领域的惯用手段，因而权利要求 2 相对于对比文件 1、对比文件 2 和本领域的公知常识具有突出的实质性特点。此外，通过控制电机正反转能使刀片与制浆物料形成撞击和摩擦，从而能得到更细颗粒的浆料，具有有益的技术效果，因而权利要求 2 具有显著的进步。综上所述，权利要求 2 相对于对比文件 1、对比文件 2 和本领域的公知常识具备《专利法》第二十二条第三款规定的创造性。

（三）第三题参考答案

1. 为客户撰写的权利要求书

1. 一种用于制备电热器的合金材料，其组分和含量（重量百分比）为：

C $\qquad$ 0.18% 至 0.27%，

Mn $\qquad$ 0.5% 至 1%，

P $\qquad$ ≤0.03%，

S $\qquad$ ≤0.03%，

余量为 Fe。

2. 一种电热器，由权利要求 1 所述的合金材料制成。❶

2. 说明该发明专利申请能否要求享有优先权以及能否获得保护的理由

（1）该发明专利申请能否要求享有优先权的理由

客户在先实用新型专利申请的申请日为 2010 年 5 月 6 日，距现在（2010 年 11 月 7 日❷）未到 12 个月，符合有关优先权期限的要求；客户的在先申请是首次申请，且尚未授权，因此按照《专利法》第二十九条第二款和《专利法实施细则》第三十二条第二款的规定，❸ 记载在该在先实用新型专利申请中的技术方案可以享有客户在先申请的国内优先权。鉴于客户来函中要求保护的合金材料有大、小两个保护范围，其中保护范围较大的合金材料（即其中 C 含量为 0.1% 至 0.3% 的合金材料）技术方案未记载在客户在先申请的说明书和权利要求书中，因而不能要求享有客户在先申请的国内优先权；而保护范围较小的合金材料技术方案（即上述权利要求 1 所要求保护的技术方案，其中 C 含量为 0.18% 至 0.27%）已记载在客户在先申请的说明书中，因此可以要求享有客户在先申请的国内优先权。

（2）该发明专利申请能否获得保护的理由

鉴于客户来函中保护范围较大的技术方案不能要求享有客户在先申请的优先权，则现已公开的附件 5（以下简称"对比文件 3"）成为该保护范围较大的技术方案的现有技术。由于该对比文件 3 说明书中公开的合金材料与该保护范围较大的合金材料的组分相同，且其各组分含量均落入该保护范围较大的合金材料各组分的含量范围之中，因此若以该保护范围较大的合金材料作为要求保护的技术方案提出发明专利申请，则该对比文件 3 说明书中公开的合金材料与该保护范围较大的合金材料是同样的发明，从而使该保护范围较大的技术方案不具备《专利法》第二十二条第二款规定的新颖性，因此该保护范围较大的合金材料不能够获得专利保护。

---

❶ 正如前面试题解析中对第三题答题思路的分析中所指出的，对于化学领域有可能会认为还需要撰写一项关于电热器的独立权利要求，而对于机械领域会认为不必要针对该电热器撰写一项独立权利要求。

❷ 即 2010 年专利代理实务考试当天。

❸ 如确实记不清楚具体是《专利法》的哪一条款，则该句可简化为"根据《专利法》的相关规定"，以避免写错条款。

对于保护范围较小的合金材料（即上述权利要求1所要求保护的技术方案），已记载在客户在先申请的说明书中，因此可以要求享有客户在先申请的优先权。对比文件3的申请日在该发明专利申请的优先权日前，公启日在优先权日后，因此该对比文件3仅能用于评价该发明发明专利申请权利要求1的新颖性，不能作为该发明专利申请的现有技术用来评价权利要求1的创造性。鉴于该发明权利要求1合金材料中的C含量为0.18％至0.27％（重量），对比文件3中C含量为0.15％（重量）未落在权利要求1中C含量的数值范围内，因此对比文件3中公开的合金材料不能否定该发明专利申请权利要求1的新颖性。由此可知，可以要求享有在先申请优先权的权利要求1的技术方案相对于对比文件3能够得到保护。

二、《2010年全国专利代理人资格考试试题解析》给出的参考答案

下面提供《2010年全国专利代理人资格考试试题解析》（知识产权出版社2011年出版）中的参考答案范文。虽然，本书认为从更完善的角度分析得到的答案与该书的参考答案有所不同，但从考试的角度，在有限的时间内容能够完成如该书的答案，足以表明考生的专利代理实务水平。

（一）第一题参考答案

权利要求书范文

1. 一种食品料理机（10），包括：

机头（101）、刀轴（104）、刀片（105）、电热器（106）以及杯体（107），其中：

机头（101）内设置有电机（102）和电路控制器件（103），

刀轴（104）从机头（101）的下盖伸出，

刀轴（104）的前端固定安装刀片（105），

电热器（106）为U形管状，❶ 并从机头（101）下盖伸出；

其特征在于，所述食品料理机（10）还包括一个引流罩（108），引流罩（108）为上下开口的中空筒状，其上部卡合固定在机头（101）的下盖上，下部不接触杯体（107）内侧底部，引流罩（108）上设置有引流孔（109），刀轴（104）前端固定安装的刀片（105）伸入到引流罩（108）内。❷

2. 如权利要求1所述的食品料理机（10），其特征在于：引流孔（109）位置交错分布，形状为圆形、椭圆形或者矩形。❸

3. 如权利要求2所述的食品料理机（10），其特征在于：引流孔（109）的上方进一步增设外凸的引流帽（110）。

4. 如权利要求1或2所述的食品料理机（10），其特征在于：引流罩（108）的下边沿距杯体

---

❶ "电热器为U形管状"这一特征如前所述应理解为非必要技术特征，但参考答案写入独立权利要求，这是因为专利代理实务考试不分专业，考虑到不同专业考生难以从技术内容上区分食品料理机的部件中哪些是必要技术特征，哪些是非必要技术特征，因此试题中未采用优选等方式表示的部件和结构均写入独立权利要求中。但编者考虑到历年试题中均涉及必要技术特征的确定，以便为申请人争取更宽的保护范围，因而本书建议的答案中仍将电热器及其形状确定为该发明创造的非必要技术特征。

❷ 在技术交底材料中，由于客户未正确理解附件2的结构，对本发明给出的说明为："采用引流罩代替传统的过滤网罩"。如果以此为依据，引流罩就成为食品料理机独立权利要求的区别技术特征；而实际上附件2中豆浆机的内桶相当于该发明中的引流罩，内桶侧壁上的连通孔相当于该发明引流罩的引流孔，其区别仅在于该发明的引流罩为上下开口中空筒状，而附件2中内桶为底部设置有循环孔，因此编者给出的答案将引流罩的大部分技术特征写入独立权利要求的前序部分，而仅将引流罩为上下开口中空筒状写入特征部分。

❸ 技术交底材料第［001］段的最后一句写明"引流孔109的形状可以为圆形、椭圆形或者是矩形，位置为交错分布"，而引流孔的形状、引流孔的排列方式两者之间不是紧密联系的技术特征，因此可以分别作为一种优选的附加技术特征各撰写一项从属权利要求。

（107）内侧底部的距离为 15 至 25 毫米。

5. 如权利要求 1 或 2 所述的食品料理机（10），其特征在于：引流孔（109）的上边沿距引流罩（108）上边沿的距离为引流罩（108）总高度的 1/5。

6. 如权利要求 1 或 2 所述的食品料理机（10），其特征在于：电路控制器件（103）包括：电源模块（1031），用于提供微处理机控制单元（1033）和电机（102）的工作电压；时间检测模块（1032），用于检测电机驱动时间；微处理机控制单元（1033），用于控制电机驱动模块（1034）的工作状态；以及电机驱动模块（1034），用于驱动电机（102）的正反转。

7. 一种制浆方法，❶ 包含以下步骤：

（1）电热器加热水和浆料，电机带动刀片在引流罩内旋转；

（2）制浆物料被旋转的刀片打碎，在引流罩内形成不规则的涡流和负压，制浆物料和水从杯体的底部被吸入、提升到引流罩内充分混合，在离心力的作用下被甩出，从引流罩上的引流孔射出后回流到食品料理机杯体内；

（3）回流到食品料理机杯体内的制浆物料和水再次被从底部吸入、提升到引流罩内，从而在食品料理机杯体和引流罩之间反复循环，并不断被刀片打碎，完成制浆过程。

8. 如权利要求 7 所述的制浆方法，其制浆物料为大豆、花生、核桃和/或玉米。

能够在一件申请中合案提出申请的理由

独立权利要求 1、7 之间相同的技术特征"引流罩上设置有多个引流孔"。而对比文件 1、2（即附件 2、3）中均未公开该特征，也未给出用该特征解决"使得豆浆机更易清洗，同时制浆物料在桶体和引流罩内随水在大范围内循环粉碎制浆，粉碎制浆效果更好，制浆物料的营养析出更充分"的技术问题的技术启示，因此，该技术特征是本申请的"特定技术特征"。权利要求 1、7 的技术方案属于《专利法》第三十一条第一款的"一个总的发明构思"，可以在一件申请内提出。❷

需要另案提交申请的独立权利要求❸

1. 一种食品料理机的电路控制方法，其特征在于，包括：

电源向微处理机控制单元和电机提供工作电压的步骤；

检测电机驱动时间的时间检测步骤；

控制电机驱动模块的工作状态的微处理机控制步骤；以及

电机正反转驱动步骤；

其中，微处理机控制单元向电机驱动模块发出正转信号，当时间检测模块测得电机正向运转的时间为 5 至 10 秒时，微处理机控制单元向电机驱动模块发出停转信号；当时间检测模块测得电机停转的时间为 2 至 5 秒时，微处理机控制单元向电机驱动模块发出逆转信号，当时间检测模块测得电机逆向运转的时间为 5 至 10 秒时，微处理机控制单元向电机驱动模块发出停转信号；当时间检测模块测得电机停转的时间为 2 至 5 秒时，微处理机控制单元再次向电机驱动模块发出正转信号；重复

---

❶ 该权利要求的主题最好限定到食品料理机的制浆方法，因为技术交底材料仅涉及食品料理机的制浆，不适用于工业领域的制浆，更何况该独立权利要求中技术特征的文字已涉及食品料理机。

❷ 本参考答案未注意到对比文件 1（附件 2）中的内桶相当于本发明中的引流罩，对比文件 1（附件 2）中内桶上的连通孔相当于本发明中的引流孔，错误地认定"引流罩上设置有多个引流孔"未被对比文件 1（附件 2）公开，从而得出这两项独立权利要求具有相同的特定技术特征。显然，这样的分析缺乏说服力。鉴于此，编者在前面推荐的答案中采用了与此不同的分析方式，具体论述了这两项独立权利要求具有相应的特定技术特征。

❸ 参考答案中先给出食品料理机电路控制方法独立权利要求，后给出电路控制器件的独立权利要求，但是在电路控制方法独立权利要求的技术特征中出现与电路控制器件各个部分相关的内容，因此为使电路控制方法独立权利要求更清楚地限定要求专利保护的范围，似乎应当先给出电路控制器件的独立权利要求，再给出电路控制方法的独立权利要求。

循环上述过程 5 至 10 次。

2. 一种设置在食品料理机的机头内的电路控制器件，其特征在于，包括：

电源模块，用于提供微处理机控制单元和电机的工作电压；

时间检测模块，用于检测电机驱动时间，

微处理机控制单元，用于控制电机驱动模块的工作状态，

以及电机驱动模块，用于驱动电机的正反转，

电路控制器件工作时，微处理机控制单元向电机驱动模块发出正转信号，当时间检测模块测得电机正向运转的时间为 5 至 10 秒时，微处理机控制单元向电机驱动模块发出停转信号；当时间检测模块测得电机停转的时间为 2 至 5 秒时，微处理机控制单元向电机驱动模块发出逆转信号，当时间检测模块测得电机逆向运转的时间为 5 至 10 秒时，微处理机控制单元向电机驱动模块发出停转信号；当时间检测模块测得电机停转的时间为 2 至 5 秒时，微处理机控制单元再次向电机驱动模块发出正转信号；重复循环上述过程 5 至 10 次。

需要另案提交申请的理由

准备分案提交的权利要求的技术方案的发明点在于通过对食品料理机（10）电机（102）控制方式的改进以获得更好的制浆效果，而作为原案提交的权利要求的技术方案的发明点在于通过设置具有引流孔的引流罩（108）获得使食品料理机更易清洗的效果，两者之间不存在相同或相应的特定技术特征，所解决的技术问题不同，不属于一个总的发明构思。因此，有关食品料理机（10）电机（102）控制结构和方法的权利要求应当另案提交申请，以使得申请人获得可能的最大利益。

（二）第二题参考答案

1. 简述《专利审查指南 2010》中关于确定最接近的现有技术需要考虑的因素

最接近的现有技术，是指现有技术中与要求保护的发明最密切相关的一个技术方案，它是判断发明是否具有突出的实质性特点的基础。最接近的现有技术，例如，可以是与要求保护的发明技术领域相同，所要解决的技术问题、技术效果或者用途最接近和/或公开了发明的技术特征最多的现有技术，或者虽然与要求保护的发明技术领域不同，但能够实现发明的功能，并且公开发明的技术特征最多的现有技术。应当注意的是，在确定最接近的现有技术时，应首先考虑技术领域相同或相近的现有技术。

2. 确定附件 2、附件 3 中哪一份是本申请最接近的现有技术

附件 2（称对比文件 1）的技术领域与本申请相同，都是用于日常生活的食品加工领域，并且相对于附件 3（称对比文件 2）而言公开的技术特征更多，附件 3 属于工业用推进式搅拌机领域，技术领域与本申请不同。因此，附件 2 应当为本申请最接近的现有技术。

3. 说明所撰写的权利要求书相对于现有技术具备新颖性和创造性的理由❷

（1）权利要求 1 的新颖性

权利要求 1 与对比文件 1 的技术方案相比：①引流罩与内桶、滤罩的结构均不同，②引流罩与内桶、滤罩的作用不同，③引流罩能够解决滤罩死角难以清洗的缺陷，二者属于不同的技术方案，

---

❶ 由技术交底材料第［007］段的内容可知，对电机正转时间 A 秒、反转时间 C 秒、停转时间 B 秒和 D 秒以及循环粉碎 N 次，并给出了优选的具体数值范围。若将独立权利要求中电机正转时间、反转时间、停转时间和循环次数表述成 A 秒、B 秒、C 秒、D 秒、N 次，则会导致权利要求未清楚地限定要求专利保护的范围，考虑到试题中并未给出较好的表述方式，因而参考答案限定了具体的数值范围。但这种写法显然将优选范围写入了独立权利要求，而编者认为，在独立权利要求中表述成电机正转时间的设定值、正转后停转时间的设定值、反转时间的设定值、反转后停转时间的设定值和循环次数的设定值更为妥当。

❷ 本参考答案中由于未注意到对比文件 1（附件 2）中公开的带有连通孔的内桶相当于该发明中的带有引流孔的引流罩，错误地认定对比文件 1（附件 2）中未公开本发明中的引流罩，改使所作分析缺乏说服力。鉴于此，编者推荐了与此分析不同的论述方法，请参见前面给出的推荐答案。

权利要求1相对于对比文件1具备新颖性。

权利要求1与对比文件2的技术方案相比：①前者属于用于日常生活的食品加工领域，后者属于工业用推进式搅拌机领域，两者的技术领域不同；②前者解决的是食品料理机不易清洗的技术问题，后者解决的是搅拌效果的技术问题，两者所要解决的技术问题不同；③液体在引流罩中流动的方式不同，前者是液体从杯体底部向上流动、从杯体上部的孔射出、向下流动、再从底部吸入到杯体内，反复循环；后者是液体从导流筒向下流动、从导流筒底部的孔流出、向上流动、再从顶部回流到导流筒内。因此二者不属于相同内容的发明创造，权利要求1相对于对比文件2具备新颖性。

（2）权利要求1的创造性

权利要求1与最接近的现有技术对比文件1技术方案的区别在于：对比文件1的豆浆机包括外桶、内桶、滤罩和刀片，它们共同配合完成制浆；而权利要求1的食品料理机包括杯体、引流罩和刀片，在整体结构上减少了豆浆机部件。具体的区别特征以及所解决的技术问题为：上下开口的中空筒状的引流罩死角难以清洗的缺陷；同时，相比于滤罩和内桶，权利要求1的技术方案能够使得制浆物料在被旋转的刀片打碎的同时，在引流罩内形成不规则的涡流和负压，在杯体和引流罩内随水在大范围内循环粉碎制浆。从而实现粉碎制浆效果更好，制浆物料的营养析出更充分的技术效果。对比文件1中既没有公开该技术特征也没有给出任何技术启示，无法解决上述技术问题。

对比文件2所涉及的技术领域、解决的技术问题以及液体流动的方式均与本申请完全不同，所公开的推进式搅拌器并未给出获得与"引流罩"相关的上述区别技术特征的技术启示。而且，上述区别也不属于所属技术领域的惯用手段。

因此，权利要求1相对于对比文件1、2或者其结合，具有突出的实质性特点和显著的进步，具备《专利法》第二十二条第三款规定的创造性。

（3）从属权利要求2至6的新颖性、创造性

由于权利要求1具备新颖性、创造性，其从属权利要求2～7也具备新颖性、创造性。

（4）关于权利要求7、8的新颖性、创造性❶

区别技术特征为"引流罩上设置有多个引流孔"，对比文件1、2未公开该区别技术特征并且无相应的技术启示，因此权利要求7具备新颖性和创造性。

由于权利要求7具备新颖性、创造性，其从属权利要求8也具备新颖性、创造性。

4. 另案申请中权利要求的新颖性和创造性

（1）权利要求1、2的新颖性❷

权利要求1与对比文件1、2分别对比，对比文件1、2均没有公开有关电机正反转的技术方案，因此权利要求1具备新颖性。

权利要求2与对比文件1、2分别对比，对比文件1、2均没有公开有关电机正反转的技术方案，因此权利要求2具备新颖性。

（2）权利要求1、2的创造性❸

由于对比文件1、2中均没有公开食品料理机电机正反转的控制方式，也没有给出任何技术启示，而上述区别特征也不属于所属技术领域的惯用手段。因此，分案申请中的独立权利要求1、2相对于对比文件1、2或者其结合具有突出的实质性特点和显著的进步，具备《专利法》第二十二条第

---

❶　参考答案权利要求7和8的论述非常简单，但建议在考试中适当论述详细一些，尤其要将关键点论述清楚。此外，论述方法权利要求具备新颖性、创造性时应当重点针对权利要求中的方法特征分析是否被现有技术公开以及是否给出结合启示。

❷　在论述两项独立权利要求具有新颖性时，最好相对于两份对比文件分别进行对比，至少在文字表述上应当更能体现出新颖性单独对比的原则。此外，对产品权利要求应当针对结构特征进行分析，对方法权利要求应当针对方法特征进行分析。

❸　在论述两项独立权利要求具有创造性时，应当从这两份对比文件中确定一份为最接近的现有技术，此外最好体现出按照"三步法"来论述具有突出的实质性特点，并从其技术效果来说明具有显著的进步。

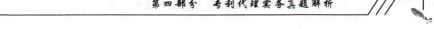

三款规定的创造性。

（三）第三题参考答案

为客户撰写的权利要求书

1. 一种合金材料，其组分和含量（重量百分比）为：0.18％至0.27％的C，0.5％至1％的Mn，P≤0.03％，S≤0.03％，余量为Fe。❶

2. 一种电热器，由权利要求1所述的合金材料制成。

说明能要求享有优先权以及能够获得保护的理由

（1）附件5（以下简称"对比文件3"）公开的技术方案影响大范围数值的新颖性

客户要求保护的合金材料有大、小两个范围，其中"0.1％至0.3％的C，0.5％至1％的Mn，P≤0.03％，S≤0.03％，余量为Fe"的大范围的技术方案中C的含量，被对比文件3中"0.15％的C（余略）"的技术方案所公开，从而不具备新颖性，因此"0.1％至0.3％的C（余略）"的技术方案不能被保护。而"0.18％至0.27％的C，0.5％至1％的Mn，P≤0.03％，S≤0.03％，余量为Fe"的小范围的技术方案已经在客户自己的在先申请的说明书中记载，因此，可以以要求享有优先权的方式来获得保护。

（2）小范围的技术方案可以享有在先申请的优先权的理由

根据《专利法》第二十九条的规定，申请人自发明或者实用新型在中国第一次提出专利申请之日起十二个月内，又向国务院专利行政部门就相同主题提出专利申请的，可以享有优先权。相同主题的发明或者实用新型，是指技术领域、所解决的技术问题、技术方案和预期的效果相同的发明或者实用新型。具体到本题中：

① 在先申请的申请日是2010年5月6日，距现在（2010年11月7日）未到十二个月，因此如果此时就合金材料的技术方案提出申请，符合优先权有关时间期限的规定。

② "0.18％至0.27％的C（余略）"的小范围方案，与在先申请为相同主题的发明。

因此，有关"电热器的合金材料"的技术方案满足《专利法》第二十九条的规定，可以要求享有在先申请的优先权。❷

（3）享有优先权的小范围方案相对于对比文件3能够获得保护的理由

从时间上判断，对比文件3的申请日为2009年11月8日，公开日为2010年6月8日，相对于享有优先权（优先权日为2010年5月6日）的小范围的技术方案而言属于申请在先、公开在后的申请，因此，只能用来评述享有优先权的方案的新颖性，而不能用来评价其创造性。

由于对比文件3中公开的"0.15％的C（余略）"的技术方案，没有落在拟要求享有优先权的方案"0.18％至0.27％的C（余略）"的数值范围内，因此，附件5也不能影响享有优先权的方案的新颖性。

综上，享有优先权的"0.18％至0.27％的C，0.5％至1％的Mn，P≤0.03％，S≤0.03％，余量为Fe"的电热器的合金材料的技术方案相对于附件5能够获得保护。

---

❶ 当组合物（包括合金）具有两种或多种使用性能和应用领域时，可以允许用非限定型权利要求，如果仅公开了组合物的一种性能或者用途，则应写成性能限定型或者者用途限定。鉴于试题材料中仅给出一种用作电热器的合金材料，因此编者认为对该项独立权利要求表述成用途限定型更为恰当。

❷ 为了更充分地论述该发明专利申请可享有其在先实用新型专利申请的优先权，还应当补充说明另两个可享有优先权的条件：作为其优先权基础的实用新型专利申请是首次申请；该实用新型专利申请尚未授权。在此基础上再说明其满足《专利法》第二十九条第二款关于优先权的要求以及满足《专利法实施细则》第三十二条第二款有关国内优先权的要求。

第二十六章　2011年专利代理实务试题解析

试　题

答题须知

1. 答题时请以现行、有效的法律和法规的规定为准。

2. 作为考试，应试者在完成题目时应当接受并仅限于本试卷所提供的事实，并且无须考虑素材的真实性、有效性问题。

3. 本专利代理实务试题包括第一题和第二题，满分150分。

应试者应当将各题答案按顺序清楚地誊写在正式答题卡相对应的答题区域内：

第一题的答案按顺序清楚地誊写在第一张答题卡（即答题卡第1至4页）上；

第二题的答案按顺序清楚地誊写在第二张答题卡（即答题卡第5至8页）上。

4. 应试者将答案写在试卷上、草稿纸上或者未按上述要求写在相应答题卡上的，不予计分。

5. 为方便答题，考试时，应试者可将试卷附图单印本第9至12页的草稿纸沿虚线撕下来使用；考试结束时，草稿纸需随试卷、答题卡一同由监考老师收回，请勿带出考场。

试题说明

第一题　撰写无效宣告请求书

客户A公司委托你所在代理机构就B公司的一项实用新型专利（附件1）提出无效宣告请求，同时提供了两份专利文献（附件2和附件3），以及欲无效的实用新型专利的优先权文件译文（附件4）。请你根据上述材料为客户撰写一份无效宣告请求书，具体要求如下：

1. 明确无效宣告请求的范围，以《专利法》及其实施细则中的有关条、款、项作为独立的无效宣告理由提出，并结合给出的材料具体说明。

2. 避免仅提出无效的主张而缺乏有针对性的事实和证据，或者仅罗列有关证据而没有具体分析说理。阐述无效宣告理由时应当有理有据，避免强词夺理。

第二题　撰写权利要求书并回答问题

该客户A公司同时向你所在代理机构提供了技术交底材料（附件5），希望就该技术申请发明专利。请你综合考虑附件1至附件3所反映的现有技术，为客户撰写发明专利申请的权利要求书，并回答其提出的有关该申请的说明书撰写问题，具体要求如下：

1. 独立权利要求的技术方案相对于现有技术应当具备新颖性和创造性。独立权利要求应当从整体上反映发明的技术方案，记载解决技术问题的必要技术特征，并且符合《专利法》及其实施细则对独立权利要求的其他规定。

2. 从属权利要求应当使得本申请面临不得不缩小保护范围的情况时具有充分的修改余地，其数量应当合理、适当，并且符合《专利法》及其实施细则对从属权利要求的所有规定。

3. 如果所撰写的权利要求书中包含两项或者两项以上的独立权利要求，请简述这些独立权利要求能够合案申请的理由；如果认为客户提供的技术内容涉及多项发明，应当以多份申请的方式提出，则请说明理由，并分别撰写权利要求书。

4. 回答客户提出的关于说明书撰写的问题时，请结合《专利法》及其实施细则中的相关规定进行具体说明。

附件1（欲宣告无效的专利）

(19) 中华人民共和国国家知识产权局

（12）实用新型专利

(45) 授权公告日　2011年3月22日

(22) 申请日　2010.9.23

(21) 申请号　201020123456.7

(30) 优先权

(32) 2010.01.25　　(33) US　　(31) 10/111,222

(73) 专利权人　B公司

（其余著录项目略）

权利要求书

1. 一种即配式饮料瓶盖，包括顶壁（1）和侧壁（2），侧壁（2）下部具有与瓶口外螺纹配合的内螺纹（3），其特征在于，侧壁（2）内侧在内螺纹（3）上方具有环状凸缘（4），隔挡片（5）固定于环状凸缘（4）上，所述顶壁（1）、侧壁（2）和隔挡片（5）共同形成容纳调味材料的容置腔室（6）。

2. 如权利要求1所述的即配式饮料瓶盖，其特征在于，所述隔挡片（5）为一层热压在环状凸缘（4）上的气密性薄膜。

3. 如权利要求1或2所述的即配式饮料瓶盖，其特征在于，所述瓶盖带有一个用于刺破隔挡片（5）的尖刺部（7），所述尖刺部（7）位于顶壁（1）内侧且向隔挡片（5）的方向延伸。

4. 如权利要求1～3中任意一项所述的即配式饮料瓶盖，其特征在于，所述顶壁（1）具有弹性易于变形，常态下，尖刺部（7）与隔挡片（5）不接触，按压顶壁（1）时，尖刺部（7）向隔挡片（5）方向运动并刺破隔挡片（5）。

说　明　书

即配式饮料瓶盖

[001]❶本实用新型涉及一种内部容纳有调味材料的饮料瓶盖。

[002] 市售的各种加味饮料（如茶饮料、果味饮料等）多通过在纯净水中加入调味材料制成。为保证饮料品质、延长保存时间，加味饮料中大都使用各种添加剂，不利于人体健康。

[003] 针对加味饮料存在的上述问题，本实用新型提出一种即配式饮料瓶盖。所述饮料瓶盖内部盛装有调味材料（如茶粉、果珍粉等），该瓶盖与盛装矿泉水或纯净水的瓶身配合，构成完整的饮料瓶。饮用时将瓶盖内的调味材料释放到瓶身内与水混合，即可即时配制成加味饮料。由于调味材料与水在饮用前处于隔离状态，因此无须使用添加剂。

[004] 图1是本实用新型的立体分解图；

[005] 图2是本实用新型在常态下的组合剖视图；

[006] 图3是本实用新型在使用状态下的组合剖视图。

[007] 如图1至图3所示，即配式饮料瓶盖具有顶壁1和侧壁2，侧壁2下部具有与瓶口外螺纹配合的内螺纹3，侧壁2内侧在内螺纹3上方具有环状凸缘4，隔挡片5固定于环状凸缘4上，隔挡片5优选为一层热压在环状凸缘4上的气密性薄膜。顶壁1、侧壁2和隔挡片5匣合成密闭的容置腔室6，容置腔室6内放置调味材料。上述结构即构成完整的即配式饮料瓶盖，该瓶盖可以与盛装矿泉水或纯净水的瓶身相配合使用。直接拧开瓶盖，可以饮用瓶中所装矿泉水或纯净水；撕除或破坏隔

---

❶　附件1～4涉及的说明书以及附件5客户提供的交底材料的每个段落前带方括号的编号是编者为分析时文字叙述方便所加，原试题并无段落编号，考生在实际考试时，可采用第×行的方式描述。

挡片5，则可即时配制成加味饮料饮用。

[008] 为了能够方便、卫生地破坏隔挡片5，本实用新型进一步提出一种改进的方案。顶壁1由易于变形的弹性材料制成，尖刺部7位于顶壁1内侧且向隔挡片5的方向延伸。如图2所示，常态下尖刺部7与隔挡片5不接触，从而使隔挡片5保持完整和密封。如图3所示，饮用加味饮料时，按压顶壁1，顶壁1向隔挡片5方向变形，尖刺部7刺破隔挡片5，调味材料进入瓶中与水混合，形成所需口味的饮料。采用弹性顶壁配合尖刺部的结构，使得本实用新型瓶盖的使用更加方便、卫生。

说明书附图

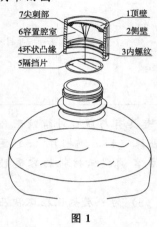

图1

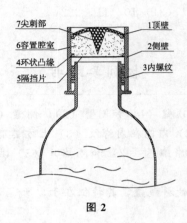

图2

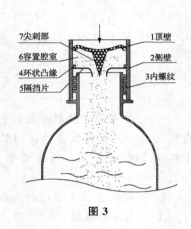

图3

附件2（客户提供的专利文献）

（19）中华人民共和国国家知识产权局

（12）实用新型专利说明书

（45）授权公告日 2010年8月6日

（22）申请日 2009.12.25
（21）申请号 200920345678.9
（73）专利权人 张××

（其余著录项目略）

说 明 书

茶叶填充瓶盖

[001] 本实用新型涉及一种内部盛装有茶叶的瓶盖。

[002] 用冷水泡制而成的茶是一种健康饮品，冷泡的方式不会破坏茶叶里的有益物质。目前制作冷泡茶的方式，通常是将茶袋或茶叶投入水杯或矿泉水瓶内进行浸泡。然而茶叶携带起来不方便，特别是在外出时，不便于制作冷泡茶。

[003] 本实用新型提出一种茶叶填充瓶盖，在现有瓶盖的基础上，在瓶盖内部增加一个容纳茶叶的填充腔。该瓶盖与矿泉水瓶相配合一同出售，解决了茶叶不易携带的问题。

[004] 图1是本实用新型的剖面图。

[005] 如图1所示，本实用新型的瓶盖整体为圆柱形，其上端封闭形成盖顶部1，圆柱形侧壁2的下部具有与瓶口外螺纹配合的内螺纹3，内螺纹3上方设有与侧壁2一体形成的环状凸缘4，透水性滤网5（滤纸或滤布）固定于环状凸缘4上。盖顶部1、侧壁2和滤网5围合的空间形成茶叶填充腔6。

[006] 瓶口处设有封膜7用于密封瓶身内的水。饮用时打开瓶盖并除去瓶口封膜7，然后再盖上瓶盖，将水瓶倒置或横置，瓶中的水透过滤网5进入茶叶填充腔6中充分浸泡茶叶，一段时间后制成冷泡茶。由于滤网5的阻隔作用，茶叶不会进入瓶身，方便饮用。

说明书附图

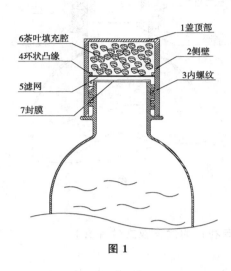

图1

附件3（客户提供的专利文献）

[19] 中华人民共和国国家知识产权局

[12] 实用新型专利说明书

专利号　ZL 200720123456.7

[45] 授权公告日　2008年1月2日

[22] 申请日　2007.7.5
[21] 申请号　200720123456.7
[73] 专利权人　李××

（其余著录项目略）

说 明 书

饮料瓶盖

[001] 本实用新型公开了一种内部盛装有调味材料的瓶盖结构。该瓶盖与盛装矿泉水或纯净水的瓶身配合，构成完整的饮料瓶。饮用时可将瓶盖内的调味材料释放到瓶身内与水混合，从而即时配制成加味饮料。

[002] 图1是本实用新型的剖视图。

[003] 如图1所示，本实用新型的瓶盖具有顶壁1和侧壁2，侧壁2具有与瓶口外螺纹配合的内螺纹3，顶壁1内侧固定连接一个管状储存器4，该管状储存器4的下端由气密性封膜5密封，所述气密性封膜5优选为塑料薄膜，通过常规的热压方式固定在管状储存器4的下缘。顶壁1、管状储存器4和封膜5围合的空间形成密闭的容置腔室6，容置腔室6内放置有调味材料。如图1所示，将瓶盖旋转连接在瓶身上时，瓶口部分进入侧壁2与管状储存器4之间的环状空间内。

[004] 想饮用加味饮料时，打开瓶盖撕除或者破坏封膜5，然后再盖上瓶盖，容置腔室6中的调味材料进入瓶中，与水混合形成所需口味的饮料。

说明书附图

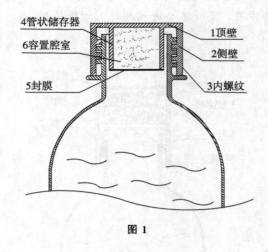

4管状储存器

6容置腔室

5封膜

1顶壁

2侧壁

3内螺纹

图1

附件4（附件1（欲宣告无效的专利）的优先权文件译文）

权利要求书

1. 一种即配式饮料瓶盖，包括顶壁（1）和侧壁（2），侧壁（2）下部具有与瓶口外螺纹配合的内螺纹（3），其特征在于，侧壁（2）内侧在内螺纹（3）上方具有环状凸缘（4），隔挡片（5）固定于环状凸缘（4）上，所述顶壁（1）、侧壁（2）和隔挡片（5）共同形成容纳调味材料的容置腔室（6）。

说 明 书

即配式饮料瓶盖

[001] 加味饮料中大都使用添加剂，不利于人体健康。

[002] 针对上述问题，发明人提出一种即配式饮料瓶盖。所述饮料瓶盖内部盛装有调味材料，该瓶盖与盛装有矿泉水或纯净水的瓶身配合，构成完整的饮料瓶。饮用时将瓶盖内的调味材料释放到瓶身内与水混合，从而即时配制成加味饮料。由于调味材料与水在饮用前处于隔离状态，因此无须使用添加剂。

[003] 图1是本发明的剖视图。

[004] 如图1所示，即配式饮料瓶盖具有顶壁1和侧壁2，侧壁2下部具有与瓶口外螺纹配合的内螺纹3，侧壁2内侧在内螺纹3上方具有环状凸缘4，隔挡片5通过粘接的方式固定于环状凸缘4上，隔挡片5由易溶于水且对人体安全的材料制成。顶壁1、侧壁2和隔挡片5共同形成容置腔室6，容置腔室6内放置有固体调味材料。

[005] 瓶口处设置密封薄膜7用于密封瓶身内的水，即配式饮料瓶盖旋转连接在瓶身上。饮用时，首先打开瓶盖，除去瓶口的密封薄膜7，然后再盖上瓶盖摇晃瓶身，隔挡片5溶解于水，容置腔室6内的调味材料进入瓶身。

说明书附图

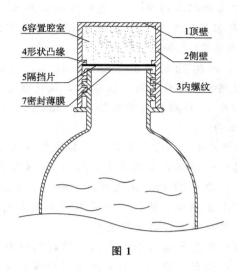

图 1

标注说明（图中标注）：
6容置腔室　　　1顶壁
4形状凸缘　　　2侧壁
5隔挡片　　　　3内螺纹
7密封薄膜

附件 5（客户提供的交底材料）

[001] 我公司对附件 1 至附件 3 公开的瓶盖进行研究后发现它们各有不足。附件 1 所述瓶盖的顶壁由易变形的弹性材料制成，在搬运和码放过程中容易受压向下变形，使尖刺部刺破隔挡片，容置腔室内的调味材料进入水中，因此导致饮料容易变质，从而达不到预计效果。附件 2 和附件 3 所述瓶盖，饮用时需先打开瓶盖用手除去封膜，使用不方便、不卫生。

[002] 在上述现有技术的基础上，我公司提出改进的内置调味材料的瓶盖组件。

[003] 图 1 至图 3 示出第一种实施方式。如图 1 和图 2 所示，改进的瓶盖组件包括瓶盖本体 1 和盖栓 2。所述瓶盖本体 1 具有顶壁、侧壁和容置腔室 3，容置腔室 3 底部由气密性隔挡片 4 密封，容置腔室 3 内放置有调味材料，侧壁设有与瓶口外螺纹配合的内螺纹。

[004] 如图 2 所示，瓶盖本体 1 的顶壁开设孔 5，与顶壁一体成型的中空套管 6 从该孔 5 的位置向瓶盖本体开口方向延伸，中空套管 6 的内壁带有内螺纹。盖栓 2 由栓帽 21 和栓体 22 两部分构成，栓体 22 设有外螺纹，其端部具有尖刺部 23 用于刺破隔挡片 4，栓体 22 穿过孔 5 进入中空套管 6 内，栓体 22 的外螺纹与中空套管 6 的内螺纹配合。

[005] 如图 1 所示，组装瓶盖组件时，将盖栓 2 旋转连接于中空套管 6 中，将尖刺部 23 限制在隔挡片 4 上方合适的位置。此时，该瓶盖组件如同普通瓶盖一样使用。如图 3 所示，想饮用调味饮料时，旋转栓帽 21，盖栓 2 借助螺纹向下运动，尖刺部 23 刺破隔挡片 4；然后反向旋转盖栓 2 使其向上运动，容置腔室 3 中的调味材料从隔挡片 4 的破损处进入瓶身。

[006] 图 4 至图 6 示出第二种实施方式。与第一种实施方式的主要区别在于：盖栓 2 与瓶盖本体 1 之间并非螺纹连接关系，并且省去了中空套管。如图 4 和图 5 所示，盖栓 2 的栓体 22 具有光滑的外表面，栓体 22 穿过顶壁的孔 5 进入容置腔室 3。栓体 22 外套设弹簧 7，弹簧 7 的一端连接栓帽 21，另一端连接顶壁。一侧带有开口的卡环 8 围绕弹簧 7 卡扣在栓帽 21 和顶壁之间，需要时，可借助卡环 8 的开口将其从该位置处卸下。如图 4 所示，常态下，卡环 8 卡扣在栓体 22 外周限制盖栓 2 向下运动。此时，该瓶盖组件如同普通瓶盖一样使用。如图 6 所示，想饮用调味饮料时，卸下卡环 8 并向下按压栓帽 21，尖刺部 23 刺破容置腔室 3 底部的隔挡片 4，松开栓帽 21 后，在弹簧 7 的作用下，盖栓 2 向上回位，容置腔室 3 中的调味材料从隔挡片 4 的破损处进入瓶身。

[007] 需要说明的是，对于以上两种实施方式，容置腔室的具体结构有多种选择。如图 1 和图 4 中所示，容置腔室由顶壁、侧壁和隔挡片围合形成，其中隔挡片固定于侧壁内侧的环状凸缘上。此外，容置腔室还可以如一些现有技术那样，由顶壁、从顶壁内侧向下延伸的管状储存器和固定于管状储存器下缘的隔挡片围合形成。

[008] 图 7 至图 9 示出第三种实施方式。如图 7 和图 8 所示，改进的瓶盖组件包括瓶盖本体 31 和拉环 32。所述瓶盖本体 31 具有顶壁、侧壁和容置腔室 33，侧壁下部设有与瓶口外螺纹配合的内

第四部分

螺纹。侧壁内侧位于内螺纹上方具有环状凸缘 34，气密性隔挡片 35 固定于环状凸缘 34 上。顶壁、侧壁和隔挡片 35 共同形成密闭的容置腔室 33，容置腔室 33 内放置有饮用材料。拉环 32 连接在瓶盖本体 31 的下缘，且易于从瓶盖本体 31 上撕除。

[009] 如图 7 所示，常态下，拉环 32 连接于瓶盖本体 31 上，瓶口上缘与隔挡片 35 之间具有适当的间隔。如图 9 所示，想饮用调味饮料时，撕除拉环 32，旋转瓶盖本体 31 使其相对于瓶身继续向瓶口方向运动，瓶口上缘与隔挡片 35 接触并逐渐对隔挡片 35 施加向上的压力，使隔挡片 35 破裂，容置腔室 33 内的饮用材料进入瓶身。

[010] 可撕除的拉环目前已经广泛应用于各种瓶盖，其结构以及与瓶盖本体的连接方式属于本领域公知的技术。图 8 中示出了其中一种具体实施方式，拉环 32 通过多个连接柱 36 固定在瓶盖本体 31 的下缘。拉环 32 具有开口 37，开口 37 的一侧设有拉环扣 38，通过牵拉拉环扣 38 使连接柱 36 断裂，从而将拉环 32 从瓶盖本体 31 上撕除。该拉环与第二种实施方式中的卡环功能相近，均起到限制相关部件进一步运动的作用，可以根据需要选择使用。

[011] 此外，虽然现有的隔挡片也能适用于本发明，但我们研制出了具有更好效果的隔挡片材料，并希望以商业秘密的方式加以保护。请问：如果所撰写的该申请的说明书中不记载改进后的隔挡片材料，能否满足说明书应当充分公开发明的要求？

附件 5（客户提供的交底材料）的附图

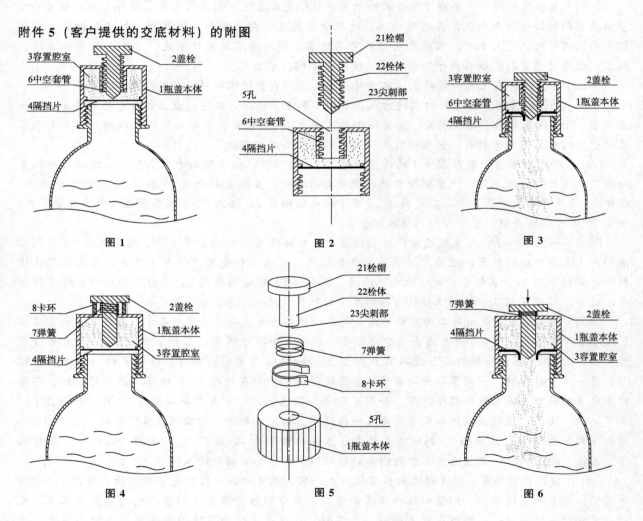

图 1   图 2   图 3

图 4   图 5   图 6

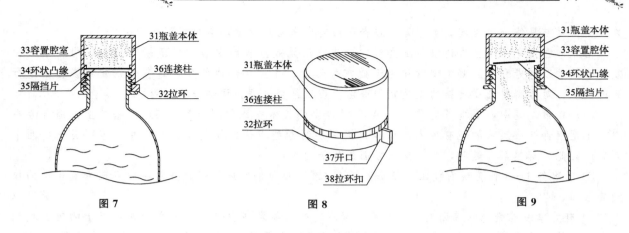

图7　　　　　　　　　图8　　　　　　　　　图9

试题解析与参考答案

一、认真阅读答题须知和试题说明

1. 答题须知

首先，答题须知指出所有试题的正确答案均以现行、有效的法律和法规为准，因此答题时应以现行的《专利法》《专利法实施细则》和《专利审查指南2010》为准。

其次，答题须知要求应试者在完成题目时应当接受并仅限于本试卷所提供的事实。也就是在考试时，尤其在撰写权利要求书时，不得增加应试者可能具备的与试题技术内容相关的专业知识，而应以试题提供的技术内容为基础（仅可能结合一些日常生活知识）来答题，尤其不要去怀疑所提供的技术内容在原理上可能存在错误。此外，答题须知中还指出无须考虑素材的真实性、有效性问题，不要基于某些原因指出试题素材的真实性、有效性问题而影响答题。

答题须知还明确告知本年专利代理实务试题包括第一题和第二题，第一题的答案按顺序清楚地誊写在第一张答题卡（即答题卡第1至4页）上，第二题的答案按顺序清楚地誊写在第二张答题卡（即答题卡第5至8页）上。因此，需要看清楚答题卡，按顺序清楚地誊写在正式答题卡相对应的答题区域内。如果未按要求将相关题号内容誊写在相应的答题区域内，则判卷时就有可能因为阅卷人员未看到该题号的有关内容而导致丢分，从而影响考试成绩，至少也会带来不必要的麻烦。

此外，答题须知告知应试者可将试卷附图单印本（即试卷第9至12页）的草稿纸沿虚线撕下来使用，这有利于查找附图而方便答题，可以为应试者节约考试时间。

2. 试题说明

试题说明对第一题和第二题分别进行了说明，其中明确了应试者答题所要完成的工作。答题前，认真阅读试题说明，标出应试时应当完成的工作，以便答题完毕时进行核查，从而避免漏答相关问题而丢分。由于本年试题没有标明第一题和第二题的分值，应试者可以根据各题考点来合理分配每道题的答题时间，其中第一题包括撰写无效宣告请求书，第二题包括撰写权利要求书和回答客户提出的问题，但由于第二题对现有技术的理解基本上在解答第一题时已完成，从而可初步确定解答第一题和第二题大体上需要占用同样多的时间。

（1）在第一题中，要求应试者根据题目给出的四份附件为客户撰写一份无效宣告请求书（即撰写无效宣告请求书的正文），其中附件1是欲宣告无效的实用新型专利，附件2和附件3是客户提供的两份拟作为证据的专利文件，附件4是欲宣告无效的专利（附件1）的优先权文件。

试题说明中对无效宣告请求书的撰写提出了具体要求：①明确无效宣告请求的范围，以《专利法》及其实施细则中的有关条、款、项作为独立的无效宣告理由提出，并结合给出的材料进行具体说明。②避免仅提出无效宣告理由涉及的法条或主张而缺乏有针对性的事实和证据，或者仅罗列有关证据而没有具体分析说理。阐述无效宣告理由时应当有理有据，避免强词夺理。

由此，在撰写无效宣告请求书正文时，应当采用无效宣告请求书的规范撰写格式，明确本次无效宣告请求以《专利法》哪条哪款作为无效宣告理由，并且在论述部分针对各个无效宣告理由进行具体说明，对于需要证据支持的无效宣告理由，应当结合证据作详细分析说明。

（2）在第二题中，要求考生在客户A公司提供的技术交底材料（附件5）的基础上，综合考虑附件1至附件3所反映的现有技术，为客户撰写发明专利申请的权利要求书，并回答所提出的两个问题。因此，解答第二题时，共包括三方面的答题内容：

① 以附件1~3作为现有技术，根据附件5（客户提供的交底材料）撰写一份发明专利申请的权利要求书。

② 有关单一性概念的答题内容：如果所撰写的权利要求书中包含两项或者两项以上的独立权利要求，请简述这些独立权利要求能够合案申请的理由；如果认为客户提供的技术内容涉及多项发明，应当以多份申请的方式提出，则需说明理由，并分别撰写权利要求书。

③ 回答客户提出的有关该申请说明书的撰写问题，从附件5文字部分的最后一段可以得知，这部分答题内容涉及保留技术秘密与专利申请说明书充分公开发明之间的关系。

下面针对第一题和第二题分别给出答题思路。

二、撰写无效宣告请求书试题的答题思路

撰写无效宣告请求书的实务题可按以下步骤进行：阅读理解专利文件，理解各项权利要求所要求保护的技术方案，必要时分析各项权利要求能否享有优先权；分析专利文件是否存在不需要证据就可作为无效宣告理由提出的实质缺陷；结合客户提供的证据分析专利文件是否存在可作为无效宣告理由提出的实质缺陷；根据上述分析结果确定无效宣告理由和选择支持无效宣告理由的证据；在上述工作的基础上，完成无效宣告请求书的撰写。

（一）阅读理解专利文件

阅读理解专利文件时，首先结合说明书的内容，重点理解权利要求书中各权利要求所要求保护的技术方案。

1. 理解各权利要求所要求保护的技术方案

由本专利说明书第［002］段和第［003］段记载的内容可知，本专利是针对目前市售加味饮料为保证饮料品质和延长保存时间使用各种添加剂而不利于人体健康的问题，提供了一种即配式饮料瓶盖，在其内部盛装调味材料，从而可与盛装矿泉水或纯净水的瓶身配合使用，即时配制加味饮料，这样一来就无须使用添加剂。

由本专利说明书第［007］段记载的内容可知，本专利的即配式饮料瓶盖内螺纹上方设置了一个环状凸缘，其上固定有隔挡片，优选该隔挡片为热压在环状凸缘上的密封薄膜，调味材料设置在由顶壁、侧壁和隔挡片形成的容置腔室中，饮用时可用手将隔挡片撕开或破坏，将调味材料倒入瓶身内的矿泉水或纯净水中，即时制成加味饮料。

由本专利说明书第［008］段记载的内容可知，其针对第［007］段的即配式饮料瓶盖作出进一步改进，其顶壁由易变形的弹性材料制成，且在顶壁内侧设置尖刺部，需要饮用加味饮料时，按压顶壁，顶壁向隔挡片方向变形，带动尖刺部向下运动刺破隔挡片，从而方便、卫生地破坏隔挡片而即时配制饮料。

该欲宣告无效的专利文件的权利要求书中共有四项权利要求：独立权利要求1和从属权利要求2至4。

独立权利要求1要求保护一种与说明书第［007］段记载内容相当的即配式饮料瓶盖，包括顶壁和侧壁，在侧壁下部内侧的内螺纹上方具有环状凸缘，其上固定有隔挡片，顶壁、侧壁和隔挡片共

同形成容纳调味材料的容置腔室。

权利要求 2 对独立权利要求 1 作进一步限定，将隔挡片限定为热压在环状凸缘上的气密性薄膜，其要求保护的是说明书第 [007] 段记载的优选技术方案。

权利要求 3 和权利要求 4 要求保护的即配式饮料瓶盖相当于说明书第 [008] 段所记载的本实用新型进一步改进的技术方案。其中权利要求 3 对权利要求 1 或权利要求 2 作了进一步限定：该瓶盖带有一个位于顶壁内侧且向隔挡片的方向延伸的用于刺破隔挡片的尖刺部。权利要求 4 对权利要求 1 至 3 中任一项权利要求作进一步限定：该顶壁具有弹性易于变形，常态下尖刺部与隔挡片不接触，按压顶壁时尖刺部向隔挡片方向运动并刺破隔挡片。

2. 分析各项权利要求能否享有优先权

本专利的申请日为 2010 年 9 月 23 日，优先权日为 2010 年 1 月 25 日，而客户提供作为证据的附件 2（中国实用新型专利说明书）的申请日（2009 年 12 月 25 日）早于本专利的优先权日，其授权公告日（2010 年 8 月 6 日）在本专利的优先权日和申请日之间，且在试题中还给出了客户提供的欲宣告无效的本专利的优先权文件译文（附件 4），因此需要分析本专利的各项权利要求能否享有优先权，以此考查应试者对优先权概念的掌握程度。

就核实本专利的优先权能否成立而言，应当从期限和主题两方面加以考虑。

首先，本专利的申请日为 2010 年 9 月 23 日，其要求的优先权日为 2010 年 1 月 25 日，申请日在允许提出优先权要求的十二个月内，显然从期限来看本专利满足享有优先权的条件。

其次，就各权利要求所要求保护的主题分析能否享有优先权。本专利的权利要求 1 的技术方案与优先权文件（附件 4）的权利要求 1 记载的内容完全相同，且其所有的技术特征均已体现在说明书第 [004] 段中，因此，可以认为本专利的权利要求 1 可以享有优先权❶。而对于权利要求 2 来说，由于优先权文件中说明书第 [004] 段中写明隔挡片以粘接方式固定在环状凸缘上，且写明该隔挡片由易溶于水的材料制成，由此可知其不可能是密封薄膜，此外在该说明书中的其他部分也未记载该隔挡片是热压在环状凸缘上的密封薄膜的有关内容，因此本专利权利要求 2 的技术方案未记载在优先权文件的权利要求书和说明书中，不能享有优先权。对于权利要求 3 和权利要求 4 来说，由于优先权文件权利要求书和说明书中均未记载有关瓶盖顶壁内侧的下方设有向着隔挡片方向延伸的尖刺部的内容，也未记载该顶壁具有弹性易于变形的内容，即该权利要求 3 和权利要求 4 限定部分进一步限定的内容均未记载在优先权文件的说明书和权利要求书中，因此这两项权利要求的技术方案均未记载在其优先权文件中，也不能享有优先权。通过上述分析可知，本专利权利要求 1 的技术方案能享有优先权，而权利要求 2 至 4 的技术方案均不能享有优先权。

（二）分析专利文件是否存在不需要证据就可作为无效宣告理由提出的实质缺陷

显然，本专利是对即配式饮料瓶盖的形状和结构所作的改进，其要求保护的主题符合《专利法》第二条第三款有关实用新型的定义，且明显不属于《专利法》第五条和第二十五条排除的对象。本专利要求保护的即配式饮料瓶盖能够在产业上制造或者使用，具备《专利法》第二十二条第四款规定的实用性。此外，本专利说明书也充分公开了各项权利要求所要求保护的技术方案，符合《专利

---

❶ 虽然本专利的权利要求 1 与其优先权文件中权利要求 1 和说明书第 [004] 段记载的内容从文字形式来看完全相同，但根据其实体内容来看，本专利所述"隔挡片"起到分隔容置腔室中的调味材料和装于瓶身中的水的作用，不能由溶于水的材料制成，而优先权文件中的所谓隔挡片是水溶性的，不能起到防止容置腔室中的调味材料和装于瓶身中的水相接触的作用，其使容置腔室中的调味材料和瓶身中的水相隔离是借助于设置在瓶口处的密封薄膜来实现的，因此权利要求 1 的技术方案与优先权文件中记载的技术方案在本质上并不相同，因此不排除可以认为权利要求 1 不能享有优先权。但是，考虑到原试题的考点是基于权利要求 1 能享有优先权而确定的，故此处所作分析及最后完成的无效宣告请求书均以权利要求 1 能享有优先权为基础给出。如果本专利的优先权文本的说明书文字部分的最后增加一段该隔挡片为非水溶性材料制成且在瓶口处不再设置密封薄膜的实施方式，则可毫无疑义地确定权利要求 1 可以享有优先权。

法》第二十六条第三款的规定。

但是，从本专利文件本身来看，独立权利要求 1 要求了其在先美国专利申请的优先权，在该优先权文件中，隔挡片是由易溶于水且对人体安全的材料制成，而对本专利来说，由其在说明书第 [007] 段和第 [008] 段中记载的实施方式来看，该瓶盖与瓶口处未粘贴密封薄膜、装有矿泉水或纯净水的瓶身配合使用，需要在饮用前用手撕除或破坏隔挡片或者借用于其顶壁下方的尖刺部刺破隔挡片才能将调味材料添加到矿泉水或纯净水中，因而该隔挡片只可能是不溶于水的密封薄膜，而不可能由易溶于水的材料制成，因此独立权利要求 1 采用隔挡片来限定该权利要求的技术方案，而未限定其为密封薄膜，就未从其中排除如优先权文件中记载的由易溶于水的材料制成的隔挡片，由此可知该权利要求 1 未清楚地限定其要求专利保护的范围，与本专利说明书中公开的内容不相适应，因此不符合《专利法》第二十六条第四款的规定。❶

对于权利要求 2 来说，其对权利要求 1 作了进一步限定，隔挡片为一层热压在环状凸缘上的气密性薄膜，使其在贮存和运输期间与位于瓶体中的矿泉水或纯净水处于隔离状态，在需要饮用时，可通过撕除或破坏隔挡片以即时配制成加味饮料饮用。权利要求 2 作此限定后就清楚地限定了其要求专利保护的范围，且与说明书中公开的内容相适应，因此符合《专利法》第二十六条第四款的规定。

从属权利要求 3 和 4 相当于本专利说明书第 [008] 段给出的具体实施方式。由本专利说明书第 [008] 段记载的内容可知，为了方便、卫生地破坏隔挡片，该即配式饮料瓶盖针对说明书第 [007] 段给出的实施方式作出了进一步改进，其顶壁由易变形的弹性材料制成，且在顶壁内侧设置尖刺部，该尖刺部在常态下与隔挡片不接触，而在需要饮用加味饮料时，按压顶壁，顶壁向隔挡片方向变形，带动尖刺部向下运动刺破隔挡片。也就是说，只有当顶壁由易变形弹性材料制成且顶壁内侧带有向着隔挡片方向延伸的尖刺部时才能实现方便、卫生地刺破隔挡片。

权利要求 3 中仅限定了尖刺部的安装位置和延伸方向，未限定顶壁具有弹性易于变形，因而涵盖了顶壁不能变形这种无法方便、卫生地破坏隔挡片的情形，由此可知该权利要求所概括的范围得不到说明书的支持，因此权利要求 3 不符合《专利法》第二十六条第四款的规定。

从属权利要求 4 引用权利要求 1 至 3，其进一步限定的技术内容正是对权利要求 3 技术方案所存在的不清楚之处作了进一步限定，因而其引用权利要求 3 的技术方案清楚地限定要求专利保护的范围，得到了本专利说明书第 [008] 段中的实施方式的支持；但是其在限定部分作进一步限定的技术特征"尖刺部"在权利要求 1 和 2 中并无记载，导致缺乏引用的基础，因此，从属权利要求 4 引用权利要求 1 或 2 的技术方案未清楚地限定要求专利保护的范围，不符合《专利法》第二十六条第四款的规定。

（三）结合客户提供的证据分析专利文件是否存在可作为无效宣告理由提出的实质缺陷

1. 对客户提供的证据（附件 2 和 3）进行初步分析

根据试题给出的信息，应试者不应当怀疑附件 2 和 3 作为证据的真实性和合法性。

根据上述对本专利各项权利要求的优先权是否成立的分析判断，权利要求 1 可以享有优先权，权利要求 2 至 4 不能享有优先权。

正如前面所指出的，附件 2 是一件在本专利优先权日前提出申请、优先权日和申请日之间授权公告的中国实用新型专利文件，对于能享有优先权的独立权利要求 1 来说，仅能用来评价其新颖性，

---

❶ 在《2011 年全国专利代理人资格考试试题解析》一书中对 2011 年"专利代理实务"科目有关撰写无效宣告请求书试题的解析中未指出独立权利要求 1 存在这一可作为无效宣告理由的实质缺陷，因而无效宣告请求书的答案中对权利要求 1 也未提出这一方面的无效宣告理由。但由于目前的权利要求 1 以其相对于附件 2 的中国实用新型专利不具备新颖性的理由并不充分，应当尽可能采用更多的可以合理宣告该权利要求 1 无效的理由，因而本案例编写时指出了权利要求 1 所存在的这一方面的实质缺陷。在全国专利代理人资格考试考前培训系列教材之《专利代理实务分册（第 2 版）》中，对于 2011 年专利代理实务试卷中与无效请求书撰写有关的试题内容，同样也对权利要求 1 提出了不符合《专利法》第二十六条第四款规定的无效宣告理由。

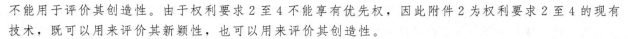

不能用于评价其创造性。由于权利要求 2 至 4 不能享有优先权，因此附件 2 为权利要求 2 至 4 的现有技术，既可以用来评价其新颖性，也可以用来评价其创造性。

附件 3 是一件中国实用新型专利，其授权公告日为 2008 年 1 月 2 日，早于本专利的优先权日，因而附件 3 为本专利权利要求 1 至 4 的现有技术，可以用于评价权利要求 1 至 4 的新颖性和创造性。

2. 结合客户提供的证据（附件 2 和 3）分析本专利是否存在可作为无效宣告理由提出的实质缺陷

无论从实际代理实务角度还是从应试的角度来看，往往以专利不具备新颖性和/或创造性作为最主要的无效宣告理由。因而应当先重点分析本专利权利要求 1 至 4 相对于客户提供的两件证据（附件 2 和附件 3）是否具备新颖性和/或创造性。

（1）关于权利要求 1 的新颖性

权利要求 1 请求保护一种即配式饮料瓶盖，附件 2 公开了一种茶叶填充瓶盖（对应本专利的即配式饮料瓶盖），包括盖顶部（对应本专利中的顶壁）和侧壁，侧壁下部具有与瓶口外螺纹配合的内螺纹，内螺纹上方与侧壁一体地形成环状凸缘，透水性滤网固定在环状凸缘上，盖顶部、侧壁和滤网共同形成茶叶填充腔（对应本专利中的容置腔室）（参见其说明书第［005］段，附图1）。附件 2 与权利要求 1 要求保护的技术方案的区别仅在于：附件 2 中用滤网使茶叶不会落入瓶身内的水中，而权利要求 1 限定的即配式饮料瓶盖中用隔挡片将调味材料隔开防止其进入瓶身内的水中。在附件 2 的说明书正文第［006］段中进一步写明"由于滤网的阻隔作用，茶叶不会进入瓶身"，即滤网本身也是一种隔挡片，由此可知，附件 2 中的滤网是本专利权利要求 1 所述"隔挡片"的下位概念❶；此外，众所周知，茶叶是调味材料的一种，即茶叶是调味材料的下位概念。通过上述分析对比，附件 2 公开了权利要求 1 中除隔挡片和调味材料以外的所有其他技术特征，而附件 2 中公开的滤网为权利要求 1 中隔挡片的下位概念，茶叶为权利要求 1 中调味材料的下位概念，根据《专利审查指南 2010》第二部分第三章第 3.2 节有关新颖性审查基准的规定，权利要求 1 中要求保护的即配式饮料瓶盖与附件 2 公开的茶叶填充瓶盖应当为实质相同的技术方案，且两者又属于相同的技术领域，解决相同的技术问题并具有相同的预期效果。因此，权利要求 1 相对于附件 2 不具备《专利法》第二十二条第二款规定的新颖性。

（2）关于权利要求 1 的创造性

正如前面指出，附件 3 构成了本专利的现有技术，可以用来评价本专利所有权利要求的创造性。现结合附件 3 这一证据分析本专利权利要求 1 是否具备创造性。

附件 3 公开了一种内部盛装有调味材料的瓶盖，其包括顶壁和侧壁，侧壁具有与瓶口外螺纹配合的内螺纹，该瓶盖也包括底部由气密性封膜（隔挡片的一种）密封的容置腔室。其与权利要求 1 要求保护的即配式饮料瓶盖的区别仅在于：附件 3 中的气密性封膜用热压方式固定于连接在瓶盖顶壁内侧的管状储存器的下缘，而在权利要求 1 中的隔挡片固定于瓶盖侧壁内侧内螺纹上方的环状凸缘上。这一区别仅仅是气密性封膜（隔挡片）固定位置的不同，对于本领域技术人员来说，当看到

---

❶　附件 2 的茶叶填充瓶盖中，由盖顶部、侧壁和透水性滤网共同形成茶叶填充腔，其中"透水性滤网"起到将茶叶阻隔在茶叶填充腔内的作用，但并不能阻隔水进入茶叶填充腔（其通过瓶口处设置密封薄膜来阻隔水进入茶叶填充腔）；而本专利权利要求 1 所述"隔挡片"起到分隔容置腔室中的调味材料和瓶身中水的作用，不可能采用由透水材料制成的层状件。由此可知，透水性滤网在附件 2 的茶叶填充瓶盖中所起的作用与本专利中隔挡片在即配式饮料瓶盖中所起的作用是不同的，因此直接认定"透水性滤网"是本专利权利要求 1 所述"隔挡片"的下位概念值得商榷。对于这种基于两者的区别为上下位概念关系的不具备新颖性的无效宣告理由，专利权人可以由本专利说明书中记载的内容指出本专利的隔挡片是不透水的，因此其并不包括附件 2 中采用的透水性滤网（滤纸或滤布），由此可知附件 2 中所采用的透水性滤网（滤纸或滤布）并不是本专利权利要求 1 中隔挡片的下位概念，因此不能认为两者是相同的技术特征，从而以此为依据主张权利要求 1 相对于附件 2 具备新颖性，这样的争辩极有可能被专利复审委员会采信。鉴于此，还应当寻求更多合理的无效宣告理由：前面所指出的权利要求 1 不符合《专利法》第二十六条第四款的规定；下面将要进一步说明权利要求 1 技术方案中的隔挡片固定于环状凸缘上相对于附件 3 中公开的气密性封膜位于管状储存器的下端而言是位置简单变换，不具备创造性。

附件2公开的瓶盖后会很容易地想到将与瓶盖顶壁连成一体的管状储存器改为与瓶盖侧壁内侧连成一体的环状凸缘，从而将气密性封膜由固定于管状储存器下缘改变为固定于环状凸缘上。这种固定结构位置的简单变化并未带来进一步的技术效果，属于本领域技术人员的公知常识，因此可以认为权利要求1相对于客户提供的证据附件3和本领域的公知常识不具有《专利法》第二十二条第三款规定的创造性。

（3）关于权利要求2的新颖性和创造性

由于权利要求2不能享有优先权，因此附件2和附件3构成了权利要求2的现有技术，可以用于评价权利要求2的新颖性和创造性。

从属权利要求2在其限定部分对权利要求1作了进一步限定的附加技术特征为："所述隔挡片（5）为一层热压在环状凸缘（4）上的气密性薄膜"。

显然，附件2并未公开权利要求2中"隔挡片为热压在环状凸缘上的气密性薄膜"，因此附件2不能否定权利要求2的新颖性。

附件3中的气密性封膜固定于连接在瓶盖顶壁内侧的管状储存器的下缘，而在权利要求2中的气密性薄膜固定于瓶盖侧壁内侧内螺纹上方的环状凸缘上，即附件3中的内部盛装有调味材料的瓶盖并未公开权利要求1中位于侧壁内侧内螺纹上方的环状凸缘，从而也未公开气密性薄膜固定于环状凸缘上，因此附件3也不能否定权利要求2的新颖性。

在构成权利要求2现有技术的两件证据附件2和附件3中，附件2是权利要求2的最接近的现有技术。❶ 附件2公开了权利要求2的大部分技术特征，权利要求2要求保护的即配式饮料瓶盖与附件2中公开的茶叶填充瓶盖的不同之处为：权利要求2中的隔挡片是热压在环状凸缘上的气密性薄膜，而附件2中是固定于环状凸缘上的透水性滤网；权利要求2中容置腔室内放置的是调味材料，而附件2中茶叶填充腔内放置的是茶叶。由于茶叶是一种调味材料，即茶叶是调味材料的下位概念，因而，权利要求2要求保护的即配式饮料瓶盖与附件2中公开的茶叶填充瓶盖的区别仅在于附件2未公开隔挡片为气密性薄膜和隔挡片热压固定在环状凸缘上。由上述区别技术特征可知，权利要求2相对于附件2所要解决的技术问题是确保容置腔室中的调味材料在饮用之前的运输和储存期间不会与瓶身中的水相接触。

附件3公开了一种内部盛装有调味材料的瓶盖，包括放置调味材料的容置腔室，该容置腔室的下端由气密性封膜（对应本专利中的气密性隔挡片）封闭，所述气密性封膜优选为塑料薄膜，通过热压的方式固定在管状储存器的下缘（参见其说明书第［003］段和附图1）。由此可见，附件3公开了上述一种热压固定的气密性封膜，即公开了权利要求2与附件2的区别技术特征，且上述区别技术特征在附件3中所起的作用也是用于形成密闭的容置腔室以确保容置腔室的密封性，与其在本专利中为解决其技术问题中所起到的形成密闭的容置腔室以确保容置腔室密封性的作用相同。

附件2、附件3与本专利属于相同的技术领域，对本领域技术人员而言，当其面对附件2中的瓶盖所存在的无法防止水与调味材料相接触的技术问题时，在看到附件3中容置腔室的隔挡片为热压固定的气密性封膜时，就会在这种热压固定的气密性封膜能够确保容置腔室的密封性的启示下，很容易想到用附件3中这种热压固定的气密性封膜来替代附件2中的滤网，从而得到权利要求2的技术方案。由此可知，权利要求2的技术方案对本领域的技术人员来说是显而易见的，不具有实质性特点，不符合《专利法》第二十二条第三款有关创造性的规定。

（4）关于权利要求3和4的新颖性和创造性

由于附件2和附件3均未公开顶壁的内侧设有向着隔挡片方向延伸的尖刺部，也未公开顶壁为

---

❶ 在分析权利要求2相对于附件2和附件3是否具备创造性时，既可以将附件2作为最接近的现有技术，也可以将附件3作为最接近的现有技术，最后都能得出权利要求2相对于这两份证据不具备创造性的结论。此处，为了与《2011年全国专利代理人资格考试试题解析》一书参考答案相接近，因此将附件2作为本专利权利要求2最接近的现有技术。

易变形的弹性材料制成，因此这两份证据不能否定权利要求 3 和 4 的新颖性，也不能否定权利要求 3 和 4 的创造性。

（四）无效宣告理由的确定和证据的选择

通过上面三个部分的分析可知，本专利的无效宣告理由共有三个：不符合《专利法》第二十六条第四款的规定；不符合《专利法》第二十二条第二款有关新颖性的规定；不符合《专利法》第二十二条第三款有关创造性的规定。

其中由于客户提供的附件 2（中国实用新型专利说明书）的授权公告日介于本专利的申请日和优先权日之间，且有可能与附件 3 结合起来否定本专利的创造性，因此需要核实本专利各项权利要求能否享有优先权，因此首先应当以客户提供的附件 4（本专利的优先权文本及其译文）和附件 1（本专利的授权公告文本）作为权利要求 2 至 4 不能享有优先权的证据。

通过前面第（三）部分的分析，可知权利要求 1 相对于附件 2 不具备新颖性，相对于附件 3 和本领域的公知常识不具备创造性，权利要求 2 相对于附件 2 和附件 3 的结合不具备创造性，因此还应当将客户提供的附件 2 和附件 3 作为支持本专利不具备新颖性或创造性的证据。

具体来说，针对各项权利要求可以提出无效宣告请求的具体理由如下：

（1）对于权利要求 1，可以提出三个无效宣告理由：以附件 2 作为证据，提出其不具备新颖性的无效宣告理由；以附件 3 为证据，提出其相对于附件 3 和本领域公知常识不具备创造性的理由；以附件 4 为证据说明其能享有优先权，但根据其优先权文本记载内容和本专利说明书记载内容的不同，可以认定权利要求 1 未清楚地限定专利保护范围和未以本专利说明书为依据，不符合《专利法》第二十六条第四款的规定。❶

（2）对于权利要求 2，以附件 2 和附件 3 为证据，提出其相对于附件 2 和附件 3 的结合不具备创造性的无效宣告理由。

（3）对于权利要求 3，可以指出其未清楚限定要求专利保护的范围和未以说明书为依据，提出其不符合《专利法》第二十六条第四款规定的无效宣告理由。

（4）对于权利要求 4 引用权利要求 1 或 2 的技术方案，可以提出其不符合《专利法》第二十六条第四款关于清楚限定要求专利保护范围规定的无效宣告理由。

但是，需要提请注意的是，对于权利要求 4 引用权利要求 3 的技术方案，不存在未清楚限定其要求专利保护范围的实质缺陷，而且用附件 2 和附件 3 也不能否定其新颖性和创造性，因此对该技术方案不能提出无效宣告请求。由此可知，只能对本专利提出部分无效的请求，不应提出全部无效的请求。

此外，还需要加以说明的是，权利要求 4 还存在不符合《专利法实施细则》第二十二条第二款有关多项从属权利要求不得作为另一项多项从属权利要求基础的规定的形式缺陷，但是这不属于《专利法实施细则》第六十五条第二款规定的可以作为无效宣告请求的理由，因此不要针对权利要求 4 以此形式缺陷作为无效宣告理由提出无效宣告请求。

（五）无效宣告请求书正文的撰写

试题要求撰写无效宣告请求书，因此在完成上述对试题内容的分析后着手无效宣告请求书的撰写。需要强调的是，由于本试题仅有撰写无效宣告请求书这一部分内容，因此应当尽可能将前面所作分析内容都反映到所撰写的无效宣告请求书的正文中，避免缺少相应的内容而丢分。此外，应当按照无效宣告请求书正文的撰写格式和规范完成正文的撰写。

无效宣告请求书正文应当包括下述部分：

（1）起始语段，明确提出无效宣告请求的对象。例如，可以写成："本请求人根据《专利法》第

---

❶ 在《2011 年全国专利代理人资格考试试题解析》中对撰写无效宣告请求书部分的试题给出的答案中，对权利要求 1 仅以其相对于附件 2 不具备新颖性作为无效宣告理由。

四十五条及《专利法实施细则》第六十五条的规定，对专利号为 201020123456.7、名称为'即配式饮料瓶盖'的实用新型专利提出无效宣告请求。该专利的授权公告日为 2011 年 3 月 22 日，申请日为 2010 年 9 月 23 日，优先权日为 2010 年 1 月 25 日。"如果具体的法律条款记得不清楚，可以简单写成："根据《专利法》及其实施细则的相关规定，本请求人对专利号为 201020123456.7、名称为'即配式饮料瓶盖'的实用新型专利提出无效宣告请求。该专利的授权公告日为 2011 年 3 月 22 日，申请日为 2010 年 9 月 23 日，优先权日为 2010 年 1 月 25 日。"

（2）明确无效宣告请求的理由和法律依据以及无效宣告请求的范围，由于对本专利提出部分无效，因此还应明确具体指出哪些权利要求应当无效。例如，可以写成："本请求人以该专利的权利要求 1 不符合《专利法》第二十二条第二款和第三款有关新颖性和创造性的规定及其不符合《专利法》第二十六条第四款的规定、权利要求 2 不符合《专利法》第二十二条第三款有关创造性的规定、权利要求 3 不符合《专利法》第二十六条第四款有关权利要求应当以说明书为依据、清楚限定要求专利保护范围的规定，以及权利要求 4 中引用权利要求 1 或 2 的技术方案不符合《专利法》第二十六条第四款关于权利要求应当清楚限定要求专利保护范围的规定为理由，请求宣告该专利部分无效。"

（3）明确所使用的证据。由于本试题要核实拟提出无效宣告请求的本专利能否享有优先权，因此还应当将本专利文件也作为附件 1 提出，因此需要明确本次无效宣告请求所采用的四件证据（附件 1 至附件 4）。在此需要对证据进行编号（可直接采用试题给出的编号，即附件 1、附件 2、附件 3 或附件 4），并且给出必要的著录项目信息，对专利文献类证据来说，至少包括专利文献号（如公开号或授权公告号，但由于本年试题没有给出这种信息，因此只需采用专利号来表述）、公开日期（即公布日或授权公告日），作为构成抵触申请的证据还应写明其申请日和优先权日，对本专利文件还应当给出其申请日和优先权日。结合本试题来说，可以表述如下：

"附件 1：拟提出无效宣告请求的中国实用新型专利说明书 ZL201020123456.7，授权公告日为 2011 年 3 月 22 日，申请日为 2010 年 9 月 23 日，优先权日为 2010 年 1 月 25 日；

附件 2：中国实用新型专利说明书 ZL200920345678.9，授权公告日为 2010 年 8 月 6 日，申请日为 2009 年 12 月 25 日；

附件 3：中国实用新型专利说明书 ZL200720123456.7，授权公告日为 2008 年 1 月 2 日；

附件 4：ZL201020123456.7 实用新型专利的优先权文件及其中文译文。"

（4）具体阐述无效宣告请求的理由。这是无效宣告请求书正文的核心部分。对本试题来说，可大体按照如下顺序进行论述：首先，确认哪些权利要求可以享有优先权和哪些权利要求不能享有优先权，在此基础上指出这些可用来作为否定本专利新颖性和创造性的证据对各个权利要求的适用范围。其次，论述权利要求 1 相对于附件 2 不具备新颖性和相对于附件 3 和本领域的公知常识不具备创造性。在论述权利要求 1 不具备新颖性时，由于前面已明确其优先权成立以及附件 2 为申请在先公告在后的中国实用新型专利文件，因此应当重点论述附件 2 构成抵触申请的理由，也就是说详细说明附件 2 已公开了权利要求 1 的技术方案，从而给出其不具备新颖性的结论；而在论述权利要求 1 相对于附件 3 和本领域的公知常识不具备创造性时，应当按照《专利审查指南 2010》第二部分第四章第 3.2 节规定的"三步法"加以说明。再次，论述权利要求 2 相对于附件 2 和附件 3 的结合不具备创造性。在前面已指出其优先权不成立及附件 2 和附件 3 均构成其现有技术的基础上，按照"三步法"的格式确定其最接近的现有技术、指出其区别技术特征、具体论述其相对于两者的结合不具备实质性特点，得出其不具备创造性的结论。最后，论述权利要求 1、权利要求 3 及权利要求 4 引用权利要求 1 或 2 的技术方案不符合《专利法》第二十六条第四款规定的理由。在论述权利要求 1 不符合这一规定时需要借助本专利优先权文本说明书中记载的内容来说明权利要求 1 未以本专利说明书为依据和未清楚限定要求专利保护范围的理由，而对于权利要求 3 及权利要求 4 引用权利要求 1 或 2 的技术方案不符合上述规定的论述按照规范格式加以说明即可。

其中，对于不同的无效宣告理由，采用编号和/或分段予以区分。相关无效宣告理由的论述需要

第四部分

严格按照论述规范进行，可以参见本书第三部分第四章第二节中的相关内容。

(5) 结尾语段，简要总结一下无效宣告请求的范围是全部无效还是部分无效。对本试题来说，可以写成："综上所述，本请求人请求宣告专利号为 201020123456.7 的实用新型专利部分无效，即权利要求 1 至 3 以及权利要求 4 引用权利要求 1 或 2 的技术方案应当宣告无效。"

最后形成的无效宣告请求书正文参见下面给出的参考答案。

三、无效宣告请求书的参考答案

第一题有关撰写无效宣告请求书的参考答案是依据国家知识产权局条法司编著的《2011 年全国专利代理人资格考试试题解析》中提供的范文，结合前述分析改写而成。

专利复审委员会❶：

本请求人根据《专利法》第四十五条及《专利法实施细则》第六十五条的规定，对专利号为 201020123456.7、名称为"即配式饮料瓶盖"的实用新型专利（以下简称"该专利"）提出无效宣告请求。该专利的授权公告日为 2011 年 3 月 22 日，申请日为 2010 年 9 月 23 日，优先权日为 2010 年 1 月 25 日。

本请求人以该专利的权利要求 1 不符合《专利法》第二十二条第二款和第三款有关新颖性和创造性的规定及其不符合《专利法》第二十六条第四款的规定❷，权利要求 2 不符合《专利法》第二十二条第三款有关创造性的规定，权利要求 3 不符合《专利法》第二十六条第四款有关权利要求应当以说明书为依据、清楚限定要求专利保护范围的规定，以及权利要求 4 中引用权利要求 1 或 2 的技术方案不符合《专利法》第二十六条第四款关于权利要求应当清楚限定要求专利保护范围的规定为理由，请求宣告该专利部分无效。

本请求人引用下述证据：

附件 1：拟宣告无效的中国实用新型专利 ZL201020123456.7，授权公告日为 2011 年 3 月 22 日，申请日为 2010 年 9 月 23 日，优先权日为 2010 年 1 月 25 日❸；

附件 2：中国实用新型专利说明书 ZL200920345678.9❹，授权公告日为 2010 年 8 月 6 日，申请日为 2009 年 12 月 25 日❺；

附件 3：中国实用新型专利说明书 ZL200720123456.7，授权公告日为 2008 年 1 月 2 日；

附件 4：拟宣告无效的中国实用新型专利 ZL201020123456.7 的优先权文件及其中文译文。

一、关于该专利的优先权以及对证据的适用

1. 关于能否享有优先权

将该专利的权利要求书（附件 1）和该专利的优先权文件（附件 4）进行对比可知，该

---

❶ 考试时可以写该抬头，也可以不写。

❷ 在《2011 年全国专利代理人资格考试试题解析》中给出的无效宣告请求书范文中，对权利要求 1 仅以其相对于附件 2 不具备新颖性作为无效宣告理由。

❸ 由于在无效宣告请求书正文的起始段中已给出了拟宣告无效的中国实用新型专利的申请日、优先权日和授权公告日，因此在实际代理实务中也可以省去对这三个日期的说明。

❹ 由于 2011 年试题中对于专利文件没有给出授权公告号的信息，因此只能采用专利号来表述。在实际代理实务中或者试题中如果给出相关专利文件的公布号或授权公告号时，建议采用公布号或授权公告号，并应当包括国别代码。

❺ 由于附件 2 属于本专利的优先权日之前申请、申请日后公开的中国专利文件，需要判断其是否构成抵触申请，因此除了给出授权公告日的信息外，还需要给出申请日的信息。

专利权利要求1的技术方案已经记载在附件4的权利要求1中，两者技术领域、所解决的技术问题、技术方案和预期效果均相同，属于相同主题的发明或者实用新型，且该专利的申请日（2010年9月23日）距其所要求的优先权日（2010年1月25日）在十二个月之内，因此，权利要求1可以享有附件4的优先权。❶

附件4的优先权文件中并没有记载与该专利权利要求2限定部分附加技术特征"隔挡片为一层热压在环状凸缘上的气密性薄膜"有关的技术内容，此外，在其整个优先权文件中也未记载权利要求3限定部分中与刺破隔挡片的尖刺部有关的技术内容和权利要求4限定部分中与弹性易变形顶壁有关的技术内容。由此可知，权利要求2至4的技术方案未记载在附件4中，因而不能享有附件4的优先权。

2. 对作为证据的附件2和附件3的适用范围的认定

正如前面所指出的，该专利的权利要求1能够享有优先权。附件2是一件申请日早于该专利的优先权日、授权公告日晚于该专利的优先权日的中国实用新型专利文件，因而可以用于评价该专利权利要求1的新颖性，但不能用于评价该专利权利要求1的创造性；而附件3是一件授权公告日早于该专利的优先权日的中国实用新型专利文件，为该专利权利要求1的现有技术，因而可以用于评价该专利权利要求1的新颖性和创造性。

权利要求2至4不能享有优先权，因而其申请日应当以实际提交申请的日期（2010年9月23日）为准。由于附件2和附件3的授权公告日均早于该专利的申请日，因此它们成为该专利权利要求2至4的现有技术，可以用于评价权利要求2至4的新颖性和创造性。

二、权利要求1、权利要求2不具备新颖性和/或创造性

1. 权利要求1不具备《专利法》第二十二条第二款规定的新颖性和《专利法》第二十二条第三款规定的创造性

（1）权利要求1相对于附件2不具备《专利法》第二十二条第二款规定的新颖性

权利要求1要求保护一种即配式饮料瓶盖；附件2公开了一种茶叶填充瓶盖（相当于该专利的即配式饮料瓶盖），包括盖顶部（相当于该专利中的顶壁）和侧壁，侧壁下部具有与瓶口外螺纹配合的内螺纹，内螺纹上方与侧壁一体地形成环状凸缘，透水性滤网固定在环状凸缘上，盖顶部、侧壁和滤网共同形成茶叶填充腔（相当于该专利中的容置腔室）（参见其说明书第5～6行和第8～11行及附图1）。附件2中的茶叶是调味材料的下位概念；附件2中的"透水性滤网"起到将茶叶阻隔在茶叶填充腔内的作用，是该专利权利要求1中"隔挡片"的下位概念。由此可见，附件2公开了权利要求1的全部技术特征，两者属于相同的技术领域，解决相同的技术问题，预期的技术效果相同，附件2构成该专利权利要求1的抵触申请。因此，权利要求1相对于附件2不具备《专利法》第二十二条第二款规定的新颖性。

（2）权利要求1相对于附件3和本领域的公知常识不具备《专利法》第二十二条第三款规定的创造性❷

正如前面所指出的，附件3为该专利的现有技术，其公开了一种内部盛装有调味材料的瓶盖，该瓶盖具有顶壁和侧壁，侧壁具有与瓶口外螺纹配合的内螺纹，顶壁内侧固定连接一个管状储存器，该管状储存器的下端由气密性封膜（相当于权利要求1中的隔挡片）密封，顶壁、管状储存器和封膜围合的空间形成密闭的放置有调味材料的容置腔室（参见

---

❶ 特别说明：在实际无效实务的请求书中仅需要对不能享有优先权的权利要求通过与优先权文件的对比并说明理由，而对于能享有优先权的权利要求无须说明理由，因此请求书不必写入这一段内容；而在应试中，由于判断各项权利要求能否享有优先权是一个考核内容，为了解考生对此掌握情况，在应试的答案中最好包含这一段内容。

❷ 在《2011年全国专利代理人资格考试试题解析》中对给出的无效宣告请求书范文中，由于对权利要求1未提出其相对于附件3和本领域公知常识不具备创造性的无效宣告理由，因而没有这一部分文字内容。

其说明书第6~8行和附图1）。该专利权利要求1要求保护的即配式饮料瓶盖与附件3公开的瓶盖的区别仅在于：在附件3公开的瓶盖中，气密性封膜固定于连接在瓶盖顶壁内侧的管状储存器的下缘，从而由顶壁、管状储存器和封膜围合成密闭的放置有调味材料的容置腔室6；而在权利要求1限定的即配式饮料瓶盖中，隔挡片固定于瓶盖侧壁内侧内螺纹上方的环状凸缘上，从而由瓶盖顶壁、侧壁和隔挡片共同形成容纳有调味材料的容置腔室。这一区别仅仅是隔挡片（气密性封膜）固定位置的不同。对于本领域技术人员来说，当看到附件3公开的瓶盖后会很容易想到将与瓶盖顶壁内侧连成一体的管状储存器改为与瓶盖侧壁内侧连成一体的环状凸缘，从而将隔挡片（气密性封膜）固定于管状储存器下缘改变为固定于环状凸缘上。这种隔挡片（气密性封膜）固定位置的简单变化并未带来进一步的技术效果，属于等效手段的替换，对本领域技术人员来说是显而易见的。由此可知，权利要求1的技术方案相对于附件3公开的瓶盖和本领域的公知常识不具有实质性特点。因此，权利要求1相对于附件3和本领域的公知常识不具备《专利法》第二十二条第三款规定的创造性。

2. 权利要求2不具备《专利法》第二十二条第三款规定的创造性

由于权利要求2不能享有优先权，因此附件2和附件3的授权公告日均在该专利的申请日之前，构成了该专利权利要求2的现有技术。

从属权利要求2对权利要求1的技术方案作了进一步限定，其限定部分的附加技术特征为："所述隔挡片为一层热压在环状凸缘上的气密性薄膜"。

附件2公开的瓶盖是权利要求2的最接近的现有技术，其公开了权利要求2的大部分技术特征（参见其说明书第5至6行和第8至11行及附图1），权利要求2要求保护的即配式饮料瓶盖与附件2中公开的茶叶填充瓶盖的区别仅在于附件2未公开隔挡片为气密性薄膜和隔挡片热压固定在环状凸缘上。由上述区别技术特征可知，权利要求2相对于附件2所要解决的技术问题是确保容置腔室中的调味材料在饮用之前的运输和储存期间不会与瓶身中的水相接触。

附件3公开了（参见其说明书第5至10行和附图1）一种内部盛装有调味材料的瓶盖，包括放置调味材料的容置腔室，该容置腔室的下端由气密性封膜（即该专利中构成隔挡片的气密性封膜）封闭，所述气密性封膜优选为塑料薄膜，通过热压的方式固定在管状储存器的下缘。由此可见，附件3公开了上述区别技术特征，且其在附件3中所起的作用也是用于形成密闭的容置腔室以确保容置腔室的密封性，与其在该专利中为解决其技术问题所起到的形成密闭的容置腔室以确保容置腔室密封性的作用相同。

当本领域的技术人员面对附件2中的瓶盖所存在的无法防止水与调味材料相接触的技术问题时，很容易想到用附件3中这种热压固定的气密性封膜来替代附件2的滤网，从而得到权利要求2的技术方案。由此可知，权利要求2的技术方案对本领域的技术人员来说是显而易见的，不具有实质性特点，不符合《专利法》第二十二条第三款有关创造性的规定。

此外，基于前述提出权利要求1相对附件3和本领域的公知常识不具备创造性，而附件3也公开了权利要求2的附加技术特征，因此权利要求2相对于附件3和本领域公知常识不具备创造性。

三、权利要求1、3和权利要求4中引用权利要求1或2时不符合《专利法》第二十六条第四款的规定

1. 权利要求1不符合《专利法》第二十六条第四款的规定❶

在说明书第11~22行记载的实施方式来看，瓶盖需要与瓶口处无密封薄膜、内装有矿

---

❶ 在《2011年全国专利代理人资格考试试题解析》中给出的无效宣告请求书范文中，由于对权利要求1未提出其不符合《专利法》第二十六条第四款的无效宣告理由，因此没有这一部分内容。

泉水或纯净水的瓶身配合使用，在饮用前用手撕除或破坏隔挡片或者借用于其顶壁下方的尖刺部刺破隔挡片才能将调味材料添加到矿泉水或纯净水中，可知该隔挡片只可能是不溶于水的密封薄膜，而不可能由易溶于水的材料制成。因此当独立权利要求1采用隔挡片来限定该权利要求的技术方案，而未限定其为密封薄膜，就未从其中排除由易溶于水的材料制成的隔挡片。由此可知，该权利要求1未清楚地限定其要求专利保护的范围，与该专利说明书中公开的内容不相适应，不符合《专利法》第二十六条第四款的规定。

2. 权利要求3不符合《专利法》第二十六条第四款的规定

根据该专利说明书第17至22行记载的内容可知，为了方便、卫生地破坏隔挡片，在顶壁内侧设置尖刺部，该尖刺部在常态下与隔挡片不接触，而在需要饮用加味饮料时，按压顶壁，顶壁向隔挡片方向变形，带动尖刺部向下运动刺破隔挡片。也就是说，只有当顶壁由易变形的弹性材料制成且顶壁内侧带有向着隔挡片方向延伸的尖刺部时才能实现方便、卫生地刺破隔挡片。

权利要求3中仅限定了尖刺部的安装位置和延伸方向，未限定顶壁具有弹性易于变形，因而涵盖了顶壁不能变形这种无法方便、卫生地刺破隔挡片的情形，由此可知该权利要求所概括的范围得不到说明书的支持，因此权利要求3不符合《专利法》第二十六条第四款的规定。

3. 权利要求4中引用权利要求1或2时不符合《专利法》第二十六条第四款的规定

从属权利要求4引用权利要求1至3，但是其在限定部分作进一步限定的技术特征"尖刺部"在权利要求1和2中并无记载，缺乏引用的基础。因此，权利要求4中引用权利要求1或2的技术方案未清楚限定要求专利保护的范围，不符合《专利法》第二十六条第四款的规定。

综上所述，请求宣告专利号为201020123456.7、名称为"即配式饮料瓶盖"的实用新型专利的权利要求1至3以及权利要求4中引用权利要求1和2的技术方案无效。

四、当年考生在撰写无效宣告请求书试题的答卷中出现的主要错误

当年考生在撰写无效宣告请求书中导致失分的主要错误为：

（1）在无效宣告请求书中没有正确说明各项权利要求能否享有优先权的理由，甚至缺少这方面的内容。

（2）在无效宣告请求书中未清楚指出附件2对不同权利要求的适用范围不一样，即：对于权利要求1来说应当指出附件2未构成现有技术，仅可以用来作为判断权利要求1是否具备新颖性的证据；而对于权利要求2至4来说附件2构成了现有技术，可以用来作为判断这三项权利要求是否具备新颖性和创造性的证据。

（3）对权利要求3未提出其不符合《专利法》第二十六条第四款规定的无效宣告理由，或者对权利要求3不符合《专利法》第二十六条第四款规定的无效宣告理由分析不到位。

（4）未针对权利要求4所包含的三个技术方案分别进行分析，从而未正确指出权利要求4所存在的未清楚限定其要求专利保护范围的缺陷：部分考生未注意到权利要求4引用权利要求3的技术方案不存在未清楚地限定要求专利保护范围的缺陷，以整个权利要求4不符合《专利法》第二十六条第四款的规定作为其中一个理由提出无效宣告请求；而另一部分考生却由于注意到权利要求4引用权利要求3的技术方案清楚地限定了专利保护范围，就未再对该权利要求4中引用权利要求1或2的技术方案提出不符合《专利法》第二十六条第四款规定的无效宣告理由。

（5）有些考生错误地提出部分权利要求不属于实用新型专利保护客体的无效宣告理由，例如由权利要求3和4中涉及方法特征而认定其不属于实用新型专利保护客体。事实上权利要求3和4要求

保护的客体仍然是产品,其中有些技术特征(如常态下……,按压顶壁(1)时……)中虽然包含操作过程的内容,但是通过这一技术特征来说明其中尖刺部与隔挡片之间的位置关系,仍然属于限定产品特定结构的技术特征,因此不能得出权利要求3和4不属于实用新型专利保护客体的结论。

五、撰写权利要求书试题的答题思路

根据试题要求,考生应当根据试题所给定的素材,撰写出符合《专利法》和《专利法实施细则》相关规定、且具有尽可能宽的保护范围的独立权利要求,同时还应当撰写出数量适当的、合适的从属权利要求。

在撰写发明专利申请的权利要求书时,通常按照下述步骤进行:①理解客户提供的发明素材,确定可作为要求专利保护的申请主题,从中确定最主要的申请主题;②对于该最主要的申请主题,弄清其相对于现有技术(尤其是最接近的现有技术)作出了几方面的改进以及这几方面改进之间的关系,以确定该申请主题相对于最接近的现有技术作出了几项发明创造,并从中确定最重要的一项发明创造;③针对该最重要的一项发明创造,确定其要解决的技术问题,如果其涉及多个实施方式,在分析这些实施方式关系的基础上,确定独立权利要求和从属权利要求的撰写布局,在此基础上完成相应独立权利要求和从属权利要求的撰写;④针对最主要的申请主题的其他发明创造和/或针对其他申请主题撰写独立权利要求和从属权利要求;⑤分析所撰写的各项独立权利要求是否属于一项总的发明构思,以确定本专利申请是合案申请还是分案申请;⑥针对客户在技术交底书中提出的问题和/或针对试题中提出的其他问题作出解答。

(一)理解客户所提供的发明素材

首先需要理解客户所提供的技术交底材料(即附件5),弄清楚涉及几项申请主题、各项申请主题涉及几个方面的改进以及所提供的实施方式,并确定其主要技术特征及其相互关系。

从本试题提供的技术交底材料来看,其技术主题相对单一,仅涉及与矿泉水或纯净水的瓶身相配用的内置调味材料的瓶盖组件。❶从对该主题所作的改进来看,其相对于现有技术(尤其是最接近的现有技术)仅作出了一个方面的改进,但针对这一方面的改进提供了三个实施方式。因而,就本试题所给出的技术交底书来说,在理解发明素材时仅需要分析其涉及的多个实施方式之间的关系,在此基础上确定针对该主题撰写的独立权利要求和从属权利要求的布局。

1. 明确所涉及技术主题的各个实施方式之间的关系

针对该技术主题,技术交底材料中提供了三个实施方式:图1至图3示出第一种实施方式;图4至图6示出第二种实施方式;图7至图9示出第三种实施方式。

对于包含多个实施方式的技术主题来说,需要将每一种实施方式与现有技术进行比较以确定是否具备新颖性和创造性。对于具备新颖性和创造性的多种实施方式,首先分析这些实施方式之间的关系是并列的实施方式还是主从的实施方式。对于包含多种主从关系实施方式的技术主题,可针对主要实施方式撰写独立权利要求,而针对那些从属实施方式写成该独立权利要求的从属权利要求。对于包含多种并列关系实施方式的技术主题,应当尽可能对这些实施方式进行合理概括,以使要求保护的发明得到较宽的保护范围。如果不能对它们进行合理概括,则应当考虑可否对其中一部分加以概括作为一项发明要求保护,而对不能概括进来的其他实施方式作为另一项发明要求保护。对于不能将多种实施方式合理概括的情形,在撰写了各自的独立权利要求之后,需要分析它们之间是否

---

❶ 在确定本试题技术交底书涉及哪些技术主题时,当年有考生认为试题中要求撰写发明专利申请的权利要求书,而发明专利申请中允许写入方法权利要求,就撰写了以瓶盖组件的使用方法为主题的权利要求。但是,从技术交底材料所写明的技术内容来看,本发明主要是对瓶盖本身的结构作出了改进,所谓的使用方法仅是所述瓶盖组件在饮用调味饮料时的使用过程,也就是说,所要求保护的瓶盖组件的结构本身就决定其使用时的具体操作过程,因此不必以瓶盖组件的使用方法等作为本申请要求保护的主题。

具备单一性，以确定将它们作为合案申请提出还是作为多件申请分别提出。

对于本试题来说，技术交底材料中对内置调味材料的瓶盖组件这一技术主题给出的三种实施方式为并列实施方式，应当在对这三种实施方式的技术特征进行具体分析的基础上，按照上述思路确定是作为一件申请提出，还是需要作为多件申请分别提出。

2. 理解技术主题的各种实施方式和分析其主要技术特征

下面针对内置调味材料的瓶盖组件技术主题的各种实施方式分别作出说明。

技术交底材料第［003］段至第［010］段分别对三种不同实施方式内置调味材料的瓶盖组件的具体结构进行了说明，根据这几段内容可以确定这三种瓶盖组件的主要技术特征及其相互关系。

在这三种不同实施方式中，瓶盖组件中的瓶盖本体均具有顶壁、侧壁和容置腔室，容置腔室的底部由气密性隔挡片密封，容置腔室内放置有调味材料，侧壁设有与瓶口外螺纹配合的内螺纹。

在第一种实施方式和第二种实施方式中（参见技术交底材料第［004］段和第［006］段），均将刺破隔挡片的尖刺部设置在一个其栓体部分穿过顶壁的盖栓的下端；即在这两种实施方式中，该瓶盖组件均包括一个盖栓，它由栓帽和栓体两部分构成，栓体端部具有尖刺部，栓体穿过顶壁上开设的孔进入容置腔室。

在第一种实施方式中（参见技术交底材料第［004］段和第［005］段），瓶盖本体的顶壁内侧设有一个与其一体成型且向着瓶盖开口方向延伸并带有内螺纹的中空套管，盖栓的栓体外侧具有与中空套管内螺纹相配合的外螺纹。在组装瓶盖组件时，将盖栓旋转到瓶盖本体的中空套管中，将尖刺部限制在隔挡片上方合适的位置，想饮用调味饮料时，继续旋转栓帽，盖栓借助螺纹向下运动，尖刺部刺破隔挡片。即由带外螺纹的栓体和带内螺纹的中空套管的螺纹配合结构形成常态下限制尖刺部刺破隔挡片的机构。在第二种实施方式中（参见技术交底材料第［006］段），盖栓的栓体具有光滑的外表面，栓体穿过顶壁的孔进入容置腔室，一侧带有开口的卡环卡扣在栓帽和顶壁之间，该卡环同样起到常态下限制盖栓向下运动的作用，即成为限制尖刺部刺破隔挡片的机构，作为一种优选，可以在栓体和卡环之间设置一个套在栓体上、且一端连接栓帽、另一端连接顶壁的弹簧。想饮用调味饮料时，卸下卡环并向下按压栓帽，尖刺部刺破容置腔室底部的隔挡片。由技术交底材料第［010］段中写明的内容可知，该卡环可以采用同样起到限制盖栓向下运动作用的拉环来代替。

在第三种实施方式中（参见技术交底材料第［008］段和第［009］段），瓶盖组件由瓶盖本体和拉环组成。瓶盖本体具有顶壁、侧壁和容置腔室，侧壁下部设有与瓶口外螺纹配合的内螺纹，侧壁内侧内螺纹的上方具有环状凸缘，气密性隔挡片固定于环状凸缘上。在此第三种实施方式中，利用瓶身的瓶口作为刺破隔挡片的尖刺部，其拉环连接在瓶盖本体的下缘，成为在常态下限制隔挡片随着瓶盖本体向着瓶身的瓶口方向运动的部件，想饮用调味饮料时，撕除拉环，旋转瓶盖本体使其相对于瓶身继续向瓶口方向运动，瓶口上缘与隔挡片接触并逐渐对隔挡片施加向上的压力，使隔挡片破裂。由技术交底材料第［010］段中写明的内容可知，该拉环可以采用同样用于限制隔挡片随着瓶盖本体向着瓶身的瓶口方向运动的卡环来代替。

由技术交底材料第［007］段写明的内容可知，在第一种实施方式和第二种实施方式中，其容置腔室有两种结构：在前一种结构中，容置腔室由顶壁、侧壁和固定于侧壁内侧环状凸缘上的隔挡片围合而成；在另一种结构中，容置腔室由顶壁、从顶壁内侧向下延伸的管状储存器和固定于管状储存器下缘的隔挡片围合而成。而由技术交底书中描述的第三种实施方式的第［008］段和第［009］段给出的内容可知，其只有前一种结构的容置腔室（由顶壁、侧壁和固定于侧壁内侧环状凸缘上的隔挡片围合而成），且由于利用瓶身的瓶口作为刺破隔挡片的尖刺部，因而不可能采用上述后一种由顶壁、从顶壁内侧向下延伸的管状储存器和固定于管状储存器下缘的隔挡片围合而成的容置腔室的结构。

显然，客户提供的技术交底材料中给出的三种实施方式中用于刺破隔挡片的尖刺部结构在附件2和附件3中均未披露，且与附件1中的尖刺部结构不同，而且这三个现有技术均未公开用于限制尖刺部刺破隔挡片的机构，因此可以初步确定这三种实施方式相对于现有技术具备新颖性和创造性，在撰写申请文件时应当将这三种实施方式纳入保护范围。

3. 对上述三种实施方式内置调味材料的瓶盖组件确定如何进行保护

在正确理解了瓶盖组件的三种实施方式后，就应当考虑如何为该申请主题争取更充分的保护。在考试中，应当注意以不超出题目素材所给出的范围为前提，这不同于实际的专利代理工作，后者可以根据现有技术的掌握情况适当增加、补充有关技术内容以获得更有利的保护范围。

对于试题的技术交底书中给出上述三种相对于现有技术具备新颖性和创造性的并列实施方式的情形，在专利代理实务应试中，应当考虑是否能够通过对这三种实施方式中的不同技术特征进行合理概括来为申请人获取更大范围的保护。

从前面对三种实施方式瓶盖组件结构的理解和对其主要技术特征的分析可以得知，第一种实施方式和第二种实施方式瓶盖组件的结构非常类似，均包括瓶盖本体和盖栓，其盖栓由栓帽和下端带有尖刺部的栓体构成，盖栓的栓体穿过瓶盖本体顶壁上的孔，从而通过栓体与孔的相对运动使栓体下端尖刺部刺破隔挡片，即两者的总体发明构思和工作原理基本相同。两者的区别仅在于：在第一种实施方式中，在瓶盖本体的顶壁内侧设置了与其成一体且向下延伸的带有内螺纹的中空套管，在盖体的栓体外侧设置外螺纹，两者的螺纹配合结构起到了常态下限制盖栓受压时向隔挡片方向运动的作用；在第二种实施方式中，位于顶壁外侧与盖栓栓帽下侧之间的卡环结构或拉环结构起到了常态下限制盖栓受压时向隔挡片方向运动的作用。

在第三种实施方式中，利用瓶身的瓶口来刺破隔挡片，瓶盖本体下侧设置有拉环或卡环结构，该拉环或卡环成为常态下限制瓶盖本体受压时隔挡片与瓶口之间作相对运动的机构，在饮用前撕除拉环或卡环，使瓶盖相对于瓶口进一步旋转，由瓶口上缘破坏隔挡片。也就是说，第三种实施方式与第一种实施方式和第二种实施方式的发明构思明显不同。

由此可知，对本发明专利申请来说，无法对三种实施方式的瓶盖组件进行合理概括以得到充分的保护。在这种情形下，就应当考虑可否对其中两种实施方式进行合理概括以争取比较充分的保护。正如前面所作分析，前两种实施方式的瓶盖组件的总体发明构思和工作原理基本相同，因此可以考虑对这两种实施方式进行概括，撰写独立权利要求，而对第三种实施方式单独撰写独立权利要求，从而使本发明得到较充分的保护。❶

4. 将本发明与现有技术分析比较，确定本发明要解决的技术问题

附件1公开了一种即配式饮料瓶盖，包括顶壁和侧壁，侧壁下部具有与瓶口外螺纹配合的内螺纹，侧壁内侧在内螺纹上方具有环状凸缘，隔挡片固定于环状凸缘上，顶壁、侧壁和隔挡片共同形成容纳调味材料的容置腔室。尖刺部位于顶壁内侧且向隔挡片的方向延伸，所述顶壁具有弹性易于变形，按压顶壁时，尖刺部向隔挡片方向运动并刺破隔挡片。客户在其技术交底材料第［001］段中指出，由于瓶盖的顶壁由易变形的弹性材料制成，在搬运和码放过程中容易受压向下变形，使尖刺部刺破隔挡片，容置腔室内的调味材料进入水中，因此导致饮料容易变质，从而达不到预期效果。

附件2和附件3都涉及内置有茶叶或调味材料的瓶盖。在附件3公开的瓶盖中，顶壁内侧固定

---

❶　技术交底材料第［010］段指出第三种实施方式中的拉环与第二种实施方式中的卡环功能相近，均起到限制相关部件进一步运动的作用，可以根据需要选择使用。有的考生据此认为这两种实施方式之间具有共同之处，从而认为可以概括出一个将这三种实施方式都包含在内的独立权利要求。这一考虑并不合适，因为本发明相对于现有技术的改进包括两个方面的技术特征：用于刺破隔挡片的结构以及在常态下限制尖刺部刺破隔挡片的结构。对前一方面特征来说，无法将第三种实施方式和前两种实施方式进行概括。如果非要对为三种实施方式进行概括，则只能概括成"该瓶盖组件还包括一个用于在饮用时方便破坏隔挡片的部件和一个在按压瓶盖顶壁时又能限制该部件向着隔挡片方向运动的结构"，这种采用功能概括的技术特征基本上相当于本发明要解决的技术问题，并未清楚地给出一个如何解决该技术问题的技术手段，因此这样撰写的独立权利要求未清楚限定要求专利保护的范围。至于第［010］段描述的上述内容正好暗示在针对第二种实施方式和第三种实施方式撰写与拉环或卡环相关的从属权利要求时，可以在其限定部分采用对卡环、拉环和类似部件进行概括的附加技术特征"可移除的环状部件"。

连接一个管状储存器，管状储存器下端由气密性封膜密封，该管状储存器和封膜形成放置调味材料的容置腔室；在附件 2 的瓶盖内，顶壁、侧壁和透水性滤网形成茶叶填充腔，在瓶身的瓶口处设有封膜用于密封瓶身内的水。客户在其技术交底材料第［001］段中同时指出，对于附件 2 和附件 3 的瓶盖，饮用时需先打开瓶盖用手除去封膜，使用不方便、不卫生。

由此可以较为明显地得知，本发明与附件 1、附件 2 和附件 3 的技术领域相同，从解决技术问题和技术效果来看，本发明不仅解决了附件 1 所存在的技术问题，也解决了附件 2 和附件 3 所存在的技术问题，但是，附件 1 的瓶盖中设置了用于刺破隔挡片的尖刺部，因此附件 1 与附件 2、附件 3 相比，公开了本发明更多的技术特征，因而应当以附件 1 作为本发明的最接近的现有技术。

通过将本发明与最接近的现有技术附件 1 相比，可以确定本发明要解决的技术问题是相对于现有技术提供一种既方便使用、又避免在搬运和码放过程中因误刺破隔挡片导致饮料容易变质的瓶盖组件。

（二）针对本发明前两种实施方式撰写独立权利要求和从属权利要求❶

1. 针对前两种实施方式撰写独立权利要求

首先，从附件 5 技术交底材料中的内容可以得知，客户要求保护一种内置调味材料的瓶盖组件，因而该独立权利要求的主题名称确定为"内置调味材料的瓶盖组件"。独立权利要求的必要技术特征应当包括与最接近的现有技术共有的技术特征以及体现解决上述技术问题必要的技术特征。根据技术交底材料所写明的内容，这两种实施方式的内置调味材料的瓶盖组件的必要技术特征应当包括：

（1）瓶盖本体，其具有顶壁、侧壁和容纳有调味材料的容置腔室，所述容置腔室底部由气密性隔挡片密封；

（2）顶壁上开设孔；

（3）盖栓，其由栓帽和栓体组成；

（4）栓体穿过孔进入容置腔室内，且能在孔中作上下相对运动，**向下运动时刺破隔挡片**；

（5）栓体的外螺纹与中空套管的内螺纹配合（第一种实施方式），或者卡扣在栓帽和顶壁之间的卡环或位于栓帽和顶壁之间的拉环，优选栓体外套设弹簧（第二种实施方式）。

上述第（1）方面特征是与最接近的现有技术共有的技术特征，第（2）方面至第（5）方面特征属于解决技术问题的相关特征。对于第（5）方面的特征，由于两者都采用了可以限制盖栓向下运动的机构，并考虑到在客户的技术交底材料（附件 5）的第［005］段第 1 行至第 2 行和第［006］段第 6 行对两者已明确提到了"限制"作用，因此，可以对第一种实施方式中的"栓体外螺纹与中空套管内螺纹的配合结构"和第二种实施方式中的"卡环或拉环结构"采用功能性限定概括的技术特征，即将其概括成"限制盖栓受压时向隔挡片方向运动的机构"，从而形成一个保护范围较宽的独立权利要求，为申请人争取既合理而又充分的保护。

最后完成的独立权利要求 1 如下：

"1. 一种内置调味材料的瓶盖组件❷，包括瓶盖本体（1），所述瓶盖本体（1）具有顶壁、侧壁和容纳有调味材料的容置腔室（3），所述容置腔室（3）底部由气密性隔挡片（4）密封，其特征在于，所述瓶盖组件还包括盖栓（2），所述盖栓（2）由栓帽（21）和栓体（22）组成；所述瓶盖本体

---

❶ 在考虑了《2011 年全国专利代理人资格考试试题解析》中提供的权利要求书范文的基础上，改写而成此处所给出的独立权利要求。

❷ 需要说明的是，从当年试题中所给出的技术内容来看，都是以瓶盖组件为主题名称，但由于该瓶盖组件只能与瓶口处无封膜的瓶身配合使用（尤其是第三种实施方式），因而采用饮料瓶作为要求保护的主题名称更为合适。但由于试题中明显写明为瓶盖组件，因此在应试时可以不必深究。此外，在瓶盖组件作为要求保护的主题名称的情况下，是否还需要撰写一项包括该瓶盖组件的饮料瓶的独立权利要求呢？从专利实际保护的角度来看，没有必要再撰写一项饮料瓶的独立权利要求。在专利代理实务的应试中，对于机械领域或日常生活用品的撰写权利要求书的试题，建议不必再写一项饮料瓶的独立权利要求，但是若在答案中撰写了饮料瓶的独立权利要求，估计也不会被扣分。

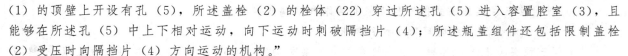

（1）的顶壁上开设有孔（5），所述盖栓（2）的栓体（22）穿过所述孔（5）进入容置腔室（3），且能够在所述孔（5）中上下相对运动，向下运动时刺破隔挡片（4）；所述瓶盖组件还包括限制盖栓（2）受压时向隔挡片（4）方向运动的机构。"

2. 针对前两种实施方式撰写从属权利要求

试题说明中也明确从属权利要求应当使得本申请面临不得不缩小保护范围的情况时具有充分的修改余地，其数量应当合理、适当，并且符合《专利法》及《专利法实施细则》对从属权利要求的所有规定。因此，为了形成较好的保护梯度，应当根据具体实施方式撰写适当数量的从属权利要求。

（1）由于在独立权利要求中针对第一种实施方式和第二种实施方式的限制盖栓受压时向隔挡片方向运动的具体结构进行了概括，因此可以用这两种实施方式限制盖栓受压时向隔挡片方向运动的具体结构作为进一步附加技术特征分别撰写两项从属权利要求。

在技术交底材料第［003］段所描述的第一种实施方式中，限制盖栓受压时向隔挡片方向运动的具体结构为由中空套管的内螺纹与栓体外螺纹构成的配合结构，因此以此作为附加技术特征撰写从属权利要求2，其限定部分可写成："所述限制盖栓受压时向隔挡片方向运动的机构由内壁带有内螺纹的中空套管和带有外螺纹的栓体构成，中空套管与顶壁一体成型并从孔的位置向瓶盖本体开口方向延伸"。

在技术交底材料第［006］段描述的第二种实施方式中，其"限制盖栓受压时向隔挡片方向运动的机构"为卡环结构，但在技术交底材料第［010］段中还明确提示第三种实施方式中的拉环与第二种实施方式中的卡环功能相近，均起到限制相关部件进一步运动的作用，可以根据需要选择使用，因此为了使权利要求具有尽可能大的保护范围，可考虑以"可移除的环状部件"来对拉环和卡环进行概括，而不仅限于"拉环"或者"卡环"。也就是说，可以用"可移除的环状部件"作为附加技术特征来撰写从属权利要求3，其限定部分可撰写成"所述限制盖栓受压时向隔挡片方向运动的机构是可移除的环状部件，所述可移除的环状部件位于栓帽和瓶盖本体的顶壁之间"。然后，再以该权利要求3为基础撰写两项分别将"可移除的环状部件"进一步限定为"拉环"或"卡环"的从属权利要求4和5。此外，考虑到在技术交底材料第［006］段中还给出了在卡环（对拉环也同样适用）与栓体之间可以设置一个弹簧的优选措施，因此可以针对这一优选措施撰写一项从属权利要求6，其限定部分为"在所述可移除环状部件内部设置一个套设在所述栓柱之外的弹簧"；需要说明的是，该优选措施对于限定部分为"可移除部件""卡环"和"拉环"的三项从属权利要求3、4和5均适用，即其引用部分可以写成"如权利要求3至5中任一项所述的瓶盖组件"，但是为使后面针对这两种实施方式的容置腔室结构撰写从属权利要求时符合《专利法实施细则》第二十二条第二款关于"多项从属权利要求不得作为另一项多项从属权利要求基础"的规定，该项从属权利要求仅引用了权利要求3。

（2）由于技术交底材料第［007］段明确写明第一种实施方式和第二种实施方式中的容置腔室有多种可供选择的具体结构，因而可以用技术交底材料中给出的两种容置腔室的具体结构作为附加技术特征来撰写两项从属权利要求7和8。从属权利要求7的限定部分可写成"瓶盖本体的侧壁上固定地设置径向向内凸出的环状凸缘，隔挡片固定于环状凸缘上，顶壁、侧壁和隔挡片共同形成所述容置腔室"；从属权利要求8的限定部分为"从瓶盖本体的顶壁内侧向下延伸设置管状储存器，隔挡片固定于管状储存器下缘，顶壁、管状储存器和隔挡片共同形成所述容置腔室"。由于这两项从属权利要求对容置腔室的进一步限定对于权利要求1至6均适用，因此其引用部分均可写成"如权利要求1至6中任一项所述的瓶盖组件"。

（3）此外，在客户提供的技术交底材料中的第一种实施方式和第二种实施方式中写明栓体端部具有用于刺破隔挡片的尖刺部，这是一种更利于刺破隔挡片的优选方式，可作为附加技术特征来撰写一项从属权利要求。

第四部分

（三）针对第三种实施方式撰写独立权利要求和从属权利要求

1. 针对第三种实施方式撰写独立权利要求

对于第三种实施方式，其独立权利要求的主题名称仍然可确定为内置调味材料的瓶盖组件。❶ 撰写该独立权利要求时，首先确定必要技术特征。需要提请注意的是，由技术交底材料第［008］段和第［009］段写明的内容可知，第三种实施方式中的瓶盖组件不可能采用由顶壁、管状储存器和隔挡片围合成的容置腔室，因此在独立权利要求中应当对容置腔室的结构作出限定。此外，根据技术交底材料第［010］段的描述可知，位于瓶盖侧壁下侧的可撕除拉环还可以用卡环来代替，因而与前面对第二种实施方式撰写的从属权利要求3时所作的分析一样，对于可撕除拉环、卡环和类似结构采用可移除环状部件进行合理概括。根据技术交底材料第［008］段至第［010］段对第三种实施方式所描述的内容，下述技术特征是应当写入独立权利要求的必要技术特征：

（1）瓶盖本体，具有顶壁、带有内螺纹的侧壁和位于侧壁内侧内螺纹上方的环状凸缘，环状凸缘上固定有气密性隔挡片，顶壁、侧壁和隔挡片共同形成密闭的容纳有调味材料的容置腔室；

（2）可移除环状部件，设置在瓶盖本体侧壁的下缘；

（3）移除所述环状部件后，瓶盖本体能够进一步旋转并向瓶口方向运动，瓶口上缘对隔挡片施加向上的压力使隔挡片破裂。❷

最后针对第三种实施方式瓶盖组件所撰写的独立权利要求1如下：

"1. 一种内置调味材料的瓶盖组件，包括瓶盖本体（31），所述瓶盖本体（31）具有顶壁、带有内螺纹的侧壁和位于所述侧壁内侧内螺纹上方的环状凸缘（34），所述环状凸缘（34）上固定有气密性隔挡片（35），所述顶壁、侧壁和隔挡片（35）共同形成密闭的容纳有调味材料的容置腔室（33），其特征在于，所述瓶盖组件还包括位于所述瓶盖本体（31）侧壁下缘的可移除环状部件，移除所述环状部件后，所述瓶盖本体（31）能够进一步旋转并向瓶口方向运动，瓶口上缘对所述隔挡片（35）施加向上的压力使所述隔挡片（35）破裂。"❸

2. 针对第三种实施方式撰写从属权利要求

由于试题要求对另行提出的申请也要撰写权利要求书而不仅仅撰写独立权利要求，因此不论针对第三种实施方式要求保护的瓶盖组件是与针对前两种实施方式要求保护的瓶盖组件作为合案申请提出，还是另行提出一件专利申请，都还需要针对第三种实施方式的瓶盖组件撰写相关的从属权利要求。

由于独立权利要求中对可撕除拉环、卡环这一技术特征采用了概括的表述方式，因此可以针对可撕除拉环、卡环各撰写一项从属权利要求。此外，由于技术交底材料第［010］段中结合图8示出了一种可撕除拉环的具体结构，因此可针对可撕除拉环的具体结构再撰写一项从属权利要求。具体来说，先针对可撕除拉环撰写一项从属权利要求2，其限定部分为"所述可移除环状部件为可撕除的拉环"；然后，再撰写一项引用权利要求2的从属权利要求，以可撕除拉环的具体结构作为附加技术特征，即其限定部分可写成"所述拉环通过多个连接柱固定在瓶盖本体的侧壁下缘，所述拉环具有开口，所述开口的一侧设有拉环扣"；最后，再撰写一项与从属权利要求2相并列的从属权利要求4，其引用权利要求1，其限定部分为"所述可移除环状部件为一侧带有开口的卡环"。

（四）确定这两项独立权利要求之间是合案申请还是作为两件申请提出

在针对上述两项发明撰写了独立权利要求和从属权利要求之后，需要分析这两项发明之间是否

---

❶ 正如前面所指出的那样，对于第三种实施方式，由于需要利用瓶身的瓶口来刺破隔挡片，因而将要求保护的主题名称确定为"饮料瓶"更好。鉴于试题中明确写明客户要求保护的客体是内置调味材料的瓶盖组件，因此在应试中不必对此过于深究，将该主题名称仍确定为"内置调味材料的瓶盖组件"。

❷ 该特征是为了体现以瓶口作为尖刺部而写明的技术特征，是解决技术问题所必需的，因此是必要技术特征。

❸ 此处对第三种实施方式所撰写的独立权利要求主要参照《2011年全国专利代理人资格考试试题解析》一书针对权利要求书的撰写试题所推荐的答案范文给出。

具有单一性，以确定这两项发明是合案申请还是作为两件申请提出。一种观点认为第一项发明的两种实施方式均是在瓶盖本体上设置盖栓，瓶盖本体的顶壁上开设孔，通过适当的机构实现或者限制盖栓在孔中的上下相对运动，当向下运动时刺破隔挡片，属于同一发明构思；而另一种观点认为作为第二项发明的第三种实施方式则是通过撕除环状部件从而使瓶盖相对于瓶口进一步旋转，借助瓶口上缘破坏隔挡片，因而认定这两项发明之间不存在相同或相应的特定技术特征，不属于同一发明构思，不具有单一性，因此，需要针对第二项发明另行提出一件申请。

但是编者认为，如果对这上述两项发明的独立权利要求进行深入细致的分析，就可发现这两项发明有一个共同之处：两者都设计有限制有关部件向着隔挡片方向运动的机构或部件，从而防止在未使用状态时刺破隔挡片。在第二项发明中所采用的可移除环状部件与第一项发明中栓体的外螺纹与中空套管的内螺纹配合结构（第一种实施方式）或者位于栓帽和顶壁之间的可移除部件（第二种实施方式）都起到限制相关部件向着隔挡片方向运动的作用，因此第二项发明中的可移除环状部件与第一项发明在独立权利要求中概括后的技术特征"限制盖栓向隔挡片方向运动的机构"是相应的技术特征。考虑到这两项发明中的上述相应技术特征在附件1至4中均没有公开，即上述相应技术特征是这两项发明相对于现有技术作出创造性贡献的技术特征，因而应当认尖两者为相应的特定技术特征，即两者属于一个总的发明构思。由此可知，这两项独立权利要求之间具备单一性，可以合案申请。当然，为了使所撰写的两项独立权利要求更清楚地反映两者之间满足单一性要求，第二项发明的独立权利要求可以在不改变其保护范围的前提下进行部分文字修改，例如可以按如下方式撰写：

"一种内置调味材料的瓶盖组件，包括瓶盖本体（31），所述瓶盖本体（31）具有顶壁、下部带有内螺纹的侧壁，在该内螺纹上方的侧壁内侧设置有环状凸缘（34），所述环状凸缘（34）上固定有气密性隔挡片（35），所述顶壁、侧壁和隔挡片（35）共同形成容纳有调味材料的容置腔室（33），其特征在于，所述瓶盖组件还包括位于所述瓶盖本体（31）侧壁下缘的可移除环状部件，该环状部件在所述瓶盖本体（31）受压时限制所述瓶盖本体（31）连同所述隔挡片（35）向着瓶口方向运动，移除所述环状部件后可使所述瓶盖本体（31）连同所述隔挡片（35）向着瓶口方向旋转前行，以便瓶口上缘向所述隔挡片（35）施压而使其破裂。"

（五）对客户在技术交底材料中提出的问题的分析

客户在技术交底材料最后一段提出："虽然现有的隔挡片也能适用于本发明，但我们研制出了具有更好效果的隔挡片材料，并希望以商业秘密的方式加以保护。请问：如果所撰写的该申请的说明书中不记载改进后的隔挡片材料，能否满足说明书应当充分公开发明的要求？"

客户对说明书撰写所提出的咨询问题涉及《专利法》第二十六条第三款规定的"说明书应当充分公开发明"这一要求与客户保留技术秘密愿望之间的关系。答题时，可以首先对该法条的规定及其判断原则给出简要说明，然后根据具体事实给出明确的判断的结论。

具体来说，首先要说明《专利法》第二十六条第三款的规定（即说明书应当对发明或者实用新型作出清楚、完整的说明，以所属技术领域的技术人员能够实现为准）及其判断原则（即本领域技术人员按照说明书记载的内容，能否实现该发明的技术方案，解决其技术问题，并且产生预期的技术效果）。

然后，结合技术交底材料中的具体事实给出判断结论。鉴于客户在提出咨询问题时已经说明，现有的隔挡片也能适用于本发明，因此本领域技术人员可以采用现有技术中已有的隔挡片应用于三种实施方式中的瓶盖组件中，就能够实现本发明。由此可知，客户改进的隔挡片材料是一种更加优选的实施方式，并不是实现本发明所必需的技术信息，因此，在本申请说明书中不记载改进后的隔挡片材料，也能够满足说明书应当充分公开发明的要求。

需要说明的是，本发明是一项针对瓶盖组件的结构作出改进的发明，并不是针对隔挡片材料本身作出改进的发明；对于前者，显然改进的隔挡片材料并不是必要的技术信息，而对于针对隔挡片材料本身作出改进的发明，改进后的隔挡片材料是必须记载的，有极少数的考生因理解偏差而认为客户所提出的问题涉及后者，因而得出必须记载改进的隔挡片材料才满足充分公开发明的要求。考生在应试时要保持清楚的头脑，不要在非常简单的问题上丢分。

六、撰写权利要求书并回答问题的参考答案

（一）权利要求书

1. 一种内置调味材料的瓶盖组件，包括瓶盖本体（1），所述瓶盖本体（1）具有顶壁、侧壁和容纳有调味材料的容置腔室（3），所述容置腔室（3）底部由气密性隔挡片（4）密封，其特征在于，所述瓶盖组件还包括盖栓（2），所述盖栓（2）由栓帽（21）和栓体（22）组成；所述瓶盖本体（1）的顶壁上开设孔（5），所述盖栓（2）的栓体（22）穿过所述孔（5）进入容置腔室（3）内，且能够在所述孔（5）中上下相对运动，向下运动时刺破隔挡片（4）；所述瓶盖组件还包括限制盖栓（2）受压时向隔挡片（4）方向运动的机构。

2. 如权利要求1所述的内置调味材料的瓶盖组件，其特征在于，所述限制盖栓（2）受压时向隔挡片（4）方向运动的机构由内壁带有内螺纹的中空套管（6）和带有外螺纹的所述栓体（22）构成，所述中空套管（6）与顶壁一体成型并从所述孔（5）的位置向所述瓶盖本体（1）的开口方向延伸。

3. 如权利要求1所述的内置调味材料的瓶盖组件，其特征在于，所述限制盖栓（2）受压时向隔挡片（4）方向运动的机构为可移除环状部件，所述可移除环状部件位于所述栓帽（21）和所述瓶盖本体（1）的顶壁之间。

4. 如权利要求3所述的内置调味材料的瓶盖组件，其特征在于，所述可移除环状部件为一侧带有开口的卡环（8）。

5. 如权利要求3所述的内置调味材料的瓶盖组件，其特征在于，所述可移除环状部件为连接在栓帽（21）上且可撕除的拉环（32）。

6. 如权利要求3所述的内置调味材料的瓶盖组件，其特征在于，在所述可移除环状部件内部设置一个套设在所述栓柱（22）之外的弹簧（7）。❶

7. 如权利要求1至6中任意一项所述的内置调味材料的瓶盖组件，其特征在于，所述瓶盖本体（1）的侧壁上固定地设置径向向内凸出的环状凸缘，所述隔挡片（4）固定于所述环状凸缘上，所述顶壁、侧壁和隔挡片（4）共同形成所述容置腔室（3）。

8. 如权利要求1至6中任意一项所述的内置调味材料的瓶盖组件，其特征在于，从所述瓶盖本体（1）的顶壁内侧向下延伸设置管状储存器，所述隔挡片（4）固定于所述管状储存器下缘，所述顶壁、管状储存器和隔挡片（4）共同形成所述容置腔室（3）。

9. 如权利要求1至6中任意一项所述的内置调味材料的瓶盖组件，其特征在于，所述盖栓（2）的栓体（22）的端部具有用于刺破所述隔挡片（4）的尖刺部（23）。❷

（二）需要另案提交申请的权利要求书❸

1. 一种内置调味材料的瓶盖组件，包括瓶盖本体（31），所述瓶盖本体（31）具有顶壁、带有内螺纹的侧壁和位于所述侧壁内侧内螺纹上方的环状凸缘（34），所述环状凸缘（34）上固定有气密性隔挡片（35），所述顶壁、侧壁和隔挡片（35）共同形成密闭的容纳有调味材料的容置腔室（33），

---

❶ 从撰写角度看，其提供了一种借助弹簧使盖栓在刺破隔挡片后能自动复位的优选方式，因此撰写此项属从属权利要求。

❷ 从撰写角度看，其提供了一种栓体端部为尖刺部形成更利于刺破隔挡片的优选方式，因此撰写此项属从属权利要求。

❸ 这一部分仍按《2011年全国专利代理人资格考试试题解析》中有关权利要求书撰写试题提供的答案范文中对第三种实施方式的瓶盖组件另行提出申请的方式给出参考答案。

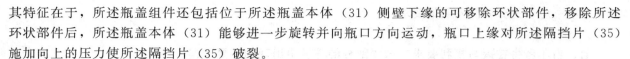

其特征在于，所述瓶盖组件还包括位于所述瓶盖本体（31）侧壁下缘的可移除环状部件，移除所述环状部件后，所述瓶盖本体（31）能够进一步旋转并向瓶口方向运动，瓶口上缘对所述隔挡片（35）施加向上的压力使所述隔挡片（35）破裂。

2. 如权利要求1所述的内置调味材料的瓶盖组件，其特征在于，所述可移除环状部件为可撕除的拉环（32）。

3. 如权利要求2所述的内置调味材料的瓶盖组件，其特征在于，所述拉环（32）通过多个连接柱（36）固定在所述瓶盖本体（31）侧壁的下缘，所述拉环（32）具有开口（37），所述开口（37）的一侧设有拉环扣（38）。

4. 如权利要求1所述的内置调味材料的瓶盖组件，其特征在于，所述可移除环状部件为一侧带有开口的卡环（8）。

（三）作为两份申请提出的理由

第一种实施方式和第二种实施方式均是在瓶盖本体上设置盖栓，瓶盖本体的顶壁上开设孔，通过适当的机构实现或者限制盖栓在孔中的上下相对运动，当向下运动时刺破隔挡片。针对这两种实施方式撰写的独立权利要求相对于现有技术作出创造性贡献的特定技术特征为"瓶盖组件还包括盖栓，所述盖栓由栓帽和栓体组成；所述瓶盖本体的顶壁上开设孔，栓体穿过所述孔进入容置腔室内，且能够在所述孔中上下相对运动，向下运动时刺破隔挡片；所述瓶盖组件还包括限制盖栓受压时向隔挡片方向运动的机构"。第三种实施方式则是通过撕除环状部件从而使瓶盖相对于瓶口进一步旋转，借助瓶口上缘破坏隔挡片。针对第三种实施方式撰写的独立权利要求相对于现有技术作出创造性贡献的特定技术特征为"所述瓶盖组件还包括位于所述瓶盖本体侧壁下缘的可移除环状部件，移除所述环状部件后，所述瓶盖本体能够进一步旋转并向瓶口方向运动，瓶口上缘对隔挡片施加向上的压力使隔挡片破裂"。由此可知，两者的独立权利要求之间不存在相同或相应的特定技术特征，两者不属于同一发明构思，即两者之间不符合《专利法》第三十一条第一款规定的单一性，❶因此，应当将第三种实施方式的瓶盖组件这一项发明另行单独提交一份申请。❷

（四）回答客户提出的问题

《专利法》第二十六条第三款规定，说明书应当对发明或者实用新型作出清楚、完整的说明，以所属技术领域的技术人员能够实现为准。❸判断说明书是否对发明作出充分公开，主要看本领域技术人员按照说明书记载的内容，能否实现该发明的技术方案，解决其技术问题，并且产生预期的技术效果。❹

客户在提出问题时已经说明，现有的隔挡片也能适用于本发明，因此本领域技术人员只要将现有技术中已有的隔挡片应用于附件5给出的三种实施方式的瓶盖组件中，就能够实现本发明的技术方案，解决其技术问题，并且产生预期的技术效果。客户改进的隔挡片材料是一种更加优选的实施方式，并不是实现本发明所必需的技术信息。❺

因此，说明书中即便不公开客户改进后的隔挡片材料，也不影响本发明技术方案的实现，能够

---

❶ 这一部分内容依据《2011年全国专利代理人资格考试试题解析》中有关权利要求书撰写试题提供的答案范文中认定这两项发明应当作为两件申请提出的具体分析意见给出，主要补充了论述两者之间不具有单一性的分析内容。但是经过仔细分析，更合理的是认为第二项发明中独立权利要求的特定技术特征"所述瓶盖组件还包括位于在瓶盖本体侧壁下缘的可移除环状部件"与第一项发明中独立权利要求的特定技术特征"所述瓶盖组件还包括限制盖栓受压时向隔挡片方向运动的机构"是相应的特定技术特征，即这两项独立权利要求之间具有一个相应的特定技术特征，因此也可以认为这两项发明符合单一性的规定，可以合案申请。

❷ 如前所述，如果认为不必通过分案申请的形式提出专利申请的，如果对符合单一性规定（即能够合案申请的理由）论述合理，不会被扣分。

❸ 根据答题规范，对客户提出的问题涉及的法律条款即《专利法》第二十六条第三款的规定给出说明。

❹ 明确判断说明书充分公开的基本判断原则（在《专利审查指南2010》第二部分第二章第2.1节中有明确规定）。

❺ 结合试题内容的具体事实进行分析。

满足说明书应当充分公开发明的要求。❶

七、当年考生在撰写权利要求书试题部分的答卷中出现的主要错误

当年考生在撰写权利要求书并回答问题部分导致失分的主要错误为：

（1）针对前两种实施方式的瓶盖组件撰写独立权利要求时没有进行合理的概括。虽然第一种实施方式和第二种实施方式中用于实现限制盖栓向下运动的结构是不同的，但可以对这两种实施方式中的不同具体结构进行概括，以争取较宽的保护范围。但是，有部分考生将这两种实施方式分别撰写独立权利要求，限定为两个实施方式所提供的具体限制结构，导致保护范围过窄。

（2）答案中给出的本申请的独立权利要求概括的保护范围过宽。有些考生对三种实施方式概括写成一个独立权利要求，由于第三种实施方式与第一种实施方式和第二种实施方式的结构原理完全不同，其最后概括的独立权利要求的特征部分的技术特征相当于解决本发明技术问题的结构或部件，这种概括方式未清整地限定本发明采用什么具体技术措施来解决技术问题，导致其未清楚限定要求专利保护的范围，甚至存在将现有技术包括进来的风险。

（3）没有撰写出足够合理数量的从属权利要求，或者撰写的从属权利要求存在不当之处。例如，没有采用"可移除环状部件"来对拉环和卡环进行概括等。

（4）两项发明作为两件申请提出但未结合这两项发明的具体内容说明不能合案申请的理由，或者将两项发明合案申请但未结合这两项发明的具体内容说明可以合案申请的理由（如前提及，如果合案申请且说明合案理由正确的话也不会被扣分）。

（5）在回答客户提出的咨询问题时，未写明《专利法》第二十六条第三款的规定和《专利审查指南2010》第二部分第二章第2.1节中的基本判断原则，直接依据客户所说明的内容指出隔挡片材料是一种优选方案后就得出不公开隔挡片材料不影响发明充分公开的结论。更有少部分考生未审清题意，从而得出"说明书中未记载隔挡片材料会导致未充分公开发明"的错误结论。

第二十七章　2012年专利代理实务试题解析

试　题

答题须知

1. 所有试题的正确答案均以现行、有效的法律和法规为准。

2. 作为考试，应试者在完成题目时应当接受并仅限于本试卷所提供的事实，并且无须考虑素材的真实性、有效性问题。

3. 本专利代理实务试题包括无效实务题和申请实务题两道大题，总分150分。

应试者应当将各题答案按顺序清楚地誊写在正式答题卡相对应的答题区域内：

第一题的答案按顺序清楚地誊写在第一张答题卡（即答题卡第1至4页）上；

第二题的答案按顺序清楚地誊写在第二张答题卡（即答题卡第5至8页）上。

4. 应试者将答案写在试卷上、草稿纸上或者未按上述要求写在相应答题卡上的，不予计分。

5. 为方便答题，考试时，应试者可将试卷第18至21页的草稿纸沿虚线撕下来使用；考试结束时，草稿纸需随试卷、答题卡一同由监考老师收回，请勿带出考场。

---

❶　最后得出明确的结论。

试题说明

第一题 无效实务题

甲公司拥有一项实用新型专利，名称为"一种冷藏箱"，申请号为20102C123456.7。

某请求人针对该专利于2012年10月16日向专利复审委员会提出无效宣告请求，请求宣告该专利权全部无效，提交的证据为对比文件1至3。

甲公司委托某专利代理机构办理无效宣告程序中的有关事务，委托权限包括代为修改权利要求书。该专利代理机构接受委托后指派应试者作为代理人，要求应试者：

1. 具体分析和说明无效宣告请求书中的各项无效宣告理由是否成立。

认为无效宣告理由成立的，可以简要回答；认为无效宣告理由不成立的，详细说明事实和依据；认为可以通过修改权利要求使得相应理由不成立的，提出修改建议并简要说明理由。

2. 撰写提交给专利复审委员会的修改后的权利要求书。

第二题 申请实务题

甲公司同时向该专利代理机构提供了技术交底材料，委托其申请发明专利。该专利代理机构接受委托并指派应试者具体办理专利申请事务，要求应试者：

1. 撰写发明专利申请的权利要求书。

应当根据技术交底材料记载的内容，综合考虑附件1、对比文件1至3所反映的现有技术，撰写能够有效且合理地保护发明创造的权利要求书。

如果认为应当提出一份专利申请，则应撰写独立权利要求和适当数量的从属权利要求；如果认为应当提出多份专利申请，则应说明不能合案申请的理由，并针对其中的一份专利申请撰写独立权利要求和适当数量的从属权利要求，对于其他专利申请，仅需撰写独立权利要求；如果在一份专利申请中包含两项或两项以上的独立权利要求，则应说明这些独立权利要求能够合案申请的理由。

2. 简述所撰写的所有独立权利要求相对于附件1所解决的技术问题及取得的技术效果。

无效宣告请求书

根据《专利法》第四十五条及《专利法实施细则》第六十五条的规定，请求宣告专利号为ZL201020123456.7、名称为"一种冷藏箱"的实用新型专利（以下简称"该专利"）全部无效，所使用的证据为对比文件1至3，具体理由如下：

一、权利要求1至4不符合《专利法》第二十二条第二款、第三款关于新颖性、创造性的规定

1. 关于权利要求1

对比文件1公开了一种硬质冷藏箱，包括箱本体1和盖体2；箱本体1包括内外两层防水尼龙面料层及保温中间层；箱本体1的内部形成容纳空间，其上部为开口；用于盖合容纳空间开口的盖体2设于箱本体1的上方；容纳空间内固定设置有若干个装有蓄冷剂的密封的蓄冷剂包。因此，权利要求1不具备新颖性，不符合《专利法》第二十二条第二款的规定。

2. 关于权利要求2

对比文件1公开了箱本体1和盖体2上设有相互配合的连接件3，而拉链是生活中公知的连接件，因此，权利要求2相对于对比文件1也不具备新颖性，不符合《专利法》第二十二条第二款的规定。

3. 关于权利要求3

对比文件2公开了一种小型冷藏桶，包括桶本体1和设于桶本体1上方的盖体2；桶本体1和盖体2由外向内依序设有防水尼龙面料层、硬质材料层、保温层及防水尼龙面料层；桶本体1侧壁的顶部边缘及盖体2的边缘设有拉链3。对比文件3公开了冷藏箱，箱本体1的容纳空间内固定设置若干个装有蓄冷剂的密封的蓄冷剂包，在盖体2的边缘处固定设置有挡片4。因此，权利要求3相对于对比文件2和3的结合不具备创造性，不符合《专利法》第二十二条第三款的规定。

4. 关于权利要求4

对比文件2公开了保温层可以采用泡沫材料，因此，权利要求4相对于对比文件1和2的结合不具备创造性，不符合《专利法》第二十二条第三款的规定。

此外，对比文件2和3公开的内容如上所述，可见，权利要求4相对于对比文件2和3的结合也不具备创造性，不符合《专利法》第二十二条第三款的规定。

二、权利要求3不符合《专利法》第二十六条第四款的规定

权利要求3对拉链作出了限定，但并未限定拉链的设置位置及其与其他部件的连接关系，导致权利要求3的保护范围不清楚，不符合《专利法》第二十六条第四款的规定。

三、权利要求4不符合《专利法》第二条第三款的规定

权利要求4的附加技术特征是对产品材料的限定，是对材料本身提出的改进。由此，权利要求4的技术方案不属于实用新型专利保护的客体，不符合《专利法》第二条第三款的规定。

综上所述，请求宣告该专利的权利要求1至4全部无效。

附件1（无效宣告请求针对的专利）

（19）中华人民共和国国家知识产权局

（12）实用新型专利

（45）授权公告日 2011.01.21

（21）申请号 201020123456.7

（22）申请日 2010.02.23

（73）专利权人 甲公司 　　　　　　　　　　　（其余著录项目略）

权利要求书

---

1. 一种硬质冷藏箱，包括箱本体（1）和盖体（2），所述箱本体（1）的内部形成一个上部开口的容纳空间，所述盖体（2）设置于所述箱本体（1）的上方，用于打开、关闭所述容纳空间的开口，其特征在于：所述箱本体（1）包括防水外层（3）、保温中间层（4）及防水内层（5），所述箱本体（1）的容纳空间内固设有若干个装有蓄冷剂的密封的蓄冷剂包（6）。

2. 如权利要求1所述的硬质冷藏箱，其特征在于：所述箱本体（1）和所述盖体（2）的连接处设置有拉链（7）。

3. 如权利要求1所述的硬质冷藏箱，其特征在于：在所述盖体（2）上设有能盖住所述拉链（7）的挡片（8）。

4. 如权利要求1所述的硬质冷藏箱，其特征在于：所述保温中间层（4）为泡沫材料。

说 明 书

一种冷藏箱

[001]❶ 本实用新型涉及一种硬质冷藏箱。

[002] 人们在外出旅游或参加户外活动时，经常会使用箱子携带一些冷饮料，以达到消暑降温的目的。现有的箱子一般由箱本体和盖于其上的盖体构成，但因为箱本体没有保温设计，同时也没有冷源给饮料保温或降温，所以无法使装在箱本体内的饮料长时间保持低温状态。

[003] 本实用新型采用如下技术方案：一种硬质冷藏箱，包括箱本体和盖体，所述箱本体的内部形成一个上部开口的容纳空间，所述盖体设置于箱本体的上方，用于打开、关闭所述容纳空间的开口，其特征在于：所述箱本体包括防水外层、保温中间层及防水内层，所述箱本体的容纳空间内固设有若干个装有蓄冷剂的密封的蓄冷剂包。

[004] 本实用新型的箱本体结构为多层复合层，能阻止箱本体内、外的热量交换，为箱内物品保温；箱本体内的蓄冷剂包能够为箱内的物品降温；同时蓄冷剂包固定在箱本体内能防止运输过程中相互碰撞或堆积在一起。此外，箱本体和盖体的连接处设置有拉链或粘扣或磁性件。在盖体上设有能盖住拉链的挡片，以减少箱本体内、外空气的对流，延长箱内物品的冷藏时间。因此，本实用新型的冷藏箱能长时间为所容纳的物品提供低温环境。

[005] 图1是本实用新型实施例的立体图，其中挡片被局部剖开；

[006] 图2是本实用新型实施例箱本体的俯视剖视图。

[007] 如图1、图2所示，本实施例的冷藏箱由箱本体1、设置在箱本体1上部的盖体2构成。箱本体1为多层复合层结构，其内部形成一个上部开口的容纳空间，用于容纳被冷藏的物品。如图2所示，优选地，箱本体1的外层3和内层5由防水材料制成，中间层4为保温层。若干个蓄冷剂包6固定设置于箱本体1的容纳空间内。蓄冷剂包6为一密封的装有蓄冷剂的包状结构。将冷藏箱放入冰箱充分冰冻后，蓄冷剂包6即可作为冷源长时间给冷藏箱内的物品降温。箱本体1和盖体2的连接处设置有拉链7，通过打开或闭合拉链7，使得盖体2打开或关闭容纳空间的开口。在盖体2上设有能盖住拉链7的挡片8。此外，为了增强箱本体1的保温效果，箱本体1的保温中间层4采用泡沫材料。

说明书附图

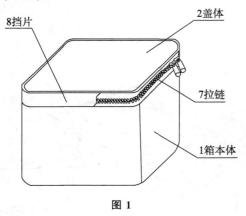

图1

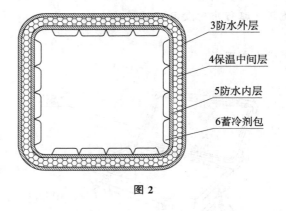

图2

---

❶ 为后文分析方便起见，段落编号系编者所加，下同。

对比文件1

（19）中华人民共和国国家知识产权局

（12）实用新型专利

（45）授权公告日 2010.12.09

（21）申请号 201020012345.6

（22）申请日 2010.01.25

（73）专利权人　甲公司

（其余著录项目略）

权利要求书

1. 一种硬质冷藏箱，包括箱本体（1）和盖体（2），盖体（2）设置于箱本体（1）的上方，其特征在于：所述的箱本体（1）包括内外两层防水尼龙面料层及保温中间层。

说　明　书

冷藏箱

本实用新型公开了一种硬质冷藏箱。

（背景技术、实用新型内容部分略）

图1是本实用新型冷藏箱盖体打开状态的立体图；

图2是本实用新型冷藏箱盖体关闭状态的立体图。

如图1、图2所示，硬质冷藏箱包括箱本体1和盖体2。箱本体1包括内外两层防水尼龙面料层及保温中间层。箱本体1的内部形成放置物品的容纳空间，容纳空间上部为开口。用于盖合容纳空间开口的盖体2设于箱本体1的上方。箱本体1和盖体2上设有相互配合的连接件3。容纳空间内固定设置有若干个装有蓄冷剂的密封的蓄冷剂包（图中未示出）。

平时须将冷藏箱放置于冰箱内以冷冻蓄冷剂包。使用时打开盖体2，把需要冷藏的物品放置于箱本体1的容纳空间内，然后盖上盖体2，以减少容纳空间内的冷空气散失。本实用新型的冷藏箱特别适用于旅行中对食品、饮料的冷藏。

说明书附图

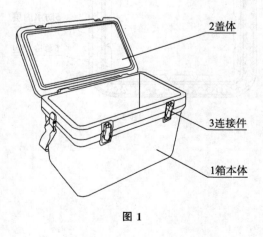

图1

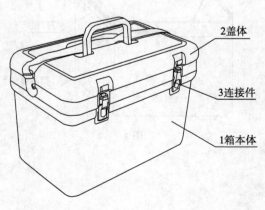

图2

对比文件 2

（19）中华人民共和国国家知识产权局

（12）实用新型专利说明书

（45）授权公告日 2009.12.1

（22）申请日 2009.1.20

（21）申请号 200920234567.8

（其余著录项目略）

说 明 书

小型冷藏桶

本实用新型涉及一种小型冷藏桶。

（背景技术、实用新型内容部分略）

图 1 是本实用新型小型冷藏桶的立体图。

如图 1 所示，冷藏桶包括桶本体 1 和设于桶本体 1 上方的盖体 2。桶本体 1 和盖体 2 由外向内依序设有防水尼龙面料层、硬质材料层、保温层及防水尼龙面料层。桶本体 1 具有一体成型的侧壁和桶底，在侧壁的顶部边缘及盖体 2 的边缘设有拉链 3。为了使冷藏桶具有冷藏功能，还需在冷藏桶的桶本体 1 内放置若干个装有冰块的密封的冰块包（图中未示出），使得冷藏桶能够用于运输和存放饮料、食品等需要低温保存的物品。为了仅将冰块包放入冰箱内冷冻而无须将冷藏桶一并放入冰箱，所有冰块包均是直接放置在桶本体 1 内。此外，保温层可以采用泡沫材料。

平时把所有冰块包都放在冰箱中充分冷冻。使用时拉开拉链 3，打开盖体 2，把需要冷藏的物品和若干个冰块包放置于桶本体 1 内，再将盖体 2 盖合于桶本体 1 上，并闭合拉链 3。

说明书附图

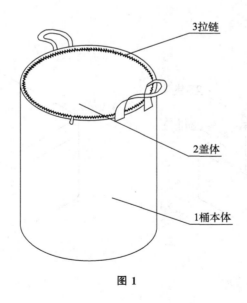

3拉链

2盖体

1桶本体

图 1

对比文件3

(19) 中华人民共和国国家知识产权局

(12) 实用新型专利说明书

(45) 授权公告日 2008.12.22

(22) 申请日 2008.02.01

(21) 申请号 200820345678.9

(其余著录项目略)

说 明 书

便携式冷藏箱

本实用新型涉及一种便携式冷藏箱。

（背景技术、实用新型内容部分略）

图1是本实用新型冷藏箱盖体打开状态的立体图；

图2是本实用新型冷藏箱盖体关闭状态的立体图。

如图1、图2所示，冷藏箱包括箱本体1和盖体2，盖体2设于箱本体1的上方。箱本体1内形成放置被冷藏物品的容纳空间，容纳空间的上部具有用于取、放物品的开口。盖体2朝向容纳空间的一侧设有与容纳空间的开口相匹配的凸起3。凸起3由弹性材料制成且能紧密插入到容纳空间的开口中，使得盖体2牢固盖合在箱本体1上。此外，在盖体2的边缘处固定设置有挡片4，人们可以通过手握挡片4将盖体2向上提起，拔出容纳空间开口中的凸起3，进而将盖体2从箱本体1上打开。在容纳空间内固定设置若干个装有蓄冷剂的密封的蓄冷剂包（图中未示出），以便长时间为冷藏箱内放置的例如饮料、食物等物品降温。

平时须将冷藏箱放置于冰箱内冷冻蓄冷剂包，经充分冷冻后可随时取出使用。

说明书附图

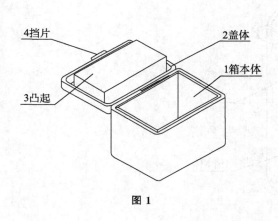

图1

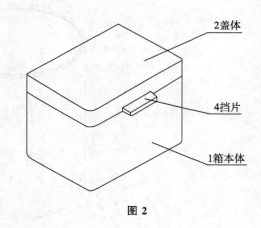

图2

技术交底材料

[001] 现有技术的冷藏箱/桶，在使用过程中存在必需打开整个盖体取、放物品，以及蓄冷剂包固定放置或者冰块包不固定放置等带来的不便。

[002] 在现有技术的基础上，我公司提出改进的冷藏桶。

[003] 一种由硬质保温材料制成的冷藏桶，包括桶本体1、盖体2和上盖3。桶本体1的顶部开

口，盖体 2 盖合在桶本体 1 的开口上，以打开和关闭该开口。盖体 2 上开有窗口 4，上盖 3 能打开和盖合窗口 4，以便在不打开盖体 2 的情况下，就能取、放物品。作为冷源的若干个密封的冰块包或蓄冷剂包放置在桶本体 1 内，最好以可拆卸的方式例如通过粘扣等与桶本体 1 连接。

[004] 如图 1、图 2 所示，上盖 3 为圆形薄盖，盖合在盖体 2 上，上盖 3 开有口部 5。平时，口部 5 与窗口 4 彼此完全错开，上盖 3 除口部 5 以外的其他部分盖合在窗口 4 上。当取、放物品时，将上盖 3 相对于盖体 2 水平转动，使窗口 4 完全露出，从而打开窗口 4。

[005] 如图 3、图 4 所示，上盖 3 为薄片状，其外形尺寸能盖住窗口 4，上盖 3 通过设置在盖体 2 上的竖直转轴 6 与盖体 2 连接。平时，上盖 3 盖合在窗口 4 上。当取、放物品时，将上盖 3 以竖直转轴 6 为轴相对于盖体 2 水平转动，从而打开窗口 4。

[006] 如图 5、图 6 所示，上盖 3 为薄片状，其外形尺寸能盖住窗口 4，上盖 3 通过设置在盖体 2 上的水平转轴 7 与盖体 2 连接。平时，上盖 3 盖合在窗口 4 上。当取、放物品时，将上盖 3 以水平转轴 7 为轴相对于盖体 2 向上转动翻开，从而打开窗口 4。

[007] 可以采用现有技术中的已知手段，例如通过相互配合的粘扣、磁性件等使上盖 3 紧密盖合在盖体 2 上，以获得更好的冷藏效果。此外，窗口 4 的大小可以设置成不同规格，以适应取、放不同物品的需要。

技术交底材料附图

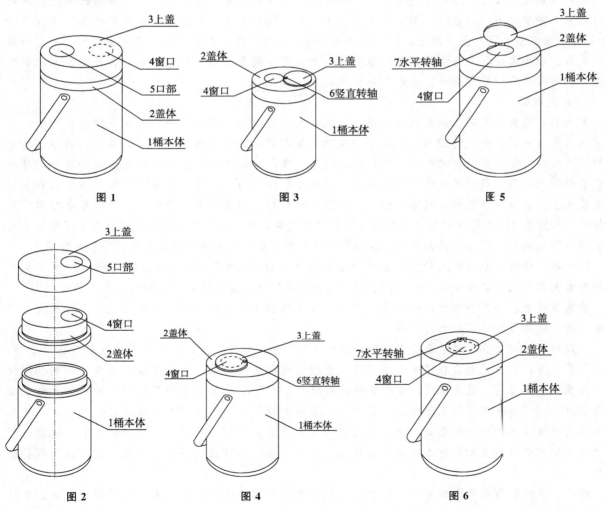

图 1　　　　图 3　　　　图 5

图 2　　　　图 4　　　　图 6

试题解析和参考答案

一、认真阅读答题须知和试题说明

1. 答题须知

首先，2012年专利代理实务试题的"答题须知"与2011年专利代理实务试题的"答题须知"基本相同，相关解析可参见2011年试题解析部分。答题须知指出所有试题的正确答案均以现行、有效的法律和法规为准，因此答题时应以现行的《专利法》《专利法实施细则》和《专利审查指南2010》为准。

其次，答题须知要求应试者在完成题目时应当接受并仅限于本试卷所提供的事实。也就是在考试时，尤其在撰写权利要求书时，不得增加应试者可能具备的与试题技术内容相关的专业知识，而应以试题提供的技术内容为基础（仅可能结合一些日常生活知识）来答题，尤其不要去怀疑所提供的技术内容在原理上可能存在错误。此外，答题须知中还指出无须考虑素材的真实性、有效性问题，不要基于某些原因指出试题素材的真实性、有效性问题而影响答题。

答题须知还明确告知本年专利代理实务试题包括第一题和第二题，第一题的答案按顺序清楚地誊写在第一张答题卡（即答题卡第1至4页）上；第二题的答案按顺序清楚地誊写在第二张答题卡（即答题卡第5至8页）上。因此，需要看清楚答题卡，按顺序清楚地誊写在正式答题卡相对应的答题区域内。如果未按要求将相关题号内容誊写在相应的答题区域内，则阅卷人就有可能因为未看到该题号的有关内容而导致丢分，从而影响考试成绩。

2. 试题说明

答题前，需要认真阅读试题说明，标出应试者应当完成的工作，以便答题完毕时进行核查，从而避免漏答问题而丢分。2012年试题说明中对第一题和第二题分别进行了说明，其中明确应试者答题所要完成的工作。但没有标明第一题和第二题的分值，应试者可以根据各题考点来合理分配每道题的答题时间，其中第一题包括无效实务题，需要分析和说明无效宣告请求书中的各项无效宣告理由是否成立，并撰写修改的权利要求书，第二题包括撰写权利要求书和简述独立权利要求相对于现有技术（即附件1）所解决的技术问题及取得的技术效果，但由于第二题的理解现有技术环节基本在回答第一题已完成，因此可以初步确定解答第一题和解答第二题大体上需要占用同样多的时间。

（1）第一题涉及某请求人针对甲公司的名称为"一种冷藏箱"、申请号为201020123456.7的实用新型专利提出无效宣告请求，请求宣告该专利权全部无效，提交的证据为对比文件1至3。

要求应试者：具体分析和说明无效宣告请求书中的各项无效宣告理由是否成立；撰写提交给专利复审委员会的修改后的权利要求书。

试题说明对无效宣告理由是否成立的分析和说明给出了具体要求，即认为无效宣告理由成立的，可以简要回答；认为无效宣告理由不成立的，详细说明事实和依据；认为可以通过修改权利要求使得相应理由不成立的，提出修改建议并简要说明理由。因此，2012年专利代理实务试题的无效实务题与2007年和2009年专利代理实务试题中的无效实务题不一样，并不要求应试者针对请求人提出的无效宣告请求书和所附证据撰写答复无效宣告请求的意见陈述书的正文，而仅仅要求应试者分析无效宣告请求书中各项无效宣告理由是否成立。应试者应当根据试题要求来答题，这一点需要特别注意。

此外，根据试题说明中的要求，如果通过权利要求书的修改使无效宣告请求书中的无效宣告理由不能成立的话，向客户提出修改建议并简要说明作出上述修改的理由。此外，还要求应试者的答案中包括提交给专利复审委员会的修改后的权利要求书。

（2）第二题是在客户甲公司提供的技术交底材料的基础上，综合考虑附件 1 以及对比文件 1 至 3 所反映的现有技术，为客户撰写发明专利申请的权利要求书，并简述所撰写的所有独立权利要求相对于附件 1 所解决的技术问题及取得的技术效果。因此，第二题共包括三个方面的答题内容：

① 以附件 1 以及对比文件 1 至 3 作为现有技术，根据技术交底材料撰写一份发明专利申请的权利要求书。

② 考核关于单一性概念的答题内容：如果所撰写的权利要求书中包含两项或者两项以上的独立权利要求，简述这些独立权利要求能够合案申请的理由；如果认为客户提供的技术内容涉及多项发明，应当以多份申请的方式提出，则说明不能合案申请的理由；除了在①中所撰写的发明专利申请的权利要求书外，对其他专利申请仅需撰写独立权利要求。

③ 简述所撰写的所有独立权利要求相对于附件 1 所解决的技术问题及取得的技术效果。注意如果撰写了多项独立权利要求（不管是以合案申请方式提出还是以多份专利申请方式提出）要求针对所有独立权利要求都要进行说明，不要遗漏。

下面针对第一道和第二道题分别给出答题思路。

二、无效实务题答题思路

无效实务题可以按以下步骤进行：阅读理解专利文件，尤其是权利要求书中各项权利要求保护范围的界定；阅读无效宣告请求书和所附的证据；分析无效宣告请求书，判断各个无效宣告理由是否成立，并据此确定权利要求书是否修改；在上述工作的基础上，完成对无效宣告理由是否成立的分析和说明的答题内容，并给出修改后的权利要求书。

（一）阅读理解专利文件

阅读专利文件时，需要注意试题中给出的相关信息，包括著录项目信息。考试中，通常会给出有用的著录项目信息，而对答案没有影响的著录项目可能不会列出。在 2012 年的专利代理实务试题中，无效宣告请求所针对的专利（即附件 1）的申请日为 2010 年 2 月 23 日，授权公告日为 2011 年 1 月 21 日，专利权人为甲公司，而省略其他著录项目。这些信息对试题答案都可能产生影响，阅读试题时需要加以注意。按照《施行修改后的专利法的过渡办法》和《施行修改后的专利法实施细则的过渡办法》的规定，拟提出无效请求的专利的申请日为 2010 年 2 月 23 日，在 2009 年 10 月 1 日之后，因而适用第三次修改后的《专利法》，且该申请日也在 2010 年 2 月 1 日之后，因而也适用修改后的《专利法实施细则》。

在理解专利文件时，首先结合说明书的内容，重点理解权利要求书中各权利要求所要求保护的技术方案。对于 2012 年专利代理实务试题中无效宣告请求所针对的专利文件的技术内容，结合附图应该是比较容易理解的，其涉及一种硬质冷藏箱。

独立权利要求 1 的硬质冷藏箱，包括上部开口、内部形成容纳空间的箱本体和设置于所述箱本体上方并与其开口对应的盖体，箱本体包括防水外层、保温中间层及防水内层，且在箱本体的容纳空间内固设有若干个装有蓄冷剂的密封的蓄冷剂包。

权利要求 2 至 4 均分别从属于权利要求 1，其中权利要求 2 进一步限定在箱本体和所述盖体的连接处设置有拉链；权利要求 3 进一步限定盖体上设有能盖住"所述拉链"的挡片；权利要求 4 进一步限定保温中间层为泡沫材料。

在试题的附图中已标出每个附图标记所代表的部件名称，因此结合附图理解上述技术方案的保护范围并不存在困难。

（二）理解无效宣告请求人提供的证据并初步分析

无效宣告请求人提交了三份证据，即对比文件 1 至 3。首先，需要核实这些证据的适用范围即这些证据是否构成拟提出无效宣告请求的专利的现有技术，或者是否为其申请在先、公开在后的中国专利申请文件或专利文件，在此基础上确定这三份证据中哪些可用于评述本专利权利要求的新颖性和/或创造性，哪些仅能用于评述本专利权利要求的新颖性而不能用于评述本专利的创造性；然后根据情况逐一理解对比文件公开的内容。

1. 判断三份证据能否用于评述本专利权利要求的新颖性和/或创造性

（1）试题中所给出的对比文件1的著录项目项数与附件1相同，作为考生应当敏锐地感知，其中可能设计有考点。对比文件1的著录项目中的申请日为2010年1月25日，早于本专利的申请日；授权公告日为2010年12月9日，晚于本专利的申请日；专利权人为甲公司，与本专利的专利权人为同一人。由此可见，对比文件1与本专利相比属于申请在先、公开在后的中国专利文件，不属于本专利的现有技术；但是，按照第三次修改的《专利法》第二十二条第二款的规定，同一申请人的在先申请、在后公开的中国专利文件也可以用于评价新颖性，由于对本专利的无效宣告请求适用第三次修改后的《专利法》，因而对比文件1也可以用于评价本专利是否具备新颖性。鉴于此，对比文件1只能用来评述本专利的新颖性，不能用于评述创造性。

值得指出的是，试题中给出本专利和对比文件1的专利权人都是甲公司，可能考查应试者对第三次修改前后《专利法》的掌握情况，因为根据第三次修改前的《专利法》，同一人的申请在先、公开在后的中国专利申请文件不能用作评述本专利是否具备新颖性的对比文件，而只能用于判断本专利与对比文件1相比是否构成重复授权。

（2）对比文件2和3的授权公告日均早于本专利的申请日，因此构成本专利的现有技术，能够用于评述本专利权利要求的新颖性和创造性。

2. 分析、理解三份证据公开的内容

对比文件1公开了一种硬质冷藏箱，包括箱本体和盖体，箱本体包括内外两层防水尼龙面料层及保温中间层，箱本体的内部形成放置物品的容纳空间，容纳空间上部为开口，盖体设于箱本体的上方。箱本体和盖体上设有相互配合的连接件。容纳空间内固定设置有若干个装有蓄冷剂的密封的蓄冷剂包，平时须将冷藏箱放置于冰箱内以冷冻蓄冷剂包。从附图来看，箱本体和盖体上设有相互配合的连接件是卡扣件。

对比文件2公开了一种小型冷藏桶，包括桶本体和设于桶本体上方的盖体。桶本体和盖体由外向内依序设有防水尼龙面料层、硬质材料层、保温层及防水尼龙面料层，其中保温层可以采用泡沫材料。桶本体在侧壁的顶部边缘及盖体的边缘设有拉链。冷藏桶的桶本体内放置若干个装有冰块的密封冰块包，为了仅将冰块包放冰箱内冷冻而无须将冷藏桶一并放入冰箱，所有冰块包均是直接放置在桶本体内的。

对比文件3公开了一种便携式冷藏桶，包括箱本体和盖体，盖体设于箱本体的上方。箱本体的容纳空间的上部具有用于取、放物品的开口。盖体朝向容纳空间的一侧设有与容纳空间的开口相匹配的凸起，其由弹性材料制成且能紧密插入到容纳空间的开口中。在盖体的边缘处固定设置有挡片，可以通过手握挡片将盖体向上提起而将盖体从箱本体上打开。在容纳空间内固定设置若干个装有蓄冷剂的密封的蓄冷剂包，平时须将冷藏箱放置于冰箱内冷冻蓄冷剂包，经充分冷冻后可随时取出使用。

由于试题涉及对无效宣告理由是否成立的判断，因此关于对比文件与权利要求的对比分析将结合有关无效宣告理由是否成立的分析一起进行。

（三）具体分析各个无效宣告理由是否成立

无效宣告请求书中共提出三个方面的无效宣告理由，下面逐条分析各无效宣告理由是否成立。

1. 权利要求1相对于对比文件1是否具备新颖性

在无效宣告请求书的无效宣告理由中，请求人提出权利要求1相对于对比文件1不具备新颖性。由于对比文件1可以用于评述本专利的新颖性，因此需要具体判断权利要求1的技术方案的全部技术特征是否被对比文件1公开。

本专利的权利要求1涉及一种硬质冷藏箱，包括箱本体和盖体，箱本体的内部形成一个上部开口的容纳空间，盖体设置于所述箱本体的上方，用于打开、关闭所述容纳空间的开口，箱本体包括防水外层、保温中间层及防水内层，箱本体的容纳空间内固设有若干个装有蓄冷剂的密封的蓄冷剂包。对比文件1也公开一种硬质冷藏箱，包括箱本体和盖体，箱本体包括内外两层防水尼龙面料层（相当于本专利权利要求1中所述的防水外层和防水内层）及保温中间层，箱本体的内部形成放置物品的容纳空间，容纳空间上部为开口，盖体设于箱本体的上方，其内固定设置有若干个装有蓄冷剂的密封的蓄冷剂包。由此可知，对比文件1公开了权利要求1的全部技术特征，即公开了权利要求1的技术方案，并且两者属于相同的技术领域，解决的技术问题和取得的技术效果也相同，因此权利要求1不具备《专利法》第二十二条第二款规定的新颖性，即无效请求书中提出的权利要求1相对于对比文件1不具备新颖性的无效宣告理由成立。

2. 权利要求2相对于对比文件1是否具备新颖性

在无效宣告请求书的无效宣告理由中，请求人提出权利要求2相对于对比文件1不具备新颖性。其认为对比文件1公开了箱本体和盖体上设有相互配合的连接件，而拉链是生活中公知的连接件，因此，权利要求2相对于对比文件1不具备新颖性。

本专利的权利要求2是权利要求1的从属权利要求，进一步限定箱本体和所述盖体的连接处设置有拉链。由于对比文件1的文字部分仅提及箱本体和盖体上设有连接件，其附图中示出的连接件为卡扣，而没有明确提及拉链。鉴于拉链属于连接件的下位概念，因此根据《专利审查指南2010》第二部分第三章第3.2.2节的规定，不能以对比文件1公开的设置有连接件的冷藏箱来破坏权利要求2中采用连接件下位概念拉链的冷藏箱的新颖性。在无效宣告请求书中以拉链是生活中公知的连接件来主张权利要求2不具备新颖性，这显然是将公知常识与对比文件1结合来评述权利要求2的新颖性，违反了新颖性评述中的单独对比原则，因此无效宣告请求书中所论述的权利要求2相对于对比文件1不具备新颖性的具体分析是不正确的。

3. 权利要求3相对于对比文件2和3是否具备创造性

在无效宣告请求书的无效宣告理由中，请求人提出权利要求3相对于对比文件2和3的结合不具备创造性。

正如前面所指出的，对比文件2和3是本专利的现有技术，可以用于评述权利要求3是否具备创造性。对比文件2公开了一种小型冷藏桶，包括桶本体和设于桶本体上方的盖体。桶本体和盖体由外向内依序设有防水尼龙面料层、硬质材料层、保温层及防水尼龙面料层，桶本体在侧壁的顶部边缘及盖体的边缘设有拉链。经比较，权利要求3相对于对比文件2存在两个区别技术特征：（1）对比文件2中的冷源是冰决包，其是直接放置在桶本体中，而权利要求3的技术方案中冷源是固设在箱本体中的若干个装有蓄冷剂的密封的蓄冷剂包；（2）对比文件2的拉链上并没有设置能盖住它的挡片，而权利要求3限定"在所述盖体上设有能盖住所述拉链的挡片"。

针对第（1）方面的区别，由于对比文件3公开了其冷藏箱中容纳空间中固定设置若干个装有蓄冷剂的密封的蓄冷剂包，即公开了上述第（1）方面的区别，且所起的作用是完全相同的，因此基于第（1）方面的区别不能作为权利要求3具备创造性的依据。

针对第（2）方面的区别，无效宣告请求人认为对比文件3的冷藏箱的盖体的边缘处固定设置有挡片，因而与对比文件2结合影响权利要求3的创造性。但是分析对比文件3可以得知，其中的"挡片"所具有的结构仅是为了使人们能够手握住挡片而将盖体向上提起从而可以打开盖体，并不能起到本专利权利要求3中用于盖住拉链以减少箱本体内外空气的对流而达到延长箱内物品的冷藏时间的作用。因此，对比文件3中虽然采用了与本专利权利要求3中的"挡片"相同的词语，但其具体结构和所起作用与本专利权利要求3中的"挡片"完全不同，因此对比文件3中未给出将其中所公开的"挡片"应用于对比文件2中的冷藏箱中来得到权利要求3技术方案的结合启示，不能得出权利要求3相对于对比文件2和3不具备创造性的结论。也就是说，由于无效宣告请求书中对事实

的认定存在错误，因而其所主张的权利要求 3 相对于对比文件 2 和 3 不具备创造性的无效宣告理由也不能成立。❶

4. 权利要求 4 相对于对比文件 1 和 2 的结合，或者对比文件 2 和 3 的结合是否具备创造性

在无效宣告请求书的无效宣告理由中，请求人提出权利要求 4 相对于对比文件 1 和 2 的结合，或者相对于对比文件 2 和 3 的结合不具备创造性。

权利要求 4 也是权利要求 1 的从属权利要求，进一步限定箱本体的保温中间层为泡沫材料。

对于第一种对比文件的结合方式，即对比文件 1 和 2 的结合，由于对比文件 1 是一件在本专利申请日前申请、申请日后公开的中国实用新型专利文件，不能用于评述本专利的创造性，显然该无效宣告理由是不能成立的。

对于第二种对比文件的结合方式，即对比文件 2 和 3 的结合，由于对比文件 2 中的冷藏桶不仅公开了权利要求 1 中除蓄冷剂包固设在箱本体的容纳空间外的所有技术特征，还公开了权利要求 4 限定部分的附加技术特征"保温层为泡沫材料"，因而对比文件 2 与权利要求 4 的区别仅在于蓄冷剂包放置在箱本体或桶本体容纳空间的方式不同：对比文件 2 中冰块包（即权利要求 1 中蓄冷剂包的下位概念）是放置在桶本体的容纳空间内，而不是像权利要求 4 技术方案那样固设在箱本体的容纳空间内。而在对比文件 3 公开的冷藏箱中，蓄冷剂包是固定设置在箱本体的容纳空间中，这种固定设置的方式在对比文件 3 和权利要求 4 中所起到的作用相同，因此本领域的技术人员在面对对比文件 2 公开的冷藏桶和对比文件 3 公开的冷藏箱时，很容易地得到如权利要求 4 的技术方案，即权利要求 4 相对于对比文件 2 和对比文件 3 不具备实质性特点，因此请求书中所主张的有关权利要求 4 相对于对比文件 2 和对比文件 3 不具备创造性、不符合《专利法》第二十二条第三款规定的无效宣告理由能够成立。

5. 权利要求 3 是否符合《专利法》第二十六条第四款的规定

请求书中指出，权利要求 3 对拉链作出了限定，但并未限定拉链的设置位置及其与其他部件的连接关系，导致权利要求 3 的保护范围不清楚。由于权利要求 1 中并没有出现过"拉链"的这一特征，因而权利要求 3 限定部分对"所述拉链"的限定缺乏引用基础，同时权利要求 3 限定部分仅提及挡片能盖住拉链，并没有限定拉链的设置位置及拉链与权利要求 1 中出现的其他部件的连接关系，因而未清楚地限定其要求专利保护的范围。由此可知，请求书中有关权利要求 3 不符合《专利法》第二十六条第四款规定的无效宣告理由能够成立。

6. 权利要求 4 是否符合《专利法》第二条第三款的规定

请求书中指出，权利要求 4 的附加技术特征是对产品材料的限定，是对材料本身提出的改进，因而不属于实用新型专利保护的客体。在权利要求 4 中，进一步限定所述保温中间层为泡沫材料，而泡沫材料是公知的材料，且由对比文件 2 公开的内容可知，将泡沫材料作为保温层是现有技术，也就是说，权利要求 4 是将已知材料应用于具有形状、构造的产品上。根据《专利审查指南 2010》第一部分第二章第 6.2.2 节的规定，这种将已知材料应用于具有形状、构造的产品上不属于对材料本身提出的改进，符合《专利法》第二条第三款的规定，因此请求书中有关权利要求 4 不符合《专利法》第二条第三款规定的无效宣告理由不能成立。

（四）确定对权利要求书的修改

通过上述分析可知，请求书中提出的下述无效宣告理由能够成立：权利要求 1 相对于对比文件 1 不具备新颖性、权利要求 3 未清楚地限定要求专利保护的范围、权利要求 4 相对于对比文件 2 和 3 的结合不具备创造性。因此，针对这些能够成立的无效宣告理由，需要来修改权利要求书。修改权利要求应当注意《专利审查指南 2010》规定的修改原则和修改方式。

---

❶ 从应试的角度，在分析无效宣告理由是否成立时，应当按照"三步法"的要求进行分析（即从是否具备实质性特点和进步作出说明），得出其不能成立的结论。

由于请求书中针对权利要求 2 提出的无效宣告理由的具体分析不正确，可以在针对请求书的意见陈述书中对这一点作出说明，主张请求书中有关权利要求 2 的无效宣告理由不能成立，因而在修改权利要求书时可以保留该权利要求 2，即删除权利要求 1，而将权利要求 2 修改为新的独立权利要求，权利要求 3 引用修改后的权利要求 1，成为新的权利要求 2，同时也克服了原权利要求 3 未清楚限定专利保护范围的缺陷。权利要求 4 修改成引用修改后的权利要求 1，成为新的权利要求 3，在新修改的独立权利要求 1 不能被宣告无效的情况下，其也应当予以保留。

但是，需要特别说明的是，通过前面对权利要求 3 相对于对比文件 2 和 3 的结合是否具备创造性的分析，能够知道权利要求 3 中除去特征"挡片"外的技术方案相对于上述两份对比文件的结合不具备创造性，而权利要求 3 的技术方案中去掉"挡片"这一技术特征正是权利要求 2 要求保护的技术方案，由此显然能够得出权利要求 2 相对于对比文件 2 和 3 的结合不具备创造性的结论。尤其是拉链、粘扣、磁性件和对比文件 1 的附图中示出的连接件的具体方式（卡扣）是申请日前连接件的惯用手段，因此专利复审委员会也有可能认为本实用新型专利权利要求 2 的技术方案与对比文件 1 附图中示出的以卡扣相连接的冷藏箱的区别仅仅是所属技术领域惯用手段的直接置换。尽管无效宣告请求书中并没有以权利要求 2 相对于对比文件 2 和 3 的结合不具备创造性作为无效宣告理由，在论述权利要求 2 相对于对比文件 2 不具备新颖性的无效宣告理由时也没有以惯用手段的直接置换作为支持该无效宣告理由的依据，因此在无效阶段，专利权人可以先不主动删除该权利要求 2；但是作为专利权人的代理人，应当从专利权人的长远利益出发，尽可能地确保涉案专利权的稳定性，避免增加不必要的无效和诉讼程序，在已知权利要求 2 存在极有可能被宣告无效的实质性缺陷的情况下，一个合格的专利代理人应当将权利要求 2 存在的上述缺陷告知专利权人，由专利权人来确定是否删除该权利要求更为合适。作为应试，在考虑了上述权利要求 2 极有可能被宣告无效的情况后，对权利要求书的修改可按下述方式进行：删去原权利要求 1；将原权利要求 2 和权利要求 3 合并修改成新修改的独立权利要求 1；将原权利要求 2、3 和 4 进行合并式修改，即将其改写成引用新修改的独立权利要求 1 的从属权利要求 2。❶

应试时，在对权利要求书作出修改说明时，需要注意两点：

（1）在建议修改的权利要求书时，应当要明确其符合《专利法》及《专利法实施细则》和《专利审查指南 2010》关于无效宣告程序中的专利文件修改的规定。

（2）关于权利要求书修改的建议和理由，应当与给出的修改后的权利要求书相对应。

（五）拟定对无效宣告请求书的分析和说明

由于试题说明中只要求具体分析和说明无效宣告请求书中的各项无效宣告理由是否成立，并未要求撰写答复无效宣告请求的意见陈述书，因此在对该试题进行解答时不必按照无效宣告请求书的正规格式来撰写，仅需针对各项无效宣告理由是否成立进行分析和说明。答题时注意下述几点：

（1）要根据无效宣告请求书中提出的各个无效宣告理由，逐一进行说明，不要遗漏任何一条无效宣告理由。此外，最后还需要对权利要求如何修改及其考虑因素进行说明。上述对各个无效宣告理由的分析和对权利要求书的修改说明，应分段撰写并给出相应的标题，以方便阅卷人阅读。

（2）对于不能成立的无效宣告理由，应当详细分析并指出无效宣告理由中存在的错误。例如，对权利要求 2 不具备新颖性的无效宣告理由的分析中，既要强调不能将公知常识与对比文件结合来

---

❶ 在国家知识产权局条法司编著的试题解析中，2009 年和 2012 年专利代理实务科目中有关无效实务的试题参考答案中给出的处理方式不一致：2009 年的无效实务试题中，仅针对无效宣告请求书中提出的权利要求 5 不具备新颖性的无效理由来修改权利要求 5，保留了权利要求 5 中有新颖性而无创造性的技术方案；而 2012 年有关无效实务的答案中却又主动删去了不具有创造性的权利要求 2。在今后考试中，若再遇到这样的试题情况，可以适当对两种方式进行说明和交代。如果试题中还需要撰写意见陈述书时，如果不能估摸出试题中更倾向于哪一种修改方式，则可以先按 2012 年试题答案中的方式（即从专利权人的长远利益出发主动删去存在较大被宣告无效的可能性的权利要求）修改权利要求书，并在此基础上撰写意见陈述书，然后再说明另一种方式修改的权利要求书。

评述新颖性，也要指出不能以上位概念来破坏下位概念的新颖性；对于权利要求3不具备创造性的无效宣告理由，应当指出无效宣告请求书中对于对比文件3中的"挡片"这一事实认定存在错误。对于不具备创造性的无效宣告理由不能成立的情况，应当基于"三步法"分析为何具备创造性的理由（这也是考查应试者撰写意见陈述书的能力）。

（3）对于成立的无效宣告理由，试题说明中要求简要说明，因此答题时可以简要分析其成立的理由。例如对于权利要求3是否符合《专利法》第二十六条第四款，至少应当指明由于权利要求1中并没有出现过"拉链"的这一特征，导致缺乏引用基础，同时权利要求3没有限定拉链的设置位置以及拉链与引用的权利要求中出现的其他部件的连接关系，因而未清楚限定要求专利保护的范围。由于试题不要求撰写成正式的意见陈述书正文的形式，因此不能基于惯性思维而按意见陈述书正文的形式来答题，因为这样就不会针对成立的无效宣告理由进行说明，进而就会造成丢分。当年实际考试中，有的考生犯了这种错误，因此重视试题说明和答题要求是非常重要的，不能想当然地认为与往年的类似试题一样的考试方式。

在撰写分析时应当指明所涉及的相关规定或法律条款。

基于上述分析和考虑，可以撰写得出相关答案。

三、无效实务题的参考答案

下面提供的参考答案是以《2012年全国专利代理人资格考试试题解析》一书中提供的范文为基础，适当进行修改而成。

（一）针对无效宣告请求书的分析和说明

1. 权利要求1不具备新颖性的无效宣告理由成立

相对于附件1拟提出无效宣告请求的实用新型专利（以下简称"本专利"）而言，对比文件1属于申请在先、公开在后的中国专利文献，能够用来评述本专利的新颖性。由于本专利权利要求1的全部技术特征已经被对比文件1公开，并且两者的技术领域、技术方案、解决的技术问题和取得的技术效果相同，故权利要求1不符合《专利法》第二十二条第二款关于新颖性的规定，因此该无效宣告理由成立。

2. 权利要求2不具备新颖性的无效宣告理由不成立

首先，本专利权利要求2中的"拉链"是对比文件1中"连接件"的下位概念，由此权利要求2的技术方案与对比文件1实质上不同；其次，新颖性的评述适用单独对比的原则，不能将对比文件1公开的技术方案与公知常识相结合来评述权利要求的新颖性。因此，权利要求2不具备新颖性的无效宣告理由不成立。

3. 权利要求3不具备创造性的无效宣告理由不成立

对比文件2和3的公开日均早于本专利的申请日，属于现有技术，能够用来评述本专利的创造性。

本专利权利要求3相对于对比文件2存在两个区别技术特征[1]：（1）对比文件2中的冷源是冰决包，直接放置在桶本体中，而在权利要求3中冷源是固设在箱本体中的若干个装有蓄冷剂的密封的蓄冷剂包；（2）对比文件2的拉链上并没有设置能盖住它的挡片，而权利要求3限定"在所述盖体上设有能盖住所述拉链的挡片"。

针对第（1）方面的区别，由于对比文件3公开了其冷藏箱中容纳空间中固定设置若干个装有蓄冷剂的密封的蓄冷剂包，即公开了上述第（1）方面的区别，且所起的作用是完全相同的，因此基于第（1）方面的区别不足以表明权利要求3具备创造性。

---

[1] 在《2012年全国专利代理人资格考试试题解析》一书给出的答案中，只提到第（1）方面的区别技术特征，这是不完整的。从考试的角度来看应当完整写明区别技术特征，再论述每一区别技术特征能否带来创造性。

针对第（2）方面的区别，权利要求3中的"挡片"结构能够盖住拉链，从而能够解决"由于拉链闭合处存在箱本体内、外空气的对流而缩短了冷藏箱的冷藏时间"这一技术问题，该挡片起到了阻止空气对流、延长冷藏时间的作用。而对比文件3中所公开的冷藏箱的"挡片"结构所起的作用是为了人们能够手握挡片而将盖体向上提起从而可以打开盖体。因此，对比文件3中虽然采用了"挡片"这一字眼，但其结构和作用与本专利中的"挡片"完全不同，因此对比文件3未公开权利要求3中的上述区别技术特征，也未给出在盖体上设置能盖住拉链的挡片以解决上述技术问题的启示。因而，权利要求3相对于对比文件2和3具有实质性特点。

本专利中在盖体上设有能盖住拉链的挡片，减少了箱本体内、外空气的对流，延长箱内物品的冷藏时间，具有有益的技术效果，因而权利要求3具有进步。

综上所述，本专利权利要求3相对于对比文件2和3具有实质性特点和进步，符合《专利法》第二十二条第三款的规定，即请求书中有关权利要求3不具备创造性的无效宣告理由不成立。

4. 关于权利要求4不具备创造性的无效宣告理由❶

针对请求书中有关权利要求4不具备创造性的两方面无效宣告理由，分别说明如下：

（1）由于本专利申请日早于对比文件1公开日，因此对比文件1不属于现有技术，不能用于评述本专利权利要求4的创造性。所以，请求书中提出的权利要求4相对于对比文件1和2不具备创造性的无效宣告理由不成立。

（2）本专利权利要求4与对比文件2的区别在于：对比文件2中冷源是冰决包，直接放置在桶本体中，而权利要求3中的冷源是固设在箱本体中的若干个装有蓄冷剂的密封的蓄冷剂包。❷ 上述区别特征已在对比文件3中公开，且该区别特征在对比文件3公开的冷藏箱中所起作用与其在本专利权利要求4中所起的作用相同，因而对比文件3给出了将上述区别技术特征应用到对比文件2公开的冷藏桶中来以得到权利要求4技术方案的结合启示。因此，关于权利要求4不具备《专利法》第二十二条第三款有关创造性规定的无效宣告理由成立。

5. 权利要求3不符合《专利法》第二十六条第四款规定的无效宣告理由成立

本专利权利要求3的附加技术特征对"拉链"作出了进一步限定，但是在该权利要求3所引用的权利要求1的技术方案中未涉及"拉链"这一技术特征。此外，该权利要求3的限定部分既未进一步限定拉链的设置位置，也未限定该拉链与权利要求1中涉及的其他部件的关系，致使权利要求3缺乏引用基础，由此可知权利要求3的技术方案未清楚地限定要求专利保护的范围，即有关权利要求3不符合《专利法》第二十六条第四款规定的无效宣告理由成立。

6. 权利要求4不符合《专利法》第二条第三款规定的无效宣告理由不成立

本专利权利要求4的附加技术特征是保温中间层为泡沫材料，而泡沫材料是公知的保温材料，且对比文件2中也公开了将泡沫材料作为保温层的技术内容。由此可知，权利要求4是将已知材料应用于具有形状、构造的产品上，不属于对材料本身提出的改进，符合《专利法》第二条第三款有关实用新型保护客体的规定，因此请求书中提出的有关权利要求4不符合《专利法》第二条第三款规定的无效宣告理由不成立。

7. 对如何修改权利要求书的说明

基于前面的分析，权利要求1不具备新颖性，权利要求3未清楚地限定要求专利保护的范围，权利要求4不具备创造性，因此对权利要求书可以按照下述方式修改：删除权利要求1；将权利要求2改写成新的独立权利要求1（由于请求书中并未针对原权利要求2提出不具备创造性的无效宣告理由）；将权利要求3改写成引用新的独立权利要求的从属权利要求2，这样改写后也就克服了原权利要求3所存在的未清楚限定专利保护范围的缺陷；将权利要求4改写成引用新修改的权利要求1或

---

❶ 注意此处无效理由有两个方面，应当分别作出分析说明，不能遗漏。

❷ 在《2012年全国专利代理人资格考试试题解析》一书给出的答案中，认为权利要求2要求保护的是冷藏箱，而对比文件2涉及的冷藏桶，两者存在区别，但编者认为两者仅是文字表述的差异，并无实质性区别。

权利要求2的从属权利要求3。

但是需要指出的是，虽然请求书中并没有提及本专利权利要求2不具备创造性的无效宣告理由，但通过将本专利的权利要求2与对比文件2公开的冷藏桶相比，其区别仅在于两者的冷源在箱本体的容纳空间的放置方式不同：对比文件2中的冷源是冰决包，直接"放置在桶本体的容纳空间中"，而权利要求3中冷源是"固设在箱本体容纳空间中"的若干个装有蓄冷剂的密封的蓄冷剂包。上述区别技术特征已在对比文件3中公开，并且该区别技术特征在对比文件3公开的冷藏箱中所起作用与其在本专利权利要求2中所起作用相同，因而对于本领域技术人员来说，对比文件3给出了将上述区别特征用于对比文件2以得到权利要求2技术方案的结合启示，从而得出权利要求2相对于对比文件2和3的结合不具备创造性的结论。此外，拉链、粘扣、磁性件和对比文件1附图中示出的卡扣连接件是申请日前连接件的惯用手段，因而专利复审委员会也有可能认为本实用新型专利权利要求2的技术方案与对比文件1附图中示出的以卡扣相连接的冷藏箱的区别仅仅是所属技术领域惯用手段的直接置换，从而以权利要求2相对于对比文件1不具备新颖性为无效宣告理由得出权利要求2无效的结论。由此可见，本专利权利要求2存在非常大的被宣告无效的可能性，该项权利要求是不稳定的。在无效宣告程序中，通常不必主动删除该权利要求，但为了避免日后针对该权利要求而再次启动无效宣告程序所带来的麻烦，建议专利权人考虑删除权利要求2。

如果专利权人同意删除权利要求2，则权利要求书可按下述方式进行修改：删除授权公告的权利要求1，将授权公告的权利要求2、3合并为新的独立权利要求1❶，将授权公告的权利要求2、3、4合并修改为引用新独立权利要求1的从属权利要求2。

上述两种修改方式，均属于权利要求的删除式和/或从属权利要求合并式修改。修改后的权利要求书既没有超出原说明书和权利要求书记载的范围，又没有扩大原专利的保护范围，并且符合《专利法》《专利法实施细则》和《专利审查指南2010》中关于无效宣告程序中专利文件修改的各项规定。

（二）修改后的权利要求书❷

专利权人同意删除原权利要求2时，提交给专利复审委员会的修改后的权利要求书如下：❸

1. 一种硬质冷藏箱，包括箱本体（1）和盖体（2），所述箱本体（1）的内部形成一个上部开口的容纳空间，所述盖体（2）设置于所述箱本体（1）的上方，用于打开、关闭所述容纳空间的开口，其特征在于：所述箱本体（1）包括防水外层（3）、保温中间层（4）及防水内层（5），所述箱本体（1）的容纳空间内固设有若干个装有蓄冷剂的密封的蓄冷剂包（6），所述箱本体（1）和所述盖体（2）的连接处设置有拉链（7），在所述盖体（2）上设有能盖住所述拉链（7）的挡片（8）。

2. 如权利要求1所述的硬质冷藏箱，其特征在于：所述保温中间层（4）为泡沫材料。"

专利权人表态采用不删除原权利要求2的修改方式时，提交给专利复审委员会的修改后的权利要求书如下：

"1. 一种硬质冷藏箱，包括箱本体（1）和盖体（2），所述箱本体（1）的内部形成一个上部开口的容纳空间，所述盖体（2）设置于所述箱本体（1）的上方，用于打开、关闭所述容纳空间的开口，其特征在于：所述箱本体（1）包括防水外层（3）、保温中间层（4）及防水内层（5），所述箱本体（1）的容纳空间内固设有若干个装有蓄冷剂的密封的蓄冷剂包（6），所述箱本体（1）和所述盖体（2）的连接处设置有拉链（7）。

---

❶❸ 在《2012年全国专利代理人资格考试试题解析》一书给出的答案中，将权利要求2删除，其理由是该项权利要求不稳定；但在无效宣告程序中，专利权人也可以如《2009年全国专利代理人资格考试试题解析》一书给出的答案那样，先不主动删除该权利要求，而在无效宣告程序的后续审理中来应对。在应试时，为应对国家知识产权局对当年试题可能采用不同的试题答案，建议考生采用上述方式作出解答（即通过附加说明的方式对不删除该项权利要求的修改方式加以说明）。

❷ 虽然今后会根据国家知识产权局第74号局令的规定进行考试，但对于该年试题的参考答案，即使按第74号局令的规定，也会得出相同的答案。

2. 如权利要求1所述的硬质冷藏箱，其特征在于：在所述盖体（2）上设有能盖住所述拉链（7）的挡片（8）。

3. 如权利要求1或2所述的硬质冷藏箱，其特征在于：所述保温中间层（4）为泡沫材料。"

四、申请实务题的答题思路

试题要求应试者应当根据试题所给定的素材，撰写一份发明专利申请的权利要求书，其能够有效且合理地保护发明创造。也就是说，所撰写的权利要求书既要符合《专利法》《专利法实施细则》和《专利审查指南2010》的相关规定，又尽可能地给予发明创造以充分的保护（即应全面包括尽可能多的可以授权的申请主题，且对每一个申请主题争取最宽的保护范围），以最大限度地维护申请人利益。

为此，在撰写发明专利申请的权利要求书时，通常按照下述步骤进行：①理解客户提供的发明素材，确定可作为要求专利保护的申请主题，从中确定最主要的申请主题；②对于该最主要的申请主题，弄清其相对于现有技术（尤其是最接近的现有技术）作出了几方面的改进以及这几方面改进之间的关系，以确定该申请主题相对于最接近的现有技术作出了几项发明创造，并从中确定最重要的一项发明创造；③针对该最重要的一项发明创造，确定其要解决的技术问题，如果其涉及多个实施方式，在分析这些实施方式关系的基础上，确定独立权利要求和从属权利要求的撰写布局，在此基础上完成相应独立权利要求和从属权利要求的撰写；④针对最主要的申请主题的其他发明创造和/或针对其他申请主题撰写独立权利要求和从属权利要求；⑤分析所撰写的各项独立权利要求是否属于一项总的发明构思，以确定本专利申请是合案申请还是分案申请；⑥针对客户在技术交底书时所提出的问题和/或针对试题中提出的其他问题作出解答。

（一）理解客户所提供的技术交底材料

首先需要理解客户所提供的技术交底材料，弄清楚涉及几项申请主题、各项申请主题涉及几个方面的改进以及所提供的实施方式，并确定其主要技术特征及其相互关系。

从本试题提供的技术交底材料来看，其技术主题相对单一，仅涉及一种由硬质保温材料制成的冷藏桶；而从对该申请主题的改进来看，涉及两个方面的改进，需要分析这两方面改进之间的关系以确定申请策略；技术交底书中对该申请主题的第一方面改进提供了三种实施方式，因而在针对第一方面的改进撰写权利要求书时需要分析这三种实施方式之间的关系，以确定独立权利要求和从属权利要求的布局安排；对于该申请主题的第二方面改进，由于其仅给出了一个实施方式，因此针对这一方面的改进撰写独立权利要求，必要时再撰写从属权利要求。

通过对上述技术交底材料的分析来看，在理解客户所提供的技术交底书的过程中需要做好下述几方面的工作：明确所涉及的申请主题涉及哪几方面的改进以确定申请策略；针对其中具有多个实施方式的改进了解其各个实施方式的相同和不同之处。

1. 明确所涉及的申请主题涉及哪几方面的改进以及这些改进之间的关系以确定保护策略

从技术交底材料来看，第［001］段即明确指出本发明的申请主题冷藏桶相对于现有技术解决了两方面的问题：第一方面的问题是在使用过程中必须打开整个盖体取、放物品；第二方面的问题是蓄冷剂包固定放置或者冰块包不固定放置等带来的不便。❶

从第［003］段的内容可知，本发明的冷藏桶针对上述两方面的问题分别提出相应的改进技术措施。

---

❶ 应试者在阅读技术交底材料时，不要被上述两方面问题中间采用了"以及"一词所误导而认为需要同时解决这两方面的问题，那样的话撰写出来的独立权利要求保护范围过窄，使专利申请得不到充分的保护；应当理解为本申请主题作出了两方面的改进，且这两方面的改进是并列的关系，因而可以分别针对其中一个方面的改进撰写独立权利要求，使专利申请得到充分的保护。

针对第一方面的问题，所采取的技术措施是在盖体上开有窗口，上盖能打开和盖合窗口，因而达到不打开盖体的情况下，就能取放物品。针对第二方面的问题，所采取的措施是将冷源以可拆卸的方式与桶本体连接，从而解决了固定或不固定放置所带来取放换冷源的不便。❶

从技术交底材料的内容可知，第［004］段至第［007］段的主要内容都针对第一方面改进作出的说明，而对于第二方面的改进仅在第［003］段最后一句进行了说明。因此，可以确定针对第一方面的改进是技术交底材料中最重要的一项发明，而第二方面的改进则是次要的。

通过对技术交底材料的阅读理解，可知针对现有技术所存在的上述两方面的问题所采取的改进措施是完全无关的，即两种改进措施是并列的关系，因此初步确定对这两方面的改进措施可以分别作为一项要求保护的申请主题：不打开整个盖体就能取放物品的冷藏桶（以下简称"第一项发明"）；冷源可拆卸地设置在桶本体中的冷藏桶（以下简称"第二项发明"）。

下面针对这两项发明作进一步分析。

从试题说明可知，前一题中无效宣告请求所针对的专利（附件1）、对比文件1至3均属于现有技术。而关于最接近的现有技术，从试题给出的信息来看，由于要求考生给出撰写的独立权利要求相对于附件1所解决的技术问题及取得的技术效果，因此对于第一项发明来说，可以基本确定附件1作为最接近的现有技术。

针对第一项发明作出的改进，技术交底材料中给出解决的技术手段是在盖体上开设窗口，在窗口上设置上盖。现有技术即附件1和对比文件1至3涉及的冷藏箱或桶，其盖体都是一个整体，欲从冷藏箱或桶中取放物品，需将整个盖体打开，均没有提及、也没有任何暗示在盖体上开设窗口并设置上盖，因此在盖体上开设窗口并增加上盖这种方式能够为发明带来新颖性和创造性，即可以确定将其作为要求保护的申请主题。正如技术交底材料第［001］段所述，第一项发明的冷藏桶（盖体上开设窗口并增加上盖的冷藏桶）在使用时不必打开整个盖体即可取放物品，从而减少冷藏桶取放物品时内外空气的对流，进而延长保存物品的冷藏时间。由此可知，第一项发明实际解决的技术问题是提供一种在取放物品时能减少内外空气对流以延长保存物品冷藏时间的冷藏桶。

第二项发明作出的改进涉及如何更好安装和替换冷源的问题：冷源以可拆卸的方式放置在桶本体内。在附件1、对比文件1和3中的冷源（蓄冷剂包）固定设置于箱体内，而对比文件2中的冷源（冰块包）直接放置（即可在容纳空间内自由移动）在桶本体内。第二项发明相对于上述两种现有技术各有优点：相对于前一种现有技术而言，无须将整个冷藏桶放入冰箱就可对蓄冷剂包进行冷冻；相对于后一种现有技术而言，可防止冷藏桶在移动过程中冰包撞击冷藏物品或冰包堆积在一起。因此，对于第二项发明，既可以将前一种现有技术作为最接近的现有技术，又可以将后一种现有技术作为最接近的现有技术，但是由试题的简述题来看，似乎要求以附件1为基础，故应试者不必过于细究最接近的现有技术。因而，第二项发明（冷源可拆卸地放置在桶本体中的冷藏桶）实际解决的技术问题是克服冷源固定放置或者不固定放置带来的不便（固定放置时需要事先将冷藏箱或桶一起放入冰箱中对冷源进行冷却，不固定放置则冷源在使用过程移动而造成相互撞击或堆积在一起）。由于现有技术既有固定设置的冷源，也有不固定放置的冷源，两者存在的问题非常明显，第二项发明作出的改进仅仅是将冷源以可拆卸的方式（如粘扣等）与桶本体连接，该技术手段非常公知，从具备一定生活常识的人的角度来看，该改进可能还不足以构成具备创造性的发明。面对这种情况，在实际代理实务中可告知申请人，这一方面作出改进的冷藏桶也可作为要求保护的申请主题，但需要同时向申请人指出其创造性高度可能达不到授权的标准，因而提出专利申请也存在一定风险，最终是否向国家知识产权局提交专利申请由申请人确定。作为应试，应当能够敏锐地发现这是与现有技术一个区别，而且技术交底材料中也是将其作为一项发明来提供的（既提供了所解决的技术问题，

---

❶ 关于这一措施仅在第［003］段最后一句进行了说明，考生在阅读技术交底材料时应当十分仔细，不要将其遗漏。

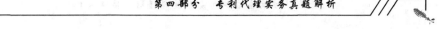

也提供了解决的技术手段），因此应试者还是应当将其作为一个要求保护的申请主题。

针对上述两方面存在问题作出改进的两项发明，解决技术问题完全不同，采取技术手段相互之间没有关联，可以初步确定两者之间也不属于同一发明构思，应当分别提交申请而不能合案申请。

2. 针对技术交底材料中给出的三种实施方式列出其相同和不同的技术特征

技术交底材料第［003］段较明确记载了三种实施方式的共同的技术特征：由硬质保温材料制成的冷藏桶，包括桶本体、盖体和上盖；桶本体的顶部开口；盖体盖合在桶本体的开口上，以打开和关闭该开口；盖体上开有窗口；上盖能打开和盖合窗口，以便在不打开盖体的情况下，就能取、放物品。

第［004］段、第［005］段、第［006］段分别描述了三种实施方式的不同结构。

第［004］段结合图1、图2描述了第一种实施方式：上盖为圆形薄盖，盖合在盖体上，上盖开有口部。平时，口部与窗口彼此完全错开，窗口被上盖的其他部分盖合；而当取、放物品时，将上盖相对于盖体水平转动，使窗口完全露出，从而打开窗口。

第［005］段结合图3、图4描述了第二种实施方式：上盖为薄片状，其外形尺寸能盖住窗口，上盖通过设置在盖体上的竖直转轴与盖体连接。平时，上盖盖合在窗口上；当取、放物品时，将上盖以竖直转轴为轴相对于盖体水平转动，从而打开窗口。

第［006］段结合图5、图6描述了第三种实施方式：上盖为薄片状，其外形尺寸能盖住窗口，上盖通过设置在盖体上的水平转轴与盖体连接。平时，上盖盖合在窗口上；当取、放物品时，将上盖以水平转轴为轴相对于盖体向上转动翻开，从而打开窗口。

三种实施方式的各个技术特征列表如下：

冷藏桶	第一种	第二种	第三种
硬质保温材料	√	√	√
桶本体	√	√	√
顶部开口	√	√	√
盖体	√	√	√
盖体盖合在桶本体的开口上	√	√	√
经粘扣/磁性件紧密盖合在桶本体上	√	√	√
盖体上开有窗口	√	√	√
上盖	√	√	√
能打开和盖合盖体上的窗口	√	√	√
圆形薄盖、开有口部、同轴地盖合	√		
在盖体上、可相对盖体水平转动	√		
薄片状、外形尺寸能盖住盖体窗口		√	√
通过竖直转轴与盖体连接		√	
通过水平转轴与盖体连接			√
冷源	√	√	√
冰块包或蓄冷剂包	√	√	√
可拆卸地与桶本体连接	√	√	√
通过粘扣可拆卸连接	√	√	√

此外，在第［007］段还写到，可以采用现有技术中的已知手段，例如通过相互配合的粘扣、磁性件等使上盖紧密盖合在盖体上。从其结构来看，其不适合于第［004］段中描述的实施方式。

（二）针对第一项发明撰写独立权利要求和从属权利要求

如前所述，针对第一方面的改进是最主要的发明，因此应当将其作为第一项发明进行申请。

通过前面对技术交底材料中给出的三种实施方式的技术特征分析，可知这三种实施方式是并列

第四部分

的实施方式。对于三种实施方式并列的情况，首先要考虑可否对其进行概括以获得更大的、合理的保护范围。就第一项发明来说，通过前面对三种实施方式列出的各个技术特征进行分析，得知有可能对这三种实施方式中不同的技术措施采用概括技术特征的方式进行描述，因此首先针对这三种实施方式撰写一项能将这三种实施方式概括在内的独立权利要求，然后再针对三种不同的实施方式撰写相应的从属权利要求。

1. 针对第一项发明撰写独立权利要求

在前面所作分析的基础上，首先可以根据技术交底材料第［003］段来撰写独立权利要求1，主题名称可以很容易地确定为"由硬质保温材料制成的冷藏桶"，其中第一项发明的关键改进点"盖体开有窗口""盖体上设置有上盖"和"上盖能打开或盖合盖体上的窗口"应当作为特征部分的技术特征，此外与上述改进之处密切相关的必要技术特征"包括桶本体和盖体""桶本体的顶部开口""盖体盖合在桶本体的开口上"和"桶本体内设置有冷源"应当作为第一项发明与最接近的现有技术（即附件1中的冷藏箱）共有的技术特征写入独立权利要求1的前序部分。

对第一项发明的各个技术特征是否构成独立权利要求1的必要技术特征的具体分析如下：

冷藏桶，硬质保温材料制成	写入独立权利要求1前序部分的主题名称
桶本体，其顶部开口	写入独立权利要求1前序部分的必要技术特征
盖体，其盖合在桶本体的开口上	写入独立权利要求1前序部分的必要技术特征
经粘扣或磁性件紧密盖合在桶本体上	写入从属权利要求的优选措施
盖体开有窗口	写入独立权利要求1特征部分的必要技术特征
上盖	写入独立权利要求1特征部分的必要技术特征
其能打开或盖合盖体上的窗口	写入独立权利要求1特征部分的必要技术特征
可相对盖体转动以打开和盖合盖体上的窗口	写入从属权利要求的优选措施
圆形薄盖、开有口部、同轴且可水平转动地盖合在盖体上	写入从属权利要求的优选措施
薄片状、外形尺寸能盖住盖体窗口	写入从属权利要求的优选措施
通过竖直转轴与盖体连接	写入从属权利要求的优选措施
通过水平转轴与盖体连接	写入从属权利要求的优选措施
冷源	写入独立权利要求1前序部分的必要技术特征
冰块包或蓄冷剂包	写入从属权利要求的优选措施
可拆卸地与桶本体连接	写入从属权利要求的优选措施
通过粘扣可拆卸连接	写入从属权利要求的优选措施

因而，针对第一项发明撰写的独立权利要求1如下：

"1. 一种由硬质保温材料制成的冷藏桶，其包括桶本体（1）和盖体（2），所述桶本体（1）的顶部开口，所述盖体（2）盖合在所述桶本体（1）的开口上，在所述桶本体（1）内设置有冷源，其特征在于：所述盖体（2）上开有窗口（4），并设有能打开和盖合所述窗口（4）的上盖（3）。"❶

---

❶ 该独立权利要求1对上盖所作出的功能性限定与《2012年全国专利代理人资格考试试题解析》一书给出的答案是一样的；但是严格说来，这种功能性限定方式相对于技术交底书的三种实施方式来说，概括得过宽，因此为使所撰写的权利要求书满足《专利法》第二十六条第四款有关权利要求书以说明书为依据的规定，在实际代理实务中还应当至少补充一个上盖以卡合方式与盖体相连接的实施方式。在应试中，若技术交底材料中未在第［003］段明确写明这种要求过宽的功能性限定的文字时，则应当在独立权利要求1中将其限定为"设有可通过转动实现打开或关闭窗口的上盖"，以使该功能性限定与这三种实施方式相适应；但由于目前技术交底书中第［003］段已反映了申请人想取得较宽保护范围的功能性限定方式，则可采用"设有能打开或关闭窗口的上盖"的功能性限定方式。为保险起见，可在此独立权利要求1旁加一个说明，表示在说明书具体实施方式部分增加一个上盖以卡合方式与盖体相连接的具体实施方式来支持所撰写的独立权利要求1。

2. 针对第一项发明撰写从属权利要求

试题说明中也明确从属权利要求应当使得本申请面临不得不缩小保护范围的情况时具有充分的修改余地，其数量应当合理、适当，并且符合《专利法》及《专利法实施细则》对从属权利要求的所有规定。因此，为了形成较好的保护梯度，应当根据具体实施方式撰写适当数量的从属权利要求。

由于针对各种上盖采取何种结构或与盖体的配合方式进行了概括，因此这些具体的方式可以分别作为从属权利要求撰写的基础，具体见技术交底材料第［004］段至第［007］段，但在撰写时需要采用技术特征作进一步限定，不应写入不必要的描述。

考虑到目前独立权利要求 1 相对于技术交底书中给出的三种实施方式来说，保护范围过宽，因此可以先针对这三种实施方式撰写一项保护范围与这三种实施方式相合适的功能性限定的从属权利要求。具体来说，第［004］段和第［005］段描述的实施方式是上盖通过水平方式转动来实现取放物品，第［006］段描述的实施方式是竖直方向转动来实现，由此可知三者都是通过转动上盖来实现的，因此可以将该从属权利要求 2 的附加技术特征写为："所述上盖（3）能够相对于所述盖体（2）转动，以打开和盖合所述盖体上的窗口（4）"。

由于水平方式转动在技术交底材料中给出了两种方式，一种是直接转动上盖不需要转轴，另一种需要转轴以转动。因此，合理的概括是将采用转轴的方式涵盖竖直转轴和水平转轴两种，而将不需要转轴的水平转动方式作为水平转动的进一步优选方式。

因此，首先以水平方式转动上盖作为进一步的优选方式来撰写从属权利要求 3，其限定部分的技术特征为"所述上盖（3）能够相对于所述盖体（2）水平转动，以打开和盖合所述盖体上的窗口（4）"。❶ 接着针对第［004］段给出的实施方式撰写一项反映上盖相对于盖体实现水平转动的具体结构的从属权利要求 4，其附技术特征可以撰写为："所述上盖（3）为圆形薄盖，盖合在所述盖体（2）上，所述上盖（3）开有口部（5），通过所述上盖（3）相对于所述盖体（2）的水平转动使所述上盖上的口部（5）与所述盖体上的窗口（4）相对准或完全错开，以打开或盖合所述盖体上的窗口（4）"。

然后，针对第［005］段和第［006］段的两种实施方式撰写一项能将两者均包含在其保护范围内的从属权利要求 5，作为从属权利要求 2 的另一种优选方式，其限定部分的技术特征为"所述上盖（3）的外形尺寸能盖住所述盖体上的窗口（4），所述上盖（3）通过转轴与所述盖体（2）连接"。在此之后，再针对第［005］段和第［006］段的两种实施方式分别撰写一项从属权利要求：其中针对第［005］段给出的实施方式撰写的从属权利要求 6 的附加技术特征为"所述上盖（3）与所述盖体（2）相连接的转轴为设置在所述盖体（2）上的竖直转轴（6），所述上盖（3）以该竖直转轴（6）为轴相对于所述盖体（2）水平转动"；针对第［006］段给出的实施方式撰写的从属权利要求 7 的附加技术特征为"上盖（3）与所述盖体（2）相连接的转轴为设置在所述盖体（2）上的水平转轴（7），所述上盖（3）以水平转轴（7）为轴相对于盖体（2）转动以翻开或盖合所述盖体上的窗口（4）。"

此外，技术交底材料第［003］段最后一句描述的冷源的放置方式即可拆卸的方式（其中还提到更优选的方式即粘扣），以及第［007］段描述的通过相互配合的粘扣、磁性件等使上盖紧密盖合在盖体上的方式均可分别撰写从属权利要求。

经过上述分析，在撰写从属权利要求时需要安排好大致框架和撰写方式，不同组的从属权利要求分别集中撰写，如可以分成关于上盖和窗口相合方式、关于上盖与盖体的连接关系，以及关于冷源的优选方式等方面分别撰写从属权利要求。在每一组从属权利要求中，需要按保护范围从大到小排列。此外，还要特别注意权利要求的正确合理的引用关系，避免矛盾和出现多项从属权利要求引用多项从属权利要求。下述参考答案中的权利要求 6 和 7 应当引用权利要求 5 作为并列从属权利要

---

❶ 在《2012 年全国专利代理人资格考试试题解析》一书给出的答案中，该从属权利要求 3 引用权利要求 2。若采用这样的引用方式，其限定部分表述成下述方式更好："所述上盖（3）相对于所述盖体（2）的转动是作水平转动"。

求，而权利要求12不应当引用权利要求4，因为这种上盖与盖体以粘扣或磁性件来实现的配合关系对第［004］段的第一种实施方式不适用。

针对第一项发明的撰写的从属权利要求如下：

2. 如权利要求1所述的冷藏桶，其特征在于：所述上盖（3）能够相对于所述盖体（2）转动，以打开和盖合所述盖体上的窗口（4）。

3. 如权利要求2所述的冷藏桶，其特征在于：所述上盖（3）能够相对于所述盖体（2）水平转动，以打开和盖合所述盖体上的窗口（4）。

4. 如权利要求3所述的冷藏桶，其特征在于：所述上盖（3）为圆形薄盖，盖合在所述盖体（2）上，所述上盖（3）开有口部（5），通过所述上盖（3）相对于盖体（2）作水平转动使所述上盖上的口部（5）与所述盖体上的窗口（4）相对准或完全错开以打开或盖合所述盖体上的窗口（4）。❶

5. 如权利要求2所述的冷藏桶，其特征在于：所述上盖（3）的外形尺寸能盖住所述盖体上的窗口（4），所述上盖（3）通过转轴与所述盖体（2）连接。❷

6. 如权利要求5所述的冷藏桶，其特征在于：所述上盖（3）与所述盖体（2）相连接的转轴为设置在所述盖体（2）上的竖直转轴（6），所述上盖（3）以该竖直转轴（6）为轴相对于所述盖体（2）水平转动。

7. 如权利要求5所述的冷藏桶，其特征在于：所述上盖（3）与所述盖体（2）相连接的转轴为设置在所述盖体（2）上的水平转轴（7），所述上盖（3）以该水平转轴（7）为轴相对于所述盖体（2）转动以翻开或盖合所述盖体上的窗口（4）。❸

8. 如权利要求1至7中任一项权利要求所述的冷藏桶，其特征在于：所述冷源可拆卸地与所述桶本体（1）连接。

9. 如权利要求8所述的冷藏桶，其特征在于：通过粘扣将所述冷源可拆卸地与所述桶本体（1）连接。

10. 如权利要求8所述的冷藏桶，其特征在于：所述冷源为若干个冰块包或蓄冷剂包。❹

11. 如权利要求9所述的冷藏桶，其特征在于：所述冷源为若干个冰块包或蓄冷剂包。❺

12. 如权利要求1至3、5至7中任一项权利要求所述的冷藏桶，其特征在于：所述上盖（3）通

---

❶ 对于此从属权利要求，需要说明两点：①在《2012年全国专利代理人资格考试试题解析》一书给出的答案中，该从属权利要求4的限定部分仅写明上盖相对于盖体水平转动能够使口部与窗口彼此完全错开，而未写明可以使窗口完全露出的情形，未清楚地限定要求专利保护的范围，因而现给出的从属权利要求的限定部分中还进一步写明还可使口部与窗口相对准的情形；②由于技术交底材料仅给出了"上盖（3）为开有口部（5）的圆形薄盖，其以可相对于所述盖体（2）水平转动的方式盖合在所述盖体（2）上，随着两者相对转动可以使所述上盖（3）上的口部（5）与所述盖体（2）上的窗口（4）相对准或者完全错开"，并没有提供其他的水平转动方式来实现，因此，将权利要求3和4合并撰写应当更为完整，即："3. 按照权利要求2所述的冷藏桶，其特征在于：所述上盖（3）为开有口部（5）的圆形薄盖，其以可相对于所述盖体（2）水平转动的方式盖合在所述盖体（2）上，随着两者相对转动可以使所述上盖（3）上的口部（5）与所述盖体（2）上的窗口（4）相对准或者完全错开。"

❷ 在《2012年全国专利代理人资格考试试题解析》一书给出的答案中，该从属权利要求5的限定部分中还有一个技术特征为"上盖为薄片状"，但是只要其外形尺寸能盖住窗口，不必要求其为薄片状，如底部敞开的扁平圆柱体，因此该从属权利要求5的限定部分可以不必写明其为薄片状。

❸ 为更清楚地限定该从属权利要求7，此处限定部分相对于《2012年全国专利代理人资格考试试题解析》一书给出的答案中的该从属权利要求7的限定部分的区别在于未限定其向上转动，并给出了其转动后的另一个可能的状态是盖合窗口。

❹ 严格来说，冰包是蓄冷剂包的下位概念，因此将冰包和蓄冷剂包以并列选择方式撰写一项从属权利要求是不太合适的。

❺ 由于"冷源为若干个冰块包或蓄冷剂包"这一附加技术特征是公知的技术手段，因此以其作为附加技术特征来撰写两项从属权利要求8和9必要性不大，在这种情形下，仅保留权利要求8更为合理。

过相互配合的粘扣或磁性件紧密盖合在所述盖体（2）上。❶

（三）撰写第二项发明的独立权利要求

如前分析，关于第二方面的改进仅仅是将冷源以可拆卸的方式如粘扣等与桶本体连接，作为一项发明提出有可能会因其无创造性而不被授权，因而在实际代理实务中是否需要另行提出一件专利申请需要慎重考虑，并应当向申请人交代清楚。但在应试中，只要试题中未明确其是一种现有技术的公知手段，应当能够敏锐地发现这是与现有技术的一个区别，更何况技术交底材料中也将其作为一项发明来提供的（既提供了所解决的技术问题，也提供了解决的技术手段），因而考生最好也将针对第二方面改进的冷藏桶作为要求专利保护的申请主题。❷

在针对第二项发明撰写独立权利要求时，可根据技术交底材料第［003］段最后一句来形成独立权利要求，比较简单。在确定第二项发明申请主题的主题名称时，不必像第一项发明申请主题那样强调冷藏桶由硬质材料制成，因为在第一项发明中，为确保上盖在盖合盖体上的窗口时不会造成内外空气的流动，箱体必须由硬质材料制成，而对第二项发明箱体必须由硬质材料制成并不是必要技术特征，因此其主题名称为冷藏桶。这项独立权利要求前序部分的必要技术特征为"包括桶本体、盖体和冷源""桶本体的顶部开口"以及"盖体盖合在桶本体的开口上"，特征部分是"冷源以可拆卸的方式连接在桶本体内"。

针对第二项发明所撰写的独立权利要求如下：

"1. 一种冷藏桶，包括桶本体（1）、盖体（2）和冷源，所述桶本体（1）的顶部开口，所述盖体（2）盖合在所述桶本体（1）的开口上，其特征在于：所述冷源可拆卸地连接在所述桶本体（1）内。"❸

试题说明中要求针对其他专利申请，仅需撰写独立权利要求，由于针对第二项发明撰写的独立权利要求与针对第一项发明撰写的独立权利要求之间不具备单一性（详见下面的分析），因而需要另行提出专利申请，因此不必再花费时间撰写第二项发明的从属权利要求。

（四）对两项发明作为两件专利申请提出还是合案申请的分析

如前面所作分析那样，两项发明对现有技术的贡献互不相同。第一项发明的专利申请的独立权利要求相对于附件1所解决的技术问题为：在取放物品时，如何减少冷藏桶内外空气的对流以延长冷藏桶内所保存物品的冷藏时间。该独立权利要求的技术方案通过在盖体上设立窗口以及设置一个能打开和盖合窗口的上盖就可以在需要取放较小的冷藏物品时只打开盖体上的窗口而无须打开整个盖体，这样就能减少冷藏桶内外的空气对流，延长所保存物品的冷藏时间。由此可知，第一项发明的专利申请的独立权利要求的特定技术特征是"盖体（2）上开有窗口（4），并设能打开和盖合窗口（4）的上盖（3）"。第二项发明的专利申请的独立权利要求相对于附件1所解决的技术问题为：在避免运输过程中桶本体内的蓄冷剂包相互碰撞或堆积在一起的基础上还可以在对冷藏桶中的蓄冷剂包进行冷冻时减少占用冰箱的空间。该独立权利要求的技术方案中将冷源以可拆卸的方式设置在冷藏桶本体内，采取这一技术措施后，无须将整个冷藏桶都放入冰箱中就能冷冻蓄冷剂包而节省所占用的冰箱中的空间，而且在运输过程中也仍能使蓄冷剂包不会相互碰撞或堆积在一起。由此可知，第二项发明的专利申请的独立权利要求的特定技术特征为"冷源可拆卸地连接在桶本体（1）内"。

通过上述分析可知，上述两项发明解决的技术问题不同，获得的技术效果也不同，两项独立权利要求的特定技术特征（即对现有技术作出贡献的技术特征）既不相同，也不相应，因而这两项发

---

❶ 据说在当年考试评分时，对于权利要求8至12并不要求一定要写全这五项从属权利要求，这些从属权利要求总共只有2分，因而只要写出其中两项即可。

❷ 在考试中，若未针对此写一项独立权利要求，则会造成较大的失分。

❸ 从考试角度看，前序部分不论是否写入"由硬质材料制成"这一技术特征，估计不会扣分。在《2012年全国专利代理人资格考试试题解析》一书给出的答案中，该独立权利要求的前序部分还写入了"由硬质材料制成"这一技术特征。此外，由于最接近的现有技术中已经公开了冷源这一技术特征，因此应当将冷源写入前序部分。

明不属于一个总的发明构思，不能合案申请。

（五）对试题中提出的简答题作出解答

试题中要求对所撰写的独立权利要求简述其相对于附件1解决的技术问题及取得的技术效果。可以根据前面"（四）对两项发明作为两件专利申请提出还是合案申请的分析"中对两项发明的分析来撰写，注意既要写明所解决的技术问题，同时还要写明所获得的技术效果（也就是解决技术问题而获得的技术效果），不要遗漏。

五、申请实务题的参考答案

（一）权利要求书

1. 一种由硬质保温材料制成的冷藏桶，其包括桶本体（1）和盖体（2），所述桶本体（1）的顶部开口，所述盖体（2）盖合在所述桶本体（1）的开口上，在所述桶本体（1）内设置有冷源，其特征在于：所述盖体（2）上开有窗口（4），并设能打开和盖合所述窗口（4）的上盖（3）。

2. 如权利要求1所述的冷藏桶，其特征在于：所述上盖（3）能够相对于所述盖体（2）转动，以打开和盖合所述盖体上的窗口（4）。

3. 如权利要求2所述的冷藏桶，其特征在于：所述上盖（3）能够相对于所述盖体（2）水平转动，以打开和盖合所述盖体上的窗口（4）。

4. 如权利要求3所述的冷藏桶，其特征在于：所述上盖（3）为圆形薄盖，盖合在所述盖体（2）上，所述上盖（3）开有口部（5），通过所述上盖（3）相对于盖体（2）作水平转动使所述上盖上的口部（5）与所述盖体上的窗口（4）相对准或完全错开以打开或盖合所述盖体上的窗口（4）。

5. 如权利要求2所述的冷藏桶，其特征在于：所述上盖（3）的外形尺寸能盖住所述盖体上的窗口（4），所述上盖（3）通过转轴与所述盖体（2）连接。

6. 如权利要求5所述的冷藏桶，其特征在于：所述上盖（3）与所述盖体（2）相连接的转轴为设置在所述盖体（2）上的竖直转轴（6），所述上盖（3）以该竖直转轴（6）为轴相对于所述盖体（2）水平转动。

7. 如权利要求5所述的冷藏桶，其特征在于：所述上盖（3）与所述盖体（2）相连接的转轴为设置在所述盖体（2）上的水平转轴（7），所述上盖（3）以该水平转轴（7）为轴相对于所述盖体（2）转动以翻开或盖合所述盖体上的窗口（4）。

8. 如权利要求1至7中任一项权利要求所述的冷藏桶，其特征在于：所述冷源可拆卸地与所述桶本体（1）连接。

9. 如权利要求8所述的冷藏桶，其特征在于：通过粘扣将所述冷源可拆卸地与所述桶本体（1）连接。

10. 如权利要求8所述的冷藏桶，其特征在于：所述冷源为若干个冰块包或蓄冷剂包。

11. 如权利要求9所述的冷藏桶，其特征在于：所述冷源为若干个冰块包或蓄冷剂包。

12. 如权利要求1至3、5至7中任一项权利要求所述的冷藏桶，其特征在于：所述上盖（3）通过相互配合的粘扣或磁性件紧密盖合在所述盖体（2）上。

（二）需要另案提交申请的独立权利要求

1. 一种冷藏桶，包括桶本体（1）、盖体（2）和冷源，所述桶本体（1）的顶部开口，所述盖体（2）盖合在所述桶本体（1）的开口上，其特征在于：所述冷源可拆卸地连接在所述桶本体（1）内。

（三）需要提出两件专利申请的理由

第一项发明的独立权利要求1相对于现有技术作出贡献的技术特征（即其特定技术特征）为"盖体（2）上开有窗口（4），并设能打开和盖合窗口（4）的上盖（3）"，从而可以在不打开盖体（2）的情况下，就能取出、放入物品，实现取放物品时减少冷藏桶内外空气的对流，延长冷藏物品的保存时间。而第二项发明的独立权利要求 1 相对于现有技术作出贡献的技术特征为"冷源可拆卸地连接在桶本体（1）内"，从而在对冷源进行再次冷冻时无须将整个冷藏桶放入冰箱，而且在冷藏桶的运输过程中不会使冷源相互撞击或堆积在一起。由此可见，两个独立权利要求对现有技术作出贡献的技术特征既不相同，彼此之间在技术上也无相互关联，因此两个独立权利要求之间既没有相同，也没有相应的特定技术特征，因此这两项发明不属于一个总的发明构思，不符合《专利法》第三十一条第一款有关单一性的规定，应当分别作为两份专利申请提出。

（四）独立权利要求相对于附件 1 解决的技术问题及取得的技术效果

第一项发明的专利申请的独立权利要求 1 相对于附件 1 所解决的技术问题为：在取放物品时减少冷藏桶内外空气的对流，延长冷藏桶内所保存物品的冷藏时间。取得技术效果为：通过在盖体上开设窗口以及设置一个能打开和盖合窗口的上盖，就可以在取放较小的冷藏物品时不必打开整个盖体，只打开盖体上的窗口，能够减少冷藏桶内外空气的对流，有利于保持冷藏桶内的温度而延长所保存物品的冷藏时间。

第二项发明的专利申请的独立权利要求 1 相对于附件 1 所解决的技术问题为：避免在运输过程中桶本体内的蓄冷剂包相互碰撞或堆积在一起，还可以在对冷藏桶中的蓄冷剂包进行冷冻时减少占用冰箱的空间。取得的技术效果为：将蓄冷剂包改为可拆卸地设置在冷藏桶本体上，因而在需要冷冻蓄冷剂包时，就可将其从桶本体上取下，放入冰箱中进行冷冻，从而避免将整个冷藏桶都放入冰箱而节省所占用的冰箱中的空间；同时，既将冷源固定在冷藏桶中又便于取换冷源，而且在运输过程中防止蓄冷剂包相互碰撞或堆积在一起。

第二十八章　2013 年专利代理实务试题解析

试　题

答题须知

1. 本专利代理实务试题总分 150 分。

2. 所有试题的正确答案均以现行、有效的法律和法规为准。

3. 作为考试，考生在完成题目时应当接受并仅限于本试卷所提供的事实，并且无需考虑素材的真实性、有效性问题。

4. 考生应当将各题答案按顺序清楚地答写在正式答题卡相对应的答题区域内：

第一题的答案按顺序清楚地答写在答题卡第 1～3 页上；

第二题的答案按顺序清楚地答写在答题卡第 4～5 页上；

第三题的答案按顺序清楚地答写在答题卡第 6～7 页上；

第四题的答案按顺序清楚地答写在答题卡第 8 页上。

考生将答案写在试卷上、草稿纸上或者未按上述要求写在答题卡相应区域内，不予计分。

5. 为方便答题，考试时，考生可将试卷第 15～19 页的草稿纸沿虚线撕下来使用；考试结束时，草稿纸需随试卷、答题卡一同由监考老师收回，请勿带出考场，否则一律给予零分。

6. 每个考生配有两张答题卡，不予增补，请认真思考后作答。

祝您取得理想的考试成绩！

试题说明

客户 A 公司向你所在的专利代理机构提供了技术交底材料 1 份、对比文件 3 份（附件 1 至附件 3）以及公司技术人员撰写的权利要求书 1 份（附件 4）。现委托你所在的专利代理机构为其提供咨询意见并具体办理专利申请事务。

第一题：请你撰写提交给客户的咨询意见，逐一解释其自行撰写的权利要求书是否符合专利法及其实施细则的规定并说明理由。

第二题：请你综合考虑附件1至附件3所反映的现有技术，为客户撰写发明专利申请的权利要求书。

第三题：简述你撰写的独立权利要求相对于现有技术具备新颖性和创造性的理由。

第四题：如果所撰写的权利要求书中包含两项或者两项以上的独立权利要求，请简述这些独立权利要求能够合案申请的理由；如果认为客户提供的技术内容涉及多项发明，应当以多份申请的方式提出，则请说明理由，并撰写分案申请的独立权利要求。

技术交底材料

[001]❶ 我公司致力于大型公用垃圾箱的研发与制造，产品广泛应用于小区、街道、垃圾站等场所。经调研发现，市场上常见的一种垃圾桶/箱，在桶体内设有滤水结构，能够分离垃圾中的固态物和液态物，便于垃圾清理和移动（参见对比文件1）。但是垃圾内部仍然残存湿气，尤其是对于大型垃圾桶/箱，其内部由于通风不畅容易导致垃圾缺氧而腐化发臭，不利于公共环境卫生。有厂家设计了一种家用垃圾桶，其桶底设有孔，方便空气进出（参见对比文件2）。

[002] 在上述现有技术的基础上，我公司提出改进的大型公用垃圾箱。

[003] 如图1和2所示，一种大型公用垃圾箱，主要包括箱盖1、上箱体2和下箱体3。箱盖1上设有垃圾投入口4。上箱体2和下箱体3均为顶部开口结构，箱盖1盖合在上箱体2的顶部开口处，上箱体2可分离地安装在下箱体3上，上箱体2的底部为水平设置的滤水板5。在下箱体3的侧壁上部开有通风孔6。通风孔6最好为两组，并且分别设置在下箱体3相对的侧壁上。

[004] 在使用时，当垃圾倒入垃圾箱后，其中的固态物留在滤水板5上，而液态物则经滤水板5进入下箱体3，从而上箱体2内部构成固体垃圾存放区，下箱体3内部构成液体垃圾存放区。空气从通风孔6进入下箱体3，会同垃圾箱内的湿气向上流动，依次经上箱体2的滤水板5和固体垃圾存放区，最终从垃圾投入口4向外排出。在设置了相对的两组通风孔6的情况下，空气还可以从一侧的通风孔6进入，从另一侧的通风孔6排出。通过设置在下箱体3的侧壁上部的通风孔6以及在箱盖1上的垃圾投入口4，垃圾箱内产生由下而上的对流和内外循环，从而起到防止垃圾腐化，减少臭味，提高环境清洁度的作用。

[005] 当上箱体2内堆积的垃圾较多时，空气流动受到阻碍，不利于湿气及时排出。为解决该问题，进一步提高通风效果，如图3和4所示，在上箱体2的侧壁内侧设置多个竖直布置的空心槽状隔条7，其与上箱体2的侧壁之间限定形成多个空气通道。空心槽状隔条7上端与上箱体2的上边缘基本齐平，以避免空气通道的入口被垃圾堵塞；下端延伸至接近滤水板5。

[006] 在使用时，空气从通风孔6进入下箱体3，会同垃圾箱内的湿气向上流动，由于受到上箱体2内固体垃圾的阻碍，部分气体从空心槽状隔条7与滤水板5之间的缝隙进入到空心槽状隔条7中，并沿着空心槽状隔条7与上箱体2的侧壁之间形成的空气通道向上流动，最终从垃圾投入口4向外排出。

[007] 此外，也可以在上箱体2的侧壁上设置其他通风结构（例如通风孔）或者将两种通风结构组合在一起使用。

[008] 我公司此前设计了一种自卸式垃圾箱，将垃圾箱的底板设成活动的，该活动底板可沿着箱体底部的导轨水平拉出以便从底部卸出垃圾，从而解决了从垃圾箱顶部开口向外倾倒垃圾容易造成扬尘的缺陷（参见对比文件3）。但这种垃圾箱的导轨容易积尘从而卡住底板。

---

❶ 段落编号不存在于原试题中，为了便于分析时的指引，由编者所加。

[009] 针对该问题，滤水板 5 被进一步设置成可活动的。如图 5 所示，滤水板 5 一端通过铰接件 8 与上箱体 2 的侧壁底边连接，相对的另一端通过锁扣件 9 固定在水平闭合位置。如图 6 所示，当打开锁扣件 9 时，滤水板 5 在重力作用下以铰接件 8 为轴相对于上箱体 2 向下转动从而卸出垃圾。锁扣件 9 包括设置在上箱体 2 侧壁上的活动插舌 91 和对应设置在滤水板 5 上的插口 92，所述活动插舌 91 与插口 92 可以互相咬合或脱离。锁扣件 9 还可以采用其他形式，各种现有的锁扣件均可以使用。

[010] 当垃圾箱内垃圾装满需要清理时，吊起上箱体 2，使得上箱体 2 与下箱体 3 分离；当上箱体 2 被移至合适位置后，打开锁扣件 9，滤水板 5 在重力作用下以铰接件 8 为轴向下转动，打开上箱体 2 的底部，内部的固体垃圾掉落到垃圾车或者传送带上运走。下箱体 3 内的液体垃圾则另行处理。

[011] 与导轨结构的垃圾箱相比，这种垃圾箱的底部不容易损坏，使用寿命更长。需要说明的是，垃圾箱的箱体不限于本技术交底材料所设计的具体形式，其他垃圾箱也可以采用上述底部结构。

[012] 我公司还准备充分利用公用垃圾箱进行广告宣传，通过在箱体的至少一个外侧面上印上商标、图形或文字，起到广告宣传的作用，同时又美化了城市环境。这种广告宣传方法具有成本低廉、应用范围广的优点。

技术交底材料附图

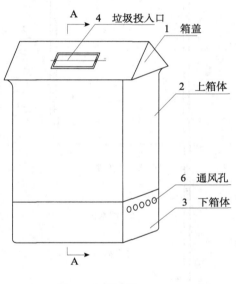

图 1　主视图❶

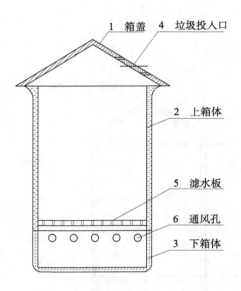

图 2　第一种结构 A－A 截面❷

---

❶　原题中图名为主视图，但应当是立体图，故作此修改。

❷　因原题中图 3 无图名，考虑到图 3 是对图 2 结构的进一步改进，故在原题中图 2 的图名"A－A 截面"之前加了"第一种结构"，与此相应对图 3 的图名确定为"第二种结构 A－A 截面"。

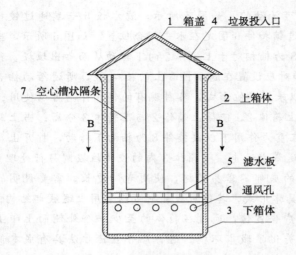

图3 第二种结构 A－A 截面❶

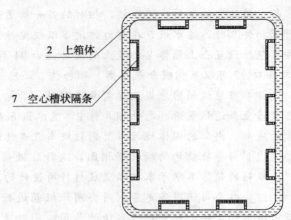

图4 B－B 截面（滤水板略去）

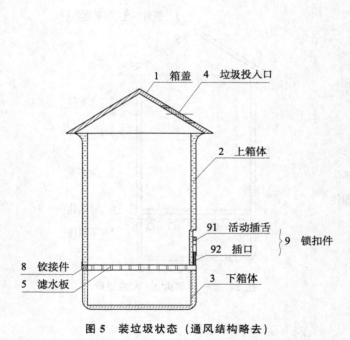

图5 装垃圾状态（通风结构略去）

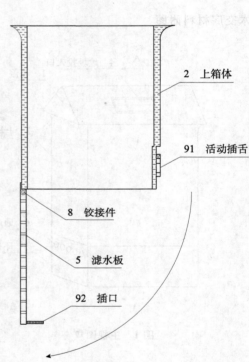

图6 卸垃圾状态（通风结构略去）

附件1（对比文件1）

（19）中华人民共和国国家知识产权局

（12）实用新型专利说明书

（45）授权公告日 2011.09.09

（21）申请号 201020345678.9

（22）申请日 2010.12.22

（其余著录项目略）

❶ 因原题中图3无图名，考虑到图3是对图2结构的进一步改进，故在原题中图2的图名"A－A截面"之前加了"第一种结构"，与此相应对图3的图名确定为"第二种结构A－A截面"。

说 明 书

防臭垃圾桶/箱

[001] 本实用新型涉及一种防臭垃圾桶/箱。

[002] 常用的垃圾桶/箱通常固液不分，污水积存在垃圾中容易造成垃圾腐烂，发出酸臭气味，不利于环境卫生；而且垃圾运输和处理中也存在很多问题，增加了处理成本。

[003] 为了克服上述现有技术存在的缺点，本实用新型提供了一种垃圾桶/箱，通过对垃圾进行固液分离以获得防臭的效果。

[004] 图1是本实用新型垃圾桶的正面剖视图。

[005] 如图1所示，该防臭垃圾桶包括桶盖1、上桶体2和下桶体3，桶盖1上设有垃圾投入口4。下桶体3的上边缘设置成L形台阶状，上桶体2放置在下桶体3的该L形台阶上。上桶体2的底部设有多个滤水孔5。在使用时，垃圾中的污水经上桶体2底部的滤水孔5流至下桶体3中，实现固态物和液态物分离。积存在下桶体3中的污水，在需要时集中倾倒。

[006] 这种防臭垃圾桶/箱可大可小，既可制成小型的家用垃圾桶，也可制成大型的公用垃圾桶/箱，对于大型垃圾桶/箱，可在底部设置排出阀以便于污水排出。

说明书附图

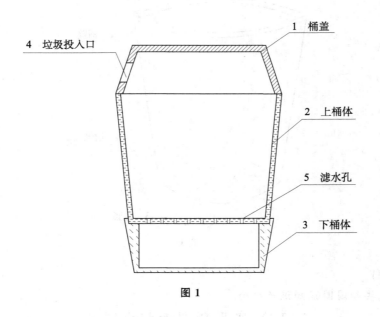

图1

附件2（对比文件2）

(19) 中华人民共和国国家知识产权局

(12) 实用新型专利说明书

(45) 授权公告日 2009.12.01

(21) 申请号 200920234567.8

(22) 申请日 2009.1.20

（其余著录项目略）

说 明 书

一种垃圾桶

[001] 本实用新型涉及一种家用垃圾桶。

[002] 目前人们收集日常生活垃圾的方式，普遍是使用一次性塑料垃圾袋套在垃圾桶内，但是，在套垃圾袋的过程中由于垃圾袋与桶壁之间构成封闭空间，空气留在垃圾桶里面不易排出，导致垃圾袋无法完全展开。

[003] 本实用新型的目的是提供一种家用的功能性垃圾桶。

[004] 图1是本实用新型的结构示意图。

[005] 如图1所示，本实用新型的垃圾桶由桶罩1、桶壁2和桶底3组成。桶底3上设有多个通气孔4；桶壁2和桶底3一次性注塑而成。桶口上设有可分离的桶罩1，用于固定住垃圾袋。

[006] 使用时，将垃圾袋套在垃圾桶上，通气孔4的设计方便排出垃圾袋与桶壁2、桶底3之间的空气，使垃圾袋在桶内服帖地充分展开；取垃圾袋的时候，空气经通气孔4从底部进入，避免塑料垃圾袋与桶壁2、桶底3之间产生负压，从而可以轻松地取出垃圾袋，不会摩擦弄破垃圾袋。

说明书附图

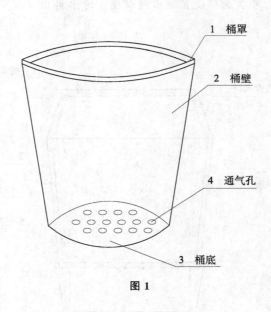

图1

附件3（对比文件3）

(19) 中华人民共和国国家知识产权局

(12) 实用新型专利说明书

(45) 授权公告日 2012 年 12 月 26 日

(21) 申请号 201220123456.7

(22) 申请日 2012.1.13

(73) 专利权人　A公司

（其余著录项目略）

说 明 书

自卸式垃圾箱

[001] 本实用新型涉及一种垃圾箱，尤其是一种适合与垃圾车配合使用的自卸式垃圾箱。

[002] （背景技术、实用新型内容部分略）

[003] 图1是本实用新型垃圾箱装垃圾状态的正视图；

[004] 图2是本实用新型垃圾箱卸垃圾状态的正视图；

[005] 在图1和2中，箱体2的下部被局部剖开。

[006] 本实用新型的自卸式垃圾箱，该垃圾箱的顶盖1可开启，垃圾箱的箱体2下部和底板3均为方形，底板3水平插接在箱体2的底部，底板3的一侧设有把手31，与把手31相对的一侧设有限位块32。箱体2的底部设有供底板3滑动的导轨4。卸垃圾时，拉住底板3的把手31，底板3向一侧水平滑动，垃圾就从箱体2底部自动卸出。所述自卸式垃圾箱不需要把箱体2翻转过来倾倒垃圾，既省力又避免灰尘飞扬。

说明书附图

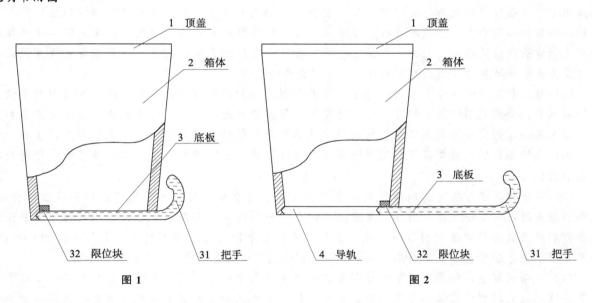

图1　　　　　　　　　　　　图2

附件4（客户公司技术人员所撰写的权利要求书）

1. 一种大型公用垃圾箱，其特征在于：主要包括箱盖（1）、上箱体（2）和下箱体（3），箱盖（1）上设有垃圾投入口（4），上箱体（2）和下箱体（3）均为顶部开口结构，箱盖（1）盖合在上箱体（2）的顶部开口处，上箱体（2）可分离地安装在下箱体（3）上，上箱体（2）的底部为水平设置的滤水板（5）。

2. 根据权利要求1所述的箱体，其特征在于：所述下箱体（3）的侧壁上部开设有通风孔（6）。

3. 根据权利要求2所述的大型公用垃圾箱，其特征在于：所述上箱体（2）内设有数根空心槽状隔条（7）。

4. 根据权利要求2所述的大型公用垃圾箱，其特征在于：所述空心槽状隔条（7）的上端与上箱体（2）的上边缘基本齐平，下端延伸至接近滤水板（5）。

5. 根据权利要求1所述的大型公用垃圾箱，其特征在于：所述滤水板（5）是可活动的。

6. 一种利用公用垃圾箱进行广告宣传的方法，所述垃圾箱具有箱体，其特征在于：在箱体的至少一个外侧面上印有商标、图形或文字。

试题解析和参考答案

一、认真阅读答题须知和试题说明

1. 答题须知

2013年专利代理实务试题的"答题须知"与2011年专利代理实务试题的"答题须知"基本相同，相关解析可参见2011年试题解析部分。

2. 试题说明

2013年试题说明中对第一题至第四题分别进行了说明，明确告知考生答题时需要完成的工作。

（1）第一题要求针对客户公司技术人员撰写的权利要求书提供咨询意见，逐一解释其自行撰写的权利要求书是否符合《专利法》及其实施细则的规定并说明理由。

这里需要注意的是，该题表面上是考查考生对权利要求书各方面撰写要求的掌握程度（有些类似于1994年至1998年申请文件撰写试卷中的改错题），但其实质上主要考查专利代理人针对一项专利提出无效宣告请求的能力，其中针对客户自行撰写的权利要求书说明是否符合《专利法》及其实施细则规定的答题内容所涉及的该权利要求书存在的实质性缺陷相当于无效宣告请求实务中选择和分析无效宣告请求的理由。此外，指出权利要求书所存在的形式缺陷相当于目前答复审查意见通知书的实务考试中需要考生自行发现这些形式缺陷的考核内容。

（2）第二题要求考生综合考虑附件1至附件3所反映的现有技术，为客户撰写发明专利申请的权利要求书。需要说明的是，解答该题时需要结合第四题考虑，即撰写的权利要求书中有多项独立权利要求的话，则需要撰写多项独立权利要求及其合理数量的从属权利要求。如果需要以多份申请的方式提出的话，则还需要撰写分案申请的独立权利要求。该题考查考生为客户撰写专利申请权利要求书的能力。

（3）第三题要求考生论述所撰写的独立权利要求相对于现有技术具备新颖性和创造性的理由。在解答此题时，仅需论述撰写的权利要求书中的独立权利要求具备新颖性和创造性，而不需要论述从属权利要求具备新颖性和创造性，也不需要论述分案申请的独立权利要求具备新颖性和创造性。该题实质上是考核考生答复审查意见通知书时争辩专利申请具备新颖性和创造性的能力。

（4）在第四题中，如果所撰写的权利要求书中包含两项或者两项以上的独立权利要求，要求考生简述这些独立权利要求能够合案申请的理由，如果考生认为客户提供的技术内容涉及多项发明应当以多份申请的方式提出，则请考生说明理由，并撰写分案申请的独立权利要求。该题主要考核考生对专利申请单一性这一基本概念的掌握程度。

试题说明中没有标明各题的分值，考生可以根据各题考点来合理分配每道题的答题时间：其中第一题需要理解技术内容，并且是后续几题（尤其是第二题）的基础，而第二题"撰写权利要求书"是历年考试的重点，因此这两题需要占用相对多一点的时间；就第三题和第四题这两个常规的简答题来说，根据历年评分标准可知，第三题的考点和得分比第四题多，因而解答第四题所占用的时间应当是最少的。

下面针对各题分别给出答题思路。

二、第一题的答题思路

第一题要求考生撰写提交给客户的咨询意见，逐一解释客户自行撰写的权利要求书是否符合《专利法》及其实施细则的规定并说明理由。试题中共给出五份素材，包括技术交底材料、客户公司技术人员撰写的权利要求书和三份专利文献（对比文件1至3）。

（一）阅读和分析试题素材的技术内容

尽管客户自行撰写的权利要求书中存在一些不需要特别理解技术内容即能判断的缺陷，但考试的重点仍然涉及新颖性和创造性、权利要求概括是否合适、独立权利要求是否缺少必要技术特征等实质性缺陷，这就需要全面理解技术交底材料的技术内容和现有技术的对比文件1至3公开的内容。此外，第二题至第四题也需要以理解技术内容为基础。因此，应试的第一步就是正确全面理解技术交底材料的内容以及三份对比文件所公开的现有技术的内容。

1. 理解技术交底材料的内容

首先理解和分析技术交底材料。

由技术交底材料第［001］段可知，本发明主要针对对比文件1中的大型垃圾桶/箱作出改进，解决其内部由于通风不畅容易导致垃圾缺氧而腐化发臭的技术问题。

技术交底材料第［003］段描述了本发明第一种结构的大型公用垃圾箱（参见图1和图2），主要包括箱盖1、上箱体2和下箱体3，箱盖1上设有垃圾投入口4，上箱体2和下箱体3均为顶部开口结构，箱盖1盖合在上箱体2的顶部开口处，上箱体2可分离地安装在下箱体3上，上箱体2的底部为水平设置的滤水板5。在下箱体3的侧壁上部开设有通风孔6。结合第［004］段的内容可知，由于这种结构的大型公用垃圾箱在下箱体的侧壁上部设置了通风孔6，空气就从通风孔6进入下箱体3，会同垃圾箱内的湿气向上流动，依次经上箱体2的滤水板5和固体垃圾存放区，最终从垃圾投入口4向外排出。垃圾箱内产生由下而上的对流和内外循环，从而起到防止垃圾腐化，减少臭味，提高环境清洁度的作用。由此可知，本发明第一种结构的大型公用垃圾箱解决上述技术问题的关键在于下箱体的侧壁上部开设有通风孔。

在技术交底材料第［003］段中还给出了这种结构大型公用垃圾箱的优选结构：通风孔6为两组分别设置在下箱体3相对侧壁上的通风孔，则空气还可以从一侧的通风孔6进入，从另一侧的通风孔6排出。

技术交底材料第［005］段描述了本发明大型公用垃圾箱的第二种结构（参见图3和图4），其对上述第一种结构的垃圾箱上作出了进一步改进，用于解决因上箱体2内堆积垃圾较多阻碍空气流动而不利湿气及时排出的技术问题。在这种结构的垃圾箱中，上箱体2的侧壁内侧设置了多个竖直布置的空心槽状隔条7，其与上箱体2的侧壁之间形成多个空气通道。第［006］段中给出了由这种空心槽状隔条7形成的空气通道所起到的技术效果：允许部分气体从空心槽状隔条7与滤水板5之间的缝隙进入到空心槽状隔条7中，并沿着空心槽状隔条7与上箱体2的侧壁之间形成的空气通道向上流动，最终从垃圾投入口4向外排出，从而可及时排出湿气。

对于技术交底材料第［005］段的最后一句，虽然未明确写明其是优选方式，但从其效果来看可将其视作一种优选方式，即空心槽状隔条7上端与上箱体2的上边缘基本齐平，下端延伸至接近滤水板5。这样更利于空气流通，尤其上端与上箱体2的上边缘基本齐平可以避免空气通道的入口被垃圾堵塞。

技术交底材料第［007］段虽然文字较少，仅仅写明"也可以在上箱体2的侧壁上设置其他通风结构（例如通风孔或者将两种通风结构组合在一起使用"，但却蕴含着非常重要的信息：不仅给出了与空心槽状隔条并列的通风结构方式（上箱体2的侧壁上设置通风孔），还暗示了与第［005］段给出手段的上位概括方式，❶ 即在上箱体2的侧壁上设置通风结构，其涵盖通风孔和空心槽状隔条两种并列方式；此外，还明确指出可以将上箱体2的侧壁上设置通风孔与空心槽状隔条这两种结构组合在一起使用。

---

❶ 严格来说，上箱体上的通风孔与空心槽状隔条在大型公用垃圾箱排出空气的机理并不相同，不宜对这两种结构采用概括的方式；但是，在应试时，对于试题中明确给出概括方式的情形，就无须分析其在原理上是否合适，而对这两种结构可采用"通风结构"进行概括。

技术交底材料第［008］至［011］段是针对垃圾箱滤水板作出的改进（参见图 5 和图 6）。客户此前设计了一种自卸式垃圾箱（参见对比文件 3），其底板设计成可沿箱体底部的导轨水平拉出的活动底板，从而可从垃圾箱底部卸出垃圾。客户便想将这种活动底板的结构应用于本发明大型公用垃圾箱的滤水板中，将滤水板 5 进一步设置成可活动的，以方便垃圾的卸出而解决对比文件 1 中大型公用垃圾箱从顶部开口向外倾倒垃圾造成扬尘的问题。但是客户已发现对比文件 3 中公开的自卸式垃圾箱存在导轨容易积尘从而卡住底板的问题，因此将滤水板 5 一端通过铰接件 8 与上箱体 2 的侧壁底边连接，相对的另一端通过锁扣件 9 固定在水平闭合位置。锁扣件 9 包括设置在上箱体 2 侧壁上的活动插舌 91 和对应设置在滤水板 5 上的插口 92，所述活动插舌 91 与插口 92 可以互相咬合或脱离。锁扣件 9 还可以采用其他形式，各种现有的锁扣件均可以使用。

另外，技术交底材料第［011］段进一步指出，上述改进不仅适用于前面所描述的具有通风结构的垃圾箱，也适用于其他垃圾箱。由此可知，对滤水板 5 结构的改进不仅可以作为前面发明的优选方式，还可单独作为一项对垃圾箱底板作出改进的另一项发明。

技术交底材料第［012］段告知本公司准备利用公用垃圾箱进行广告宣传，通过在箱体的至少一个外侧面上印上商标、图形或文字，起到广告宣传的作用，同时又美化了城市环境。这涉及广告宣传方法，明显不属于技术方案，不属于发明的保护客体。

2. 理解对比文件 1

对比文件 1 涉及一种防臭垃圾桶/箱，包括桶盖 1、上桶体 2 和下桶体 3，桶盖 1 上设有垃圾投入口 4。下桶体 3 的上边缘设置成 L 形台阶状，上桶体 2 放置在下桶体 3 的该 L 形台阶上，上桶体 2 的底部设有多个滤水孔 5。其效果是在使用时，垃圾中的污水经上桶体 2 底部的滤水孔 5 流至下桶体 3 中，实现固态物和液态物分离。并明确也可制成大型的公用垃圾桶/箱，对于大型垃圾桶/箱，可在底部设置排出阀以便于污水排出。

3. 理解对比文件 2

对比文件 2 一种家用垃圾桶，其由桶罩 1、桶壁 2 和桶底 3 组成。桶底 3 上设有多个通气孔 4；桶壁 2 和桶底 3 一次性注塑而成。桶口上设有可分离的桶罩 1，用于固定住垃圾袋。通气孔 4 的设计方便排出垃圾袋与桶壁 2、桶底 3 之间的空气，使垃圾袋在桶内服帖地充分展开；取垃圾袋时，空气经通气孔 4 从底部进入，避免塑料垃圾袋与桶壁 2、桶底 3 之间产生负压，从而可轻松地取出垃圾袋。

4. 理解对比文件 3

对比文件 3 涉及一种适合与垃圾车配合使用的自卸式垃圾箱。其顶盖 1 可开启，垃圾箱的箱体 2 下部和底板 3 均为方形，底板 3 水平插接在箱体 2 的底部，底板 3 的一侧设有把手 31，与把手 31 相对的一侧设有限位块 32。箱体 2 的底部设有供底板 3 滑动的导轨 4。卸垃圾时，拉住底板 3 的把手 31，底板 3 向一侧水平滑动，垃圾就从箱体 2 底部自动卸出。所述垃圾箱不需要把箱体 2 翻转过来倾倒垃圾，既省力又避免灰尘飞扬。

（二）分析权利要求书草稿中存在的不需要证据的缺陷

从考试的角度，可以先针对客户自行撰写的权利要求书分析其中是否存在一些不需要证据（即不涉及对比文件 1 至 3）就可认定的实质缺陷和形式缺陷。实质缺陷包括不属于专利权的保护客体、不具备实用性、未清楚限定要求专利保护的范围、未得到技术交底材料的支持❶、独立权利要求缺少解决技术问题的必要技术特征等，形式缺陷主要包括从属权利要求中的引用部分不符合规定，权利要求中出现句号或者出现不应出现的括号等。

（1）权利要求 1 限定的大型公用垃圾箱，仅写入了箱盖、上箱体、下箱体、垃圾投入口、滤水板等部件及其连接关系，未写入本发明解决现有技术中大型公用垃圾箱（对比文件 1）内部由于通风

---

❶ 从考试的角度，这是基于将技术交底材料视作说明书来对待的。

不畅容易导致垃圾缺氧而腐化发臭的技术问题的结构特征。正如前面在理解技术交底材料内容时所指出的，本发明通过设置在下箱体侧壁上部的通风孔并配合箱盖上的垃圾投入口，使垃圾箱内产生由下而上的对流和内外循环，从而解决了上述技术问题。因此，设置在下箱体侧壁上部的通风孔是解决技术问题的必要技术特征，而独立权利要求1中未记载上述必要技术特征，故不符合《专利法实施细则》第二十条第二款的规定。

（2）权利要求2引用权利要求1，其引用部分所写明的主题名称为"箱体"，与权利要求1的主题名称"大型公用垃圾箱"不一致，因此不符合《专利法实施细则》第二十二条第一款的规定。

（3）从属权利要求3的附加技术特征为"上箱体内设有数根空心槽状隔条"，但没有限定空心槽状隔条设置的位置和方向，如果空心槽状隔条设置在上箱体侧壁的外侧、或者空心槽状隔条水平布置，则当上箱体内堆积的垃圾较多阻碍空气流动时并不能起到进一步提高通风效果的作用。如果以技术交底材料视作为专利申请的说明书，则权利要求3得不到支持，不符合《专利法》第二十六条第四款的规定；但从另外一个角度来说，由于技术交底材料并不是真正的说明书，要形成说明书则还要经过加工，因此，这样撰写的从属权利要求3也可以认为未清楚地限定其进一步改进通风效果的技术方案，不符合《专利法》第二十六条第四款的规定。❶

（4）权利要求4引用了权利要求2，但其中提及的"所述空心槽状隔条"并未出现在其引用的权利要求2中，因此缺乏引用基础，导致权利要求4的保护范围不清楚，不符合《专利法》第二十六条第四款关于权利要求应当清楚限定要求专利保护范围的规定。

（5）权利要求5的附加技术特征为"所述滤水板是可活动的"，未进一步限定滤水板活动连接的具体结构方式，而由技术交底材料第[009]和第[010]段可知，滤水板设计成可活动的是为了解决底部卸垃圾的所存在的技术问题，然而不是所有的活动滤水板都能实现底部卸垃圾，例如有的垃圾箱中，滤水板虽然可活动地搁置在位于垃圾箱内壁上的支撑块或条上，但需要将全部垃圾从顶部倒出后才能取下滤水板，并不能直接从底部卸垃圾。因此若以技术交底材料视作说明书，则权利要求5得不到支持，不符合《专利法》第二十六条第四款的规定。但从另一个角度来说，也可以认为权利要求5未清楚限定要求专利保护的范围，不符合《专利法》第二十六条第四款的规定。❷

（6）权利要求6涉及一种利用公用垃圾箱进行广告宣传的方法，所述垃圾箱具有箱体，在箱体的至少一个外侧面上印有商标、图形或文字。可见，权利要求6是一种广告宣传的方法，该方法不涉及垃圾箱本身的构造，仅在垃圾箱外侧面上印有商标、图形或文字，因而其仅仅涉及广告创意和广告内容的表达，其特征不是技术特征，解决的问题也不是技术问题，因此未构成技术方案，不符合《专利法》第二条第二款的规定。

（三）分析权利要求书草稿中存在的不具备新颖性和创造性的缺陷

通常来说，这部分试题应当涉及权利要求存在不具备新颖性和/或创造性的缺陷，且这方面是试题的主要考点，因此应当作为重点进行分析。

首先需要明确的是，权利要求6由于不属于专利保护的客体，因此不必再考虑其是否符合新颖性和/或创造性的规定。

对于权利要求1至5，由对比文件1至3公开的内容很容易得知，对比文件1是本发明最接近的现有技术，因此将各项权利要求的技术特征与对比文件1公开的技术特征进行对比（见下表），并对于对比文件1中未公开的技术特征进一步分析是否在对比文件2和3中公开。

---

❶❷ 《2013年全国专利代理人资格考试试题解析》一书的范文中，权利要求3的实质缺陷为得不到技术交底材料的支持，这是基于将技术交底材料视为说明书。但是，对于权利要求书存在相对于说明书公开的内容概括过宽的实质缺陷，有时可以通过在说明书中补充实施方式或实施例加以解决，而由技术交底材料改写成说明书是需要经过加工的，因此在这种情况下认为权利要求书得不到技术交底材料支持的说法不妥，故也可以认定为该权利要求书未清楚地限定其保护范围。由于上述两种不符合规定之处，均是不符合《专利法》第二十六条第四款的规定，因此，在实际应试时如何处理争取得到更大的分值，将在下面的参考答案中进一步说明。

权利要求	特征分解	对比文件1	对比分析
权利要求1	大型公用垃圾箱	防臭垃圾桶（可制成大型的公用垃圾桶/箱）	公开
	箱盖	桶盖	术语不同但实质相同
	上箱体	上桶体	
	下箱体	下桶体	
	箱盖上设有垃圾投入口	桶盖上设有垃圾投入口	
	上箱体和下箱体均为顶部开口结构	由图中可看出上桶体和下桶体均为顶部开口结构	对比文件附图中直接可得出的内容也属于公开的内容
	箱盖盖合在上箱体的顶部开口处	由图中可看出桶盖盖合在上桶体的顶部开口处	
	上箱体可分离地安装在下箱体上	下桶体的上边缘设置成L形台阶状，上桶体放置在下桶体的L形台阶上	对比文件1公开一种具体可分离安装方式
	上箱体的底部为水平设置的滤水板	上桶体的底部设有多个滤水孔	两者实质相同
权利要求2	下箱体的侧壁上部设有通风孔（从属于权利要求1）	对比文件1未公开	对比文件3未公开；对比文件2见后面文字分析
权利要求3	上箱体内设有数根空心槽状隔条（从属于权利要求2）	对比文件1未公开	对比文件2和3均没有公开
权利要求4	空心槽状隔条的上端与上箱体上边缘基本齐平，下端延伸至接近滤水板（从属于权利要求2）	对比文件1未公开	对比文件2和3均没有公开
权利要求5	滤水板是可活动的（从属于权利要求1）	对比文件1未公开	对比文件3中垃圾箱的底板水平插接在箱体底部，可沿位于箱体底部下方的导轨滑动，以自动卸出垃圾

　　从上述特征对比表可知，对比文件1公开了权利要求1所有的技术特征，而且两者都属于大型公用垃圾容器这一相同的技术领域，都解决了垃圾固液分离的技术问题，并能达到相同的技术效果。因此，目前的权利要求1不具备新颖性，不符合《专利法》第二十二条第二款的规定。

　　由上述特征对比表可知，权利要求2的附加技术特征"下箱体的侧壁上部设有通风孔"没有被对比文件1公开，而且该附加特征也没有被对比文件3公开，但是对比文件2公开的家用垃圾桶上设有多个通气孔，需要对此进行认真分析。由于对比文件2中的通气孔设置在垃圾桶的桶底；该通气孔的作用是方便排出垃圾袋与桶壁、桶底之间的空气，使垃圾袋在桶内服帖地充分展开，而在取垃圾袋时，空气经通气孔从底部进入，避免塑料垃圾袋与桶壁、桶底之间产生负压，从而可轻松地取出垃圾袋，不会摩擦弄破垃圾袋。可见，对比文件2中的通气孔设置的位置与权利要求1中通气孔的设置位置（在下箱体侧壁上部）不同；而且对比文件2的通气孔的作用与权利要求1的技术方案中通气孔的作用（使垃圾箱内产生由下而上的对流和内外循环以便于通风排出湿气）也完全不同，因此对比文件2的家用垃圾桶中虽然公开了通气孔，但由于上述两方面原因，其没有给出将该通气孔应用到对比文件1中而得到权利要求1限定的技术方案的技术启示。由此可知，对比文件1至3不能影响权利要求 2 的创造性。权利要求 3 和 4 引用了权利要求 2，因而对比文件 1 至 3 也不能影响权利要求 3 和 4 的创造性。

权利要求 5 引用的是权利要求 1，其相对于对比文件 1 的区别特征为其附加技术特征——滤水板是可活动的。由上述技术特征对比表可知，对比文件 3 实际公开了一种底板可活动的自卸式垃圾箱，其底板可活动的特征在对比文件 3 中所起的作用与本申请中滤水板可活动所起的作用相同，都是用于使垃圾从底部卸出以避免扬尘。因此本领域技术人员面对对比文件 1 中的大型公用垃圾箱倾倒垃圾易扬尘的问题时，会在对比文件 3 的启示下，很容易地想到将对比文件 1 中的滤水板与对比文件 3 中的底板一样设置成可活动的，即对比文件 3 给出了将底板设计成可活动的这一技术措施应用到对比文件 1 中的滤水板上来得到目前撰写的权利要求 5 的技术方案的结合启示，即权利要求 5 相对于对比文件 1 和对比文件 3 的结合而言是显而易见的，不具备突出的实质性特点和显著的进步，不符合《专利法》第二十二条第三款有关创造性的规定。

（四）撰写咨询意见

根据上述分析撰写提交给客户的咨询意见。在撰写咨询意见时，注意按试题的要求，一方面需要指出权利要求书存在不符合《专利法》及其实施细则的具体规定，另一方面需要给出事实和理由。此外，咨询意见的撰写顺序来看，可以按照实质缺陷和形式缺陷来撰写，也可以按权利要求顺序来撰写。综合考虑，由于权利要求书中包括的权利要求项数不多，因此采取按权利要求的顺序来撰写，将每一项权利要求存在的缺陷或多处缺陷分别指出。这也有利于阅卷者判卷。

根据上述思路，撰写的咨询意见参考答案如下。

三、第一题的参考答案

下面给出提交给客户的咨询意见的参考答案，以《2013 年全国专利代理人资格考试试题解析》一书中的范文为基础，进行了适当修改。❶

尊敬的 A 公司：

经仔细阅读技术交底材料、技术人员撰写的权利要求书及现有技术，贵公司技术人员所撰写的权利要求书存在以下不符合《专利法》和《专利法实施细则》规定的缺陷。

1. 权利要求 1 存在的问题

权利要求 1 涉及一种大型公用垃圾箱。对比文件 1 公开了一种防臭垃圾桶/箱，该防臭垃圾桶/箱可制成大型的公用垃圾桶/箱，包括桶盖（相当于箱盖）、上桶体（相当于上箱体）和下桶体（相当于下箱体），桶盖上设有垃圾投入口，下桶体的上边缘设置成 L 形台阶状，上桶体放置在下桶体的该 L 形台阶上（其是一种上箱体可分离地安装在下箱体上的具体形式），并且从对比文件 1 的图 1 中可以明确得知，上桶体和下桶体均为顶部开口结构，桶盖盖合在上桶体的顶部开口处，上桶体的底部是水平的且设有多个滤水孔（相当于上箱体的底部为水平设置的滤水板）。由此可见，对比文件 1 公开了权利要求 1 所要求保护的技术方案的全部技术特征，并且两者都属于大型公用垃圾容器这一相同的技术领域，都解决了垃圾固液分离的技术问题，并能达到相同的技术效果。因此，权利要求 1 不具备新颖性，不符合《专利法》第二十二条第二款的规定。

此外，技术交底材料中明确指出本发明要解决的技术问题是因通风不畅导致垃圾缺氧腐化发臭而不利于公共卫生环境，通过设置在下箱体的侧壁上部的通风孔以及在箱盖上的

---

❶ 在给出的参考答案中主要将《2013 年全国专利代理人资格考试试题解析》一书的范文中的各法条的原文予以省略。笔者认为考试在于考查考生运用法条的能力，因此不必死背法条，而且在阅卷时也没有将法条原文是否列出作为给分的依据。

垃圾投入口，在垃圾箱内产生由下而上的对流和内外循环，从而解决了上述技术问题。由此可知，设置在下箱体的侧壁上部的通风孔是解决技术问题的必要技术特征，而权利要求 1 中未记载上述必要技术特征，因此不符合《专利法实施细则》第二十条第二款有关"独立权利要求应当记载解决技术问题的必要技术特征"的规定。

2. 权利要求 2 存在的问题

从属权利要求 2 引用部分的主题名称"箱体"与其引用的权利要求 1 的主题名称"大型公用垃圾箱"不一致，因此不符合《专利法实施细则》第二十二条第一款中有关"从属权利要求引用部分写明引用的权利要求的编号和主题名称"的规定。

3. 权利要求 3 存在的问题

权利要求 3 的附加技术特征为"上箱体（2）内设有数根空心槽状隔条（7）"，并未限定空心槽状隔条设置的位置和走向，如果空心槽状隔条设置在上箱体侧壁的外侧，或者空心槽状隔条水平布置，则当上箱体内堆积的垃圾较多阻碍空气流动时并不能起到技术交底材料中记载的进一步提高通风效果的作用。因此，权利要求 3 不符合《专利法》第二十六条第四款有关"权利要求书应当以说明书为依据、清楚限定要求专利保护范围"的规定。❶

4. 权利要求 4 存在的问题

权利要求 4 进一步限定的附加技术特征"所述空心槽状隔条"在所引用的权利要求 2 中没有出现，因此目前撰写的权利要求 4 缺乏引用基础，导致该权利要求未清楚限定要求专利保护的范围，不符合《专利法》第二十六条第四款的规定。

5. 权利要求 5 存在的问题

权利要求 5 引用权利要求 1，其附加技术特征进一步限定"所述滤水板（5）是可活动的"。对比文件 1 是最接近的现有技术，对比文件 1 没有公开上述附加技术特征，该特征实际起到了使垃圾从底部卸出以避免扬尘的作用。

然而，对比文件 3 公开了一种自卸式垃圾箱，其底板水平插接在箱体的底部，箱体的底部设有供底板滑动的导轨，倒垃圾时，拉住底板的把手，使底板向一侧水平滑动，垃圾就从箱体底部自动卸出，起到防止扬尘的作用，因此对比文件 3 公开了底板是可活动的技术特征。当本领域技术人员面临对比文件 1 中大型公用垃圾箱所存在的倾倒垃圾会导致扬尘的技术问题时，在对比文件 3 中公开的自卸式垃圾箱为防止倾倒垃圾导致扬尘而采用可活动底板的技术措施的基础上，容易想到将此技术措施应用到对比文件 1 中的滤水板上来，从而得到权利要求 5 的技术方案。由此可知，对比文件 3 给出了将底板"可活动"这一技术措施应用于对比文件 1 大型公用垃圾箱的滤水板以得到权利要求 5 技术方案的技术启示。因此，权利要求 5 相对于对比文件 1 和对比文件 3 的结合而言是显而易见的，不具备突出的实质性特点和显著的进步，不符合《专利法》第二十二条第三款有关创造性的规定。

此外，权利要求 5 的附加技术特征为"所述滤水板是可活动的"，未具体限定滤水板的活动连接方式，然而不是所有的活动滤水板都能解决从上箱体底部卸垃圾以防止扬尘的技术问题，例如，有的垃圾箱中，滤水板虽然可活动地搁置在位于垃圾箱内壁上的支撑块或

---

❶ 对权利要求 3 的咨询意见稍不同于《2013 年全国专利代理人资格考试试题解析》一书中给出的范文，在范文中给出的咨询意见为权利要求 3 得不到技术交底材料的支持。编者认为，在实际咨询实务中或者在无效实务撰写请求书时还是指明权利要求 3 未清楚限定要求专利保护范围的实质缺陷为好；但在应试时，由于国家知识产权局更重视权利要求书以说明书为依据的规定，尤其是下面对权利要求 4 将会指出其未清楚限定要求专利保护范围的实质缺陷，且考虑到这两个实质缺陷属于《专利法》同一条款的规定，因而在此参考答案中具体分析权利要求 3 存在的问题后，直接指出该权利要求 3 不符合《专利法》第二十六条第四款有关"权利要求书应当以说明书为依据、清楚限定要求专利保护范围"的规定。当然，如果应试时答题时间还充裕，也可以先指出其未清楚地限定要求专利保护范围的规定，然后附加一个说明，如果将技术交底材料视作说明书的话，则权利要求 3 得不到技术交底材料的支持。

条上，但需要将全部垃圾从顶部倒出后才能取下滤水板，并不能直接从上箱体底部卸垃圾。因此，权利要求5不符合《专利法》第二十六条第四款有关"权利要求书应当以说明书为依据、清楚限定要求专利保护范围"的规定。❶

6. 权利要求6存在的问题

权利要求6想要保护一种利用公用垃圾箱进行广告宣传的方法，该方法不涉及垃圾箱本身的构造，其中垃圾箱只作为信息表述的载体，仅仅涉及广告创意和广告内容的表达，其特征不是技术特征，解决的问题也不是技术问题，因而未构成技术方案，不符合《专利法》第二条第二款有关"发明是指对产品、方法或者其改进所提出的新的技术方案"的规定。

综上，目前贵公司撰写的权利要求书存在较多缺陷。我方专利代理人愿意在充分理解发明的基础上，为贵公司重新撰写权利要求书和说明书。

以上咨询意见供参考，有问题请与我们随时沟通。

四、第二题至第四题的答题思路

第二题要求考生综合考虑附件1至附件3所反映的现有技术，为客户撰写发明专利申请的权利要求书。鉴于此，撰写权利要求书时不受客户撰写的权利要求书草稿的约束，但应当在前述分析的基础上来完善权利要求的撰写。

在解答第二题时还需结合第四题，即应当注意试题说明中还要求考生完成以下工作：如果所撰写专利申请的权利要求书中包含两项或者两项以上独立权利要求，请简述这些独立权利要求能够合案申请的理由；如果认为该申请的一部分内容应当通过一份或者多份申请分别提出，则应当进行相应说明，并撰写出独立权利要求。

（一）阅读和分析技术交底材料，确定要求保护的技术主题和理清撰写思路

首先需要正确理解试题提供的技术内容，然而在解答第一题已完成了绝大部分的技术内容理解工作，且能够明确本发明所作出的三方面改进相对于试题中给出的三份对比文件具备新颖性和创造性。在这里，主要是确定要求保护的技术主题和理清撰写思路。

1. 确定技术主题

由技术交底材料可知，本发明仅涉及一种大型公用垃圾箱的技术主题。

至于技术交底材料第［004］段、第［006］段有关大型公用垃圾箱的通风防腐化发臭的过程和第［010］段的大型公用垃圾箱卸出垃圾的方法为大型公用垃圾箱的工作原理或操作方法，由大型公用垃圾箱的结构所决定，因此无须将大型公用垃圾箱的通风方法或卸出垃圾的方法作为要求保护的技术主题。

至于技术交底材料第［012］段所说明的利用垃圾桶进行广告宣传，正如第一题中分析所指出的，未构成技术方案，因此也不应作为要求保护的主题。

2. 撰写思路

就撰写思路而言，对技术交底材料及其附图的内容可以按照两种不同的分析方式来理清撰写

---

❶ 对权利要求3的咨询意见稍不同于《2013年全国专利代理人资格考试试题解析》一书中给出的范文，在范文中给出的咨询意见为权利要求3得不到技术交底材料的支持。编者认为，在实际咨询实务中或者在无效实务撰写请求书时还是指明权利要求3未清楚限定要求专利保护范围的实质缺陷为好；但在应试时，由于更重视权利要求书未以说明书为依据的规定，尤其是下面对权利要求4将会指出其未清楚限定要求专利保护范围的实质缺陷，且考虑到这两个实质缺陷属于《专利法》同一条款的规定，因而在此参考答案中具体分析权利要求3存在的问题后，直接指出该权利要求3不符合《专利法》第二十六条第四款有关"权利要求书应当以说明书为依据、清楚限定要求专利保护范围"的规定。当然，如果应试时答题时间还充裕，也可以先指出其未清楚地限定要求专利保护范围的规定，然后附加一个说明，如果将技术交底材料视作说明书的话，则权利要求3得不到技术交底材料的支持。

思路。

在第一种分析方式中，将技术交底材料中结合图1和图2所给出的第［003］和第［004］段的文字内容理解为本发明的第一种实施方式，结合图3和图4所给出的第［005］至［007］段的文字内容理解为本发明的第二种实施方式，结合图5和图6所给出的第［008］至［011］段的文字内容理解为本发明的第三种实施方式。然后分析这三种实施方式的关系：第二种实施方式为第一种实施方式的进一步改进（两种实施方式为主从关系），而第三种实施方式的改进之处与第一种实施方式和第二种实施方式的改进之处是彼此无关的并列改进（第三种实施方式与第一种和第二种实施方式为并列关系），但彼此之间又不相抵触，因而也可以作为第一种实施方式和第二种实施方式的进一步改进。通过上述分析，在本申请中应当针对第一种实施方式撰写独立权利要求和相应的从属权利要求，而针对第二种实施方式和第三种实施方式作出的改进作为附加技术特征撰写合理数量的从属权利要求。考虑到第三种实施方式和第一种实施方式是并列关系，因此还可以针对第三种实施方式中的改进之处另撰写一项独立权利要求，通常这两项独立权利要求之间不符合单一性的规定，应当分为两件申请提出。

在第二种分析方式中，分析大型公用垃圾箱的这一技术主题作出了几方面主要改进。第一方面的改进体现在技术交底材料结合图1和图2所给出的第［003］段和第［004］段的文字内容中，通过在下箱体侧壁上部设置通风孔来改善其通风效果；第二方面的改进体现在技术交底材料结合图3和图4所给出的第［005］段和第［007］段的文字内容中，通过在上箱体侧壁上设置通风结构进一步改善通风效果；第三方面的改进体现在技术交底材料结合图5和图6所给出的第［008］段和第［011］段的文字内容中，通过以铰接方式与上箱体侧壁底边连接的可转动滤水板来实现卸运垃圾，从而可防止倾倒垃圾造成的扬尘。在此基础上分析这三方面改进的关系。显然，第二方面的改进（上箱体侧壁上设置通风结构）必须依赖于第一方面的改进（下箱体侧壁上部设置通风孔）才发挥进一步提高通风效果的作用，因而第二方面的改进是在第一方面改进的基础上作出的进一步改进，❶ 两者的改进是主从关系。而第三方面的改进（滤水板以铰接方式与上箱体的侧壁底边连接而成为可转动的滤水板）与涉及通风孔的第一方面改进和涉及通风结构的第二方面的改进是彼此之间无关的并列改进，即第三方面的改进与第一方面和第二方面的改进是并列关系；但是，彼此之间又不互相抵触，因此也可以作为第一方面和第二方面改进的进一步改进。通过上述分析，在本申请中应当针对第一方面改进撰写独立权利要求和相应的从属权利要求，而针对第二方面和第三方面的改进作为附加技术特征撰写合理数量的从属权利要求。考虑到第三方面的改进与第一方面的改进是并列关系，因此还可以针对第三方面的改进之处另撰写一项独立权利要求，通常这两项独立权利要求之间不符合单一性的规定，应当作为两件申请提出。

尽管上述两种分析方式不同，但分析的结果是一样的：针对技术交底材料中结合图1和图2所给出的第［003］段和第［004］段的文字内容撰写独立权利要求和必要的从属权利要求；针对技术交底材料中结合图3和图4所给出的第［005］段和第［007］段的文字内容撰写该独立权利要求的从属权利要求；至于技术交底材料中结合图5和图6所给出的第［008］段和第［011］段的文字内容，既可作为附加技术特征撰写该独立权利要求的从属权利要求，又可以针对其中的文字内容撰写另一项独立权利要求。对于与这两项独立权利要求对应的两项发明来说，由于涉及滤水板为可转动结构的改进与涉及下箱体侧壁上部设置通风孔的改进分别解决不同的技术问题，提供的技术方案也不相同，即彼此之间在技术上并不相互关联，撰写成的两项独立权利要求没有相同或相应的特定技术特征，因此不属于一个总的发明构思，应当将这两项发明以两件申请的方式提交。

---

❶　当然认真分析的话，单独在上箱体侧壁上设置通风结构也能起到一定的通风效果，减少垃圾的气味。但从试题给出的内容来看，并没有对上箱体侧壁上设置通风结构的作用和效果进行说明，而总体表明其不是单独发挥作用的，必须与下箱体的通风孔共同起作用。因而，不要将上箱体侧壁上设置通风结构与下箱体侧壁上部设置通风孔视为并列的改进，由此可知，无须针对上箱体侧壁上设置通风结构撰写独立权利要求。

由技术交底材料的内容可知，客户更为重视结合图 1 至图 4 所给出的第［003］至［007］段文字内容所描述的发明，且从技术内容来看也是更重要的发明，若经过与反映现有技术的三份对比文件作对比分析后认定这两项发明均具备新颖性和创造性，则应当主要以针对第［003］至［007］段文字内容撰写的独立权利要求和从属权利要求作为本申请；而针对第［008］段和第［011］段的文字内容撰写的独立权利要求作为另行提出的一件申请，根据试题说明的要求，对于这项发明无须再撰写从属权利要求。

（二）针对第一项发明撰写独立权利要求和从属权利要求

确定了撰写思路后，则应当针对第一项发明撰写独立权利要求和从属权利要求。正如前面在确定撰写思路时所指出的，应当针对技术交底书中结合图 1 和图 2 所给出的第［003］段和第［004］段文字内容来撰写独立权利要求，因此先将这部分内容与三份对比文件反映的现有技术进行比较分析，从中确定最接近的现有技术，在此基础上确定要解决的技术问题和必要技术特征，完成独立权利要求的撰写，然后再针对这两段内容和结合图 3 至图 6 所给出的第［005］段至［011］段内容撰写从属权利要求。

1. 确定本发明的最接近的现有技术和要解决的技术问题

从技术领域来看，对比文件 1 与对比文件 3 与本发明都涉及大型垃圾箱，而对比文件 2 涉及家庭用的小型垃圾桶。从公开的技术特征来看，由答复第一题所作技术特征分析可知，对比文件 1 公开了与本发明更多相同的技术特征：箱盖、上箱体、下箱体、带有滤水孔的底板（相当于本发明的滤水板）以及箱盖、上箱体和下箱体之间的连接关系，因此应当以对比文件 1 作为本发明最接近的现有技术。

由技术交底材料第［001］段和第［003］段的内容可知，相对于对比文件 1 中的大型垃圾箱来说，本发明这一部分改进的关键技术措施为在下箱体 3 的侧壁上部开设有通风孔 6。这一技术措施也正是针对对比文件 1 中大型公用垃圾箱所存在的内部通风不畅容易导致垃圾缺氧而腐化发臭不利于公共环境卫生的问题作出的改进，因此可确定本发明解决的技术问题是提供一种改善箱内通风效果、防止垃圾易腐化发臭的大型公用垃圾箱。

2. 撰写独立权利要求

确定本发明相对于最接近的现有技术所要解决的技术问题后，具体分析本发明中哪些技术特征是解决该技术问题的必要技术特征，以完成独立权利要求 1 的撰写。

首先，可以明确确定本发明的主题名称是大型公用垃圾箱。

其次，本发明与最接近的现有技术对比文件 1 中公开的大型公用垃圾箱共有的必要技术特征包括以下两方面特征：一是主体结构，即箱盖、上箱体、下箱体、滤水板，箱盖上设有垃圾投入口，上箱体和下箱体均为顶部开口结构；二是相互连接关系即箱盖盖合在上箱体的顶部开口处，上箱体安装在下箱体上，上箱体底部为水平设置的滤水板。上述技术特征应当写入独立权利要求 1 的前序部分。在此需要特别说明的是，对于技术交底材料第［003］段和第［004］段中所描述的改善通风防止垃圾腐化发臭的关键技术措施对于上箱体与下箱体固定安装或可分离安装的大型公用垃圾桶都适用，因而不应当将上箱体可分离地安装在下箱体上确定为必要技术特征，但可以将其作为从属权利要求的附加技术特征。

最后，应当将对本发明新颖性和创造性作出贡献的技术特征——下箱体侧壁上部设置有通风孔作为本发明的必要技术特征。鉴于这一技术特征未被对比文件 1 公开，因此应当写入独立权利要求 1 的特征部分。另外需要提请注意的是，由于整个技术交底材料中对于下箱体的通风结构仅给出一种通风孔，没有给出任何其他的通风结构方式，也未暗示可将此下箱体侧壁上部设置的通风孔上升到通风结构，从应试角度考虑，不要将下箱体侧壁上部的通风孔上升为下箱体上的通风结构，只需在权利要求 1 中写明为通风孔即可。

如此，完成本发明权利要求 1 的撰写：

1. 一种大型公用垃圾箱，主要包括：箱盖（1）、上箱体（2）和下箱体（3），所述箱盖（1）上设有垃圾投入口（4），所述上箱体（2）和下箱体（3）均为顶部开口结构，所述箱盖（1）盖合在所述上箱体（2）的顶部开口处，所述上箱体（2）安装在所述下箱体（3）上，所述上箱体（2）底部为水平设置❶的滤水板（5），其特征在于：所述下箱体（3）侧壁上部开设有通风孔（6）。❷

3. 撰写从属权利要求

完成独立权利要求的撰写后，进一步分析本申请的其他技术特征。对于比较重要的特征，尤其是可能对申请的创造性起作用的技术特征、带来更优效果的技术特征或者进一步解决了技术问题而产生相应技术效果的技术特征等，可以作为对本发明进一步限定的附加技术特征，写成相应的从属权利要求。这些附加技术特征往往在技术交底材料中会以"本发明优选地""本发明还可以采用""采用……会得到更好的效果"等引出（但不局限于这些），考生在阅读试题时即可以对此进行标注，以便在撰写从属权利要求时查找。

对于本试题来说，可以按照前面给出的撰写思路来安排从属权利要求的布局：首先，针对技术交底材料第［003］段和第［004］段的优选措施撰写从属权利要求；其次，针对技术交底材料第［005］至［007］段的进一步改进措施撰写从属权利要求；最后，针对技术交底材料第［008］至［010］段中的改进措施撰写从属权利要求。

在针对技术交底材料第［003］段和第［004］段的优选措施撰写从属权利要求时，可以得知这两段内容涉及的技术特征中还有两个技术特征未写入独立权利要求中："上箱体可分离地安装在下箱体上"和"通风孔最好为两组，分别设置在下箱体相对的侧壁上"。对于前一个技术特征"上箱体可分离地安装在下箱体上"，正如前面所指出的，其与改善箱内通风效果并不直接相关，而由技术交底材料第［007］至［010］段的内容可知，其是为了方便卸出垃圾防止扬尘作出的改进所必需的结构，因此可以先不将此技术特征作为附加技术特征撰写从属权利要求（而置于后面作为权利要求8），而在针对技术交底材料第［007］至［010］段中的改进措施撰写从属权利要求时再考虑如何以该技术特征作为附加技术特征撰写从属权利要求。而对于后一技术特征"通风孔最好为两组，分别设置在下箱体相对的侧壁上"在技术交底材料第［003］段以"最好"的方式给出，并在第［004］段给出其带来更好的通风效果，即在设置了相对的两组通风孔6的情况下，空气还可以从一侧的通风孔6进入，从另一侧的通风孔6排出，因此应当以此技术特征（但应当将"最好"两字删去）作为附加技术特征，撰写一项从属权利要求2：

2. 如权利要求1所述的大型公用垃圾箱，其特征在于：所述通风孔（6）为两组，并且分别设置在所述下箱体（3）相对的侧壁上。

在针对技术交底材料第［005］至［007］段的进一步改进撰写从属权利要求时，首先可以针对第［005］段中"上箱体侧壁内侧设置多个竖直布置、形成上箱体和侧壁之间空气通道的空心隔条"这一技术特征撰写一项从属权利要求，但考虑到在技术交底材料第［007］段中又写明还可采用其他通风结构（如通风孔），因此应当先针对"上箱体侧壁内侧竖直布置的空心槽状隔条"和"上箱体侧壁上的通风孔"这两种改进的上位概念"通风结构"撰写一项从属权利要求3，然后再针对此通风结构的两种具体方式（竖直布置在上箱体侧壁内侧的空心槽状隔条和开设在上箱体侧壁上的通风孔）分别撰写一项下一层次的从属权利要求。此外，考虑到技术交底材料第［007］段中还明确写明可以将这两种通风结构组合在一起使用，因而还需要针对两者组合在一起的通风结构撰写一项下一层次

---

❶ 从生活常识来看，滤水板并不一定设置成水平，也可有适度的倾斜，但从考试的角度，由于技术交底材料明确写明滤水板水平设置，因此权利要求1仍然这样限定。

❷ 这里的表述与《2013年全国专利代理人资格考试试题解析》一书中给出的范文答案"所述垃圾箱还包括开设在下箱体（3）侧壁上部的通风孔（6）"有所不同，这是因为通风孔并不是垃圾箱的另一个部件，其仅仅是下箱体上的一部分结构，因此采取"还包括"表述不妥；另外从技术交底材料来看，其中给出的文字也是"在下箱体3的侧壁上部开设有通风孔6"，因此编者采用了此处特征部分中给出的描述方式。

的从属权利要求。

此外，在技术交底材料第［005］段的最后一句对上箱体侧壁上的空心槽状隔条的优选结构作出进一步说明，即"空心槽状隔条7上端与上箱体2的上边缘基本齐平，下端延伸至接近滤水板5"。这可以根据该句中提到的更优效果（以避免空气通道的入口被垃圾堵塞）来判断其是一种优选方式。因此，应当以此为附加技术特征撰写一项更下一层次的从属权利要求，该项从属权利要求仅能引用包含有空心槽状通道的通风结构的从属权利要求。

按照上述分析，撰写从属权利要求3至7：

3. 如权利要求1所述的大型公用垃圾箱，❶ 其特征在于：所述上箱体（2）侧壁上设置有通风结构。

4. 如权利要求3所述的大型公用垃圾箱，其特征在于：所述通风结构为竖直布置在所述上箱体（2）侧壁内侧的空心槽状隔条（7），所述空心槽状隔条（7）与所述上箱体（2）的侧壁之间形成空气通道。❷

5. 如权利要求3所述的大型公用垃圾箱，其特征在于：所述通风结构是开设在所述上箱体（2）侧壁上的通风孔和竖直布置在所述上箱体（2）侧壁内侧的空心槽状隔条（7），所述空心槽状隔条（7）与所述上箱体（2）的侧壁之间形成空气通道。

6. 如权利要求4或5所述的大型公用垃圾箱，其特征在于：所述空心槽状隔条（7）的上端与所述上箱体（2）的上边缘基本齐平，下端延伸至接近所述滤水板（5）。

7. 如权利要求3所述的大型公用垃圾箱，其特征在于：所述通风结构为开设在所述上箱体（2）侧壁上的通风孔。❸

在针对技术交底材料第［008］至［010］段的内容撰写从属权利要求时，需要以上、下箱体可分离为前提，因此可以针对这一前提条件撰写一项从属权利要求。按照技术交底材料写明的内容来看，上下箱体采用可分离结构是为了能使滤水板相对于下箱体向下转动而卸出垃圾，但是在针对该技术特征撰写从属权利要求时，考虑到现有技术对比文件3中已公开了一种将其底板沿水平轨道拉动以卸出垃圾的垃圾箱，从而联想到本发明的滤水板也可采用横向拉动的方式来打开，因此可以先撰写一项将这两种打开滤水板的方式概括在内的从属权利要求（作为权利要求9），然后以此为基础再针对这些打开方式分别撰写下一层次的从属权利（作为权利要求10）。对于以转动方式打开滤水板的从属权利要求来说，还可针对转动打开的优选方式（"滤水板一端通过铰接件与上箱体的侧壁底边连接，相对的另一端通过锁扣件固定在水平闭合位置"和"锁扣件包括设置在上箱体侧壁上的活动

---

❶ 此从属权利要求3的附加技术特征对于独立权利要求1和从属权利要求2的技术方案均适用，目前撰写的权利要求3仅引用了独立权利要求1而未引用权利要求1或2，这是为了避免在撰写下一层次的从属权利要求时出现不符合《专利法实施细则》第二十二条第二款有关"多项从属权利要求不得作为另一项多项从属权利要求基础"规定的情形。

❷ 有的考生对于该附加技术特征简单写成为"所述通风结构为上箱体（2）侧壁上的空心槽状隔条"，这显然未清楚地限定要求专利保护的范围（或者如《2013年全国专利代理人资格考试试题解析》一书给出的范文中指出的不能得到技术交底材料的支持），具体理由参见第一题参考答案中涉及权利要求3所存在的问题，在应试时这样的答案将会扣分。

❸ 在《2013年全国专利代理人资格考试试题解析》一书给出的范文答案中，为将权利要求4、5和7三项从属权利要求合并成一项从属权利要求，对通风结构作进一步限定时对通风孔和空心槽状隔条采用了"和/或"的表述方式。但编者认为这两种结构并不完全对等，对这两种结构采用"或"的方式表述并列选择属于《专利审查指南2010》第二部分第二章所指出的权利要求未清楚限定要求专利保护范围的一种情形；尤其是，这项采用"和/或"方式表述的从属权利要求的三种并列方案中有一种未包含空心槽状通道的结构，因此在针对空心槽状通道的进一步优选结构撰写一项引用该项从属权利要求的下一层次从属权利要求时，该下一层次从属权利要求的一个技术方案就会缺乏引用基础，从而也未清楚限定要求专利保护的范围。由此可知，在本申请中采用"和/或"方式表述三种并列的方案不是最好的撰写方式，最好分别撰写成三项从属权利要求，这样后续对空心槽状隔条的进一步限定更加顺畅。

插舌和对应设置在滤水板上的插口，活动插舌与插口可互相咬合或脱离"）再撰写两项更低层次的从属权利要求（作为权利要求11和12）。

最后，针对上箱体和下箱体可分离这一特征为基础撰写权利要求8之后，再进一步针对技术交底材料第［008］至［010］段撰写如下五项从属权利要求。

8. 如权利要求1至5和7任一项所述的大型公用垃圾箱，其特征在于：所述上箱体（2）可分离地安装在所述下箱体（3）上。❶

9. 如权利要求8所述的大型公用垃圾箱，其特征在于：所述滤水板（5）可以相对于所述上箱体（2）运动而打开所述上箱体（2）的底部以卸出垃圾。❷

10. 如权利要求9所述的大型公用垃圾箱，其特征在于：所述运动为所述滤水板（5）相对于所述上箱体（2）向下转动。❸

11. 如权利要求10所述的大型公用垃圾箱，其特征在于：所述滤水板（5）的一端通过铰接件（8）与所述上箱体（2）的侧壁底边连接，相对的另一端通过锁扣件（9）固定在水平闭合位置。

12. 如权利要求11所述的大型公用垃圾箱，其特征在于：所述锁扣件（9）包括设置在所述上箱体（2）侧壁上的活动插舌（91）和对应设置在所述滤水板（5）上的插口（92），所述活动插舌（91）与所述插口（92）可互相咬合或脱离。

需要说明的是，对比文件3中的关于对底板采用导轨方式，虽然也是一种本发明中滤水板可活动方式的一种具体形式，以及对比文件1最后一段提及的"底部设置排出阀以便于污水排出"虽然也可以看作一种排出污水的具体结构，但从实务角度考虑，由于它们属于现有技术中已经公开的内容，若针对这两种具体结构撰写下一层次的从属权利要求，在无效实务程序中起不到建立一道争取维持专利权有效防线的作用，因而没有必要再撰写相应的从属权利要求；而从应试角度看，由于上述两方面的内容均没有记载在技术交底材料中，因此可以不作为附加技术特征撰写从属权利要求。❹

根据上述分析，完成第二题撰写的权利要求书。

（三）第三题的答题思路

基于前述第二题关于独立权利要求的撰写的分析，按其思路即可完成第三题关于简述撰写的独立权利要求具备新颖性和创造性的答案。在具体论述时值得注意以下几点：

（1）只需论述独立权利要求1的新颖性和创造性，不需要论述从属权利要求，这不同于答复审查意见通知书的答题思路。

（2）论述独立权利要求具备新颖性时要严格按照单独对比原则，并且要分别针对对比文件1至3进行论述，针对每一份对比文件至少要指出其中最关键的区别特征，如果能够指出所有区别特征更好。在当年的评分过程中，对于指出重要的区别特征之后，未指出其余的区别特征并不影响得分，但今后考试的评分标准可能发生变化，因此建议考生答题时最好分别指出独立权利要求与各个对比文件的所有区别特征为宜。

（3）论述创造性时，如本书前面章节指出应当严格按照"三步法"进行。

---

❶ 该权利要求8限定部分的附加技术特征对于权利要求6的技术方案也适用，为使撰写的从属权利要求符合《专利法实施细则》第二十二条第二款有关"多项从属权利要求不得作为另一项多项从属权利要求的基础"的规定，故权利要求8的引用部分未再引用多项从属权利要求6。

❷ 此权利要求基本上按照《2013年全国专利代理人资格考试试题解析》一书中的范文给出，若省去其中"以卸出垃圾"这几个字，并不会导致权利要求未清楚限定要求专利保护的范围，因而从简要考虑，可以不写入。

❸ 编者认为限定部分的这种撰写方式更能体现其进一步限定，而在《2013年全国专利代理人资格考试试题解析》一书的范文中，限定部分的附加技术特征是"所述滤水板可以相对于上箱体向下转动而打开上箱体的底部"，其不利于明确是针对运动方式的进一步限定。

❹ 在《2013年全国专利代理人资格考试试题解析》一书给出的范文中，包括了以这两种具体结构作为附加技术特征的从属权利要求，编者认为从应试的角度是不必要的。但是，如果考生将其撰写在权利要求书中，通常也不会扣分。

在分析中，首先要指出对比文件1为最接近的现有技术，并简要说明理由（如同前面分析那样，由对比文件1公开了与本发明更多相同的技术特征得出对比文件1是本发明最接近的现有技术）。

其次，指出独立权利要求1相对于对比文件1的区别技术特征和实际解决的技术问题。由前面所作分析可知，独立权利要求1与对比文件1的区别技术特征是权利要求1特征部分的特征即"下箱体（3）侧壁上部开设有通风孔（6）"。接下来，根据技术交底材料第［004］段中所写明的设置通风孔的作用是使空气能够在垃圾箱内产生由下而上的对流和内外循环，从而起到防止垃圾腐化，减少臭味，提高环境清洁度的作用，从而将本发明实际解决的技术问题确定为"防止垃圾箱内部因通风不畅导致垃圾腐化，从而减少臭味以提高环境清洁度"。

再次，说明现有技术中未给出将上述区别特征应用到对比文件1以得到独立权利要求技术方案的启示，从而得出独立权利要求具有突出的实质性特点。对比文件2虽然公开了"通气孔"，但由对比文件2的说明书第［002］段、第［005］段和第［006］段的内容可知，该通气孔是设置在桶底上，其所起的作用是在安放垃圾袋时从通气孔及时排走垃圾袋和垃圾桶之间的空气以使垃圾袋在桶内服帖地充分展开，而在取垃圾袋时空气能经通气孔进入以便轻松取出垃圾袋。可见，对比文件2的家用垃圾桶与本发明的大型公用垃圾箱应用领域存在差别；对比文件2的"通气孔"与本发明的"通风孔"设置位置、解决的技术问题和所起的作用均不相同。即对比文件2既没有公开"垃圾箱的下箱体（3）侧壁上部设置通风孔（6）"的技术特征，也未给出在下箱体的侧壁上部设置通风孔以解决上述技术问题的启示。此外，对比文件3根本没有公开任何有关通风孔的技术特征，而且该区别技术特征也不是本领域的公知常识。因此，在此基础上得出权利要求1所要求保护的技术方案相对于现有技术非显而易见，具有突出的实质性特点。

接着，从独立权利要求的区别特征分析其带来的有益效果以说明其具有显著的进步。根据技术交底材料第［004］段中所写明的在下箱体侧壁上部设置通风孔的作用说明该通风孔促进了垃圾箱内形成由下而上的空气对流，避免垃圾腐烂，减少臭味的产生，因而得出该独立权利要求具有有益的技术效果。

最后，给出独立权利要求具备创造性的结论及相应的法律条款，即指出权利要求1相对于对比文件1、2、3以及本领域的公知常识，具有突出的实质性特点和显著的进步，符合《专利法》第二十二条第三款关于创造性的规定。

（四）针对另一项发明撰写独立权利要求

技术交底材料第［008］至［010］段虽然写明的是针对大型公用垃圾箱的滤水板的结构作出的进一步改进，即将滤水板以一端铰接、另一端锁扣固定的方式与上箱体连接，从而解决大型公用垃圾箱以倾倒方式取出垃圾既不方便又易扬尘的技术问题。

正如前面在解答第二题的分析中所指出的，由于这种滤水板的改进结构与下箱体侧壁下部设置通风孔是两个彼此独立的改进，因此只要其本身能够满足新颖性和创造性的要求就可以构成单独的一项发明。显然，这种使滤水板相对于上箱体可向下转动的结构在对比文件1和对比文件2中均未披露。对比文件3中虽然公开了一种底板可沿导轨水平拉出而打开的垃圾箱，但其与本发明中滤水板以向下转动方式打开在结构上是不同的；且由技术交底材料第［008］段的文字描述可知，对比文件3中这种底板可沿导轨水平拉出而打开的垃圾箱的导轨容易积尘从而卡住底板，而将滤水板一端通过铰接件与上箱体2的侧壁底边连接，相对的另一端通过锁扣件9固定在水平闭合位置而实现滤水板可通过向下转动而打开上箱体底部来卸出垃圾。因此若将滤水板向下转动打开上箱体底部写入独立权利要求，则这一技术特征也未被对比文件3披露。通过上述分析，可知针对滤水板可向下转动撰写独立权利要求相对于现有的三份对比文件具有突出的实质性特点和显著的进步，因此相对于这三份对比文件具备创造性。

然而，在针对另一项发明撰写独立权利要求时，由于技术交底材料第［011］段中明确指出垃圾箱的箱体不限于本技术交底材料所设计的具体形式，其他垃圾箱也可以采用上述底部结构。因此，不论垃圾箱的箱体采取何种结构或与底部的配合方式如何，只要底部能够向下转动从而打开箱体底部即可相对于对比文件3解决"垃圾箱的导轨容易积尘从而卡住底板"的技术问题。因此，可以对上述实施方式中垃圾箱的箱体结构以及与底部的配合方式进行概括，形成解决"垃圾箱的导轨容易积尘从而卡住底板"这一技术问题的独立权利要求。在完成该独立权利要求的撰写时，需要强调三点：该独立权利要求技术方案的主题名称应当由"大型公用垃圾箱"改为"垃圾箱"；根据技术交底材料第［011］段中说明的内容，箱体的具体结构（包括上箱体、下箱体、滤水板、通风孔）及其与底部的配合方式（一端铰接、另一端通过锁扣件固定）等属于非必要技术特征，不应当写入独立权利要求中；该独立权利要求应当以对比文件3作为最接近的现有技术来划分前序部分和特征部分。

按照上述分析，另一项发明的独立权利要求可以撰写成：

1. 一种垃圾箱，包括箱体和底部，其特征在于：所述底部可以相对于所述箱体向下转动而打开箱体的底部以卸出垃圾。❶

前面已经指出，此另一项发明的独立权利要求与前面第二题中撰写的独立权利要求1通常不属于一个总的发明构思，应当另行提出一件申请。在撰写了上述独立权利要求后，进一步核实两者是否具有相同或相应的特定技术特征。

显然，第二题中的独立权利要求1的特定技术特征是"下箱体的侧壁上部开设有通风孔"，其相对于对比文件1中的大型公用垃圾箱所起的作用是改善垃圾箱内通风效果以减少垃圾腐化发臭；而另一项发明的独立权利要求的特定技术特征是"垃圾箱的底部可相对箱体向下转动而打开箱体底部"，其相对于对比文件3中的自卸式垃圾箱所起的作用是顺利地打开箱体底部，即不会因垃圾量过多而打不开箱体底部。由此可知这两个特定技术特征既不相同又不相应，不属于一个总的发明构思。

根据试题的要求，对于另行提出的一件申请，只要求撰写独立权利要求，因此不再撰写从属权利要求。

五、第二题的参考答案

撰写的该申请权利要求书的参考答案如下：

1. 一种大型公用垃圾箱，主要包括：箱盖（1）、上箱体（2）和下箱体（3），所述箱盖（1）上设有垃圾投入口（4），所述上箱体（2）和下箱体（3）均为顶部开口结构，所述箱盖（1）盖合在所述上箱体（2）的顶部开口处，所述上箱体（2）安装在所述下箱体（3）上，所述上箱体（2）底部为水平设置的滤水板（5），其特征在于：所述下箱体（3）侧壁上部开设有通风孔（6）。❷

2. 如权利要求1所述的大型公用垃圾箱，其特征在于：所述通风孔（6）为两组，并且分别设置在所述下箱体（3）相对的侧壁上。

3. 如权利要求1所述的大型公用垃圾箱，其特征在于：所述上箱体（2）侧壁上设置有通风结构。

4. 如权利要求3所述的大型公用垃圾箱，其特征在于：所述通风结构为竖直布置在所述上箱体

---

❶ 此答案基本上按照《2013年全国专利代理人资格考试试题解析》一书中的范文给出。对此答案有两点说明：其一，省去"以卸出垃圾"这五个字并不会导致权利要求未清楚限定要求专利保护的范围，因而从简要考虑，可以不写入这五个字；其二，若以对比文件3划分前序部分时，严格来说，还应当将底部可相对于箱体运动写入前序部分，即该权利要求应当写成："一种垃圾箱，包括箱体和底部，该底部可相对于箱体运动而打开底部，其特征在于：所述底部相对于箱体的运动是向下转动。"但在应试时，可以不必考虑如此仔细，按上述答案给出也会认定为划界正确，不会扣分。

❷ 这里的表述与《2013年全国专利代理人资格考试试题解析》一书的范文中给出的答案（"所述垃圾箱还包括开设在下箱体（3）侧壁上部的通风孔（6）"）有所不同，这是因为通风孔并非垃圾箱的另一个部件，其仅仅是下箱体上的一部分结构，因此采取"还包括"表述不妥，另外技术交底材料第［003］段给出的也是"在下箱体3的侧壁上部开设有通风孔6"，因此编者采用此处特征部分中的描述方式。

（2）侧壁内侧的空心槽状隔条（7），所述空心槽状隔条（7）与所述上箱体（2）的侧壁之间形成空气通道。❶

5. 如权利要求 3 所述的大型公用垃圾箱，其特征在于：所述通风结构是开设在所述上箱体（2）侧壁上的通风孔和竖直布置在所述上箱体（2）侧壁内侧的空心槽状隔条（7），所述空心槽状隔条（7）与所述上箱体（2）的侧壁之间形成空气通道。❷

6. 如权利要求 4 或 5 所述的大型公用垃圾箱，其特征在于：所述空心槽状隔条（7）的上端与所述上箱体（2）的上边缘基本齐平，下端延伸至接近所述滤水板（5）。

7. 如权利要求 3 所述的大型公用垃圾箱，其特征在于：所述通风结构为开设在所述上箱体（2）侧壁上的通风孔。

8. 如权利要求 1 至 5 和 7 任一项所述的大型公用垃圾箱，其特征在于：所述上箱体（2）可分离地安装在所述下箱体（3）上。❸

9. 如权利要求 8 所述的大型公用垃圾箱，其特征在于：所述滤水板（5）可以相对于所述上箱体（2）运动而打开所述上箱体（2）的底部以卸出垃圾。

10. 如权利要求 9 所述的大型公用垃圾箱，其特征在于：所述运动为所述滤水板（5）相对于所述上箱体（2）向下转动。❹

11. 如权利要求 10 所述的大型公用垃圾箱，其特征在于：所述滤水板（5）的一端通过铰接件（8）与所述上箱体（2）的侧壁底边连接，相对的另一端通过锁扣件（9）固定在水平闭合位置。

12. 如权利要求 11 所述的大型公用垃圾箱，其特征在于：所述锁扣件（9）包括设置在所述上箱体（2）侧壁上的活动插舌（91）和对应设置在所述滤水板（5）上的插口（92），所述活动插舌（91）与所述插口（92）可互相咬合或脱离。

六、第三题的参考答案

论述该申请独立权利要求具备新颖性和创造性的参考答案如下，其在《2013 年全国专利代理人资格考试试题解析》一书给出的范文的基础上有所修改：

1. 权利要求 1 具备《专利法》第二十二条第二款规定的新颖性

对比文件 1 没有公开权利要求 1 中的特征"所述下箱体（3）侧壁上部开设有通风孔（6）"，因此对比文件 1 没有公开权利要求 1 的技术方案，权利要求 1 相对于对比文件 1 具备新颖性。

---

❶ 有的考生对于该附加技术特征简单写成为"所述通风结构为上箱体（2）侧壁上的空心槽状隔条"。这显然未清楚地限定要求专利保护的范围（或者如《2013 年全国专利代理人资格考试试题解析》一书给出的范文中指出的不能得到技术交底材料的支持），具体理由参见第一题参考答案中涉及权利要求 3 所存在的问题。

❷ 《2013 年全国专利代理人资格考试试题解析》一书给出的范文答案中将通风孔和空心槽状隔条采用了"和/或"的方式以在一种权利要求中限定出三种并列技术方案。但编者认为这两种结构并不完全对等，对这两种结构采用"或"的方式表述并列选择属于《专利审查指南 2010》第二部分第二章所指出的权利要求未清楚限定要求专利保护范围的一种情形；尤其是，这项采用"和/或"方式表述的从属权利要求的三种并列方案中有一种未包含空心槽状通道的结构，因此在针对空心槽状通道的进一步优选结构撰写一项引用该项从属权利要求的下一层次从属权利要求时，该下一层次从属权利要求的一个技术方案就会缺乏引用基础，从而也未清楚限定要求专利保护的范围。因此，在此处给出的答案未采用"和/或"方式表述三种并列的方案，而撰写成三项并列的从属权利要求，这样后续对空心槽状隔条的进一步限定更加顺畅。

❸ 该权利要求 8 限定部分的附加技术特征对于权利要求 6 的技术方案也适用，为使撰写的从属权利要求符合《专利法实施细则》第二十二条第二款有关"多项从属权利要求不得作为另一项多项从属权利要求的基础"的规定，故权利要求 8 的引用部分未再引用多项从属权利要求 6。

❹ 编者认为限定部分的这种撰写方式更能体现其进一步限定，而在《2013 年全国专利代理人资格考试试题解析》一书的范文中，限定部分的附加技术特征是"所述滤水板可以相对于上箱体向下转动而打开上箱体的底部"，其不利于明确是针对运动方式的进一步限定。

对比文件2没有公开权利要求1中的上箱体、下箱体、滤水板等诸多特征，因此对比文件2没有公开权利要求1的技术方案，权利要求1相对于对比文件2具备新颖性。

对比文件3没有公开权利要求1中的上箱体、下箱体、滤水板、通风孔等诸多特征，因此对比文件3没有公开权利要求1的技术方案，权利要求1相对于对比文件2具备新颖性。

2. 权利要求1具备《专利法》第二十二条第三款规定的创造性

对比文件1与对比文件2、对比文件3相比，公开了权利要求1中最多的技术特征，因此是本发明最接近的现有技术。正如前面分析所指出的，权利要求1与对比文件1的区别在于："所述下箱体（3）侧壁上部开设有通风孔（6）"。该区别特征与垃圾投入口配合，促使垃圾箱内空气对流，起到了防止垃圾腐化发臭的作用。因此本发明实际解决的技术问题是提供一种解决箱内通风不畅以防止垃圾易腐化发臭的垃圾箱。

对比文件2虽然公开了"通气孔"，但是该通气孔是设置在桶底上，解决的是家用垃圾桶套装和取出垃圾袋不方便的技术问题，通过在桶底上设置通气孔，使垃圾袋在桶内服帖地充分展开以及轻松取出。可见，对比文件2的家用垃圾桶与本发明的大型公共垃圾箱应用领域存在差别；尤其是，对比文件2公开的"通气孔"与本发明"通风孔"的设置位置、解决的技术问题和所起的作用均不相同。即对比文件2并没有公开权利要求1中的"所述下箱体（3）侧壁上部开设有通风孔（6）"这一技术特征，也未给出在下箱体侧壁上部设置通风孔以解决本发明所解决的技术问题的启示。

此外，对比文件3中未公开垃圾箱的侧壁或底板上开设有通风孔的内容，该区别特征也不是本领域解决上述技术技术问题的公知常识。

因此，权利要求1所要求保护的技术方案相对于对比文件1、2、3和本领域的公知常识是非显而易见的，具有突出的实质性特点。

权利要求1的技术方案通过在下箱体侧壁上部开设通风孔促进了垃圾箱内形成由下而上的空气对流，避免垃圾腐烂，减少臭味的产生，因而具有有益的技术效果，即具有显著的进步。

综上所述，权利要求1相对于对比文件1、2、3和本领域的公知常识具有突出的实质性特点和显著的进步，符合《专利法》第二十二条第三款关于创造性的规定。

七、第四题的参考答案

另行提出申请的独立权利要求为：

1. 一种垃圾箱，包括箱体和底部，其特征在于：所述底部可以相对于所述箱体向下转动而打开箱体的底部以卸出垃圾。

需要提出两份专利申请的理由

第一份专利申请的独立权利要求1相对于现有技术作出贡献的技术特征（即特定技术特征）为"下箱体侧壁上部开设有通风孔"，从而解决通风不畅导致垃圾腐烂发臭的问题。

另行提出申请的独立权利要求1相对于现有技术作出贡献的技术特征（即特定技术特征）为"底部可以相对于箱体向下转动而打开箱体的底部以卸出垃圾"，从而解决导轨积尘卡住底板的技术问题。

由此可见，两个独立权利要求对现有技术作出贡献的技术特征既不相同也不相应，即两个独立权利要求之间没有相同或相应的特定技术特征，彼此在技术上并不相互关联，因此不属于一个总的发明构思，不具有单一性。由此可知，这两项独立权利要求应当分别作为两份专利申请提出。

八、当年考生答案中的主要错误

1. 第一题答案中的主要错误

（1）没有全面指出存在的实质缺陷和形式缺陷。

（2）没有意识到要指出权利要求书中存在的形式缺陷或者由于从属权利要求引用关系不当造成的实质缺陷，如权利要求 2 的主题名称，权利要求 4 的引用关系错误。

（3）指出实质缺陷时，没有给出明确的事实或法律依据。

（4）没有同时指出权利要求 1 不具备新颖性和缺乏必要技术特征这两个实质缺陷。

（5）没有正确理解对比文件 1 附图中反映的技术内容。

（6）没有正确指出权利要求 5 不具备创造性的缺陷。

（7）在指出权利要求 5 不具备创造性时，没有明确最接近的现有技术即对比文件 1，也没有清晰地论述对比文件 3 给出结合启示的内容。

（8）没有指出权利要求 6 不是技术方案。

2. 第二题至第四题答案中的主要错误

（1）没有注意到对比文件 2 的通风孔与本发明通风孔的位置和作用等不相同，导致撰写的独立权利要求保护范围过窄。

（2）没有撰写出合适的从属权利要求，尤其是对于上箱体的通风结构没有进行合理的概括，或者撰写的从属权利要求未包括三种并列的技术方案，出现最多的错误是遗漏了该通风结构为上箱体的通气孔和空心槽状隔条两种方式相组合的技术方案。

（3）没有将关于滤水板的改进作为优选方式撰写相应的多个从属权利要求。

（4）将技术交底材料最后一段的广告宣传方法作为要求保护的主题撰写独立权利要求。

（5）对另行提出的一件申请的独立权利要求，最常见的错误是写入了过多的非必要技术特征，如上箱体、下箱体等，甚至还写入了反映滤水板相对于上箱体向下运动的具体结构的技术特征。

（6）没有正确判断出两项独立权利要求之间不符合单一性的要求，从而将两项独立权利要求均写在本申请中，而未将第二项独立权利要求另行提出申请。

（7）将涉及滤水板可活动的改进作为主要发明来撰写，而将涉及下箱体设置通风孔的改进作为另案提出的申请（从评分标准来看，在这种情形下也会给予一定的分数，但最终因为从属权利要求的数量不够而导致丢失较多的分数）。

（8）没有正确判断本发明中两部分改进的关系，因而只写了一份权利要求书而未提出另一件申请。

第二十九章 2014 年专利代理实务试题解析

试 题

答题须知

1. 本专利代理实务试题总分 150 分。

2. 所有试题的正确答案均以现行、有效的法律和法规为准。

3. 作为考试，考生在完成题目时应当接受并仅限于本试卷所提供的事实，并且无需考虑素材的真实性、有效性问题。

4. 请认真思考后将各题答案按顺序清楚地答写在答题卡对应的答题区域内：

第一题的答案按顺序清楚地答写在答题卡第 1—3 页上；

第二题的答案按顺序清楚地答写在答题卡第 4 页上；

第三题的答案按顺序清楚地答写在答题卡第 5—7 页上；

第四题的答案按顺序清楚地答写在答题卡第 8 页上。

考生将答案写在试卷上、草稿纸上或者未按上述要求写在答题卡相应区域内的，不予计分。

5. 为方便答题，考试时，考生可将试卷第 19～23 页的草稿纸沿虚线撕下来使用；考试结束时，草稿纸需随试卷、答题卡一同由监考老师收回，请勿带出考场，否则一律给予零分。

祝您取得理想的考试成绩！

试题说明

客户 A 公司向你所在的专利代理机构提供了以下材料：其自行向国家知识产权局递交的发明专利申请文件（附件 1）；审查员针对该发明专利申请发出的第一次审查意见通知书（附件 2），以及所引用的三份对比文件（对比文件 1 至 3）；公司进行最新技术改进和开发的专利申请（附件 3）。现委托你所在的专利代理机构办理相关事务。

第一题：撰写咨询意见。请参考第一次审查意见通知书（附件 2）的内容（为了用于考试，对通知书进行了简化和改造，隐去了详细阐述的内容），向客户逐一解释该发明专利申请（附件 1）的权利要求书和说明书是否符合专利法及其实施细则的相关规定并说明理由。

第二题：撰写答复第一次审查意见通知书时提交的修改后的权利要求书。请在综合考虑对比文件 1 至 3 所反映的现有技术以及你的咨询意见的基础上进行撰写。

第三题：撰写一份新的发明专利申请的权利要求书。请根据技术交底材料（附件 3）记载的内容，综合考虑附件 1、对比文件 1 至 3 所反映的现有技术，撰写能够有效且合理地保护发明创造的权利要求书。

如果认为应当提出一件专利申请，则应撰写独立权利要求和适当数量的从属权利要求；如果认为应当提出多件专利申请，则应说明不能合案申请的理由，并针对其中的一件专利申请撰写独立权利要求和适当数量的从属权利要求，对于其他专利申请，仅需撰写独立权利要求；如果在一件专利申请中包含两项或两项以上的独立权利要求，则应说明这些独立权利要求能够合案申请的理由。

第四题：简述新的发明专利申请中的独立权利要求相对于附件 1 所解决的技术问题及取得的技术效果。如果有多项独立权利要求，请分别对比和说明。

附件 1：发明专利申请文件

（19）中华人民共和国国家知识产权局

（12）发明专利申请

（43）申请公布日 2013.7.25

（21）申请号 201210345678.9

（22）申请日 2012.2.25

（71）申请人　A 公司

（其余著录项目略）

权利要求书

1. 一种光催化空气净化器，它包括壳体（1）、位于壳体下部两侧的进风口（2）、位于壳体顶部的出风口（3）以及设置在壳体底部的风机（4），所述壳体（1）内设置有第一过滤网（5）和第二过滤网（6），其特征在于，该光催化空气净化器内还设有光催化剂板（7）。

2. 根据权利要求 1 所述的光催化空气净化器，其特征在于，所述第一过滤网（5）是具有向下凸起曲面（9）的活性炭过滤网，所述第二过滤网（6）是 PM2.5 颗粒过滤网。

3. 根据权利要求 1 所述的光催化剂板，其特征在于，所述光催化剂板（7）由两层表面负载有纳米二氧化钛涂层的金属丝网（10）和填充在两层金属丝网（10）之间的负载有纳米二氧化钛的多孔颗粒（11）组成。

4. 一种空气净化方法，其特征在于，该方法包括使空气经过光催化剂板（7）进行过滤净化的步骤。

5. 一种治疗呼吸道类疾病的方法，该方法使用权利要求1所述的光催化空气净化器。

说 明 书

一种光催化空气净化器

[001]❶ 本发明涉及一种空气净化器，尤其涉及一种光催化空气净化器。

[002] 现有的空气净化器大多采用过滤、吸附等净化技术，没有对有害气体进行催化分解，无法有效除去空气中的甲醛等污染物。

[003] 为解决上述问题，本发明提供了一种将过滤、吸附与光催化氧化相结合的空气净化器。光催化氧化是基于光催化剂在紫外光的作用下产生活性态氧，将空气中的有害气体氧化分解为二氧化碳和水等物质。

[004] 本发明的技术方案是：一种光催化空气净化器，它包括壳体、位于壳体下部两侧的进风口、位于壳体顶部的出风口以及设置在壳体底部的风机。所述壳体内设置有第一过滤网、第二过滤网、光催化剂板和紫外灯。所述光催化空气净化器能有效催化氧化空气中的有害气体，净化效果好。

[005] 图1是本发明光催化空气净化器的正面剖视图。

[006] 图2是本发明光催化剂板的横截面图。

[007] 如图1所示，该空气净化器包括壳体1、位于壳体下部两侧的进风口2、位于壳体顶部的出风口3以及设置在壳体底部的风机4，所述壳体1内从下往上依次设置有第一过滤网5、光催化剂板7、紫外灯8和第二过滤网6。所述第一过滤网5是活性炭过滤网，其具有向下凸起的曲面9，该曲面9不仅能增大过滤网的过滤面积，而且还能使空气顺畅穿过第一过滤网5，有助于降低噪音。所述第二过滤网6是PM2.5颗粒（直径小于等于2.5微米的颗粒物）过滤网。

[008] 如图2所示，所述光催化剂板7由两层表面负载有纳米二氧化钛涂层的金属丝网10和填充在两层金属丝网10之间的负载有纳米二氧化钛的多孔颗粒11组成。

[009] 本发明的光催化空气净化器工作时，室内空气在风机4的作用下经进风口2进入，经过第一过滤网5后，其中的灰尘等较大颗粒物质被过滤掉；然后经过受到紫外灯8照射的光催化剂板7，其中的有害气体被催化氧化；随后经过第二过滤网6，PM2.5颗粒被过滤掉，净化后的空气经出风口3送出，净化效率高。

[010] 根据需要，可以在该光催化空气净化器的第二过滤网6的上部设置中草药过滤网盒，所述中草药过滤网盒内装有薄荷脑、甘草粉等中草药。净化后的空气经中草药过滤网盒排入室内，可预防或治疗呼吸道类疾病。

---

❶ 为后文分析方便起见，段落编号系编者所加，下同。

说 明 书 附 图

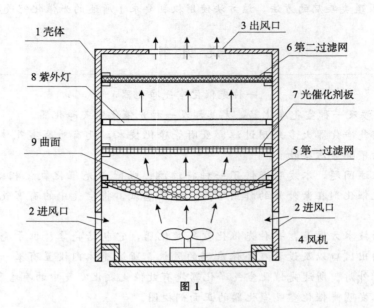

图 1

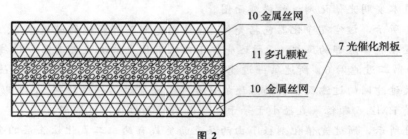

图 2

附件2：第一次审查意见通知书

本发明涉及一种光催化空气净化器，经审查，提出如下审查意见：

1. 独立权利要求1缺少解决其技术问题的必要技术特征，不符合专利法实施细则第二十条第二款的规定。

2. 权利要求1不具备专利法第二十二条第二款规定的新颖性。对比文件1公开了一种家用空气净化设备，其公开了权利要求1的全部技术特征。因此，权利要求1所要求保护的技术方案不符合专利法第二十二条第二款的规定。

3. 权利要求2不具备专利法第二十二条第三款规定的创造性。对比文件1公开了一种家用空气净化设备，对比文件2公开了一种车载空气清新机，对比文件3公开了一种空气过滤器，对比文件1、2和3属于相同的技术领域。因此，权利要求2所要求保护的技术方案相对于对比文件1、2的结合，或者相对于对比文件2、3的结合均不具备创造性，不符合专利法第二十二条第三款的规定。

4. 权利要求3不符合专利法实施细则第二十二条第一款的规定。

5. 权利要求4未以说明书为依据，不符合专利法第二十六条第四款的规定。

6. 权利要求5不符合专利法第二十五条第一款的规定。

综上所述，本申请的权利要求书和说明书存在上述缺陷。申请人应当对本通知书提出的意见予以答复。如果申请人提交修改文本，则申请文件的修改应当符合专利法第三十三条的规定，不得超出原说明书和权利要求书所记载的范围。

对比文件1：

(19) 中华人民共和国国家知识产权局

（12）实用新型专利

(45) 授权公告日 2012 年 10 月 9 日

(21) 申请号 201220133456.7
(22) 申请日 2012.1.25
(73) 专利权人　A 公司　　　　　　　　　　（其余著录项目略）

说 明 书

一种家用空气净化设备

本实用新型涉及一种家用空气净化设备。

图1是本实用新型家用空气净化设备的立体图。

图2是本实用新型家用空气净化设备的正面剖视图。

如图1、2所示，该家用空气净化设备包括壳体1、位于壳体下部两侧的进风口2、位于壳体顶部的出风口3以及设置在壳体底部的风机4。所述壳体1内由下向上依次设置有除尘过滤网5、活性炭过滤网6、紫外灯8和光催化剂多孔陶瓷板7。所述除尘过滤网由两层金属丝网和填充在两者之间的无纺布所组成。所述光催化剂多孔陶瓷板7上涂覆有纳米二氧化钛涂层。

该家用空气净化设备在工作时，室内空气在风机4的作用下经进风口2进入，经除尘过滤网5和活性炭过滤网6过滤后，除去其中的灰尘等颗粒物质；然后经过受到紫外灯8照射的光催化剂多孔陶瓷板7，其中的有害气体被催化分解，净化后的空气经出风口3送出。

说 明 书 附 图

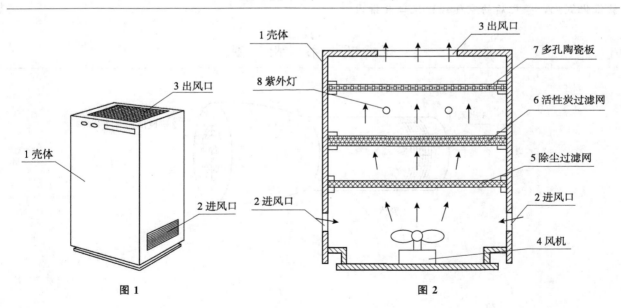

图1

图2

第四部分

对比文件2：

(19) 中华人民共和国国家知识产权局

（12）实用新型专利

(45) 授权公告日 2011 年 9 月 2 日

(21) 申请号 201120123456.7
(22) 申请日 2011.1.20 　　　　（其余著录项目略）

说　明　书

一种车载空气清新机

本实用新型涉及一种车载空气清新机。

目前的车载空气清新机大都通过活性炭过滤网对车内空气进行过滤，但是活性炭过滤网仅能过滤空气中颗粒较大的悬浮物，不能对人体可吸入的细小颗粒进行过滤。

图 1 为本实用新型车载空气清新机的立体图。

图 2 为本实用新型车载空气清新机的剖视图。

如图 1、2 所示，一种车载空气清新机，其包括外壳 1、位于壳体一端的进风口 2、位于壳体另一端侧面的出风口 3。在壳体内从右往左依次设置有活性炭过滤网 5、鼓风机 4、PM2.5 颗粒过滤网 6、紫外灯 8 和格栅状导风板 7。所述鼓风机 4 设置在两层过滤网之间，所述导风板 7 靠近出风口 3，在所述导风板 7 上涂覆有纳米二氧化钛薄膜。该车载空气清新机通过电源接口（图中未示出）与车内点烟器相连。

使用时，将电源接口插入车内点烟器中，车内空气在鼓风机 4 的作用下，经由进风口 2 进入，经过活性炭过滤网 5，滤除其中的大颗粒悬浮物；随后经过 PM2.5 颗粒过滤网 6，过滤掉人体可吸入的细小颗粒；然后经过受到紫外灯 8 照射的涂覆有纳米二氧化钛薄膜的导风板 7，其中的有害气体被催化氧化，净化后的空气经出风口 3 排出。

说　明　书　附　图

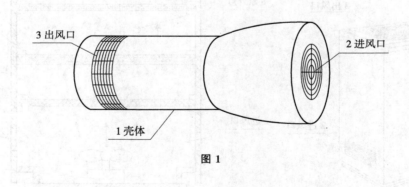

图 1

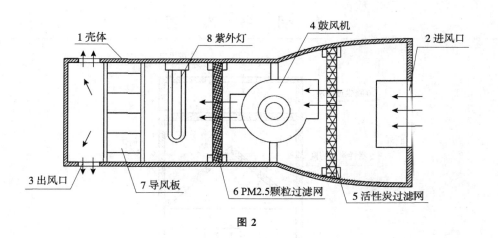

图 2

对比文件 3：

（19）中华人民共和国国家知识产权局

（12）实用新型专利

（45）授权公告日 2011 年 4 月 9 日

（21）申请号 201020123456.7

（22）申请日 2010.7.20

（其余著录项目略）

说 明 书

一种空气过滤器

　　本实用新型涉及一种应用于工矿厂房粉尘过滤的空气过滤器。通常将该空气过滤器吊装在厂房顶部以解决厂房内灰尘大的问题。

　　图 1 为本实用新型空气过滤器的正面剖视图。

　　如图 1 所示，一种空气过滤器，其包括筒体 1、位于筒体上部的进风口 2、位于筒体下部的出风口 3、风机 4、活性炭过滤网 5 和除尘过滤网 6。所述风机 4 设置在靠近出风口 3，所述活性炭过滤网 5 呈锥状，锥状设置的活性炭过滤网不仅能增大过滤面积，而且能使所吸附的灰尘等大颗粒悬浮物沉淀于过滤网的边缘位置，由此增大过滤效率。

　　该空气过滤器工作时，空气在风机 4 的作用下，经进风口 2 进入，经过除尘过滤网 6，除去其中的大部分灰尘，然后经过锥状活性炭过滤网 5，进一步滤除掉空气中的灰尘等大颗粒悬浮物，净化后的空气经出风口 3 送出。

第四部分

说 明 书 附 图

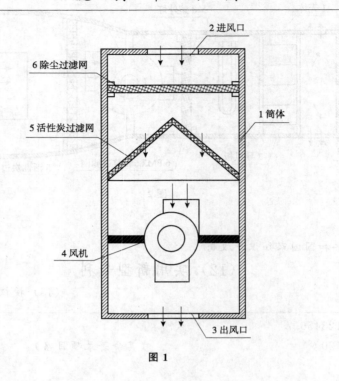

2 进风口

6 除尘过滤网

5 活性炭过滤网

1 筒体

4 风机

3 出风口

图 1

附件3：技术交底材料

[001] 现有的光催化空气净化器的光催化剂板填充的多孔颗粒阻碍了气流的流动，风阻较大，必须依靠风机的高速运转来提高气流的流动，由此导致噪音增大，特别是净化器的夜间运行更是影响人的睡眠；另一方面，金属丝网夹层多孔颗粒的结构使得气流与光催化剂的有效接触面积小，反应不充分，空气净化不彻底。

[002] 在现有技术的基础上，我公司提出改进的光催化空气净化器。

[003] 一种光催化空气净化器，它包括壳体1、位于壳体下部两侧的进风口2以及位于壳体上部两侧的出风口3。壳体底部设置有风机4，在壳体1内设置有第一过滤网5、第二过滤网6、光催化剂板7和紫外灯8。在该光催化空气净化器内还设置有消声结构9，大大降低了风机和和气流流动所产生的噪音。

[004] 如图1所示，消声结构9设置在第二过滤网6的上部，其由中央分流板10和一对侧导风板11组成。中央分流板10固定连接在壳体1顶部的内壁上，一对侧导风板11对称地分别连接在壳体1内侧壁上，中央分流板10与一对侧导风板11构成一个截面为V字形的出风通道。室内空气在风机4的作用下经进风口2进入，经过第一过滤网5，穿过受到紫外灯8照射的光催化剂板7，然后经过第二过滤网6，净化后的空气在中央分流板10和一对侧导风板11的作用下，从竖直气流导流成平行气流，由出风口3排出。中央分流板10和侧导风板11由吸音材料制成，例如玻璃纤维棉。

[005] 如图2所示，消声结构9是通过支架13安装在第二过滤网6上部的消声器12。在消声器12内设置有竖直布置的一组消声片14，消声片14由吸音材料制成。消声片14接近第二过滤网6的一端均为圆弧形。经过第二过滤网6的气流流经消声片14的圆弧形端面时会被分为两道以上气流，使得气流的声音能被更好地吸收，有效降低净化器的噪音。

[006] 如图3所示，空气净化器的光催化剂板7是负载有纳米二氧化钛的三维蜂窝陶瓷网15，与多孔陶瓷板以及其它光催化剂板相比，增大了与气流的接触面积，反应充分，净化效果好。

[007] 如图4所示，空气净化器的光催化剂板7由壳体1内设置的螺旋导风片16所代替，由此在空气净化器内形成导流回旋风道。在风道内壁和螺旋导风片16上喷涂纳米二氧化钛涂层，将紫外

灯 8 设置在风道的中央。空气进入净化器后，在螺旋导风片 16 的作用下在风道内形成回旋风，增加气流与光催化剂的接触面积和接触时间，催化反应充分，空气净化彻底。

[008] 可以将各种光催化剂板插入空气净化器中，与其它过滤网例如活性炭过滤网组合使用。

技 术 交 底 材 料 附 图

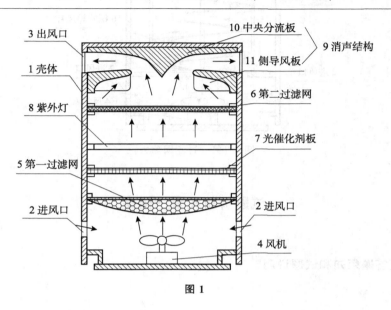

图 1

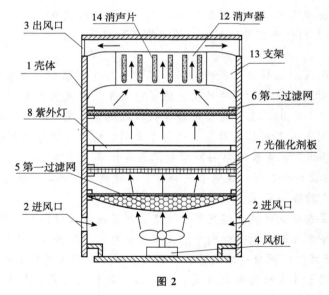

图 2

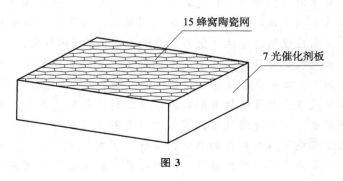

图 3

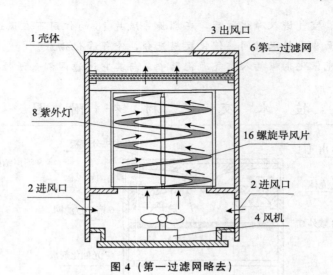

图4（第一过滤网略去）

试题解析和参考答案

一、认真阅读答题须知和试题说明

1. 答题须知

2014年专利代理实务试题的"答题须知"与前几年专利代理实务试题的"答题须知"基本相同，相关解析可参见2011年专利代理实务试题的"试题解析"部分。

2. 试题说明

试题说明中写明客户A公司提供了三份材料：客户自行向国家知识产权局递交的发明专利申请文件（附件1）；审查员针对该发明专利申请发出的第一次审查意见通知书（附件2），以及所引用的三份对比文件（对比文件1至3）；客户进行的最新技术改进和开发的专利申请（附件3）。

2014年试题说明中对第一题至第四题分别进行了说明，明确告知考生答题时需要完成的工作。

（1）在第一题中，要求应试者参考第一次审查意见通知书（附件2）的内容向客户逐一解释该发明专利申请（附件1）的权利要求书和说明书是否符合《专利法》及其实施细则的相关规定，并说明理由，以形成提交给客户的咨询意见。

（2）在第二题中，要求应试者撰写答复第一次审查意见通知书时提交的修改后的权利要求书。

（3）在第三题中，要求应试者根据专利申请技术交底材料（附件3）记载的内容以及综合考虑附件1、对比文件1至3所反映的现有技术撰写一份新的发明专利申请的权利要求书：如果认为应当提出一件专利申请，则应撰写独立权利要求和适当数量的从属权利要求；如果认为应当提出多件专利申请，则应说明不能合案申请的理由，并针对其中的一件专利申请撰写独立权利要求和适当数量的从属权利要求，对于其他专利申请，仅需撰写独立权利要求；如果在一件专利申请中包含两项或两项以上的独立权利要求，则应说明这些独立权利要求能够合案申请的理由。

（4）在第四题中，要求应试者简述新的发明专利申请中的独立权利要求相对于附件1所解决的技术问题及取得的技术效果。如果有多项独立权利要求，需要分别对比和说明。

前两题的试题内容涉及审查意见通知书的答复，第二题的解答是在第一题的分析和确定应对策略的基础上修改权利要求书。后两题的试题内容是撰写专利申请文件，其中第四题的解答是针对第三题所撰写的独立权利要求说明其所解决的技术问题和取得的技术效果。因此，下面先给出第一题和第二题的答题思路，然后给出第一题和第二题的参考答案；此后再给出第三题和第四题的答题思路，最后给出第三题和第四题的参考答案。

二、第一题和第二题的答题思路

在第一题和第二题的试题中共给出五份素材：客户自行向国家知识产权局递交的发明专利申请文件（附件 1），审查员针对该发明专利申请发出的第一次审查意见通知书（附件 2），以及所引用的三份对比文件（对比文件 1 至 3）。

正如前面所指出的，第一题要求应试者针对第一次审查意见通知书的内容撰写提交给客户的咨询意见，逐一解释该发明专利申请（附件 1）的权利要求书和说明书是否符合《专利法》及其实施细则的相关规定，并说明理由。需提请注意的是，与以前的试题不同，不是要求撰写一份提交给国家知识产权局的意见陈述书正文；第二题要求应试者撰写答复第一次审查意见通知书时提交的修改后的权利要求书。

在解答第一题和第二题时，首先，需要全面理解专利申请的技术内容；其次，阅读和了解第一次审查意见通知书所引用的现有技术（对比文件 1 至 3）公开的内容；在此基础上阅读和分析第一次审查意见通知书中所指出的不符合《专利法》及其实施细则的规定是否正确；再次，针对第一次审查意见通知书的分析结果确定应对策略和向客户撰写咨询意见；最后，根据所确定的应对策略撰写答复审查意见通知书时所提交的修改的权利要求书。

（一）阅读和分析发明专利申请文件

为答复审查意见通知书，在阅读和分析发明专利申请文件时需要做三个方面的工作：确定适用的法律法规，通过对说明书及其附图的阅读理解其相对于说明书背景技术部分所提到的现有技术作出了哪几方面改进，重点理解权利要求书中各项权利要求的技术方案。

1. 确定该发明专利申请案所适用的法律法规

在具体阅读和理解专利申请文件的技术内容之前，通常应当首先根据该发明专利申请的申请日来确定该发明专利申请在实质审查阶段所适用的法律法规。由该发明专利申请公布文本的著录项目可知，该发明专利申请未要求优先权，其申请日为 2012 年 2 月 25 日，晚于 2009 年 10 月 1 日，也晚于 2010 年 2 月 1 日，按照《施行修改后的专利法的过渡办法》和《施行修改后的专利法实施细则的过渡办法》的规定，该专利申请的审查适用于现行的《专利法》《专利法实施细则》和《专利审查指南 2010》。

2. 阅读说明书及其附图以理解该发明创造的内容

在阅读和理解专利申请文件的技术内容时，首先通过阅读和理解该专利申请文件的说明书及其附图，从整体上理解该发明创造内容：相对于其背景技术部分写明的现有技术所主要解决的技术问题、为解决该技术问题所采取的技术措施以及所作出的进一步改进和所采取的相应技术措施。

由说明书第 [001] 段可知，该发明涉及一种光催化空气净化器。

说明书第 [002] 段背景技术部分写明现有的空气净化器的缺点是没有对有害气体进行催化分解，无法有效除去空气中的甲醛等污染物。紧接着，说明书第 [003] 段写明，为解决上述技术问题，该发明的空气净化器进一步增加了光催化剂板（并配合有紫外灯）以有效催化氧化空气中的有害气体，以提高空气净化效果。❶

说明书第 [004] 段给出了该发明的技术方案：一种光催化空气净化器，其主要构成部件及相应的连接关系为："包括壳体、位于壳体下部两侧的进风口、位于壳体顶部的出风口以及设置在壳体底部的风机。所述壳体内设置的第一过滤网、第二过滤网、光催化剂板和紫外灯。"说明书第 [007]

---

❶ 专利申请的说明书中有关"光催化氧化是基于光催化剂在紫外光的作用下产生活性态氧，将空气中的有害气体氧化分解为二氧化碳和水等物质"的描述是对光催化氧化原理的说明，如果对此不能很清楚理解，作为考试可不必深究，只需要接受此处描述的事实即可。

段结合图1对该发明光催化空气净化器的结构作出更为清楚、更为直观的描述。

说明书第［008］段对该发明为有效除去空气中甲醛等污染物所采用的光催化剂板的具体结构进行了描述，结合图2所示可知该光催化剂板由两层表面负载有纳米二氧化钛涂层的金属丝网和填充在两层金属丝网之间的负载有纳米二氧化钛的多孔颗粒组成。

说明书第［007］段中进一步还写明第一过滤网是活性炭过滤网，第二过滤网是PM2.5颗粒（直径小于等于2.5微米的颗粒物）过滤网；且该段文字还给出了第一过滤网的优选结构（具有向下凸起的曲面）以及这种优选结构进一步带来的技术效果（增大过滤网的过滤面积，且使空气顺畅穿过第一过滤网以降低噪音）。

说明书第［009］段对该发明光催化空气净化器进行空气净化的工作原理作了具体说明。

说明书最后一段（第［010］段）还给出一种优选结构：在该光催化空气净化器的第二过滤网的上部设置中草药过滤网盒，这种结构的光催化空气净化器可用于预防或治疗呼吸道类疾病。

3. 理解权利要求书中各项权利要求的技术方案

在阅读说明书及其附图并理解发明创造内容之后，则需要结合说明书记载的内容理解权利要求书中各项权利要求的技术方案。

该发明专利申请的权利要求书中要求保护三项主题：光催化空气净化器（独立权利要求1）、空气净化方法（独立权利要求4）和治疗呼吸道类疾病的方法（独立权利要求5）。

独立权利要求1要求保护一种光催化空气净化器，通过在其中设置光催化剂板将空气中的有害气体氧化分解，以取得更好的净化效果。

权利要求2对独立权利要求1的光催化空气净化器的两层过滤网从结构上作进一步限定，说明书第［007］段中对权利要求2中"第一过滤网具有向下凸起曲面"这一附加技术特征带来的技术效果作出了说明：增大过滤网的过滤面积，且使空气顺畅穿过第一过滤网以降低噪声。

权利要求3对独立权利要求1中的光催化剂板的结构作了进一步限定，但其引用部分的主题名称为"光催化剂板"，显然与其引用的权利要求1的主题名称不一致。

独立权利要求4请求保护一种空气净化方法，通过让空气经过光催化剂板将空气中的有害气体分解，以取得更好的净化效果。

独立权利要求5请求保护的主题为"治疗呼吸道类疾病的方法"，明显属于《专利法》第二十五条第一款中规定的不授予专利权的疾病治疗方法。

（二）阅读和了解第一次审查意见通知书中引用的三份对比文件公开的内容

为了分析第一次审查意见通知书中所指出的各项权利要求是否符合《专利法》及其实施细则的有关规定，需要先确定其所引用的对比文件的适用范围和了解这些对比文件所公开的技术内容。

1. 根据对比文件的公开时间确定其适用范围

基于试题给出了对比文件的公开时间，以及作为专利申请的申请日，有必要对第一次审查意见通知书所引用的三份对比文件的公开时间进行分析以确定其适用范围。

对比文件1是一件中国实用新型专利文件，其申请日为2012年1月25日，公告日为2012年10月9日，专利权人为A公司，而该发明专利申请的申请日为2012年2月25日，申请人为A公司。由此可以得知，对比文件1是一件申请日后公告的中国实用新型专利文件，未构成该发明专利申请的现有技术，不能用于评价该发明专利申请各项权利要求的创造性；但是，由于其是一件申请人本人在该发明专利申请的申请日前提出申请、申请日后授权公告的中国新型专利文件，前面已经指出该发明专利申请适用现行的《专利法》《专利法实施细则》和《专利审查指南2010》，因此根据现行《专利法》第二十二条第二款的规定，该对比文件1可以用于评价该发明专利申请各项权利要求的新颖性。

对比文件2的公告日为2011年9月2日，对比文件3的公告日为2011年4月9日，均是该发明专利申请的申请日前授权公告的中国实用新型专利文件，构成该发明专利申请的现有技术，因此这两份对比文件不仅能用于评价该发明专利申请各项权利要求的新颖性，也能用于评价各项权利要求的创造性。

2. 理解三份对比文件公开的技术内容

为了分析三份对比文件公开的内容是否影响该发明专利申请各项权利要求的新颖性和创造性，需要理解三份对比文件所公开的技术内容。

这三份对比文件均涉及空气净化器，且这三份对比文件均涉及两层过滤网（活性炭过滤网和PM2.5颗粒过滤网），其中对比文件1和2还涉及光催化反应结构，因此这三份对比文件公开的内容均与该发明专利申请相关。

对比文件1公开的家用空气净化设备包括壳体1、位于壳体下部两侧的进风口2、位于壳体顶部的出风口3以及设置在壳体底部的风机4。所述壳体1内由下向上依次设置有除尘过滤网5、活性炭过滤网6、紫外灯8和光催化剂多孔陶瓷板7。所述除尘过滤网由两层金属丝网和填充在两者之间的无纺布所组成。所述光催化剂多孔陶瓷板7上涂覆有纳米二氧化钛涂层。

对比文件2涉及一种车载空气清新机，其包括壳体1、位于壳体一端的进风口2、位于壳体另一端侧面的出风口3。在壳体内从右往左依次设置有活性炭过滤网5、鼓风机4、PM2.5颗粒过滤网6、紫外灯8和格栅状导风板7。所述鼓风机4设置在两层过滤网之间，所述导风板7靠近出风口3，在所述导风板7上涂覆有纳米二氧化钛薄膜。

对比文件3涉及一种应用于工矿厂房粉尘过滤的空气过滤器，其包括筒体1、位于筒体上部的进风口2、位于筒体下部的出风口3、风机4、活性炭过滤网5和除尘过滤网6。所述风机4设置在靠近出风口3，所述活性炭过滤网5呈锥状，锥状设置的活性炭过滤网不仅能增大过滤面积，而且能使所吸附的灰尘等大颗粒悬浮物沉淀于过滤网的边缘位置，由此增大过滤效率。

（三）阅读和分析第一次审查意见通知书中的审查意见是否正确

根据试题要求，在分析权利要求书存在的缺陷时，需要结合第一次审查意见通知书的内容进行分析。鉴于试题给出的第一次审查意见通知书在指出权利要求书中存在的缺陷时仅给出结论，未作具体分析，因此需要应试者通过对各项权利要求与相关对比文件的对比分析来判断各个审查意见是否正确。

需要说明的是，虽然试题说明中提及也要针对说明书的缺陷进行分析，但第一次审查意见通知书中仅涉及权利要求书，因此基本上仅需分析权利要求书的缺陷。

1. 独立权利要求1是否缺少解决其技术问题的必要技术特征

在该发明专利申请说明书写明的要解决的技术问题是有效除去空气中的甲醛等有害气体。采用的技术方案是在空气净化器中设置光催化剂板和紫外灯，光催化剂板上的光催化剂在紫外光的作用下产生活性态氧，将空气中的有害气体氧化分解为二氧化碳和水等物质，由此可知光催化剂板和紫外灯是该发明解决技术问题的必要技术特征。

目前的权利要求1中仅记载了光催化剂板而未记载紫外灯，因此独立权利要求1缺少解决其技术问题的必要技术特征的审查意见正确。

2. 权利要求1相对于对比文件1是否具备新颖性

权利要求1的技术方案是："一种光催化空气净化器，它包括壳体（1）、位于壳体下部两侧的进风口（2）、位于壳体顶部的出风口（3）以及设置在壳体底部的风机（4），所述壳体（1）内设置有第一过滤网（5）和第二过滤网（6），其特征在于，该光催化空气净化器内还设有光催化剂板（7）。"

正如前面所指出的，对比文件1是一件申请人本人的中国实用新型专利文件，其申请日早于该发明专利申请的申请日、授权公告日晚于该发明专利申请的申请日，按照现行《专利法》第二十二条第二款的规定，可以用于评价该发明专利申请各项权利要求的新颖性。对比文件1中公开的家用空气净化设备实际上也是一种光催化空气净化器，包括壳体、位于壳体下部两侧的进风口、位于壳体顶部的出风口以及设置在壳体底部的风机，在壳体内由下而上依次设置有除尘过滤网（相当于权利要求1中的第一过滤网）、活性炭过滤网（相当于权利要求1中的第二过滤网）、紫外灯和光催化剂多孔陶瓷板（为权利要求1中光催化剂板的下位概念）；由此可知，对比文件1公开了权利要求1的全部技术特征，即其公开了权利要求1的技术方案，且其技术领域、解决的技术问题和技术效果与该发明实质相同，相对于权利要求1的技术方案来说构成了抵触申请，因此审查意见通知书中有关权利要求1相对于对比文件1不具备《专利法》第二十二条第二款规定的新颖性的审查意见是正确的。

3. 权利要求2相对于对比文件1、2的结合，或者相对于对比文件2、3的结合是否具备创造性

首先，分析前一种结合对比方式，正如前面所指出的，对比文件1未构成该发明专利申请的现有技术，不能用于评价该发明专利申请各项权利要求的创造性，因此有关权利要求2相对于对比文件1和2的结合不具备创造性的审查意见明显不正确。

其次，分析后一种结合对比方式，在对比文件2和对比文件3中，由于对比文件2公开的车载空气清新机也是一种包含有活性炭过滤网、PM2.5颗粒过滤网以及光催化反应部件（涂覆有纳米二氧化钛薄膜的导风板和紫外灯）的空气净化装置，而对比文件3公开的应用于工矿厂房粉尘过滤的空气过滤器，仅包含活性炭过滤网和除尘过滤网，未包含光催化反应部件，因此从解决的技术问题、技术效果和用途来看，对比文件2比对比文件3更接近该发明，且从公开的技术特征来看，对比文件2公开了该发明更多的技术特征，因此对比文件2是该发明专利申请最接近的现有技术。

权利要求2未被最接近的现有技术对比文件2公开的技术特征为："第一过滤网（活性炭过滤网）具有向下凸起的曲面"，即凸起对着空气来流方向。由该发明专利申请说明书第［007］段记载的内容可知，权利要求2相对于对比文件2实际解决的技术问题是增大过滤面积和降低噪声。对比文件3中的活性炭过滤网呈锥状设置，锥尖向着空气气流方向，由对比文件3说明书第3段记载的内容可知，活性炭过滤网呈锥状设置所起的作用为增大过滤面积和增大过滤效率。审查员由此认为两者的形状均向着气流方向突出，均能起到增大过滤面积的作用，因此认为对比文件3给出了将其中活性炭过滤网的形状应用到对比文件2而得到权利要求2技术方案的结合启示，从而给出权利要求2相对于对比文件2和3的结合不具备创造性的审查意见。

上述审查意见有一定道理，但是对比文件3中的活性炭过滤网为锥形，与该申请中的曲面过滤网形状存在一定的不同，采用曲面结构相对于锥形结构除了具有加大接触面积的相同效果外，还起到降低噪声的作用，即所起作用并不完全相同，正由于存在上述形状和作用两方面的不同，可以认为本领域的技术人员将对比文件3中公开的内容应用到对比文件2中并不能直接得到权利要求2的技术方案，还需要通过改变过滤网的形状来降低噪声，而采用曲面来代替锥面并不是本领域降低噪声的惯用技术手段。因此，由对比文件2和对比文件3所公开的内容以及本领域的公知常识得到权利要求2的技术方案对本领域的技术人员来说是非显而易见的，即权利要求2相对于对比文件2和3以及本领域的公知常识具有突出的实质性特点，而且权利要求2的技术方案能够降低噪声，具有显著的进步，从而可以在意见陈述书中以此为理由争辩权利要求2具备《专利法》第二十二条第三款规定的创造性，以说服审查员改变观点。

但是，审查员可能会坚持认为该锥状设置的过滤网也是朝向进风口凸起，其与具有向下凸起曲面的活性炭过滤网相比属于形状的简单变形，在对比文件3中所起的作用同样是增大过滤面积，即两者所起作用有一部分相同，由此认定权利要求2不具有突出的实质性特点和显著的进步，不具备创造性。

综上所述，关于权利要求2相对于对比文件2和对比文件3的结合是否具备创造性的问题可以与审查员进行争辩，但所作争辩不一定能说服审查员，应做好审查员不接受时的后续修改准备。

4. 权利要求3是否不符合《专利法实施细则》第二十二条第一款的规定

正如前面阅读专利申请文件时所指出的，权利要求3引用部分的主题名称与其引用的独立权利要求1的主题名称不一致，因此权利要求3不符合《专利法实施细则》第二十二条第一款规定的审查意见正确。但是，如果在修改后的权利要求书中仍将其限定部分作为一项从属权利要求的附加技术特征的话，可以通过修改该权利要求的主题名称来消除这一形式缺陷。

此外，审查意见通知书未指出权利要求3不具备新颖性或不具备创造性，且对比文件1也未公开权利要求3限定部分的附加技术特征"所述光催化剂板由两层表面负载有纳米二氧化钛涂层的金属丝网和填充在两层金属丝网之间的负载有纳米二氧化钛的多孔颗粒组成"，因此对比文件1不能否定权利要求3的新颖性；对比文件2和3也都未公开权利要求3限定部分的附加技术特征，且该附加技术特征也不属于本领域的公知常识，因此对比文件2和3的结合也不能否定权利要求3的创造性。

5. 权利要求4是否以说明书为依据

鉴于审查意见通知书中指出权利要求4未以说明书为依据的实质缺陷时未作出具体说明，估计其认为权利要求4要求保护的方法中包括了使空气经过光催化剂板进行过滤净化的步骤，而由说明书可知，该空气净化方法采用的光催化剂板是"由两层表面负载有纳米二氧化钛涂层的金属丝网和填充在两层金属丝网之间的负载有纳米二氧化钛的多孔颗粒组成"，能有效催化氧化空气中的有害气体，净化效果好，这并不能说明任一种包括光催化剂板的空气净化器都能解决该发明要解决的技术问题，达到该发明技术效果。因此，其认为权利要求4未以说明书为依据。

这一审查意见值得商榷，理由在于：其一，《专利审查指南2010》第二部分第二章第3.2.1节中明确指出对产品权利要求采用功能或效果特征限定时需要有足够的实施方式支持，而对方法权利要求来说其步骤就属于方法技术特征，并未要求多种结构来支持该步骤特征；其二，只要紫外灯照射在涂覆有光催化剂的光催化剂板上就能起到催化氧化空气中的有害气体的作用，从而解决该发明要解决的技术问题，达到该发明的技术效果，因此不能以说明书仅给出一种结构就认定该权利要求未以说明书为依据。

需要说明的是，尽管权利要求4未以说明书为依据的审查意见可以商榷，但是对比文件1也公开了独立权利要求4的全部技术特征，构成了权利要求4的抵触申请，因此该独立权利要求4相对于对比文件1不具备新颖性。

6. 权利要求5是否不符合《专利法》第二十五条第一款的规定

独立权利要求5要求保护一种治疗呼吸道类疾病的方法，显然属于《专利法》第二十五条第一款第（三）项中的疾病的诊断和治疗方法这一类不授予专利权的客体。因此，权利要求5属于《专利法》第二十五条第一款中不授予专利权的范畴，因此审查意见通知书中有关权利要求5不符合《专利法》第二十五条第一款规定的审查意见是正确的。

（四）针对分析结果确定应对策略并向客户撰写咨询意见

在阅读和分析第一次审查意见通知书中的各个审查意见是否正确后，应当针对分析结果确定答复审查意见通知书的应对策略，在此基础上向客户给出咨询意见。

1. 确定应对策略

由于审查意见通知书中仅涉及权利要求书存在的实质性缺陷和形式缺陷，而未指出说明书存在的缺陷，因此在确定应对策略时主要考虑如何修改权利要求书。

由前面分析结果可知，原独立权利要求1缺少必要技术特征的审查意见正确，因此对于要求保护的三项主题的第一项，在修改后的独立权利要求1中首先应当补入紫外灯这一必要技术特征。但是，应当注意到，即使该独立权利要求1补入紫外灯这一必要技术特征，对比文件1仍公开了其全部技术特征，构成其抵触申请，因此其相对于对比文件1仍然不具备新颖性。

对于第一项要求保护的主题，正如前面分析指出的，如果将权利要求2限定部分的技术特征加入独立权利要求，其创造性可与审查员商榷；而将权利要求3限定部分的技术特征加入独立权利要求，审查意见通知书中引用的三份对比文件不能破坏其新颖性和创造性。因此需要与客户商量采用哪一种修改方案，但作为考试，不能直接与客户沟通，因此可以从以下角度来考虑：就本案说明书中所写明的要解决的技术问题而言，原权利要求3限定部分的技术特征是解决这一技术问题的优选措施，针对其进行专利保护更具有价值，而权利要求2限定部分的附加特征与该发明要解决的技术问题并无直接的关系，从这一角度看应当优先考虑加入权利要求3限定部分的技术特征；再加上前面指出的审查意见通知书中引用的三份对比文件不能破坏原权利要求3的创造性，而权利要求2是否具备创造性仅仅是可以商榷而已，从这一方面考虑，也应当优先考虑加入权利要求3限定部分的技术特征。综上考虑，应当建议客户将原权利要求3限定部分的技术特征加入到原独立权利要求1中。当然，这样修改后，原权利要求3引用部分主题名称改变的缺陷也就相应被克服了。

然后，可以将原权利要求2限定部分的技术特征作为附加技术特征撰写成修改后独立权利要求1的从属权利要求2。

对于第二项要求保护的主题原独立权利要求4，虽然其未以说明书为依据的审查意见可以商榷，但由于方法权利要求4相对于对比文件1不具备新颖性，应当对其进行修改，但由于说明书中也未记载对该方法作出进一步改进的技术内容，因此在修改后的权利要求书中只能删除该项独立权利要求4，不再包括这一项主题。❶

对于第三项要求保护的主题原独立权利要求5，显然其属于《专利法》第二十五条第一款第（三）项中的疾病诊断或治疗方法，不能授予专利权，因此应当将原独立权利要求5删去，不再包括这一项主题。

2. 在对审查意见分析和确定应对策略的基础上撰写给客户的咨询意见

试题要求向客户撰写咨询意见，逐一解释该发明专利申请（附件1）的权利要求书和说明书是否符合《专利法》及其实施细则的相关规定并说明理由。因此在对审查意见通知书的审查意见作出分析和确定答复的应对策略后，可着手撰写给客户的咨询意见，以便在向客户转送审查意见通知书时一并提供给客户。需要说明的是，虽然试题说明中要求应试者逐一解释"权利要求书和说明书"是否符合相关规定，但是审查意见通知书中没有涉及说明书存在的缺陷，因此考试中的咨询意见也就不涉及说明书，仅逐一解释权利要求书中各项权利要求是否符合相关的规定。

咨询意见除起始段和结尾段外，通常包括两个方面的主要内容：分析说明审查意见通知书中给出的各个审查意见是否正确；给出对权利要求书的修改建议，并说明给出上述建议的理由。❷

在分析各个审查意见是否正确的部分，对于审查意见通知书引用对比文件的情况，通常先对这些对比文件的适用范围作出说明；然后依据《专利法》《专利法实施细则》和《专利审查指南2010》的规定对审查意见通知书中指出的专利申请文件（尤其是各项权利要求）所存在的不符合《专利法》《专利法实施细则》和/或《专利审查指南2010》有关规定的缺陷逐一说明其审查意见是否正确或者可以商榷。如果审查意见通知书中对同一权利要求涉及多个不符合《专利法》《专利法实施细则》和/或《专利审查指南2010》有关规定的缺陷，应分别作出说明，如在该发明申请中，对独立权利要求1缺少必要技术特征和不具备新颖性两个缺陷应分别作出说明；如果审查意见通知书中对同一权利要求涉及不具备新颖性或创造性理由给出多种单独对比或结合对比情况的，应当针对多种对比情况分别作出说明，如在该发明申请中，审查意见通知书中对权利要求2不具备创造性给出对比文件1和对比文件2以及对比文件2和对比文件3两种结合对比方式，应当针对这两种结合对比方式分别说明其审查意见是否正确；对于审查意见通知书中涉及新颖性和创造性的审查意见，应当注意到在

---

❶ 在《2014年全国专利代理人资格考试试题解析》一书给出的相关参考答案中，将原独立权利要求4修改成如下的独立权利要求3："3. 一种利用权利要求1所述的光催化空气净化器进行空气净化的方法，其特征在于：包括使空气经过光催化剂板（7）进行过滤净化的步骤。"这种修改方式并不可取，因为这是所述空气净化器使用中必然的结果，所以这样的权利要求是没有必要的。

❷ 在《2014年全国专利代理人资格考试试题解析》一书给出的相关参考答案中，并未包括对权利要求书的修改建议和说明给出上述建议的理由，因为原试题中未提出这方面的要求。但这样一来在阅卷评分时就不清楚应试者对权利要求书作出相应修改的理由，这样的考核并不全面，因而不排除今后的试题中会对咨询意见提出这方面的要求。为此，在本试题答案的咨询意见中还给出了对权利要求书的修改建议，并说明给出上述建议的理由。

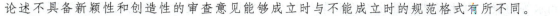

论述不具备新颖性和创造性的审查意见能够成立时与不能成立时的规范格式有所不同。

在给出权利要求书修改建议的部分，在给出修改的权利要求书之前，应当具体说明作出这样修改的理由。如果具有多种可供客户选择的修改方案，应当具体说明各种修改方案的利弊，以方便客户作出决断。

（五）撰写答复审查意见通知书时提交的修改后的权利要求书

在试题第二题中要求应试者撰写答复第一次审查意见通知书时提交的修改后的权利要求书。在实际专利代理实务中应当根据客户的指示修改权利要求书，而在应试中可根据前面对审查意见通知书的分析结果，依照所确定的应对策略，对权利要求书进行修改，以便在答复第一次审查意见通知书时提交修改后的权利要求书。就该发明专利申请而言，对原权利要求书作如下修改：在原独立权利要求 1 中补入"紫外灯"以及原权利要求 3 限定部分的技术特征，以克服权利要求 1 缺少必要技术特征和不具备新颖性的缺陷；将权利要求 2 限定部分的技术特征作为附加技术特征改写成新修改后的独立权利要求 1 的从属权利要求 2；删去原独立权利要求 4 和原独立权利要求 5。

三、第一题和第二题的参考答案

下面分别给出第一题（提交给客户的咨询意见）和第二题（答复审查意见通知书时提交的修改后的权利要求书）的参考答案，该参考答案以《2014 年全国专利代理人资格考试试题解析》一书"专利代理实务"科目所给出的撰写例为基础，进行了适当的修改。❶

（一）提交给客户的咨询意见

尊敬的 A 公司：

很高兴贵方委托我所代为办理有关空气净化器的专利申请案，经仔细阅读专利申请文件、审查意见通知书及引用的三份对比文件，认为贵公司目前的发明专利申请文件存在一些不符合《专利法》和《专利法实施细则》规定的缺陷。但若对专利申请文件进行修改，能够克服通知书中指出的缺陷而取得专利权。

1. 关于对比文件 1～3 的适用

在审查意见通知书引用的三份对比文件中，对比文件 1 是中国实用新型专利文件，其申请日早于该发明专利申请的申请日，授权公告日晚于该发明专利申请的申请日，该对比文件 1 只能用于判断本发明专利申请各项权利要求是否具备新颖性，但由于其未构成本发明专利申请的现有技术，因而不能用于判断各项权利要求是否具备创造性。

对比文件 2 和对比文件 3 的授权公告日均早于本发明专利申请的申请日，构成本发明专利申请的现有技术，能够用于判断各项权利要求是否具备新颖性和/或创造性。

2. 对各项权利要求存在问题的分析

（1）关于权利要求 1

审查意见通知书中指出权利要求 1 存在缺少解决技术问题的必要技术特征和相对于对比文件 1 不具备新颖性两个缺陷。

由本发明专利申请说明书记载的内容可知，本发明要解决的技术问题是有效除去空气中的甲醛等有害气体，采用的技术方案是在空气净化器中设置光催化剂板和紫外灯，光催化剂板上的光催化剂在紫外光作用下产生活性态氧，将空气中的有害气体氧化分解为二氧

---

❶ 本书给出的参考答案相对于《2014 年全国专利代理人资格考试试题解析》一书中给出的撰写例范文主要作了三个方面的修改：其一，对范文进行适当的简化，尤其省略了各法条的原文，因为考试在于考查考生运用法条的能力，不必死背法条具体文字，在阅卷时没有将法条原文是否列出作为给分的依据；其二，由于审查意见通知书中有关权利要求 2 和权利要求 4 的审查意见值得商榷，对这两项权利要求的分析需要从两个方面加以说明，因此分析比范文更为具体；其三，给出对如何修改权利要求书的建议并说明了理由。

化碳和水等物质，由此可知光催化剂板和紫外灯是本发明解决技术问题的必要技术特征。目前的权利要求1中仅记载了光催化剂板而未记载紫外灯，因此权利要求1缺少解决技术问题的必要技术特征、不符合《专利法实施细则》第二十条第二款规定的审查意见正确。

即使在权利要求1中补入必要技术特征"紫外灯"后能够解决权利要求1不符合《专利法实施细则》第二十条第二款规定的问题，但是经对比分析，权利要求1仍不具备《专利法》第二十二条第二款规定的新颖性，理由如下：

对比文件1为中国实用新型专利文件公开了一种家用空气净化设备。该家用空气净化设备包括壳体1、位于壳体下部两侧的进风口2、位于壳体顶部的出风口3以及设置在壳体底部的风机4；所述壳体1内由下向上依次设置有除尘过滤网5、活性炭过滤网6、紫外灯8和光催化剂多孔陶瓷板7。由此可见，对比文件1公开了权利要求1所要求保护的技术方案的全部技术特征，且两者的技术领域、技术方案、解决的技术问题和取得的技术效果相同。由此可知，对比文件1构成了权利要求1的抵触申请。因此即使权利要求1补入"紫外灯"这一必要技术特征，仍不具备《专利法》第二十二条第二款规定的新颖性。

（2）关于权利要求2

审查意见通知书中认为权利要求2相对于对比文件1和2的结合或者相对于对比文件2和3的结合不具备创造性。

由于对比文件1只可用于判断本申请权利要求是否具备新颖性，不能用于判断本申请权利要求是否具备创造性，因此审查意见通知书中认为权利要求2相对于对比文件1和2的结合不具备创造性的审查意见明显不正确。

对于权利要求2相对于对比文件2和3的结合不具备创造性的审查意见可与审查员商榷，其理由如下：

权利要求2引用权利要求1，其附加技术特征进一步限定："所述第一过滤网（5）是具有向下凸起曲面（10）的活性炭过滤网，所述第二过滤网（6）是PM2.5颗粒过滤网"。

在对比文件2和3中，对比文件2是最接近的现有技术，公开了一种车载空气清新机，其包括壳体1、位于壳体一端的进风口2、位于壳体另一端侧面的出风口3，在壳体内从右往左依次设置有活性炭过滤网5、鼓风机4、PM2.5颗粒过滤网6、紫外灯8和格栅状导风板7，所述导风板7靠近出风口3，在所述导风板7上涂覆有纳米二氧化钛薄膜。

权利要求2未被对比文件2公开的技术特征为"所述第一过滤网（5）、即活性炭过滤网具有向下凸起的曲面（9）"，从而其实际要解决的技术问题是在增大过滤面积的同时使空气顺畅通过过滤网以减少噪声。对比文件3公开了一种空气过滤器，并具体公开了"呈锥状设置的活性炭过滤网"，过滤网呈锥状设置起到了增大过滤面积和使吸附的灰尘沉积在过滤网周缘而增大过滤效率。审查员由此认为两者的形状均向着气流方向突出，均能起到增大过滤面积的作用，因此认为对比文件3给出了将其中活性炭过滤网的形状应用到对比文件2而得到权利要求2技术方案的结合启示，从而得出权利要求2不具备创造性。

对于上述审查意见，可在意见陈述书中强调："对比文件3的过滤网为锥形，与本申请中的曲面过滤网形状不同，本申请采用曲面结构相对于锥形结构除了具有相同的加大接触面积外，还起到有助于降低噪声的作用，即所起的作用并不完全相同。由于存在上述不同，本领域技术人员在面对对比文件3时没有动机将对比文件3中公开的上述内容应用到对比文件2中而得到权利要求2的技术方案，即这些不同使权利要求2相对于对比文件2和3具有突出的实质性特点；而且权利要求2的技术方案能够降低噪声，具有显著的进步。因此，权利要求2相对于对比文件2和3具备《专利法》第二十二条第三款规定的创造性。"通过上述争辩以说服审查员改变观点。

但是，审查员可能会坚持认为该锥状设置的过滤网也是朝向进风口凸起，其与具有向

下凸起曲面的活性炭过滤网相比属于形状的简单变形，在对比文件 3 中所起的作用同样是增大过滤面积，并因此认定权利要求 2 不具备创造性。

综上所述，关于权利要求 2 的创造性问题可以进一步与审查员争辩交流，但要做好审查员不接受时的后续修改准备。

（3）关于权利要求 3

审查意见通知书中指出权利要求 3 不符合《专利法实施细则》第二十二条第一款的规定，是指目前从属权利要求 3 的主题名称"光催化剂板"与其引用的权利要求 1 的主题名称"光催化空气净化器"不一致，这一审查意见是正确的。如果在修改后的权利要求书中仍将其限定部分作为一项从属权利要求的附加技术特征的话，这一缺陷可以通过修改权利要求 3 的主题名称加以解决。

此外，审查意见通知书中引用的三份对比文件均未披露权利要求 3 限定部分有关光催化剂板具体结构的技术特征，因而这三份对比文件均不能否定权利要求 3 的新颖性，对比文件 2 和对比文件 3 的结合不能否定权利要求 3 的创造性。鉴于此，审查意见通知书中也未指出权利要求 3 不具备新颖性和创造性的缺陷。

（4）关于权利要求 4

审查意见通知书中认为权利要求书 4 未以说明书为依据，不符合《专利法》第二十六条第四款的规定。但是，估计审查员认为权利要求 4 要求保护的方法中包括了使空气经过光催化剂板进行过滤净化的步骤，而由说明书记载的内容可知，该空气净化方法采用的光催化剂板是"由两层表面负载有纳米二氧化钛涂层的金属丝网（10）和填充在两层金属丝网（10）之间的负载有纳米二氧化钛的多孔颗粒（11）组成的光催化剂板"，能有效催化氧化空气中的有害气体，净化效果好，从而认定并不是任一种包括光催化剂板的空气净化器均能解决该发明所要解决的技术问题，达到该发明的技术效果。因此，其得出权利要求 4 未以说明书为依据的结论。

对这一审查意见可以进行争辩：其一，对方法权利要求来说其步骤就属于方法技术特征，并未要求多种结构来支持该步骤特征；其二，只要紫外灯照射在涂覆有光催化剂的光催化剂板上就能起到催化氧化空气中的有害气体的作用，就能解决该发明要解决的技术问题，达到该发明的技术效果，因此不能以说明书仅给出一种结构就认定该权利要求未以说明书为依据。

但是，即使就权利要求 4 以说明书为依据的争辩能成功，该权利要求 4 所要求保护的技术方案相对于对比文件 1 仍不具备新颖性，因为对比文件 1 公开了一种家用空气净化设备的空气净化方法，该方法包括使空气经过光催化剂多孔陶瓷板进行过滤净化的步骤。由此可见，对比文件 1 公开了权利要求 4 所要求保护的技术方案的全部技术特征，且两者的技术领域、技术方案、解决的技术问题和取得的技术效果相同，构成了权利要求 4 的抵触申请，因此权利要求 4 不具备新颖性。

（5）关于权利要求 5

通知书中指出权利要求 5 不符合《专利法》第二十五条第一款的规定。权利要求 5 要求保护一种利用光催化空气净化器治疗呼吸道类疾病的方法，是以有生命的人体为直接实施对象，属于疾病的治疗方法，属于《专利法》第二十五条第一款规定的不授予专利权的客体，因此这一审查意见也是正确的。

3. 关于权利要求书的修改建议❶

通过上述分析，得知原权利要求1不具备新颖性和缺少必要技术特征的审查意见正确，因此应当修改独立权利要求1。

权利要求2不具备创造性的审查意见可以争辩，而目前的三份对比文件不能否定权利要求3的新颖性和创造性，在这种情形下可以有两种修改方案：其一是在独立权利要求1中补入必要技术特征"紫外灯"和权利要求2限定部分的技术特征；其二是补入"紫外灯"和权利要求3限定部分的技术特征。考虑到权利要求3是与该发明解决技术问题直接有关的优选方案，而权利要求2具备创造性的争辩并不一定能成功，因此建议采用后一种方案，在独立权利要求1中补入必要技术特征"紫外灯"和权利要求3限定部分的技术特征。这样修改后原权利要求3所存在的主题名称与引用的权利要求主题名称不一致的缺陷也就不再存在了。

然后，再以原权利要求2限定部分的技术特征作为附加技术特征撰写一项新修改的独立权利要求1的从属权利要求2。

虽然审查意见通知书中有关权利要求4未以说明书为依据的审查意见可以争辩，但该权利要求4相对于对比文件1不具备新颖性，因此建议删去权利要求4。

审查意见通知书中有关权利要求5属于《专利法》第二十五条第一款不授予专利权的客体的审查意见正确，因此建议删去权利要求5。

以上咨询意见供参考，有问题请随时与我们沟通。

祝好！

×××专利代理机构×××专利代理人

××××年××月××日

（二）修改后的权利要求书

1. 一种光催化空气净化器，包括壳体（1）、位于壳体下部两侧的进风口（2）、位于壳体顶部的出风口（3）以及设置在壳体底部的风机（4），所述壳体（1）内设置有第一过滤网（5）、光催化剂板（7）、第二过滤网（6）和紫外灯（8），其特征在于，所述光催化剂板（7）由两层表面负载有纳米二氧化钛涂层的金属丝网（10）和填充在两层金属丝网（10）之间的负载有纳米二氧化钛的多孔颗粒（11）组成。

2. 根据权利要求1所述的光催化空气净化器，其特征在于，所述第一过滤网（5）是具有向下凸起曲面（9）的活性炭过滤网，所述第二过滤网（6）是PM2.5颗粒过滤网。❷

四、第三题和第四题的答题思路

第三题要求根据技术交底材料（附件3）记载的内容，综合考虑附件1、对比文件1至3所反映的现有技术，撰写能够有效且合理地保护发明创造的发明专利申请的权利要求书。

（一）理解技术交底材料中涉及的发明创造

首先，需要正确理解技术交底材料提供的技术内容。

---

❶ 在《2014年全国专利代理人资格考试试题解析》一书给出的相关参考答案中，并未包括这一部分内容，因为原试题中未提出这方面的要求，但这样一来在阅卷评分时就不清楚应试者对权利要求书作出相应修改的理由，这样的考核并不全面，因而不排除今后的试题中会对咨询意见提出这方面的要求，为此在本试题答案的咨询意见中还给出了对权利要求书的修改建议并说明给出上述建议的理由。

❷ 在《2014年全国专利代理人资格考试试题解析》一书给出的相关答案中，修改后的权利要求书中还包括一项独立权利要求："3. 一种利用权利要求1所述的光催化空气净化器进行空气净化的方法，其特征在于，包括使空气经过光催化剂板（7）进行过滤净化的步骤。"在前面的脚注中已经说明这样撰写的独立权利要求3所存在的问题（在此不再重复说明），因此此处给出的答案中删去该独立权利要求。

根据技术交底材料中第［001］段，该发明想要解决的技术问题包括两个方面：

其一，针对现有光催化空气净化器的光催化剂板填充的多孔颗粒阻碍了气流的流动，风阻较大，必须依靠风机的高速运转来提高气流的流动，由此导致噪声增大，特别是净化器的夜间运行更是影响人的睡眠。

其二，金属丝网夹层多孔颗粒的结构使得气流与光催化剂的有效接触面积小，反应不充分，空气净化不彻底。

技术交底材料第［003］段针对解决噪声这一技术问题而言，给出的技术方案为：一种光催化空气净化器，它包括壳体1、位于壳体下部两侧的进风口2以及位于壳体上部两侧的出风口3；壳体底部设置有风机4，在壳体1内设置有第一过滤网5、第二过滤网6、光催化剂板7和紫外灯8；在该光催化空气净化器内还设置有消声结构。而结合第一题和第二题解答时理解的现有技术内容可知，现有技术的空气净化器并不包括消声结构，由此可见，该发明关键之处是设置有消声结构，以降低风机和气流流动所产生的噪声。

而技术交底材料第［004］段和第［005］段结合图1和图2对第［003］段空气净化器中的改进措施消声结构给出两种具体结构。其中，第［004］段给出的消声结构9设置在第二过滤网6的上部，由固定连接在壳体1顶部内壁上的中央分流板10和一对对称地分别连接在壳体1内侧壁上的侧导风板11组成，中央分流板10与一对侧导风板11构成一个截面为V字形的出风通道，中央分流板10和侧导风板11由吸声材料（例如玻璃纤维棉）制成。第［005］段中给出的另一种消声结构9是通过支架13安装在第二过滤网6上部的消声器，其内部竖直布置了一组由吸声材料制成的消声片14，消声片14接近第二过滤网6的一端均为圆弧形。

技术交底材料第［006］段和第［007］段都是针对现有技术中空气净化器中所存在的气流与光催化剂的有效接触面积小、反应不充分和空气净化不彻底的问题所采取的改进措施。其中，第［006］段给出的改进措施是其中的光催化剂板采用了负载有纳米二氧化钛的三维蜂窝陶瓷网，与多孔陶瓷板以及其他光催化剂板相比，增大了与气流的接触面积，反应充分，净化效果好；第［007］段给出的解决措施是其中的光催化剂板由壳体内设置的螺旋导风片所代替，由此在空气净化器内形成导流回旋风道，与此相应的是，在风道内壁和螺旋导风片上喷涂纳米二氧化钛涂层，将紫外灯设置在风道的中央，采取这种措施后，空气进入净化器后，在螺旋导风片的作用下在风道内形成回旋风，增加气流与光催化剂的接触面积和接触时间，催化反应充分，空气净化彻底。

第［008］段提及可以将各种光催化剂板插入空气净化器中，与其他过滤网例如活性炭过滤网组合使用。

（二）确定可以要求保护的技术主题

通过对上述技术交底材料的分析，对于该专利申请可以要求保护的主题可得出如下几点结论：

（1）技术交底材料中涉及一种要求保护的主题：光催化空气净化器。

（2）该发明现有技术存在两方面的技术问题：光催化剂板风阻大，提高风机转速导致噪声增大；光催化剂板的多孔颗粒的结构使得气流与光催化剂的有效接触面积小，致使空气净化不彻底。

（3）该发明针对现有技术的上述两方面技术问题，分别作出了两方面改进：与图1和图2相应的结构改进解决噪声大的技术问题；与图3和图4相应的增大气流与光催化剂有效接触面积的结构改进解决空气净化不彻底的技术问题。

（4）通过对这两方面改进的分析可知，这两方面的结构改进为并列关系，因此可以分别针对这两方面的改进撰写独立权利要求。并且解决的技术问题相互没有关联，因而初步可以判断得出这两方面的改进不属于一个总的发明构思，需要分别提出专利申请。

（5）由技术交底材料介绍内容的先后可知，客户拟将解决噪声大这一技术问题的改进作为该申请中最重要的一项发明创造，而另一方面的改进不仅可以作为另一项发明创造撰写独立权利要求，还可以将其作为前一方面改进的进一步改进来撰写从属权利要求。

（三）针对最重要的发明创造撰写独立权利要求

1. 确定最重要发明创造的两种结构之间的关系

技术交底材料对第一方面的改进给出了两种结构光催化空气净化器，这两种结构为并列关系，首先需要分析这两种结构的技术特征，其中哪些是相同的技术特征，哪些是不同的技术特征。

具体比较如下表所示。

光催化空气净化器	第一种结构	第二种结构
壳体	√	√
位于壳体下部两侧的进风口	√	√
位于壳体上部两侧的出风口	√	√
壳体底部设置有风机	√	√
壳体内设置有第一过滤网	√	√
第二过滤网	√	√
光催化板	√	√
紫外灯	√	√
设置有消声结构	√	√
为中央分流板和一对侧导风板	√	
构成 V 字形出风通道	√	
为竖直布置有消声片的消声器		√
消声片接近第二过滤网的一端为圆弧形		√
由吸声材料制成	√	√

可见，两种结构的光催化空气净化器相同的技术特征：
① 壳体；
② 位于壳体下部两侧的进风口；
③ 位于壳体上部的出风口；
④ 壳体底部设置有风机；
⑤ 第一过滤网；
⑥ 第二过滤网；
⑦ 光催化剂板；
⑧ 紫外灯；
⑨ 设置有消声结构。

由于两种结构为并列关系，对于两者不同的技术特征需要考虑是否采用概括的方式来表达，目前试题中概括为消声结构，但这样的概括方式会导致最后撰写成的独立权利要求不清楚或者明显不具备创造性，因此应当作进一步限定。由于两种结构为并列关系，对于两者不同的技术特征应当采用概括表述方式：在从所述第二过滤网至所述出风口的空气流道中设置由吸音材料制成的消声结构。

经概括后的两种结构的光催化空气净化器的共同技术特征：主题名称为光催化空气净化器，部件包括壳体，位于壳体下部两侧的进风口，位于壳体上部两侧的出风口，壳体底部设置有风机，壳体内设置有第一过滤网、第二过滤网、光催化板、紫外灯，在从所述第二过滤网至所述出风口的空气流道中设置由吸音材料制成的消声结构。

2. 确定该发明最接近的现有技术和要解决的技术问题

从这四篇现有技术的内容来看，均涉及空气净化器，均与该发明属于相同的技术领域。这四份对比文件中的空气净化器均包括两层过滤网（除尘过滤网和活性炭过滤网），其中附件 1 和对比文件 1 至 2 还包括光催化反应结构，从公开的技术特征更多来看应当从这三份现有技术中来确定；从解决的技术问题（消除由多孔颗粒光催化剂板增大的噪声）更相近来看，对比文件 2 中采用了涂覆有纳米二氧化钛薄膜的导风板，因此附件 1 和对比文件 1 与该发明更为接近。进一步，附件 1 中第二过滤网、光催化剂板和紫外灯的位置均与该发明相同，且从技术交底材料来看，客户是针对其在先发明专利申请作出的改进，因此应当将附件 1 作为该发明最接近的现有技术（前一题中的发明专利申请文件）。

由技术交底材料第［001］段前半部分的内容可知，光催化剂板内填充的多孔颗粒阻碍了气流的流动，风阻较大，必须依靠风机的高速运转来提高气流的流动，由此导致噪声增大。因此可以确定，该发明相对于最接近的现有技术所解决的技术问题是降低因风机高速运转而增大的噪声。

在确定了该发明相对于最接近的现有技术（即附件 1）所要解决的技术问题之后，针对该技术问题确定其全部必要技术特征，并按照《专利法实施细则》第二十一条第一款规定的格式划分前序部分和特征部分，完成独立权利要求的撰写。

现针对特征①至⑧以及作进一步限定后的特征⑨，具体分析哪些是解决上述技术问题的必要技术特征。

就特征①至④来说，壳体、风机以及壳体上的进风口和出风口是该发明必须有的部件或结构，但其进风口、出风口和风机的设置位置不局限于技术交底材料中给出的位置，例如对比文件 1 和对比文件 2 中的出风口位置，对比文件 3 和对比文件 4 中的进风口、出风口和风机的位置不尽相同，因此后三个特征中的具体位置不应当成为其必要技术特征。由此可知，这四个特征应当为：壳体、位于壳体上的进风口、位于壳体上的出风口和位于壳体内的风机。

对于特征⑤和⑥来说，由于该发明主要是为了消除因光催化剂板中的多孔颗粒阻碍气流的流动而采用高速风机所增加的噪声而采取的改进措施，不论是对采用两层过滤网还是一层过滤网的光催化空气净化器都适用，尤其是图 4 中的空气净化器只包含有一层过滤网，而在文字说明中也写明可采用图 1 和图 2 中的两层过滤网，由此也可联想到对图 1 和图 2 所示的空气净化器也可以仅有一层过滤网。因此对于这两个技术特征⑤和⑥来说，只需要写明设有过滤网即可，无须写明其为一层还是两层。

对于特征⑦和⑧来说，光催化剂板和紫外灯是光催化空气净化器中为产生活性态氧以催化分解有害气体所不可缺少的部件。对于光催化剂板这一特征，由于前面已经提到还要将该发明第二方面的改进作为第一方面改进的进一步改进来撰写从属权利要求，而在第二方面改进的第二种结构中，空气净化器中用作光催化剂载体部件的光催化剂板由壳体内设置的螺旋导风片所代替，因此独立权利要求中若采用光催化剂板这个技术特征来表述的话，则从属权利要求就会出现用"B 部件代替 A 部件"的表述方式。《专利审查指南 2010》第二部分第二章中明确指明，采用这样的撰写方式，该形式的从属权利要求实质上是一项独立权利要求。为避免这种不合适的表述方式，该技术特征可采用技术交底材料中所写明的对光催化剂板和涂覆有光催化剂的螺旋导风片这两种结构进行概括，由于不管是光催化剂板，还是涂覆有光催化剂的螺旋导风片都是空气净化器的一个部件，都是用来负载光催化剂的，因此可以概括为"负载光催化剂的部件"❶。

至于特征⑤至⑧这四个特征在壳体内的排列关系，在技术交底材料的图 1、图 2 和图 4 所示的光催化空气净化器中第二过滤网距壳体出风口位置最近，但是对比文件 2 中的光催化空气净化器却是光催化剂载体部件距壳体出风口最近。显然，该发明第一方面的改进对于对比文件 2 中光催化空气

---

❶　在以往试题的技术交底材料中，往往会更清楚地给出如何概括的暗示，故《2014 年全国专利代理人资格考试试题解析》一书中未对"光催化剂板"和"涂覆有光催化剂的螺旋导风片"进行概括，因此其从属权利要求出现了不合适的以"替代"方式表示的技术特征。今后对于这样的试题有可能会认为试题给出了暗含的概括表述方式"负载光催化剂的部件"，故在推荐的参考答案中采用了这种暗含的概括表述方式。

净化器的结构也适用，因此不应当在独立权利要求1中限定过滤网、负载光催化剂的部件和紫外灯的排列位置。

至于进一步限定后的特征⑨"在从第二过滤网至出风口的空气流道中设置由吸音材料制成的消声结构"，是解决该发明技术问题的关键技术手段，因此是该发明解决技术问题的必要技术特征，应当写入到独立权利要求中。但是，考虑到前面所提到的独立权利要求中不需要写明过滤网为两层，且不应写明过滤网、光催化剂载体部件和紫外灯的排列位置顺序，而目前进一步限定后的特征⑨的表述方式中却已体现了其包含两层过滤网，且第二过滤网距壳体出风口位置最近，因此需要对特征⑨进行改写，通过对光催化空气净化器的结构分析，可以将其改写成"在壳体内通往出风口的净化后空气流道中设置由吸音材料制成的消声结构"。❶

在确定了应当写入独立权利要求的必要技术特征之后，将其中与最接近的现有技术共有的技术特征（即主题名称光催化空气净化器、壳体、位于壳体上的进风口和出风口、壳体内设置有风机、壳体内设置有过滤网、负载光催化剂的部件、紫外灯）写入到独立权利要求的前序部分，将最后一个技术特征"在壳体内通往所述出风口的净化后空气流道中设置由吸音材料制成的消声结构"写入到特征部分，以完成独立权利要求的撰写。

根据《专利法实施细则》第十九条第四款的规定，对产品独立权利要求，最好在其各部件名称后面加上带括号的附图标记，因此在撰写该发明光催化空气净化器的独立权利要求（包括后面撰写的从属权利要求）时，在其各个部件名称后面加上相应的带括号的附图标记。

最后完成的独立权利要求1如下：

1. 一种光催化空气净化器，包括壳体（1），位于壳体（1）上的进风口（2）和出风口（3），位于壳体（1）内的风机（4）、过滤网（5，6）、负载光催化剂的部件（7）和紫外灯（8），其特征在于：在所述壳体（1）内通往所述出风口（3）的净化后空气流道中设置由吸音材料制成的消声结构（9）。❷

3. 撰写从属权利要求

完成独立权利要求的撰写后，进一步分析该申请的其他技术特征。对于比较重要的特征，尤其是可能对申请的创造性起作用的技术特征、带来更优效果的技术特征或者进一步解决了技术问题而产生相应技术效果的技术特征等，可以作为对该发明进一步限定的附加技术特征，写成相应的从属权利要求。这些附加技术特征往往在专利申请中会以"本发明优选地""本发明还可以采用""采用……会得到更好的效果"等引出（但不局限于这些），考生在阅读试题时即可以对此进行标注，以便在撰写从属权利要求时查找。

具体到本试题而言，从属权利要求的布局可按如下方式进行：

（1）先针对第一种结构的消声结构撰写引用独立权利要求1的从属权利要求，具体参见技术交底材料第［004］段第一句和第二句前半部分给出的第一种消声结构，由于第一种消声结构的空气净化器的出风口必须设置在其壳体内壁的两侧，因而在该从属权利要求2中需要对其出风口位置作出限定：

2. 根据权利要求1所述的光催化空气净化器，其特征在于：所述出风口（3）位于所述壳体（1）

---

❶ 由于在技术交底材料中未明确给出上述文字表述方式，故《2014年全国专利代理人资格考试试题解析》一书中给出的答案中仍写明光催化空气净化器的壳体内设置了两层过滤网，且写明"在第二过滤网至出风口的空气流道中设置由吸音材料制成的消声结构"。

❷ 在《2014年全国专利代理人资格考试试题解析》一书给出的相关参考答案中，独立权利要求1特征部分的区别特征为"在从所述第二过滤网至所述出风口的空气流道中设置由吸音材料制成的消声结构"，从而实际上限定了第二过滤网距出风口的位置最近；基于前面分析特征⑨时所说明的理由，现给出的独立权利要求1特征部分的技术特征采用了另一种表述方式，这样的撰写方式并未限定过滤网、光催化剂载体部件、紫外灯的排列位置顺序，相对于国家知识产权局条法司在上述参考答案中给出的独立权利要求，具有更宽的保护范围。

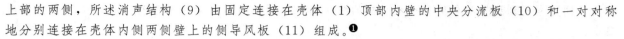

上部的两侧，所述消声结构（9）由固定连接在壳体（1）顶部内壁的中央分流板（10）和一对对称地分别连接在壳体内侧两侧壁上的侧导风板（11）组成。❶

由于技术交底材料第［004］段第二句后半部分进一步给出了一种优选的消声结构（虽然没有明确采用优选结构的文字描述，但从上下文和技术角度可以判断出来），因而，可以基于该优选结构撰写下一层级的从属权利要求，例如写成：

3. 根据权利要求 2 所述的光催化空气净化器，其特征在于：所述中央分流板（10）与侧导风板（11）构成一个截面为 V 字形的出风通道。

（2）技术交底材料第［005］段第一句给出了第二种结构消声结构，随后一句给了更具体的结构说明。因此，再针对第二种结构的消声结构撰写引用独立权利要求 1 的从属权利要求，再对这种结构的消声结构的优选结构撰写下一层级的从属权利要求，由于具有第二种消声结构的光催化空气净化器并不要求其出风口必须位于侧壁上，因此在针对第二种消声结构撰写从属权利要求 4 时不需要限定出风口的位置：

4. 根据权利要求 1 所述的光催化空气净化器，其特征在于：所述壳体（1）内通往出风口（3）的净化后空气流道中安装有消声器（12），所述消声结构（9）为一组竖直布置在所述消声器（12）内的消声片（14）。

5. 根据权利要求 4 所述的光催化空气净化器，其特征在于：所述消声片（14）朝向所述消声器（12）进气口的一端均为圆弧形。

（3）考虑到该发明创造第二方面增大空气与光催化板有效接触面积的改进也可以是在第一方面改进的基础上作出的改进，因此可以将第二方面改进的两种结构作为附加特征撰写相应的从属权利要求（具体依据技术交底材料第［006］段和第［007］段的描述）。

6. 根据权利要求 1 至 5 任一项所述的光催化空气净化器，其特征在于：所述负载光催化剂的部件（7）是负载有纳米二氧化钛的三维蜂窝陶瓷网（15）。

7. 根据权利要求 1 至 5 任一项所述的光催化空气净化器，其特征在于：所述负载光催化剂的部件（7）为设置在所述壳体（1）内、形成导流回旋风道的螺旋导风片（16），作为光催化剂的纳米二氧化钛涂层喷涂在风道内壁和螺旋导风片（16）上，所述紫外灯（8）设置在风道的中央。❷

（四）针对该发明另外的发明创造撰写独立权利要求❸

技术交底材料中第［006］段和第［007］段对该发明另外一项改进给出了两种增大气流与光催化剂有效接触面积的结构。这两种结构是并列的结构，而且对于这两种结构来说无法从结构上对其进行概括，若采用功能概括的方式则基本相当于该光催化空气净化器采用了能解决该技术问题的结构，这样撰写的权利要求属于未清楚限定要求专利保护的范围，而且很有可能相对于现有技术明显不具备创造性。由此可知，对这两种结构无法加以概括，应当针对这两种结构分别撰写一项独立权利要求。

根据技术交底材料中第［006］段所描述的改进发明，其关键是光催化剂板采用三维蜂窝陶瓷网

---

❶ 在《2014 年全国专利代理人资格考试试题解析》一书给出的相关参考答案中，只列出了中央分流板和一对侧导风板，而未写明这两个部件与壳体的连接关系，这样的权利要求未清楚限定要求专利保护的范围，因此也是不可取的。

❷ 在《2014 年全国专利代理人资格考试试题解析》一书给出的相关参考答案中，特征部分撰写如下："所述光催化剂板（7）由壳体（1）内设置的螺旋导风片（16）所代替，由此在空气净化器内形成导流回旋风道，在风道内壁和螺旋导风片（16）上喷涂纳米二氧化钛涂层，将紫外灯（8）设置在风道的中央。"需要说明的是，在实际专利代理实务中通常不提倡采用这种技术特征的替换写法。

❸ 在《2014 年全国专利代理人资格考试试题解析》一书给出的参考答案中，对于另外两项改进发明，仅需写出其中一项改进发明的独立权利要求即视为符合答题要求（对应地，不能合案申请的理由也应仅针对两独立权利要求之间展开，以及第四题也针对两项发明进行即可）。但从试题给出的信息来看，其实对于这两项另外改进发明都应当撰写出独立权利要求，这样对于保护客户的利益更加全面，因而更为合理一些。

结构，同时考虑到该发明与现有技术共有的技术特征，因而可以针对该项改进，撰写如下独立权利要求：

1. 一种光催化空气净化器，包括壳体（1）、位于壳体上的进风口（2）和出风口（3），壳体（1）内部设置有风机（4）、过滤网（5，6）、载有纳米二氧化钛的光催化剂板（7）和紫外灯（8），其特征在于：所述光催化剂板（7）采用三维蜂窝陶瓷网（15）结构。❶

根据技术交底材料中第［007］段的描述，可以发现其与上述改进发明相比，关键是空气净化器的光催化剂板由壳体内设置的螺旋导风片所代替，由此在空气净化器内形成导流回旋风道；在风道内壁和螺旋导风片上喷涂纳米二氧化钛涂层，将紫外灯设置在风道的中央。因此，基本上可以在上述改进的独立权利要求的特征部分用该部分予以替换即可形成相应的独立权利要求。具体如下：

1. 一种光催化空气净化器，包括壳体（1），位于壳体（1）上的进风口（2）和出风口（3），位于壳体（1）内的风机（4）、过滤网（5，6）、载有纳米二氧化钛的光催化剂载体部件（7）和紫外灯（8），其特征在于：在壳体（1）内设置有螺旋导风片（16）以形成导流回旋风道，所述纳米二氧化钛在风道内壁和螺旋导风片（16）上形成喷涂涂层，构成所述光催化剂载体部件，所述紫外灯（8）设置在风道中央。

（五）三项独立权利要求是否具备单一性

根据上述撰写思路，可以得知三项独立权利要求的特定技术特征分别为：

第一项独立权利要求中的"在所述壳体内通往所述出风口的净化后空气流道中设置由吸音材料制成的消声结构"，其技术效果是起到降低噪声的作用。

第二项独立权利要求中的"光催化剂板具有三维蜂窝陶瓷网结构"，其技术效果是起到增大气流与光催化剂有效接触面积的作用。

第三项独立权利要求中的"壳体内设置有螺旋导风片以形成导流回旋风道，所述纳米二氧化钛在风道内壁和螺旋导风片上形成喷涂涂层，构成光催化部件，紫外灯设置在风道中央"，其技术效果是起到增大气流与光催化剂有效接触面积的作用。

经比较，可以较明显地得出这三项独立权利要求的特定技术特征互不相同。此外，第一项与第二项和第三项相比，解决的技术问题也完全不同，采用的技术措施也完全不同，因而第一项与另两项独立权利要求之间，也不存在相应的特定技术特征。而对于第二项与第三项独立权利要求相比，虽然都是为了起到增大气流与光催化剂有效接触面积的作用，但采取的技术措施不仅不相同，而且没有任何技术上的联系，因此两者也不存在相应的特定的技术特征（由于解决增加的气流与光催化剂有效接触面积这一技术问题是公知的，因此不能成为所采取的不同技术措施构成相应的特定技术特征的理由）。综上所述，三项独立权利要求之间都不具有相同或相应的特定技术特征，不具备单一性，因此应当分别作为三件申请提出。据此，可以给出本题的答案，完成第三题的答题。

值得注意的是，根据试题要求，针对该发明另外改进的两项发明，仅需撰写对应的独立权利要求，而不必再撰写从属权利要求。

（六）撰写的独立权利要求解决的技术问题和取得的技术效果

根据第四题的要求，需要简述三项独立权利要求解决的技术问题和取得的技术效果（注意是针对三项独立权利要求都要进行说明，不要遗漏）。该题的答案在撰写对应的独立权利要求时，其实也大致梳理出来了，对于文字的表达基本可以依据技术交底材料中的表述来完成。但需要注意的是，不要将技术特征本身写成为解决技术问题，而应根据技术交底书的记载从现有技术的缺陷角度来表述；而技术效果方面，则从采取的技术特征所达到的效果或产生的结果来进行描述，其中第二项和第三项独立权利要求解决的技术问题基本上是相同的，达到的最终效果也基本相同，只不过采取的

---

❶ 在《2014年全国专利代理人资格考试试题解析》一书给出的参考答案中，权利要求1的特征部分为"所述光催化剂板（7）是负载有纳米二氧化钛的三维蜂窝陶瓷网（15）"，但由于光催化剂板为负载有纳米二氧化钛已是现有技术，因此最好写到前序部分。

技术特征是不同的，在表述上作适当处理即可。

五、第三题和第四题的参考答案

下面分别给出第三题（撰写的该申请权利要求书和撰写的需要另案提交申请的独立权利要求，需要作为三件申请提出的理由）的参考答案和第四题（所撰写的三项独立权利要求解决的技术问题和取得的技术效果）的参考答案。

（一）该申请的权利要求书

1. 一种光催化空气净化器，包括壳体（1），位于壳体（1）上的进风口（2）和出风口（3），位于壳体（1）内的风机（4）、过滤网（5，6）、负载光催化剂的部件（7）和紫外灯（8），其特征在于：在所述壳体（1）内通往所述出风口（3）的净化后空气流道中设置由吸音材料制成的消声结构（9）。

2. 根据权利要求1所述的光催化空气净化器，其特征在于：所述出风口（3）位于所述壳体（1）上部的两侧，所述消声结构（9）由固定连接在壳体（1）顶部内壁的中央分流板（10）和一对对称地分别连接在壳体内侧两侧壁上的侧导风板（11）组成。

3. 根据权利要求2所述的光催化空气净化器，其特征在于：所述中央分流板（10）与侧导风板（11）构成一个截面为 V 字形的出风通道。

4. 根据权利要求1所述的光催化空气净化器，其特征在于：所述壳体（1）内通往出风口（3）的净化后空气流道中安装有消声器（12），所述消声结构（9）为一组竖直布置在所述消声器（12）内的消声片（14）。

5. 根据权利要求4所述的光催化空气净化器，其特征在于：所述消声片（14）朝向所述消声器（12）进气口的一端均为圆弧形。

6. 根据权利要求1至5任一项所述的光催化空气净化器，其特征在于：所述负载光催化剂的部件（7）是负载有纳米二氧化钛的三维蜂窝陶瓷网（15）。

7. 根据权利要求1至5任一项所述的光催化空气净化器，其特征在于：所述负载光催化剂的部件（7）为设置在所述壳体（1）内、形成导流回旋风道的螺旋导风片（16），作为光催化剂的纳米二氧化钛涂层喷涂在风道内壁和螺旋导风片（16）上，所述紫外灯（8）设置在风道的中央。

（二）需要另行提出两件专利申请的独立权利要求

第二件专利申请的独立权利要求：

1. 一种光催化空气净化器，包括壳体（1），位于壳体上的进风口（2）和出风口（3），壳体（1）内部设置有风机（4）、过滤网（5，6）、载有纳米二氧化钛的光催化剂板（7）和紫外灯（8），其特征在于：所述光催化剂板（7）采用三维蜂窝陶瓷网（15）结构。

第三件专利申请的独立权利要求：

1. 一种光催化空气净化器，包括壳体（1），位于壳体（1）上的进风口（2）和出风口（3），位于壳体（1）内的风机（4）、过滤网（5，6）、载有纳米二氧化钛的光催化剂载体部件（7）和紫外灯（8），其特征在于：在壳体（1）内设置有螺旋导风片（16）以形成导流回旋风道，所述纳米二氧化钛在风道内壁和螺旋导风片（16）上形成喷涂涂层，构成所述光催化剂载体部件，所述紫外灯（8）设置在风道中央。

（三）应当将三项发明分别提出专利申请的理由

三项独立权利要求应分别提出专利申请的理由如下：

该申请即第一件申请的独立权利要求的特定技术特征为：在所述壳体内通往所述出风口的净化后空气流道中设置由吸音材料制成的消声结构，其起到降低噪声的作用。

第二申请的独立权利要求的特定技术特征为：光催化剂板具有三维蜂窝陶瓷网结构，其起到增大气流与光催化剂有效接触面积的作用。

第三件申请的独立权利要求的特定技术特征为：壳体内设置有螺旋导风片以形成导流回旋风道，所述纳米二氧化钛在风道内壁和螺旋导风片上形成喷涂涂层，构成光催化部件，紫外灯设置在风道中央，其起到增大气流与光催化剂有效接触面积的作用。

显然，后两项独立权利要求与前一项独立权利要求的特定技术特征既不相同，且解决的技术问题完全不同。由此可知，后两项独立权利要求的特定技术特征与前一项独立权利要求的特定技术特征既不相同，又不相应，在技术上不相关联，不属于一个总的发明构思。

就后两项独立权利要求而言，虽然两者的特定技术特征所起的作用都是增大气流与光催化剂的有效接触面积，但两者的特定技术特征毫无关联，即两者为解决同一技术问题采用了相互没有关联的技术手段，因而这两项独立权利要求的特定技术特征之间既不相同，又不相应，不属于一个总的发明构思。

综上所述，这三项发明的独立权利要求相互之间不具有《专利法》第三十一条规定的单一性，不能合案申请，应当作为三件专利申请分别提出。

（四）撰写的三项独立权利要求解决的技术问题和取得的技术效果

撰写的三项独立权利要求相对于附件1解决的技术问题及取得的技术效果分别如下：

第一件专利申请的独立权利要求1所解决的技术问题为：空气净化器噪声大，影响睡眠。取得的技术效果为：通过在所述壳体内通往所述出风口的净化后空气流道中设置由吸音材料制成的消声结构有效地降低风机和气流流动所产生的噪声。

第二件专利申请的独立权利要求1所解决的技术问题为：气流与光催化剂的有效接触面积小，催化反应不充分，空气净化不彻底。所取得的技术效果为：通过采用三维蜂窝陶瓷网结构的光催化剂板，增大了气流与光催化剂的有效接触面积，催化反应充分，净化效果好。

第三件专利申请的独立权利要求1所解决的技术问题为：气流与光催化剂的有效接触面积小，催化反应不充分，空气净化不彻底。所取得的技术效果为：通过壳体内设置的螺旋导风片，在空气净化器内形成导流回旋风道，在风道内壁和螺旋导风片上喷涂纳米二氧化钛涂层，增大了气流与光催化剂的有效接触面积和接触时间，催化反应充分，空气净化彻底。

第三十章　2015年专利代理实务试题解析

试　题

答题须知

1. 答题时请以现行、有效的法律和法规的规定为准。

2. 作为考试，应试者在完成题目时应当接受并仅限于本试卷所提供的事实，并且无需考虑素材的真实性、有效性问题。

3. 本专利代理实务试题包括第一题、第二题和第三题，满分150分。

应试者应当将各题答案按顺序清楚地撰写在相对应的答题区域内：

试题说明

客户A公司遭遇B公司提出的专利侵权诉讼，拟对B公司的实用新型专利（下称涉案专利）提出无效宣告请求，同时A公司自行研发了相关技术。为此，A公司向你所在的代理机构提供了涉案专利和三份对比文件，以及该公司所研发的技术的交底材料。现委托你所在的专利代理机构办理相关事务。

第一题：请你根据客户提供的涉案专利和对比文件为客户撰写咨询意见，要求说明可提出无效宣告请求的范围、理由和证据，其中无效宣告请求理由要根据专利法以及实施细则的有关条、款、项逐一阐述；如果基于你所撰写的咨询意见提出无效宣告请求，请你分析在提出本次无效宣告请求之后进一步的工作建议，例如是否需要补充证据等，如果需要，说明理由以及应当符合的要求。

第二题：请你根据技术交底材料，综合考虑客户提供的涉案专利和三份对比文件所反映的现有技术，为客户撰写一份发明专利申请的权利要求书。

如果认为应当提出一份专利申请，则应撰写独立权利要求和适当数量的从属权利要求；如果在一份专利申请中包含两项或两项以上的独立权利要求，则应说明这些独立权利要求能够合案申请的理由；如果认为应当提出多份专利申请，则应说明不能合案申请的理由，并针对其中的一份专利申请撰写独立权利要求和适当数量的从属权利要求，对于其他专利申请，仅需撰写独立权利要求。

第三题：简述你撰写的独立权利要求相对于现有技术具备新颖性和创造性的理由。如有多项独立权利要求，请分别对比和说明。

涉案专利：

[19] 中华人民共和国国家知识产权局

[12] 实用新型专利说明书

专利号 ZL 201425634028. x

[45] 授权公告日 2015 年 2 月 11 日

[22] 申请日 2014.3.23

[21] 申请号 201425634028. x

[73] 专利权人　B公司　　　　　　　　（其余著录项目略）

权 利 要 求 书

1. 一种卡箍，包括第一本体（1），第二本体（2）和紧固装置（3），所述紧固装置（3）包括螺栓（32），其特征在于，所述第一本体（1）的一端与第二本体（2）的一端铰接，第一本体（1）的另一端与第二本体（2）的另一端通过螺栓（32）连接。

2. 根据权利要求1所述的卡箍，其特征在于：所述紧固装置（3）包括与所述第一本体（1）铰接的连接板（31），所述连接板（31）的一端开设有插槽（321），另一端面上有螺纹孔，所述第二本体（2）上具有可插入插槽（321）的固定部（4），所述固定部（4）上开有螺纹孔（41），所述螺栓（32）穿过螺纹孔将第一本体（1）和第二本体（2）连接。

3. 根据权利要求2所述的卡箍，其特征在于：所述第一本体（1）和第二本体（2）上设置有预定位装置（5），其包括位于第一本体（1）上的卡钩（51）和位于第二本体（2）上的环形钩件（522），所述环形钩件用于与所述卡钩（51）连接。

4. 根据权利要求1—3任一项所述的卡箍，其特征在于：所述环形钩件（522）是弹性钩件，最好是环形橡胶圈。

说 明 书

新型卡箍

本实用新型涉及一种卡紧装置，更具体地说，涉及一种新型卡箍。

目前，卡箍连接技术已广泛应用于液体、气体管道的连接。卡箍连接在管道的接口处，起到连接、紧固的作用。

现有技术中的卡箍，如图1所示，包括两个半圆形夹环、螺栓和螺母，两夹环的槽口相对拼接形成一个圆形通道；夹环本体的两端分别形成凸耳，凸耳处预留穿孔，用于穿过螺栓后旋紧螺母固定连接。这种卡箍属于分体式结构，零件繁多，容易丢失，并且安装时两个夹环不易对准，增加了安装的难度。

为了克服传统卡箍的技术缺陷，本实用新型的目的在于提供一种新型卡箍，其包括第一本体，第二本体和紧固装置，紧固装置包括螺栓，第一本体的一端与第二本体的一端铰接，另一端通过螺栓与第二本体的另一端连接，从而实现对管道的夹紧，降低安装工作量和安装成本；

进一步地，所述紧固装置的一端与第一本体铰接，从而进一步减少零件的数量；

更进一步地，在所述卡箍的第一本体和第二本体上设置预定位装置，以便预先定位，方便安装。

图 1 为现有分体式卡箍的结构示意图；

图 2 为本实用新型第一实施例的卡箍结构示意图；

图 3 为本实用新型第二实施例的卡箍结构示意图；

图 4 为本实用新型第二实施例的卡箍的局部放大示意图。

如图 2 所示，本实用新型第一实施例的新型卡箍包括第一本体 1 和第二本体 2，第一本体 1 的一端与第二本体 2 的一端通过两个销轴和一个连接板铰接，另一端与紧固装置 3 铰接。第二本体 2 的另一端具有固定部 4，其上开有螺纹孔 41；紧固装置 3 包括与第一本体 1 铰接的连接板 31，连接板 31 的端面开设有螺纹孔，另一端开设有贯通的插槽 321，用于插入固定部 4。螺栓 32 通过连接板 31 上的螺纹孔与第二本体 2 螺纹连接，螺栓 32 的自由端套装有调节手柄 33。

在工作过程中，当需要闭合卡箍的时候，将第二本体 2 向第一本体 1 靠拢，使第二本体 2 上的固定部 4 插入连接板 31 的插槽 321，再施力于调节手柄 33 使其旋转，调节手柄 33 带动螺栓 32 穿过连接板 31 上的螺纹孔以及固定部 4 上的螺纹孔 41，并拧紧，完成卡箍的闭合过程。

图 3—图 4 示出了本实用新型的第二实施例，在第一实施例的基础上，在第一本体 1 和第二本体 2 上设有能够使二者在靠拢时预先配合的预定位装置 5。预定位装置 5 包括位于第一本体 1 上的卡钩 51，位于第二本体 2 上的固定板 521，以及连接在固定板 521 上的环形弹性钩件 522，例如环形橡胶圈。工作中，当第一本体 1 和第二本体 2 靠拢闭合时，先将环形橡胶圈钩在卡钩 51 上，利用环形橡胶圈的弹力将第二本体 2 的固定部 4 与第一本体 1 的相应端部拉近，完成预定位，然后通过调节手柄 33 旋转螺栓 32 夹紧第一本体 1 和第二本体 2。为了避免预定位的操作影响螺栓 32 对准螺纹孔 41，第一本体 1 和第二本体 2 的预定位连接不能是刚性的，而是弹性的，这样，环形橡胶圈的弹性能在螺栓 32 对准螺纹孔 41 的过程中，协助调整二者之间的相对位置，方便二者的对准。实践中，也可以使用其他的弹性钩件，例如环形弹簧挂钩，来代替环形橡胶圈实现与卡钩 51 的接合。

涉案专利附图：

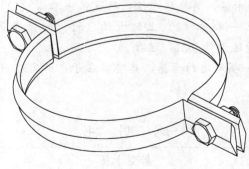

图 1

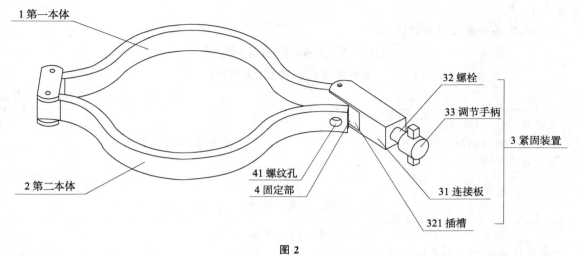

图 2

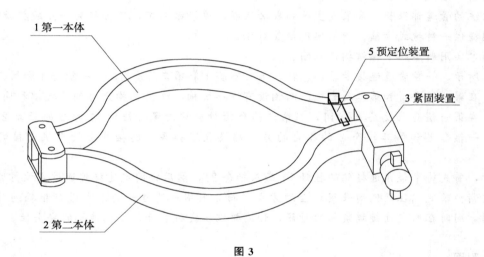

图 3

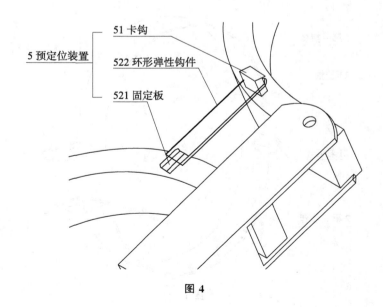

图 4

对比文件 1：

[19] 中华人民共和国国家知识产权局

[12] 实用新型专利说明书

专利号 ZL 201020156782.1

[45] 授权公告日 2011 年 8 月 6 日

[22] 申请日 2010.12.25

[21] 申请号 201020156782.1

（其余著录项目略）

[73] 专利权人　李××

说　明　书

管道连接卡箍

本实用新型涉及一种管道连接卡箍。

排水系统的管道都很长，如果发生破损或者泄漏，维修很麻烦，不可能为一点破损就整体换管。本实用新型提供一种抱式卡箍，能够实现换管对接。

图 1 为本实用新型的卡箍结构示意图。

如图 1 所示，一种管道连接卡箍，包括：第一箍套 1 和第二箍套 2，第一箍套 1 和第二箍套 2 均呈半圆形，在第一箍套 1 和第二箍套 2 的两侧设有连接机构，连接机构分为预连接端和固定连接端。预连接端是在第一箍套上设置挂轴 11，在第二箍套的对应端设置与挂轴 11 对应的轴套 21；固定连接端是在第一箍套 1 和第二箍套 2 的各自的另一端设置连接耳，连接耳上设有供连接螺栓穿过的通孔。

使用时，首先将卡箍预连接端的挂轴 11 套入轴套 21，然后将固定连接端通过螺栓拧紧。

本实用新型改变以往两侧均采用螺栓的方式，而是采用一边挂轴的方式进行枢轴连接，这样减少连接时间，同时在固定连接端紧扣的时候，预连接端不会被打开，保证连接的安全性。

对比文件 1 附图：

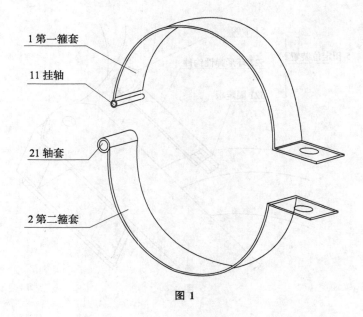

1 第一箍套

11 挂轴

21 轴套

2 第二箍套

图 1

第四部分

对比文件2：

[19] 中华人民共和国国家知识产权局

[12] 实用新型专利说明书

专利号 ZL 201220191962.5

[45] 授权公告日 2013 年 10 月 9 日

[22] 申请日 2012.9.10

[21] 申请号 201220191962.5

[73] 专利权人　王××　　　　　　　　　　（其余著录项目略）

说　明　书

卡箍组件

本实用新型涉及一种卡箍组件。

传统的卡箍结构一般由上半部、下半部、螺栓、螺母等多个松散零件组成，这样的结构在安装过程中比较繁琐，且受安装空间限制，比较容易发生零件掉落的情况，导致工作延误。为此本实用新型提供一种新型卡箍组件。

图 1 为本实用新型的卡箍组件的结构示意图；

图 2 为 U 型连接杆的结构示意图。

如图 1—图 2 所示，本实用新型的卡箍组件包括：卡箍本体 1、U 型连接杆 2、销轴 3、螺栓 4。卡箍本体 1 由塑料材料注塑一次成型，其具有两个连接端，一端与 U 型连接杆 2 的开口端铰接，另一端开设有贯穿的螺纹孔，用于与旋过 U 形连接杆 2 的封闭端的螺栓 4 螺纹连接。

本实用新型的卡箍组件，结构简单紧凑，无过多松散零件，安装时能够有效地降低零件掉落的概率。

对比文件 2 附图：

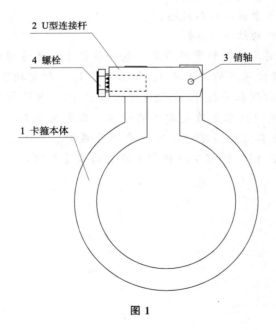

图 1

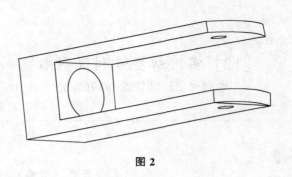

图 2

对比文件3：

[19] 中华人民共和国国家知识产权局

[12] 实用新型专利说明书

专利号 ZL 201320123456.7

[45] 授权公告日 2014 年 3 月 23 日

[22] 申请日 2013.9.4

[21] 申请号 201320123456.7

[73] 专利权人 B公司 （其余著录项目略）

说 明 书

塑料卡箍

本实用新型涉及一种适用于将软管紧固连接在硬管上的塑料卡箍。

软管与硬管的连接通常被用作输送液体或气体。为了防止连接后的软管在工作中脱落，往往在其连接处使用卡箍加以固定。本实用新型提供了一种结构简单合理、拆装过程方便快捷的塑料卡箍。

图1为本实用新型的塑料卡箍结构示意图；

图2为本实用新型中箍体的结构示意图。

如图1—图2所示，本实用新型的塑料卡箍，包括箍体1和紧迫螺栓2，所述箍体1包括抱紧段11、一体成型于所述抱紧段两端的迫近段12和拉紧段13，所述抱紧段11呈弧形薄带状，所述迫近段12上开有圆孔14，所述拉紧段13上设置有安装孔15，内设内螺纹。安装前，紧迫螺栓2可以旋在安装孔15上，避免用户容易遗失零件的情况。需要安装时，首先从安装孔15上旋下紧迫螺栓2，弯曲抱紧段11使其形成圆环形，然后将紧迫螺栓2穿过迫近段12上的圆孔14，再旋转拧入拉紧段13上的安装孔15，即可实现软管和硬管的快速紧固，操作简便高效。

对比文件3附图：

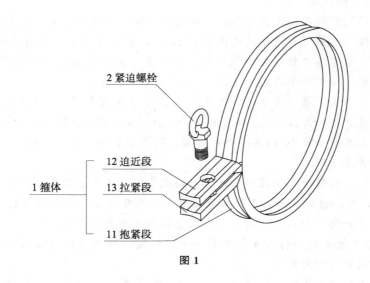

图1

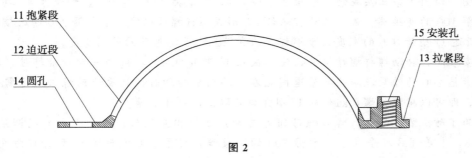

图2

客户提供的交底材料：

[001]❶ 传统结构的卡箍使用螺栓将卡箍相连，通过拧紧螺栓完成管道的安装固定。此结构在装配和分解过程中都需要将螺栓完全拧入或拧出螺母以分解卡箍完成管道的装拆，这样需要足够的操作空间和时间，拆装费时费力，不能满足对卡箍进行快速装配、及时维护管道等的要求；另一方面，现有卡箍上一般都会嵌有或套有橡胶垫圈，橡胶垫圈与管道之间的抱紧力小，当管道由于外部原因震动时，会导致卡箍在管道上转动或串动，进而影响紧固效果。

[002] 在现有技术的基础上，我公司提出改进的卡箍结构。

[003] 图1至图3示出了第一实施例，包括通过轴A铰接在一起的左卡箍1和右卡箍2，以及紧固装置3。左右卡箍均为板状，可采用金属材料，例如不锈钢板材，冲压一次成型，然后弯折形成180度的圆弧。左卡箍1的端部具有第一连接端11，右卡箍2的端部具有与第一连接端11对应的第二连接端21。紧固装置3包括可旋转闩锁31和连杆32，连杆32的两端分别通过销钉与第二连接端21和闩锁31枢轴连接，连杆32上有杆孔33。第一连接端11的相应位置上设有销孔12，销孔12内插有一可活动的方形卡块13（图1未示出）。

[004] 如图1所示，在打开位置，第一连接端11和第二连接端21分开一定距离。当需要紧固时，首先将卡块13取出，然后旋转闩锁31，其带动连杆32活动。当连杆32旋转到杆孔33与销孔12对准时，将方形卡块13卡入孔内，从而将第一连接端11和第二连接端21连接。继续旋转闩锁31，当旋转到图2所示的锁紧位置时，可旋转闩锁31的端部321紧压第一连接端11的外侧表面，从

---

❶　为后文分析方便起见，段落编号系编者所加，下同。

而使闩锁 31 在锁紧位置保持稳定。

[005] 左右卡箍的圆弧内周面上设有凹槽，其内嵌有橡胶垫圈（图中未示出）。图 4 示出了橡胶垫圈的局部放大图，橡胶垫圈与管道接触的内环壁 14 上设置有多个三角形防滑凸起 141，其规则地排布在内环壁上，增大了卡箍与管道间的抱紧力，进一步增大了卡箍与管道间的摩擦力，从而有效防止卡箍相对管道滑动，提高了卡箍的安全性。

[006] 图 4 至图 5 示出了第二实施例，包括卡箍带 10 和紧固装置 3。卡箍带 10 可采用非金属材料注塑成型。紧固装置 3 包括锁盖 301、环形锁扣 302 和锁钩 303。锁盖 301 与卡箍带 10 的一个连接端铰接。锁钩 303 固定在卡箍带 10 的另一个连接端。环形锁扣 302 的一端铰接在锁盖 301 的内侧下方，另一端可卡入锁钩 303。

[007] 如图 4 所示，安装时，将锁扣 302 卡入锁钩 303，实现卡箍带 10 两个连接端的连接。然后向下旋动锁盖 301，卡箍锁紧。若需要将卡箍松开，如图 5 所示，向上旋动锁盖 301，锁扣 302 的一端随着锁盖 301 向上旋起，锁扣 302 的另一端从锁钩 303 滑出，卡箍打开。

[008] 卡箍带 10 与管道接触的内表面套有一个橡胶圈（未示出），橡胶圈与管道接触的内环壁上设有点状凸起，以起到防滑的作用。

[009] 图 6 示出了第三实施例，包括上卡箍 100，下卡箍 200，螺杆 5，和螺母 7。螺杆 5 的一端铰接在上卡箍 100 的连接端，另一端旋有螺母 7，形成螺杆螺母组件。下卡箍 200 的连接端上开设 U 型开口 6，所述 U 型开口 6 的宽度大于螺杆 5 的直径且小于螺母 7 的外周宽度。

[010] 安装时，转动螺杆螺母组件，使其嵌入 U 型开口 6，之后进一步旋紧螺母，即完成上卡箍 100 和下卡箍 200 的锁紧，从而将管道固定在卡箍内。拆卸时，只要松动螺母，无需螺杆与螺母的完全分离，即可以将螺杆螺母组件从 U 型开口 6 取出，打开卡箍。

[011] 为了防止装配好后，螺杆螺母组件与卡箍之间相互脱落，U 型开口 6 的两边向外弯折，形成卡紧部 8，卡紧部 8 可垂直于下卡箍 200 的连接端，用于限制螺母沿 U 型开口方向的自由度，进一步达到防脱落的目的。

技术交底材料附图：

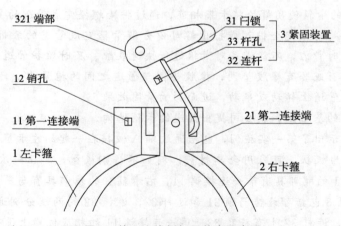

图 1　第一实施例打开状态示意图

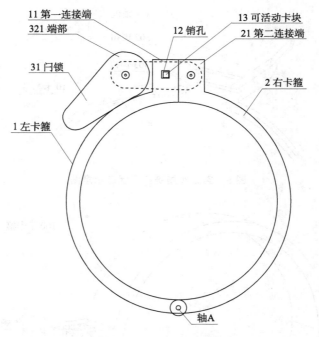

图 2 第一实施例锁紧状态示意图

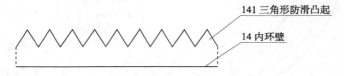

图 3 第一实施例橡胶垫圈局部放大图

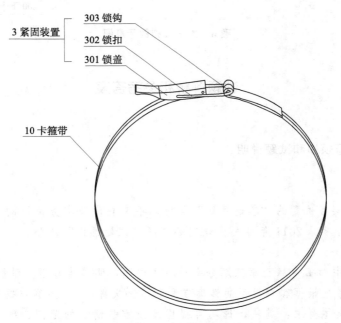

图 4 第二实施例锁紧状态示意图

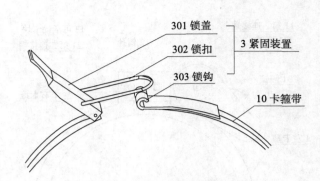

图5　第二实施例打开状态示意图

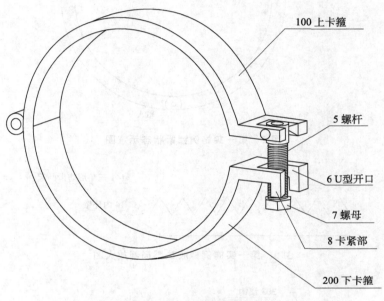

图6　第三实施例示意图

试题解析和参考答案

一、认真阅读答题须知和试题说明

1. 答题须知

2015年专利代理实务试题的"答题须知"与前几年专利代理实务试题的"答题须知"实体内容基本相同，相关解析可参见2011年专利代理实务试题"试题解析"部分。

2. 试题说明

2015年试题说明中对第一题至第三题分别进行了说明，明确告知考生答题时需要完成的工作。

（1）第一题要求考生根据客户提供的涉案专利和对比文件1～3为客户撰写咨询意见，对咨询意见的内容提出两方面具体要求：其一，说明可提出无效宣告请求的范围、理由和证据，其中无效宣告请求理由要根据《专利法》及其实施细则的有关条、款、项逐一阐述；其二，如果基于所撰写的咨询意见提出无效宣告请求，分析在提出本次无效宣告请求之后进一步的工作建议，例如是否需要补充证据等，如果需要，说明理由以及应当符合的要求。

该题以向客户提供咨询意见的形式来考核考生针对一项专利提出无效宣告请求的能力。与撰写无效宣告请求书的方式相比，不仅其撰写格式与无效宣告请求书不同，更重要的是其涉及的考核内容比无效宣告请求书涉及的内容多，例如：客户所提供的一份证据未被采用的理由在无效宣告请求书中并不体现，而在咨询意见中就要具体说明为何不采用这份证据；当目前所提供的证据尚不能使所有的权利要求宣告无效时，还应当给出提出无效宣告请求之后进一步的工作建议，主要给出补充证据等方面的建议。

（2）第二题要求考生综合考虑涉案专利和对比文件1～3所反映的现有技术，针对客户提供的技术交底材料为客户撰写发明专利申请的权利要求书。该题同时要求，如果所撰写的权利要求书中包含两项或者两项以上的独立权利要求，要求考生简述这些独立权利要求能够合案申请的理由，如果考生认为客户提供的技术内容涉及多项发明应当以多份申请的方式提出，则请考生说明理由，并撰写分案申请的独立权利要求。该题主要考核考生为客户撰写专利申请权利要求书的能力以及对专利申请单一性概念的掌握程度。

（3）第三题要求考生论述所撰写的独立权利要求相对于现有技术具备新颖性和创造性的理由。在解答此题时，需论述撰写的权利要求书中的独立权利要求具备新颖性和创造性，而不需要论述从属权利要求具备新颖性和创造性；但如果有多项独立权利要求（一份专利申请中的多项独立权利要求，以及可能的分案申请的独立权利要求），则需要分别对比说明。该题实质上是考核考生答复审查意见通知书时争辩专利申请具备新颖性和创造性的能力。

试题说明中没有标明各题的分值，考生可以根据各题考点来合理分配每道题的答题时间：其中第一题需要理解技术内容，并且是后续几题（尤其是第二题）的基础，而第二题"撰写权利要求书"是历年考试的重点，因此这两题需要占用相对多一点的时间；第三题是每年必考的常规的简答题，利用熟练掌握的知识要点通过文字将其规范地表述出来，所需时间相对来说少一点，在此需要说明的是，如果专利申请涉及多项独立权利要求，由于时间关系通常只需要对第一项独立权利要求的新颖性和创造性论述得全面些，分析比较详细些，以确保获得该题的主要分值，而对其他几项独立权利要求可以相对简单些，但关键的得分语句不要省略。

下面针对各题分别给出答题思路。

二、第一题的答题思路

第一题请考生根据客户提供的涉案专利和作为证据的对比文件1至3为客户撰写咨询意见，要求说明可提出无效宣告请求的范围、理由和证据，其中无效宣告请求理由要根据《专利法》及其实施细则的有关条、款、项逐一阐述；如果基于所撰写的咨询意见提出无效宣告请求，分析在提出本次无效宣告请求之后进一步的工作建议，例如是否需要补充证据等，如果需要，说明理由以及应当符合的要求。试题中共给出四份素材，包括涉案专利和作为证据的对比文件1至3。

针对这种要求考生作为请求方专利代理人的无效试题，通常应当按照下述应试思路来答题：阅读理解专利文件；理解和分析客户提供的证据；根据分析结果，确定无效宣告请求的证据、理由和范围，根据分析结果向客户给出咨询意见。下面按照上述应试思路的四个步骤作出具体说明。

（一）阅读理解专利文件

作为请求方的专利代理人，在阅读理解专利文件时需要进行下述四个方面的工作：理解涉案专利各项权利要求的技术方案和分析涉案专利各项权利要求是否存在无需证据就可作为无效宣告理由的实质性缺陷。

1. 理解涉案专利各项权利要求的技术方案

针对涉案专利，需要找出其中存在的可以被作为无效宣告理由的缺陷，重点关注涉及新颖性和创造性、权利要求是否以说明书为依据、权利要求是否清楚限定专利保护范围、独立权利要求是否缺少必要技术特征等实质性缺陷，这就需要理解其各项权利要求的技术方案。

为理解涉案专利各项权利要求所要求保护的主题，首先需要结合附图理解涉案专利的技术内容。

图1所示现有技术的卡箍为分体式结构，零件繁多，容易丢失，并且安装时两个夹环不易对准，增加了安装的难度。本实用新型就是针对现有技术的上述缺陷作出的改进。

结合图2能够较直观地理解本实用新型第一实施例的卡箍。其包括第一本体1和第二本体2，第一本体1的一端与第二本体2的一端通过两个销轴和一个连接板铰接，另一端与紧固装置3铰接。第二本体2的另一端具有固定部4，其上开有螺纹孔41；紧固装置3包括与第一本体1铰接的连接板31，连接板31的端面开设有螺纹孔，另一端开设有贯通的插槽321，用于插入固定部4。螺栓32通过连接板31上的螺纹孔与第二本体2螺纹连接，螺栓32的自由端套装有调节手柄33。

在安装过程中，需要闭合卡箍时，将第二本体2向第一本体1靠拢，使第二本体2上的固定部4插入连接板31的插槽321，再调节手柄33使其旋转，调节手柄33带动螺栓32穿过连接板31上的螺纹孔以及固定部4上的螺纹孔41，并拧紧，完成卡箍的闭合过程。

结合图3至图4来理解本实用新型的第二实施例的卡箍。该卡箍在第一实施例的基础上作出了进一步改进：在第一本体1和第二本体2上设有能够使二者在靠拢时预先配合的预定位装置5。预定位装置5包括位于第一本体1上的卡钩51、位于第二本体2上的固定板521以及连接在固定板521上的环形弹性钩件522（例如环形橡胶圈）。在安装过程中，当第一本体1和第二本体2靠拢闭合时，先将连接在固定板上的环形橡胶圈钩在卡钩51上，利用环形橡胶圈的弹力将第二本体2的固定部4与第一本体1的相应端部拉近，完成预定位，然后通过调节手柄33旋转螺栓32夹紧第一本体1和第二本体2。

对于该实施例，说明书中还特别指出，为了避免预定位的操作影响螺栓32对准螺纹孔41，第一本体1和第二本体2的预定位连接不能是刚性的，而是弹性的，因而环形橡胶圈的弹性能在螺栓32对准螺纹孔41的过程中，协助调整两者之间的相对位置，方便两者的对准。在实践中，也可以使用其他的弹性钩件，例如环形弹簧挂钩，来代替环形橡胶圈实现与卡钩51的接合。

在理解了涉案专利的具体技术内容后，进一步理解各项权利要求所要求保护的主题。该涉案专利的权利要求书中共有四项权利要求。

独立权利要求1要求保护一种由第一本体、第二本体和紧固装置组成的卡箍，紧固装置包括螺栓，第一本体的一端与第二本体的一端铰接，两者的另一端通过紧固装置的螺栓连接。该卡箍相对于现有技术中的卡箍减少了独立的零件数量且更方便安装。

权利要求2限定权利要求1的卡箍中的紧固装置包括与第一本体铰接的连接板及其具体结构，即图2所示第一实施例的结构，进一步减少了独立零件数量和进一步方便安装。

权利要求3中进一步限定权利要求2的卡箍还包括由位于第一本体上的卡钩和位于第二本体上的环形钩件构成的预定位装置。

权利要求4进一步限定权利要求2至4中任一项权利要求的卡箍中的环形钩件是弹性钩件，最好是环形橡胶圈；两者相当于图3和图4所示第二实施例。

2. 分析涉案专利各项权利要求是否存在无须证据就可作为无效宣告理由的实质性缺陷

在阅读理解专利文件的同时，针对涉案专利文件本身分析其各项权利要求是否存在一些不需要证据（即不涉及对比文件1～3）即可认定的属于《专利法实施细则》第六十五条第二款规定的无效宣告理由的实质性缺陷。这些实质性缺陷包括该权利要求所要求保护的主题不属于专利保护客体，不具备实用性，未清楚限定要求专利保护的范围，未以说明书为依据，独立权利要求缺少解决技术问题的必要技术特征等。对于不影响保护范围的形式缺陷，例如从属权利要求中的引用部分不符合规定，由于其不属于《专利法实施细则》第六十五条第二款规定的无效宣告理由，则不必考虑。

通过分析可知，权利要求1至4要求保护一种卡箍，属于可授予专利权的保护客体，且具备实用性，说明书已充分公开该发明创造。

第四部分

对于权利要求1和2，也不存在不需要证据的其他可作为无效宣告理由的实质性缺陷。❶

对于权利要求3，其中限定的预定位装置由位于第一本体上的卡钩和位于第二本体上的环形钩件构成。而在其说明书中明确写明，为了避免预定位的操作影响螺栓对准螺纹孔，第一本体和第二本体的预定位连接不能是刚性的，而是弹性的，以便环形橡胶圈的弹性能在螺栓对准螺纹孔的过程中，协助调整二者之间的相对位置，方便二者的对准。在实践中，也可以使用其他的弹性钩件，例如环形弹簧挂钩，来代替环形橡胶圈实现与卡钩51的接合。由于权利要求3中仅限定为环形钩件，而未限定为弹性钩件，也就是说其包括了刚性钩件的情形，因而未得到说明书的支持，即权利要求3未以说明书为依据，不符合《专利法》第二十六条第四款的规定。

权利要求4引用了权利要求1至3，其在限定部分的附加技术特征对环形钩件作出进一步限定，而该环形钩件仅出现在该权利要求4引用的权利要求3中，而未出现在其引用的权利要求1和2中。因此，权利要求4引用权利要求1或权利要求2的技术方案未清楚限定要求专利保护的范围，不符合《专利法》第二十六条第四款有关权利要求应当清楚限定要求专利保护范围的规定。此外，权利要求4限定部分中出现用"最好是"连接上位概念和下位概念的文字表述，导致同一项权利要求限定出两个不同的保护范围，使该权利要求引用权利要求1至3中任一项权利要求的三个技术方案的保护范围不清楚；由此可知，权利要求4不符合《专利法》第二十六条第四款有关权利要求应当清楚限定要求专利保范围的规定。

但是，对于权利要求3和权利要求4这两项权利要求所存在的不符合《专利法》第二十六条第四款规定的缺陷，专利权人可以在无效宣告程序中通过修改专利文件（权利要求书）予以消除。

（二）理解和分析客户提供的证据

客户提供的证据为三份对比文件，这三份对比文件作为涉案专利的无效证据需要分析它们与该涉案专利的相关性，在此基础上分析这三份对比文件能否使各项权利要求不具备新颖性和/或创造性。

1. 客户提供的证据与涉案专利的相关性分析

第一题考核考生针对一项专利提出无效宣告请求时，判断客户所提供的证据能否作为无效宣告请求的证据的能力。为此首先需要判断客户所提供的证据（三份对比文件）与该涉案专利的相关性，以确定这些证据的适用范围。

从历年试题来看，对于提供的素材基本上涉及的是专利文献的（但不排除今后考试中会涉及非专利文献），通常给出相关的著录项目（主要涉及申请日、公开日、申请人等），无关的著录项目则省略。这些相关的著录项目可能涉及考点，尤其涉及对比文件是否构成相关专利的现有技术、是否构成抵触申请、重复授权、能否享受优先权等。

在本试题中，涉案专利和对比文件1至3均给出了相关的日期，因此作为考生应当意识到相关日期多半会涉及考点（这一点往往容易在考试时由于紧张等而直接关注实体内容而忽略这些考点，可能导致丢失不少分数和浪费考试时间）。具体来说，在时间上，需要判断客户提供的对比文件是否构成涉案专利的现有技术或者是否属于申请在先、公开（公告）在后的中国专利申请文件或者专利

---

❶ 严格来说，权利要求1也存在不需要证据就可作为无效宣告请求理由的实质性缺陷：根据说明书的记载，该实用新型卡箍中的紧固装置包括连接板，且该连接板通过螺栓与第二本体另一端相连接，而权利要求1中只写明紧固装置包括螺栓，并未写明还包括连接板，因而未清楚限定要求专利保护的范围，致使权利要求1的技术方案还包含了仅通过螺栓将第一本体和第二本体的另一端相连接的卡箍，而这种情况在说明书中并未记载，因此权利要求1未得到说明书的支持。由上述分析可知，权利要求1不符合《专利法》第二十六条第四款有关权利要求书应当以说明书为依据、清楚限定要求专利保护范围的规定。但考虑到权利要求1相对于对比文件1明显不具备新颖性，因而本书的分析和给出的咨询意见参考答案中与《2015年全国专利代理人资格考试试题解析》一书给出咨询意见的范文一样，不再指出权利要求1不符合《专利法》第二十六条第四款的缺陷，而在平时实务中还应当同时将权利要求1不符合《专利法》第二十六条第四款规定作为无效宣告理由，尤其是在无法否定其新颖性和/或创造性时。

文件。

涉案专利的申请日为 2014 年 3 月 23 日，未要求优先权，专利权人为 B 公司。

对比文件 1 中国实用新型专利的授权公告日为 2011 年 8 月 6 日，对比文件 2 中国实用新型专利的授权公告日为 2013 年 10 月 9 日，均早于涉案专利的申请日，因此这两份对比文件均构成涉案专利的现有技术，可以用作评价涉案专利各项权利要求是否具备新颖性和创造性的对比文件，因而在后面将通过具体理解这两份对比文件公开的内容来判断是否能使这四项权利要求中的那几项权利要求不具备新颖性和/或创造性。

对比文件 3 中国实用新型专利的申请日为 2013 年 9 月 4 日，授权公告日为 2014 年 3 月 23 日，专利权人为 B 公司，因此其是一份由涉案专利的专利权人于涉案专利的申请日前提出申请，并于涉案专利的申请日当天授权公告的中国实用新型专利文件，按照现行《专利法》的规定，这份对比文件可以用于评价涉案专利各项权利要求是否具备新颖性，但不能用来评价涉案专利各项权利要求是否具备创造性，即判断其是否构成涉案专利各项权利要求的抵触申请，为此需要理解对比文件 3 所公开的内容以判断其是否与涉案专利中的权利要求构成同样的发明或实用新型。

2. 理解三份对比文件所公开的内容

对比文件 1 公开了一种管道连接卡箍。如其图 1 所示的卡箍结构示意图，包括：第一箍套 1 和第二箍套 2，在第一箍套 1 和第二箍套 2 的两侧设有连接机构，连接机构分为预连接端和固定连接端。预连接端是在第一箍套上设置挂轴 11，在第二箍套的对应端设置与挂轴 11 对应的轴套 21；固定连接端是在第一箍套 1 和第二箍套 2 的各自的另一端设置连接耳，连接耳上设有供连接螺栓穿过的通孔。使用时，首先将卡箍预连接端的挂轴 11 套入轴套 21，然后将固定连接端通过螺栓拧紧。

对比文件 2 公开了一种卡箍组件，由塑料材料注塑一次成型的卡箍本体 1、其具有两个连接端，一端与 U 形连接杆 2 的开口端铰接，另一端开设有贯穿的螺纹孔，用于与旋过 U 形连接杆 2 的封闭端的螺栓 4 螺纹连接。

对比文件 3 公开了一种适用于将软管紧固连接在硬管上的塑料卡箍，其包括箍体 1 和紧迫螺栓 2，所述箍体 1 包括抱紧段 11、一体成型于所述抱紧段两端的迫近段 12 和拉紧段 13，所述抱紧段 11 呈弧形薄带状，所述迫近段 12 上开有圆孔 14，所述拉紧段 13 上设置有安装孔 15，内设内螺纹。安装前，紧迫螺栓 2 可以旋在安装孔 15 上，避免用户容易遗失零件的情况。需要安装时，首先从安装孔 15 上旋下紧迫螺栓 2，弯曲抱紧段 11 使其形成圆环形，然后将紧迫螺栓 2 穿过迫近段 12 上的圆孔 14，再旋转拧入拉紧段 13 上的安装孔 15，即可实现软管和硬管的快速紧固，操作简便高效。

3. 分析涉案专利的各项权利要求是否存在不具备新颖性和创造性的缺陷

通常来说，这部分内容涉及权利要求是否存在不具备新颖性和/或创造性的缺陷，是试题的主要考点和得分点，因此应当作为重点进行分析。

首先需要明确的是，对于权利要求存在不清楚或者未以说明书为依据的缺陷，通常仍然需要考虑其是否符合新颖性和/或创造性的规定。但对于不属于专利保护客体、不具备实用性等缺陷的权利要求，通常不需要再考虑其是否存在不具备新颖性和创造性的缺陷（如 2013 年试题中权利要求书草稿中的权利要求 6 属于不授予专利权的客体，因而不必再考虑其新颖性和创造性）。

（1）关于权利要求 1 的新颖性

权利要求 1 要求保护的卡箍，包括第一本体，第二本体和紧固装置，紧固装置包括螺栓，第一本体的一端与第二本体的一端铰接，第一本体的另一端与第二本体的另一端通过螺栓连接。

对比文件 1 公开的管道连接卡箍，其中包括第一箍套和第二箍套（分别相当于该实用新型专利的第一本体和第二本体），预连接端是在第一箍套上设置挂轴，在第二箍套的对应端设置与挂轴对应的轴套（相当于本实用新型两本体之间的铰接）；固定连接端是在第一箍套和第二箍套的各自的另一端设置连接耳，连接耳上设有供连接螺栓穿过的通孔（构成了相当于该实用新型专利的螺栓连接）。由此可见，对比文件 1 公开了权利要求 1 的技术方案，因而权利要求 1 相对于对比文件 1 不具备新颖性。

在对比文件 2 公开的卡箍组件中，其卡箍本体由塑料材料一次注塑成型，并不包括相当于该实用新型专利中相铰接的第一本体和第二本体，故其未披露权利要求 1 的技术方案，因此对比文件 2 的公开不能否定权利要求 1 的新颖性。

对比文件 3 公开的塑料卡箍的箍体包括抱紧段、一体成型于所述抱紧段两端的迫近段和拉紧段，可知对比文件 3 公开的塑料卡箍也不包括相当于本实用新型专利中相铰接的第一本体和第二本体，因而对比文件 3 未披露权利要求 1 的技术方案，未构成涉案专利权利要求 1 的抵触申请，不能否定权利要求 1 的新颖性。

（2）关于权利要求 2 至 4 的新颖性

权利要求 2 至 4 这三项权利要求对权利要求 1 要求保护的卡箍从结构上作了进一步限定，由于对比文件 2、对比文件 3 分别不能否定权利要求 1 的新颖性，因而这两份对比文件中的任一份也不能否定权利要求 2 至 4 的新颖性。

由前面理解对比文件 1 公开的内容可知，对比文件 1 并未公开涉案专利权利要求 2 至 4 中有关连接板和预定位装置的附加技术特征，因此其未披露权利要求 2 至 4 中任一项权利要求的技术方案，因此对比文件 1 也不能否定权利要求 2 至 4 中任一项权利要求的新颖性。

（3）关于权利要求 2 至 4 的创造性

由于对比文件 3 不能用于评价涉案专利各项权利要求是否具备创造性，后面仅需分析权利要求 2 至 4 相对于对比文件 1 和 2 是否具备创造性。

权利要求 2 从属于权利要求 1，对权利要求 1 作了进一步限定，具体限定为紧固装置包括与第一本体铰接的连接板，连接板的一端开设有插槽，另一端面上有螺纹孔，第二本体上具有可插入插槽的固定部，固定部上开有螺纹孔，所述螺栓穿过螺纹孔将第一本体和第二本体连接。

很明显，对比文件 1 的紧固方式不同于权利要求 2 附加技术特征所限定的紧固装置。对比文件 1 公开了权利要求 1 的全部技术特征，但未披露权利要求 2 限定部分的技术特征，从而权利要求 2 相对于对比文件 1 所解决的技术问题是进一步减少单独的零件数量和进一步方便安装。

对比文件 2 公开的卡箍组件，其中卡箍本体具有两个连接端，一端与 U 形连接杆（相当于该实用新型专利的连接板）的开口端铰接（相当于该实用新型专利的连接板与第一本体铰接），另一端开设有贯穿的螺纹孔（相当于该实用新型专利的螺纹孔），用于与旋过 U 形连接杆的封闭端的螺栓螺纹连接。可见对比文件 2 的这种紧固方式与权利要求 2 限定的紧固装置相同，工作方式也相同。因而，在对比文件 1 的基础上，本领域技术人员能够将对比文件 2 的紧固方式结合到对比文件 1 公开的卡箍中而获得权利要求 2 的技术方案。权利要求 2 相对于对比文件 1 和对比文件 2 的结合不具备创造性。

权利要求 3 对权利要求 2 作了进一步限定，进一步限定了由第一本体上的卡钩和第二本体上的环形钩件构成的预定位装置。对比文件 1 和对比文件 2 中均没有公开任何结构的预定位装置，而且该技术特征也不是本领域技术人员用于将卡箍的两个本体进行预定位的惯用手段，即其不属于本领域的公知常识，因此对比文件 1、对比文件 2 及其本领域公知常识的结合都不能影响权利要求 3 的创造性。

权利要求 4 引用了权利要求 1 至 3 中的任一项权利要求，其进一步限定环形钩件是弹性钩件。如前所述，权利要求 4 引用权利要求 1 或 2 的技术方案存在专利保护范围不清楚的缺陷，通常不必考虑其是否具备创造性。就本案来说，由于对比文件 1 和对比文件 2 均没有公开弹性钩件，因此即使考虑其是否具备创造性，对比文件 1 和对比文件 2 也不能否定其创造性。但权利要求 4 引用权利要求 3 的技术方案是清楚的，其对权利要求 3 从结构上作了进一步限定，因此在权利要求 3 相对于对比文件 1 和对比文件 2 具备创造性时，权利要求 4 引用权利要求 3 也就相对于对比文件 1 和对比文件 2 具备创造性。

也就是说，对于权利要求3和权利要求4除了存在前面所提到的不需证据支持的缺陷外，不能对其提出不具备新颖性和创造性的缺陷。

（三）确定无效宣告请求的证据、理由和范围

下面从证据的选用、无效宣告理由的确定和无效宣告请求的范围三个方面分别作出说明。

1. 证据的选用

由上述分析结果可知，对比文件3是一件在涉案专利申请日授权公告的中国实用新型专利，其不能与其他现有技术结合起来评价涉案专利各项权利要求的创造性，只可以用于评价涉案专利各项权利要求的新颖性，但由于其未构成涉案专利权利要求1至4中任一项权利要求的抵触申请，因而不能否定权利要求1至4中任一项权利要求的新颖性，因此在本次无效宣告请求中，应当不作为无效宣告请求的证据提交。

正如前面分析所述，对比文件1可以否定权利要求1的新颖性，对比文件1与对比文件2结合可以否定权利要求2的创造性，因此在无效宣告请求中应当将对比文件1和2作为无效宣告请求的证据提交。

2. 无效宣告理由的确定

正如前面所述，本无效宣告请求的无效宣告理由为：

权利要求1相对于对比文件1不具备《专利法》第二十二条第二款规定的新颖性。

权利要求2相对于对比文件1和对比文件2不具备《专利法》第二十二条第三款规定的创造性。

权利要求3不符合《专利法》第二十六条第四款有关权利要求以说明书为依据、清楚限定要求专利保护范围的规定。

权利要求4不符合《专利法》第二十六条第四条有关权利要求清楚限定要求专利保护范围的规定。

3. 无效宣告请求的范围

根据前面所确定的无效宣告理由，本无效宣告请求中可以请求权利要求1至4这四项权利要求全部无效。

但正如前面结合对比文件所作分析可知，目前客户提供的证据尚不能否定权利要求3和4的新颖性和创造性。此外，对于权利要求3和权利要求4这两项权利要求所存在的不符合《专利法》第二十六条第四款规定的缺陷，专利权人可以在无效宣告程序中通过修改专利文件（对权利要求3和权利要求4作如下修改：将权利要求4限定部分拆成两个技术方案，将限定部分有关弹性钩件的内容并入到权利要求3的限定部分，并将进一步限定成环形橡胶圈保留在原权利要求4中，且将其引用部分改为仅引用权利要求3）予以消除。即根据目前所掌握的证据无法实现宣告权利要求4引用权利要求3的技术方案无效。

（四）撰写咨询意见

在对涉案专利文件、对比文件作出分析对比的基础上选取证据和确定无效宣告理由后，就可根据上述分析撰写提交给客户的咨询意见。

在撰写咨询意见时，注意按试题的要求，在指出涉案专利存在不符合《专利法》及其实施细则的具体规定时需要针对事实具体分析无效宣告理由，这是得分的重点部分，但其中结合权利要求不具备新颖性和/或创造性的论述更是重点。由于涉案专利的缺陷并不太多，这部分可以按权利要求顺序来撰写，这也有利于阅卷者判卷。

需要说明的是，客户提供的三件证据并未全部选用，因此在具体分析无效宣告理由前应当具体说明这三件证据的适用范围，在此基础上说明本次无效宣告请求中未采用对比文件3作为证据的理由。当然，如果三件证据均被选用，在作出具体分析之前最好也对三件证据的适用范围作出说明。

此外，在分析指出涉案专利存在不符合《专利法》及其实施细则规定之后应当按试题要求向客户说明本次无效宣告请求的范围、理由和证据，并对以目前证据提出无效宣告请求的前景作出分析，在此基础上向客户给出有关无效宣告请求提出之后进一步工作的建议。

具体来说，给客户的咨询意见除起始部分和结尾部分外包括下述几个部分：证据的适用范围和证据的选用，分析各项权利要求相对于选用的证据是否具备新颖性和/或创造性，分析各项权利要求存在的无须证据支持的法定无效宣告理由，对涉案专利提出无效宣告请求的初步打算和前景分析，后续工作的建议。

撰写的咨询意见请见第一题的参考答案。

三、第一题的参考答案

基于上述分析，给出的下述参考答案相对于《2015年全国专利代理人资格考试试题解析》一书的专利代理实务试题第一题中给出的咨询意见样例进行了适当的修改。

尊敬的客户：

我方根据贵方提供的涉案专利以及对比文件1至3，提出如下咨询意见。

1. 关于证据的使用

对比文件1和对比文件2的公开日均早于涉案专利的申请日，构成了涉案专利的现有技术，可以用于评价该专利的新颖性和创造性。

对比文件3属于涉案专利的专利权人于涉案专利的申请日前提出申请、并于涉案专利的申请日当天公开的中国实用新型专利文件，不能与其他现有技术结合起来否定涉案专利各项权利要求的创造性，只可用于评价涉案专利各项权利要求是否具备新颖性。但对比文件3公开的卡箍箍体是一体成型的，没有公开涉案专利权利要求1中的卡箍的第一本体和第二本体铰接的技术方案，因而未构成权利要求1的抵触申请，不能否定权利要求1的新颖性；进而对比文件3也未构成从属权利要求2至4中任一项权利要求的抵触申请，也不能否定从属权利要求2至4中任一项权利要求的新颖性。鉴于此，建议针对涉案专利提出无效宣告请求时放弃使用对比文件3。

2. 关于新颖性和/或创造性

（1）权利要求1相对于对比文件1不具备《专利法》第二十二条第二款规定的新颖性。

权利要求1要求保护一种卡箍，对比文件1公开了一种管道连接卡箍，并具体公开了包括第一箍套和第二箍套（分别相当于涉案专利权利要求1中的第一本体和第二本体），第一箍套上设置挂轴，在第二箍套的对应端设置与挂轴对应的轴套，两者进行枢轴连接（相当于权利要求1中两本体之间的铰接）；在第一箍套和第二箍套各自的另一端设置了开有供连接螺栓穿过的通孔的连接耳（构成了相当于权利要求1中第一本体和第二本体在另一端通过螺栓连接）。可见，对比文件1公开了一端采用挂轴的方式进行枢轴连接、另一端通过螺栓连接的卡箍，即公开了权利要求1的技术方案的全部技术特征，且两者的技术领域、技术方案、解决的技术问题和预期获得的技术效果相同，因此权利要求1不具备新颖性，不符合《专利法》第二十二条第二款的规定。

（2）权利要求2相对于对比文件1结合对比文件2不具备《专利法》第二十二条第三款规定的创造性。

权利要求2是权利要求1的从属权利要求，针对紧固装置作了进一步限定。基于前述对比文件1公开的技术内容，权利要求2未被对比文件1公开的技术特征为："所述紧固装置（3）包括与所述第一本体（1）铰接的连接板（31），所述连接板（31）的一端开设有插槽（321），另一端面上有螺纹孔，所述第二本体（2）上具有可插入插槽（321）的固定部（4），所述固定部（4）上开有螺纹孔（41），所述螺栓（32）穿过螺纹孔将第一本体（1）和第二本体（2）连接。"该技术特征使从属权利要求2相对于对比文件1实际解决的技术问题是如何进一步减少紧固装置的零件的数量和减少安装的难度。

对比文件2公开的卡箍组件包括卡箍本体、U形连接杆、销轴、螺栓。卡箍本体由塑料材料注塑一次成型，其具有两个连接端，一端与U形连接杆（相当于涉案专利的连接板）的开口端铰接（相当于涉案专利的连接板与第一本体铰接），另一端开设有贯穿的螺纹孔，用于与穿过U形连接杆的封闭端的螺栓螺纹连接。对比文件2公开了通过铰接的U形连接杆来实现紧固的方式，可见对比文件2的这种紧固方式与权利要求2限定的紧固装置相同，工作方式也相同，可以得知其在对比文件2中所起的作用也是为了减少零件的数量和便于安装。可见，对比文件2给出了将上述区别特征应用于对比文件1以解决其技术问题的启示，因此，在对比文件1的基础上结合对比文件2获得权利要求2的技术方案，对本领域的技术人员来说是显而易见的，权利要求2不具有实质性特点和进步，不具备创造性，不符合《专利法》第二十二条第三款的规定。

（3）现有的证据对比文件1和对比文件2不能否定权利要求3和权利要求4的创造性。❶

由于对比文件1和对比文件2中均未披露权利要求3和权利要求4限定部分的技术特征：由位于第一本体上的卡钩和位于第二本体上的环形钩件（弹性环形钩件）构成的预定位装置，且这种结构的预定位装置也不是本领域技术人员用于将卡箍的两个本体进行预定位的惯用手段，因此客户提供的对比文件1和对比文件2以及本领域的公知常识不能否定权利要求3和权利要求4的创造性。

3. 关于其他无须证据支持的无效宣告理由

（1）权利要求3未以说明书为依据，不符合《专利法》第二十六条第四款的规定。

权利要求3对权利要求2作了进一步限定，该卡箍包括由位于第一本体上的卡钩和位于第二本体上的环形钩件构成的预定位装置。涉案专利的说明书最后一段记载了"预定位装置5包括位于第一本体1上的卡钩51，位于第二本体2上的固定板521，以及连接在固定板521上的环形弹性钩件522，例如环形橡胶圈"，"为了避免预定位的操作影响螺栓32对准螺纹孔41，第一本体1和第二本体2的预定位连接不能是刚性的，而是弹性的，这样，环形橡胶圈的弹性能在螺栓32对准螺纹孔41的过程中，协助调整二者之间的相对位置，方便二者的对准"，而权利要求3中记载的是"预定位装置（5），包括位于第一本体（1）上的卡钩（51）和位于第二本体（2）上的环形钩件（522）"，致使权利要求3的技术方案包括环形钩件不是弹性的情况，这种情况在说明书中没有记载，而且也会影响螺栓32对准螺纹孔41，使得相应的技术问题无法解决，因此权利要求3未以说明书为依据。由上述分析可知，权利要求3不符合《专利法》第二十六条第四款有关权利要求书应当以说明书为依据的规定。❷

（2）权利要求4引用权利要求1或权利要求2的技术方案不清楚，不符合《专利法》第二十六条第四款的规定。

权利要求4的附加技术特征进一步限定了环形钩件的结构，但是在其引用的权利要求1或2中均没有记载"环形钩件"，因此权利要求4引用权利要求1或2的技术方案缺乏引用基础，造成保护范围不清楚，不符合《专利法》第二十六条第四款的规定。

---

❶ 在《2015年全国专利代理人资格考试试题解析》一书专利代理实务试卷第一题给出的有关咨询意见样例中，仅在后续工作意见中提及"目前所掌握的证据无法请求宣告权利要求4引用权利要求3的技术方案无效"，而没有在前面给出具体分析，作为咨询意见，本书认为有必要适当分析对比文件1和对比文件2不能否定权利要求3和权利要求4的创造性。

❷ 还有一种观点认为此处指出其未清楚限定要求专利保护的范围更为合适。由于不支持和不清楚这两方面要求都属于《专利法》第二十六条第四款规定的内容，如果在答案中同时指出两方面的缺陷，应该也不会失分。

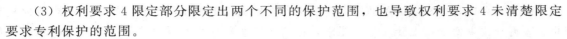

（3）权利要求 4 限定部分限定出两个不同的保护范围，也导致权利要求 4 未清楚限定要求专利保护的范围。

权利要求 4 限定部分出现用"最好是"连接着上位概念（环形弹性钩件）和下位概念（环形橡胶圈）的文字表述，导致权利要求中限定出两个不同的保护范围，造成权利要求 4 未清楚限定要求专利保护的范围，不符合《专利法》第二十六条第四款的规定。❶

4. 对涉案专利提出无效宣告请求的初步打算及前景分析❷

可以提出的无效宣告理由如下：权利要求 1 相对于对比文件 1 不具备《专利法》第二十二条第二款规定的新颖性；权利要求 2 相对于对比文件 1 和对比文件 2 不具备《专利法》第二十二条第三款规定创造性；权利要求 3 未以说明书为依据，不符合《专利法》第二十六条第四款的规定；权利要求 4 未清楚限定要求专利保护的范围，不符合《专利法》第二十六条第四款的规定。因此可以提出宣告涉案专利全部无效的请求。

但是，专利权人在无效宣告程序中可以对专利文件作如下修改，删去权利要求 1、2、3 以及权利要求 4 引用权利要求 1 和 2 的技术方案，并将权利要求 4 引用权利要求 3 的技术方案中所包含的两个方案分拆成两项权利要求，即将其中对环形钩件作进一步限定的上位概念"环形弹性钩件"并入从属权利要求 3 中，将其改写成修改后的独立权利要求 1；将其下位概念"环形橡胶圈"作为附加特征，写成一项引用修改后的独立权利要求 1 的从属权利要求 2，就能消除原权利要求 3 和原权利要求 4 不符合《专利法》第二十六条第四款规定的缺陷。因此按照目前的证据仅能达到宣告该涉案专利部分无效的目的。

此外，由于涉案专利已被 B 公司提出专利侵权诉讼，为了在无效宣告期间能中止专利侵权诉讼的审理，则应当在答辩期间向专利复审委员会提出无效宣告请求。❸

5. 后续工作的建议

根据前述分析，就目前所掌握的证据，权利要求 4 引用权利要求 3 的技术方案不能被宣告无效。对于请求人，在提出无效宣告请求之日起一个月内可以增加无效宣告请求理由以及补充证据。因此，建议在提出无效宣告请求之后作进一步检索，重点检索披露了权利要求 3 和权利要求 4 限定部分中有关预定位装置具体结构的对比文件，以期在提出无效宣告请求之后的一个月内补充证据，并结合补充的证据增加相应的权利要求不具备新颖性或创造性的无效理由，以便达到宣告该涉案专利全部无效的目的。当然，如果贵公司所生产的产品中没有预定位装置，则也可以不再进行补充检索。

以上意见供贵公司参考，并请尽快给出指示，以便在该专利侵权诉讼程序答复起诉书的期限内针对该涉案专利向专利复审委员会提出无效宣告请求。

×××专利代理机构×××专利代理人

××××年××月××日

四、第二题的答题思路

第二题要求应试者根据技术交底材料并考虑涉案专利和对比文件 1 至 3 所反映的现有技术为客户撰写一份发明专利申请的权利要求书。

---

❶ 《2015 年全国专利代理人资格考试试题解析》一书对专利代理实务试卷第一题的分析中指出这一缺陷，但在给出的样例中未指出这一缺陷，两者不一致。在本参考答案中指出这一缺陷，使其与相应的分析一致。

❷ 《2015 年全国专利代理人资格考试试题解析》一书的专利代理实务试卷第一题有关咨询意见样例中没有这一部分内容，但是考虑到根据前面分析应当请求宣告全部权利要求无效，则根据试题要求需要写明后续工作建议涉及补充证据的内容，这样就需要给出无效宣告请求的前景分析，故在本参考答案中增加了这一部分内容。

❸ 考虑到试题说明中写明是对侵权诉讼的反诉，因此建议加上这一句话更好。

在解答第二题时还需注意试题说明中还要求考生完成以下工作：如果所撰写专利申请的权利要求书中包含两项或者两项以上独立权利要求，需简述这些独立权利要求能够合案申请的理由；如果认为该申请的一部分内容应当通过一份或者多份申请分别提出，则应当进行相应说明，并撰写出独立权利要求。

针对撰写专利申请权利要求书的专利代理实务试题，通常应当按照下述应试思路来答题：阅读和分析技术交底材料，确定要求保护的技术主题；撰写各项发明创造的独立权利要求；确定各项独立权利要求之间是否符合单一性要求；按照试题要求撰写相应独立权利要求的从属权利要求。下面按照上述应试思路的四个步骤作出具体说明。

（一）阅读和分析技术交底材料，确定要求保护的技术主题和专利申请独立权利要求的总体布局

首先需要正确理解技术交底材料的技术内容，以及涉案专利、对比文件1至3所反映的现有技术。然而在解答时第一题已完成了对现有技术的技术内容理解工作，因此主要理解技术交底材料的技术内容，并明确相对于现有技术作出哪些改进，确定要求保护的技术主题和权利要求总体布局。

1. 理解技术内容

在技术交底材料的第一段中明确了传统结构卡箍存在的两个技术问题：第一个技术问题是拆装不方便，即在装配和分解过程中都需要将螺栓完全拧入或拧出螺母以分解卡箍完成管道的拆装，这样需要足够的操作空间和时间，拆装费时费力，不能满足对卡箍进行快速装配、及时维护管道等的要求；另一个技术问题是紧固效果不好，即现有卡箍上一般都嵌有或套有橡胶垫圈，橡胶垫圈与管道之间的抱紧力小，当管道由于外部原因震动时，会导致卡箍在管道上转动或串动，进而影响紧固效果。

对此，技术交底材料中针对改进的卡箍提供了三个实施例，其中可以得知，针对第一个问题，第一至第三实施例均涉及，并作了重点描述；针对第二个问题，在第一实施例和第二实施例中有描述，但并非重点（参见技术交底书第［005］段和第［008］段）。

（1）针对第一方面要解决的技术问题，技术交底材料中给出三个实施例

第一实施例如其图1至图3所示。卡箍包括通过轴A铰接在一起的左卡箍1和右卡箍2，以及紧固装置3，左卡箍1的端部具有第一连接端11，右卡箍2的端部具有与第一连接端11对应的第二连接端21，紧固装置3包括可旋转闩锁31和连杆32，连杆32的两端分别通过销钉与第二连接端21和闩锁31枢轴连接，连杆32上有杆孔33。第一连接端11的相应位置上设有销孔12，销孔12内插有一可活动的方形卡块13。

此外，技术交底书第［004］段还提及可旋转闩锁31的端部321紧压第一连接端11的外侧表面，从而使闩锁31在锁紧位置保持稳定，其是一种优选方式。

第二实施例如图4至图5所示。其包括卡箍带10和紧固装置3，紧固装置3包括锁盖301、环形锁扣302和锁钩303，其中锁盖301与卡箍带10的一个连接端铰接，锁钩303固定在卡箍带10的另一个连接端，环形锁扣302的一端铰接在锁盖301的内侧下方，另一端可卡入锁钩303。

第三实施例如图6所示。其包括上卡箍100、下卡箍200、螺杆5和螺母7。螺杆5的一端铰接在上卡箍100的连接端，另一端旋有螺母7，形成螺杆螺母组件。下卡箍200的连接端上开设U型开口6，所述U型开口6的宽度大于螺杆5的直径且小于螺母7的外周宽度。

该实施例还提供进一步优选结构，即第［010］段提及U型开口6的两边向外弯折，形成卡紧部8，卡紧部8可垂直于下卡箍200的连接端，用于限制螺母沿U型开口方向的自由度，进一步达到防脱落的目的。

第［004］段、第［007］段和第［010］段分别针对上述实施例描述了其安装方法，以便于理解卡箍的结构和工作原理。

（2）针对第二方面的技术问题，在前两个实施例中给出解决措施

第［005］段中描述第一个的实施例中，左右卡箍的圆弧内周面上设有凹槽，其内嵌有橡胶垫

圈。图 4 示出了橡胶垫圈的局部放大图，橡胶垫圈与管道接触的内环壁 14 上设置有多个三角形防滑凸起 141，其规则地排布在内环壁上，增大了卡箍与管道间的抱紧力，进一步增大了卡箍与管道间的摩擦力，从而有效防止卡箍相对管道滑动，提高了卡箍的安全性。

第［008］段中描述第二个实施例中，卡箍带 10 与管道接触的内表面套有一个橡胶圈，橡胶圈与管道接触的内环壁上设有点状凸起，以起到防滑的作用。

尽管技术交底材料中对第三个实施例未写明为解决第二方面技术问题所采取的措施，但能够理解，前两个实施例中所采取的措施对第三个实施例也能适用。

2. 分析两方面改进关系以确定发明专利申请的总体布局

通过阅读技术交底材料能清楚地获知该发明创造相对于传统的卡箍所存在的两个技术问题主要作出了两方面改进。由技术交底材料对两方面改进介绍内容的先后和多少可知，客户拟将第一方面有关实现快速装配的改进作为最重要的改进，第二方面有关改善坚固效果的改进相对于第一个方面的改进是次要的改进。通过对这两方面改进具体内容的分析可知，这两个方面改进相互彼此之间并没有必然的隶属关系，可以分别独立实现，也就是说两者是并列关系，可以将两方面改进分别作为一项发明创造，即针对两方面的改进分别撰写一项独立权利要求。考虑到在技术交底材料中客户将第一方面的改进作为最重要的发明创造，因此应当针对第一方面的改进撰写最重要的独立权利要求，而将第二方面的改进作为相对次要的发明撰写另一项独立权利要求。针对这两方面的改进分别撰写的独立权利要求多半不属于一个总的发明构思，通常作为两件专利申请提出。

但是，考虑到第二方面的改进与第一方面的改进在技术方案上并不相互矛盾，因而还可以将第二方面的改进作为第一方面改进的进一步优选技术方案，即将其作为体现第一方面改进的最重要的独立权利要求的从属权利要求来撰写。

此外，技术交底材料在描述反映第一方面改进的三个实施例时还提及如何安装卡箍，这种卡箍的安装是由卡箍的具体结构决定的，实际上是这种卡箍的具体使用方法或操作方法，从权利要求书撰写要求来看，这种由产品具体结构决定的使用方法和操作方法并未形成独立于产品具体结构之外的方法，因而无须将其作为一项要求保护的主题撰写相应的独立权利要求。

3. 分析第一方面改进的三种结构的关系，并进一步确定权利要求的总体布局

技术交底材料中为了解决第一个技术问题给出了三个实施例，这三个实施例反映了解决第一个技术问题的卡箍结构。经过将这三种结构的卡箍进行对比，得知这三种卡箍结构为并列关系，即任何一种卡箍结构不是另一种卡箍结构的进一步改进。针对这样多种并列关系的卡箍结构撰写要求保护的卡箍主题的独立权利要求时，应当尽可能针对这三种并列结构撰写一项能将这三种结构均概括在内的独立权利要求，在此基础上再针对不同的三种并列结构撰写相应的从属权利要求。如果无法将这三种结构概括在一项独立权利要求之内，就进一步考虑可否针对其中的两种结构概括成一项独立权利要求，若能概括，则针对这两种结构撰写一项独立权利要求，针对另一种结构撰写另一项独立权利要求，并分析所撰写的两项独立权利要求是否属于一个总的发明构思：如果属于一个总的发明构思，则将这两项发明合案申请；如果不属于一个总的发明构思，将针对两种结构概括的独立权利要求作为该申请要求保护的主题，并针对这两种具体结构进一步撰写从属权利要求，而将针对另一种结构撰写的独立权利要求作为另一件申请提出，并根据试题要求决定是否撰写相应的从属权利要求。如果无法针对这三种结构的任何两种结构撰写成一项将两种结构概括在内的独立权利要求，则应当针对这三种结构分别撰写独立权利要求。

为此，应当先针对三种卡箍结构列出各自的技术特征，并对三种并列结构的技术特征进行分析，确定其中哪些是相同的技术特征，哪些是不同的技术特征，对于不同的技术特征进一步判断可否采用概括的技术特征加以表述。

根据技术交底材料针对三种卡箍结构列出的技术特征如下表所示。

第四部分

实施例	第一种	第二种	第三种
卡箍	√	√	√
卡箍本体（两端分别具有一连接端）	√	√	√
两（金属）卡箍铰接而成	√		√
一体成形（塑料）卡箍带		√	
紧固装置	√	√	√
一端与第二连接端枢接、其上带有杆孔的连杆	√		
一端与连杆另一端枢接的可旋转闩锁	√		
可插入第一连接端上销孔和连杆上杆孔的卡块	√		
与卡箍带一个连接端铰接的带环形锁扣的锁盖		√	
固定于卡箍带另一连接端、供锁扣卡入的锁钩		√	
铰接在一连接端且另一端带螺母的螺杆			√
另一连接端开有带卡紧部的U型开口			√
嵌在或套在卡箍本体内侧的橡胶垫圈	√	√	√
与管道接触的内环壁上设有防滑凸起	√	√	√
防滑凸起为三角形凸起或点状凸起	√	√	√

可知，第一方面改进三种卡箍结构共有的相同技术特征是卡箍本体、紧固装置和橡胶垫圈。那么需要考虑能否或者如何对三种结构紧固装置的不同具体结构进行概括，三者都具有与卡箍本体一端铰接或枢接的杆状件（在三种结构中分别是连杆、锁盖、螺杆），该杆状件和卡箍本体另一端之间具有相配合的卡合结构（在三种结构中的卡合结构分别是连杆上的杆孔、卡箍本体另一端上的销孔及可插入杆孔和销孔的卡块，铰接在锁盖上的锁扣和固定在卡箍本体另一端上的锁钩，旋在螺杆上的螺母和设在卡箍本体另一端的U型开口处形成的卡紧部），以及将上述卡合结构锁紧的锁紧件（在三种结构中起锁紧作用的分别是闩锁、锁盖、螺母）。

但是，按上述方式对紧固装置具体结构进行概括表述后发现两个问题：其一，第一方面改进所解决技术问题的必要技术特征为卡箍本体、紧固装置及上述对紧固装置具体结构作概括表述的三个技术特征，以上述技术特征撰写成的独立权利要求未能与现有技术中涉案专利公开的卡箍第一实施例明显相区别，也未能与对比文件2公开的卡箍组件相区别；其二，第二种结构中的杆状件锁盖同时也是锁紧件，而第三种结构中的锁紧件螺母是卡合结构的部件之一。

因此，应考虑其他更合适的概括方式。第一实施例和第二实施例采用了类似的结构，两者均不使用螺栓连接，而是通过可活动卡块（第一实施例）和锁扣（第二实施例）卡扣连接，从而避免在装配和分解过程中需要将螺栓完全拧入或拧出螺母以实现卡箍的快速装配。在第一实施例和第二实施例中，卡箍的连接方式具有共性，而第三实施例与前两个实施例的发明构思不同，其对现有技术作出的贡献是在连接端上设置大小合适的U型开口，从而不需要将螺栓完全拧入或拧出，因此不适合将其与第一、第二实施例进行概括，应考虑为第三实施例单独撰写独立权利要求。如此可以消除上述两个问题。

此外，技术交底材料中为了解决卡箍在管道上容易转动或串动的技术问题，将套在或嵌入卡箍上的橡胶垫圈的内环壁上设置了三角形防滑凸起或者点状凸起，实质是在卡箍橡胶垫圈的内环壁上设置防滑凸起以起到防滑的作用。

由上可知，技术交底材料涉及三项发明，从技术交底材料的描述和技术内容的重要性可知，由第一实施例和第二实施例为解决卡箍紧固技术问题所概括的发明最主要的发明，其也能够撰写出数量相对较多的从属权利要求。而由第三实施例为解决卡箍紧固技术问题的发明属于次要发明，涉及卡箍在管道上容易转动或串动而在橡胶垫圈的内环壁上设置了三角形防滑凸起或者点状凸起也属于次要的发明，则需要判断这两项发明是否与主要发明之间具有单一性，以确定是合案申请还是另案申请。如果与主要发明不具有单一性，则根据试题说明的要求仅需撰写独立权利要求即可，无须再撰写从属权利要求。

（二）撰写独立权利要求

确定了专利申请独立权利要求的总体布局后，首先应当针对卡箍主题的最主要的发明撰写独立权利要求和从属权利要求。正如前面在确定撰写思路时所指出的，应当针对技术交底材料第一实施例和第二实施例中涉及解决第一个问题的改进，结合对应的附图来撰写独立权利要求，因此先将这部分内容与四份现有技术所反映的内容进行比较分析，从中确定最接近的现有技术，在此基础上确定要解决的技术问题和必要技术特征，完成独立权利要求的撰写，然后再根据相关内容撰写从属权利要求。

根据上述分析可知，需要撰写三项独立权利要求，为了便于说明三项独立权利要求是合案申请还是分案申请，因此为使思路更通顺，先分别撰写出来三项独立权利要求，再判断是合案还是分案申请，并根据试题说明确定是否需要针对次要发明撰写从属权利要求。

1. 针对最主要发明撰写独立权利要求

（1）确定该发明的最接近的现有技术和要解决的技术问题

试题说明中写明撰写专利申请文件时以涉案专利和三份对比文件作为现有技术。在针对最主要发明撰写独立权利要求时，先从这四份现有技术中确定该发明的最接近的现有技术。

在该发明第一实施例和第二实施例的卡箍结构中，卡箍本体的两端均未采用螺栓连接，而是通过可活动卡块（第一实施例）和锁扣（第二实施例）卡扣连接，从而避免在装配和分解过程中需要将螺栓完全拧入或拧出螺母以实现卡箍的快速装配。

从技术领域来看，涉案专利和对比文件1至3与该发明均涉及卡箍。在解答第一题时已理解了涉案专利和三份对比文件公开的卡箍结构，涉案专利（其中卡箍的第一实施例）或者对比文件2均涉及在卡合连接的基础上采用螺栓固定的方式，其他现有技术并不涉及任何的卡合连接。因而，可以将涉案专利或者对比文件2作为该发明的最接近的现有技术。

由于该发明第一实施例和第二实施例中的卡箍与涉案专利或对比文件2中的卡箍相比，都不再采用螺栓固定，在装配和分解过程中就不再需要将螺栓完全拧入或拧出，因而其实际解决的技术问题就是技术交底材料第一段所写明的解决现有技术中的卡箍拆装费时费力、不能对卡箍进行快速装配和及时维护管道的问题。

（2）确定解决上述技术问题的必要技术特征，完成独立权利要求的撰写

下一步，具体分析该发明中哪些技术特征是解决该技术问题的必要技术特征，在此基础上完成独立权利要求1的撰写。

首先，可以明确确定该发明的主题名称为卡箍。

其次，针对前面列出的技术特征进行分析，以确定哪些是解决上述技术问题的必要技术特征。显然，第一实施例和第二实施例中共同的技术特征卡箍本体和紧固装置都是必要技术特征，嵌在或套在卡箍本体内侧的橡胶垫圈不是解决上述技术问题的必要技术特征。进而分析两实施例不同的技术特征中哪些是必要技术特征：在第一实施例中，该紧固装置包括一个与卡箍本体的第二连接端枢轴连接、其上带有杆孔的连杆，一个可插入卡箍本体第一连接端上开设的销孔和连杆上杆孔内的卡块，一个与连杆另一端枢接的可旋转闩锁，前两个特征是解决上述技术问题的必要技术特征；在第二实施例中，该紧固装置包括一个与卡箍带一个连接端铰接的带环形锁扣的锁盖和一个固定于卡箍带另一连接端、供锁扣卡入的锁钩，这两个特征都是解决上述技术问题的必要技术特征。针对这两个实施例中两个不同的必要技术特征，就应当考虑如何进行概括：对两者的前一个技术特征，

由于枢接就是铰接，连杆和锁盖都是一种连接件，这样就可以比较容易地概括成"一端与卡箍本体的一个连接端铰接的连接件"；而对两者的后一个技术特征，比较难以用结构进行概括，考虑到技术交底书在第一实施例中写明卡块卡入销孔和杆孔，第二实施例中写明锁扣卡入锁钩，故可采用功能限定方式"连接件通过卡合结构与卡箍本体另一连接端相连接"。这样一来，则应当写入独立权利要求 1 中的必要技术特征为：卡固本体，紧固装置，紧固装置包括一个一端与卡箍本体的一个连接端铰接的连接件，连接件的另一端通过卡合结构与卡箍本体另一连接端相连接。

但是，在以这四个必要技术特征撰写独立权利要求时，会发现这样撰写成的独立权利要求并不能与现有技术（涉案专利的第一实施例或对比文件 2）区别开来，因为对另一连接端写明通过卡合结构相连接，并不排除像现有技术涉案专利第一实施例和对比文件 2 中那样在采用卡合结构连接的基础上进一步采用螺栓进行固定，因此应当将这两份现有技术的结构排除到独立权利要求的保护范围之外，为此将后一概括的技术特征确定为"连接件的另一端仅通过卡合结构与卡箍本体另一连接端相连接"。这样就可体现出该独立权利要求与涉案专利（第一实施例或对比文件 2）的区别，而正是这一区别技术特征确保其能快速装配。

在确定该发明的必要技术特征后，可得知其中前三个技术特征是与最接近的现有技术共有的技术特征，将其写入独立权利要求的前序部分，而最后一个技术特征是区别于最接近的现有技术的特征，写入独立权利要求的特征部分。在完成独立权利要求的撰写时并根据《专利法实施细则》第十九条第四款的规定，在相应的部件名称后面加上相应的附图标记。最后针对最主要发明撰写的独立权利要求 1 为：

1. 一种卡箍，包括卡箍本体（10）和紧固装置（3），所述紧固装置（3）包括一个一端与所述卡箍本体（10）的一个连接端（21）铰接的连接件（32，301），其特征在于：所述连接件（32，301）的另一端仅通过卡合结构（13、12、33，302、303）与所述卡箍本体（10）的另一连接端（11）相连接。❶❷

2. 针对第一方面改进的第三实施例撰写独立权利要求

在针对最主要的发明撰写独立权利要求之后，可针对第一方面改进的实施例三撰写独立权利要求。根据技术交底材料第［009］段的描述，其中的上卡箍 100 和下卡箍 200 其实就是卡箍本体，而螺杆和螺母构成的紧固装置也就是螺杆螺母组件。由此，可以得出螺杆 5 的一端铰接在卡箍本体的一个连接端，卡箍本体另一连接端上开设 U 型开口，所述 U 型开口的宽度大于螺杆 5 的直径且小于

---

❶ 《2015 年全国专利代理人资格考试试题解析》一书给出的权利要求书样例中的独立权利要求为："1. 一种卡箍，包括卡箍本体和紧固装置，所述紧固装置的一端与卡箍本体的一个连接端铰接，其特征在于所述紧固装置的另一端与卡箍本体的另一个连接端卡扣连接。"本书的答案与其主要有三点不同：其一，为体现出与最接近的现有技术的区别，写明"仅通过卡合结构"相连接，因为两份最接近的现有技术均在其另一端卡合连接的基础上用螺栓加以固定，因而如果权利要求 1 中不明确限定这一点很可能被认为不具备新颖性；其二，由于两种结构紧固装置均包括多个部件，作为紧固装置整体来说，并不是一端与卡箍本体的一连接端相铰接，另一端与卡箍本体的另一连接端卡合连接，因此为更清楚地限定发明技术方案，在独立权利要求中明确写明所述紧固装置所包括的连接件（对第一种实施例"连杆"和第二种实施例"锁盖"加以概括的表述方式）与卡箍本体两端的连接方式；其三，由于两实施例的附图标记按照目前试题中给出的内容标注起来比较困难，所以《2015 年全国专利代理人资格考试试题解析》一书中未再给出附图标记，而在本书给出的答案中加上了附图标记，在今后考试中，如果附图标记不是特别复杂，建议应当写上附图标记。

❷ 此处独立权利要求相对于最接近的现有技术的区别特征是"所述连接件仅通过卡合结构与所述卡箍本体的另一连接端相连接"，而仅采用卡扣结构是实现快速装配的常用手段，因此这样撰写的独立权利要求不是相对现有技术中的卡箍不具备创造性，就是未清楚给出其具体如何实现可快速装配的具体卡合结构，也就是说这样撰写的独立权利要求并不是很合适的。但考虑到在全国专利代理人资格考试中专利申请文件的撰写要考核考生概括技术特征的能力，在这里给出了对前两种结构进行概括的独立权利要求。在考试中考生若将前两种结构卡箍撰写成可合案申请的两项独立权利要求也是可以的，只要这两项独立权利要求撰写得合适，其得分与采用上述将两种结构概括成的独立权利要求没有太大区别。

在螺杆另一端上的螺母的外周宽度。在这里，需要特别提醒的是 U 型开口的宽度大于螺杆 5 的直径且小于在螺杆另一端上的螺母的外周宽度是确保螺杆螺母组件嵌入 U 型开口而将管道固定，是解决技术问题的必要技术特征，应当写入独立权利要求中。反之，卡箍本体的具体结构即上下卡箍，以及 U 型开口两边向外弯折形成卡紧部的优选结构都不是必要技术特征，不应当写入独立权利要求中。

将上述必要技术特征中与现有技术共有的特征写入独立权利要求的前序部分中，而将其他必要技术特征写入到特征部分，从而完成独立权利要求的撰写。

1. 一种卡箍，包括卡箍本体（100、200）和紧固装置，其特征在于：所述紧固装置包括螺杆螺母组件（5、7），所述螺杆螺母组件（5、7）中的螺杆（5）与所述卡箍本体（100、200）的一个连接端铰接，所述卡箍本体（100、200）的另一个连接端上设有 U 型开口（6），所述 U 型开口（6）的宽度大于所述螺杆（5）的直径且小于所述螺杆螺母组件（5、7）中旋在所述螺杆（5）另一端上的螺母（7）的最小外周宽度。❶

3. 针对第二方面改进撰写独立权利要求

最后，针对第二方面改进（防止卡箍在管道上转动或串动）撰写独立权利要求。由于技术交底材料第［001］段明确指出了现有卡箍上一般都会嵌有或套有橡胶垫圈，因而在卡箍本体的内侧表面嵌有或套有橡胶垫圈是第三项发明与现有技术共有的技术特征，应当写入独立权利要求的前序部分。而该发明为解决卡箍在管道上容易转动或串动的进一步改进是在橡胶垫圈的内环壁上设置了三角形防滑凸起或者点状凸起，可以概括为橡胶垫圈的内环壁上设置防滑凸起，其是体现发明具备新颖性和创造性的必要技术特征，应当写入独立权利要求的特征部分。至于防滑凸起是三角形或点状均是防滑凸起的具体形状，是非必要技术特征，不应写入独立权利要求中。此外，在采用卡箍作为要求保护客体的主题名称时，只需要写入与解决该发明要解决技术问题密切相关的技术特征，因此无须写入紧固装置。

因此，独立权利要求可以撰写成如下形式：

1. 一种卡箍，在卡箍本体（10）的内侧表面嵌有或套有橡胶垫圈（14），其特征在于：在所述橡胶垫圈（14）的内环壁上设有防滑凸起（141）。❷

（三）确定三项独立权利要求之间是否符合单一性要求

在根据技术交底材料撰写了三项独立权利要求后，就需要判断三项独立权利要求之间是否具备单一性，以确定是提出一份合案专利申请，还是分别提出两份或三份专利申请。

由上述分析可知，技术交底材料中涉及两个方面的技术问题。其中，为了解决第一个方面的技术问题，根据第一实施例和第二实施例撰写的第一项独立权利要求，其特定技术特征是连接件的另一端仅通过卡合结构与卡箍本体的另一个连接端相连接；而根据第三实施例撰写的第二项独立权利要求，其特定技术特征是："所述螺杆螺母组件中的螺杆与卡箍本体的一个连接端相铰接，卡箍本体的另一个连接端上设有 U 型开口，所述 U 型开口的宽度大于螺杆的直径且小于所述螺杆螺母组件中的旋在所述螺杆上的螺母的最小外周宽度"。为了解决第二个方面的技术问题，撰写的第三项独立权利要求，其特定技术特征是："橡胶垫圈的内环壁上设有防滑凸起"。

较明显的是，第三项独立权利要求与第一项和第二项独立权利要求所解决的技术问题完全不同，为解决技术问题所采用的特定技术特征也完全不同，即两者的特定技术特征既不相同，也不相应，因此不属于一个总的发明构思，因此第三项独立权利要求与前两项独立权利要求之间不具有《专利

---

❶　在《2015 年全国专利代理人资格考试试题解析》一书给出的相关参考答案中，需要另案提交申请的第二项发明的独立权利要求为："一种卡箍，包括卡箍本体和紧固装置，其特征在于：所述紧固装置包括螺杆螺母组件，所述螺杆螺母组件与卡箍本体的一个连接端铰接，卡箍本体的另一个连接端上设有 U 型开口，所述 U 型开口的宽度大于螺杆的直径且小于螺母的最小外周宽度。"本书此处的答案与其主要有两点不同：其一，写明了螺杆螺母组件中螺杆和螺母的装配关系；其二，增加了附图标记。

❷　本书此处的答案增加了附图标记。

法》第三十一条规定的单一性，需要分案申请。

对于第一项和第二项独立权利要求，两者解决的技术问题都是为了实现卡箍的快速装配。其中对于第一实施例和第二实施例的第一项独立权利要求解决上述技术问题的手段为仅通过卡合结构连接，并不借助螺栓螺母结构的螺纹连接；而反映第三实施例的第二项独立权利要求的技术方案正是通过在卡箍的一个连接端设置合适的 U 型开口螺纹连接，且现有技术已经出现过这种螺纹连接方式，只不过采取具体不同的螺纹连接结构，因而其与第一项独立权利要求所采取的解决技术问题的技术手段完全不同，由此可知这两项独立权利要求的特定技术特征之间既不相同，也不相应，不属于一个总的发明构思，因此这两项独立权利要求之间也不具有《专利法》第三十一条规定的单一性，也不能合案申请。

需要注意的是，不要因第一项和第二项独立权利要求解决相同的技术问题而认为具有单一性，由于它们采用了不同的发明构思来解决相同的技术问题，也就不存在相同或相应的特定技术特征，故也应当予以分案申请。

综上所述，上述相应于三项独立权利要求的三项发明需要分成三件申请分别提出。

（四）针对第一项发明撰写从属权利要求❶

上述完成三项独立权利要求的撰写且也确定需要分成三件申请分别提出之后，就要根据试题说明中的要求确定是否需要针对各项独立权利要求撰写从属权利要求。正如前面分析所指出的，针对第一实施例和第二实施例二概括的第一项独立权利要求是最主要的发明，因而应当再撰写从属权利要求，而第二项和第三项独立权利要求是次要发明，需要另行提出申请，因而不必再撰写从属权利要求。

从属权利要求撰写的思路可以参考前些年的试题解析（如 2014 年），在此不再赘述。就该申请而言，从属权利要求布局的总体考虑如下：先针对第一种卡箍结构的紧固装置撰写引用独立权利要求 1 的从属权利要求 2，接着对这种卡箍中紧固装置的优选结构撰写下一层级的从属权利要求 3；然后针对第二种卡箍结构的紧固装置撰写引用独立权利要求 1 的从属权利要求 4。考虑到这两种结构卡箍中的卡箍本体都可以像第一种实施例中那样由左右卡箍铰接而成，也可以如第二种实施方式那样采用一体成型的卡箍带，因此可以针对这两种卡箍结构的卡箍本体分别撰写一项引用前面四项权利要求中任一项的从属权利要求 5 和 6。最后，再以该发明第二方面改进所涉及的橡胶垫圈及其优选结构撰写几项相应的从属权利要求。下面分别说明各项从属权利要求如何撰写。

首先，针对第一实施例描述的紧固装置的具体结构撰写从属权利要求。参见技术交底材料中第 ［003］ 段至第 ［004］ 段和图 1 可知，其中的紧固装置主体部件是连杆，连杆一端有销孔，另一端有杆孔，所述销孔和杆孔可用于通过卡块卡扣将紧固装置与卡箍本体连接。

从技术内容来看，连接上的可旋转闩锁是进一步优选方式，其主要作用在于可旋转闩锁在锁紧状态上能够紧压第一连接端的外侧表面，从而使闩锁在锁紧位置保持稳定。

注意针对第一实施例撰写从属权利要求时，不要直接限定为左卡箍和右卡箍，而应直接限定为卡箍本体即可，对于左右卡箍通过铰接可以用于撰写另外的从属权利要求。

撰写成的从属权利要求 2 和 3 如下：

2. 如权利要求 1 所述的卡箍，其特征在于：所述连接件为在其上设有杆孔（33）的连杆（32），所述卡箍本体（10）的另一个连接端（11）上设有销孔（12），所述紧固装置还包括一个可插入所述杆孔（33）和销孔（12）中并与它们构成所述卡合结构的卡块。

3. 如权利要求 2 所述的卡箍，其特征在于：所述连杆（32）的另一端铰接有一个可旋转的闩锁

---

❶ 本节中给出的各项从属权利要求与《2015 年全国专利代理人资格考试试题解析》一书给出的参考答案中的各项从属权利要求的区别主要有两点：其一，由于独立权利要求中已经出现了连接件和卡合结构，因而权利要求 2 和权利要求 4 进一步限定是从该连接件和卡合结构出发加以限定，而不是从紧固装置出发加以限定，与此相应文字表述不相同；其二，增加了附图标记。

（31），所述闩锁（31）旋转到锁紧位置时其端部（321）紧压所述卡箍本体（10）另一个连接端（11）的外侧表面。

其次，针对第二实施例撰写从属权利要求。参见技术交底材料中第［006］至［008］段和图4至5可知，其紧固装置包括锁盖、环形锁扣和锁钩，其中锁盖与卡箍带的一个连接端铰接，锁钩固定在卡箍带的另一个连接端，环形锁扣的一端铰接在锁盖的内侧下方，另一端可卡入锁钩。注意在撰写该从属权利要求时，不要直接限定为一体成形的卡箍带，而应用使用卡箍本体（而卡箍带则可用于撰写另外的从属权利要求）。撰写成的从属权利要求4为：

4. 如权利要求1所述的卡箍，其特征在于：所述连接件为锁盖（301），所述卡合结构为一端铰接在所述锁盖（301）内侧下方的锁扣（302）和固定在所述卡箍本体（10）另一连接端（11）上的锁钩（303），所述锁盖（301）相对于所述卡箍本体（10）的一个连接端（21）旋转时，所述锁扣（302）的另一端可卡入锁钩（303）并相互卡紧。

再次，针对卡箍本体的具体结构撰写从属权利要求。第［003］段第一行提及的左右卡箍通过铰接，虽然记载在第一实施例中，但很明显其适合于其他实施例，因此可以引入前述权利要求撰写从属权利要求；同时，第［006］段第一行提及的一体成形的卡箍带，虽然记载在第二实施例中，但同样适于其他实施例，故可以作为并列从属权利要求。

撰写成的权利要求5和6如下：

5. 如权利要求1至4任意一项所述的卡箍，其特征在于：所述卡箍本体（10）包括一端相铰接的左卡箍（1）和右卡箍（2）。

6. 如权利要求1至4任意一项所述的卡箍，其特征在于：所述卡箍本体（10）是一体成形的卡箍带。

最后，对于第［005］段和第［008］段描述的关于套在或嵌入卡箍上的橡胶垫圈，及其垫圈的内环壁上设置的防滑凸起以及防滑凸起的具体形状等，虽然本身可以构成一项发明，但在该发明中有必要作为优选方式撰写从属权利要求。第一层次是设置橡胶垫圈，第二层次是垫圈的内环壁上设置有防滑凸起，第三层次是给出凸起的具体形式，即三角形或点状凸起。

因而，可以撰写成如下从属权利要求7至10：

7. 如权利要求1至4任意一项所述的卡箍，其特征在于：所述卡箍本体内侧（10）设有橡胶垫圈。

8. 如权利要求7所述的卡箍，其特征在于：所述橡胶垫圈与管道接触的内环壁（14）上设置有防滑凸起（141）。

9. 如权利要求8所述的卡箍，其特征在于：所述防滑凸起（141）是三角形凸起。

10. 如权利要求8所述的卡箍，其特征在于所述防滑凸起（141）是点状凸起。

基于上述分析，可以得出第二题的答案。

五、第二题的参考答案

（一）有关权利要求撰写的参考答案

1. 按照本书分析给出的参考答案

（1）第一份申请的权利要求书

1. 一种卡箍，包括卡箍本体（10）和紧固装置（3），所述紧固装置（3）包括一个一端与所述卡箍本体（10）的一个连接端（21）铰接的连接件（32，301），其特征在于：所述连接件（32，301）的另一端仅通过卡合结构（13、12、33、302、303）与所述卡箍本体（10）的另一连接端（11）相连接。

2. 如权利要求1所述的卡箍，其特征在于：所述连接件为在其上设有杆孔（33）的连杆（32），所述卡箍本体（10）的另一个连接端（11）上设有销孔（12），所述紧固装置还包括一个可插入所述杆孔（33）和销孔（12）中并与它们构成所述卡合结构的卡块。

3. 如权利要求2所述的卡箍，其特征在于：所述连杆（32）的另一端铰接有一个可旋转的闩锁（31），所述闩锁（31）旋转到锁紧位置时其端部（321）紧压所述卡箍本体（10）另一个连接端（11）的外侧表面。

4. 如权利要求1所述的卡箍，其特征在于：所述连接件为锁盖（301），所述卡合结构为一端铰接在所述锁盖（301）内侧下方的锁扣（302）和固定在所述卡箍本体（10）另一连接端（11）上的锁钩（303），所述锁盖（301）相对于所述卡箍本体（10）的一个连接端（21）旋转时，所述锁扣（302）的另一端可卡入锁钩（303）并相互卡紧。

5. 如权利要求1至4任意一项所述的卡箍，其特征在于：所述卡箍本体（10）包括在一端相铰接的左卡箍（1）和右卡箍（2）。

6. 如权利要求1至4任意一项所述的卡箍，其特征在于：所述卡箍本体（10）是一体成形的卡箍带。

7. 如权利要求1至4任意一项所述的卡箍，其特征在于：所述卡箍本体内侧（10）设有橡胶垫圈。

8. 如权利要求7所述的卡箍，其特征在于：所述橡胶垫圈与管道接触的内环壁（14）上设置有防滑凸起（141）。

9. 如权利要求8所述的卡箍，其特征在于：所述防滑凸起（141）是三角形凸起。

10. 如权利要求8所述的卡箍，其特征在于所述防滑凸起（141）是点状凸起。

（2）需要另案提交的第二份申请的独立权利要求

1. 一种卡箍，包括卡箍本体（100、200）和紧固装置，其特征在于：所述紧固装置包括螺杆螺母组件（5、7），所述螺杆螺母组件（5、7）中的螺杆（5）与所述卡箍本体（100、200）的一个连接端铰接，所述卡箍本体（100、200）的另一个连接端上设有U型开口（6），所述U型开口（6）的宽度大于所述螺杆（5）的直径且小于所述螺杆螺母组件（5、7）中旋在所述螺杆（5）另一端上的螺母（7）的最小外周宽度。

（3）需要另案提交的第三份申请的独立权利要求

1. 一种卡箍，在卡箍本体（10）的内侧表面嵌有或套有橡胶垫圈（14），其特征在于：在所述橡胶垫圈（14）的内环壁上设有防滑凸起（141）。

2. 《2015年全国专利代理人资格考试试题解析》给出的第二题的参考答案

（1）第一份申请的权利要求书

1. 一种卡箍，包括卡箍本体和紧固装置，所述紧固装置的一端与卡箍本体的一个连接端铰接，其特征在于：所述紧固装置的另一端与卡箍本体的另一个连接端卡扣连接。

2. 如权利要求1所述的卡箍，其特征在于：所述紧固装置包括连杆，所述连杆上设有杆孔，所述卡箍的另一个连接端上设有销孔，所述杆孔和销孔通过卡块卡扣连接。

3. 如权利要求2所述的卡箍，其特征在于：所述连杆的另一端与可旋转闩锁铰接，所述可旋转闩锁的端面在锁紧状态下紧压所述卡箍本体另一个连接端的外侧表面。

4. 如权利要求1所述的卡箍，其特征在于：所述紧固装置包括锁扣、锁钩和锁盖，所述锁盖与卡箍本体的一个连接端铰接，所述锁钩固定在卡箍本体的另一个连接端，所述锁扣的一端铰接所述锁盖的内侧下方，另一端可卡入锁钩。

5. 如权利要求1至4任意一项所述的卡箍，其特征在于：所述卡箍本体包括左卡箍和右卡箍，所述左卡箍和右卡箍铰接。

6. 如权利要求1至4任意一项所述的卡箍，其特征在于：所述卡箍本体是一体成形的卡箍带。

7. 如权利要求1至4任意一项所述的卡箍，其特征在于：所述卡箍本体内侧设有橡胶垫圈。

8. 如权利要求 7 所述的卡箍，其特征在于：所述橡胶垫圈与管道接触的内环壁上设有防滑凸起。

9. 如权利要求 8 所述的卡箍，其特征在于：所述防滑凸起是三角形凸起。

10. 如权利要求 8 所述的卡箍，其特征在于：所述防滑凸起是点状凸起。

（2）需要另案提交的第二份申请的独立权利要求

1. 一种卡箍，包括卡箍本体和紧固装置，其特征在于：所述紧固装置包括螺杆螺母组件，所述螺杆螺母组件与卡箍本体的一个连接端铰接，卡箍本体的另一个连接端上设有 U 型开口，所述 U 型开口的宽度大于螺杆的直径且小于螺母的最小外周宽度。

（3）需要另案提交的第三份申请的独立权利要求

1. 一种卡箍，在卡箍本体的内侧表面嵌有或套有橡胶垫圈，其特征在于：在所述橡胶垫圈的内环壁上设有防滑凸起。

（二）需要提出三份专利申请的理由

下面按照本书给出的三项独立权利要求来说明需要提出三份专利申请的理由。❶

第一项独立权利要求对现有技术作出贡献的技术特征为"连接件仅通过卡合结构与卡箍本体的另一个连接端相连接"，其起到快速打开和锁紧卡箍的作用；第二项独立权利要求对现有技术作出贡献的技术特征是"螺杆螺母组件中的螺杆与卡箍本体的一个连接端相铰接，卡箍本体的另一个连接端上设有 U 型开口，所述 U 型开口的宽度大于螺杆的直径且小于螺杆螺母组件中的旋在螺杆上的螺母的最小外周宽度"，其也起到快速打开和锁紧卡箍的作用；第三项独立权利要求对现有技术作出贡献的技术特征是"在橡胶垫圈的内环壁上设有防滑凸起"，其起到增大卡箍对管道的抱紧力以防止卡箍在管道上转动或串动的作用。

首先第三项独立权利要求与第一项和第二项独立权利要求所解决的技术问题完全不同，特定技术特征完全不同，也不相应，两者在技术上完全不相关联。而对于第一项和第二项独立权利要求，虽然都是为了实现卡箍的快速装配，但是第一项独立权利要求解决上述技术问题的手段为仅通过卡合结构连接，并不借助螺栓螺母结构的螺纹连接；而第二项独立权利要求的技术方案正是通过在卡箍的一个连接端设置合适的 U 型开口螺纹连接，且现有技术已经出现过这种螺纹连接方式，只不过采取具体不同的螺纹连接结构，因而其与第一项独立权利要求所采取的解决技术问题的技术手段完全不同，因而也不存在相同或相应的特定技术特征，两者在技术上并不相互关联。

综上，三项独立权利要求之间不包含相同或相应的特定技术特征，彼此在技术上不相互关联，不属于一个总的发明构思，不具有《专利法》第三十一条规定的单一性，应当作为三份申请分别提出。

六、第三题的答题思路

第三题要求应试者说明所撰写的三项独立权利要求相对于现有技术具备新颖性和创造性的理由。在本题中实质上是要求应试者将权利要求撰写中的分析判断过程还原出来，并能够针对审查过程中的审查意见通知书或者针对无效宣告程序中请求人的无效宣告请求书中提出的新颖性和创造性问题进行答辩和陈述意见。

具体到本题中，关于新颖性，重点考查应试者对于新颖性判断中同样的发明或者实用新型以及单独对比原则的掌握。关于新颖性的论述，应当严格按照单独对比的原则进行。关键是分别指出权利要求 1 的技术方案与涉案专利以及对比文件 1 至 3 中任一项现有技术的区别所在。

关于创造性的论述，重点考查应试者对于"三步法"的掌握情况。既要论述具有突出的实质性特点，又要论述具有显著的进步，在此基础上给出明确的结论和法律依据。其中在论述具有突出的

---

❶　在《2015 年全国专利代理人资格考试试题解析》一书给出的参考答案中关于需要提出三件专利申请的理由的答案思路上基本与此处给出的参考答案是一致的，只不过在表述特定技术特征时进行了相应的改变。

实质特点时，严格按照"三步法"加以说明：首先需要明确指出最接近的现有技术；进一步指出其区别所在，根据所产生的效果得到实际解决的技术问题；最后论述现有技术未给出结合启示，在此基础上得出具有突出的实质性特点的结论。

其中，对于第一项和第二项独立权利要求的创造性判断，从公开的内容来看，需要选择涉案专利或者对比文件2作为最接近的现有技术。对于第三项独立权利要求，其最接近的现有技术是技术交底书第［001］段中提及的背景技术，但由于并没有给出确切的文献，因而应当从涉案专利和对比文件1至3中选择最接近的现有技术，由于它们都没有公开橡胶垫圈，因此理论上都可以作为最接近的现有技术，但考虑到发明人的改进基础的连续性，建议选择涉案专利作为最接近的现有技术。

在撰写格式上应当采取合理的分段，以体现出论述的逻辑性，且也有利于阅卷时注意到关键的考点内容。但为了表述连续性，建议针对第一项独立权利要求的新颖性和创造性论述完毕后，再分别论述另两项独立权利要求的新颖性和创造性。当然也可以先针对全部三项独立权利要求分别论述具备新颖性之后，再分别论述这三项独立权利要求具备创造性。

下面给出第三题有关论述各项独立权利要求新颖性和创造性的参考答案。

七、第三题的参考答案❶

1. 第一项独立权利要求的新颖性

第一份申请的独立权利要求1与涉案专利的技术方案相比，涉案专利虽公开了紧固装置中连接板的另一端与卡箍本体的另一连接端形成卡扣结构，但其还需要用螺栓将其固定，因此其未公开该权利要求1中该连接板的另一端仅通过卡合结构与卡箍本体的另一个连接端相连接的技术特征，因此权利要求1的技术方案与涉案专利所公开的技术方案实质不同，因此权利要求1相对于涉案专利具备新颖性，符合《专利法》第二十二条第二款的规定。

同样，在对比文件2公开的卡箍组件中，作为紧固装置的U形连接杆的另一端与卡箍本体的另一连接端形成卡合结构，但其还需要用螺栓将其固定，因此未公开该连接杆的另一端仅通过卡合结构与卡箍本体另一连接端相连接的技术特征，可知权利要求1的技术方案与对比文件2所公开的技术方案实质不同，因此权利要求1相对于对比文件2也具备《专利法》第二十二条第二款规定的新颖性。

对比文件1和对比文件3均没有公开权利要求1中紧固装置中的连接件的另一端与卡箍本体的另一个连接端通过卡扣结构相连接的技术特征，因此权利要求1的技术方案分别与对比文件1或对比文件3公开的技术方案实质不同，因此权利要求1分别相对于对比文件1或相对于对比文件3具备新颖性，符合《专利法》第二十二条第二款的规定。

2. 第一项独立权利要求的创造性

第一份申请的独立权利要求1与最接近的现有技术涉案专利（或对比文件2）公开的技术方案的区别在于：最接近的现有技术没有公开该连接件的的另一端仅通过卡合结构与卡箍本体的另一个连接端相连接，根据该区别特征，权利要求1实际解决的技术问题是如何实现卡箍的快速拆装，其他对比文件均公开了螺栓连接的固定方式，没有公开上述区别特征，也没有给出相应的技术启示，且该区别特征也不属于本领域解决上述技术问题的常用手段，因此权利要求1的技术方案相对于上述现有技术和本领域公知常识是非显而易见的，具有突出的实质性特点。

而且，仅采用卡合结构连接可以避免现有技术中需要将螺栓全部拧入或拧出螺母而造成的拆装麻烦的缺陷，具有有益的技术效果，即具有显著的进步。

综上所述，权利要求1相对于涉案专利与其他对比文件（包括本领域公知常识）的结合具有突

---

❶ 《2015年全国专利代理人资格考试试题解析》一书给出相关答案的基本思路与此处给出的参考答案是一致的，只不过在涉及使得权利要求具备创造性的技术特征的表述上根据该书给出的答案进行了相应的调整。

出的实质性特点和显著的进步，具备创造性，符合《专利法》第二十二条第三款的规定。

3. 第二项独立权利要求的新颖性

第二份申请的独立权利要求 1 与涉案专利的技术方案相比，涉案专利没有公开该权利要求 1 中紧固装置包括螺杆螺母组件，所述螺杆螺母组件与卡箍本体的一个连接端铰接，卡箍本体的另一个连接端上设有 U 型开口，所述 U 型开口的宽度大于螺杆的直径且小于螺母的最小外周宽度的技术特征，使得权利要求 1 的技术方案与涉案专利所公开的技术方案实质不同，因此权利要求 1 相对于涉案专利具备新颖性，符合《专利法》第二十二条第二款的规定。

对比文件 1 至 3 中任一项现有技术也都没有公开权利要求 1 中紧固装置包括螺杆螺母组件，所述螺杆螺母组件与卡箍本体的一个连接端铰接，卡箍本体的另一个连接端上设有 U 型开口，所述 U 型开口的宽度大于螺杆的直径且小于螺母的最小外周宽度的技术特征，因此权利要求 1 的技术方案分别与对比文件 1 至 3 中任一项现有技术所公开的技术方案实质不同，因此权利要求 1 分别相对于对比文件 1 至 3 中任一项现有技术也具备新颖性，符合《专利法》第二十二条第二款的规定。

4. 第二项独立权利要求的创造性

第二份申请的独立权利要求 1 与最接近的现有技术涉案专利所公开的技术方案的区别在于：涉案专利没有公开紧固装置包含螺杆螺母组件，所述螺杆螺母组件与卡箍本体的一个连接端铰接，卡箍本体的另一个连接端上设有 U 型开口，所述 U 型开口的宽度大于螺杆的直径且小于螺母的最小外周宽度。根据该区别特征，独立权利要求 1 实际解决的技术问题是不需要螺母与螺杆完全分离而实现卡箍的快速拆装，其他对比文件均公开了螺栓需要完全拧入拧出进行连接的固定方式，没有公开上述区别特征，也没有给出相应的技术启示，因此权利要求 1 的技术方案相对于涉案专利和其他对比文件是非显而易见的，具有突出的实质性特点。

而且，含有上述区别特征的技术方案可以避免现有技术中需要将螺栓全部拧入或拧出螺母而造成的拆装麻烦的缺陷，具有有益的技术效果，即具有显著的进步。

因此，权利要求 1 相对于涉案专利和其他对比文件的结合均具有突出的实质性特点和显著的进步，具备创造性，符合《专利法》第二十二条第三款的规定。

5. 第三项独立权利要求的新颖性

第三份申请的独立权利要求 1 与涉案专利的技术方案相比，涉案专利没有公开橡胶垫圈，也没有公开橡胶垫圈的内环壁上设有防滑凸起，因此权利要求 1 的技术方案与涉案专利所公开的技术方案不同，权利要求 1 相对于涉案专利具备新颖性，符合《专利法》第二十二条第二款的规定。

对比文件 1 至 3 中任一项现有技术均没有公开橡胶垫圈，也没有公开橡胶垫圈的内环壁上设有防滑凸起，因此权利要求 1 的技术方案分别与对比文件 1 至 3 中任一项现有技术所公开的技术方案实质不同，因此权利要求 1 分别相对于对比文件 1 至 3 中任一项现有技术具备新颖性，符合《专利法》第二十二条第二款的规定。

6. 第三项独立权利要求的创造性

第三份申请的独立权利要求 1 与最接近的现有技术涉案专利所公开的技术方案的区别在于：涉案专利没有公开橡胶垫圈，也没有公开橡胶垫圈的内环壁上具有防滑凸起的技术特征。根据该区别特征，独立权利要求 1 实际解决的技术问题是如何防止卡箍在管道上滑动或串动，其他对比文件也没有公开上述区别特征，并且也没有给出相应的技术启示，因此权利要求 1 的技术方案相对于涉案专利和其他对比文件是非显而易见的，具有突出的实质性特点。

而且，含有上述区别特征的技术方案可以实现防止卡箍在管道上滑动或串动，具有有益的技术效果，即具有显著的进步。

因此，权利要求 1 相对于涉案专利和其他对比文件的结合均具有突出的实质性特点和显著的进步，具备创造性，符合《专利法》第二十二条第三款的规定。

第三十一章　2016年专利代理实务试题解析

试　题

答题须知

1. 答题时请以现行、有效的法律和法规的规定为准。

2. 作为考试，应试者在完成题目时应当接受并仅限于本试卷所提供的事实，并且无需考虑素材的真实性、有效性问题。

3. 本专利代理实务试题包括第一题、第二题、第三题和第四题，满分150分。

应试者应当将各题答案按顺序清楚地撰写在相对应的答题区域内。

试题说明

第一题：客户A公司拟对B公司的发明专利（下称涉案专利）提出无效宣告请求，为此，A公司向你所在的代理机构提供了涉案专利（附件1）和对比文件1—3，以及A公司技术人员撰写的无效宣告请求书（附件2），请你具体分析客户所撰写的无效宣告请求书中的各项无效宣告理由是否成立，并将结论和具体理由以信函的形式提交给客户。

第二题：请你根据客户提供的材料为客户撰写一份无效宣告请求书，在无效宣告请求书中要明确无效宣告请求的范围、理由和证据，要求以专利法及其实施细则中的有关条、款、项作为独立的无效宣告理由提出，并结合给出的材料具体说明。

第三题：客户A公司同时向你所在的代理机构提供了技术交底材料（附件3），希望就该技术申请实用新型专利。请你综合考虑涉案专利和对比文件1—3所反映的现有技术，为客户撰写实用新型专利申请的权利要求书。

第四题：简述你撰写的独立权利要求相对于涉案专利解决的技术问题和取得的技术效果。

附件1（涉案专利）：

[19] 中华人民共和国国家知识产权局

[12] 发明专利

[45] 授权公告日　2016年2月11日

[21] 申请号　201311234567.x
[22] 申请日　2013.9.4
[73] 专利权人　B公司　　　　　　　　　　（其余著录项目略）

权利要求书

1. 一种茶壶，包括壶身、壶嘴、壶盖及壶把，其特征在于：壶盖底面中央可拆卸地固定有一个向下延伸的搅拌棒，搅拌棒的端部可拆卸地固定有搅拌部。

2. 根据权利要求1所述的茶壶，其特征在于：所述搅拌部为一叶轮，所述叶轮的底部沿径向方向设有齿板。

3. 根据权利要求1或2所述的茶壶，其特征在于：所述齿板上设有多个三角形凸齿。

4. 一种茶壶，包括壶身、壶嘴、壶盖及壶把，其特征在于：壶身上设有弦月形护盖板。

说 明 书

茶 壶

[001]❶ 本发明涉及品茗茶壶的改良。

[002] 一般茶叶在冲泡过程中，茶叶经常聚集在茶壶底部，需要长时间浸泡才能伸展出味。当需要迅速冲泡茶叶的时候，有人会使用搅拌棒或者筷子对茶壶里面的茶叶进行搅拌，这样既不方便也不卫生。

[003] 再者，茶壶在倾倒过程中，壶盖往往向前滑动，容易使得茶水溢出，甚至烫伤他人。

[004] 本发明的主要目的是提供一种具有搅拌工具的茶壶，所述搅拌工具可拆卸地固定在壶盖底面中央，并向壶身内部延伸。

[005] 本发明的另一个目的是提供一种具有护盖板的茶壶，所述护盖板呈弦月型，位于壶身靠近壶嘴的前沿开口部分，并覆盖部分壶盖。

[006] 图1为本发明的茶壶的立体外观图；

[007] 图2为本发明的茶壶的立体分解图。

[008] 如图1、图2所示，本发明的茶壶包括有壶身1、壶嘴2、带有抓手的壶盖3、壶把4及搅拌工具5。搅拌工具5包括搅拌棒11和作为搅拌部的叶轮12。壶身1内可放入茶叶，并供茶叶在冲泡后具有伸展空间。壶盖3的底面中央安装有一个六角螺母。搅拌棒11的两端具有螺纹，其一端旋进六角螺母，从而实现与壶盖3的可拆卸安装，另一端与叶轮12螺纹连接。由于搅拌工具为可拆卸结构，因此易于安装和更换。

[009] 壶身1上设置有一弦月形护盖板13，该护盖板13从壶身1近壶嘴2的前缘开口部位沿壶盖3的周向延伸，并覆盖部分壶盖3，护盖板13可以防止壶盖在茶水倾倒过程中向前滑动，从而防止茶水溢出。

[010] 使用时，先在壶身1内置入茶叶等冲泡物，倾斜壶盖3，使搅拌工具5置于壶身1内，然后向下将壶盖3置于护盖板13的下方。旋转壶盖3，搅拌工具5随着壶盖3的转动而转动，实现对壶身1内的茶叶及茶水搅拌。

[011] 为了更好对茶叶进行搅拌，可在叶轮12的底部设置齿板。如图1、图2所示，在叶轮12的底部，沿径向向外延伸设有若干个齿板14，每个齿板14上至少设有两个三角形凸齿，配合搅拌工具在茶壶内的旋转，三角形的尖锐凸齿可以进一步搅拌壶身内的茶叶。

说 明 书 附 图

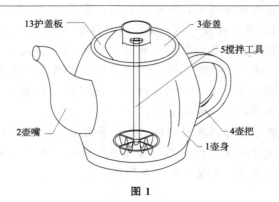

图 1

---

❶ 为后文分析方便，段落编号系编者所加，下同。

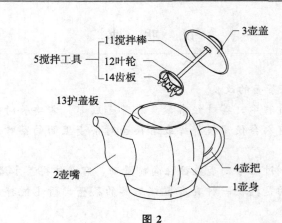

图 2

对比文件 1：

[19] 中华人民共和国国家知识产权局

[12] 实用新型专利

[45] 授权公告日　2014 年 5 月 9 日

[21] 申请号 201320123456.5
[22] 申请日 2013.8.22
[73] 专利权人 赵××　　　　　　　　　　　　（其余著录项目略）

说　明　书

一种多功能杯子

[001] 本实用新型涉及一种盛装饮用液体的容器，具体地说是一种多功能杯子。

[002] 人们在冲泡奶粉、咖啡等饮品时，由于水温及其它各种因素的影响，固体饮品不能迅速溶解，容易形成结块，影响口感。

[003] 本实用新型的目的在于提供一种多功能杯子，该杯子具有使固体物迅速溶解、打散结块的功能。

[004] 图 1 为本实用新型的多功能杯子的第一实施例的结构示意图；

[005] 图 2 为本实用新型的多功能杯子的第二实施例的结构示意图。

[006] 如图 1 所示，本实用新型的多功能杯子包括：杯盖 21A、搅拌棒 22A 和杯体 23A，搅拌棒 22A 位于杯盖 21A 的内侧，并与杯盖一体成型。搅拌棒 22A 的端部可插接一桨型搅拌部 24A。

[007] 图 2 示出了本实用新型的多功能杯子的另一个实施例，包括杯盖 21B、搅拌棒 22B 和杯体 23B。所述搅拌棒 22B 的头部呈圆柱形。杯盖 21B 的内侧设有内径与搅拌棒 22B 的头部外径相同的插槽，搅拌棒 22B 的头部插入至杯盖 21B 的插槽内。搅拌棒 22B 采用可弯折的材料制成，其端部弯折出一个搅拌匙以形成搅拌部，从而方便搅拌。

[008] 使用时，取下杯盖，向杯内放入奶粉、咖啡等固态饮料并注入适宜温度的水，盖上杯盖，握住杯体，转动杯盖，此时搅拌棒也随杯盖的旋转而在杯体内转动，从而使固态饮料迅速溶解，防止结块产生，搅拌均匀后取下杯盖，直接饮用饮品即可。

第
四
部
分

说 明 书 附 图

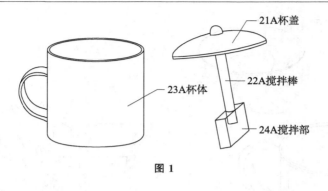

21A杯盖

22A搅拌棒

23A杯体

24A搅拌部

图 1

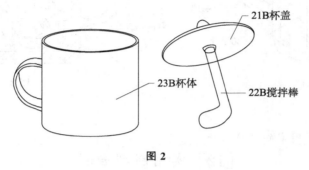

21B杯盖

22B搅拌棒

23B杯体

图 2

对比文件2：

[19] 中华人民共和国国家知识产权局

[12] 实用新型专利

[45] 授权公告日 2011 年 3 月 23 日

[21] 申请号 201020789117.7

[22] 申请日 2010.4.4

[73] 专利权人 孙××

（其余著录项目略）

说 明 书

[001] 本实用新型涉及一种新型泡茶用茶壶。

[002] 泡茶时，经常发生部分茶叶上下空间展开不均匀不能充分浸泡出味的情况，影响茶水的口感。

[003] 本实用新型的目的是提供一种具有搅拌匙的茶壶。

[004] 图 1 为本实用新型的茶壶的立体外观图；

[005] 图 2 为本实用新型的茶壶的剖视图。

[006] 如图 1 所示，本实用新型的茶壶包括有壶身 30、壶嘴 31、壶盖 32 及壶把 33。壶盖 32 的底面中央一体成型有一向下延伸的搅拌匙 34，此搅拌匙 34 呈偏心弯曲状，在壶盖 32 盖合在壶身 30 时，可伸置在壶身 30 内部。

[007] 如图 2 所示，在壶身 30 内置茶叶等冲泡物时，搅棒匙 34 随壶盖 32 转动，由于搅拌匙 34 呈偏心弯曲状，弯曲部分可以加速茶壶内的茶叶在上下方向上运动，从而对壶身 30 内的茶叶及茶水搅拌，使冲泡过程不致有茶叶长时间聚集在茶壶的底部，从而提高冲泡茶水的口感。

第四部分

说 明 书 附 图

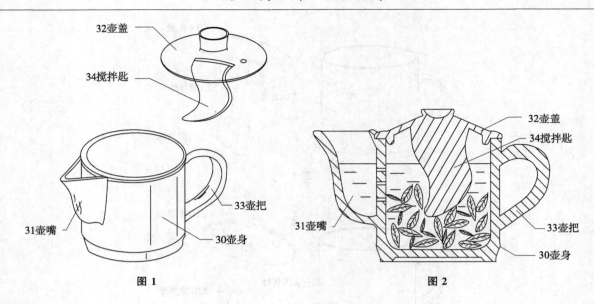

图 1

图 2

对比文件 3：

[19] 中华人民共和国国家知识产权局

[12] 实用新型专利

[45] 授权公告日　2000 年 10 月 19 日

[21] 申请号 99265446.9

[22] 申请日 1999.11.10

[73] 专利权人 钱××　　　　　　　　　　（其余著录项目略）

说 明 书

茶 杯

[001] 本实用新型有关一种具有改良结构的新型茶杯。

[002] 传统茶杯在冲泡茶叶时需要耗费较多的冲泡时间才能将茶叶冲开饮用。

[003] 本实用新型的目的是提供一种新型茶杯，其能够通过对冲泡中的茶叶的搅拌来加速茶叶的冲泡。

[004] 图 1 是本实用新型的茶杯的剖视图。

[005] 如图 1 所示，本实用新型改良结构的茶杯，具有一杯体 40，杯盖 41，塞杆 42，以及塞部 43。塞杆 42 可拆卸地固定安装在杯盖 41 的下表面上。塞杆 42 的下端部插接有一个塞部 43，塞部 43 表面包覆有滤网，底部沿径向方向上设有两片微弧状的压片 2B。塞部 43 可与圆柱形杯体 40 配合，藉以供作茶叶的搅拌及过滤的结构装置。

[006] 该茶杯在实际应用时，配合杯盖 41 的旋转操作，塞部 43 底部设有的压片 2B 搅拌、搅松置放于杯体 40 底部的茶叶，方便地完成茶叶的冲泡工作。

[007] 由于塞杆 42、塞部 43 与杯盖 41 之间均采用可拆卸连接，一方面，当茶杯没有浸泡茶叶时，可以将用于搅拌的塞杆 42、塞部 43 取下，另一方面，如果出现了零件损坏的情况，可以进行更换。

说 明 书 附 图

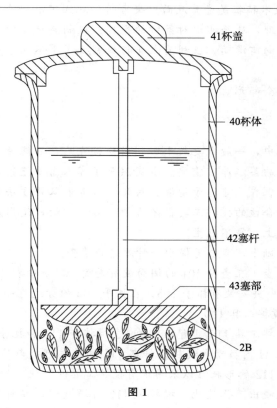

图 1

附件 2（客户撰写的无效宣告请求书）：

无效宣告请求书：

（一）关于新颖性和创造性

1. 对比文件 1 与涉案专利涉及相近的技术领域，其说明书的附图 1 所示的实施例公开了一种多功能杯子包括：杯盖 21A、搅拌棒 22A 和杯体 23A，搅拌棒 22A 位于杯盖 21A 的内侧，并与杯盖一体成型。搅拌棒 22A 的端部可插接一桨型搅拌部 24A。附图 2 示出了另一个实施例，包括杯盖 21B、搅拌棒 22B 和杯体 23B，所述搅拌棒 22B 的头部呈圆柱形。杯盖 21B 的内侧设有内径与搅拌棒 22B 的头部外径相同的插槽，搅拌棒 22B 的头部插入至杯盖 21B 的插槽内。搅拌棒 22B 采用可弯折的材料制成，其端部弯折出一个搅拌匙以形成搅拌部。因此，实施例一公开了可拆卸的搅拌部，实施例二公开了可拆卸的搅拌棒，对比文件 1 公开了权利要求 1 的全部特征，权利要求 1 相对于对比文件 1 不具备新颖性。

2. 对比文件 2 公开了一种茶壶，并具体公开了本实用新型的茶壶包括有壶身 30、壶嘴 31、壶盖 32 及壶把 33。壶盖 32 的底面中央一体成型有一向下延伸的搅拌匙 34，此搅拌匙 34 呈偏心弯曲状，在壶盖 32 盖合在壶身 30 时，可伸置在壶身 30 内部。因此其公开了权利要求 1 的全部技术特征，二者属于相同的技术领域，解决了同样的技术问题，并且达到了同样的技术效果，因此权利要求 1 相对于对比文件 2 不具备新颖性。

3. 对比文件 2 公开了一种带有搅拌匙的茶壶，对比文件 3 公开了一种改良结构的茶杯，二者结合公开了权利要求 2 的全部技术特征，因此权利要求 2 相对于对比文件 2 和对比文件 3 不具备创造性。

（二）其他无效理由

4. 权利要求 1 没有记载搅拌部的具体结构，因此缺少必要技术特征。

5. 权利要求 3 保护范围不清楚。

6. 权利要求 1 的特定技术特征是壶盖底面中央可拆卸地固定有一个向下延伸的搅拌棒，搅拌棒的端部可拆卸地固定有搅拌部，从而实现对茶叶的搅拌；权利要求 4 的特定技术特征是壶身上设有弦月形护盖板，以防止壶盖向前滑动，权利要求 4 与权利要求 1 不属于一个总的发明构思，没有单一性。

因此请求宣告涉案专利全部无效。

附件 3（技术交底材料）：

［001］茶叶在冲泡过程中，一般需要数十秒到数分钟左右，才能使其味道浸出。保证茶叶的浸出时间，对于泡出香味浓郁的茶水非常重要。当突然来了客人需要泡茶时，往往会因为茶叶的浸出时间不足，而造成茶水的色、香、味过于清淡。对此，通常采取的方法都是用筷子或勺子放入茶壶搅拌。但是，一方面，寻找合适的搅拌工具很不方便，另一方面，使用后的搅拌工具没有固定地方放置，经常被随意地放在桌上，很不卫生。

［002］在现有技术的基础上，我公司提出一种改进的茶壶。

［003］如图 1 所示的茶壶，在壶身 101 的侧面设有壶嘴 102 和壶把 103。壶身 101 的上部开口处具有壶盖 104。壶盖 104 的中央安装有抓手 105。在抓手 105 的旁边有一个穿透壶盖的通气孔 H，在通气孔 H 中贯穿地插入一搅拌工具 110。

［004］如图 2 所示，搅拌工具 110 具有杆部 111、搅拌部 112 和把手 114。杆部 111 可自由地穿过通气孔 H，并可在通气孔 H 内拉动和旋转。杆部 111 的前端可拆卸地安装有把手 114，后端一体成型有搅拌部 112。搅拌部 112 的形状可以采用现有搅拌工具的形状，但这样的形状在茶水中的移动速度慢，不利于茶叶的快速浸出。优选地，搅拌部 112 为螺旋形，在杆部 111 的轴向上保持规定的间距而螺旋形延伸。螺旋的内侧空间还可以容纳水质改良剂。例如，将由天然石头做成的球体放入搅拌部 112，可以从球体溶出矿物质成分，使茶的味道更加温和。

［005］使用茶壶时，如图 1 所示，在壶身 101 内放入茶叶，倒入适量的热水浸泡茶叶。在茶壶中倒入热水后，立即盖上壶盖 104。在盖着壶盖 104 的状态下，拉动和旋转搅拌工具 110。在茶壶内，随搅拌工具 110 的运动，茶叶在热水中移动，茶叶的成分迅速在整个热水中扩散。将搅拌工具 110 上下移动时，搅拌部 112 还可以起到泵的作用，在茶壶内部促使茶水产生对流，因此，可以高效泡出味道浓郁且均匀的茶水。

［006］图 3 示出了另一种搅拌工具 210。搅拌工具 210 具有杆部 211、搅拌部 212 和把手 214。把手 214 与杆部 211 可拆卸连接，杆部 211 的轴周围伸出螺旋形的叶片板形成螺旋形的搅拌部 212，所述杆部 211 与所述搅拌部 212 一体成型。

［007］图 4 为另一种结构的搅拌工具 310。搅拌工具 310 具有杆部 311、搅拌部 312 和把手 314。杆部 311 与把手 314 一体成型，与搅拌部 312 之间可拆卸连接。搅拌部 312 的上端固定有十字接头 316。杆部 311 的下端插入十字接头 316 的突出部。搅拌部 312 可以使用弹性材料制成，由于弹性材料的作用，螺旋形搅拌部容易变形，使得搅拌更容易进行。

［008］带有搅拌工具的茶壶，结构简单，成本低廉，操作方便。将搅拌工具穿入通气孔 H，拉动和旋转把手，杆部带动搅拌部对壶身内的茶水和茶叶进行搅拌，使容器内有效地产生对流，方便地完成茶叶的冲泡。其利用了茶壶上现有的通气孔，将搅拌工具安装在茶壶上，不需要改变茶壶的结构就可以方便卫生地实现对茶叶的搅拌操作。

第四部分

技术交底材料附图

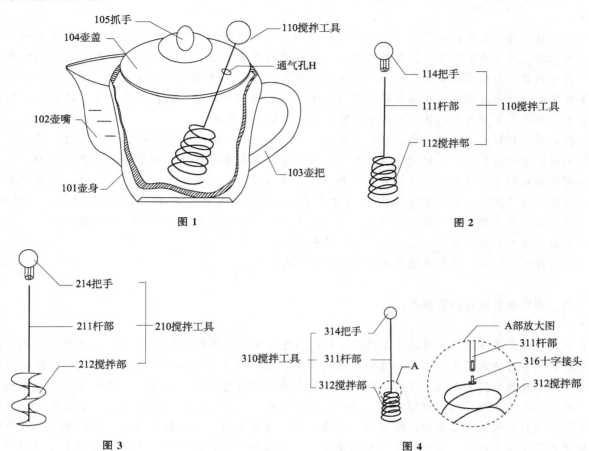

图 1

图 2

图 3

图 4

试题解析和参考答案

一、认真阅读试题说明

2016 年专利代理实务试题的"答题须知"与前几年专利代理实务试题的"答题须知"实体内容基本相同，相关解析可参见 2011 年专利代理实务试题"试题解析"部分。

2016 年试题共包括四道题。试题说明中对第一题至第四题分别进行了说明，明确告知考生答题时需要完成的工作：前两题涉及无效实务，后两题涉及申请实务。

（1）第一题要求考生根据客户提供的涉案专利和对比文件 1～3，分析客户技术人员撰写的无效宣告请求书中的各项无效宣告理由是否成立，并将结论和具体理由以信函的形式提交给客户。该题考查考生对于专利代理事务中应知应会的重点法条的理解和运用能力，要求应试者全面正确地判断客户提出的无效宣告理由是否为法定的无效宣告理由，并对其具体理由是否成立、撰写是否合适等内容作出判断和分析。该题也相当于向作为请求人的客户提供咨询意见，需要注意其撰写形式和内容；需要说明的是，如果将试题中客户自行撰写的无效宣告请求书作为已提交给专利复审委员会的请求书，则该题也相当于 2012 年无效实务试题中有关向专利权人具体分析说明无效宣告请求书中各项无效宣告理由是否成立的考试内容。

（2）第二题要求考生综合考虑涉案专利和对比文件 1～3 所反映的现有技术，为客户撰写一份无效宣告请求书，在无效宣告请求书中要明确无效宣告请求的范围、理由和证据，要求以《专利法》及其实施细则中的有关条、款、项作为独立的无效宣告理由提出，并结合给出的材料具体说明，符合相关的撰写格式和规范要求。该题考核专利代理人在无效实务中为请求人撰写无效宣告请求书的能力。

（3）第三题要求针对客户提供的技术交底材料为客户撰写实用新型专利申请的权利要求书。值得注意的是，该题要求撰写的是实用新型专利申请的权利要求书，而不是发明专利申请的权利要求书（历年来看，大多要求撰写发明专利申请的权利要求书），不要撰写方法类权利要求。此外，从题目要求来看，其也没有要求在必要时说明分案申请还是合案申请的理由，因此基本可以确定不存在撰写多份权利要求书的可能性，不涉及确定专利申请策略的内容。

（4）第四题要求简述撰写的独立权利要求相对于涉案专利解决的技术问题和取得的技术效果。

试题说明中没有标明各题的分值，考生可以根据各题考点来合理分配每道题的答题时间：其中第一题需要理解技术内容，并且是后续几题（尤其是第二题）的基础，因此花费的时间相对要多一些。且第二题"撰写无效宣告请求书"，基本在第一题做答时都已考虑过，因此可以花少一些时间。第三题还需要花一些时间理解技术交底材料并进行分析，而第四题仅是在第三题做答过程中已分析过，只需要用文字表达出来，因此也不需要太多时间。

下面针对无效实务题和申请实务题分别给出答题思路。

二、无效实务试题的答题思路

无效实务两道试题分别要求考生根据客户提供的涉案专利和对比文件1～3，分析客户技术人员撰写的无效宣告请求书中的各项无效宣告理由是否成立以及为客户撰写无效宣告请求书。第二道题是在第一道题的分析基础上完成的，因此应试时可以将两道题结合起来进行分析研究，具体说来可以按照下述思路答题：阅读理解专利文件；理解和分析客户提供的证据；在此基础上分析客户自行撰写的无效宣告理由是否成立；根据分析结果向客户给出咨询意见；再根据第二题的要求，分析客户提供的证据能否影响涉案专利各项权利要求的新颖性和创造性；为客户撰写无效宣告请求书。下面按照下述应试思路的六个步骤作出具体说明。

（一）阅读理解专利文件

从无效请求方的角度考虑，在阅读理解专利文件时需要进行下述三个方面的工作：确定该无效宣告请求适用的法律，理解涉案专利各项权利要求的技术方案，分析涉案专利各项权利要求是否存在无须证据就可作为无效宣告理由的实质性缺陷。其中第三方面工作主要为第二题撰写无效宣告请求书时确定无效宣告理由做准备，但对第一道题来说，如果所分析的可作为无效宣告理由与客户技术人员自行撰写的部分无效宣告理由相一致，则说明客户自行撰写的请求书中相应的无效宣告理由能够成立。

1. 确定涉案专利无效宣告程序适用的法律

涉案发明专利未要求优先权，其申请日为2013年9月4日，晚于2009年10月1日，也晚于2010年2月1日，按照《施行修改后的专利法的过渡办法》和《施行修改后的专利法实施细则的过渡办法》的规定，涉案专利的无效宣告程序适用现行《专利法》《专利法实施细则》以及《专利审查指南2010》。

2. 理解涉案专利各项权利要求的技术方案

为理解涉案专利各项权利要求所要求保护的主题，首先需要结合附图理解涉案专利的技术内容，2016年的涉案专利的技术内容相对比较简单。

由说明书第［002］至［003］段，可以得知，现有技术中的茶壶存在两个技术问题：一个是在泡茶时为迅速冲泡茶叶，需用搅拌棒或者筷子对茶壶中的茶叶进行搅拌，既不方便又不卫生；另一个是倒茶时壶盖向前滑动，易使茶水溢出，甚至烫伤他人。

为解决前一技术问题（试题中称作本发明的主要目的），采用的技术方案是提供一种具有搅拌工具的茶壶，所述搅拌工具可拆卸地固定在壶盖底面中央，并向壶身内部延伸，从而实现在泡茶时对壶身内的茶叶及茶水搅拌。其结构主要在说明书第［008］段中描述：茶壶包括有壶身、壶嘴、带有抓手的壶盖、壶把及搅拌工具。其中，搅拌工具包括搅拌棒和作为搅拌部的叶轮。搅拌棒的两端具有螺纹，其一端旋进壶盖的底面中央安装的六角螺母，而另一端与叶轮螺纹连接。因而，实现了搅拌工具既与壶盖，又与叶轮的可拆卸连接，易于安装和更换。

为解决后一技术问题（试题中称作本发明的另一个目的），采用的技术方案是提供一种具有护盖板的茶壶，所述壶盖板呈弦月型，位于壶身靠近壶嘴的前沿开口部分，并覆盖部分壶盖。该护盖板可以防止壶盖在茶水倾倒过程中向前滑动，从而防止茶水溢出。

在理解了涉案专利的具体技术内容后，进一步理解各项权利要求所要求保护的主题。该涉案专利的权利要求书中共有四项权利要求。

独立权利要求 1 要求保护一种由壶身、壶嘴、壶盖及壶把组成的茶壶，壶盖底面中央可拆卸地固定有一个向下延伸的搅拌棒，搅拌棒的端部可拆卸地固定有搅拌部。可见该技术方案关键点在于搅拌棒既与壶盖又与搅拌部可拆卸连接。

权利要求 2 进一步限定权利要求 1 中的搅拌部为一叶轮，所述叶轮的底部沿径向方向设有齿板。从属权利要求 3 针对权利要求 1 和 2 作进一步限定，即齿板上设有多个三角形凸齿，但很明显，权利要求 1 中并没有出现过齿板，仅在权利要求 2 中才出现。

权利要求 4 是另一项独立权利要求，其也由壶身、壶嘴、壶盖及壶把组成，在壶身上设有弦月形护盖板。

3. 分析涉案专利是否存在无须证据就可作为无效宣告理由的实质性缺陷

理解专利文件的同时，针对涉案专利文件本身分析其各项权利要求是否存在一些不需要证据即可认定的属于《专利法实施细则》第六十五条第二款规定的无效宣告理由的实质性缺陷。

通过分析，涉案专利存在下述无须证据就可作为无效宣告理由的实质性缺陷：

（1）权利要求 3 进一步限定的技术特征齿板在其引用的权利要求 1 中未出现过时，缺乏引用基础，导致该权利要求 3 引用权利要求 1 的技术方案未清楚限定要求专利保护的范围，不符合《专利法》第二十六条第四款的规定。

（2）独立权利要求 4 仅限定壶身上设置有一弦月形护盖板，未限定该护盖板在壶身中的具体位置，而由说明书记载的内容可知，该护盖板从壶身近壶嘴的前缘开口部位沿壶盖的周向延伸，并覆盖部分壶盖，只有在此位置才能在茶水倾倒过程中防止壶盖向前滑动，才能防止茶水溢出。因此权利要求 4 的技术方案涵盖了不能解决技术问题的技术方案，概括了比说明书中公开的内容更宽的范围，未得到说明书的支持，不符合《专利法》第二十六条第四款的规定。❶

（二）理解和分析客户提供的证据

客户提供的证据为三份对比文件，这三份对比文件作为对涉案专利提出无效宣告请求的证据需要分析它们与该涉案专利的相关性，在此基础上分析这三份对比文件能否影响各项权利要求不具备新颖性和/或创造性。

1. 客户提供的证据与涉案专利的相关性分析

从历年试题来看，对比文件或证据的相关著录项目可能涉及考点，尤其涉及对比文件是否构成

---

❶ 按照《2016 年全国专利代理人资格考试试题解析》一书对专利代理实务科目有关无效实务试题给出的参考答案，权利要求 4 仅仅存在不符合《专利法》第二十六条第四款有关权利要求以说明书为依据的规定。本书分析认为从另一角度来看，该项发明在说明书中仅给出一个实施例，权利要求 4 并不是采用上位概括或用并列选择方式概括的权利要求，而是该独立权利要求为解决技术问题应当记载该实施例的多个技术特征，而仅记载了其中一个技术特征，未清楚限定其要求专利保护的范围，从而不能解决说明书中所写明的技术问题，因此应当认为其不符合《专利法实施细则》第二十条第二款的规定或者认为其不符合《专利法》第二十六条第四款有关权利要求未清楚限定要求专利保护范围的规定。但在近几年的专利代理实务考试中，参考答案中对类似问题均给出不符合《专利法》第二十六条第四款有关权利要求书以说明书为依据的规定。

相关专利的现有技术、是否构成抵触申请、重复授权、能否享受优先权等。2016 年的试题中，涉案专利和对比文件 1～3 均给出了相关的日期，因此作为考生应当意识到相关日期多半会涉及考点。

首先，在时间上需要判断客户提供的对比文件是否构成涉案专利的现有技术或者是否属于申请在先公开（公告）在后的中国专利申请文件或者专利文件。涉案专利的申请日为 2013 年 9 月 4 日，未要求优先权，授权公告日为 2016 年 2 月 11 日，专利权人为 B 公司。

对比文件 1 为中国实用新型专利，其授权公告日为 2014 年 5 月 9 日，晚于涉案专利的申请日，但其申请日为 2013 年 8 月 22 日，早于涉案专利的申请日，因此其是一份于涉案专利的申请日前提出申请并于涉案专利的申请日之后授权公告的中国实用新型专利文件，按照现行《专利法》的规定，这份对比文件从时间来看可以用于评价涉案专利各项权利要求是否具备新颖性，但不能用来评价涉案专利各项权利要求是否具备创造性。

对比文件 2 中国实用新型专利的授权公告日为 2011 年 3 月 23 日，对比文件 3 中国实用新型专利的申请日为 2000 年 10 月 19 日，均早于涉案专利的申请日，因此这两份对比文件均构成涉案专利的现有技术，可以用作评价涉案专利各项权利要求是否具备新颖性和创造性的对比文件。

2. 理解三份对比文件所公开的内容

为判断对比文件 1 是否影响涉案专利的新颖性和判断对比文件 2 或 3 是否影响涉案专利的新颖性和/或创造性，需要对三份对比文件的技术内容进行理解。

对比文件 1 公开一种具有搅拌功能的多功能杯子，其中提供两个实施例。其中说明书第 ［006］段描述了第一个实施例，所描述的杯子包括杯盖、搅拌棒和杯体。杯盖的内侧设有内径与搅拌棒的头部外径相同的插槽，搅拌棒的头部插入至杯盖的插槽内，属于一种可拆卸连接。而搅拌棒的头部呈圆柱形，并采用可弯折的材料制成，其端部弯折出一个搅拌匙以形成搅拌部（即搅拌棒与搅拌部固定成一体，不可拆卸）；说明书第 ［007］ 段描述了第二个实施例，与第一个实施例相比，其区别在于，搅拌棒位于杯盖的内侧并与杯盖一体成型，而其端部可插接一桨型搅拌部。也就是说在第二个实施例中，搅拌棒与搅拌部可拆卸连接，但搅拌棒与杯盖却一体成型，不可拆卸。

对比文件 2 公开了一种具有搅拌匙的茶壶，其结构主要在其说明书第 ［006］ 段描述，所述茶壶包括有壶身、壶嘴、壶盖及壶把。壶盖的底面中央一体成型有一向下延伸的搅拌匙，此搅拌匙呈偏心弯曲状，在壶盖盖合壶身时，可伸置在壶身内部；即该搅拌匙不仅与壶盖一体成型，而搅拌匙本身就相当于涉案专利中的搅拌棒与搅拌部连成一体。

对比文件 3 公开了一种改良结构的茶杯，具有杯体、杯盖、塞杆，以及塞部。塞杆可拆卸地固定安装在杯盖的下表面上。塞杆的下端部插接有塞部，塞部与圆柱形杯体相配合，表面包覆有滤网，底部沿径向方向上设有两片微弧状的压片。配合杯盖的旋转操作，塞部底部设有的压片即可搅拌杯体底部的茶叶，方便地完成茶叶的冲泡工作。说明书中还提及塞杆、塞部与杯盖之间均采用可拆卸连接的优点，即便于取下或更换。

（三）分析客户撰写的无效宣告请求书中无效宣告理由是否成立

客户撰写的无效宣告请求书中对各项无效宣告理由给予了编号，其中 1～3 涉及需要证据支持的不符合《专利法》第二十二条第二款和第三款有关新颖性和创造性规定的理由，4～6 是不需要证据支持的其他理由。下面按照其编号顺序分析其无效理由是否成立。

1. 关于权利要求 1 相对于对比文件 1 不具备新颖性的无效宣告理由

请求书中认为：对比文件 1 与涉案专利涉及相近的技术领域，说明书中附图 1 所示实施例公开了一种多功能杯子，其包括杯盖、搅拌棒和杯体，搅拌棒位于杯盖的内侧，并与杯盖一体成型，搅拌棒的端部可插接一桨型搅拌部。附图 2 示出了另一个实施例，该多功能杯子包括杯盖、搅拌棒和杯体，所述搅拌棒的头部呈圆柱形，杯盖内侧设有内径与搅拌棒的头部外径相同的插槽，搅拌棒的头部插入至杯盖的插槽内，搅拌棒采用可弯折的材料制成，其端部弯折出一个搅拌匙以形成搅拌部。因此，实施例一公开了可拆卸的搅拌部，实施例二公开了可拆卸的搅拌棒，对比文件 1 公开了权利要求 1 的全部特征，权利要求 1 相对于对比文件 1 不具备新颖性。

按照《专利审查指南 2010》第二部分第三章第 3.1 节的规定，新颖性判断按照两个审查原则进行判断：同样的发明或者实用新型单独对比。请求书中的分析不符合上述两个原则：

首先，该分析中认为对比文件 1 既公开了壶盖与搅拌棒的可拆卸连接，又公开了搅拌部与搅拌棒的可拆卸连接。事实上，对比文件 1 的第一个实施例公开了可拆卸的搅拌部，但搅拌棒与壶盖一体成型，第二个实施例公开了可拆卸的搅拌棒，但搅拌棒与搅拌部一体成型，可知对比文件 1 全文并没有披露搅拌棒既与壶盖又与搅拌部可拆卸连接的技术方案，因此请求书中有关新颖性判断的分析实际上是将对比文件 1 中的两个实施例中公开的内容结合起来与权利要求的技术方案进行对比，违反了新颖性判断中的单独对比原则。

其次，根据新颖性判断的同样的发明或者实用新型的原则，要求涉案专利的权利要求与对比文件的技术领域、所解决的技术问题、技术方案和预期效果实质相同，尤其是技术方案实质上相同。对比文件 1 公开的是多功能杯子，并非是涉案专利权利要求 1 要求保护的茶壶，两者的技术领域不同，即便认定两者是相近的技术领域，也不可能构成同样的发明或者实用新型；更何况对比文件 1 的两个实施例中的任何一个均未同时公开了可拆卸固定连接的搅拌棒和可拆卸固定连接的搅拌部，因而对比文件 1 中公开的多功能杯子与权利要求 1 中要求保护的茶壶技术方案在实质上并不相同，两者不是同样的发明或实用新型。由此可知对比文件 1 未构成权利要求 1 的抵触申请，不能否定涉案专利的权利要求 1 的新颖性。

由此可知，请求书中有关权利要求 1 相对于对比文件 1 不具备新颖性的分析不正确，该无效宣告理由不能成立。

2. 关于权利要求 1 相对于对比文件 2 不具备新颖性的无效宣告理由

请求书中认为，对比文件 2 公开了一种茶壶，其包括壶身、壶嘴、壶盖及壶把。壶盖的底面中央一体成型有一向下延伸的搅拌匙，此搅拌匙呈偏心弯曲状，在壶盖盖合在壶身时，可伸置在壶身内部，因而其公开了权利要求 1 的全部技术特征，两者属于相同的技术领域，解决了同样的技术问题，并且达到了同样的技术效果，因此权利要求 1 相对于对比文件 2 不具备新颖性。

虽然请求书的上述分析中所认定的对比文件 2 公开的内容是正确的，但由于对比文件 2 公开的茶壶中，搅拌匙不仅与壶盖一体成型，其本身也相当于搅拌棒与搅拌部一体成型，因而没有公开涉案专利的权利要求 1 中的技术特征："壶盖底面中央可拆卸地固定有一个向下延伸的搅拌棒，搅拌棒的端部可拆卸地固定有搅拌部"，因而不能得出其公开了权利要求 1 的全部技术特征，因此两者并不是同样的发明或者实用新型，对比文件 2 不能否定权利要求 1 的新颖性。

由此可知，请求书中有关权利要求 1 相对于对比文件 2 不具备新颖性的分析不正确，该无效宣告理由也不能成立。

3. 关于权利要求 2 相对于对比文件 2 和对比文件 3 的结合不具备创造性的无效宣告理由

请求书中指出：对比文件 2 公开了一种带有搅拌匙的茶壶，对比文件 3 公开了一种改良结构的茶杯，二者结合公开了权利要求 2 的全部技术特征，因此权利要求 2 相对于对比文件 2 和对比文件 3 不具备创造性。

根据《专利法实施细则》第六十五条第一款的规定，无效宣告请求书应当结合证据对提出的无效宣告理由进行具体说明。显然，技术人员所撰写的无效宣告请求书中针对上述无效宣告理由仅给出了结论，并未结合证据具体说明不具备创造性的无效宣告理由，不符合上述规定。因此，请求书中应当结合两篇对比文件公开的内容具体分析说明该权利要求 2 不具备创造性。

对比文件 2 与涉案专利属于相同技术领域，而对比文件 3 与涉案专利属于相近技术领域，因此以对比文件 2 作为涉案专利权利要求 1（包括权利要求 2 和 3）最接近的现有技术。

权利要求 2 与最接近的现有技术对比文件 2 的区别在于：①壶盖底面中央可拆卸地固定有一个向下延伸的搅拌棒，搅拌棒的端部可拆卸地固定有搅拌部，而对比文件 2 中的搅拌匙与壶盖一体成型

（搅拌匙本身就相当于涉案专利中的搅拌棒与搅拌部连成一体）；②搅拌部为一底部沿径向设有齿板的叶轮，而对比文件2中的搅拌部为偏心弯曲的匙。由此可确定权利要求2相对于对比文件2实际解决两个技术问题：使搅拌工具易于安装和更换；对茶叶起到更好的搅拌作用。

对比文件3虽然公开的是茶杯，但与茶壶属于相近的技术领域，其中公开了塞杆（相当于涉案专利中的搅拌棒）与杯盖之间、塞杆与塞部（相当于涉案专利中的搅拌部）之间均采用可拆卸连接。其当茶杯没有浸泡茶叶时，可将用于搅拌的塞杆、塞部取下，如出现零件损坏，可以进行更换；且在塞部底部沿径向设有微弧状压片（相当于涉案专利中的搅拌部为底部沿径向设有齿板的叶轮），其也用于搅拌茶叶。由此可见，对于本领域技术人员来说，在对比文件3技术方案的启示下，为了解决对比文件2中存在的问题，很容易想到将其中一体成型的搅拌结构替换为如对比文件3公开的可拆卸结构，并且搅拌部采用底部沿径向设有微弧状压片的塞部，即采用底部沿径向设有齿板的叶轮，从而得到权利要求2的技术方案。因而权利要求2相对于对比文件2和对比文件3的结合不具备创造性。请求书中如作出上述分析，则所提出的上述无效宣告理由能够成立。

4. 关于权利要求1缺少必要技术特征

请求书中认为权利要求1没有记载搅拌部的具体结构，因此缺少必要技术特征。

按照《专利审查指南2016》第二部分第二章的规定，《专利法实施细则》第二十条第二款中规定的必要技术特征是指发明或实用新型为解决其技术问题不可缺少的技术特征，其总和足以构成发明或实用新型的技术方案，使之区别于背景技术部分所述的其他技术方案。判断某一技术特征是否是必要技术特征应当从发明或实用新型所解决的技术问题出发并考虑说明书描述的整体内容，不应简单地将实施例中的技术特征直接认定为必要技术特征。

根据涉案专利的说明书背景部分的记载：现有技术中存在的问题是使用搅拌棒或者筷子进行搅拌不方便不卫生，权利要求1的技术方案是通过在壶盖底面中央可拆卸地固定有一个向下延伸的搅拌棒，搅拌棒的端部可拆卸地固定有搅拌部，因此权利要求1的技术方案能够解决背景技术存在的技术问题，是一个完整的技术方案，并不缺少必要技术特征。而搅拌部的结构是为了进一步提高搅拌效率，是在权利要求1的技术方案的基础上的进一步优选方式，不是必要技术特征。由此可知，权利要求1缺少必要技术特征的无效宣告理由不能成立。

5. 关于权利要求3保护范围不清楚

请求书中仅指出权利要求3保护范围不清楚，并未具体说明理由，不符合《专利法实施细则》第六十五条第一款有关无效宣告请求书应当结合证据具体说明无效宣告理由的规定。

从属权利要求3针对权利要求1和2进一步限定齿板上设有多个三角形凸齿，但该齿板仅出现在其引用的权利要求2中，而在其引用的权利要求1中并未出现过，故权利要求3引用权利要求1时缺乏引用基础，致使该权利要求3引用权利要求1的技术方案未清楚地限定专利保护的范围，不符合《专利法》第二十六条第四款的规定。由于权利要求2中已记载了齿板这一特征，因此权利要求3引用权利要求2的技术方案清楚地限定了专利保护的范围，符合《专利法》第二十六条第四款的规定。

由此可知，请求书中的上述无效宣告理由部分成立，即权利要求3引用权利要求1的技术方案未清楚限定要求专利保护的范围，且应当在请求书中对该无效宣告理由作出具体分析说明。

6. 关于权利要求4与权利要求1没有单一性

请求书中认为权利要求4与权利要求1不属于一个总的发明构思，没有单一性。尽管请求书中对于这两项权利要求之间不具有单一性的分析是正确的，即这两项权利要求之间存在上述缺陷，但是《专利法》第三十一条第一款有关单一性的规定并不是《专利法实施细则》第六十五条第二款规定的法定无效宣告理由，因此在请求书中不应当以权利要求之间缺乏单一性为理由提出无效宣告请求。

（四）根据分析结果，撰写给客户的咨询意见

在对客户自行撰写的无效宣告请求书作出分析之后，就开始着手撰写给客户的咨询意见。除了信函的起始段和结尾段外，应当对客户技术人员自行撰写的无效宣告请求书中所提出的各项无效宣告理由逐一分析说明是否能成立作出分析说明，其中需要证据支持的有关新颖性和创造性的无效宣告理由应当结合具体证据加以说明；此外不论无效宣告理由能否成立，如客户自行撰写的无效宣告请求书中未对该理由作出具体分析说明的，也应当在信函中告知请求人应当按照《专利法实施细则》第六十五条第一段的规定结合证据具体说明该项无效宣告理由。

有关该咨询意见的具体格式和内容，请参见后面给出的第一题参考答案。

（五）分析客户提供的证据能否影响涉案专利各项权利要求的新颖性和创造性

在专利代理实务中，权利要求是否具备新颖性和/或创造性的判断是专利代理能力的重要体现，因此作为无效实务的考试，这部分内容往往是重要的考点。

如前面分析，对比文件2和对比文件3的公开日均早于涉案专利的申请日，构成了涉案专利的现有技术，可以用于评价本专利的新颖性和创造性。对比文件1属于在涉案专利的申请日前提出申请、并于涉案专利的申请日后公开的中国实用新型专利文件，不能与其他现有技术结合起来否定涉案专利各项权利要求的创造性，只可用于评价涉案专利各项权利要求是否具备新颖性。

1. 关于对比文件1

正如前面分析所指出的，对比文件1公开的杯子与涉案专利的权利要求1和权利要求4所涉及的茶壶并不是相同的技术领域，且由于对比文件1既没有公开权利要求1和权利要求4中包括壶身、壶嘴、壶盖及壶把的茶壶，也没有公开权利要求1中搅拌棒分别与壶盖和搅拌部均为可拆卸地固定连接的技术方案，更没有公开权利要求4中设置在壶身上的弦月形护盖板，因此对比文件1公开的杯子与权利要求1（包括对权利要求1作进一步限定的权利要求2或3）要求保护的茶壶不是同样的发明或实用新型，与权利要求4要求保护的茶壶也不是同样的发明或实用新型。可知对比文件1不仅未构成权利要求1的抵触申请，进而也未构成从属权利要求2至3中任一项权利要求的抵触申请，而且也未构成权利要求4的抵触申请。

由此可知，对比文件1公开的内容不能否定涉案专利各项权利要求的新颖性。鉴于对比文件1不能否定涉案专利各项权利要求的新颖性，又不能与其他现有技术结合起来否定涉案专利各项权利要求的创造性，因此在针对涉案专利提出无效宣告请求时不应当使用该对比文件1作为证据。

2. 对比文件2和对比文件3不能否定各项权利要求的新颖性

在前面已分析了权利要求1相对于对比文件2不具备新颖性的理由不成立，自然，对比文件2也不能影响对权利要求1作进一步限定的从属权利要求2和3的新颖性。此外，对比文件2也未公开权利要求4中有关设置在壶身上的弦月形护盖板，因此对比文件2也不能否定权利要求4的新颖性。

对比文件3公开了一种具有杯体、杯盖、塞杆和塞部的茶杯，塞杆可拆卸地固定安装在杯盖的下表面上，插接在塞杆下端部的塞部的底部沿径向方向上设有两片微弧状的压片，以用于搅拌茶叶。尽管其也涉及用于冲泡茶叶的容器，但与涉案专利涉及的茶壶属于相近的技术领域，并不是相同的技术领域，并未公开权利要求1（包括对权利要求1作进一步限定的权利要求2和权利要求3）和权利要求4中包括壶身、壶嘴、壶盖及壶把的茶壶，两者的技术方案不是同样的发明或者实用新型，因此对比文件3不能否定权利要求1（包括对权利要求1作进一步限定的权利要求2和权利要求3）的新颖性，也不能否定权利要求4的新颖性。

3. 对比文件2和3的结合能否定权利要求1～3的创造性

在前面已分析了权利要求2相对于对比文件2和3的结合不具备创造性，因而在此不再重复说明。既然对比文件2和3的结合能否定权利要求2的创造性，由于权利要求2是权利要求1的从属权利要求，则两者的结合也必然能否定权利要求1的创造性。

需要说明的是，在后面撰写无效宣告请求书时应当先分析说明权利要求1相对于对比文件2和3不具备创造性，在此基础上再进一步说明权利要求2相对于这两份对比文件也不具备创造性。

对于权利要求3，其进一步限定齿板上设有多个三角形凸齿，但对比文件2和对比文件3中均没

有公开该技术特征，从而得出对比文件2、对比文件3或其结合不能影响权利要求3的创造性。❶

4. 对比文件2和对比文件3的结合不能否定权利要求4的创造性

权利要求4是一项独立权利要求，其中限定壶身上设有弦月形护盖板。但对比文件2和对比文件3中均没有公开该技术特征，而该特征也不是本领域用于在茶壶倾倒茶水时防止茶水溢出的的惯用手段，即其不属于本领域的公知常识。因此，从目前的证据来看，对比文件2、对比文件3或其结合不能影响权利要求4的创造性。

（六）根据分析结果，撰写无效宣告请求书

由上述第（五）部分的分析可知，在提出无效宣告请求时，放弃使用对比文件1作为证据，而使用对比文件2和3作为权利要求1～3不具备创造性的无效宣告理由的证据。

在前面第（一）部分的分析中，已经得知涉案专利的权利要求3和权利要求4存在无须证据就可作为无效宣告理由的实质性缺陷。

根据上述两部分的分析结果，可以确定在提出无效宣告请求时的无效宣告理由为：

（1）权利要求1～2相对于对比文件2和对比文件3的结合不具备《专利法》第二十二条第三款规定的创造性，❷并使用对比文件2和对比文件3作为支持该无效宣告理由的证据。

（2）权利要求3引用权利要求1的技术方案未清楚地限定要求专利保护的范围，不符合《专利法》第二十六条第四款的规定。

（3）权利要求4不符合《专利法》第二十六条第四款有关权利要求应当以说明书为依据的规定。❸

无效宣告请求的范围是宣告该涉案专利部分无效。❹

基于上述分析，就可以起草无效宣告请求书。在起草无效宣告请求书时，需要注意撰写的格式。具体可以参见本书第二十六章2011年专利代理实务试题解析（具体参见其第一题的解析）。

就本题而言，简要来说包括下述部分：

（1）无效宣告请求书中应当在起始段对无效宣告请求的法律依据、无效宣告请求所针对的涉案专利情况作出说明。

（2）列出所引用的两件证据（对比文件2和对比文件3）。

（3）逐一具体说明权利要求1～2不具备创造性的无效宣告理由。❺

（4）分析说明权利要求3未清楚限定专利保护范围的无效宣告理由。

（5）针对权利要求4说明其不符合《专利法》第二十六条第四款的无效宣告理由。

（6）最后给出结尾语段。

---

❶ 在《2016年全国专利代理人资格考试试题解析》一书对专利代理实务科目有关无效实务试题给出的参考答案中是这样认为的。但本书认为权利要求2中已明确写明为齿板，齿板上必然设有齿，采用多个三角形凸齿是齿板的常见结构，因此似乎也可以认为对比文件2和3的结合能否定权利要求3的创造性。

❷ 按照《2016年全国专利代理人资格考试试题解析》一书对专利代理实务科目有关无效实务试题给出的参考答案，仅提出权利要求1和2相对于对比文件2和3不具备创造性的无效宣告理由，并未针对权利要求3提出不具备创造性的无效宣告理由。但本书分析认为针对权利要求3也可以提出不具备创造性的无效宣告理由。

❸ 此处，根据法条本意，也可以指出其不符合《专利法实施细则》第二十条第二款有关独立权利要求记载解决技术问题必要技术特征的规定；或者不符合《专利法》第二十六条第四款有关权利要求应当清楚限定要求专利保护范围的的规定。但近几年考试中，对于这种情况，参考答案仅指出权利要求不能得到说明书支持的问题。

❹ 按照《2016年全国专利代理人资格考试试题解析》一书对专利代理实务科目有关无效实务试题给出的参考答案，由于未针对权利要求3提出其不具备创造性的无效宣告理由。但如前所述，本书分析认为权利要求3相对于对比文件2和3结合不具备创造性，因而可以提出宣告涉案专利全部无效。

❺ 本书认为也可以针对权利要求3提出不具备创造性的无效理由。

三、无效实务试题的参考答案

按照上述应试思路答题，可以得到无效实务试题第一题和第二题的答案，下面给出参考答案。

第一题的参考答案

尊敬的 A 公司：

很高兴贵方委托我代理机构代为办理请求宣告专利号为 201311234567.x、名称为"茶壶"的发明专利无效宣告请求的有关事宜，经仔细阅读贵方提供的附件 1～2 以及对比文件 1～3，现对附件 2 贵方技术人员撰写的无效宣告请求书中的各项无效宣告理由是否成立以及请求书存在的问题给出如下分析意见。

1. 权利要求 1 相对于对比文件 1 不具备《专利法》第二十二条第二款有关新颖性规定的理由不能成立

对比文件 1 是一件申请在先、公开在后的中国专利文件，可以用于（且仅能用于）评价涉案专利的权利要求的新颖性。

对比文件 1 公开了一种多功能杯子，包括杯盖、搅拌棒和杯体，并公开了两个实施例：在实施例一中，搅拌棒一体成型于杯盖内侧，其端部可插接一浆形搅拌部；实施例二中，搅拌棒的圆柱形头部可插入至杯盖的插槽内，搅拌棒的端部弯折出一个搅拌匙以形成搅拌部，即搅拌棒与搅拌部是一体成型的。由此可见，这两个实施例中任何一个均没有披露搅拌棒既与壶盖同时又与搅拌部可拆卸连接。因此，不仅对比文件 1 与涉案专利所涉及的不是相同的技术领域，也没有公开在壶盖底面中央可拆卸地固定有一个向下延伸的搅拌棒且搅拌棒的端部可拆卸地固定有搅拌部，即对比文件 1 并没有公开权利要求 1 中的技术方案，因此对比文件 1 未构成权利要求 1 的抵触申请，不能否定权利要求 1 的新颖性。

需要指出的是，附件 2 中指出对比文件 1 的两个实施例分别公开了权利要求 1 特征部分的特征，进而认为对比文件 1 公开了权利要求 1 的全部技术特征，实际上是使用了对比文件 1 的两个实施例的结合来评述权利要求 1 的新颖性，违反了新颖性判断的单独对比原则。

2. 权利要求 1 相对于对比文件 2 不具备新颖性的理由不能成立

对比文件 2 的公开日早于涉案专利的申请日，构成了现有技术。其公开了一种带有搅拌匙的茶壶，但是其中的搅拌匙与壶盖是一体成型的，未公开权利要求 1 中有关"搅拌棒与壶盖是可拆卸的"和"搅拌部与搅拌棒是可拆卸的"这两个技术特征，因此对比文件 2 并未公开权利要求 1 的全部技术特征，两者的技术方案实质上不同，因此对比文件 2 不能否定权利要求 1 的新颖性。

3. 关于权利要求 2 相对于对比文件 2 和对比文件 3 的结合不具备创造性的无效宣告理由❶

对比文件 2 与涉案专利属于相同的技术领域，因此以其作为最接近的现有技术。通过分析可以确定，权利要求 2 与最接近的现有技术对比文件 2 的区别在于：①壶盖底面中央可拆卸地固定有一个向下延伸的搅拌棒，搅拌棒的端部可拆卸地固定有搅拌部，而对比文件 2 中的搅拌匙与壶盖一体成型（搅拌匙本身也作为搅拌部的功能）；②所述搅拌部为一底部沿径向方向设有齿板的叶轮，而对比文件 2 中的搅拌部为呈偏心弯曲状的匙。

---

❶ 《2016 年全国专利代理人资格考试试题解析》一书对专利代理实务科目有关无效实务试题给出的参考答案中，针对该条无效宣告理由认为"本题仅要求应试者对于附件 2 中所涉及的各项理由是否成立作答，因此在本题的答案中不要求应试者对对比文件 2 结合对比文件 3 评价权利要求 1、2 创造性的具体理由进行分析"。但编者认为仅给出结论尚不够，应当进行一定的分析，考虑到应试时在第二题的无效宣告请求书答案中需要详细论述权利要求 1 和权利要求 2 相对于对比文件 2 和 3 不具备创造性的理由，因而此处可简写或者写明参考第二题中给出的答案。

基于该区别，根据涉案专利的描述可知，权利要求2相对于对比文件2对应实际解决两个技术问题：使搅拌工具易于安装和更换，以及提高搅拌效果。

对于区别特征（1）而言，对比文件3涉及的是茶杯，但与茶壶属于相近的技术领域，其中公开了塞杆（相当于涉案专利的搅拌棒）与杯盖、塞杆与塞部（相当于涉案专利的搅拌部）之间均采用可拆卸连接。采用这样的连接方式，当茶杯没有浸泡茶叶时，可以将用于搅拌的塞杆、塞部取下，或者在出现了零件损坏的情况，可以进行更换。对于区别特征（2）而言，由于对比文件3还公开了塞部的底部沿径向方向上设有两片微弧状的压片，此类似于权利要求2中限定的搅拌部的结构，起到提高搅拌效果的作用。因此，对本领域技术人员来说，为了解决对比文件2存在的技术问题，在对比文件3公开的技术方案的启示下，很容易想到将对比文件2中一体成型的搅拌结构替换为如对比文件3公开的可拆卸结构，且搅拌部采用对比文件3中公开的底部沿径向设有微弧状压片的塞部，即采用底部沿径向设有齿板的叶轮，从而得到权利要求2的技术方案。综上，可以认为现有技术在整体上存在相应的技术启示，权利要求2相对于对比文件2和对比文件3的结合是显而易见的，没有突出的实质性特点和显著的进步，不具备创造性。

虽然，该无效理由是成立的，但是根据《专利法实施细则》第六十五条第一款的规定，请求人应当具体说明无效宣告请求的理由，提交有证据的，应当结合所提交的证据具体说明。因此针对以不符合《专利法》第二十二条第三款有关创造性的规定为由提出的无效宣告请求，应当指明最接近的现有技术，说明证据的组合方式，并结合涉案专利与对比文件的技术方案进行比较分析，具体分析权利要求2为何不具备创造性。

同时，鉴于前面已指出权利要求1相对于对比文件1不具备新颖性的理由不能成立，因此在请求书中，应先分析说明权利要求1相对于对比文件2和对比文件3的结合不具备创造性的无效宣告理由，再进一步说明权利要求2相对于对比文件2和对比文件3不具备创造性的无效宣告理由。

4. 权利要求1缺少必要技术特征的无效宣告理由不能成立

根据《专利法实施细则》第二十条第二款的规定，判断某一技术特征是否是必要技术特征应当从发明或实用新型解决的技术问题出发并考虑说明书描述的整体内容，不应简单地将实施例中的技术特征直接认定为必要技术特征。

根据说明书背景部分的记载：现有技术中存在的问题是使用搅拌棒或者筷子进行搅拌不方便不卫生，权利要求1通过在壶盖底面中央可拆卸地固定有一个向下延伸的搅拌棒，搅拌棒的端部可拆卸地固定有搅拌部，因此权利要求1的技术方案能够解决背景技术存在的技术问题，是一个完整的技术方案，不缺少必要技术特征。而在说明书实施例部分所写明的搅拌部的结构能够进一步提高搅拌效率，是在权利要求1的技术方案的基础上的进一步限定，不是必要技术特征。由此可知，权利要求1缺少必要技术特征的无效宣告理由不能成立。

5. 关于权利要求3保护范围不清楚的无效宣告理由

权利要求3在限定部分作出进一步限定的技术特征"齿板"未出现在其引用的权利要求1中，致使权利要求3引用权利要求1的技术方案缺乏引用基础，导致该技术方案未清楚限定要求专利保护的范围，不符合《专利法》第二十六条第四款的规定。但权利要求3引用权利要求2的技术方案清楚地限定了要求专利保护的范围，符合《专利法》第二十六条第四款的规定。由此可知，请求书中的上述无效宣告理由部分成立，同时根据《专利法实施细则》第六十五条第一款的规定，在请求书中应当具体说明权利要求3不清楚的理由。

6. 关于权利要求4与权利要求1之间不具有单一性的无效宣告理由

虽然请求书中对于权利要求4和权利要求1之间不具有单一性的分析是正确的，但是不符合《专利法》第三十一条第一款的规定，不属于《专利法实施细则》第六十五条第二款规定的无效宣告请求的理由，因此在请求书中不应当提出这一无效宣告理由。

以上是对贵公司技术人员所撰写的无效宣告请求书的分析意见，供贵公司参考。

××专利代理机构×××

××××年××月××日

第二题的参考答案

下面是根据《2016 年全国专利代理人资格考试试题解析》所给出的答案适当修改而成的参考答案。

专利复审委员会：

本请求人根据《专利法》第四十五条和《专利法实施细则》第六十五条的规定，针对专利号为 201311234567.x、申请日为 2013 年 9 月 4 日、名称为"茶壶"的发明专利（以下简称"该专利"）提出无效宣告请求。

（一）关于证据

请求人提交如下对比文件作为证据使用：

对比文件 2：专利号为 ZL201020789117.7 的中国实用新型专利说明书，授权公告日为 2011 年 3 月 23 日；

对比文件 3：专利号为 ZL99265446.9 的中国实用新型专利说明书，授权公告日为 2000 年 10 月 19 日。

（二）权利要求 1～2 相对于对比文件 1 和对比文件 2 的结合不具备《专利法》第二十二条第三款规定的创造性

1. 权利要求 1 相对于对比文件 1 和对比文件 2 的结合不具备创造性，不符合《专利法》第二十二条第三款的规定

权利要求 1 涉及一种茶壶，对比文件 1 也公开了一种茶壶，与权利要求 1 要求保护的茶壶属于相同的技术领域，因此将其作为最接近的现有技术。

对比文件 1 具体公开了以下技术特征（参见说明书第 8～10 行，附图 1）：本实用新型的茶壶包括有壶身、壶嘴、壶盖及壶把。壶盖的底面中央一体成型有一向下延伸的搅拌匙，此搅拌匙呈偏心弯曲状，在壶盖盖合在壶身时，可伸置在壶身内部。

权利要求 1 与对比文件 1 公开的茶壶的区别在于：权利要求 1 的壶盖底面中央可拆卸地固定有一个向下延伸的搅拌棒，搅拌棒的端部可拆卸地固定有搅拌部，而在对比文件 1 公开的茶壶中搅拌匙与壶盖一体成型。由上述区别特征确定权利要求 1 相对于对比文件 1 公开的茶壶实际解决的技术问题是如何实现搅拌工具的安装和更换。

对比文件 2 公开了一种茶杯，并具体公开了以下技术特征（参见说明书第 6～9 行，附图 1）：该茶杯具有一杯体、杯盖、塞杆，以及塞部；塞杆可拆卸地固定安装在杯盖的下表面上；塞杆的下端部插接有一个塞部，塞部表面包覆有滤网，底部沿径向方向上设有两片微弧状的压片，塞部可与圆柱形杯体配合，借以供作茶叶的搅拌及过滤的结构装置。由于塞杆、塞部与杯盖之间均采用可拆卸连接，一方面，当茶杯没有浸泡茶叶时，可以将用于搅拌的塞杆、塞部取下，另一方面，如果出现了零件损坏的情况，可以进行更换。

对于本领域的技术人员来说，为了解决搅拌工具的安装和更换的问题，可以采用与茶壶相近领域的茶杯（即对比文件 2 所公开的茶杯）中的两端可拆卸的搅拌工具，两端可拆卸的搅拌工具在对比文件 2 中的作用与区别特征在权利要求 1 中的作用是相同的，因此对比文件 2 给出了将两端可拆卸的搅拌工具应用到对比文件 1 中公开的茶壶中以解决上述技术问题的技术启示，因此对本领域技术人员来说，将对比文件 1 和对比文件 2 相结合得到权利要求 1 的技术方案是显而易见的，权利要求 1 没有突出的实质性特点和显著的进步，

不具备创造性，不符合《专利法》第二十二条第三款的规定。

2. 权利要求2不具备《专利法》第二十二条第三款规定的创造性

从属权利要求2的附加技术特征进一步限定了"所述搅拌部为一叶轮，所述叶轮的底部沿径向方向设有齿板"。对比文件2公开了塞部可与圆柱形杯体配合，借以供作茶叶的搅拌及过滤的结构装置，塞部的底部沿径向方向上设有两片微弧状的压片，上述特征在对对比文件2中所起的作用与其在权利要求2中所起的作用相同，都是为了对茶叶进行搅拌，因此在其所引用的权利要求1不具备创造性的情况下，权利要求2相对于对比文件2和对比文件3的结合也不具备创造性，不符合《专利法》第二十二条第三款的规定。❶

（三）权利要求3引用权利要求1的技术方案不符合《专利法》第二十六条第四款的规定

权利要求3的限定部分对齿板作出进一步限定，其中作进一步限定的"齿板"在独立权利要求1中没有记载，因此权利要求3引用权利要求1的技术方案缺乏引用基础，导致其保护范围不清楚，不符合《专利法》第二十六条第四款有关权利要求应当清楚限定要求专利保护范围的规定。

（四）权利要求4不符合《专利法》第二十六条第四款的规定❷

权利要求4仅限定壶身上设有弦月形护盖板，未限定该护盖板在壶身中的具体位置。而由该专利说明书记载的内容可知，该权利要求解决的技术问题是在茶壶倾倒过程中，避免壶盖向前滑动，进而提供的解决方案是在壶身上设置有一弦月形护盖板，该护盖板从壶身近壶嘴的前缘开口部位沿壶盖的周向延伸，并覆盖部分壶盖，从而护盖板可以防止壶盖在茶水倾倒过程中向前滑动，以防止茶水溢出。由此可见，说明书中公开的弦月形护盖板只有设置在近壶嘴的前缘开口部位沿壶盖3的周向延伸，才能缩小护盖板与壶盖之间的缝隙，防止茶水溢出。而权利要求4仅限定"壶身上设有弦月形护盖板"，因此权利要求4涵盖了不能解决技术问题的技术方案，未得到说明书的支持，不符合《专利法》第二十六条第四款的规定。

综上所述，请求宣告专利号为201311234567.x、名称为"茶壶"的发明专利的权利要求1、2、权利要求3引用权利要求1的技术方案和权利要求4无效。❸

四、申请实务试题的应试思路

专利申请实务包括两道题：第三题和第四题。第三题要求应试者根据技术交底材料并考虑涉案

---

❶ 按照本书的分析，权利要求3也可以认为不具备创造性，理由可按如下撰写："从属权利要求3限定部分的附加技术特征进一步限定'所述齿板上设有多个三角形凸齿'，此为齿板的常见结构，因此当权利要求2相对于证据1和证据2不具备创造性时，则权利要求3相对于证据1、证据2和本领域的公知常识也不具备《专利法》第二十二条第三款规定的创造性"。

❷ 如前提及，此处也可以指出其不符合《专利法实施细则》第二十条第二款有关独立权利要求记载解决技术问题必要技术特征的规定；或者不符合《专利法》第二十六条第四款有关权利要求应当清楚限定要求专利保护范围的规定。但近几年专利代理实务考试中，对于这种情况，参考答案仅指出权利要求不能得到说明书支持的问题。

❸ 按照《2016年全国专利代理人资格考试试题解析》一书对专利代理实务科目有关无效实务试题给出的参考答案，由于未针对权利要求3提出其不具备创造性的无效宣告理由，因而其无效宣告请求的范围是涉案专利部分无效。但根据本书前面的分析，也可认为权利要求3相对于对比文件2和3不具备创造性，此时，根据本书的分析，结尾语段可以写成："综上所述，专利号为201311234567.x、名称为'茶壶'的发明专利的权利要求1至3不具备《专利法》第二十二条第三款、权利要求3引用权利要求1的技术方案不符合《专利法》第二十六条第四款，以及权利要求4不符合《专利法实施细则》第二十条第二款或者不符合《专利法》第二十六条第四款的规定，故请求专利复审委员会宣告该专利全部无效。"

专利和对比文件1～3所反映的现有技术为客户撰写一份实用新型专利申请的权利要求书，特别注意不是撰写发明专利申请的权利要求书（因为历年试题中要求撰写后者的据多），例如不要撰写方法类权利要求；第四题为一道简答题，简述所撰写的独立权利要求相对于涉案专利解决的技术问题和取得的技术效果。

申请实务试题的应试思路通常包括如下六个步骤：阅读和分析技术交底材料，确定申请主题；针对最重要的发明创造撰写独立权利要求；针对最重要的发明创造撰写从属权利要求；针对其他发明创造撰写独立权利要求，并按照试题要求撰写相应的从属权利要求；确定专利申请策略；简答题。

但是，正如前面认真阅读试题说明部分所指出的，就2016年专利代理实务科目试卷中有关申请实务的试题来看，在第三道题中没有要求在必要时说明分案申请还是合案申请的理由，因此极有可能不需要撰写多项独立权利要求，从而不涉及确定专利申请策略的内容。上述应试思路中就不再包括第四个步骤和第五个步骤的内容，即2016年专利申请实务试题的应试思路主要包括如下四个步骤：阅读和分析技术交底材料，确定申请主题；针对该申请主题撰写独立权利要求；撰写从属权利要求；简答题。

下面按照上述应试思路的步骤作出具体说明。

（一）阅读和分析技术交底材料，确定实用新型申请主题

首先需要正确理解技术交底材料的技术内容，以及涉案专利、对比文件1～3所反映的现有技术。然而在解答第一题已完成了对现有技术的技术内容理解工作，因此主要理解技术交底材料的技术内容，并明确相对于现有技术作出哪些改进，确定要求保护的申请主题和权利要求总体布局。

在技术交底材料的第一段中指出了现有茶壶的缺陷不方便搅拌，即通常采取的方法都是用筷子或勺子放入茶壶搅拌，一方面，寻找合适的搅拌工具很不方便；另一方面，使用后的搅拌工具没有固定地方放置，经常被随意地放在桌上，很不卫生。

技术交底书第［003］段给出总体解决方案，在壶盖的通气孔贯穿插入有搅拌工具，具体如图1所示，在壶身的侧面设有壶嘴和壶把。壶身的上部开口处具有壶盖。壶盖的中央安装有抓手。在抓手的旁边有一个穿透壶盖的通气孔，在通气孔中贯穿地插入一搅拌工具。

随后在技术交底书第［004］、［006］和［007］段分别给出了三种不同的搅拌工具的具体形式：

第［004］段中描述了第一种搅拌工具，其具有杆部、搅拌部和把手。杆部可自由地穿过通气孔，并可在通气孔内拉动和旋转。杆部的前端可拆卸地安装有把手，后端一体成型有搅拌部。搅拌部的形状可以采用现有搅拌工具的形状，但优选地搅拌部为螺旋形，在杆部的轴向上保持规定的间距而螺旋形延伸，因而可以在盖着壶盖的状态下拉动和旋转搅拌工具以高效泡出味道浓郁且均匀的茶水。

第［006］段描述了第二种搅拌工具，具体如图3所示，其具有杆部、搅拌部和把手。把手与杆部可拆卸连接，杆部的轴周围伸出螺旋形的叶片板形成螺旋形的搅拌部，所述杆部与所述搅拌部一体成型。

第［007］段描述了第三种搅拌工具，具体如图4所示，其具有杆部、搅拌部和把手。杆部与把手一体成型，与搅拌部之间可拆卸连接。搅拌部的上端固定有十字接头。杆部的下端插入十字接头的突出部。

通过阅读技术交底材料，可知该实用新型涉及一项要求保护的主题：茶壶。其针对现有技术中的茶壶泡茶时为使茶叶尽快浸出茶汁需用筷、勺或其他搅拌工具搅拌茶叶，既不方便又不卫生的缺陷提出一种改进的茶壶，利用茶壶上现有的通气孔，将搅拌工具安装在茶壶上，通过拉动和旋转搅拌工具就可以方便卫生地实现对茶叶的搅拌。对于搅拌工具，技术交底材料中给出三种不同的结构，这三种结构属于并列性质的结构，因此应当尽可能撰写一项能将三种不同结构概括在内的独立权利要求，并初步判断可以撰写一项将具有三种不同结构搅拌工具的茶壶概括在内的独立权利要求。

（二）撰写独立权利要求

撰写独立权利要求通常按照下述步骤进行：确定独立权利要求的主题名称；分析三种茶壶共同

的技术特征；确定最接近的现有技术；确定该实用新型要解决的技术问题；找出区别所在；确定解决技术问题的必要技术特征，完成独立权利要求的撰写。

1. 确定权利要求的主题

从技术交底材料来看，其针对现有技术中存在的技术问题，提供了一种改进结构的茶壶，因此茶壶作为权利要求的主题。尽管该实用新型的主要改进是针对其搅拌工具作出的，但是为消除技术交底材料指出的现有技术茶壶所存在的问题，所撰写的独立权利要求应当反映搅拌工具与茶壶壶盖上通气孔之间的结构关系，因此，不要将搅拌工具作为权利要求的主题。

2. 分析具有三种不同搅拌工具的茶壶的共同技术特征

正如前面所指出的，为撰写一项能将具有三种不同结构搅拌工具的茶壶概括在内的独立权利要求，则需要先确定这三种结构茶壶的相同的技术特征（组成部件、连接关系、位置关系），必要时对于三种结构不同的技术特征采用概括的表述方式。

首先，技术交底材料［003］段给出的三种结构茶壶的共同技术特征为：该茶壶包括壶身（侧面设有壶嘴和壶把）；位于壶身上部开口处的壶盖，壶盖的中央安装有抓手，抓手旁边有一个穿透壶盖的通气孔；搅拌工具，贯穿地插入在通气孔中。

技术交底材料第［004］、［006］和［007］段分别给出了三种不同结构的搅拌工具。这三种搅拌工具完全相同的技术特征为：搅拌工具具有杆部、搅拌部和把手；杆部可自由地穿过通气孔，并可在通气孔内拉动和旋转；搅拌部的形状为螺旋形。这三种搅拌工具不同的技术特征主要有两方面。第一方面的不同为：第一种结构的螺旋形搅拌部为在由向上保持规定的间距而螺旋形延伸，螺旋的内侧空间可容纳水质改良剂；第二种结构的螺旋形搅拌部为在杆部轴周围伸出的螺旋形叶片板；第三种结构的螺旋形搅拌部由弹性材料制成。第二方面的不同为：第一种和第二种搅拌工具中杆部与把手之间为可拆卸连接，而杆部与搅拌部一体成型；而第二种搅拌工具中的杆部与把手一体成型，而杆部与搅拌部之间为可拆卸连接。需要说明的是，对于第二方面不同，前两种结构和第三种结构是可以互换的，即前两种结构也可以将杆部与把手一体成型、而杆部与搅拌部之间采用可拆卸连接，第三种结构的杆部与把手采用可拆卸连接、而杆部与搅拌部一体成型；甚至还可以考虑对杆部与把手、杆部与搅拌部都采用可拆卸连接。

由上述分析可以得知上述三种具有不同搅拌工具的茶壶的共同技术特征如下：

茶壶	壶身	壶身侧面设有壶嘴和壶把	
	壶盖	壶盖上设有通气孔	
		位于壶身上部开口处	
	搅拌工具	贯穿地插入通气孔	
		杆部	杆部可在通气孔内拉动和旋转
		与杆部下端相连接的搅拌部	
		与杆部上端相连接的把手	

3. 确定最接近的现有技术

技术交底材料中针对所认定的现有技术茶壶说明了其所存在的技术问题，但就试题中涉及的四份现有技术来看，客户提供的涉案专利或者对比文件2中公开的茶壶与本实用新型属于相同的技术领域，且已能解决技术交底材料中所提到的现有技术茶壶所存在的技术问题，并公开了该实用新型更多的技术特征"搅拌工具"，因此应当以这两项现有技术之一作为该实用新型最接近的现有技术。从第四题来看，可以认定涉案专利为最接近的现有技术，但考虑到对比文件2中的附图中壶盖上还给出贯穿壶盖的通气孔，也可以将对比文件2公开的茶壶作为最接近的现有技术。但无论以哪一个作为最接近的现有技术，两者公开的内容差不多，并不影响本题的解答。

4. 确定该实用新型要解决的技术问题

最接近的现有技术（涉案专利或对比文件2）中公开的茶壶已经具有与壶盖相连接的搅拌工具，因此已经无须再用筷、勺或其他单独的搅拌工具来搅拌茶叶。但是，由于在搅拌茶叶时，壶盖与搅拌工具连接在一起，因此必须通过旋转壶盖来转动搅拌工具，使用起来不够灵活。该实用新型通过将搅拌工具贯穿壶盖上的通气孔，拉动和转动搅拌部，从而更为轻便灵活地实现对茶叶的搅拌。

5. 找出相对于现有技术的区别所在（即区别技术特征）

通过与现有技术涉案专利进行特征对比，确定区别技术特征。通常可以通过技术特征对比表来体现，在考试中如果来不及列表对比，也需要按照类似的思路找到区别技术特征。这一步也有利于了解所针对的发明相对于现有技术有可能具备新颖性和创造性的方面。

涉案专利和对比文件2中公开的茶壶已经具有与壶盖相连接的搅拌工具，因此已经无须再用筷、勺或其他单独的搅拌工具来搅拌茶叶。但是，由于在搅拌茶叶时，壶盖与搅拌工具连接在一起，因此必须通过旋转壶盖来转动搅拌工具，使用起来不够灵活。该实用新型通过将搅拌工具贯穿插入壶盖上的通气孔，拉动和转动搅拌部，从而更为轻便灵活地实现对茶叶的搅拌。

但根据技术交底材料的记载（参见技术交底材料最后一段倒数第二行）（甚至结合生活常识）可知，壶盖上设置有一个穿透壶盖的通气孔是现有技术。因此，进一步可以确定发明关键技术特征是：搅拌工具贯穿插入所述通气孔，并可在通气孔中拉动和旋转。❶

6. 确定必要技术特征，完成独立权利要求的撰写

围绕所确定发明所要解决的技术问题，区分必要技术特征和非必要技术特征，将确定的必要技术特征写入独立权利要求。

首先，主题名称可直接采用技术交底材料中的名称，即一种茶壶。

其次，根据要解决的技术问题来确定必要技术特征。对于茶壶来说，壶身、壶盖是其主要组成部分，且与该实用新型解决技术问题密切相关，应当作为与最接近的现有技术共有的技术特征，写入独立权利要求的前序部分；至于壶身侧面设有壶嘴和壶把、壶盖位于壶身上部开口处，虽然是茶壶必定有的结构，但由于其与该实用新型解决的技术问题并不密切相关，因此按照《专利审查指南2010》第二部分第二章第3.3.1节中的规定，可以不写入独立权利要求的前序部分中。❷ 至于壶盖上设置有一个穿透壶盖的通气孔以及茶壶还包括搅拌工具这两个与最接近的现有技术共有技术特征与本实用新型解决技术问题的技术手段密切相关，因此应当写入独立权利要求的前序部分。

搅拌工具贯穿地插入通气孔中是本实用新型相对于最接近的现有技术解决技术问题的主要措施，因此应当写入独立权利要求的特征部分。

根据上述分析，最后将上述该实用新型与最接近的现有技术共有的技术特征写入独立权利要求，该实用新型为解决技术问题所采用的区别特征写入特征部分，完成独立权利要求的撰写。由于2016年专利代理实务试题的附图标记相对来说比较复杂，因此，参考答案的权利要求中并没有给出附图标记，但今后考试中如果能够较容易确定附图标记的话，建议加上附图标记更妥。因而，形成如下独立权利要求：

1. 一种茶壶，包括壶身、壶盖和搅拌工具，所述壶盖上设置有穿透壶盖面的通气孔，其特征在

----

❶ 本书认为从该实用新型所解决的技术问题来看，仅写入这一技术特征还是不够的，最好还写入搅拌工具的必要结构。尽管三种结构的搅拌工具都包括把手、杆部和搅拌部三个部件，但作为本领域技术人员来看，只要杆部足够长，其顶端位于壶盖上方即可，并不一定需要把手，即在其顶端再连接把手作为其进一步的优选方案，因而在区别技术特征中进一步写明其包括杆部和搅拌部，并明确写明该杆部贯穿插入通气孔内，并可在通气孔内拉动和旋转。

❷ 《2016年全国专利代理人资格考试试题解析》一书对专利代理实务科目有关申请实务试题给出的权利要求书参考答案中，独立权利要求的前序部分中还写入了壶嘴和壶把两个特征，这样写虽然不够简明，但并不影响独立权利要求的保护范围，因而也是可以的。

于：所述搅拌工具贯穿所述通气孔，并可在通气孔中拉动和旋转。❶

（三）撰写从属权利要求

撰写从属权利要求时可以按重要性来进行排序或者按引用合理性来布局，同时对于构成区别技术特征的那些特征要尽量写成从属权利要求。

由技术交底材料可知，三种结构的不同之处主要为两个方面：搅拌部的结构，杆部分别与把手和搅拌部的连接方式。可以针对这两方面分别撰写从属权利要求。对此，有两种写法：先针对搅拌部的结构撰写从属权利要求，再针对杆部与把手和搅拌器的连接方式撰写从属权利要求；与此顺序相反。考虑到前面分析时所指出的，杆部与把手和搅拌部的连接方式的变化对三种结构都适用，并且这种一体式连接方式和可拆卸连接方式是现有技术中经常采用的，而搅拌部结构与现有技术不同，且能带来更好的技术效果，因而可以先针对搅拌部的具体结构撰写从属权利要求。

首先，可以针对技术交底材料第［004］段第一行，给出搅拌工具包括把手、杆部和搅拌部的结构，其是随后描述的三种具体结构的通常结构，因此可就此撰写一个从属权利要求，即：

2. 如权利要求1所述的茶壶，其特征在于所述搅拌工具包括把手、杆部和搅拌部。

其次，针对第［004］段描述的第一种更具体的搅拌工具结构时，尤其提出了搅拌部为螺旋形的优点，并且还给出更详细的螺旋形的形式，如在杆部的轴向上保持规定的间距而螺旋形延伸、螺旋的内侧空间还可以容纳水质改良剂。因此可以确定其比较重要的特征，并且适合于其他结构的搅拌工具，并可撰写至少两个更进一步的从属权利要求。如此撰写进一步的从属权利要求如下：

3. 如权利要求2所述的茶壶，其特征在于所述搅拌部为螺旋形。

4. 如权利要求3所述的茶壶，其特征在于所述螺旋形搅拌部是在杆部的轴向上保持规定的间距而螺旋形延伸形成的。

5. 如权利要求4所述的茶壶，其特征在于所述螺旋形搅拌部的内部可容纳球状水质改良剂。

第［006］段描述了另一种螺旋形的搅拌部即杆部的轴周围伸出螺旋形的叶片板形成螺旋形的搅拌部。如此撰写引用权利要求3的从属权利要求如下：

6. 如权利要求3所述的茶壶，其特征在于：所述螺旋形是在杆部的轴周围伸出螺旋形的叶片板而形成的。

第［007］段描述了另一种结构的搅拌部时，特别提出了搅拌部使用弹性材料制成，并明确其优点即由于弹性材料的作用，螺旋形搅拌部容易变形，使得搅拌更容易进行。考虑该特征也适合其他结构的搅拌工具，因此可对此撰写引用前述权利要求2～6的从属权利要求如下：

7. 如权利要求2～6任一项所述的茶壶，其特征在于：所述搅拌部由弹性材料制成。

最后，可根据第［004］、［006］、［007］段描述的杆部与把手、搅拌部之间的连接关系来撰写从属权利要求。例如撰写成如下：

8. 如权利要求2～6任意一项所述的茶壶，其特征在于所述杆部和搅拌部一体成型，所述把手与所述杆部可拆卸连接。（来源于第［004］、［006］段）

9. 如权利要求2～5任意一项所述的茶壶，其特征在于所述杆部和把手一体成型，所述杆部和搅拌部之间可拆卸连接。（来源于第［007］段）

10. 如权利要求9所述的茶壶，其特征在于所述搅拌部的前端固定有十字接头，所述杆部的前端插入十字接头的突出部。（来源于第［007］段，不能出现多项从属权利要求引用另一项多项从属权

---

❶ 对于壶嘴、壶把是茶壶几乎必须具有的结构，但由于与技术交底材料中描述的发明创造并不相关联，因此作为独立权利要求的撰写仅列出相关的结构部件即可，因而可以不必写入壶嘴、壶把这两个特征。当然将这两个特征写入到独立权利要求中也对保护范围没有实质性的影响，但不写入这两个特征更符合独立权利要求的撰写规则。其次，根据本书的分析，为了更清楚地表述搅拌工具，独立权利要求1也可写成如下形式："1. 一种茶壶，包括壶身、壶盖和搅拌工具，所述壶盖上设置有穿透壶盖面的通气孔，其特征在于：所述搅拌工具包括一个自由地穿过通气孔，并可在该通气孔内上下移动和旋转的杆部，以及一个与所述杆部下端相连接的搅拌部。"

利要求的情形）

当然，对于从属权利要求撰写的布局安排并不是唯一的，可以有多种撰写形式。其中作为判卷标准来说，只要撰写了重要的从属权利要求，并且引用关系比较合理没有导致引用错误等混乱，则应该能获得相应的分值。下面分析本书认为值得推荐的另外的一种从属权利要求撰写形式。

正如前面分析时所指出的，三种搅拌部的结构都是螺旋形的，因此在从属权利要求2中先限定成螺旋形的。然后针对第一种结构的螺旋形搅拌部及其优选结构撰写从属权利要求3和4，再针对第二种结构和第三种结构的搅拌部分别撰写从属权利要求5和6。❶

2. 按照权利要求1所述的茶壶，其特征在于：所述搅拌部（112，212，312）为螺旋形搅拌部（112，212，312）。❷

3. 按照权利要求2所述的茶壶，其特征在于：所述螺旋形搅拌部（112）是沿杆部（111）的轴向保持规定的间距而螺旋形延伸形成的。

4. 按照权利要求3所述的茶壶，其特征在于：所述螺旋形搅拌部（112）的内部可容纳球状水质改良剂。

5. 按照权利要求2所述的茶壶，其特征在于：所述螺旋形搅拌部（212）是在所述杆部（211）的轴周围伸出螺旋形的叶片板而形成的。

6. 按照权利要求2所述的茶壶，其特征在于：所述螺旋形搅拌部（312）由弹性材料制成。❸

然后，针对三种搅拌工具中部件之间的连接方式撰写从属权利要求。由于以上各项权利要求中搅拌工具并未限定其还包括一个把手，如直接限定不同的连接方式会造成权利要求未清楚地限定保护范围，因而需要先撰写一项从属权利要求7，限定该搅拌工具还包括一个与杆部伸出壶盖的顶端相连接的把手，考虑到其对三种结构均适用，故引用在前的所有权利要求1～6。此后，先针对第一种和第二种结构中的杆部与把手和搅拌部的连接方式撰写从属权利要求8，再针对第三种结构中的杆部与把手和搅拌器的连接方式撰写从属权利要求9，这两项从属权利要求均引用在前的从属权利要求7。考虑到技术交底材料中还给出杆部和搅拌器可拆卸连接的具体方式，则针对从属权利要求9再撰写从属权利要求10。此外，考虑到在分析中已指出杆部与把手和搅拌部的连接均可为可拆卸的，再针对这种情况再撰写一项从属权利要求11。❹

7. 按照权利要求1～6中任一项所述的茶壶，其特征在于：所述搅拌工具（110，210，310）还包括与所述杆部（111，211，311）伸出所述壶盖（104）的顶端相连接的把手（114，214，314）。

8. 按照权利要求7所述的茶壶，其特征在于：所述杆部（111，211，311）和所述搅拌部（112，

---

❶ 在《2016年全国专利代理人资格考试试题解析》一书对专利代理实务科目有关申请实务部分试题给出的权利要求书参考答案中，由于独立权利要求未限定搅拌工具的结构，为使所撰写的从属权利要求清楚限定保护范围，必须先撰写一项限定搅拌工具包括杆部、把手和搅拌部的从属权利要求，而本书建议的独立权利要求中已限定了搅拌工具包括杆部和搅拌部，考虑到搅拌部的具体结构与搅拌工具是否包括把手并无直接关系，故将进一步限定搅拌工具还包括把手的从属权利要求移至进一步限定搅拌工具各部件连接关系的从属权利要求之前。

❷ 其独立权利要求1按本书分析那样撰写，见前述脚注说明。

❸ 在《2016年全国专利代理人资格考试试题解析》一书对专利代理实务科目有关申请实务试题给出的权利要求书参考答案中，并未认为杆部与把手和杆部与搅拌部的两种连接方式对三种结构的搅拌部均适用，即局限于技术交底材料中的内容撰写，因此将螺旋形搅拌部由弹性材料制成放到后面对第三种搅拌部结构的杆部与把手和杆部与搅拌部的连接方式之后再撰写。

❹ 以上建议的这几项从属权利要求8～11中，对技术交底材料中给出的杆部与把手和杆部与搅拌部的两种连接方式进行了扩展，认为这两种连接方式对三种结构搅拌工具均适用，尤其是权利要求11中还进一步扩展到杆部与把手和杆部与搅拌部的连接均采用可拆卸连接的方式。在《2016年全国专利代理人资格考试试题解析》一书对专利代理实务科目有关申请实务部分试题给出的权利要求书参考答案中，局限在技术交底材料中给出的两种连接方式撰写了从属权利要求。应试时，如果技术交底材料中没有明确写明的扩展方式，则可以不进行扩展，例如可以不再撰写从属权利要求11。

第四部分

212，312）一体成型，所述把手（114，214，314）和所述杆部（111，211，311）可拆卸连接。

9. 按照权利要求 7 所述的茶壶，其特征在于：所述杆部（111，211，311）和所述把手（114，214，314）一体成型，所述杆部（111，211，311）和所述搅拌部（112，212，312）可拆卸连接。

10. 按照权利要求 9 所述的茶壶，其特征在于：所述搅拌部（112，212，312）的前端固定有十字接头，所述杆部（111，211，311）的前端插入十字接头的突出部。

11. 按照权利要求 7 所述的茶壶，其特征在于：所述杆部（111，211，311）和所述把手（114，214，314）以及所述杆部（111，211，311）和所述搅拌部（112，212，312）均为可拆卸连接。

（四）简答题

简答题要求考生简述撰写的独立权利要求相对于涉案专利解决的技术问题和取得的技术效果。需要注意的是，在技术交底材料第［001］段中写明的技术问题是针对其所认定的现有技术的茶壶（不包括搅拌工具的茶壶所存在的技术问题），但在提出专利申请时，现有技术中已出现了搅拌工具与壶盖底部中央相连接的茶壶，如涉案专利和对比文件 2，因此不能直接采用第［001］段所写明的技术问题，应当针对涉案专利进行分析，说明所撰写的独立权利要求相对于涉案专利解决的技术问题和取得的技术效果。

该题答案实际上在撰写独立权利要求时已经作出过分析，在此不再作重复说明，只要将其转换成文字表述即可，解答时尽可能采用技术交底材料中已有语言，避免延伸太远而表达出现偏差。当然从考试的角度，其基本表达出权利要求 1 所解决的技术问题和达到的技术效果即可以得到应有的分值。

五、申请实务试题的参考答案

第三题的参考答案

先根据前半部的分析，基于《2016 年全国专利代理人资格考试试题解析》一书对专利代理实务科目有关申请实务试题的参考答案，进行了少许修改的参考答案如下：

1. 一种茶壶，包括壶身、壶盖和搅拌工具，所述壶盖上设置有穿透壶盖面的通气孔，其特征在于：所述搅拌工具贯穿所述通气孔，并可在通气孔中拉动和旋转。❶

2. 如权利要求 1 所述的茶壶，其特征在于：所述搅拌工具包括把手、杆部和搅拌部。

3. 如权利要求 2 所述的茶壶，其特征在于：所述搅拌部为螺旋形。

4. 如权利要求 3 所述的茶壶，其特征在于：所述螺旋形搅拌部是在杆部的轴向上保持规定的间距而螺旋形延伸形成的。

5. 如权利要求 4 所述的茶壶，其特征在于：所述螺旋形搅拌部的内部可容纳球状水质改良剂。

6. 如权利要求 3 所述的茶壶，其特征在于：所述螺旋形是在杆部的轴周围伸出螺旋形的叶片板而形成的。

7. 如权利要求 2～6 任一项所述的茶壶，其特征在于：所述搅拌部由弹性材料制成。

8. 如权利要求 2～6 任意一项所述的茶壶，其特征在于：所述杆部和搅拌部一体成型，所述把手与所述杆部可拆卸连接。

9. 如权利要求 2～5 任意一项所述的茶壶，其特征在于：所述杆部和把手一体成型，所述杆部和搅拌部之间可拆卸连接。

10. 如权利要求 9 所述的茶壶，其特征在于：所述搅拌部的前端固定有十字接头，所述杆部的前端插入十字接头的突出部。

---

❶ 对于壶嘴、壶把是茶壶几乎必须具有的结构，但由于与技术交底材料中描述的发明创造并不相关联，因此作为独立权利要求的撰写仅列相关的结构部件即可，因而可以不必写入壶嘴、壶把这两个特征。

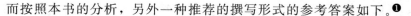

而按照本书的分析，另外一种推荐的撰写形式的参考答案如下。❶

1. 一种茶壶，包括壶身（101）、壶盖（104）和搅拌工具（110，210，310），该壶盖（104）上设置一个通气孔（H），其特征在于：所述搅拌工具（110，210，310）包括一个自由地穿过所述通气孔（H）、并可在该通气孔（H）内上下移动和旋转的杆部（111，211，311）以及一个与所述杆部（111，211，311）下端相连接的搅拌部（112，212，312）。

2. 按照权利要求1所述的茶壶，其特征在于：所述搅拌部（112，212，312）为螺旋形搅拌部（112，212，312）。

3. 按照权利要求2所述的茶壶，其特征在于：所述螺旋形搅拌部（112）是沿杆部（111）的轴向保持规定的间距而螺旋形延伸形成的。

4. 按照权利要求3所述的茶壶，其特征在于：所述螺旋形搅拌部（112）的内部可容纳球状水质改良剂。

5. 按照权利要求2所述的茶壶，其特征在于：所述螺旋形搅拌部（212）是在所述杆部（211）的轴周围伸出螺旋形的叶片板而形成的。

6. 按照权利要求2所述的茶壶，其特征在于：所述螺旋形搅拌部（312）由弹性材料制成。

7. 按照权利要求1～6中任一项所述的茶壶，其特征在于：所述搅拌工具（110，210，310）还包括与所述杆部（111，211，311）伸出所述壶盖（104）的顶端相连接的把手（114，214，314）。

8. 按照权利要求7所述的茶壶，其特征在于：所述杆部（111，211，311）和所述搅拌部（112，212，312）一体成型，所述把手（114，214，314）和所述杆部（111，211，311）可拆卸连接。

9. 按照权利要求7所述的茶壶，其特征在于：所述杆部（111，211，311）和所述把手（114，214，314）一体成型，所述杆部（111，211，311）和所述搅拌部（112，212，312）可拆卸连接。

10. 按照权利要求9所述的茶壶，其特征在于：所述搅拌部（112，212，312）的前端固定有十字接头，所述杆部（111，211，311）的前端插入十字接头的突出部。

11. 按照权利要求7所述的茶壶，其特征在于：所述杆部（111，211，311）和所述把手（114，214，314）以及所述杆部（111，211，311）和所述搅拌部（112，212，312）均为可拆卸连接。

第四题的参考答案

涉案专利的茶壶在壶盖底面中央可拆卸地固定有一个搅拌工具，仅能够通过旋转壶盖带动搅拌工具的旋转而搅拌茶叶，操作起来不太方便和灵活。独立权利要求1所要解决的技术问题就是不需要改变茶壶的结构就可以灵活、方便、卫生地实现对茶叶的搅拌操作，避免茶盖与搅拌工具的固定连接而造成的搅拌不方便进而影响搅拌效果的问题。

独立权利要求1中搅拌工具的杆部自由地穿过壶盖上的通气孔，在泡茶时仅需拉动和旋转搅拌工具就能搅拌茶叶，壶盖并不转动，因而能更方便、灵活地搅拌茶叶。此外，上下拉动搅拌工具可以起到泵的作用，使容器内有效地产生对流，达到更均匀地完成茶叶冲泡的技术效果。

第四部分

---

❶　近几年参考答案中并没有要求写附图标记，但从严格的角度应当写上附图标记最好。但如果考试时间不够用，对于附图标记比较复杂的情况下，也可以不写。

参考文献

[1] 中华人民共和国专利法 [M]. 北京：知识产权出版社，2000.

[2] 中华人民共和国专利法 [M]. 北京：知识产权出版社，2009.

[3] 中华人民共和国专利法实施细则 [M]. 北京：知识产权出版社，2001.

[4] 中华人民共和国专利法实施细则 [M]. 北京：知识产权出版社，2010.

[5] 中华人民共和国国家知识产权局. 审查指南 2006 [M]. 北京：知识产权出版社，2006.

[6] 中华人民共和国国家知识产权局. 专利审查指南 2010 [M]. 北京：知识产权出版社，2010.

[7] 国家知识产权局条法司. 2006 年全国专利代理人资格考试试题解析 [M]. 北京：知识产权出版社，2007.

[8] 国家知识产权局条法司. 2007 年全国专利代理人资格考试试题解析 [M]. 北京：知识产权出版社，2008.

[9] 国家知识产权局条法司. 2008 年全国专利代理人资格考试试题解析 [M]. 北京：知识产权出版社，2009.

[10] 国家知识产权局条法司. 2009 年全国专利代理人资格考试试题解析 [M]. 北京：知识产权出版社，2010.

[11] 国家知识产权局条法司. 2010 年全国专利代理人资格考试试题解析 [M]. 北京：知识产权出版社，2011.

[12] 国家知识产权局条法司. 2011 年全国专利代理人资格考试试题解析 [M]. 北京：知识产权出版社，2012.

[13] 国家知识产权局条法司. 2012 年全国专利代理人资格考试试题解析 [M]. 北京：知识产权出版社，2013.

[14] 国家知识产权局条法司. 2013 年全国专利代理人资格考试试题解析 [M]. 北京：知识产权出版社，2014.

[15] 国家知识产权局条法司. 2014 年全国专利代理人资格考试试题解析 [M]. 北京：知识产权出版社，2015.

[16] 国家知识产权局条法司. 2015 年全国专利代理人资格考试试题解析 [M]. 北京：知识产权出版社，2016.

[17] 中华全国专利代理人协会. 2016 年全国专利代理人资格考试试题解析 [M]. 北京：知识产权出版社，2017.

[18] 专利代理人考核委员会办公室. 全国专利代理人资格考试指南 2017 [M]. 北京：知识产权出版社，2017.

[19] 吴观乐. 发明和实用新型专利申请文件撰写案例剖析 [M]. 3 版. 北京：知识产权出版社，2010.

[20] 李超，吴观乐，等. 全国专利代理人资格考试考前培训系列教材：专利代理实务分册 [M]. 3 版. 北京：知识产权出版社，2016.

[21] 杨立. 全国专利代理人资格考试历年真题分类精解 [M]. 3 版. 北京：知识产权出版社，2013.

[22] 张荣彦. 机械领域专利申请文件的撰写与审查 [M]. 3 版. 北京：知识产权出版社，2011.

[23] 黄敏. 专利申请文件的撰写与审查要点 [M]. 修订版. 北京：知识产权出版社，2002.

[24] 吴观乐. 专利代理实务 [M]. 3 版. 北京：知识产权出版社，2015.

[25] 国家知识产权局条法司. 《专利法》第三次修改导读 [M]. 北京：知识产权出版社，2009.

[26] 国家知识产权局专利局. 发明专利审查基础教程 [M]. 北京：知识产权出版社，2004.

[27] 田力普. 发明专利审查基础教程：审查分册 [M]. 2 版. 北京：知识产权出版社，2008.